# Jüdische Lebenswelten im Film

Freunde der Deutschen Kinemathek

**Soll sein**

Soll sein,
as ich boj in der Luft meine Schlesser.
Soll sein,
as mein Gott ist im ganzen nicht da.
In Trojm is mir heller,
in Trojm is mir besser,
in Holem der Himmel noch blojer fun bloj.

Soll sein,
as ich werd keinmal zum Ziel nicht derlangen.
Soll sein,
as mein Schiff werd nich kumen zum Breg.
Mir gejt nich in dem,
ich soll haben dergangen.
Mir gejt nur der Gang
ojf a sonnigen Weg.

Jossi Papiernikoff, 1924
Aus: Henryk M. Border, Frans van der Meulen: Soll Sein - Jiddische
Kultur im jüdischen Staat. Materialien zu einem Film, Augsburg 1989

**Impressum**

| | |
|---|---|
| Konzeption: | Erika Gregor und Ulrich Gregor |
| Organisation: | Ulrich Gregor, Sylvia Andresen |
| Redaktion: | Erika Gregor, Ulrich Gregor, Helma Schleif |
| Mitarbeit: | Rüdiger Bering, Oksana Bulgakowa, Christine Gregor |
| | Dietmar Hochmuth, Karin Meßlinger, Michael Wedel |
| Filmbeschaffung: | Ilona Dohn |
| Jiddisch-Beratung: | Claudia Bloß |
| | |
| Covergestaltung: | Helmut Heidrich |
| | nach einem Motiv von Boris Lehman |
| Druck: | graficpress |
| | |
| Fotomotive: | (Vorderseite) |

Partisans of Vilna • Josh Waletzky (USA 1985)
Der Dibek • Michal Waszynski (Polen 1937)
A la recherche du lieu de ma naissance • Boris Lehman (Belgien/Schweiz 1990)
Bruxelles-Transit • Samy Szlingerbaum (Belgien 1980)
Muet comme une carpe • Boris Lehman (Belgien 1987)
Jidl mitn Fidl • Joseph Green, Jan Nowina-Przybylski (Polen 1936)

(Rückseite)

Tewje • Maurice Schwartz (USA 1939)
The 81st Blow • David Bergman u.a. (Israel/Frankreich 1975/77)
Der Purimspieler • Joseph Green (Polen 1937)
Shoah • Claude Lanzmann (Frankreich 1974-85)
Free Voice of Labor • Steven Fischler, Joel Sucher (USA 1980)
Soll Sein - Jiddische Kultur im jüdischen Staat • Henryk M. Broder, Frans van der Meulen
(BRD/Israel/Niederlande 1984-92)

Foto:            Claude Lanzmann (Blatt 88)
                 © Christian Schulz

ISBN 3-927876-06-2

# Inhalt

# Jüdische Lebenswelten im Film / Eine Retrospektive

## Ulrich Gregor

Das Programm "Jüdische Lebenswelten im Film - eine Retrospektive" war für alle, die daran gearbeitet haben, eine ungewöhnliche Herausforderung, aber auch eine Bereicherung. Im Verlauf dieser Arbeit haben wir alle einen Lernprozeß durchgemacht und viele Erfahrungen gesammelt. Dieser Lernprozeß ist natürlich mit Schluß der Retrospektive (und der endlichen Fertigstellung dieses Katalogs) nicht abgeschlossen, sondern verlangt danach, weitergeführt zu werden; auch sollten die in diesem Buch dokumentierten Filme häufiger gezeigt werden und zum Standardrepertoire von Kommunalen Kinos und Bildungseinrichtungen in Deutschland werden. Einen kleinen Anfang dazu haben wir gemacht, indem wir einige Kopien der Retrospektive auch weiterhin zur Verfügung stellen können.

Während wir bei Beginn dieser Arbeit, bei den ersten Überlegungen zum Aufbau eines Programms, alle meinten, aus unserer bisherigen Arbeit schon ziemlich gut über die Geschichte des jüdischen und jiddischen Kinos Bescheid zu wissen, mußten wir doch schon in der Vorbereitungsphase viel dazulernen und waren erstaunt, aber auch fasziniert von dem weiten Feld an Titeln, Personen und Zusammenhängen, das sich hier auftat. Einige Publikationen, die just zu dieser Zeit erschienen, waren uns bei unserer Recherchenarbeit eine große Hilfe, vor allen anderen das Buch von Jim Hoberman "Bridge of Light. Yiddish Film Between Two Worlds", das denn auch in unseren Informationsblättern sehr häufig zitiert wird - zu Recht, denn es ist eine fundamental wichtige Quelle für die Geschichte des jiddischen Films. Wir erkannten die große Zahl an Filmen jüdischer Thematik und jiddischer Sprache, die zwischen den beiden Weltkriegen in den USA und den europäischen Ländern gedreht wurden. Wir erkannten auch die enge Verflechtung dieser Geschichte zwischen den USA und den mittel- sowie osteuropäischen Ländern, die mit der Emigrationsbwegung der jüdischen Bevölkerung Osteuropas in Richtung USA (und einer gewissen Rückwanderung nach der amerikanischen Wirtschaftskrise) zu tun hat. So ist die Geschichte des jüdischen Kinos in USA und Europa nicht nur eine Wiederspiegelung jüdischer Lebensbedingungen, Geschichte und Kultur; auch in den Bedingungen ihrer Produktion und Rezeption verweist diese Kinematographie auf die Geschichte des jüdischen Volkes, seine Verfolgungen und Wanderungen, auf soziale Wandlungen und Veränderun-gen - bis hin zum Rückgang oder dem allmählichen Verschwinden des jiddischen Kinos (und Theaters) in den USA nach Ende des 2. Weltkriegs. Dafür wiederum treten neue jüdisch bestimmte Filme in Lateinamerika hervor (die argentinischen Filmemacher Jorge Polaco und Adolfo Aristarain beispielsweise). Und in neuester Zeit gibt es in der ex-UdSSR viele neue Filme über die Geschichte des Judentums und antisemitische Verfolgungen.

Während unsere Retrospektive zweifellos einen, vielleicht *den* wichtigsten Schwerpunkt im Kino jiddischer Sprache aus Polen, den USA und der UdSSR zwischen den Kriegen besitzt, so wollten wir doch den Kreis der Filme keineswegs auf diesen Radius beschränken - zumal die Filmretrospektive als Ergänzung der Ausstellung "Jüdische Lebenswelten" gedacht war. Es ging also darum, das Programm zu erweitern um Dokumentarfilme, die sich mit jüdischer Gechichte und jüdischem Leben überall auf der Welt beschäftigen, aber auch um Spielfilme mit jüdischer Thematik aus allen Bereichen und allen Zeiträumen. Natürlich war klar, daß wir nur einen kleinen Teil des riesigen Spektrums, das sich hier anbot, würden erfassen können. Trotzdem haben wir zunächst einmal eine Suchliste erarbeitet, die viele hundert Titel und Namen enthielt. (Wir haben sie im Anhang abgedruckt.)

So ist diese Retrospektive ein Streifzug durch die Welt des jüdischen Kinos in seinen verschiedenen Epochen und Erscheinungsformen. Wir haben versucht, die schönsten und wichtigsten Filme zusammenzubringen oder doch zumindest einen Teil von ihnen. Es gibt in unserem Programm Entdeckungen, unbekannte Meisterwerke (wie einige der jiddischen Filme), aber auch Filme bekannter Regisseure, die gleichwohl in diesem Panorama nicht fehlen durften (Woody Allen, die Marx Brothers). Wir haben auch stilistisch ausgefallene Filme mit einbezogen, so Experimentalfilme von Daniel Eisenberg und Ken Jacobs. Keine Frage, daß so unverwechselbare Persönlichkeiten des unabhängigen und experimentellen Films wie Boris Lehman und Chantal Akerman auch einen Platz in unserer Retrospektive erhalten mußten.

Zu den schönsten und bewegendsten Entdeckungen dieser Retrospektive gehören jene Filme, die die jiddische Sprache und Kultur in Osteuropa kurz vor ihrem Untergang festhalten - so verschiedene der in Polen bis 1939 entstandenen Spielfilme, aber auch die Serie der kurzen Dokumentarfilme über die jüdischen Städte und Stadtviertel in Polen. Aus diesen Filmen und ihrem jiddisch gesprochenen Kommentar spricht Stolz und Freude über das blühende jüdische Leben in den polnischen Städten, sie sind noch nicht überschattet von der Vorahnung der bevorstehenden Vernichtung; manche der zur gleichen Zeit in Polen gedrehten Spielfilme lassen dagegen durchaus eine solche düstere Vorahnung erkennen. Einige Filme, die nach 1945 entstanden, wirken noch wie späte Echos des jiddischen Vorkriegskinos - so der belgische Film BRUXELLES-TRANSIT von Samy Szlingerbaum, einer der großen Klassiker jeder jüdischen Retrospektive.

Neu für uns waren auch eine Reihe der in der Sowjetunion in den 20er und 30er Jahren entstandenen jüdischen Filme - nicht nur JÜDISCHES GLÜCK (mit dem charismatischen, später ermordeten Schauspieler Solomon Michoëls, in der Regie des Theater-Avantgardisten Alexej Granowski), sondern auch DIE RÜCKKEHR DES NATHAN BECKER oder HORIZONT von Lew Kuleschow. Teilweise wurden diese Filme - so NATHAN BECKER - in einer russischen ebenso wie in einer jiddischen Fassung gedreht.

Im Unterschied zur Ausstellung "Jüdische Lebenswelten" meinten wir, die Thematik des Holocaust nicht aussparen oder auch nur in den Hintergrund stellen zu können. Einige Filme dieser Thematik sind unserer Meinung nach ein absolutes "muß" für jede Filmretrospektive jüdischer Thematik, so SHOAH, LODZ GHETTO oder PARTISANS OF VILNA. Wir freuten uns, bei dieser Gelegenheit auch einen anderen Film Claude Lanzmanns vorstellen zu können, der unbedingt in den Kontext dieser Reihe gehörte : POURQUOI ISRAEL. Eine andere wichtige Wiederentdeckung war der Film von Chris Marker, DESCRIPTION D'UN COMBAT, er wurde produziert von dem leider inzwischen verstorbenen Wim Van Leer.

Im Zusammenhang dieser Reihe mußten natürlich auch einige Filme aus der Produktion Israels laufen. Wir haben hier nach Werken aus der neueren Produktion gesucht, die sich mit Fragen der Geschichte Israels und der jüdischen Identität befassen, die einen Reflex der Vergangenheit, Echos der Verbindungen zwischen Israel und Deutschland zum Vorschein bringen.

In seiner vorliegenden Form ist der Katalog zur Retrospektive ein Kompromiß zwischen einer Sammlung von Informationsblättern und einem Handbuch über das jüdische Kino. Wir sind zunächst von dem Wunsch vieler Zuschauer ausgegangen, die Informationsblätter, die jeweils zur Aufführung der einzelnen Filme vorgelegt wurden, auch in gesammelter Form noch einmal in die Hand zu bekommen. In dem Moment freilich, wo eine Herausgabe dieser einzelnen Blätter in Form eines Katalogs unternommen wurde (beabsichtigt und vorbereitet war sie von vornherein), stellten sich doch weitergehende Forderungen nach Ergänzung, Fehlerkorrektur, Anreicherung des Katalogs mit Index, Register, Filmographie, mit Artikeln oder Textbeiträgen, mit Fotos, auch eine Aufnahme der wichtigsten Pressestimmen lag nahe. So wuchs der Katalog unter der Hand zu einem Druckwerk großen Umfangs heran, so daß noch einmal alle redaktionellen Fähigkeiten unseres Herausgeberteams aufgeboten werden mußten, um das Werk zu Ende zu führen; naturgemäß verging darüber auch noch einige Zeit.

Wir hoffen indes, daß das Resultat den Aufwand lohnt und daß dieses Werk ein wichtiger Teil der nicht allzu dicht gestreuten Literatur im deutschen Sprachbereich über das jüdische bzw. jiddische Kino darstellen wird.

Die Anordnung der Informationsblätter im Katalog richtet sich nach der Numerierung und diese wiederum spiegelt die Reihenfolge der einzelnen Programme wieder. Das Programm haben wir aber nicht rein chronologisch oder geographisch strukturiert, sondern zuschauerfreundlich; wir wollten das Programm abwechslungsreich gestalten, es sollten keine Anhäufungen oder Zusammenballungen gleichartiger Filme vorkommen, deswegen haben wir beispielsweise auch die jiddischen Klassiker über die gesamte Spieldauer des Programms verteilt. Zu Beginn und zum Schluß der Reihe wurden jeweils besonders wichtige oder emblematische Filme versammelt. Da die einzelnen Informationsblätter in sich nicht fortlaufend paginiert wurden, sondern zunächst als einzelne Blätter erschienen, hat dieser Katalog in seinem Hauptteil auch keine durchgehende Paginierung, sondern gliedert sich hier nach den Nummern der jeweiligen Blätter. Wir haben aber ein Verzeichnis aller Titel und aller Regisseure angefügt, das wiederum auf die Blätter verweist, somit läßt sich jeder einzelne Film schnell auffinden.

Die Fertigstellung der Informationsblätter stellte unser Redaktionsteam vor große Aufgaben. Es stand für diese Arbeit kein langer Vorlauf zur Verfügung, da schon die Auswahl und Zusammenstellung der Titel inklusive der Abklärung von Rechten und Beschaffbarkeit der Kopien ein komplizierter, vorgeschalteter Prozeß war. Einen Teil dieser Filmretrospektive konnten wir auch in das Programm des Internationalen Forums der Berliner Filmfestspiele integrieren, was den Filmen erhöhte Aufmerksamkeit und vergrößertes Publikum einbrachte.

Ein Problem eigener Art war die Transkription des Jiddischen und, bei einigen Filmen, die Vielfalt der Titel in verschiedenen Sprachen. Es war nicht immer möglich, ein einheitliches Prinzip der Zitierweise eines Films festzulegen. Für die Transkription von Namen und Begriffen aus dem Jiddischen gibt es unterschiedliche Richtlinien, über die sich die Spezialisten streiten. Wir haben uns im allgemeinen auf die für das Deutsche übliche Transkription festgelegt, konnten aber auch eine Reihe von Texten (und Liedern) zum ersten Mal transkribieren, wie zum Beispiel das berühmte Lied "Jidl mitm fidl". (Ein Problem ist ja, daß jiddische Literatur und Publizistik zumeist in hebräischen Buchstaben gedruckt werden und sich daher nur dem Leser erschließen, der Hebräisch lesen kann. Zur Geschichte und Kultur des Jiddischen liefert, neben anderen Beiträgen, der einzigartige Film SOLL SEIN bewegende Informationen und Details.)

Einige Lebens- und Todesdaten konnten wir erst im letzten Moment recherchieren. Molly Picon, der gefeierte Star der New Yorker jiddischen Bühne und vieler jiddischer Film, verstarb im April 1992, kurz vor Abschluß unserer Retrospektive.

Schließlich wollten wir auch einen Teil des publizistischen Echos dokumentieren, das die Filme gefunden haben (darunter die vielen Artikel, die Mariam Niroumand in der "taz" veröffentlicht hat). Einige weitere Texte, die im Vorfeld oder im Zusammenhang mit der Retrospektive entstanden sind, haben wir diesem Band ebenfalls beigefügt, sowie naturgemäß eine Bibliographie, eine Filmographie (genauer: den Versuch einer Filmographie) und einen Hinweis auf die Bezugsquellen der Filme.

Viele Personen und Institutionen haben uns bei der Zusammenstellung des Programms und bei den Recherchen in beispielhafter Weise geholfen. Allen voran muß das National Center for Jewish Film der Brandeis University in Waltham/ Massachusetts, USA (Leitung: Sharon Pucker Rivo) genannt werden, ohne dessen aktive Unterstützung die Retrospektive gar nicht hätte stattfinden können, denn das National Center ist die weltweit größte existierende Quelle jüdischer und jiddisch-sprachiger Filme. Adrienne Mancia vom Film Department des Museum of Modern Art in New York hat uns schon in einem sehr frühem Stadium über die Vorbereitung zu ihrer Retrospektive des jiddischen Kinos informiert, die Ende 1991 begann, und uns so viele wichtige Anregungen vermittelt. Und schließlich muß auch Dominique Green gedankt werden, der Organisatorin des Jewish Film Festivals in London, die uns lange Listen von Titeln und Adressen übersandt hat. Weitere wichtige Tips kamen auch von Jim Hoberman, Aviva Kempner und von Naum Kleemann aus Moskau.

Vieles spricht dafür, daß die Erforschung des jüdischen bzw. jiddisch-sprachigen Kinos gerade jetzt bedeutende Fortschritte gemacht hat, grundlegende Werke zu diesem Thema sind in letzter Zeit erschienen und vielleicht sind auch die Ausstellung "Jüdische Lebenswelten" und unsere Retrospektive zu diesem Zeitpunkt kein Zufall. Viele Dokumentar- und Spielfilme befassen sich neuerdings mit Themen des jüdischen Lebens und der jüdischen Geschichte - als ob manche Ideen, die sicher schon lange existieren, erst jetzt ihre Verwirklichung finden. Deswegen muß auch die Liste der relevanten Filme einer jüdischen Filmographie ständig fortgeschrieben werden. Die Jüdischen Kulturtage 1992 mit ihrem Hauptthema "Osteuropa" nehmen viele Ansätze der "jüdischen Lebenswelten" wieder auf. Diese Aktivität erscheint allerdings auch notwendig angesichts der neuerdings hervortretenden Erscheinungen von Antisemitismus und Rassismus in unserer Gesellschaft, einem empörenden und schockierenden Phänomen, das zu bekämpfen jeder von uns aufgerufen ist.

## JEWREJSKOJE STSCHASTJE
Jüdisches Glück • UdSSR 1925

*Produktion: Goskino, Moskau*
*Regie: Alexej Granowski*
*Buch: Grigori Gritscher-Tscherikower, I. Teneromo, B. Leo-*
*nidow. Nach Motiven aus dem Briefroman 'Menachem Men-*
*del' von Scholem Alejchem*
*Kamera: Eduard Tissé, Wassili Chwatow, N. Strukow*
*Ausstattung: Nathan Altman*
*Musik: Lew Pulwer*
*Zwischentitel: Isaak Babel*
*Darsteller: Solomon Michoëls (Menachem Mendel), I. Roga-*
*ler (Uscher), S. Epschtejn (Josele), T. Kazak (Kimbak), T.*
*Adelgeim (Bejla), M. Goldblat (Šalmen), I. Sidlo (Kljatsch-*
*kin), R. Imenitowa*
*Uraufführung: 12. November 1925, Moskau*
*35 mm, s/w, stumm, 98 Minuten*

### Anmerkung
Eine vertonte Version des Films wurde 1933 in den USA unter
den Titeln 'Menachem Mendel' bzw. 'The Matchmaker' in
jiddischer Sprache (Sprecher: Michael Rosenberg; Musik:
Sholom Secunda) herausgebracht.

### Inhalt
Dieser kürzlich restaurierte jiddisch-russische Klassiker ist
die humoristische Adaptation des Romans 'Menachem Mendel' von Scholem Alejchem. Der Film war das Filmdebut des
berühmten jiddisch-russischen Bühnenschauspielers Solomon
Michoëls, der Menachem Mendel spielt, den fortwährend
träumenden und immer auf der Suche nach dem 'jüdischen
Glück' befindlichen Heiratsvermittler und archetypischen
Verlierer. Menachem, ein *luftmentsch*, dauernd in Bewegung,
versucht seinem *schtetl* zu entfliehen. Eine chaplineske Figur,
im Kampf ums Überleben, auf der Jagd nach dem Glück. Der
Film zeigt sein Scheitern als Miederverkäufer wie seine
Träume vom Bräuteexport en gros nach Amerika. Seine
frustrierenden geschäftlichen Unternehmungen beleuchten
die restriktiven Bedingungen für Juden im zaristischen Rußland.
Granowski, der Begründer des 'Moskauer Jüdischen Theaters', hatte für diesen Film Eduard Tissé als Kameramann engagiert, der hier schon, wie kurze Zeit später in Eisensteins
*Panzerkreuzer Potemkin*, die berühmte Treppe von Odessa für
eine Szene filmte.

Nach Programmangaben der Jüdischen Filmwoche des Münchner
Filmmuseums 1989 und dem Programm des 5th Jewish Film Festival,
London 1989

### Vom Theater zum Film
Das Kino in Moskau wie in Hollywood wirkte magnetisch auf
ehrgeizige junge Bühnenkünstler. Als Granowski im September 1924 einem Kollegen in New York schrieb, er hoffe, einen
"grandiosen jüdischen Film" zu drehen, war er nicht der einzige von dem neuen Medium angezogene Theaterregisseur,
wenn auch einer der wenigen mit Erfahrung. Auch das Ensem-

ble Granowskis war nicht das einzige jüdische Ensemble,
das bereit war, zum Film zu gehen. (...)
Neben dem Schauspieler Solomon Michoëls und dem Ausstatter Nathan Altman waren an JEWREJSKOJE STSCHAST-
JE noch weitere wichtige jüdische Künstler beteiligt. Die
Begleitmusik komponierte Lew Pulwer, früher Violinist des
Bolschoi Balletts (...); die russischen Zwischentitel schrieb
Isaak Babel, der nach seinen heftigen, sardonischen Geschichten aus dem polnisch-sowjetischen Krieg sofort eine
literarische Berühmtheit geworden war (...). Erst die polnische Produktion aus dem Jahre 1937, *Der Dibek*, sollte wieder eine vergleichbare Zahl jüdischer Talente versammeln.
(...)
Als verarmter Träumer, archetypischer *luftmentsch*, bei dem
ein Versuch, in kurzer Zeit viel Geld zu verdienen, nach dem
anderen fehlschlägt, war Menachem Mendel ein Sinnbild
der jüdischen Notlage unter dem Zaren. Obwohl er ebenso
leicht zum Symbol der NÖP hätte werden können, erschien
der unglückliche Optimist in JEWREJSKOJE STSCHAST-
JE als Instrument der Bourgeoisie und als Opfer des ancien
régime.
Das Drehbuch - Granowskis Assistent Grigori Gritscher-
Tscherikower, Boris Leonidow (einem Spezialisten für ak-
tionsreiche Dramen) und dem vorrevolutionären Regisseur
aus Odessa, Isaak Teneromo, zu verdanken - zeigt Menachem Mendels Mißerfolge im Kleinhandel oder im Versi-
cherungsgeschäft, um sich dann auf seine Schwierigkeit,
sich überhaupt auf irgendeine Weise im Leben durchzu-
schlagen, zu konzentrieren. (...)
Liebevoll, aber unsentimental mildert JEWREJSKOJE
STSCHASTJE die ungestüme Parodie, die die Theaterarbeit
Granowskis auszeichnete. Trotz der leicht übertriebenen
Darstellung Michoëls als Menachem Mendel meidet der
Film groteske Kostümierung, gymnastische Kapriolen und
das akzentuierte Tempo, die Kennzeichen des GOSET-
Theaters (des Staatlichen Jüdischen Theaters Moskau, das
Granowski 1919 gegründet hatte, A.d.R.). Schon *Aëlita* in
der Ausstattung von Isaac Rabinowitsch, der auch 'Koldun-
ja' ('Die Zauberin') eingerichtet hatte (eine aufsehenerregende GOSET-Inszenierung des Stücks von Avrom Goldfadn, A.d.R.) hatte dergleichen expressionistische Stilmittel
in das sowjetische Kino eingeführt. Granowski verfolgte
genau die entgegengesetzte Strategie. Ihm war es modern
genug, das tatsächliche *schtetl* filmen zu lassen.
JEWREJSKOJE STSCHASTJE besteht hauptsächlich aus
Außenaufnahmen, und die Aufnahmen eines baufälligen Bezirks in Berditschew, einer ukrainischen, archetypisch jüdischen Stadt, haben halbdokumentarischen Charakter. Hatte
Altman der Aufführung 'Hadibuk' (eine Inszenierung des
'Habima'-Theaters, A.d.R.) eine kubistisch-futuristische Note
gegeben, so war seine Ausstattung hier im Grunde genommen ethnographisch. Von der Expedition An-Skis inspiriert,
hatte Altman den Sommer 1913 in Wolynien damit zuge-
bracht, Abdrucke von jüdischen Grabsteinen zu machen und
die Muster der Synagogenstoffe zu kopieren; obwohl JEW-
REJSKOJE STSCHASTJE scheinbar ein Porträt des Vor-

Oktober-Elends ist, liegt ihm zu großen Teilen ein ähnlicher, bewahrender Geist zugrunde. Es mag auffallen, daß keine religiösen Rituale gezeigt werden; die langgezogene Hochzeit unter freiem Himmel jedoch, mit der der Film endet, ist eine echte Versammlung der traditionellen Elemente, aus denen sich Chagalls Wandbilder inspirierten - einen singenden *badchen*, umherziehende *klesmorim* und ekstatische chassidische Tänze eingeschlossen.

JEWREJSKOJE STSCHASTJE besaß die Autorität einer Volkstradition und das Gewicht offizieller Sanktionierung. Kein anderer sowjetischer Film sollte einen derartig sympathisierenden Blick auf die *schtetl*-Kultur werfen - oder sie so freimütig darstellen. Seinen offenkundigen Schwerpunkt bildet jedoch die jüdische Armut. JEWREJSKOJE STSCHASTJE beginnt mitten im Chaos der großen, unterernährten Familie Menachem Mendels. Um Geld zu verdienen, verläßt der *luftmentsch* Berditschew und geht nach Odessa, wo er Korsetts zu verkaufen hofft. Zusammen mit seinem jungen und ebenfalls eine Randexistenz führenden Freund Šalmen, den der spätere Regisseur Goldblat spielte, macht er sich auf den "krummen Weg des jüdischen Glücks". (...)

Granowskis Briefwechsel legt nahe, daß JEWREJSKOJE STSCHASTJE ursprünglich für die erhoffte Amerika-Tournee des GOSET-Theaters werben sollte. (...) Der Film ist eine wunderbare Ankündigung und noch viel mehr. Tatsächlich liegt der Vergleich mit der berühmtesten Filmkomödie des Jahres 1925 nahe, mit *The Gold Rush* - mit dem er nicht nur ein gemeinsames Thema und einen gemeinsamen zeitlichen Rahmen, sondern auch ein ähnliches Gefühl wehmütigen Vagabundentums und einen verwandten Gebrauch von Traumszenen teilt. Der winzige Michoëls verleiht Menachem Mendel eine chaplineske Aura schäbiger Vornehmheit und skurrilen Pathos. (...) Anders als Chaplins kleiner Tramp jedoch ist es Michoëls *luftmentsch* nie erlaubt - und sei es nur temporär - über die sozial über ihm Stehenden zu triumphieren.

Jim Hoberman, Bridge of Light: Yiddish Film Between Two Worlds. The Museum of Modern Art, New York 1991

## Zur Geschichte des jiddischen Theaters in Rußland

Der Film JEWREJSKOJE STSCHASTJE hängt eng zusammen mit der Entwicklung des Jiddischen Theaters in Rußland und der Sowjetunion, die eine kurze Vorgeschichte hat.

Im 18. Jahrhundert entstanden die ersten jüdischen Wandertruppen, die sogenannten "Sänger aus Brody", die kleine Opern, eigentlich "Musicals", zu biblischen Themen aufführten. Mitte des 19. Jahrhunderts entstehen Lesedramen, 1876 gründete Avrom Goldfadn, Schauspieler, Regisseur und Dramatiker, in Jassy das erste jiddische Theater. Es gastierte im Südwesten Rußlands und Polens. Als alle jiddischen Theatertruppen per Zarendekret verboten wurden, ging Goldfadn nach Amerika, und nur einige Theatergruppen, die sich als 'deutsch-jüdische Truppen' bezeichneten, konnten in Polen und Wilna überleben. Die einzige Ausnahme bildete die Truppe von Esther-Rachel Kaminska, die manchmal in St.Petersburg gastierte. Die 'Habima'-Truppe zog 1916 von Polen nach Moskau (und verließ 1928 die Sowjetunion für immer). Das 1919 neu gegründete 'Jüdische Theaterstudio' sollte eigentlich die Traditionen des früher existierenden jüdischen Wandertheaters aufgreifen oder sich zumindest am 'Habima' orientieren, doch es entwickelte sich eher in polemischer Distanz dazu.

Der Leiter des 'Habima'-Theaters, Nahum Zemach, war von Stanislawski begeistert und wollte sein Theater reorganisieren. Stanislawski hielt Vorlesungen vor der 'Habima'-Truppe und entsandte Jewgeni Wachtangow zu Gastinszenierun-

gen. Die Aufführungen der 'Habima' waren als 'lebendige Klassiker' anerkannt. Dagegen verstand sich das 'Jüdische Studio', später 'Kammertheater', dann GOSET, als populäres Volkstheater mit viel Musik, Tanz, Liedern, Humor, Traditionen des Karnevals. Die bekannten Maler Marc Chagall, Natan Altman, Robert Falk und Alexander Tyschler arbeiteten eng mit der Truppe zusammen.

## Zur Entstehungsgeschichte des Films

Nach der Aufführung "Eine Nacht auf dem Jahrmarkt" (1925) wurde das GOSET-Theater sehr berühmt - es kamen viele Einladungen zu Auslandsgastspielen und aus den USA sogar der Auftrag, einen Film nach Scholem Alejchems Erzählungszyklus "Menachem Mendel" zu drehen. Die Hauptfigur des Zyklus, ein "*luftmentsch*" namens Menachem Mendel, war bereits von Michoëls in dem "Scholem-Alejchem-Abend" des Theaters gespielt worden. Zunächst sollte der bekannte Theaterkritiker und Dramatiker Teneromo das Drehbuch verfassen, danach der Filmkritiker Michail Lewidow, schließlich setzte sich die Meinung durch, daß nur Isaak Babel das Drehbuch schreiben könne.

## Aus den Erinnerungen des Filmregisseurs G. Roschal

Ende Mai 1925 saßen wir in Michoëls Wohnung in der Stankewitsch-Straße. Alle waren in bester Stimmung - Michoëls, Suskind, der Maler Altman, der Kameramann Tissé. Alle dachten darüber nach, wie wir etwas Neues über Menachem Mendel erzählen werden, noch dazu im Film! Tissé erklärte uns lang und breit die Vorzüge des Films gegenüber dem Theater: "Versteht ihr, man kann Mendel nicht in ein kleines zusammengeschrumpftes Häuschen in einer kleinen provinziellen Straße einsperren, wie ihr das auf dem Theater gemacht habt. Man muß seinen ganzen Leidensweg - und zwar überall - zeigen: in den Städten, in den Provinzkaffs, auf den Bahnhöfen, in den Zügen..."

Alle warteten auf Granowski, der eine 'Überraschung' mitbringen sollte. Plötzlich klingelte es, und ein kleiner Mann in grauer Bluse betrat das Zimmer. Eine große Brille betonte seine hohe Stirn... Babel setzte die Brille ab, putzte langsam die Gläser, setzte sie wieder auf und fragte, nachdem er jeden aufmerksam betrachtet hatte: "Wer von euch mag Granowski sein? Ich kann ihn nicht entdecken!" - "Ich passe Ihnen wohl nicht?" fragte Michoëls spöttisch. "Michoëls", so Babel, "Sie könnten vielleicht der Menachem Mendel sein, aber nicht Granowski und nicht Mendel Krik (der Held aus Babels Odessaer Erzählungen und dem Stück "Sonnenuntergang", A.d.R.). Wir in Odessa mochten diese *luftmentschen* nicht, wir mochten Tatmenschen. Euer Mendel oder Reb Alter sagt: 'Wenn ein Jude trinkt, bleibt er trotzdem nüchtern, seine Zunge verheddert sich nie, und er steht fest auf den Füßen.' Er hat Angst, sich selbst ein Vergnügen zu bereiten. Aber Mendel Krik mag das brodelnde Leben. Er hat immer etwas zu tun und ist stets in Hochstimmung. Sie aber wollen, daß ich über einen *luftmentsch* schreibe! Wollen wir das so machen, Michoëls: Ich mach aus eurem *luftmentsch* einen Mendel Krik?" - "Und was machen wir mit Scholem Alejchem? Vielleicht soll er Ihnen ein Telegramm aus dem Jenseits schicken dafür, daß Sie für ihn Menachem Mendel umschreiben?" Michoëls und Babel lachten lange..."Ich würde gern Ihren Mendel Krik spielen," sagte Michoëls, "nur kenne ich Odessa sehr schlecht. Aber wenn Sie denken, daß die Juden aus Dwinsk nicht so pfeifen können wie die aus Odessa, dann + "Also Kinder erschrecken, das können Sie", sagte Babel. "Vielleicht können Sie sogar den Mendel spielen, aber mehr noch würde ich Sie als Benja Krik mögen, ich sehe, daß Sie ein leidenschaftlicher Mensch sind, und Leidenschaften regieren die Welt."

Granowski kam nicht, und Babel breitete vor uns seine Konzeption des Menachem Mendel aus: "In Odessa lebten arme und reiche Juden, Handwerker und Bankiers, Ärzte und Kutscher. Die einen bewohnten die großen Villen auf dem Französischen Boulevard, die anderen hausten in den Kellern von Moldawanka und Slobodka. Doch die Juden aus Odessa sind keine 'provinziellen Juden', ich habe dort nie *luftmentschen* getroffen, sie alle strebten nach einer richtigen Tat. Ich befürchte, ich kann für Euch kein Drehbuch schreiben." - "Darf ich Ihnen einen kleinen Ratschlag geben?" fragte Michoëls. "Ich habe gehört, Sie schreiben Ihre kleinen Erzählungen sehr langsam, schreiben Sie dieses Drehbuch doch einfach in zwei Wochen! Viele Juden waren unter dem Zaren zur Armut verdammt. Vielleicht waren die Bettler aus Odessa etwas lustiger als in dem jüdischen Provinzkaff, doch was ändert das im Grunde? Um wenigstens für einen Augenblick die Hoffnung zu finden, wurden die Menschen zu *luftmentschen*. Hungrige Kinder, das Blut der Pogrome, die Kälte im Winter und die Glut im Sommer - was blieb den Menschen weiter übrig als Selbstbetrug und der Stolz, der ihnen ein bißchen Glauben schenkte? Verstehen Sie mich? Menachem Mendel ist dem Akaki aus Gogols 'Mantel' näher als Ihrem Mendel Krik. Ich liebe diesen Menachem Mendel und leide mit ihm. Wenn man Scholem liest, will man nicht nur lachen, man will manchmal auch weinen." - "Ich verstehe nicht, warum Sie meinen Mendel Krik so wenig mögen. Finden Sie nicht, daß er etwas von König Lear hat? Wenn Sie es nicht finden, tun Sie mir leid, Sie weiser Salomon!" erwiderte Babel.

"Sie tun mir auch leid, Babel. Sie müssen daran denken, daß man uns in Berditschew erwartet, und Berditschew ist nicht Odessa!"

### Die Arbeit am Drehbuch

Die Zusammenarbeit zwischen Babel und Granowski kam nicht ganz so zustande, wie es sich die Truppe gewünscht hatte; anders im Fall Tissé. Tissé drehte JEWREJSKOJE STSCHASTJE parallel zu *Panzerkreuzer Potemkin* und entfernte sich ab und zu von Eisensteins Team. Dessen Regieassistent, Maxim Strauch, erzählte, daß Tissé ständig ausriß und der Drehstab den verschwundenen Kameramann oft suchen mußte. Babel ging Granowski als Drehbuchautor verloren, obwohl er sich zunächst in die Geschichte von Menachem Mendel vertieft hatte. Er fand einen alten jüdischen Schadchen, der sich noch vor der Revolution dreißig Jahre lang mit Heiratsvermittlung befaßt hatte, und gab sich als ein alter Junggeselle aus, der eine Braut sucht. Dieser alte Schadchen nahm Babel mit - nach Malachowka, Tscherkisowo und Perlowka - in der Hoffnung, ihn zu verheiraten. Parallel dazu verkaufte er in Malachowka den Pfeffer, den er in Tscherkisowo gekauft hatte, und in Perlowka die Streichhölzer aus Malachowka. Er staunte nur über Babels Verhalten: "Sie werden nie heiraten, sie können nicht mal den Namen der Braut behalten. Ich habe Sie kaum bekannt gemacht, und Sie schreiben schon wieder etwas... Die Brautliste muß ich doch schreiben, Sie müssen ihr Schicksal meistern!" Der Alte ahnte nicht, daß er zum Filmhelden wurde. Letztendlich kam der abgetauchte Babel zu Granowski und sagte: "Ihr müßt ohne Drehbuch drehen, ich mache zum fertigen Film die Zwischentitel."

### Die Dreharbeiten

Michoëls liebte die Ukraine, die Heimat von Scholem Alejchem, das Land der ehemaligen Zone, wo es Juden erlaubt war, zu wohnen: Dort lebte - nach seiner Meinung - 1925 noch der potentielle Zuschauer dieses Films, und zwar so, wie ihn Scholem Alejchem beschrieben hatte. Michoëls überzeugte Granowski davon, daß man den Film nur in Berditschew, Winniza oder Berschad drehen könne. "Dort sehen die Häuser und Menschen so wie zu Zeiten Scholem Alejchems aus." Er versprach Granowski, der dieses Milieu nicht kannte, das Leben in dem jüdischen Provinzkaff zu zeigen: seine Armut und seine Enge, die Kläglichkeit und den Mief, aber auch den Charme, die Ruhe, den eigenartigen Humor... Granowski meinte, daß nach den Pogromen von Petljura und Machno während des Bürgerkrieges dort nichts übrig sei, und war geneigt, die Dekorationen 'à la Berditschew' im Atelier bauen zu lassen, doch Michoëls gelang es, ihn umzustimmen, und der Film wurde in Berditschew gedreht. Das Filmteam traf die Stadt wirklich noch in einem "jungfräulichen Zustand", wie Granowski sich später ausdrückte. Der Umgang mit den Bewohnern des Städtchens war die beste Theaterschule für die GOSET-Schauspieler.

M. Gejser: Solomon Michoëls, Moskau 1991

### Das schtetl - Heimat der 'luftmentschen'

Wie die jiddischen Bühnenstücke spielen auch die meisten jiddischen Filme im *schtetl* - jenem vor allem von Juden bewohnten Typ des osteuropäischen Kleinstädtchens, das man von Rumänien im Süden bis nach Litauen im Norden fand. Bis heute ist das *schtetl* ein Bezugspunkt nostalgischer Sehnsüchte und Wünsche, eine rückwärtsgewandet Utopie nach einer Heimat, die indes keine war, geblieben. (...)

Die romantische Erinnerung verklärt das *schtetl* und gedenkt mit Rührung eines innigen Lebens, das um die Familie und das Bethaus zentriert, alleine im Rhythmus des jüdischen Kalenders pulsierte, eines Lebens, an dem sich der *schabbes* festlich über die ganze Stadt legt, in dem Trauer und Freude von allen geteilt und die Ehen noch im Himmel bzw. vom Heiratsvermittler geschlossen wurden. Doch dies Bild ist alleine das Bild volkstümlicher Schnulzen. Schon die klassische jiddische und hebräische Literatur Rußlands und Polens - etwa Scholem Alejchems - hat es anders gesehen und es als das dargestellt, was es in Wirklichkeit war: eine durch Unterbeschäftigung, Aberglauben und Angst geprägte Lebensform, der all das bißchen Glanz, das sie hatte, über die jüdischen Feiertage regelrecht abgetrotzt werden mußte. (...)

Diese Kleinstädte mitsamt ihrer Sozialstruktur waren das Ergebnis einer über Jahrhunderte andauernden politischen Repression. Seitdem die großen und stolzen jüdischen Gemeinden Polens und Litauens - die *kehiles* - in den Wirren des Niedergangs des Jagiellonenreiches zu Beginn des siebzehnten Jahrhunderts blutig untergingen, wurden die polnischen und russischen Juden zur politischen und ökonomischen Manövriermasse. (...)

Um das Jahr 1850 gab es im russischen Reich, das damals den größten Teil Polens umfaßte, dreieinviertel Millionen Juden, gegen Ende des Jahrhunderts fünfeinhalb Millionen Juden. Sie lebten, als Resultat einer zwischen partieller Liberalität und härtester Repression schwankenden zaristischen Innenpolitik im sogenannten Ansiedlungsrayon, also einem Gebiet, das Juden - von Ausnahmen abgesehen - nicht verlassen durften. Es erstreckte sich von Litauen im Norden bis nach Bessarabien im Süden, von Polen im Westen bis nach Poltawa im Osten. Die Zaren, die durch ihre Eroberungspolitik im Westen und im Süden die Juden gewissermaßen geerbt hatten, waren sich alles in allem unschlüssig, was mit ihnen geschehen sollte. Sollten sie Zugang zu allen russischen Städten erhalten, Zugang zu Universitäten, Freien Berufen und zur Politik? Oder sollten sie quasi interniert, ja ghettoisiert bleiben? Der Wechsel von Liberalität und Repression trieb die Juden von den Gebieten des Ansiedlungsrayons in die großen Städte und wieder zurück. (...)

Die Zaren exekutierten an den Juden das, was später den Namen Bevölkerungspolitik bekommen sollte. So zitterten um 1930 die schtetl vor den Chappern, den Greifern - zaristischen Bütteln, die noch nicht barmitzvahreife, das heißt dreizehn Jahre alte, jüdische Knaben für fünfundzwanzig Jahre zum Militärdienst pressen sollten, um sie ihrem Judentum zu entfremden. Die Juden - und dies war der Generalnenner der zaristischen Politik während der hundert Jahre zwischen dem russischen Debakel Napoleons und der Revolution - sollten zwar nicht direkt physisch ausgerottet, aber doch mindestens gewaltsam amalgiert, das heißt zwangsassimiliert werden. Je nachdem, ob ein Zar sich als reaktionär oder progressiv einstufte, bediente er sich hierzu unterschiedlicher Mittel. In reaktionären Phasen wurden der Mob aufgehetzt, Pogrome veranstaltet oder Freizügigkeiten und Lebensmöglichkeiten eingeschränkt; in progressiven Phasen hingegen bediente man sich unter anderen des Mittels der Schulreform: aufgeklärte Juden aus Westeuropa sollten Talmud, Tora sowie die jiddische Sprache durch weltliche Inhalte und moderne Sprachen ersetzen. (...) Zensur und Schulreform, Militärdienst und numerus clausus, Pogrome und Bekehrungsversuche waren die Randbedingungen, unter denen die jüdische Kultur Rußlands und Polens, Rumäniens und Bulgariens in jener Zeit zu bestehen hatte.

Um die Mitte des neunzehnten Jahrhunderts waren 40 Prozent der Juden im Handel, der Rest gleichermaßen im Handwerk und in Dienstleistungsberufen beschäftigt. Im Ansiedlungsrayon waren fast alle Kaufleute Juden. Sie versorgten die noch immer zahlenmäßig bei weitem überlegene russische und polnische bäuerliche Bevölkerung mit Gütern. Fünfzig Jahre später hatte sich dies entscheidend verändert. Nun waren bereits - nach einer ersten Industrialisierungswelle - 40 Prozent aller dort beschäftigten Juden lohnabhängig. Aber vor allem war das im Ansiedlungsrayon gelegene schtetl dadurch gekennzeichnet, daß in ihm eine dauernde Unterbeschäftigung herrschte, beziehungsweise für die viel zu vielen Handwerker, die Schuster und Schneider, die Krämer und Trödler kein Markt da war. Abgesehen von den wohlhabenden Schankwirten, den reichen Kaufleuten, die oftmals etwas Grund und Boden oder Häuser besaßen und deshalb *balebossim* (Hausbesitzer) genannt wurden und den bettelarmen Tora- und Talmudstudenten, konkurrierten diese kaum noch selbständig zu nennenden Kleinstunternehmer um eine nicht vorhandene Kaufkraft. Und so ist die Kluft zwischen Arm und Reich, zwischen *balebosim* und anderen, zwischen Geiz und Barmherzigkeit, ein zentrales Thema des Lebens im schtetl. Die Sorge um das tägliche Brot, die Sorge um die Festtagsmahlzeit, die Sorge um eine angemessene Verheiratung der Kinder, die sowohl Ansehen als auch Sicherheit erbringen sollte, bestimmte das alltägliche Leben. (...)

Nur die Armut, die Pogrome und die unerträgliche Enge des schtetl konnten den Kreislauf durchbrechen - ein Kreislauf, aus dem die Haskala (die Aufklärung), die inbrünstige Volksfrömmigkeit des Chassidismus, später auch der Sozialismus, der Zionismus, aber vor allem die Auswanderung nach Amerika hinausführen sollten. Dort in Amerika wurde 'the old country' dann zu dem, was es nie war: zur Heimat. Eine Heimat, die dadurch ausgezeichnet war, daß sie nicht im Hier und Jetzt lag und ihre Bewohner nicht ganz von dieser Welt waren, sondern sich irgendwie zwischen Himmel und Erden aufhielten.

"Sie waren 'luftmentschen' oder 'Luftexistenzen', wie sie sich selbst gerne nannten - mit jener Selbstironie, auf die sie schwerer verzichten hätten können als auf ihre kärgliche Nahrung oder ihre schäbige Kleidung."[1] So resümiert Manès Sperber eine Existenz, die im Bild des Fiddler on the Roof, des 'Fiedlers auf dem Dach', wie er auf den Bildern Chagalls immer wieder zu sehen ist, ihren gültigen Ausdruck gefunden hat.

[1] Manès Sperber, Die Wasserträger Gottes, Wien 1974, S.20
Micha Brumlik, Das schtetl. Heimat der Luftmenschen, in: Das jiddische Kino, Deutsches Filmmuseum Frankfurt 1982

**Alexej Michajlowitsch Granowski** (eigentlich Abraham Asarch), geb. 1890 in Moskau, gest. am 14.3.1937 in Paris. Aufgewachsen in einer großbürgerlich-jüdischen Familie, studierte Granowski 1910-1911 an der Petersburger Schule der Bühnenkünste, 1911-1913 an der Münchner Theaterakademie. Granowski absolvierte ein Praktikum bei Max Reinhardt, der ihn stark beeinflußte.

Ab 1914 Arbeit an verschiedenen russischen Theatern, Debüt in Riga. 1919 gründete Granowski in Petrograd das 'Jüdische Theaterstudio', das 1920 nach Moskau umzog und in 'Jüdisches Kammertheater' umgewandelt wurde und ab 1925 GOSET hieß (Gosudarstwenny Jewrejski Teatr / Staatliches Jüdisches Theater). Das erste Theaterhaus wurde von Marc Chagall ausgestaltet. Granowski wurde berühmt durch Inszenierungen in der Manier Reinhardts (1919 'Ödipus' im Ciniselli-Zirkus Petrograd oder 1921 'Mysterium buffo' in deutscher Sprache im Nikitin-Zirkus Moskau - mit 350 Schauspielern) sowie für seine Arbeit im GOSET: 'Scholem Alejchem Abend' (1921), 'Die Zauberin' (1922) von A. Goldfadn, '200.000' nach Alejchem (1923), 'Eine Nacht auf dem Jahrmarkt' (1925) von I. Perez, 'Der Luftmentsch' nach Alejchem (1928) u.a.

1928 blieb Granowski nach einem neunmonatigen Auslandsgastspiel des Theaters im Ausland. Granowski arbeitete für deutsche und französische Filmstudios. Er drehte in Deutschland *Das Lied vom Leben* (1930 / Tobis), *Die Koffer des Herrn O.F.* (1931 / Tobis) und in Frankreich *Les aventures du roi Pausole / König Pausole* (1933), *Les nuits moscovites / Moskauer Nächte* (1934), *Taras Bulba* (1935). In der UdSSR drehte er seinen einzigen Film JEWREJSKOJE STSCHASTJEan der 1.Goskino-Fabrik im amerikanischen Auftrag mit der Truppe seines Theaters.

**Solomon Michajlowitsch Michoëls** (eigent. Wowsi), geb. am 14. März 1890 in Dwinsk, ermordet am 13. Januar 1948 in Minsk. Studium an der Kiewer Handelsschule und an der Jurafakultät der Petersburger Universität. 1919 Eintritt in das 'Jüdische Theaterstudio', ein Jahr später Umzug nach Moskau. Von den ersten Inszenierungen an avancierte Michoëls zum Star der Truppe, spielte alle führenden Rollen (Uriel Akosta, Reb Alter, Menachem Mendel, Benjamin III., Lear, Tewje u.a.). Ab 1929 Chefregisseur der Truppe.

Wie alle Mitglieder des 'Antifaschistischen Jüdischen Komitees' wurde er 1948 bei einem inszenierten Autounfall "beseitigt".

Herausgeber: Freunde der Deutschen Kinemathek. Druck: graficpress
Redaktion/Übersetzung dieses Blattes: Christine Gregor, Oksana Bulgakowa

## DIE STADT OHNE JUDEN Österreich 1924

*Produktion: H. K.B. Film (Wien), Walterskirchen & Bittner
(Wien)*
*Regie: Hans Karl Breslauer*
*Buch: Ida Jenbach, H.K. Breslauer, nach dem Roman von
Hugo Bettauer*
*Kamera: Hugo Eywo*
*Bauten: Julius von Borsody*
*Regie-Assistenz: Hugo Adler*
*Darsteller: Johannes Riemann (Leo Strakosch), Karl Thema
(Rat Linder, Führer der Liberalen), Anny Milety (Lotte, seine
Tochter), Eugen Neufeld (Bundeskanzler), Hans Moser (Rat
Bernart), Ferdinand Maierhofer (Rat Volbert), Mizzi Griebel
(Volberts Frau), Hans Effenberger (Alois Carroni, geb. Cohn),
Gisela Werbezirk (Kathi, Köchin), Armin Berg (Isidor, ein
Kommis), Robert Flemmich (Rabbiner), Herr Strud (Prälat),
Leopold Straßmayer, Armin Seydelmann, Sigi Hofer, Arthur
Ranzenhofer, Herr Steinbach, Herr Attems u.a.*
*Uraufführung: 25.7.1924 (Wien)*
*Zensurvorführung: zw. 26.4. und 3.5.1924 - "Zur Vorführung
in Jugendvorstellungen nicht geeignet"*
*s/w (eingefärbt), stumm, 70 Minuten (20 B/S), restaurierte
Fassung*

### Anmerkung

1990 tauchte die Verfilmung von STADT OHNE JUDEN im
Nederlands Film Museum, Amsterdam, auf und wurde im
Bundesarchiv Koblenz "notkopiert", da das eingefärbte Nitro-
material bereits starke Zersetzungserscheinungen und Aus-
bleichungen aufwies. 1991 konnte das Österreichische Filmarchiv in Zusammenarbeit mit dem Kulturamt der Stadt Wien
und dem Thomas-Sessler-Verlag den Film restaurieren, ergänzen, umkleben, die Titel ins Deutsche übersetzen lassen
und eine vorbildliche Farbkopie bei der Viennale, 65 Jahre
nach der Uraufführung, erneut der Öffentlichkeit vorstellen.

Walter Fritz (Österreichisches Filmarchiv)

### Inhalt

Im Staate Utopia ist eine gewaltige Inflation ausgebrochen.
Der Dollar steigt von Stunde zu Stunde, das Volk sieht sein
mühsam erarbeitetes Geld in wertlose Papierfetzen verwandelt. Die Lebensmittel werden unerschwinglich, es kommt
bereits zu Demonstrationen. Die antisemitischen Großdeutschen nehmen dies zum Anlaß, den Juden die Schuld an dieser
Misere zu geben. Besonders der durch seinen übermäßigen
Alkoholgenuß bekannte Rat Bernart agitiert lautstark gegen
die Juden. Die Parole "Hinaus mit den Juden!" erreicht alsbald
das Ohr des Bundeskanzlers, der dieser Forderung trotz kleri-
kaler Einwände nur zu gerne folgt. Im Parlament wird nach
einer turbulenten Sitzung die Ausweisung der Juden beschlossen; auch getaufte Juden und Kinder aus Mischehen haben das
Land zu verlassen. Nur solche, die schon in der zweiten
Generation getauft sind (...), werden als bodenständig erklärt.
Rat Volbert, der ebenfalls begeistert für das Gesetz gestimmt
hat, bekommt die Folgen bereits zu Hause zu spüren: Seine
Frau tobt mit ihm, ist doch sein Schwiegersohn ein geborener

Cohn und ihre Köchin Kathi im Begriff zu kündigen, weil ihr
Isidor nach Zion auswandert. Auch im Hause des Rates
Linder ist die Trauer eingezogen. Lotte, seine Tochter, ist
mit Leo Strakosch, einem begabten Maler, verlobt - und auch
er muß fort!
Die ersten Züge mit den Ausgewiesenen verlassen die Stadt,
die noch Verbliebenen werden in ihren Hütten und Wohnungen zusammengetrieben - Ausnahmen werden nicht gemacht! Ein Taumel hat die Stadt erfaßt, zumal der reiche
amerikanische Antisemit Huxtable einen Milliardenkredit
zugesagt hat. Die Spekulation kennt nun keine Grenzen
mehr... Doch bald macht sich dieser gewaltsame Eingriff im
wirtschaftlichen Leben bemerkbar: Die Damen des ein-
schlägigen Gewerbes beklagen den massiven Rückgang
ihrer Einkünfte, der Textilhandel reduziert sich auf Leinen
und Barchent und die eleganten Kaufhauskantinen werden
zu Bierbeisl umgebaut. Mit Schrecken registriert man das
Gegenteil des erhofften Erfolges: Arbeitslosigkeit, Teuerung und ausländischen Boykott! (...)

Josef Schuchnig, in: Die Stadt ohne Juden, Schriftenreihe des Österreichischen Filmarchivs, Folge 26, Wien 1991

### Kritik

Nun ist dieser Film, der schon während seines Werdeganges
das allgemeine Interesse in so hohem Maße erregte, fertiggestellt, und bald werden wir Gelegenheit haben, über den
Gesamteindruck dieses Werkes, zu dessen Herstellung soviel Arbeit, Mühe und nicht zuletzt auch Mittel aufgewendet
wurden, zu berichten. (...) Es ist wohl unnötig, hier noch
einen kurzen Auszug über die Handlung selbst zu geben,
denn das Buch Hugo Bettauers nahm in so kurzer Zeit einen
so raschen Siegeslauf durch die ganze Welt, daß heute kaum
ein Mensch, der auf Bildung und Kultur Anspruch macht,
existiert, der sich nicht über die geistreiche Satire dieses
bekannten Autors gefreut und amüsiert hätte. Er hat hier mit
kühnem Griff das aus dem Reden und Trachten der Antisemiten herausgenommen, was der Tenor dieser Anstrengungen ist: Das Leben eines Staates ohne Juden, die heute einen
nicht geringen und nicht zu leugnenden Einfluß auf alle
Belange der Öffentlichkeit nehmen. (...) Wir haben nun
schon reichlich in vorhergehenden Artikeln auf den Umstand hingewiesen, daß das Buch Bettauers in seiner ursprünglichen Abfassung und in dieser Verfolgung seiner
Tendenzen für den Film einer umfassenden Umarbeitung,
die dieses Sujet erst zu diesem Zwecke verwendbar machte,
unterzogen werden mußte. Es ist nun auch an der Zeit, über
den Regisseur des Werkes zu sprechen. H.K. Breslauer ist,
trotz seiner verhältnismäßig jungen Jahre, schon seit langem
in der heimischen Filmbranche bestens bekannt. Wir haben
schon sehr oft Gelegenheit gehabt, in unserem Blatte seine
Werke zu besprechen. Obwohl er schon viel Gutes und
Schönes zu bieten wußte, ist dies doch der größte und auch
der schwerste Film, den er zu machen Gelegenheit hatte.
Und wenn man ihn arbeiten sah, erkannte man, daß er sich
hier nicht zuviel zugetraut hatte. Er ging bis in das letzte
Detail auf das Wesen der Sache ein und machte ausreichende
Studien, um all das, was hier oft nur in kurzen Sätzen

angedeutet ist, visuell wirksam zu gestalten. Er studierte die jüdische Religion und die mit diesem Glauben in Zusammenhang stehenden Gebräuche und Sitten, er versenkte sich in das Wesen des Judentums, und es findet sich in dem ganzen Film kein einziger Punkt, um dessentwillen er in seiner Vorbereitung etwa nur halbe Arbeit geleistet hätte.

Breslauer zeigte auch in der Besetzung der ungeheuer vielen Rollen eine erfreulich sichere Hand, und wenn man sieht, welche prominenten Namen des Wiener Bühnen- und Filmlebens oft als die Besetzung einer ganz kleinen Rolle figurieren, so erkennt man, daß hier nichts verabsäumt wurde, um diesen Film in jeder Beziehung vollkommen zu machen, daß hier an nichts gespart wurde, um dieses Werk in allem erstklassig zu machen. (...)

Anon., in: Die Filmwelt, Jg. 1924, Nr. 16

### Hans Moser erinnert sich

(...) Regisseur und Produzent Breslauer machte von vornherein Abstriche und ließ Details weg, die das Geschäft hätten verderben können: DIE STADT OHNE JUDEN lag im Film nicht in Österreich, sondern "irgendwo", auch wurde der Inhalt nicht als "Tatsache", sondern als Traum eines Antisemiten hingestellt. Die überstürzte Filmpremiere am 25. Juli 1924 in Wien endete mit einem Zerwürfnis zwischen Autor Bettauer und Regisseur Breslauer. Der Film erregte dank vieler Zeitungsartikel - nicht zuletzt infolge des Streits - großes Aufsehen, alle Vorstellungen waren ausverkauft. Aber ohne Krawalle konnte der Film natürlich nicht über die Leinwand laufen: in Wien und Wiener Neustadt warfen junge Nationalsozialisten Stinkbomben in die Kinosäle. Am 20. Juli 1926 war die Vorführung im Berliner Alhambra-Kino, und auch hier gab es "lebhafte Proteste aus dem Publikum", wie die Zeitschrift "Kinematograph" in ihrem Premierenbericht festhielt. Die Folge war, daß der Film ab der zweiten Vorstellung einen neuen Vorspann hatte. Mit dem Text: "Es handelt sich bei dem heute gezeigten Spielfilm um kein Tendenzstück, die Direktion bittet daher, Beifall oder Mißfall nicht laut zu äußern." In New York wurde die Premiere des Streifens nach all den europäischen Krawallen kurzfristig abgesetzt, "da der Film die Empfindlichkeit der Rassen herausfordert".

Im Oktober 1924 habe ich den Autor des Buches, Hugo Bettauer, dann persönlich kennengelernt, da sind wir gemeinsam in einer Simpl-Revue aufgetreten. Wir haben uns sehr gut verstanden, und er hat mir lange aus seinem interessanten Leben erzählt. Wer hätte gedacht, daß wir uns nie wieder sehen sollten? Denn seine "Stadt ohne Juden" hatte ein tragisches Nachspiel: Dr. Hugo Bettauer wurde, knapp sieben Monate nach der Uraufführung des Films, am 10. März 1925 von dem Nationalsozialisten Otto Rothstock in Wien angeschossen und durch fünf Kugeln so schwer verletzt, daß er wenige Tage später starb. Neben "Die Stadt ohne Juden" war "Die freudlose Gasse" Bettauers bedeutendster Roman. Er wurde von G. W. Pabst verfilmt und brachte Greta Garbo die erste Hauptrolle. (...)

Hans Moser: Ich trag im Herzen drin ein Stück vom alten Wien. München/Berlin 1980

### Hugo Bettauer über seinen Roman

Haben Sie schon gelesen?
"Die Stadt ohne Juden"
Ein Roman von übermorgen
Der Autor über sein Buch
Als ich einmal einen jener Orte aufsuchte, an denen man sich nicht länger aufzuhalten pflegt, als unbedingt notwendig ist, sah ich neben anderen erbaulichen Inschriften auf den Wänden auch mehrfach die kategorische Aufforderung prangen: Hinaus mit den Juden!

Dieser Sehnsuchtsschrei eines sicher sonst braven Mannes, den man ja auch unter den Plakaten unter dem lieblichen Hakenkreuz findet, auf der Elektrischen oft genug hört und als christlich teutonisches Sanierungsprogramm in den "Wiener Stimmen" liest, regte meine Phantasie zu spielerischen Gedanken darüber an, wie dieses Wien sich wohl entwickeln würde, wenn die Juden tatsächlich einmal der höflichen Aufforderung folgten und die Stadt verließen. (...) Jawohl, ich weiß alles, ich hätte viel tiefer schürfen und ein dickleibiges Buch mit gründlicher volkswirtschaftlicher Betrachtung über alles das schreiben können, was geschehen würde, wenn Wien keine Juden mehr hätte. Statt dessen habe ich ein ganz amüsantes Romänchen hingehaut, wie es eben in meiner Art, also in der Art eines höchst leichtfertigen, durchaus unseriösen Lüdrians liegt. Tiefen wirtschaftspolitischen Betrachtungen bin ich schon deshalb aus dem Wege gegangen, weil ich von Volkswirtschaft keine blasse Ahnung habe, wenn ich auch den Unterschied zwischen Baisse und Hausse schon mehrfach am eigenen Leibe erfahren mußte. Und heute bin ich noch immer so naiv, daß ich nicht begreifen kann, warum ein befreundeter Bankier, auf die Aufforderung, für mich ohne Deckung hundert Stück Nordbahn zu kaufen, statt jeder Antwort nur die Zunge herausstreckte.

Also, wie gesagt, ich habe ein amüsantes Buch geschrieben, das in einer durch eine harmlose Romanhandlung zusammengehaltenen Skizzenreihe ein kinematographisches Bild des Wiens zeigt, wie es ohne Juden aussehen würde. Ohne Juden, das heißt ohne Menschen mit geschäftlichem Temperament, mit Luxusbedürfnis, mit Hang zu Pracht und Wohlleben, mit exhibitionistischen Instinkten und jenem leichten Gewissen, das zum Vorwärtskommen und Vorwärtstreiben notwendig zu sein scheint. Wien, die Stadt der Operette, kann keine Operetten mehr aufführen, weil die Komponisten oder Librettisten, gewöhnlich aber beide, Juden sind, Wiens Luxusgeschäfte gehen ein, weil es nicht die autochthone, aus den Bergen stammende Bevölkerung ist, die kostbare Kleider und Pelze liebt, sondern die zugewanderte semitische. Die Kaffeehäuser müssen sperren, weil der echte Wiener mehr Wert auf ein Viertel Wein, als auf Mokka, Zeitungslektüre und rabulistische Unterhaltung legt. Wien verelendet, verdorrt; auf dem Stefansplatz würde demnächst ein Viehmarkt abgehalten werden, wenn das Antijudengesetz nicht fallen würde. (...)

Hugo Bettauer, in: Die Börse, Wien, 3. Jg., Nr. 28, 13. Juli 1922

### Bettauer - eine Wiener Erscheinung

*Unser Mitarbeiter Hugo Ignotus (d.i. Béla Balász; A.d.R.) schrieb den nachstehenden Artikel über Bettauer vor mehr als sechs Monaten, knapp, nachdem "Er und Sie" mit dem bekannten Skandal eingestellt wurde und "Bettauers Wochenschrift" erschienen ist. Hugo Ignotus, wohl einer der feinsten Köpfe der Wiener Zeitungswelt (...), der nun seit einigen Jahren in Berlin und Wien lebt, konnte den Artikel, in dem er kräftig für Bettauer eintrat, in keiner Wiener Zeitung unterbringen. Selbst die Hochachtung vor diesem wirklich edlen Literaten konnte die Zeitungen nicht bestimmen, seine Stellungnahme zu Bettauer zu veröffentlichen. Die Schilderung der Figur des Schriftstellers, der heute als Opfer eines verruchten Attentats zwischen Leben und Tod schwebt, ist indes so packend, daß wir es uns nicht versagen können, den Artikel jetzt, da er uns zukommt, ohne Änderung zu veröffentlichen. Es erscheint uns überflüssig, angesichts dieser Schilderung mehr über Bettauer und das Attentat zu sagen.*

Mit dem bekümmerten Hündchengesicht des vorzüglichsten

Gymnasiasten sitzt, näher an die Fünfzig als an die Vierzig, der Schriftsteller Hugo Bettauer auf der Sonnenhöhe Wiener Beliebtheit. Vor drei Jahren ein Zeitungsschreiber unter vielen, ist er heute der gelesenste Romancier, Novellist, Chronist und Publizist, und wie vom Wahrheitsplauscher Bettauer auch der große Bankier schon manches hinnimmt, so läßt sich das Vorstadtmädel von Hugerl, dem Herzenskenner, für ihr Leben gern die Seele kurieren. Es vergeht kein Tag ohne eine Romanfortsetzung von ihm in einer Tageszeitung, kein Sonntag ohne eine Sonntagsnovelle, kein Montag ohne eine Montagschronik; drei Zeitschriften bringen von ihm dreierlei Beiträge - unlängst begründete er (und schrieb es auch sofort voll) ein eigenes erotisches Wochenblatt, und als er von diesem, wegen tugendhafter Bedenken, lassen mußte, machte er sich sofort an ein anderes heran, mit dem Titel "Bettauers Wochenschrift" und mit dem Untertitel "Probleme des Lebens".

Probleme dieser Art sind etwa, wenn eine junge Frau nicht den angetrauten Gatten liebt, sondern einen ungetrauten jungen Mann, und die Schriftleitung, also Bettauer, befragt, was sie wohl in dieser Lage zu tun hätte. Ein jeder andere würde antworten: "Mein Kind, fragen Sie nicht, sonst sage ich's Ihnen!", Bettauer aber antwortet nicht dies und nicht auf solche Art, sondern er zieht die Brauen hausdachhoch empor und erzählt der jungen Ratlosen einerseits vom Recht auf die Liebe, andererseits von der Pflicht zur Aufrichtigkeit, fügt einige fortschrittliche Ausführungen über die Freiheitsrechte des Leibes und Ausfälle gegen das Selbstische der Männer hinzu - das ganze dünstet etwas nach Blauem, gefällt aber den Leuten, und Hugo Bettauer wird dafür angebetet auf der Elektrischen, in den Kaffeehäusern, den Bars, den Promenaden, den Modewerkstätten. Schale Braun, mit etwas Hochquell verdünnt, mit etwas Chypre aufgeklärt, so schmeckt Hugo Bettauer; er ist der Beichtiger, der Unterhalter, der Denkenmachende, der die Bedeutung des Lebens für sie Erhellende der kleinen, ein bißchen auch der größeren Leute von Wien, vielleicht auch von Prag und Mährisch-Ostrau. Eine liebenswürdige, bescheidene, gar nicht vordringliche Schriftstellerfigur, die ihre fabelhafte Popularität mit Geschmack trägt, und als Entgelt für sie die sittlich-öffentliche Pflicht empfindet, mit einer jeden Zeile, sei diese nachdenklich oder erzählend, für Freiheit und Aufklärung und gegen Scheinheiligkeit und Grausamkeit namentlich in Sachen der Liebe loszuziehen, wozu sich selbst im gütigen und duldsamen Ländchen Österreich Grund und Gelegenheit bietet. Mit einem Wort: an Bettauer gibt es nichts auszusetzen, hingegen ist er zu beneiden um seine unbegrenzte Arbeitsfreudigkeit, immer rege Aufmerksamkeit, seinen nie ermattenden Spürsinn. Und unter die Lupe zu nehmen wegen des Geheimnisses seiner Erfolge, welches in das Kapitel der Psychologie der Massen - die doch seine Leserschaft abgeben - gehört.

Einige seiner Eroberer-Eigenschaften sind nicht schwer zu bestimmen. Etwa: Sein Stil, eine an den Zeitungen aufgezogene charakteristische Gesprächssprache, die für die Syntax wenig übrig hat, doch mit Sicherheit verständlich macht, wovon die Rede ist. Die Rede ist aber immer davon, wovon man spricht, was an einem bestimmten Tag das Gespräch des Tages und der Tagesblätter, der Rubriken für Sport und Theater, Börse und Gerichtliches war. Kommt heute Carpentier nach Wien zu einem Boxmatch, so erscheint morgen schon eine Novelle von Bettauer, worin von einer jungen Frau erzählt wird, die bis dahin an der Stelle eines gelehrten Pedanten von Gatten dahindämmerte, in der aber, beim Anblick des stahlbemuskelten Fremdlings, die Sinne orgelnd erbrausen, als glücksspendendes Konzert für einen zufällig hinzugekommen und straff belendeten Schulgenossen des

Gatten. Und war der April der Wiener von der Abrechnung Ende Mai voraus beschattet, so gab dies für den in parallelen Fortsetzungen erscheinenden Bettauerschen Roman den Vorwurf ab, mit herabgekommenen Emporkömmlingen, mit greulicher Baissestimmung. Wie die Nachtträume des einzelnen sich aus den Wachgeschehnissen des Vortages weben, so verwebt Bettauer die Massengeschehnisse des Gestern zu einem Massentraum für das nächste Morgenblatt und packt damit die Leute sinnlicher, als er es mit irgendeiner Psychologie könnte. Und endlich: Seine Leser sind die kleinen Leute, die heute auf Schauspieler, Schriftsteller, Bankiers und Börsenleute mit nicht minder aufgeregter Neugier emporschauen, wie ehedem auf Könige und Grafen.

Bettauer erzählt also nicht von Königen und Grafen, sondern von Zeitungsschreibern und Schauspielern, von Barmädchen und Bankjungen, von Fabrikanten und Direktoren, von sozialistischen Gemeinderäten und christsozialen Ministern. Von Leuten also, die die Leute interessieren, auf eine Weise, wie es die Leute interessiert: mit jener halb romantischen, halb naturalistischen Einstellung, wie der Mann, der die Straße im Laufschritt durchquert, den Mann, der im Auto drin sitzt, wie der stille Gast der Kaffeehausecke die Lauten um den Bohèmetisch bewundert. Der kleine Mann findet sich, seine Interessiertheiten, seine Art zu sehen und zu empfinden, bei Bettauer wieder, der literarisch und intellektuell höchstgradig aufgeklärt und furchtlos kampfentschlossen anmutend dem kleinen Mann zum beseligenden Selbstgefühl verhilft: "Was muß ich doch für ein intelligentes und erhabenes Wesen sein, daß ich an diesem intelligenten und erhabenen Schriftsteller so meine rechte Freude habe!"

Zu alledem ist noch zu bemerken, daß die Wiener kleine Bürgerschaft in einem Teil provinziellen, ja bäuerlichen Ursprungs und überwiegend christlich, die Kaffeehausintellektualität Bettauers hingegen jene für jüdisch hingenommene zeitungsschreibende ist, der man den Zugang zum Herzen des Volkes abzusprechen pflegt. Nun zeigt es sich wieder, wie gedankenlos das Gefasel und nur in Ländern den Leuten anzubinden ist, wo, wie im Osten und in Deutschland, es bemerkenswert viele Juden gibt. In Rom und in Paris, wo die Juden im übrigen Volke verschwinden, sind Zeitungsschreiber und Kaffeehäuser nicht anders wie in Wien, Prag oder Budapest, und greift das Jüdische des Juden als Massenwirkung durch, so gewiß nicht mit semitischen Eigenschaften, die es nicht gibt, sondern mit der städtisch und vom religiös herkömmlichen Lernzwang bedingten Intellektualität, mit der es den Provinzler, den es in die Innere Stadt zieht, begeistert. Vor zwei Menschenaltern besaß schon Wien seinen jüdischen Zeitungsschreiber, den es vom Erzherzog hinunter zur Hökerin auf dem Naschmarkt vergöttert hat: den Moritz Saphir, aus Lovasbereny gebürtig; bei seinen gemeinen Witzen kugelten sich die Männer, und seine widerlich gefühlvollen Verse beweinten die Frauen. Doch Saphir war ein frecher und zudringlicher Kerl, Bettauer hingegen ist ein netter, gütiger, edeldenkender Junge. Es ist viel erfreulicher, daß er auf die Leute wirkt, als täte es irgendeine Erpressernatur. Mitsamt seinen Lesern ist er eine liebe und erfrischende Erscheinung, wie diese ganze liebe-aufgeräumte, lenzhaft lächelnde Stadt.

Hugo Ignotus (d.i. Béla Balász); in: Die Bühne, Nr. 20, Jg. 25

### Aus dem Roman

Übergroß, trotz des vorgebeugten Schädels und gewölbten Rückens, stand der Bundeskanzler auf der Rednertribüne, die Hände, zu Fäusten geballt, stützten sich auf das Pult, unter den grauen, buschigen Brauen glitzerten die scharfen Augen über den Saal hinweg. So stand er bewegungslos, bis er plötzlich den Schädel ins Genick warf und mit seiner mächtigen Stimme, die sich in den turbulentesten Versammlungen immer hatte Gehör erzwingen können, begann:

"Verehrte Damen und Herren! Ich lege Ihnen jenes Gesetz und jene Änderungen unserer Bundesverfassung vor, die gemeinsam nichts weniger bezwecken, als die Ausweisung der nichtarischen, deutlicher gesagt, der jüdischen Bevölkerung aus Österreich. Bevor ich das tue, möchte ich aber einige rein persönliche Bemerkungen machen. Seit fünf Jahren bin ich der Führer der christsozialen Partei, seit einem Jahr durch den Willen der überwiegenden Mehrheit dieses Hauses Bundeskanzler. Und durch diese fünf Jahre hindurch haben mich die sogenannten liberalen Blätter wie die sozialdemokratischen, mit einem Wort alle von Juden geschriebenen Zeitungen, als eine Art Popanz dargestellt, als einen wütenden Judenfeind, als einen fanatischen Hasser des Judentums und der Juden. Nun, gerade heute, wo die Macht dieser Presse ihrem unwiderruflichen Ende entgegengeht, drängt es mich, zu erklären, daß das alles nicht so ist. Ja, ich habe den Mut, heute von dieser Tribüne aus zu sagen, daß ich viel eher Judenfreund als Judenfeind bin!"

Ein Murmeln und Surren ging durch den Saal, als flöge eine Schar Vögel aus dem Felde auf.

"Ja, meine Damen und Herren, ich bin ein Schätzer der Juden, ich habe, als ich noch nicht den heißen Boden der Politik betreten hatte, jüdische Freunde gehabt, ich saß einst in den Hörsälen unserer Alma mater zu Füßen jüdischer Lehrer, die ich verehrte und noch immer verehre, ich bin jederzeit bereit, die autochthonen jüdischen Tugenden, ihre außerordentliche Intelligenz, ihr Streben nach aufwärts, ihren vorbildlichen Familiensinn, ihre Internationalität, ihre Fähigkeit, sich jedem Milieu anzupassen, anzuerkennen, ja zu bewundern!"

"Hört! Hört!"-Rufe wurden laut, sensationelle Spannung bemächtigte sich der Abgeordneten und des Auditoriums, und der englische Journalist Holborn, der nicht alles verstanden hatte, fragte interessiert den Dr. Wiesel, ob der Mann da unten der Vertreter der Judenschaft sei.

Der Kanzler fuhr fort: "Trotzdem, ja gerade deshalb wuchs im Laufe der Jahre in mir immer mehr und stärker die Überzeugung, daß wir Nichtjuden nicht länger mit, unter und neben den Juden leben können, daß es entweder Biegen oder Brechen heißt, daß wir entweder uns, unsere christliche Art, unser Wesen und Sein oder aber die Juden aufgeben müssen. Verehrtes Haus! Die Sache ist einfach die, daß wir österreichische Arier den Juden nicht gewachsen sind, daß wir von einer kleinen Minderheit beherrscht, unterdrückt, vergewaltigt werden, weil eben diese Minderheit Eigenschaften besitzt, die uns fehlen! (...) Unser Volk kommt zum überwiegenden Teil aus den Bergen, unser Volk ist ein naives, treuherziges Volk, verträumt, verspielt, unfruchtbaren Idealen nachhängend, der Musik und stiller Naturbetrachtung ergeben, fromm und bieder, gut und sinnig! Das sind schöne, wunderbare Eigenschaften, aus denen eine herrliche Kultur, eine wunderbare Lebensform sprießen kann, wenn man sie nur gewähren und sich entwickeln läßt. Aber die Juden unter uns duldeten diese stille Entwicklung nicht. Mit ihrer unheimlichen Verstandesschärfe, ihrem von Tradition losgelösten Weltsinn, ihrer katzenartigen Geschmeidigkeit, ihrer blitzschnellen Auffassung, ihren durch jahrtausendelange Unterdrückung geschärften Fähigkeiten haben sie uns überwältigt, sind unsere Herren geworden, haben das ganze wirtschaftliche, geistige und kulturelle Leben unter ihre Macht bekommen."

Brausende "Bravo!"-Rufe "Sehr richtig!" "So ist es!"

Dr. Schwertfeger führte mit der knochigen Rechten das Glas zu den dünnen Lippen, und sein halb spöttischer, halb befriedigter Blick kreiste im Saal. "Sehen wir uns dieses kleine Österreich von heute an. Wer hat die Presse und damit die öffentliche Meinung in der Hand? Der Jude! Wer hat seit dem unheilvollen Jahr 1914 Milliarden auf Milliarden gehäuft? Der Jude! Wer kontrolliert den ungeheuren Banknotenumlauf, sitzt an den leitenden Stellen in den Großbanken, wer steht an der Spitze fast sämtlicher Industrien? Der Jude! Wer besitzt unsere Theater? Der Jude! Wer schreibt die Stücke, die aufgeführt werden? Der Jude! Wer fährt im Automobil, wer praßt in den Nachtlokalen, wer füllt die Kaffeehäuser, wer die vornehmen Restaurants, wer behängt sich und seine Frau mit Juwelen und Perlen? Der Jude!

Verehrte Anwesende! Ich habe gesagt, daß ich den Juden, an sich und objektiv betrachtet, für ein wertvolles Individuum halte, und ich bleibe dabei. Aber ist nicht auch der Rosenkäfer mit seinen schimmernden Flügeln ein an sich schönes, wertvolles Geschöpf, und wird er von dem sorgsamen Gärtner nicht trotzdem vertilgt, weil ihm die Rose näher steht als der Käfer? Ist nicht der Tiger ein herrliches Tier, voll von Kraft, Mut und Intelligenz? Und wird er nicht doch gejagt und verfolgt, weil es der Kampf um das eigene Leben erfordert? Von diesem und nur von diesem Standpunkt kann bei uns die Judenfrage betrachtet werden. Entweder wir oder die Juden! Entweder wir, die wir neun Zehntel der Bevölkerung ausmachen, müssen zugrunde gehen, oder die Juden müssen verschwinden! Und da wir jetzt endlich die Macht in den Händen haben, wären wir Toren, nein, Verbrecher an uns und unseren Kindern, wenn wir von dieser Macht nicht Gebrauch machen und die kleine Minderheit, die uns vernichtet, nicht vertreiben wollten. Hier handelt es sich nicht um Schlagworte und Phrasen wie Menschlichkeit, Gerechtigkeit, Toleranz, sondern um unsere Existenz, unser Leben, das Leben der kommenden Generationen! Die letzten Jahre haben unser Elend vertausendfacht, wir stehen mitten im vollen Staatsbankrott, wir gehen der Auflösung entgegen, ein paar Jahre noch, und unsere Nachbarn werden unter dem Vorwand, bei uns Ordnung schaffen zu müssen, über uns herfallen und unser kleines Land in Stücke zerreißen - unberührt von allen Geschehnissen aber werden die Juden blühen, gedeihen, die Situation beherrschen und, da sie ja nie Deutsche im Herzen und im Blut waren, unter den geänderten Verhältnissen Herren bleiben, wenn wir Sklaven sind!"

Das ganze Haus geriet in furchtbare Aufregung. Wilde Rufe wurden ausgestoßen. "Das darf nicht sein! Retten wir uns und unsere Kinder!" und als Echo klang es von der Straße her aus zehntausend Kehlen: "Hinaus mit den Juden!" Dr. Schwertfeger ließ die Erregung auslaufen, nahm von den Ministerkollegen Händedrücke entgegen und sprach dann über die Durchführung des Gesetzes. (...)

Hugo Bettauer: Die Stadt ohne Juden. Ein Roman von übermorgen; Wien 1922

**Hans Karl Breslauer**, geb. 2. Juni 1888 in Wien, gest. 15. April 1965 in Salzburg; Schauspieler, ab 1910 Autor von ca. 40 Filmskripten; erste Filmregie 1918: *Lene oder Lena*. DIE STADT OHNE JUDEN war der letzte von ihm inszenierte Film, danach schrieb er mehrere Romane und Erzählungen. Filme: 1918 *Lene oder Lena; Ihre beste Rolle*. 1919 *Am See der Erlösung; Little Pitsch als Meisterdetektiv; Onkel Tonis Brautfahrt*. 1920 *Jou-Jou; Miss Cowboy*. 1921 *Der Findling des Glücks; Das Geheimnis der Nacht; Tragödie eines Hässlichen*. 1922 *Das Haus Molitor; Oh, du lieber Augustin; Verklungene Zeiten*. 1924 *Lieb' mich und die Welt ist mein; Strandgut;* DIE STADT OHNE JUDEN

Herausgeber: Freunde der Deutschen Kinemathek. Druck: graficpress Redaktion dieses Blattes: Rüdiger Bering

## UNCLE MOSES USA 1932

*Produktion: Yiddish Talking Pictures, Inc., New York*
*Produzenten: Louis Weiss, Rubin Goldberg*
*Regie: Sidney M. Goldin, Aubrey Scotto*
*Dialog: Maurice Schwartz*
*Nach dem gleichnamigen Roman von Scholem Asch*
*Kamera: Frank Zucker, Buddy Harris*
*Schnitt: Bob Snody*
*Ton: Marc S. Asch, Gerre Barton, Armond Schettini*
*Technische Leitung: Charles Nasca*
*Bauten: Anthony Continer. Kostüme: Brenner Bros.*
*Musikalische Leitung: Samuel Polonsky*
*Regieassistenz: Shimen Rushkin, Frank Melford*
*Darsteller: Maurice Schwartz (Uncle Moses), Rubin Gold-*
*berg (Alter Melnik), Judith Abarbanel (Mascha), Zvee Scooler*
*(Charlie), Mark Schweid (Aaron), Sally Schor (Rosie), Rebec-*
*ca Weintraub (Gnendel), Jacob Mestel (Berl), Sam Gertler*
*(Sam), Leon Seidenberg (Mones), Wolf Goldfaden (Nach-*
*man), Abe Sincoff (Salmen Schojchet), Shirley Zalazo (Zirele),*
*Michael Gibson (Mojsche Gross), Ben-Zion Katz (Schmiel-*
*Josl); 16mm, s/w, Jiddisch mit engl. UT, 87 Minuten*

### Anmerkung

Die Archivierung und Restaurierung von UNCLE MOSES
wurde finanziell unterstützt u.a. von Angehörigen und Freunden zum Gedenken an Edythe und Louis Julius Saul.

### Inhalt

UNCLE MOSES ist einer der frühesten in New York entstandenen jiddischen Tonfilme. Maurice Schwartz - berühmter
Schauspieler und Regisseur des amerikanischen jiddischen
Theaters - spielt die Hauptrolle, Sidney M. Goldin, eine zentrale Gestalt des jiddischen Kinos, führt Regie. Der Film bleibt
nahe an der Bühnenadaption des gleichnamigen, 1918 erschienenen Romans von Scholem Asch, der sich mit dem
Leben der osteuropäischen jüdischen *schtetl*-Bewohner in der
Lower East Side New Yorks befaßt.

Onkel Moses, ein Schlächter aus Polen, wird nach seiner Emigration ein erfolgreicher Geschäftsmann in der Bekleidungs-
branche New Yorks. Neuankömmlinge finden bei ihm Arbeit;
er betrachtet sie als 'Familie' und weniger als Arbeitnehmer -
dafür verlangt er von ihnen aber auch absolute Loyalität. Klei-
derfabriken und Mietshäuser bilden den Hintergrund vielfältiger Themen: romantische Verwicklungen, der Kampf der
Gewerkschaft in der Textilindustrie und der Zerfall der traditionellen jüdischen Familie.

Sylvia Fuks Fried: Informationsblatt zu UNCLE MOSES, National
Center for Jewish Research, Brandeis University, Waltham MA, USA

### Alte und Neue Welt

Man wird die *landslajt* sehen, die in Lower East Side ihre
kleinen Gemeinden bilden, zusammenwohnen. Doch noch
bevor man sie treffen wird, bevor man sehen kann, wie man
zurechtkommen wird, muß man die langersehnte Freiheitsstatue passieren, an deren Fuß der erste Schock wartet. Der
Dokumentarfilm *Free Voice of Labour* (USA 1980) beginnt

mit dem schönen Lied "Ellis Island": "...Stop, Du kannst
weiter nicht gehen." Quarantäne. (...) Schon bei der Ankunft
befindet sich die patriarchalische jiddische Familie in höchster Gefahr. Kisch hat uns eindringliche Schilderungen der
Lower East Side hinterlassen, von diesem ständigen Auf
und Ab, von diesem merkwürdigen Zusammenhalt der
*landsmanschaft*, die ihrem "antisemitischen, pogromisti-
schen Nest in Europa" die Treue halten ebenso wie ihrer
jiddischen Sprache. (...)

In dem Film UNCLE MOSES werden wir gleich an die Ecke
Orchard St., Delaney St. geführt. In einem 'sweatshop'
regiert Onkel Moses über seine polnischen jüdischen Schneider - ein Patron, ein Prinzipal, ein Patriarch. Bedeutungsvoll
ist nicht so sehr die Handlung, sondern das Milieu. Die
soziale Differenzierung, die im *schtetl* gottgegeben und zufällig zugleich erschien, hat hier Klassencharakter angenommen, den Onkel Moses aber patriarchalisch überspielen
will. Der Schein der Selbstgefälligkeit, der selbst dem Wasserträger im *schtetl* noch wichtig war, geht hier verloren: den
Vater seiner zukünftigen Braut stellt er als Schneider an,
statt ihm Geld für eine selbständige Existenz zu borgen. Die
Braut jedoch ist schon in einen jungen Radikalen verliebt. So
bringt die Ehe nur Unglück, das Geschäft nur Klassenkampf.
Onkel Moses ist zwar für traditionelle Werte empfänglich,
Schnorrern gibt er, wenn sie Melodien aus der alten Heimat
vorsummen können, die Worte weiß er nicht mehr. Drohend
schwebt über ihm das Bild seiner ersten Frau; beim Rendez-
vous mit dem jungen Radikalen sah schon Karl Marx von der
Zimmerwand. Zwei neue Welten sind erschienen, Kapital
und Arbeit, die Onkel Moses, den großen Onkel Moses
menschlich zerbrechen. Auf den Streik reagiert er mit Gewalt,
aber die jiddischen Arbeiter lernen englisch: *a union*, *a*
*picketing*, *a* meeting. Ein alter Jude agitiert auf jiddisch die
törichten *jiden*, die auf Moses nicht hören wollten, als sie die
ägyptische Knechtschaft verlassen sollten. Auf die Propheten des Sozialismus kommt es jetzt an, die nicht wie Onkel
Moses, sondern die wie Moses die *jiden*, die *schnajder* aus
Ägypten durch das Meer führen werden. Onkel Moses
vermacht im Testament dem Kind seiner unglücklichen Ehe
alles, wenn es eine jüdische Familie gründet. Familie und
Arbeitswelt sind auseinandergetreten. Übrigens - neben
*God, Man And Devil (Got, Mentsch un Tajwl*, USA 1949) -
der einzige mir bekannte jiddische Film ohne Happy- End.
UNCLE MOSES hat schon den Stellenwert eines sozialen
Dokuments; so wird er auch in dem 1980 gedrehten Dokumentarfilm von Fischler und Sucher, *Free Voice of Labour*,
zitiert. (...)

Vor allem im Textildistrikt von New York, in dem damals
vorwiegend jüdischen Milieu, legten die jüdischen Gewerkschaften, die - wie in UNCLE MOSES zu sehen - in jiddischer Sprache agitierten, einen Grundstein zur amerikanischen Arbeiterbewegung. (...)

Traditionelle und kapitalistische Welt treffen in aller Schärfe aufeinander, doch behauptet sich diese Lower East Side
noch einen langen Zeitraum gegen die kapitalistische Durchrationalisierung: dies ist der Zeitraum des jiddischen Kinos.
D. Claussen: A naje welt. Jüdische Westemigration und jiddisches

Kino, in: Das jiddische Kino, Deutsches Filmmuseum Frankfurt 1982

## Das *schtetl* kommt nach Amerika

Während ein Großteil des amerikanischen jiddischen Theaters die Arbeiterklasse und das Immigrantenpublikum mit glamourösen, heroischen und melodramatischen Spektakeln zu unterhalten suchte, waren die seriöseren Theater- und Filmproduktionen an den Schicksalen der jüdischen Einwanderer interessiert. UNCLE MOSES ist der früheste Versuch, das schwere Leben der Einwanderer im allgemeinen und die schlechten Aussichten der Arbeiterklasse im besonderen darzustellen.

Die Einwanderer, die für Onkel Moses arbeiten, sind eine entwurzelte und verlorene Generation. Ihre Heimat ist Kuzmin, das die meisten niemals wiedersehen werden, wo sie zwar verarmt und unterdrückt lebten (sie erinnern sich selten an die dunkelsten Seiten), aber wo ihre religiösen und kulturellen Werte dem Leben einen Sinn gaben.

Die Aussicht, die traditionellen Werte auf amerikanischem Grund und Boden beizubehalten, erscheint düster. Außerdem ist ihr ganzes soziales Wertesystem auf den Kopf gestellt: Die ehrwürdigen Mitglieder der Kuzminer Gemeinde - Rabbiner, Lehrer, Haushaltsvorstände - sind nun gesichtslose, über Nähmaschinen gebeugte Individuen, die noch nicht einmal von ihren Kindern und Familien respektiert werden, während Sam und Honess, damals in Kuzmin noch Diebe, und sogar Onkel Moses, der in der Alten Welt als Schlachter gearbeitet hatte, jetzt die 'Chefs' sind.

In Amerika haben ihre Kinder die Möglichkeit, ein neues Leben aufzubauen und sogar finanziell erfolgreich zu sein, doch sie selbst, wenn auch ein wenig zu Wohlstand gekommen, sind Verlorene. 'Moses', der ihnen versprochen hatte, sie aus Ägypten in die amerikanische Version des Gelobten Landes zu bringen - ins 'Goldene Medina'- stellt sich als 'Pharao' heraus, der sie versklavt hat.

Onkel Moses selbst ergeht es nicht besser. Vom Ehrgeiz nach finanziellem Erfolg angetrieben, läßt ihm der Wettbewerb der Reichen wenig Zeit, eine neue, sinnerfüllte Existenz zu schaffen. Er heiratet Mascha, die Tochter neuangekommener Einwanderer, die noch nicht von Amerika verdorben sind; seine Hoffnungen, eine traditionelle jüdische Familie aufzubauen, erweisen sich jedoch als Illusionen. Masha versteht seine Sehnsucht nach der Vergangenheit nicht; sie sucht vielmehr ihr Schicksal mit der neuen Generation zu verknüpfen, die Charlie, der neue 'Moses' (wie er in der Streikszene genannt wird), repräsentiert. Die Generation von Onkel Moses - die Übergangsgeneration - ist dazu verdammt, in der "Wüste" zu wandern; die Zukunft gehört der neuen Generation, dem jüngeren Moses.

Sylvia Fuks Fried: UNCLE MOSES: A Yiddish Film Classic. Informationsblatt des National Center for Jewish Film, Brandeis University, Waltham MA, USA

(...) Kein jiddischer Tonfilm hatte annähernd das Prestige, das UNCLE MOSES auszeichnete: wenn Schwartz Amerikas größter jiddischer Schauspieler war, so war Asch der populärste "seriöse" jiddische Schriftsteller des Landes.
UNCLE MOSES erschien zunächst als Fortsetzungsroman im 'Forverts' und wurde ein Jahr später, ebenso wie der englischsprachige Roman des 'Forverts'-Herausgebers Cahan, 'The Rise of David Levinsky', veröffentlicht. UNCLE MOSES bringt die Desillusionierung des halb-amerikanisierten 'allrightnik' zum Ausdruck. Der Antiheld des Titels ist ein wohlhabender Bekleidungsfabrikant, ein entstelltes Bild seines biblischen Namensvaters. Als Armut und Verfolgung seine polnischen *landsmen* zwingen, ihr *schtetl* zu verlassen (das gleiche Kazimierz oder 'Kuzmin', in dem die Außenaufnah-

men zu dem polnischen Stummfilm *Der Lamedwownik* gedreht wurden), heißt 'Onkel' Moses, der einstige Schlachter, sie im Gelobten Land seiner Lower-East-Side-Kleiderfabrik willkommen. Er ist der Meister des strengen, neuen amerikanischen Systems mit seinem Vierzehn-Stunden-Tag und sucht doch die verlorene Harmonie der Kuzminer Gemeinschaft in der paternalistischen Ordnung seines 'sweatshops' wiederherzustellen.

Obwohl der Roman in der Zeit der großen Einwanderungswelle geschrieben und angesiedelt war, ließ er sich leicht auf die Weltwirtschaftskrise übertragen. (Die Ausgabe des kämpferischen 'Workers' Theatre' im März 1932 zählte nicht weniger als elf jüdische Arbeitervereine in der Bronx, in Brooklyn und in Manhattan auf, die politische Theaterstücke in jiddischer Sprache boten.) In der Tat versucht der Film UNCLE MOSES trotz gewisser Anachronismen nicht, seine Handlung einem früheren Zeitabschnitt zuzuordnen. Zum ersten Mal also bezieht sich ein jiddischer Tonfilm direkt auf die fortschrittlichen politischen wie ästhetischen Strömungen des Tages. Junge Juden waren eine dynamische Kraft im New Yorker Theater - nicht nur als Entertainer und Schöpfer anspruchsvoller Musik-Komödien, sondern als sozial bewußte (und selbstbewußte) Künstler. In dieser Zeit konzentrierte sich die seriöse jiddische Bühne auf zwei Pole: Schwartz' 'Yiddish Art Theater' und das 'Artef-Theater'. (...) Schwartz erweckte 'Uncle Moses' wieder zum Leben, er erkannte seine zeitlose gesellschaftliche Bedeutung (und nicht zu vergessen die wunderbare Rolle für sich selbst) und adaptierte Aschs Roman für die Bühne. (...)
UNCLE MOSES ist im Grunde konserviertes Theater und enthält beinahe nur Studioaufnahmen. Die obligatorische Eröffnungsfahrt entlang der Orchard Street wurde zur Gänze in den Metropolitan Studios in Fort Lee, New Jersey gedreht. Dennoch bleibt UNCLE MOSES der überzeugendste großstädtische unter allen jiddischen Tonfilmen, die im allgemeinen mit mehr englischen Vokabeln durchsetzt waren als die zeitgenössischen Dramen von Warner Brothers aus den Elendsvierteln mit jiddischen Ausdrücken; er war auch der amerikanischste von allen. Sein ausgiebiger Gebrauch des 'Yinglish' wie auch von amerikanischem Slang hätte A. Almi von 'Literarische Bleter' vielleicht verstimmt, doch die erfinderische Verwendung des Tons wiederum, um alle Arten "jiddischer und hebräischer Äußerungen" aufzunehmen, Harry Alan Potamkin sicherlich erfreut.

Jim Hoberman, Bridge of Light: Yiddish Film Between Two Worlds. The Museum of Modern Art, New York 1991

**Maurice Schwartz** (1890-1960), eine der letzten großen Gestalten der amerikanischen jiddischen Bühne; kam als Kind aus der Ukraine in die USA und begann dort bald eine lange und bemerkenswerte Theaterkarriere. Gründete 1918 das 'Yiddish Art Theater', führte in den folgenden dreißig Jahren fast 150 Produktionen auf, darunter Arbeiten der größten jiddischen Dramatiker, Übersetzungen von Molière, Tschechow und Gorki. Die Rollen, die Schwartz auf der Bühne und in den jiddischen Filmklassikern *Jisker* (1924), *Broken Hearts* (1926) und *Tevye* (1939) spielte, sind legendär geworden.
**Sidney M. Goldin**, geb. 1880 in Odessa, gest. 1935. Filme:*The Sorrow of Israel, The Heart of a Jewess, Bleeding Hearts or Jewish Freedom under King Casimir of Poland, How the Jews Care for their Poor, The Black 107* (1913); in Österreich:*Ost und West /Misrech un Majrew* mit Molly Picon (1923), *Jisker* mit Maurice Schwartz und dessen Ensemble (1924); *Sajn Wajbs Ljubownik (His Wife's Lover*, 1931); 1932 UNCLE MOSES.

## IMAGE BEFORE MY EYES USA 1980

*Produktion: YIVO Institute for Jewish Research*
*Produzenten: Josh Waletzky, Susan Lazarus, New York*
*Regie: Josh Waletzky*
*Buch: Jerome Badanas*
*Nach der gleichnamigen Ausstellung des YIVO Institute for*
*Jewish Research und dem Buch von Lucien Dobroszycki und*
*Barbara Kirshenblatt-Gimblett*
*Kamera: Edward Gray, Joel Gold*
*Kameraassistenz: Phyllis Fernandez*
*Photorecherche, Standphotographie, Co-Produktion: Susan*
*Lazarus*
*Assistenz: Phyllis Fernandez*
*Schnitt: Josh Waletzky*
*Schnittassistenz: Margie Crimmins*
*Produktionsassistenz: Richard Bly, Sandy Crimmins, Paul*
*Fadoul, Don Futterman, Laurie Kirschenfeld, Larry Reid*
*Ton: Samantha Heilweil, Larry Loewinger*
*Tonschnitt: Josh Waletzky, Margie Crimmins, Susan Lazarus,*
*Phyllis Fernandez, Debra Bard, Jennifer Stearns*
*Tonmischung: Lee Dichter*
*Sprecherin: Karen Sunde*
*Übersetzungen: Reyzl Kalifowicz-Waletzky, Paula Teitelbaum,*
*Jan T. Gross*
*Recherche, Zusammenstellung der jüdischen Instrumental-*
*musik: Henry Sapoznik*
*Rezitation, Gesang: James Lecesne ("To the Stars"), Carl*
*Redler, Ruth Redler ("A Schejner Tog"), Paula Teitelbaum*
*("Lejbke")*
*"Pastorale" für Flöte, Cello und Harfe komponiert von: Mo-*
*ses Klingsberg*
*Historische Beratung: Lucjan Dobroszycki, Isaiah Trunk,*
*Rachel Erlich, Barbara Kirshenblatt-Gimblett, Dina Abra-*
*mowicz*
*Deutsche Erstaufführung: 11.10.1980, 29. Internationale Film-*
*woche Mannheim*
*16mm, Farbe, 90 Minuten (OF)*

Mit Unterstützung vom National Endowment for the Humanities

### Zu diesem Film

Der vom YIVO Institute for Jewish Research produzierte Film
IMAGE BEFORE MY EYES porträtiert jüdisches Leben in
Polen vor dem Holocaust. Es ist die Geschichte einer komplexen, tief in jüdischer Tradition und polnischer Erde verwurzel-
ten Gesellschaft, die den Herausforderungen des zwanzigsten
Jahrhunderts mit reichhaltigen, vielfältigen Antworten begegnete.
Die Geschichte wird anhand von Photographien und seltenem,
in den 20er und 30er Jahren in Polen gedrehtem Archiv-Film-
material erzählt, das in Interviews von eben den Personen
kommentiert wird, die in dem historischen Material erscheinen.
Der Film besteht aus vier Teilen. Der erste Teil "The Setting"
verwendet das seltene Filmmaterial ursprünglicher "home

movies" von in die USA ausgewanderten Emigranten.
Ort der Handlung ist das ländliche Polen in der Zeit nach dem
Ersten Weltkrieg. Wir besuchen gemeinsam mit einer amerikanischen Familie deren einstige Heimat, eine Kleinstadt,
in der sie Freunde und Verwandte wiedertreffen. Die Tochter des Rabbis, die im Filmmaterial noch ein Mädchen ist,
zeigt uns den Kreis ihrer Familie, Häuser, Straßen, den
Marktplatz, den Schulhof und den Friedhof dieses traditionellen Schauplatzes jüdischen Lebens, des *schtetls*.
Das Zentrum neuer Entwicklungen in der jüdischen Welt ist
aber die Großstadt. Dort lernen wir die charakteristischen
Anblicke und Geräusche jüdischer Wohngegenden kennen,
sehen die typischen Erscheinungen auf jüdischen Straßen:
arme Künstler, Verkäufer, Träger, Bettler, Fuhrmänner, den
Marktplatz. (...)
Der Sohn einer Mittelstandsfamilie aus Warschau beschreibt
uns seinen nahezu assimilierten Lebensstil und seine ambivalente Beziehung zum orthodoxen Judentum. Die von jüdischen Denkern aufgenommenen westlichen nationalen Ideen
werden zu wichtigen Bestandteilen des jüdischen Gemeindelebens der Zeit zwischen den Kriegen. Das generelle
Gefühl der Ablehnung durch die polnische Gesellschaft
veranlaßt einen Studenten aus der Mittelschicht, sich der
zionistischen Vision einer Wiederbelebung des jüdischen
Staates in Palästina zu verschreiben.
Auf der anderen Seite sind jene, die eine Zukunft der
polnischen Juden als in Polen lebende jüdische Staatsange-
hörige anvisieren. Diese Haltung wird geteilt von der Tochter des jüdischen Historikers Simon Dubnow, der für das
nationale Selbstbewußtseins der jüdischen Diaspora eintrat,
(In ausgesprochen seltenen Aufnahmen sehen wir Simon
Dubow bei einer Rede in Wilna). Jiddisch, die Sprache der
jüdischen Diaspora, ist zu jener Zeit das Medium einer blühenden Literatur.
Die Rolle polnischer Juden während und kurz nach dem Ersten Weltkrieg ist Thema des zweiten Teils "To the stars".
Jüdische Soldaten befinden sich im Ersten Weltkrieg auf
beiden feindlichen Seiten. Nach dem Krieg wird Polen als
Republik wiedergeboren und zieht bald bewaffnet gegen das
neue bolschewistische Regime im Osten. Die Lage der Juden
in der neuen Republik ist, obgleich gesetzlich gesichert, von
tatsächlicher Schutzlosigkeit vor antisemitischen Kräften in
der polnischen Gesellschaft geprägt und geschwächt durch
die allgemein sich verschlechternden wirtschaftlichen Bedingungen.
Gegenüber diesem entmutigenden Hintergrund versuchen
Einzelne sowie ganze jüdische Gemeinden, von den neuen
Chancen und Möglichkeiten der Nachkriegszeit zu profitie-
ren.
Die Stadt Wilna bietet Beispiele verschiedener auf modernen säkularen Modellen aufbauender Institutionen, die in
jiddischer Sprache arbeiten: ein Forschungsinstitut (das
ursprüngliche YIVO), eine Schule für geistig behinderte
Kinder, eine Schule für jugendliche Straftäter, einen Mon-
tessori-Kindergarten, ein Sommerferienlager, ein Gymnasium...
Einer beträchtlichen Anzahl Juden gelingt es, freiberuflich

und im künstlerischen Bereich zu arbeiten. Ein Geschäftsmann aus Warschau beschreibt die vielversprechenden Karrieren seiner Geschwister. Eine Schwester geht als Schauspielerin zur berühmten Wilnaer Truppe. Ihr Vater, traditioneller orthodoxer Jude, verstößt sie, versöhnt sich jedoch später wieder mit ihr, nachdem er eine Aufführung des "Dybuk" gesehen hat. Das jiddische Theater spielt eine wichtige Rolle im Leben der Juden in Polen. Der Film enthält seltene Photographien, Erinnerungsstücke und Musik des jiddischen Theaters.

Teil drei, "Among the organized", beschäftigt sich mit der Verbreitung neuer Organisationen, die neben den traditionellen Institutionen des jüdischen Gemeindelebens entstanden. Der *Bund* ist die führende jüdische sozialistische Partei mit Gewerkschaften, politischen Demonstrationen, Amateurthetergruppen, literarischen Abenden, Ausflügen, Bibliotheken, Sommerlagern. Die zionistische Bewegung spielt eine wichtige Rolle; der *Kibbuz* wird eingerichtet. Ein für eine zionistische Zeitung schreibender Journalist, der die *Kibbuzim* in ganz Polen besucht hat, erinnert sich an das spirituelle und romantische Leben in der zionistischen Jugendbewegung.(...)

Die 1935 einsetzende Bedrohung durch den Antisemitismus bedeutete für die polnischen Juden eine Zeit der Unsicherheit und Angreifbarkeit, die innerhalb weniger Jahre mit der Vernichtung des polnischen Judentums endete. Von diesem Abschnitt handelt der letzte Teil, "Darkening clouds".

Die antijüdische Boykottbewegung gewinnt an Stärke; Juden halten Protestdemonstrationen in den Straßen ab. Ein Gesetz, das die koschere Schlachtung einschränken soll, wird vorgeschlagen; die jüdischen politischen Parteien bekämpfen das vorgelegte Gesetz im Parlament und auf der Straße. Studenten der jüdischen Universität demonstrieren gegen "Ghetto-Bänke" und Ausschreitungen auf dem Universitätsgelände. Ein Student an der Wilnaer Universität nimmt an einem als Protest ausgerufenen Hungerstreik teil.

Trotz der politischen und wirtschaftlichen Verschlechterung führen die neuen kulturellen Institutionen in den jüdischen Gemeinden ihre lebhafte Entwicklung fort, wie immer in die Zukunft gerichtet. Die meisten jüdischen Familien ahnen nichts von der vor ihnen liegenden Katastrophe, oder sind zwar beunruhigt, jedoch nicht in der Lage zu emigrieren, und leben weiter wie bisher.

Am 1. September 1939 wird Polen von den Deutschen überfallen. Der Film endet mit Aufnahmen des in Flammen stehenden Warschau.

Produktionsmitteilung des YIVO Institute for Jewish Research, New York.

(Das YIVO Institute for Jewish Research wurde 1925 in Wilna gegründet. Es ist heute das größte Forschungszentrum für jüdisches Leben in Osteuropa.)

**Wiederentdeckung des polnischen Judentums**

Um 1977 eine Photoausstellung mit dem Namen 'Image Before My Eyes' im Film zu dokumentieren, wählte das YIVO Institute for Jewish Research den jungen Filmemacher Josh Waletzky.

Waletzky begnügte sich nicht damit, die Ausstellung nur aufzuzeichnen. Er überzeugte das YIVO, ihn die Photos für den Film "übersetzen" zu lassen, indem er Interviews und seltene "home movies" dieser Periode hinzufügte. Diese verschrammten, aber ausdrucksvollen Aufzeichnungen wurden ein dichtes Album jüdischen Lebens in Polen vor dem Krieg.

Die Arbeit an IMAGE BEFORE MY EYES dauerte drei Jahre, in denen über 15.000 Photos der YIVO-Sammlung studiert und 30 ausführliche Interviews geführt wurden. (...) Der Film endet mit dem deutschen Einfall in Polen am 1.

September 1939, also *bevor* die Gewalt des Holocaust tatsächlich sichtbar wird. Dennoch durchzieht den Film eine besondere Bitterkeit, die von dem Wissen herrührt, daß von 3,5 Millionen polnischer Juden nur 250.000 den Genozid überlebten. Der Entschluß, den Film 1939 enden zu lassen, hängt zusammen mit "der mit Recht sehr großen Aufmerksamkeit, die der völligen Zerstörung der osteuropäischen jüdischen Welt zugekommen ist", erklärt Waletzky. "Es ist offensichtlich ein katastrophenartiges Ereignis, das die Vorstellungskraft vieler Menschen beschäftigt hat. Aber die Vorkriegswelt ist den Amerikanern völlig unbekannt - auch den amerikanischen Juden."

Für Waletzky war die polnische Stadt Wilna (von 1929-1939 war die heutige litauische Hauptstadt Wilna von Polen annektiert; A.d.R.) von besonderem Interesse; es gab dort z.B. eine Montessori-Schule - "die modernsten Theorien über Erziehung, aber angewandt vor einem sehr traditionellen, jiddischsprachigen Hintergrund." Der Regisseur empfindet eine Verwandtschaft mit einem Film wie *Free Voice of Labour: The Jewish Anarchists*, "weil er ebenfalls die nicht öffentlich gemachten, nicht 'besungenen' Seiten jüdischer Geschichte ans Licht bringt" und komplexe politische Themen anspricht. Die erklärte Absicht der Filmemacher ist es, Publikumsinteresse - sowohl bei Juden wie Nicht-Juden - für die Vitalität und Vielfalt einer vergessenen Kultur zu stimulieren. "Wenn die Leute überhaupt etwas von dieser Welt kennen, dann das *schtetl* - die romantisierte, nostalgische Kleinstadt-Welt, über die Scholem Alejchem geschrieben hat. Dann gibt es diese leere Seite, und dann kommt der Holocaust", beklagt Waletzky. Um der weitverbreiteten Unwissenheit zu begegnen, versuchten die Filmemacher, "so viele Stereotypen wie möglich in diesem Film zu zerstören".

Annette Insdorf: Rediscovering Polish Jewry, in: The New York Times, 15.3.1981

**Josh Waletzky**, geb. 29.3.1948 in New York City, absolvierte das Institute of Film and Television der New York University. 1975 beendete er einen halbstündigen, auf einem jüdischen Volksmärchen basierenden jiddischsprachigen Film, *Dos Mazl (Luck)*, durch den das YIVO auf ihn aufmerksam wurde. In den vergangenen vier Jahren arbeitete er im Film- und Tonschnitt, vor allem für unabhängig produzierte Dokumentar- und Spielfilme; die Tonaufnahmen zu *Harlan County, USA* (Regie: Barbara Kopple; erhielt den 'Oscar'), *With Babies and Banners* und *The War at Home*. stammen von ihm Als Komponist, Sänger und Pianist spielt Waletzky mit der sechsköpfigen Band 'Kapelve' osteuropäische jüdische Musik. Waletzky schrieb die Musik zu dem Kurzfilm *The Good Omen,* der ein chassidisches Volksmärchen erzählt, und für Teile der *Sesame Street:* Waletzky arbeitete in der ethnomusikologischen Forschung des YIVO Folk Song Project; seit mehreren Jahren unterrichtet er jiddischen Gesang am Uriel Weinreich Program in Yiddish Language, Literature and Culture der Columbia University.

Filme: 1980 IMAGE BEFORE MY EYES. 1983 *A Hundred Years of Metropolitan Opera*. 1985 *Partisans of Vilna*.

**Susan Lazarus** studierte Art and Photography an der State University of New York. 1971 begann sie eine Filmausbildung bei dem Avantgarde-Regisseur Ed Emshwiller für *Choice Chance, Woman Dance*. Von 1976 bis 77 arbeitete sie als Regieassistentin für Emshwillers Videofilm *Pes, Surfaces*. Susan Lazarus begann ihre Mitarbeit an IMAGE BEFORE MY EYES 1977, nachdem sie und Josh Waletzky an *Joel und Maxi*, einem Dokumentarfilm von Maxi Cohen und Joel Gold, gearbeitet hatten.

## WESELI BIEDACI / FREJLECHE KABZONIM
Die fröhlichen Armen  Polen 1937

*Produktion: Wincenty Tennenbaum, Shaul Goskind, Sektor Film*
*Regie: Zygmund Turkow, Leon Jeannot*
*Buch: Moshe Broderson*
*Kamera: Adolf Forbert*
*Musik: Henoch Kon*
*Ausstattung: Wincenty Brauner, Szeslaw Piaskowsky*
*Ton: Ferzy Brock*
*Darsteller: Jannie Lovitch (Gitl), Shimon Dzigan (Kopl), F. Garbarg (seine Frau Hodl), Yisroel Schumacher (Naftali), Ruth Turkow (Itke), Chana Lewin (Naftalis Frau), Menashe Oppenheim (ein Schauspieler), Shmuel Goldstein (Heirats-vermittler), Max Brin, Simche Natan, F. Lavic, A. Pel*
*s/w, Jiddisch mit englischen UT, 62 Minuten*

### Inhalt
Der arme Handwerker Naftali und sein Freund Kopl, ein Schneider, glauben, auf Öl gestoßen zu sein. Die Stadt erfährt davon und setzt eine Komödie der Irrungen in Gang. Man bombardiert die beiden mit Angeboten zum Kauf von Geräten und mit Bitten um Unterstützung. Der örtliche Millionär will bei ihnen investieren, während ein Amerikaner ein Komplott schmiedet, um sie ihres neuen Besitzes zu berauben. Naftalis Frau versucht, den Amerikaner und ihre Tochter Gitl zu ver-heiraten, während Naftali von ihr verlangt, seine neue Partner-schaft durch die Heirat Gitls mit Kopls Sohn Welwl zu besie-geln. Gitl selbst läuft mit einem durchreisenden Schauspieler davon und nimmt den kostbaren Plan des Ölfelds mit. Naftali und Kopl gehen auf Verfolgungsjagd und holen schließlich die Tochter mit dem Plan ein, nachdem man sie zwischenzeitlich in einem Irrenhaus festgehalten hat. Zuhause hat ein Ingenieur bekanntgegeben, daß das Feld gar kein Öl enthält, sondern nur Steine. Naftali und Kopl planen, sich auf den Handel mit Grabsteinen zu verlegen...
Die Musikkomödie FREJLECHE KABZONIM porträtiert das angestrengte Bemühen zweier Kleinstadtjuden, ihrer Misere zu entfliehen und Ruhm und Glück zu erreichen. Allen Rück-schlägen, Streitigkeiten in der Gemeinde und dem Anschein der Verrücktheit zum Trotz weigern sie sich, zu verzweifeln. Ihre satirischen Monologe boten dem jüdischen Filmpubli-kum die seltene Gelegenheit, vor dem zunehmend gewalttäti-geren Antisemitismus in Polen und dem aufkeimenden Natio-nalsozialismus ins Lachen zu entfliehen.
Aus dem Begleitmaterial des National Center for Jewish Film, Brandeis University, Waltham, MA, USA

### Satire des kleinstädtischen jüdischen Lebens
FREJLECHE KABZONIM geht es mehr um das Pathos der marginalen Welt des alten Judentums, als um das 'Dilemma' der aufwärtsstrebenden Mobilität der Neuen Welt; der Film ähnelt darin den sowjetischen Spielfilmen der zwanziger Jahre, es fehlt ihm jedoch ihr impliziter nachrevolutionärer Optimismus. Vielmehr ist der Film von Galgenhumor und einem Gefühl wirtschaftlicher Hoffnungslosigkeit geprägt - eigentlich eine *Hommage* an den *mekler* (Mittelsmann, Zwi-schenhändler), eine Art freiberuflichen Makler, der, wie William M. Glicksman in seiner Studie zur jiddischen Literatur in Polen bemerkt, die Unsicherheit polnischer Juden verkörpert. Als Komödie kleinstädtischen jüdischen Lebens kündigt FREJLECHE KABZONIM Greens *Der Pu-rimschpiler* an, der, sechs Monate später gedreht,ähnliche Motive verwendet - die Träumer des *schtetls*, das Wander-theater, die davongelaufenen Dorfmädchen. Wo aber *Der Purimschpiler* romantisch ist, ist FREJLECHE KABZO-NIM eine Satire in der Tradition von Mendele Mojcher Sforim.
Hier ist das *schtetl* gleichbedeutend mit Ausbeutung: Naftali und Kopl finden sich von einer Horde gewiefter Geschäfts-männer bedrängt, die die frisch gebackenen 'Millionäre' ab-wechselnd mit geschäftlichen Angeboten und Bitten um Al-mosen bombardieren. Gleichzeitig werden die beiden oft streitenden Partner vom ortsansässigen *noged* (reicher Mann) sowie einem Besucher aus Amerika umworben, dem Präsi-denten der *landsmanschaft* in Pinchever; diese beiden zet-teln eine Intrige an, um in den Besitz der Ölquelle zu gelangen.
Binnen kurzem schlägt der unvermeidliche *schadchen* die Verheiratung von Naftalis Tochter Gitl vor. Wie sich heraus-stellt, strebt Naftalis Frau nach Höherem - sie hat ein Auge auf den Amerikaner geworfen. Naftali beschließt unterdes-sen, seine neue Partnerschaft zusätzlich durch die Verbin-dung Gitls mit Kopls Sohn Welwl zu besiegeln. ("Meine Gitl soll diesen Schafskopf Welwl heiraten?" ereifert sich Nafta-lis Frau, als sie von diesem Tauschhandel erfährt.) Als Gitl das Problem selbst löst, indem sie mit einem der Schauspie-ler davonläuft, wickelt sie unwissentlich ihre Schuhe in die geheime Karte des 'Ölfeldes' ihres Vaters. Als der Amerika-ner und der *noged* den Plan aushecken, das ganze Land um Pinchev herum aufzukaufen, machen sich Naftali und Kopl an die Verfolgung der Schauspieler, Gitls und der Landkarte. Bei ihrer Rückkehr entdecken die beiden - nachdem sie zeitweise in einer Irrenanstalt festgehalten worden waren - daß der Amerikaner und der *noged* einen Ingenieur damit be-auftragt haben, das Feld zu untersuchen. Schließlich verlau-tet, daß es auf dem Land kein Öl gibt, sondern nur Steine, aber Naftali und Kopl bleiben unbeeindruckt. Mit erschrek-kender Voraussicht beschließen sie, die Branche zu wech-seln: "Wir werden eine Grabsteinfabrik eröffnen."
FREJLECHE KABZONIM ist der am wenigsten sentimen-tale jiddische Tonfilm. Angesichts der in Polen verbreiteten Vorstellungen über Juden mußte der Film das jüdische Pu-blikum beunruhigen, auch wenn er es amüsierte. In seiner 1963 erschienenen Studie *The Jews in Polish Culture* schreibt der Soziologe Aleksander Hertz (nicht verwandt mit dem Pionier-Filmproduzenten), daß "für den polnischen Bürger oder Bauer der Jude entschieden ein *parch* war, etwas Schlechteres, Niedrigeres, Lächerliches. Wenn beispiels-weise ein Jude in einer Musikkomödie oder einer folkloristi-schen Aufführung auftrat, dann zwangsläufig als komische

Figur, die nur Hohn erntete. Seine Sprache wurde ins Lächerliche gezogen wie seine Kleider, Gewohnheiten und sein Beruf. Er war ein Feigling, der in ewiger Furcht lebte. Er war gierig und unehrlich und wurde fast immer dafür bestraft." Mit feindseligen Augen gesehen, erhellte Brodersons sardonischer und selbstverachtender, wenn auch im wesentlichen gutmütiger Humor nicht die Absurdität der Welt, in der sich die Juden befanden. Eher verfestigte er negative Stereotypen jüdischen Verhaltens. Vielleicht aus diesem Grund war FREJLECHE KABZONIM der am wenigsten kommerziell erfolgreiche polnisch-jiddische Tonfilm. (Natan Gross führt außerdem die relativ kurze Aufführungsdauer des Films als weiteren Faktor an. FREJLECHE KABZONIM dauert kaum eine Stunde - eine problematische Länge für Programmgestalter, die einen zusätzlichen Film zeigen müßten, um auf ihre Kosten zu kommen.) (...)

FREJLECHE KABZONIM war Kinors zweite Produktion nach *Al Khet* (1936, amerikan. Titel *I Have Sinned*), dem ersten in Polen produzierten jiddischen Film unter der Regie von Alexander Marten (Yitzhak und Shaul Goskind besaßen das Filmlabor Sektor in Warschau; gemeinsam mit den Kabarettisten Shimon Dzigan und Yisroel Schumacher gründeten sie ein 'kinor', ein Filmkollektiv, an dem jüdische Schauspieler und Künstler beteiligt waren, A.d.R. nach: Judith N. Goldberg, Laughter Through Tears: The Yiddish Cinema. London/Toronto 1983). FREJLECHE KABZONIM hatte weniger Kontur als sein Vorgänger; er kam ebenfalls im 'Fama' im April 1937 heraus, elf Monate nach Beginn des epochalen Erfolges von *Al Khet* und zeigte ebenso wie dieser die jungen *klajnkunst*-Stars Shimon Dzigan und Yisroel Schumacher. Angeregt vom Erfolg von *Jidl mitn Fidl* versuchte Kinor einen leichteren Ton: eine Komödie der Irrungen setzt sich in Bewegung, als ein betrunkener Landstreicher eine Ölkanne auf einem freien Feld vergießt und zwei Freunde - Naftali, der Handwerker (Y. Schumacher) und Kopl, der Schneider (S. Dzigan) - daraufhin glauben, eine Ölquelle entdeckt zu haben.

Ursprünglich war für die Regie von FREJLECHE KABZONIM Alexander Marten vorgesehen, der Warschau jedoch verließ, um seine Laufbahn in Wien fortzusetzen. Daraufhin wurde Zygmunt Turkow als Dramaturg für Leon Jeannot verpflichtet, einem neunundzwanzigjährigen ehemaligen Assistenten des technischen Direktors Henryk Szaro. (Darüberhinaus hatte Jeannot kurze jiddischsprachige Dokumentarfilme für zwei jüdische Wohlfahrtsorganisationen gedreht, die 'Gesellschaft zum Schutz der Gesundheit'/Association for the Protection of Health, TOZ, und die 'Gesellschaft zur Betreuung Jüdischer Waisen'/Association for the Care of Jewish Orphans, CENTOS). Der eigentliche Autor des Films war jedoch der siebenundvierzigjährige Drehbuchautor Moshe Broderson.

Broderson hatte Dzigan und Schumacher entdeckt und sie in seinem *klajnkunst*-Ararat in Lodz Hauptrollen spielen lassen, bis sie nach Warschau weiterzogen. FREJLECHE KABZONIM vereinte also noch einmal die Prinzipalen des jiddischen Kabaretts aus Lodz. Obwohl für ein Massenpublikum gedacht (und leider lokale Bezüge entbehrend), kommt der Film dem wachen Bewußtsein der *klajnkunst* nahe wie kein anderer - respektlos, sarkastisch und bewußt theatralisch (er beginnt mit der Ankunft einer Truppe Wanderschauspieler im *schtetl* von Pinchev und enthält eine quälend mißlungene Aufführung von Goldfadns ehrwürdigem Kostümdrama 'Bar Kokhba'). Die Außenaufnahmen zu FREJLECHE KABZONIM wurden in Brzeziny, einem Dorf nordöstlich von Lodz, gedreht und nachträglich synchronisiert. Henoch Kons Musik begleitet die Handlung, während, wie es sich für einen von

einem Filmlabor produzierten Film gehört, die trockene Inszenierung von zahlreichen optischen Effekten belebt wird.
Jim Hoberman, Bridge of Light: Yiddish Film Between Two Worlds, New York 1991

**Zygmund Turkow**, geboren 1895, begann als Amateurschauspieler in einem Arbeitertheater. Später studierte er an der Polnischen Staatlichen Akademie für Drama und spielte auf polnischen und russischsprachigen Bühnen. 1918 heiratete er die neunzehnjährige Ida Kaminska und verbrachte zweieinhalb Jahre bei der Theatertruppe ihrer Mutter Esther-Rachel Kaminska, die auf Tournee in das Kriegsgebiet, in die von Deutschland kontrollierte Ukraine und in die sowjetischen Gebiete ging. Dieses Ensemble, bei dem auch Turkows jüngerer Bruder Jonas, der von der deutschsprachigen Bühne des besetzten Warschau kam, und dessen Frau arbeiteten, wurde 1926 das 'Warschiwer Jidischer Kunst Teater', besser bekannt unter seiner Abkürzung WJKT. In Opposition zur alten jiddischen Bühne entwickelte das WJKT ein Repertoire klassischer und zeitgenössischer europäischer, vorzugsweise linksgerichteter Stücke.

1924 drehte Turkow den Stummfilm *Tkies Kaf* mit Esther-Rachel und Ida Kaminska; er selber übernahm in dem Film die Rolle des Propheten Elias. Der Film wurde 1937 in einer Tonversion unter der Regie von Henryk Szaro neu gedreht, Turkow übernahm die gleiche Rolle.

Turkow spielte 1937 in *Der Purimschpiler* von Joseph Green die Hauptrolle.

**Shaul und Yitzhak Goskind** produzierten 1938 und 1939 für ihre in Warschau ansässige Produktionsgesellschaft 'Sektor-Film' sechs kurze 'Travelogues' über städtische jüdische Gemeinden in Polen: *Ein Tag in Warschau*, *Jüdisches Leben in Bialystok*, *Jüdisches Leben in Krakau*, *Jüdisches Leben in Lodz*, *Jüdisches Leben in Lwow*, *Jüdisches Leben in Wilna*.

**Shimon Dzigan** und **Yisroel Schumacher** flohen vor den Nationalsozialisten in die Sowjetunion. Shaul Goskind produzierte mit ihnen 1946-47 in Warschau mit dem Regisseur **Natan Gross** den halbdokumentarischen Film *Unsere Kinder* über Waisenkinder in Lodz; der Film wurde von der polnischen Regierung verboten. 1952 floh Goskind nach Israel, wohin ihm Dzigan und Schumacher später folgten.

Herausgeber: Freunde der Deutschen Kinemathek. Druck: graficpress

## PARTISANS OF VILNA USA 1985
Die Partisanen von Wilna

*Produktion: Ciesla Foundation Production, Inc.*
*Produktionsleitung: Aviva Kempner*
*Regie, Kommentar, Schnitt: Josh Waletzky*
*Buch: Josh Waletzky, Aviva Kempner*
*Historisches Hintergrundmaterial nach 'Ghetto in Flames'*
*von Dr. Yitzhak Arad*
*Kamera: Danny Shneuer*
*Ton: Danny Natovich*
*Trick: Edward Gray, Danny Shneuer*
*Kameraassistenz: Moshe Armon, Micky Benjamini, Moshe*
*Schiff*
*Zusätzliche Aufnahmen: William Begell, Szloma Kowarski*
*Tonschnitt: Ela Troyano, Susan Lazarus, Margie Crimmins*
*Tonschnittassistenz: Laura Perlman, Tovah Barth*
*Schnittassistenz: Abraham Ravett, Ela Troyano*
*Berater: Abba Kovner, Dr. Solon Beinfeld, Dr. Yehuda Bau-*
*er, David Marwell, Miriam Novitch, Dr. Eli Pfefferkorn,*
*Leyzer Ran, Dr. David Roskies*
*Sprecherin: Roberta Wallach*
*Musikalische Beratung und Recherche: Henry Sapoznik*
*Musikalische Arrangements (Blechbläser): Pete Sokolow*
*Akkordeonspieler: Lauren Brody*
*Vokalisten: Janet Leuchter, Josh Waletzky, Yechiel Burgin,*
*Beit Vilna Choir*
*Blechbläser: Ted Bragin, Ken Gross*
*Pianist: Josh Waletzky, Alexander Tarski*
*Zeichnungen (Wilnaer Ghetto, Partisanenstützpunkte): Alex-*
*ander Bogen*
*Aufnahmeleitung (Israel): Asher Cohen*
*Aufnahmeleitung (New York und Montreal): Abraham Ravett*
*Uraufführung: 19.2.1986, Internationales Forum des Jungen*
*Films, Berlin*
*16 mm, Farbe, Englisch und Jiddisch mit dt. UT, 133 Min.*

Mit Unterstützung der National Endowment for the Humanities

### Inhalt
Der Dokumentarfilm PARTISANS OF VILNA erforscht den
jüdischen Widerstand im 2. Weltkrieg. Er erzählt die Geschichte der jüdischen Jugendlichen, die im Wilnaer Ghetto
den Widerstand organisierten oder als Partisanen in den
Wäldern gegen die Nazis kämpften. Der Film enthält vierzig
Interviews mit ehemaligen Widerstandskämpfern in hebräisch,
jiddisch und englisch, aufgenommen in Israel, New York,
Montreal und Wilna sowie Archivmaterial aus den Jahren
1933-1944.

Produktionsmitteilung

### Josh Waletzky und Aviva Kempner über ihren Film
Trotz der jüngsten Welle von Filmen über den Holocaust wur-
de die zentrale und schwierige Frage des jüdischen Widerstan-
des, von der Darstellung des bekanntesten Widerstandes, des
Aufstandes im Warschauer Ghetto einmal abgesehen, bisher
so gut wie nie thematisiert. Doch wenn die weniger bekannte
Geschichte des organisierten jüdischen Widerstandes nicht
festgehalten wird, wird die Welt nie etwas darüber erfahren.
Inmitten von Gleichgültigkeit und Feindseligkeit gab es den
Kampf um die jüdische Identität und das Überleben - in den
Ghettos, in den Wäldern und in den Konzentrationslagern.
Der erste Aufruf zum organisierten jüdischen Widerstand
erfolgte im Dezember 1941 im Wilnaer Ghetto, wo sich der
bewaffnete Untergrund zusammenschloß. Als das Ghetto im
September 1941 liquidiert wurde, hatten sich zahlreiche
dieser jüdischen Untergrundkämpfer bereits den Partisanen-
verbänden der Umgebung angeschlossen. Die Mehrheit der
Partisanen waren Juden.

Informationsblatt Nr. 25, 16. Internationales Forum des Jungen
Films, Berlin 1986

### Wilna
Für Generationen war Wilna das 'Jerusalem von Litauen'.
Wilna war das Zentrum jüdischer religiöser Gelehrsamkeit
und weltlicher Bildung; es besaß zwanzig Stätten für Studien
und Gebet. Jiddische Literatur und jiddisches Theater standen in höchster Blüte. Die Bibliothek war ein Treffpunkt für
Jung und Alt jeglicher politischen Couleur. In gewisser
Weise war Wilna ein Zufluchtsort für jüdisches Denken. An-
tisemitische Pogrome, wie sie immer wieder die kleinen jü-
dischen Gemeinden Osteuropas terrorisierten, blieben ihm
in seiner Geschichte überwiegend erspart.
Während des Zweiten Weltkrieges kam aus Wilna der erste
Aufruf zum jüdischen Widerstand gegen das nationalsozialistische Ziel, die europäische Judenheit zu vernichten.
In seinem Neujahrsabend-Manifest 1941 forderte der junge
Dichter Abba Kovner Männer und Frauen zum Kampf auf:
"Laßt nicht zu, daß wir wie Schafe zur Schlachtbank geführt
werden." (...) PARTISANS OF VILNA ist eine erregende
Antwort auf eine Frage, die in den letzten vierzig Jahren so
oft gestellt wurde: Warum kämpften die Juden Europas
nicht, anstatt in die Gaskammern zu gehen?

Judy Stone: The 'Partisans' Who Fought the Nazis, in: San Francisco
Chronicle, 9. Januar 1987

### Der jüdische Widerstand
Als die Nazis 1939 in Polen einfielen, suchten zahlreiche
Führer der jüdischen Jugendbewegungen Zuflucht in Wilna.
Sie waren jung, unverheiratet und mußten nicht für den Unterhalt und die Sicherheit einer eigenen Familie sorgen. Es
kam zu hitzigen Debatten über die Frage, wie man der
deutschen Okkupation begegnen oder ob man Wilna aufgeben solle. Manche kehrten nach Polen zurück, wo sie später
zu den Führern des Untergrundes in Warschau und Bialystok
gehörten, andere gingen in die Wälder und schlossen sich
den Partisanenverbänden an.
Die, die in Wilna blieben, beschlossen, zum Widerstand
gegen die Nazis aufzurufen. Dieser Aufruf führte zur Bildung der 'Fareynikte Partizaner Organizatsie' (Vereinigte
Partisanenorganisation) F.P.O. Folgende Parteien traten ihr
bei: die 'Ha-Shomer ha Za'ir', die 'Ha-No'ar ha-
Ziyyoni','Betar', die Kommunisten und später der 'Bund'.

Der Führungsrat der F.P.O. setzte sich zusammen aus Delegierten dieser Gruppierungen.

Die vordringlichste Aufgabe der F.P.O. war die Rekrutierung von Mitgliedern. Die ersten kamen aus den Reihen der Jugendbewegungen, die für bewaffnete Untergrundaktionen qualifiziert waren. Eine andere vordringliche Aufgabe war die Einrichtung eines Kurierdienstes zu anderen Ghettos, um den Widerstand gegen die Nazis zu propagieren. Zu diesem Zweck wurden Delegationen nach Warschau, Bialystok und Kowno entsandt. (...)

### Dilemmata

Kennzeichnend für die Kluft zwischen dem Willen zum Widerstand seitens der F.P.O. und der Wirklichkeit waren folgende Fragen: Was war mit den zigtausend verschwundenen Juden geschehen? Waren sie alle in Ponary ermordet worden? Was würde mit den übrigen Wilnaer Juden geschehen? Sollte der Widerstand versuchen, möglichst viele Leben zu retten oder um jeden Preis die jüdische Ehre verteidigen? (...) Könnte die F.P.O. die moralische Verantwortung für Aktionen übernehmen, die zwangsläufig Vergeltungsmaßnahmen der Nazis nach sich zögen? (...)

### Kultureller und geistiger Widerstand

Als Ausdruck ihres geistigen Widerstand betrieben die Ghettobewohner Krankenhäuser, Kantinen, Schulen und hielten Gottesdienste ab. Auch das kulturelle Leben wurde im Ghetto fortgesetzt und umfaßte u.a. Theater- und Musikaufführungen, Vorträge und Kunstausstellungen.

### Überlebende des Widerstandes

Abba Kovner, der Autor des ersten Aufrufs zum Widerstand und Führer der F.P.O. sowie einer Partisaneneinheit, ist ein berühmter israelischer Dichter und der spiritus rector des Diaspora-Museums in Israel. Abraham Sutzkever, ebenfalls ein ehemaliger Partisan, gehört heute zu den führenden jiddischen Dichtern und ist Herausgeber der jiddischen Literaturzeitschrift 'Die Goldene Keyt' (Die goldene Kette), die in Israel verlegt wird. Zahlreiche andere bekannte Mitglieder des Widerstands im Wilnaer Ghetto sowie Partisanen aus der Wilnaer Region kommen gleichfalls in diesem Film zu Wort. (...)

### Conclusio

Wilna, das 'Jerusalem von Litauen', gibt es nicht mehr. Zehntausende seiner Bürger wurden von den Nazis ermordet, das blühende kulturelle Leben zerstört. Die Geschichte des Widerstands in Wilna ist ein Spiegel der kulturellen, geistigen und politischen Vitalität dieser außergewöhnlichen jüdischen Gemeinde, die einzig in der Erinnerung der Juden fortbestehen wird.

Der bewaffnete Widerstand war *ein* Weg, für den die Juden - als Reaktion auf die Nazipolitik der Vernichtung - sich entschieden. Dieser Weg war nicht immer möglich, oftmals erfolglos oder fatal.

Die Einsichten und Gedanken der überlebenden Widerstandskämpfer, ihr Widerstand in dieser tragischen Zeit, wirft ein Licht auf das universale Dilemma, wie Menschen unter unmenschlichen Bedingungen die Verantwortung für ihr Leben übernehmen können, wenn die Aussichten, die ihnen bleiben, buchstäblich hoffnungslos sind.

Informationsblatt Nr. 25, 16. Internationales Forum des Jungen Films, Berlin 1986.

### Betonung des Lebens

(...) Der zweistündige Film ruft oft die Erinnerung an *Shoah* wach. (...) Was an PARTISANS OF VILNA anders ist, ist seine Betonung des Lebens - geistigen Überlebens zumindest - gegenüber den grausamen Einzelheiten des Todes. Nicht, wie Vergasung und Verbrennung ausgeführt wurden, wird berichtet, sondern wie jüdische Jugendliche sich vorbereiteten, eines Tages lieber ehrenhaft zu sterben, als sich zu ergeben.

Durchwoben mit seltenem Wochenschaumaterial, Photographien und Zeichnungen und vor allem mit Hershel Glicks 'Partisan Song', macht der Film deutlich, daß die Partisanen nicht aufs Überleben hofften. Ihre Absicht war es, einen letzten herausfordernden Aufstand der noch lebenden 20.000 Juden des Ghettos anzuführen.

Aber Wilna war nicht Warschau. Der offizielle Ghetto-Leiter, Joseph Gens, dessen Dilemma der Film objektiv zeigt, entschied, (...) seine Versorgungsdienste in Betrieb und die Nazis in günstiger Stimmung zu halten, in der Hoffnung, sie würden den Unglückstag hinauszögern; und er bekämpfte die Partisanen und ihre 'heroische Geste'.

Pamela Melnikoff: Staving off the evil day, in: Jewish Chronicle, London, 5. Dezember 1986

### Spröde Genauigkeit

Der uralte Tragödienstoff, der literarisch-theatralisch wieder und wieder nachkonstruierte Konflikt - hier springt er einem von der Leinwand in antikischer Wucht als Realität entgegen, obwohl er nicht direkt erlebt, nur berichtet wird. (...) Was für ein 'Held' ist man denn, wenn man seine eigene Mutter hilflos zurücklassen mußte? fragt einer der Männer noch immer tief verstört. 'Befragt' übrigens, wie es der *Shoah*-Schöpfer Lanzmann regelrecht zur hermetischen Kunst erhoben hat, werden diese Menschen ja kaum: es sind durchweg lebhafte Geister, die die Innen- und Außensituation jener Jahre kritisch analysieren, die auch ihre Zweifel und Anfechtungen reflektieren (...).

Diese Dokumentation ist weit mehr als noch eine weitere 'Pflichtübung' in Sachen Judenvernichtung. Es ist aufregend - darf man sagen spannend? (und Joshua Sobols Theaterstück 'Ghetto', das ja auch Wilna betrifft, kommt einem nun plötzlich doch recht läppisch vor) - mit dieser spröden Genauigkeit etwas darüber zu erfahren, was es damals bedeutete: jüdischer Partisan zu sein und von seinen polnischen, litauischen, russischen engsten Mitkämpfern und Leidensgenossen zwar allmählich geachtet zu werden; aber fast immer mit Abwehr, mit Eifersucht, ungeliebt.

Karena Niehoff, in: Der Tagesspiegel, Berlin, 21. Februar 1986

Wilna, 3. Januar (dpa). Litauen hat posthum den japanischen Diplomaten Chijune Sugichara geehrt, der 1939 insgesamt 6000 Juden vor der nationalsozialistischen Verfolgung gerettet hatte. Am Freitag beschloß der Stadtrat von Wilna, eine Straße im Zentrum der litauischen Hauptstadt nach Sugichara zu benennen. (...) Gegen den Willen seiner Regierung hatte Sugichara 6000 Visa an polnische Juden erteilt, die nach dem deutschen Überfall auf Polen ins Nachbarland geflohen waren. So konnten die Flüchtlinge über Japan, das damals mit Deutschland verbündet war, nach Kanada und in die USA ausreisen. Der Diplomat wurde wegen dieses humanitären Einsatzes von der japanischen Regierung aus dem Dienst entlassen (Frankfurter Rundschau, 4. Januar 1992).

**Josh Waletzky**, geb. 29.3.1948 in New York City (weitere Angaben siehe IMAGE BEFORE MY EYES)

**Aviva Kempner**, geb. 23.12.1946 in Berlin, lebt in Washington D.C.; Gründungsmitglied von 'International Network for Jewish Children of Holocaust Survivors'. Von Beruf Juristin; Produzentin mehrerer Dokumentarfilme, u.a. PARTISANS OF VILNA.

## BRUXELLES - TRANSIT Belgien 1980

*Produktion: Paradise Film, Marilyn Watelet*
*Regie, Buch: Samy Szlingerbaum*
*Kamera: Michel Houssiau*
*Schnitt: Eva Houdova*
*Bauten: Ariel Potasnik*
*Ton: Richard Verthé, Henri Morelle*
*Regieassistenz: Pierre de Heusch*
*Darsteller: Hélène Lapiower, Boris Lehman, Jeremy Wald,*
*Micha Wald, Suzy Falk, Jean-Paul Connard, L. Charbonnier*
*Uraufführung: 5. August 1980, Locarno*
*s/w, 80 Minuten, Französisch / Jiddisch m. dt. UT*

### Inhalt

In jiddischer Sprache erzählte Erinnerungen seiner Mutter hat
der Regisseur Samy Szlingerbaum mit dem Tonband aufgezeichnet und zum Ausgangspunkt von BRUXELLES-TRAN-
SIT gemacht. Frau Szlingerbaum, die im Film selbst nicht zu
sehen ist, berichtet zunächst, wie sie 1947 mit Mann und Kind
aus Polen emigrierte, und spricht dann über ihre Schwierigkeiten, sich in Brüssel, das durch Zufall zur Endstation ihrer Reise wird, einzurichten. (...)
Szlingerbaum greift nun den fragmentarischen Bericht seiner
Mutter auf und fügt ihn in eine sich systematisch entwickeln-
de filmische Struktur, in deren Verlauf die Erzählung allmählich durch Spielhandlung erst verdeutlicht und dann ersetzt
wird. Am Ende kehrt der Film wieder zu der ästhetischen Form
des Anfangs zurück: zu den menschenleeren Bildern hört man
nur die Stimme der Mutter.

Christiane Habich, in: Das jiddische Kino, Deutsches Filmmuseum
Frankfurt, 1982

### Bericht in jiddischer Sprache / Samy Szlingerbaum

Meine Eltern sind 1947 mit einem acht Tage gültigen Transit-
visum und Einreisepapieren für Costa Rica aus Polen gekommen. Die Reise hat zehn Tage gedauert mit dem Zug durch die
Tschechoslowakei, Deutschland und Frankreich. Mein Vater
und meine Mutter waren 25, mein Bruder zwei Jahre alt.
Sie kamen in Brüssel auf dem Südbahnhof an, wo die Tante
meines Vaters sie erwartete, sie nahm sie bei sich auf; dort
blieben sie einen Monat in einer Mansarde. Dann zogen sie mit
meinem Großvater zum Boulevard de la Révision. Und dann
zogen sie wieder um, sie sind oft umgezogen, immer in diesem
Viertel in der Nähe des Südbahnhofs. Sie haben immer in
diesem Viertel gearbeitet. In der rue Brogniez, rue Bara, rue de
la Clinique, Boulevard du Midi, rue de la Caserne. Zuerst
hatten sie keine Papiere, dann bekamen sie einige wenige,
Karten, die jeden Monat, jedes halbe Jahr, jedes Jahr erneuert
werden mußten, zehn Jahre nach ihrer Ankunft bekamen sie
schließlich alle Papiere, die sie brauchten. Um diese Zeit
haben meine Eltern sich standesamtlich trauen lassen, denn
vorher hatten sie die erforderlichen Papiere nicht.
Heute leben sie immer noch in demselben Viertel. Mehrere
Generationen von Einwanderern sind hindurchgezogen; sie
sind immer dagebliebe, als hätten sie Angst, sich in die Stadt

hineinzuwagen. Meine 'Medinah': mein 'Reich', sagt meine
Mutter. Ihr Umkreis. Brüssel-Süd. Aufnahmeort. Zuflucht.
Hölle.
Ich sehe diesen Film als ein Reiselied; Brüssel ist ein
Durchgangsort mit seinen Bahnhöfen im Zentrum, die Zwi-
schenstation und Zuflucht sind, wie auch seine Kathedralen.
Ich sehe diesen Film als die bildliche Darstellung dieses
Ortes: der Bahnhof und seine Umgebung, das Haus meiner
Eltern. Meine Eltern und die Geschichte ihres Aufenthalts,
erzählt in Jiddisch, einer Sprache, die in dem Maße ausstirbt,
wie ihre letzten Vertreter sich in der Stadt verlieren. Einer
Sprache, die, von Ort zu Ort getragen, hier und dort das eine
oder andere Wort, den einen oder anderen Laut annahm.
Ich möchte, daß dieser Film einer mündlich überlieferten
Kultur, die im Schwinden begriffen ist, als Stütze dient.
Ich möchte, daß dieser Film ein Versuch ist, die Symbolik
des Jüdischen zu banalisieren, jener verdächtigen Minderheit, wie sie sich in der kollektiven Bilderwelt auf mysteriöse Weise festgesetzt hat; sei es als wanderndes, umherzie-
hendes Volk, das sich in Schattenzonen bewegt, sei es als
okkulte Organisation mit unbestimmten Kräften. Meine
Absicht ist, die Symbolik des Jüdischen in die Darstellung
einer Vision der Stadt zu integrieren als Ort des Durchgangs,
der Vermischung bunt zusammengewürfelter ländlicher,
kleinstädtischer, ausländischer Kulturen, die sich in aufeinander folgenden Wellen vom Tal der Bahnhöfe aus (Nord-
Süd-Verbindung) bis zu den Höhen der Wohnviertel alle in
Brüssel bewegen. (...)

### Themen der Erzählung

Das erste Thema ist das Erlebnis der Bahnreise einer kleinen
Familie, die von nirgendwo abfährt, um nirgendwo hinzu-
fahren, vor einem Hintergrund, den man nicht sieht: die Ver-
wüstung durch den Krieg. Der Zug, der zehn Tage braucht,
um auf ungewisser Route Europa zu durchqueren. Der Zug,
der nächtelang stehenbleibt, das gefahrvolle Überqueren der
Grenzen, das Gepäck, die Papiere, die wechselnden Sprachen. Und die letzte, am schwierigsten zu überschreitende
Grenze. Der alte Onkel, der herbeieilt, er spricht die Landessprache nicht oder nur ganz wenig, er schwenkt seinen
ausländischen Paß, diskutiert mit jedermann und schafft es,
als Bürge aufzutreten. Die alte unverheiratete Tante, die
ganz klein auf dem Bahnsteig in Brüssel wartet. Die Mansarde, und dann plötzlich diese Ruhe der Stadt nach der Reise.
Ein zweites Thema ist das 'chitfes gescheft', der Geschäfts-
zusammenschluß. Wenn man keine Papiere hat, muß man
entweder ohne Erlaubnis arbeiten oder sich mit jemandem
zusammenschließen, der eine hat. In beiden Fällen hat man
Sorgen. Da ist der Keller, in dem man ein provisorisches
Atelier einrichtet. Eines Morgens erscheint ein Polizist. Man
versteht nicht, was er will, vielleicht tut man auch nur so.
Man antwortet ihm mit Gesten, man wiederholt unablässig
die beiden einzigen bekannten Wörter: 'weil, weil'... Durch
das viele 'weil, weil' wird der Polizist aufgebracht: was soll
das heißen 'weil, weil'? Dann geht er weg. Da ist die
Geschichte des Großvaters, der zufällig an der Straßenbahn-
haltestelle einen Bekannten von früher trifft, der Papiere hat.

Und man schließt sich zusammen. Aber in dem 'chitfes gescheft' ist alles durcheinandergemischt, Familie, Arbeit, Geld, Papiere...

Ein dritte Thema ist die 'chitfes kuch', die gemeinsame Küche. Eine einzige Küche ist für mehrere Familien da. Bei dem kleinsten Streit wird das Leben unmöglich. Da ist die Geschichte meiner Mutter, die eine Möglichkeit suchen muß, um das Essen aufzuwärmen. Da ist jene Geschichte meiner Mutter, die, ohne ein Wort Französisch zu können, von Bäckerei zu Bäckerei geht, um ihre selbstgemachten Kuchen backen zu lassen. Weinend vor Wut wirft sie dann den Teig in den Kanal.

Mit dreißig Jahren konnte ich diesen Film machen.

Meine Mutter sprach meine ganze Kindheit hindurch - sie erzählte mir Geschichten, die ich nicht alle verstand - in einer Sprache, die nur zu Hause gesprochen wurde. Das ist die Melodie meiner Kindheit.

Meine Mutter erzählte mir ihre Geschichte. Diese Geschichte trage ich heute weiter.

Es gibt ihre Erinnerungen, wie sie sie mir erzählt hat. Es gibt meine Erinnerungen und wie ich sie durch sie erzähle. Aus dem Zusammentreffen unserer beiden Erinnerungen ist dieser Film entstanden.

Produktionsmitteilung Paradise-Film, in: Informationsblatt Nr. 20 des 11. Internationalen Forums des Jungen Films, Berlin 1981

### Interview mit Samy Szlingerbaum

*Frage*: Kannst du etwas über deinen Film sagen, ihn resümieren?

*Szlingerbaum*: Der Ausganspunkt des Films ist die Geschichte einer Familie, erzählt von meiner Mutter. Es ist die Geschichte einer Reise, die direkt nach dem Krieg stattfindet, diese Reise evoziert viele andere. Die Reise gibt den Rhythmus an für das, was danach geschieht, was man den Vergleichsmodus nennen könnte: was ich wollte, war, die jüdische Existenz mit einer anderen Existenz vergleichen. Im allgemeinen dient die jüdische Existenz als Beispiel, aber sie wird niemals verglichen: sie besteht in der Sprache, der Exodus ist ein 'Gattungsname' geworden, die anderen Völker können einen Exodus erleben, aber die Juden nicht: sie sind der Exodus.

Während der erste Teil dem Bericht meiner Mutter folgt, tritt man danach in die Fiktion ein, die Geschichte davon, wie meine Eltern sich niederlassen. Das Sich-niederlassen im Viertel des Südbahnhofs, das heute in Wirklichkeit durch andere Einwanderer besetzt ist. Aber man kann nicht sagen: das ist dieselbe Erfahrung. Das ist ein Vergleich. Jede Welle ist anders, wird anders erlebt, aber alles trifft an demselben Ort aufeinander.

*Frage*: Brüssel ist Durchgangsort, als Nicht-Ort, ist diese Entscheidung maßgebend?

*Szlingerbaum*: Das ist keine Entscheidung, das ist der Ort, an dem es sich zugetragen hat. Diese Stadt hat Aspekte, die manchmal den Eindruck erwecken, als habe hier gerade ein Krieg stattgefunden. Für mich ist das nie zuende gegangen, das geht weiter. Jede Stadt verändert sich, das liegt in der Eigenschaft einer Stadt.

*Frage*: Warum wird in dem Film das Jiddische benutzt, als mündliche Überlieferung?

*Szlingerbaum*: Das Jiddisch im Film ist das Jiddisch meiner Mutter. Es ist ein ganz besonderes Jiddisch, das eine Frau spricht, die es von ihrer Mutter gelernt hat und es ihrem Sohn vermittelt hat, aber ihr Sohn spricht es nicht mehr. Wenige Leute können Jiddisch lesen, aber eine Stimme, der können die Leute zuhören, auch wenn sie nicht alles verstehen, auch wenn sie eine Übersetzung lesen.

Keiner der Schauspieler spricht jiddisch. Es gibt nur die Stimme meiner Mutter. Die Personen sind in dem Maße stumm, in dem sie kein Französisch verstehen, das heißt, die Sprache, die sie können, nützt ihnen nichts. Sie sind immer mit Situationen konfrontiert, in denen sie nicht sprechen können.

'Point Critique', Brüssel, Dezember 1979, in: Informationsblatt Nr. 20 des 11. Internationalen Forums des Jungen Films, Berlin 1981

### Sehen, was nicht mehr da ist

In BRUXELLES-TRANSIT wie in *Urban Peasants* (Ken Jacobs, 1975) und auch in Claude Lanzmanns *Shoah* (Frankreich 1974-85) dient die jiddische Sprache als ein Mittel, das zu 'sehen', was nicht mehr da ist. Mehr noch als *Urban Peasants* jedoch gehört BRUXELLES-TRANSIT in die Tradition des *farjidischt*-Films (Die gängige Praxis nicht nur im jiddischen Kino der 30er Jahre, Stummfilme mit einem jiddischen Erzähler, mit Gesang und Musik neu zu bearbeiten, A.d.R.). Während einer Serie oft statischer, rein schwarz-weißer Kompositionen - Bahnhöfe, nächtliche Straßen, leere Wohnungen, ärmliche Brüsseler Bezirke - erzählt die Mutter des Regisseurs von der Reise der Familie aus Nachkriegspolen nach Belgien und von ihrem späteren Leben dort. ("Die Erzählung", bemerkte 'Variety', "vermittelt das Gefühl, die Menschen lebten noch immer zwischen zwei Welten.")

Ein komplizierter Akt der Konservierung, des Denkmal-Errichtens, und des Exorzismus: BRUXELLES-TRANSIT folgt der jetzt unsichtbaren Geographie des *Jidischland*. Diesen Film könnte man 'A Briwele fun Mame', Ein Brief *von* Mutter, nennen; man würde damit den Kreis zum jiddischen Film schließen. (Im Grunde ist BRUXELLES-TRANSIT der letzte jiddische *kinodeklamazje* (Stummfilmerklärer). Das untergründige Gefühl von Entwurzelung, das der Film durch die Asynchronität von Ton und Bild erzeugt, wird durch gelegentliche Spielhandlungen punktuell verstärkt - subtile Erniedrigungen, erlitten durch Nachbarn, Geschäftsinhaber, die Polizei - die die Stimme im Off erzählt. Szlingerbaum sieht seine Eltern als dauerhaft Vertriebene, ihre Existenz auf den Überlebenskampf reduziert.

In BRUXELLES-TRANSIT wie in *Urban Peasants* ist der niemals erwähnte Holocaust jene Abwesenheit, die das Werk strukturiert. Ein Postskriptum der turbulenten Geschichte jiddischer Massenkultur; Szlingerbaum strenger Film besitzt die Schlichtheit eines Kieselsteins, den man auf ein jüdisches Grab legt. (...)

Jim Hoberman, Bridge of Light: Yiddish Film Between Two Worlds, The Museum of Modern Art, New York 1991

**Samy Szlingerbaum**, geb. in Brüssel am 7. Mai 1949, gest. 12. April 1986; von 1967-1971 Studium der Wirtschaftswissenschaften an der hebräischen Universität in Jerusalem, 1971-72 Photography an der School of Visual Arts in New York; 1972-74 in Paris (u.a. bei Marc Ferro), bevor er in seine Geburtsstadt zurückkehrte. Filme: 1971 *2ième étage à gauche*. 1972 *Le 15/8* (zusammen mit Chantal Akerman). 1974 *La brocante*. 1979 *Insomnies*. 1980 BRUXELLES-TRANSIT (erster langer Film). 1982 *Les Marches du Palais*.

Mitarbeit: 1973 *Je, tu, il, elle* von Chantal Akerman (Ton). 1977 *Magnum Begymnasium Bruxellense* von Boris Lehman (Kamera). 1979 *Symphonie* von Boris Lehman (Kamera).

Herausgeber: Freunde der Deutschen Kinemathek. Druck: graficpress

## MEYER AUS BERLIN Deutschland 1918/19

*Produktion: Projektions-AG Union (Berlin)*
*Regie: Ernst Lubitsch*
*Buch: Hanns Kräly, Erich Schönfelder*
*Kamera: Alfred Hansen, Theodor Sparkuhl*
*Darsteller: Ernst Lubitsch (Sally Meyer), Ethel Orff (Paula, seine Frau), Trude Troll (Kitty), Heinz Landsmann (Kittys Ehemann)*
*Uraufführung: 17.1.1919, Berlin (U.T. Nollendorfplatz )*
*s/w, stumm, niederländische Inserts, 57 Min. (bei 16 B/S)*

### Anmerkung

1913 gab Ernst Lubitsch vermutlich sein Filmdarsteller-Debut in dem von Max Bahr inszenierten Einakter *Meyer auf der Alm*, der von Lubitschs Biographen Herman G. Weinberg als "the yodel isolated in its purest form" bezeichnet wurde.

### Insert (Brief)

Sehr geehrter Herr Doktor,
ich weiß nicht, ob ich krank bin, aber ich muß unbedingt mal weg von hier. Sie müssen mir helfen, sonst gibt es Schwierigkeiten mit meiner Frau. Kommen Sie, bitte, möglichst bald vorbei und verschreiben Sie mir einen Tapetenwechsel.
Hochachtungsvoll
Ihr
Sally Meyer

### Inhalt

Der kranke Sally Meyer aus Berlin bekommt Höhenluft verschrieben, kreuzvergnügt dampft er nach rührendem Abschied von der lieben, lieben Gattin nach Tirol ab. In Bayern macht er einen Abstecher ins Gebirge. In einem Berghotel vergafft er sich in ein hübsches Mädelchen, das er nun auf allen Touren getreulich begleitet. Das Idyll wird jäh gestört, als die besorgte Frau Meyer ihrer geliebten, Höhenluft atmenden Ehehälfte nachreist, zufällig aber mit dem Bräutigam von Sallys Flamme zusammentrifft. Der Schluß ist erfreulich...

Egon Jacobsohn, in: Der Kinematograph, Düsseldorf, 22.1.1919

### Von Anfang bis Ende Lubitsch

Meyer aus Berlin entzieht sich der übergroßen Affenliebe seiner ihn über die Maßen verzärtelnden Frau dadurch, daß er sich Höhenluft verordnen läßt. Er reist im Alplerkostüm, bewaffnet mit Kletterseil und Eispickel nach Berchtesgaden und macht dort die Bekanntschaft einer reizenden, umschwärmten Frau, deren Verehrer er - wie sagt man doch: mit Chuzpe - beiseite drängt. Schließlich macht man einen Aufstieg auf den Watzmann. Meyer leidet dabei körperlich und seelisch, doch Frau Kitty läßt ihn erbarmungslos klettern. Die Nacht verbringen beide Seite an Seite auf molligem Stroh. Meyers Frau hat sich unterdes - in Sorge um ihr geliebtes Männchen - auf die Strümpfe gemacht; sie trifft unterwegs mit Kittys Ehemann zusammen. In Berchtesgaden angekommen, erfahren beide, daß Herr Meyer mit Frau Kitty zusammen zum Watzmann hinauf ist. Sie beschließen, die Verfolgung aufzunehmen,

werden aber auch von der Nacht überrascht. So suchen sie ebenfalls in der Schutzhütte Unterkunft und strecken ihre müden Glieder neben zwei vermummten, bereits schlafenden Touristengestalten aus. Der andere Morgen bringt das große Wiedersehen.

Der Stoff ist wieder im Konfektionsviertel Berlins begründet, dessen Typ Lubitsch so witzsprühend und lebendig zu verkörpern weiß. Der Film heißt vom Anfang bis zum Ende Lubitsch. Nicht allein, weil er den komischen Helden spielt und sich die vergnügte Handlung schließlich nur um seine Person dreht, sondern weil niemand wie er den Sinn und die Möglichkeiten des Filmlustspiels erfaßt hat. Lubitsch nähert seinen Film in vieler Beziehung dem Bühnenlustspiel: der nimmermüde, unaufhörlich eingesprenkelte Witz, an keiner Stelle versäumt, ermöglicht es ihm, jede Szene von geringerer Entwicklung in der Handlung zu würzen. Freilich mögen dadurch viele Titel entstehen; aber sie sind so kurz, plakathaft, schlagend, daß sie - immer gut eingespielt - nur blitzartig aufzucken und nur ihren Witz, nicht aber den Eindruck des Zwischentitels hinterlassen. So auch hier: und so galt sicherlich der Haupterfolg des Films Lubitschem Witz und Lubitscher Regietechnik.

anon., in: Der Film, Nr. 5, 1. Februar 1919

### Was macht der kleine Meyer auf dem großen Himalaya?

Lubitsch ist heute in erster Linie als einer der großen Autoren-Regisseure Hollywoods bekannt, für dessen Stil es sogar einen eigenen Begriff gibt: "Lubitsch-Touch". Weniger bekannt ist, daß Lubitsch in Deutschland in den 10er Jahren seine Laufbahn als Komiker begann, später als sein eigener Autor und Regisseur. "Lubitsch hatte um 1913 - zugleich mit Chaplin in Hollywood - in Berlin angefangen, und er war auf dem besten Wege, ein deutscher Chaplin zu werden" (Kurt Pinthus). Vor allem seine Rolle als cleverer kleiner jüdischer Geschäftsmann Meyer in mehreren Komödien machte ihn berühmt. "Was macht der kleine Meyer auf dem großen Himalaya?" war ein bekannter Schlager, an dessen Popularität Lubitsch nicht ganz unschuldig ist. (...)

Thomas Brandlmeier: Filmkomiker. Die Errettung des Grotesken, Frankfurt/M. 1983

### Das Lubitsch-Team

1917 gab es einen kleinen Stab und einige Schauspieler, die regelmäßig mit Ernst Lubitsch zusammenarbeiteten. Sie waren alle bei der Projektions-AG Union unter Vertrag: Hanns Kräly schrieb ab 1915 mit und für Lubitsch Drehbücher und wurde von 1918-1929 - also auch in der ersten Hollywood-Phase - als schreibender Freund zum beständigsten Partner des Regisseurs.

Erich Schönfelder verfaßte zusammen mit Lubitsch (und oft auch mit Hanns Kräly) ab 1915 ebenfalls Drehbücher. Später wurde er Regisseur und spezialisierte sich auf Ossi-Oswalda-Lustspiele.

Der Kameramann Theodor Sparkuhl, der bei der Wochenschau sein Handwerk gelernt hatte, drehte 1916 seinen ersten Film für Lubitsch und fotografierte von 1918 bis 1922 (abgesehen von den Kammerspiel *Rausch*) alle großen Lubitsch-Filme, gelegentlich unterstützt von seinem Operateur Alfred Hansen.

Hans Helmut Prinzler: Berlin, 29.1.1892 - Hollywood, 30.11.1947. Bausteine zu einer Lubitsch-Biografie; in: Hans Helmut Prinzler / Enno Patalas (Hrsg.): Lubitsch, München/Luzern 1984

## Hanns Kräly erinnert sich

(...) Später erfuhr ich, daß der junge Mann, der so beharrlich an seiner Zigarre gezogen hatte, Ernst Lubitsch war. Das war 1913 in Berlin; die alte Union Film drehte ein abendfüllendes Lustspiel, es hieß *Die Firma heiratet*, und Victor Arnold spielte die Hauptrolle. Lubitsch hatte die Rolle eines Lehrlings in einem Großhandelsunternehmen, und ich spielte einen Verkäufer. Diese kleine Rolle war Lubitschs Sprungbrett zum Ruhm, trotzdem hätte ich mir damals nicht träumen lassen, daß er und ich so viele Jahre zusammenarbeiten würden. Ein paar Monate später war ich dabei, für den deutschen Komiker Albert Paulig eine Serie von kurzen Filmkomödien zu schreiben. In der Zwischenzeit hatte auch Lubitsch begonnen, Einakter zu drehen. Eines Tages kam er mit der Frage auf mich zu, ob wir nicht gemeinsam einen Film machen könnten. Ich sagte zu, obwohl die Firma mir als Autor nur 25 Mark für das ganze Drehbuch zahlen konnte. Lubitsch räumte ein, daß die Summe ziemlich unattraktiv sei, versprach aber, das Angebot zu versüßen: Er ernannte mich zu seinem Regieassistenten und ließ mich auch eine kleine Rolle in dem Film spielen. Von der Zeit an arbeiteten wir zusammen, 17 Jahre lang.

In jenen Tagen wurden die Rollenbesetzungen in den Cafés in der Gegend um die Friedrichstraße herum abgesprochen. Um zwei Fliegen mit einer Klappe zu schlagen, regte Lubitsch an, unsere Arbeit in den Cafés zu erledigen. Dort entwarfen wir an einem Tag die Story und am anderen Tag schrieben wir sie nieder. Im Durchschnitt schafften wir zwei vollständige Kurzfilme pro Monat. Doch bald hatten die Schauspieler spitzbekommen, was wir da trieben, und sie machten es sich zur Gewohnheit, an unserem Tisch vorbeizuschauen, um nach Rollen zu fragen. Lubitsch, der eine ungewöhnliche Konzentrationsgabe besaß, fühlte sich durch diese Unterbrechungen gestört. Er scheute von Natur aus davor zurück, andere zu verletzen. So löste er das Problem, indem er von einem obskuren Café ins andere flüchtete, den Schauspielern immer um eine Nasenlänge voraus.

Nach dreißig oder vierzig solchermaßen improvisierten Produktionen überredete Lubitsch seinen Produzenten, Paul Davidson, ihn lange Filme, Dreiakter machen zu lassen. Der erste hieß *Schuhpalast Pinkus* und war ein bemerkenswerter Erfolg. (...)

Hanns Kräly: Er haßte Improvisation; in: The Screenwriter, Jan. 1948; dtsch. in: H.H. Prinzler/E. Patalas (Hrsg.): Lubitsch, a.a.O.

## Der wiederentdeckte Film

(...) Eines der typischen Klischees der gängigen Filmgeschichtsschreibung ist das Verdikt, daß der frühe deutsche Film sich in einem embryonalen Stadium ohne jede Eigenständigkeit befand, verschiedenen Einflüssen aus ganz Europa und aus Amerika unterworfen. Um zu verstehen, wo dieses Urteil herrührt, sind wir zu zwei vorläufigen Schlüssen gelangt. Der erste ist, daß allgemein die Überzeugung verbreitet war (wie üblich), daß es nichts Sehenswertes mehr gäbe; man zog aus dem quantitativen Mangel an noch erhaltenen Filmen den Schluß, daß es auch qualitative Mängel gäbe: was verlorengegangen war, konnte gar nicht von Bedeutung sein, sonst hätte jemand darüber berichtet. Und zweitens wurde die Ära vor *Caligari* als eine Phase der 'Vorbereitung' auf die sogenannte große Ära des deutschen Films angesehen - die Ära des Expressionismus natürlich, aber auch die des 'Kammerspiels' und die von Lubitsch und Lang. Dies führte zu einem anderen Pauschalurteil über Lubitschs Filme vor *Die Austernprinzessin*, das Herman G. Weinberg und vor allem Lotte H. Eisner verbreiteten: dem von Lubitsch als grobem und vulgären jüdischen Entertainer ohne Technik und Geschmack - Ansichten, die die wichtigen (allerdings dem Kracauerschen und Eislerschen Dogma folgenden) deutschen Retrospektiven vor einigen Jahren beim Filmfestival in Venedig prägten.

Bei unserer Suche nach Filmen für die 'Giornate del Cinema Muto 1990' (Stummfilmtage 1990) stießen wir auf eine Reihe von bislang unbekannten Beispielen für diesen frühen Lubitsch und erinnerten uns daran, wie oft behauptet wurde, das Lubitsch erst, als er in die USA ging, zu dem Genie wurde, das wir kennen und lieben, nach einer europäischen Lehrzeit, die vielversprechend, aber selbst wenig überzeugend war. Eine unserer Entdeckungen, die wir sahen, war MEYER AUS BERLIN, der aus dem Jahr 1919 stammt. Wir fanden darin keine Spur von jener Geschmacklosigkeit, auf die Lotte Eisner immer wieder zu sprechen kam. Er enthält im Gegenteil Eingebungen und Ideen, die nicht nur vielversprechend, sondern wirklich ausgearbeitet sind, und all die Qualitäten, von denen Jean Mitry voller Enthusiasmus berichtete, nachdem er *Lady Windermere's Fan* (1925) gesehen hatte: ein Gefühl für Rhythmus, ein Gespür dafür, etwas anzudeuten, ohne es auszusprechen, die Verwendung der Kamera als allwissendem Erzähler. Es wird offensichtlich, daß die strikte Zweiteilung, durch die bisher der deutsche Lubitsch vom amerikanischen unterschieden wurde, überdacht werden sollte. Statt vulgär zu sein, verfügt MEYER AUS BERLIN eher über einen Sinn für das Vulgäre, was sich in einer spontanen Identifikation mit proletarischer Mentalität und proletarischem Verhalten äußert. MEYER AUS BERLIN ist eines der ambitioniertesten Beispiele für Lubitschs Doppelfunktion als Regisseur und Darsteller: jede Szene und jede Gagfolge geht von dem mimischen und gestischen Ausdruck des Hauptdarstellers aus - was auch auf dessen erstaunliche Darstellung in *Doktor Satansohn* (1916) zutrifft. Und Lubitschs Inszenierungsstil, auf Symmetrien (im Großen wie im Kleinen) und auf feinfühligen Stimmungs- und Perspektivwechseln aufbauend, ist bereits in *Wenn vier dasselbe tun*, einer eindeutigen Vorwegnahme seiner ersten Hollywoodkomödie *The Marriage Circle*, vollständig ausgeprägt zu sehen. (...)

Paolo Cherchi Usai/Lorenzo Codelli: Prima e dopo *Caligari*; in: dies. (Hrsg.): Prima di Caligari. Cinema tedesco, 1895-1920, Le giornate del cinema muto, Pordenone 1990

**Ernst Lubitsch**, geb. 28.1.1892 in Berlin, gest. 30.11.1947 in Hollywood. Schauspieler bei Max Reinhardt, Filmkomiker in Berlin. *Fräulein Seifenschaum* (1915) war der erste von ihm inszenierte Film. Nach dem Ersten Weltkrieg drehte Lubitsch aufwendige Kostümfilme wie *Carmen* (1918) oder *Madame Dubarry* (1919). Ende 1922 nahm er ein Angebot Mary Pickfords an und ging nach Hollywood, um mit ihr *Rosita* (1923) zu drehen. In den USA wurde er zu einem der erfolgreichsten Regisseure und Produzenten. Filme (u.a.): *Schuhpalast Pinkus* (1916); MEYER AUS BERLIN (1918/19); *Die Austernprinzessin* (1919); *Kohlhiesels Töchter* (1920); *Anna Boleyn* (1921); *Lady Windermere's Fan* (1925); *The Patriot* (1928); *Love Parade* (1930); *One Hour with You* (1932); *Trouble in Paradise* (1932); *Design for Living* (1933); *Angel* (1937); *Ninotchka* (1939); *To Be or Not to Be* (1942); *Heaven can wait* (1943); *That Lady in Ermine* (1948, von Otto Preminger beendet).

## DER GOLEM, WIE ER IN DIE WELT KAM
Deutschland 1920

*Produktion: Projektions-AG Union (Berlin)*
*Regie: Paul Wegener, Carl Boese*
*Buch: Paul Wegener, Henrik Galeen*
*Kamera: Karl Freund. Musik: Hans Landsberger*
*Bauten: Hans Poelzig. Ausführung: Kurt Richter*
*Kostüme: Rochus Gliese. Produzent: Paul Davidson*
*Darsteller: Paul Wegener (der Golem), Albert Steinrück (Rabbi Löw), Lyda Salmonova (Mirjam, seine Tochter), Ernst Deutsch (Famulus), Otto Gebühr (der Kaiser), Lothar Müthel (Graf Florian), Loni Nest (das Kind), Hanns Sturm (alter Rabbi), Dore Paetzold, Greta Schröder, Max Kronert*
*Uraufführung: 29. Okt. 1920 in Berlin*
*s/w, stumm, 1769 m*

### Anmerkung
Paul Wegener drehte 1914 zusammen mit Henrik Galeen den Film *Der Golem*; 1917 entstand unter seiner Regie ein weiterer Golem-Film *Der Golem und die Tänzerin*. 1915 veröffentlichte Gustav Meyrinck seinen Roman 'Der Golem'.

### Inhalt
Der Kaiser hat einen Entscheid ausgehen lassen: alle Juden sollen die Stadt verlassen. Rabbi Löw, Sterndeuter und Nekromant, gelingt es, den Kaiser durch seine Künste umzustimmen und zur Zurücknahme seines Spruchs zu bewegen. Hauptwerkzeug ist dabei der Golem, ein durch Zauberkraft belebter Koloß. Kaum aber ist die eine Gefahr abgewendet, so beginnen bei veränderter Konstellation der Gestirne die eben noch durch den Willen des Meisters in nützlichen Bahnen gebändigten Kräfte des Riesen sich zu emanzipieren und der eigenen Umgebung, dem eigenen Schöpfer selbst bedrohlich zu werden. Der Rabbi entseelt ihn daher wieder und nur ein Zufall hält ihn ab, den leblosen Koloß zu zerschlagen. Sein Famulus jedoch, mit dem ganzen Zaubermechanismus vertraut und eifersüchtig wegen der Tochter seines Meisters, belebt ihn wieder, damit er die Tür des Schlafgemachs aufsprengen helfe und dem fremden, heimlich eingelassenen Galan den Garaus mache. Das tut der Golem, aber mit ausbrechender Gewalttätigkeit zündet er das ganze Ghetto an, zermalmt alle, die ihm Widerstand leisten wollen, bis ein spielendes Kind ihm die belebende Kapsel aus der Brust nimmt, daß er endgültig hinsinkt.

Roland Schacht (d.i. Balthasar), in: Freie deutsche Bühne, Berlin 1921

### Magie des Kinos. Erinnerungen von Carl Boese
(...) Wegener (machte) ... den Vorschlag: ob ich die Regie übernehmen wolle, wenn er bei der Projektions-Aktiengesellschaft Union (später dann: UFA) eine Neufassung des *Golem* durchsetzen würde. Noch heute erinnere ich mich an die Freude, die ich bei seinem Vorschlag empfand. Und ich dachte nicht einmal daran, mir vielleicht einen formellen Vorteil auszuhandeln. Allein die Aussicht auf eine solche Aufgabe eröffnete mir einen ganzen Himmel! (...)
Nachdem die Frage des Szenariums (aufgrund des bereits gedrehten ersten *Golems*) nur noch die der Ausweitung und Verfeinerung war, und nachdem über die Besetzung der Hauptrollen ebenfalls allseits Einigkeit und Klarheit herrschte - neben Wegener würden spielen: Lyda Salmonova, Albert Steinrück, Ernst Deutsch und Lothar Müthel - waren die Probleme zu lösen, die dem Film sein großes Gesicht geben sollten: die Bauten und Innenräume, die Kostüme, die Photographie nebst den photographischen Tricks, welche bisher noch nie gewagte Effekte vorsahen. Die Frage der Kostüme war rasch entschieden: sie wurden Rochus Gliese übergeben, der auch die früheren Wegener-Filme in dieser Beziehung versorgt hatte.

Für mich war die heikelste Frage die der Bauten. Hier einen usuellen Film-Ausstatter, Filmarchitekten zu nehmen, der sich sicherlich vorhandener Mittel bedient hätte, erschien mir zu gewagt. Der Bildgestalter mußte ein Mann sein, der in der Lage war, diesem Film ein noch nie gesehenes, ein ganz neuartiges Gesicht zu geben. Und als wir berieten, fügte es sich, daß Wegener und ich gleichzeitig den gleichen Namen aussprachen: Poelzig! Damit war auch diese Frage für uns entschieden. (...) Für die Photographie und die Photographische Leitung gab es in Deutschland nur einen wirklichen Experten, ein Genie auf diesem Gebiete: Guido Seeber. Er wäre der gegebene Mann für unsere Aufgabe, für unser Team gewesen. Seeber aber war damals krank und sehr leidend und mußte uns eine Absage geben. (...) Es lag natürlich nahe, nun zwei verschiedene Kameraleute zu suchen, deren jeder sein Ressort bekommen sollte. Es stellte sich aber heraus, daß keiner der einigermaßen technisch versierten lediglich diese Aufgabe übernehmen wollte und die Bildgestaltung einem andren überlassen. Für letztere hatten wir den besten Mann, den wir damals in Deutschland hatten, gewonnen: Karl Freund. Und Freund hat dann auch gezeigt, daß wir wirklich keinen besseren hätten finden können. Doch Freund lehnte die Ausführung von Tricks kategorisch ab. Er wisse, daß das kleinste technische Mißlingen dem Film enormen Schaden zufügen würde. Und wollte diese Verantwortung auf keinen Fall übernehmen. So gab es hier nur eine einzige Lösung: ich mußte die Ausführung der Tricks selbst übernehmen (...), alle wurden nur mit einer ganz normalen Debrie-Kamera (Parvo) ausgeführt. In den meisten Fällen handelte es sich dabei um die richtige Benutzung der Blenden, also der Auf- und Abblendungen mit der Iris oder in einigen Fällen mit dem Sektor, und dann wieder im richtigen Aufeinanderphotographieren mehrerer Aufnahmen auf dasselbe Negativteil. Denn in dieser Beziehung - wir waren damals noch nicht im Besitze einer optischen Kopiermaschine oder einer optischen Bank - waren wir einzig und allein auf unsere Akuratesse und unsere Geschicklichkeit angewiesen. Und ich möchte heute, nach soviel Jahren, behaupten, daß unsere Fond(ue)s und Verwandlungen mindestens so sauber und vielleicht noch eleganter waren als alles, was wir heut nachträglich im Labor zu zaubern in der Lage sind. (...)
Der Haupttrick des Films war die große Geisterbeschwörung im Laboratorium des Rabbi und dann die Erweckung des steinernen Golems zum Leben. Der Sinn dieser Szenenfolge war, nach der Sage, folgender: In der Brust des Golem befand sich

eine Kapsel, verschlossen durch einen abnehmbaren David-stern. In seinen Büchern hatte der Rabbi gelesen, daß man den steinernen Golem zum Leben erwecken könne, wenn man in diese Kapsel einen Pergamentstreifen mit einem bestimmten Zauberwort lege. Dieses Wort müßten ihm die Geister der vierten Dimension verraten, wenn es ihm gelänge, sie zu zitieren. Doch wäre das ein gefährliches Unterfangen: um sich vor der Macht der Geister zu schützen, müßte er sich einen Platz schaffen, an welchem sie ihm nichts anhaben konnten. Wie er das anzufangen habe, das wußte er. Er mußte um sich einen Zauberkreis ziehen, den er aber nicht verlassen durfte, ehe sich die in ihrer Ruhe gestörten und darob erzürn-ten und bösartigen Geister wieder entfernt hätten. Zu mitter-nächtlicher Stunde zog er also in seinem Laboratorium diesen Zauberkreis - etwa drei Meter im Durchmesser -, in dessen Rund er mit seinem Famulus trat. Er warnte den Jüngling, der über seinem Wams ein leichtes Mäntelchen, eine Art Pelerine trug, innerhalb des Kreises zu bleiben: alles, was von ihnen über diesen Kreis hinausrage, könnte dann von den Geistern berührt werden und würde sofort verbrennen! Dann begann er mit seinem Zauber: Unter seinen Beschwörungen öffnete sich entlang der von ihm gezogenen Kreislinie der Boden. Er riß auf, er spaltete sich, bröckelte auseinander. Und aus dem entstehenden Spalt stieg Rauch, züngelten Flammen.

Um das zuwege zu bringen, war das ganze Laboratorium auf Praktikabel, also erhöht, gebaut. Darunter befand sich ein etwa 75 Zentimeter hoher Raum, von welchem aus Rauch und Flammen und unser sonstiger Zauber losgelassen werden konnten. Der Boden war entsprechend und mit der nötigen Phantasie präpariert: so daß er an der einen Stelle sich ein Stückchen glatt aufspaltete, an andrer Stelle unregelmäßig aufriß - dazwischen hie und da sozusagen einstürzte. Mit Hilfe von Rauchpulver und von Brandmasse wurden dann die entsprechenden Erscheinungen erzeugt, und für das Funktio-nieren und auch für den Nachschub war vorgesorgt: einmal konnten die Techniker (mit Atem-Masken!) sich unter dem Boden bewegen und zugreifen; zum andern waren außerdem kleine Metallschienen gelegt, auf denen mittels Stangen kleine Kästchen mit dem nötigen Material nachgeschoben werden konnten. Entsprechend angebrachte und verteilte Lampen - damals noch Jupiter-Lampen! - sorgten dafür, daß Flammen und Rauch im Raume des Laboratoriums beleuch-tet, vor allem von unten beleuchtet wurden und den Eindruck erweckten, als seien sie selbstleuchtend. Die ganze Anlage war, ganz abgesehen davon, daß man sie erst einmal erdenken mußte, eine bildschöne technische Spielerei; ihr Effekt war grandios: es wurde in der Tat der Eindruck erweckt, als seien der Rabbi und sein Famulus hinter einer Mauer von Rauch und Flammen abgeschirmt.

Das Gewitter, welches dann zunächst um diesen Zauberkreis außen herum zu toben begann, bestand wirklich aus echten elektrischen Hochspannungsblitzen. Sie wurden, nachdem erst einmal die Aufnahme des Rabbis und seines Schülers in ihrem Feuerkreis gemacht und nach Bildern ausgezählt war, auf dasselbe Negativ belichtet. Für diejenigen Blitze, welche sich hinter den Personen entluden, waren bei der Aufnahme der elektrischen Entladungen schwarze Caches angeordnet. Das war gar nicht schwer - denn zum Einstellen dieser und aller weiteren Aufnahmen hatten wir natürlich ein paar Meter Film vorbelichtet und sofort entwickelt; diese Aufnahme wurde jeweils beim Einstellen der draufzuphotographieren-den Trickteile anstelle des Original-Negativs als Mattschei-be benutzt. (Daß die Ausgangsbildfelder des eigentlichen zu belichtenden Negativs genau eingezeichnet waren und zur Aufnahme selbst sehr sorgfältig eingelegt wurden, versteht sich von selbst!)

Die Blitze, welche also die Erscheinung der Geister einlei-ten, wurden mit einer Tesla-Anlage aus einer Spannung von einer Million Volt erzeugt. Noch heut wundere ich mich, daß wir soviel von ihnen aufs Bild bekamen: entlud sich doch ein großer Teil von ihnen gerade in der Dunkelpause bei ge-schlossener Rotationsblende während des Weitertransportes des Films in der Kamera. Auf alle Fälle hatten wir vorsichts-halber einen Teil dieser Blitze auf angehaltenen, also still stehenden Film (in 'Einergang') exponiert.

Später, als das ganze Negativ auch mit allen seinen übrigen Aufnahmen fertig belichtet und entwickelt war, wurde der ei-gentliche 'Blitz-Effekt' nachgeholt. Es galt nämlich, dafür zu sorgen, daß die entsprechenden Blitze die beiden im Zauber-kreise entsprechend beleuchteten, und daß also die Reflexe der Blitze auf den Gesichtern der beiden zu sehen waren. Ohne diesen Lichteffekt wäre die Wirkung der Blitze gleich Null gewesen!

Wie das bewerkstelligt wurde - auch das sei hier verraten (es ist ein Trick, hier für den GOLEM erdacht, den ich später noch oft im Spielfilm angewandt habe, wenn es galt, ein Gewitter echtwirkend darzustellen.) Zunächst wurde von jenem Teile des (wie gesagt: vollkommen mit allen Teilauf-nahmen belichteten und entwickelten) Negativs, welches das Gewitter und die elektrischen Blitze enthielt, in der Kopier-maschine ein Positiv auf Negativmaterial hergestellt. Von diesem Positiv wurden dann drei sogenannte Dupnegative ab-gezogen. Die Dichtigkeit dieser Negative wurde so bemes-sen, daß erst beim synchronen Aufeinanderlegen zweier dieser Negative im Durchblick die Dichte eines normal be-lichteten Negativs erzielt wurde. Mit zwei von diesen Nega-tiven wurde nun folgendermaßen verfahren: als Grundlage wurde zunächst nur das eine dieser Negative benutzt. Das mußte also, der Stimmung der Szene gemäß, eine dunkle, nächtlich wirkende Kopie geben. Aber immer auf die jedem Blitz - jeweils auf dem Negativ als dunkle, gewundene oder Zickzack-Linie erkennbar - folgenden Bildfelder wurden nun aus dem zweiten Negativ mehrere handlungssynchrone Bild-felder geklebt. Das geschah jeweils an der Kopf-Linie des be-treffenden Bildfeldes mit einer ganz schmalen, sehr sorgfäl-tig gemachten Klebestelle. Ich ging dabei sogar soweit, daß nach solchem Blitz zunächst zwei Negativ-Bildfelder ange-klebt wurden, dann die folgenden beiden Bildfelder des zweiten Negativs ausgelassen wurden, und erst wieder das fünfte und sechste Bildfeld nach dem Blitz im Negativ durch Aufkleben gedoppelt wurde - und gar noch öfter wiederholt. Beim Kopieren wurde dann das Licht resp. die Belichtungs-stärke in der Kopiermaschine bestimmt nach den dünnen Teilen dieses kombinierten Negativs - und ebenso die Ent-wicklungsdauer. Das ergab also, wie schon gesagt, eine nächtlich-dunkle Kopie, die aber an den Stellen, an welchen das Negativ durch die aufgeklebten Teile doppelt lag und dichter war, wenige strahlendhelle Bilder zeigte. Der Endef-fekt, den dann die Vorführung zeigte, war der, daß auf jeden Blitz eine flackernde Helligkeit eintrat. die für das Auge des Betrachters so gut wie mit dem Blitz zusammenfiel. Die Illusion der Blitze war vollkommen! Diese den Blitzen zugefügten Lichteffekte nahmen sich auf den Gesichtern des Rabbi und seines Famulus prächtig aus. Der Hintergrund, ohnehin im Dunkel, sprach deshalb kaum auf die dichteren Stellen im Negativ an, und daß z.B. der aus dem Zauberkreise aufsteigende Rauch in den Blitzen mitaufleuchtete, erhöhte nur die Illusion. (...)

Mit den Blitzen, und nach den Blitzen, erschienen dann, gewissermaßen aus dem Raume herniederschwebend, die eigentlichen Geister und Gespenster. Da sie durchsichtig sein mußten, brauchten sie nur auf das Hauptnegativ daraufbelichtet zu werden - wieder mit der einzigen Berücksichtigung, daß die sich hinter dem Rabbi und seinem Schüler befindlichen Erscheinungen nicht durch diese beiden hindurch zu sehen waren - und davor schützten auch hier wieder die schon für die Aufnahmen der Blitze vorbereiteten Caches. Natürlich mußten wie bei den Blitzen auch bei den Geistererscheinungen die sich vor den beiden Menschen befindlichen getrennt aufgenommen werden von denen, die sich im Hintergrund befanden.

Um diese Gespenster aufzunehmen, hatten wir uns an anderer Stelle im Atelier einen riesigen (aus Praktikabeln und Stoffballen hergestellten) Berg hergestellt, welcher völlig mit schwarzem Samt bedeckt war. Aus der Tiefe der Szene, also aus der Ferne, erschienen (durch entsprechendes Aufblenden wie aus dem Nichts kommend eingeführt) die Geister - von Gliese malerisch teils und teils grotesk ausgestattet - und tanzten fast schwebend hernieder, bis sie sich schließlich in der Nähe des Zauberkreises und um ihn herum befanden. Die Kamera lief bei diesen Aufnahmen mit zwei- oder dreifacher Geschwindigkeit: dadurch erhielten ihre Bewegungen etwas überirdisch Ruhiges und Gespenstisches. Aber alles, was hier jetzt aufgenommen wurde, geschah nach den ausgezählten Bildfolgen resp. Kurbelumdrehungen. (Letzteres war leichter zu beobachten! Zu diesem Zweck hatten wir die an sich nicht benötigte Kurbel, die sonst abgenommen wurde, an ihrem Platze belassen.) Denn alles, was der Rabbi und sein Famulus zu spielen hatten, war vorbedacht als Reaktion auf die Aktivität dieser Gespenster, und überhaupt auf alle Vorgänge außerhalb des Zauberkreises - von den Blitzen angefangen bis zu den sich auch später noch abspielenden Vorgängen. Wir hatten im Übrigen darauf verzichtet, das Herniederschweben der Geistererscheinungen dadurch zu erfassen, daß wir sie an Drähte hängten - - wir bewegten vielmehr die Kamera und fuhren mit ihr dann näher heran - und ich bin der Meinung, daß der hierdurch erzielte Effekt viel, viel besser war.

Als nun rings um die beiden Menschen in ihrem Zauberkreise die Erscheinungen wogten, begann der Rabbi neue Beschwörungen mit magischen Gesten. Und nun erschienen, aus der Entfernung hoch oben, dann immer näher, aus dem Nichts, erst verzerrte Buchstaben, die allmählich klarer wurden, sich zusammenformten zu dem Zauberwort, welches der Rabbi brauchte, und um das zu bekommen er die ganze Geisterwelt in Aufruhr gebracht hatte. Sie, diese herausblitzenden, herausleuchtenden Worte wurden so groß und so deutlich, daß sie der Rabbi (und auch der Zuschauer) zu deuten vermochte. Diese Buchstabenfetzen, und dann die ganzen Worte, wurden - ebenfalls mit bewegter Kamera - vor dem schwarzen Samt aufgenommen. Die verschiedenen Phasen, in denen sich Buchstaben und zuletzt die Schrift des Wortes entwickelten, mußten mit Aufblendungen und Überblendungen aufgenommen werden: es war ein fast teuflisches Kunststück, dies alles zuwege zu bringen, ohne im Zählen einmal, im Beachten der Korrektheit der Bildeinstellung zum anderen, Fehler zu machen! Denn die geringste Ungenauigkeit hätte das ganze Negativ verdorben und eine Neuaufnahme erfordert. (...) Diese Buchstaben, dann Wortfetzen, und endlich das Zauberwort, waren auf schwach-gelb getonten, fast weißen Kartonstücken aufgezeichnet und ausgeschnitten. Sie wurden so hell beleuchtet, daß sie im Negativ vollkommene Deckung hervorriefen - sodaß man also, trotzdem sie auf das Gesamtnegativ draufphotographiert waren, nichts durch diese weiß und leuchtend erscheinenden Buchstaben hindurch sehen konnte. Die Wirkung einiger dann und wann besonders und plötzlich aufblitzender Buchstaben oder Wortteile wurde dadurch unterstützt, daß wir dieselben Tricks mit doppelt gelegtem

Negativ, wie zuvor bei den Blitzen, anwandten. So entstand ein ungemein phantastisches, optisch belebtes, auf- und abwogendes Bild, bis endlich das Zauberwort quer über das ganze Bildfeld flackerte. Das wurde so aufgenommen, daß der Eindruck erweckt wurde, die Buchstaben gingen den beiden Beschwörern durch die Köpfe. Und dieses letzte quer durch das ganze Bild gehende Wort war die einzige Aufnahme, welche nicht gleich mit in das Negativ hineinbelichtet wurde, sondern für sich allein aufgenommen und dann erst in die fertige Szene hineinkopiert wurde.

Der Grund hierfür war der, daß dieses Wort der Wirkung halber zwischen den beiden Menschen aufleuchten und sie gewissermaßen fast berühren sollte. So hatte, aus der Originalszene abgenommen, erst ein bewegtes Cache hergestellt werden müssen. Das endgültige Negativ wurde dann dadurch hergestellt, daß zunächst beide Negative, sich deckend, durch die Kopiermaschine geschickt wurden und ein Positiv (des feineren Kornes wegen auf Negativmaterial) abgezogen wurde, von welchem man endlich ein Dup-Negativ abnehmen mußte. Die bei alledem angewandte Sorgfalt hatte das Ergebnis, daß man an der als letztem Ergebnis fertigen Kopie nichts von all diesen Maßnahmen merkte!

Wie gesagt: das letztens aufblitzende Zauberwort erweckte den Eindruck, als fahre es den beiden Menschen durch die Köpfe, als berühre es sie. Während der Rabbi, als der Erfahrenere, der solches ohnehin erwartet hatte, stark und ungerührt blieb, erschrak der Famulus so heftig, daß er unwillkürlich zurückwich und sich umdrehte, um aus dem Zauberkreis zu entfliehen. Gerade noch vermochte der Rabbi ihn zu packen und festzuhalten - und nur des Famulus' Mantelpelerine schwang über den Bereich des schützenden Kreises hinaus in den Raum drumherum - da griffen auch schon ein oder zwei Gespenster nach dem Mäntelchen, das sofort in Flammen aufging und an seinem Leib verbrannte...!

An seinem Leib verbrannte...! (...)

Hier war es die Chemie, die mir aus der Klemme half. Nicht aber ein Chemiker - auf diese Idee kam ich selbst. Ich erinnerte mich daran, daß Nitrozellulose (Schießbaumwolle) eine so rapide Verbrennung zeigt, daß man z. B. ein Stückchen davon ohne Bedenken auf ein Häufchen Schießpulver legen und dann anzünden kann: das Schießpulver wird sich bei diesem Vorgang nicht mitentzünden. Schießbaumwolle anzünden - das klingt gefährlicher, als es - natürlich mit Vernunft ausgeführt - in Wirklichkeit ist. Denn die berühmte und gefürchtete Sprengwirkung zeigen alle diese Sprengmittel nur, wenn sie fest eingeschlossen sind - in einer dickwandigen Bombe zum Beispiel, oder in einem Bohrloch in Felsgestein, welches dann sehr sorgfältig zuzementiert ist... In einem solchen 'Käfig' entwickeln solche Stoffe bei ihrer rapiden Verbrennung jäh entstehende Gase mit einem solchen Druck, der, da kein anderer Ausweg, die Umgebung oder Umhüllung einfach zersprengt. Verbrennt man aber Schießpulver oder auch Schießbaumwolle im freien Raum, wo nichts die Expansion der Verbrennungsgase behindert, so kann der gefährliche Druck gar nicht eintreten, und es gibt bei der Verbrennung nur eine kleinere oder größere Rauchwolke und weiter nichts! Also: nur ein Verpuffen ohne Sprengwirkung!

Unter Berücksichtigung dieser Tatsachen, so folgerte ich, mußte es möglich sein, ein Stückchen Nitrozellulose auf meiner offenen Handfläche zu verbrennen, ohne dabei die Haut zu verbrennen oder zu verletzen. Ich suchte entsprechende Beziehungen und fand Gelegenheit, diese Theorie am eigenen Leibe, also an der eigenen Hand, auszuprobieren. Siehe da, es stimmte! Ich spürte nichts als einen leichten warmen Hauch.

Das war die Lösung! Die Sache wurde besprochen. Ich erinnere mich: Ernst Deutsch hatte die heftigsten Bedenken. Verständlich! Aber ich zeigte ihm erst an mir, dann an ihm selbst den Handtest. Und darauf willigte er ein.

Zunächst ließ ich aus weichem Zellstoff - ein Material, aus welchem beispielsweise die Tempotaschentücher hergestellt werden - mehrere Pelerinen nach Glieses Entwurf, also Mäntelchen, wie sie der Famulus tragen sollte, anfertigen. Das war eine knifflige Schneiderarbeit. Aber sie gelang mit viel Liebe und Geduld. Und diese Mäntelchen wurden dunkelgrau, fast schwarz eingefärbt. Wir brauchten mehrere solcher Mäntelchen. Denn es lag nahe, daß der Effekt dieser rapiden Verbrennung genau in die Dunkelphase der Kamera fiel, in welcher die Rotationsblende für die Weiterbewegung des Aufnahmematerials, des Filmstreifens, geschlossen war. Der entstehende Rauch wäre wohl in jedem Falle zu sehen gewesen: uns kam es aber darauf an, gerade auch und in erster Linie, die Flamme zu zeigen! So mußten wir also, um sicher zu gehen, unter Umständen mit einigen Wiederholungen rechnen. Aus diesem Grunde mußten wir auch, schon um den bereits vielfach belichteten Teil des Filmnegativs sicherzustellen, aber auch um uns selbst etwas Unabhängigkeit und Bewegungsfreiheit zu schaffen, das bis hierher belichtete Negativ abschneiden und die Fortsetzung auf einem neuen Stück Film beginnen. Das konnten wir ohne Schaden für den Schnitt, denn Nah- und Großaufnahmen, welche ohnehin an vielen Stellen vorgesehen waren, sorgten hier für einen sauberen Übergang. (...)

Die Mäntelchen respektive Pelerinen wurden nun jedes auf eine Art Gestell aus ganz dünnem Kupferdraht aufgeheftet, welches die Aufgabe hatte, den Mäntelchen, deren Material dazu neigte, in sich zusammenzufallen, einen gewissen inneren Halt zu geben, und - das war hier die Hauptsache - die Zündung zu vermitteln. Dies Gestell also, aus dünnem, blankem Kupferdraht, wurde durch eine ganz dünne, in keiner Weise störende oder auffallende Leitung (die durch den Halskragen im Innern des Kostüms hinabgeführt war bis zum Schuh) mit einer kleinen Kupferplatte unter der Schuhsohle elektrisch verbunden. Dort, wo der Schauspieler im Zauberkreis zu stehen hatte, befand sich eine größere blanke Kupferplatte, auf der er sich beliebig bewegen konnte. Und diese Platte war durch eine gutisolierte Leitung mit dem einen Pol der sekundären, der Hochspannungsspule eines Funkeninduktors verbunden. Am Mäntelchen selbst war dafür Sorge getragen, daß der untere Draht des Gestells an der Kante blank und offen lag. Der Funkeninduktor war ein einfaches, kleines Gerät, wie es als Spielzeug für reifere Schüler in den Elektrogeschäften zu kaufen und mit einem kleinen Akku zu betreiben war.

Das Gespenst, welches das Mäntelchen zu berühren hatte, erhielt vom andren Sekundärpol dieses Funkeninduktors seinerseits eine Zuleitung durch Hosenbein und Ärmel seines Kostüms, welche bei ihm im Handschuh endete. Die Handschuhe besaßen lange spitze Krallen aus Metall. Berührte nun das Gespenst mit diesen Krallen den Draht am Rande des Mäntelchens, so ergab das einen fröhlichen, kräftigen Funken, bestens geeignet, die Schießbaumwolle zu entzünden. Zum Schluß wurden die sechs Mäntelchen, die wir hatten herstellen lassen, in einer entsprechenden Flüssigkeit: Salpetersäure und Schwefelsäure in einem ganz bestimmten Mischungsverhältnis, getränkt - das besorgte eine Spezialfabrik -, sorgfältig getrocknet, in Blechkästchen verpackt und unter Aufsicht eines Feuerwerkers erst kurz vor der fälligen Aufnahme ins Atelier gebracht. (...)

Daß der Zuschauer wirklich das Mäntelchen am Leibe des Famulus verbrennen sah, ergab natürlich eine tolle Wirkung.

**Der ungewöhnlichste Trick**

(...) Zum Schluß sei der ungewöhnlichste Trick beschrieben, der vielleicht überhaupt im Film gemacht worden ist - ungewöhnlich besonders dadurch, daß der Zuschauer im Kino selbst dabei mitwirkt - jeder Zuschauer!
Seltsam, nicht wahr?
Gegenstand der Szene: die Erweckung der Materie zum Leben! Rabbi Löw hat also durch seine Beschwörung die Geister gezwungen, ihm das Zauberwort preiszugeben, durch welches er die versteinerte Figur des Golem zum Leben erwecken kann. Er läßt sich also die Steinfigur durch mehrere kräftige Männer aus dem Hofe in sein Laboratorium tragen und dort aufstellen. Er hat dann aus der Brust des Golem die Kapsel zu nehmen, das Zauberwort auf einen Pergamentstreifen zu schreiben und die Kapsel mit dem Streifen in die Brust des Golem einzusetzen. (...)
Die Aufnahme wurde durchgedreht, ohne Anhalten, ohne Schnitt und auch ohne Überblendung, in einem ununterbrochenen Zuge. Die Kamera wurde gefahren und erlaubte so, alles aus nächster Nähe, sehr deutlich zu sehen. Der Zuschauer konnte und mußte also genau erkennen, daß es sich um eine tote Figur handelte. Die Kamera fuhr an sich während der ganzen übrigen Szene eine Nahaufnahme des Rabbi - sie behielt aber (das war sehr wichtig!) während des ganzen Ablaufes der Szene immer den Golem im Hintergrund im Bilde!
Aus der Nähe leitet der Rabbi den Transport der Steinfigur ins Labor. Als sie aufgestellt wird, fährt die Kamera so weit zurück, daß sie deutlich zeigt, wie diese tote Figur - infolge einer Unebenheit des Bodens - zunächst schief steht und fast umkippt. Sie schwankt und neigt sich bedenklich: starre, tote Materie. Das wird hierbei besonders deutlich. Mit Mühe wird sie aufgefangen und fixiert. Dann verlassen die Träger den Raum. (...) Der Rabbi nimmt den mit dem Zauberwort beschriebenen Pergamentstreifen und demonstriert, wie er den Streifen in die Kapsel einrollt. Dann geht er wieder zum Golem zurück. Die Kamera fährt mit ihm, immer den Golem im Bilde behaltend, zu ihm hin - so nahe heran, daß schließlich der Golem in Portraitgröße gezeigt wird. Der Rabbi ist jetzt nur noch angeschnitten. Am unteren Bildrand setzen seine Hände die Kapsel in des Golems Brust. Im gleichen Augenblick schlägt der Golem groß die Augen auf und starrt auf seine Umgebung. Die tote Figur lebt plötzlich und beginnt, tief zu atmen. (...)
Es hat kaum jemand gegeben, der mich sprach und nicht gefragt hätte: Wie habt ihr das eigentlich gemacht?
(...) Und wenn ich jetzt hier erkläre, daß in einem bestimmten Moment, bei offener Szene, vor der laufenden Kamera und somit genaugenommen für jeden Zuschauer sichtbar die tote cachierte Golemfigur von vier Männern aus dem Bilde gehoben wurde und Wegener sich an ihren Platz stellte - dann wird mir das niemand, der den Film und diese Szene gesehen hat, glauben. (...)

Carl Boese: Erinnerungen an die Entstehung und an die Aufnahmen eines der berühmtesten Stummfilme: DER GOLEM (unveröffentlicht)

**Paul Wegener**, geb. 11.12. 1874; gest. 13.9.1948 in Berlin. Filme (u.a.) 1914 Co-Regie: Henrik Galeen) *Der Golem*. 1917 *Der Golem und die Tänzerin*. 1920 DER GOLEM, WIE ER IN DIE WELT KAM
**Carl Eduard Hermann Boese**, geb. 26.8.1887; gest. 6.7.1958 in Berlin.
Filme (u.a.): 1917 *Der Verräter*. 1919 *Der Teufel und die Madonna*. 1920 DER GOLEM, WIE ER IN DIE WELT KAM.

Herausgeber: Freunde der Deutschen Kinemathek. Druck: graficpress

## DAS ALTE GESETZ Deutschland 1923

*Produktion: Comedia-Film GmbH, Berlin*
*Regie: Ewald André Dupont*
*Buch: Paul Reno, nach den Erinnerungen von Heinrich Laube*
*Kamera: Theodor Sparkuhl*
*Bauten: Alfred Junge, Kurt Kahle*
*Kostüme: Ali Hubert*
*Künstlerische Beratung: Avrom Morewski*
*Darsteller: Henny Porten (Erzherzogin Elisabeth Theresia),*
*Ruth Weyher (Hofdame), Hermann Vallentin (Heinrich Lau-*
*be), Avrom Morewski (Rabbiner Mayer), Ernst Deutsch (Baruch,*
*sein Sohn), Grete Berger (seine Mutter), Robert Garrison*
*(Ruben Pick), Werner Krauß (Nathan, der Professor), Marga-*
*rete Schlegel (Esther, seine Tochter), Jacob Tiedtke (Direktor*
*der Schauspielertruppe), Olga Limburg (seine Frau), Alice*
*Hechy (beider Tochter), Julius M. Brandt (ein alter Komö-*
*diant), Robert Scholz, Albert Krafft-Lortzing, Dominik Lö-*
*scher, Philipp Manning, Fritz Richard, Wolfgang Zilzer (Page)*
*Uraufführung: 29.10.1923, Berlin (Marmorhaus; als Wohltä-*
*tigkeitsveranstaltung für die städtische Volksspeisung)*
*s/w, stumm, 128 Min. (bei 20 B/S); Originallänge: 3028 m*

### Inhalt

Der junge Baruch, Sohn eines Rabbiners, will Schauspieler
werden. Gegen den Willen seines Vaters verläßt er das Ghetto und schließt sich einer Wander-Schauspieltruppe an. Bei
einer Vorstellung wird die Herzogin Elisabeth Theresia auf
ihn aufmerksam, sie verliebt sich in ihn, Baruch bewirbt sich
am Burgtheater, und mit einer kleinen List der Herzogin
gelingt ihm ein großes Bühnendebut. Nach langen inneren
Kämpfen entschließt sich endlich auch der alte Rabbi, seinen
erfolgreichen Sohn auf der Bühne anzusehen. Er reist aus dem
galizischen Städtchen nach Wien und versöhnt sich mit ihm,
als er erkennt, daß "die Stimme des Herzens manchmal stärker
ist als das alte, unüberwindlich scheinende Gesetz".

Deutsches Institut für Filmkunde / Stiftung Deutsche Kinemathek: Verleihkatalog Nr. 1, Frankfurt/M. / Wiesbaden / Berlin 1986

### Sympathisierende Ethnographie

(...) In der Nachkriegszeit produzierten die deutsche und die
österreichische Filmindustrie eine kleine Welle von Filmen
mit jüdischen Figuren und Themen. Paul Wegeners *Der
Golem, wie er in die Welt kam* (1920) und Henrik Galeens
*Judith Trachtenberg* (1920) stellten recht unverblümt Juden
als exotisch, wenn nicht sogar unheimlich dar: Fremde, die in
mittelalterlichen Ghettos leben, abgeschieden von der christ-
lichen Gesellschaft. Carl T. Dreyers verspäteter Pogromfilm
*Die Gezeichneten* (1921), Manfred Noas Adaption von Lessings
*Nathan der Weise* (1922) - der, nachdem er als Anlaß zu
antisemitischen Ausschreitungen genutzt worden war, in
München verboten wurde - und E.A. Duponts DAS ALTE
GESETZ (1923) waren zwar freundlicher, aber definierten
Juden immer noch in Begriffen ihres Verhältnisses zur nicht-
jüdischen Welt. (...)
Nur ein Film zeigte einen Juden, der die Anpassung an die

moderne Welt erfolgreich vollzog. Duponts DAS ALTE
GESETZ entspricht dem Ethos vom amerikanischen 'melting pot' (Schmelztiegel). Der Held, Sohn eines Rabbiners,
verläßt das Ghetto und wird der Star des Wiener Burgthea-
ters. Vier Jahre vor *The Jazz Singer* dramatisiert der Film die
Bewegung hin zu Säkularisierung und universeller Kultur in
Form des Aufbegehrens eines jungen Juden gegen das 'alte
Gesetz' seines orthodoxen Vaters (von Avrom Morewski
gespielt, der mit der Wilnaer Truppe nach Wien gekommen
war). Und ebenso wie *The Jazz Singer* verteilt DAS ALTE
GESETZ seine Sympathien mehrdeutig: Dupont, ein assimilierter deutscher Jude, ging besonders sorgfältig mit der Darstellung religiöser Rituale um.
Trotz seiner Binnenperspektive stellt der Film primär einen
Versuch dar, die psychologische Situation der Juden der
nichtjüdischen Welt verständlich zu machen - ein Stück
sympathisierende Ethnographie. (...)

Jim Hoberman: Bridge of Light. Yiddish Film between the Worlds,
New York 1991

### Kritik

Vor zwölf Jahren führte ich dem damaligen Leipziger Inten-
danten Martersteig den eben von der Theaterschule kommenden jungen Schauspieler Ernst Deutsch aus Prag zu, der
ihm halb zaghaft, halb ungezügelt den Romeo hinlegte. In
diesem Film spricht diesen selben Romeo dieser selbe
Deutsch als entlaufenes Ghettojüngelchen dem Burgtheater-
direktor Laube vor.
Ist es schon so weit, daß ich beginne, mit meinen Erinnerungen aufzuwarten? Keineswegs. Aber wenn man derart zurückblickt und fernerhin sieht, daß hier engstirnig-frommes
Ghettoleben und graziöses Hoftreiben des Wiens der Wal-
zerzeit, daß Wanderschmiere und Burgtheater, daß Kol
Nidre-Gebet und Aufziehen der Schloßwache, daß Alice
Hechy als Jungfrau von Orleans und Laube auf der Hamlet-
Probe vorgeführt werden, daß sich der blonde Typ Henny
Porten als Erzherzogin in den Typ des rassigen Judenjüng-
lings verliebt, während Johann Strauß die Donauwellen
dirigiert, - so kann nicht verlangt werden, daß ich über diese
raffiniert zusammengewürfelten, die große und die kleine,
die ganze und die halbe Welt interessierenden Motive und
Kontraste kalt objektiv urteile, sondern die kritische Vernunft von der Stimme des Herzens übertönen lasse. (...)
So gut wie diesmal war Deutsch im Film noch niemals, so be-
weglich und klar im Ausdruck... am besten anfangs, als er
noch ganz der schüchtern gedrückte, harmlos verschmitzte
Ghettoknabe ist. Die Frauen sahen allesamt reizend aus und
spielten ebenso; Grete Berger war stillwandelnder Mutter-
schmerz und Garrison der weltgewandte Schnorrer, wie er in
gutmütigen Geschichtsbüchern steht. Zwei Episodenrollen
aber überragten diesmal an Wirkung die großen Rollen, weil
sie weder im Wirbel des Ganzen untergingen, noch aufdring-
lich scharf chargiert wurden: Tiedtke als aufgeblasener
Schmierendirektor und Vallentin als historisch und menschlich wahres Porträt des apoplektischen Starrkopfs Laube.

Kurt Pinthus: Das Tagebuch, 10. November 1923

Der Film wagt sich in ein sehr gefährliches Terrain, das von allen Seiten bedroht ist, zum Beispiel: vom Zorn frommer Juden, die hier einige ihrer Gebräuche dargestellt sehen vor einem profanen und vielleicht feindseligen Publikum; von dem Gründlichkeitsfanatismus gebildeter und gelehrter Juden, die lieber wollen, daß gar nichts mitgeteilt wird als einiges; von den Leuten, für die alles, was mit Ostjuden zu tun hat, der Gegenstand eines abergläubischen Entsetzens, der Verachtung oder hysterischer Furcht ist; von wilden, kriegerisch veranlagten Hakenkreuzlern; und so weiter. Ein Landstrich, wo außerdem noch zu fürchten sind die lauwarmen Sturzbäche eines sentimentalen Familiensinnes sowie die Lanzenspitzen eines apologetischen Heroismus, der unbefangene Betrachter in überstürzte Fluchten jagt. Allen solchen Gefahren wird hier getrotzt und ein angenehmes Gebilde geschaffen, das einige Kenntnisse vermittelt und geeignet ist, zu Erkenntnissen anzuregen.

Frank Aschau, in: Die Weltbühne, 27.3.1924

### Titel

(...) Eine Kopie des ALTEN GESETZES, die von Henri Langlois, dem Schöpfer der Cinémathèque française, aufgefunden wurde, kann uns die wirklichen Eigenschaften Duponts vor Augen führen: Er weiß Nuancen bewegt wiederzugeben, sie schimmernd zu beleben, seine Licht- und Schatten-Palette unendlich reizvoll zu variieren. Er sucht nicht die Reglosigkeit der nur ornamental gesehenen Form, nicht, wie manche deutsche Filmregisseure, eine dekorativ-geometrisch fixierte Stilisierung. Er bringt Valeur gegen Valeur, strebt danach, das Fluten des Halbdunkels durch Aufsetzen von in Schwarz-Weiß-Kopien noch fühlbaren Farbmomenten zu beleben. Hier ist es eine karierte Weste, dort ein gestreifter Rockkragen oder eine buntverzierte Blumenvase, ein Gobelin, die diese Rolle übernehmen. Die Interieurs durchflimmert stimmungsvolles Dämmern, das sich der Situation anpaßt, der samtige Schatten mischt sich mit dem seidigen Schimmern von Kerzenlichtern.

Vor einem Fenster komponiert Dupont ein Kammerspiel: Ernst Deutsch steht in scheuer 'Seelensprache' neben Henny Porten, und die Schottenseide ihrer Krinoline spiegelt sich sanft in der Fensterscheibe wider, während den dämmerigen Salon Schweigen umhüllt. Oder: das junge Mädchen, das um den fortgegangenen Geliebten trauert, verbirgt verzweifelt ihr Antlitz in den Kissen ihres Bettes, um sie herum hat Dupont die Falten ihres Kleides behutsam anordnen lassen, damit wir der ganzen blütenhaften Biegsamkeit ihrer Haltung gewahr werden.

Das Zeitkostüm hat nichts mehr von einer Verkleidung, Daguerreotypien sind lebendig geworden; Krinolinen gleiten über das Parkett, schwingen über frische Rasenflächen. Der leuchtende Reichtum von sich wandelnden, verfließenden Impressionen entzückt das Auge. Und selbst in den ländlichen Ghetto-Szenen weiß Dupont mit unendlichem Feingefühl die dunklen Töne zu beleben, mit Hilfe seines Kameramannes Theodor Sparkuhl Kontrast-Härten zu vermeiden. Das Verschwimmende einer Radierung aus der Rembrandt-Schule scheint auszuströmen.

Lotte H. Eisner: Die dämonische Leinwand, Wiesbaden 1955

### Dokumentarischer Zugriff

(...) Als Regisseur der von Henny Porten, dem mütterlichen Star des deutschen Kinos, gegründeten Produktionsfirma, steigt Dupont bald in die erste Garnitur deutscher Filmregisseure auf. DAS ALTE GESETZ (1923) erweist sich als größter Erfolg der Zusammenarbeit mit Henny Porten: Der Film beschreibt die Lebensgeschichte des jüdischen Schauspielers Baruch, skizziert seinen Weg von der Ghettowelt Galiziens zum umjubelten Liebling des Wiener Publikums. Mit dokumentarischem Zugriff, der immer deutlicher zum Merkmal der Dupontschen Handschrift heranreift, entwirft der Regisseur einen ostjüdischen *schtetl* von überraschender Authentizität, dessen alte Kultur und orthodoxes Milieu er mit dem großstädtischen Theaterleben kontrastiert. Die innere Zerissenheit des Schauspielers, der dem Gegensatz dieser beiden Welten ausgeliefert ist, visualisiert der Regisseur virtuos: Als Baruch sich seine jüdischen Schäferlocken abschneidet, um dem Bild der Wiener Gesellschaft von einem Burgschauspieler zu entsprechen, inszeniert Dupont dies als grausamen Akt der Selbstverstümmelung. (...)

Robert Müller: Varieté und Kino; in: Die Tageszeitung, 11. Mai 1989

### Zur Filmsprache

Duponts Geschichten spielen an den Orten des Vergnügens und des Luxus: im Varieté, im Zirkus, der Wanderbühne, dem Tanzpalast oder dem Revuetheater. (...) Der Illusionscharakter der Unterhaltungswelt, immer in technisch perfekter Weise gefilmt und montiert, bleibt trotz seiner permanenten Entkleidung gewahrt und bildet gleichzeitig eine zweite Realitätsebene. Außenwelt und Innenwelt überlagern und zerstückeln sich gegenseitig, die Welt wird ein Kaleidoskop sich ständig neu einander zuordnender Fragmente. (...) Bilder und Requisiten sind bei Dupont seismographische Nadeln, deren Ausschlag die dramaturgische Erschütterung anzeigt. Der alte Jude in DAS ALTE GESETZ ist es nicht gewohnt, anderes als altjüdische Schriften zu lesen. Als er Shakespeares *Hamlet* aufschlägt, muß er erst das Buch umdrehen, um es lesen zu können. Gegenstände werden lebendig und registrieren den sich vollziehenden Wandel. (...) Raubtierkäfige, Pferdeboxen, gesprungene, das Gesicht zerteilende Spiegel, Vorhänge, Schleier, Schatten und Gitter umgeben die Menschen wie eine zweite Natur. Derart eingeschlossen, sind die Leidenschaften und die sie umstellenden Dinge Audruck eines gemeinsamen schuldhaften Schicksals, aus dem es kein Entrinnen gibt - es sei denn im Tod. (...)

Werner Sudendorf: E. A. Dupont, in: Cinegraph, 17. Lg.: Grand Hotel Babylon. Die Nachtwelten des Autors und Regisseurs Ewald André Dupont, Hamburg 1991

**Ewald André Dupont**, geb. 25. Dezember 1891 in Zeitz (Sachsen), gest. 12. Dezember 1956 in Los Angeles. Ab 1911 Redakteur und Filmkritiker der 'Morgenpost' und der 'BZ am Mittag'. 1916 beginnt er, Drehbücher für Detektivfilmserien zu schreiben. Sein Regiedebut gibt er mit *Europapostlagernd* (1918), einem von zwölf Filmen einer Detektivserie mit Max Landa, die er inszeniert. Für Henny Porten dreht er Filme wie *Die Geier-Wally* (1921) und DAS ALTE GESETZ (1923), über dessen Dreharbeiten der Dokumentarfilm *Der Film im Film* (1923) berichtet. Einen Welterfolg, der ihm Engagements in Hollywood und England einträgt, ist *Varieté* (1925). In England inszeniert er auch mit dem in drei verschiedensprachigen Fassungen gedrehten *Atlantic* (1929) den ersten europäischen Ganz-Tonfilm. 1933 muß er in die USA emigrieren, wo er aber an seine früheren Erfolge nicht mehr anknüpfen kann.

Weitere Filme (Auswahl): 1918 *Ferdinand Lassalle*. 1924/25 *Der Demütige und die Tänzerin*. 1927 *Love me and the world is mine* (USA). 1927/28 *Moulin Rouge* (England). 1930 *Two Worlds/Zwei Welten/Les deux mondes* (England/Deutschland). 1931/32 *Peter Voß, der Millionendieb*. 1933 *Ladies must love* (USA). 1951 *The Scarf*. 1954 *Return to Treasure Island*.

Herausgeber: Freunde der Deutschen Kinemathek. Druck: graficpress

## LES DERNIERS MARRANES
Die letzten Marranen Frankreich 1990

*Produktion: La Sept, Les Films d'Ici, Canaan Production,
Mémoire et Histoire*
*Regie: Frédéric Brenner, Stan Neumann*
*Kamera: Robert Alazraki, Richard Copans, Ned Burgess,
Roberto Venturi*
*Ton: Jean Umansky*
*Schnitt: Daniella Abadie*
*Farbe, 60 Minuten, Portugiesisch m. franz. Untertiteln*

### Inhalt
Zur Zeit der Inquisition wurden in Portugal 200 000 Juden vor
die Wahl gestellt: entweder zum Katholizismus zu konvertieren oder das Land zu verlassen. Viele konvertierten, praktizierten die jüdische Religion aber weiterhin, trotz drohender
Verfolgungen. Von den Christen wurden sie 'Marranos'
('Schweine') genannt und zwischen 1536 und 1780 zu Tausenden zum Scheiterhaufen verurteilt. Die Überlebenden assimilierten sich oder wählten das Exil. Die Marranen, die vergessenen Juden Portugals, sind indessen nicht vollständig verschwunden: in Belmonte, einem winzigen Gebirgsdorf im
Nordosten des Landes, versuchen eine Handvoll von ihnen,
ihre Besonderheit zu wahren. Belmonte ist eine sehr arme
Gegend: einige sagen, sie hätte sich von den Verwüstungen der
portugiesischen Inquisition nie wieder erholt. Die Familie
Emilias lebt seit Jahrhunderten in diesem katholischen Land.
Emilia, sechsunddreißig Jahre alt, ist in der Dorfkirche getauft
und getraut worden, wo mit hölzernen Figuren in grellen
Farben dargestellt ist, wie die Juden Christus gekreuzigt
haben. Aber am Tag ihrer Hochzeit waren Emilia und ihr
Mann bereits verheiratet. Die kirchliche Trauung war nur zum
Schein. Ihre wirkliche Trauung fand einen Monat vorher bei
ihnen zuhause im Geheimen statt, dem jüdischen Brauch
folgend. Sie sind Marranen, von denen es dort ungefähr
hundert Personen gibt, die einzigen, die widerstanden haben
und bis heute, im Jahre 1989, fortfahren, im Verborgenen
dieses fünfhundert Jahre alte, heimliche Judentum auszuüben.
Wir konnten, dank einer engen, sich über Jahre hindurch entwickelnden Verbindung, einen Bruchteil dieser geheimen
Bräuche filmen, über die sonst kein anderes authentisches Dokument existiert.
Produktionsmitteilung

### Die letzte Krise
Seit Drehbeginn hat die Situation der Marranen eine rapide
Entwicklung durchgemacht. Die Katholiken ebenso wie die
'normalen' Juden finden, daß der Spaß schon allzulange
gedauert hat. Genug der Heuchelei, genug der Verwirrung.
Kurz, die Marranen von Belmonte sind von den einen wie den
anderen aufgefordert, ihre Geheimnisse und ihre doppelte
Identität aufzugeben. Es ist die letzte Krise des Marranentums. Nach fünf Jahrhunderten des Widerstands sind die
Marranen am Ende ihres Weges angelangt. In einem Jahr, vielleicht sogar schon in ein paar Monaten, werden ihre heimli-

chen Bräuche nicht mehr sein als oberflächliches Theater,
eine lokale Spielart eines einheitlich-angepaßten jüdischen
Lebenswandels. Für uns, die die Erinnerung an dieses absolut geheime Judentum erhalten wollen, indem wir zeigen,
wie Emilia und die ihren ihr Doppelleben geführt haben, ist
diese Krise eine außergewöhnliche Gelegenheit. Es ist allerdings auch die letzte.
Produktionsmitteilung

### Interview mit Stan Neumann
*Frage:* Wie haben sie die Existenz der Marranen entdeckt?
*Stan Neumann:* Bis in die zwanziger Jahre waren alle Experten für jüdische Geschichte davon überzeugt, daß das Marranentum nicht mehr existierte. In dieser Epoche glaubte
man, daß einzig in der Gegend von Tras-os-Montès ein
Überleben der ethnischen Grundform des Marranentums
fortbestand, allerdings ohne religiöse Ausübung, wie man es
zu Beginn des Filmes sieht. Erst 1920 hat ein polnischer
Jude, der Ingenieur Samuel Schwartz, zufällig die marranische Gemeinde in Belmonte entdeckt. In seinem Buch über
das portugiesische Krypto-Judentum berichtet er von sehr
versteckten Anzeichen, die seine Aufmerksamkeit erreg-
ten: die leeren Straßen am Freitagabend, einzelne Personen,
die sich weigerten, samstags zu arbeiten. Aber dieses Werk
wurde wenig beachtet. Und die allgemein verbreitete Vorstellung bis in unsere Tage war, die Marranen existierten
nicht mehr.
*Frage:* Wer machte Sie mit dieser geheimen Gemeinde bekannt?
*St.N.:* Es war Frédéric Brenner, der im Anschluß an ein
Treffen mit Ignacio Steinhardt, der sich selbst in diese
Gegend eingeführt hat, und im Rahmen seiner Arbeit an der
Foto-Dokumentation über jüdische Gemeinden der Diaspora begann, sich mit der jüdischen Gemeinde in Belmonte zu
beschäftigen. Ignacio Steinhardt ist derjenige, der die Welt
am besten kennt. Seine Eltern, aschkenasische Juden, kamen
in den dreißiger Jahren nach Portugal, und seine Kindheit
war geprägt von den Sagen der Juden, verborgen von den abgelegenen Bergen des Nordostens. In den fünfziger Jahren
zum Präsidenten der jüdischen Gemeinde in Lissabon geworden, hörte er nicht auf, sich mit den Marranen zu treffen.
Er unternahm zahlreiche Reisen nach Belmonte und ist seitdem gut mit ihnen bekannt. (...)
*Frage:* Sind sie bei ihren Dreharbeiten auf Schwierigkeiten
gestoßen?
*St.N.:* Man wußte nie, was passieren wird. Man mußte
immer verhandeln. Man traf morgens eine Verabredung.
Wenn man dann eintraf, waren die Türen verschlossen. Man
mußte diskret sein, nicht in bezug auf die Christen, aber in
bezug auf die anderen Marranen. Denn diejenigen, die
einverstanden waren, zu sprechen und sich vor der Kamera
zu zeigen, sahen sich von den anderen verachtet. Jedesmal
mußte man ihren Widerstand überwinden. Wir konnten zum
Beispiel ein Oster-Ritual nicht filmen, eine großartige Szene, wo die Frauen am Ufer des Flusses tanzten und die
Männer einen Vorhang aufschlugen, um sie zu verbergen.
Glücklicherweise haben uns einige von ihnen geholfen. Vor

allem Emilia, die im Film ausführlich zu sehen ist. Sie muß ungeheuer viel Mut aufgebracht haben zu dem Entschluß, uns zu unterstützen. Sie hat viele Auseinandersetzungen mit der Familie durchstehen müssen, die sich daraus ergaben. Sie versicherte uns, daß nach den Dreharbeiten einige zu ihr gekommen sind und gesagt haben, ihretwegen würden sie alle sterben, man werde kommen und sie töten. Sie haben ihr vorgeworfen, sie hätte das Kostbarste enthüllt, was sie auf der Welt besäßen.

*Frage:* Warum hat das Marranentum nur in Belmonte überdauert?

*St.N.:* Das ist eine Frage, die man mir immer wieder stellt. Zu Beginn des Jahrhunderts hatte man andere marranische Gemeinden, vor allem in der Region Tras-os-Montès, wo es heute nicht mehr viel gibt. Dort ist die Folgerichtigkeit der Assimilation an die katholische Bevölkerung bis zu ihrem Ende fortgeschritten. Also, warum hat Belmonte widerstanden? Wahrscheinlich, weil die Gemeinde sehr homogen war. Sie umfaßte 200 Personen, die sich in zwei Familien aufteilten. Diese starke Verbindung hat es ihnen gestattet, der Assimilation zu widerstehen. Außerdem hat, nach eigenen Aussagen, das Buch von Schwartz ihnen einen gewissen Stolz gegeben und mitgeholfen, ihre Identität zu festigen.

*Frage:* Wie leben sie mit dieser Heimlichkeit, dieser Geheimhaltung?

*St.N.:* Für die Marranen ist die Geheimhaltung eine rituelle Vorschrift geworden. In der Öffentlichkeit zu beten, ist ihnen verboten. Sie sagen "Gott liebt die Feste nicht". Man darf nicht vergessen, daß sie sich noch immer bedroht fühlen. Ihre religiöse Praxis hat keinerlei soziale Funktion. Auch aus diesem Grund waren sie gezwungen, katholische Einrichtungen zu nutzen, für die Trauungen, für Bestattungen... Außer der Geheimhaltung, die das Marranentum charakterisiert, gibt es auch ein unbestimmtes Gefühl der Schande. Die Schande, den Kompromiß mit der katholischen Kirche eingegangen zu sein. Isoliert, ohne feste Einrichtungen, sind ihre Bezugspunkte zerbrechlich. Sie sind insbesondere gezwungen, alle offensichtlich jüdischen Merkmale zu vermeiden, vor allem die Beschneidung. Eine weitere Folge der Geheimhaltung: die Religionsausübung wird zur Sache der Frauen. Praktisch sind sie es, die die Rituale mündlich weitergegeben haben, von Generation zu Generation. Da sie nicht ausgehen mußten, um ihren Lebensunterhalt zu verdienen, waren sie besser imstande, das Geheimnis zu hüten und der Inquisition zu entkommen. Bis vor kurzem glaubten sie, die einzigen Juden auf der Welt zu sein.

*Frage:* Nach fünf Jahrhunderten katholischem Anscheins, findet man christliche Einflüsse in ihren Ritualen? Und kann man von Synkretismus sprechen?

*St.N.:* Notgedrungen hat es solche ausdrücklichen Anleihen gegeben, wie die Vorstellung von der Heiligkeit. Ihre Gebete sind gerichtet an den heiligen Moses, an die heilige Esther. Einige glauben an das Seelenheil. Ihre innerste Überzeugung ist aber, daß die einzig wahre Religion die ihre ist, die jüdische. Und auf dieser Ebene besteht keinerlei Verwirrung zwischen ihrem Judentum und dem Katholizismus, den man sie auszuüben zwingt.

*Frage:* Was geschieht ihnen nun, wo ihr Geheimnis gelüftet ist?

*St.N.:* Offiziell ist der Bruch mit der Kirche vollendet. Als wir 1988/89 die Hochzeit von Emilias Tochter filmten, war es das erste Mal, daß eine Hochzeit gefeiert wurde ohne Beteiligung der Kirche. Seit zwei Monaten gibt es einen Rabbi in Belmonte. Der Bau einer Synagoge ist beantragt worden. Und etwa fünfzehn Beschneidungen sind bereits durchgeführt worden.

*Frage:* Wie kann die Rückkehr zu einer offiziellen, institutio-

nalisierten Religion vonstatten gehen?

*St.N.:* Für einen Jungen wie Elias, der begonnen hat, hebräisch und die Bräuche des Judentums zu erlernen, der sich für die Wiedereinführung eines normalen Judentums in Belmonte einsetzt, ist es ein radikaler Ausstieg aus der marranischen Tradition, die er als entwürdigend und primitiv empfindet. Er würde sich von denen fernhalten, die in den alten Bräuchen fortfahren. Elias hält das für einen wichtigen Bestandteil der Gemeinde. Aber für andere, wie Emilia, zählt vor allem, dem Erbe treu zu bleiben, das ihre Mutter ihr weitergegeben hat und sie wiederum ihrer Tochter.

*Frage:* Haben Sie während der Dreharbeiten einmal daran gedacht, diese Situation nicht zu enthüllen?

*St.N.:* Man ist an einem kritischen Punkt des offenen Konflikts zwischen den Vertretern der Tradition und den Anhängern eines normalen Judentums angelangt. Man war ein Teil eines Puzzles, das wahrscheinlich den Prozeß der Säkularisierung und der Desintegration beschleunigt hat.

*Frage:* Hatten sie Skrupel?

*St.N.:* Wir waren die einzigen, die Wert darauf legten, diese Rituale zu filmen, diese Zeugnisse, diesen einzigartigen Zeitpunkt. Man mußte das machen. Es ist doch wahr, daß das Oster-Ritual sich nie mehr wie bisher vollziehen wird.

*Frage:* Quer durch die Einwürfe des Priesters von Belmonte und der Katholiken zeigt sich ein primitiver, heftiger Antisemitismus. Ist das eine auf Belmonte beschränkte Situation?

*St.N.:* In sehr katholischen Gegenden ohne Juden ist ein antisemitisches Klima weit verbreitet. Und was man im Film sieht, bleibt noch weit hinter der Realität zurück, jedenfalls in dieser Region...

*Frage:* Wird der Film in Portugal verbreitet werden?

*St.N.:* Nein. Wir haben uns mit Blick auf Emilia und die anderen Marranen verpflichtet, daß das nicht geschehen soll.

Produktionsmitteilung; das Interview führte Natalie Verdier

### Äußerlich Christen, innerlich Juden

(...) Ein Dorn im Fleische der spanischen Juden wurden die Täuflinge. Viele Tausend hatten bei der grausigen Verfolgung von 1391 zum Kreuze gegriffen, um für den Augenblick ihr eigenes Leben oder das ihrer Lieben zu retten. Die meisten jüdischen Zwangstäuflinge (Anußim) empfanden daher nach der Taufe mit gebrochenem Herzen noch mehr Abneigung gegen das Christentum und noch mehr Liebe für die angestammte Lehre als vorher. (...) Die meisten, welche sich nicht von dem spanischen Boden trennen und auch ihre angestammte Religion nicht verleugnen mochten, beobachteten die jüdischen Riten nach wie vor. (...) Die Behörden sahen ihren Rückfall zum Judentume nicht oder mochten ihn nicht sehen. Die Inquisition hatte damals noch keine Gewalt über sie, sie existierte noch nicht in Spanien. Aus diesen im Lande gebliebenen Zwangstäuflingen bildete sich eine eigene Klasse, äußerlich Christen, innerlich Juden; man könnte sie Juden-Christen nennen. Von der christlichen Bevölkerung wurden sie aber mit mißtrauischem Auge betrachtet, als 'Neuchristen' mit dem Spitznamen 'Marranos' oder die 'Verdammten' benannt und fast mit noch glühenderem Hasse als die treugebliebenen Juden bedacht. Diese Abneigung empfanden auch jene getauften Juden, welche gern das Judentum von sich abgestreift und nichts davon beibehalten hatten. (...)

Heinrich Graetz: Volkstümliche Geschichte der Juden, Bd. 5, München 1985

### Die Inquisition

(...) Die materiellen Momente vermischen sich mit den ideellen. Die Spanier wissen von dem Scheinchristentum der Juden. Sie fühlen sich doppelt betrogen: am Beutel und im

Glauben. Die Bekehrten werden plötzlich nicht mehr Conversos genannt, sondern Marranen, was unverblümt Niederträchtige, Verdammte, Schweine heißt. Von nun an bilden das Problem des spanischen Judentums nicht mehr die Hebräer des Ghettos, sondern die des Katholizismus. Die ungetauften Juden werden vorübergehend vergessen und in Ruhe gelassen. Sie waren ungefährlich, sie vermochte man jeden Augenblick zu zertreten. Die Marranen aber sind Feinde in der eigenen Festung. Die allgemeine Parole heißt: heraus mit den Getauften aus den Stellungen. (...) Beinahe jede Stadt hat einen Geheimbund gegen die Marranen, und beinahe jede Stadt erlebt ihre Kampftage. Oft siegen die von Granden angeführten Marranen. Wo sie aber nicht siegen, werden sie, ihre Frauen und ihre Kinder ermordet und ihre Häuser angezündet. (...) Marranen und Juden trafen und liebten sich weiter. Generationen hindurch blieben die Verbindungen gewahrt. Eine gemeinsame Wolke der Erinnerung und der Sehnsucht vereinigte sie. Die Ghettojuden ließen die Konvertiten in den hebräischen Büchern lesen, denn es bedeutete Lebensgefahr, als Getaufter solche Bücher im Hause zu bewahren. Die Juden brachten Brot zum Passah, sie unterrichteten und trösteten sie. Die Rabbanen segneten die Marranenkinder mit dem alten Spruch: Gott lasse Dich werden wie Ephraim und Manasse! Gegen diese Rabbanen richtete sich die ganze Wut und die List der Inquisition als gegen die Hauptverführer. Das Gericht wollte von ihnen die Namen der Marranen wissen, die das mosaische Gesetz im Herzen trugen. In Toledo wurden alle Rabbanen unter einem freundlichen Vorwand zum Alkalden geladen, und als verhaftet erklärt. (...) Die Inquisition hatte eine furchtbare Waffe gefunden: durch Prozesse den Ritualmordglauben zu popularisieren. Der Blutaberglaube berührte nun die Phantasie der Hiberier. Es gibt eben für die Menschheit keine überwundenen Standpunkte. Der Mythos aus vorchristlichen Jahrtausenden, der Mythos der Höllenbewohner, daß der Genuß von Menschenblut dem Mörder die Kraft und den Willen des Opfers schenke, wurde auf die Juden übertragen. Ungetaufte und Marranen, hieß es, warten bis der Tag sich neigt und bis verspielte Kinder den Weg nach Hause nicht mehr finden, um sie zu locken, zu fangen und dann zu opfern. Besonders ein Mal im Jahr brauchen die Hebräer das fremde Blut: zu ihrem hohen Festtag, zu Passah. Da vermischen sie ihr ungesäuertes Brot, ihr ''Brot der Trübsal'' mit Christenblut. Es gab plötzlich keine spanische Stadt, in der nicht Tausende mit leuchtenden Augen und Ergriffenheit davon sprachen. Müttern wurde es Angst um ihre Kinder, und Männer schworen, dieses stumme, unsichtbare Reich getaufter und ungetaufter Juden zu vernichten. (...) Aber all diese Aussagen, Gerüchte und kleinen Prozesse hatten für Torquemada keinen rechten Wert. Er hielt die Zeit für gekommen, ein weit sichtbares Fanal erscheinen zu lassen. Jetzt (...) mußte der Nachweis jüdischer Bestialität alle Gewissen Spaniens aufwühlen. Der Großinquisitor wollte nicht nur den Glauben, er wollte auch das Recht auf seiner Seite haben. Er wollte in einem grandiosen Prozeß alle Juderien entlarven. Das Corpus delicti für das Verbrechen einer Million Juden wurde ein sechzigjähriger Marrane, namens Benito Garcia. Garcia kam in die kleine Stadt Astorga, um Stoffe zu verkaufen. Fleißig ging er gleich seinen Geschäften nach, hinterließ sein Gepäck in einer Herberge. In demselben Gasthof saßen einige Castilianer, die sich tüchtig betrunken hatten. Das Gepäck des Fremden reizte ihre Neugierde, sie erbrachen es, und fröhliche Weinlaune fand eine geschändete Hostie. Sie wurde eilends zum Dorfpfarrer gebracht, der Garcias Verhaftung anordnete und ihn der Inquisition übergab. (...) Das ursprüngliche Verbrechen, die Hostienschändung, wurde von dem Richter mit gewohn-

ter Geschicklichkeit gar nicht mehr erwähnt; die Untersuchenden vermieden, die Sünder auf ein bestimmtes Vergehen festzulegen. Am liebsten war es ihnen, wenn der Angeklagte die Anklage gar nicht kannte. Er sollte vielmehr über sein Leben, seine Seele erzählen, und somit dem Richter den notwendigen Überblick über das innere Sein des Verbrechers gewähren. Selten blieb es dann bei der ursprünglichen Anklage, und selten hat auch die Inquisition wegen nur eines Vergehens verurteilt. Garcia ging es nicht anders. Das Gericht gewann die Überzeugung, daß der Marrane ein heimlicher Jude sei, und wirklich, er leugnete immer weniger, bis er endlich seine Neigung, das Alte Testament nach Rabbanenweise auszulegen mit einem ergebenen Seufzer zugab. Solche Geständnisse waren für die Inquisition ebenso wichtig wie selten. Die Marranen waren keine freiwilligen Märtyrer, sie leugneten beharrlich. Der Richter hoffte nun, daß er durch Garcia vielleicht auch die labyrinthischen Pfade finden werde, die zu den großen Verbrechen der Juden führen. Seit Jahren suchten alle Theologen, Juristen und Detektive des Glaubenstribunals nach diesem unterirdischen Gang zur mosaischen Opferhöhle. (...)

Valeriu Marcu: Die Vertreibung der Juden aus Spanien, München 1991

### Der letzte Großrabbiner

(...) So waren denn viele tausend portugiesische Juden zum Scheine Christen geworden, aber mit dem festen Entschlusse, jede Gelegenheit wahrzunehmen, um auszuwandern und in einem freien Lande ihre ihnen durch Qualen nur um so teurer gewordene Religion zu bekennen. Ihre Seele war, wie der Dichter Samuel Usque sie schildert, von der empfangenen Taufe nicht befleckt worden. Indessen waren auch noch einige Juden zurückgeblieben, welche die Zwangstaufe mit aller Macht von sich abgewehrt hatten, unter ihnen Simon Maimi, wahrscheinlich der letzte Großrabbiner (Arrabi moor) von Portugal, ein skrupulös frommer Mann, ferner seine Frau, seine Schwiegersöhne und noch einige andere. Sie waren in strenger Haft, weil sie das Judentum nicht abschwören und auch äußerlich nicht die Kirchenriten mitmachen mochten. Um sie zu bekehren, wurden Simon Maimi und seine Leidensgenossen, bestallte Rabbiner, auf die unmenschlichste Weise gefoltert. Im Kerker wurden sie bis an den Hals eingemauert und drei Tage in dieser qualvollen Lage gelassen. Als sie dennoch standhaft blieben, so wurden die Mauern niedergerissen; drei waren den Qualen erlegen, auch Simon Maimi, auf dessen Bekehrung es am meisten abgesehen war, weil sein Beispiel die übrigen nachgezogen hätte. Zwei Marranen wagten ihr Leben, um die Leiche des frommen Dulders auf dem jüdischen Begräbnisplatz zu bestatten, obwohl es streng verboten war, die jüdischen Schlachtopfer durch andere Personen als durch Henker zu beerdigen. Heimlich begleiteten noch einige Marranen den stillbeweinten Heiligen zur letzten Ruhe und hielten ihm dort die Trauerfeierlichkeit. (...)

Heinrich Graetz: Volkstümliche Geschichte der Juden, Bd. 5, München 1985

### Zur Zeit von Columbus

(...) Bleiben durfte nur, wer zum Christentum übertrat; um sich zu tarnen, nahmen viele Juden der Form halber den Christenglauben an, lebten aber heimlich weiterhin nach ihrer Konfession. Ein höchst gefährliches Tun! Wer sich nämlich erst einmal zum Christentum bekannt hatte, dann aber wieder davon abfiel, galt als Ketzer. Schon auf den geringsten Verdacht hin kam die Inquisition über derartige Leute, verhaftete sie, rang ihnen in Folterkammern Geständnisse ab und ließ sie auf Scheiterhaufen verbrennen. Das Volk war im allgemeinen mißtrauisch gegenüber Neubekehrten und nannte sie 'Marranos', Dreckskerle. Dennoch überlebten einige Juden in Spanien und bekannten sich im 20. Jahrhundert wieder offen zu ihrem Glauben. Daß auch Columbus ein Marrano gewesen sei, wurde oft behauptet, die Beweise dafür sind aber nicht überzeugend. Auffällig ist bloß, daß er in seinen Tagebüchern voll Mitgefühl von den Juden schreibt, die zur selben Zeit, da er zur Entdeckung der Neuen Welt ausfuhr, aus dem Land getrieben wurden und in seeuntüchtigen Booten seinen Weg kreuzten.

Leo Trepp: Die Juden. Volk, Geschichte, Religion. Reinbek bei Hamburg 1987

## Marranen und europäisches Judentum

Zwei Daten am Ende des 15. Jahrhunderts verwandelten die Welt der sefardischen, also iberischen Juden auf radikale Weise. 1492 wurde in Spanien durch ein Edikt des Königs Ferdinand angeordnet, daß, wer Jude sei, außer Landes zu gehen habe. In den Jahren darauf gründeten die Flüchtlinge weit verstreut im Mittelmeerraum neue Gemeinden, in denen sie ihre ureigenen Bräuche weiter pflegen und ihre traditionelle Sprache, das Judeospanische, auch Ladino genannt, lebendig erhalten konnten. Die veränderte geographische Ausbreitung brachte es mit sich, daß die urprünglich spanischen 'Sefardim' seither als mediterrane Juden bezeichnet wurden. In Portugal, also im westlichen 'Sefarad', kam das Ende der jüdischen Gemeinschaft 1497, als die Gemeindemitglieder gezwungen wurden, zum Christentum zu konvertieren, 'Conversos' oder auch 'Marranen' hießen sie fortan im allgemeinen Sprachgebrauch. Obwohl sie das Bekenntnis für die Öffentlichkeit gewechselt hatten, praktizierten viele der portugiesischen Juden auch nach der Konversion einige kryptojüdische Gebräuche, ein heimliches Judentum. Erst nach 1600 besannen sich Urenkel der zwangsweise Konvertierten wieder auf den Glauben ihrer Vorväter und verließen ihre portugiesische Heimat, um verschiedenenorts in Westeuropa, vor allem in Amsterdam, in London und in Altona, ein neues Gemeindeleben erstehen zu lassen. Natürlich versuchte man, an die Tradition der Ahnen anzuknüpfen, etwa in der Form der Aussprache des Hebräischen oder in bestimmten religiösen Riten, doch führte der Mangel an jüdisch-traditionellen Kenntnissen und der internalisierte Lehrstoff der christlichen Gesellschaft, deren Teil die Conversos in ihren letzten portugiesischen Generationen schließlich waren, zu einer grundlegend veränderten Identität. Es konnte daher kaum überraschen, daß der Kontakt der portugiesischen Juden zum Judentum, auch nachdem sie sich wieder in jüdischen Gemeinden konstituiert und sich der Autorität der mündlichen Lehre unterworfen hatten, von ideologischen und intellektuellen Spannungen geprägt blieb. Bis sie in den Hafen einer neuen Gemeinde fanden, hatten die emigrierten Conversos häufig in mehreren Ländern gelebt, hatten verschiedenste kulturelle, soziale und wirtschaftliche Einflüsse aufgenommen. Noch entscheidender war jedoch, daß sie einst die schicksalhafte Grenze zwischen Juden- und Christentum überschritten hatten. Auch die Rückkehr zu ihrem traditionellen Glauben konnte nicht verhindern, daß die Lebens- und Denkweise der portugiesischen Juden stark von den Erfahrungen determiniert wurde, die sie über Generationen hinweg im Schatten der katholischen Kirche gesammelt und verinnerlicht hatten. Diese anderen Werte, die jenseits der tradierten jüdischen Glaubenswelt lagen, bewirkten, daß in den westeuropäischen Gemeinden portugiesischer Gründung Abweichungen von den Konventionen und üblichen Normen des Gemeindelebens die Regel waren. Es drängt sich

deshalb die Frage auf, inwieweit die Conversos moderne Juden in dem Sinne waren, daß sie - bereits über hundert Jahre vor Moses Mendelssohn - die Ketten der jüdischen Tradition sprengten und so einen Weg in die bürgerliche Gesellschaft suchten. (...) Was trennt und was eint die portugiesisch-jüdische Gesellschaft und die anderen jüdischen Gemeinschaften in der Frühen Neuzeit? Allen Gemeinsamkeiten und Ähnlichkeiten zum Trotz können wir auffällige Unterschiede zwischen den westlichen sefardischen Gemeinden und den traditionellen Gesellschaften in der jüdischen Welt nicht ignorieren. Die portugiesischen Exilgründungen stützten sich nicht auf Wissen und Werte, die direkt aus der Vergangenheit ererbt waren. Die Gemeinden waren nicht organisch gewachsen, hatten sich nicht mit jeder Generation, die das Erbgut ihrer Vorfahren weitergab, kontinuierlich entwickelt. Den portugiesischen Juden des 17. Jahrhunderts könnte man eine erfundene Tradition zusprechen, sie als traditionelle Gemeinschaft bezeichnen, die unter neuen Bedingungen, in veränderten Zeiten aus dem Nichts entsteht. (...) Als die portugiesischen Kryptojuden zum Judentume offen zurückkehrten, kleideten sie den jüdischen Glauben in christliche Vorstellungen, die sie sich in ihrem Leben nach 1497 als ''neue Christen'' einverleibt hatten. Dies veranlaßte viele unter ihnen, das Judentum zunehmend als eine Religion und nicht notwendig als eine Lebensweise zu begreifen. Natürlich trug dazu in erheblichem Maße ihr bisheriger Lebenswandel bei: Sie hatten sich daran gewöhnt, eine innere jüdische Religiosität in den eigenen vier Wänden von ihrem äußeren und externen Sein zu unterscheiden, das von christlichen und anderen Werten geprägt war. Viele kamen deshalb zu dem Schluß, es sei wichtiger, sich geistig mit der jüdischen Tradition zu identifizieren als das jüdische Religionsgesetz einzuhalten, das oftmals auf Äußerlichkeiten fixiert ist. (...)

Yosef Kaplan: Die portugiesischen Juden und die Modernisierung. Zur Veränderung jüdischen Lebens vor der Emanzipation. In: A. Nachama u.a. (Hg.): Jüdische Lebenswelten, Essays, Berlin 1992

## Vergangenheitsbewältigung

(...) Das ernsthafte Bemühen um Vergangenheitsbewältigung erhöhte das Ansehen des unter König Juan Carlos und Ministerpräsident Felipe González erneuerten Spanien weltweit. (...) Diese Lehre aus der Geschichte für die Politik hat auch jüngst Lissabon erreicht: Im Mai 1991 bat Portugals Außenminister Pinheiro das jüdische Volk um Vergebung für die 1497 nach spanischem Muster betriebene Vertreibung aus seinem Land. Die Sünden der Vorväter seien zwar nicht mehr gutzumachen, aber Portugal sei jetzt an der Wiederherstellung von normalen Beziehungen zum Judentum interessiert. (...)

Michael Wolffsohn: Spanien, Deutschland und die ''Jüdische Weltmacht'', München 1991

**Frédéric Brenner,** geb. 15. Januar 1959 in Paris, seit 1981 diverse Foto-Ausstellungen in Frankreich, Mexiko, Spanien, Israel und Moskau; er erhielt 1981 den *Prix Niepce* und den *Prix du Salon de la Photo*, 1982 *Lauréat de la Fondation de la Vocation*; 1984 veröffentlichte er das Buch *Jérusalem, instants d'Eternité* und 1988 den Bildband *Israël*; das Buch *Visages juifs d'U.R.S.S.* soll demnächst erscheinen. LES DERNIERS MARRANES (1990) ist bisher sein einziger Film.

**Stan Neumann,** geb. 19. Mai 1949 in Prag; studierte 1969 bis 1972 an der IDHEC in Paris; später arbeitete er als Cutter bei verschiedenen Dokumentarfilmen mit, ab 1983 führte er bei mehreren Auftragsfilmen Regie. Filme: *Paris, Roman d'une ville* (1989); LES DERNIERS MARRANES (1990).

## HESTER STREET USA 1974

*Produktion: Midwest Film Productions, Inc., New York*
*Produzent: Raphael D. Silver*
*Regie, Buch: Joan Micklin Silver*
*nach 'Yekl' von Abraham Cahan*
*Kamera: Kenneth Van Sickle*
*Schnitt: Katherine Wenning*
*Musik: William Bolcom. Ton: William Daley*
*Ausstattung: Stewart Wurtzel. Kostüme: Robert Pusilo*
*Darsteller: Carol Kane (Gitl), Steven Keats (Jake), Mel Ho-*
*ward (Bernstein), Dorrie Kavanaugh (Mamie), Doris Roberts*
*(Mrs. Kavarsky), Stephen Strimpell (Joe Peltner), Paul Freed-*
*man (Joey), Lauren Frost (Fanny), Zvee Scooler (Rabbi), Eda*
*Reiss Merin (Frau des Rabbis), Martin Garner (Boss), Leib*
*Lensky (Hausierer), Sol Frieder (Schreiber), Zane Lasky*
*(Greenhorn im Café), Edward Crowley (Einwanderungsoffi-*
*zier)*
*Uraufführung: Festival von Cannes 1975, Internationale Woche*
*der Französischen Kritik*
*s/w, Englisch und Jiddisch mit dt. Untertiteln, 90 Minuten*

### Wie aus Jankel ein Jake wurde

New Yorks Hester Street um 1900: das ist der Winkel Amerikas, in den die frisch eingewanderten Juden aus Europa hineingepfercht werden; das ist die Tretmühle, in der die Unangepaßten Gelegenheit haben, sich zu ellbogentüchtigen Amerikanern zu mausern oder als krummrückig-verborgene, leseblinde Käuze zu verkümmern. Da ist zum Beispiel der strenge Gelehrte, der Kopfmensch, der im fernen Litauen kaum jemals den Blick von den Büchern zu heben brauchte; hier muß er sich bei einem ehemaligen Hausierer, der sich zynisch freut, an einer Nähmaschine ums Geld abrackern. Und da ist sein Arbeitskollege Jake, der einmal Jankel hieß, aber heute jedem ins Gesicht springt, der ihn an seine voramerikanischen Umtriebe erinnert. Jankel-Jake will nur noch Amerikaner, will nur noch angepaßt und erfolgreich sein. Als seine Frau mit dem Sohn aus dem fernen Mittelalter Europas herüberkommen, angetan mit Kleidern und Frisuren, deren Anblick ihn schmerzen, mit einem singenden Jiddisch auf den Lippen, das er zu verstehen sich weigert, da sieht er sich vor peinliche Entscheidungen zwischen bequemer Zukunft und fordernder Vergangenheit gestellt.

Mit plumpen Angebereien vor seinen Freunden fächelt er sich Mut zu für die Liebe zu seiner schreckhaft sensiblen Frau, die ihn bei seinen Anpassungsritualen, bei seinen lautstarken Aufblasversuchen nur noch stört. Doch Gitl, deren anfangs verstört zuckende Wimpern sich mehr und mehr über den großen Augen zu heben beginnen, hat es offenbar nicht nötig, ihren Namen zu ändern; sie findet nach den ersten schmerzhaften Erfahrungen (das Umschnüren eines Korsetts macht ihr humoristisch klar, was es heißt, sich auf New York umzustellen) allmählich einen eigenen Weg, sich in Amerika Gehör zu verschaffen: Während Jake seinem Sohn Baseball beibringt, spinnen sich, in einer unbeschreiblich poetischen, humorvoll ausgeplauderten Picknick-Szene im Grünen zwischen ihr und dem 'Gelernten', dem in seinem Bart und den Buchseiten

versunkenen Bibelwissenschaftler, schüchterne Bande an. Und nun weiß sie, was sie sich als angehende Amerikanerin schuldig ist: sie beginnt sich zu wehren gegen die Last der zerstörten alten Verpflichtungen, sie wagt es, schüchtern noch, doch mit einer bewegenden Kraft im Herzen an einer neuen Zukunft zu zimmern.

Diese paar Handlungsstränge - eine Fülle sinnlicher Filmbeobachtungen - hat Joan Micklin Silver in ihrem Erstlingsfilm Gestalt werden lassen. Über einer heiter und trocken perlenden Musik reihen sich atmosphärische Filmbilder aneinander, die im Abstand der Erinnerung ganz selbstverständlich die braune Farbe alter Photographien annehmen. Die durchgehende Zweisprachigkeit (jiddisch und amerikanisch), die in der untertitelten deutschen Verleihfassung voll genießbar blieb, trägt viel zur Wehmuts-Wonne des Zuschauers bei. (...)

Gottfried Knapp, Wie aus Jankel ein Jake wurde, in: Süddeutsche Zeitung, München, 5.7.1976

### Zur Entstehungsgeschichte

(...) Die Entstehungsgeschichte von HESTER STREET ist von derselben Bitterkeit, Entschiedenheit und von demselben Humor geprägt, für die der Film selbst von der Kritik gerühmt wird. HESTER STREET entstand im Herbst des Jahres 1973 mit einem äußerst schmalen Budget innerhalb von 34 Drehtagen. (...) Joan Micklin Silvers Interesse an den Erfahrungen der Einwanderergeneration geht auf ihren vor sieben Jahren gedrehten Film über eine polnische Immigrantenfamilie zurück. Bei ihren Nachforschungen stieß sie auf Abraham Cahans Novelle 'Yekl', die sie faszinierte. Joan Micklin Silver ist in Omaha, Nebraska geboren und aufgewachsen, ihre Eltern jedoch sind russische Immigranten. "Mein Vater erzählte mir wunderbare Geschichten, aber ich glaubte immer, sie wären nur ihm zugestoßen", erinnert sich Silver. "Dann merkte ich, daß es in jeder Familie solche Geschichten gibt.(...) Sie sind bisher kaum vom Spielfilm aufgegriffen worden."

Hollywood interessierte sich nicht für Joan Micklin Silvers Filmvorhaben. Der Geschäftsführer eines Studios faßte die Meinung seiner Kollegen über ihr Projekt folgendermaßen zusammen, "weibliche Regisseure sind ein zusätzliches Problem, das wir nicht gebrauchen können".

Unbeeindruckt davon schrieb Joan Micklin Silver das Drehbuch, während sich ihr Mann, Raphael D. Silver, um die Finanzierung kümmerte (und eine eigene Produktionsfirma gründete).

Der Film ist zu großen Teilen in jiddischer Sprache mit englischen Untertiteln; weder Joan Micklin Silver noch ihr Stab waren jedoch des Jiddischen mächtig. Ein erfahrener Schauspieler der amerikanischen jiddischen Bühne, Michael Gorrin, übersetzte die betreffenden Textpassagen und unterrichtete die Schauspieler in der richtigen Aussprache der Worte. (...) Um ein authentisches Aussehen der Außenkulissen zu gewährleisten, durchforschte Silver im Jüdischen Museum Diapositive und die Photographien von Jacob Rijs. Der Film wurde schließlich jedoch nicht in der eigentlichen Lower East Side gedreht, sondern in der Morton Street in Greenwich Village, die sich in den letzten siebzig Jahren viel weniger verändert hatte. (...)

Grace Lichtenstein, 'For Woman Director, HESTER STREET Is Victory', in: The New York Times, 15.10.1975

### Die Rückkehr zum Ursprung

HESTER STREET, um die Jahrhundertwende in New York unter gerade eingewanderten, jiddisch (englisch nur gebrochen) sprechenden Juden aus Osteuropa spielend, ist ein amerikanischer Film (aber nicht nur das). Amerikanisch insofern, als er wie die amerikanische Kultur, wie das amerikanische Bewußtsein, an die Anfänge, an den Ursprung zurückkehrt. (Der Immigrant erblickt die Freiheitsstatue). Anfang heißt in HESTER STREET allerdings, daß das Alte, von jenseits des Ozeans mitgebrachte, zerbricht. Man erliegt dem Sog des Schmelztiegels; der Konformismus holt einen ein. Beim Versuch der Anpassung werden Haare gelassen, wird Herkunft verleugnet, Sprache verändert. Aus Jankel wird Jack und aus Jossele Joey. Jankel/Jack, ein junger Schneider, beginnt sich in New York einzuleben, hat auch eine Freundin, die von money, money spricht. Die beiden geben sich unbeschwert jugendlich - wie die Boys and Girls Amerikas. Dabei ist ihr Background durchaus proletarisch. In der Lower East Side haben sie angefangen (wie dort heute noch die Puertoricaner anfangen), bis sie in den großen Brei des amerikanischen Mittelstandes eingemischt sind: die Italiener mit ihrem pomadisierten Haar (wie in *Pate II*) und die Juden aus HESTER STREET, die zu Anfang noch Bärte und Schläfenlocken tragen.

Aus Osteuropa trifft Jankels Frau mit Jossele, seinem kleinen Sohn, ein. Die Frau lebt noch ganz nach den alten Sitten, trägt die traditionelle Kleidung, die traditionelle Perücke, und sie kann sich nur auf jiddisch verständlich machen. Jankel/Jack ist befremdet. Es gibt Reibereien und Mißverständnisse. (...) Einmal sehen wir die Familie bei einem Picknick; ein Freund, ein Schriftgelehrter, ist dabei. In einer schönen Totale spielen Vater und Sohn miteinander. Ein Bild des Friedens, des Geborgenseins. Doch indem wir das Bild sehen, wissen wir, daß es nur Erinnerung, Beschwörung, Es-war-einmal ist. Die Ehe wird nach jüdischem Brauch geschieden; im Wohnzimmer des Rabbis - wie denn auch die Stätten, an denen sich Althergebrachtes vollziehen kann, etwas Verstecktes, Verborgenes haben: Der Schriftgelehrte liest die Bibel zu Hause auf dem Sofa des Freundes in der Küche. Ritual in einer New Yorker Küche, während gleichzeitig an einer Singer-Nähmaschine das profane Brot verdient werden muß. Am Schluß schlendern zwei Gruppen, wohl ohne sich zu sehen, über den Markt, der Vater mit seiner Freundin, die Mutter mit dem Schriftgelehrten und dem Söhnchen, doch sie besteht darauf, daß Jossele, wie sein Vater es schon wollte, amerikanisch Joey gerufen wird. (Es gibt keine orthodoxen Juden in diesem Film). Ein bitterer Nachgeschmack bleibt, der von dem Verrat an sich selbst und seiner eigenen Vergangenheit ausgelöst wird. Wir spüren, daß das, was vorher stimmte, über Unstimmigkeit ins Ratlose übergeht. Rhetorisches Auftrumpfen wird dagegen angewandt. Ich bin Jude, denkt Jankel - und ich war Jude, sagt Jack zu sich. Und ich werde ein Jack wie alle anderen sein. In dem kleinen fröhlichen Ghetto wird dem größten Teil der Juden allmählich klar gemacht, daß die amerikanische Freiheit etwas kostet. Und sie zahlen und vergessen, woher sie kommen, wer sie sind und worin sie sich einmal von den anderen unterschieden haben.

Der Film zeigt einen Zerfall. Daß er gemacht wurde, ist gegen den Zerfall gerichtet. Er will einen Ursprung offenlegen, ihn ins Bewußtsein bringen. Das ist amerikanisch, Roosevelt empfahl seinem Volk 1932, an die Grundsätze zu denken, die das Land groß machten. Doch für HESTER STREET gibt es kein direktes Zurück. Die liebevoll rekonstruierten Bilder bedeuten Vorbei. (HESTER STREET ist in schwarz-weiß gedreht; der Film wirkt wie eine Folge von alten Fotos.) Die Utopie wird nicht gezeigt; sie liegt im Gestus der Erzählung. Der ist gegen das Aufgehen im Schmelztiegel gerichtet, will das Nebeneinander von (auch absonderlichen) Individuen. Wie das zu machen sei, wird nicht gesagt. Wahrscheinlich so, wie es der Jude Karl Kraus in seinen Versen über den Ursprung ausdrückt: Zwei Läufer laufen zeitenlang,/ der eine dreist, der andre bang:/ Der von Nirgendher das Ziel erwarb,/ macht Platz dem, der am Wege starb./ Und dieser, den es ewig bangt,/ ist stets am Ursprung angelangt. -

Es gibt keine Wegweiser zum Ursprung. Über Kraus und über unserem Film waltet das jüdische Bildnisverbot. Hoffnung ist in der Bangheit und in der aussparenden Negation. Negation in HESTER STREET: die Welt dieses Films ist nicht die Welt von heute, und sie ist auf keinen Fall wiederzuholen. Was das Unamerikanische an HESTER STREET ist. In amerikanischen Werken wird immer nach Fußstapfen aus der Vergangenheit gesucht, in die man treten kann. Das gängige amerikanische Selbstverständnis ist mythisch-nostalgisch.

HESTER STREET ist ein Film des amerikanischen Mittelstandes der siebziger Jahre, jenes intelligenten Mittelstandes, der sich deutlich als Vertreter von ethnischen Gruppen zu erkennen gibt und über den Nixon stürzte. Dessen schweigende Mehrheit - der Schmelztiegel, der Konformismus - rührte sich nicht und schwieg weiter.

Ulrich Kurowski / Herbert Adam: Statt eines Vorworts: HESTER STREET, in: Film 2/80, Das jiddische Kino, München 1980

**Joan Micklin Silver** wurde am 24.5.1935 in Omaha, Nebraska geboren; Musiklehrerin, Schriftstellerin, Stückeschreiberin und Drehbuchautorin; schrieb die Drehbücher *Love it or Leave it* und *Limbo*, eine Geschichte über Frauen von Kriegsgefangenen in Vietnam. Drehte 1972 eine Auftragsarbeit für die 'Learning Corporation', einen halbstündigem Film über eine authentische Geschichte polnischer Einwanderer im Jahre 1907: *The Immigrant Experience*. Arbeitete als Regisseurin beim Fernsehen sowie schrieb und inszenierte Kurzfilme. (Produktionsmitteilung)

Filme: 1974 HESTER STREET; 1977 *Between The Lines*; 1979 *Head Over Heels*; 1984 *Finnegan, Begin Again*; 1989 *Loverboy*.

Herausgeber: Freunde der Deutschen Kinemathek. Druck: graficpress
Redaktion dieses Blattes: Christine Gregor

## ABOUT THE JEWS OF YEMEN, A VANISHING CULTURE

Über die jemenitschen Juden, eine untergehende Kultur
USA 1986

*Produktion: Johanna Spector Films*
*Regie, Buch: Johanna Spector*
*Kamera: Asher Cohen*
*Musik: Johanna Spector, Ahmed und Hassan (Flöten), Khamis*
*Ali El-Fino ('Ud), Sara Washabi (Perkussion), Sänger und*
*Tänzer aus Sana und umliegenden Dörfern*
*Schnitt: Mavis Lyons Smull*
*Ton: Johanna Spector, David Lipkind, Danny Natovich*
*Trick: Francis Lee*
*Standphotos: Pascal Maréchaux, Ella Maillart*
*Script: Johanna Spector, Mavis Lyons Smull*
*16 mm, Farbe, engl. OF, 77 Min.*

Der Film entstand mit Unterstützung von Rabbi Yosef Qapah,
Rabbin Brakha Qapah und ihren Familien, Amira Avishai,
Shlomo Tiv'Oni, Shalom Kessar, Rabbi Shalom Gamliel, der
Mitglieder der Gemeinden von Sana, Gaddis, Haidan und
Dörfern in Jemen sowie der Memorial Foundation for Jewish
Culture (Direktor: Dr. Jerry Hochbaum).

### Inhalt

Der Film versucht, das Leben der Juden in Jemen zu rekonstruieren. Seit dem Tod des letzten jüdischen Königs 525 n.d.Z.
waren sie Bürger zweiter Klasse, die kein Land besitzen
durften. In den 50er Jahren dieses Jahrhunderts haben die
meisten das Land verlassen und sind nach Israel gezogen. Eine
Gruppe jemenitischer Juden spielt in historischen Gewändern
Szenen des einstigen Lebens nach, Hochzeitsvorbereitungen,
Seder, Religionsunterricht, traditionelle Speisenzubereitung.

### Jüdisches Leben in Jemen

Jüdisches Leben in Jemen bestand über dreitausend Jahre;
früheste gesicherte Nachrichten stammen aus dem 3. Jh. n.d.Z.
Zwar blieben hier den Juden Katastrophen wie in Europa
erspart, aber ihre Geschichte kennt auch nicht jene glanzvollen
Höhepunkte, welche ein Merkmal anderer Regionen sind.
Lange nach dem Untergang des südarabischen Königreichs
Himjar, dessen Herrscher im 6. Jh. n.d.Z. den jüdischen Glauben angenommen hatten, wurde der Jemen 629 vom Heerfüh-
rer des Propheten Mohammed für den Islam erobert. Künftig
unterstanden Juden als ethnische und religiöse Minorität dem
islamischen Gesetz, das ihnen als 'Dhimmis' mit der 'Mellah'
gesonderte Wohnviertel, eine von der Tracht der Muslims
verschiedene Kleidung und zusätzliche Steuern vorschrieb.
Am Leben der Juden als Weber, Gerber oder Trödler änderte
sich im Laufe der Jahrhunderte nur wenig; allein die jüdischen
Silberschmiede aus dem Jemen genossen einen Ruf bis weit
nach Europa. Von Zionsliebe erfüllt, wanderte Ende des 19.
und Anfang des 20. Jhs. ein großer Teil der jemenitischen
Juden nach Palästina aus. Die Umsiedlung fast aller Juden aus
dem Jemen markierte dann 1950 das Ende einer jüdischen
Lebenswelt im Süden der arabischen Halbinsel.

### Chronik

| | |
|---|---|
| 629 | Islamisierung der arabischen Halbinsel |
| 1165 | Im Zusammenhang religiöser Verfolgung ent-steht eine messianische Bewegung. Sendschrei-ben des Maimonides an die Juden Jemens |
| 1546 | Die Osmanen erobern den Jemen |
| 1882 | Einwanderungswelle jemenitischer Juden nach Jerusalem |
| 1908 | Einwanderungswelle nordjemenitischer Juden nach Erez Israel |
| 1911 | Unabhängigkeit des Königreichs Jemen vom Osmanischen Reich |
| 1949/50 | In der 'Operation Fliegender Teppich' werden etwa 50.000 jemenitische Juden nach Israel aus-geflogen. |

Jüdische Lebenswelten, Raum 10: Jemen (Ausstellungskatalog),
Berliner Festspiele GmbH, Berlin 1992

### Die jemenitischen Juden - eine untergehende Kultur

"Wir sehen heute, daß unsere Kultur im Verschwinden be-
griffen ist... Was mich besonders beschäftigt, ist, was diese
Kultur meiner Generation zu sagen hätte und welche Werte
beibehalten werden sollten. Wir möchten, daß uns etwas von
dieser Kultur erhalten bleibt." (Ein moderner jemenitischer
Jude.)
Auf Beth Shearim, dem bekanntesten jüdischen Friedhof im
Nahen Osten, gibt es eine jemenitische Katakombe. Diese
Grabstätte ist schwer zu erreichen. Ihr Eingang ist zuge-
wachsen, und die Inschriften in roter Farbe sind von Zeit und
Wetter fast ausgelöscht. Diejenigen, die man noch entziffern
kann, stellen den frühesten historischen Nachweis einer
bestehenden jüdischen Gemeinde in Jemen dar.
Jahrhundertelang lebten die jemenitischen Juden in Freiheit
und Wohlstand. Doch als der letzte jüdische König Selbstmord beging - der Sage zufolge soll er mit seinem Pferd ins
Meer geritten sein - und der Islam zunehmend an Macht
gewann, beraubte man die jemenitischen Juden ihres Landes, verbot ihnen die Landwirtschaft und zwang sie, in engen
Vierteln der Dörfer und der Hauptstadt Sana zu leben. Im
überfüllten Ghetto von Sana entwickelten die jemenitischen
Juden einen einzigartigen architektonischen Stil, den man
nirgendwo anders im Mittleren Osten findet. Sie übten die
einzige ihnen erlaubte Tätigkeit aus - die des Handwerks -
und wurden zu den für ihre Geschicklichkeit bekannten
Silber- und Kupferschmieden, Webern, Holzschnitzern und
Steinmetzen des Jemen.
Zwischen 1948 und 1950, als den jemenitischen Juden erlaubt wurde, nach Israel auszuwandern, taten sie dies in
großer Zahl. Es ist wenig bekannt über diejenigen, die
blieben. In ABOUT THE JEWS OF YEMEN, A VANI-
SHING CULTURE führt die Regisseurin Johanna Spector
durch die Zeitalter ins moderne Israel - und in die Wohnungen und zu den religiösen Orten moderner Juden jemenitischer Herkunft.
Dieser überwältigende Dokumentarfilm ist ein Beispiel für
die Kunst der 'bewahrenden Ethnographie' - durch die das
Leben einer Kultur, die schnell vergehen könnte, für die

Nachwelt dokumentiert wird. Ein großer Teil des Films befaßt sich mit den im heutigen Israel lebenden jemenitischen Juden. Einige von ihnen, wie die alte Frau, die *saluf*-Teig und einen scharfen, *hilbe* genannten Brei zubereitet, oder die Jungen, die zur Schule gehen, um Aramäisch und die besondere jemenitische Aussprache des Hebräischen zu lernen, haben unverkennbare Aspekte ihres jemenitischen Ursprungs bewahrt. Andere, vor allem die Kinder aus Mischehen, staunen über die Kultur ihrer Großeltern.

Der Film enthält wunderbare Sequenzen über traditionelle jemenitische Bräuche, Zeremonien, Tänze und Musik.

Johanna Spectors Kamera durchstreift die Häuser mehrerer jemenitischer Familien, die gerade das Passahfest nach Riten feiern, die ausschließlich von jemenitischen Juden praktiziert werden.

Der Film fängt einen der ungewöhnlichsten Aspekte des traditionellen jemenitischen Lebens ein - eine Unterscheidung von Mann und Frau, die weitreichender ist als in jeder anderen bekannten Kultur. In gewisser Weise bilden die jemenitischen Männer und Frauen zwei eigenständige Subkulturen. Sie singen Lieder in verschiedenen Sprachen und nach verschiedenen Melodien und feiern wichtige Feste in verschiedenen Räumen.

Die vielleicht schönste Sequenz zeigt die Zeremonie vor der Hochzeit einer jungen Braut. Sie trägt Fußreifen gegen den bösen Blick, einen Kopfputz mit Perlen, ein goldenes Brokatgewand und zahlreiche Schmuckstücke, darunter Halsketten, Ohrringe und sechs Armreifen, die auf eine bestimmte Weise getragen werden. Diesem Schmuck werden magische Eigenschaften zugeschrieben, u.a. soll er mit seinem Klingeln böse Geister vertreiben. Die Braut feiert nur mit Frauen - denn Frauen tanzen und singen nicht in Gegenwart von Männern. Nur in bestimmten Augenblicken dieser Zeremonie ist es ihrem Vater, den Brüdern und Onkeln gestattet, zugegen zu sein. (...)

Anon.: Jews Of Yemen: A Vanishing Culture; in: Rotunda. Programm des American Museum of Natural History, New York 1991

## Die Gegenwart liegt in der Vergangenheit

(...) Die Zeit arbeitet wie ein Schleifstein. 2000 Jahre Diaspora zeitigten eine Vielfalt von Wanderschaften, Exilen und Verlusten. Wer nach der Zerstörung des Zweiten Tempels das Heilige Land floh, war noch längst nicht an seinem Zielort angekommen. So viele Juden, so viele Völker. Die marokkanischen Juden, Abkömmlinge der Berber-Juden und vor der Inquisition 1492 geflüchteter Spanier, und die jemenitischen Juden verloren ihre Heimat und ihre Identität noch einmal. Die meisten von ihnen, die in ihren ursprünglichen Heimatländern nicht mehr geduldet waren, wanderten von 1949 an nach Israel ein. Ihre Traditionen und Rituale können sie kaum halten. Und auch ihre über Generationen gepflegten Handwerke sterben aus.

Judentum ist nicht gleich Judentum. Selbst gleiche Feiertage werden anders gefeiert. Leben und Sprache der Nachbarn - in diesem Fall der Araber - färbten ab auf die Gepflogenheiten. *Routes of Exile: a Moroccan Jewish Odyssey* von Eugene Rosow und ABOUT THE JEWS OF YEMEN (...) handeln von abermaliger Entwurzelung, von Verlusten eines reichen kulturellen Erbes. Sie halten fest, zum Teil nachgestellt, was jahrhundertelang war und nicht mehr ist. Selbst im Staat der Juden, in Erez Israel, versinkt ein Teil von Judentum: der über Generationen etablierte ethnische. Ob Dokumentation oder Spielfilm - was sichtbar wird, ist Verlust allenthalben. Deshalb sehen manche Filme aus wie ein Nekrolog. Manches ist eben nur noch auf Zelluloid bewahrt. (...)

Eva Elisabeth Fischer, in: Süddeutsche Zeitung (München), 1.3.1985

## Europäische Forscher in Jemen

Die reiche religiöse und säkulare Literatur der jemenitischen Juden dokumentiert anschaulich die nie unterbrochene Verbindung zu den wichtigen Zentren der europäischen und orientalischen Diaspora. Alle wichtigen Ereignisse und Entwicklungen der jüdischen Geschichte fanden literarischen Niederschlag. Von Seefahrern und Kaufleuten, nicht zuletzt aus der Korrespondenz mit Gemeinden in Europa, Nordafrika oder dem Heiligen Land erhielten die Juden Jemens Kunde von den fernen Ländern und ihren Bewohnern. Umgekehrt fanden Geschichte, Kultur und gelebte Wirklichkeit der jemenitischen Juden erst spät die Aufmerksamkeit europäischer Forscher und Wissenschaftler. Verläßliche und genaue Nachrichten brachte Carsten Niebuhr (1733-1815) von seinen Reisen durch Arabien in den 70er Jahren des 18. Jahrhunderts mit. Die systematische und extensive Erforschung des Jemen im allgemeinen und des jüdischen Lebens im besonderen begann indes erst im ausgehenden 19. Jahrhundert. Unter den grundlegenden Werken dieser Zeit nahmen die Arbeiten Hermann Burchardts (1857-1909) einen hervorragenden Platz ein. Seine Reisetagebücher, vor allem aber seine der Quantität wie Qualität nach einzigartigen photographischen Aufnahmen förderten und stimulierten die zeitgenössische wie die spätere Erforschung der jemenitisch-jüdischen Lebenswelt. Von seinem Pionierwerk unmittelbar beeinflußt waren u.a. Eugen Mittwoch (1876-1942), der - selbst ein renommierter Orientalist - nach Burchardts Tod Teile seines Nachlasses publizierte; Fritz Shlomo Goitein, dem die erste umfängliche Sammlung von Legenden und Sprichwörtern der Juden Jemens zu verdanken ist, und Carl Rathjens (1887-1966), von dessen Forschungstätigkeit wissenschaftliche Arbeiten, eine Vielzahl photographischer Aufnahmen und nicht zuletzt eine Sammlung ethnographisch wertvoller Objekte und Materialien zeugen.

Jüdische Lebenswelten, Raum 10: Jemen (Ausstellungskatalog), Berliner Festspiele GmbH, Berlin 1992

**Johanna Spector**, in Lettland geboren, emigrierte 1947 in die USA. Autorin, Geisteswissenschaftlerin, Filmemacherin. Promovierte in Musik, Hebraistik und Anthropologie. Johanna Spector ist Professorin für Musikwissenschaft am Jewish Theological Seminary of America, wo sie 1962 auch die ethno-musikologische Abteilung gründete.

Filme: 1971 *The Samaritans* (Farbe, 30 Min.), ein Dokumentarfilm über die Bräuche und Lebensweisen eines seit über 2500 Jahren von anderen Juden unabhängig sich entwickelnden Volkes; 1976 *About the Jews of India: Cochin* (Farbe, 30 Min.), ein ethnographisches Dokument der 2000 Jahre alten jüdischen Gemeinde im Südwesten Indiens, ihrer Musik, Bräuche und Traditionen; 1978 *About the Jews of India: Shanwar Telis or Bene Israel* (Farbe, 40 Min.), der sich mit den 'Bene Israel' beschäftigt, die auf der Flucht im 2. Jh. v.d.Z. an der indischen Westküste strandeten und dort frei von antisemitischer Verfolgung eine Gemeinde gründeten; 1986 ABOUT THE JEWS OF YEMEN, A VANISHING CULTURE; 1992 *The Cochin Jews of India*, ein Film über die 26 in Cochin verbliebenen Juden und ihre seit 1948 nach Israel ausgewanderten ehemaligen Mitbewohner.

Herausgeber: Freunde der Deutschen Kinemathek.Druck: graficpress Redaktion/Übersetzung dieses Blattes: Rüdiger Bering

## SAKAT Sonnenuntergang UdSSR 1990

*Produktion: Mosfilm, Studio 'Slowo'/Wort*
*Regie: Alexander Seldowitsch*
*Buch: Pawel Finn*
*nach Motiven von 'Geschichten aus Odessa' und des gleichnamigen Stückes von Isaak Babel*
*Kamera: Alexander Knjashinski*
*Musik: Leonid Desjatnikow*
*Bauten: Marksen Gauchman-Swerdlow*
*Ausstattung: Lew Jewsowitsch, Wladimir Jermakow*
*Kostüme: J. Melkonjan*
*Ton: Arnold Schargorodski . Schnitt: I. Kolotikowa*
*Choreographie: Marina Beltowa*
*Regieassistenz: I. Wassiljewa, N. Sokol-Mzjuk, M. Fotijewa*
*Kameraassistenz : W. Kurakin, W. Bit-Brajdo, A. Demidow*
*Produktionsleitung: Alexander Nachimson*
*Darsteller: Ramas Tschchikwadse (Mendel Krik), Wiktor Gwosdizki (Benja Krik), Sinowi Kogorodski (Großvater), Marina Majlo (Marussja), Olga Wolkowa, Irina Sokolowa, Julia Rutberg, Igor Solotowizki, Jakow Jawno, Samuil Gruschewski, G. Woropajew, L. Milinder, A. Malkina, A. Smechowa, A. Iljin*
*Uraufführung: 11. März 1990, Moskau, 1. Festival des jüdischen Films. Deutsche Erstaufführung: 23.2.1991, Internationales Forum des Jungen Films, Berlin*
*Farbe, 87 Minuten, Russisch/Jiddisch m. dt. Untertiteln*

### Inhalt

Dem bislang unbestrittenen Chef der 'Mafia' Odessas entzieht sich dessen jüngster Sohn Benja, der auf eigene Faust Raubzüge unternimmt. Das tragische Ende Benjas fällt zusammen mit einer Welle von Pogromen gegen die jüdische Bevölkerung.

### Vor den Vätern sterben die Söhne

Wer in SAKAT, den der jetzt 33-jährige Sowjetrusse Alexander Seldowitsch nach Motiven von Isaak Babel im vergangenen Jahr fertigstellte, allein die Persiflage auf Al Capone und den *Paten* sieht, hat nur die glänzende Oberfläche absorbiert. Die hohe Künstlichkeit, der auf die Spitze getriebene Ästhetizismus blenden. Erschossene Gentlemen durch ein Glasdach photographiert, weiß wie Schnee, rot wie Blut und schwarz wie Ebenholz ergeben ein wunderbares Tableau vivant. Unter dem Lack liegen viele Schichten. Der jüdische Fuhrunternehmer Mendel Krik aus Odessa und seine mafiosen Söhne leben in einem Sündenbabel, in Sodom und Gomorrha aus Luxus und Armut, Frömmigkeit und Hurerei. Seldowitsch zitiert die jüdische Geschichte von König David und seinem Sohn Absalom bis zur Revolution 1917. Er verflicht Isaak Babels 'Reiterarmee' und den 'Sonnenuntergang' mit Babels eigener Biographie. Er prophezeit die Vernichtung und bezieht sich auf das Leben russischer Juden heute.
Ob es richtig gewesen sei, daß sich Juden in Rußland - aus freiem Entschluß übrigens, nicht von Gott bestimmt - niedergelassen haben? In der Schweiz hätten sie doch sicherlich ein besseres Leben, sagt Benja Krik als Grabrede. Er selbst wird

von einem Tschekisten erschossen. Vor den Vätern sterben die Söhne. Mendel Krik, ein alter, um sein Leben und seine Liebe betrogener Mann, karrt seinen toten Sohn eine menschenleere Straße entlang. Er hat kein Pferd mehr. Einsam zieht dieser Ghettojude dem Genozid entgegen.
Seldowitsch verdichtet, abstrahiert, bis die Essenz sichtbar wird. Sein Kameramann Alexander Knjashinski, der auch Tarkowskijs *Stalker* photographierte, gibt SAKAT die Mischung aus russischem Symbolismus und jüdischem Mythos. Die Klarheit verordnet das Buch von Pawel Finn. Die Bildsymbole stammen aus der Operette. Rotuniformierte Kosaken umtanzen ihr Pogromopfer. Das Pogrom selber versinnbildlichen später einzig ein paar Requisiten - zerbrochene Stuhlbeine, verstreute Daunen auf einer Studiostraße. Denn SAKAT ist auch eine Hommage an den Film (auch der Turm zu Babel wird als Kulisse entlarvt).
Als Halt dieser sündigen Menschen findet Seldowitsch die Tradition. Doch für Benja Krik kommt die Rückkehr zu ihr zu spät. Die Jungen von heute, und der Regisseur zählt zu ihnen, greifen auf etwas zurück, was zwei Generationen zuvor bekämpft wurde. (...)

Eva-Elisabeth Fischer: Durch die Zeiten, durch die Welten; in: Süddeutsche Zeitung, München, 14. März 1991

### Isaak Babel (1894 - 1941)

**Alter Leib, geschüttelt von den Stürmen der Phantasie**
Ursprünglich schloß Babel seine 'Reiterarmee' mit der Geschichte 'Der Sohn des Rabbi'. Es ist die Geschichte vom Tode Elias', des einzigen Sohnes des Rabbi Motale Brazlawski, eines Jünglings "mit den Zügen Spinozas, mit Spinozas wuchtiger Stirn und dem verhärmten Gesicht einer Nonne". Es ist die Geschichte vom jüdischen Dichter aus Odessa, der auszog, die Fröhlichkeit zu suchen ... Und es ist die Geschichte vom Entzücken an der Welt, das einen durch Jahrtausende empfindsam, empfindlich gewordenen Leib zu sprengen droht.
War die Welt nicht anders zu gewinnen als durch den halsbrecherischen Sturz? ... Was dann die 'Reiterarmee' ausmachte - die Fröhlichkeit, die der Jude suchte, das Lachen des Weisen, das Entzücken des Dichters - nur ums Zerspringen?
Wohlweislich hatte Babel sich gehütet, früher als im letzten Satz an dieses Geheimnis zu rühren, denn schlimmer als die Ohnmacht zu töten, die wirkliche Gefahr und seine tiefste Not war: daß der Leib nicht standhielt, und Leib meinte alttestamentarisch Körper und Seele noch in eins. Was hier den Leib erschütterte, den Leib eines asthmatischen Odessaer Juden, der unter Kosaken reiten lernte, das war die Weltrevolution in ihren verstörenden wie berückenden Ausdehnungen zwischen dem 'Hohelied' auf die Schönheit der himmlischen Braut und ihres Bräutigams und den Revolverpatronen, zwischen den Denkern Maimonides und Lenin, zwischen hebräischem Vers und kommunistischem Flugblatt.
Was den Leib erschütterte, war der Zusammenprall der Welten ...
In Wirklichkeit schützte den Leib indessen nicht dieser Nachtrag. Babel genoß den Schutz eines einzigartigen Erbes,

das er am Beginn seiner Versuche mit Sinnen angetreten hatte und das der Ort war, von dem er ausging und an den er zurückkehrte - den Schutz Odessas. Odessa war die Fähigkeit und Lust zur Assimilation, die unbegrenzte Aufnahmebereitschaft einer russisch-jüdischen Hafenstadt mit französischer Kolonie, deutschen Elementen und - ukrainischem Hinterland. Odessa, das waren die Dampfer aus Newcastle, Cardiff, Marseille und Port Said im Hafen und die gestikulierenden, leicht entflammbaren und leicht verzweifelnden Juden in der Stadt, die "heiraten, um nicht einsam zu sein, lieben, um in den Jahrhunderten zu leben, und liebevolle Väter sind, weil es sehr schön und sehr notwendig ist, daß man seine Kinder liebt."

Odessa: 'Eine fromme Stadt', die Stadt des Ghettos, der Pogrome, der jüdischen Selbsthelfer und Gentlemanverbrecher und des Odessaer Komitees, das als Gesellschaft zur Unterstützung jüdischer Landarbeiter und Handwerker im Syrien und Palästina der Jahrhundertwende von Bedeutung war für die jüdische Kolonisation. Odessa war die Stadt des Getreideumschlags, des grünlichen Dunstes von geschüttetem Weizen, die Stadt der Oliven aus Griechenland, des Öls aus Marseille, des Malaga aus Lissabon und der Orangen aus Jerusalem...

Und Odessa war das Schwadronieren und Mystifizieren, die pure Freude am Erfinden und Phantasieren, die Sehnsucht nach der Musik der Worte. Das sonnige Odessa hatte einen Hauch von Levante, jener kleinasiatischen Mittelmeergegenden, aus denen seit tausend Jahren die Mittler zwischen Europa und dem Osten kamen, Abkömmlinge von Europäern, vor allem von orientalischen Müttern, die die Sprache beider Sphären geläufig sprachen, deshalb im Handel und Austausch unentbehrlich waren, aber im Rufe eines allzu großzügigen Umgangs mit der Wahrheit, oder besser mit den Tatsachen standen...

(Babel war) ein Sproß Odessas: levantinisch anschmiegsam ohne die geringsten Schwierigkeiten im Umgang mit den Leuten und so sehr verliebt in die Welt des Organischen. Ein Meister der Mystifikation. Er erzählte die ganze Welt um ...

Aus einem Essay von Fritz Mierau (in: 'Zwölf Arten, die Welt zu beschreiben', Leipzig 1988)

### Aus einem Interview mit Alexander Seldowitsch

*Frage*: Warum wollten Sie Isaak Babel verfilmen?

*A.S.*: Babel gab mir die Möglichkeit, einen Film über Juden in Rußland zu machen und dabei die provinziellen, abgegriffenen Klischees zu vermeiden. Etwa, wie man Juden im Film darstellt: sympathisch, aber kläglich. Wie jede Stereotype, so hat auch diese mit der Realität wenig zu tun. Babel schrieb über die Juden leidenschaftlich, liebevoll und hart, er stellte ein Volk dar, das ein herausragendes Temperament hat und auf eine tausendjährige Geschichte zurückblickt. Seine kräftigen Anekdoten über die Odessaer Gangster sind voll von biblischen Zitaten. Diese epische Vergangenheit ist stets abrufbar und vermittelt der Handlung eine andere Dimension. Im Vordergrund agieren Männer mit Zylindern, all das ist immer ein bißchen Theater, der Hintergrund ist wie ein ausgeblichener Gobelin mit biblischen Motiven, doch in den Adern dieser Männer fließt echtes, warmes Blut - kein Moosbeerensaft. Die Konfrontation von Anekdoten mit antiken Erinnerungen kennzeichnet Babels Prosa. Über die Odessaer Diebe schrieb er in kurzen, rhythmisierten Sätzen, dasselbe Versmaß wie in der Bibel benutzend. Ich hoffe, daß mein Film auch eine cineastische Dimension erlangt und nicht nur als Film über russische Juden rezipiert wird, sondern auch als einer über die Filmsprache. Das ist wichtig für mich. Die Prosa Babels gab mir die Möglichkeit, Sprach-'fehler' und

- experimente zu machen, wie ich sie in diesem Film gemacht habe.

*Frage*: Warum wollten Sie einen Film über die Juden in Rußland drehen?

*A.S.*: Früher war das unmöglich. Man vermied sogar, das Wort 'Jude' zu schreiben und zu drucken. Ich stamme aus einer assimilierten jüdischen Familie. Viele Generationen meiner Vorfahren lebten in Moskau und Petersburg. Ich selbst habe keine 'jüdischen Erinnerungen', überhaupt nichts Jüdisches an mir, nur in meinem Ausweis steht unter Nationalität 'Jude'. Dieser Film gab mir die Möglichkeit, biographisch etwas nachzuholen. Bei den Vorbereitungen zu den Dreharbeiten habe ich einiges verstanden.

*Frage*: Und was?

*A.S.*: Ich habe verstanden, daß die jüdische Geschichte in Rußland zu Ende geht. Niemand kann sich zum Beispiel daran erinnern, wie die Juden vor der Revolution gelebt haben. In der Sowjetunion gibt es heute 270 Millionen Menschen und einen einzigen Fachmann in Sachen jüdischer Ethnographie. In Odessa können Sie keine jüdischen Statisten auftreiben: Krieg und Emigration haben die Juden aus dieser Stadt ' verweht'. Das Milieu, das Babel so wundervoll beschrieben hat, ist verschwunden, und vor der Revolution machten die Juden ein Drittel der Stadtbevölkerung aus. In die einzige Odessaer Synagoge gehen heute nur noch ein paar Alte, es sind nicht einmal elf Leute, die Mindestzahl für ein gemeinsames Gebet. Der große Saal ist vernagelt, weil ihn keiner braucht. Wir suchten für unseren Film einen jüdischen Friedhof und fuhren deshalb fast den ganzen Süden Rußlands ab. Sämtliche Friedhöfe sind zerstört und verwüstet. Wir mußten einen aus Pappe bauen.

Alles geht seinem Ende entgegen, und die jüdische Frage wird in Rußland genauso gelöst wie in Polen, wo jetzt weniger als 15.000 Juden leben. Die Polen mögen die Juden in dieser Zahl beinahe, wahrscheinlich als ethnographische Rarität. Dieser Film wurde für mich so etwas wie eine Vergangenheitsbeschwörung, im Gedenken an die russischen Juden. Lebten sie doch hier fast dreihundert Jahre, haben etwas hervorgebracht, und jetzt schwindet das alles, ohne eine Spur zu hinterlassen.

*Frage*: Sie meinen die Emigration?

*A.S.*: Die Emigration ist das Ergebnis dieser Entwicklung.

Aus einem Interview für 'The Voice of America', August 1990

**Alexander Seldowitsch**, geb. am 4. 12. 1958 in Moskau als Sohn von Alla Gerber, einer bekannten Filmkritikerin, und eines Ingenieurs. Mit 16 Jahren absolvierte er eine Spezialschule für Mathematik; von 1975-1980 Studium der Psychologie an der Universität Moskau. Von 1980-1985 Tätigkeit als Psychotherapeut und Logopäde in einer Moskauer Klinik, wo er eine neue Methode der Spracherziehung für stotternde Kinder entwickelte. Von 1982-1986 Ausbildung als Drehbuchautor und Filmregisseur in einem Sonderstudiengang der Universität Moskau, zunächst bei Gleb Panfilow, dann bei Alexander Mitta. Buch und Regie für drei Kurzfilme, von denen zwei auf Festivals in der UdSSR ausgezeichnet wurden.

Filme: 1984 *Malwa* (nach der gleichnamigen Erzählung von M. Gorki); 1986 *Woitelniza*/Die Kämpferin (nach Nikolai Leskow); 1990 SAKAT.

Herausgeber: Freunde der Deutschen Kinemathek. Druck: graficpress

## DIE GEZEICHNETEN Deutschland 1921

*Produktion: Primusfilm, Berlin*
*Regie, Buch: Carl Theodor Dreyer, nach dem Roman von*
*Aage Madelung*
*Kamera: Friedrich Weinmann*
*Bauten: Jens G. Lind*
*Ausstattungsberatung: Victor Aden, Prof. Kròl*
*Produzent: Otto Schmidt*
*Darsteller: Polina Piechowska (Hanna-Liebe), Wladimir Gaj-*
*darow (Jakow Segal, Rechtsanwalt), Torleiff Reiss (Sascha*
*Krasnow, Student), Richard Boleslawsky (Fedja Suchowers-*
*ky), Duwan-Torzow (Suchowersky, sein Vater), Johannes*
*Meyer (Klimow, alias Rylowitsch, alias Pater Roman), Adele*
*Reuter-Eichberg (Frau Segal, Hannas Mutter), Sylvia Torf*
*(Hannas Schwester), Hugo Döblin (deren Mann), M. Tscher-*
*now (Machlers, jüdische Heiratsvermittlerin), Emmy Wyda*
*(Anna Arkadiewna, Schulvorsteherin), Tatjana Taridina (Natalia*
*Petrowna, Lehrerin), M. Hoch-Pinnowa (Nastja, Dienstmäd-*
*chen), E. Pinaew (Manja, Hannas Mitschülerin), Iwan Bula-*
*tow (ein alter Bauer), Friedrich Kühne (Polizeichef) und etwa*
*600 jüdische und russische Statisten.*
*Uraufführung: 7. Februar 1922, Kopenhagen*
*Dtsch. Erstaufführung: 23. Februar, Berlin (Primus-Palast)*
*s/w, stumm, OL: unbekannt, 84 Minuten (bei 20 B/S)*

**Anmerkung**
Der Film wurde 1921 in Berlin gedreht.

**Inhalt**
In einem kleinen Dorf in Rußland Anfang dieses Jahrhunderts
ist Fedja der liebste Spielkamerad von Hanna, einem kleinen
jüdischen Mädchen. Doch Fedjas Vater, ein reicher russischer
Händler, unterbindet diese Freundschaft. Später sorgt Fedja
durch eine falsche Anschuldigung dafür, daß Hanna aus ihrer
Schule geworfen wird. Sie sucht Schutz in St. Petersburg bei
ihrem Bruder Jakow; dieser reiche Rechtsanwalt ist, um seine
Karriere voranzutreiben, zum Christentum konvertiert. Alexander Sokolow, ein Freund des jungen Mädchens, gehört einer
Vereinigung revolutionärer Studenten an, unter denen sich
auch ein gewisser Rylowitsch befindet, der aber in Wahrheit
ein 'Agent provocateur' ist. Rylowitsch verkleidet sich als
Mönch und predigt gegen die Juden in der russischen Bevölkerung. Im Heimatdorf von Hanna wird er dabei von Fedja und
dessen Vater unterstützt. Das Ergebnis sind Gewalttätigkei-
ten, Plünderungen, Morde. Jakow, der wegen des Todes seiner
Mutter in das Dorf zurückgekehrt ist, erkennt Rylowitsch, der
ihn mit einem Revolver erschießt. Alexander kommt noch
rechtzeitig, um Hanna vor Fedja zu schützen, den sein Vater
tödlich verwundet vorfinden wird.

Jean Sémolué: Dreyer, Paris 1962

**Zur Entstehung des Films**
"Aus den tiefen norwegischen Fjorden begab ich mich in die
Steinwüste Berlins. Man schlug mir vor, 'Die Gezeichneten'
von Madelung zu inszenieren, eine Aufgabe, die mir das
Vergnügen brachte, mit einer Arbeit zu tun zu haben, bei der

es nicht nur um Unterhaltung, sondern auch um eine soziale
Mission ging. Während meiner Arbeit an diesem Film
machte ich folgende Beobachtung: Selbst die künstlerisch
gelungenste Maske wirkt im Kino - im Vergleich zu einem
Gesicht ohne Schminke - ausdruckslos und banal; ein unge-
schminktes Gesicht sollte darum nicht neben ein geschmink-
tes eingesetzt werden."
Dreyers Erinnerungen an seinen vierten Film sind nicht ganz
zuverlässig. Einem Interview zufolge, das er 1922 gab, war
er es, der sich dafür entschied, das Buch seiner Landsmän-
nin Aage Madelung für den Film zu adaptieren. Diese hatte,
Ingenieurin von Beruf, siebzehn Jahre in Rußland gelebt,
war mit einem russischen Juden verheiratet und hatte selbst
die Ereignisse miterlebt, auf die ihr Buch Bezug nimmt: die
Pogrome in Rußland Anfang des Jahrhunderts. Der Roman,
der 1912 erstmals erschienen war und in zahlreiche Sprachen
übersetzt wurde, war ein Bestseller: 70.000 Exemplare wurden
davon verkauft. Die russische Zeitung 'Rjitsch' hatte über
die Autorin geschrieben, der einzige Vorwurf, den man ihr
machen könne, sei, daß sie zu genau das Milieu und die
Geschehnisse kenne, die sie beschreibe. Dieser realistische,
um nicht zu sagen dokumentarische Aspekt war es zweifellos, der Dreyer an diesem Buch anzog. Wie bei seinen beiden
vorherigen Filmen legte er auch bei dieser Arbeit reale
Figuren und Situationen zugrunde. Die Fiktion hatte ihre
Wurzeln im Faktischen.
Als sein Drehbuch vollendet war, wandte sich der Filmemacher an Otto Schmidt, Chef der Berliner Filmproduktion Primusfilm (...). Sein Projekt wurde angenommen: Das Thema
würde ein großes internationales Publikum ansprechen, vor
allem in England und den USA. Wie gewöhnlich bereitete
Dreyer minutiös die Dreharbeiten vor, insbesondere, was die
Bauten und die Schauplätze betraf. Dafür stellte er eine
gewaltige Photodokumentation zusammen. Er hatte sich außerdem der Mitarbeit des Ausstatters Jens G. Lind versichert, der ihm bereits bei den Dreharbeiten zu *Blade af
Satans Bog* zur Seite gestanden hatte. Darüberhinaus assi-
stierten ihm zwei russische Emigranten, Victor Aden und ein
gewisser Professor Kròl, Architekt und Stuckfabrikant. Für
die Rollen wählte er bevorzugt russische Schauspieler und
Schauspielerinnen, nicht nur, weil sie den Charakteren des
Films eher entsprachen, sondern auch, weil sie - der Schule
Stanislawskis entstammend - natürlicher und authentischer
spielten als die Deutschen, die sich in Dreyers Augen nicht
von einem für das Kino unerträglichen theatralischen Gestus
lösen konnten. Auf der Besetzungsliste tauchen außerdem
Polen, Norweger und Dänen auf, unter letzteren auch Johannes Meyer, der hier wie auch schon in *Blade af Satans Bog*
die Rolle eines diabolischen Mönchs übernahm. Für die Pogromszenen engagierte Dreyer etwa 600 Statisten: Russen,
die er in einem Flüchtlingslager gefunden hatte, und Juden
aus dem Berliner Ghetto. Die Dreharbeiten fanden im Laufe
des Jahres 1921 statt und dauerten insgesamt sieben Monate.
Für den Regisseur war dies eine wirkliche Herausforderung.
Primusfilm verfügte über keine eigenen Studios. Man mußte
eines außerhalb der Stadt anmieten. Die Arbeit war häufig
gekennzeichnet von Improvisation und Durcheinander, was

Dreyer wenig behagte. Am 27. Mai schrieb er an Frost, seinen ehemaligen Produktionsleiter bei der Nordisk: "Ich bin verzweifelt. Berlin mit seinen Entfernungen wird mich umbringen. Man verliert seine Tage mit Nichtstun."

Trotz dieser Schwierigkeiten enttäuscht das Ergebnis nicht. Der Film wurde erstmals am 7. Februar in Kopenhagen aufgeführt und zwei Wochen später, am 23. Februar, in Berlin gezeigt, aus Anlaß der Einweihung des Primuspalastes. Die dänische Kritik war einhellig begeistert. Madelung erklärte, sie sei sehr zufrieden mit Dreyers Adaption ihres Buches und sprach ihm ihre Anerkennung für die Genauigkeit aus, mit der es ihm gelungen war, sowohl die Typen als auch die Atmosphäre wiederzugeben. Das Publikum jedoch zeigte dem Film die kalte Schulter, zumindest in Dänemark. Viele fanden ihn zu lang. Er wurde nach nur einer Woche aus dem Programm genommen.

Vierzig Jahre lang hatte niemand Gelegenheit, ihn zu sehen. Alle Kopien waren verschwunden. Das Werk galt als verloren. Erst 1961 entdeckte ein junger, von Dreyer begeisterter Russe namens Wladimir Matusewitsch in den Archiven der Moskauer Kinemathek eine unter dem Titel 'Pogrom' erhaltene Kopie, bei der es sich in Wirklichkeit um DIE GEZEICHNETEN handelte. Die Kopie wies unglücklicherweise große Lücken auf. Sie war arg verstümmelt (das Original hatte über zwei Stunden gedauert, die Kopie hingegen nur 105 Minuten bei 16 B/sec.) umd sogar möglicherweise zum Teil umgeschnitten worden. Da bisher keine andere Kopie gefunden wurde, können wir uns nur ein ungefähres Bild von dem Originalwerk machen. Eines ist gewiß: Daß auch dieser Film stark von Griffith beeinflußt wurde. Wenn *Blade af Satans Bog* sein *Intolerance* ist, dann ist DIE GEZEICHNETEN Dreyers *Orphans of the Storm*. (...)

Maurice Drouzy: Carl Th. Dreyer, né Nilsson, Paris 1982

## Pogrome in Rußland

(...) Einige russische Juden, meist aus wohlhabenderen Schichten, hielten an der Überzeugung fest, daß sie in einer liberaleren, nicht-revolutionären politischen Ordnung in Rußland ihren Platz finden könnten. Sie drängten auf eine Ausweitung der Bürgerrechte, so daß Juden ein normales Dasein in Rußland führen könnten. (...) Henrik Sliozberg, ein bekannter Rechtsanwalt, erinnerte sich in seinen Memoiren, daß er sich seit seiner frühesten Kindheit in erster Linie als Jude empfand, doch gleichzeitig auch als ein 'Sohn Rußlands'. "Ein guter Jude zu sein bedeutete nicht, daß man kein guter russischer Bürger sein konnte, und umgekehrt." Obwohl kein Zionist, betrachtete er die Juden als eine 'Nation'. "Wir selbst hielten uns nicht für Russen mosaischen Glaubens, sondern für russische Juden... Wir waren kein fremdes Element... Unsere Kultur ergänzte sich mit der anderen. Wir sprachen freimütig unsere Überzeugung aus, daß die jüdische Kultur ein Beitrag zur Kultur der gesamten Menschheit ist, und daher fraglos auch zur russischen Kultur."

Es war schwierig, den Glauben an solch hohe Ideale zu bewahren angesichts der immer wiederkehrenden Wellen von anti-jüdischen Erlassen seitens der Regierung und von Angriffen durch die Bevölkerung. 1903 wurde die Weltöffentlichkeit aufgeschreckt, als 50.000 Juden in der bessarabischen Stadt Kischinew nach einer Hetzkampagne von P.A. Krushewan, Herausgeber einer lokalen Zeitung, ehemaliger Staatsbeamter und notorischer Judenhasser, angegriffen wurden. An zwei Tagen im April wurden 45 Juden ermordet, 86 weitere schwer verletzt und einige hundert verwundet. Mehr als 1500 Geschäfte und Häuser wurden zerstört oder geplündert. Es folgten Massenproteste in England und den USA, und einige prominente russische Intellektuelle, unter ihnen der große Schriftsteller Leo Tolstoi, gaben ihrem Abscheu Ausdruck und bezichtigten die Regierung der Mitschuld. Die Regierung wurde dazu gedrängt, einige der Aufrührer vor Gericht zu stellen. Diejenigen, deren Schuld außer Frage stand, wurden nur zu geringen Strafen verurteilt. Die Regierung wies jede Verantwortung wegen der von ihr geleisteten materiellen Unterstützung zurück, und die wahren Organisatoren des Massakers blieben nicht nur unbestraft, sondern auch unentdeckt. Einige hohe zaristische Beamten äußerten sich dahingehend, daß die Juden das bekommen hätten, was sie verdienten, schließlich seien ja die meisten von ihnen Revolutionäre und Rebellen gegen die natürliche Ordnung der Dinge.

Kischinew war aber nur ein Vorspiel zu den Ereignissen von 1905. In der ersten Oktoberwoche jenes Jahres wurde ein Generalstreik gegen die Regierung ausgerufen. Dies war der Höhepunkt nach mehreren Monaten der Proteste, die vom 'Blutsonntag' im Januar ausgelöst worden waren, als Truppen auf mehrere tausend Demonstranten, die zum Winterpalais gezogen waren, um an den Zaren zu appellieren, geschossen hatten. Der Streik im Oktober legte das Land lahm. Zar Nikolaus II. folgte widerwillig dem Rat seiner pragmatischeren Minister und überraschte das Land am 17. Oktober mit der Verkündigung eines Manifests, durch das dem Volk eine konstitutionelle Regierung gegeben wurde. Das Parlament, die Duma, sollte gesetzgebende und nicht bloß beratende Funktion haben, wenngleich die Regierungsgewalt beim Zaren verblieb. In weniger als einem Jahr aber wurde dieses Zugeständnis durch politische Taktiererei verwässert. Gleichwohl nahmen antisemitische Organisationen das Oktober-Manifest zum Vorwand, um Pogrome gegen die Juden anzuzetteln, die sie beschuldigten, die Autokratie zu unterhöhlen und 'Anarchie' zu propagieren, die die Reaktionäre mit 'Demokratisierung' gleichsetzten. Einen Tag nach der Veröffentlichung des Manifests brachen in der allgemeinen Unruhe Pogrome in über 300 Städten aus, die an den meisten Orten eine volle Woche andauerten. Der Historiker Simon Dubnow schrieb, daß diese Woche "in ihrem Grauen in der gesamten Menschheitsgeschichte ohne Parallele ist". Er konnte nicht die noch größeren Verbrechen vorhersehen, die die Nazis begehen sollten, die ihn 1941 in Riga ermordeten. (...)

In Odessa, wo das wohl schlimmste Pogrom stattfand, starben über 300 Menschen. Tausende wurden verletzt, nahezu 600 Kinder zu Waisen und über 40.000 Juden ökonomisch ruiniert. (...)

Zvi Gitelmann: A Century of Ambivalence. The Jews of Russia and the Soviet Union, 1881 to the Present; YIVO-Institute, New York 1988

**Carl Theodor Dreyer**, geb. 3.2. 1889 in Kopenhagen, gest. 20.3. 1968 in Kopenhagen. Studium an der Universität von Kopenhagen, danach Tätigkeit als Sportjournalist. Verfaßte 1912 ein Drehbuch für Nordisk-Film, *Bryggers Datter*. Ab 1916 als Autor und Cutter bei der Nordisk. 1919 erste Regiearbeit: *Praesidenten*. 1920 drehte er *Blade af Satans Bog*, der deutlich von Griffiths *Intolerance* beeinflußt ist. Dreyer drehte abwechselnd in Dänemark, Schweden, Norwegen, Deutschland (DIE GEZEICHNETEN, 1921; *Michael*, 1924) und Frankreich (*La Passion de Jeanne d'Arc*, 1928). Nach *Vampyr* (1932) fand er jedoch nur noch selten Geldgeber für seine kompromißlosen Filmprojekte. Neben einigen Dokumentarfilmen konnte er in den letzten dreißig Jahren seines Lebens nur noch vier Spielfilme fertigstellen: *Vredens Dag* (1943), *Tva Människor* (1944), *Ordet* (1954) und *Gertrud* (1961).

Herausgeber: Freunde der Deutschen Kinemathek. Druck: graficpress
Redaktion dieses Blattes: Rüdiger Bering

## OST UND WEST /
## MIŠRECH UN MAJREW Österreich 1923

*Produktion: Listo-Film / Picon-Film, Wien*
*Regie: Sidney M. Goldin*
*Darsteller: Molly Picon, Jacob Kalich, Sidney M. Goldin,*
*Saul Nathan, Laura Glucksmann, Eugen Neufeld, Johannes*
*Roth*
*Uraufführung: 17.8.1923, Wien*
*s/w, stumm, Jiddische und englische Inserts, 85 Minuten*

### Inhalt

In OST UND WEST spielt (...) der Regisseur selbst die
Hauptrolle des Mister Robert Brown, einen außerordentlich
vulgären Geschäftsmann, der zu einer Familienhochzeit nach
Europa zurückkehrt. Robert bringt seine durch und durch
amerikanisierte Tochter Molly (Picon) zurück an seinen galizischen Geburtsort, wo, wie eine Pressemitteilung erklärt,
"die unbekannten Bräuche das muntere Mädchen zu einigen
Dummheiten veranlassen". (...) Sie schmeißt die Hochzeit
ihres Cousins (...), um dann (...) spaßeshalber selbst eine
Scheinheirat zu verlangen. Die begeisterten Jugendlichen sind
mehr als willig, zur Unterhaltung beizutragen und feuern sie
an, als sie einen besonders schüchternen Studenten namens
Ruben (Kalish) unter den Hochzeitbaldachin zieht. (...) Jedoch
geht der Witz auf Mollys Kosten. Als Ruben den Ring in
Gegenwart zweier männlicher Zeugen auf ihren Zeigefinger
schiebt, hat er die Heirat wirklich legitimiert.(...) Obwohl
Molly sich kurzfristig als fromme, Sabbathkerzen anzündende
*schtetl* -Ehefrau imaginiert, gewinnt letztendlich die Moderne. Unter Druck willigt Ruben in die Scheidung ein - aber nur
nach Ablauf einer fünfjährigen Trennungszeit. Nachdem Brown
und Tochter nach New York zurückgekehrt sind, verläßt auch
Ruben das *schtetl* (...), wo er glücklos mit chassidischen
Kniebundhosen und Schläfenlocken herumwandert, bis ihn
sein Onkel, auf den diskreteren Davidstern hinweisend, dazu
überredet, seinen Bart zu schneiden und sich europäisch zu
kleiden. (...) Fünf Jahre später ist aus Ruben ein geachteter
Orientalist (!) und der stilvoll angezogene Autor des selbst-
reflexiv betitelten Bestsellers 'Ost und West' geworden (...).
Ihm zu Ehren wird eine Abendgesellschaft gegeben, zu der
auch Molly auftaucht, die das Schicksal zufällig gerade nach
Wien geführt hat. Sie verliebt sich sofort in den gutaussehenden Schriftsteller, aber als gute jüdische Ehefrau muß sie
ihrem abwesenden Ehemann treu bleiben. Die glückliche
Entdeckung, daß Berühmtheit und Ehemann ein und dieselbe
Person sind, wird noch um einen weiteren Gag hinausgezö-
gert. Ruben fällt spielerisch in seine Vergangenheit zurück
und verkleidet sich als chassidischer Jude, bevor er seine
Identität für die Abschlußumarmung enthüllt.

Jim Hoberman: Der jiddische Film aus Wien. In: Babylon, Beiträge zur
jüdischen Gegenwart, Heft 8, Frankfurt/Main, Februar 1991

### Ein Erfolgsfilm

Trotz der Inflation, die im Frühjahr 1923 den Preis einer
Kinokarte auf den der monatlichen Lebensmittelausgaben von
1919 hochschnellen ließ, scheint OST UND WEST ein Er-

folgsfilm gewesen zu sein. Der Film wurde im Spätsommer
1923 gestartet, und nach Angaben Picons hatte er sogar eine
längere Spielzeit als *The Kid*, Charlie Chaplins ehrgeizigster
und erfolgreichster Film in dieser Zeit. (...) OST UND
WEST wurde in ganz Europa gespielt - in Paris zu Beginn des
Jahres 1924 unter dem Titel *Metamorphoses* - , und Goldin
wurde in 'Cinémagazine' vom 25. Januar als "le grand
artiste israélite" (S. 142) gepriesen. (...) OST UND WEST
- heute unter dem Titel *Mazel Tov* bekannt (amerikanischer
Verleihtitel, A.d.R.) - lief in New York im Kielwasser des
triumphalen Debuts von Picon in der Second Avenue an, nur
um von den Beauftragten der Staatlichen New Yorker Spiel-
filmkommission, Cobb und Levy, völlig abgelehnt zu werden. Für Cobb und Levy war die Figur des erfolgreichen
europäischen Juden unsichtbar geblieben, während *Mazel
Tov* "voll mit Szenen (war), die die Religion des Juden lächerlich machten und in Verruf brachten". "Der Film ist
gotteslästerlich und unanständig", informierte die Kommission (...).

Jim Hoberman: Jenseits von Galizien, diesseits von Hollywood: der
jiddische Film aus Wien. In: Babylon, Beiträge zur jüdischen Gegenwart, Heft 8, Frankfurt/Main, Februar 1991

### Verfilmte Originalgeschichten

Jiddische Stummfilme waren verfilmte Originalgeschichten
oder Adaptionen von Literatur aus dem jiddischsprechenden
Milieu, manchmal Filme mit jiddischen Zwischentiteln,
meistens aber abgefilmte Aufführungen jiddischer Bühnenstücke. 1911 wurden in Rußland und Polen zum ersten Mal
Theatervorführungen in jiddischer Sprache mit der Filmkamera aufgenommen. Der jiddische Stummfilm ist, von wenigen
Ausnahmen abgesehen, mehr für die Dokumentation des
jiddischen Theaters als für die Filmgeschichte von Interesse.
Filme wie die österreichischen Produktionen OST UND
WEST und *Jisker/Gedenket* (1924) haben sich zumindest
vom Bühnenspiel gelöst.

Ronny Loewy: Zwei Welten, ein Kino. In: Das jiddische Kino,
Deutsches Filmmuseum Frankfurt, 1982

### Eine jüdische Botschaft

Die Filmverleiher fanden eine neue Kategorie für OST UND
WEST und nannten den Film "Judischer Tenderaschan-
speil", eine jüdische Botschaft, geschaffen hauptsächlich
für ein jüdisches Publikum. (...) Goldin brachte eine neue Art
des Realismus auf die Leinwand, indem er, "das erste Mal
im Film", eine Anzahl jüdischer Gebräuche zeigte. Der
Kritiker der österreichischen Filmwirtschaftszeitschrift
*Paimann's Filmlisten* fand diese Gebräuche anscheinend
unverständlich und behauptete, dieser Film wäre nur für jüdische Zuschauer zu genießen. Dennoch wurde OST UND
WEST, obwohl ein jüdischer Film, adressiert an ein jüdisches Publikum, auch von Nicht-Juden gut aufgenommen.
(...) Goldin war überzeugt, daß er seine Filme nicht nur in
Österreich aufführen konnte. Mit bekanntermaßen talentierten Darstellern wie Picon und Schwartz würden die Filme
sicherlich auch in Amerika finanziell erfolgreich sein; sie
waren es. Es entstand schließlich das Bewußtsein, daß nicht

von der Bühne abgefilmtes jüdisches Kino marktfähig war.
Eric Arthur Goldman: A World History of the Yiddish Cinema, New York 1979

## Die Entfernung von West und Ost

Man muß bei dieser alten Welt verweilen, wenn man den Hintergrund zum jiddischen Film gewinnen will. Der jiddische Film setzt die Entfernung von West und Ost voraus, die Distanz von Karriere und Herkunft, die Differenz vom gläubigen Brauch und Glauben. Er setzt Juden voraus, die ins Kino gehen, er setzt Juden voraus, die das Unterhaltungsmittel Film akzeptieren, er setzt voraus, daß die patriachalische Macht, die von Gott ausging, sich zu zersetzen beginnt. 1923 drehte Sidney M. Goldin in Österreich OST UND WEST (...). Molly Picon, der Star des Films, spielt eine junge Tochter eines reichen amerikanischen Juden. (...) Der Vater wird zur Hochzeit der ältesten Tochter seines Bruders nach Polen eingeladen; er nimmt Molly mit, die wiederum auf ihren Punching-Ball nicht verzichten kann. Dieser Gang in die umgekehrte Richtung, von West nach Ost, führt zu vielen Komplikationen. Die amerikanisierten Verwandten produzieren in Polen manche Peinlichkeiten, müssen aber auch manche Peinlichkeiten über sich ergehen lassen. (...) Man mag darüber spotten, wie trivial die Geschichte anmutet. Doch gerade darin besteht ihr Witz. Sie mobilisiert das kulturelle Ambiente zweier Welten, den Schmerz von gestern und heute - durch Unterhaltung. Die Erfahrungen haben die Menschen selbst gemacht, auf der Leinwand werden sie nur angetippt - das reicht. Die Wurzel für diese Unbefangenheit eines Genres, das man in der Lower East Side freiwillig *schund* nannte, liegt in der östlichen Welt begründet."Den seltsamsten Beruf hat der ostjüdische Batlen, ein Spaßmacher, ein Narr, ein Philosoph, ein Geschichtenerzähler. In jeder kleinen Stadt gibt es mindestens *ein* Batlen. Er erheitert die Gäste bei Hochzeiten und Kindstaufen, er schläft im Bethaus, ersinnt Geschichten, hört zu, wenn die Männer disputieren und zerbricht sich den Kopf über unnütze Dinge. Man nimmt ihn nicht ernst. Er aber ist der ernsteste aller Menschen... Die Winternächte sind kalt und lang und die Geschichtenerzähler, die gewöhnlich nicht genug Holz zum Heizen haben, erzählen gerne für ein paar Glas Tee und ein bißchen Ofenwärme. Sie werden anders, besser behandelt als Spaßmacher von Beruf. Denn jene versuchen wenigstens, einen praktischen Beruf auszuüben und sind schlau genug, vor dem durchaus praktisch gesinnten Durchschnittsjuden den schönen Wahn zu verbergen, den die Narren weithin verkünden... Der Durchschnittsjude schätzt Kunst und Philosophie, sofern sie nicht religiös sind, nur als 'Unterhaltung'. Aber er ist ehrlich genug, es zuzugeben und er hat nicht den Ehrgeiz, von Musik und Kunst zu sprechen" (Joseph Roth). (...) Traditionelle und kapitalistische Welt treffen in aller Schärfe aufeinander, doch behauptet sich die Lower East Side noch einen langen Zeitraum gegen die kapitalistische Durchrationalisierung: dies ist der Zeitraum des jüdischen Kinos. Während zur selben Zeit schon jüdische Regisseure an der anderen Küste im Studio-System arbeiten, das die Filmwelt beherrschte, sucht man in New York Möglichkeiten, jiddischen Film zu machen.
Detlev Claussen: A naje Welt. Jüdische Westemigration u. jiddisches Kino. In: Das jiddische Kino, Deutsches Filmmuseum Frankfurt, 1982

## In einer Atmosphäre des eskalierenden Antisemitismus

Obwohl er eine Komödie war, teilt der Film mit Theodor Herzl nicht nur die Laufzeit, sondern auch den direkten Bezug zur Situation des Wienerischen Judentums. OST UND WEST wurde in einer Atmosphäre des eskalierenden Antisemitismus produziert und als ''die Abenteuer eines amerikanischen Mädchens in Polen'' (Reklamezettel) angekündigt. Um den März 1923 herum fanden fast täglich pro-monarchistische, antijüdische Versammlungen statt, von denen sich einige gegen das jiddische Theater richteten. Unter ihren Sprechern war auch der zukünftige Nazi-Propagandist Julius Streicher. Außerdem blieben solche Ereignisse nicht auf Österreich beschränkt. Picon und Kalich waren im selben Monat von Bukarest nach Wien zurückgekehrt, weil sie gezwungen worden waren, ihre Engagements zu verkürzen, als die rumänische Regierung auf die Angriffe antisemitischer Studenten damit reagierte, die Lizenz für das jiddische Theater zurückzuziehen. OST UND WEST übernimmt nicht nur seinen Titel aus einer deutsch-jüdischen Zeitschrift, deren besonderes Anliegen es war, die Welt der Ostjuden zu vermitteln, sondern gestaltet auch durch die Versuche, den Osten dem Westen zu erklären und den Osten verständlicher zu machen, eine Anzahl von didaktischen Bildern. Letztere 'dokumentieren' verschiedene jüdische Rituale - zum Beispiel ein Sabbath-Essen, den Jom Kippur-Gottesdienst und eine Hochzeitszeremonie, reich an traditionellen Liedern und Tänzen - mit angemessener Würde. (...) Gleichzeitig erschienen der flotte Ton und die allgemeine Ungezwungenheit ausgesprochen amerikanisch. (...) Obwohl der Film während einer Periode politischer Unruhen produziert wurde, ist OST UND WEST kaum ein zionistischer Traktat. Mit seinem Eintreten für Anpassung ebenso wie für Verständnis legt der Film nahe, daß unter dem traditionellen Bart des Ostjuden ein moderner Europäer darauf wartet, befreit zu werden. Goldin spricht nur eins der zwei negativen Vorstellungsbilder an, die die Wiener antisemitischen Traktate bestimmen, nämlich den 'dogmatischen','abergläubischen', traditionellen Juden. Der Film stellt nicht den 'wurzellosen', 'amoralischen' 'Luftmenschen' dar, sondern verschiebt die mangelhafte Anpassung an die westliche Zivilisation auf die vergnügte und selbstbewußte Figur des amerikanischen *allrightnik*. Dementsprechend ist OST UND WEST nicht einfach nur ein auf Picons Talente zugeschnittenes Publizitätsmedium (...), sondern für Wiens bedrängte jüdische Gemeinde ein befriedigendes Fantasiegebilde, das den erfolgreich eingedeutschten Juden als goldenen Mittelweg zwischen primitivem Ostjuden und ungehobelten Amerikaner vorstellt.
Jim Hoberman: Jenseits von Galizien, diesseits von Hollywood: der jiddische Film aus Wien. In: Babylon, Beiträge zur jüdischen Gegenwart, Heft 8, Frankfurt/Main, Februar 1991

**Sidney M. Goldin**, geb. 1880 in Odessa, gest. 1935; vermutlich einer der ersten unabhängigen Filmregisseure in den USA. Zusammenarbeit in Chicago mit dem Drehbuchautor Lincoln J. Carter; 1913 erster Regie-Vertrag mit der Universal Film Company. Nachdem er dort hauptsächlich Gangsterfilme gedreht hatte, ging er Ende 1921 nach Wien, wo er eine eigene Produktionsfirma gründete, die Goldin Films. Filme: *The Sorrow of Israel, Nihilist Vengeance, The Heart of a Jewess, Bleeding Hearts or Jewish Freedom under King Casimir of Poland, How the Jews Care for Their Poor, The Black 107* (alle 1913), *Escaped From Siberia, Uriel Acosta* (beide 1914), *Ihre Vergangenheit (Her Past), Führe Uns Nicht in Versuchung (Lead Us Not in Temptation), Hütet Eure Töchter (Protect Your Daughters,* alle 1921/22), OST UND WEST *(Misrech un Majrew / East and West / Mazel Tov,* 1923), *Jisker* (1924), *Sajn Wajbs Ljubownik (His Wife's Lover,* 1931).

Herausgeber: Freunde der Deutschen Kinemathek. Druck: graficpress

## SKWOS SLJOSY/STRANIZY PROSCHLO-GO/MOTL PEJSI DEM CHASNS
Lachen durch Tränen / Kapitel der Vergangenheit
UdSSR 1928

*Produktion: WUFKU (Odessa)*
*Regie: Grigori Gritscher-Tscherikower*
*Buch: G. Gritscher-Tscherikower, I. Skwirski*
*nach dem Romanfragment 'Motl Pejsi Dem Chasns' und dem*
*Roman 'Der verkischefter schnajder' von Scholem Alejchem*
*Kamera: N. Farkash, F. Werigo-Darowski*
*Bauten: I. Schpinel. Schnitt: Joseph Burstyn*
*Darsteller: D. Kaweberg (Schimen-Elje Perchik), A. Gorit-*
*schewa (Zipe Bejle, Perchiks Frau), M. Senelnikowa (Bruche/*
*Frida, ihre Tochter), A. Kantor (Elje), Lanskoj (Eljes Vater),*
*S. J. Silberman (Motl), F. K. Silberman (Motls und Eljes*
*Mutter), A. J. Babnik (Pinje), F. A. Soslowski (Melamed), M.L.*
*Liarow (der Wirt)*
*s/w, stumm mit englischen Zwischentiteln, 92 Minuten*

### Anmerkung
Der Film wurde 1933 in den USA mit Musik (Sholom Secunda) und einem Erzähler (Michael Rosenberg) in einer Tonversion herausgebracht.

### Inhalt
Der Film schildert die Armut und die politische Unterdrückung der Juden im zaristischen Rußland. Die Geschichte Motls, des Kantorssohns (der Hauptfigur des gleichnamigen Romanfragments von Scholem Alejchem), der nach dem Tod seines Vaters mit seiner Mutter, seinem Bruder und dessen Frau die Enge des *schtetls* verläßt und nach Amerika aufbricht, ist verwoben mit der des Schneiders Schimen-Elje (Held des Romans 'Der verkischefter schnajder' von Scholem Alejchem), der eine Ziege kauft, die auf mysteriöse Weise jedesmal das Geschlecht wechselt, wenn ihr Besitzer im Wirtshaus zwischen Kosodojewka, wo er das Tier erstanden hatte, und Slodejewka, wo er wohnt, einkehrt. Dieses Possenspiel, das von dem Wirt inszeniert ist, treibt ihn schließlich in den Wahnsinn.
Über seine Vorlage hinaus zeigt der Film Szenen, in denen Motls Versuche, Arbeit zu finden, immer wieder am gewaltsamen Eingreifen einer Autorität scheitern; Schimen-Elje, die personifizierte Sinnlosigkeit, zieht mit seiner dämonischen Ziege von einem Ort zum andern, bis er - mit einem Schluß, der Anklänge an Scholem Alejchems 'Tewje'-Zyklus hat - aus seinem Haus vertrieben wird. Grund für diese willkürliche Bestrafung ist zum einen eine Demonstration, die im Namen des Schneiders von einer Anzahl jüdischer Arbeiter veranstaltet wird, um gegen das ungerechte Vorgehen eines Rabbinergerichtes zu protestieren, zweitens dadurch, daß Schimen-Eljes Katze den Mantel eines zaristischen Beamten beschmutzt. Der Wutanfall des Beamten gibt Gritscher-Tscherikower die Gelegenheit zu einer Gogolschen Phantasie, in der die Schaufensterpuppen des Schneiders tanzen, seine Fenster sich von selbst schließen und selbst die Mäuse seinen Laden im Stich lassen.

### Absurder Alptraum
Für Gritscher-Tscherikower und seinen Co-Drehbuchautor I. Skwirski mag sich Motl von allen Scholem-Alejchem-Adaptationen als in politischer Hinsicht ergiebigste angeboten haben. Als ein Kind des *schtetls*, das für die Lower East Side bestimmt ist, repräsentiert Motl eine Übergangsgeneration. Bezeichnenderweise wird er eingeführt, als sein Vater im Sterben liegt.
Daß die Geschicht des behexten Schneiders, der sich in einem absurden Alptraum befindet, den Zusammenbruch der traditionellen Weltsicht ankündigt, machte sie für die Filmemacher interessant; entsprechend heben sie die angelegte Thematik des Klassenkonflikts besonders hervor, indem sie den strapazierten Schneider weiter von dem kleinbürgerlichen Gastwirt und den abergläubischen Anhängern eines Rabbinergerichtes peinigen lassen.
So oft wie möglich verweisen Gritscher-Tscherikower und sein Co-Drehbuchautor, I. Skwirski, auf politische Momente und übersteigern so Scholem Alejchems Antiklerikalismus vor allem in der komischen Szene, in der die Rabbiner über das Geschlecht der Ziege debattieren. (In einer anderen Sequenz vergnügt sich ein kleines Kind damit, aus einem Gebetsschal eine Puppe zu machen.) Größtenteils aber bleibt SKWOS SLJOZY dem Geist seines Autors treu. Selbst die chaotische Schulszene spiegelt Scholem Alejchems satirische Sicht des traditionellen *chejder* wider, Zielscheibe der Haskalah des neunzehnten Jahrhunderts nicht weniger als der Kommunistischen Partei des zwanzigsten. Einige Charakterisierungen sind im Film etwas geglättet: Schimen-Elje ist eher unglücklich als überheblich. Bruche und Elje, das nette, wenn auch etwas schwerfällige junge Paar, sind im Text wesentlich grotesker - in der physischen Erscheinung ganz verschieden, ist er klein und schmal, sie "hochgewachsen und männlich" mit "Pockennarben und Baßstimme". (Der junge S.J. Silberman, der Motl spielt, hat den Lockenkopf und das gewinnende Wesen einer Shirley Temple.)
Wie *Jewrejskoje stschastje (Jüdisches Glück)* enthält auch SKWOS SLJOZY authentische Ansätze und strahlt eine noch intensivere Lebendigkeit aus; zugleich nimmt SKWOS SLJOZY den Anfang des früher entstandenen *Jewrejskoje stschastje* auf, der dem Zuschauer häusliche Unordnung und Armut vorführt. Das jüdische Dörfchen ist kein nostalgischer, sondern ein staubiger, baufälliger Ort, an dem junge Menschen mit von vornherein zum Scheitern verurteilten Tricks zu schnellem Reichtum zu kommen versuchen. Anders als in *Jewrejskoje stschastje* jedoch geht es in SKWOS SLJOZY bei der Schilderung der mühevollen Nichtigkeit des Lebens im *schtetl* mehr um Propaganda als um Folklore. Der Film zeigt weder Gepflogenheiten des Gemeindelebens noch phantastische Träume - nur die Not des *luftmentschen*, die zum universalen Prinzip erweitert ist.

### Scholem Alejchem
Trotz seiner bürgerlichen Herkunft und zionistischer Neigungen war Scholem Alejchem ("Friede sei mit Euch", eigentlich Scholem Rabinowitsch, 1859-1916) für die russischen Kommunisten der wichtigste jiddische Schriftsteller -

sein respektloser Humor, seine Identifikation mit dem jüdischen Volk und seine Fähigkeit, Charaktere als das Produkt sozialer Kräfte zu beschreiben, machten ihn ohne Schwierigkeit für die marxistische Auslegung geeignet. (Zwischen 1925 und 1930 erschienen nicht weniger als dreißig verschiedene Ausgaben von Scholem Alejchems Werk in russischer sowie weitere siebenundzwanzig in ukrainischer Übersetzung.)

Leon Dennen, ein begeisterter Besucher Moskaus in den frühen dreißiger Jahren, berichtete, daß, "ob zum Guten oder Schlechten, alte Werte im revolutionären Rußland neue Bedeutung erlangt haben." Während eines Vortrags in der Halle der Handelsunion stellte Dennen fest, daß der "Scholem Alejchem des Ghettos", den er kannte, inzwischen "ein Prophet nicht nur einer untergehenden Ordnung, sondern auch eines neuen Lebens" geworden war. Nachdem ein Schauspieler des Moskauer Künstlertheaters Auszüge aus den Tewje-Geschichten in russischer Sprache vorgelesen hatte, riß Solomon Michoëls mit der auf jiddisch vorgetragenen Erzählung 'Das Taschenmesser' das Publikum zu Begeisterungsstürmen hin:

"Die Hälfte der Zuhörer verstand kein Jiddisch. Sie konnte lediglich seiner Gestik und Mimik folgen. Und doch sah ich Ukrainer und Tataren, Russen und Juden heftig applaudieren. Andererseits - und vielleicht nennen die Kommunisten das die Dialektik des Lebens - hörte ich sowjetisch-jiddische Schriftsteller neben mir ärgerlich und verächtlich murren: 'Idioten, wem applaudieren sie? Dem Verherrlicher des Lumpenproletariats, dem Poeten der bärtigen Juden...'

Das übrige Publikum aber, besonders die Vertreter der jüdischen Jugend, war anderer Ansicht. Für sie ... beschrieb Scholem Alejchem den Zusammenprall der patriarchalischen Dorfordnung mit der Struktur der kapitalistischen Stadt und bereitete so den Weg für die neue Ordnung."

Die Filme, die nach Vorlagen von Scholem Alejchem entstanden, riefen ähnliche Reaktionen hervor. Als im März 1928 die von der WUFKU herausgegebene Zeitschrift 'Kino' einen Sonderbeitrag über das "Kino nationaler Minderheiten" veröffentlichte, pries der ukrainische Kritiker M. Makotinski den erzieherischen Wert von SKWOS SLJOZY, *Blushdajuschtschije swjosdy (Irrsterne)* und *Jewrejskoje stschastje (Jüdisches Glück)*: Diese Filme würden, wenn man sie "den breiten Massen, besonders der Landbevölkerung" vorführte, den Alpdruck jüdischen Lebens unter dem Zaren enthüllen und ihr "die Augen für die verborgenen Wurzeln des Antisemitismus öffnen". (...)

Im Frühling des Jahres 1915 wurde Scholem Alejchem, wie seine Tochter schreibt, "von einem amerikanischen Menachem Mendel" daraufhin angesprochen, ein Drehbuch zu schreiben, das auf den Motl-Pejsi-Geschichten beruhte. In einem Gedenkband aus dem Jahre 1927 beschreibt B.Z. Goldberg, damals Student an der Columbia-University, seinen Besuch bei Scholem Alejchem in Lakewood, New Jersey, um bei der englischsprachigen Fassung des Drehbuchs behilflich zu sein. "Er diktierte sehr detailliert ein Drehbuch von jeder der Motl-Geschichten, als ob er mir über einen neuen Spielfilm, den er gerade gesehen hatte, erzählen wollte. Da erkannte ich die großartige Kombination seiner Talente: während er die Rollen seiner Figuren spielte, als führte er sie im Scheinwerferlicht der Studios vor, blieb er dabei doch der Beobachter, der das alles ungeheuer genoß...

Wir beide lachten wiederholt schallend, als er die Handlung im Stummfilm improvisierte. (...) Wenn uns ein Fremder gesehen hätte, hätte er uns für nicht ganz richtig im Kopf halten müssen. Zwei Männer, prustend vor Lachen wie zwei Kinder in einem Charlie-Chaplin-Film."

Dieser Versuch hatte keine unmittelbaren Auswirkungen, aber die vorletzte Geschichte des Zyklus, offensichtlich im selben Jahr geschrieben, bekennt sich zu der Kraft des neuen Mediums. Motl (inzwischen 'Max') schaut sich einen Kintopp in der Lower East Side an, um den größten Filmstar der Welt zu sehen: "Während des ganzen Weges zum Kino sprechen wir über Charlie Chaplin. Was für ein großer Mann er ist, wie viel er arbeiten muß, und daß er" - was, wie wir wissen, nicht stimmt - "Jude ist". Zwölf Jahre vergingen, bevor Motl auf die Leinwand kam; Scholem Alejchems erste Bearbeitung erschien 1917 in Odessa, ein Jahr nach dem Tod des Autors. Der Erste Weltkrieg - ebenso wie 1915 der Tod von Isaac Leib Perez und 1917 der von Mojcher Sforim - bedeutete das Ende dieser Ära der jiddischen Literatur.

Aus: Jim Hoberman, Bridge of Light - Yiddish Film Between Two Worlds, New York 1991

## Mir gehts gut - ich bin ein Waisenkind

(...) Mein Bruder Elje ist ein treuer Bruder, aber kein guter Lehrer. Er ist ungeduldig, er haut mich! Er hat ein Gebetbuch aufgeschlagen und hat sich hingesetzt mit mir und hat angefangen, mit mir zu studieren: Jisgadal wejiskadasch schemej rabu ... Und schon soll ich es auswendig können. Er spricht mir die Worte immer wieder vor, von Anfang bis Ende, und verlangt nun, daß ich es allein sage. Ich sag's allein, aber es geht und geht nicht. (...) Da packt er mich am Ohr und sagt, der Vater würde sich schämen, würde er auferstehen und sehen, was für einen Sohn er hat.

"Dann könnte ich's mir ersparen, Kaddisch zu sagen."

So sag ich zu meinem Bruder Elje und erwisch von ihm eine saftige Ohrfeige mit der linken Hand auf die rechte Wange. Die Mutter hört's und schilt ihn aus, er soll mich nicht schlagen, denn ich bin ein Waisenkind.

"Gott sei mit dir! Was tust du? Wen schlägst du? Hast wohl vergessen, daß das Kind ein Waise ist?"

Ich schlafe mit der Mutter im Bett des Vaters, dem einzigen Möbelstück in der Stube! Die Decke gibt sie fast ganz mir.

"Deck dich zu", sagt sie zu mir, "und schlaf ein, mein teures Waisenkind. Zu essen gibt es nichts."

Ich decke mich zu, aber ich schlafe nicht. Ich wiederhole den Kaddisch auswendig. In die Schule geh ich nicht, lernen tu ich nicht, beten tu ich nicht, singen tu ich nicht. Frei bin ich von allem. Mir geht's gut - ich bin ein Waisenkind.

Aus: Scholem Alejchem: Der Sohn des Kantors. Aus dem Jiddischen von Max Reich, Berlin 1965

**Grigori Gritscher-Tscherikower,** geb. 1893 in Poltawa, gest. am 5. Mai 1945. Studierte in Poltawa an einer Handelsschule. Beendete 1918 die Kunstschule in Kiew, besuchte 1922-23 die private Filmschule von Boris Tschajkowski; ab 1924 Drehbuchautor beim Studio 'Goskino', ab 1925 Autor und Regisseur in den WUFKU- Studios. 1925 Regieassistent und Drehbuchmitarbeiter bei Alexej Granowskis Film *Jewrejskoje stschastje (Jüdisches Glück)*. Filme: *Blushdajuschtschije swjosdy/Irrsterne* (Drehbuch Isaak Babel, 1926), *Sorotschinskaja jarmarka/Der Jahrmarkt von Sorotschinsk* (nach Gogol, 1927), SKWOS SLJOZY / LACHEN DURCH TRÄNEN (1928), *Nakanune/Am Vorabend* (nach Kuprins Erzählung 'Gambrinus', 1928, *Selo wesjoloje/Das Dorf Freude* (1929), *Chrustalny dworez/Ein Palast aus Kristall* (1934), *Gody molodyje/Junge Jahre* (1942, Aschchabad).

Herausgeber: Freunde der Deutschen Kinemathek. Druck: graficpress. Redaktion/Übersetzung dieses Blattes: Karin Meßlinger

## SHOAH Frankreich 1974 - 1985

*Produktion: Les Films Aleph, Historia Films*
*Regie: Claude Lanzmann*
*Rechercheassistenz: Corinna Coulmas, Irène Steinfeldt-Levi,*
*Shalmi Bar Mor*
*Kamera: Dominique Chapuis, Jimmy Glasberg, William Lub-*
*chansky*
*Ton: Bernard Aubouy, Michel Vionnet (in Israel)*
*Regieassistenz: Corinna Coulmas, Irène Steinfeldt-Levi*
*Kameraassistenz: Caroline Champetier de Ribes, Jean-Yves*
*Escoffier, Slavek Olczyk, Andres Silvart*
*Schnitt: Ziva Postec, Anna Ruiz (für eine der Treblinka-*
*Sequenzen)*
*Schnittassistenz: Geneviève de Gouvion Saint-Cyr, Benedicte*
*Mallet, Yael Perlov, Christine Simonet*
*Tonschnitt: Danielle Fillios, Anne Marie L'Hôte, Sabine Mamou*
*Tonschnittassistenz: Catherine Sabba, Catherine Trouillet*
*Mischung: Bernard Aubouy*
*Aufnahmeleitung: Stella Gregorz-Quef, Severine Olivier-Lacamp*
*Uraufführung: 30. 4. 1985, Paris*
*Deutsche Erstaufführung: 19. / 20. 2. 1986, 16. Internationa-*
*les Forum des Jungen Films, Berlin*
*16 mm, Farbe, Teil I: 274 Minuten, Teil II: 292 Minuten*
mit Unterstützung des französischen Kulturministeriums

### Zu diesem Film

Das zentrale Thema von SHOAH ist die Vernichtung der
europäischen Juden durch den deutschen Nationalsozialismus. *Shoah* bedeutet im Hebräischen 'Vernichtung', 'Verwü-
stung', 'plötzlicher Untergang'. Der Film SHOAH ist kein
herkömmlicher Dokumentarfilm über ein vergangenes Ereignis. SHOAH ist vielmehr die Manifestation der Erinnerungen
an die Vernichtung in der Gegenwart. SHOAH zeigt keine
historischen Archivaufnahmen oder Fotografien. SHOAH zeigt
vielmehr die Orte der Vernichtung in ihrem heutigen Erschei-
nungsbild. Diese Un-Orte (...) werden erst durch die Zeugenberichte lebendig. Im Zentrum des Films stehen die Menschen, die über das Unvorstellbare und das Nichtdarstellbare
Auskunft geben können. Claude Lanzmann befragt sie nach
ihren Erlebnissen. Seine Fragen zielen nicht auf das Warum
der Vernichtung, sondern auf das Wie der Vernichtung. (...)
Claude Lanzmann führt den Zuschauer an die Vernichtungs-
stätten Chelmno, Treblinka und Auschwitz. Er befragt mehr
als hundert Menschen - Opfer, Beteiligte, Augenzeugen und
Täter (...).

Die Hauptzeugen von SHOAH:
- Simon Srebnik, Überlebender von Chelmno, lebt in Israel
- Abraham Bomba, Überlebender von Treblinka, lebt in
  Israel
- Dr. Rudolf Vrba, Überlebender von Auschwitz, Professor
  der Pharmakologie an der University of British Columbia
  Medical School
- Richard Glazar, Überlebender von Treblinka, lebt in der
  Schweiz
- Filip Müller, Überlebender von Auschwitz, lebt in der Bun-

desrepublik Deutschland
- Jan Karski, ehemaliger Kurier für die Juden des War-
  schauer Ghettos, später Professor der Politologie an der
  Georgetown University in Washington, D.C.
- Raul Hilberg, Professor der Politologie an der Universität
  von Valmont (USA)
- Franz Suchomel, ehemaliger SS-Unterscharführer in
  Treblinka
- Walter Stier, Chef des Fahrplanwesens in Warschau bis
  1943, danach Chef der Abteilung 33 (Sonderzugverkehr
  und Reichsverkehr), verantwortlich für die Koordination
  der Todeszüge aus den polnischen Ghettos in die Gaskammern
- Dr. Franz Grassler, ehemaliger Stellvertreter des Nazi-
  kommissars (Dr. Auerwald) für das Warschauer Ghetto

Produktionsmitteilung (1985)

### Die Geschichte verkörpern

Aus einem Gespräch mit Claude Lanzmann
*Frage:* Was haben sie mit dem 350-Stunden-Material vor,
das sie gefilmt haben?
*Lanzmann:* Ich weiß nicht, was ich damit machen werde.
Viele Sequenzen sind übrigens schon geschnitten. Fürs erste
soll das Material in Paris bleiben. Interessierte Leute können
sich Kopien herstellen lassen. Es wird Kopien in Israel
geben, in der Cinémathèque Française in Paris, an der
Universität in Jerusalem, in den USA. Es gibt deutschsprachige Szenen.
*Frage:* Nach welchen Kriterien haben Sie am Ende aus der
Masse an Material die endgültige Fassung hergestellt?
*Lanzmann:* Ich habe vieles einfach weggelassen. Es gibt
Sequenzen, von denen ich kein einziges Wort verwendet
habe. Der Film ist konsequent und sehr streng aufgebaut. Ich
habe vieles weggelassen, um diese Strenge nicht zu gefähr-
den.
*Frage:* Ein roter Faden scheint mir die Reise zu sein, die man
immer wieder mitmacht, unzählige Male. Ist sie das Gerüst
des Films?
*Lanzmann:* Das Gerüst des Films ist die Radikalität des
Todes, die Vernichtung.
*Frage:* Zeigen Sie in Ihrem Film alle Gespräche, die Sie mit
Nazis geführt haben?
*Lanzmann:* Nein. Aber jeder im Film vorkommende Nazi ist
ein wahres Wunder, denn diese Leute sprechen ja sonst nie.
*Frage:* An den Nazis in dem Film fällt mir etwas Neues auf,
daß sie zum Beispiel sagen: ''Es ist schrecklich.'' Oder: ''Es
ist traurig...'', wie die Lehrersfrau.
*Lanzmann:* Ein SS-Mann sagt normalerweise niemals: ''Es
ist schrecklich.'' Er sagt es *zu mir* - das ist etwas anderes. Ich
hatte eine sehr eigenartige Beziehung zu diesen Leuten. Das
hängt mit meiner Befragungstechnik zusammen, die keinerlei moralische Urteile beinhaltet. Ich habe ihnen niemals
gesagt: ''Ich werfe Ihnen dieses oder jenes vor.'' Ich bin kein
Richter, kein Staatsanwalt. Ich habe sachliche 'Fachgesprä-
che' mit ihnen geführt, über das *Wie* der Dinge, und stellte
präzise Fragen. So konnten sie mir nicht entkommen. Sie
sind es, die von Moral sprechen, nicht ich. Wenn sie mir Ent-

schuldigungen oder Ausreden auftischen wollten, sagte ich immer, das interessiere mich nicht. Ich bin nicht Serge Klarsfeld, und ich erzähle auch keine Einzelschicksale von Juden - die kommen in meinem Fim nicht vor. Ich bin nicht voller Vorwürfe bei diesen Leuten erschienen.

*Frage:* Trotzdem spürt man, wie sehr Sie davon überzeugt sind, daß diese Leute lügen.

*Lanzmann:* Ja, sicher, darauf kam es mir an: Die Lüge sichtbar zu machen. Man sieht, daß sie lügen.

*Frage:* Dem Eisenbahner von Treblinka dagegen sieht man an, daß er nicht lügt. Warum haben Sie die warnende Geste des Kehledurchschneidens als sadistisch bezeichnet?

*Lanzmann:* Der polnische Eisenbahner ist ein Mann, den ich sehr liebe. Er ist der menschlichste von allen. Die polnischen Bauern dagegen... Man muß sich vergegenwärtigen: in einem kleinen Dorf von viertausend Seelen wird eines Morgens die Hälfte der Dorfbewohner abgeholt. Wie konnte die Bevölkerung das zulassen, wohl wissend, daß man die Leute nur 20 Kilometer entfernt vergasen würde?

*Frage:* Haben Sie niemals Polen getroffen oder von Polen gehört, die einen Juden gerettet haben?

*Lanzmann:* Natürlich gab es Polen, die mutig waren und Juden gerettet haben. Aber ich traf kaum mehr als eine Handvoll. Im Film kommen aufrechte Polen vor, zum Beispiel der Kurier der polnischen Exilregierung, Jan Karski. Er lebt heute in Washington. Oder der Lokführer, Henrik Gawkowski, und der vom Bahnhof von Sobibor, Jan Piwonski. Pan Falborski aus Kolo erzählt, daß sogar die Deutschen sich versteckten, um nicht mitansehen zu müssen, was geschah. Sie sind alle sehr menschlich. Aber der Lokführer ist ein ungewöhnlicher Mensch. Ich habe ihn nicht aufgefordert, diese grausame Geste vorzuführen - er hat es von sich aus getan. Bei den Dreharbeiten kletterten wir auf die Lokomotive. Er war völlig versteinert vor Schmerz in seiner Lokomotive, nicht nur, weil er getrunken hatte - er trank ziemlich viel -, sondern weil er diesen tiefen aufrichtigen Schmerz empfand. Die Geste des Würgens ist in seinem Fall nicht sadistisch, er führt sie nur vor. Er macht die Geste als erster, aber niemand versteht sie, wenn die anderen sie machen. Wenn ich sie als sadistisch bezeichnet habe, meinte ich das so: Wozu soll es gut sein, Leute zu warnen, die absolut machtlos sind? Die in den Waggons eingepferchten Juden wissen nicht, daß sie sterben werden. Sie haben nicht die geringste Möglichkeit, irgend etwas zu unternehmen, und draußen gehen lachend junge Männer und machen so [Er führt die Geste vor]. Wenn das eine Warnung sein soll, und wenn die anderen sie verstehen, dann wird sie ihnen die letzten Augenblicke des Lebens noch schlimmer machen. Die jungen Männer draußen wissen das sehr wohl - darum nannte ich die Geste sadistisch. Ein Ausdruck von Schadenfreude bei diesen primitiven Bauern. Die meisten, die ich getroffen habe, waren primitive Bauern, die in unmittelbarer Nähe der Lager lebten. Das ist das Unwahrscheinliche daran.

*Frage:* Wie ist die Sequenz mit dem Friseur entstanden? Haben Sie in seinem Laden gefilmt, wußten Sie, was er sagen würde?

*Lanzmann:* Ich wußte, was er erzählen würde. Ich wußte, daß es ihm schwerfallen würde, darüber zu sprechen. Ich habe nicht in seinem Friseursalon gedreht. Er hatte keinen mehr, er war pensioniert. Und überhaupt habe ich ihn das erste Mal in New York getroffen, nicht in Tel Aviv. In New York war er noch Friseur. Als ich zwei, drei Jahre später den Film drehte, war er nach Israel emigriert. Ich habe einen Friseurladen gemietet, habe den Inhaber gefragt, ob er damit einverstanden sei, daß ich darin filme, und habe dem Friseur gesagt: "Sie ziehen jetzt den Kittel wieder an... Sie wissen schon. Wir

wollen das so drehen." Ich wollte ihn in die Situation zurückversetzen, damit er die gleichen Bewegungen ausführte wie damals - es war sehr wichtig. Hätte ich ihn in einen Sessel gesetzt und gesagt:"So, nun erzählen Sie mal!", wäre etwas völlig anderes dabei herausgekommen. Während so, von dem Augenblick an, als ich ihm Fragen stellte, ganz unsinnige Fragen, zum Beispiel: "Gab es Spiegel in den Gaskammern?", obwohl ich doch genau wußte, daß es keine gab, denn ich hatte ja Gaskammern gesehen... und als ich ihn dann bat, die alten Bewegungen wieder auszuführen, zu zeigen, wie er es damals gemacht hatte, und ihm harte, brutale Fragen stellte, da fing er an, die alten Gesten von damals zu wiederholen. Und obwohl er zu Beginn, während der ersten zehn Minuten der Szene, alles schon einmal erzählt hatte, aber neutral, abstrakt, nicht anschaulich erzählt, erlebte er nun plötzlich die ganze Sache wieder und verkörperte sie: Der Film *ist* eine Verkörperung, eine Reinkarnation. Der einzelne verkörpert sich selbst, es geht nicht um irgendwelche historischen Enthüllungen... Da, plötzlich, verkörpert er das Geschehen, wenn er anfängt zu weinen, wenn er fast zwei Minuten lang nicht reden kann... (...)

*Frage:* Das Wahnsinnige ist hier dieser Gegensatz zwischen der Langsamkeit, mit der er die Szene wieder durchlebt, und der Schnelligkeit, mit der er damals den Menschen die Haare schneiden mußte - in den zwei Minuten, die ihnen vorgeschrieben waren, schneiden mußte...

*Lanzmann:* Er schneidet da einem Freund, den ich nicht kenne, die Haare. Aber er schneidet sie nicht richtig. Hätte er zwanzig Minuten lang geschnitten, wäre der andere kahl gewesen. Er hat eingewilligt, die Rolle zu spielen, das ist alles. Aber der Film ist nicht dokumentarisch - das ist Kino, Inszenierung.

*Frage:* Trotzdem hätte die Situation echt sein können, der Friseur wirkt heute noch jung und robust...

*Lanzmann:* Was ich da gemacht habe: Ich habe wirkliche Gestalten der Geschichte in Darsteller verwandelt, die dabei fast zu Gestalten der Literatur oder des Theaters werden.

*Frage:* Die Geschichte verkörpern, das tut auch Simon Srebnik - mit seiner Stimme, und wie er da heute vor der Kirche steht. Ist das so abgelaufen, oder ist es inszeniert?

*Lanzmann:* Das ist alles so, wie wir es gedreht haben. Ich habe da praktisch nichts herausgeschnitten außer etwas Gestammel und Ausfall. Wenn einer sich davorstellte, um mich am Sprechen zu hindern, zum Beispiel. Ich wußte, daß das Fest stattfinden sollte. Ich hatte es tags zuvor erfahren. Also bin ich mit Srebnik hingegangen und habe ihn gebeten, sich vor die Kirche zu stellen. Sie kannten ihn. Zu Beginn sind es nur wenige, fünf oder sechs. Und dann habe ich gesagt:"Wir drehen. Mal sehen, was passiert." Ich habe nur die Fragen gestellt. Ich habe ihnen die Antworten nicht vorgegeben. Sie sind es, die mit unglaublicher Spontaneität reden. Und das vierzig Jahre danach. Die Dinge sind außerordentlich lebendig geblieben. (...)

Heike Hurst: Eine befreiende Wirkung. Gespräch mit Claude Lanzmann, in: Claude Lanzmann: Shoah, München 1988

## Um zu verstehen, braucht man die konkrete Praxis

*Frage:* Die Frage war die nach den Bedingungen, unter denen das Buch (J.-P. Sartre: Réflexions sur la question juive, 1945; A.d.R.) geschrieben und von den jüdischen Intellektuellen in Frankreich rezipiert wurde. Sie haben die Situation, auf die das Buch traf, in Begriffen beschrieben, die denen der jüdischen Intellektuellen, die aus den Lagern oder aus der Emigration zurückgekommen sind, sehr ähnlich sind. Die Ambivalenz, gleichzeitig zurück zu sein, aber nicht als Jude zurück zu sein - denn darüber wurde nicht gesprochen. In dieser

Situation war Sartre in Frankreich offenbar der einzige, der es ausgesprochen hat: die Juden sind zurück und haben mit ihnen das Problem der Juden in Frankreich zu diskutieren. (...) Sie waren damals ein junger Mann von zwanzig Jahren, und es hat Sie sehr beeindruckt, daß die Debatte über die jüdische Frage eröffnet worden war?

*Lanzmann:* Es gab keine Debatte. Der Krieg hatte die Verfolgung und die Vernichtung gebracht, und die Vernichtung ist nicht gerade leicht zu verstehen. Sie wurde damals nicht wirklich erfaßt. Es entstand eine zeitliche Lücke, und erst aus dieser zeitlichen Verschiebung und Distanz heraus ist die Vernichtung wie in einer Ellipse wieder sichtbar geworden. Als ich SHOAH begann, habe ich mir immer wieder gesagt, daß ich viel zu spät komme, daß die Spuren längst verloschen sein werden. Aber ich habe mich geirrt, diese zeitliche Distanz war absolut notwendig, denn viele Fragen haben sich mir erst gestellt, als ich SHOAH gemacht habe. Die Auswirkung und das Ausmaß der Vernichtung habe ich erst da wirklich begriffen und darauf reagieren können. Um zu verstehen, braucht man die konkrete Praxis.

Sartres 'J'accuse'. Ein Gespräch mit Claude Lanzmann, in: Babylon. Beiträge zur jüdischen Gegenwart, Heft 2, Frankfurt/Main 1987

### Antworten und Fragen

Man hat viele Bücher geschrieben. Für die folgende Arbeit sah ich mich gezwungen, weit mehr zu lesen, als ich es andernfalls getan hätte, aber noch nicht genug, um daraus klug zu werden. Fragen sind gestellt worden in privaten Gesprächsrunden, in öffentlichen Diskussionen, in Hörsälen und Vortragszimmern, und auch mir selbst, der ich mich verpflichtet gefühlt habe, an mehr als einem runden Tisch teilzunehmen, sei es aus Pflichtgefühl, sei es, weil ich Geld brauchte. Aber alle diese Diskussionen liefen immer auf eine wesentliche Fragestellung hinaus: "Wie stellt man es an, damit dieser unsägliche Schrecken, damit die Erinnerung an das absolut Schlechte, an die vollständige Entwürdigung - worüber es so schwer ist, von den Überlebenden selbst etwas zu erfahren -, wieder in das kollektive Bewußtsein der Menschheit gerufen werden können?" Weder Archiv-Aufnahmen von den von Bulldozern freigelegten Massengräbern, noch die Erläuterungen der Experten, noch die Werke der Dichtung über dieses Thema können jemals in der Lage sein, uns eine wirkliche Antwort zu geben. Was die Überlebenden betrifft, so können sie lediglich wie besessen endlos wiederholen, daß die Geschichte der Lager "auch so etwas ist, was man in keiner Weise begreiflich machen kann." Dieses "auch so etwas" und das "in keiner Weise" habe ich immer im Ohr, und ich bin imstande, mir sehr genau diesen Ton hoffnungsloser Resignation, aber auch einer leisen Frage, manchmal sogar eines stolzen Geheimnisses zurückzurufen. Die Überlebenden, die in SHOAH zu sehen sind, entgehen den typischen Wiederholungen nicht, jedoch erreicht es Claude Lanzmann mit seiner hartnäckigen, eigensinnigen, bisweilen brutalen Herangehensweise, dieses Hindernis zu überwinden: Ich halte SHOAH für den größten zeitgeschichtlichen Dokumentarfilm, der jemals realisiert wurde, und für den seit langem besten Film, den ich über den Holocaust gesehen habe. (Als Journalist und somit Fachmann des Vokabulars sagt uns Lanzmann, daß er dieses Wort 'Holocaust' nicht mag, weil es die Vorstellung einer Naturkatastrophe hervorrufen und suggerieren würde, die Vernichtung der Juden sei unvermeidlich gewesen wie ein Gottesurteil. Sein Film versteht sich als leidenschaftliche Zurückweisung einer derart selbstgerechten Haltung.) Als SHOAH in Paris anlief, sah sich Lanzmann alsbald über die Gründe befragt, die ihn dazu gebracht haben, diese gewaltige, zehn Jahre dauernde Arbeit in Angriff zu nehmen. Seine Antwort war: "Weil man mich dazu aufgefordert hat!" Ich kenne diese Antwort sehr gut und habe mich oft genötigt gefühlt, dieselbe Antwort zu geben. Es ist eine loyale Antwort, vielleicht die einzig wirklich unmittelbar verfügbare. Aber es ist auch, in gewisser Hinsicht, eine Reaktion taktischer Verteidigung angesichts der unangenehmen Verdächtigung, die jüdischen Filmemachern immer droht: "Kommt Ihre Lager- und Nazismus-Besessenheit daher, daß sie jüdisch sind?"

Ich weiß aber auch, was eine Antwort wie diese an Verständnislosigkeit provozieren kann: all diese irrtümlichen, sogar mißtrauischen Annahmen, die entwaffnend wirken sollen, all das zeigt die Resignation und den Fatalismus vor dem Antisemitismus. (...)

Marcel Ophuls: Les Trains, in: Au sujet de Shoah - le film de Claude Lanzmann, Paris 1990

### Die Vorstellung vom Unvorstellbaren

(...) Im folgenden möchte ich zeigen, wie eine radikale ästhetische Transformation dieses Problems in Claude Lanzmanns Film SHOAH gemacht wurde. Die Debatte um diesen Film vor allem in der Bundesrepublik hat sich in den meisten Fällen ästhetischer Kritik enthalten und ihn als "erschütterndes Dokument" dargestellt, aus dem vielfältige historische, politische und moralische Komplexe herauslesbar sind. Daß es sich außerdem auch um ein Kunstwerk handelt, wurde eher nebenbei und fast verschämt konstatiert. Puristen der dokumentarischen Form kamen dabei noch am ehesten in die Nähe des Problems, weil ihnen ins Auge stach, daß weite Strecken des Films eben gar nicht dokumentarisch sind. Lanzmann selber hat keinen Zweifel daran gelassen, daß sein Konzept weit über das Portraitieren von Augenzeugen hinausgeht. Er vertritt die Auffassung, daß die Personen in seinem Film spielen: sie spielen nach, was sie durchlebt haben, le vécu. Das meint jedoch etwas anderes als sich erinnern. Sich erinnern kann heißen: "Ach ja, ich erinnere mich, damals war ein heißer Tag, ich befand mich in der und der Situation usw". Ein Erinnerungssatz muß überhaupt nichts davon enthalten, wie ich diese Situation erlebt habe. Darum muß Lanzmann darauf beharren, daß die Personen des Films nicht Erinnerungen erzählen, sondern Situationen wieder durchleben. Was das meint, kann ein krasses Beispiel erläutern: in der gefilmten Sequenz sagt der polnische Exilpolitiker Jan Karski, daß er nie über seine Erlebnisse im Warschauer Ghetto gesprochen habe. Als Erinnerung ist das lückenhaft, Historiker wissen, daß Karski darüber publiziert hat, daß er unmittelbar nach seinem Besuch im Ghetto Bericht davon gegeben hat. Was aber in dieser Formulierung zum Ausdruck kommt, ist das Gefühl, nur schwer darüber sprechen zu können, was Karski durchlebt, ist der Schock, der sprachlos macht, den er im Ghetto bekam, als er sah, was dort zu sehen war. Zu diesem Konzept gehört, daß Lanzmann zum Spiel auffordert, er läßt ganze Szenarien nachspielen, mit einem ausgeliehenen Zug, mit der Aufforderung, Gesten, Handlungen nachzuspielen. Das ist durchaus einem Konzept wie der Sartreschen existenziellen Psychoanalyse geschuldet, daß noch vor der symbolbildenden Sprache physische Materialität liegt, ein dreistes Lachen, die kaum unterdrückbare sadistische Freude an der Drohgebärde: das alles bricht erst durch, wenn die Gesten, Körperhaltungen wiederholt werden. Im Spiel macht sich jeder wieder zu dem, der er ist, das ist das Authentizitätskriterium von SHOAH, das ist die immense visuelle Kraft dieses Films, die ihn von anderen 'Interview'-Filmen so deutlich unterscheidet. Die Maske des Lächelns, die vor der versteinerten Innenwelt des ehemaligen 'Muselmanen' liegt, der im KZ nur durch die vorweggenommene Totenstarre überleben konnte, ist nicht weniger authentischer Ausdruck, als der erschütternde Zusammenbruch. So ist es gerade die Transformation ins Spiel, die den Ernst der Darstellung bestimmt. In der Tat verführt, verleitet, überredet Lanzmann die Protagonisten, Dinge zu tun und zu sagen, die sonst verschwiegen, verdeckt geblieben wären. Das hat Lanzmann moralische Kritik eingetragen, die viel vom alten Affekt gegen alles Ästhetische an sich hat, daß im geraubten Bild die Seele des Abgebildeten eingefangen wird, und in der Tat steckt in jedem ästhetischen Bild ein dem gesellschaftlichen Sein geraubtes Beutestück, das darum freilich nicht minder legitim bleibt. Darin steckt keinerlei ästhetische Koketterie oder eitle Anmaßung eines Regisseurs, der die Spielleitung nicht aus den Händen geben will. Was Lanzmann damit meint, ist eben das Problem der Imagination: wenn erzählt wird, wird eine Vorstellung gegeben, die Vorstellung von etwas Abwesendem. Die Vorstellung, das Imaginäre, darin ist Lanzmann treuer Sartrianer, ist die Anwesenheit einer Abwesenheit, die außerhalb des raum-zeitlichen Kontinuums der gegenwärtigen Vorstellung liegt. Strikt hält Lanzmann sich dabei innerhalb der Grenzen dessen, was vorstellbar ist: für das Unvorstellbare, die konkrete industrielle Abschlachtung von Millionen, setzt er die konkrete bildliche Vorstellung ab. Es gibt keine Bilder der Vernichtung selbst, ihre Vorstellbarkeit wird noch nicht einmal in den bestehenden dokumentarischen Fotos, die sonst durch jeden Film zum Thema geistern, evoziert. In dieser Aussparung zieht Lanzmann die Grenze zwischen ästhetisch, menschlich Vorstellbarem und dem unvorstellbaren Ausmaß der Vernichtung. So stellt der Film selbst ein dialektisches Verhältnis her: in der Aussparung gibt er eine Vorstellung vom Unvorstellbaren. Aber noch auf andere Weise kreist er das Problem ein: er beginnt ganz wörtlich mit der ästhetischen Tranformation des Satzes, daß die Vernichtung *statt*gefunden hat, indem er ihn räumlich projiziert ins Sichtbare. Er fährt an die Stätten der Vernichtung. Verräumlichung findet in der Gegenwart statt, abwesend bleibt, was zeitlich zurückliegt, die Vernichtung selbst. Sie wird nur (oft aus dem Off) in der Imagination der Protagonisten ausschnitthaft erzählt. Die Länge des Films mag viele darin getäuscht haben, daß er eine komplexe Montagestruktur hat, die vielfältig mit Real- und filmischer Zeit spielt. Die Anordnungen auf einer gleichen Zeitebene von räumlich weit auseinanderliegenden realen Ereignissen, wie z.B. einer Erzählstimme aus Israel und einem Gang durch das bewaldete Areal eines Vernichtungslagers, zielen auf eine Irritation der realistischen Raum-Zeitgewißheiten: die Anwesenheit einer Abwesenheit in den Imaginationen der Vergangenheit verbindet sich mit dem Konkretismus der Bilder gegenwärtiger Orte. Vergangenheit und Gegenwart greifen ineinander, das Vergangene wird vergegenwärtigt, das Gegenwärtige in den Bann der Vergangenheit gezogen. Die langen Schwenks, die die Realzeit des Blicks realisieren, bleiben im historischen Raum gefangen. In vielen dieser Einstellungen kommt ein Zug des Nicht-Entrinnen-Könnens, der Eingeschlossenheit zum Tragen. Die Kamera, wo sie nicht den subjektiven Blick aufnimmt, wird z.B. in einer Einstellung so bewegt, daß sich eine Gruppe von Menschen, die sich von ferne vom Waldrand her in das Feld hineinbewegt, nicht wirklich nähern kann, sondern immer wieder von der Kamera im Feld auf Distanz gehalten wird. Die Kamera bewegt sich ästhetisch autonom, sie ist nicht dokumentarisch, sondern imaginativ genutzt. (...) Claude Lanzmanns SHOAH, das ist mein Argument, steht in dieser Tradition der ästhetischen Transformation der Vorstellung vom Unvorstellbaren. Daß er darüber hinaus genug Material für notwendige politische und historische Debatten anbietet und beiträgt, steht ganz

außer Zweifel. Die Faszination, die er ausübt, seine düstere Schönheit, ist allerdings eine ästhetische Qualität, die zu unterschlagen oder in untergründige Ressentiments gegen den Charakter seines Hervorbringers zu verdrängen, mir fahrlässig erscheint.

Gertrud Koch: Die ästhetische Transformation der Vorstellung vom Unvorstellbaren. Anmerkungen zu Claude Lanzmanns Film *Shoah* In: Babylon. Beiträge zur jüdischen Gegenwart, Heft 1, Frankfurt/M '86

### Als durchlebten sie die Erfahrung jetzt...

Claude Lanzmann hat mit SHOAH nicht die Ästhetik verabschiedet; seine Ästhetik ist eine, die den Zuschauer und -hörer nur nicht enteignet oder ihn in die Rolle des Voyeurs oder eines akustisch Gereizten versetzt, der einer ästhetisierten Inszenierung der Barbarei beiwohnt. Was er sieht und was er hört, sind Bilder der Gegenwart, Sprache von Menschen, die sich erinnern - möglichst genau. Erinnern an das, was war, Zeugenschaft ablegen für die Namenlosen, bestialisch Ermordeten. ''Die Idee, die Distanz zwischen Vergangenheit und Gegenwart aufzuheben'', erklärte Lanzmann zu SHOAH, ''war die Basis für die Wahl der Orte und der Charaktere des Films. In Treblinka sprechen die Erde, der Fluß Bug, der Wald, die Männer und Frauen alle vom Holocaust. Sie lassen ihn wiederauferstehen; sie wiederbeleben ihn soweit, daß wir sogar vergessen, daß dreiundvierzig Jahre vergangen sind seit 1942. Die Erinnerung der Männer und Frauen ist nicht nur wahrheitsgetreu, sondern etwas viel Weitergehendes: sie erinnern jedes einzelne Detail mit einer alarmierenden Exaktheit, und wenn sie sprechen, sprechen sie nicht von ihren Erinnerungen, sondern sie vermitteln den Eindruck, als durchlebten sie diese Erfahrung jetzt .'' (...) Das Kino, als ein Ort der Vergegenwärtigung, der Geistesgegenwart und der individuellen Phantasieteilhabe benötigt nicht die exaltierte Ästhetisierung der Realität. Das Kino, das auf die Kraft der menschlichen Wahrnehmung und Erfahrung setzt, kann seinen Adressaten die eigene Beschäftigung, die emotionale und geistige Phantasiearbeit nicht abnehmen. Das Kino, das das Vergangene nicht ins Historische verbannt, verlangt von denen, die es sehen und ihm zuhören, daß sie seine Gegenwärtigkeit *selbst produzieren:* seine vergessenen Spuren, seine erstickten Schreie, seine Verzweiflungen und seine Hoffnungen, kurz: seine Bilder und Töne. Nur ein Kino, das seinem Zuschauer und -hörer diese Freiheit läßt und zugleich zumutet, kann dem inhärenten Drang des Mediums zum eigenen Totalitarismus entgehen.

Wolfram Schütte: Agonien und Gegenwart der Erinnerung, in: Frankfurter Rundschau, 14. 9. 1985

**Claude Lanzmann,** geb. 27. 11. 1925 in Paris. Beteiligte sich 1943 als Gymnasiast an der Résistance in Clermond-Ferrand. Nach dem Krieg Studium in Tübingen. 1948-49 Tätigkeit als Lektor an der Freien Universität Berlin. Nach Abschluß seines Studiums gehörte er zum Freundeskreis von Jean-Paul Sartre und Simone de Beauvoir. Ab 1952 Mitarbeit an der von Sartre gegründeten Zeitschrift 'Les Temps Modernes', zu deren Herausgebern Lanzmann bis heute gehört. Mitunterzeichner des 'Manifests der 21', das gegen Ende des Algerienkrieges die französische Repression in Algerien anprangerte. 1967 Herausgeber einer Sondernummer der 'Temps Modernes' über den israelisch-arabischen Konflikt. Filme: *Pourquoi Israel?* (Warum Israel?, 1970-73), SHOAH (1974-85).

Herausgeber: Freunde der Deutschen Kinemathek. Druck: graficpress Redaktion dieses Blattes: Michael Wedel

**JEW SUSS** Großbritannien 1934

*Produktion: Gaumont British / Michael Balcon*
*Regie: Lothar Mendes*
*Buch: Dorothy Farnum*
*Nach dem gleichnamigen Roman von Lion Feuchtwanger*
*Kamera: Bernard Knowles*
*Musik: Louis Levy*
*Schnitt: Otto Ludwig*
*Darsteller: Conrad Veidt (Joseph Süß Oppenheimer), Frank*
*Vosper (Karl Alexander, Herzog von Württemberg), Benita*
*Hume (Marie Auguste), Sir Cedric Hardwicke (Rabbi Ga-*
*briel), Sir Gerald du Maurier (Weißensee), Pamela Ostrer*
*(Naomi), Joan Maude (Magdalena Sybille Weißensee), Paul*
*Grätz (Landauer), Mary Clare (Gräfin Wurben), Haidee*
*Wright (Michele), Percy Parsons (Pflug), Eva Moore (Jant-*
*je), James Raglan (Lord Suffolk), Sam Livesey (Harpprecht),*
*Dennis Hoey (Dieterle), Campbell Gullan (Thurn-Taxis),*
*Gibb McLaughlin (Pancorgo), Hay Plumb (Pfäffle)*
*Drehort: London (Shepherd's Bush)*
*Uraufführung: 4.10.1934, London (Tivoli)*
*Deutsche Erstaufführung: 19.10.1973, Berlin (Akademie der*
*Künste)*
*s/w, 108 Min.*

**Inhalt**

Am Hofe von Karl Alexander von Württemberg wird der ver-
mögende Joseph Süß Oppenheimer eingeführt. Er avanciert zu
Karl Alexanders Finanzberater und wird zu einer Schlüsselfigur in der württembergischen Landespolitik, erbittert gehaßt
vom Ständeparlament. Um seinen Machtanspruch am Hofe
des großen, geldgierigen Herzogs durchzusetzen, ist Süß gezwungen, mit aller Härte und unter Aufgabe seiner Integrität
sich den gewalttätigen Ideen Karl Alexanders anzupassen, der
für sich und sein Land gegen den Willen der Stände den Ab-
solutismus anstrebt. Süß opfert die Frau, die er liebt, dem
Herzog, verleugnet seinen Glauben und seine Menschlichkeit.
Doch immer wieder kehrt er zum Ursprung seines Glaubens
zurück, hilft den Ghettobewohnern in ihrer Bedrängnis und
wird zum erbitterten Gegner des Herzogs, als dieser in betrun-
kenem Zustand Naomi, die junge Tochter Süß', zu vergewal-
tigen versucht. Naomis Freitod, an dem Süß sich schuldig
fühlt, alle Demütigungen und Erniedrigungen, denen er sich
am Hofe aussetzen mußte, führen zu dem einen Wunsch:
Rache an dem Herzog. Er stürzt ihn in einem mißlungenen
Staatsstreich. Karl Alexander erliegt einem Schlaganfall. Süß
wird verhaftet. Der Haß des Landes gegen den Herzog tobt sich
an ihm aus. Er wird zum Tode verurteilt. In den letzten
Augenblicken bekennt sich Süß, der zuvor erfahren hat, daß er
durch seinen Vater christlicher und adliger Herkunft ist, zum
jüdischen Glauben zurück. Er stirbt am Galgen, begleitet von
seinen vermeintlichen Glaubensgenossen, deren Respekt und
Anteilnahme er durch seine Treue zum Glauben wiederge-
wonnen hat, auf den Lippen das 'Höre Israel'.

Retrospektive 9, Conrad Veidt, 2. Teil; Internationale Filmfestspiele
Berlin, 25.6. - 6.7.1976

**Der andere Jud Süss**

In keinem anderen Film hat sich die Unmenschlichkeit des
Nationalsozialismus so kraß dokumentiert, wie in Veit Harlans
*Jud Süss*, der - in bewußter Fälschung aller historischen
Vorgänge und aller literarischen Vorlagen - einzig und allein
einer tödlichen Rassenpolitik Vorwand und Alibi liefern
sollte. Das war 1940.
Sechs Jahre vorher aber, als an einem anderen Ort und von
anderen Männern der JEW SUSS verfilmt wurde, da war - in
der 'Deutschen Filmzeitung' - von "einer unerhörten jüdischen Frechheit" die Rede, da schrie man im nationalsozialistischen Deutschland auf, weil andere es wagten, einen Jud
Süss zu präsentieren, der so gar nicht in die Vorstellungen
der damaligen Machthaber paßte.
(...) Lion Feuchtwanger, dessen zwischen 1920 und 1922
entstandener Roman 'Jud Süß' dem Film als Vorlage diente,
meinte einmal, es war "ein sehr glänzender, mit sehr vielen
Mitteln hergestellter, überaus leerer Film, der sehr großen
Erfolg hatte. Wahrscheinlich war es der Erfolg dieses Films
mehr noch als der Erfolg des Buches, der die Nazis veranlaßt
hat, ihren *Jud-Süß*-Film zu machen."
Heute nun, fast vier Jahrzehnte später, vor allem aber nach
Veit Harlans satanischem Werk in Goebbelschem Auftrag,
wird man jene frühe Version mit anderen Augen sehen
müssen als der Autor, der aus fundierter historischer Kenntnis das Leben des Joseph Süß Oppenheimer literarisch
umgesetzt hat. (...)
Was den Film (...) auszeichnet, ist die Darstellung des Jud
Süß durch Conrad Veidt, der diese erhobene und geschlage-
ne Kreatur mit der ganzen Noblesse seiner Erscheinung
verkörpert. Selbst wenn er ein Schurke ist, hat dieser Süß
noch Größe. Und wenn er ein Gedemütigter und - nach dem
Tode des Herzogs Karl Alexander - ein zum Tode Verurteil-
ter ist, hat sein Schmerz Souveränität. Vornehm ist in jedem
Falle seine Haltung, von Selbstbewußtsein geprägt sein
Gesicht. "Du hast ein zerlittenes Gesicht, du hast ein jüdisches Gesicht", sagt einmal bei Feuchtwanger ein alter
Rabbi zu Jud Süß. Und all das, Hoffart und Stolz, Schmerz
und Trauer, vereinigen sich in Conrad Veidts Physiognomie.
Lothar Mendes, von dem in den letzten Jahren lediglich zwei
Filme aus den dreißiger Jahren im Fernsehen zu besichtigen
waren, ließ in diesem vergleichsweise frühen Tonfilm vornehmlich noch Theater spielen, obgleich er sich durchaus
wirkungsvoller optischer Effekte und vieler Großaufnahmen zu bedienen wußte. Die Dialoge und die Darstellerfüh-
rung entbehren nicht einer gewissen Bühnenwirksamkeit;
der Glanz der höfischen Welt ist ebenso im Stile der Zeit mit
Ateliermitteln in Szene gesetzt wie die Armut der niederen
Stände und das Elend der Juden, deren einer für die Schuld
seines herzoglichen Auftraggebers zahlen mußte: "Das ist
ein seltenes Ereignis, daß ein Jud für Christenschelmen die
Zeche bezahlt", wie ein zeitgenössischer herzoglicher
Administrator meinte.
Ein Film auch des Exils, der seine heutige Wirkung wohl
vornehmlich von der konträren Erscheinung und Umgebung
des anderen *Jud Süss* bezieht, neben dem er sich in seiner

selbstverständlichen Honorigkeit und - aus heutiger Sicht möchte man sagen: unpolitischen - Distanziertheit beinahe naiv ausnimmt. Aber eins bleibt: Conrad Veidts Gesicht, "ein zerlittenes Gesicht, ein jüdisches Gesicht".

Volker Baer, in: Der Tagesspiegel, Berlin, 20.10.1973

## Kakophonie des Hasses

(...) Der zirka sechs Jahre vor dem nazistischen Streifen in England realisierte JEW SUSS steht dem Harlan-Film nicht nur in seiner stofflichen Genese kontradiktorisch gegenüber, indem er bemüht ist, Teile der literarischen Vorlage Feuchtwangers in das Kino-Medium zu transportieren. Die ideologisch-moralische Botschaft, die ihn trägt, ist die antipodische Umkehrung der faschistischen Interpretation der Figur des Joseph Süß Oppenheimer. Der englische Film läßt sich in dieser Hinsicht interpretieren als Aufruf zu humanistischem Handeln, wobei die philosemitische Akzentuierung, die ihn auszeichnet, ihn zu einem für das Jahr 1934 außergewöhnlichen internationalen Medienereignis macht. Überhaupt zustande kommen konnte es nicht zuletzt aufgrund des besonderen Engagements des Filmproduzenten Michael Balcon, der als Produktionsleiter der berühmten Shepherd's Bush Studios die Herstellung wesentlich motivierte, vorantrieb und finanziell stützte.

JEW SUSS aber konnte sich nicht - wie sein nazistischer Gegenentwurf - an der Kinokasse bewähren. Seine Rezeptionsgeschichte während des Faschismus läßt sich zwar bis in die deutsche Exil-Kulturszene Rio de Janeiros verfolgen, wo er 1944 zu Ehren des verstorbenen Conrad Veidt aufgeführt wurde; aber als kommerzieller Historienfilm großen Stils, als der er ursprünglich angelegt und gegen die Konkurrenz aus Hollywood produziert werden sollte, konnte er nicht realisiert werden. (...)

Kontradiktorisch stehen sich die jeweils abschließenden Einstellungsfolgen gegenüber. Mit der Hinrichtung des Süß kehren die beiden Filminterpretationen quasi zu ihrem Ausgangspunkt zurück, indem die brutale Konfliktlösung auf die Explication bezogen wird: Der nazistische *Jud Süß* schildert die Hinrichtung ganz aus der Perspektive der Henker und stilisiert sie als Akt arischer Genugtuung und Gerechtigkeit. In JEW SUSS hat der Titelheld endgültig jüdisch-religiöse Identität angenommen und ist im Abschlußgebet vereint mit seinen Glaubensbrüdern.

Lothar Mendes schildert die letzten Minuten seines Titelhelden ganz aus dessen Perspektive. Die zum Spektakel versammelte Stuttgarter Bevölkerung wird so abgebildet, wie er sie in dieser Situation wahrnehmen muß: als fanatischer, zu tödlichem Haß aufgestachelter Mob. "There is a terrific babble of sound all round him, the yelling of the populace with blood-lust in their voices, the cursing of Pflug, the clattering of hoofs of horses", beschreibt die Drehbuch-Anweisung die Szene. Unter die 'Kakophonie des Hasses', die sich im verzweifelten Gesichtsausdruck Conrad Veidts widerspiegelt, mischt sich dann erstmals die Reaktion der versammelten Juden: verhalten zunächst: "Hear, O Israel. One and eternal is Jehovah Adonai!" Schauen wir uns im Hinblick auf die weitere Beschreibung der Szene den Originaltext Feuchtwangers an, der mir an dieser Stelle am perfektesten atmosphärisch umgesetzt scheint: "Es sind die Juden, der kleine Jakob Josuah Falk, der dicke Rabbiner von Fürth, der schmierige Isaak Landauer. Sie stehen, in ihre Gebetmäntel gehüllt, sie und sieben andere, zehn, wie es die Vorschrift ist, sie kümmern sich nicht um das Volk, das vom Galgen weg auf sie schaut, sie wiegen heftig die Leiber, stehen und schreien, gellen, gurgeln die Sterbegebete, über den weiten Platz hin: 'Höre, O Israel, eins und ewig ist Jahve Adonai.'

Weißliche Wolken in dem starken Frost ziehen die Worte von ihren Mündern, in die Ohren des Mannes im Käfig, und der Sohn des Marschalls Heydersdorff tut den Mund auf, schreit zurück: 'Eins und ewig ist Jahve Adonai!'"

Der Mord selbst wird nicht gezeigt. Die Schlußbilder sind noch einmal aus der Perspektive von Süß in extremer Aufsicht aufgenommen. Die obere Hälfte der Leinwand nimmt der schreiende Mob ein; die untere Hälfte wird von den klagenden Juden ausgefüllt. Die Kamera blendet mit diesem geteilten Bild sehr langsam aus, und auf einer Schrifttafel erscheint der Aufruf zur Versöhnung der Völker, eine Rezitierung des jüdischen Lehrers aus der Filmeröffnung: "Perhaps one day the walls will crumble like the walls of Jericho and all the world will be one people!"

Die letzten Worte des nazistischen Gegenentwurfs machen überdeutlich, wie fatal in der historischen Rückschau dieser biblisch-idealistische Aufruf zur Humanität 1934 war. Sechs Jahre später verkündet der Vorsitzende der Landstände, Sturm, im Kino der Nazis mit heroischem Pathos den Judenbann: "Alle Juden haben innerhalb dreier Tage Württemberg zu verlassen. Für ganz Württemberg gilt hiermit der Judenbann! Gegeben zu Stuttgart am 4. Februar 1738. Mögen unsere Nachfahren an diesem Gesetz ehern festhalten, auf daß ihnen viel Leid erspart bleibe an ihrem Gut und Leben und an dem Blut ihrer Kinder und Kindeskinder!"

So wie der als arischer Sittenwächter und Patriarch stilisierte Sturm das letzte Wort hat, mit dem die Zuschauer in die Wirklichkeit des Alltags entlassen werden, wird die Hinrichtung auch visuell aus der Perspektive der Nicht-Juden geschildert. Oppenheimer ist lediglich noch Objekt, das seiner vorgeblich gerechten Strafe zugeführt wird. Physisch nicht gebrochen, lediglich vernachlässigt im Äußeren, in Sprachgestus und Haartracht wieder dem Getto-Juden vom Filmbeginn angeglichen, winselt er um sein Leben. Das in den Vollzug der Hinrichtung eingeblendete Volk ist ernst und gefaßt - lediglich einige Zwischenrufe werden laut -, so, als sei es sich der historischen Tragweite des Ereignisses bewußt. Der Mord wird von der Inszenierung bis zum bitteren Ende ausgekostet: Mit einem ekelhaften Geräusch fällt der Käfigboden herunter; mitten im Wort 'Leben' erstickt dem Gehenkten die Stimme; die Füße baumeln aus dem Todeskäfig. (...)

Siegfried Zielinski: Antisemitische Kulturware versus philosemitisches Kunstwerk; in: Walter Huder/Friedrich Knilli (Hrsg.): Lion Feuchtwanger: '... für die Vernunft, gegen Dummheit und Gewalt', Berlin 1985

**Lothar Mendes**, geb. 19. Mai 1894 in Berlin als Sohn einer jüdischen Familie, gest. 1974. Er arbeitete zunächst als Schauspieler bei Max Reinhardt. 1921 inszenierte er seinen ersten Spielfilm *Das Abenteuer*. 1926 ging er nach Hollywood und arbeitete dort und in Großbritannien als Regisseur, bis er sich Mitte der vierziger Jahre vom Film zurückzog. Filme, in Deutschland und Österreich: 1921 *Das Abenteuer*. 1922 *Deportiert*. 1923 *SOS - Die Insel der Tränen*. 1925 *Liebe macht blind* . 1926 *Die drei Kuckucksuhren*. In den USA: 1926 *The Prince of Tempters*. 1927 *Convoy*. 1928 *A Night of Mystery*. 1929 *Interference*; *The Four Feathers* (Co-Regie); *Illusion*; *The Marriage Playground*; *Dangerous Curves*. 1930 *Paramount on Parade* (Co-Regie). 1931 *Ladies' Man*; *Personal Maid* (Co-Regie). 1932 *Strangers in Love*; *Payment Deferred*. 1933 *Luxury Liner*. In Großbritannien: 1934 JEW SUSS. 1935 *The Man Who Could Work Miracles*. 1936 *Moonlight Sonata*. In den USA: 1941 *International Squadron*. 1943 *Flight for Freedom*. 1944 *Tampico*. 1946 *The Walls Came Tumbling Down*.

Herausgeber: Freunde der Deutschen Kinemathek. Druck: graficpress
Redaktion / Übersetzung dieses Blattes: Rüdiger Bering

## THE UNFORTUNATE BRIDE /
## DI UMGLIKLECHE KALE USA 1932
(Tonfassung des Stummfilms BROKEN HEARTS USA 1926)

*Stabangaben zu BROKEN HEARTS, 1926*
*Regie: Maurice Schwartz*
*Drehbuch: Frances Taylor Patterson nach einem Theater-*
*stück von Zalmen Libin*
*Kamera: Frank Zucker*
*Darsteller: Maurice Schwartz, Lila Lee, Wolf Goldfaden,*
*Bina Abramowitz, Isidore Cashier, Anna Appel, Charles*
*Nathanson, Lisa Silbert, Theodore Silbert, Miriam Elias,*
*Morris Strassberg, Henrietta Schnitzer, Betty Ferkauf, Louis*
*Hyman, Leonid Snegoff, Julius Adler*

*Stabangaben zu THE UNFORTUNATE BRIDE, 1932*
*Regie: Henry Lynn*
*Kamera: Sam Rosen*
*Tonschnitt: Abraham Armband*
*Ton: Leonard A. Herzig*
*Musikalisches Arrangement: Art Shryer*
*Besetzung: Michael Rosenberg, Lillian Karen*
*Bernard Holtzman*
*s/w, jiddische /englische Zwischentitel, Musikspur, 68 Min.*

### Inhalt

Die Tonversion des ursprünglich stummen Films BROKEN
HEARTS beginnt mit einer Enkeltochter, die fragt, ob sie
ihrem Herzen oder der Tora folgen solle, und endet mit dem
die Weisheit der Tora beschwörenden Großvater. Dazwischen
entwickelt sich der ursprüngliche Film, der die Geschichte des
Schriftstellers Benjamin Resanow erzählt, von seiner erzwun-
genen Emigration aus dem zaristischen Rußland und seiner
Anstrengung, sich in einem neuen Land einzurichten, während
er sich noch immer seiner Heimat verbunden fühlt, wo er seine
Frau zurückgelassen hat. In New York lernt Resanow die neue
Sprache und stürzt sich in die Arbeit; doch macht ihm das
Schicksal immer wieder einen Strich durch die Rechnung.
Resanow glaubt seine Frau tot; er heiratet die Tochter eines
Kantors, wird jedoch von ihrer heuchlerischen, klassenbe-
wußten Familie gemieden. Resanow erfährt schließlich, daß
seine Frau noch am Leben ist; als er nach Rußland zurückreist,
stirbt sie jedoch in der Zwischenzeit. Resanow gelingt es nicht
mehr, nach Amerika zurückzukehren; die Kantorentochter
Ruth stirbt an gebrochenem Herzen.

Informationsmaterial des National Center for Jewish Film, Brandeis
University, Waltham, MA, USA

### Die Neubearbeitung

(...) DI UMGLICKLECHE KALE ist nicht nur der von einem
jiddischen Erzähler und von Art Shryer mit slawischen Volks-
liedern, Straußschen Walzern und jiddischen Klageliedern
begleitete Film BROKEN HEARTS. Die neue Version kehrt
die Lösung des Generationendramas um; der ursprüngliche
Triumph weltlichen Judentums wird zu einer Tragödie patriar-
chalischer Justiz. Zum Teil geschieht dies dadurch, daß der

ursprüngliche Film zu einer als Warnung gedachten Geschichte wird, die ein bärtiger Alter (der jiddische Radio-
sprecher Michael Rosenberg) seiner heiratsfähigen Enkeltochter und seinem jungem Enkelsohn erzählt. Der 'Text'
des ursprünglichen Films wird weiterhin durch eine Reihe
von Kantorengesängen und Rosenbergs wiederholte Mahnung, das fünfte Gebot zu achten, unterbrochen. Sehr drastisch stutzt Lynn die eigentliche Erzählung schließlich dahingehend, den Tod der rebellischen Ruth anzudeuten, so
daß das Wiedersehen mit ihrem Gatten und gleichzeitig die
Aussöhnung mit ihrer Familie wegfallen. (...)

### Der Stummfilm BROKEN HEARTS

Maurice Schwartz adaptierte ein Theaterstück, das bereits
mehr als zwanzig Jahre alt und weit altmodischer als alles
andere aus seinem Repertoire war. Dessen Autor Zalmen
Libin, ein Anhänger Jakob Gordins, schrieb Feuilletons, die
die Nöte der eingewanderten jüdischen Familien in einer Mischung aus reinem Slum-Naturalismus und kalkuliertem
Pathos behandelten. (...) Neben Schwartz treten in BROKEN
HEARTS mehrere Darsteller des 'Yiddish Art Theater' auf:
Wolf Goldfaden, Isidore Cashier, Anna Appel (die alle
schon in *Jisker* zu sehen waren) und Julius Adler; auch ein
echter Filmstar: Lila Lee, die früher bei Paramount unter
Vertrag gestanden hatte. (...)
David Denk, der Biograph von Maurice Schwartz, war
während der Dreharbeiten zu BROKEN HEARTS anwesend
und fand den Maestro verwirrt von den Anforderungen der
Filmregie. Wenn dem so war, ist es jedoch nicht an den
erhaltenen Filmszenen erkennbar, die 1932 neu geschnitten
und vertont wurden. BROKEN HEARTS ist eine professionelle, wenn auch uninspirierte Filmarbeit. Der formale Aspekt,
der am Film vor allem beeindruckt, ist seine geringe Thea-
tralik - obwohl dies vielleicht Frances Taylor Patterson und
seinem erfahrenen Kameramann Frank Zucker zu verdanken
ist.
In seiner Kritik in der New York Times lobte Mordaunt Hall
die 'Ehrlichkeit' und 'Zurückhaltung' des Films und führte
das problematische getragene Tempo des Films auf die 'Unerfahrenheit' Schwartz' zurück. Wurden die Zwischentitel
des Films und die Darstellung Lila Lees gepriesen, befand
eine Notiz auf der Frontseite der 'Jewish Theatrical News'
den Star andererseits als *zu* zurückhaltend: der anonyme Kritiker hielt BROKEN HEARTS zwar für eine Verbesserung
gegenüber *Jisker*, doch habe Schwartz noch immer "keine
Gelegenheit erhalten, jene dramatischen Höhen zu erreichen, deren er fähig ist". (...)
BROKEN HEARTS war ein vorsichtiger und, vielleicht als
Antwort auf die gröberen Züge der Ghettofilme aus Hollywood, zu würdevoller Film. (...) Der Protagonist Benjamin
Resanow (Maurice Schwartz) ist nicht einfach Emigrant,
sondern ein politischer Flüchtling. Er nimmt Abschied von
seiner Frau (...) und flieht, den zaristischen Handlangern nur
einen Schritt voraus, aus dem ukrainischen Dorf; ohne einen
Pfennig sieht man ihn schließlich in der Lower East Side
New Yorks ankommen.
Als Resanow vom Tod seiner Frau erfährt, ist er erschüttert

und verzweifelt. Er zieht bei der Familie eines Victor Kaplin (Isidore Cashier) ein, nachts lernt er englisch (Schwartz spielt hier seine eigene gedankenvolle, kultivierte Haltung gegen die proletarische Bodenständigkeit Cashiers aus). Resanow lernt das Mädchen, das gegenüber dem Luftschacht wohnt, kennen - Ruth Esterin (Lila Lee), die Tochter des Kantors Esterin (Wolf Goldfaden). Ruth gibt Resanow Nachhilfe im Englischen; sie verliebt sich natürlich in den schönen, tragischen Neuankömmling - und löst dadurch den Generationskonflikt aus.

Ruths Eltern haben beschlossen, sie solle Milton Kruger, den schnurrbärtigen Gigolo und Sohn des Synagogenpräsidenten, heiraten. Die wohlhabenden Krugers leben im Riverside Drive, im Zwischentitel auch 'Allrightnik Row' genannt. Resanow, wenngleich ein Radikaler, ist auch ein musterhafter Immigrant: traditioneller jüdisch in seiner Tugendhaftigkeit als der vulgäre Milton, weniger an die konventionelle Frömmigkeit gebunden als der heuchlerische Kantor. Resanow, der Natur und Erholung verbunden, führt Ruth weg von den schäbigen Wohnvierteln, sie verbringen den Tag im Park. Ruth verspätet sich zum *schabes*-Abendessen bei ihren Eltern; als sie endlich zu Hause ankommt, sind die Krugers dort und besprechen die Heirat, den unvermeidlichen *schadchen* (Morris Strassberg) im Schlepptau. Die Soirée endet abrupt, als die empörte Ruth, für die Milton ein Esel ist, gefolgt vom zornigen Kantor das Haus verläßt und zu Resanow flieht.

Esterin verlangt von Resanow, Ruth aufzugeben - wenn er sie liebe, müsse er anerkennen, daß er im Gegensatz zu einem Milton Kruger niemals einen vergleichbaren Komfort bieten könne. Resanow bekräftigt seinen Entschluß, Ruth zu heiraten - der Kantor droht, sie zu verstoßen. Dennoch heiraten Resanow und Ruth, und Resanow hat zum ersten Mal Erfolg im amerikanischen Journalismus; da ereignet sich das Unglück. Während das Paar buchstäblich vor lauter Glück Walzer tanzt, erreicht sie ein Brief von Esther, die inhaftiert (und keineswegs gestorben) war, und nun, dank der Revolution, wieder frei ist. Nachdem Resanow von seiner unabsichtlichen Bigamie erfahren hat, verläßt er ein zweites Mal eine in Tränen aufgelöste Braut und kehrt nach Rußland zurück, "in ein Land", so der Zwischentitel, "das seit der Zarenherrschaft viele Veränderungen durchgemacht hat". Als auf der Hochzeit Miltons der ältere Kruger den Kantor beleidigt und jener seine Kantorenstelle kündigt, ist Ruths Schmach vollständig. Von neugierigen Nachbarn schikaniert, sieht sie sich zum ersten Mal in ihrem Leben gezwungen, ihr Leben selbst zu finanzieren und findet Arbeit in einem 'sweatshop'. Hier ist BROKEN HEARTS dem Einwanderermilieu Libins am nächsten, das vom Gespenst der *agunah*, der verlassenen Ehefrau, verfolgt ist, die zehn Jahre lang nicht wieder heiraten darf, und dann auch nur mit der Einwilligung von neunundneunzig Rabbinern. (Während der großen Einwanderungswelle der Jahrhundertwende war eins der schwerwiegendsten und meistdiskutierten jüdischen Familienprobleme, daß Männer ihre Familien in Osteuropa zurück- oder in New York im Stich ließen. Regelmäßig veröffentlichte der 'Forwerts' eine 'Galerie vermißter Ehemänner'.)

Ruth erfährt, daß sie schwanger ist; sie bringt das Kind allein zur Welt und verläßt anschließend New York. Alles jedoch kommt zu einem glücklichen Ende, als sie nämlich am Abend des Jom Kippur das Haus ihrer Eltern aufsucht. Auch Resanow taucht wieder auf - zurückgekehrt aus der Alten Welt, wo er erfahren hat, daß während seiner Rückreise Esther verstorben und er wieder ein freier Mann ist.

Ebenso wie jeder andere Film über den 'melting pot', feierte BROKEN HEARTS in Amerika Erfolge. Nicht das Gespenst der 'Mischehe' macht den Konflikt kompliziert; wenn jedoch die Kantorentochter der väterlichen Autorität die Stirn bietet, um den revolutionären Journalisten zu heiraten, verkörpert sie den Triumph der jüngeren, weltlichen Generation amerikanischer Juden. (Trotz dieses optimistischen Blicks auf die Assimilation der Einwanderer erwies sich BROKEN HEARTS kaum erfolgreicher als *Jisker*. Der Film lief nur eine Woche im 'Cameo', bevor er von einer Reihe von Ernst-Lubitsch-Filmen abgelöst wurde.) Bis zu welchem Grad sich die Schwartzsche Erfolgsgeschichte von dem generellen Charakter der nachfolgenden jiddischen Filme unterschied, wird schließlich an den Veränderungen sichtbar, die sechs Jahre später bei der Neubearbeitung des Films vorgenommen wurden. In dieser überarbeiteten Version kehrt Resanow niemals zurück. Die *agunah* stirbt an gebrochenem Herzen - eine Warnung an all die Töchter, die die Wünsche ihrer Eltern mißachten.

Jim Hoberman, Bridge of Light: Yiddish Film Between Two Worlds, New York 1991

**Maurice Schwartz** , geb.1890 in Sudilkow in der Ukraine, gest.1960 in Tel Aviv. Schwartz kam als Kind in die USA; er begann dort bald eine lange, bemerkenswerte Theaterkarriere und wurde zu einer zentralen Gestalt des amerikanischen jiddischen Theaters als Schauspieler, Regisseur und Theaterleiter. Schwartz spielte zunächst in jiddischen Theatern in Baltimore, Cincinnati, Chicago und Philadelphia; kam in New York zum Theater David Kesslers. Schwartz gründete 1918 das 'Yiddish Art Theater', zu dessen Ensemble u.a. die Schauspieler Celia Adler, Anna Appel, Jacob Ben-Ami, Ludwig Satz, Berta Gerstan, Paul Muni und Zvee Scooler zählten; die Bühnenbildner Boris Aronson (ein Schüler Nathan Altmans), Mordechai Gorilek und Sam Leve erhielten hier ihre erste Chance. Das 'Yiddish Art Theater' war das bedeutendste jiddische Theater Amerikas. Es führte in den folgenden dreißig Jahren fast 150 Produktionen auf, darunter Arbeiten der größten jiddischen Dramatiker wie Hirschbein und Asch sowie Übersetzungen von Molière, Strindberg, Tschechow und Gorki.

Schwartz spielte darüberhinaus am Broadway, in jiddischen und englischsprachigen Filmen sowie in Theatern in London, Paris, Buenos Aires, Johannesburg und Tel Aviv. Seine Rollen auf der Bühne und in den jiddischen Filmklassikern *Jisker* (1924), BROKEN HEARTS (1926) und *Tevye* (1939) sind legendär geworden.

American Theatre Companies 1888-1930, Westport/New York/London 1987

Herausgeber: Freunde der Deutschen Kinemathek. Druck: graficpress

## THE LIGHT AHEAD / DI KLJATSCHE / FISCHKE DER KRUMER USA 1939

*Produktion: Carmel Productions, Inc.*
*Produzenten: Edgar G. Ulmer, Peter E. Kassler*
*Regie: Edgar G. Ulmer*
*Buch: Chaver Paver, Edgar G. Ulmer, Shirley Ulmer*
*Nach den Geschichten 'Di Kljatsche', 'Fischke der Krumer',*
*'Di Takse' und 'Der Prisyw' von Mendele Moicher Sforim*
*Dialog-Regie: Isidore Cashier*
*Kamera: J. Burgi-Contner, Edward Hyland*
*Bauten, Ausstattung: Robert Benney, Edgar G. Ulmer*
*Kostüme: Aaron Mensch*
*Maske: Edward Zenz*
*Ton: M. Dean Cole*
*Schnitt: Jack Kemp*
*Darsteller: Isidore Cashier (Mendele Moicher Sforim), Helen*
*Beverly (Hodl), David Opatoshu (Fischke), Rosetta Bialis*
*(Drabke), Tillie Rabinowitz (Meche), Anna Guskin (Gitel),*
*Celia Budkin (Chaye), Jenny Cashier (Dobe), Yudel Dubinsky*
*(Isaak), Misha Fishson (Reb Aaron), Leon Seidenberg (Alter*
*Yaknehose), Wolf Merkur (Getzel Ganev), Leon Schachter*
*(Frechman), Wolf Goldfaden (Wecker), Morris Shorr (Hershl*
*Kremser), Zishe Katz (Badchen) u.a.*
*Uraufführung: 22. September 1939, New York (Ascot Theatre)*
*s/w, Jiddisch mit englischen Untertiteln, 97 Minuten*

### Inhalt

(...) Der Film DI KLJATSCHE spielt hauptsächlich in der
Nacht und sucht die Gefühlstiefen einer erschütternden Liebesgeschichte zwischen dem blinden Waisenmädchen Hodl
und dem verkrüppelten Fischke auszuloten. Trotz ihrer ärmlichen Lebensverhältnisse zeichnen sie sich durch ungewöhnliche Reinheit aus. (...) Keiner von beiden ist gewinnsüchtig.
Hodl lehnt es trotz 'günstiger' Voraussetzung ab zu betteln,
und Fischke schlägt sich als Bademeister durch. Zum Heiraten zu arm, ist eine Hütte, in der sie Kartoffeln und Heringe
essen könnten, ihr bescheidener Traum. (...) Als sich in ihrem
Dorf die Cholera verbreitet, wollen die abergläubischen Gemeindeältesten die Epidemie bekämpfen, indem sie das Liebespaar um Mitternacht auf dem Friedhof verheiraten. Hodls
und Fischkes anfänglicher Widerstand, 'Cholera-Braut und -
Bräutigam' zu werden, legt sich erst, als Mendele ihnen zu
helfen verspricht, anschließend Glubsk in Richtung Odessa zu
verlassen. (...)

Jim Hoberman: Bridge of Light. Yiddish Film between Two Worlds,
New York 1991

### Zur Entstehung

Der am meisten stilisierte von Ulmers jiddischen Filmen, DI
KLJATSCHE - auch bekannt als *Fischke der Krumer* - (...) hat
eine oberflächliche Ähnlichkeit mit der chassidischen Schau-
er-Mode, wie sie durch Schwartz' *Josche Kalb* und den
polnischen Film *Der Dibek* bekannt wurde. Seine Vorlage ist
allerdings älter. Dem Drehbuch lag das Werk Mendele Moicher Sforims zugrunde, den Scholem Alejchem den Großva-

ter der Jiddischen Literatur genannt hat. (...) Mendele veröffentlichte seine erste jiddische Geschichte 1864. Fünf Jahre
später publizierte er die erste Fassung von 'Fischke der
Krumer', eine pikareske Sage von jüdischen Bettlern, sowie
'Di Takse', eine beißende Satire, die beim jüdischen Establishment seines damaligen Wohnortes Berditschew (welchem er mit der Zeit den Namen Glubsk, d. h. 'Stadt der
Verrückten' gab) so viel Anstoß erregte, daß er schließlich
gezwungen wurde, das Dorf zu verlassen. Während er sich in
einer Rabbiner-Schule bei Zhitomir aufhielt, schrieb Mendele dann 'Di Kljatsche', eine ausgefeilte Allegorie, die das
jüdische Volk darstellt als ein einstmals stolzes Schlachtroß,
das nun zu einem erschöpften Arbeitspferd heruntergekommen ist. (...) In anspruchsvoller Auslegung von Mendeles
Weltsicht verbindet das Drehbuch, das Chaver Paver nach
seinem nie gespielten Theaterstück 'Fischke der Krumer'
verfaßte, Elemente sowohl der gleichnamigen Erzählung als
auch von 'Di Takse', während lediglich der Titel und ein
gewisser metaphorischer Gehalt 'Di Kljatsche' entnommen
wurden. (...) Erst plante die Artef ('Arbeter Teater Farband',
eine New Yorker Theatergruppe, die zwischen 1928 und
1940 ausschließlich jiddische Stücke und Übersetzungen
aufführte, A.d.R.), Chaver Pavers 'Fischke der Krumer' in
der Spielzeit 1936/37 aufzuführen, verzichtete jedoch, weil
John Buloff bereits die Produktion einer ähnlichen Bearbeitung begonnen hatte. Als Artef (...) im August einen Wettbewerb für neue jiddische Stücke ausschrieb, schickte Chaver Paver 'Fischke' ein und gewann im Mai 1938 den mit
$700 dotierten Preis vor über 150 Mitbewerbern. Artef war
jedoch nicht in der Lage, die Spielzeit 1938/39 zu bewältigen. So erwarb Ulmer die Rechte an Chaver Pavers 'Fischke
der Krumer' und begann mit den Dreharbeiten. (...)

Jim Hoberman: Bridge of Light. Yiddish Film between Two Worlds,
New York 1991

### Ermutigende Botschaft

Obgleich düster in der Stimmung und mit zwei Stunden ganz
entschieden zu lang, scheint das neue jiddische Drama, das
jetzt im Ascot Theatre in der Bronx angelaufen ist, wegen
seiner ermutigenden Botschaft für die Juden der Welt von
besonderer Bedeutung zu sein. Obwohl angesiedelt in den
1880er Jahren in einem armen polnischen Dorf, gibt es eine
ausgeprägte Parallele zwischen den Leiden der Vergangenheit und jenen der Gegenwart. Doch wie der freundliche,
philosophierende alte Buchhändler Mendel dem verzweifelten jungen Liebespaar versichert - der blinden Hodl und dem
lahmen Fischke, die, so verlangen Gemeinderat und Tradition, wegen der herrschenden Cholera-Epidemie auf dem
Friedhof heiraten sollen, um die bösen Geister zu besänftigen -, die Zukunft ist voller Hoffnung für die Liebenden und
für ihr Volk.
THE LIGHT AHEAD ist bemerkenswert aufrichtig und
direkt in der Darstellung der Schicksalsschläge und Leiden
der Juden und verschont auch jene Juden nicht (in diesem
Fall die Gemeindeältesten), die ihre eigenen Leute ausbeu-
ten. Der Film wurde von Edgar G. Ulmer, dem Regisseur von
*Green Fields*, in New Jersey produziert und von einem

großen Stab, allen voran Isidore Cashier in der Rolle des Mendel, kompetent dargestellt; Hodl wird gespielt von Helen Beverly, Fischke von David Opatoshu. Technisch ist der Film überraschend gut. Sein größter Mangel ist die Länge, doch diesem Mangel kann Mr. Ulmer abhelfen.

T.M.P., in: The New York Times Film Reviews, 23. September 1939

## Ein Schlag gegen die Tradition

DI KLJATSCHE schildert Armut und Leiden der Vergangenheit am Beispiel Polens der 1880er Jahre und (...) den Aberglauben von Dorfältesten. Zwei junge Verliebte, die blinde Hodl und der lahme Fischke, zerstreiten sich, als das Mädchen es ablehnt, ihn zu heiraten. Der hilfsbereite Buchhändler Opatoshu verspricht ihnen jedoch eine hoffnungsvolle Zukunft. Als einige Mädchen des Dorfes am Sabbat schwimmen gehen und kurz darauf eine Choleraepidemie ausbricht, führen die Dorfbewohner dies auf die Entweihung des Sabbats zurück. Der Tradition zufolge müssen darum das ärmste Mädchen und der ärmste Jüngling des Dorfes auf dem Friedhof miteinander vermählt werden, um die bösen Geister zu besänftigen. So beschließt es der Gemeinderat, und Fischke und Hodl heiraten, bevor sie das Dorf gemeinsam mit dem Buchhändler verlassen, um ein neues Leben zu beginnen. (...) Mit DI KLJATSCHE beging Ulmer einen Fehler. Die Protagonisten werden, wiewohl von attraktiven Darstellern dargestellt, als Krüppel gezeigt, die Dorfältesten als vom Aberglauben besessen, und die Erinnerung an eine so abstoßende Tradition wie die Vermählung eines Paares auf dem Friedhof, um böse Geister aus dem Dorf zu vertreiben, mußte das Publikum unangenehm berühren. Obwohl die Einwanderer solche dem Aberglauben verhafteten osteuropäischen Städte lange schon verlassen hatten, waren ihre Erinnerungen daran doch noch lebendig. Ulmer führt die Älteren als im Irrtum befangen vor, was einen Schlag gegen die Tradition bedeutet. Es ist eine Sache, Aberglauben mit Würde zu behandeln wie die polnische Produktion Der Dibek es tat, aber es ist unverzeihlich, seinen Schrecken zu verspotten. DI KLJATSCHE war kein Erfolg.

Judith N. Goldberg: Laughter through Tears. The Yiddish Cinema, London & Toronto 1983

## Stadt und Land

Zieht man die Originalvorlagen, das Drehbuch und die Besetzung in Betracht, überrascht es wenig, daß DI KLJATSCHE mehr politischen Biß besaß als die meisten jiddischen Tonfilme. In der Tat bietet DI KLJATSCHE mit seiner Thematisierung von Armut und Ausbeutung die einzige negative Sicht eines 'schtetls', die man in einem amerikanischen Film findet. Glubsk befindet sich noch immer im Zustand des Mittelalters. Das Leben des Städtchens wird als armselig und entwürdigend beschrieben, die Religion als selbstgerecht und scheinheilig dargestellt - selbst die Steuergesetze sind korrumpiert. (...)
DI KLJATSCHE ist der expressionistischste von Ulmers Tonfilmen. Die Darsteller neigen zu stilisierten Gesten und der Bildausschnitt wirkt durch die Verwendung von Requisiten im Vordergrund unübersichtlich. Mit ihren schiefen Winkeln und schrägen Straßenlaternen suggeriert Glubsk Assoziationen an Marc Chagall und Das Cabinet des Dr. Caligari. Ulmers Pragmatismus reicht bis zur Musik, die geschickt aus bereits existierenden Aufnahmen zusammengefügt ist. (...) Besonders auffallend ist das Wiederaufgreifen zentraler Motive aus Grine Felder. Wo jedoch der frühere Film Juden vom Lande als durch und durch gesund darstellt, nimmt DI KLJATSCHE die radikale Position ein, daß schtetl-Juden von ihrer Umgebung deformiert werden. Hier ist es die ländliche

Gegend, die schädlich ist, und die Stadt diejenige, die Besserung bietet.

Jim Hoberman: Bridge of Light. Yiddish Film between Two Worlds, New York 1991

**Edgar G. Ulmer**, geb. 17. September 1900 in Wien; gest. 30. September 1972 in Woodland Hills/Ca., Mitarbeiter von Max Reinhardt, hatte seine ersten Filmkontakte, als er, ohne namentlich genannt zu werden, an verschiedenen Filmen Fritz Langs (*Die Nibelungen*, 1924; *Metropolis*, 1926) und F.W. Murnaus (*Sunrise*, 1927) mitarbeitete; Produktionleitung und Ausstattung von *Flucht in die Fremdenlegion* (Louis Ralph, 1929), Ausstattung von *Spiel um den Mann* (Robert Land, 1929); er war 1929 Robert Siodmaks Co-Regisseur bei *Menschen am Sonntag*, an dem auch Billy Wilder und Fred Zinnemann beteiligt waren. In den dreißiger und vierziger Jahren drehte er neben B-Pictures in Hollywood mehrere jiddisch-sprachige Filme: *Green Fields*/Grine Felder (Co-Regie: Jacob Ben-Ami, 1937), *The Singing Blacksmith*/Jankl der Schmid (1938), THE LIGHT AHEAD/DI KLJATSCHE (auch: *Fischke der Krumer*, 1939), *American Matchmaker*/ *Amerikaner Schadchen* (1940). Weitere Filme: *Mr. Broadway* (1933), *Damaged Lives* (1933), *The Black Cat* (1934), *Thunder over Texas* (unter dem Pseudonym 'John Warner', 1934), *Natalka Poltavka* (1938, in ukrainischer Sprache), *Zaporosch sa dunayem* (1938, in ukrainischer Sprache). Weitere Filme: *Moon over Harlem* (1939), *Let My People Live* (1939, mit ausschließlich schwarzen Schauspielern), *Cloud in the Sky* (1939, in spanischer Sprache), *Another to Conquer* (1941), *Tomorrow we live* (1942), *My Son, the Hero* (1943), *Girls in Chains* (1943), *Isle of Forgotten Sins* (1943), *Jive Junction* (1943), *Bluebeard* (1944), *Strange Illusion* (1945), *Detour* (1945), *Club Havana* (1945), *The Wife of Monte Christo* (1946), *Her Sister's Secret* (1946), *The Strange Woman* (1946), *Carnegie Hall* (1947), *Ruthless* (1948), *I pirati di Capri* (1949), *St. Benny the Dip* (1951), *The Man from Planet X* (1951), *Babes in Bagdad* (1952), *Murder is my Beat* (1955), *Naked Dawn* (1955), *The Daughter of Dr. Jekyll* (1957), *The Perjurer* (1957), *Antineal* (1960), *Beyond the Time Barrier* (1960), *Hannibal* (1960), *The Amazing Transparent Man* (1960), *Sette contro la morte*/Neunzig Nächte und ein Tag (1964), *The Cavern* (1965).

Herausgeber: Freunde der Deutschen Kinemathek. Druck: graficpress

## THE GOLDEN AGE OF SECOND AVENUE USA 1968

*Produktion: Arthur Cantor, New York*
*Regie, Buch: Morton Silverstein*
*Produktionsleitung: Paul Glicksberg*
*Produktionsassistenten: Lynne Littman, Elizabeth Roberts*
*Kamera: Edmund Berd Gerard*
*Schnitt: Eric Albertson, Jonathan Bernstein*
*Musik: Arthur Abrams*
*Recherchen: Esther Enzer*
*Sprecher: Herschel Bernardi*
*Interviews mit: Herschel Bernardi, Boris Thomashefsky, Celia Adler, Jacob Ben-Ami, Moishe Oysher, Molly Picon, Berta Gersten, Maurice Schwartz, Michael Michalesko, Ludwig Satz, Menasha Skulnik, Jennie Goldstein, Paul Muni, Isaac Bashevis Singer*
*16mm, s/w und Farbe, engl. Originalfassung, 62 Minuten*

### Inhalt

THE GOLDEN AGE OF SECOND AVENUE ist eine liebevolle Chronik jenes wechselhaften Schicksals, das die Geschichte des jiddischen Theaters in Amerika kennzeichnet. Der Film schlägt einen Bogen von den Anfängen in der New Yorker Lower East Side bis zur gegenwärtigen Bedeutung des jiddischen Theaters in der jüdischen amerikanischen Kultur; er untersucht den Einfluß des jiddischen Theaters auf die amerikanische Bühne, auf Film und Fernsehen und seine Bedeutung als Ausbildungstätte für jüdische Dramatiker, Schauspieler, Bühnenbildner, Komponisten und Choreographen.

Durch den Film führt als Sprecher und Erzähler der berühmte Schauspieler Herschel Bernardi. Vor dem Zerfall gerettete Nitrofilm-Ausschnitte zeigen die großen Persönlichkeiten des amerikanisch-jiddischen Theaters: darunter Boris Thomashefsky, Celia Adler, Jacob Ben-Ami, Moishe Oysher, Molly Picon, Maurice Schwartz, Paul Muni.

### Arthur Cantor und das jiddische Theater

Für die eingewanderten Juden des späten 19. und frühen 20. Jahrhunderts, die größtenteils ohne Ausbildung und als Analphabeten in den überfüllten Wohnvierteln der amerikanischen Städte lebten, stellte das Theater eine wichtige Bildungsstätte dar; es bot darüberhinaus, sei es als Komödie, soziales Drama oder Operette, als Darstellung historischer Begebenheiten oder realistisches Porträt des Einwandereralltags, die Gelegenheit zur Zerstreuung.

Schließlich befaßte sich das jiddische Theater auch mit aktuellen Problemen der jüdischen Gesellschaft, wie der Entfremdung der jüngeren Generation von der Generation ihrer Eltern oder dem Verlust traditioneller Werte. Viele hervorragende jüdische Dramatiker und Schauspieler, von denen etliche später auch zur englischsprachigen Bühne wechselten, begannen ihre Karriere hier.

Seit jeher zogen Komödien und Melodramen die Zuschauer zuhauf in die jiddischen Theater, doch die Erneuerung, die das 'Yiddish Art Theater' in den zwanziger Jahren begründete,

stellte einen Höhepunkt in der Geschichte des jiddischen Theaters dar; das 'Yiddish Art Theater' führte sowohl jiddische Stücke wie auch ein breites Repertoire ins Jiddische übersetzter Stücke der großen europäischen Dramatiker auf. Arthur Cantor, einer der letzten unabhängigen Broadway-Produzenten, erinnert sich lebhaft an jene Sonntage seiner Kindheit, die er inmitten des Bostoner Theaterpublikums zubrachte:

"In den späten 20er und frühen 30er Jahren (...) gab es sieben jiddische Theater in Boston. (...) Das Theater war die Belohnung der ungewollten Sklaverei der Woche. Ich ging in die Volksschule, dann auf die Hebräisch-Schule und am Wochenende in die Synagoge. Während der Woche sah ich niemals das Tageslicht. Am Sonntagnachmittag gingen meine Mutter und ich ins Theater." Cantor, in einem jiddischsprachigen Elternhaus aufgewachsen, begann, diese Sprache zu lieben. "Das jiddische Theater half mir, ein Gefühl für mein Erbe zu entwickeln; ich finde die jiddische Sprache inspirierend und belebend. Ich bin von der Kraft dieser Sprache überrascht." (...) Seine Laufbahn brachte ihn mit vielen Persönlichkeiten des jiddischen Theaters in Kontakt, darunter Molly Picon, Herschel Bernardi, Muni Weisenfreund (Paul Muni) und Jacob Ben-Ami. "Nachdem ich Produzent im englischsprachigen Theater geworden war, traf mich das langsame Verschwinden des jiddischen Theaters sehr, und ich dachte, ich müsse etwas tun, um es zu bewahren, auch um meine Erinnerungen und die Erinnerungen anderer zu bewahren", berichtet Cantor. (...) "Ich arbeite zur Zeit nicht an einem Projekt mit jiddischer Thematik, täte es aber gern; ich denke, daß jüdische Themen dies nicht notwendigerweise ausschließlich sind: sie sind universell. Einige der von mir produzierten Aufführungen, wie die Stücke von Paddy Chayevsky, und in gewissem Sinn ein Stück wie 'A Thousand Clowns', sind echte jüdische Stücke: der Naturalismus, den das jiddische in das amerikanische Theater gebracht hat, ist ein Ausdruck des jüdischen Erbes." (...)

Obwohl oftmals zwei oder drei jiddische Produktionen zu gleicher Zeit in New York gezeigt werden, sieht Cantor dies nicht als ein Zeichen der Wiederbelebung des jiddischen Theaters: "Die meisten Produktionen sind in 'Yinglish' (eine Mischung aus Jiddisch und Englisch), weil die meisten Zuschauer kein Jiddisch verstehen. Die ursprüngliche jiddische Kunst gibt es nicht mehr. Sie war wunderbar, und das Jiddisch, das in diesen Stücken gesprochen wurde, war sehr literarisch, sehr poetisch."

Rebecca Ritchie: Cantor calls Yiddish Theater great 'incubator', in: The Buffalo Jewish Review, 20. März 1987

### Der Prinz der Second Avenue

Als 1918 die Inszenierung von Maurice Schwartz, 'Farworfn Winkl', als Vorbote von einem *besern teater* Premiere hatte, gab es acht jiddische Theaterhäuser in Manhattan, bis auf eines alle in der Lower East Side gelegen. Zehn Jahre später waren es nur noch halb so viel.

Trotz der Fluktuation von Publikum und Spielorten war das Jahrzehnt zwischen 1918-19 und 1928-29 ein zweites 'Goldenes Zeitalter'. Kleine Theater kamen und gingen in Brooklyn, der Bronx und Newark, und jede Saison zeitigte eine neue ambitionierte - wenn auch kurzlebige - Gruppe. Zur gleichen Zeit gab es eine ganze Reihe begeisterter Amateurtheater, darunter die vom 'Workmen's Circle' gesponsorte 'folksbine' und sein kommunistisches Gegenstück, die vom 'Arbeter Teater Farband' ('Artef') unterstützte 'Morgn Frajhajt', die jiddische und ins Jiddische übersetzte Stücke aufführten.

Maurice Schwartz, die unverwüstlichste Figur des amerikanischen jiddischen Theaters, steht am Beginn und am Ende dieser Ära. Als Sohn eines ukrainischen Kornhändlers, der später Lumpenhändler wurde, war Schwartz prädestiniert, jedem Unglück die Stirn zu bieten. Im Alter von elf Jahren blieb er in Liverpool, während seine Familie nach Amerika emigrierte; zwei Jahre lang schlug er sich durch, bis man ihn auffand und nach Amerika brachte. Dort fand er zu seiner Berufung und spielte bei verschiedenen Theatergruppen, bis er zu David Kesslers Truppe in New York stieß. (...)

Schwartz ähnelte einem orientalischen Potentaten, aber er kannte sein Publikum, wenn er das Repertoire des 'Yiddish Art Theater' aus Volksstücken und anspruchsvolleren Produktionen zusammenstellte. Der jiddische Dichter Judd Teller erinnert sich an die Schwartzschen Premieren, zu denen "sich ein wirklich auserlesenes Publikum zusammenfand - auf Besuch befindliche zionistische Berühmtheiten, jiddische Dichter, herausragende Ideologen der Lower East Side, Akademiker, Ärzte, schließlich die glanzvolle Schar vom Broadway." In seinem Manifest von 1918 verglich Schwartz das Theater mit einer "heiligen Stätte", und so gab es, wie in jeder Religion, ein Schisma. Zu Beginn der Saison 1919/20 verließ Jacob Ben-Ami das Ensemble und inszenierte 'Grine Felder' von Hirschbein im Madison Square Garden Theater auf der siebenundzwanzigsten Straße. Schwartz ersetzte Ben-Ami durch den brillanten Charakterdarsteller Muni Weisenfreund; er wartete, bis sich jene neue Truppe aufgelöst hatte, zog dann seinerseits ins Garden Theater und führte dort 'Uriel Acosta' in hebräischer Sprache auf, wobei er die Titelrolle selbst spielte, obwohl er kein Hebräisch konnte.

Schwartz war eine Figur mit katalysatorischer Wirkung. Er eröffnete die Saison 1921/22 mit 'Der Dibek', gefolgt von H. Leivicks 'Schmates' (Fetzen), und endete mit einem jiddischen 'Onkel Wanja' (die erste Aufführung des Stücks Anton Tschechows in Amerika). Er verfolgte die europäischen Tendenzen; so führte er die Warschauer Erfolgsstücke 'Motke Ganef' (Motke der Dieb) und 'Joschke Musikant' auf, während seine stilisierten Inszenierungen der Operetten Goldfadns (von denen einige von Nathan Altmans Schüler Boris Aronson ausgestattet wurden) die jiddische Avantgarde des Moskauer GOSET-Theaters importierten - und domestizierten.

Mitte der zwanziger Jahre strömten europäische Talente nach Amerika: Rudolf Schildkraut, Molly Picon, das Habima-Theater, Teile der Wilnaer Truppe. Mittlerweile war die Lower East Side selbst eine Art 'Alte Welt' geworden. In den zwanziger Jahren verließen sechzig Prozent der jüdischen Bevölkerung die Lower East Side und zogen in die 'grüneren Felder' Brooklyns und der Bronx. (...)

Jim Hoberman: Bridge of Light. Yiddish Film Between Two Worlds, New York 1991

## Maurice Schwartz und das 'Yiddish Art Theater'

Maurice Schwartz eröffnete das 'Irving Place Theater' in der Saison 1918/19 (Erst 1921 nannte Schwartz sein Theater in 'Yiddish Art Theater' um, A.d.R.). Schwartz war nun "umgeben von gebildeten, idealistischen Schauspielern, von der Intelligenz... von jenen, denen das Wohl des jüdischen Theaters am Herzen lag... Hier entstand die beste Truppe, die das jüdische Theater je hervorgebracht hat, darunter Ben-Ami,

Ludwig Satz, Celia Adler, Berta Gersten. Die Zielsetzung des neuen Theaters war die Kunst. (...) Auf die Frage, was er mit 'Kunst' meine, antwortete Schwartz: 'Literatur'. Es sei das Theaterstück, das der Aufführung zugrundeliege, "die Sprache, die Konzeption, die zentrale Interpretation. Bevor es das 'Yiddish Art Theater' gab, wurden die Inszenierungen ohne jede Struktur einfach zusammengewürfelt. Der Regisseur legte eine Stimmung fest, die den Ausschlag für die Inszenierung gab. Aber die große Literatur von Schriftstellern wie Perez und Asch begründet die eigentliche Unterscheidung zwischen einem künstlerischen Theater und schund." (...) Schwartz produzierte neben den Aufführungen der großen jiddischen Autoren Übersetzungen von Shaw, Ibsen, Schnitzler, Wilde, Schiller, Sudermann, Strindberg, Tolstoi u.a. Geht es um das zweite 'Goldene Zeitalter' des jiddischen Theaters, bezeichnen Kritiker und Historiker des jiddischen Theaters wie Nathaniel Buchwald als offiziellen Beginn die Aufführung von Hirschbeins 'Farworfn Winkl'. (...) Das Stück wurde Schwartz jedoch von Ben-Ami, der ein Jahrzehnt vorher Schauspieler bei der Hirschbein-Truppe in Rußland und Polen gewesen war, aufgedrungen. Ben-Ami selbst erklärt die Umstände, die zu der historischen Aufführung des Stücks führten, folgendermaßen:

"Das jiddische Theater in Amerika war eher vom europäischen denn vom amerikanischen Theater beeinflußt. In Amerika begann das Theater erst mit O'Neill zu blühen; das aber hatte keinerlei Zusammenhang mit dem Entstehen des 'Irving Place Theater'. Es eröffnete mit einem typischen jiddischen Melodram. Zalman Libin war aber nur eine schwache Kopie Jacob Gordins. Der eigentliche Beginn des 'Art Theater' war die Inszenierung des Stücks 'Farworfn Winkl' von Hirschbein, auch wenn Schwartz ursprünglich eingewandt hatte: '*A bichele ken men nischt upfirn af der bine*'." (Trotz dieser Schwartz von Ben-Ami zugeschriebenen Behauptung führte Schwartz in der Folge für das Theater adaptierte Romane auf, wie 'Draj Schtet' von Asch oder Feuchtwangers 'Jud Süß'.) (...) An jenem Mittwochabend, der Premiere von 'Farworfn Winkl', befand sich unter dem Publikum eine Gruppe einflußreicher Intellektueller, die sich 'The Schnorrers' nannten. Ihre Ovationen nach dem letzten Vorhang nahmen kein Ende. Schwartz ergriff die Gelegenheit, um eine Ansprache zu halten; er forderte das Publikum auf, ihre Begeisterung weiter zu verbreiten, um das Theater zu unterstützen; die Aufführung überflügelte das übrige Repertoire und spielte als das erfolgreichste Stück des neuen Theaters zwölf Wochen lang. (...)

David S. Lifson: The Yiddish Theatre in America, New York/London 1965

**Arthur Cantor**, Theaterproduzent und Filmverleiher; geb.12.3.1920 in Boston; studierte in Harvard, begann seine Theaterlaufbahn 1945 als Presseagent der 'Playwrights's Company', 1959 als unabhängiger Produzent und koproduzierte (mit Saint-Subber) 'The Tenth Man at the Booth'. Cantor hat seitdem mehr als 100 Stücke auf dem Broadway, dem Off-Broadway, in Paris und London produziert, darunter 'All the Way Home' (1960), 'Gideon' (1961), 'A Thousand Clowns', 'A Matter of Position (1962), 'The Passion of Joseph D', 'The Committee', 'Oliver!' (1964), 'The World of Gunter Grass' (1966), 'The Wizard of Oz' (1968), 'Private Lives' (1975), 'Dylan Thomas Growing Up', 'The Innocents' (1976), 'My Astonishing Self', 'The Biko Inquest' (1978), 'On Golden Pond' (1979), 'Starlight Express' (Production Adviser, 1987).

Herausgeber: Freunde der Deutschen Kinemathek. Druck: graficpress

## AMERICAN MATCHMAKER /
## AMERIKANER SCHADCHEN
Der amerikanische Heiratsvermittler USA 1940

*Produktion: Fame Films, Inc.*
*Produzent, Regie: Edgar G. Ulmer*
*Produktionsleitung: Gustav Horowitz*
*Buch: S. Castle*
*Nach einer Originalgeschichte von G. Heimo*
*Dialoge: B. Ressler*
*Kamera: J. Burgi-Contner, Edward Hyland*
*Schnitt: Hans E. Mandl*
*Ton: M. Dean Cole*
*Bauten: William Saulter*
*Ausstattung: W. Mack*
*Kostüme: E. Rosenthal, Mme. Berthe*
*Musik: Sam Morgenstern*
*Liedtexte: William Mercur*
*Regieassistenz: William Mercur, Anna Guskin*
*Darsteller: Leo Fuchs (Nat Silver), Judith Abarbanel (Judith Aarons), Yudel Dubinsky (Maurice), Anna Guskin (Elvie), Celia Budkin (Mutter von Nat), Rosetta Bialis (Frau Aarons), Abraham Lax (Simon P. Schwalbenrock), Esther Adler, M. Henig, H. Appel, S. Krohner, M. Budkin, V. Luboff, Charles Cohen, William Mercur, B. Gailing, Jacob Mestel, S. Gold, Maurice Schwartz, A. Gross, A. Winters, Miriam Grossman, A. Ulmer*
*Uraufführung: Mai 1940, New York (National Theatre)*
*s/w, Jiddisch mit engl. Untertiteln, 87 Minuten*

### Inhalt

In seinem letzten jiddischen Film verband Edgar G. Ulmer seine Kenntnis des jiddischen Theaters, dessen musikalische Zwischenspiele und komische Stereotypen mit der romantischen Großstadtkomödie, wie sie Hollywood als Gegenreaktion auf die Weltwirtschaftskrise produzierte. Ulmer zeigt das Leben der zweiten Generation jüdischer Immigranten in Amerika: osteuropäische *schtetl*-Sitten begegnen dem kultivierten New York.

Als die achte Verlobung Nats in die Brüche geht, eröffnet ihm seine Mutter (...), er ähnele einem Onkel aus der alten Heimat, der aufgrund seiner Mißerfolge bei Frauen ein *schadchen* geworden sei. (Die Rückblende zeigt einen bärtigen Leo Fuchs als traditionellen Heiratsvermittler, mit Gehrock und Schirm.) "Wir sind in Amerika, nicht in Europa", protestiert Nat. "Familienmerkmale halten sich nicht an Grenzen", erwidert sie. Später nennt Nat seine Mutter "die einzige Frau, die mich versteht", und tut sein bestes, die neue Identität anzunehmen. Er gibt vor, nach Europa zurückzukehren, und inszeniert eine neue Ankunft in Amerika - er verändert seinen Namen von 'Silver' zu 'Gold' und eröffnet ein Büro für 'Human Relations' an der Kreuzung von Grand Concourse und 158. Straße.

Informationsmaterial des National Center for Jewish Film, Brandeis University, Waltham, MA, USA; Jim Hoberman: Bridge of Light. Yiddish Film Between Two Worlds, New York 1991

### Auf der Suche nach der goldenen Mitte

Leo Fuchs wurde als 'jiddischer Fred Astaire' angekündigt, als er Mitte der dreißiger Jahre auf der Second Avenue auftrat. In AMERICAN MATCHMAKER spielt er eine Astaire besonders ähnliche Figur: Nat Silver, einen fröhlichen und unglaublich reichen jüdisch-amerikanischen Geschäftsmann. Nat hat eine erfolgreiche Karriere gemacht und genügend Geld angehäuft, um (...) sich aus dem Textilgeschäft zurückzuziehen; nur ist es ihm nicht gelungen, eine Frau zu finden und damit wirklich *mentsch* zu werden. Um zu erlernen, wie man erfolgreich zu einer Heirat kommt, schlüpft er in die Rolle eines *schadchen*. Dieser Schritt befördert ihn wohl kaum eine Stufe höher auf der Statusleiter; der *schadchen* ist fast immer eine komische, wenn nicht lächerliche Figur. Wie arm und oft servil er auch immer ist, besitzt der *schadchen* doch auch eine gewisse Macht: seine Fähigkeit, die individuelle *jiches* (vornehme Abstammung, A.d.R.) einzuschätzen, macht ihn zu einer Art gesellschaftlichem Richter. Der erfolgreiche *schadchen* ist auch ein geschickter Psychologe, unter anderem ein Vermittler zwischen den materiellen Tatsachen einer arrangierten Hochzeit und dem jüdischem Volksglauben, jede Heirat sei von Gott vorbestimmt. Vielleicht ist der *schadchen* der archetypische *schtetl*-Jude, zugleich Instrument eines göttlichen Plans und *luftmentsch*.

Wenn Nat ein Opfer des 'Jüdischen Glücks' ist, verwirklicht das Büro für 'Human Relations' die Phantasie Menachem Mendels, ein weltberühmter *schadchen* zu werden. Hier ist der Heiratsvermittler in der Tat ein regelrechter Baron de Hirsch. Nat ist gekleidet wie ein Diplomat und führt sein Geschäft mit Krawatte und Morgenmantel. Weil er sich weigert, für seine Dienste Geld zu nehmen, stellt sich vor seinem Büro eine komische Schar *schadchonim* als Streikposten auf, die er aber schnell entwaffnet, indem er sie auf die Lohnliste seines 'schadchen trust' setzt. Eine größere Herausforderung stellt eine aufgeregte Mutter dar, die ihn mit der Findung eines passenden Ehemanns für ihre Tochter Judith (Judith Abarbanel) beauftragt; Judith ist ein 'gebildetes' Mädchen, das sich mit 'verrückten Bohemiens' herumtreibt. Judith spricht zwar perfekt jiddisch, ist aber noch amerikanischer als Nat.

In ihrem Buch über das Jiddische Kino behauptet Judith Goldberg, das einzige Element, das AMERICAN MATCHMAKER als jüdischen Film kennzeichne, sei die jiddische Sprache (Judith N. Goldberg: Laughter Through Tears. The Yiddish Cinema, London/Toronto 1983). Dennoch zeigt der Film (dessen Titel bereits ein Oxymoron ist) eine spezifisch jüdische Identitätskrise - die Suche nach einer 'goldenen' Mitte angemessenen jüdischen Verhaltens. Zum Teil ist dieser Konflikt in die Sprache selbst verlegt, wenn beispielsweise Nats demonstrativ englischer Butler (Yudel Dubinsky) sich weigert, in der Öffentlichkeit jiddisch zu sprechen; zum Teil manifestiert er sich in der Satire auf traditionelle jüdische Figuren - die altmodischen *schadchonim*, die vor Nats Büro streiken, die bärtigen, unisono sprechenden *schlichim*, von Nats assimilierter Schwester als 'Cowboys mit großen Hüten' lächerlich gemacht. Ein weiterer Aspekt des

Konflikts ist auf der Ebene des Filmzitats angesiedelt: wenn Nat ein Lied über den Alkohol singt, wird mit dieser Szene direkt jener Versicherung Mendeles in *Di Kljatsche* widersprochen, die besagte, daß Nichtjuden Alkohol bräuchten, um ihre Trauer zu kurieren, während Juden beteten. (...) Judith Goldberg widerlegt ihre eigene Beobachtung; denn wenn sie bemerkt, in AMERICAN MATCHMAKER gebe es zwei Welten - "die englischsprechende Welt vor der Türe... und die nach außen hin abgeschlossene Welt der immerhin erfolgreichen Juden, wo man jiddisch sprechen und sich entspannen kann" - , so beschreibt sie damit eine spezifisch jüdische Problematik.

### Ulmers mysteriösester jiddischer Film

Bill Krohn nennt AMERICAN MATCHMAKER "Ulmers mysteriösesten jiddischen Film, eine Komödie, die uns zeigt, was aus Fischkes und Hodls Nachkommen in der Stadt geworden ist"; Krohn bemerkt, der Film sei auch "ein sehr persönliches Werk des zu jener Zeit ungefähr vierzigjährigen Regisseurs" (Bill Krohn: 'King of the B's.', in: Film-Comment, Juli/August 1983). Es scheint nicht weniger bedeutsam, daß dieser Regisseur, ein Wiener Kind, darauf bestand, von seinem Judentum erst als Teenager erfahren zu haben. AMERICAN MATCHMAKER, das einzige Originaldrehbuch der vier jiddischen Filme Ulmers, muß man als verspäteten Nachkömmling von Goldins *Ost und West* sehen, als Film eines assimilierten mitteleuropäischen Juden, der sich mit seiner eigenen jüdischen Identität hat auseinandersetzen müssen. (...)
AMERICAN MATCHMAKER ist der einzige von Ulmers Filmen, der aus dem Jüdischsein beinah einen Witz macht. Obwohl ein Großteil des osteuropäischen jüdischen Humors aus der Differenz zwischen Ideal und Wirklichkeit hervorging, so führt Sig Altman in 'The Comic Image of the Jew' aus, "war das Bild des komischen Juden, das die Vorstellung enthielt, Jüdischsein sei etwas Absurdes, gerade für Mitteleuropa charakteristisch.".
Ähnlich dem Großteil der mitteleuropäischen jüdischen Witze basiert AMERCAN MATCHMAKER auf dem Auftauchen des 'Ostjuden'. Sigmund Freuds Untersuchung 'Der Witz und seine Beziehung zum Unbewußten', in Wien veröffentlicht, als Ulmer gerade fünf war, ist eine veritable Anthologie dieses Humors und enthält nicht weniger als sieben Witze über Heiratsvermittler. (...)
Freud weist darauf hin, daß viele der Witze über *schadchen* auf der 'charakteristischen Mischung von Frechheit und Schlagfertigkeit' des Heiratsvermittlers basieren. In diesem Sinn stellt sich Gold als das Gegenteil des traditionellen *schadchen* heraus - und ist somit eine Widerlegung der negativen Züge des Heiratsvermittlers. Nat ist ein eleganter und moderner *schadchen*, ein 'Reform'-*schadchen*, an dessen Rezeption ein Psychiater sitzt. Zugleich Menachem Mendel *und* Baron de Hirsch, ist Nat auch ein Philantrop, der nichts zu seinen eigenen Gunsten erwartet.
Nats Nachsicht gegenüber altmodischen (das heißt: europäischen) Juden läßt auf jenes Schuldgefühl schließen, das die amerikanischen Juden aufgrund ihrer privilegierten Position, vor allem nachdem 1939 der Krieg ausbrach, empfanden; seine Philantropie ist geradezu pathologisch, wenn er für Judith nach einem passenden Mann sucht. Er ist deutlich in sie verliebt und doch von der Idee besessen, eine angemessene Hochzeit für sie zu arrangieren - die Hochzeit mit einem anderen. Die Tatsache, daß dieser Kandidat, ein Milton Gellert, kein jiddisch spricht und also noch weit entwurzelter ist als der *schadchen* selbst, zeugt weiterhin von Nats Verwirrung. (...)

Als Neurotiker der er ist, kann Nat nur hinter seinem eigenen Rücken heiraten. Des *schadchens* Entfremdung von seinen Gefühlen geht bis zu dem Punkt, an dem er darauf besteht, Judiths Heirat mit Gellert zu *bezahlen* (und sodann Gellert dafür bezahlt, mit dem Geld durchzubrennen), während Judith (...) in die Hochzeit einwilligt, um ihrem Wohltäter eine Freude zu machen; hier wird der Ereignisverlauf von AMERICAN MATCHMAKER derart gewunden, daß der Film einer nicht mehr komischen Version des absurden Kurzfilms von Joseph Seiden, *Ich wil sajn a border*, ähnelt. Schließlich jedoch verschwindet Gellert einfach mit Nats Geld, und der kasteite *schadchen*, der darüberhinaus noch in die Hochzeit investiert hat, hat keine andere Wahl, als seinen Platz neben der Braut unter der *chupe* einzunehmen. Mit der Einwilligung wird der amerikanische *schadchen* ein amerikanischer *chosn*. Gold heiratet Amerika - und ebenso heiratet das jüdische Kino Amerika. Der Held aus AMERICAN MATCHMAKER ist die Brücke zwischen dem unglücklichen Menachem Mendel und den neurotischen Helden Woddy Allens.

Jim Hoberman: Bridge of Light. Yiddish Film Between Two Worlds, New York 1991

**Edgar G. Ulmer,** geb. 17. 9. 1900 in Wien; gest. 30. 9. 1972 in Woodland Hills/Cal.; Mitarbeiter bei Max Reinhardt; Ausstatter bei verschiedenen Filmen F.W. Murnaus (*Sunrise*, 1927). 1929 Co-Regisseur von Siodmak bei *Menschen am Sonntag*. In den 30er und 40er Jahren drehte er neben B-Pictures in Hollywood vier jiddischsprachige Filme: *Green Fields* (*Grine Felder*, Co-Regie: Jacob Ben-Ami, 1937), *The Singing Blacksmith* (*Jankl der Schmid*, 1938), *The Light Ahead* (*Di Kljatsche/ Fischke der Krumer*, 1939), AMERICAN MATCHMAKER / AMERIKANER SCHADCHEN (1940). Weitere Filme (Auswahl): *Mr. Broadway* (1932), *The Black Cat* (1934), *Ruthless* (1948), *The Naked Dawn* (1955), *Sette contro la morte* (*Neunzig Nächte und ein Tag* , 1964). (Ausführliche Filmographie: siehe Informationsblatt Nr. 21)

## I WANT TO BE A BOARDER / ICH WIL SAJN A BORDER USA 1937

*Produzent, Regie: Joseph Seiden*
*Darsteller: Leo Fuchs, Yetta Zwerling*
*s/w, Jiddisch mit engl. Untertiteln, 22 Minuten*

### Inhalt

Der Film ist ein kleiner Klassiker des jüdischen Surrealismus - etwas wie das fehlende Bindeglied zwischen den Marx Brothers und dem jiddischen Theater. Leo Fuchs und Yetta Zwerling spielen ein Ehepaar: "Laß dich scheiden, oder ich lauf' davon", lautet Fuchs' Eröffnungszug. Fuchs ist es müde, der Ehemann Zwerlings zu sein und erdichtet sich eine neue Existenz: als liebeskranker Untermieter bei seiner Frau. Er bringt ihr Blumen und macht ihr einen Antrag. "Wie kann ich heiraten?", so Zwerling einfältig, "Ich bin verheiratet". Der eifersüchtige Fuchs verwandelt sich wieder in den Ehemann und droht mit Scheidung: "Dein Untermieter wird mein bestes Beweisstück." Nach weiteren Verwandlungen endet das Verfahren damit, daß Fuchs sich einbildet, Zwerling wolle ihn aus Liebe zu ihrem Untermieter umbringen: "Dein Plan ist - mich zu beseitigen!"

**Joseph Seiden**, geb. 23.7.1892, begleitete 1918-19 die 'American Relief Expedition' ins Baltikum; gründete 1931 die Produktionsgesellschaft 'Judea Films'. (Ausführliche Filmographie: siehe Informationsblatt Nr. 25)

# A JUMPIN' NIGHT IN THE GARDEN OF EDEN USA 1988

*Produktion, Regie, Schnitt: Michal Goldman*
*Co-Produktion: Anne O. Craig*
*Kamera: Boyd Estus*
*Tonaufnahmen: Colin Macnab, John Dildine*
*Konzerte der 'Kapelye' und 'The Klezmer Conservatory Band'*
*Mit Unterstützung der National Endowment for the Arts/Folks Arts, des American Film Institute, der Massachusetts Foundation for Humanities and Public Policy*
*16mm, s/w und Farbe, 75 Minuten*

*Musiker*
*Kapelye*
*Henry Sapoznik - Tenorbanjo*
*Michael Alpert - Violine, Gesang, Akkordeon*
*Eric Berman - Tuba*
*Lauren Brody - Akkordeon*
*Ken Maltz - Klarinette*

*The Klezmer Conservatory Band*
*Hankus Netsky - Klavier, Akkordeon, Altsaxophon*
*Don Byron - Klarinette*
*Judy Bressler - Gesang*
*Miriam Rabson - Violine*
*Marvin Weinberger - Violine*
*David Brody - Violine, Mandoline*
*Robin Miller - Flöte, Pikkoloflöte*
*Frank London - Kornett, Althorn*
*Ingrid Monson - Kornett*
*Merryl Goldberg - Sopran- und Baritonsaxophon*
*David Harris - Posaune, Klavier*
*Mark Hamilton - Posaune*
*Evan Harlan - Akkordeon, Klavier*
*Steve Netsky - Tenorbanjo, Gitarre*
*James 'Sim' Guttman - Kontrabaß*
*Charlie Berg - Schlagzeug, Perkussion*
*Grant Smith - Schlagzeug, Perkussion*
*in St. Paul:*
*Joel Rubin - Klarinette*

*sowie*
*Leon Schwartz - Violine*
*Dave Tarras - Klarinette*
*Ben Gailing - Gesang*

## Zu diesem Film

A JUMPIN' NIGHT IN THE GARDEN OF EDEN porträtiert zwei vorzügliche und faszinierende amerikanische Klezmer-Bands: 'Kapelye' aus New York City und die 'Klezmer Conservatory Band' aus Boston, die sich aus Musikern verschiedener ethnischer und musikalischer Herkunft zusammensetzen. Inmitten der amerikanischen Kultur von heute erwecken sie die ausgelassene, gefühlvolle Musik Osteuropas zum Leben.

In der osteuropäischen jüdischen Welt wurde Klezmer seit Jahrhunderten zu Hochzeiten und anderen Festlichkeiten gespielt. Klezmer zeugt von lebhaftem Austausch mit anderen Kulturen: eine alte Klezmer-Melodie kann Einflüsse der Zigeuner, des Balkans, sogar der Türkei aufweisen. In Amerika verwandelte sich Klezmer durch die Begegnung mit moderner Technik und den Medien. Komponisten des New Yorker jiddischen Theaters schrieben Melodien, die durch Interpreten wie die 'Andrew Sisters' in den 'mainstream' eingingen. In den 50er Jahren war die traditionelle Klezmer-Musik auf beiden Seiten des Atlantiks verschwunden; in den 70er Jahren wußten junge Musiker nicht mehr, daß es jemals Klezmer gegeben hatte.

Sowohl Henry Sapoznik ('Kapelye') als auch Hankus Netsky ('Klezmer Conservatory Band') hörten Klezmer-Musik zuerst auf alten Schallplatten. Sie waren überrascht und begeistert von dem, was sie hörten, und förderten die Wiederbelebung dieser Musik. Der Film verfolgt diesen Prozeß auf Proben, beim Jiddischunterricht, in Meisterklassen, auf einer Hochzeit, einem Klezmer-Kurs sowie einer Live-Sendung des 'Prairie Home Companion'. Der Film zeigt Interviews mit alten Klezmer-Musikern, darunter dem legendären Dave Tarras. Das Wiederaufleben der Klezmer-Musik ist Teil eines weiterreichenden Phänomens. Viele junge Amerikaner beginnen, das kulturelle Vermächtnis ihrer Vorfahren wieder zu schätzen. Der Film zeigt drei Generationen, die sich mit der Übermittlung der Tradition beschäftigen.

Produktionsmitteilung

## Kritik

(...) A JUMPIN' NIGHT IN THE GARDEN OF EDEN betrachtet assimilierte, junge amerikanische Juden, die ihre Verbindungen zu einem vergessenen kulturellem Vermächtnis entdecken. (...) Der Kantorensohn Sapoznik, dessen Eltern "mit einem Akzent" sprachen, kam seinem Bedürfnis, "Amerikaner zu sein", nach, indem er Country- und Bluegrass-Musik mit der 'Delaware Water Gap Band' spielte; sein Interesse an Klezmer-Musik führte ihn schließlich zu den Archivaufnahmen des YIVO Institute for Jewish Research in New York. Hankus Netsky interessierte sich vorrangig für Jazz, hatte jedoch eine Affinität zur Klezmer-Musik durch Familienmitglieder, die in Klezmer-Kapellen gespielt und in den zwanziger Jahren für RCA und Columbia Aufnahmen gemacht hatten. Judy Bressler, die Sängerin der 'Klezmer Conservatory Band', ist die Großnichte des berühmten jiddischen Theaterstars Menasha Skulnik; Judy Bressler berichtet, daß sie erst jiddisch lernte, um die Klezmer-Lieder singen zu können. (Der bekannteste, ursprünglich aus der Kleszmer-Musik stammende Hit war die Vorkriegs-Version von 'Bei mir bis du schejn' der Andrew Sisters; den englischen Text schrieb Sammy Cahn.)

Für Michael Alpert, den Sänger von 'Kapelye', ist Klezmer eine greifbare Verbindung zur Welt der im Holocaust verschwundenen europäischen jiddischen Kultur. Das Thema der wiederentdeckten Kultur wird von der Regisseurin Michal Goldman unterstrichen, indem sie Bruchstücke von schwarzweißem Archivmaterial und Interviews mit berühmten alten Klezmer-Musikern wie dem Klarinettisten Dave Tarras hinzufügt.

Variety, New York, 2. März 1988

**'Eh, nisch ka konzert. Nor a klesmer is gekimen'**
Klezmer stammt von den althebräischen Wörtern *kley* (Werkzeug) und *zemer* (musizieren, singen). Das jiddische Wort *klesmer*, hauptsächlich gebraucht in Osteuropa, ist nur eine von vielen Bezeichnungen für professionelle oder halbprofessionelle jüdische Musiker. 'Klezmer' als Gattungsbezeichnung kam jedoch erst in den 70er Jahren in Mode, als er von den ersten Protagonisten des Klesmer-Revival reklamiert wurde. Bis dahin hatten die Musiker ihre Musik gewöhnlich als 'jüdische Musik' oder schlicht 'Musik' bezeichnet. (...)
Klezmer-Musik ist die traditionelle Instrumentalmusik der jiddischsprachigen Juden Osteuropas, die in einem Gebiet beheimatet waren, das nationale Grenzen überschritt und große Teile der Ukraine, von Weißrußland, Litauen, der Moldau, von Polen, Rumänien, Ungarn und der Slowakei umfaßte. Diese Musik, deren kaum erforschte Ursprünge bis in das Mittelalter reichen, ist nur ein Aspekt im Gesamtbild der reichen musikalischen Traditionen der osteuropäisch-jüdischen Kultur, neben dem sich andere Formen wie Volkslieder, liturgische Musik und Populargesang finden. (...) Während die meisten *klesmorim* keine formale Musikausbildung hatten, waren viele von ihnen dennoch qualifizierte Musiker, deren Ausbildungs- und Auftrittsmöglichkeiten nur durch ihre jüdische Herkunft eingeschränkt waren. (...) Die frühen Klezmer-Ensembles wurden in der Regel von zwei bis vier Musikern gebildet. Die Geige war in den meisten Fällen das führende Instrument, und ihr Spieler leitete gleichzeitig die Band. Um die Jahrhundertwende bestanden die Gruppen bereits aus sechs bis zwölf Musikern, und die Instrumentierung setzte sich aus Geige, gestrichenem Kontrabaß, Bratsche, Violoncello, hölzerner Traversflöte, Klarinette, Blechblasinstrumenten (Posaune, Trompete, Baritonhorn), *pojk* und kleiner Trommel zusammen.
Der soziale Status der *klesmorim* war kaum höher als der des *schnorer*, und der kärgliche Musikerverdienst zwang viele von ihnen, sich 'Tagesarbeit' zu suchen. Oft übten sie Berufe wie *frisirer*, *schuster* und *schnajder* aus, denn man konnte auf seinem Instrument üben, wenn keine Kunden zu bedienen waren. Ben Bazyler hat den sozialen Status der *klesmer* ausführlich geschildert. "Mein Vater wollte nicht, daß ich Musiker werde, weil es ein Hundeleben war. (...) Weißt du, warum *klesmorim* mit diesen *schnorerischen* Kleidern herumlaufen? Alles, was die Leute nicht mehr anziehen wollten, gaben sie den *klesmorim*. (...) Ein *klesmer* konnte sich nie einen neuen Anzug leisten oder etwas kaufen. (...) Wir fuhren immer mit dem Pferdewagen in das *schtetl*, wo wir zur Hochzeit spielen sollten, und wir spielten beim Licht der Kerosinlampen. Es gab keine Elektrizität... Und der *klesmer* - die Leute beachteten ihn nicht mal. Wie zweite Klasse. (...)". Die Funktion der *klesmorim* bestand in dem Spielen zu Festen der Gemeinden, vor allem aber zu den *chasenes* (Hochzeiten), die in Osteuropa oft zwei bis acht Tage und länger dauerten.
Obwohl oft behindert durch Gesetze und Verordnungen von inner- und außerhalb der jüdischen Gemeinschaft, wurden *klesmorim* auch zu zahlreichen anderen Gelegenheiten engagiert. Die Musik der *klesmorim* war ein integraler Bestandteil der *purimschpiln*. Einige Gemeinden veranstalteten auch Feierlichkeiten mit Musik zu *simchas tojre*. Der russische Musikwissenschaftler Nicolai Findeisen erwähnt eine Tradition, wonach *zimbalistn* aus Anlaß der Segnung einer neuen Tora-

Rolle sowie in der ersten Nacht von *chanike* (Chanukka) engagiert wurden. Ebenfalls ist bekannt, daß *klesmorim* in Herbergen, Tavernen und Tanzhäusern, auf Bällen, in Hinterhöfen und Kurorten spielten. Der Aufstieg des jiddischen Theaters im späten 19.Jh. eröffnete den Instrumentalisten ebenfalls neue Betätigungsfelder. (...) Das Repertoire der Musiker mußte also neben jiddischer Instrumentalmusik, chassidischer und paraliturgischer Musik auch instrumentale Versionen populärer jiddischer Volkslieder und Lieder aus dem jiddischen Theater enthalten, dazu Musik der örtlichen nichtjüdischen Bauern und Zigeuner, populäre Gesellschaftstänze und sogar leichte klassische Stücke für die Aristokratie. Mark Slobin vertritt die These, daß die Juden als Teil "eines reichen interethnischen musikalischen Netzwerks innerhalb einer bestimmten Region" anzusehen seien (in: Old Jewish Folk Music: The Collections and Writings of Moshe Beregovski, Philadelphia 1982).

Rita Ottens und Joel Rubin: Yikhes. Frühe Klezmer-Aufnahmen von 1907-1939, Text des Begleitheftes, München 1991

**Michal Goldman** wuchs auf in Cambridge, MA. Filmcutterin; realisiert seit den 60er Jahren Filme, von Dokumentarfilmen mit sozialer Thematik bis hin zu Filmen für das Drive-in-Kino; lebt und arbeitet in Boston, New York, Los Angeles und San Francisco. Michal Goldman arbeitete von 1984-1988 an A JUMPIN' NIGHT IN THE GARDEN OF EDEN.

**Hankus Netsky**, Leiter der 'Klezmer Conservatory Band', einer international bekannten jiddischen Musikband aus Boston. Er studierte an der Carnegie Mellon University und an der New England University, wo er Vorsitzender im Fachbereich Jazzmusik ist. Netsky war viele Jahre als Jazzmusiker und -lehrer beschäftigt. Er hat fünf Langspielplatten der 'Klezmer Conservatory Jazz Band' für Vanguard und Rounder produziert. Netsky führt sein Interesse an jiddischer Musik auf Verwandte zurück, die in den 20er Jahren in Klezmer-Bands spielten.

**Henry Sapoznik** ist Ethnomusikologe, Musiker, Dozent sowie Autor von Veröffentlichungen über jiddische und amerikanische traditionelle Musikformen. 1979 gründete er die in New York ansässige Band 'Kapelye', eine der ersten Bands, die sich der Wiederbelebung von jiddischer und Klezmer-Musik verschrieben hatte. 1981 wurde er Leiter des Tonarchivs des New Yorker YIVO Institute for Jewish Research.
Unter seiner Leitung sammelte das Tonarchiv seltene und historisch wertvolle Beispiele jiddischer Musik. Er fungierte als wissenschaftlicher Berater für *Image Before my Eyes* (Regie: Josh Waletzky, 1980) und für *Partisans of Vilna* (Regie: Josh Waletzky, 1985), außerdem für *The Chosen* und *Yentl*. Sapoznik entwickelte eine Hörfunkreihe für das National Public Radio zu jüdischer Musik: 'One People; Many Voices'. Neben Schallplatten seiner eigenen Band 'Kapelye' produzierte Sapoznik eine Reihe von Klezmer-Musikalben, darunter 'Klezmer Music: 1910-1942' und 'Jakie Jazz 'em Up'. Sapoznik ist Leiter des 'Yiddish Folk Arts Institute', das sich der Vermittlung traditioneller jüdischer Musik und Kunst an nachfolgende Generationen widmet. Sapoznik veröffentlichte 'The Complete Klezmer'; zur Zeit arbeitet er an einer Bildgeschichte der Klezmer-Musik.

Herausgeber: Freunde der Deutschen Kinemathek. Druck: graficpress
Redaktion dieses Blattes: Christine Gregor

## THE YIDDISH KING LEAR /
## DER JIDISCHER KENIG LIR USA 1935

*Produktion: Jewish Talking Pictures, New York*
*Produzenten: Johnnie Walker, Jack Rieger*
*Gesamtleitung: Joseph Seiden*
*Regie: Harry Thomashefsky*
*Buch: Abraham Armband*
*Nach dem gleichnamigen Bühnenstück von Jacob Gordin*
*Kamera: Joseph Freeman*
*Ton: Murray Dichter*
*Bauten: Robert Van Rosen*
*Technische Beratung: David Van Tobin*
*Darsteller: Maurice Krohner (David Moscheles), Fannie Levenstein (Hanna, seine Frau), Jacob Bergreen (Joffe), Miriam Grossman (Tajbele), Eddie Pascal (Shomoi), Rose Schwartzberg (Dienerin), Morris Weisman (Abraham Chariff), Jeanette Paskewich (Etele, Moscheles älteste Tochter), Morris Tarlofsky (Moische Choris), Esther Adler (Gitele, Moscheles zweite Tochter), Harold Schutzman*
*Uraufführung und US-Kinostart: 5. November 1935*
*s/w, Jiddisch mit engl. Untertiteln, 84 Minuten*

### Anmerkung
Der Film DER JIDISCHER KENIG LIR basiert auf Harry Thomashefskys Inszenierung des Stückes von Jacob Gordin im Federal Theater in New York.

### Inhalt
DER JIDISCHER KENIG LIR (...) wurde 1935 von Harry Thomashefsky gedreht. Weit aufwendiger gedreht als *Got, Mentsch un Tajvel* (USA/Kanada 1949, Regie: Joseph Seiden, A.d.R.) verblüffen in ihm vor allem die Sequenzen einer Pilgerfahrt im 'Heiligen Land'. Das Stück von Jacob Gordin macht aus dem King Lear einen frommen Mann, der blind Töchtern und Schwiegersöhnen seine Geschäfte anvertraut und auf Pilgerfahrt geht. Nur eine Tochter durchschaut das heraufziehende Unglück. In der Figur dieser Tochter, die als einzige den frommen Vater respektiert und ihn nicht um sein Vermögen bringen will, vollzieht sich noch einmal die Synthese aus Aufklärung und Volksfrömmigkeit: die Tochter und ihr Freund gehen in die Stadt zum Medizinstudium, Skandalon für eine Tochter aus frommem Haus - und doch ist sie eben die Einzige, die in einem höheren Sinn dem Werte-Kanon der Religion korrespondiert, die verarmten Eltern bei sich aufnimmt, obwohl sie vom Vater kein Vermögen zu erwarten hat. Unausweichlich mündet das Stück in ein breit angelegtes rührendes Ende allgemeiner Aussöhnung. Thomashefsky belebt die Verfilmung durch eine breitere Auswahl an Drehorten, die die Bühnen-Dramaturgie durchbrechen.

Gertrud Koch, Auf halbem Weg zum Engel des Vergessens, in: Das jiddische Kino, Deutsches Filmmuseum Frankfurt, 1982

(...) 1935 gründete Joseph Seiden eine neue Produktionsfirma, 'Jewish Talking Pictures'. Er schloß sich mit Harry Thomashefsky und zwei Financiers zusammen, um Jacob Gordins Bühnenklassiker 'Der jidischer kenig Lir' zu verfilmen. Seiden sollte sich nur um die technische Seite kümmern und die Gesamtleitung haben, während Thomashefsky, der ein Theatermann war, die Inszenierung übernahm. (...)

Eric Arthur Goldman: A World History of the Yiddish Cinema, New York 1979

### Gordins Stück 'Der jidischer kenig Lir'
Mit den Stücken des Autors, der 1891 nach Amerika ausgewandert war, nahm das (...) in den USA zum Konsumgewerbe abgesunkene jiddische Theater einen neuen Aufschwung. Bereits 1870 hatte Gordin seine Schriftstellerkarriere mit Beiträgen für liberale russische Blätter begonnen. Beeinflußt von den Narodniki (Volkstümler), die eine neue Gesellschaftsordnung auf agrarsozialistischer Grundlage forderten, sowie von der Evangelischen Bibelbruderschaft, gründete er dann (1880) in Rußland eine Jüdische Bibelbruderschaft, die für die Entdogmatisierung und Entritualisierung des jüdischen Glaubens eintrat, sich auf die ethischen Prinzipien der *Thora* stützte und den Segen der körperlichen Arbeit, vor allem der Landarbeit, pries. Von der russischen Regierung verfolgt, wanderte Gordin aus und versuchte 1891 in den USA erneut, eine von Tolstoischen Ideen geprägte Sekte zu gründen.

Die Opposition gegen Orthodoxie wie gegen Chassidismus bestimmt auch sein Theaterstück 'Der jidischer kenig Lir', das eine Bearbeitung von Shakespeares 'König Lear' darstellt. Wie fast alle von Gordin verfaßten oder bearbeiteten Schauspiele (insgesamt etwa siebzig, deren Vorbilder größtenteils von Euripides, Calderon, Schiller, Grillparzer, Gerhart Hauptmann, Shakespeare u.a. stammen) zielt 'Der jidischer kenig Lir' deutlich auf Erziehung und Aufklärung und unterscheidet sich dadurch von jener Art oberflächlicher Unterhaltung, der seine Konkurrenten huldigten. In dem vorliegenden Theaterstück, das lediglich dem Grundriß des Shakespeareschen Dramas folgt, geht es weniger um die Gestaltung des Problems der Theodizee (= Rechtfertigung Gottes hinsichtlich des von ihm in der Welt zugelassenen Übels, A.d.R.) und der *conditio humana* schlechthin, als vielmehr um die Spannung zwischen dem auf verhärteter Tradition beruhenden Autoritätsanspruch des jüdischen Vaters und seinen von den Ideen der modernen Gesellschaft beeinflußten Kindern. Wie Shakespeares Held erntet der eigensinnige David Moscheles, nachdem er beim Purimfest sein Vermögen an seine Kinder verteilt hat, bevor er ins Heilige Land aufbricht, nur Enttäuschung und Elend. Wegen Geldmangels nach Wilna zurückgekehrt, verzichtet der Alte trotz seiner bitteren Erfahrungen darauf, die Schenkung zurückzunehmen, obwohl er dazu berechtigt wäre. In seinem Starrsinn zeigt er größere Härte gegenüber seiner 'aufgeklärten', den Arztberuf wählenden Tochter, die ihn aufrichtig und bedingungslos liebt und ihm als einzige die Wahrheit sagt. Aber ihre Ehrlichkeit verletzt ihn mehr als die Intrigen und die Lieblosigkeit seiner anderen Töchter und deren orthodoxen oder chassidischen Männer, und er verstößt sie. Doch kommt es bei der Hochzeit dieser einstigen Lieblingstochter mit ihrem vormals von Moscheles als *dajtsch* (aufgeklärter

Westjude) und *apikojres* (Freigeist) apostrophierten Lehrer zur Versöhnung, die zerrissene Familie findet wieder zusammen. Das Prinzip des Fortschritts und der traditionsüberwindenden Vernunft hat gesiegt, denn gerade die 'schwarzen Schafe' haben sich als die moralisch höherstehenden erwiesen; dank ihrer Aufgeschlossenheit für Wissenschaft und Modernität vermögen sie den Vater von seiner Blindheit zu befreien.

Im Gegensatz zur Vorlage hat dieses Drama, das - entsprechend seiner Zielsetzung - didaktischen Anspruch mit kulinarischen Spannungsmomenten verbindet, ein Happy-End. Auch wenn Gordin den vielschichtigen Stoff Shakespeares vergröbert und zugunsten des Vordergrundgeschehens mit wenig zimperlicher Hand holzschnitthaft zurechtstutzt, verfügt das Schauspiel 'Der jidischer kenig Lir' über Lebensnähe und Eindringlichkeit. Für den naiven jüdischen Zuschauer wird das Geschehen zum Typischen hin akzentuiert durch einen dramaturgischen Zugriff, der geschickt Antithesen setzt und in ihrer Auflösung das scheinbar Negative sich als überlegen erweisen läßt.

Otto F. Best: 'Der jidischer kenig Lir', in: Kindlers Neues Literaturlexikon, München 1989

### Eine Theaterverfilmung

(...) Im Winter 1935 fanden die ersten Aufführungen des Federal Theater Projects und damit auch die der Abteilung für Jiddisches Theater unter der Leitung von Harry Thomashefsky, dem Sohn Boris Thomashefskys, statt. Die von dem jüngeren Thomashefsky inszenierte Produktion von 'Der jidischer kenig Lir' wurde 1935 in verschiedenen jüdischen Gemeindezentren, Altenheimen und anderen Veranstaltungsorten aufgeführt. Irgendwann im Laufe des Jahres schleppte Joseph Seiden eine Kamera zu einem dieser Spielorte mit und (...) hielt die Aufführung dokumentarisch fest.

DER JIDISCHER KENIG LIR war Gordins erster großer Erfolg. Indem er Shakespeare ins Wilna der Jahrhundertwende verpflanzte, arbeitete er die für die Lower East Side typischen Konflikte zwischen traditionell orientierten Eltern und modernen amerikanisierten Kindern heraus. (...)

Die Entscheidung des Federal Theaters, 'Der jidischer kenig Lir' aufzuführen, ist nicht, wie es auf den ersten Blick erscheinen mag, ein Rückschritt zum jiddischen Theater der Vorkriegszeit, sondern entspringt im Gegenteil einer in die Zukunft gerichteten Denkweise. Dieses Theaterstück versucht, das moderne Leben denen nahezubringen, die sich in der Neuen Welt nicht zurechtfinden. (...) Obwohl der Film Ende 1935 fertiggestellt war, wurde die New Yorker Premiere auf den folgenden Februar verschoben (vermutlich, um den noch laufenden Theatervorstellungen keine Konkurrenz zu machen).

Der bescheidene Erfolg (und geringe finanzielle Aufwand) von DER JIDISCHER KENIG LIR führte zwar nicht zu einem literarischer orientierten Kino, ermöglichte es aber Seiden, wieder die Produktion von Filmen aufzunehmen. Im Frühjahr 1936, als DER JIDISCHER KENIG LIR im Verleih war, suchte Maxwell Hamilton, der für den 'Brooklyn Daily Eagle' schrieb, das sogenannte 'Seiden Studio of the Talking Picture' in der 60th Street West Nr. 33 nahe dem Columbus Circle auf, um über die Dreharbeiten zu der "gigantischen Super-Produktion" *Libe und Lajdnschaft* (Love and Passion) zu schreiben. Da die Seiden-Studios für Tonfilme nicht feuerversichert waren, konnte nur an Abenden und am Wochenende gedreht werden. Nachdem es ihm gelungen war, Seidens 'erste Verteidigungsreihe' davon zu überzeugen, daß er nicht gekommen sei, um die Miete einzutreiben, wurde er in eine baufällige Drei-Zimmer-Wohnung hineingeführt, die aus

einem winzigen 'Tonfilmatelier', einem Labor- und Lagerraum und einem Büro, das gleichzeitig als Garderobe diente, bestand. Das Telefon war, wie Hamilton berichtete, mit einem Vorhängeschloß gesichert. (...)

Jim Hoberman: Bridge of Light. Yiddish Film Between Two Worlds, New York 1991

**Joseph Seiden**, geb. 23. Juli 1892 in New York, Filmproduzent. "Ehemals Vorführer in den Nickelodeons, hatte er als Kameramann und Regieassistent von Goldin und Abramson sein Handwerk gelernt. Für Judea Film Inc. begann Seiden 1929 mit der Produktion von insgesamt etwa 20 kurzen, ein- und zweiaktigen Filmen. Manche zeigten Aufführungen bekannter liturgischer Musik, ausgeführt von berühmten Sängern wie Louis Waldman. Andere waren kurze Spielfilme, z.B. *The Shoemaker's Romance* mit Joseph Buloff und seiner berühmten Wilnaer Truppe, *Style and Class* mit Marty Baratz und Goldie Eismann und *Oy! Doctor* mit Menashe Skulnick. Alle hatten ein Budget von 3000 Dollar und wurden an einem Tag gedreht. 'Eine einfache Rechnung,' sagte Seiden 1948, 'wir hatten nur 3000 Dollar und so einfach war es: Man produziert seine Filme, gibt das Geld aus, das man hat... Und das Budget ist immer ausgeglichen.' (...)

Oft hortete Joseph Seiden die Dekorationen - auch, um kein Kapital zu verschwenden. In seinem Studio in der 60th Street West Nr. 33 war Raum so knapp, daß die Dekorationen eines Films vollständig ineinander verschachtelt werden mußten. Unter solchen Umständen wurde das Filmemachen zu einer Angelegenheit der ganzen Familie. Mrs. Seiden fungierte als Script Girl, der Schwiegersohn betätigte sich als Tonmeister und Cutter, und bei späteren Produktionen arbeitete der Sohn als Kameramann." (...)

Patricia Erens: Mentschlekhkayt bezwingt alles, in: Film 2/80 (Das jiddische Kino), Frankfurt/Main 1980

## MICHOËLS AS LEAR UdSSR 1935
*s/w, 3 Minuten*

Ein kurzes Dokument über den jüdischen Schauspieler Solomon Michoëls in der Rolle des 'Lear' von William Shakespeare.

**Solomon Michajlowitsch Michoëls** (eigentl. Wowsi), geb. 14. März 1890 in Dwinsk, ermordet am 13. Januar 1948 in Minsk. Studium an der Kiewer Handelsschule und an der Jurafakultät der Petersburger Universität. 1919 Eintritt in das 'Jüdische Theaterstudio', ein Jahr später Umzug nach Moskau. Von den ersten Inszenierungen an avancierte Michoëls zum Star der Truppe, spielte alle führenden Rollen: 'Uriel Akosta' (in dem gleichnamigen Stück von Karl Gutzkow), 'Menachem Mendel' (in der Bühnenadaption des Romans von Scholem Alejchem und in dessen Verfilmung *Jewrejskoje stschastje/Jüdisches Glück*), 'Benjamin III.' (in 'Masaot Benjamin Haschlischi', nach der Novelle von Mendele Moicher Sforim), Shakespeares 'Lear', 'Tewje' (in dem Stück nach der Geschichtenfolge 'Tewje der milchiger' von Scholem Alejchem), u.a.. Ab 1929 Chefregisseur der Truppe.

Wie die meisten Mitglieder des 'Antifaschistischen Jüdischen Komitees' wurde auch Michoëls ermordet; er starb 1948 bei einem fingierten Autounfall.

Herausgeber: Freunde der Deutschen Kinemathek. Druck: graficpress
Redaktion dieses Blattes: Rüdiger Bering

## AFFAIRE BLUM Deutschland 1948

*Produktion: DEFA, Berlin*
*Regie: Erich Engel*
*Buch: Robert A. Stemmle*
*Kamera: Friedl Behn-Grund, Karl Plintzner*
*Musik: Herbert Trantow*
*Bauten: Emil Hasler, Walter Kutz*
*Ton: Erich Schmidt. Schnitt: Lilian Seng*
*Regieassistenz: Zlata Mehlers, Ludwig Lober*
*Produktionsleitung: Herbert Uhlich*
*Aufnahmeleitung: Fritz Brix, William Neugebauer*
*Darsteller: Hans Christian Blech (Karlheinz Gabler), Gisela Trowe (Christina Burmann, Gablers Braut), Arno Paulsen (Wilhelm Platzer), Maly Delschaft (Anna Platzer), Blandine Ebinger (Lucie Schmerschneider), Kurt Ehrhardt (Dr. Jakob Blum), Karin Evans (Sabine Blum), Gerhard Bienert (Karl Bremer), Renée Stobrowa (Frieda Bremer), Herbert Hübner (Landgerichtsdirektor Hecht), Paul Bildt (Untersuchungsrichter Konrad), Ernst Waldow (Kriminalkommissar Schwerdtfeger), Hugo Kalthoff (Kriminalassistent Lorenz), Helmuth Rudolph (Regierungspräsident Wilschinsky), Alfred Schieske (Kriminalkommissar Bonte), Friedrich Maurer (Rechtsanwalt Dr. Wormser), Klaus Becker (Hans Fischer, Gutsvolontär), Hilde Adolphi (Alma, das 'süße' Mädchen), Margarethe Schön (Sophie Konrad), Werner Peters (Egon Konrad), Jean Brahn (Fritz Merkel), Albert Venohr (Waffenhändler), Emmy Burg (seine Frau), Reinhard Kolldehoff (Max Tischbein, Lehrer), Margarete Salbach (Ruth Tischbein), Arthur Schröder (von Hinkeldey, Landtagsabgeordneter), Gertrud Boll (Dienstmädchen bei Dr. Blum), Anita Hinzmann (Dienstmädchen bei Konrad), Herbert Malsbender (Redakteur), Otto Matthies (Reporter), Eva Bodden (Sekretärin bei Wilschinsky), Richard Drosten (Zahnarzt), Lilli Schönborn-Anspach (Patientin) u.a.*
*Uraufführung: 3. Dezember 1948*
*s/w, 110 Minuten*

### Anmerkung
1962 entstand unter der Regie und ebenfalls nach einem Drehbuch von R.A. Stemmle in der Bundesrepublik ein Fernsehfilm *Affäre Blum*.

### Inhalt
Ein Kriminalfall der 20er Jahre: Die Voruntersuchung eines Mordes durch die rassistisch voreingenommene Justiz wird einem fälschlich beschuldigten jüdischen Fabrikanten fast zum Verhängnis. In dem bedeutenden Nachkriegsfilm der DEFA deckt Brecht-Mitarbeiter Erich Engel die ideologischen Voraussetzungen für den Erfolg des Nationalsozialismus überzeugend auf.

Lexikon des Internationalen Films, Reinbek bei Hamburg 1987

### Kritik
Mit diesem Film hat die DEFA manche Sünde ihrer Vergangenheit abgebüßt. Drei Jahre waren nötig, bis ein hieb- und stichfester Film zustandekam, der vom Thema und der künst-

lerischen Behandlung her die bisher relativ brauchbaren Arbeiten von Staudte (*Die Mörder sind unter uns*) und Maetzig (*Ehe im Schatten*) weit übertrifft. In das Verdienst dürfen sich Erich Engel (Regie) und R.A. Stemmle (Buch) teilen. Endlich einmal genau formulierte Dialoge, die Zug um Zug weiterführen, kaum ein überflüssiger Satz oder leere Stellen. Dabei gibt der Stoff, rein filmisch gesehen, nicht einmal viel bildliche Variationen her; Behn-Grunds Kamera hat fast nur Gespräche und Verhöre aufzunehmen. Daß trotzdem die Spannung und Anteilnahme keinen Augenblick aussetzt, liegt an der großartigen Schauspielführung durch Engels subtile, überlegt ordnende Regiekunst.
Dem Kriminalfall, der fast zu einem Justizmord führt, liegen wirkliche Vorgänge des Jahres 1926 zugrunde. Das Kesseltreiben antisemitisch voreingenommener Juristen gegen den Industriellen Blum, dessen intelligente Skepsis am Ende schlimmeres Unheil als diese Untersuchungshaft vorausahnt, leuchtet in Zustände hinein, die während der Weimarer Republik sträflich sorglos geduldet wurden und im Bereich der Rechtssprechung deren frühes Ende mitverursachten. Akademisches Altherrentum fand sich mit der Landsknechtsmentalität eines skrupellosen, unreifen Freikorpskämpfers in nationalistischer Selbstaufblähung zusammen, um einen simplen 'Fall' so umzubiegen, daß er sich gegen die 'Linken' und die Juden politisch ausmünzen ließ.

Anon., in: Süddeutsche Zeitung, 14. Dezember 1948

(...) Erich Engel lebte von 1891 bis 1966. Im Vorwort zu seinen Schriften 'Über Theater und Film' heißt es, daß "der junge Brecht zuerst viel an realistischer Menschenführung auf der Bühne von der präzisen Arbeit Erich Engels gelernt" hat... "Doch schon Mitte der zwanziger Jahre war Engel von Brechts Schaffen so fasziniert, daß er sein werkgetreuester Regisseur und der stärkste Vorkämpfer für sein dramatisches Genie wurde." (Erich Engel: Schriften. Über Theater und Film, Berlin (DDR) 1971)
Die Liste seiner Theaterinszenierungen umfaßt 78 Aufführungen zwischen 1919 und 1962. Nach dem 2. Weltkrieg inszenierte Engel unter anderem an den Münchener Kammerspielen Stücke von Wilder, Shakespeare, Axel von Ambesser, Jules Romain und Jean Anouilh; an (Ost-)Berliner Theatern 'Mutter Courage', 'Puntila', 'Leben des Galilei', 'Die Dreigroschenoper' und als seine letzte Regie-Arbeit 'Schweyk im zweiten Weltkrieg'.
Warum ist AFFAIRE BLUM, der praktisch ohne Musik ist und fast nur aus Innenaufnahmen mit Gesprächs-Szenen besteht (...), so spannend? Engel hat "sehr großen Wert darauf gelegt, daß das Dialogische mit dem Optischen harmonisiert, also von der Optik her gebaut wurde. Er liebte es, die Szene möglichst nahe zu haben, damit nichts verlorenging." (Kameramann Friedl Behn-Grund, vgl. Erich Engel, a.a.O.)
"Der wichtigste Gesichtspunkt für eine (Buch-)Verfilmung ist der, daß die Gestalten eines Buches ihr Wesen möglichst restlos in Handlungen ausdrücken müssen." (Engel, a.a.O.)
Bei den Vertretern von Polizei und Justiz, deren Machen-

schaften im Mittelpunkt des Filmes stehen, den Herren Kriminalkommissar, Landgerichtsrat, Landgerichtsdirektor vollzieht sich (politisches) Handeln als verbale Rede. Ihr 'Wesen' drückt sich aus in dem, was sie sagen. Und wie sie es sagen: "Es ist geradezu ein Kriterium für die künstlerische Qualität einer schauspielerischen Leistung, ob zwischen Satzinhalt und Ausdruck eine Spannung und Überschneidung besteht, oder ob der Ausdruck nur eine phantasielose Ausmalung des gesprochenen Wortes ist." (Erich Engel, a.a.O.) Wenn die Verlobte zu Gabler in der Nacht seines Verbrechens sagt: "Ich liebe Dich", dann kommt zum Sinn dieses fast kalt hingesagten Satzes tatsächlich hinzu "ein angstvolles Verfallensein, das den Widerstand gegen die Hingabe spürt, aber darauf verzichtet." (E. Engel, a.a.O.)

Aber worin äußert sich die Spannung zwischen Satzinhalt und Ausdruck bei den erwähnten Herren, die doch scheinbar ganz naturwüchsig und ohne die Spur eines inneren Widerstands, jeder für sich die abgerundete und typische Erscheinung eines reaktionären preußischen Beamten bilden? Was diese Personen so 'schillernd' macht, ist einmal der Widerspruch zwischen dem militärisch knappen, zackigen und krächzenden Ton, den sie an sich haben, und ihrem Bedürfnis, sich bei dem verhafteten Gabler geradezu einzuschmeicheln, um ihn als Zeugen gegen Blum zu gewinnen, damit - nach der unangenehmen Rathenau-'Sache' - der Beweis erbracht werden kann, "daß auch ein Jude killen kann. Aber nicht wegen Politik, sondern wegen Geld". Es ist ferner der formale Gegensatz zwischen ihrer äußeren Dynamik, der Leidenschaft, mit der sie sich an ihre vorgefaßte Meinung vom Hergang der Tat mit einer zunehmend ans Kindliche grenzenden Bereitschaft zur Illusion verlieren, und ihrer statischen Befangenheit im Anti-Semitismus, die so weit führt, daß sie zeitweise des Mordes, der begangen worden sein soll, um dem jüdischen Kapitalisten Blum bei seinen Devisenschiebungen zu helfen, einen Kommunisten verdächtigen.

Äußerlich sind sie, mit dem Zwicker, dem Stehkragen, dem gewichsten Schnauzbart, so ähnlich, daß der linksliberale Regierungspräsident angewidert bemerkt: "Wenn ich diese Typen schon sehe!" Auch in ihren Äußerungen findet sich nichts Originelles. Wie bekannt sind einem doch beispielsweise die Worte, mit denen der Untersuchungsrichter den Juden Blum charakterisiert: "Dunkel... Intelligent... Aber raffiniert!"

Das Moment der Spannung kommt - vermittelt durch die 'Flachheit' der äußeren Typisierung - aus den oben bezeichneten Widersprüchlichkeiten, die den Typen Lebendigkeit und dem Film seine politische Tiefenperspektive verleihen. Andererseits ist AFFAIRE BLUM ein Kriminalfilm.

Peter Nau, in: Filmkritik Nr. 229, Januar 1976

### Aus dem Roman 'Affäre Blum'

(...) Und wie geht die Geschichte weiter?
So, wie sie angefangen hatte. So, wie Jakob Blum vorausgesehen hat. Ungefähr so; denn es wurde viel schlimmer.
Eine furchtbare Justizwillkür, gesetzlich geschützt, brach in den kommenden Jahren über das Land herein. Diese grausame Welle brandete in den nächsten zehn Jahren barbarisch auf und in weiteren zehn Jahren ab, alles unerbittlich in einem Inferno mit sich reißend. Schrecklicher als es Dr. Blum oder sonst jemand erahnen konnte, weil das menschliche Vorstellungsvermögen nicht dazu ausreichte. Der Vorgeschmack, den Dr. Blum damals bekam, war gelind gegen das, was Hunderttausende nach ihm auskosten und schlucken mußten. Aber er war einer der ersten, der es auf der eigenen Zunge schmeckte. (...)

R.A. Stemmle: Affäre Blum, Berlin (DDR) 1951

**Erich Engel**, geb. 14.2.1891 in Hamburg; gest. 10.5.1966 in Berlin. 1909-11 Besuch der Hamburger Schauspielschule von Leopold Jessner. 1917-21 Dramaturg und Regisseur am Deutschen Schauspielhaus und an den Kammerspielen. 1922 Bekanntschaft mit Brecht, Inszenierung der Uraufführung von 'Im Dickicht der Städte'. Ab 1923 Regisseur an verschiedenen Berliner Bühnen; 1928 u.a. Inszenierung der Uraufführung der 'Dreigroschenoper'. 1930-35 ausschließlich als Filmregisseur tätig, danach Inszenierungen am Deutschen Theater. 1945-47 Intendant der Münchner Kammerspiele. 1948/49 gemeinsame Inszenierungen mit Brecht am Deutschen Theater. 1950-55 Filmregisseur in der BRD. Ab 1956 Inszenierungen am Berliner Ensemble.
Filme: 1923 *Die Mysterien eines Frisiersalons* (mit Karl Valentin; Co-Regie: Bertolt Brecht). 1931 *Wer nimmt die Liebe ernst?*. 1931/32 *Fünf von der Jazzband*. 1933 *Inge und die Millionen*. 1934 *Pechmarie; Hohe Schule*. 1935 *...nur ein Komödiant; Pygmalion*. 1935/36 *Mädchenjahre einer Königin*. 1936 *Ein Hochzeitstraum; Die Nacht mit dem Kaiser*. 1937 *Gefährliches Spiel; Der Maulkorb*. 1938/39 *Ein hoffnungsloser Fall; Hotel Sacher*. 1939 *Der Weg zu Isabel; Nanette*. 1940 *Unser Fräulein Doktor*. 1941 *Non mi sposo più* (Viel Lärm um Nixi, Italien; Co-Regie: Giuseppe Amato). 1942 *Sommerliebe*. 1942/43 *Altes Herz wird wieder jung*. 1943 *Man rede mir nicht von Liebe*. 1943/44 *Es lebe die Liebe*. 1944 *Fahrt ins Glück*. 1944/45 *Wo ist Herr Belling?* (unvollendet). 1948 AFFAIRE BLUM. 1949 *Der Biberpelz* (DDR). 1950/51 *Das seltsame Leben des Herrn Bruggs* (BRD). 1951 *Kommen Sie am Ersten* (BRD). 1951/52 *Die Stimme des Anderen/Unter den tausend Laternen* (BRD). 1952 *Der fröhliche Weinberg* (BRD). 1953/54 *Der Mann meines Lebens* (BRD). 1954 *Konsul Strotthoff* (BRD); *Du bist die Richtige* (BRD/Österreich; fertiggestellt von Josef von Baky). 1955 *Liebe ohne Illusion* (BRD); *Vor Gott und den Menschen* (BRD). 1958 *Geschwader Fledermaus* (DDR).

**R.A. Stemmle**, geb. 10. Juni 1903 in Magdeburg; gest. 24. Februar 1974 in Baden-Baden. Bis 1927 als Lehrer tätig; Studium der Germanistik, Theater- und Literaturwissenschaft. Verfasser mehrerer Theaterstücke. 1929 Gründungsmitglied des Kabaretts 'Die Katakombe'. Seit Beginn der 30er Jahre Arbeit beim Rundfunk, als Regieassistent Erik Charells und Ludwig Bergers am Theater und als Chefdramaturg der Tobis (1930-34) beim Film. Erstes Drehbuch (zusammen mit Walter Schmidkunz) für Luis Trenkers und Kurt Bernhardts *Der Rebell* (1932). 1933/34 bei *So ein Flegel* (einer Verfilmung der 'Feuerzangenbowle') erste Regie. Verfasser von Romanen, Drehbüchern und Zeitungskolumnen.
Filme (Auswahl): 1934 *Charleys Tante* (Regie, Buch). 1935/36 *Der Raub der Sabinerinnen* (Regie, Buch). 1937 *Der Mann, der Sherlock Holmes war* (Buch mit Karl Hartl). 1941 *Quax, der Bruchpilot* (Buch). 1947/48 *Wege im Zwielicht* (Buch). 1948 AFFAIRE BLUM (Buch). 1949 *Der Biberpelz* (DDR; Buch). 1950 *Epilog* (BRD; Buch). 1951 *Sündige Grenze* (BRD; Regie und Buch). 1954 *Emil und die Detektive* (BRD; Regie und Buch). 1960 *Mein Schulfreund* (BRD; Buch). 1962 *Affäre Blum* (BRD; Fernsehfilm; Regie und Buch); *Das Testament des Dr. Mabuse* (BRD; Buch).

Herausgeber: Freunde der Deutschen Kinemathek. Druck: graficpress
Redaktion dieses Blattes: Rüdiger Bering.

## PROFESSOR MAMLOCK DDR 1961

*Produktion: DEFA Potsdam-Babelsberg, KAG 'Heinrich Greif*
*Regie: Konrad Wolf*
*Buch: Karl Georg Egel, Konrad Wolf, nach dem gleichnami-*
*gen Theaterstück von Friedrich Wolf*
*Dramaturgie: Willi Brückner*
*Kamera: Werner Bergmann, Günter Ost*
*Musik: Hans-Dieter Hosalla; Ludwig van Beethoven (9. Sin-*
*fonie)*
*Bauten: Harald Horn. Ausführung: Walter Colani*
*Kostüme: Werner Bergemann*
*Schnitt: Christa Wernicke*
*Ton: Gerhard Wiek*
*Regieassistenz: Michael Englberger*
*Kameraassistenz: Mandred Damm*
*Literarische Beratung: Walter Pollatschek*
*Medizinische Beratung: Dr. Ursula Voigt-Figuth*
*Produktionsleitung: Hans-Joachim Funk*
*Aufnahmeleitung: Irene Ikker*
*Darsteller: Wolfgang Heinz (Professor Hans Mamlock), Doris*
*Abesser (Ruth, seine Tochter), Hilmar Thate (Rolf, sein Sohn),*
*Ursula Burg (Ellen, seine Frau), Lissy Tempelhof (Dr. Inge*
*Ruoff), Ulrich Thein (Ernst), Harald Halgardt (Dr. Hellpach),*
*Herwart Grosse (Oberarzt Dr. Carlsen), Peter Sturm (Dr.*
*Hirsch), Franz Kutschera (Dr. Werner Seidel), Kurt Jung-*
*Alsen, Günter Neumann, Agnes Kraus, Günter Grabbert,*
*Manfred Krug, Hans Flössel, Hans Teuscher, Johannes Maus,*
*Bruno Carstens, Marianne Daudert, Greti Emmer, Sonja*
*Voigt-Haas, Horst Giesen, Ellen Weber, Wilhelm Besendahl,*
*Wolf Thiessen, Wolfgang Schmittke, Dieter Kores, Jürgen*
*Henschke, Johannes Curth, Norbert Moedebeck, Margrit*
*Tippmann, Walter E. Fuß, Gisela Graupner, Heide Kipp,*
*Karl-Helge Hofstadt*
*Uraufführung: 19. Mai 1961*
*s/w, 96 Min.*

### Anmerkung

1936 entstand in der UdSSR unter der Regie von Adolf Minkin
und Herbert Rappoport eine frühere Verfilmung des Stückes
von Friedrich Wolf, dem Vater Konrad Wolfs, der hierfür auch
das Drehbuch schrieb.

### Inhalt

Professor Mamlock ist Chefarzt der Chirurgischen Klinik
einer deutschen Universitätsstadt. Die Handlung des Films
beginnt Silvester 1932/33.
Professor Mamlock gehört zu den deutschen Intellektuellen,
für die der 'Staat' etwas Absolutes, Unwandelbares, Heiliges
ist. Aber nicht bloß der 'Staat', auch die Familie, die Wissenschaft, die Gerechtigkeit sind für ihn unwandelbare, ewige
Werte. Aus diesem Grunde glaubt er nicht, daß er nach der
Machtergreifung der Nazis als Jude nicht mehr Deutscher sein
darf. Nach wie vor vertraut er seinen Freunden, die mit den
Nazis einen Kompromiß geschlossen haben unter dem Motto
'Es kann so schlimm nicht werden'. Sein Sohn Rolf - Student
der Medizin - erkennt die Gefahren des Faschismus und zieht

daraus die Konsequenz: "Nicht mit den Nazis paktieren,
sondern gegen sie kämpfen." Professor Mamlock will nur
Arzt sein. Für ihn gibt es nur Kranke und Ärzte, Ärzte und
Kranke. Sein Zusammentreffen mit den Geschehnissen
außerhalb seines Krankenhauses und seiner Familie bedeuten für ihn den Zusammenbruch seiner Welt. Die Entlassung
des Juden Professor Mamlock und der damit in Zusammenhang stehende Verrat seiner Freunde lassen ihn erkennen,
daß es unter dem Faschismus keine Humanität geben kann.
Er erkennt weiter, daß er den Weg zu den Menschen, die ihm
helfen könnten, zu den Freunden seines Sohnes nicht gefunden hat. Das ist die Tragik Professor Mamlocks, aus der er
keinen anderen Ausweg weiß als den des Freitodes.

### Konrad Wolf über seinen Film

Mich interessieren immer komplizierte Schicksale, besonders wenn Menschen durch bestimmte Ereignisse und Situationen schwere, sehr schwere Entscheidungen zu treffen
haben. Das interessiert mich sehr. Allerdings nicht, wenn in
der ersten Minute des Films schon klar ist, wie die Entscheidung ausfällt. Verschlungene und widerspruchsvolle Wege,
die zu einer Entscheidung führen, oder eine zu späte, richtige
Erkenntnis, die zu einem tragischen Ende führt - wie es bei
meinen beiden Filmen PROFESSOR MAMLOCK oder *Sterne*
der Fall war - , sie berühren mich sehr.

Heide Gossing: Für die Zukunft leben, heißt auch, sich der Vergangenheit bewußt sein. Gespräch mit Konrad Wolf; in: Ostsee-Zeitung,
Rostock, 13.3.1977

### Warum PROFESSOR MAMLOCK?

"Vergessen...? *Ehe im Schatten* von Kurt Maetzig, *Affaire*
*Blum* von Erich Engel, *Sterne* unter meiner Regie, nach
einem Buch des Bulgaren Angel Wagenstein, sind Defa-
Filme, die sich mit dem Antisemitismus während der Hitler-
Barbarei auseinandersetzten. Und nun - PROFESSOR
MAMLOCK, der nach einem Drama meines Vaters Friedrich Wolf entstand. Es gibt gewiß Menschen, die der Meinung sind, daß wir uns schon oft genug mit dem Antisemitismus auseinandersetzten und daß der MAMLOCK doch
eigentlich gar keine Berechtigung mehr hätte. Sie sagen, laßt
doch endlich die Vergangenheit ruhen! Haben wir aber das
Recht zu vergessen? Gerade die Gegenwart gibt uns Veran-
lassung, es nicht nur als unser Recht, sondern vielmehr als
unsere Pflicht anzusehen, immer wieder daran zu erinnern -
niemals zu vergessen!
Ein berühmter Arzt und Wissenschaftler wird durch die Straßen seiner Heimatstadt gehetzt. Warum? Was hat er verbrochen? Das auf seine Brust geschmierte Wort 'Jude' ist die
Antwort darauf.
Ein Schuß zerreißt die Stille der chirurgischen Klinik. Ein
wertvoller Mensch setzte seinem Leben ein Ende. Was trieb
ihn in den Freitod? Die Antwort ist: Verrat. Verrat an seinen
humanistischen Idealen, ausgeübt von Menschen, denen er
sein ganzes Vertrauen schenkte, die ihn aber angesichts der
brutalen Willkür der faschistischen Machthaber und aus
Angst vor der Gefährdung ihrer eigenen Existenz preisga-
ben. Unrecht ist im Leben der Menschen wie Unkraut - wenn

man es nur abmäht, wird es sehr bald wieder wuchern. Man muß die Wurzeln des Unrechts aufdecken und sie mit Stumpf und Stiel ausrotten. Sich dagegen aufzulehnen genügt nicht. Den Schleier des Vergessens darüber zu ziehen, wäre eine verhängnisvolle Begünstigung derjenigen, die uns das Vergangene vergessen machen wollen, weil ihnen die Erinnerung sehr ungelegen kommt.

Deshalb - unser MAMLOCK.

Deshalb - das Motto aus Mamlocks Erkenntnis: "Es gibt kein größeres Verbrechen, als nicht kämpfen zu wollen, wo man kämpfen muß!"

Konrad Wolf im Programmheft zu PROFESSOR MAMLOCK, Berlin (DDR) 1961

### Ein typisch wolfscher Held

(...) Verhält der Mensch sich passiv oder fatalistisch gegenüber einer gesellschaftlichen Gefahr wie dem Faschismus, vermag er sie überhaupt in ihren wahren Dimensionen zu erkennen, oder ringt er sich zu aktivem Widerstand durch? Diese (für Wolfs ganzes Werk geltende) Frage steht auch im Vordergrund von PROFESSOR MAMLOCK, der Verfilmung des gleichnamigen Bühnenstücks von Konrad Wolfs Vater Friedrich Wolf (das 1933 unter dem Eindruck der ersten Judenverfolgungen in Deutschland geschrieben wurde). Professor Mamlock ist Chirurg und Chefarzt einer bedeutenden Klinik. Liberal und in seinen Ansichten vom Großbürgertum bestimmt, glaubt Mamlock 1933 zunächst noch an die Fairness der Nationalsozialisten, an den 'Rechtsstaat' und sogar an das 'Gute in der Bewegung'; seine Klinik möchte er von jeglicher Politik freihalten. Erst als der nazistische Assistenzarzt Dr. Hellpach, sich auf das Gesetz "zur Wiederherstellung des Berufsbeamtentums" berufend, Mamlock aus seiner Klinik vertreibt, als man ihm ein Schild 'Jude' um den Hals hängt und als seine Tochter in der Schule terrorisiert wird, erkennt er, was die Stunde wirklich geschlagen hat. Sein Sohn schließt sich dem kommunistischen Widerstand an.

Nach dem gleichen Stoff wurde in der UdSSR 1936 von den Regisseuren Rappoport und Minkin bereits einmal ein Film gedreht, der die kämpferischen Aspekte des Dramas und dementsprechend die Rolle des Sohnes besonders in den Vordergrund rückte. Konrad Wolfs Film interessiert sich dagegen mehr für den Bewußtseinsprozeß Mamlocks, der vom Festhalten an Illusionen zur Erkenntnis zunächst geleugneter gesellschaftlicher Sachverhalte verläuft - damit ist auch Mamlock ein typisch wolfscher Held. Die Dialektik verschiedener, miteinander im Konflikt liegender Charakterebenen der Hauptfigur, aber auch das Funktionieren einer gesellschaftlichen Mechanik und die Erkenntnis dieses Funktionierens werden in PROFESSOR MAMLOCK auf besonders interessante Weise formal vermittelt. Der Film hält sich zwar einerseits eng an die Bühnenvorlage und ihren Text, bringt aber auf der anderen Seite ständig neue Ebenen der Anschauung ins Spiel und operiert mit kinematographischen Verfremdungen. Die ersten Worte des Films spricht Mamlock scheinbar unmittelbar zum Publikum, während sein Gesicht in Großaufnahme erscheint: "Du bist voller Sorge: wird es nach dem letzten Völkermord noch einmal Krieg geben? Du ängstigst dich um deinen Sohn, deine Tochter, deinen Mann. Sind unsere Hoffnungen und Pläne nicht auf Sand gebaut? Ist in dem lärmenden Vorwärtsstürmen der Welt noch Platz für Güte und Menschlichkeit, Demokratie und Freiheit, Geist und Harmonie? Du willst nicht wahrhaben, daß du nachts aufwachst und in die Dunkelheit starrst." Dann fährt die Kamera zurück und macht deutlich, daß Mamlock eigentlich zu seiner Familie sprach. Diese Doppeldeutigkeit, dieser Bruch der Anschauungsebenen charakterisiert den ganzen Film. - Ungewöhnlich viel Nachdenken und Planung wurden in die Formensprache des Films investiert. (Wolf: "Über jede Einstellung könnte man ein wissenschaftliches Traktat schreiben.") Da erscheinen Gesichter als stilisierte Silhouetten, werden Personen und Vorgänge aus ungewöhnlicher Distanz, von ganz nah und ganz fern erfaßt, da verlieren sich Menschen in der Tiefe nebliger Straßen, deren Atmosphäre an Lissy erinnert. In Doppelbelichtung erscheinen Bilder von Korpsstudenten. Und die Szene, in welcher Mamlocks Tochter terrorisiert wird, löst sich in flirrende Impressionen auf. Alle diese stilistischen Mittel bleiben jedoch im Rahmen einer gewissen Künstlichkeit, verschmelzen kaum je mit dem Sujet. Der Film besitzt die Abstraktheit einer Lektion, die die Wirklichkeit zwar der Intention nach trifft, ihr aber letztlich gegenübersteht, statt sich mit ihr zu verbinden. (...)

Ulrich Gregor: Konrad Wolf. Auf der Suche nach Heimat, in: Peter W. Jansen/Wolfram Schütte (Hrsg.): Film in der DDR, München 1977

**Konrad Wolf**, geb. 20. Oktober 1925 in Hechingen (Württemberg), gest. 7. März 1982 in Berlin. Sohn des Arztes und Schriftstellers Friedrich Wolf. 1933 emigrierte die Familie zuerst nach Frankreich, später in die UdSSR. In dem 1936 im sowjetischen Exil von Gustav von Wangenheim inszenierten Film *Borzy* (Kämpfer) wirkte der zehnjährige Konrad Wolf mit. 1942 meldete sich Wolf siebzehnjährig freiwillig zur Roten Armee, mit der er 1945 im Rang eines Leutnants nach Berlin einzog. Nach Kriegsende arbeitete er bei der 'Berliner Zeitung', später als Kulturreferent der Sowjetischen Militäradministration. 1949 nahm er ein Studium an der Moskauer Filmhochschule (VGIK) auf. Regieassistenzen bei Joris Ivens (*Freundschaft siegt*, 1951, über die III. Weltfestspiele der Jugend und Studenten) und Kurt Maetzig (*Ernst Thälmann - Sohn seiner Klasse*, 1953). Mit seinem erstem eigenen Film *Einmal ist keinmal* (1954/55), von der DEFA produziert, schließt er sein Studium ab. Konrad Wolf wird zum bedeutendsten Regisseur der DDR. 1965 Präsident der Akademie der Künste der DDR, 1981 Mitglied des ZK der SED. Filme: 1954/55 *Einmal ist keinmal*. 1955 *Genesung*. 1956/57 *Lissy*. 1957/58 *Sonnensucher*. 1958/59 *Sterne/Zwezdy*. 1960 *Leute mit Flügeln*. 1960/61 PROFESSOR MAMLOCK. 1963/64 *Der geteilte Himmel*. 1966 *Der kleine Prinz*. 1967 *Ich war neunzehn*. 1970/71 *Goya/Goja*. 1973 *Der nackte Mann auf dem Sportplatz*. 1976 *Mama, ich lebe*. 1978/79 *Solo Sunny* (Co-Regie: Wolfgang Kohlhaase). 1981/82 *Busch singt. Sechs Filme über die erste Hälfte des 20. Jahrhunderts* (Dokumentarfilmzyklus; Künstlerische Leitung und Regie bei Teil 3: *1935 oder Das Faß der Pandora* und Teil 5: *Ein Toter auf Urlaub*).

Herausgeber: Freunde der Deutschen Kinemathek. Druck: graficpress
Redaktion dieses Blattes: Rüdiger Bering

## EHE IM SCHATTEN Deutschland 1947

*Produktion: DEFA, Berlin*
*Regie: Kurt Maetzig*
*Buch: Kurt Maetzig, nach der Novelle 'Es wird schon nicht so schlimm' von Hans Schweikart*
*Kamera: Friedl Behn-Grund, Eugen Klagemann*
*Musik: Wolfgang Zeller*
*Bauten: Otto Erdmann, Franz F. Fürst, Kurt Herlth*
*Kostüme: Gertraude Recke*
*Schnitt: Alice Ludwig, Hermann Ludwig*
*Ton: Karl Tramburg*
*Standfotos: Kurt Wunsch*
*Produktionsleitung: Herbert Uhlig*
*Aufnahmeleitung: Ernst Körner, Gerhard Lücke*
*Darsteller: Paul Klinger (Hans Wieland, Schauspieler), Ilse Steppat (Elisabeth Wieland, Schauspielerin), Alfred Balthoff, Claus Holm, Willi Prager, Hans Leibelt, Lothar Firmans, Karl Hellmer, Lotte Lieck, Gerda Malwitz, Walter Werner, Alfred Maack, Hilde von Stolz, Lilo Nowka, Rudolf Lenel, Knut Hartwig, Karl Hannemann, Elly Burgmer, Hilde Gohr*
*Drehzeit: 12. März - 3. Oktober 1947*
*Uraufführung: 3.10.1947, Berlin (Cosima Friedenau, Filmtheater Friedrichshain, Prinzenpalast Gesundbrunnen, Kurbel Charlottenburg)*
*s/w, 105 Minuten*

### Inhalt

Der Film erzählt die Tragödie der Schauspielerin Elisabeth Maurer und ihres Kollegen Hans Wieland, der sie heiratet, als das Leben in Hitlerdeutschland für die Jüdin Elisabeth gefährlich zu werden beginnt. Kurz vorher hatte sich der Verleger Dr. Blohm, der Elisabeth heiraten wollte, von ihr abgewandt, als er Abteilungsleiter in der Reichskulturkammer wurde. Im Laufe der Jahre spitzt sich die Situation für die Wielands zu, erst entläßt man Hans, der sich nicht von seiner Frau lossagen will, dann schickt man ihn an die Front. Als er zurückkommt, entzieht ihnen Dr. Blohm die letzte Lebensmöglichkeit: gemeinsam mit Elisabeth wählt Hans den Freitod.

EHE IM SCHATTEN wurde einer der großen Erfolge jener Jahre, und die drei Hauptdarsteller Ilse Steppat, Paul Klinger und Claus Holm zählten zu den bekanntesten Schauspielern - allein dank der Popularität dieses Films. Das Publikum war betroffen von einer Geschichte, die Schweikart nach dem Leben und Tod des Schauspielers Joachim Gottschalk und seiner Frau gestaltet hatte, und Alfred Balthoff und Willi Prager spielen Rollen, die sie fast genauso am eigenen Leib erfahren hatten.

Heiko R. Blum: Kurt Maetzig. Der Pionier, in: Film in der DDR, München/Wien 1977

### Kritik

Wenn man heute eine Premiere für ganz Berlin veranstalten will, muß man vier Premieren veranstalten, für jeden Sektor eine. Und man muß dankbar sein, daß diese Möglichkeit überhaupt (und hier zum erstenmal) gegeben wurde, denn EHE IM SCHATTEN, der neue DEFA-Film Kurt Maetzigs,

der solcherart in vier Theatern gleichzeitig uraufgeführt wurde, verdient es, groß herausgestellt zu werden. (...) Jetzt, im Spiegel des Films, sieht der Zuschauer das alles so, wie er es damals hätte sehen müssen: dieses fast unmerkliche Hineingleiten in ein schlimmes Schicksal, dem dann später nicht mehr auszuweichen war, dieses "Es wird schon nicht so schlimm werden", "Es kann ja nicht lange dauern", das aus der allgemeinen Bequemlichkeit schnell die allgemeine Schuld werden ließ, das "Eigentlich haben sie gar nicht so unrecht", das die Wurzel der Unsicherheit, der Unfreiheit, der Lüge, der Unmenschlichkeit war, in der am Ende Ethos, Moral und Humanität ersticken mußten. Keiner der Handlungsträger dieses Films, auch nicht der Gegenspieler auf der Parteiseite, ist 'von Haus aus' hundertprozentiger Nationalsozialist; als anständige Menschen fühlen sich alle, der kleine Denunziant wie der Oberregierungsrat im Propagandaministerium - selbst dann noch, als der nackte Mord vor ihnen steht.

Das ganze Ausmaß der allgemeinen Verstrickung am Sonderfall eines persönlichen Schicksals sichtbar gemacht zu haben, ist das Verdienst dieses Films. (...)

Hans Ulrich Eylau; in: Tägliche Rundschau, Berlin, 5.10.1947

### Kurt Maetzig über seinen Film

(...) Ich hatte großes Glück, daß mir sehr erfahrene Leute zur Seite standen. Ich war ja sehr unerfahren in der Spielfilmregie. Friedl Behn-Grund war der Kameramann und Otto Erdmann der Filmarchitekt, und von beiden und ganz besonders von Otto Erdmann habe ich gleich bei der ersten Arbeit eine Menge gelernt. Ich habe Dinge gelernt, die manchmal später vergessen worden sind und die man selten in Filmen mit solcher Konsequenz angewandt hat. Erdmann entwickelte den Inszenierungsplan zusammen mit dem Regisseur, dem Kameramann. Nach den Erfordernissen der Szene, nach der Art, wie die Szene aufgefaßt wurde, paßte Otto Erdmann immer wieder sein Szenenbild an, so daß für die einzelne Einstellung der günstigste perspektivische Blick gebaut wurde. So kam es zum Beispiel, daß die Wohnung Wielands aus Zimmern und Küche überhaupt keinen normalen rechteckigen Grundriß hatte, sondern die Räume waren ganz schräg und verschoben, was der Zuschauer gar nicht bemerkt. Für die Kamera ergaben sich Durchblicke und Korrespondenzen. Die Kamerabewegungen konnten genau den Szenen, den Einstellungen, die geplant sind, angepaßt werden. Und da diese Anforderungen von Szene zu Szene verschieden sind, wurde bei jeder Dekoration zunächst einmal festgelegt, welche Szene hier den Vorrang hatte, auf welche alles ankam. So zum Beispiel ist in dieser Wohnung, in der ja ein großer Teil des Filmes spielt, die wichtigste Szene die Selbstmordszene am Schluß. Und schon auf diese Szene hin, auf die Blick-Korrespondenz zwischen Elisabeth am Flügel und Hans in der Küche, wurde die Wohnung gebaut. Sie war also in den Anfangsszenen schon darauf eingerichtet. (...)

*Günter Agde:* (...) Als wir uns den Film zusammen angesehen haben, sprachen Sie einmal von einer Dramaturgie der Tragödie. Eigentlich ist das eine klassische Tragödie, die sich da vollzieht, im Sinne des Aristoteles ein absolut logisches und kausal miteinander verbundenes Ablaufen der Fabel.

*K.M.*: Das allgemein waltende Schicksal, das unabänderlich auf sie Zukommende ist der Faschismus. An dem können sie nichts ändern, das ist es. Aber das eigene Handeln ist genau nach klassischen Vorbildern, nach klassischer Dramaturgie gestaltet, das heißt, daß die Helden eben mit eigener Schuld in ihr Unglück geraten. Sie sind nicht nur Opfer, sie sind auch selbst mitschuldig. Das war der Hauptinhalt des Filmes. Mich hätte das Schicksal der Wielands nicht so sehr bewegt, wenn es ganz und gar unverschuldet gewesen wäre, aber die Erkenntnis, daß viele Intellektuelle, auch Künstler, Anhänger der bürgerlichen Demokratie an dieser ganzen Katastrophe zu einem sehr großen Teil auch selbst mit Schuld trugen, indem sie sich in der Gesellschaft nie so engagiert haben, daß sie die treibenden Kräfte erkennen konnten, daß sie sahen, was für eine Katastrophe auf das deutsche Volk und auf alle Völker hereinbrechen würde, wenn man den Nazis nicht in den Arm fiel, motivierte mich. Diese Haltung, das persönliche Glück in den Vordergrund zu stellen und sich zu sagen: "Es wird schon nicht so schlimm!" und "Mich trifft das nicht", erleichterten es dann Hitler auch, sich gegen immer neue Gruppen der Bevölkerung zu wenden. Das ist auch textlich an einer Stelle im Film benannt worden. Kurt Bernstein sagt zu Elisabeth: "Die Nazis haben mit raffinierter Konsequenz alle Kräfte vernichtet, die das Volk aufklären und von seinem Unheil zurückreißen könnten. Zuerst die Kommunisten, die Sozialdemokraten, dann die Gewerkschaften, die Freimaurer, die Pazifisten, die politischen Parteien. Dann die Kirchen und Intellektuellen." Elisabeth muß ihm recht geben: "Wir haben damals geglaubt, man müsse auf das Recht vertrauen, und wenn man nichts Böses tut, dann kann einem auch nichts Böses getan werden." Und sie muß eingestehen: "Ja, jetzt kommt das Verhängnis langsam, aber sicher auf uns zu." Als sich der Faschismus stabilisierte, ging es bei jeder dieser willkürlichen Repressionsmaßnahmen immer gegen bestimmte Bevölkerungsgruppen. Immer wieder wurde eine Grenze gezogen, und die Nichtbetroffenen beruhigten sich: Das betrifft ja nur die Kommunisten, das die Sozialdemokraten, das betrifft nur die Juden, und ich bin ja nur Halbjude, das betrifft nur die und jene. Und so ging es dann eben Schritt für Schritt weiter. (...)

Günter Agde (Hrsg.): Kurt Maetzig, Filmarbeit, Berlin 1987

### "Ein schrecklicher Kitsch"?

(...) Maetzig verwarf die ursprüngliche Idee, Parallelhandlungen in seinen Film hineinzunehmen, ein breiteres Spektrum von Verhaltensweisen in faschistischer Zeit zu zeigen. Am Fall der Wielands, wie sie im Film hießen, geht er, indem er die Reaktion ihrer Umwelt auf ihr Schicksal als exemplarischen Fall nimmt, den Formen des Mitläufertums nach. Anpassungsbereitschaft, eigene Verstrickungen, allzu versteckter Widerspruch, Wegsehen, all diese Erfahrungen konnten im Zuschauererleben kathartisch verarbeitet werden. 10 Millionen Zuschauer sahen den Film innerhalb kürzester Zeit, wobei zu berücksichtigen ist, daß EHE IM SCHATTEN am 4.10.1947 noch in allen vier Sektoren Berlins zugleich anlaufen konnte, obwohl die Zeichen der Spaltung schon überdeutlich waren. Der Appell an ein schuldhaftes Versagen, ans Mitleiden, funktionierte noch als zonenübergreifendes ästhetisches Mittel. Eine Ausstellung von Widerstandsaktionen und analytische Beiträge zur Faschismusbewältigung sollten es wenig später ungleich schwerer haben: sie spalteten ihr Publikum. Maetzig bediente sich nicht, wie seine filmischen Anfänge bei der Wochenschau vielleicht hätten vermuten lassen, dokumentarischer Mittel, setzte vielmehr ganz im Sinne der Ufa-Tradition auf breit ausgespielte Emotionen (Kameramann Friedl Behn-Grund war in dieser Tradition großgeworden), machte Identifikationsangebote. Sentimentales Spiel, klare Konturen, keine Schatten, bewegte Gesichter in Großaufnahme, ausladende Rede: "Es ist ein Fehler, den Gefühlsinhalt einer Szene, der im Zuschauer entstehen soll, schon vom Schauspieler bieten zu lassen", bemerkte Maetzig später zu diesem Inszenierungsstil. Besonders nachteilig wirkte sich diese Spielweise bei der Darstellung der Elisabeth Wieland durch Ilse Steppat aus. Maetzig ahnte die Schwächen ihrer Darstellungsweise, hatte sich zunächst als ideale Besetzung der weiblichen Hauptrolle Joana Maria Gorvin gewünscht. Nach Probeaufnahmen mit ihr aber war dieser Plan gescheitert, da Jürgen Fehling, bei dem sie unter Vertrag stand, dem Regiedebütanten wohl nicht allzuviel zutraute. Doch mehr als eine Ahnung von diesen inszenatorischen Schwächen war nicht da. Maetzig hat sich ehrlicherweise später dagegen verwahrt, er habe bewußt eine Wirkungsstrategie in der Ufa-Tradition gewählt, um möglichst viele an diese Bildkonvention gewöhnte Zuschauer mit den neuen Inhalten zu erreichen.

Es war noch seine ganz eigene ästhetische Konzeption. Deshalb mußte ihn Brechts Bemerkung, es sei "ein schrecklicher Kitsch", die in dessen entgegengesetzter, analytischer Spielauffassung begründet war, treffen und zum Überdenken der eigenen Position veranlassen. Maetzig hatte "auf einem eingefahrenen Gleis einen neuen Zug abfahren lassen" (Maetzig, 1980), weil er durch die Geschichte seiner eigenen Familie (seine jüdische Mutter wurde in den Selbstmord getrieben) den Erfahrungen der Gottschalks/Wielands viel zu nah war, sich identifizierte, wie auch seine Schauspieler, die zum Teil ganz ähnliche Schicksale durchlebt hatten. (...)

Manfred Behn: Kurt Maetzig; in: CineGraph (Lexikon zum deutschsprachigen Film), München 1984 ff

**Kurt Maetzig**, geb. 25.11.1911 in Berlin. Studiert Chemie, Ingenieurwesen, Volks- und Betriebswirtschaft an der TH München, Soziologie, Psychologie, Pathologie und Jura an der Sorbonne. 1933 Volontariat bei Dreharbeiten. 1934 untersagt ihm die Reichsfilmkammer wegen seiner jüdischen Abstammung die Arbeit beim Film. Tätigkeit als Fotochemiker. Nach Kriegsende Wiederaufbau einer 'volkseigenen' Kopieranstalt. Ab Januar 1946 Gesamtleitung von *Die Wochenschau*, später *Der Augenzeuge*. Debütiert als Regisseur und Drehbuchautor 1947 mit EHE IM SCHATTEN. Von 1954-1964 erster Rektor der Deutschen Hochschule für Filmkunst in Babelsberg. Ab 1955 Professor für Filmregie. Filme (Auswahl): 1947 EHE IM SCHATTEN. 1948/49 *Die Buntkarierten*. 1949/50 *Der Rat der Götter*. 1950 *Immer bereit* (Dokumentarfilm, Co-Regie: Feodor Pappe); *Familie Benthin* (Regie-Kollektiv unter Leitung von Slatan Dudow und Kurt Maetzig). 1953/54 *Ernst Thälmann - Sohn seiner Klasse*. 1954/55 *Ernst Thälmann - Führer seiner Klasse*. 1956 *Schlösser und Katen*. 1957 *Vergeßt mir meine Traudel nicht*. 1958 *Das Lied der Matrosen* (Co-Regie: Günter Reisch). 1959 *Der schweigende Stern/Milczaca gwiazda*. 1960 *Septemberliebe*. 1961 *Der Traum des Hauptmann Loy*. 1961/62 *An französischen Kaminen*. 1963 *Preludio 11*. 1965/89 *Das Kaninchen bin ich* ('Regalfilm'; nach Verbot erst 1989 aufgeführt). 1966/67 *Das Mädchen auf dem Brett*. 1967 *Die Fahne von Kriwoj Rog*. 1971/72 *Januskopf*. 1975 *Mann gegen Mann*.

Herausgeber: Freunde der Deutschen Kinemathek. Druck: graficpress
Redaktion dieses Blattes: Rüdiger Bering

## DIE VERSUNKENEN WELTEN DES ROMAN VISHNIAC Schweiz 1978

*Produktion: Erwin Leiser Filmproduktion*
*Regie, Buch: Erwin Leiser*
*Kamera: Otmar Schmid, Peter Warneke, Erich Kollmar*
*Schnitt: Leonard Trumm, Margaret Harris*
*16 mm, s/w, 42 Minuten*

### Roman Vishniac
### von Erwin Leiser

Die Menschen auf seinen Bildern wissen nicht, daß sie fotografiert wurden. Als Roman Vishniac zwischen 1933 und 1939 durch Osteuropa reiste und in den vielen Schtetl und Ghettos das jüdische Leben mit der Kamera festhielt, mußte er die Fotoausrüstung vor den orthodoxen Juden verbergen, die den Satz "Du sollst dir kein Bildnis machen" wörtlich nahmen. Deshalb sind diese Aufnahmen so unmittelbar, so voller Leben. Hundertachtzig Fotografien aus jener Zeit sind in dem Band 'Verschwundene Welt' veröffentlicht. Ist es Zufall, daß Vishniac gerade hundertachtzig Bilder auswählte? Hundertachtzig ist zehn mal achtzehn. Und achtzehn ist in den Buchstaben des hebräischen Alphabets geschrieben das Wort für Leben. Für Roman Vishniac sind alle diese Menschen noch am Leben, ihre winzigen Wohnungen und lärmenden Straßen sind nicht verschwunden.

Jahrhundertelang hatte sich das Gesicht des Ostjudentums nicht verändert. Bevor es vom Holocaust für immer ausgelöscht wurde, leuchtet es auf den Bildern Vishniacs noch einmal auf. Wenn wir heute diesen verträumten Gelehrten und geplagten Handwerkern, traurigen Müttern und ernsten Kindern in die Augen sehen, können wir auch nicht für einen Augenblick vergessen, wie grausam sie kurze Zeit nach diesen Aufnahmen ermordet wurden. Wissen sie schon, welches Schicksal sie erwartet? Sind ihre Züge von Todesahnung gezeichnet? Oder bedeuten ihre scheuen, skeptisch wachsamen Blicke nur, daß sie sich der ständigen Bedrohung durch eine feindliche Umwelt bewußt waren? Roman Vishniac war schon damals davon überzeugt, daß Hitler die systematische Ausrottung der europäischen Juden vorbereitete. Er konnte diesen Massenmord nicht verhindern, aber er konnte mit seiner Kamera die Erinnerung an diese Menschen retten. Liebevoll und unsentimental zeigt er uns ihre verschwundene Welt als erlebte, ungeschminkte Wahrheit.

Roman Vishniac gehört zu den großen Fotografen unserer Zeit. Aber er ist nicht nur das, sondern auch Biologe, Mediziner, Kunsthistoriker und Universitätslehrer, ein wissensdurstiger Forscher, dessen Interessen die Grenzen zwischen den wissenschaftlichen Disziplinen sprengen. Er wurde 1897 in der Nähe von St. Petersburg geboren und machte 1906 als Schuljunge seine erste Aufnahme, durch ein Mikroskop, vom Bein einer Küchenschabe. Er studierte in Moskau, verließ Rußland, als nach der Oktober-Revolution Pogrome gegen die Juden organisiert wurden, und floh nach Berlin. Dank seinem litauischen Paß konnte er sich in Deutschland auch nach der Machtergreifung Hitlers bis 1939 frei bewegen. 1940 ging er nach New York, wo er besonders durch Fotografien und Filme bekannt wurde, die er im Mikroskop und unter Wasser gemacht hatte. Noch heute gibt er am Pratts Institute in Brooklyn Kurse in 'Kreativität'. Ich sehe ihn vor allem in zwei Situationen vor mir, in seiner kleinen New Yorker Wohnung, zwischen seltenen Büchern und asiatischen Skulpturen, vor Kästen mit Dias und alten Abzügen seiner Fotos, am Mikroskop oder an einem langen, von Büchern, Zetteln und Zeitungsausschnitten übersäten Tisch - oder unter einem klaren Sonnenhimmel in den Schweizer Bergen, wenn er sich plötzlich bückt und die Kamera einstellt.

Andere Situationen hat er selbst beschrieben: 1933 stand er mit einer SA-Mütze auf dem Kopf in einer geliehenen braunen Uniform zwischen johlenden Berlinern und fotografierte die Bücherverbrennung. Einige Jahre später nahm er mit versteckter Kamera zwei Jüdinnen in einer polnischen Ghettogasse auf, ging auf sie zu und wurde verhaftet. Als im November 1938 Zehntausende von polnischen Juden, die den größten Teil ihres Lebens in Deutschland verbracht hatten, aber nie eingebürgert waren, mit ihren Kindern an die polnische Grenze verschleppt wurden, um dann im grenznahen Zbaszyn in einer völlig verdreckten Kaserne untergebracht zu werden, schloß sich Vishniac einer Gruppe deportierter Juden an und kam so in das Durchgangslager Zbaszyn. Er fotografierte heimlich die Gefangenen und sprang eines Nachts mit seinen Aufnahmen aus dem ersten Stock der Kaserne. Auf der Flüchtlingskonferenz des Völkerbundes wurden seine Bilder dann kurz darauf als einziger Beweis für die Lager der Vertriebenen im Niemandsland zwischen Deutschland und Polen vorgelegt. (...)

Vishniac ist kein Fotograf im üblichen Sinne. Er ist ein Philosoph, der auch fotografiert. Er versucht, das Unsichtbare sichtbar zu machen, die geistige Haltung, ja die Seele der Menschen zu zeigen. Er lebte mit ihnen und liebte sie, deshalb konnte er sie so aufnehmen, wie sie wirklich waren. Oft fühlt der Betrachter in seinen Bildern die Gewißheit des Fotografen, daß von dieser Welt nur die Bilder übrig bleiben würden. Selbst wenn uns ihre Geschichte nicht bekannt wäre, würden diese Gesichter zu uns sprechen. Wortlos teilen sie uns die bitteren Erfahrungen der Menschen mit, beziehen aber das Kommende schon ein. Hier trifft der Satz einer großen Dichterin zu, daß nur das Private allgemeingültig sei. Diese armen Hausierer und Lehrer, Kinder und Greise mit ihrer Angst vor bekannten und unbekannten Feinden, in Erwartung einer Katastrophe, die sie sich nicht vorstellen können, vertreten die Gedemütigten und Verfolgten dieses Jahrhunderts schlechthin. Jahrtausende hindurch sind die Juden ihres Glaubens wegen verfolgt worden. Das Ghetto von Krakau errichtete Kasimir der Große im 14. Jahrhundert, um die Juden von den übrigen Polen zu isolieren. Sie waren von vielen Berufen ausgeschlossen. Ihre Sprache war Jiddisch. Vertrieben aus den deutschen Städten des Mittelalters in den Osten, von dort zurück nach Deutschland und dann wieder abgeschoben, bewahrten die Juden als Umgangssprache das Deutsch des Mittelalters und vermischten es mit der Sprache der Heiligen Schrift, dem Hebräischen, und der Sprache des jeweiligen Gastlandes. In Polen wurde Jiddisch eine wirkliche Sprache, mit hebräischen Buchstaben geschrieben, zärtlich 'Mameloschen' genannt, Muttersprache. Die Millionen osteuropäischer Juden blieben trotz der Assimilation und den äußeren Erfolgen einiger weniger eine Minorität, die sich durch ihre Religion, ihre Sprache und ihre Gebräuche von der Umwelt unterschied und antisemitischen Machthabern als Sündenbock diente. Die jüdischen Massen waren zu einem Dasein in Armut und Angst vor Pogromen verurteilt, dem sie nur gewachsen waren, weil sie den Demütigungen und der Not einen inneren Reichtum entgegenstellen konnten. Sie hielten in allen Situationen zusammen und halfen einander. Man war nicht allein. Man betrachtete das Wissen als einen Weg zur Quelle des Lebens und die Synagoge als eine Brücke zum Herzen Gottes. Die Kraft der religiösen Tradition war weiterhin ungebrochen. (...)

Die Bilder Vishniacs sind so ergreifend, weil er sich selbst zu den Menschen zählt, deren Dasein er fotografierte. Er war erschöpft und hungrig mit ihnen, schlief wie sie in überfüllten Zimmern und verstand ihre Gefühle und Gedanken, als ob er ganz zu ihnen gehöre. Er war kein Außenseiter. Deshalb konnte er in seinen Bildern aus den Judenvierteln Osteuropas immer wieder eine starke Vision, ein unmittelbares Gefühl, für einen Menschen oder eine Situation, ins Visuelle umsetzen. Dabei enthält das fertige Bild in seiner Komposition und Aussage oft mehr, als der Betrachter zunächst entdeckt. Die große Kunst Vishniacs liegt nicht nur in der Direktheit seiner Momentaufnahmen, sondern auch im Reichtum von Andeutungen und Beobachtungen, die der Betrachter nachvollziehen muß. Da ist ein Bild vom Eingang ins alte Krakauer Ghetto, auf dem man erst allmählich drei einsame Gestalten entdeckt, und links im Vordergrund sieht man eine weiße Taube in einem Käfig: ein unaufdringliches Symbol für die Lage der auf diesem Bild nicht sichtbaren Menschen im Ghetto - oder ein Signal für die Sehnsucht nach Frieden und Freiheit. Da ist ein Bild von einem kleinen Mädchen im Bett vor einer Wand mit gemalten Blumen. Auch wenn man nicht weiß, daß diese "einzigen Blumen ihrer Kindheit", wie Vishniac das Bild genannt hat, von ihrem Vater stammen und sie trösten sollen, weil sie keine Schuhe hat und deshalb im Winter zu Hause bleiben muß, erlebt man in diesem Kindergesicht Mißtrauen und frühes Leid.

Da sind Bilder von verhüllten Frauen und Männern mit den Gesichtern biblischer Patriarchen, sie gehen allein durch verschneite Straßen, die man nach den Erzvätern Abraham, Isaak und Jakob benannt hat. Da sind die vielen Aufnahmen von den Lastträgern im Warschauer Ghetto, bei der Arbeit und während einer kurzen Ruhepause, auf der Suche nach Arbeit und im Schlaf auf dem primitiven Tragegestell. Der Schlafende hält seinen kostbaren Besitz fest an sich gedrückt: seine Schuhe. Vishniac hat auch die früh gealterte, sechsundzwanzigjährige Frau des Trägers Nat Gutman aufgenommen, ihr Kind, das ein warmes Tuch um den Kopf gewickelt hat, weil es Zahnschmerzen hat, die Konzessionsschildchen der Gruppe von zehn jüdischen Trägern, in der er selbst einen Monat arbeitete, und die bescheidene Mahlzeit der Familie Gutman, die sie mit ihm teilte, trockenes altes Brot und ein zähes Stück Salzhering.

Viele Aufnahmen Vishniacs scheinen zeitlos zu sein. Er fotografierte einen Dorfältesten in Vrchni Apsa in den Karpaten. Auf dem Bild tritt das zerfurchte Gesicht des Mannes aus dem Dunkel hervor, nur die linke Seite des Kopfs, der lange weiße Bart und die Hände sind vom Feuerschein beleuchtet. Ist er ein biblischer Prophet oder ein weiser Erzähler, der seine Geschichten und Gleichnisse am Lagerfeuer erfindet? Hat ihn Rembrandt im Judenviertel von Amsterdam entdeckt? Der kleine Dorfschüler an dem morschen Tisch mit

den alten Folianten könnte in einem Lehrhaus des Mittelalters über die Frage nachdenken, die sich ihm beim Lernen gestellt hat, wenn nicht die Lampe an der Decke das Bild datieren würde. Das Studierzimmer des Rabbis von Mukacevo sah 1938, als Vishniac es fotografierte, genauso aus wie die entsprechenden Räumlichkeiten bei legendären Helden der alten chassidischen Geschichten. Auch die Fotos, die die Armut der kleinen Händler und Handwerker und ihrer Familien dokumentieren, schildern menschliches Dasein auf eine allgemeingültige Art. Da ist ein Keller, in dem sich ein Mann über seine Arbeit beugt. Ein Kindergesicht wird hinter seiner Schulter sichtbar, man spürt die Enge des Raums und den Metallstaub in der Luft, im Hintergrund stehen die beiden Betten, in denen nachts neun Personen schlafen müssen. Das diffuse Licht gibt dem Raum etwas Undefinierbares, das über den Augenblick und Ort hinaus zu dem Betrachter spricht. Da ist das Bild der zur Zeit leeren Einzimmerwohnung, in die sich zwei Familien teilen. Die Menschen sind zur Arbeit gegangen, aber jeder der armseligen Gegenstände hat eine Geschichte zu erzählen. Da sind die Mädchen, die ihr Spiel auf der Straße unterbrochen haben und nun auf den Zehenspitzen stehen, um durch das Fenster der Mutter bei der Arbeit zuzuschauen. Da sind die Ladenbesitzer, die vergebens auf Kunden warten, da sind Kinder, die Trost brauchen, und Eltern, die nach einem Ausweg aus ihrer Notlage suchen, obdachlose Männer, die sich an Hauswände anlehnen, und Gläubige, die zu ihren Lehrern eilen. Da ist die alte Händlerin, die die Marktgebühr nicht bezahlen kann und dem Steuereinnehmer, der die Ware beschlagnahmen will, antwortet, daß sie keine Ware hat. "Dann nehme ich eben dein Essen", sagt er und sie erwidert, "Ich habe kein Brot mehr und die Zuckerdose ist leer. Bloß Salz ist noch da."

Wir sehen die einzelnen und die vielen auf diesen Bildern und jedes Mal, wenn wir die Aufnahmen von neuem betrachten, entdecken wir etwas, das wir noch nicht wahrgenommen hatten, ein Gesicht oder eine Geste, eine Bewegung, etwas, das unsere Phantasie in Bewegung setzt. Dank dieser Bilder kennen wir einige der anonymen sechs Millionen ermordeter Juden. Vishniac hat sie davor bewahrt, vergessen zu werden. Oft hat man vor seinen Bildern den Eindruck, daß seine Kamera die Menschen in dem Augenblick überraschte, in dem sie den Messias erwarteten. Er zeigt eine Welt, in der die Gläubigen auf die Erlösung vorbereitet waren.

Statt dessen kam der Holocaust. Roman Vishniac überlebte ihn. Seine Bilder sorgen dafür, daß wir das Gesicht der jüdischen Welt vor dem Holocaust nicht vergessen. Die Menschen auf diesen Aufnahmen leben. In unserer Erinnerung bleiben sie so jung wie damals, als Vishniac seine Kamera auf sie richtete.

(1983)

Erwin Leiser: Roman Vishniac, in: Erwin Leiser: Nahaufnahmen. Begegnungen mit Künstlern unserer Zeit, Hamburg 1990

## LIEBE UND EXIL - ISAAC BASHEVIS SINGER UND NEW YORK Schweiz 1984

*Produktion: Erwin Leiser Filmproduktion*
*Regie, Buch: Erwin Leiser*
*Kamera: Peter Warneke*
*Schnitt, Regieassistenz: Helena Gerber*
*Sprecher: Dietmar Schönherr*
*Darsteller: Miriam Goldschmidt, Urs Bihler*
*16mm, Farbe, 45 Minuten*

## Melancholisch, weltfroh

Ein Film über den jiddischen Schriftsteller Isaac Bashevis Singer, über ein Leben im Schatten und späten Ruhm? Nein. Eine Dokumentation über die Schicksale ostjüdischer, den Nationalsozialisten entkommenen Emigranten? Auch nicht. Eine knappe szenische Aufbereitung des Singerschen Romans 'Feinde'? Nein, ebenfalls nicht.

Was dann? Weit mehr. Eine sehr leise, sehr behutsame, sehr melancholische und sehr witzige Geschichte über eine versunkene Kultur, die religiöse Welt des Ostjudentums, wie sie sich in Roman Vishniacs Photographien spiegelt; eine Moritat, die von jener jiddischen Literatur und Publizistik handelt, der sich vor fünfzig Jahren noch Hunderttausende von New Yorkern verpflichtet wußten; eine Legende, die am Beispiel des Singerschen Romans 'Feinde, die Geschichte einer Liebe' das traurige, aber auch von Gottesgehorsam und der Ironie des in die Welt verschlagenen Sünders bestimmte Leben von Juden verdeutlichte: im Hintergrund das galizische Stetl, gemeinsame Sprache und Geschichte, gemeinsames Leiden und gemeinsame Spiritualität, und im Hier und Jetzt die neubabylonische Umgebung der Neuen Welt, in der alles zu allem paßt, der Jud zum Farbigen, der Rabbi zum Goi. Isaac B. Singer sprach von seiner Arbeit für die in New York erscheinende jiddische Zeitung (früher täglich, heute, die Auflage ist auf ein Zehntel geschrumpft, nur noch wöchentlich publiziert); die Redaktionsstube trat ins Bild, alles wie vor einem halben Jahrhundert, altvorderliche Maschinen und hebräische Lettern; orthodoxe Juden eilen durch New York, Gesichter huschen vorbei, wie man sie aus der grandiosen Photoausstellung 'Versunkene Welten' kennt, und dann wurden, von zwei glänzenden Schauspielern interpretiert, Szenen aus jenem Roman Isaac Singers geboten, in dem es um einen Mann geht, der drei Frauen hat, eine, die ihn rettete, eine, der er angetraut war und von der er geglaubt hatte, sie sei tot, und eine dritte, die seine Geliebte ist. (Alle drei, ein Meisterstück, werden von der gleichen Darstellerin gespielt.)

Szenen, in denen es um Tod und Leben geht, um den Massenmord gestern und die kleinen brutalen Verurteilungen in dessen Gefolge, um die Verletzungen, die sich die Überlebenden gegenseitig zufügen... aber das alles ganz unsentimental, trocken, pointiert, weltfroh und beiläufig dargeboten. Glänzende Dialoge, small talk, der plötzlich ins Gebet übergeht. Die Sprache Isaac Singers, der, bevor die Schauspieler in Aktion traten, die 33. Straße passierte (oder war sie es nicht?) und sich in einer Cafeteria nach Altbekannten umsah: "Wir sehen uns an und denken, der lebt also noch, und überlegen kurz, wer mag wohl der nächste sein von uns, der nicht mehr kommen kann... und dann kauen wir weiter."

Liebe im Exil, Humanität und Witz, hinübergerettet in die neue Heimat, die keine ist: Unter diesen Aspekten verschwisterten sich Wirklichkeit und Poesie, die Alltäglichkeit und die sie übersteigernde, zum Parabolischen zugespitzte Legende von der Liebe, die in schlimmen Zeiten geradenwegs ins Aussichtslose führt - ins Aussichtslose, hinter dem, Gottes Wege sind wunderbar, ein großes Fragezeichen steht. Ein makelloser Film also? Beinahe. Er wäre es gewesen, wenn das letzte Wort nicht die Phantasiefiguren, sondern ihr Autor gehabt hätte: Isaac Singer, der dem Betrachter am Bildschirm allzu früh aus den Augen entschwand. Schade. Man hätte ihm gerne Adieu gesagt.

Momos (d.i. Walter Jens), in: Die Zeit, Nr. 4, Hamburg, 18. Januar 1985

## DIE FEUERPROBE - Novemberpogrom 1938
Bundesrepublik Deutschland 1988

*Produktion: Erwin Leiser Film- und Fernsehproduktion, Berlin*
*Buch und Regie: Erwin Leiser*
*Regie-Mitarbeit: Vera Leiser*
*Kamera: Peter Warneke*
*Schnitt: Eva Schlensag, Wolfgang Gessat*
*Ton: Klaus Klingler*
*Recherchen: Monika Handschuch*
*Produktionsleitung: Elke Peters*
*Herstellungsleitung: Renée Gundelach*
*16mm, s/w und Farbe, 80 Minuten*

### Inhalt

Am 9. und 10. November 1938 zerstörten und plünderten die Nationalsozialisten die Geschäfte der Juden, steckten überall in 'Großdeutschland' Synagogen in Brand, mißhandelten und verschleppten über 20.000 jüdische Männer. Dies geschah noch vor dem Kriegsausbruch. Die Nationalsozialisten probierten im November 1938 aus, wie weit sie ohne Widerstand vom In- und Ausland gehen konnten, auf einem Weg, der von der Bücherverbrennung zu den brennenden Synagogen und dann während des Krieges zu den verbrannten Menschen in den Vernichtungslagern führte. Es gibt nur wenig historisches Material über den Novemberpogrom 1938, denn die Nationalsozialisten hatten ein striktes Verbot erlassen, ihre Verbrechen zu filmen oder zu fotografieren. Deshalb enthält der Film historisches Fotomaterial, das mit versteckter Kamera, vor allem von Amateuren, unter Lebensgefahr hergestellt wurde und bisher nicht veröffentlicht ist, und einige der wenigen überlebenden Zeitzeugen berichten, was sie damals erlebten. Der Novemberpogrom 1938 war der Auftakt zur völligen Vernichtung des deutschen Judentums und wird hier aus der Sicht der Betroffenen und in Erinnerungen engagierter Beobachter dargestellt, als Warnung für die Nachgeborenen.

Informationsblatt der Reihe 'Neue Deutsche Filme' der Internationalen Filmfestspiele Berlin, 1989

### Dokument gegen das Vergessen

(...) DIE FEUERPROBE setzt sich mit der Gewalt der Diktatur auseinander, mit der Reichskristallnacht, dem 9. November 1938, an dem im ganzen Deutschen Reich die Synagogen angezündet, Juden gedemütigt, verfolgt, ermordet wurden. Kurz vor seiner Flucht hat Erwin Leiser dies alles noch selbst in Berlin als Halbwüchsiger miterlebt, heute (...) versucht er Wahnsinn und Verbrechen von damals zu dokumentieren, indem er Zeitzeugen zu Wort kommen läßt.

Dieser Film mit einer - wie Leiser berichtet - 'schweren Entstehungsgeschichte' ist für den Regisseur ein wichtiger Film, es ist für ihn eine Arbeit 'über mich selbst'. Leiser zählt sich zu den Zeugen der Zeit, die Zeugnis ablegen müssen gegen das Vergessen.

DIE FEUERPROBE lebt also von den Zeugen der Zeit. 15 hat Erwin Leiser nach einem halben Jahrhundert ausfindig machen können, 15, die - oftmals nur unter großer Selbstüberwindung - bereit waren, über die Schrecknisse von 1938 zu berichten. Es sind in ihrer Mehrzahl die Opfer, auch einige wenige nichtjüdische Beobachter des Terrors, Menschen, die sich betroffen zeigten, Menschen aber auch, die halfen, jüdische Mitbürger versteckten vor den Schergen der Diktatur. Erwin Leiser hat (...) auch Täter als Zeitzeugen aufgesucht, doch keiner von ihnen hat sich bereit gefunden, vor der Kamera auszusagen, auch keine Polizisten oder Feuerwehrmänner, die in jenen Tagen dem Feuerfanal tatenlos zugesehen hatten, nicht mal Sympathisanten der Herrschenden. "Nur Täter leisten es sich, zu vergessen", kommentierte Leiser diese seine Erfahrung mit den Zeitzeugen der Reichskristallnacht (und gewiß nicht nur der).

Er läßt seine Zeitzeugen ohne einen Partner im Bild, ohne die Fragen eines Interviewers für sich allein zu Wort kommen, um so einen Eindruck nicht vom NS-Apparat, sondern ausschließlich vom Tage zu gewinnen. Prominente, unter ihnen Georg Stefan Troller und Simon Wiesenthal, und unbekannte Zeitzeugen von 1938 bietet Leiser auf, um ein Bild vom Novemberpogrom vermitteln zu können. Daneben stehen authentische zeitgeschichtliche Aufnahmen vom Weg der Opfer in den Tod (...).

In dieser Nacht wurden, worauf Leiser hinweist, "nicht nur Fensterscheiben zertrümmert. Die Existenz des deutschen Judentums wurde brutal zerschlagen. Die völlige Ausschaltung der Juden aus der deutschen Gesellschaft und Wirtschaft trat in ihre letzte, entscheidende Phase."

Fast alle Synagogen in Deutschland und über 7000 Geschäfte in jüdischem Besitz wurden in dieser Nacht des Schreckens zerstört, über 20.000 Juden wurden verschleppt, davon allein 10.000 nach Buchenwald, wo man, wie Leiser nachweist, zuvor bereits die Baracken für diese Neuankömmlinge hat errichten lassen (was den Charakter der vorgeblichen 'Spontaneität' in dieser Nacht demonstriert). Leiser dokumentiert den Weg des NS-Terrors vom ersten antijüdischen Boykott am 1. April 1933 über die Nürnberger Gesetze von 1935 zur 'Reichskristallnacht' und zum 'Versuch der völligen Vernichtung aller Juden, die sich in der Gewalt des NS-Staates befanden'.

Leiser, der auch eine Reihe Künstlerporträts geschaffen hat, so über den Nobelpreisträger Singer, den New Yorker Maler Raphael Soyer, über den Bildhauer Botero und über Willem de Kooning, der vor allem auch - in *Wähle das Leben* (1962) sowie in *Hiroshima - Erinnern und Verdrängen* (1985) - sich mit der Vernichtung durch den Atomtod auseinandergesetzt hat, sieht den Titel seiner neuen Arbeit in übertragenem Sinn: Feuerprobe gilt für ihn als Synonym für die Bücherverbrennung 1933, für die Synagogenschändung 1938 und für die Verbrennung von Menschen in den Lagern der Gewaltherrscher, wobei - wie Leiser es formuliert - nicht die Opfer die Feuerprobe zu bestehen hatten, sondern die Täter. Doch er sei 'kein Ankläger, kein Richter', sondern ein Zeuge des Unrechts. (...)

Volker Baer, in: Der Tagesspiegel, Berlin, 6. November 1988

### Kritik

(...) Der Film entwickelt seine eigene Dramaturgie: ermöglicht wird sie durch die Reihung von Aussagen von Zeitzeugen, jüdischen wie 'arischen', die Wort für Wort nachvollziehbar macht, wie es, nach dem November-Pogrom, über die Beschickung eines Konzentrationslagers wie Buchenwald hinaus zur 'Endlösung' in Auschwitz kam. Wenn man nicht genau hinhört, was die einzelnen Befragten, darunter solche, die Auschwitz überlebt haben, aussagen, dann könnte man meinen, die Berichte wiederholen sich, glichen einander. Das trifft freilich nicht zu. Erwin Leiser hat diese verbalen Zeugenschaften konsequent entlang der historisch feststehenden Entwicklung der 'Endlösung' in seinen Film eingelassen.

Vorab der umfassende Teil über Buchenwald läßt deutlich werden, wieviel scheinbar legitimierte sogenannte Gesetzmäßigkeit in diesem Prozeß des Grauens wirksam war. Dem Filmemacher dabei hoch anzurechnen ist seine Diskretion; ist sein Respekt vor der Emotionalität, welche die Zeugen über-

wältigt, wenn sie im Reden inne werden, wie wenig es gelingen kann, das Trauma des Schreckens, der Demütigung, der Zerstörung von Würde zu überwinden. Leisers Einfühlsamkeit wird ebenfalls spürbar, wenn er - man erkennt das an den Schnitten, die manchem Zuschauer als abrupt erscheinen mögen - Sprechende, die sich in ihren Manierismen oder Ticks zu verlieren anschicken, durch eben diese Schnitte nicht ausliefert. Simon Wiesenthal, Georg Stefan Troller sind Zeugen, deren Namen einen Klang haben. Andere Namen kennt man nicht, obgleich sie für die Geschichte des Progroms und des späteren Holocaust unabdingbar sind. So etwa Rudolf Robert, heute Geschäftsführer der Stiftung, die den Opfern der Willkürherrschaft der Nazizeit hilft; oder Oscar Winter, der, als politischer Häftling, in Buchenwald die Baracken für die angekündigten Juden erstellen mußte; auch Eric Wolffsberg, der Unterhaltungsmusiker, der noch immer am Lied leidet, das er zu intonieren hatte: "Buchenwald, ich kann dich nicht vergessen."

Ist das Böse ausgehalten? Erwin Leiser zweifelt daran. (...)

DIE FEUERPROBE - Zeugen der Reichskristallnacht, in: Neue Zürcher Zeitung, 10. November 1988

**Erwin Leiser,** geb. 16. Mai 1923 in Berlin; floh nach der Kristallnacht nach Schweden. Studium in Lund. 1950 bis 1958 war er Feuilletonredakteur des schwedischen Regierungsorgans 'Morgon-Tidningen'; Features für den schwedischen Rundfunk; seit 1959 arbeitet er vor allem als Regisseur und Autor von Dokumentarfilmen. *Den blodiga tiden (Mein Kampf*, 1960) war sein erster Film, der zahlreiche Auszeichnungen erhielt, u.a. in San Francisco, Berlin, Warschau und Paris.

1961 zog Leiser nach Zürich, wo seine weiteren Filme enstanden. 1966 bis 1969 war Erwin Leiser künstlerischer Direktor der Deutschen Film- und Fernsehakademie Berlin. Weitere Filme: *Eichmann und das Dritte Reich* (1961). *Wähle das Leben* (1963). *Deutschland, erwache* (1968). *Keine Welt für Kinder; Opfer der Gewalt* (1972). *Ich lebe in der Gegenwart - Versuch über Hans Richter* (1973). *Von Bebel zu Brandt* (1974). *Weil sie Frauen sind; Frauen in der Dritten Welt* (1975). *Die Welt des Fernando Botero* (1976). *Bram van Velde - Maler des Schweigens; Edward Kienholz* (1977). *Männer im besten Alter;* DIE VERSUNKENEN WELTEN DES ROMAN VISHNIAC (1978). *Willem de Kooning und das Unerwartete* (1979). *Die Leidenschaften des Isaac Bashevis Singer; Stille Stellen - Hans Fischli; Raphael Soyer - ein Maler in New York* (1981). *Leben nach dem Überleben* (1982). *Vor 50 Jahren war alles dabei* (1983). *Die Kunst ist das Leben - De Kooning (1984). Erde Schatten Stein - Rolf Iseli;* LIEBE UND EXIL - ISAAC BASHEVIS SINGER UND NEW YORK (1984). *Botero als Bildhauer; Das furchtlose Auge - Berenice Abbott; Hiroshima - Erinnern oder Verdrängen; Die Mitläufer* (Spielszenen: Buch: Oliver Storz, Regie: Eberhard Itzenplitz) (1985). *James Rosenquist; Boteros Corrida; Elie Wiesel - Im Zeichen des Feuers* (1986). *Ljus mellan träden - Gunnar Norrman; Welt im Container - Hans Falk* (1987). *Lothar Wolf - Eine ungewöhnliche Filmkarriere;* DIE FEUERPROBE. *Novemberpogrom 1938* (1988). *Kunstszene Los Angeles* (1988/89). *Avigdor Arikha - Das hungrige Auge* (1990). *Wer war Hugo Weber?* (1991). *Al Hirschfeld* (1991). *1937 - Kunst und Macht* (1992). *Memories of Harlem* (1992). *Pimpf war jeder* (Arbeitstitel: *Jahrgang 1940;* über seine Schulklasse am Berlinischen Gymnasium zum Grauen Kloster); *Die Ufa- Mythos und Wirklichkeit* (1992).

Herausgeber: Freunde der Deutschen Kinemathek. Druck: graficpress

## MORITURI Deutschland 1947/48

*Produktion: Central Cinema Comp. Film (CCC), Berlin*
*Regie: Eugen York*
*Buch: Gustav Kampendonk*
*Nach einer Idee von Artur Brauner*
*Kamera: Werner Krien*
*Musik: Wolfgang Zeller*
*Ausstattung: Hermann Warm, Bruno Monden*
*Ton: Werner Pohl*
*Schnitt: Walter Wischniewsky*
*Produktionsleitung: Hans Lehmann*
*Aufnahmeleitung: Waldemar Wasa-Runge, Willi Rother*
*Produzent: Artur Brauner*
*Darsteller: Lotte Koch (Lydia), Winnie Markus (Maria Bronek), Hilde Körber (Irre), Catja Görna ((Stascha Sokol), Annemarie Hase (Mutter Simon), Walter Richter (Dr. Leon Bronek), Josef Sieber (Eddy), Siegmar Schneider (Gerhard Tenborg), Carl-Heinz Schroth (Armand), Klaus Kinski (holländischer Häftling)*
*Drehorte: Mark Brandenburg; Atelier: Berlin*
*Drehzeit: September 1947 - Januar 1948*
*Uraufführung: 28. August 1948, Venedig (Filmfestspiele)*
*Deutsche Erstaufführung: 24. September 1948, Hamburg; 16. November 1948, Berlin (Neue Scala)*
*s/w, 88 Minuten*

### Anmerkung

MORITURI gelangte in Österreich unter dem Titel *Freiwild* auf den Markt. 1964 inszenierte Bernhard Wicki in den USA einen gleichnamigen Film (auch: *Kennwort Morituri*) über die Geschichte einer Blockadebrecher-Fahrt aus dem Jahre 1942 (mit Marlon Brando und Yul Brynner).
'Morituri' (te salutant) heißt: 'Die Todgeweihten' (grüßen dich).

### Inhalt

Fünf KZ-Häftlinge verschiedener Nationalität flüchten mit Hilfe eines polnischen Arztes aus dem Lager. Im Wald treffen sie mehrere Familien, die sich dort vor den Deutschen verborgen halten und die russischen Fronttruppen erwarten. Die Schicksale der für Wochen der Not in dem polnischen Waldversteck zusammentreffenden Menschen werden in der Folge dargestellt. Als ihnen ein deutscher Soldat, selbst nur Vollstrecker einer höheren Befehlswillkür, in die Hände fällt, ringen sie sich zu der Erkenntnis durch, daß Unrecht nur durch Gnade aus der Welt geschafft werden könne. Der Soldat weist ihnen in der Stunde der Entscheidung als Gegengabe den Weg zur Freiheit.

Alfred Bauer, Deutscher Spielfilmalmanach, Bd, 2, 1946-55, (Reprint) München 1981

### Ein ehrgeiziges Projekt

"In MORITURI wollte ich das auf die Leinwand bringen, was ich selbst erlebt hatte. Mit diesem Film wollte ich an das Gewissen der Welt appellieren. Aber man ließ mich nicht. Die Alliierten, von denen ich bisher angenommen hatte, daß ihr Krieg auch ein Krieg war für die Unterdrückten, für die Ewig-Geschundenen, für die 'kleinen Leute' aller Nationen und Rassen, die immer alles ausbaden mußten, was ihnen die Großen eingebrockt hatten, die Alliierten schienen andere Sorgen zu haben. Sie waren so stark mit ihren Berliner vier Sektoren beschäftigt, mit all den Querelen, Zuständigkeiten, Oberhoheiten, Einflußbereichen, daß ihnen mein Film völlig wurscht war.
Ich drehte ihn trotzdem. Weil ich spürte, daß ich ihn einfach drehen mußte. Es gibt im Leben Situationen, in denen man weiß: das mußt du tun, obwohl es absolut wider jede Vernunft ist, aber wenn du es nicht tust, wirst du es dein Leben lang bereuen. Unvernünftig, absolut idiotisch war mein Plan schon deshalb, weil ich dunkel ahnte, daß ich mit diesem Film kaum Geld verdienen würde." (Artur Brauner: Mich gibt's nur einmal, München 1976)
Aus den Sätzen lassen sich noch heute die Verbitterung und der Trotz des damals 28jährigen herauslesen, der im Frühjahr 1947 damit begann, die Verwirklichung seines Lieblingsprojektes vorzubereiten. Da sich Liepelts Firma an dem neuen Projekt nicht interessiert zeigte, stand Artur Brauner ohne Produktionserlaubnis da. Zu dem Filmvorhaben, das mit seiner Schilderung der Flucht aus einem Konzentrationslager, dem Versteck vor Wehrmacht und SS sowie einem pathetischen Appell für Völkerverständigung alles andere als ein herkömmlicher, leicht verkaufbarer Unterhaltungsfilm zu werden versprach, gingen potentielle Partner auf Abstand. Am 11. Juni 1947 überreichte Brauner das von seinen Vorstellungen bestimmte Drehbuch unter dem Arbeitstitel 'Die Namenlosen' an die Section Cinéma der französischen Behörden in der Hoffnung, über die Genehmigung des Drehbuchs eine Produktionslizenz zu erhalten. Die französischen Offiziere vertrösteten ihn. Rund zwei Wochen später, am 26. Juni, sprach er in der Kulturabteilung der Sowjetischen Militäradministration (SMA) in Lichtenberg gemeinsam mit seinem Produktionsleiter Hans Lehmann vor. Brauner gelang es, die Kulturoffiziere von seinem als antifaschistisch vorgestellten Projekt zu überzeugen. (...)
Die Arbeitsbedingungen für alle gestalteten sich hart: lange Anfahrtswege in Lastwagen quer durch die Sektoren, Übernachtungen am Drehort, Nachtarbeit, Überstunden, Kälte und Lebensmittelknappheit bestimmten den Alltag. Zu den Entbehrungen kam die Gewißheit, in Kürze wieder arbeitslos zu sein, denn alle Arbeitnehmer waren allein für die Dauer einer Produktion angestellt und erhielten als sogenannte 'unständig Beschäftigte' keinerlei Kündigungsschutz. Ausnahmslos alle, ob Bühnenarbeiter oder Buchhalterin, mußten gehen, sobald die Produktion sie nicht mehr brauchte.
Der jungen CCC fehlten für ihr ehrgeiziges Projekt nahezu alle technischen Voraussetzungen und Geräte: Autos, Lichtmesser, Filter, Stative, Kameras, Schneidetische, Musikinstrumente, Kohle- und Glühlampenscheinwerfer, Schienenwagen, Transformatoren; Hauptzuleitungen und Schaltwagen wurden geliehen, Hochspannungsleitungen gelegt, der Tanzsaal des Dorfgasthauses 'Am Katharinensee' in Glienicke diente als Atelier, Hof und Vorgarten des Gasthauses

'Zur Lessing-Klause' verwandelten sich in ein Geräte- und Baulager, und in den Räumen der SED Glienicke residierte das Büro. Soldaten der Roten Armee, berichtete Brauner in seinen Erinnerungen, spielten als Statisten mit und schossen dabei scharf - weil Platzpatronen fehlten. (...)

Am 28. August 1948, sieben Monate nach Drehende, wurde MORITURI bei der IX. Biennale in Venedig uraufgeführt. (...) Ebenfalls bereits im August hatten Brauner und Schorcht versucht, für MORITURI ein Uraufführungstheater in einem Westsektor Berlins zu finden. Vergeblich. Am 24. Juni hatte die Blockade der Stadt durch die sowjetische Besatzungsmacht begonnen, zwei Tage später wurde die Luftbrücke nach Berlin geschlagen, das sich im eskalierenden Kalten Krieg als Frontstadt verstand. Und nun ein Film zur Völkerverständigung? Die Kinobesitzer, die den Film in Interessentenvorführungen sahen, befürchteten einen Reinfall an der Kasse und lehnten ihn ab. Produzent und Verleiher sahen sich gezwungen, nach Hamburg auszuweichen, wo MORITURI am 24. September 1948 im Waterloo-Theater seine deutsche Uraufführung erlebte. (...)

In Berlin, über das Tag und Nacht die Flugzeuge der Luftbrücke dröhnten, wurde MORITURI schließlich am 16. November 1948 uraufgeführt.

Claudia Dillmann-Kühn: Artur Brauner und die CCC, Deutsches Filmmuseum Frankfurt/M. 1990

Eines sei hier am Anfang festgestellt, dieser Film gehört, wie *Ehe im Schatten*, mit zu den besten deutschen Filmen, die nach dem Kriege auf der Leinwand erschienen sind. Er behandelt ein Thema unserer Zeit. Er schildert das abenteuerliche Erleben von fünf KZ-Insassen, deren Schicksal sich später mit dem einer Gruppe von Menschen verbindet, die vor der Gefahr der Deportation in einem Waldlager Zuflucht gesucht haben. Es gereicht diesem Film zur Ehre, daß er das behandelte Thema mit ebenso großem Takt wie Anstand löst. Er ist eine Anklage, eine Anklage aber, die nicht skrupellos, unbedenklich und haßerfüllt sich gegen alle wendet, sondern den Personenkreis der Betroffenen genau zu begrenzen weiß. Sie kennt keine Kollektivschuld. Die Gerichtsszene im Walde, die dann überblendet in einen wirklichen Gerichtssaal (diese Überblendung kommt als eigentlich einzige stilistische Abweichung von der sonst äußerst realen Basis etwas überraschend), legt diese Auffassung eindeutig und unumstößlich fest. Der Film predigt nicht Haß und Vergeltung. Er zeigt die Schuld auf, aber er spricht nicht von Rache. Er überwindet sich gleichsam selbst. Er fördert die Kraft sich aus Not und Elend aufzuschwingen zur Verkündigung des Gedankens der Völkerverständigung und der Menschenliebe. Er verklärt dadurch seine Anklage zur Mahnung und wird beispielgebend dafür, daß alle Menschen sich verstehen können, wenn sie in erster Linie daran dächten, 'nur' Menschen sein zu wollen. Vielleicht kommt diese Tendenz heute schon wieder etwas spät; denn die gegenwärtige Entwicklung auf allen Gebieten wird ihr wahrhaft nicht gerecht. Alle die aber, die selbst in sich die Bereitschaft zur Liebe und den Willen zur Verständigung tragen, werden diesen Film verstehen.

Bayerische Zeitung, Regensburg, 24. März 1949

### Und grüß den Tod mit Würde

Mit dem Film MORITURI wollte Artur Brauner von der CCC gewiß kein Geschäft machen. Er wollte mit Unterstützung des bewährten Regisseurs Eugen York und solch ausgezeichneter Darsteller wie Lotte Koch, Winnie Markus, Hilde Körber, der jungen Catja Görna, Joseph Sieber, Walter Richter, Karl-Heinz Schroth und Siegmar Schneider den Verfolgten, den Gepeinigten und Toten, den Opfern des nationalso-zialistischen Staates ein Denkmal setzen. Er wollte die Menschen aufrufen, sich zu besinnen, zueinander zu finden, aus all dem Leid der vergangenen Jahre die Folgerungen zu ziehen, die notwendig sind, daß sie "Menschen sein können, und menschlich, wie es sich gehört".

Das war die Absicht, die dem Film MORITURI zugrunde liegt. Sie wurde nicht verwirklicht. Statt des 'Denkmals' entstand ein Plakat, das schreit, wo es überzeugen sollte und schweigt, wo predigen oder schreien. Der Film hat keine Handlung im üblichen Sinne. Er schildert, wie Menschen verschiedener Nationen, dem Tod geweihte Flüchtlinge, sich vor den SS-Häschern und deutschen Truppen in einem Wald nahe Warschau verbergen. (...) Nicht deshalb, weil unangenehme und unbequeme Erinnerungen wieder hervorgerissen werden, nicht, weil er die geschichtlichen Geschehnisse nur als unwirklichen Hintergrund benutzt, bleibt der Film ohne die Wirkung, die man ihm wünschen muß. Die Zuschauer verlassen das Theater mit dem deutlichen Gefühl, hier will man uns zeigen, daß wir ausgestoßen sind, nicht teilhaben sollen an der Welt, in der Menschen und Völker sich vertragen und verstehen können. Gerade das Gegenteil möchte MORITURI sagen. Und weil der Film sich nicht verständlich machen kann (...), deshalb wurde er nicht das Denkmal, das wir brauchen, um aus den Leiden der Hingemordeten die Lehren zu ziehen, die die Grundlage bilden für jene Welt, nach der sich nicht nur die 'Todgeweihten' auf der Leinwand sehnen.

Lgn., in: Hannoversche Presse, 27. August 1949

**Artur Brauner**, geb. 1. August 1918 in Lodz. Er überlebte mit seinen Eltern die Verfolgung durch die Nazis, ständig auf der Flucht; 49 seiner Verwandten starben in Ghettos und deutschen Konzentrationslagern. Am Ende des Krieges verschlug es ihn nach Berlin. 1947 produzierte er zusammen mit Günter Regenberg seinen ersten Film *Herzkönig*. Weitere Filme als Produzent (u.a.): 1950 *Epilog* (Helmut Käutner). 1951 *Sündige Grenze* (R.A. Stemmle). 1955 *Die Ratten* Robert Siodmak). 1957/58 *Osmy dzien tygodnia/Der achte Wochentag* (Aleksander Ford). 1958 *Es geschah am hellichten Tag* (Ladislao Vajda). 1958/59 *Der Tiger von Eschnapur*; *Das indische Grabmal* (Fritz Lang). 1959/60 *Herrin der Welt* (Wilhelm Dieterle). 1967/68 *Tevye und seine sieben Töchter* (Menahem Golan). 1973/74 *Sie sind frei, Dr. Korczak* (Aleksander Ford). 1980 *Charlotte* (Frans Weisz). 1983 *Eine Liebe in Deutschland* (Andrzej Wajda). 1989/90 entstand *Hitlerjunge Salomon/Europa, Europa* (Agnieszka Holland).

**Eugen York**, geb. 26. November 1912 in Rybinsk, Sowjetunion; gest. 18. November 1991 in Berlin. Aufgewachsen in Berlin, kam 1932 zur Ufa, wurde Regie-Assistent bei Walter Ruttmann. 1937 drehte er seinen ersten eigenen Film (über die Herstellung von Bleistiften); Tätigkeit für die 'Heeresfilmstelle'; inszenierte seinen ersten Spielfilm (*Heidesommer*), der unvollendet blieb. Nach dem Krieg als Synchronregisseur tätig. Filme (u.a.): 1948 MORITURI. Nach *Die letzte Nacht* (1949) inszenierte er vier Filme für Real-Film, Hamburg: *Schatten der Nacht*; *Export in Blond*; *Der Schatten des Herrn Monitor*, *Lockende Gefahr* (alle 1950). Regie-Gastspiel bei der Defa mit *Das Fräulein von Scuderi* (1956).
Weitere Filme: *Ein Herz kehrt heim* (1956). *Das Herz von St. Pauli* (1957). *Der Greifer; Das Mädchen mit den Katzenaugen; Der Mann im Strom* (1958). *Nebelmörder* (1964). *Das Gesetz des Clans* (1976).

Herausgeber: Freunde der Deutschen Kinemathek. Druck: graficpress

## LANG IST DER WEG Deutschland 1948

*Produktion: Internationale Film-Organisation GmbH (Ifo), München*
*Regie: Herbert B. Fredersdorf, Marek Goldstein*
*Buch: Karl Georg Külb, Israel Becker*
*Nach einer Idee von Israel Becker*
*Kamera: Franz Koch, Jack Jonilowicz*
*Kameraführung: Herbert Geier. Kameraassistenz: Kurt Schulz*
*Musik: Lothar Brühne*
*Bauten: Carl Ludwig Kirmse. Kostüme: Lilo Bodamer*
*Ton: Hans Wunschel. Schnitt: Herbert B. Fredersdorf*
*Regieassistenz: Alwine Breuer*
*Produktionsleitung: Abraham Weinstein*
*Aufnahmeleitung: August Lautenbacher*
*Darsteller: Israel Becker (David Jelin), Berta Litwina (seine Mutter Hanna), Jakob Fischer (sein Vater Jacob), Bettina Moissi (Dora), Hans Leo Fischer (Chodecki), Alexander Bardini (Bauer), Paul Dahlke (Arzt), Otto Wernicke (alter Arzt), David Hart (Liebermann), Mischa Nathan (Partisan), Eugen Borkum (Beamter), Hanne Cwilich, Betty Segal, Male Ludner, Rita Carpinowicz, Berta Beilin, S. Cwilich, A. Wolowcik, Norbert Horowitz, Michael Rottstein, Icchok Naturman, Anne Lehman, Haline Jond, Hella Luxemburg, Lola Jacubowicz, Cilla Neuhaus, Severin Cwerling, Anatol Muratow, Richard Fritz Wolf, M. Messinger*
*Uraufführung: 1 Juni 1948 Berlin (West)*
*Gedreht im Studio München-Geiselgasteig sowie in München und Umgebung (Außenaufnahmen), D.P. Flüchtlingslager*
*s/w, 78 Minuten*

### Inhalt

Einem jüdischen Flüchtling gelingt es, aus einem KZ-Transport zu fliehen. Er schließt sich einer Partisanengruppe an. Nach dem Krieg versucht er längere Zeit vergeblich, seine verschollene Mutter zu finden. Er entdeckt sie schließlich in einem Ausländerlager in Deutschland. Unterwegs begegnet ihm ein deutsches Mädchen, das wie er alles verloren hat. Gegenseitiges menschliches Verstehen überwindet die Vergangenheit.

Alfred Bauer: Deutscher Spielfilmalmanach, Bd. 2, 1946-1955, München 1981

### Zur Entstehung des Films

(...) Ein weiterer Film - der jiddische, deutsche und polnische Dialoge mischte - wurde in den Lagern der von den Nazis verschleppten Personen im besetzten Deutschland produziert, in denen die Zahl der Zuflucht suchenden jüdischen Menschen auf 225.000 angewachsen war. Neben Essen, Kleidung und anderen Unterstützungen sorgte das American Joint Distribution Committee (JDC) in diesen Flüchtlingslagern für kulturelle Aktivitäten. Israel Becker, 31 Jahre alt und aus Bialystok stammend, der eine vom JDC unterstützte Schauspielertruppe leitete, schrieb ein autobiographisches Drehbuch und legte es der Jewish Film Organization (YAFO) vor, die 1946 vom JDC gegründet worden war, um jiddische und hebräische Versionen des von der US-Army produzierten Dokumentar-films

*Death Factories* herzustellen. YAFO empfahl Beckers Projekt offensichtlich der US Army's Information Control Division, die den Film dann produzierte. LANG IST DER WEG wurde in einem Münchner Studio mit Schauspielern des Münchner Jiddischen Kunst-Theaters gedreht, darunter auch Berta Litwina (die 1937 in *Tkies Kaf* und *Der Purimschpiler* mitgewirkt hatte), Bettina Moissi (Tochter des deutsch-jüdischen Schauspielers Alexander Moissi) und Alexander Bardini (der Leiter eines Jiddischen Theaters). Ein deutscher Filmemacher, Herbert B. Fredersdorf, wirkte als technischer Regisseur mit, während Marek Goldstein die Führung der Schauspieler oblag. (Obwohl Becker in den Stabangaben nur beim Drehbuch aufgeführt wurde, erzählte er Eric Goldman, daß es "Schwierigkeiten mit den Darstellern" gegeben und er sich daraufhin entschlossen habe, den Film selbst zu inszenieren.)

Nach einem an eine Wochenschau erinnernden Prolog beginnt LANG IST DER WEG im von den Deutschen besetzten Warschau. Als sich Jacob und Hanna Jelin (Berta Litwina) gerade auf den Sabbat vorbereiten, platzt ihr Sohn David (Israel Becker) mit der schrecklichen Nachricht herein, daß die Nazis alle Juden zwingen, ins Ghetto zu gehen. Nach der Liquidierung des Ghettos gelingt es David, aus einem für Auschwitz bestimmten Transport zu fliehen, um auf dem polnischen Land eine Überlebenschance zu suchen. Während der erste Bauer, dem er begegnet, versucht, ihn an die Deutschen zu verraten, wird er von einem zweiten Bauern (Alexander Bardini) gerettet, der ihm nicht nur Essen und Unterkunft gewährt, sondern ihn auch zu einer Gruppe jüdischer Partisanen bringt. In einer verblüffend ökumenischen Szene betet der Bauer vor einem Wegkreuz für Davids Sicherheit. (LANG IST DER WEG sucht jüdischen Chauvinismus zu vermeiden: Später, als David ein Zugabteil mit vertriebenen deutschstämmigen Polen teilt, wird er begreifen, daß auch sie gelitten haben.)

(...) LANG IST DER WEG war einer der ersten Spielfilme, der die nationalsozialistischen Konzentrationslager aus der Sicht der Insassen zeigte. Becker schneidet zwischen Davids Abenteuer Szenen aus Auschwitz, die - obwohl vollständig im Studio gedreht - durch Stilisierung und Großaufnahmen überzeugen. Das Sh'ma[1] singend wird Jacob in die Gaskammer geschickt; Hanna gelingt es, bis zur Befreiung zu überleben. In den Ruinen des befreiten Polens trifft David Dora (Bettina Moissi). Da sie eine deutsche Jüdin ist, reden sie deutsch miteinander. Er erfährt vom Tod seines Vaters und macht sich auf die Suche nach seiner Mutter, zunächst in Polen, dann in der amerikanisch besetzten Zone Deutschlands. Sie sucht ihn ebenfalls, bis sie zusammenbricht und in ein deutsches Krankenhaus gebracht wird. (...) David kommt im Lager von Landsberg, dem größten rein jüdischen Flüchtlingslager in Bayern unter, findet eine Arbeit als Mechaniker und heiratet Dora. Nach einer eher tristen Hochzeitszeremo-

---

[1] Sh'ma, das 'Höre Israel'; das Bekenntnisgebet Israels, das mit 'Höre Israel' beginnt und aus den Versen 5. Mose 6, 4-9 besteht. Es wird zweimal täglich rezitiert. Viele jüdische Märtyrer sind mit diesem Bekenntnis zu dem einen Gott gestorben.

nie begibt sich das glückliche Paar zu Bett, um eine Radiosendung zu hören, in der Delegierte des Jüdischen Weltkongresses sich für die Öffnung Palästinas für jüdische Einwanderer aussprechen. Zufällig entdeckt David in einer jiddischsprachigen Zeitung den Namen seiner Mutter und eilt in das Krankenhaus, in dem sie untergebracht ist. Obwohl sie ihn zunächst nicht erkennt, endet der Film mit einem tränenreichen Wiedersehen. Eine kurze Coda zeigt einen jungen Mann, möglicherweise David, der das Land in Palästina bestellt. (...) LANG IST DER WEG wurde Mitte November 1948 im Avenue Theatre (New York) aufgeführt. Zu diesem Zeitpunkt existierte der Staat Israel bereits fünf Monate. Kritiken nahmen den Film natürlich immer noch als politisches Traktat auf. In 'Variety' wurde er als "offene Propaganda" und "sicherer Posten für anspruchsvolle Filmtheater" bezeichnet, während in der 'New York Herald Tribune' herausgestellt wurde, daß nur 20 Prozent der europäischen Flüchtlinge Juden seien und dem Film sein besonderes Anliegen angekreidet wurde. (...)

Jim Hoberman: Bridge of Light. Yiddish Film Between Two Worlds, New York 1991

### Kritik

(...) Wie die Münchner Aufführung erwies, geht er den deutschen Zuschauern nicht leicht ein, während ihn die objektiven Ausländer als das ansehen, was er sein soll: ein dokumentarischer Film um das Schicksal des jüdischen Volkes in der jüngsten Vergangenheit und die Ungewißheit seines Lebens in der Gegenwart. Dem Film ging der Ruf voraus, er verzerre die Tatsachen, nähre den Haßgedanken und predige Rache. Ohne diese Voreingenommenheit gesehen, hat man das Empfinden, daß seine Schöpfer bemüht waren, die Vergangenheit und die Gegenwart ehrlich zu schildern und für eine endliche Verständigung zu werben. Der Film schaut mit der Aufzeichnung des Leidenswegs der Familie Jelin aus Warschau zwangsläufig zurück, weist in seiner Tendenz aber eindeutig in die Zukunft, die uneingeschränkt allen Menschen gehören soll.

Der Film hat seine künstlerische Stärke in der Darstellung. Die Hauptfigur spielt Israel Becker, von dem auch die Idee stammt, und der gemeinsam mit Dr. Georg Külb das Drehbuch schrieb. Er ist ein Schauspieler, der von innen heraus seine Rolle kraftvoll und eindringlich gestaltet. Mit Berta Litwina, Bettina Moissi und einer Anzahl junger jüdischer Darsteller gelangt er zu einigen dramatisch mitreißenden Höhepunkten. Weiter profitiert der Film von der Meisterschaft der Kameramänner Franz Koch und Jack Jonilowicz, die durch ihre doppelsichtige Kameraführung der optischen Wirkung zu tiefer Geltung verhelfen und ihr dem Wort gegenüber einen durchaus filmischen Vorrang einräumen. Kongenial mit dem Bilde erreicht die Musik von Lothar Brühne ein Höchstmaß an Ausdruckskraft. Die Regie des Films hatten Herbert B. Fredersdorf und nach dessen Ausscheiden Marek Goldstein inne.

anon., in: Film-Illustrierte, 23. Juni 1948

### Diskussion um LANG IST DER WEG

Die Aussprache im Marmorhaus, zu der, im Anschluß an eine Matinee des IFO-Films LANG IST DER WEG, der Filmklub Berlin geladen hatte, ergab, als sie von künstlerischen Fragen des Films auf das immer noch leider nicht nur in Deutschland heikle Thema des Antisemitismus hinübergeglitten war, zwar keine wesentlichen Meinungsverschiedenheiten, förderte aber doch einige neue bedeutsame Gesichtspunkte zu dem Problem der DPs zutage. Der Direktor des Theaters, Jakob, gab zunächst die Ergebnisse der vom Marmorhaus veranstalteten Meinungsbefragung des Publikums bekannt (...). In politischer Hinsicht war der Film von den meisten als versöhnendes Dokument gutgeheißen worden, andere meinten, sie wollten die "KZ-Filme mit den rauchenden Krematorien" nun nicht mehr sehen, und ein Anonymus wagte zu erklären, der Film habe ihm mißfallen, weil er dauernd die jüdische Physiognomie zeige. An einen Einwand, der nicht nur in den Fragebogen geäußert worden war, sondern auch von einem Diskussionsteilnehmer aufgeworfen wurde: Der Film bagatellisiere die andere Seite der DP-Lager, den Schwarzhandel, knüpfte (...) Günther Birkenfeld an. Er sagte, in diesem Problem gründe der Antisemitismus von heute; der Film sei in der Richtung verfehlt, weil er an der Angst der DPs vor der ungewissen Zukunft, aus der der Schwarzhandel resultiere, vorbeigehe. Andererseits müsse man auch für die Animosität der Bayern, deren Kinos, wie der Regisseur Herbert B. Fredersdorf mitteilte, den Film nicht aufführen wollen, Verständnis haben, da sie selbst schwer arbeiten müßten, während die 'Verschleppten' herumlungerten. Birkenfeld forderte mit seinen Worten den berechtigten, leidenschaftlichen Protest Eva Siewerts heraus, die ihm vorwarf, er sehe es wohl, wenn die DPs Schwarzhandel trieben, aber er ignoriere, genau wie die Bayern, die das DP-Lager bei Feldafing schon 'Hitlers Unvollendete' nannten, daß ein großer Teil der deutschen Jugend heute ebenfalls lieber Schiebergeschäfte mache als arbeite. (...)

Es ist bedauerlich, daß auch heute noch Filme wie der hier diskutierte gegen eine Minorität verteidigt werden müssen. Der von Hitler geschürte Haß gegen die Juden, von dem man hätte glauben sollen, daß er mit der Macht der Nationalsozialisten, zumindest aber nach der Aufdeckung der entsetzlichen, in den Konzentrationslagern begangenen Grausamkeiten in Deutschland verschwinden würde, ist nicht tot. Er lebt und, so scheint es, er wächst sogar. Kein Deutscher, keiner, hat heute mehr das Recht, einem Juden sein Nichtstun oder eine Äußerung seiner erklärlichen Verbitterung zu verübeln. Es sollte uns vielmehr die Schamröte ins Gesicht steigen, wenn wir bedenken, daß die, die durch eine glückliche Fügung den 'Todesmühlen' entrannen, heute erleben müssen, daß so prominente Apologeten des Nationalsozialismus wie Heinrich Anacker, Wolfgang Liebeneiner, Josef Thorack und Hjalmar Schacht gleichsam mit Glacéhandschuhen angefaßt werden, zum Teil ihr Vermögen behielten, unbehelligt in ihren zweifellos komfortablen Wohnungen leben dürfen, während sie selbst, die vor Jahren vertrieben wurden und nichts mehr von dem ihr eigen nennen, was sie einst besaßen, immer noch oder schon wieder in stacheldrahtbewehrten Barackenlagern zusammengepfercht sind. Unverbesserliche Antisemiten notfalls handgreiflich zu belehren, sollte sich niemand scheuen, der Deutschland vor sich selbst und vor der Welt rehabilitiert sehen will.

Malte Fritsch, in: Der Tagesspiegel, Berlin, 15. Oktober 1948

**Herbert B. Fredersdorf**, geb. 2.10.1899 in Magdeburg; gest. 21. 7. 1971 in Alicante; Regisseur, Produzent, Drehbuchautor und Cutter. Filme: 1938 *Rivalen im Nordmeer*. 1940 *Alarm*. 1944 *Der Täter ist unter uns*. 1948 LANG IST DER WEG (Co-Regie: Marek Goldstein). 1953 *Die Prinzessin und der Schweinehirt*. 1954 *König Drosselbart*. 1955 *Der gestiefelte Kater* (auch Filmmusik, zusammen mit Richard Stauch); *Rumpelstilzchen* (auch Filmmusik, zusammen mit Richard Stauch); *Die Sennerin von St. Kathrein*. 1956 *Die Försterliesel*; *Der Schandfleck*. 1957 *Kein Auskommen mit dem Einkommen*. 1958 *Heimatlos*; *Kleine Leute - mal ganz groß*; *Der Sündenbock von Spatzenhausen*.

## DER DIBEK / DYBUK

Der Dibbuk  Polen 1937

*Produktion : Feniks, Warszawa*
*Regie: Michal Waszynski*
*Buch: Alter Kaczyna, Andrzej Marek (= Marek Arnstein),*
*nach dem gleichnamigen Bühnenstück von S. An-ski (= Schlo-*
*mo Seinwel Rapoport)*
*Künstlerische Leitung: Andrzej Marek (= Marek Arnstein)*
*Kamera: Albert Wywerka*
*Bauten: Jacek Rotmil, Stefan Norris*
*Musik: Henoch (Henryk) Kon*
*Gesang (Kantor): Gershon (Gerszon) Sirota*
*Choreographie: Judith Berg*
*Histor. Beratung: Majer Balaban*
*Kameraassistenz: L. Zajaczkowki, A. Arnold*
*Produzent: Ludwig Prywes*
*Produktionsleitung: Zygfryd Mayflauer*
*Darsteller: Abraham (Avrom) Morewski (Zaddik von Miro-*
*pol), Isaac (Ajzyk) Samberg (Der Sendbote), Lili Liliana*
*(Leah), Maks Bozyk (Nute), Leon Liebgold (Channon), Moshe*
*(Moses) Lipman (Sender), Dina Halpern (Frajde), Gershon*
*(Gerszon) Lemberger (Nisson), Samuel Landau (Salman),*
*David Lederman (Meyer), S. Bronecki (Nachman), Zishe Katz*
*(Mendel), Abraham Kurc (Michael), M. Messinger (Mena-*
*sche)*
*Uraufführung: 25. September 1937, Warschau*
*s/w, Jiddisch mit engl. Untertiteln, 122 Minuten*

### Anmerkung

Dibbuk - Anheftung, oft auch 'Dybuk' geschrieben, stellt den
Fall dar, daß die Seele eines Sünders nach dem Tode in den
Körper eines lebenden Menschen eintritt, um vor den Verfol-
gungen böser Geister (Dämonen) Ruhe zu finden, wodurch der
betreffende Mensch 'besessen' erscheint. Manchmal wird der
Eindringling selbst als böser Geist (Ruach) bezeichnet. Nur
einem Wundertäter, besonders einem 'Ba'alschem' kann es
gelingen, durch verschiedene Gebete und Zeremonien den
eingedrungenen Geist 'auszutreiben' (Exorzismus). (...) Die
Vorstellung des Dibbuk spielt im Volksglauben eine große
Rolle und wurde auch literarisch behandelt, so namentlich von
An-ski in seinem Drama 'Der Dibbuk'.

Aus: Jüdisches Lexikon, Berlin 1928

### Inhalt

Eine jüdische Kleinstadt in der zweiten Hälfte des vorigen
Jahrhunderts. Die Väter zweier befreundeter Familien geloben, daß ihre Kinder, sofern sie verschiedenen Geschlechts
sind, in Zukunft heiraten werden.
Nach gewisser Zeit kommt in der einen Familie ein Mädchen
zur Welt - Leah, und in der anderen ein Junge. Im Laufe der
Jahre möchte Leahs Vater, der inzwischen reich geworden ist,
nichts mehr von dem Gelübde wissen und lenkt die Geschicke
seiner Tochter in andere Bahnen, als früher festgelegt. Die
jungen Leute dagegen gefallen sich sehr, und es entflammt
bald eine große Liebe zwischen ihnen. Das Mädchen ist aber

für einen anderen vorgesehen, und das wird auch der Grund
für den Tod des Geliebten. Als der junge Mann stirbt, spricht
er eine kabbalistische Beschwörung aus. Am Tag der Hochzeit wird Leah vom Geist des verstorbenen Geliebten, von
Dybuk, besessen. Die Familie ruft den Wunderrabbi, der
durch wirkungsvolle Beschwörungen Dybuk zwingt, den
Körper des Mädchens zu verlassen. Dybuk wird ausgetrieben, aber Leah stirbt. Auf diese Weise können sich die für-
einander bestimmten Seelen in der Ewigkeit vereinen.

Jerzy Toeplitz: Geschichte des Films, Bd. 3, 1934-1939, Berlin 1979

### Expressionistischer Gestus

(...) 'Der Dybuk', von S. An-ski dramatisiert, wurde 1920 in
Warschau von der 'Wilnaer Truppe" in jiddischer Sprache
uraufgeführt. 1921 folgte an der 'Habima' in Moskau die
Aufführung des 'Dybuk' auf Hebräisch in der Übersetzung
von Chaim Nachman Bialik. Diese expressionistische Inszenierung durch Wachtangow, einem Schüler Stanislawskis,
diente Waszynski als Vorlage seiner in Polen 1937 gedrehten Verfilmung. Vor allem die Frauen-Figur der Leah gewinnt aus diesem zeitverschobenen Verfahren eine eigen-
willige, herbe Dramatik, die im Gegensatz zu den filmischen
Frauenbildern der Zeit steht. Die expressionistische Inszenierung der dreißiger Jahre gibt der Legende eine historische
Verfremdung, die die Legende noch dadurch überhöhte, daß
sie sie in eine rituell zerdehnte expressionistische Form goß.
Waszynskis düsteres Poem verdankt seine Gestalt wohl
nicht ausschließlich dem expressionistischen Gestus der
'Habima'-Inszenierung, sondern auch der Schule des deutschen expressionistischen Stummfilms, der in den Boots-
und Sturmszenen wohl Pate gestanden haben dürfte. Ein
doppelter Einfluß, der sich nicht nur am Film selbst zeigen
läßt, sondern auch biographisch: Waszynski arbeitete nicht
nur an Stanislawskis Moskauer Theater, er lernte auch bei
F. W. Murnau in Berlin. (...)

Gertrud Koch: Auf halbem Weg zum Engel des Vergessens, in: Das
jiddische Kino, Deutsches Filmmuseum Frankfurt, 1982

### Der künstlerischste jiddische Tonfilm

Der düstere, würdevolle und schwermütige DIBEK ist der
atmosphärisch dichteste und 'künstlerischste' der jiddischen Tonfilme. Vom Anfangsbild einer kerzenerleuchteten
Synagoge über die unheimlichen Tänze auf der nicht beën-
deten Hochzeitsfeier bis zum Höhepunkt des Exorzismus ist
der Film von Religion und Ritual durchtränkt - und auch von
Aberglauben und dem Übernatürlichen. (...)
Wie die meisten ambitionierten jiddischen Tonfilme führte
DER DIBEK einen großen Teil der Literatur- und Theater-
szene Warschaus zusammen. Obwohl der Anstoß von Ludwig Prywes kam, dessen Onkel die Erstaufführung finanziell
ermöglicht hatte, wurde der Produzent Zygfryd Mayflauer
wohl eher durch den internationalen Erfolg von *Le Golem*
inspiriert, einer spektakulären (und philosemitischen) fran-
zösisch-tschechoslowakischen Co-Produktion, die auch ein
gleichzeitig jüdisches und übernatürliches Thema hatte.
Prywes engagierte Arnstein und Alter Kacyzna, An-skis

literarischen Nachlaßverwalter, um das Drehbuch zu schreiben. Der Historiker Majer Balaban stand als Berater zur Seite. Henoch Kon komponierte die originale Filmmusik ("In meinem ganzen Leben habe ich mich keiner Arbeit mit solcher Hingabe gewidmet", erzählte er den 'Literarische Bleter'.). Kons Frau Judith Berg, die Polens erste jüdische Tanzschule begründete, choreographierte das halbe Dutzend Tanzsequenzen des Films. Darunter sind der nur von Männern ausgeführte 'frejlechs' (Kreistanz), mit dem die chassidischen Juden die Verlobung der noch ungeborenen Leah und Chanon feiern, und später der 'patschtanz' (Klatschtanz), den die reichen Frauen auf Leahs Hochzeit aufführen und dem drei weitere, expressionistische Nummern folgen. Im Gegensatz zu den chassidischen Tänzen sind am 'Tanz der Armen' sowohl Männer als auch Frauen beteiligt, während beim 'Tanz der Bettler' die zerlumpten und mißgebildeten Bettler (einige von ihnen offensichtlich auf den Straßen Warschaus zusammengesucht) in einem grotesken 'danse macabre' umherspringen. Der phantastische 'tojtntanz' (Totentanz), von Judith Berg selbst angeführt, basiert auf Beschreibungen, die ihr ihre Großmutter überlieferte.

Die Besetzung von DER DIBEK umfaßt mehrere Theater-Generationen. In einem Interview mit Patricia Erens erklärte Dina Halpern (die Leahs Tante Frajde spielte), daß die Schauspieler aus Warschaus diversen jiddischen Theatertruppen auserkoren wurden: "Viele von uns waren Routiniers in zahlreichen Theaterproduktionen, und jeder, der mit dieser Filmproduktion zu tun hatte, fühlte sich privilegiert, selbst die Statisten... Es war viel mehr als nur ein Rollenengagement."

Leon Liebgold und Lili Liliana, ein verblüffend junges Paar der Kleinkunst-Gruppe 'Jidische Bande', wurden als die vom Schicksal gebeutelten Liebenden besetzt. (Liliana hatte übrigens gerade die Leah in Riga gespielt, mit Liebgold als Sendboten). Als Zadik (= Rabbi, A.d.R.) wiederholte Avrom Morewski die Rolle, die er in der Produktion der Wilnaer Truppe 1929 kreiert hatte. Kontrastierend zu Morewskis intellektueller Spielweise spielte der grobschlächtige Isaac Samberg - ein Spezialist für Proletarier- und Gangsterrollen (und Funktionär der Jüdischen Künstlergewerkschaft) - den unerbittlichen Sendboten. (...) Dazu ist Gershon Sirota, der berühmteste Kantor Polens, wenn nicht gar Europas, ausführlich zu hören. (...)

DER DIBEK wurde im späten Frühjahr 1937 im Feniks-Studio gedreht, unter Mitwirkung führender Filmarchitekten und Techniker (von denen einige aus Nazi-Deutschland geflüchtet waren). Das Studio befand sich, so Dina Halpern, in Warschaus 'aristokratischster und antisemitischster' Gegend: "Die alten Juden und die jüdischen Jungen, die kamen, um als Statisten in dem Film mitzuwirken, mußten Spießruten laufen an diesen Gaunern vorbei, die sie an der Straßenecke beim Filmstudio abpaßten. Sie hatten Stöcke und Messer, und beinahe jeden Tag der Dreharbeiten wurde die Produktion aufgehalten, weil wir Wunden verbinden mußten." (...) Es wurde auch zwei Wochen lang an einem Originalschauplatz in Kazimierz gedreht, das mittlerweile in gewisser Weise dieselbe Bedeutung für das Jiddische Kino hatte wie das Monument Valley für John Ford. (...)

Judith Bergs lebhafte, brueghelsche Sequenzen sind das Kernstück des Films; die suggestive Musik, die Kon dafür schrieb, wird am Ende, wenn der Dibbuk exorziert ist und Leah kurz wieder zu sich kommt, behutsam wieder aufgenommen. Man wünscht sich beinah, daß Judith Berg den gesamten Film inszeniert hätte. Waszynski traut letztendlich nicht der evokativen Stimmung des Stückes und fügt überflüssige Elemente von Kinomagie hinzu: der Sendbote, der nach Belieben erscheint und sich wieder in Luft auflöst;

Channons Geist wird sichtbar, als er das Grab verläßt. In der Führung der Schauspieler kann sich Waszynski allerdings auf seinen Instinkt verlassen. So etwa, als die besessene Leah (Liliana) mit ihrer eigenen (wenngleich tieferen und verzerrten) Stimme spricht und ihre Hysterie auf furchteinflößende Weise durch Morewskis großartige Darstellung des kranken und sterbenden Wunderrabbis aufgegriffen wird: von Ängsten gepeinigt und zitternd ist er wie ein Instrument, auf dem Töne gespielt werden, deren Frequenz niemand anders hören kann. (...)

Jim Hoberman: Bridge of Light. Yiddish Film Between Two Worlds, New York 1991

## Zwischen zwei Welten

(...) Das hervorragendste Werk des jiddischen Films aber ist DER DIBEK, gedreht nach dem Stück von An-ski. Wie man in den Memoiren des Schauspielers Abraham Morewski nachlesen kann, fand dieses Stück kaum Resonanz, als es zum erstenmal vor Schauspielern und Literaten vorgelesen wurde. Die Nachwelt sollte ganz anders darüber urteilen; es ist heute eines der wenigen Stücke des jiddischen Repertoires, das ein internationales Publikum fand. Sein Autor ist ein eigenartiger Mensch, der, nachdem er aktiver Narodnik (Mitglied einer sozialrevolutionären Gruppe, A.d.R.) gewesen war und ganz Westeuropa bereist hatte, (...) Deputierter in der Duma in St. Petersburg wurde, um endlich, erschüttert von der Dreyfus-Affäre, zu seinem Ursprung zurückzukehren; er begann in Jiddisch zu schreiben und gründete die Gesellschaft für jüdische Volkskunde, für die er unermüdlich Material sammelte. Als ein im wesentlichen realistischer Autor wurde er als 'zamler' (Sammler) eingestuft. Aber man erinnert sich seiner allein wegen des 'Dibek'. Dieser Vierakter, 1919 in Wilna publiziert, gilt als glücklicher Zufall im Werk An-skis, und es scheint auch, als habe sich der Autor damit selbst übertroffen. Seinen lückenhaften Kenntnissen vom Theater zum Trotz gelang es ihm zum einen, Atmosphäre, Personen und faszinierend verflochtene Themenkreise zu schaffen, und zum anderen vermochte er eine volkstümliche Legende auf das Niveau eines Mythos zu heben.

(...) Der von A. Kacyzna bearbeitete und von Michal Waszynski inszenierte Film zerstört teilweise den gleichmäßigen dramatischen Aufbau, der vorsichtig umging mit dem Mysterium, der Spannung, der Steigerung in der Handlung, den Themen und der Figurenentwicklung, indem er den zeitlichen Ablauf der Ereignisse wieder herstellte (...). Aber die optische Schönheit der Kinoinszenierung bietet andere, ebenso wirkungsvolle Stilmittel auf, um das Mysterium und die Beklommenheit hervorzubringen, die im Theaterstück durch die verzögerte Enthüllung des Schwurs erzeugt wurde. Die Szenerie, mit Absicht ein Theaterdekor, trägt beträchtlich dazu bei, die befremdende Atmosphäre aufzubauen, mit der der Film durchtränkt ist. Sie besteht aus einem kleinen, äußerst stilisierten Platz in einem *schtetl*. In seiner Mitte steht als Sinnbild das Grab der beiden Verlobten, die zur Zeit der Massaker von Chielnicki getötet wurden, umgeben von zeltähnlichen Bauten aus Krummholz, von denen einer das Haus Leahs, ein anderer die Synagoge und der dritte das rituelle Bad darstellen, wo Channon während seiner Kasteiungen den Teufel anruft; das zweite Szenenbild ist der Friedhof mit schiefstehenden und teilweise moosbewachsenen Steinen; die Natur jedoch ist nur auf der Wegstrecke, die zwischen den lichtüberfluteten Feldern verläuft, oder in der Gewalt von Unwettern gegenwärtig. (...)

Das Phantastische ist hier aber nicht nur eine Angelegenheit von Szenerie und Stil. Es liegt im Heraufbeschwören der chassidischen Welt mit ihrem Glauben ans Übernatürliche als täglichem Erleben, mit ihren ekstatischen Tänzen und ihrer mystischen Einheit im Rabbi, dem Bindeglied zwischen Diesseits und Jenseits. Es führt sich ein mit dem Erscheinen und Verschwinden des Sendboten, der das Schicksal verkörpert. Das Phantastische bildet den thematischen Faden des Werkes, der sich um das Phänomen der Besessenheit rankt. Aber das Stück geht genauso wie der Film über das Phantastische des Schreckens, des Grauens oder gar der Furcht hinaus. Es ist ein mystisches Werk im wahren Sinne des Wortes, dessen Autor und Regisseur Ungläubige sind. Der Originaltitel des Stückes, der dessen Anliegen definierte, war 'Zwischen zwei Welten': zwischen der Gegenwart der Toten und ihrem unvermeidlichen Verschwinden, zwischen dem Dialog mit Gott und seiner unendlichen Ferne, zwischen Treue und Wortbrüchigkeit, zwischen Kontinuität und dem Bruch in der Folge der Generationen, zwischen der Einheit des Universums und seinem Zerfallen, zwischen Sündenfall und Erlösung. (...)

Rachel Ertel: A propos de quelques films yiddish, in: Positif, Paris, Nr. 25, Dezember 1979

### Goebbels und DER DIBEK

(...) Michal Waszynskis Film DER DIBEK sah ich zum ersten Mal Ende der vierziger Jahre in Stockholm. Seitdem habe ich den Film mehrmals gesehen und immer wieder als das stärkste erhaltene künstlerische Dokument des Ostjudentums aus der Vorkriegszeit erlebt. Der Film beeindruckt mich so tief gerade durch die Einfachheit seiner Mittel. Filmregisseure, die im Dritten Reich tätig waren, haben mir erzählt, daß sie den Film für interne Vorführungen bestellten, unter dem Vorwand, sich über den Charakter des Judentums orientieren zu wollen, und die Kraft des Films bewunderten. Goebbels, der oberste Filmherr des 'Großdeutschen' Reiches, notierte dagegen am 19. Februar 1942 in seinem Tagebuch, die Vorführung dieses Films in einem kleinen Kreise habe die Richtigkeit seiner Überzeugung bestätigt, "daß die jüdische Rasse die gefährlichste ist, die den Erdball bevölkert, und daß man ihr gegenüber keine Gnade und auch keine Nachgiebigkeit kennen darf". Goebbels betont: "Dies Gelichter muß mit Stumpf und Stiel ausgerottet werden". Damit illustriert er die These von Jean-Paul Sartre, daß der Antisemit so von seinen Vorurteilen und Affekten verblendet ist, daß er von ihnen nicht abzubringen ist. Was der Jude tut und wie er wirklich ist, kann diesen blinden Judenhaß nicht beeinflussen. Es ist auch typisch, daß Goebbels den DIBEK als projüdischen Propagandafilm auffaßte. Für ihn gab es nur Propaganda und Gegenpropaganda. (...)

Erwin Leiser: Erinnerungen an Jiddisch, in: Film, Nr. 2, Frankfurt/M., München 1980

### Das schtetl

(...) DER DIBEK spielt gegen Ende des neunzehnten Jahrhunderts in mehreren entlegenen kleinen Orten, oder auch schtetl, in Osteuropa, wo der Chassidismus, eine volkstümliche religiöse Bewegung mit einer einzigartigen Form des Zusammenlebens, tief verwurzelt war. Die chassidische Lebensweise geht von einem charismatischen Führer aus, dem Zadik, der seinen Anhängern geistige Erleuchtung verschafft dank seines mystischen Einsseins mit Gott. Als Wunderheiler und Wundertätiger ist der Zadik oder Rabbi in den Augen seiner Anhänger eine Mischung aus Beichtvater, Autorität in moralischen Fragen und Ratgeber in allen Lebensangelegenheiten. Er ist auch Lehrer, Schriftgelehrter und Prediger, der an einem Tisch, von seinen Jüngern umgeben, seine Lehren verbreitet. Für den einzelnen chassidischen Juden ist der Besuch am Hof des Rabbi sowohl Pilgerfahrt als auch eine

Wiedervereinigung mit seinen dort versammelten Glaubensbrüdern.

Das Zusammenleben in einem schtetl, von dem der Film ein ziemlich stilisiertes Bild zeichnet, entwickelte sich im 16. Jahrhundert im Königreich Polen-Litauen, als den Juden vorgeschlagen wurde, sich in im Besitz des Adels befindlichen Städten anzusiedeln. In vielen dieser Städte wurden die Juden zur vorherrschenden Mehrheit, was ihnen ermöglichte, eine einheitliche Lebensweise und ein einheitliches Wertesystem zu entwickeln. Ihre vorrangige wirtschaftliche Funktion bestand darin, für die Adligen Besitztümer wie z.B. Land, Mühlen, Wirtshäuser oder Brauereien zu verpachten und als Steuereintreiber zu arbeiten. Natürlich wurden auch andere Gewerbezweige entwickelt. Es wäre nicht allzu übertrieben zu sagen, daß der Großteil der schtetl-Bevölkerung ständig in Armut lebte, ein Aspekt des schtetl-Lebens, auf den An-ski in seinem Stück deutlich hinweist und der im Film in düstersten Farben geschildert wird.

Ironischerweise lebte kurz vor dem Zweiten Weltkrieg, als der Film entstand, jeder vierte polnische Jude in einer der fünf größten Städte, und 40% lebten in Orten mit über 10.000 jüdischen Einwohnern. Die Großstadt, nicht das schtetl, war das Zentrum des politischen und kulturellen jüdischen Lebens. Nichtsdestotrotz blieb das schtetl in den Vorstellungen vom osteuropäischen Judentum bis heute erhalten. Moderne jiddische Autoren haben auf ganz verschiedene Weise die traditionelle Lebensweise im schtetl, die sie selbst aufgegeben hatten, geschildert, mit nostalgisch-verklärtem oder scharf kritischem Unterton oder oft auch einer Mischung von beidem. Aber was auf viele zutrifft, ist, daß das schtetl weiterhin als Symbol für das Dasein der osteuropäischen Juden Bestand hat. Dies sollte bei näherem Hinsehen nicht allzusehr überraschen, da das Leben der jüdischen Gemeinden in den großen Städten und urbanen Zentren Osteuropas und sogar Amerikas weitgehend eine Weiterentwicklung des Lebens, der Institutionen und Werte des schtetl-Lebens darstellt. (...)

Sylvia Fuks Fried: The Dybbuk. A Yiddish Film Classic, The National Center for Jewish Film, Brandeis University, Waltham (Mass.) 1989

### Michal Waszynski - Bausteine einer Biographie

(...) DER DIBEK verdankt viel einem gewieften Entertainer. Michal Waszynski, der 33jährige energiegeladene Regisseur, der angab, bei Stanislawski in Moskau studiert und (wie Ulmer) bei Murnau in Berlin assistiert zu haben, war ein alles beherrschendes Wunderkind. Waszynski begann in der polnischen Filmindustrie als Regieassistent und wird als Regisseur des ersten polnischen Tonfilms genannt (der in Wien gedreht wurde); im Laufe der folgenden Dekade inszenierte er um die vierzig Filme, die eigentlich alle an der Kinokasse erfolgreich waren. (Nicht weniger als acht dieser Filme liefen zwischen 1934 und 1938 in New York.)

Waszynskis Tempo, seine Vielseitigkeit und seine Flexibilität lassen ein polnisches Pendant zu Vertragsregisseuren in Hollywood wie etwa Michael Curtiz vermuten. Er arbeitete in nahezu jedem Genre, drehte Melodramen, Musicals, romantische Fantasy-Filme, Farcen, Militärschwänke, eine polnisch-tschechoslowakische Koproduktion der sowjetischen Satire 'Zwölf Stühle', sogar einen Abenteuerfilm in Marokko. Polnische Kritiken stimmen jedoch überein, daß DER DIBEK Waszynskis bester Film ist. Als ukrainischer Jude, dessen eigentlicher Name Wachs war, wurde der vielseitige Regisseur in Wolhynien geboren, ein Jahrzehnt vor An-skis ethnographischer Expedition in diese Region. Waszynski absolvierte das Gymnasium und studierte in Kiew Schauspiel bei der polnischen Tragödin Stanisława Wysocka, bevor er nach Moskau und Berlin ging. (Leon

Liebgold erinnert sich, daß Waszynski kein Jiddisch sprach, und daß er den DIBEK mit 'zehn oder zwölf Leuten im Schlepptau' inszenierte, dazu noch Arnstein, der ihm als Übersetzer zur Seite stand." (Jim Hoberman, a.a.O.))
"Der Film DER DIBEK bildet in der Karriere des völlig auf Kommerz eingestellten Regisseurs eine ungewöhnliche Ausnahme." (Jerzy Toeplitz, a.a.O.)
Wo Waszynski die erste Phase des 2. Weltkriegs und die deutsche oder sowjetische Besatzung erlebte, darüber berichtet Jerzy Toeplitz in seiner 'Filmgeschichte' nichts. Doch 1941, nach dem Bruch des Hitler-Stalin-Paktes und dem deutschen Überfall auf die Sowjetunion, befand Waszynski sich in der UdSSR:
"Die polnischen Filmschaffenden, die sich in der Sowjetunion aufhielten, meldeten sich zur Armee. Es waren vor allem solche, die vor dem Krieg in der sogenannten Filmbranche gearbeitet hatten. Unter ihnen befanden sich: die Regisseure Michal Waszynski und Konrad Tom, der Kameramann Seweryn Steinwurzel und der mit der Branche wie mit der Avantgarde zusammenarbeitende Kameramann Stanislaw Lipinski. Man begann Anfang 1942 im Lager Jangi-Jul unweit von Taschkent (...) zu drehen, wo sich die ersten polnischen Einheiten formierten. Im Juli 1942 verließ die Armee von Anders (dem General, der die polnische Armee-Einheit im sowjetischen Exil organisierte, A.d.R.) die Sowjetunion und begab sich in den benachbarten Iran. Erst dort wurde das Material über das Leben der polnischen Soldaten im Sowjetland montiert. Das waren die *Kronika nr 1* (Chronik Nr. 1) und der Dokumentarfilm mit Spielfilmeinlagen: *Od pobudki do capstrzyku* (Vom Wecksignal bis zum Zapfenstreich). Realisatoren beider Filme waren Waszynski, Tom, Lipinski und Steinwurzel.
In Iran wurde die Filmgruppe der neu ins Leben gerufenen Instanz, nämlich der Abteilung für Propaganda und Aufklärung bei der polnischen Armee im Osten, unterstellt. Die Equipe Waszynski - Lipinski - Steinwurzel schuf die Reportage mit Fabel *Marsz do wolnosci* (Marsch in die Freiheit) über das Leben der polnischen Einheiten der Anders-Armee, die vom britischen Informationsministerium zum Vertrieb übernommen wurde. (...)
Waszynskis Filmgruppe richtete 1943, nach einem kurzen Aufenthalt in Irak, ihr Hauptquartier endgültig in Kairo ein. (...) In Kairo entwickelte die Filmgruppe des II. Polnischen Corps eine aktive Tätigkeit. Das am häufigsten verwendete Rezept war die Filmreportage mit inszenierten Szenen. Die verhältnismäßig große Schar polnischer Schauspieler, die sich in Ägypten befanden, erleichterte die Produktion dieser Fabeleinlagen. Die Kurzfilme des Drehbuch- und Regieteams Waszynski-Tom erinnern in ihrem Stil an die Branchentradition der Vorkriegszeit. Es fehlte die künstlerische Suche; die propagandistischen Werte beschränken sich auf Slogans und Schemata. Den größten Erfolg hatte der Streifen *Polska parada* (Polnische Parade), eine mechanisch auf das Filmband übertragene Revue, in der populäre Schauspieler wie Ludwig Lawinski, Jadwiga Andzejewska, Jerzy Ney und andere auftraten. Gegen Ende 1943 rückte Waszynskis Filmgruppe zusammen mit den Soldaten des II. Corps an die italienische Front ab. (...) Das II. Polnische Corps, das (...) zur 8. Britischen Armee gehörte, eroberte am 18. Mai die Schlüsselstellung Monte Cassino. Der Weg nach Rom war frei.
Waszynskis Filmgruppe befand sich an der vordersten Frontlinie. (...) Aus dem während der Schlacht aufgenommenen und dem später hinzugedrehten Material montierte Waszynski die zweiaktige Reportage *Monte Cassino*, in die er auch bestimmte Aufnahmen aus den Wochenschauen der Alliierten einbezog. Das ist der interessanteste und künstlerisch reifste

Dokumentarfilm aus der Produktion des Filmaktivs in Anders' Armee. (...) Beim weiteren Vormarsch nach Norden drehte das Filmaktiv regelmäßig Filmwochenschauen, unter anderen über die Kämpfe bei Bologna und Ancona. Es sind insgesamt 42 Wochenschauen des II. Corps erschienen." (Jerzy Toeplitz: Geschichte des Films, Bd. 4, 1939- 1945, Berlin (DDR) 1984)
"Waszynski überlebte den 2. Weltkrieg und ließ sich in Italien nieder. Dort inszenierte er zwei Filme, *Lo Sconosciuto di San Marino* und *La Grande Strada*, in Zusammenarbeit mit Vittorio Cottafavi; er war Orson Welles' Regieassistent bei *Othello* (1949-52) und entwarf die Bauten für mehrere amerikanische Filme, darunter *Quo Vadis* (1951) und *Roman Holiday* (1953). 1960 ging er nach Spanien, wo er mit Samuel Bronston zusammen epische Filme produzierte. Ab einem gewissen Zeitpunkt gab er sich als Mitglied der polnischen Königsfamilie aus: In dem von 'Variety' 1965 veröffentlichten Nachruf wird er 'Prinz Michael Waszynski' genannt." (Jim Hoberman, a.a.O.)

**Michal Waszynski**, geb. 29. September 1904 in Wolhynien (Ukraine), gest. 12. Februar 1965 in Madrid.
Filme (Auswahl): 1929 *Kult ciala* (Körperkult); *Pod bandera milosci* (Das Banner der Liebe). 1930 *Niebezpieczny romans* (Gefährliche Romanze). 1931 *Bezimienni bohaterowie* (Die unbekannten Helden). 1932 *Uwiedziona* (Die verführte Frau); *Glospustyni* (Die Stimme der Wüste); *Sto metrow milosci* (Zentimeter Liebe). 1933 *Jego ekscelencja subiekt* (Seine Exzellenz, der Kommis); *Dwanascie krzesel* (Die zwölf Stühle); *Prokurator Alicja Horn* (Staatsanwalt Alicia Horn). 1934 *Czarna perla* (Die schwarze Perle); *Kocha, lubi, szanuje* (Ich liebe ein wenig, von Herzen, mit Schmerzen...); *Piesniarz Warszawy* (Der Sänger von Warschau); *Parada rezerwistow* (Reservistenparade). 1935 *Antek Policmajster* (Polizeimeister Antek); *ABC milosci* (Das ABC der Liebe); *Dodek na froncie* (Dodek geht zur Front); *Jasnie pan szofer* (Seine Majestät, der Chauffeur); *Wacus*. 1936 *Bedzie lepiej* (Mach's gut); *Papa sie zeni* (Papa heiratet); *30 karatow szczescia* (30 Karat Glück); *Bohaterowie Sybiru* (Es kommt aus Sibirien); *Bolek i Lolek* (Bolek und Lolek). 1937 DER DIBEK/DYBUK (Der Dibbuk); *Hania*; *Znachor* (Der Scharlatan). 1938 *Druga mlodosc* (Die zweite Jugend); *Kobiety nad przepascia* (Frauen am Abgrund); *Serce matki* (Das Herz einer Mutter); *Ostatnia brygada* (Die letzte Brigade); *Professor Wilczur*; *Rena*. 1939 *Wloczegi* (Der Vagabund); *Gehenna*; *Trzy serca* (Drei Lieben); *U kresu drogi* (Am Ende der Straße).
Filme der Filmgruppe Waszynski (Auswahl): 1942 *Kronika nr 1* (Cronik Nr. 1); *Od pobudki do capstrzyku* (Vom Wecksignal bis zum Zapfenstreich); *Marsz do wolnósci* (Marsch in die Freiheit). 1943 *Polska parada* (Polnische Parade). 1944 *Monte Casino*.
Filme in Italien (Co-Regie Vittorio Cottafavi): 1947 *Lo Sconosciuto di San Marino* (Die Unbekannten von San Marino; mit Vittorio de Sica und Anna Magnani). 1946-48 *La Grande Strada o L'odissea di Montecassino* (Die große Straße, oder: Die Odyssee vom Monte Cassino). 1948 *Fiamme sul mare* (Die Flamme am Meer).
Filme als Produzent: 1961 *El Cid* (Regie: Anthony Mann). 1962 *55 Days at Peking* (Regie: Nicholas Ray). 1964 *The Fall of the Roman Empire* (Regie: Anthony Mann); *Circus World* (Regie: Henry Hathaway).

Herausgeber: Freunde der Deutschen Kinemathek. Druck: graficpress. Redaktion / Übersetzung dieses Blattes: Rüdiger Bering

## A VILNA LEGEND /
## DEM REBNS KOJECH

USA 1933
Tonfassung des Stummfilms TKIES-KAF (Der Schwur)
Polen 1924

*Stabangaben zu TKIES-KAF, 1924*
*Produktion: Meteor, Warschau*
*Produzent: Leo Forbert*
*Herstellungsleitung: Leo Forbert, Henryk Bojm*
*Regie: Zygmunt Turkow*
*Buch: Henryk Bojm; nach dem gleichnamigen Bühnenstück*
*von Perez Hirschbein*
*Kamera: Seweryn Steinwurcel*
*Historische Beratung: Majer Balaban*
*Zwischentitel: Henryk Bojm*
*Darsteller: Zygmunt Turkow (Elijah), Adam Domb (Chaim*
*Kronenberg), Moses Litman (Boruch Mandel), Lev Mogilov*
*(Schmuhl Levine), Simcha Balanoff (Jacob Mandel), Ida Ka-*
*minska (Rachel Kronenberg), Ester-Rachel Kaminska (Frau*
*Kronenberg)*
*Uraufführung: 1924, Warschau*

*Stabangaben zu A VILNA LEGEND, 1933*
*Regie: George Roland*
*Buch: Jacob Mestel*
*Erzähler: Joseph Buloff*
*s/w, Jiddisch mit engl. Untertiteln, 57 Minuten*
*Darsteller der Wirtshaus-Szenen: Jacob Mestel (1. Reisen-*
*der), Leib Kadison (2. Reisender), Ben Basenko (3. Reisen-*
*der), Benjamin Fishbein (Gastwirt)*

### Inhalt

Wie in der Legende vom *dybuk* geht es auch in A VILNA
LEGEND um das Gelöbnis, das sich zwei Väter vor der
herannahenden Niederkunft ihrer Frauen geben: das Gelöbnis,
die Kinder zu verheiraten. Während in *Der Dybuk* der kabbalistische Chanan nur als Geist, als *dybuk*, in den Körper der
verweigerten Braut Lea fährt und erst der Tod die beiden
Liebenden vereint, hat A VILNA LEGEND einen freundliche-
ren Hintergrund, der durch die menschlichen Emanationen des
Propheten Elias zu einem glücklichen Ende getrieben wird.
Der Prophet, den der Regisseur Zygmunt Turkow selbst in
seinen verschiedenen Erscheinungsformen und Maskeraden
spielt, greift immer wieder steuernd in die Geschicke ein, um
die Liebenden, die nicht wissen, was es mit dem Gelöbnis der
Eltern auf sich hat, zur versprochenen Hochzeit zu bringen.
Dabei wird die Familien-Saga der beiden Freunde erzählt: wie
der eine reich wird und der andere Frau und Tochter in Armut
hinterläßt, weil er vor seinem Tode nicht mehr verraten kann,
wo er die in Obhut genommenen Juwelen eines Generals
versteckt hält. Als der General schließlich sein Eigentum
zurückfordert, muß die Witwe das Haus verkaufen. Der un-
treue Freund, der das Gelübde längst aus seinen Plänen
gelöscht hat, schickt seinen Sohn in die Stadt zum Tora-
Studium. Nach allerlei Verwicklungen, später Reue, plötzli-

chem Reichtum und merkwürdigen Zwischenfällen, die der
Prophet auslöst, findet schließlich die Hochzeit mit der richtigen Braut statt.

**Zur Tonfassung**

A VILNA LEGEND liegt in einer 1933 mit einer Rahmenhandlung und einem Erzähler ergänzten amerikanischen
Fassung vor, die den Zauber der stummen polnischen Version mit derb-komischen Kneipenszenen versetzt, in denen
der Erzähler seinen Ort findet, von dem aus die Verfilmung
der alten Legende als seine Erzählung eingeschnitten ist. Obwohl schon jede Legende im Tone des 'Es war einmal...'
erzählt wird und damit ein externer Erzähler nicht notwendig ist, war offenbar der Wunsch nach einer auch sprachlichen Einbeziehung des Jiddischen stärker als das Bemühen
um die Erhaltung der authentischen Filmstruktur. (...)
Der Stummfilm erzählt seine Geschichte mit wenigen Trick-
aufnahmen und einigen sehr amüsanten Sequenzen, die die
Entwicklung eines frommen Provinz-Jungen zum verliebten
Sünder markieren. Der quasi-naive Ton wird an solchen
Stellen durchbrochen von ironischen Verweisen auf die
lockeren Sitten der aufgeklärten Stadtbewohner und die
strengeren Gepflogenheiten in der Provinz. Der Film ist
dabei durchaus geprägt von einem heitere Zuversicht atmenden Chassidismus und seinem Wunderglauben. Ganz im Gegensatz zu dem die Mysterien der Kabbala als durchaus auch
bedrohlich zeigenden *Dibek* wird hier die Legende vom Propheten Elias als Schutzfigur positiv aufgelöst, und auch die
reuige Rückgabe des Schatzes sorgt für eine Stimmung all-
gemeinster Zufriedenheit, die wenig von den Bedrohungen
der Prüfungen eines Hiob heraufbeschwört. Typisch sind
indes auch hier die komödiantischen Züge, die das Holz-
schnittartige frommer Legenden beleben.

Gertrud Koch: Auf halbem Weg zum Engel des Vergessens, in: Das
jiddische Kino, Deutsches Filmmuseum Frankfurt, 1982

Nur wenige Zeugnisse der lebendigen jiddischen Theaterkultur aus dem Warschau der 20er Jahre sind erhalten geblieben. Dieser Film, einer der erfolgreichsten jüdischen Filme
der damaligen Zeit, gehört dazu: anspruchsvoll inszeniert,
mit professioneller Besetzung und randvoll von Themen und
Charakteren, die dem damaligen jiddischsprachigen Publikum nahe waren. Allein die Mitwirkung - wenn auch in einer
Nebenrolle - der großartigen Ester-Rachel Kaminska mußte
das Interesse des Publikums erregen. Eine weitere, noch ge-
lungenere Inszenierung dieses Stoffes, die ebenfalls 'Tkies
Kaf' hieß, produzierte Henryk Szaro 1938 in Warschau.
1933 entschloß sich eine Gruppe jiddischer Schauspieler in
New York, dem ursprünglichen Kleinod neues Leben einzuhauchen. Sie fügten einen Erzähler sowie einige neue Szenen
(die Wirtshaus-Szenen) hinzu, die die neue Fassung dramaturgisch rechtfertigten. Auf diese Weise adaptiert, lebte der
Film für kurze Zeit wieder auf, bevor er ein weiteres Mal in
Vergessenheit geriet. Erst jetzt hat man ihn - nun als ein
historisch interessantes wie unterhaltsames Werk - wiederentdeckt.

Michael Swirsky, in: Informationsmaterial des National Center for
Jewish Film, Brandeis University, Waltham, MA (USA), o. J.

## Der 'recyclte' jiddische Film

Bis zu einem gewissen Grad waren alle Produktionen des jiddischen Kinos fortwährenden Modifikationen und Neuauflagen unterworfen (Heute streiten sich rivalisierende Videoverleiher um das Material). Zygmunt Turkow erinnert sich, wie er auf die *farjidischte* Fassung seines *Tkies-Kaf* von 1924 in Paris, Buenos Aires und selbst in Havanna stieß: "Es war ein merkwürdiges Gefühl, an einem so fernen Ort zu sein und mich selbst, meine nächsten Freunde, sogar meine junge Tochter zu sehen, wie wir von der Leinwand herabschauten." Nach dem Zweiten Weltkrieg wurde der Film noch ein weiteres Mal, nun als DEM REBNS KOJECH, herausgebracht: "1950 erreichte mich in Brasilien eine Zeitungsanzeige mit folgendem Wortlaut: 'Sehen sie einen großartigen jiddischen Tonfilm, so spannend wie *Josche Kalb*, so tragisch wie *Der Dibek*, und den berühmten Schauspieler Joseph Buloff in DEM REBNS KOJECH. Juden, Juden, groß und klein, arm oder reich: Wenn Sie sich amüsieren wollen, dann lassen sie sich diesen Film nicht entgehen, der das ganze jüdische Volk begeistert hat.' (...) Der Innenteil des kleinen Faltblatts enthielt vier Photos aus dem Film *Tkies Kaf* und ein großes Bild von Buloff; darunter stand: 'Der berühmte jiddische Darsteller in dem großartigen jiddischen Tonfilm DEM REBNS KOJECH.' Rechts neben diesem Bild stand 'Text: Jacob Mestel, Regisseur: George Roland'; links davon in kleinen Buchstaben: 'Eine sorgfältig ausgewählte Besetzung: Ida Kaminska, Zygmunt Turkow, Jacob Mestel, Louis Kadison, Benjamin Fishbein, Ben Basenko.' " -
"Der Name von Ester-Rachel Kaminska wurde überhaupt nicht erwähnt", bemerkt Turkow zerknirscht; er fügte wütend hinzu, daß sowohl Buloff als auch Mestel wußten, daß er, der Regisseur des Films, 'zufällig' den Krieg überlebt hatte und in Brasilien lebte. Mestel stand sogar "in ständiger Korrespondenz mit mir und hatte es doch nicht für nötig gehalten, mich von dieser Neubearbeitung von *Tkies Kaf* zu unterrichten." Turkows Zorn ist verständlich. Und doch ist es der Tonfassung des Films zu verdanken, daß er überhaupt überlebt hat; dies trifft ebenfalls auf eine Reihe anderer Stummfilme zu, wie *Jisker*, *Broken Hearts* (später *The Unfortunate Bride*) und *Judith Trachtenberg*.

## Jiddische Analogie zum japanischen 'benshi'

Die in DEM REBNS KOJECH und *Motl Pejsi dem Chasns* nur periodisch sichtbaren, akustisch jedoch fortwährend und auf diese Weise das Geschehen beherrschenden Hauptdarsteller Buloff und Rosenberg legen eine jiddische Analogie zum japanischen Stummfilmerzähler oder *benshi* nahe, dessen Funktion es war, dem Publikum den Film bis hin zur Erklärung des Offensichtlichen zu verdeutlichen. (...) Als Mischung aus 'benshi' und *badchen* gibt der jiddische Erzähler eine eigene Vorführung - die erfundenen Dialoge, humorvollen Kommentar, Gesangseinlagen, blumige Übertreibungen und hochgradig kodifizierte kulturelle Anspielungen einbegriffen. Er erklärt die Handlung nicht einfach, sondern vertieft die Anspielungen auf eine Weise, die die vergleichsweise meist ungenügenden Untertitel nicht vollständig vermitteln können. (...) DEM REBNS KOJECH begleitet Buloff mit fortwährendem Geplauder, kommentiert die Handlung, unterbreitet Motive und hebt die Figuren durch unterschiedliche, komische Stimmgebung heraus. Manchmal basieren seine Witze auf dem Vorwissen der Szenenentwicklung: als der provinzielle Held Jankew in dem beeindruckenden Haus seines Gegenparts Schmuel Lewin ankommt, setzt er sofort einen *talis* auf, wickelt sich in den *tfilin* und beginnt zu beten - und damit den assimilierten Sohn des Hauses in Verlegenheit zu bringen. Der junge Lewin verhält sich "wie eine *baleboste* (Hausfrau)", erklärt Buloff, als die Gestalt mechanisch einige Dinge herumschiebt und hastig abgeht. "Zuerst muß er lernen, anständig zu leben - dann wird er mit dem Beten anfangen." Häufiger jedoch nehmen Buloffs Kommentare den spontanen Witz eines sarkastischen Publikums vorweg. In einer Szene nimmt Jankew verstohlen seine *jarmulke* vom Kopf, um in einer Party nicht aufzufallen, wo andere, weltliche junge Menschen um ein Klavier versammelt stehen und 'otschi tschornyje' singen. Als man Jankew später beim Abschneiden seiner *pajes* sieht, kommentiert Buloff: "Jetzt kann er 'otschi tschornyje' besser hören." In ähnlicher Weise würzt der Erzähler das Verlobungsbankett mit seinen Witzeleien: "Die dort fällt über ihr Hühnchen her, als wär es ihr Ehemann", sagt Buloff über einen besonders gierigen Gast. (...)

Jim Hoberman: Bridge of Light. Yiddish Film Between Two Worlds, New York 1991

**Zygmunt Turkow**, geb. 1896, gest. 1970; Turkow begann als Amateurschauspieler in einem Arbeitertheater. Später studierte er an der Polnischen Staatlichen Akademie für Drama und spielte auf polnischen und russischsprachigen Bühnen. 1918 heiratete er die neunzehnjährige Ida Kaminska und verbrachte zweieinhalb Jahre bei der Theatertruppe ihrer Mutter, die auf Tournee in das Kriegsgebiet ging und durch die von Deutschland kontrollierte Ukraine in die sowjetischen Gebiete reiste. Dieses Ensemble, bei dem auch Turkows jüngerer Bruder Jonas, der von der deutschsprachigen Bühne des besetzten Warschau kam, und dessen Frau arbeiteten, wurde 1926 das 'Warschiwer Jidischer Kunst Teater', besser bekannt unter seiner Abkürzung WJKT. In Opposition zur alten jiddischen Bühne entwickelte das WJKT ein Repertoire klassischer und zeitgenössischer europäischer, vorzugsweise linksgerichteter Stücke. Nach dem Krieg gründete Turkow zwei weitere Theater; u.a. das 'National Theater of Brazil'. Er ließ sich schließlich in Brasilien nieder.
**Filme**: TKIES KAF / A VILNA LEGEND, *Frejleche Kabzonim*, *Der Purimschpiler* (alle 1938).

**Ester-Rachel Kaminska**, geb. 1870, gest. 1925, stammt wie Turkow aus einer polnisch-jüdischen Theaterfamilie. Ihr Vater Abraham Kaminski leitete eine bekannte Wandertruppe und gründete später das berühmte Kaminski-Theater in Warschau. Ester-Rachel Kaminska machte eine aufsehenerregende Karriere auf der jiddischen Bühne, sie spielte Ibsen und Dumas ebenso wie die mütterlichen Rollen der Stücke Jacob Gordins (wie in 'Mirele Efros'), für die sie am bekanntesten ist. Tatsächlich gilt sie oft als 'Mutter des jiddischen Theaters'.

**Ida Kaminska**, geb. 4. September 1899 in Odessa; gest. 21. Mai 1980 in New York City, widmete ihr Leben dem jiddischen Theater. Ihre erfolgreiche Karriere in Warschau wurde durch die deutsche Invasion unterbrochen; sie und ihre Familie flohen in die Sowjetunion. Nach dem Krieg kehrte sie nach Polen zurück, wo sie das spätere 'Jüdische Staatstheater' leiten sollte. 1965 errang sie Weltruhm in ihrer Hauptrolle in Jan Kadárs und Elmar Klos' Film *Obchod na korze / Der Laden auf der Hauptstraße*. Nach den antisemitischen Kampagnen, mit denen auf den Sechstagekrieg reagiert wurde, verließ Ida Kaminska Polen und ließ sich schließlich in Israel nieder, wo sie ihre Theaterarbeit fortsetzte.

Herausgeber: Freunde der Deutschen Kinemathek. Druck: graficpress

## GREEN FIELDS / GRINE FELDER

Grüne Felder  USA 1937

*Produktion: Collective Film Producers, Inc.*
*Regie: Edgar G. Ulmer, Jacob Ben-Ami (Co-Regie)*
*Buch: George Moskov, Peretz Hirschbein, nach dem gleich-namigen Bühnenstück von Peretz Hirschbein*
*Kamera: J. Burgi-Contner, William Miller*
*Musik: Vladimir Heifetz. Klarinette: S. Bellison*
*Ausstattung: Steve Goulding*
*Ton: Edwin Schabbehar, Edward Fenton*
*Schnitt: Jack Kemp*
*Regieassistenz: Louis Brandt, Sol Chodrow*
*Produzent: Roman Rebush*
*Produktionsleitung: Ludwig Landy*
*Darsteller: Michael Goldstein (Levy Yitzchok), Helen Beverly (Tzineh), Isidore Cashier (David-Noich), Anna Appel (Ro-chel), Max Vodnoy (Alkuneh), Lea Noemi (Gittel), Dena Drute (Stera), Saul Levine (Hersh-Ber), Herschel Bernardi (Avram-Yankow), B. Arnon (Jeschiwa-Schüler)*
*Uraufführung: 11. Oktober 1937, New York*
*s/w, Jiddisch mit engl. Untertiteln, 95 Minuten*

### Inhalt

Der von Sonnenlicht durchflutete Film ist eine unbeschwerte Volkslegende um einen jungen Talmud-Studenten, in dem der Sinn für die Schönheiten des Lebens und der Natur erwacht. Der Held Levy Yitzchok lernt, daß die 'Stadt der frommen Juden' überall sein kann, auch auf einem Bauernhof in Rußland, die Bauern dagegen entdecken die spirituelle Schönheit der jü-dischen Gelehrsamkeit und des Rituals. Das jiddische Kino hat - so wenig wie irgendein anderes - selten Juden so frei, gesund und glücklich, offen für das Leben gezeigt. (...)

Patricia Erens: Mentschlekhkayt bezwingt alles. Das jiddische Kino in Amerika, in: Film 2/80, München 1980

### Vom Theater zum Film

Seit dem späten Mittelalter bis in unsere Zeit lebte der größte Teil der jüdischen Weltbevölkerung in jenem großen Gebiet, das Teile von Polen, Litauen, Weißrußland und der Ukraine umfaßte. Einige von ihnen lebten in Städten, doch die meisten Juden hatten ihre Heimat in den unzähligen kleinen, überwie-gend jüdischen Dörfern, die in der Landschaft verstreut waren. Meist waren sie Handwerker, Arbeiter, Krämer und Händler. Manchmal, wenn ihnen erlaubt wurde, Land zu pachten, wurden sie Bauern. Ihre Sprache, Jiddisch, und ihre Kultur, eine stark dörfliche, alles einschließende religiöse Orthodo-xie, die auf der Tora und ihren Vorschriften beruhte, verband sie untereinander und unterschied sie deutlich von ihren slawi-schen Nachbarn. Erst mit den spät eintreffenden Errungen-schaften des modernen Lebens gegen Ende des 19. Jahrhun-derts begannen die eng verwobenen Strukturen, die dieser Lebensweise zugrundelagen, und die nach außen gezogenen Grenzen sich aufzulösen.
An diesem Wendepunkt hatte die säkulare jiddische Literatur und das ihr nahe verwandte jiddische Theater ihre erste Blü-

tezeit, und es überrascht nicht, daß sich beide von Anfang an in erster Linie mit dem Prozeß des Wandels selbst befaßten, den sie gleichzeitig beklagten und unterstützten. Peretz Hirschbein (1880-1948), einer der wichtigsten Vertreter der modernen jiddischen Literatur, ist dafür ein gutes Beispiel. Er wurde in einem jüdischen Dorf im Osten Polens geboren und erhielt eine traditionelle Erziehung, um dann eine welt-liche Laufbahn als Dichter, Romancier und Dramatiker sowie als Weltreisender einzuschlagen. Unter dem Einfluß und der Anleitung von Größen wie Y. L. Peretz und Chajm Nachman Bialik war er nicht nur ein Autor für die erste be-deutende jiddische Theatertruppe (die 'Hirschbein-Trup-pe'), sondern wurde auch 1908 in Odessa ihr Leiter und Or-ganisator. Später schloß er sich mit den bedeutenden Schrift-stellern Leivick und Pinski zusammen, um die 'Jiddische Theater-Gesellschaft' in New York zu gründen. Seine be-kanntesten und charakteristischsten Werke sind jedoch eine Reihe von Volksstücken, die die Schönheit des ländlichen jüdischen Lebens und die Schrecken des modernen Stadtle-bens, von dem so viele Juden angezogen wurden, schildern. Am populärsten ist wohl die romantische Pastorale 'Grine Felder' (1923).

(...) Dieses Stück - das erste einer Trilogie um die Figur des Levy Yitzchok - wurde häufig aufgeführt, wo immer es ein Publikum für jiddischsprachiges Theater gab, selbst, wie berichtet wurde, unter den schrecklichen Bedingungen im Wilnaer Ghetto Anfang der vierziger Jahre.

1937 befand Edgar G. Ulmer, ein österreichisch-jüdischer Immigrant, der in den USA bereits einen Namen als produktiver, kommerzieller und unabhängig denkender Fil-memacher gemacht hatte, daß der Markt reif sei für profes-sionell hergestellte Filme in jiddischer Sprache, die er selbst nicht beherrschte. Er interessierte sich für das Stück 'Grine Felder', das ein Erfolg auf den Bühnen der Second Avenue gewesen war und trat an Hirschbein wegen der Filmrechte heran. Hirschbein willigte ein, allerdings unter der Bedin-gung, daß sein alter Freund Jacob Ben-Ami, einer der führenden Schauspieler und Regisseure des jiddischen Thea-ters, dabei mitarbeiten und die Werktreue gegenüber dem Geist des Vorlage überwachen sollte.

Jacob Ben-Ami (1890-1977), auf einem Bauernhof in der Nähe von Minsk aufgewachsen, hatte zu den ursprünglichen Mitgliedern von Hirschbeins Truppe gehört und war dann als Regisseur zu einem noch berühmteren Theater, der Wilnaer Truppe, gegangen, bevor er schließlich emigrierte. Dort arbeitete er mit dem 'Yiddish Art Theater', gründete einige weitere jiddische Gruppen und spielte und inszenierte am Broadway. Er hatte selber die Hauptrolle in 'Grine Felder' gespielt, mit seiner Frau, Berta Gersten, als seiner Partnerin in der Rolle der Tzineh. Obwohl Ulmer später erklärte, Ben-Amis Funktion sei die eines reinen Dialogregisseurs gewe-sen, war in Wirklichkeit Ben-Ami derjenige, der den Film besetzte und ihm die authentische Atmosphäre verlieh.

(...) Die Besetzung von GREEN FIELDS war absolut profes-sionell und bestand aus erfahrenen Schauspielern des jiddi-schen Theaters. Michael Goldstein (später: Gorin), der Hauptdarsteller, hatte seine Karriere bei 'Artef', der linksgerichteten New Yorker jiddischen Theatertruppe dieser Zeit begonnen, zu der auch Jules Dassin und David Opatoshu gehörten. Leah Noemi hatte Gittel (ihre Rolle im Film) bereits auf der Bühne der 'Wilnaer Truppe' Anfang der zwanziger Jahre gespielt, und sie hatte auch eine Hauptrolle in der berühmten 'Dibbuk'-Aufführung dieser Truppe gehabt. Wie Ben-Ami hatte sie ihre Karriere bei Hirschbeins Pioniertruppe in Odessa begonnen. Herschel Bernardi, im Film ein vierzehnjähriger Junge, spielte später auch in Ulmers *Jankl der Schmid/The Singing Blacksmith* und im jiddischen Theater. In den letzten Jahren war er in dramatischen Rollen im Fernsehen zu sehen, sowie als Tevje in der Broadway-Produktion von 'The Fiddler on the Roof' (Anatevka) und in dem Spielfilm *The Front* (1977, Regie: Martin Ritt, mit Woody Allen), der zum Teil auf seinen eigenen Erfahrungen als Opfer der Schwarzen Listen der McCarthy-Ära beruht.

Informationsmaterial des National Center for Jewish Film, Brandeis University, Waltham, MA (USA), o. J.

## Interview mit Edgar G. Ulmer

*Peter Bogdanovich:* (...) Und dann inszenierten Sie ein paar jiddische Filme, nicht wahr?
*Edgar Ulmer:* Ja.
*P. B.:* Wie kam es dazu?
*E. U.:* Nun, das war eine sehr seltsame Sache. Das erste Mal, daß ich in meiner Jugend von zu Hause wegging, war mit Rudolf Schildkraut und Pepi (Rufname von Joseph Schildkraut, A.d.R.). Pepi war für mich der Anfang im Theater. Er war natürlich ein phantastischer Schauspieler, und er verstand Kinder. Als ich also das erste Mal von zu Hause ausriß, landete ich schließlich bei den Schildkrauts. Ich wußte nichts vom jiddischen Theater. Denn ob Sie es glauben oder nicht, ich wußte nicht einmal, daß ich ein Jude bin, bis ich ins Gymnasium gehen mußte. Da hörte ich dann vom 'Numerus clausus' - nur vier Prozent aller Schüler durften Juden sein. Ich hatte von nichts eine Ahnung; niemand nahm mich je in eine Synagoge mit oder so. Durch Schildkraut, der in einem rumänischen Ghetto auf die Welt gekommen war, entdeckte ich eine umfangreiche Literatur. Ich nahm sie nicht sehr ernst, wie ich heute gestehen muß. Es waren in Rußland entstandene Theaterstücke - die Sprache klang wie ein Dialekt, und sie wurde in den Kreisen, in denen ich mich bewegte, nie gesprochen. Das war mir vollkommen fremd, ich war nie zuvor russisch-polnischen Juden begegnet. Als ich zum ersten Mal nach New York kam, wurde Schildkraut, der für Max Reinhardt in Europa gearbeitet hatte, von diesem engagiert, um im 'Mirakel' zu spielen. Man nahm mich mit zur Second Avenue, wo ich mit einem Schlag das 'Yiddish Art Theater' kennenlernte, an dem einige ganz außergewöhnliche Schauspieler arbeiteten - Muni Weisenfreund zum Beispiel (d.i. Paul Muni, A.d.R.) oder Maurice Schwartz - es war wirklich etwas, was es sonst in New York nicht gab. Die Stücke, die sie - ins Jiddische übersetzt - aufführten, waren unglaublich. Maurice Schwartz hatte eine feste Schauspieltruppe von 80 Leuten. Es war ein zweiter Broadway. Ich sah vier oder fünf seiner Produktionen. Natürlich unterschieden sie sich völlig von allem, was am Broadway gespielt wurde. Ich meine, so eine Drehbühne wie die des 'Yiddish Art Theaters' an der 12th Avenue gab es nirgendwo sonst. Und natürlich hatten sie ein riesengroßes Publikum, das es jetzt nicht mehr gibt.
*P.B.:* Haben Sie auch Jacob Adler auf der Bühne gesehen?
*E.U.:* Ja, aber man kann von Adler nur als einem sehr beliebten Schauspieler sprechen. Schwartz war der Ernste, wie Stanislawski, wie Reinhardt. Und Schwartz war, obwohl

ein unmöglicher Mensch, ein Energiebündel. Er spielte die Hauptrollen und inszenierte alles. Und er erreichte den Gipfels seines Ruhms zu Beginn der Weltwirtschaftskrise. Das war, als Brooks Atkinson (ein New Yorker Theaterkritiker, A.d.R.) das 'Yiddish Art Theater' entdeckte, und dieses plötzlich absolut 'in' wurde. Als ich also nach New York kam, um eine Tonfilmaufnahme von Toscanini zu machen, traf ich auf eine Gruppe junger Leute, von denen einer einen Film mitgebracht hatte, der mit Molly Picon in Warschau gedreht worden war. Dieser Film spielte in New York ein Vermögen ein. Unglaublich. Hier in Hollywood gab es für mich keine Arbeit; man hatte mich wieder nach New York kommen lassen, um einen Film in ukrainischer Sprache zu inszenieren, obwohl ich die Sprache nicht konnte. Ich hatte ein großes Lieblingsprojekt, ein Stück, das Hirschbein geschrieben hatte, namens 'Grine Felder'. Ich suchte also Hirschbein auf, der niemandem das Stück zur Verfilmung überlassen wollte. Die jiddische Welt in New York umfaßte zu jener Zeit ungefähr drei Millionen Menschen. Es gab für sie drei Zeitungen: den 'Forverts', welches *die* große Zeitung war mit einer Auflage von ungefähr zwei Millionen, das Pendant zur 'New York Times'. Es war ein würdevolles Blatt, geleitet von einem Mann namens Abe Cahan. Dann gab es die Zeitung der Bourgeoisie, mit einem sehr guten sozialistischen Hintergrund, im Stil des 'Figaro' in Paris, genannt 'Der Tog'. Und dann gab es im linken Spektrum die 'Morgn Frayhayt'. Sie wurde herausgegeben vom Vater des heute erfolgreichen Journalisten Art Buchwald, und sie war absolut linksgerichtet. Als ich mit meinen Vorbereitungen begann, brach unter den drei Zeitungen ein Streit aus, welche mich unterstützen dürfte. Das ist für Sie vielleicht schwer nachzuvollziehen, aber gewisse Zeitungen übernehmen die Schirmherrschaft über gewisse Regisseure, Autoren, Dirigenten. Es war unmöglich - ich konnte nicht die Leserschaft zweier Zeitungen vor den Kopf stoßen, das würde die Einnahmen ruinieren. Ich saß zwischen den Stühlen. (...) Ich konnte mich nicht entscheiden, obwohl sie ihre Leute zu mir schickten, unter denen bedeutende Journalisten waren - Opatoshus Vater zum Beispiel war beim 'Tog', dem bürgerlichen Blatt. Sofort, als ich mit dem Film begann, gab ich eine 'Kriegserklärung' ab: Ich werde nicht dasselbe machen, was Schwartz macht, ich werde nicht die billigen Sachen machen, die Molly Picon macht, ich werde meinen eigenen Stil finden und werde es so machen, wie ich es sehe - mit Würde, keinen Schund - nicht mit diesen Bärten, mit denen sie wie Verrückte aussehen. Die gleiche Entscheidung also, die Scholem Asch traf, die Chagall traf. (...)
*P.B.:* Warum war Jacob Ben-Ami ihr Co-Regisseur?
*E.U.:* Ich konnte kein Jiddisch. Außerdem hatte Ben-Ami fast fünfzehn Jahre vorher die Hauptrolle in 'Grine Felder' gespielt. Hirschbein bestand darauf, daß ich den Film nicht machen konnte, wenn Ben-Ami nicht die Hauptrolle spielte. Am Abend, bevor ich zu drehen begann, gelang es mir, Ben-Ami loszuwerden, indem ich ihm zusagte, im Vorspann als Co-Regisseur genannt zu werden.
*P.B.:* Wer spielte die Hauptrolle?
*E.U.:* Die Hauptrollen wurden von Helen Beverly und Michael Goldstein, einem ausgezeichneten Schauspieler des 'Art Theaters', gespielt.
*P.B.:* Ob Sie es glauben oder nicht, ich habe den Film gesehen, und er ist ganz gut.
*E.U.:* Er ist sehr gut! Es war eine der nettesten Komödien, die ich je machte, aber mit einem sehr starken philosophischen Hintergrund. In Paris 1938 bekam er die Auszeichnung als Bester Ausländischer Film. (...)
Sie müssen wissen, daß diese Filme praktisch ohne Geldmit-

tel gemacht wurden. GREEN FIELDS wurde in fünf Drehtagen für 8.000 Dollar in bar hergestellt.

*P.B.:* Wirklich?

*E.U.:* Aber wir hatten vorher sechs Wochen Proben. Der Assistent und ich mußten im selben Bett in einem heruntergekommenen Hotel in Newark schlafen. Sie haben keine Vorstellung, wie arm wir waren. Wir hatten nichts als Ambitionen. Für GREEN FIELDS hatte ich 15.000 Fuß (4570 m) Negativmaterial, um den Film zu drehen. Es war ein Zweistundenfilm. Das Drehverhältnis war eineinviertel zu eins. Aber ich konnte die erste BNC (Blimped News Camera, die erste bewegliche tonisolierte Kamera, 1933 von Mitchell entwickelt, A.d.R.) benutzen. In Hollywood stand sie noch nicht zur Verfügung - ich bekam sie.

*P.B.:* Mit anderen Worten, als Sie anfingen, für PRC Filme zu machen, waren das luxuriöse Verhältnisse für Sie?

*E.U.:* Oh mein Gott, das waren üppige Zeiten. Aber Sie können sich die Unterstützung, die man uns bei GREEN FIELDS gewährte, nicht vorstellen. Wie ich Ihnen sagte, hatten wir die 8.000 Dollar in bar, die wir von Household Finance bekamen. Jeder von uns Produzenten verpfändete das Mobiliar seiner Wohnung.

*P.B.:* Aber die Filme spielten eine Menge Geld ein, nicht wahr?

*E.U.:* Hinterher, sicher.

*P.B.:* Ich meine, GREEN FIELDS war recht erfolgreich, nicht?

*E.U.:* Er brach alle Rekorde in New York. (...) Er brach den Garbo- Rekord oben in Bronxville. Es war wie ein Feuer...

Peter Bogdanovich, Interview mit Edgar G. Ulmer; in: Film Culture, Nr. 58-60, New York 1974

(...) Nach Beendigung der Dreharbeiten schloß Ulmer einen Handel mit dem Kopierwerk ab. Sie gaben ihm für neunzig Tage Kredit auf eine 3.000-Dollar-Rechnung. Falls Ulmer seine Schulden gegenüber dem Kopierwerk dann nicht begleichen konnte, würde das Kopierwerk das Negativ einbehalten. Innerhalb dieser Frist mußte Ulmer den Film schneiden, den Ton ein zweites Mal aufnehmen und eine Filmmusik auftreiben. Am neunzigsten Tag saß er beim Negativschnitt. Illya Lopert, der Inhaber des Tonstudios und Kopierwerks, eröffnete ihm, daß, sollte er am nächsten Morgen um acht Uhr nicht die 3.000 Dollar bezahlen, sie den Film beschlagnahmen würden. In seiner Verzweiflung wandte er sich an Abe Cahan vom 'Forverts'. Cahan wiederum sprach David Dubinsky von der 'Internationalen Gewerkschaft für Damenoberbekleidung' an, dem Ulmer seine Geschichte erzählte. Dubinsky antwortete: "Wieso sind Sie denn so aufgeregt? Kann ich den Film heute abend sehen?" Der Film war noch im Rohschnittstadium. "Wenn es ein guter Film ist, kaufen wir 75.000 Karten für die New Yorker Vorstellungen... Ich werde Ihnen 20.000 Dollar geben - davon 5.000 Dollar morgen - , wenn mir der Film gefällt... Für eine Eintrittskarte bezahle ich Ihnen 40 Cents. Ich kann sie für irgendeinen Preis an meine Gewerkschaftsmitglieder weiter verkaufen - Sie können dann montags, dienstags, mittwochs, donnerstags und freitags keine weiteren Karten verkaufen."

Den Gewerkschaftsvertretern gefiel der Film. Am nächsten Morgen um halb acht bekam Ulmer sein Geld, um das Kopierwerk zu bezahlen. Er traf darüberhinaus eine weitere Verabredung, die besagte, daß das Kartenkontingent für die Freitagabende geteilt werden sollte - eine Hälfte für die Gewerkschaft, die andere für den freien Verkauf, "weil wir doch noch ein Negativ bezahlen mußten". Ulmer zahlte das Kopierwerk aus, brachte die Kopie in ein anderes Kopierwerk auf der gegenüberliegenden Straßenseite und hatte noch

2.000 Dollar zur Verfügung für Werbung, Kinomiete, um ein Kinoorchester zu engagieren und um nebenbei den Film fertigzustellen. Mit Hilfe des Rechtsanwalts Fidelson Meyer engagierte Ulmer 24 Musiker, und da er kein weiteres Geld mehr hatte, garantierte er ihnen einen Anteil an den Kinoeinnahmen. Sie konnten sich ihre Gage an der Kinokasse abholen.

Jean Pica, der Filme für die Loew-Kinokette ankaufte, bat darum, den Film sehen zu können. Das Jahr zuvor hatte er einen Erfolg mit Joseph Greens *Jidl mitn Fidl/Yiddle with His Fiddle* gelandet, und daher bot er 25.000 Dollar für den Film, die er sofort bezahlen würde. In dem sicheren Bewußtsein, einen Kassenschlager gedreht zu haben, lehnte Ulmer ab. (...)

Judith N. Goldberg: Laughter through Tears. The Yiddish Cinema, East Brunswick (New Jersey) 1983

*Edgar Ulmer:* (...) Ich sagte: "Nein, kommt nicht in Frage." Auf dem Heimweg zur Bronx mußte ich die U-Bahn an der 8th Avenue nehmen. Dort sah ich Burschen an einem heruntergekommenen Kino arbeiten. Sie installierten eine neue Markise, auf der 'Squire Theater' stand. Ich ging hinüber und fragte den Mann von der Bauaufsicht, wer der Eigentümer des Kinos sei. Es war ein Mann namens Boronino, ein Italiener, der in der Bronx wohnte. An diesem Abend begab ich mich zu Herrn Boroninos Wohnung. Er sagte, er wolle mit *Mayerling* eröffnen, aber ich überredete ihn, uns das Kino für die Eröffnung zur Verfügung zu stellen, und versprach ihm dafür 20 Prozent der Einnahmen (außer von den Gewerkschaftskarten). Er sagte: "Gehen Sie hinunter und sprechen Sie mit meinem Geschäftsführer." Das war Maxie Fellerman. (...) Maxie sagte: "Was ist ein jüdischer Film? Nie von so was gehört." Aber seinem Boss, dem Italiener, gefiel die Idee, obwohl er den Film nie gesehen hatte. So bekamen wir das Kino für zehn Wochen Laufzeit und konnten Loew absagen. Und nun kommt der traurige Teil der Geschichte. Wir eröffneten, und es wurde ein gigantischer Erfolg. Frank Nugent, der zweite Kritiker der 'New York Times', schrieb eine antisemitische Kritik. Er nannte den Hauptcharakter einen 'schlemiel' (jiddisch für Pechvogel, A.d.R.). Sulzberger, der Herausgeber der Zeitung, las diese Kritik und warf Nugent raus. Am ersten Wochenende waren unsere Vorstellungen ausverkauft. Aber niemand konnte mehr in das Kino gelangen. Die Juden kamen morgens ins Kino und wollten nicht hinausgehen! Wir mußten das Licht andrehen und sie bitten, das Theater bitte zu verlassen, so daß auch andere Leute den Film sehen könnten! Unmöglich. Wir mußten die Vorführung abbrechen und das Haus mit der Polizei räumen. (...)

Peter Bogdanovich, a.a.O.

## Prestigeträchtiges Kulturgut

(...) Wenn auch die Darstellungen über seine Beteiligung an dem Film differieren, war Ben-Ami kein Freund dieses Mediums. (...) Obwohl er als Co-Regisseur im Vorspann ausgewiesen ist, wäre es doch zutreffender, ihn als Dramaturgen zu bezeichnen. Ulmer inszenierte das Spiel der Schauspieler vor der Kamera und kümmerte sich um die technischen Aspekte - Einstellungen einrichten, die Dekors entwerfen, den Schauplatz auswählen. In diesem Sinn entspricht Ulmers Arbeit bei GRINE FELDER wie auch bei *The Girl from Potavka* der Arbeitsweise des deutschen Stummfilms; als er Bogdanovich seine Funktion als 'Bildregisseur' erläuterte, betonte Ulmer, daß bis zum Aufkommen des Tonfilms an jedem Film *zwei* Regisseure beteiligt gewesen waren: ein Regisseur für die dramatische Handlung und für die Schauspieler, und dann der Regisseur für das Bild, der Kamerawinkel, Kamerabewegungen usw. festlegte. Das Arbeitsverhältnis zwischen Ulmer und Ben-Ami - die, wie Goldstein berichtet, bei den Dreharbeiten niemals miteinander sprachen - war dem von Joseph Green und Jan Nowina-Przybylski (den Regisseuren von *Jidl mitn Fidl*, A.d.R.) genau entgegengesetzt. (...) GRINE FELDER war das prestigeträchtigste Kulturgut, das es in den USA zu verfilmen gab. Wie Ulmer erzählte, bemühten sich drei jiddische Tageszeitungen - 'Forverts', 'Der Tog' und 'Morgn Frayhayt' - darum, den Film unterstützen zu können. Obwohl es der Produktion an Geld mangelte, wies Ulmer alle drei ab, um es sich nicht mit den Lesern der anderen beiden Zeitungen zu verscherzen. Stattdessen "verpfändete jeder von uns Produzenten das Mobiliar seiner Wohnung", außerdem liehen sie sich 8.000 Dollar von 'Household Finance'. Diese unvorstellbar niedrige Summe ist wohl Ulmers Vorliebe für das Dramatische zuzuschreiben, während das angegebene Budget von $ 30.000 zu hoch scheint, um glaubhaft zu wirken. In jedem Fall wurde GRINE FELDER von zahlreichen interessierten Leuten durch Dienstleistungen unterstützt; andere Geldgeber waren Paul Muni und Helen Beverlys Vater.

Der Film wurde auf derselben abgelegenen Farm in New Jersey gedreht, die Ulmer für *The Girl from Poltavka* genutzt hatte. GRINE FELDER besteht fast ausschließlich aus Außenaufnahmen. (...) Obwohl Ulmer wohl zu Übertreibungen neigt, wenn er die Schicksalsschläge bei allen seinen Projekten beschreibt (...), waren die Bedingungen, unter denen GRINE FELDER entstand, so primitiv, daß seine späteren Filme in Hollywoods B-Picture-Abteilung im Vergleich dazu DeMillesche Dimensionen gehabt haben müssen. (...)

Jim Hoberman: Bridge of Light. Yiddish Film Between Two Worlds, New York 1991

## Die Tradition des Chassidismus

Ohne den Bezug zum osteuropäischen Chassidismus lassen viele der Filme sich kaum verstehen. Das jiddische Publikum und die jiddischen Regisseure, Produzenten und Darsteller des Films stammen, wenn auch oft nur noch über die Generationsfolge vermittelt, zum großen Teil aus dem Milieu des osteuropäischen Chassidismus. Der polnische und ukrainische Chassidismus entstand um die Mitte des 18. Jahrhunderts als quertreibende Unterströmung zur Aufklärung. Innerhalb der jüdischen Tradition gehört der Chassidismus zur mystischen Strömung, die sich in mehreren Etappen der jüdischen Geschichte in verschiedenen Ausprägungen gegen den formalistischen Bestand der rabbinischen Schriftgelehrten und ihrer Tradition der Tora-Auslegungen aufbäumte. Im polnischen Chassidismus "gab die Mystik den Anspruch, ihre Botschaft an das Volk zu bringen, nicht auf und zog sich nicht auf ganz kleine Kreise tiefgelehrter Mystiker zurück, denen alle Gebiete der Tora gleicherweise vertraut waren. Im Gegenteil, der Chassidismus, der aus den Kreisen der rabbinisch Ungelehrten als eine typische 'Erweckungsbewegung' entstanden ist, hatte von vornherein das Ziel breiter Wirkung vor Augen." (Gershom Scholem, Die jüdische Mystik in ihren Hauptströmungen, Frankfurt/M. 1967, S.360f) Die mystische Bewegung des Chassidismus wurde so zu einem sozialen Phänomen, zur Lebensform des jiddischen *schtetls*, jener kleinen osteuropäischen Flecken, in denen der größte Teil der Juden lebte. Mit der Entstehung der jiddischen Literatur wurden auch die Legenden des Chassidismus wieder entdeckt und neu ediert. Etliche der jiddischen Schriftsteller haben sich von einem sozialkritischen Realismus im Dienste der Aufklärung, die sich gegen den Chassidismus und sein System von mächtigen Dorf-Zaddiken wandte, in späteren Werken den populistischen Zügen des Chassidis-

mus zugewandt. Die Kraft des Chassidismus als 'Erweckungsbewegung' hat sich nicht zuletzt dort noch einmal gezeigt. Den Konflikt, den der Chassidismus mit der formalistischen Tradition austrug, inszenierte Edgar G. Ulmer in GRINE FELDER nach dem Theaterstück von Peretz Hirschbein.

Vom Tora-Studium in der Synagoge, die Ulmer in extremer, asketischer Stilisierung mit strenger Perspektive auf die Tora-Schüler, die wie dadaistische Puppen hinter hohen Stehpulten verborgen sind, so daß nur ihre Köpfe und Teile des Körpers rausgucken, bricht ein junger Mann auf, um seinen Traum vom wahren Chassid, vom frommen Juden, auf dem Lande zu finden statt bei den Gelehrten in der städtischen Synagoge. Aus den engen städtischen Kulissen der Aufbruch in die Natur: blühende Bäume, ein Mädchen, das ihm vom Baum vor die Füße fällt, Äpfel am Boden signalisieren Fülle. Der verträumte junge Mann, schüchtern und wortkarg, wird, noch bevor er so recht weiterkommt, von den schlauen Bauern zum Lehrer gemacht, denn sie verehren in ihm eben den rabbinischen Gelehrten, der er nicht sein möchte. Der Unterricht der Bauernkinder greift den Konflikt zwischen der 'Tora im Herzen' und der 'geschriebenen Tora' immer wieder auf: vom Buch weg läuft der Junge nach draußen, nicht die Schrift ist hier das Fenster zur Welt, sondern das Fenster enger Rahmen wirklicher, lichter Weite. Wenn der fromme junge Mann ins Innere des Hauses sich verkriechen möchte, zum Talmud-Lernen, dann ist es die Tochter des Hauses, die den Verschämten doch immer wieder mit allerlei Aktionen ins Freie verlockt, ihn zu praktischen Arbeiten verleitet, - Schreiben lernt sie aus Liebe zu ihm, nicht aus Pflicht. Die Suche nach dem Chassid wird so zur chassidischen *éducation sentimentale*, an deren Ende die unvermeidliche Doppelhochzeit und Versöhnung aller steht: auf der Suche nach dem Chassid wird der Junge so selbst zum chassidischen Bauern. Die ironischen Brechungen in einen pantheistisch erweiterten Chassidismus hinein lehnen sich ästhetisch an die Naturmystik des Stummfilms an. Ein Baum, ein Zaun, weite Felder, über die die Füße nur so fliegen: Ulmer benutzt wenige signifikante Zeichen für die Fülle, das pantheistische Erfülltsein des ländlichen Raums. Die pantheistisch-naturmystischen Züge vieler jiddischer Filme verdanken dies in dieser Stärke ganz sicher den erweiterten Möglichkeiten, die der Film im Gegensatz zu den theatralischen Möglichkeiten der literarischen Vorlagen zu bieten hat. Die einfachen, mit schlichten Mitteln gedrehten Filme nutzen aufs schönste gerade den weiten Raum bei Außenaufnahmen. Die extreme Form des vollständig personalisierenden Chassidismus (...) wird freilich kräftig kritisiert am unterwürfigen Verhalten der konkurrierenden Familien, die den jungen Gelehrten mit ihrer Wertschätzung verfolgen und sich um seine Gunst streiten. An dergleichen ironisch-komödiantischen Brechungen wird der Abstand von der Tradition deutlich noch da, wo sie zum Thema wird, - gerettet wird sie als lebensphilosophisch unterfütterte Menschlichkeit. (...)

Gertrud Koch: Auf halbem Weg zum Engel des Vergessens, in: Das jiddische Kino, Deutsches Filmmuseum Frankfurt/M. 1982

**Edgar G. Ulmer**, geb. 1904 in Wien, gest. 1972. Mitarbeiter von Max Reinhardt, Ausstatter bei verschiedenen Filmen F.W. Murnaus, darunter *Sunrise* (1927). 1929 Co-Regisseur bei *Menschen am Sonntag*, (R. Siodmak). Drehte in den 30er und 40er Jahren in Hollywood neben B-Pictures mehrere jiddischsprachige Filme: GREEN FIELDS (1937), *The Singing Blacksmith/ Jankl der Schmid* (1938), *The Light Ahead/ Di Kljatsche* (1939), *American Matchmaker* (1940). (Ausführliche Filmographie: siehe Informationsblatt Nr. 21.)

## WEAPONS OF THE SPIRIT / LES ARMES DE L'ESPRIT

Die Waffen des Geistes  USA / Frankreich 1987

*Produktion: Friends of Le Chambon Inc., Pierre Sauvage Productions*
*Regie, Buch: Pierre Sauvage*
*Historische Beratung: Fred Kupfermann*
*Kamera: Yves Dahan*
*Musik: Charles Gibert (Harmonika, Gesang); Ephemere Collective Production: Elsa Trocmé( musikal. Leiterin), Cathérine Perrier (Gesang), John Wright (Violine); Auguste Bohny (elektron. Orgel); Cercle familial, Le Chambon-sur-Lignon; Lydie Benquet (Orgel); Ökumenischer Chor Le Chambon-sur-Lignon, Daniel Bouguet (musikal. Leiter); Ted Ashford (Synthesizer)*
*Ton: Patrick Baroz*
*Schnitt: Matthew Harrison*
*Tonschnitt: Matthew Harrison, Dominique Green*
*Regieassistenz: Yann Fauvergue*
*Kameraassistenz: Patrick Beraux*
*Produzent: Pierre Sauvage*
*Co-Produzentin: Barbara M. Rubin*
*Uraufführung: 18. März 1987, Los Angeles (American Film Institute Festival); Kinostart: 1. September 1989*
*16 mm, Farbe, engl. Fassung, 91 Minuten*

### Inhalt

Eine ungewöhnliche Darstellung der Rettung von 5000 Juden durch die Bewohner der kleinen protestantischen Gemeinde Le Chambon-sur-Lignon in Frankreich. Für diese Bewohner, die von den Hugenotten abstammen und früher selbst eine verfolgte religiöse Minderheit waren, bedeutete die Tradition, 'Gästen in Not' zu helfen, Tausende von Juden (darunter die Eltern des Regisseurs) vor dem Zugriff der Deutschen zu retten. Die Dorfbewohner waren ehrliche, einfache Menschen, die 'das Rechte tun' wollten, und deren Handeln zutiefst mit dem christlichen Glauben verbunden war. Darüberhinaus enthält dieser faszinierende Dokumentarfilm aufschlußreiches Material über die Kollaboration zwischen Vichy und den Deutschenr.

Programm des 4. Jüdischen Filmfestivals, London, März 1988

### Pierre Sauvage über seinen Film

Als ich 1980 nach Chambon kam, war ich verblüfft über die Einfachheit der Leute, über die Gelassenheit, mit der sie über das sprachen, was geschehen ist. (...) Mir wurde klar, daß die Teilnahmslosigkeit der Mehrheit eine wichtige Tatsache war und daß ich die Gelegenheit hatte, einige Einsichten darüber auf sehr fruchtbare, mich persönlich betreffende Weise herstellen könnte. Ich könnte diejenigen Leute porträtieren, die eben nicht teilnahmslos waren, die sogar fast zur Gleichgültigkeit unfähig sind. Um all jene zu verstehen, die dabeistanden, muß man erst einmal die kennen, die das nicht taten. (...) Es gab zwei Arten von Rettern während des Krieges. Es gab die, die sich änderten, um andere zu retten. André Trocmé gehört zu dieser Kategorie. Dann gab es die, die sich nicht ändern mußten, sondern einfach auf die Situation reagierten, wie sie es nicht anders gewöhnt waren. Die Leute aus Chambon gehören alle in diese zweite Kategorie. Das Vorhandensein beider Kategorien erklärt, was geschehen ist.

Zit. nach Richard Bernstein, A Movie Maker Preserves Those Who Preserved Him, in: The New York Times, 27. August 1989

### Suche nach der eigenen Vergangenheit

Über Pierre Sauvages Dokumentarfilm WEAPONS OF THE SPIRIT, der die Geschichte eines kleinen Dorfes in Frankreich erzählt, in dem während des Zweiten Weltkrieges 5000 Juden gerettet wurden, sollte man zunächst wissen, daß es sich dabei nicht um das Werk eines pflichtbewußten Kindes handelt, das, wie der Filmemacher sagte, "die tiefsten Sehnsüchte seiner Eltern" erfüllt.

Sauvage, heute 45 Jahre alt, verdankt sein Leben den Bewohnern des Dorfes, in dem seinen jüdischen Eltern während des Krieges Unterschlupf gewährt wurde; daher konnte man natürlich vermuten, daß WEAPONS OF THE SPIRIT als eine Art Hommage von jemandem gedacht war, der die Heldentaten beschwört, die ihn retteten.

Manchmal jedoch geschieht es, daß Eltern die schrecklichen Umstände vergessen oder zumindest verdrängen möchten, an die sich ihre Kinder erinnern wollen. Tatsächlich wußte Pierre Sauvage bis zu seinem achtzehnten Lebensjahr nicht einmal, daß er Jude war, noch daß er im Bezirkskrankenhaus bei Le Chambon-sur-Lignon geboren wurde, weil sich seine aus Polen stammende Mutter anderswo im besetzten Frankreich in Lebensgefahr befand. Als Sauvage beschloß, seinen Dokumentarfilm über das Dorf, das ihn rettete, zu drehen, äußerten seine Eltern überdies den Wunsch, er möge dieses Projekt nicht ausführen. Er erfüllte diesen Wunsch nicht, und jetzt, wo WEAPONS OF THE SPIRIT nach sieben anstrengenden Jahren fertiggestellt ist (...), ist Pierre Sauvage geneigt, seinen Film als eine Art Reise durch das Labyrinth seiner Identität zu betrachten.

"Dies war die Arbeit eines rebellierenden Kindes, das seine Vergangenheit neu schuf und für sich in Anspruch nahm", sagte er in einem Interview (...). "Ich war meiner Erinnerungen beraubt, und wahrscheinlich erzeugte das ein fast zwanghaftes Bedürfnis, einen Teil der Vergangenheit zu rekonstruieren, ohne dessen Bewußtsein ich aufgewachsen war."

Die zweite Sache, die man über Sauvages Film wissen muß, ist, daß die Dorfbewohner, die seine Familie gerettet hatten, von diesem Projekt ebensowenig begeistert waren wie seine Eltern. Nach und nach ist Le Chambon ins westliche Bewußtsein getreten als einer jener seltenen Orte während des Krieges, wo, wie der Historiker Philip Hallie es nennt, 'Gutes getan wurde'.

Hallie schrieb 1979 ein Buch über das Dorf mit dem Titel 'Damit kein unschuldiges Blut vergossen werde', in dem er insbesondere das Verdienst des protestantischen Dorfpfarrers André Trocmé beschreibt, das Dorf zu einen Zufluchtsort für jüdische Gemeinden gemacht zu haben (...). Als aber Sauvage im Jahre 1982 dorthin kam, um mit den Dreharbeiten zu beginnen, fand er Menschen, die jeglicher Stilisierung zu Helden abgeneigt waren. "Sie waren sehr zögernd", erzählt er bei der Schilderung seiner Bemühungen, die Dorfbewohner vor der Kamera zu interviewen. "Sie waren sehr argwöhnisch. Sie glauben, daß man seine Taten entwürdigt, wenn man sie ausposaunt."

Richard Bernstein, A Movie Maker Preserves Those Who Preserved Him, in: The New York Times, 27. August 1989

### Ein einfaches Bauerndorf bei Vichy

Stellen Sie sich den Drehort eines Hollywoodfilms vor. Der Hintergrund der Szene ist die atemberaubende, bergige Landschaft einer abgelegenen Dorfgemeinschaft in Frankreich während der vierziger Jahre. Der Filmtitel verspricht Abenteuer, Nervenkitzel, Spannung, Verzweiflung, Hoffnung, Romantik, Intrigen, Gefahr und Rettung vor dem Tod. Die Protagonisten sind Helden, Heldinnen und Bösewichter.

Klingt wie die Summe sämtlicher idealer Zutaten zu einem sagenhaften Drama. In Wirklichkeit jedoch handelt es sich hier nicht um Fiktion, sondern vielmehr um ein wahres Drehbuch über Leben und Tod, in dem das Schicksal von Tausenden am dünnen Faden der Umstände und an Kopf und Herz einer Dorfgemeinschaft und ihrer 'Verschwörung des Guten' hing.

Wenige Dinge im Leben sind so faszinierend wie die Beschaffenheit von Begebenheiten, die unseren Lebensweg bestimmten oder unser Leben überhaupt möglich machten. Solcherart war die Verkettung von Ereignissen, die zur Geburt von Pierre Sauvage führte und sie umgab.

1940 fiel das Land in die Hände der Nazis. Es wurde geteilt: Nordfrankreich wurde Besatzungsgebiet der Nazis; die südliche Hälfte wurde unter Naziaufsicht von Marschall Pétain verwaltet. Pétain, der auf Zusammenarbeit mit den Nazis drang, verlegte sein Hauptquartier nach Vichy. Im November 1942 besetzte die deutsche Armee Südfrankreich, wobei die bequeme Lösung in Vichy beibehalten wurde. 100 Meilen von Vichy entfernt, eingenistet in die abgelegene, bergige Landschaft des mittleren Südfrankreich, befand sich das Bauerndorf Le Chambon-sur-Lignon. Die Bewohner von Le Chambon waren größtenteils überzeugte Protestanten. Ihre Abstammung reicht zurück bis zu den Hugenotten ins 16. Jahrhundert. Das einfache Bauerndorf hatte in ruhigeren Zeiten Besucher aus benachbarten Ortschaften aufgenommen, die kamen, um die Schönheit, Ruhe und die Bergluft dieses friedlichen Zufluchtsortes zu genießen. Als aber die Polizei von Vichy begann, Juden zu verfolgen und zu inhaftieren, strömten andere Besucher, von denen viele sehr verzweifelt schienen, in das Dorf.

Auf diese Weise gelangten im Herbst 1943 die Eltern von Pierre Sauvage von Marseille und Nizza nach Le Chambon. Barbara Sauvage, eine polnische Jüdin, hatte Léo Sauvage, einen französischen Juden, in den 30er Jahren im Pariser Quartier Latin kennengelernt. Schwanger mit ihrem ersten Kind - medizinisch eine problematische Schwangerschaft, psychologisch eine herausfordernde - war ihr eindringlich geraten worden, auf eine friedliche Umgebung mit gesunder Ernährung und Ruhe zu achten, wenn das Baby überleben sollte. Zu diesem Zeitpunkt waren ausländische Juden in Frankreich die ersten Zielscheiben der Regierung in Vichy und wurden in den allermeisten Fällen den Nazis ausgeliefert. In dieser Situation mieteten Sauvages Eltern ein Zimmer auf einem Bauernhof in Le Chambon, und am 25. März 1944 wurde Pierre Sauvage im nahegelegenen Krankenhaus geboren.

38 Jahre später, inzwischen ein Filmemacher geworden, kehrte Pierre Sauvage nach Le Chambon zurück. Er wollte sich einlassen auf etwas, das für ihn nicht nur ein monumentales Siebenjahres-Unterfangen zur Enträtselung seiner Vergangenheit sein würde, sondern zugleich der Beginn davon, die Welt mittels seines Dokumentarfilms WEAPONS OF THE SPIRIT auf das erstaunliche und aufrichtige Maß von Güte aufmerksam zu machen, das ein einfaches Volk in einem stillen, bescheidenen, gewaltlosen Widerstand gegen Gewalt und Unterdrückung entwickelte. Denn diese aus 5000 Mitgliedern bestehende Gemeinde hatte während einer Periode von 4 Jahren 5000 jüdische Flüchtlinge aufgenommen und sie vor den Nazis geschützt.

Dies gelang ihr ohne einen einzigen Fall von Verrat, direkt vor der Nase der Nazis und der Regierung von Vichy, trotz deutscher Razzien, Durchsuchungen und der Anwesenheit zahlreicher rekonvaleszenter Soldaten in dem Ort. Die Bewohner taten das ohne einen Gedanken an Heldentum oder Tapferkeit von ihrer Seite, im Angesicht extremer Gefahr für sie, einfach weil es Teil ihrer moralischen und religiösen Überzeugungen war.

Die Herausforderung bestand für Sauvage darin, ihre Einfachheit zu wahren und zu vermitteln.

Connie Louise Katz, Weapons of the Spirit, in: lifestyles, Bd. 19, Nr. 111, Frühjahr 1991

### Eine Verschwörung des Guten

(...) Sauvages Film ist sowohl eine Entdeckungsreise in die Natur des Guten als auch eine ganz persönliche Odyssee. Der Filmemacher, ein Jude, wurde 1944 in Le Chambon geboren, und er kommt nun hierher zurück, um die Männer und Frauen zu befragen, denen er, wie viele andere, sein Leben verdankt. Als er diese frommen Leute - die meisten von ihnen sind hugenottischer Abstammung - auf ihre Heldentaten anspricht, erhält er wiederholt die gleiche Antwort: "Wir können das viele Aufhebens, das davon gemacht wird, nicht verstehen."
- "Wir halfen, weil unsere Hilfe gebraucht wurde."
Darin ist keine falsche Bescheidenheit. Die Leute von Le Chambon empfanden Güte als natürlich, selbstverständlich.
(...) Diese protestantischen Bauern glaubten daran, daß ihre Taten den Worten des Alten Testaments gerecht werden müssen. Und als Nachfahren einer in großem Ausmaß verfolgten Religionsgemeinschaft, so legt uns der Filmemacher nahe, waren sie von Natur aus empfänglich für die Notlage der Juden. (...)

David Ansen, A Village's Conspiracy of Goodness, in: Newsweek, New York, September 1989

**Pierre Sauvage**, geb. 25. März 1944 in Le Chambon; zog 1948 mit seinen Eltern nach New York, ab 1962 Studium an der Sorbonne in Paris; arbeitete anschließend bei der Cinémathèque Française für Henri Langlois, wo er Otto Preminger kennenlernte, der ihm eine Anstellung in New York anbot; von dort aus ging er nach 1971 Los Angeles, wo er beim Fernsehsender KCET unter anderem ein Magazin mit dem Titel *Reflections on the Holocaust* leitete; Mitherausgeber einer zweibändigen Studie 'American Directors'. Arbeitet zur Zeit an einem Spielfilm über die noch weitgehend unbekannte Geschichte von Amerikanern, die in den Jahren 1940/41 in Marseille an der Rettung von fast 1200 Künstlern, Intellektuellen und politischen Flüchtlingen vor den Nazis beteiligt waren. Filme: *Yiddish: The Mame-Loshn* (1979), WEAPONS OF THE SPIRIT (1987).

Herausgeber: Freunde der Deutschen Kinemathek. Druck: graficpress

## JIDL MITN FIDL / JUDEL GRA NA SKRZYPCACH / YIDDLE WITH HIS FIDDLE Polen 1936

*Produktion: Green-Film, Warschau*
*Produzenten: Joseph Green, Edward Hantower, Josef Frankfurt*
*Regie: Joseph Green, Jan Nowina-Przybylski*
*Buch, Idee: Konrad Tom*
*Kamera: Jacob Jonilowicz*
*Bauten: Jacob Kalich, Czeslaw Piaskowski*
*Ausstattung: Abraham Ellstein*
*Liedertexte: Itzik Manger*
*Darsteller: Molly Picon (Jidl), Maks Bozyk (Jizchak), Samuel Landau (Reb Gold), Simcha Fostel (Arje), Dora Fakiel (Tajbele), Basia Liebgold (ihre Mutter), Leon Liebgold (Efraim), Chane Lewin (Frl. Flaumbaum), Simha Nathan (Theaterdirektor), Maks Brin, Abraham Kurc*
*US-Kinostart und Premiere: 4.1.1937, New York (Ambassador Theatre)*
*s/w, Jiddisch mit engl. Untertiteln, 92 Minuten*

### Inhalt

JIDL MITN FIDL belegt vielleicht am eindrucksvollsten die Liaison zwischen jiddischer Tradition und amerikanischer Broadway- und Musicaldramaturgie. Von vier umherziehenden, bettelarmen Musikern, die in den Hinterhöfen und auf den Straßen der Städte spielen, erzählt der Film, in dem Molly Picon, Star der Second Avenue, eine fulminante Hosenrolle hat, in der sie für einige erotische Verwirrung bei ihrem jugendlichen Mitspieler sorgt, dem sie bald mädchenhaft in die Arme sinkt, bald mit falsch plazierten Küssen erstaunt, bis sie am Ende, für die Bühne entdeckt, ihre Liebe gestehen kann. Ein Geständnis, das sich vorerst nur im Lied an die imaginäre Mutter wendet: "oi mame, bin ich verliebt!"

Gertrud Koch, Auf halbem Weg zum Engel des Vergessens, in: Das jiddische Kino, Deutsches Filmmuseum Frankfurt, 1982

### Jidl Mitn Fidl (Itzik Manger/Abraham Ellstein)

Schpil du fidl, schpil
Schpil far mir a libe lid.
Nor du wejst alejn
Wi es nogt un zit,
Schpil du fidl schpil
Bis di strunes plazn dir.
Nor du wejst wos ich fil,
To schpil du fidl schpil!

Iber felder, wegn, ojf a wogn hej,
Mit sun un wint un regn, forn klesmer zwej.
A chidesch, oj a chidesch, sag wer senen sej?

Jidl mitn fidl, Arje mitn bas
Dos lebn is a lidl, to woze sajn in kas,
Hej Jidl, fidl, schmidl, hej, dos lebn is a schpas!

A zig schtejt oif der lonke un meket troj'rik 'me!'
Hej du zig, du schojte, troj'rik sajn is fe!
schoklt er das berdl, 'take, take, fe!'

A fojgl flit, 'gut morgn, gut morgn, a gut jor!'
Der trojer un di sorgn zu al di schwarze jor!
Dem wint a lach in ponem un Jidl, Jidl, for!

### Zur Entstehungsgeschichte

(...) Zu Greens Glück befand sich Molly Picon in Paris und ihre Karriere an einem Wendepunkt. Die dreißiger Jahre waren für Picon eine schwere Zeit. 1932 spielte sie englische Vaudevilles; in diesem und zu Beginn des folgenden Jahrs bemühten sie und ihr Ehemann Jacob Kalich, der gleichzeitig ihr Manager und Schauspielerkollege war, sich vergebens, wieder in der Filmwelt Fuß zu fassen. Über verschiedene jiddisch- als auch englischsprachige Projekte wurde in New York und Hollywood verhandelt. Währenddessen tourte Picon durch Europa und Südamerika und debütierte im Dezember 1933 verspätet auf dem Broadway in der englischsprachigen Komödie 'Birdie'. Die Show war ein Mißerfolg; auch Picons Comeback auf der Second Avenue im September des folgenden Jahres hinterließ keinen bleibenden Eindruck. Nach einer enttäuschenden Saison verließ sie die jiddische Bühne ein weiteres Mal; Kalich brachte das Gespräch wieder auf eine Filmrolle.
(...) Abgesehen von Picon wurde die Besetzung des Films aus verschiedenen Warschauer jiddischen Theaterensembles zusammengestellt. Der Charakterdarsteller Maks Bozyk (damals sechsunddreißig Jahre alt) war der Star in Mangers 'Koldunje' (JIDL würde ihn zu einem noch größeren Star machen); der sechsundzwanzigjährige Leon Liebgold, ein begabter und bereits sehr erfahrener Schauspieler, arbeitete bei der *klajnkunst*-Truppe 'Jidische Bande'; seine Mutter hatte 1922 während einer Tournee durch Polen mit Picon auf der Bühne gestanden. Green kümmerte sich um die Schauspieler (bis auf Picon, die Anweisungen nur von Kalich entgegennahm), und beauftragte Jan Nowina-Przybylski, sich der technischen Seiten des Films anzunehmen. Nowina-Przybylskis bekanntester Film war *Cham (Jokel)* aus dem Jahr 1931, einer der wenigen internationalen Erfolge der polnischen Filmindustrie. Aufgrund seiner Mitarbeit konnte JIDL MITN FIDL zu einer polnischen Produktion, erklärt werden, was verschiedene Steuervergünstigungen und andere Vorteile verschaffte.
Zum einen nüchterner Geschäftsmann, zum anderen Verteidiger einer literarischen Theaterkultur, war Green entschlossen, dem jiddischen Film ein Höchstmaß an künstlerischer Anerkennung zu verschaffen. In einem kurz nach dem Kinostart von JIDL MITN FIDL in 'Literarische Bleter' veröffentlichten Interview umriß er sein Ziel, technisch professionelle Filme über Stoffe, die authentisch jüdisch und doch auch von allgemeinem Interesse waren, herzustellen. Der erfolgreiche jüdische Film, erklärte Green, "muß den *goles jid* vermeiden" (das negative Stereotyp des Juden in der Diaspora).
Die Tatsache ignorierend, daß nach strengen zionistischen

Maßstäben auch er als *goles jid* angesehen werden könnte, versprach Green jeglicher säkularen jüdischen Denkweise gerecht zu werden: "Ein jiddischer Film sollte Volksbräuche darstellen, um ethnische Authentizität bemüht sein und soziales Unrecht entlarven. Das ist mit künstlerischen Mitteln erreichbar, ohne plumpe Propaganda. Ein solcher Film sollte auch die Werte unserer Kultur und unsere Sprache unverfälscht darstellen; vor allem muß er unterhaltsam sein."

### Dreharbeiten in Kazimierz

Die Innenaufnahmen wurden in einem Warschauer Studio gedreht; dann fuhr man für zehn Tage zu Außenaufnahmen nach Kazimierz. Der kleine Ort mit vorwiegend jüdischer Bevölkerung, neben den Ruinen des Schlosses König Kasimirs gelegen, wurde im späten neunzehnten Jahrhundert von polnischen Literaten 'entdeckt'. Scholem Asch verbrachte mehrere Sommer dort; sein 1905 erschienener Roman 'Dos Schtetl' machte das Dorf zum bevorzugten Besuchsziel jüdischer Künstler und Schriftsteller.

So pittoresk Kazimierz für viele war, so erschreckend rückständig erschien es jedoch den Amerikanern: "Noch nie hatte ich solche Armut gesehen - Außentoiletten, zu phantastischen Gestalten gebeugte, wackelige Holzhäuser, und die Menschen unglaublich dürftig gekleidet", erinnert sich Picon, "(...) Beim Filmen hing die ganze Stadt an unseren Fersen. Wir kommandierten sie herum, und sie folgten uns wie Lämmer." Viele der Dorfbewohner sind im Film zu sehen. JIDL MITN FIDL beginnt mit einer halbdokumentarischen Erforschung des zentralen Marktplatzes, eines von Steinhäusern umschlossenen bühnenartigen Areals. (...)

JIDL MITN FIDL war vor allem für die damals siebenunddreißigjährige Picon ein Vehikel, das ganze Spektrum ihrer immer noch unverbraucht wirkenden Charakterisierungskünste und Routinenummern vorzuführen - vom angeheiterten *jeschiwe*-Jungen über das überdrehte Plappermaul bis zum gewitzten Straßenjungen. 'Variety' beschrieb den Film als "Konglomerat alles dessen, was sie je auf der Bühne, im Vaudeville und im Radio gemacht hat". Beim Höhepunkt des Films stolpert sie auf eine Bühne, fällt in den Bühnengraben, kriecht auf allen vieren, spricht direkt zur Menge, singt, führt Selbstgespräche oder demonstriert auf andere Weise ihre Nähe zum Publikum. (...)

Seinen besten Moment als Regisseur hatte Green bei der Hochzeitsszene. Als echte Programmnummer der Produktion wird sie mit einer betont künstlich gestalteten Montage eingeführt, großenteils in Übereinstimmung mit der Musik geschnitten und sorgfältig choreographiert. Die Dreharbeiten begannen vor der Dämmerung und dauerten die ganze Nacht - um vier Uhr morgens wurde Green klar, daß ihm ein Geiger fehlte, um den *badchen* zu begleiten; er schickte seine Assistenten aus, in der Stadt zu suchen und einen aus seinem Bett zu reißen. Währenddessen mußte für die Anschlußszenen das Essensaufgebot immer wieder vervollständigt werden. Nach Picon "verstanden unsere in Armut lebenden Gäste überhaupt nicht, was los war. Sie meinten, zu einer echten Hochzeit eingeladen worden zu sein, und als eine Frau fragte, warum so viel Essen da sei, erklärten wir ihr, dies sei keine wirkliche Hochzeit, wir drehten nur einen Film. Ich glaube nicht, daß sie jemals einen Film gesehen hatte, aber sie sagte: 'Warum haben Sie das nicht eher gesagt? Wenn es so viel Essen gibt, hätte ich meine Tochter mitgebracht, damit sie wirklich heiraten kann. Sie hat einen *chosn* (Bräutigam), aber wir haben kein Geld... um eine Hochzeit gebührend auszurichten.'"

Jim Hoberman, Bridge of Light: Yiddish Film Between Two Worlds, New York 1991

**Joseph Green**, 1904 in Lodz geboren, sah im Alter von fünfzehn Jahren als Schauspielschüler in Berlin zum ersten Mal eine Aufführung der 'Wilnaer Truppe'. eines jiddischen Wandertheaterensembles. Ein Schauspieler, der für seine jugendliche Rolle zu alt geworden war, sollte ersetzt werden. Der junge Joseph Green bekam sein erstes Engagement. Tourneen führten ihn von Warschau über Paris bis nach New York. Dort bekam er Kontakt zur Filmbranche und spielte 1927 im ersten Tonfilm mit, dem *Jazz Singer*.

1932 kehrte er nach Polen zurück. Dort vertonte er mit anderen jiddischen Schauspielern jiddische Stummfilme. Von 1935-39 drehte er in Polen - vor allem mit der Schauspielerin Molly Picon in den Hauptrollen - eigene Filme. Auf JIDL MITN FIDL (1936) folgten *Der Purimschpiler* (1936) sowie *Mamele* und *A Briwele der Mamen* (beide 1938). Alle diese Filme wurden in Studios in Warschau und mit Aufnahmen auf dem Land gedreht. Green wollte seine Filme einem breiten Publikum zugänglich machen.

Auf Bitten der Jüdischen Gemeinde im jüdischen Ghetto in Berlin wurde sogar noch 1938 der JIDL gezeigt. Allerdings mußte vorher eine Kopie an Goebbels geschickt werden, der erstaunlicherweise eine Genehmigung erteilte.

Detlev Claussen, Das letzte Lachen und das letzte Weinen, in: Frankfurter Allgemeine Zeitung, 23. Juni 1980

**Jan Nowina-Przybylski**, geb. 1904, gest. 25.4.1948. Filme: 1931: *Krwawy wschod* (Der blutige Osten), *Cham* (Der Grobian); 1932: *Przbleda* (Der Findling); 1935: *Manewry milosne* (Die Liebesmanöver, zus. mit Konrad Tom); *Panienka z posterestante* (Mädchen postlagernd, zus. mit Michal Waszynski), *Milosc Maturzystki* (Die Liebe der Abiturientin, Bearbeitung des Films Przebudzenie, Regie Aleksander Ford); 1936: JUDEL GRA NA SKZYPCACH / JIDL MITN FIDL (zus. mit Joseph Green), *Maly Marynarz* (Der kleine Seemann, zus. mit Konrad Tom); 1937: *Blazen Purymowy* (Der Purimschpiler, zus. mit Joseph Green), *Pai redaktor szaleje* (Der Herr Redakteur tobt), *Piesn o wielkin Rzezbiarzu* (Das Lied vom großen Bildhauer), *Ty oo w ostrej swiecisz bramie* (Das Bildnis der heiligen Maria).

**Molly Picon**, geb. 1.6.1898 in New York City; erster öffentlicher Auftritt im Alter von sechs Jahren unter dem Management von Mike Thomashevsky, Philadelphia. Spielt von 1915-19 im englischsprachigen Repertoiretheater 'Chestnut Opera House', Philadelphia, sowie im jiddischen Theater in Boston. 1919 Heirat mit Jacob Kalich, der ihr Manager wird. 1921-23 Tournee nach Warschau, Lodz, Wien, Bukarest, Paris und London mit der Operette 'Yankele'. 1923 Rückkehr in die USA; spielt in New York im 'Second Avenue Theatre' und in ihrem eigenen 'Molly Picon Theatre', u.a. in folgenden Rollen: 'Zipke' (1924), 'Mamele' (1925), 'Molly Dolly'(1926). Mit Jacob Kalich auf Tournee nach Rußland, Österreich, Polen, Rumänien, Frankreich, Belgien, Palästina und Argentinien bis 1935; spielt u.a. in 'Mamele', 'Yankele', 'Shmendrik'. 1935-36 Auftritte im 'Kale Loift' in New York. Von 1936-37 spielt sie in Paris sowie in England, Südafrika und Südamerika.

1936 Hauptrolle in JIDL MITN FIDL.

1937 Rückkehr in die USA; spielt in amerikanischen Kurzfilmen der Warner Brothers; Tätigkeit als Radiosprecherin u.a. bei WEAF, WMCA, WEVD.

Molly Picon schrieb über 50 Lieder in jiddisch und englisch, darunter: 'East Side Symphony', 'Song of the Tenement', 'What the People Make a Living From', 'Woiking Goil'.

Herausgeber: Freunde der Deutschen Kinemathek. Druck: graficpress

## SOLL SEIN - JIDDISCHE KULTUR IM JÜDISCHEN STAAT

Bundesrepublik Deutschland / Israel / Niederlande 1984-1992

*Produktion:van der meulen-film (Köln) / WDR (Köln)*
*Buch, Regie: Henryk M. Broder, Frans van der Meulen*
*Kamera: Dani Barnea, Frans van der Meulen, Esra Shmueli*
*Eberhard Tschepe*
*Schnitt: Ijf Ijland, Hanna R. Bekka*
*Ton: Moritz Ölbaum, Imanuel Gatzwill*
*Musik: Broder-Kapelye, Max Perlmann, Benzion Witler*
*Sprecher: Shmuel Atzmon*
*Uraufführung: 23.7.89, Jewish Film Festival San Francisco*
*16 mm, Farbe; Jiddisch m. dt. UT, 114 Minuten*
*Deutscher Verleih Freunde der Deutschen Kinemathek e.V.*
*Welserstr. 25, 1000 Berlin 30, T - (030) 2111725*

### Zu diesem Film

SOLL SEIN ist ein Dokumentarfilm über die jiddische Kultur im Staat der Juden, über das Phänomen 'Jiddisch' in Israel. Als Theodor Herzl seinen 'Judenstaat' entwarf, machte er sich auch Gedanken, welche Sprache in dem neuen Gemeinwesen gesprochen werden sollte. "Wer von uns weiß genug Hebräisch, um in dieser Sprache ein Bahnbillett zu verlangen? Das gibt es nicht. Dennoch ist die Sache sehr einfach. Jeder behält seine Sprache, welche die liebe Heimat seiner Gedanken ist ..." Nur eine Möglichkeit schloß Herzl von vornherein aus: "Die verkümmerten und verdrückten Jargons, deren wir uns jetzt bedienen, diese Ghetto-Sprachen werden wir uns abgewöhnen. Es waren die verstohlenen Sprachen von Gefangenen ..."

Die Ironie der Geschichte will es, daß der Jargon, den Herzl in erster Linie meinte, das Jiddische, ausgerechnet im 'Judenstaat' wiederbelebt wurde und wie nirgendwo sonst gepflegt wird. Davon handelt SOLL SEIN.

Wenn von der jüdischen bzw. jiddischen Kultur die Rede ist, dann geschieht das meist unter Überschriften wie 'Versunkene Welt', 'Abschied vom Schtetl' und 'Erinnerung an Tewje'. Es stimmt zwar, daß mit dem osteuropäischen Judentum auch die jiddische Kultur vernichtet wurde, dennoch werden die vielen Nachrufe auf das Schtetl, diese Lebensform, die romantisiert und idealisiert wird, seit es sie nicht mehr gibt, ihrem Gegenstand nicht gerecht. Sie unterschätzen die Vitalität der jüdisch-jiddischen Lebensart, die allen Versuchen ihrer Ausrottung getrotzt hat. Natürlich wird Jiddisch nie mehr, was es einmal war: die Umgangssprache von Millionen Menschen, der literarische Ausdruck des Ausbruchs aus dem Ghetto und der Ruf nach Fortschritt und Gerechtigkeit der jüdischen Anarchisten und Revolutionäre. Aber: Jiddisch ist keine tote Sprache wie Latein oder Griechisch, es gibt noch immer Inseln der 'Jiddischkeit'. Die meisten findet man in Israel.

"Jiddisch spricht man nicht, Jiddisch red't sich", sagt ein altes jiddisches Sprichwort. Tatsächlich gibt es keine zweite Sprache, die so flexibel, so vielseitig, so anarchisch wäre wie das Jiddische. Keine andere Sprache vermag Idiome dermaßen leicht und organisch zu assimilieren wie das Jiddische, das in

seiner Substanz aus Mittelhochdeutsch, Polnisch und Hebräisch besteht, aber auch 'Spurenelemente' aus einem Dutzend anderer Sprachen enthält, von Aramäisch bis Russisch, von Englisch bis Arabisch. Es gibt nichts, was im Jiddischen nicht möglich wäre, weswegen Übersetzungen in andere Sprachen meist inadäquat sind und an Substanz verlieren. Experten streiten sich darüber, ob das Jiddische aus dem Deutschen entstanden ist oder das Deutsche aus dem Jiddischen. Geht man davon aus, daß Jiddisch ein mittelhochdeutscher Dialekt ist, ist die Antwort eigentlich klar. Das moderne Hochdeutsch ist eine Weiterentwicklung des Jiddischen. In der deutschen Umgangssprache finden sich mehr Elemente des Jiddischen als es den meisten bewußt ist. 'Schmiere stehen' kommt aus dem Jiddischen, ebenso 'schmusen', auch wenn sich die Bedeutung leicht geändert hat. Ursprünglich bedeutete 'schmusen': sich unterhalten, miteinander reden, 'a schmus' war eine verbale Begegnung - vom literarischen Gespräch bis zum Schwatz im Treppenhaus.

Aber Jiddisch ist nicht nur eine Sprache, ein Mittel der Kommunikation, sondern - vor allem - eine Lebensart, eine Geistes- und Gemütshaltung, die es schon deswegen schwer hatte, weil es viele Begriffe im Jiddischen nicht gibt. Ein 'Gewehr' existiert nicht, es gibt keine Panzer und keine Raketen, ein Armeehelm ist ein 'Stahlhitl' und ein Soldat heißt behelfsweise 'Seldner'. Jiddisch ist, von Natur aus, eine pazifistische Sprache, vermutlich die einzige, in der man nicht 'Habt acht, stillgestanden!' rufen und keine militärischen Befehle geben kann, weil sie sich wie eine Parodie auf militärische Befehle anhören würden. Der Kampf, der vor der Gründung des Staates Israel von militanten Zionisten gegen das Jiddische geführt wurde, galt nicht nur dem Umstand, daß Jiddisch eine Sprache des Ghettos war, die es genauso abzulegen galt wie den gebeugten Gang. Ebenso wichtig war, daß sich das Jiddische nicht für jene Militanz eignet, die zum Aufbau einen Staates unerläßlich ist und die im Hebräischen ausgedrückt werden kann. "Auf jiddisch kann man verletzen, aber man kann nicht töten, man kann stechen, aber kein Blut vergießen", sagt Mordechai Tzanin, der Vorsitzende des Verbandes jiddischer Schriftsteller in Tel Aviv.

Jiddisch wird in Israel immerhin noch von etwa einer Viertelmillion Menschen als Umgangssprache gesprochen, meist älteren Einwanderern aus Osteuropa und streng religiösen Juden, den sogenannten 'Haredim'. Es gibt eine jiddische Tageszeitung (wahrscheinlich die letzte überhaupt weltweit), drei Wochenzeitungen und eine erstaunlich große Anzahl von Periodika, darunter die renommierte Vierteljahresschrift für jiddische Literatur 'Di goldene kajt' (Die goldene Kette), so benannt nach dem 'Drama einer chassidischen Familie' von Jitzhak Laib Perez. Die kommunistische Partei, die sozialdemokratische Mapai und die sozialistische Mapam geben jiddische Zeitungen heraus. Es erscheint eine jiddische Anarchistenzeitung ('Problemen'), in Tel Aviv gibt es eine Niederlassung des 'Bund' mit einer großen jiddischen Bibliothek, vor allem über die Geschichte der jiddischen Arbeiterbewegung in Osteuropa. Der 'Bund' (Allgemeiner jüdischer Arbeiterbund für Litauen, Rußland und Polen) wurde 1897 in Wilna gegründet und war bis zum Ersten Weltkrieg die wichtigste und größte Arbeiterorganisation Osteuropas. Die Bundisten, die maßgeblich zum Aufbau der russichen Sozialdemokratie beigetragen haben, sind noch heute keine Zionisten (allerdings auch keine Anti-Zionisten mehr), sie glauben noch immer an eine 'sozialistische Lösung der Judenfrage' und feiern den 1. Mai auf jiddisch, wobei auch die 'Internationale' in einer jiddischen Fassung gesungen wird.

Die Bundisten mögen politisch bedeutungslos sein, aber sie sind die letzten lebenden und aktiven Vertreter einer politischen Kultur, die sich nirgendwo sonst in einer dermaßen reinen Form erhalten hat. Für sie ist der Sozialismus kein Dogmengebäude, kein ideologisches Konzept, sondern ein humanistischer Entwurf, "das Streben nach einem Horizont, den wir nie erreichen werden, den wir aber nie aus dem Auge verlieren dürfen", wie es ein Festredner bei der 'Akademie' zum 1. Mai sagte. Der Sozialismus gleiche dem Horizont, je näher man ihm komme, umso weiter werde der Blick, er sei kein "Endziel, sondern ein permanentes Gerangel um Fortschritt und Menschlichkeit".

Unterhaltung heißt auf jiddisch 'Verweilung'. Dafür sorgen jiddische Theatertruppen, die rührend naive Volksstücke 'mit Gesängen und Tänzen' aufführen, nostalgische Plotten aus dem jiddischen Milieu (Mann verläßt Frau und Kinder, um sein Glück in Amerika zu suchen), wobei die Stücke nicht mehr im Schtetl, sondern in Tel Aviv und New York spielen, wo es aber immer noch wie im Schtetl zugeht. Die Aufführungen werden avantgardistischen Standards nicht gerecht, aber sie sind fröhlich und unterhaltsam. Und sie enden immer mit einem Happy- End. Soll sein ...

In dem Film kommen u.a. zu Wort: Die Bundisten von Tel Aviv, die orthodoxen Juden von Meah Shearim, die Autoren vom Verband jiddischer Schriftsteller, die Redakteure des Jiddisch-Programms im israelischen Rundfunk, die Sänger und Schauspieler des jiddischen Theaters; der Schauspieler Shmuel Rodensky, der Politiker Menachem Porush, der Schuster Zwi Rubczenko, der Poet Jossi Papiernikoff, der Geschichtenerzähler Jossel Birstein, die Sängerin Etel Kovenska, der Komiker Jakov Bodo ...

Jiddisch ist freilich mehr als die Summe seiner Darbietungen in der Öffentlichkeit. Die seltsame Sprache, von gebildeten europäischen Juden lange verachtet und in ihrer anarchischen Schönheit erst seit kurzem wieder erkannt und anerkannt, drückt mehr aus als utopische Hoffnungen, Witz und Lust am Streit.

Was Jiddisch ist, läßt sich in einem Satz nicht sagen. Es ist Sprache, Kultur, Lebensart, eine Art, Fragen zu stellen und Antworten zu geben.

Alle Protagonisten in SOLL SEIN sprechen jiddisch.
Der Film läuft mit deutschen Untertiteln.

Der Titel stammt von einem Gedicht von Jossi Papiernikoff aus dem Jahre 1924:

Soll sein, daß ich bau in der Luft meine Schlösser,
soll sein, daß mein Gott ist im ganzen nicht da.
Im Traum ist mir heller, im Traum ist mir besser,
im Traum ist der Himmel noch blauer als blau.

Soll sein, daß ich werd mein Ziel nicht erreichen,
soll sein, daß mein Schiff wird nicht kommen zum Steg.
Mir geht nicht darum, ich soll was erreichen,
mir geht um den Gang auf einem sonnigen Weg.

## Letzte Najes

Mordechai Tzanin, Gründer der jiddischen Tageszeitung 'Letzte Najes' und einer der Gesprächspartner und Mitwirkenden in SOLL SEIN, sagte über 'Mameloschn' u.a.: "Jiddisch ist eine hart geprüfte Sprache, gebrannt im Feuer, geschmiedet durch Zores (Sorgen). Die Juden haben keine Armeen gehabt und nur eine Waffe zur Verfügung: Lachen, sich über den Stärkeren lustig machen. So kam Jiddisch in den Ruf, eine Sprache für Witze zu sein... Jiddisch ist eine bildhafte Sprache, eine reiche Sprache, nur eine Sache haben wir nicht: man kann auf jiddisch keinen Menschen totschlagen, das geht nicht, auf jiddisch hat man nicht geharget (getötet), geharget hat man auf polnisch, auf deutsch, russisch, auf ukrainisch - auf jiddisch nicht! Das ist die Größe von Jiddisch, sie ist eine pazifistische Sprache, hat keine Instrumente zum Töten." (...) Dafür gibt es eine Vielfalt von Ausdrücken auf einem anderen Gebiet, und da gerät (Mordechai) Tzanin ins Schwärmen: "Hunderte von Begriffen gibt es für Fleisch und Suppen, für Brote und Kuchen, für Vorspeisen und Nachspeisen, für alles, was man essen und trinken kann... Jiddisch ist eine kulinarische Sprache, eine folkloristische Sprache, eine tolerante Sprache..." - Auf die Frage, wie die Zukunft von 'Mameloschn' aussehen wird, antwortet Tzanin auf die typisch jüdische Art mit einer Gegenfrage: "Andere Zores hat man schon nicht? Wie wird aussehen die Zukunft überhaupt? Weiß man, ob Hebräisch die nationale Sprache der Juden bleibt?" - In 30, 40 Jahren, schätzt Tzanin, wird die "jiddische Literaturschaffung" aufhören und die "jiddische Literatur wird dann sein eine Sache der Literaturforschung". (...)
Aus: Soll sein. Jiddische Kultur im jüdischen Staat, Ölbaum-Verlag, Augsburg 1989

**Henryk M. Broder**, geb. 1946 in Katowice/Polen, 1966 Abitur in Köln, seitdem freier Autor für Zeitungen, Radio und TV. Lebt in Berlin und Jerusalem. 1988 TV- Dokumentarfilm (zusammen mit Eikel Geisel) über den Jüdischen Kulturbund 1933-1941 (BR/SFB, 90 Min.); Mitautor von 'Geschlossene Vorstellung. Der Jüdische Kulturbund in Deutschlands 1933-1941', Katalog zur gleichnamigen Ausstellung in der Berliner Akademie der Künste (West), Januar 1992.

**Frans van der Meulen**, geb. 1938 in Amsterdam, 1944 bis 1956 in Österreich, 1960 bis 1965 Photographie- und Dokumentarfilmstudium in Breda/Holland, seit 1966 freier Filmemacher und unabhängiger Produzent von Dokumentarfilmen. SOLL SEIN wurde 1988 in einer 45minütigen Fassung vom WDR gesendet. 1989 wurde eine 135minütige englische Fassung uraufgeführt. Die deutsche Fassung des Films (Länge: 114 Minuten) lief zum ersten Mal am 19. Februar 1992 auf dem Internationalen Forum des Jungen Films, Berlin.
Filme (von Henryk M. Broder und Frans van der Meulen):

1976 *Verkaufskanonen - Was das Auge sieht, muß das Herz glauben,* 45 Minuten (WDR). 1978 *Ich sing für die Verrückten - Porträt Hanns Dieter Hüsch,* 60 Minuten (WDR). 1980 *Josef Wulf - ein Schriftsteller in Deutschland* , 90 Minuten (WDR). 1981 *Artisten - Aus Gefälligkeit hat noch keiner gelacht,* 45 Minuten (WDR). 1984-92 SOLL SEIN - JIDDISCHE KULTUR IM JÜDISCHEN STAAT.

Herausgeber: Freunde der Deutschen Kinemathek. Druck: graficpress

## WOSWRASCHTSCHENIJE NEJTANA BEKKERA / NOSN BEKER FORT AHEJM

Die Rückkehr des Nathan Becker  UdSSR 1932

*Produktion: Belgoskino, Leningrad*
*Regie: Boris Schpis, Raschel Milman*
*Buch: Perez Markisch, Boris Schpis, Raschel Milman*
*Kamera: Jewgeni Michailow*
*Musik: J. Brusilowski*
*Bauten: I. Machlis*
*Ton: W. Beerwald*
*Darsteller: Dmitri Gutman (Nejtan/Nathan Becker), Solomon Michoëls (Zale Becker), Jelena Kaschnizkaja (Mejka), Kador Ben-Salim (Jim, der schwarze Maurer), Boris Babotschkin (Bauleiter Mikulitsch), W. Jablonski (Parteisekretär), A. Sarshizkaja (Nata)*
*Uraufführung: 6. Dezember 1932*
*s/w, Russisch u. Jiddisch m. engl. UT, 85 Minuten*

### Anmerkung

Der Film wurde in einer russischen und einer jiddischen Fassung gedreht; von letzterer existiert nur noch ein Fragment, das in die Fassung des National Center for Jewish Film aufgenommen wurde.

Zu den 'herausragenden Filmen des Jahres 1933' in den USA zählten u.a. auch THE RETURN OF NATHAN BECKER sowie *Skwos sljosy*/Lachen durch Tränen (siehe New York Times Film Reviews, Dezember 1933).

### Inhalt

Ein jüdischer Maurer kehrt nach Rußland zurück. Er ist vor 28 Jahren aus dem Zarenreich nach Amerika ausgewandert. Nun trifft er die alten Bewohner des *schtetls* wieder, die mitten im ersten Fünfjahresplan sind. Nathan begreift nicht recht, wie die sozialistische Arbeitsorganisation funktioniert und was das ist - sozialistischer Wettbewerb. Er glaubt, damit sei die ihm vertraute Konkurrenz gemeint, und erklärt, daß er jeden beim Ziegelaufpacken überholen werde. Doch er wird von einem jungen Arbeiter übertrumpft. Nathan vermutet, daß er jetzt entlassen wird. Stattdessen erklären ihm die Kollegen, daß seine Methode sehr gut sei und daß sie versuchen wollten, von ihm zu lernen und sie anzuwenden. Nathan sieht, daß Arbeit, Wettbewerb und Konkurrenz in Kapitalismus und So-zialismus verschiedene Dinge bedeuten.

Sowjetskije chudoshestwenyje filmy, Bd. 3, Moskau 1970

### Zu diesem Film

In ästhetischer wie in ideologischer Hinsicht ist NOSN BE-KER FORT AHEJM ein komplexes Artefakt. Das Original-drehbuch des von Boris Schpis und Raschel Milman inszenier-ten Films stammt von Perez Markisch, dem damals meistver-öffentlichten und in den meisten Übersetzungen vorliegenden sowjetisch-jiddischen Schriftsteller; der Film verbindet selbst-bewußte jiddische Volkskultur mit der optimistischen Metho-dik des Fünfjahresplans, die theatralische Stilisierung des Moskauer GOSET-Theaters Michoëls' mit der Leningrader

Avantgarde-'Fabrik des Exzentrischen Schauspielers' (FEKS). Schpis (...) war zuvor Regieassistent für die Filme *Schinjel* und *S.W.D.*, die die FEKS-Leiter Grigori Konsinzew und Leonid Trauberg 1927 gedreht hatten. In Schpis' erstem Spielfilm, *Tschushoi pidshak*, traten vielfach Schauspieler der FEKS auf. Milman, mit einem prominenten Wirtschafts-wissenschaftler verheiratet und mit Ossip Brik verwandt, war Regieassistentin bei allen fünf Spielfilmen Schpis' und schrieb zu *Mstitel*, einem halbdokumentarischen Film über die Modernisierung des Tungus-Stamms in Sibirien, auch das Drehbuch. David Gutman, der Nosn Beker spielt, war ebenfalls mit der FEKS verbunden; 1929 trat er als Kauf-hausbesitzer in Kosinzews und Traubergs Meisterwerk *Nowy Wawilon* auf.

Die 'exzentrischen' Elemente des Films sind von den propa-gandistischen nicht zu trennen. Das dekadente Amerika wird kurz (und pragmatisch) dargestellt: ein Lager vor der Skyli-ne Manhattans. Eine überraschende Hommage an die radi-kale sowjetische Stummfilmtechnik stellt die Aufnahme eines aus dem New Yorker Hafen segelnden Bootes dar, das in einer stroboskopischen Montage mit Autos, Kosmetika und Can-Can-Tänzerinnen alterniert - die Bilder stammen vor allem aus deutschen Zeitschriften, manche Einstellun-gen bestehen nur aus zwei Bildfeldern. Eine ironische Auf-nahme von im Hafen schwimmendem Unrat leitet über zu Nosn auf dem Schiff. Wie der Held aus dem damals populä-ren sowjetischen Roman 'Jack Wosmjorkin, der Amerika-ner' kehrt Nosn in seine Heimat zurück, um der Revolution zu dienen. "Majke, wir fahren nach Hause", sagte er zu seiner zweifelnden Frau. Das Paar reist zusammen mit Nosns schwarzem Kollegen Jim (Kador Ben-Salim). "Auch du kehrst heim", fügt Nosn hinzu.

Ben-Salim, ein Schauspieler, dessen Auftritt allein schon eine Anklage amerikanischen Unrechts ist, war kurz vorher in P. Kolomoijzews Film *Tschornaja Kosha* (Die schwarze Haut) zu sehen gewesen, einem ukrainischen Film, der so-wjetische und amerikanische Rassenpolitik zugunsten erste-rer verglich. (...) Obwohl Ben-Salim in NOSN BEKER FORT AHEJM eher dekorativ als darstellerisch eingesetzt wird, ist sein Erscheinen in dem belorussischen *schtetl* doch ein Anlaß für leichtfüßigen Vaudeville-Humor. "Ist er auch Jude?", fragt der Vater Nosns, Zale (Michoëls). "Er ist Maurer", antwortet Nosn und entspricht damit völlig der offiziellen politischen Linie. Der Stadtkantor schüttelt Jim die Hand und ist entsprechend beeindruckt: "Das ist Nosn? Dein Nosn aus Amerika? Wie ist er so schwarz geworden... wie die Erde?"

Im Gegensatz zu Jim ist Nosn jedoch keine wirklich exoti-sche Figur. In den frühen dreißiger Jahren war eine Rück-wanderungswelle von den Vereinigten Staaten in die Sow-jetunion zu beobachten. In seinen Memoiren berichtet Euge-ne Lyons, daß "die Nachricht, Rußland habe die Arbeitslo-sigkeit abgeschafft und bräuchte dringend Arbeitskräfte, Hunderte ausländischer Arbeitsuchender nach Moskau zog." Die meisten jedoch wurden enttäuscht. "Selbst wenn sie ein besonderes Mechanikerhandwerk beherrschten, schaffte es nur einer von hundert, sich durch den Dschungel der sowjetischen Bürokratie zu einem Arbeitsplatz durchzukämpfen. Nach Lyons wurden diese arbeitslosen Amerikaner um die Zeit der Entstehung von NOSN BEKER FORT AHEJM zu einem echten Problem. (...)

Als werfe der Film die Tradition auf die Müllhalde der Geschichte, gesteht er ihr, auch in der Negation, weniger Tragweite zu als jeder andere sowjetische Film bisher. Der Film beginnt in einem elenden, baufälligen *schtetl*, das hauptsächlich von alten Männern, herumstreunenden Hunden und zerlumpten Kindern bewohnt wird. Dieses belorussische Städtchen ist anders als die ukrainischen Schauplätze in *Jewrejskoje stschastje* von Alexej Granowski und *Skwos sljozy* von Grigori Gritscher-Tscherikower; es ist auf furchterregende Weise unterbevölkert, auf bestem Wege, eine Geisterstadt zu werden.(...) Nosns Ankunft zieht zahlreiche Kinder, Herumtreiber und Bettler an. Es hat sich das Gerücht verbreitet, er sei "ein Abgesandter aus Amerika und bringe Dollars". Ein pathetischer *klesmer*-Musikant spielt Klarinette und singt eine eintönige Ballade von Armut und Hunger: "Mit so einem Lied würden Sie reich werden in Amerika", erklärt ihm Nosn überschwenglich. Ob gewollt oder nicht, parodiert die Anfangsszene jene 'home movies', die die zu Wohlstand gekommenen Emigranten von ihren alten Heimatorten gedreht hatten. Als der alte Zale seinen zurückgekehrten Sohn begrüßt, wird die Stadt durch einen weiteren Besuch geehrt: In einer Staatskarosse taucht eine hübsche Komsomolzin auf, die für den Aufbau von Magnitogorsk Arbeiter rekrutiert. (...) Plötzlich erscheint ein begeisterter Mob, den geheimnisvollen Namen 'Magnitogorsk' intonierend, als sei es ein Zauberwort; in ihrem Verlangen, das *schtetl* zu verlassen und in die Stahlstadt jenseits des Urals zu ziehen, stolpern die Gestalten übereinander. Magnitogorsk wurde im ersten Enthusiasmus des Fünfjahresplans auf einer weiten Steppe an der östlichen Seite des Uralgebirges erbaut; die Stadt symbolisierte das industrielle Wachstum der Sowjetunion. Unter den Neuankömmlingen waren 40 000 Juden. (...)

Es ist offensichtlich, daß NOSN BEKER FORT AHEJM auch im Hinblick auf das amerikanische Publikum, sowohl die noch jiddischsprechenden Älteren als auch die begeisterten jungen Kommunisten, gedreht wurde. Beinahe jeder Artikel in der New Yorker jiddischen Presse hebt den Film über *alte Jidn in dem najen Rusland* hervor. Am Ende muß sich der alleswissende Amerikaner der Weisheit seines Vaters beugen. (...) Von seiner Struktur her neigt der Film zum Konservativen. In der jiddischen Literatur aus der Zeit des ersten Fünfjahresplans ist die Spaltung zwischen den Generationen größer, und der Akzent liegt eher auf der neuen sowjetischen Jugend. Trotz der tendenziösen Erzählhaltung ist NOSN BEKER FORT AHEJM aber ein überraschend spielerischer Film. Als der Film in New York herauskam, verkündete die Anzeige der 'Morgn Frajhajt': "Jüdische Arbeiter, dies ist euer *jontew* (Feiertag)!" In der Tat weist NOSN BEKER FORT AHEJM auf eine Verbesserung für viele sowjetische Juden hin: der verbreitete Antisemitismus der NEP trat in den Hintergrund, als der Fünfjahresplan Tausende neuer Arbeitsplätze schaffte. (Vorher 'unproduktiven' Juden war es nun möglich, eine akzeptable 'proletarische' Arbeit zu finden - denn die Hauptlast nationaler Spannungen, die sich in Vorurteilen und Gewalt zeigten und in den riesigen Arbeitskollektiven durch das Aufeinandertreffen unterschiedlichster Volksgruppen entstanden, traf jetzt hauptsächlich die Asiaten.) NOSN BEKER FORT AHEJM steckt voll komischer Episoden - eine handelt von den alten Männern des *schtetl*, die sich für die 'Stoßbrigade', die von stalinistischer Propaganda durchzogen ist, einschreiben. (...) Der zweiundvierzigjährige

Michoëls, der in einer mysteriösen Mischung aus Russisch und Jiddisch spricht, ist köstlich. Dieser gebrochene Sprachstil ist in Wirklichkeit sein eigener - begleitet von einem leisen Lachen, Glucksen und fortwährenden Summen einer *nign* (Melodie). Wie in *Jewrejskoje stschastje* baut Michoëls seine Figur aus stilisierten Versatzstücken des Geschäftslebens auf. Seine Darstellung ist unglaublich plastisch und so präzise wie ein Ballett. (In einer komischen Szene nimmt Michoëls eine handliche Marx-Büste auf, beschaut sie lange und streicht sich dabei nachdenklich über den Bart.) Während der verdrießliche David Gutman einen phlegmatischen Proletarier-Typ à la William Bendix darstellt und eher wie Michoëls' Bruder als wie sein Sohn wirkt, ist Jelena Kaschnizkaja auch so etwas wie eine Komödiantin, deren stete Verwirrung angesichts des Datums (sie fragt unentwegt, wann *schabbes* sei) die berüchtigte 'Woche der fortgesetzten Produktion', bestehend aus vier Arbeitstagen und einem Ruhetag, auf die Schippe nimmt.

In Anbetracht dieser heiteren Stimmung erscheint der Zirkus als Austragungsort des Wettkampfes zwischen Nosn und dem sowjetischen Maurer angemessen. (Schpis und Milman bekennen sich hier zu ihrer Herkunft aus der FEKS-Werkstatt; wie John Scott schreibt, war der Zirkus in Magnitogorsk zudem die populärste Form der Unterhaltung.) (...)

Trotz Ermangelung einer rigiden Moral oder eines starken positiven Helden entspricht NOSN BEKER FORT AHEJM Andrej Shdanows Formel des sozialistischen Realismus - "eine Kombination aus höchster Realitätstreue und größtmöglicher heroischer Perspektive". Getreu seinem Genre endet der Film mit einer Hymne an die Arbeit.

Jim Hoberman: Bridge of Light. Yiddish Film Between Two Worlds, New York 1991

**Zeitstimmen aus der UdSSR...**

1919 blieb auf einer kleinen Bahnstation zwischen Shlobin und Orscha ein wie immer überfüllter Zug stehen. Doch auf der Station warteten schon andere Menschen, die in den Zug einsteigen wollten. Die Juden aus dem *schtetl* liefen von einem Waggon zum anderen, gebückt unter der Last der Körbe und Säcke, und wurden nicht hineingelassen. Ihr Schrei stand in der Luft.

Aus einem Waggon hörte ich ein furchtbares Geheul. Es war eine alte Jüdin, die auf einmal den Verlust unzähliger Körbe entdeckte. Die Verzweiflung war ihr tief ins Gesicht geschrieben. Sie versuchte, die verbliebenen Sachen zu halten. Da richtete sie sich auf, schlug mit der Hand gegen den Waggon und sagte laut und herrisch: "Der Zug ist verhaftet!" Das war so unpassend und komisch, daß die drumherum stehenden Menschen auflachten. Ich gebe zu, auch ich mußte lachen.

Erst nachdem der Zug sich wieder in Bewegung gesetzt hatte, dachte ich mir, daß ich eigentlich Zeuge einer bemerkenswerten Veränderung war, die sich in der Jüdin aus dem kleinen *schtetl*, unterdrückt vom zaristischen Regime, vollzogen hatte. Die Bewußtwerdung des neuen Rechtverständnisses, das sie beschützt, und der neuen Lebensbedingungen, unter denen auch ihre Stimme gehört werden kann das hat sich in dieser Jüdin und in den tausenden *luftmentsch(en)*, Handwerkern und Werktätigen, herausgebildet, die im neuen Sowjetland leben.

Daran erinnerte ich mich während der Vorführung des Films WOSWRASCHTSCHENIJE NEJTANA BEKKERA aus dem Studio Belgoskino, nach dem Libretto von Perez Markisch, inszeniert von Schpis und Milman.

Die Juden sind zusammen mit den anderen Werktätigen aus der ganzen Sowjetunion mit dem sozialistischen Aufbau beschäftigt. Ihr Bewußtsein, ihre Psyche, ihre Würde werden schäftigt. Ihr Bewußtsein, ihre Psyche, ihre Würde werden neu geformt. Der jüdische Proletarier, in einer Klasse mit den anderen Proletariern der Sowjetunion vereint, ist keine einfache Figur, wenn man vom richtigen Standpunkt aus die komplizierte Verflechtung verschiedener Faktoren berücksichtigt, die auf ihn in der ehemaligen Siedlungszone wirkten.

Die Filmregisseure Schpis und Milman beschritten einen richtigen Weg, auf den sie von ihrer politischen und künstlerischen Intuition gebracht wurden. Zum Protagonisten des Films wurde Zale Becker, der Senior, gemacht. Nicht nur, weil er von dem hervorragenden Schauspieler Michoëls verkörpert wird, sondern weil die Regisseure in ihm eine in ihrer psychologischen Situation interessanteste Figur entdeckt haben. So ist es kein Wunder, daß die Sympathien der Zuschauer sich auf Vater Becker konzentrieren, auch wenn Gutman pointiert den Nathan Becker zeichnet und die schauspielerischen Leistungen von Sarschizkaja und Kaschnizkaja nicht unbemerkt werden. Um die Vaterfigur formiert sich die Hauptidee des Films.

Zur allgemeinen Tradition bei der Besprechung eines Drehbuches ist eine eigentlich verruchte Methode geworden, die danch sucht, was alles in dem Drehbuch fehlt. Was nun WOSWRASCHTSCHENJE NEJTANA BEKKERA angeht, so möchte man in erster Linie das Fehlen eines möglichen Vorwurfs gegen diesen Film feststellen, nämlich des Antisemitismus. Der Antisemitismus wird in dem Film nicht gezeigt. Und das ist gut so. Nicht nur, weil er in dem neuen Land und neuen Arbeitermilieu fehlt, in dem die Helden leben. Der Antisemitismus ist hier nicht typisch, da er keinen Boden hat. Deshalb freuen sich die Juden so sehr über einen russischen Proletarier mit seinem Arbeitsenthusiasmus, über die ZIT-Brigaden in der Nacht der Normübererfüllung.

Die Proletarier sind die Helden des Films. Die Autoren mußten, um einen bestimmten Gedanken zum Ausdruck zu bringen, Arbeiter verschiedener Gesellschaftssysteme miteinander kollidieren lassen. Sie haben ihre Helden auf die klassenmäßig richtigen Positionen gestellt und sind dabei ohne unglaubwürdige Tendenz ausgekommen. Das überzeugt am meisten und zeigt, daß Schpis und Milman ein künstlerisch wertvolles Werk geschafft haben, das von dem Material einer Arbeitergruppe ausging.

Nathan Becker, soeben zurückgekehrt aus Amerika, gibt seine amerikanische Position gegenüber seinem analphabetischen alten Vater auf, der stotternd seinem Sohn erklärt, der Sozialismus, das sei du ... und ich ... und wir alle.

Der Kampf zwischen Vätern und Söhnen, ein Thema, das so oft in der Literatur benutzt wurde, erscheint auch hier, dabei wird der traditionelle Konservatismus der Väter den Söhnen zugeschrieben.

Nicht nur Schpis und Milman, auch Gabrilowitsch hat in seiner hervorragenden Erzählung '1930' diese Fabel neu geformt.

Die Autoren haben glücklich das 'Scholem-Alejchem-Klischee' vermieden. Ich meine jenen traurigen und hoffnungslosen Humor, der gegen sich selbst gerichtet ist und der vom Material eines jüdischen *schtetl*, im dem der Film beginnt, vorherbestimmt werden könnte. Dieses *schtetl* hat sein altes Antlitz bewahrt, deshalb zeigten die Filmemacher eine Reihe Bilder, die den Geist eines verlassenen Ortes vermitteln, vor dem Hintergrund sich neu herausbildender Beziehungen und Fakten einer im Entstehen begriffenen sozialistischen jüdischen Stadt. Die alten Juden in staubigen schwarzen Gehröcken auf sonnenüberfluteten staubigen Straßen, die sonderbare Konfrontation der temperamentvollen und expressiven Gestik mit den Bildern des toten Ghettos, der verschlafenen Ruhe der Arbeitslosen rufen einen beeindruckenden Effekt

hervor, der visuell die politische Aussage der Autoren vermittelt. Die große Kultur des Bühnenbildners und der Regisseure begünden in vielem das künstlerische Gelingen des Films.

Zu einem Mangel des Films muß man die nicht immer gute Kameraarbeit zählen, die nicht immer der Konzeption und dem Stil des Films entspricht, wenn einige Szenen wie in einem durchschnittlichen Atelierfilm photographiert werden. Nicht immer ist der Ton gut. Die Wirkung des Theaters merkt man in den Szenen zwischen Michoëls, Gutman und Kaschnizkaja, wenn man die Möglichkeiten des Films nicht genügend einsetzt.

Doch der erste Tonfilm in jiddisch stellt und beantwortet die Frage nach der Nationalitätenpolitik der Sowjetunion, die durch die Arbeit der Werktätigen verschiedene Nationalitäten in einer Klasse vereint.

Naum Lewin, in: Kinogaseta, Moskau, 30. Dezember 1932
(Übersetzung: Oksana Bulgakowa)

Zum ersten Mal wird im Film die Veränderung eines jüdischen Proletariers dargestellt... Gerade das neue Material und die nationale Form verliehen dem Film ein so starkes und auffallendes Antlitz, trotz des ziemlich schematischen Drehbuchs und der Schwäche der Regie. Die Filmidee wird durch die Schauspieler vermittelt. Gutman, Michoëls, Kaschnizkaja, Sarschizkaja zeigten eine große Meisterschaft, die die Klischees überwindet. Gutman hat noch nie einen Stoßarbeiter gespielt, weil sein Antlitz keine Sympathie weckt. Gerade deshalb wurde der Schauspieler in ein neues Verhältnis zu den Zuschauern gesetzt, und das Ergebnis ist überraschend gut. Michoëls liefert ein Musterbeispiel für darstellerische Korrektheit in den Details. Seine Bewegungen, seine Gesten sind ungeheuer expressiv.

Nikolai Otten, in: Kinogaseta, a.a.O. (Übersetzung: O. Bulgakowa)

## ... und den USA

Allein die Feststellung, daß dies ein sowjetischen Film in jiddischer Sprache ist, mag zunächst ironisch genug sein. Es ist natürlich gute, alte russische Propaganda, eindeutig und einseitig wie immer. Aber der Film ist auch ein Kassenmagnet. Er ist nämlich in zweierlei Hinsicht publikumswirksam. Die Kommunisten dieses Landes sind seit jeher gute Kinogänger gewesen, hinzu kommt die große Zahl von Juden, die in den Vereinigten Staaten leben. Jüdische Filme sind rar; der zeitliche Abstand, in dem sie entstehen, ist groß. Juden aber waren und sind Filmliebhaber, was jeden Film mit Leichtigkeit zu einem einträglichen Geschäft macht.

Daß der Film in jiddischer Sprache ist und durchgehend mit jiddischen Schauspielern besetzt ist, hebt ihn über das Gros der sonstigen Russenfilme hinaus. Echter jüdischer Humor zieht sich wie ein Faden deutlich sichtbar durch den Film. Ein sowjetischer Film mit gewollt komischen Elementen! Das ist neu! Und die Lacher sind nicht zu knapp.

Am meisten überrascht, daß die einzigen Mängel des Films (vom Hauptmakel der Propaganda abgesehen) technischer Art sind. Der Ton ist ungenügend, die Bildqualität offenkundig schlecht. Doch möglicherweise ist letzteres auf mangelhafte Sorgfalt beim amerikanischen Kopierwerk zurückzuführen. Die Arbeit des Kopierwerks beim Einsetzen der Titel ist so schlecht, daß die sichtlich schlechte Bildqualität vielleicht ebenso auf das Konto des Werkes geht.

Die Geschichte ist zusammengeschustert. Ein jüdischer Maurer kehrt aus Amerika in sein russisches Heimatdörfchen zurück. Dort wird eine Fabrik gebaut und er hilft beim Aufbau. Seine Methoden sind mit denen der anderen unvereinbar. Die gute, alte russische Regierung, denen die Arbeiter mehr am Herzen liegen als die Fabriken, tralala, maßregelt ihn, als er sich dem körperlichen und geistigen Training zu entziehen sucht. Sie behält die Oberhand in der Debatte, er erkennt die Vorzüge der Lehre und steuert nunmehr sein technisches Wissen ihrer allumfassenden Weisheit bei; nun ist alles wieder gut.

Dennoch müßte den Juden der Film gefallen. Er ist wunderbar gespielt und das Leben in der Alten Welt detailgetreu dargestellt. Auch durch die wunderbaren jüdischen Weisen, die gesungen und gespielt werden, gewinnt er zusätzliches Gewicht.

Ein Bursche namens S.M. Michoëls spielt die Rolle eines stotternden alten Juden mit hinreißender Perfektion. Seine Darstellung ist großartig. Die anderen Schauspieler sind akzeptabel.

Ohne jeden ersichtlichen Grund taucht etwa in der Mitte des Films der Titel eines früheren russischen Tonfilms auf, *Jew at War*, auf, aber vielleicht hat das nichts zu bedeuten.

Die Kommunisten werden in den Film gehen, die Juden sollten es tun. Die Kombination sichert dem amerikanischen Verleiher den Gewinn.

Kauf., in: Variety, New York, 25. April 1933

Ein weiterer sowjetischer Film, in dem es um den Zusammenprall von 'alt' und 'neu' in Rußland geht, ist im Filmtheater 'Europa' unter dem Titel THE RETURN OF NATHAN BECKER zu besichtigen. Dieses Mal jedoch ist der Dialog in jiddischer Sprache. Die Zuschauer bekommen einen interessanten Einblick in einen Querschnitt der jüdischen Bevölkerung und bekommen die Glanzseite der Industrialisierung der Sowjetunion vorgeführt, die von der Regierung rücksichtslos und im Eiltempo vorangetrieben wird, um das Land wirtschaftlich autonom zu machen.

Die Hauptfigur des Geschichte, Nathan Becker (Dmitri Gutman), kehrt nach 28 Jahren, die er in den USA verbracht hat, wo er die meiste Zeit als Maurer tätig war, in sein Heimatdorf zurück. Er brennt darauf, seine Fähigkeiten in den Dienst der Sowjets zu stellen, obwohl er offenbar nur eine vage Vorstellung von den Dingen hat, um die es dabei geht. Sein Vater (S. M. Michoëls) ist trotz seines Alters ein begeisterter Sowjetbürger geworden und überwacht den Bau eines riesigen Stahlwerkes in Magnitogorsk. Becker und seine Frau (Jelena Kaschnizkaja) werden von Jim (Kadier-Ben-Salem) begleitet, einem schwarzen Maurer, der durch seine Person gehörig zur komödiantischen Seite der Handlung beiträgt. Nach anfänglicher Verachtung für die sowjetischen Methoden der Maurer-Ausbildung und nachdem er in einem Wettstreit von einem jungen Maurer besiegt wird, versöhnt sich Becker schließlich doch mit dem 'neuen' Weg und ist überglücklich, als er von dem Bauleiter erfährt, daß die Verbindung der sowjetischen mit der amerikanischen Methode den Arbeitsprozeß noch mehr beschleunigen wird.

In ihrer Filmerzählung dieser einfachen Geschichte schildern die Regisseure zahlreiche höchst unterhaltsame Vorfälle aus dem jüdischen Leben im heutigen Rußland, ohne allzusehr bei den Bauaktivitäten zu verweilen. Die darstellerische Leistung der Protagonisten ist exzellent. Ein Charakteristikum des Films ist das Summen und Singen jiddischer Volkslieder, besonders durch Frau Becker, die bis zuletzt nur eine vage Vorstellung vom neuen Rußland hat. Die zahlreichen englischen Zwischentitel machen die Handlung auch denjenigen verständlich, die mit dem Jiddischen nicht vertraut sind.

H.T.S., in: The New York Times Film Review, 15. April 1933

**Boris Schpis**, geb. 1903; gest. (vermutlich erschossen) 1937. Mitglied der 'Fabrik des Exzentrischen Schauspielers' (FEKS). Arbeitete als Regieassistent bei *Schinjel* (Der Mantel, 1926) und *S.W.D.* (Der Bund der großen Tat,1927). Regiedebüt 1927 nach einem Drehbuch von Kosinzew und Trauberg. Drehte in verschiedenen Genres und thematischen Ausrichtungen - Sportfilme und Filme mit ethnographischen Stoffen (aus dem Leben der Tungussen).

Filme: 1927*Tschushoi pidshak* (Das fremde Jackett), 1928 *Sinije worotniki* (Blaukragen), *Sneshnyje rebjata* (Schneejungen), 1929 *Doroga w mir* (Der Weg in die Welt), 1930 *Mstitel* (Der Rächer), 1932 WOSWRASCHTSCHENIJE NEJTANA BEKKERA.

**Raschel (Rachel) Markowna Milman**, geb. 28. Februar 1897 in Pensa; gest. November 1972. Beendete 1918 das Konservatorium als Pianistin, absolvierte 1925 das Leningrader Institut für Filmkunst. Arbeitete für Schpis als Regieassistentin bei dessen Filmen *Das fremde Jackett*, *Die Blaukragen* u.a. Schrieb 1932 das Drehbuch für WOSWRASCHTSCHENIJE NEJTANA BEKKERA und führte Co-Regie. Inszenierte 1935 den Film *Inshenjer Gof* (Ingenieur Hof), der als mißlungen galt und nicht aufgeführt wurde. Seitdem keine Regiearbeit mehr. Tätigkeit als Drehbuchautorin und Cutterin beim Lenfilmstudio.

Herausgeber: Freunde der Deutschen Kinemathek. Druck: graficpress

## ANNIE HALL

Der Stadtneurotiker USA 1977

*Produktion: Jack Rollins & Charles H. Joffe Productions,
United Artists*
*Regie: Woody Allen*
*Buch: Woody Allen, Marshall Brickman*
*Kamera: Gordon Willis*
*Schnitt: Ralph Rosenblum, Wendy Green Brickmont*
*Ton: James Sabat, James Pilcher*
*Musik: Carmen Lombardo, John Jacob Loeb ('Seems Like
Old Times'), Isham Jones, Gus Khan ('It Had To Be You',
gesungen von Diane Keaton), Tim Weisberg ('Christmas
Medley', gesungen von Do-Re-Mi Childrens's Chorus), Jack
Lawrence, Eric Coates ('Sleepy Lagoon', gesungen von Tom-
my Dorsey)*
*Bauten: Mel Bourne. Ausstattung: Robert Drumheller, Justin
Scoppa jr., Barbara Krieger. Kostüme: Ruth Borley*
*Animationssequenz: Chris Ishii*
*Produzent: Charles H. Joffe*
*Darsteller: Woody Allen (Alvy Singer), Diane Keaton (Annie
Hall), Tony Roberts (Rob), Carol Kane (Allison), Paul Simon
(Tony Lacey), Shelley Duvall (Pam), Janet Margolin (Robin),
Colleen Dewhurst (Mutter Hall), Christopher Walken (Duane
Hall), Donald Symington (Vater Hall), Helen Ludlam (Gram-
my Hall), Mordecai Lawner (Alvys Vater), Joan Newman
(Alvys Mutter), Jonathan Munk (Alvy mit 9 Jahren), Ruth
Volmer (Alvys Tante), Martin Rosenblatt (Alvys Onkel), Hy
Ansel (Joey Nicols), Rashel Novikoff (Tante Tessie), Russel
Norton (Mann in der Schlange am Kino) sowie Marshall
McLuhan und Dick Cavett*
*Uraufführung: April 1977, New York*
*Deutsche Erstaufführung: 10. Juni 1977*
*Farbe, DF, 93 Minuten*

### Inhalt

Der New Yorker Komiker Alvy Singer, nach einer unglücklichen Romanze mit dem Mädchen Annie wieder einmal in eine
Krise geraten, läßt seine Vergangenheit Revue passieren,
erinnert sich an seine verkorkste Jugend im jüdischen Milieu,
erzählt von den Absurditäten der amerikanischen Kulturszene
und philosophiert bissig-ironisch über Grenzfragen der Meta-
physik. (...)

Klaus Brüne (Red.): Lexikon des Internationalen Films, Reinbek 1987

### Mickey Mouse unter lauter Freiheitsstatuen

Woody Allen, mickrig und traurig, in seinen Filmen moderner
Prototyp des ewigen Verlierers, beschreibt hier - mit einge-
standenermaßen stark autobiographischen Zügen - die kurze,
aber romantische Beziehung zwischen dem 40jährigen Komiker Alvy Singer und dem anfangs naiven, schüchternen Mädchen
Annie (Diane Keaton), die sich unter Alvys Anleitung sehr
schnell mächtig emanzipiert und ihn schließlich zum Teufel
jagt. Allen liefert jedoch, allen anfänglichen Erwartungen
zum Trotz, keine zwerchfellerschütternde Emanzipationsko-
mödie, sondern porträtiert mit viel Sorgfalt und subtilem Witz

den zwar erfolgreichen, aber vereinsamten, kontaktscheuen
'New York Jew', der mit seiner Kränklichkeit, Intelligenz
und Freudlosigkeit zu einem festen Klischee im Bewußtsein
des hundertprozentigen Amerikaners geworden ist.
Allen läßt Alvy in herrlichen, in ihrer Prägnanz sehr komischen Szenen, quasi in Selbstanalyse, Stationen seiner Kindheit durchlaufen; zeigt Alvys (oder Allens?) neurotische
Familie, die ihn, als karottenhaarigen und bebrillten Rotz-
bengel, schon in frühester Jugend terrorisiert hat, später
diskutiert er mit seinem Freund Tony (Paul Simon) den
amerikanischen Antisemitismus und schleppt Annie in Marcel Ophuls' Film über die Nürnberger Prozesse *The Sorrow
and the Pity (Le chagrin et la pitié*, A.d.R.).
Alvy, für die anderen a priori neurotisch, weil Jude, ist
jedoch gleichzeitig von der besonders unter 'modernen',
intellektuellen Amerikanern verbreiteteten Psychologisie-
rungswut befallen, der Begeisterung für Therapie und Ana-
lyse, Heilmittel für jegliche persönlichen wie zwischenmen-
schlichen Probleme. Alvy, schon seit 15 Jahren bei einem
Therapeuten in Behandlung: "Ja, und? Ich gebe ihm noch ein
paar Jahre Zeit, und dann pilgere ich nach Lourdes."
Alvy schlägt mit psychologischer Terminologie um sich,
alles wird beredet, seine Beziehung zu Annie schließlich
zerredet. Aber dieses unentwegte, lässig professionelle
Geschwafel steht nicht für sich, dahinter wird schmerzlich
und rührend zugleich Alvys Hilflosigkeit deutlich, sein
Bemühen, sich gängigen Kommunikationsformen anzupassen, zu reden, zu erklären, wenn es ihm schon fast das Herz
zerreißt. Er leidet dabei sichtlich - das macht ihn so sympathisch.
In einer sehr komischen Szene sieht man Alvy in Hollywood
unter lauter schönen Menschen kränklich und bleich umher-
wandern, als jämmerliche Micky Mouse zwischen diesen
blonden großen, mit amerikanisch-gesunden Gebissen aus-
gestatteten Freiheitsstatuen, die natürlich alle 'in Behandlung' sind, stellt er letzten Endes das einzig menschliche,
weil verständliche Wesen dar.
Es wird klar, daß Alvy keineswegs der Stadtneurotiker,
sondern höchstens ein Verlierer unter Neurotikern ist, der
sich aber mit viel Selbstironie immer wieder über die Runden bringt. Das ist komisch, gleichzeitig auch sehr rührend,
auf jeden Fall berührend authentisch in der Beschreibung der
amerikanischen Gesellschaft und der Gefühle einer rothaa-
rigen Micky Mouse.

Doris Dörrie, in: Süddeutsche Zeitung, München, 11. Juni 1977

### Jüdische, amerikanische und europäische Kultur

Daß das jüdische Element in Allens Komödien so leicht mit
dem amerikanischzen verschmelzt, verrät uns etwas über
den gegenwärtigen Zustand der amerikanischen 'comedy'
und Kultur. Allens Humor wendet fast nie die jüdische Seite
gegen die amerikanische; üblicherweise setzt er beide nebeneinander gegen die europäische Kultur: Ibsen und Strindberg, Tolstoi und Dostojewski, Ingmar Bergman, Kierke-
gaard und Freud. Bogart und Baseball, 'gin rummy' und eine
sich hinziehende Pubertät stehen für eine einzige Sache:
Brooklyn, das kulturell so weit von Manhattan entfernt ist

wie von Europa, und so als überzeugende Grundlage dazu dient, beides zu attackieren. Was 'Americanness' und 'Jiddishkeit' gemeinsam haben, ist ein kultureller Minderwertigkeitskomplex gegenüber der Hochkultur Mitteleuropas, der sich in den Angriffen auf diese Kultur als Ressentiment geltend macht.

Mark Shechner, in: Sarah Blacher Cohen (Hrsg.): From Hester Street to Hollywood, Bloomington 1986

## Der Jude Alvy Singer

Woody Allen ist durch und durch geprägt vom jüdischen Milieu seines Geburtsortes Flatbush, Brooklyn. Mit der jüdischen Kultur von Kindesbeinen an vertraut, gehört er auch wie selbstverständlich der Garde jüdischer Komiker an, die in den USA seit jeher Einfluß haben. (...) Allen als praktizierenden Juden zu beschreiben wäre dennoch verkehrt. Aber das Judentum, und dazu gehört Allen selbst, ist in allen Teilen eines der Hauptthemen des Autors Allen. (...) Woody Allen hat sich immer zu Wort gemeldet, wenn es um den täglichen Antisemitismus ging, den es bloßzustellen galt. Aber ebenso oft witzelt der Autor Allen über orthodoxe Praktiken der Juden, wie er überhaupt über alles witzelt, was sich unveränderbar orthodox präsentiert. Allen mag es, über schwergewichtige Themen leichte Witze zu machen. Je schwergewichtiger das Thema, desto spielerischer der Witz. (...) Woody Allen (...) zeigt sich immer wieder in seinen Filmen als Jude, der in Hab-Acht-Haltung auf feine Feindseligkeiten reagiert. Am deutlichsten ist er jedoch in ANNIE HALL geworden.(...) Sensibilisiert wie kein Zweiter nimmt Alvy Singer auch den subtilsten Antisemitismus wahr. Ein Dialog zwischen ihm und Rob, während sie eine Straße in Manhattan hinuntergehen, beweist das:

*Alvy*: "Ich habs genau gehört, er hat in seinen Bart gemurmelt: Jude!"

*Rob*: "Ach du bist verrückt."

*Alvy*: "Nein, nein, bin ich nicht! Als wir zu dritt vom Tennisplatz gingen, er, seine Frau und ich, da sah er seine Frau an, beide sahen mich an und dann murmelte er vor sich hin: Jude."

*Rob*: "Alvy, du bist absolut paranoid."

*Alvy*: "Was, wieso bin ich para..., mir fallen nur solche Dinge auf! Neulich war ich mit'n paar Leuten von der NBC verabredet. Ich sagte, kommt Leute, ich lad euch ein. Darauf sagte Tom Christie: also jud. Verstehst du: nicht gut, sondern: jud!"

*Rob*: "Max, du siehst überall Gespenster!"

*Alvy*: "Hör auf, mich Max zu nennen! Gestern war ich in einem Schallplattengeschäft, da kommt 'n großer blonder Verkäufer auf mich zu, so'n Siegfriedtyp, mustert mich von oben bis unten, und sagt: diese Woche haben wir ein Sonderangebot, Richard Wagner. Wag-ner, Max, Wag-ner! Ich wußte sofort, was er damit sagen wollte, Wag-ner!!"

(...) Legt man Allens Gesamtwerk und damit auch seine literarischen Texte zugrunde, ist ANNIE HALL (...) auch eine Anthologie von Anspielungen auf das Judentum. (...) Alvy Singer besucht sie (seine Eltern, A.d.R.) gern. Aber danach rennt er sofort wieder ins Kino, um sich *The Sorrow and the Pity* anzusehen, ein Film, der minutiös zeigt, wie die Nazis mit den Juden umgesprungen sind. Filme wie dieser vervollständigen erst Alvys Bild von den Juden, seiner 'Verwandschaft' und von ihrem sowohl aktuellen wie auch historischen Schicksal. (...)

Bernd Schulz: Woody Allen, Bergisch Gladbach 1989

## Kein abstraktes Judentum - konkretes jüdisches Milieu

Woody Allen ist in der Tat ein Außenseiter - zumindest war er es zu Beginn seiner Karriere. (...) Und er ist Jude, was immer wieder gerne betont wird, als sei dies von besonderer Wichtigkeit. Freud schrieb, es sei ihm stets nicht nur schimpflich, sondern geradezu sinnlos vorgekommen, sein Judentum zu leugnen, womit er wenigstens zum Teil sagen wollte, daß er Jude war, weil jeder ihn daran erinnerte. Auch Woody leugnet sein Judentum nicht, und jeder erinnert ihn daran, aber sein Judentum ist in seiner künstlerischen Arbeit eher das Ergebnis äußerer Identifikation als die Quelle seines Humors. Er bezieht sich auf ein ganz konkretes jüdisches Milieu und nicht auf ein abstraktes Judentum. (...) Woody Allen ist kein Sam Levenson, der Witze über das jüdische Leben erzählt, deren Grundlage das pemanente Außenseitertum der Juden ist - eine Humorgattung, die mit ihrem Stil und ihrem Dialekt eine isolierte Welt feiert. Die Spannung und der Witz seiner Arbeiten resultieren aus dem Wunsch nach Dingen, die er nicht besitzt, und dem Verdruß durch die Heimsuchungen des Lebens. Woodys Image als Komiker und in seinen frühen Filmen war das eines baseballverliebten, lüsternen Burschen, der sich für Bob Hope hielt. Und seine Qualen und seine Schwächen sind nicht ethnischer, sondern universeller Art. (...) Woodys Bühnenmaterial mag auf den ersten Blick wie klassischer jüdischer Humor wirken (...) Worauf es ankommt, ist folgendes: Er war kein intellektuell verschüchterter, in seiner eigenen Vergangenheit steckengebliebener Komiker, sondern ein Autor und Bühnenkünstler, der bereit war, über Grenzen des Erwarteten hinauszugehen. Der traditionelle jüdische Humor war die Grundlage von Woodys Auftritt, ein bequemes Fundament. Was er darauf aufbaute, geht über ethnische Eigenheiten hinaus. (...) *Love and Death* und ANNIE HALL handeln von einem glücklosen Mann, der das Mädchen nicht kriegt - ein Grundbestandteil des jüdischen Humors - doch diese Figur gehört auch anderen Kulturen an und ist von Charlie Chaplin bis Benny Hill immer wieder zu sehen. (...) Man mußte nicht Jude sein, um Woody Allen zu lieben. Besser gesagt, auch *er* mußte nicht Jude sein.

Peter Lax: Woody Allen, Eine Biographie, Köln 1992

**Woody Allen**, geb. 1. Dezember 1935 in Flatbush/New York City. Eigentlich: Allen Stewart Königsberg; nennt sich seit 1951 Woody Allen. Studium an der New York University und Tätigkeit für eine PR-Firma. Ab 1953 Autor für die NBC in Hollywood. 1956 Rückkehr nach New York. Inszeniert 1969 seinen ersten eigenen Spielfilm (*Take The Money And Run*). Filme (als Darsteller): *What's New Pussycat?* (1964/65, Regie: Clive Donner; auch Drehbuch), *Casino Royale* (1967, Regie: John Houston), *What's Up Tiger Lily?* (1966, Regie: S. Taniguchi; Co-Autor), *Play It Again, Sam* (Mach's nochmal, Sam, 1972, Regie: H. Ross; auch Drehbuch), *The Front* (Der Strohmann, 1975/76, Regie: Martin Ritt), King Lear (Regie: Jean-Luc Godard), *Scenes From A Mall* (1990, Regie: Paul Mazursky; Darsteller). Filme (Regie) *Take The Money And Run* (Woody, der Unglücksrabe, 1969), *Bananas* (1970), *Everything You Always Wanted To Know About Sex** But Were Afraid To Ask* (Was Sie schon immer über Sex wissen wollten, 1972), *Sleeper* (Der Schläfer, 1973), *Love And Death* (Die letzte Nacht des Boris Gruschenko, 1974), ANNIE HALL (Der Stadtneurotiker, 1977), *Interiors* (1978), *Manhattan* (1978/79), *Stardust Memories* (1980), *A Midsummer Night's Sex Comedy* (Eine Sommernachts-Sexkomödie, 1982), *Zelig* (1980-83), *Broadway Danny Rose* (1984), *The Purple Rose Of Cairo* (1984), *Hannah And Her Sisters* (Hannah und ihre Schwestern, 1985), *Radio Days; September* (1987), *Another Woman* (Eine andere Frau, 1988), *Crimes And Misdemeanors* (Verbrechen und andere Kleinigkeiten, 1989), *Oedipus Wrecks* (Ödipus Ratlos, 1989, *Alice* (1990), *Shadows And Fog* (1991), *Husbands And Wives* (1992).

## ZELIG USA 1980-83

*Produktion: Jack Rollins, Charles H. Joffe*
*Buch, Regie: Woody Allen*
*Kamera: Gordon Willis*
*Musik: Dick Hyman*
*Ausstattung: Mel Bourne. Kostüme: Santo Loquasto*
*Schnitt: Susan E. Morse. Ton: James Sabat, Frank Graziadei*
*Spezialeffekte: Joe Hyneck, Stuart Robertson*
*Regieassistenz: Fredric B. Blankfein, Anthony Gittelson*
*Produzent: Robert Greenhut*
*Ausführender Produzent: Charles H. Joffe*
*Aufnahmeleitung: Michael Peyser*
*Darsteller: Woody Allen (Leonard Zelig), Mia Farrow (Dr. Eudora Fletcher), John Buckwalter (Dr. Sindell), Marvin Chatinover (Dr. Houseman), Mary Louise Wilson (Ruth, Zeligs Schwester), Sol Lomita (Martin Geist), Richard Litt (Koslow), Will Holt (Hitler), Stephanie Farrow (Meryl, Eudora Fletchers Schwester), Stanley Swerdlow, Paul Nevens, George Hamlin, Howard Erskine, Ralph Bell, Richard Whiting, Will Hussong, Robert Iglesia, Eli Resnick, Edward McPhillips sowie Susan Sontag, Irving Howe, Saul Bellow, Bricktop, Bruno Bettelheim, John Morton Blum*
*Uraufführung: 6. Juli 1983, New York*
*s/w und Farbe, DF, 80 Minuten*

**Zu diesem Film**

Gab es Zelig wirklich? Folgt man Woody Allens neuem Film, dieser Satire von bitter-heiterem Witz, dann müßte man annehmen, dieser Zelig, den Sohn eines jüdischen Schauspielers, der im 'Midsummer Night's Dream' den Puck spielte, habe es in der Tat einmal gegeben. Aber dann stellt man fest, daß der Vater Zeligs, der Puck des Jiddischen Theaters von New York, in der angeblich dokumentarischen Aufnahme eben wiederum W. Allen ist. Die Mystifikation ist perfekt. (...) Wer war oder ist dieser Zelig? Man nannte ihn, nennt ihn das 'Human Chameleon', den 'Incredible Changing Man': er sang als Caruso, spielte im Yankee Stadion neben Babe Ruth und Lou Gehrig, diskutierte mit Sigmund Freud über den Penisneid, plustert sich in Gegenwart von Dicken zu Übergewicht auf, nahm die Maske eines Mohikaners an, wenn er mit einem Indianerhäuptling die Friedenspfeife rauchte, war das malträtierte Objekt der internationalen Gangs der Psychiater, wurde der Liebhaber der Seelenärztin Eudora Fletcher (Mia Farrow) und machte diese, selber glücklich werdend, glücklich. (...) Eine historische Figur? (...) Eine giftig-gallige Persiflage auf die Vermarktungen von Menschen und Kultur in den Vereinigten Staaten. (...) Vor allem aber eine Synthese jener Themen und Motive der Neurosen, die einer hat, der als Jude aufgewachsen ist in einer weltstädtischen Metropole, der nur mit seiner Intelligenz sich retten konnte vor aller Verachtung und der nur dank dieser Neurosen existieren kann, wenn er ein Künstler sein will. Und im tiefsten also, tieftraurig und dennoch versöhnlich-heiter, eine Allegorie von hoher Gnade über den Künstler, seine Verwandlungen, seine Unzuverlässigkeiten, seine Ausflüchte und seine Treue zu sich selber.

Neue Zürcher Zeitung, 8. Oktober 1983

**So verrückt wie die Zwanziger Jahre**

(...) Leonhard Zelig ist ein zu kurz gekommener amerikanischer Jude, der um jeden Preis versucht, sich beliebt zu machen, selbst wenn er dabei seine eigene Identität aufgeben muß. (...) Natürlich findet sich in den verrückten 20er Jahren sofort jemand, der Zelig und seine ungewöhnliche Wandlungsfähigkeit vermarkten will. Zelig wird als menschliches Chamäleon zum Schauobjekt, zur Sensation. Zelig-Souvenirs werden hergestellt: Puppen mit auswechselbaren Köpfen, Handschuhe, Aschenbecher, es werden Schlager auf ihn getextet ('Tanz den Chamäleon' und 'Du bist vielleicht fünf Personen, aber ich liebe dich'). (...) Zelig und seine(r) Psychiaterin (...) werden viele öffentliche und gesellschaftliche Ehrungen zuteil. Doch schon bald holt Zelig die Vergangenheit wieder ein. In verwandeltem Zustand soll er vielerlei Unfug angerichtet haben. Um sich vor einer Verurteilung zu schützen, bedient er sich wieder seiner chamäleonartigen Fähigkeit und verschwindet. Und wo anders taucht er schließlich wieder auf als bei den Nazis in Hitler-Deutschland, der größten Massenorgie aller Zeiten, bei der der einzelne nichts zählt und sich so perfekt in der Masse tarnen kann. Eine der schönsten Szenen des Films ist, wie Allen als SA-Mann hinter Hitler, der eine Rede hält, in die Menge winkt - perfekt gemachte Sinnestäuschung. Von seiner Psychiaterin gerettet, kann er schließlich in einem aufsehenerregenden Heimflug nach Hause zurückkehren, wo New York die beiden mit einer Konfetti-Parade begrüßt. (...) ZELIG ist eine Parodie auf die moderne Massenkonsumgesellschaft, eine Geschichte des Judentums, eine Liebeserklärung an die Liebe, ein Aufruf zur Selbstbehauptung und ein Versuch, die Wirklichkeit zu täuschen oder die Täuschung zur Wirklichkeit zu machen. (...) Ein wunderbarer Film.

Armgard Seegers, in: Deutsches Allgemeine Sonntagsblatt, Köln, 9. Oktober 1983

**Der Chamäleon-Mann**

Wer ist Zelig? Ein Mann, den es nie gegeben hat. Eine frei erfundene Figur. Ein Mensch, den es gar nicht geben kann. Denn Leonard Zelig kann sich verwandeln. Wenn er neben einem Indianer, einem Neger oder einem Chinesen steht, wird er auch zum Indianer, Neger, Chinesen, dann färbt sich seine Haut rot, schwarz oder gelb. Wenn er neben einem dicken Mann steht, wird er selber dick. Wenn er neben einem Dünnen steht, dünn - und so fort.

Aber nicht nur sein Äußeres verändert sich. Manchmal nimmt er auch die Berufe seiner Umgebung an. Unter Psychiatern ist er auch ein Psychiater, in einer Jazzband ist er Trompeter, bei den New-York-Yankees tritt er als Baseball-Spieler auf, und einmal - in einer der schönsten und verrücktesten Szenen des Films - fliegt er, obwohl er noch nie in seinem Leben geflogen ist, auf der Flucht vor erbosten Nazis mit einer kleinen einmotorigen Maschine von Berlin nach New York.

Leonard Zelig ist ein Mann ohne Identität, einer neuer Mann 'ohne Eigenschaften', der auf der Suche nach solchen, diejenigen der anderen annimmt. Aber einmal abgesehen von dieser philosophischen Interpretation der Zelig-Figur (die in ihrer Bedeutung bereits mit Don Quichotte gleichgesetzt worden ist), ist ein Mann, dessen Körper sich einfach so verändern kann, ein Ding der Unmöglichkeit. So etwas gibt es nicht. Allenfalls in Phantasiegeschichten, in Märchen und in Science-fiction-Filmen.

Um die Glaubwürdigkeit seiner Phantasiefigur Zelig zu untermauern, benutzt Woody Allen allerdings einen wirklich genialen Kunstgriff (und diese eine Idee schließlich ist auch für den Erfolg des Films bei der Kritik verantwortlich): er verlegt die Geschichte seines Helden ganz einfach in die Vergangenheit und erzählt sie im Stil eines Dokumentarfilms. Es gibt keine kontinuierlich verlaufende Geschichte, sondern eine aus Hunderten von Mosaiksteinchen zusammengesetztes Bild von der Figur Leonard Zeligs. Er hat in den 20er und 30er Jahren gelebt. Man sieht ihn in alten Wochenschauen an der Seite Adolf Hitlers, an der Seite von Papst Pius XI. oder auch mit dem FBI-Chef Herbert Hoover, und er läßt sich zusammen mit den Schriftstellern Eugene O'Neill und Scott Fitzgerald fotografieren.

Natürlich sind diese Szenen perfekte Fälschungen. Für die Trickateliers in Hollywood waren derartige Täuschungen sicher kein großes Problem. Um sich über den Dokumentarfilmstil auch gleich wieder lustig zu machen, läßt Woody Allen berühmte Zeitgenossen - die einzigen Farbszenen des Films - auftreten und von ihren Erinnerungen an Zelig berichten. Unter anderem sehen wir Susan Sontag, Saul Bellow und Bruno Bettelheim. Natürlich sind diese ziemlich überflüssigen Zeitzeugen auch ein Seitenhieb auf Warren Beattys Film *Reds*, in dem Diane Keaton (Woody Allens frühere Frau) die weibliche Hauptrolle gespielt hat. Warren Beatty hatte in seinem Film über den Revolutionär John Reed mit diesem Kunstgriff Aufsehen erregt. Bei Woody Allen reden die Zeitzeugen derart nichtssagendes Zeug, daß das ganze Verfahren lächerlich wird.

Als Leonard Zelig in die psychiatrische Klinik von New York eingeliefert wird, kümmert sich dort vor allen anderen Ärzten eine Ärztin um ihn. Es ist Dr. Eudora Fletcher, gespielt von Mia Farrow, Woody Allens jetziger Frau. In ihrer Gegenwart verwandelt sich Woody Allen in einen Psychiater - nicht in eine Frau (soweit geht die Identitätskrise nicht). (...) Er läßt sich von ihr hypnotisieren, und unter Hypnose gelingt es ihr, ihn zu heilen. Er gesteht, daß er sie liebt, obwohl sie eine hundsmiserable Köchin sei, und daß er mit ihr schlafen will. Da Dr. Eudora Fletcher ihren Patienten ebenfalls liebt, steht einem Happy-End nichts mehr im Wege. Am Schluß des Films heiraten die beiden, und Leonard Zelig ist durch die Kraft der Liebe endgültig geheilt.

Die Figur Zeligs steht nicht nur für die typisch jüdischen Einwanderer, die sich an den 'american way of life' anpassen mußten, sondern ist auch eine kunstvoll verschlüsselte Symbolfigur für den Schauspieler, Autor und Regisseur Woody Allen. (...)

Rudolf Thome, in: Der Tagesspiegel, Berlin, 14. Oktober 1983

### Mann mit allen Eigenschaften

(...) Kein Zweifel, ein großangelegter biographischer Jux. Der Film parodiert den Zelluloid-Dokumentarismus, den Authentizitätsfimmel, die telegene Befragungsseligkeit des amerikanischen Kinos (und erst recht des TV-Betriebs) so grandios wie herzzerreißend: diese umständlichen 'Spurensicherungen' mit ihren Wochenschauen- und Archivbildbelegen, Figur-Einkreisungen und nachgeholten Zeugenbefragungen. Susan Sontag, Saul Bellow, Bruno Bettelheim und die Herausgeber des New Yorker 'Daily Mirror' - sie alle

legen in farbfilmischen Interview-Einblendungen 'Zeugnis' ab für Zelig, der sich vom Superschizo zum Superstar mausert, verfolgt von Psychiatern in aller Welt, doch unerreichlich, da er überanpassungsfähig sogleich diese selber psychiatrisiert. Hat er nicht, ein Ahasver des 20. Jahrhunderts und aller seiner Wissenschaften, in Wien mit Freud studiert und über dessen Penisneid-Konzept gestritten, wobei Freud auf der Meinung beharrte, daß Penisneid meist bei Frauen auftrete? Erst die junge Analytikerin Dr. Eudora Fletcher, von Mia Farrow hinreißend brillenschlangenhaft gespielt, bleibt ihm unabschüttelbar auf der Spur, verliebt sich in ihn, macht ihn verliebt (hier spielen beide mal was Wirkliches, Authentisches, mitsamt den miserablen Pfannkuchen?) - die Heirat ist schon beschlossen. Da plötzlich erfährt die Weltöffentlichkeit, daß Zelig schon mehreren Frauen die Ehe versprach, ein Polygamist, falsch verdächtigt und folglich erneut auf der Flucht, ein ahasverisch umgetriebener Sproß seines allzeit zu Anpassung, Mimikry, Identitätspreisgabe genötigten Volkes, der am Ende aber doch lernt, eine eigene Meinung zu haben und auf dieser, etwa ob grad schönes Wetter sei, mit Gartenrechen um sich schlagend zu beharren. Auch sein Geschmack wird uns zuletzt geschildert als Durchschnitts-Geschmack, äußerst vulgär - aber doch wenigstens sein eigener...

Die Schlagzeilen- und Fotofälscherei des Films, dessen 'dokumentarischer' Part konsequent in Schwarzweiß zusammenmontiert ist, verblüfft, erheitert immer neu, ein Vergnügen nicht allein für Cineasten, denen in bravourösen Montagen Chaplin, Menjou und Cagney zelig begegnen. Es ist ein Film vom schönsten, lächerlichsten Ernst - erschwindelt die Daten, die Orte, die ganze Biographie. Und doch mehr als authentisch: eine - wenn auch jokose Parabel aufs jüdische (Über-)Leben.

Ruprecht Skasa-Weiß, in: Stuttgarter Zeitung, 14. Oktober 1983

### Eine jüdisch-amerikanische Tradition

"Man muß kein Jude sein, um traumatisiert zu sein, aber es hilft ungemein." (Woody Allen)

Woody Allen weigert sich, der Schublade 'Jüdisch-amerikanische Komödien' zugeordnet zu werden. Dieses Genre ist zu sehr auf den jüdischen Lebensbereich beschränkt und wird zu stark mit dem eingefahrenen 'Borscht-Belt'-Humor und den Witzen über Rabbiner und Schwiegermütter assoziiert.

Er hat ein komisches Universum geschaffen, das sowohl philosophische als auch autobiographische Züge trägt. Er ist ein befreiter Jude, frei von Zwängen, mit einem scharfen Verstand begabt und losgelöst vom Topos des gehemmten *schlemiel*. Dennoch ist sein Jüdisch-Sein wesentlicher Bestandteil seiner Komödie. (...) Er steht ohne Zweifel in einer literarischen und mündlich überlieferten Tradition. Er ist ein Nachfahre jener Juden aus Mitteleuropa, die auf der Flucht vor Pogromen und antisemitischen Gesetzen in die USA emigrierten. Er symbolisiert den enormen Aufschwung der amerikanischen Komödie, die von den Einwandererbaracken auf Ellis Island ihren Siegeszug durch die Vororte Brooklyns und die 'Jüdischen Alpen' (Catskill Mountains und Adirondack Mountains) antrat. (...)

Robert Benayoun: Woody Allen - Au-delà du language, Paris 1985

**Woody Allen**, geb. 1. Dezember 1935 in Flatbush/New York City. Eigentlich: Allen Stewart Königsberg; nennt sich seit 1951 Woody Allen. 1969 Debut als Regisseur (*Take The Money And Run*).
Ausführliche Filmographie siehe Informationsblatt Nr. 39.

Herausgeber: Freunde der Deutschen Kinemathek. Druck: graficpress

## BROADWAY DANNY ROSE USA 1984

*Produktion: Jack Rollins, Charles H. Joffe / Orion Pictures*
*Buch, Regie: Woody Allen*
*Kamera: Gordon Willis*
*Musik: Dick Hyman, Nick Apollo Forte*
*Ton: James Sabat. Schnitt: Susan E. Morse*
*Ausstattung: Mel Bourne. Kostüme: Jeffrey Kurlang*
*Produzent: Robert Greenhut*
*Ausführender Produzent: Charles H. Joffe*
*Darsteller: Woody Allen (Danny Rose), Mia Farrow (Tina Vitale), Nick Apollo Forte (Lou Canova), Sandy Baron (Sandy Baron), Corbett Monica (Corbett Monica), Jackie Gayle (Jackie Gayle), Morty Gunty (Morty Gunty), Will Jordan (Will Jordan), Howard Storm (Howard Storm), Jack Rollins (Jack Rollins), Craig Vandenburgh (Ray Webb), Herb Reynolds (Barney Dunn), Paul Greco (Vito Rispoli), Frank Rezulli (Joe Rispoli), Edwin Bordo (Johnny Rispoli), Gina DeAngelis (Johnnys Mutter), Gerald Schoenfeld (Sid Bacharach), Olga Barbato, David Kissel, Gloria Parker, Bob und Etta Rollins, Bob Weil, David Kieserman, Cecilia Amerling, u.a.*
*Uraufführung: Januar 1984, New York*
*s/w, OF, 84 Minuten*

### Zu diesem Film

Ein Lokal in New York, nicht besonders gut, nicht besonders schlecht: Carnegies Delicatessen. Ein paar Männer hocken beisammen, Künstler, Komiker. Sie erzählen einander Witze - und wie immer, wenn Komiker über Komik reden, ist das nicht besonders komisch.
BROADWAY DANNY ROSE beginnt also schon alles andere als launig - für jeden anderen Komiker wäre das tödlich. Die Männer in der Kneipe (und mit ihnen, in Rückblenden, der Film) erzählen Anekdoten. Ein paar kurze Geschichten und eine lange. Am Ende sind alle ernüchtert. "Ich dachte", sagt einer, "das sei eine komische Geschichte. Das ist ja fürchterlich." Genauso ist es. Woody Allens neue Geschichte ist furchtbar komisch, aber eher furchtbar als komisch.
Danny Rose (Woody Allen) ist Agent am Broadway; ein Kleinagent für Kleinkünstler. Sein Imperium ist ein düsterer Grenzbezirk, wo die Kunst aufhört, das Elend anfängt. Dannys Klienten sind eine Gesellschaft der vom Leben Besiegten - die Wasserglas-Virtuosin, der Luftballon-Falter, der blinde Xylophonspieler, der puertoricanische Bauchredner, der hochtalentiert ist, nur leider, es kann ihn keiner verstehen.
Doch Danny Rose geht seinem Job mit heiligem Eifer nach. Er glaubt an seine namenlosen Künstler, als seien sie wirklich große Stars, als hießen sie, zum Beispiel, Mick Jagger, Placido Domingo oder Woody Allen. (...) Der gute Mensch von Manhattan, im Einzelkampf gegen ein übermächtig unmenschliches Gewerbe. Ein Engel für die Erfolglosen. Denn hat ein Klient, wie der Schnulzensänger Lou Canova, mit Dannys Hilfe endlich Erfolg, wechselt er schnell das Managment, und Danny Rose kann gehen.
Das ist eine rührselige Geschichte und eine rohe - allein Woody Allen kann sie so erzählen, daß daraus weder eine

sentimentale noch eine brutale Kino-Affäre wird, sondern einfach (einfach?) eine Komödie. BROADWAY DANNY ROSE ist ein Paradox: kein besonderer Film und doch ein ganz besonders schöner.
Leute, die reden. Dann eine Rückblende. In der Rückblende: Leute, die reden. Das ist, haben wir von den Kennern des Metiers gelernt, Anti-Kino. Verfilmtes Boulevard-Theater. (...) Eine Weile scheint der Film selbst zu werden, wovon er erzählt: Kleinkunst. (...)
Der Schein aber trügt. Wie sonst nur Eric Rohmer und früher einmal (...) Jean-Luc Godard, versteht es Woody Allen, das Reden zu einem Kinoakt, zu einem physischen Ereignis zu machen. Während auf dem Boulevard-Theater (...) das Theater im Geschwätz stillesteht, bringt Woody Allen das Kino redend erst richtig in Bewegung.
Als ihn zwei Ganoven in einem Auto verschleppen, erzählt er ihnen sinnlos jüdische Anekdoten. Er redet um sein Leben, wie einst die Slapstick-Helden um ihr Leben gerannt sind. So bringt er in das verspießerte Genre Konversationsstück rasch die hohe Geschwindigkeit der Stummfilmkomödie. (...) So erweist sich Woody Allen wiederum als bester (letzter?) Schüler des großen Groucho Marx. Er bringt nicht nur die Bilder, er bringt auch die Wörter zum Laufen, vierundzwanzig Mal in der Sekunde.
BROADWAY DANNY ROSE ist ein Film über die wahre Freundschaft. Wie Rostands unsterblicher häßlicher Held Cyrano de Bergerac kämpft Woody Allen für die Liebe - eines anderen. Er kämpft für Lou Canova (Apollo Forte), den dicken, herzlichen Familienvater und Mama-Mann, der ein Comeback und gleichzeitig eine heiße Liebesaffäre probiert und an diesem doppelten Kraftakt ohne Danny Rose todsicher scheitern würde.
Der Agent, das ist die ganze Geschichte des Films, soll Lous Freundin (Mia Farrow) in Lous Konzert bringen, ihren Begleiter mimen. Ganz selbstverständlich übernimmt Danny Rose die Rolle des Strohmanns - und es beginnt eine Irrfahrt in New York, um New York und um New York herum, in deren Verlauf der häßliche kleine Agent und die zickige Blonde, Helden einer Eifersuchtsposse und beinah Opfer der Mafia werden.
Woody Allen und Mia Farrow auf der Flucht: Das ist wohl eines der sonderbarsten (Nicht-)Liebespaare der Kinogeschichte. (...) Ständig vernichtet er die Romanze, die er natürlich trotzdem erzählt. Wenn Danny Rose und Tina Vitale, von ihren Entführern zu einem Doppelpaket verschnürt, versuchen, sich aus ihren Fesseln zu befreien, sich drehen und winden, die Körper dabei aneinanderreiben, ist dieser Entfesselungsakt auch eine ziemlich befremdliche, hoffnungslose Koitus-Parodie.
Der Zuschauer nämlich weiß da schon längst, was Woody Allen noch nicht weiß: daß Mia Farrow ihren Retter bald um seinen Job bringen wird. Sie ist eben, Woody Allen sagt es selber, eine Frau 'aus Stahl'. So müßte er schon ein Mann aus Eisen sein, um eine Liebesgeschichte mit ihr zu überleben.
BROADWAY DANNY ROSE ist ein wahrer Film über die Freundschaft. (...)
Benjamin Henrichs, in: Die Zeit, Hamburg, 17. August 1984

## Der Sieg des Verlierers

(...) In diesem Spiel gibt es Sieger, Verlierer und einen Märtyrer: Danny Rose. Aber Woody läßt Danny nicht verkommen. Da bleibt noch der Moment, in dem sich die Erwartung erfüllt. Ausgerechnet am Thanksgiving Day, am Erntedankfest. Bei der großen Parade bauen die riesigen aufgeblasenen Gummitiere eine Eselsbrücke von Tina zu Danny, der in seiner armseligen Bude sitzt und mit seinen Verlierern das Fest zu feiern versucht. Tina, die den Schnulzen-Typ längst verlassen hat und nun auch Superman verläßt ("einen Edelkomparsen in Kostüm und Maske"), klingelt an Dannys Tür. Vermutlich hat dieser am Ende, nach allen Niederlagen, doch einen entscheidenden Sieg errungen, weil er einen Partner findet, der seine Menschlichkeit begreift, ohne an den eigenen Profit zu denken. Die letzte Einstellung zeigt die beiden vor jenem Restaurant, in dem die Männer sitzen und Dannys Anekdoten erzählen - als würden die da drinnen nie begreifen, daß Geschichten auch anders enden können. Vielleicht schließt sich da auch ein anderer, privaterer Kreis. Diese Tina wird gespielt von Mia Farrow, der Lebensgefährtin von Woody Allen.

H.G. Pflaum, in: Süddeutsche Zeitung, München, 17. August 1984

## Interview mit Woody Allen

*Frage:* Mr. Allen, welchem ihrer Agenten haben Sie mit BROADWAY DANNY ROSE ein Denkmal gesetzt?

*Woody Allen:* Keinem bestimmten. Als ich in den 60er Jahren im Kabarett auftrat, gab es viele solcher Agenten. Ihre Künstler waren meist nicht sehr erfolgreich - und dennoch wurden sie von ihren Managern wie große Stars behandelt. Leute wie Danny Rose haben sich ein Leben lang um einarmige Jongleure, eislaufende Pinguine oder singende Papageien gekümmert. Ihnen ist der Film gewidmet.

*Frage:* Erinnern Sie sich noch an Ihren ersten Kabarettauftritt 1962?

*Woody Allen:* Es war entsetzlich. Kaum jemand war gekommen. Drei, vier Tische waren vielleicht besetzt. Damals verdiente ich schon ziemlich viel Geld als Gagschreiber fürs Fernsehen und dachte, die Bühnenerfahrung würde mich weiterbringen. Doch als ich in den leeren Saal blickte, hatte ich die Hosen voll. Die Besitzerin des Klubs mußte mich sanft auf die Bühne schieben.

*Frage:* Haben die Leute gelacht?

*Woody Allen:* Schon. Sie wußten, daß ich ein Anfänger war, und waren sehr freundlich.

Michael Schaper: Wir handeln mit Träumen, Von Woody Allen bis Steven Spielberg, 13 Interviews über das Filmemachen, Ffm. 1988

## Eine religiöse Allegorie

Danny redet, um zu überzeugen und um zu überleben. Danny redet um sein Leben, und Danny lebt, um zu reden. Das Mafia-Milieu dient Allen (...) als Möglichkeit, Dannys verbale Überlebensstrategien in einer Art Kulturkollision - der jüdische Impresario unter Italoamerikanern - am Werk zu sehen. Stets ist sein Wort, sind seine Argumente und Redekapriolen schnell, rasant und sprunghaft, um den anderen voraus zu sein, um Reaktionen im Vorfeld zu stoppen und durch Verblüffung zu verzögern. (...) Sandy, der Erzähler, mokiert sich im Off: "Könnt ihr euch Danny Rose auf einem Schiff vorstellen. Ein Stadtmensch, der ohne den Geruch von Kohlenmonoxyd und Abfall nicht leben kann?" Danny hatte in der Tat Tina vorgewarnt: "Ich laß mich doch nicht abschleppen. Außerdem mag ich keine Schiffsreisen. Das ist gegen meine Religion. Ich bin Trockenhebräer." Gertrud Koch erklärt den ethnischen Witz und die Anspielung auf jüdische Traditionen: "... die Angst, ein Schiff zu besteigen, die nicht schlichter Ausdruck persönlicher Hasenfüßigkeit, das schadenfrohes Lachen provoziert, sondern Anspielung auf die jüdische Überlieferung ist, wonach Tote in Erde begraben werden müssen, damit sie wiederauferstehen können, weswegen jeder, der auf dem Wasser verschollen ist, also für immer gestorben ist. Diese Angst war es, die viele Einwanderer auf der langen Überseefahrt begleitet hat."

(...) In *Manhattan* hatte Isaac über die Verantwortung des Intellektuellen in der modernen Welt philosophiert und Gott als Vorbild reklamiert. Das war kein dummer Witz, sondern in Allens Dauerthema Transzendenz und Tod ein Hinweis auf die mögliche Realisierung dieser Idee, die er mit DANNY ROSE fand: DANNY ROSE ist als religiöse Allegorie nichts weniger als die Bibel, wie Woody Allen sie sieht. Was die sieben Catskill-Heroen im Carnegie Deli in der Rahmenhandlung zelebrieren, ist, in einer langen Nacht säkularisierter Erzählkunst, das letzte Abendmahl von aufnahmebereiten Aposteln, die das harte irdische Brot der Mühsal exemplarisch an Danny Rose, dem Jesus Christus der Broadway-Business-Opfer, aufzeigen. Ihre offenkundige Bewunderung der Legende vom heiligen Agenten schließt nicht ohne Hintergedanken mit dem christlichen und jüdischen Opfer-Brot, denn "in diesem Restaurant hat man ein Sandwich nach ihm benannt, das Danny Rose Special", mit dem Danny jener Ewigkeits- und Erinnerungswert bereitet wird, der, über die Kurzfristigkeit des Eßgenusses bei der Kommunion weit hinaus, in die Dimension namensfixierter Heiliger führt.

Die religiösen Anspielungen und Verweise sind von Anfang an präsent: Um Dannys Nacken baumelt das jüdische *chai*, das Schrift-Zeichen des hebräischen Wortes für 'Leben', das gläubige Juden tragen und als Erkennungszeichen für die damit verbundene formelhafte Begrüßung *chaihim* steht. Danny weist wiederholt, oft mit seinem wunderbaren "may I interject one statement" (wenn ich mir eine Benerkung erlauben darf) gekoppelt, auf seine meist verstorbenen jüdischen Verwandten und deren Lebensphilosophien hin. Im Gespräch mit Tina entwickelt er seine an den Glauben gebundene Vorstellung von Schuld, dem großen jüdischen Trauma und Thema: "Schuld ist wichtig. Es ist wichtig, Schuld zu fühlen. Sonst ist man zu schrecklichen Dingen fähig... Ich fühl' mich immer schuldig und hab' nie was verbrochen. Mein Rabbi, Rabbi Perlstein, sagt immer, in Gottes Augen sind alle schuldig." Gottes Augen wird Allen in *Crimes and Misdemeanors* zum religiösen Leitmotiv machen. Auf Tinas "Glauben sie an Gott?" antwortet Danny: "Nein, aber ich fühle mich deswegen schuldig." Aus dieser Ambivalenz her trägt er das chai, das ungläubige Juden normalerweise nicht tragen. Aus der Akzeptanz der Notwendigkeit von Schuldgefühlen (...) und der Vorstellung, zu was für schrecklichen Taten man fähig wäre ohne sie, folgt für Danny: "Es ist zwar wichtig, daß man lachen kann, aber man muß auch ein wenig leiden können." Denn wer nicht leidet, der versteht den Sinn des Lebens nicht, der begreift nichts.

Hans Gerhold: Woodys Welten, Die Filme von Woody Allen, Frankfurt/M. 1991

**Woody Allen,** geb. 1. Dezember 1935 in Flatbush/New York City. Eigentlich: Allen Stewart Königsberg. 1969 Debut als Filmregisseur (*Take The Money And Run* ).

Filme (u.a.): *Bananas* (1970), *Love And Death* (1974), *Annie Hall* (1974), *Manhattan* (1978/79), *Stardust Memories* (1980), *Zelig* (1980-83), BROADWAY DANNY ROSE (1984), *Hannah And Her Sisters* (1985), *Radio Days* (1987), *Crimes And Misdemeanors* (1989), *Shadows And Fog* (1991), *Husbands And Wives* (1992).

Ausführliche Filmographie siehe Informationsblatt Nr. 39.

Doppelprogramm
**VOCES DE SEFARAD /
VOICES FROM SEPHARAD
JEWTOWN**

## VOCES DE SEFARAD / VOICES FROM SEPHARAD
Spanien / Israel / Frankreich 1988
Teil V: Die Volkskunst der Sephardim

*Produktion: Televisión Española, Israel Broadcasting Authority, Kastel Communicatios Ltd., Idan Films Ltd., Anabase Productions, FR 3*
*Buch, Regie: Solly Wolodarsky*
*Kamera: Miguel Molina*
*Musikalische Leitung: Carlos Usillos*
*Ton: Antonio Cárdenas. Schnitt: Gloria Carrión*
*Produzent: José Luis Garcia*
*Video, Farbe, engl. Fassung, 50 Minuten*

### Anmerkung
Die Serie umfaßt sieben Teile:
I. Los sefardíes y España / The sephardim and Spain
II. España y los judíos / Spain and the jews (1. Teil)
III. España y los judíos / Spain and the jews (2. Teil)
IV. La primera dispersíon (El judeo-español en la cuenca del Mediterráneo) / The first dispersion (The Spanish-Judaeo in the Mediterranean Basin)
V. El folklore de los sefardíes / The folklore of the sephardim
VI. ¡A la Europa, a la América! (La dispersíon judeo-española del siglo XX) / To Europe, to America! (The Spanish-Judaeo dispersion at the 20th Century)
VII. Lo sefardí, hoy / The sephardim, today

### Inhalt
Am 31. März 1492 ordnete die spanische katholische Monarchie - Ferdinand von Aragon und Isabella von Kastilien - durch ein Edikt die Vertreibung der jüdischen Bevölkerung aus Spanien an. Dieser Zeitpunkt markiert den Beginn des Exils der sephardischen Welt in Griechenland, in der Türkei, auf dem Balkan und in Nordafrika.
VOICES FROM SEPHARAD ist ein siebenteiliges Programm über Geschichte und Gegenwart der sephardischen Juden und ihrer Kultur; aus diesem Programm wird Teil V, 'Die Volkskunst der Sephardim' gezeigt. VOICES FROM SEPHARAD läßt außergewöhnliche Zeugen des sephardischen Lebens, jüdische wie nicht-jüdische Geisteswissenschaftler, Politiker, Persönlichkeiten zu Wort kommen, darunter König Juan Carlos I von Spanien, der in der Haltung seines Landes gegenüber den Sephardim Maßstäbe setzte, und spirituelle Leitfiguren wie Haham Gaon, die ihre Gedanken über Spanien, das vom jüdischen Volk vor fünf Jahrhunderten verlassene zweite Heimatland, ausdrücken.
Der Teil 'Die Volkskunst der Sephardim' konzentriert sich auf den spezifischen Umgang der Sephardim mit ihrem spanischen kulturellen Erbe, dem 'historischen Gedächtnis' ihrer

spanischen Vergangenheit. Die Sephardim haben eine vielfältige Kultur bewahrt. Vor allem die Ursprünge ihrer Musik lassen sich bestimmen: so sind die zu Hochzeiten und Geburten gesungenen Lieder und auch die Klagegesänge deutlich spanischer Herkunft. Die schönsten Beispiele dieses Erbes sind in den Romanzen und in der Liebespoesie zu finden, Genres, die die Sephardim in der ganzen Welt verbreiteten. Die Begegnung und Vermischung der eigenen reichen musikalischen Kultur mit der Musik der neuen Heimatländer und schließlich die Synagogengesänge in 'Ladino' (der Mundart der Sephardim) bilden den roten Faden des Programms VOICES FROM SEPHARAD.
Produktionsmitteilung

### Die Sephardim im Mittelalter
(...) Die mittelalterliche Welt war in zwei religiös ausgerichtete Machtbereiche gespalten. Im 4. Jahrhundert wurde das ganz Westeuropa mitsamt Britannien umfassende Römerreich christianisiert. Der Islam breitete sich im 7. und 8. Jahrhundert von Arabien her ostwärts über Babylonien hinaus und westwärts über Nordafrika bis nach Spanien hinein aus. Die Juden wanderten innerhalb dieser beiden Machtbereiche hin und her und ließen sich an verschiedenen Orten nieder. Dabei entwickelten sich mancherlei Unterschiede in Bräuchen und Formen des religiösen Lebens sowie auch in der Aussprache des Hebräischen. (...)
Eine Teilgruppe der Juden folgte den römischen Legionen und ließ sich in Italien, Gallien, Germanien, Britannien und späterhin auch in Osteuropa nieder. Allenthalben, zumal aber in Deutschland und später in Polen und Rußland, richteten sie bedeutende hohe Schulen der Gelehrsamkeit ein. Die Angehörigen dieser Gruppe nennt man *Aschkenasim*, nach dem in der Bibel vorkommenden Namen *Aschkenas*, der angeblich die Region Germaniens bezeichnete. (...)
Die zweite Gruppe wanderte im Kielwasser des westwärts vorstoßenden Islam mit, gründete Niederlassungen in Nordafrika und dann in Spanien, das sie zu einem Zentrum jüdischer Gelehrsamkeit und blühenden jüdischen Kulturlebens ausbaute. Die Angehörigen dieser Gruppe heißen *Sephardim*. (...)
Leo Trepp: Die Juden, Hamburg 1987

### Erinnerungen - Elias Canetti
(...) Die ersten Kinderlieder, die ich hörte, waren Spanisch, ich hörte alte spanische 'Romances', was aber am kräftigsten war und für ein Kind unwiderstehlich, war eine spanische Gesinnung. Mit naiver Überheblichkeit sah man auf andere Juden herab, ein Wort, das immer mit Verachtung geladen war, lautete 'Todesco', es bedeutet einen deutschen oder aschkenasischen Juden. Es wäre undenkbar gewesen, eine 'Todesca' zu heiraten, und unter den vielen Familien, von denen ich in Rustschuk als Kind reden hörte, entsinne ich mich keines einzigen Falles einer solchen Mischehe. Ich war keine sechs Jahre alt, als mich mein Großvater vor einer solchen Mesalliance in der Zukunft warnte. (...)
Elias Canetti: Die gerettete Zunge, Geschichte einer Jugend, München/Wien 1980

## Die Sephardim heute

(...) In unserer Zeit sind die Sephardim nicht mehr die einzigen Juden spanischer Herkunft, denn die Flüchtlinge aus Spanien haben sich nach 1492 in ihrem Exil bei den Osmanen, den Arabern, Italienern oder Provenzalen mit ihren Religionsbrüdern vermischt. Heute nennt man Israeliten aus Bagdad oder Marokko ebenso 'Sephardim' wie die, die ohne Umweg aus Porto oder Toledo in Bordeaux einwanderten. Die einen wie die anderen kennen den mediterranen Ritus, sie beten nach einem Ritual, das von Marokko bis Syrien eine gemeinsame feste Grundlage mit unendlich vielen kleinen Varianten aufweist. (...) Mit Leidenschaft werden die Lieder und Gedichte der sephardischen Tradition gesammelt. Man lernt wieder Spaniolisch und schreibt die Chronik der Sephardim. Disputationen, Autodafés und Gesetze, die die Reinheit des Blutes betreffen, sind vergessen, vergessen auch die dramatischen Ereignisse von 1348, 1391, 1414, 1492...

Was jedoch nachwirkt in der Erinnerung, das sind die Ghettos von Bagdad, Beirut, Kairo oder Tunis. Juden, die aus diesen Städten vertrieben wurden und nach Israel oder in die westlichen Länder gelangen, haben den Eindruck, zu spät zu kommen, in einen Staat, den andere, die vor ihnen da waren, bereits gegründet haben, oder in Gemeinden, die die Aufbauphase schon hinter sich haben. In den fünfziger Jahren wurden Juden von den Hilfsorganisationen 'Engelsflügel' und 'Fliegender Teppich' aus Bagdad und aus dem Jemen nach Israel gebracht. Ungebildete Arbeiter, zutiefst jüdisch zwar, aber auch grundverschieden von den Israelis, die ihr Flugzeug führten, die Arbeit organisierten oder den nach modernen westlichen Prinzipien aufgebauten Staat regierten - Prinzipien, von denen diese Orientalen nie gehört hatten. Angesichts der so reichen und zeitgemäßen Universitäten, Museen und Bibliotheken Israels brachten sie, als ihren einzigen geistigen Besitz, ihre Erinnerungen und mündlichen Überlieferungen mit.

"Wir spürten nicht das Bedürfnis, unsere Leben aufzuzeichnen, um sie zu verewigen, sie auf Worte zu reduzieren, um sie zu zelebrieren. Und heute stellt man nur unser Schweigen fest...", sagt Naim Kattan in 'Le silence bafoué' (Das verhöhnte Schweigen).

In Israel hat man eingesehen, daß es neben der aschkenasischen noch eine sephardische Welt gibt, mit einer eigenen Denkweise, mit eigenen Ritualen und Gebeten; man ernannte daher zusätzlich zum aschkenasischen Oberrabbiner von Jerusalem auch einen sephardischen. Doch sollte es noch bis 1980 dauern, bis mit Isaak Navon (aus der Türkei, ursprünglich aus Spanien stammend) ein Sephardi Staatspräsident wurde. Ähnlich verlief die Entwicklung in Frankreich. Seit 1962 verstärkte sich der sephardische Einfluß so maßgeblich, daß nach einer Reihe aschkenasischer Oberrabbiner schließlich Samuel Sirat, ein aus Oran gebürtiger Sephardi, gewählt wurde. (...)

Béatrice Leroy: Die Sephardim. Geschichte des Iberischen Judentums, Frankfurt/M., Berlin 1991

**Solly Wolodarsky**, geb. 1927 in Buenos Aires. Lebte in verschiedenen Ländern, bevor er sich 1969 in Spanien niederließ. Jurastudium an der Universität von La Plata, Argentinien; Tätigkeit als Jurist und Journalist. 1957 Internationaler Theaterpreis des Weltjugend-Festivals in Moskau für sein erstes Theaterstück 'La raza de los subhombres'. Veröffentlichte 1958 sein zweites Stück 'El Crack'. Seit 1959 schreibt er vor allem Drehbücher für Film und Fernsehen, darunter für *Alias Gardelito* (Buch zusammen mit Augusto Roa Bastos); er schrieb und inszenierte die Filme *Carlos Gardel. Historia de un idolo* und *Dos en el mundo*.

## JEWTOWN   Großbritannien 1986

*Regie, Kamera, Ton: Anthony Posner*
*Schnitt: Ada Fink*
*Farbe, englische Originalfassung, 25 Minuten*

### Zu diesem Film

Eine kleine jüdische Gemeinde lebt im Süden Indiens in einem Teil von Cochin, der 'Jewtown' heißt. In den letzten vierzig Jahren emigrierte der größte Teil der dort lebenden jüdischen Bevölkerung nach Israel, so daß sich die Gemeinde in einem Zustand der Auflösung befindet.

Wohngebiete, in denen einst Juden lebten, werden nun als Lager und Umschlagstätte für den traditionellen Gewürzhandel Cochins genutzt - Pfeffer, Ingwer und Kardamon, aus Kerala nach Jewtown geliefert, werden dort getrocknet und in die ganze Welt versandt.

Anthony Posner drehte JEWTOWN 1986 während eines zweimonatigen Aufenthalts; das zunächst in Super 8 gedrehte Material wurde in London auf 16mm aufgeblasen. Der Film verwendet seltenes Archivmaterial aus den 30er Jahren, das die Gemeinde von Jewtown Posner überließ (in Ermangelung eines Filmprojektors hatte die Gemeinde dieses Material selbst noch nicht gesehen; Posner schickte ihnen daraufhin eine Videokopie).

Posner begegnete in Jewtown einem Paar aus Manchester, das sich während ihres Aufenthalts in der dortigen Synagoge trauen ließ. Mit diesen Bildern endet der Film. So fand seit acht Jahren überhaupt wieder eine Hochzeit in Jewtown statt; betrüblicherweise vielleicht, da der Großteil der dortigen jüdischen Gemeinde aus älteren Menschen besteht, die letzte.

Produktionsmitteilung

### Cochin

Indien ist auf beispiellose Weise frei von antisemitischen Strömungen geblieben. Nach mündlicher Überlieferung erreichten im Jahre 72 u.Z., kurz nach der Zerstörung des Zweiten Tempels in Jerusalem, jüdische Siedler Cochin an der Malabarküste im Bundesstaat Kerala. Der Maharadscha von Cochin garantierte ihnen im 4. Jahrhundert fürstliche Rechte, 'so lange Erde und Mond existieren'. Während des 16. Jahrhunderts wurden die Juden von Cochin zu den führenden Großhändlern Keralas und fungierten als politische Ratgeber. Einfluß und Reichtum der Gemeinde vermehrten sich beständig, und Diplomaten wie Würdenträger der ganzen Welt strömten zur Paradesi Synagoge in Jewtown, um sich segnen zu lassen.

Die Gründung des israelischen Staates veränderte das Leben in Cochin jedoch von Grund auf. Hatten die zutiefst religiösen Bewohner Cochins ihr Leben lang dafür gebetet, eines Tages nach Zion zurückkehren zu können, wurde nun ihr jahrhundertelanger Traum wahr, und ganze Dörfer zogen nach Israel. (...) Heute leben nur noch 26 Juden in Cochin.

American Museum of Natural History (Hrsg.): Rotunda, New York, Vol. 16, 11. Dezember 1991

**Anthony Posner**, geb. 1958 in London; Studium der Geschichte und Politik an der Warwick University, Coventry; absolvierte nach seinem ersten Film JEWTOWN den Postgraduate Documentary Course für Film am Goldsmith College, University of London; drehte seitdem mehrere Kurzfilme. JEWTOWN wurde auf den Jüdischen Filmfestivals in London, München und San Francisco gezeigt.

Herausgeber: Freunde der Deutschen Kinemathek. Druck: graficpress

## YENTL Großbritannien 1983

*Produktion: Ladbroke Entertainments, Barwood*
*Regie: Barbra Streisand*
*Buch: Barbra Streisand, Jack Rosenthal, nach der Kurzgeschichte 'Yentl, the Yeshiva Boy' von Isaac Bashevis Singer*
*Kamera: David Watkin*
*Musik: Michel Legrand*
*Liedtexte: Alan Bergman, Marilyn Bergman*
*Bauten: Tessa Davies*
*Ausstattung: Roy Walker*
*Kostüme: Judy Moorcroft*
*Schnitt: Terry Rawlings*
*Regieassistenz: Steve Lanning, Peter Waller, Steven Harding*
*Produzenten: Barbra Streisand, Rusty Lemorande*
*Ausführender Produzent: Larry De Waay*
*Darsteller: Barbra Streisand (Yentl), Mandy Patinkin (Avigdor), Amy Irving (Hadass), Nehemiah Persoff (Rabbi Mendel), Steven Hill (Rabbi Alter Vishkower), Allan Corduner (Shimmele), Ruth Goring (Esther Rachel), David De Keyser (Rabbi Zalman), Bernard Spear (Schneider), Doreen Mantle (Mrs. Shaemens), Lynda Barron (Pesche), Jack Lynn (Buchhändler), Anna Tzelniker (Mrs. Kovner), Miriam Margolyes (Sarah), Mary Henry (Mrs. Jacobs), Robbie Barnett (Schneidergeselle), Ian Sears (David), Frank Baker und Anthony Rubes (Studenten), Renata Buser (Mrs. Shaemens Tochter), Kerry Shale, Gary Brown, Peter Whitman, Danny Brainin, Jonathan Tafler, Teddy Kempner (Yeshiva-Studenten)*
*Uraufführung: 26. Oktober 1983, Culver City*
*Farbe, 133 Minuten, DF*
*Gedreht in der CSSR (u.a. in Prag) sowie in Großbritannien (Lee International Studios, London)*

### Inhalt

Frühling 1904 irgendwo in Osteuropa. Markttag in einem kleinen jüdischen Städtchen. An Fisch- und Gemüseständen drängeln sich dicke Frauen (...) und feilschen um die Preise. Eindringlich rücken die Gesichter ins Bild, minuziöse Porträtstudien, bräunlich vergilbt wie alte Fotos. Dann wieder folgt die Kamera dem quirligen Marktgeschene, jagt prallbunte Szenen so rasch am Auge vorbei, daß sie verschwimmen wie hinter Schleiern. Ein Mädchen namens Yentl, etwa Ende zwanzig, wird von den Frauen als 'alte Jungfer' verulkt. Das Mädchen streicht um einen Bücherkarren, auf dem die religiöse hebräische Literatur für den Mann und die jiddisch geschriebenen heiteren Almanache für Frauen streng getrennt sortiert sind. Denn das Studium der Wissenschaften ist strikt den Männern vorbehalten; der Talmud bekräftigt das per Gesetz.

Doch hinter verriegelten Türen und verhängten Fenstern studiert der alte Reb Todros mit seiner Tochter Yentl die Tora wie mit einem Sohn, brütet mit ihr über der Mischna, der Gemarra und den anderen Kommentaren oder auch über dem Schachbrett. Und wenn das Mädchen, das mit dem Vater allein lebt, das Essen abrennen läßt oder die Milch wieder einmal überkocht, dann pflegt der Alte zu sagen: "Yentl, du hast die Seele

eines Mannes, aber den Körper einer Frau!" Und er läßt keinen Zweifel daran, daß der liebe Gott hier offenbart geirrt habe.

Barbra Streisand ist Yentl in ihrem Regie-Erstling, für den sie außerdem noch als Drehbuchautorin und Produzentin verantwortlich zeichnet. (...)
Berliner Morgenpost, 29. März 1984

### Die Frömmigkeit und die Geschlechter

Daß Barbra Streisand gerade dieses Thema, seitdem ihr die Novelle gleichen Namens von Isaac B. Singer vor eineinhalb Jahrzehnten in die Hände fiel, nicht mehr losließ, ist zu verstehen. Eine durch und durch emanzipierte Amerikanerin, (selbst-) bewußte Jüdin, stößt da auf ein Mädchen, das sich dagegen wehrt, die Biologie ihr Schicksal sein zu lassen, sich den historischen, ideologischen und religiösen Determinismen anzubequemen, die ja bis heute das männliche Bewußtsein (aber auch, leider, weithin das von diesem geprägte weibliche Selbstverständnis) bestimmen. Männliche Präpotenz: ein übles Werk der männlichen Selbstfeier aller Weltreligionen; aber unleugbar: das orthodoxe Judentum als die älteste der monotheistischen hat es seinen Abkömmlingen (den christlichen und den mohammedanischen!) vorgemacht: da ihre Propheten männlich sind, so ist, natürlich, auch Gott ein Mann, und der Geist ist männlich. Indes, zumindest das mit dem Geist will Yentl nicht in den Kopf, in dem sie, obwohl weiblich, unübersehbare Spuren von selbigem entdeckt, nämlich die unbezwingbare Neugier, hinter das Wesen der Dinge und ihrer Erscheinungen zu kommen. Für fromme Juden des europäischen Ostens war der Gegenstand solchen Erkenntnisdranges der Talmud: er barg für sie außer allen Lebensregeln und Gesetzesauslegungen auch alle Welträtsel - offenbarte sie allerdings nur den Klügsten, den Denkfähigsten unter ihnen (das Studium der Kabbala, deren intellektueller, deren rein abstrakter Höhenflüge, war und ist wohl den Allererleuchtetsten vorbehalten).

Yentl, wie gesagt, ist eigensinnig genug, auf ihrer eigenen Denkfähigkeit zu beharren. Und ihr Vater, ein Gelehrter, mit dem sie allein lebt, in einem dieser alten polnisch-jüdischen Dörfer, gibt der exzentrischen Tochter widerstrebend nach und unterrichtet sie hinter vorgezogenen Vorhängen: Gott mag solche 'Lästerungen' womöglich verstehen - bei den Nachbarn kann man dessen nicht so sicher sein.

Nach seinem Tod nimmt Yentl Abschied von ihrem Dorf und besteht, als junger Mann verkleidet, glanzvoll die Aufnahmeprüfung für eine Talmud-Schule. Das Signifikante jüdischen Denkens: nicht ihr Wissen ist dabei entscheidend, sondern ihre Lust am *Fragen*.

Nun scheinen zunächst, nur eben verlegt in ein Milieu des geistigen und zusätzlich erschwert durch die starren gesellschaftlichen Strukturen ostjüdischen Kleinstadtlebens kurz nach der Jahrhundertwende, all die den wissenden Zuschauer diebisch erfreuenden Verlegenheiten zu beginnen, wie sie die Tootsie, Victor und Victoria und ähnliche Komödienfiguren - aber auch die als Edelmann umherstreifende Königin

Christine der Greta Garbo hatte dergleichen durchzustehen - auferlegt sind: wie komisch gequält sich das arme Mädchen an den peinlicherweise nicht wachsenden Bart fassen, sich zieren muß, als sie mit ihrem arglosen Kommilitonen ein gemeinsames Nachtquartier zugewiesen bekommt; bei einem gemeinsamen Nacktbad der Studenten blutschwitzend den Wasserscheuen zu mimen hat oder beim rüde an ihrem Körper herumfuchtelnden Schneider den Hochzeitsanzug angemessen bekommt.

Hochzeitsanzug? Ja, tatsächlich: Anzug zu ihrer eigenen Hochzeit mit der wunderschönen reichen Bürgerstochter Hadass (Amy Irving). Denn nun schießt der Autor, der ja kein literarischer Luftikus ist, mit diesem weiblichen Schicksal gleich mehrere Volten hinein in die Nöte des Existentiellen, der geschlechtlichen Ängste, vor allem aber hinein in eine im grunde ungeheuerliche Situation, die - zumal man sich die Streisand, diesen bebrillten jungen Gelehrten mit den klugen Augen, gut als Portia vorstellen kann - Shakespearesche Dimensionen annehmen könnte, böge das Drehbuch (auch dieses ist, zusammen mit Jack Rosentahl, von der Streisand verfaßt) den Konflikt nicht letztens doch ab von der Katastrophe geschlechtlicher Verwirrung zurück in das 'Anliegen' der Gleichberechtigung.

Die Situation: Yentls enger Freund und Mitstudent Avigdor (Mandy Patinkin, wohl absichtlich ein richtiger 'Kerl'; kein hypersensibles Intellektuellenbübchen) ist in Hadass verliebt, und diese in ihn, doch die Heirat scheitert an einem strikten Talmud-Tabu: sein Bruder, so stellt sich heraus, hat sich das Leben genommen. Nun drängt Avigdor seinen Herzensfreund, er möge an seiner Stelle - Frauen haben ja eh keinen eigenen Willen, und den Eltern wird's nach der gesellschaftlichen Blamage schon recht sein - das Mädchen heiraten. Nicht obwohl, sondern weil er es doch selber liebt, eine eigentümliche atavistische Perversität, die - den Autoren höchstwahrscheinlich unbewußt - Züge der Siegfried-Gunther-Brunhilde-Geschichte trägt mit all ihren niederträchtig machistischen Zumutungen für das 'Weib'.

Nur daß es hier allerdings, was aber nur Yentl weiß, an der immerhin wichtigsten Voraussetzung hapert: kann doch dieser 'Gatte' die Rolle Siegfrieds in der Hochzeitsnacht schlechterdings nicht übernehmen!

Neue Drehung der Spirale: die junge Frau, obendrein ihrerseits von Yentl umgehend zu eigenem Denken und weiblichem Selbstvertrauen aufgestachelt, verliebt sich nun in den eigentlich als Notnagel angedienten Ehemann und schickt sich an, den vermeintlich allzu Schüchternen, allzu Geduldigen und Zartfühlenden selber zu verführen. Nebenbei: mit der 'Natürlichkeit' sexueller Anziehungskraft zwischen den (verschiedenen!) Geschlechtern erscheint es nicht in allen Fällen so ganz gottgegeben zu klappen!

Jedenfalls ist das Irritationsspiel von Yentl nun nicht mehr mit innerlich (nur für uns hörbaren) gesungenen Liedern über den Zwiespalt ihrer Seele (aber auch den ihres noch komplizierter in Schwierigkeiten geratenen Körpers) zu lösen, obschon das ein recht hübscher und intelligenter Kunstgriff der Künstlerin ist, sich nicht nur als - vorzügliche - Schauspielerin ins Spiel zu bringen, sondern selbst hier, so sehr der Stoff zunächst solchem Ehrgeiz Widerstand zu leisten scheint, als die uns noch mehr vertraute Sängerin präsent zu bleiben. Der Einschub des solcherart entstehenden leicht Irrealen (zumal sie ja natürlich englisch singt innerhalb der sonst deutschen Synchronisation) würde allerdings weit reizvoller sein, milderte die Musik von Michel Legrand - nicht nur die zu den Song-Texten, meist unangemessen lyrisch-milchbreiig-harmonisierend im Stile des Amerikas der 40er und 50er Jahre - die doch recht gewaltsamen inneren Spannungen, zumindest

der Hauptperson (die anderen, bei denen die Dinge klar liegen, brauchen sich ohnehin logischerweise nicht in solche Hilfs-Aggregatzustände zu flüchten). Dennoch: in der Sache bleibt Yentl hart; da läßt sie sich weder vom 'chauvinistischen' Talmud noch schließlich vom besserwisserischen Mann in die tradierte weibliche Rolle zurückführen: als kein Lied mehr um die Wahrheit herumsingen kann, zeigt sie dem selbstlos Geliebten die Brust, aus der es steigt. Und dieses Beweises ansichtig, muß er staunend, schier immer noch ungläubig und vor allem ziemlich widerwillig erkennen: er hat mit einer *Frau* über die intimsten Geheimnisse des Judeseins, auch der Weltordnung gestritten. Und da er, fest eingenäht in seine uralte Männerhaut, dennoch oder jetzt erst recht dabei bleibt, daß man eine Frau 'nicht zum Denken braucht', kann aus den beiden kein Paar werden. Er nimmt nun doch den Platz bei der übel betrogenen anderen ein, stellt die Ordnung wieder her - sie entschließt sich, den hohen Preis fürs Weiterdenken zu zahlen: Einsamkeit. Nicht nur auf dem Auswanderer-Schiffsdeck wird Yentl sich noch viel diesbezügliches Liedgut, Leidensgut von der Seele singen müssen. (Was machen, in ähnlicher Lage, Unmusikalische?)

Die Streisand, auch Regisseurin und ihre eigene Produzentin, alles dies zum ersten Mal, hat mehr als zehn Jahre um das Geld für den teuren Film und gegen das Mißtrauen der Branche - Frauen, die alles bei einem Film selbst machen, sind in Hollywood und auch anderswo immer noch eine Rarität - ankämpfen müssen, hat den Film mit einer für einen Debütanten erstaunlichen Hollywood-Perfektion gemacht. In der CSSR hat sie herrliche Landschaften, nach denen man süchtig werden könnte, gefunden; vor allem aber auch Reste sehr alter jüdischer 'Stettl' (was fehlte, wurde im Studio nachgebaut); die Gesichter, die inneren Zeitabläufe, die äußeren Gegebenheiten wie schöne, reiche Wohnzimmer mit all dem edlen Gerät, überdies die Haltungen derer, die sich darin bewegen: das alles tut dem Herzen, auch den Augen gut, und sie scheint, jedenfalls wenn man kein spezifischer Kenner ist, zu stimmen, diese hermetische, damals noch (relativ) unangefochtene Welt, aus der eine Frau ausbricht in das Abenteuer des Kopfes. Ihres Kopfes. Eine zärtliche, keineswegs sauertöpfisch verkniffene Frau. Ich sagte es schon: die Streisand ist auf eine fast zu sanfte, überdies auf eine sinnliche Weise - konsequent. (...)

Karena Niehoff, in: Der Tagesspiegel, Berlin, 3. April 1984

**Barbra Streisand**, geb. 24. April 1942 in Brooklyn (New York). Seit 1961 Auftritte als Sängerin und Schauspielerin in zahlreichen Theaterproduktionen. Die Verfilmung ihres Broadway-Erfolges *Funny Girl* (1968) trug ihr einen 'Oscar' ein und war für sie der Auftakt einer großen Filmkarriere. Mit YENTL gab sie ihr Debut als Regisseurin. Filme (als Schauspielerin): *Funny Girl* (1968, Regie: William Wyler), *Hello, Dolly!* (1969, Regie: Gene Kelly), *On a Clear Day You Can See Forever*/Einst kommt der Tag (1970, Regie: Vincente Minnelli), *The Owl and the Pussycat*/Die Eule und das Kätzchen (1970, Regie: Herbert Ross), *What's Up, Doc*/Is' was, Doc? (1972, Regie: Peter Bogdanovich), *Up the Sandbox* (1972), *The Way We Were* (1973), *For Pete's Sake* (1974), *Funny Lady* (1975, Regie: Herbert Ross), *A Star is Born* (1976, Regie: Frank R. Pierson), *The Main Event* (1979), *All Night Long* (1981).
Filme (als Regisseurin, Produzentin und Darstellerin): YENTL (1983), *The Prince of Tides*/Herr der Gezeiten (1991, nach einem Roman von Pat Conroy).

Herausgeber: Freunde der Deutschen Kinemathek. Druck: graficpress

## 26 SAUKUNE DA...

26 Jahrhunderte und... Georgien/Frankreich 1989

*Produktion: Staatl. Rundfunk- und Fernsehkomitee der UdSSR,*
*Georgisches Studio für Fernsehfilme, Bernard Verley Films*
*Regie: Omar Gwassalia*
*Buch: Omar Gwassalia, Giorgi Badridse*
*Beratung: Schalwa Zizuaschwili*
*Mitwirkende: M. Gorduchaew, N. Eprander, I. Posselskij, K.*
*Arshantino, O. Dumont, A. Solomon, R. Arabidse, M. Tschach-*
*waschwili, L. Martiaschwili, N. Klimowa, N. Saakowa, A. Me-*
*nagarischwili, R. Fomitschew, M. Kitia, L. Baramidse*
*Uraufführung: März 1989, Tbilissi*
*16 mm, Farbe, Originalfassung, 50 Minuten*

### Aus dem Film

Ilja II, Kathalikos-Patriarch Georgiens: "Georgisch-hebräi-
sche Beziehungen haben eine lange Geschichte. Sie erstreckt
sich über 2600 Jahre. Diese Beziehungen waren beispielhaft.
Vor 2600 Jahren kamen Juden nach Georgien und haben hier
eine zweite Heimat gefunden. Die erste Heilige, die die
Georgier anerkannten, war Sidonia, eine jüdische Frau. Mit
der Zeit vertieften und verstärkten sich die Beziehungen
zwischen Georgien und Israel. Als das Christentum Staatsre-
ligion wurde, kaufte König Mirian ein Stück Land in Jerusalem. Später wurde auf diesem heiligen Boden die Kreuzkirche
erbaut."

Ephraim Guri (Gurielschwili), Abgeordneter der Knesseth:
"Natürlich bin ich vor allem ein Sohn meiner Nation und
meines Landes, genauso wie ein Georgier Sohn seiner Nation
und seines Landes ist. Aber eins muß ich sagen: Es gibt für
mich in der ganzen Welt kein Land und kein Volk neben Israel,
das ich mehr schätze als Georgien und die Georgier. Selbstverständlich werde ich mich in der Zeit meiner Berufung ins
Parlament um die Aufnahme offizieller Beziehungen zwischen Israel und Georgien bemühen. Dies wird eine enge
Zusammenarbeit auf allen Gebieten des Lebens, der Wissenschaft, der Kultur ermöglichen. Daß die Georgier und die
georgischen Juden sich gut verstehen, ist bekannt, jetzt wird
die Frage aktuell, welchen Beitrag wir leisten, damit diese
Beziehungen ewig bestehen bleiben. Dafür müssen wir unsere
Kinder, die kommende Generation, heute zusammenführen.
Als ich das letzte Mal Georgien besuchte, nahm ich meinen
13jährigen Sohn mit, der in Israel geboren wurde. Meine
langen Erzählungen über Georgien und über die Menschen
dort haben viel weniger genutzt als dieser kurze Besuch."

**Omar Gwassalia**, geb. 1942 in Tbilissi; 1968 Abschluß an der
Moskauer Filmhochschule VGIK (Meisterklasse von Lew
Kuleschow). Filme (u.a.): *Alle meine Söhne/Wse moi synowja*
(1968, Dok., Co-Regie: A. Stefanowitsch), *Die Freske* (1970),
*Die Aufenthaltsgenehmigung/Wid na shitel' stwo* (1973, Co-
Regie: A. Stefanowitsch), *Die grüne Insel der Hoffnung/*
*Imedis mzwane kundsuli* (1978), *70 Fragen/70 Kitchwa* (1979,
Dokumentarfilm), *Die Georgier im Himmel/Kartwelebi Zaschi*
(1984), 26 SAUKUNE DA... (1989), *Die Belagerung* (1990).

## VOICES FROM THE ATTIC

Stimmen vom Dachboden USA 1988

*Produktion: Siren Pictures, Corp.*
*Regie: Debbie Goodstein*
*Buch: Debbie Goodstein, Jim Butler*
*Kamera: Oren Rudavsky, Kamera-Assistenz: Susan Korda*
*Ton: David Leitner*
*Schnitt/Tonschnitt: Toby Shimin*
*Produzentin: Debbie Goodstein*
*Ausführende Produzenten: Julio Caro, Stephen Klein*
*Uraufführung: 2. September 1988, Telluride, Colorado,*
*Community Center Theatre*
*16 mm, Farbe, 60 Minuten, OmU*

### Inhalt

VOICES FROM THE ATTIC ist ein bewegendes persönliches Dokument des Gedenkens an den Holocaust aus der
Sicht einer zur zweiten Generation gehörenden Amerikane-
rin. Die Filmemacherin Debbie Goodstein reiste mit fünf
Cousinen und ihrer Tante nach Polen, um den Dachboden in
Augenschein zu nehmen, auf dem ihre Eltern und andere
Angehörige sich während des Krieges versteckt halten
mußten. Diese zwei Jahre während Hölle des Hungers, der
schwülen Sommermonate, der Klaustrophobie und der eis-
kalten Winter hat auch in der Psyche der Nachgeborenen ihre
Spuren hinterlassen - in Form eines kollektiven Traumas.
Wie sie diese Angst bewältigen, erleben wir in Ausschnitten
anhand ihrer Besuche und Begegnungen mit den Menschen,
die ihre traumatische Familiengeschichte mitgeprägt haben.

### Die Kinder der Überlebenden

Der Dachboden ist 15 Quadratmeter groß und nur 1,63 m
hoch. Ein Erwachsener kann nicht aufrecht stehen, es gibt
kein fließendes Wasser, und die einzigen Lichtquellen sind
Ritzen in der Holzwand, durch die man die Außenwelt in
kleinen Ausschnitten sehen kann. Dieser Dachboden ist
Schauplatz für eine Geschichte, die sich während des Zweiten Weltkrieges zutrug, eine Geschichte, die drei Generationen auf zwei Kontinenten verbindet. (...)
Der Film beginnt in New York, wo die Regisseurin/Autorin
Debbie Goodstein erläutert, daß sich ihre Mutter als Kind
mit ihrer Familie auf dem Dachboden versteckte. Debbies
Generation kennt diese Geschichte nur insoweit, als sie von
ihren Eltern geschildert wurde - mit Auslassungen von
Erlebnissen, die unvergeßlich sind, aber zu traumatisch, um
sie zu berichten. Drei Familienmitglieder starben auf dem
Dachboden, unter den Augen der Kinder. Auch eine kleine
Schwester der Mutter ist im Babyalter gestorben; niemand
wollte darüber sprechen... Und niemand aus der Familie, die
sich auf dem Dachboden versteckt hielt, hat seit der Emigration in die USA je wieder den Fuß auf polnischen Boden
gesetzt. Die Kinder der Überlebenden, in Brooklyn geboren
und aufgewachsen, werden von unbestimmter Angst und un-
erklärlicher Klaustrophobie heimgesucht.
Debbie Goodstein, die unlängst ihr Filmstudium an der Co-

lumbia Universität (Milos Forman ist Direktor des dortigen Filminstituts) beendete, wollte ihren ersten langen Film über ihre Familie im Versteck drehen. Zusammen mit fünf Kusinen reiste sie 1988 nach Polen, auf der Suche nach dem Bauernhaus in der Nähe der Kleinstadt Urzejowice - keine Bahnstunde von Auschwitz entfernt -, in dem sich ihre Familie verborgen gehalten hatte. In ihrer Begleitung Sally Frishberg, Debbies Tante, die damals neun Jahre alt war. Ihre jüngere Schwester, Debbies Mutter, reiste nicht mit. Sie erklärt im Film, daß sie zuviel Angst habe, weil diese Konfrontation lange verdrängte Erinnerungen wachrufen könnte, die zu traumatisch sind...

Die Filmsprache ist direkt; der Zuschauer sieht, wie Sally die jungen Leute zum Dachboden führt - und mit jedem Schritt fallen ihr neue Geschichten aus ihrer Vergangenheit ein, als das Wiedersehen mit der vertrauten Landschaft ihrer Heimat Erinnerungen freisetzt. Mrs. Frishberg, eine Lehrerin aus Brooklyn, läßt diesen Film durch ihren Mut und menschliches Verständnis eher zu einer Aufarbeitung denn Anklage, Vergebung und nicht Abrechnung werden. Man kann ihre kindliche Aufregung nachempfinden, wenn sie erzählt, wie sich ihre Familie zuerst in einem Heuhaufen versteckte und die Kinder trotz aller Warnungen bei hellichtem Tag aus dem Heu hervorkrochen, um mit den Bauern auf dem Feld das Essen zu teilen. Mrs. Frishberg fragt sich laut, warum die Bauern ihre Familie nicht an die Nazis verrieten. Vielleicht wegen der Kinder...

Solche Widersprüchlichkeiten ziehen sich durch den gesamten Film. Gleich neben den Verfolgern wohnten einfache Menschen, die der Familie zu ihrem Versteck verhalfen, manche aus Güte, andere aus materiellen Gründen. Der Bauer, auf dessen Dachboden sie schließlich Zuflucht fanden, mußte erst mit seiner Frau verhandeln und ihr den Besitz der jüdischen Familie versprechen - Tante Sallys Pelzmantel -, damit sie einwilligte. Als Nahrungsmittel knapp wurden und Familienmitglieder starben, kam es zwischen dem Bauern und den Flüchtlingen zum offenem Streit, aber er half ihnen weiterhin, teilte sogar seine wenigen Lebensmittel mit ihnen, bis die Befreiung es ihnen ermöglichte, das Versteck in Sicherheit zu verlassen.

Das Wiedersehen von Tante Sally und der Frau des Bauern, der sie versteckte, einer alten Frau von 80, die immer noch auf dem Feld arbeitet, ist wie ein Familientreffen. Die Vorurteile der Vergangenheit verschwinden durch das Wunder des Überlebens und die Fähigkeit von Sally und der jüngeren Generation, aus den Trümmern der Geschichte eine Perspektive für die Zukunft zu errichten. Die beiden Frauen sitzen zusammen auf dem Dachboden, während sich Sally erinnert... Wie schrecklich die Kinder vor Durst schrien..., wie der Bauer jede Nacht nach oben kam, um den Nachttopf, den sechzehn Menschen benutzten, zu entleeren..., wie ihre Mutter das Leben des Babys opfern mußte, um die anderen zu retten.

Die Polen, die die Gruppe auf ihrer Reise trifft, sind freundlich und heißen sie willkommen. Ältere Einwohner erinnern sich gut an die Familie; eine Frau erinnert sich noch an die Lieder, die Sally als Kind sang. Doch zugleich erinnert sich Mrs. Frishberg daran, daß man sie aus der Schule warf, weil sie Jüdin war. Dies, ihr Heimatland, war auch das Land, das sie vertrieb: 1947, gerade als sich ihre Familie im Dorf wieder einzuleben begann, erschienen polnische Antisemiten und drohten mit Mord, falls sie nicht freiwillig emigrierten. Gefühlsausbrüche Einzelner führen zu dramatischen Situationen, die im Film den fröhlich-unbeschwerten Freundschaftsbezeugungen zwischen Amerikanern und Polen gegenübergestellt werden. Obwohl VOICES FROM THE AT-

TIC lediglich die Geschichte einzelner Personen nachzeichnet, so offenbart er doch auch unser aller Wunsch, von der Vergangenheit geheilt und befreit zu werden. Aber dieser heilsame Prozeß kann nie vollkommen sein, denn der Heilungsversuch kommt zu spät - einige Verluste sind irreparabel, und manch fürchterliche Erinnerung kann nie ausgelöscht werden. Außerdem, nachdem der Film den Dachboden wieder enttabuisiert hat, stellt er neue Fragen. Worin besteht eigentlich der Unterschied zwischen denen, die Leben retteten, und denen, die es zerstörten? Was bestimmt den dünnen Trennungsgrad zwischen denen, die überleben und denen, die umkommen? Und wer lehrte die polnischen Kinder die antisemitischen Sprüche, die sie so dreist vor der Kamera aufsagen? Und wer war verantwortlich für das frisch gemalte Hakenkreuz auf der Scheunenwand, das Sally Frishberg, ihre Kinder und Nichten sahen, als sie auf der friedlichen Landstraße zum Dachboden unterwegs waren?

Karen Margolis, Informationsblatt Nr. 34 des 19. Internationalen Forums des Jungen Films, Berlin 1989

### Der Film ist schön, weil die Gefühle echt sind

Es ist so schön hier. Die satten, warmen Sommerfarben, dickes, gelbes Feld und frisches Grün. Man hört die Hühner, man hört Geräusche von den Maschinen auf den Feldern, ein Hund bellt. Die Häuser haben schiefe Dächer in rot, auf der Straße geht eine Mutter mit ihren Mädchen. (...)

Man sieht den kleinen Trupp Amerikaner, die Juden sind, durchs Dorf laufen. Die Nervosität von Sally, jedes Gefühl beim Suchen und Erinnern. Auch die teilweise herbe Distanz der ehemaligen Nachbarinnen - wissen Sie noch, wer ich bin? - Alte Frauen stehen da, mit dicken Armen. Ohne Tränen. Umarmungen, von denen nicht ganz klar ist, ob sie gemeint sind.

Man sieht alte Familienfilme, den Großvater und den Vater. Und zwischendrin den Überfall der Deutschen. Ein deutscher Offizier, ein Herr Arnold, hat bei der Familie gewohnt. Er hat den Vater gewarnt. Dies sei ein anderer Krieg. Er hat ihn so sehr gewarnt, daß der Vater beschloß, mit seiner Familie nicht am Bahnhof zu sein. Sie versteckten sich im Heu. Später auf dem Dachboden. Die Bauern mußten bestochen werden mit allem Schmuck und Pelz. Freiwillig halfen sie nicht. Sally Frishberg weint. Das Baby, was ausgesetzt werden mußte, weil es so laut weinte. Es starb vor der Kirchentür. Immer mußten sie mucksmäuschenstill sein. Sie waren Kinder. Die Großmutter starb. (...)

Dieser Film ist schön. Er ist schön, weil die Gefühle echt sind, und die Bilder einen Prozeß von Aufarbeitung zeigen. Er ist schön, weil diese Menschen überlebt haben, weil wir sie lachen sehen. Weil unser Mitleid und unsere Scham lebendig werden. Weil wir uns freier fühlen. Aber wovon? (...)

Maria Neet-Uthoff, in: die tageszeitung, Berlin, 14. Februar 1989

**Debbie Goodstein**, Studium der Theaterwissenschaften an der Brown University; dort Produktion eigener Stücke. Danach Filmstudium an der Columbia University; Drehbuchautorin, Produzentin und Regisseurin mehrerer Kurzfilme, darunter *The Sales Rap*, ein Werbefilm für die Warner Lambert Corporation, sowie *Staten Island Unique New York*. Gegenwärtig ist Debbie Goodstein als Leiterin der Entwicklungsabteilung für Siren Pictures Corp. tätig.
1988 drehte sie VOICES FROM THE ATTIC.

Herausgeber: Freunde der Deutschen Kinemathek. Druck: graficpress

## ISYDI!

Hinweg! UdSSR 1991

*Produktion: Assoziation 'Newski prospekt', Azmatbank unter
Beteiligung des Lenfilmstudios 1991
Regie: Dmitri Astrachan
Buch: Oleg Danilow, Dmitri Astrachan
Nach Erzählungen von Scholem Alejchem, Alexander Kuprin,
Isaak Babel
Kamera: Juri Woronzow
Musik: Alexander Pantykin
Bauten: Sergej Kokowkin, Maria Petrowa
Schnitt: Nadeshda Wiktorowa
Ton: Alexander Sysoljatin
Darsteller: Otar Megwentuchuzessi (Motl Rabinowitsch), Jelena
Anissimowa (Golda, seine Frau), Tamara Schirtladse (seine
Mutter), Tatjana Kusnezowa (Bejla), Wladimir Kabalin (Iwan),
Alexander Lukow (Petja, sein Sohn), Walentin Bukin (Trofim),
Viktor Michajlow (Polizist)
Uraufführung: 3. Juni 1991, Sotschi (Festival 'Kinotawr')
s/w und Farbe, 84 Minuten, OF*

### Inhalt

Rußland zu Beginn des Jahrhunderts. Im ganzen Land kommt
es zu antijüdischen Pogromen, geschickt und heimlich vom
Staat provoziert. Unzählige Flüchtlingstrecks sind unterwegs.
In dem ukrainischen Dorf Antonowka lebt eine einzige jüdische Familie - Motl Rabinowitsch, der Milchmann, mit Frau,
Mutter, Tochter und dem gelähmten Onkel Schljoma. Russen
und Ukrainer stören sich nicht daran, daß Motl ein Jude ist, er
selbst hat unter Gojim Freunde und Kumpane. Er trinkt genauso viel wie die Russen und und ist kein geringerer Weiberheld
als die Ukrainer. Mit dem Dorfältesten Iwan feiert er gerade
im Freudenhaus den Start seines neuen Unternehmens: er will
in der Stadt einen Milchladen eröffnen. Petja, Iwans Sohn,
Student der Kunstakademie, liebt Motls Tochter Bejla. Sie
wollen zusammen fliehen; Bejla läßt sich taufen, und dann
heiraten sie.
Genau an diesem Tag erreicht den Polizisten eine geheime
Botschaft aus der Stadt: auch in Antonowka soll es ein Pogrom
geben. Der ewig betrunkene Polizist berät sich mit dem
Dorfältesten, dieser beratschlagt sich mit Motl, und Motl
schlägt vor, das Pogrom vorzutäuschen. Und schon fliegen die
Federn aus den aufgeschlitzten Kissen, und die alte Sommer-
latrine wird in Brand gesetzt. Der Polizist ist begeistert und
fährt mit seiner Vollzugsmeldung in die Stadt. Doch Motl
träumt immer wieder von echtem Blut, geschändeten Leichen,
einer vergewaltigten Tochter... Das ganze Dorf feiert bei Motl
den Umzug in die Stadt, da kommt der Polizist mit der
Nachricht, daß ein grausames Pogrom im Gange ist und eine
aufgebrachte Menge sich auf dem Weg nach Antonowka
gemacht hat...
Spiel und Alptraum sollen nun Realität werden.

### Schau ohne Furcht zurück!

Der Film beginnt mit Bildern in Schwarzweiß: jüdische Flüchtlinge machen sich nach einem Pogrom auf den Weg.

Diese Erinnerungen erscheinen mehrmals im Film als Alp-
träume - sie entfalten sich ebenso allmählich, wie sich das
Thema der Leiden des jüdischen Volkes in der russischen
und sowjetischen Kunst durchgesetzt hat. Zunächst roman-
tisch-verklärt bei Kuprin, dann farbenprächtig und saftig bei
Babel. Den harten Naturalismus brachte in das Thema der
Zweite Weltkrieg ein. Wohl kaum vergessen lassen sich
'Schwerer Sand' von Rybakow oder 'Leben und Schicksal'
von Grossman. Boris Wassiljew hat zum ersten Mal in dem
Roman 'Da ward aus Abend und Morgen der Tag' versucht,
über diese schrecklichen Seiten in der Geschichte Rußlands
zu sprechen: über die Judenvernichtungen und Pogrome
nicht in der deutsch-nationalen, sondern 'russisch'-nationa-
len Variante.
Der Spielfilm hat sich allmählich an dieses Thema herange-
wagt. Dmitri Meschijew tat es in 'Gambrinus', Leonid
Horowez in 'Damenschneider'. HINWEG! ist ein ungewöhnlich emotionaler und vielleicht deshalb so ergreifender
Durchbruch.
Die Welt, die die Autoren auf der Leinwand schaffen, ist in
sich geschlossen - ein kleines russisches Provinzdorf, im
dem Motl Rabinowitsch mit seiner großen Familie arbeitet
und lebt. Hier entfaltet sich eine klassische Einheit von Zeit,
Ort und Handlung. Die Zuschauer werden Zeugen eines
einzigen Tages im Leben des Helden, doch was für ein Tag
wurde da ausgewählt! Gerade heute bekommt Motl die
Genehmigung von der Verwaltung, einen Laden in der
russischen Stadt aufzumachen. Nach einer Feier, auf dem
Heimweg, entdeckt er in seinem Wagen einen anonymen
Brief: die Pogrom-Drohung. Die Idylle eines friedlichen Zu-
sammenlebens verschiedener Nationen wird vor unseren
Augen zerstört, als Russen und Ukrainer gemeinsam einen
Zigeuner brutal zusammenschlagen. Motl verspürt einen
Augenblick lang eine dumpfe Beklemmung, doch er läßt
dieses Gefühl nicht in sich aufsteigen. Der Tag geht weiter.
Aber immer wieder treten ihm schreckliche Bilder vor
Augen, die ihn nicht mehr loslassen.
Furcht und Lachen, Angst und Freude - zwischen diesen
Polen schwanken die Zuschaueremotionen während der
Vorführung.
Die Szene des falschen Pogroms, die Motl und seine Nach-
barn durchspielen, ist lustig und schaurig zugleich. Motls
Freunde schreien die populäre Losung der Schwarzhunder-
ter: "Schlagt die Juden tot, rettet Rußland!" Der ewig betrun-
kene Trofim kommt mit einer Axt angerannt und vergißt
beinahe, daß das Ganze als ein Täuschungsmanöver, als
Spiel gedacht war.
Die Lebenserfahrung sagt Motl, daß es besser wäre zu
fliehen, sich zu verstecken. Doch Stolz und Würde lassen
nicht zu, daß die Angst ihn verzehrt.
Der georgische Schauspieler Otar Megwentuchuzessi erinnerte mich an Burt Lancaster in der Rolle des Moses aus dem
gleichnamigen italienischen Film - dieselbe Kraft und kör-
perliche Präsenz, dieselbe Willenskraft, beherrschte Gestik,
Sprechkultur und Variabilität des Ausdrucks, die sich nicht
auf eine Richtung festlegen läßt.

Das Böse dagegen ist im Film gesichtslos. Der Regisseur verleiht Schurken keinen Charakter. In ihrer Gesichtslosigkeit liegt sein Konzept. Das sind keine Individuen, das ist eine Meute, die sich aus Frechheit, Stumpfsinn und Masse zusammensetzt...

Aus der Stadt kommt die Nachricht vom Pogrom. Das ganze Dorf schaut vom Hügel aus zu, wie die jüdische Siedlung brennt. Das Verhängnis tritt Motl in Gestalt der schreienden, betrunkenen Menschenmenge entgegen, die die Macht des Blutes und der Gewalt gespürt hat. Es geht eigentlich nicht um nationale Widersprüche, sondern um die ewige Gegenüberstellung von menschlicher Würde und roher Gewalt. Den verzweifelten Griff Motls zur Axt nimmt man mit Erleichterung auf. Nur so kann er sich den wilden Umtrieben widersetzen. Einige Männer schließen sich ihm an. Furchtlos treten sie der Menge entgegen, die aus dem Nebel kommt und vorgibt, das Volk zu sein. Sie sind wenige, sie können getötet werden, doch sie sind unbeugsam.

Natürlich lassen sich in dieser Debütarbeit von Dmitri Astrachan einige Mängel entdecken; auch schlägt die Theatererfahrung des Regisseurs durch. Doch der Film ist geprägt von einer wichtigen Eigenschaft - dem Glauben an den Menschen, an die Kraft des Geistes und an sein Gewissen. Und so lange dieser Glaube besteht, kann aggressive Dummheit nicht die Oberhand gewinnen. Ein Mensch, der seine Angst überwunden hat, ist nicht zu bezwingen.

Der Film endet mit einer Großaufnahme von Motls Gesicht. Dem Gesicht eines schönen, durchgeistigten Menschen.

Sergej Iltschenko, in: Smena, Leningrad, 19. Juni 1991

### Die Welt als Familie

Unter den Filmen der jüngsten Zeit, die im Zusammenhang mit den blutigen nationalen Auseinandersetzungen entstanden sind, nimmt HINWEG! einen besonderen Platz ein. Der Film appelliert vielleicht beharrlicher als andere Werke an die Idee der Brüderlichkeit, die durch den tiefen Glauben daran geboren wird, daß die Welt nur auf der Grundlage tätiger Nächstenliebe existieren kann.

Nach diesem Prinzip nämlich lebt der Protagonist des Films, der Bauer Matwej (Motl) Rabinowitsch, ausgezeichnet dargestellt von einem georgischen Schauspieler. Er versteht es, Kraft und Weisheit, Güte und seelische Gesundheit zu vermitteln, Eigenschaften eines Menschen also, der an das Gute und die Macht des Guten glaubt.

Die ganze Welt ist für ihn eine große Familie, in der es Kluge und Dumme, Großzügige und Neidische, Starke und Schwache gibt. Alle sind Erdenbürger und als solche einander gleich.

Die Filmhandung spielt zu Beginn des Jahrhunderts, erinnert aber an unsere unmittelbare Gegenwart. Die Schöpfer des Films appellieren an den Verstand, sie sind davon überzeugt, daß die Menschen die dunklen zerstörerischen Kräfte in sich bändigen können, daß sie bereit sind, sich als einen Teil der Welt zu begreifen...

Elga Lyndina, in: Rossijskije westi, 11. Juli 1991

### Aus Interviews mit Dmitri Astrachan

*Frage:* Wie kamen Sie, ein Theaterregisseur, zum Film?
*D.A.:* Vor zwei Jahren hatte die Dramaturgin des Lenfilmstudios Frisheta Gukasjan eine Inszenierung von mir, 'Waska' nach Sergej Antonow, gesehen, sie war zusammen mit Alexej German ins Theater gekommen (der war gerade Leiter des Studios des ersten und experimentellen Films geworden), und beide schlugen mir vor, einen Film bei ihnen zu machen. Ich traf mich mit meinem Freund, dem Dramatiker Oleg Danilow, und wir beschlossen, einen Film über nationale

Probleme zu schreiben. Ihm fiel eine Sujetlinie aus Scholem Alejchem ein (das Motiv des vorgetäuschten Pogroms), und wir schrieben ein Jahr lang das Drehbuch. Die Stimmung war gespannt, alle redeten von Pogromen, Eltern hatten Angst, ihre Kinder allein zu lassen... Den Film drehten wir innerhalb von vierzig Tage bei Winniza in der Atmosphäre permanenter Produktionskatastrophen.

Einmal wurde ein Zettel ausgehängt, daß wir Kleindarsteller für die Pogromszene suchen. Die Juden in dem Städtchen wurden unruhig, die Ukrainer auch. Als wir drehten, beobachteten angetrunkene Zaungäste mit Genugtuung, wie die jüdische Siedlung demoliert wird und äußerten, wenn die Ukrainer erst in Stimmung kämen, würden sie das gleiche in der Realität wiederholen. Mir wurde schlecht. Ich lief hin und her, versuchte die Menge zu beruhigen, erzählte, daß ich selbst Jude bin, daß es mir um die Freundschaft zwischen den Völkern gehe...

Alles ging gerade noch einmal glimpflich ab.

Eines Tages brauchten wir Juden für eine Massenszene. Es kamen nur 5 oder 6. Mein Autor sagte zu mir, komm, wir gehen in die Kantine und nehmen mal die Leute unseres Teams näher unter die Lupe. Dort saßen in dem Moment etwa 60 Menschen. Und es stellte sich heraus, daß man jeden davon hätte nehmen können. Hie und da ein bißchen Schminke, dort einen Schnurrbart oder Bart, und jeder sah aus wie ein Jude. Ich sagte zu einem der Fahrer: "Denken Sie an etwas Trauriges!" Und schon war sein Augenausdruck 'jüdisch'...

Aufgeschrieben von Maxim Maximow, in: Smena, 11. 9. 1991

*

*Frage:* Was führte Sie, einen Theaterregisseur, ins Filmatelier?
*D.A.:* Ich wollte schon immer für ein großes Publikum arbeiten, und das sind nun einmal Filmzuschauer. Ich wollte einen Film für *alle* machen, einen Film, der bei unterschiedlichsten Menschen Emotionen hervorruft, ungeachtet ihres Alters, ihrer Nationalität und Konfession.
*Frage:* Alle glauben, Sie hätten einen Film über Juden gedreht, dabei kann man HINWEG! viel breiter interpretieren.
*D.A.:* Wir haben diesen Film nicht als ein Werk konzipiert, das sich ausschließlich mit dem Antisemitismus auseinandersetzt. Das war lediglich der Anlaß. Wir wollten über menschliche Würde reden. Warum haben wir uns des jüdischen Themas angenommen? Seit Jahrtausenden schlagen die Emotionen um die Juden immer wieder hohe Wellen. Wir interessierten uns nicht für Ethnographie. Die Handlung spielt ungefähr 1910-13, einige Zeitattribute haben wir beibehalten, doch das war für uns zweitrangig. Wir wollten einen Gegenwartsfilm machen, der einen modernen Zuschauer anspricht.

Wir nahmen einige Motive von Babel und Alejchem. In 'Tewje, der Milchmann' taucht das Motiv des vorgetäuschten Pogroms auf. Und unser Held hat denselben Beruf. Doch der Typus des Helden ist ein anderer. Es ist ein moderner Mensch, und nur so kann er Mitleid, Verständnis, Mitgefühl hervorrufen.
*Frage:* Gab es für Sie Schwierigkeiten beim Wechsel in das andere Medium?
*D.A.:* Für mich gibt es keinen prinzipiellen Unterschied zwischen Theater und Film, weil ein Drama immer ein Drama bleibt. Und die Gesetze eines dramatischen Handlungsaufbaus sind die gleichen. Die Ausdrucksmittel sind verschieden, aber die Gesetze bleiben gleich. Unser Kino muß 'amerikanischer' werden, eine gut erzählte Geschichte enthalten. Wenn es im Film eine Geschichte gibt und sie ist gut erzählt, dann wird sie interessant, und wenn das dazu noch perfekt

gemacht ist, um so mehr. Ist aber keine Geschichte da, gibt es auch keinen Film.

Für das Drehbuch haben wir fünf Fassungen geschrieben. Gedreht haben wir an einem Stück. Alle Schauspieler im Film sind Profis, wenngleich sie wenig bekannt sind. Ich habe mit ihnen zunächst das Drehbuch als Stück geprobt, dann haben wir gedreht.

Ich mag emotionsgeladene Kunst. Ich lache oder weine und analysiere erst dann, was mir erzählt wurde und warum. Nur wenn mich etwas packt und aufwühlt, werde ich darüber nachdenken, wie und wozu es gemacht ist. Der Zuschauer muß eine Erschütterung erleben, er muß die Möglichkeit haben, mitzuempfinden, sein Leben mit dem der Helden in Beziehung zu setzen.

*Frage:* Vor fünf Jahren wäre diese Thema unmöglich gewesen...

*D.A.:* Ja, natürlich.

*Frage:* Sie haben nur sehr wenig jüdische Schauspieler besetzt. Die Juden werden von Georgiern und Ukrainern gespielt, warum?

*D.A.:* Für mich war das Können vorrangig und nicht der Typus. Den kann man mit der Maske schaffen, mit Hilfe des Kostüms. Meine Helden sind alle verschieden; es gibt dumme und kluge. Da haben wir einen Alkoholiker, der andere für sein Unglück verantwortlich macht. Eine schreckliche, eine tragische Figur. Die Juden sind auch ganz unterschiedlich und keineswegs immer Musterknaben.

Der georgische Schauspieler ist ein wahrer Volksschauspieler... Ein Darsteller von Weltformat! Er hat eine positive männliche Ausstrahlung. Das ist eine rare Mischung.

*Frage:* Gegenwärtig erleben wir in unserem Land eine schwierige Zeit. Eine neue Welle der jüdischen Emigration rollt an. Deutschland nimmt die sowjetischen Juden auf. Im 'Forum', wo Ihr Film jetzt gezeigt wird, läuft auch eine Retrospektive mit jüdischen Filmen und Filmen über Juden...

*D.A.:* Emigration ist eine Tragödie. Immer. Sie besteht nicht darin, daß die Menschen weggehen, sondern daß es in unserem Land noch immer keinen Rechtsschutz für sie gibt. Die Menschen haben Angst, in einer kritischen Situation zum Sündenbock zu werden und wandern darum lieber aus! Man kann sie verstehen. Sie wollen ihr Leben und das Leben ihrer Kinder schützen. Darüber hinaus sind es oftmals wirtschaftliche Gründe, die sie zur Emigration zwingen. Wenn nicht nur Juden die Möglichkeit hätten, auszureisen, würden viel mehr Menschen - auch anderer Nationalität - das Land verlassen. Unser Staat hat Generationen von Menschen bestohlen. Ihre Arbeit wurde schlecht entlohnt, wenn nicht gar unterbezahlt, ihre Würde mißachtet, ihr Talent verschwendet. Heute ist unser Land dem Untergang geweiht, und doch will ich persönlich es nicht verlassen. Es muß nur eins geschehen: der Schutz der Person muß garantiert werden!

Die Juden wurden in der Sowjetunion immer verfolgt. Man hat jede Aggression an ihnen ausgelassen. Ich durfte nicht an die Universität, weil da nur 3 % Juden aufgenommen wurden. Sogar bei Schulkindern kann man heute Antisemitismus beobachten. Die Juden können ausreisen, im Unterschied zu den anderen - noch ein Grund mehr, sie zu hassen.

*Frage:* Was passiert mit dem Kino in unserem Land?

*D.A.:* Ich glaube, die Beziehungen Film - Zuschauer werden sich von Grund auf ändern. Unsere Filme werden lernen, für Zuschauer interessante Geschichten zu erzählen.

St. Petersburg/Leningrad, im Januar 1992, aufgeschrieben von Galina Antoschewskaja

**Dmitri Astrachan**, geb. 1957 in Leningrad. Absolvierte eine Begabtenschule für Mathematik und konnte sich nach dem Abitur lange nicht entscheiden, ob er Leistungssportler (klassischer Ringkampf) oder Kybernetiker werden wollte (Arbeit in einem elektrotechnischen Forschungsinstitut). Absolvierte 1987 die Regiefakultät des Leningrader Instituts für Theater, Musik und Film. Arbeit im Swerdlowsker Theater der Jungen Zuschauer als Chefregisseur, in dem er Stücke von Alexander Ostrowski, Jewgeni Schwarz u.a. inszenierte. 1987 von Grigori Towstonogow zu Gastinszenierungen nach Leningrad eingeladen. Ab Februar 1991 Chefregisseur des Leningrader Theaters der Komödie. ISYDI! ist sein Debütfilm.

Herausgeber: Freunde der Deutschen Kinemathek. Druck: graficpress
Redaktion dieses Blattes: Oksana Bulgakowa

## JISKER/YISKOR

Lebend begraben Österreich 1924

*Produktion: Jüdische Kunstfilm-Gesellschaft, Wien*
*Regie: Sidney M. Goldin*
*Buch: Harry Sekler, nach seinem gleichnamigen Stück.*
*Produzenten: Sidney M. Goldin, Ivan Abramson*
*Darsteller: Maurice Schwartz (Leybke), Anna Appel (Zsusi,*
*seine Pflegemutter), Wolf Silberberg (Rabbi), Jacob Mestel*
*(zweiter Rabbi), Joseph Schwartsberg (Kirchendiener), Isidor*
*Casher (Butler), Carl Gotz (Stefan, Hauptmann der Wache),*
*Mark Schweid (Buckliger), Betty Reve (Kreyndl), Bine Abra-*
*mowitz (Großmutter), Wolf Goldfaden (Zimel, der Gastwirt),*
*Oskar Beregi (Graf Czaki), Dagny Servaes (Helena, seine*
*Tochter), Berta Gersten (Jadviga, ihr Zimmermädchen), Mos-*
*he Strassberg (Gefängniswärter), Fritz Strassny (Sekretär)*
*Uraufführung: 26. Oktober 1924, Wien*
*s/w, stumm, 98 Minuten, jiddische und englische Inserts*

### Anmerkung

Ein vertontes Remake des Films entstand 1933 unter dem Titel YISKOR ('Thou Shalt Remember'). George Rolland inszenierte und montierte die Toneinlagen; der Produzent des Films ist nicht bekannt (Variety, New York, 6. Juni 1933).

### Inhalt

(...) Der Held Leybke ist ein lebhafter, junger jüdischer Förster, der die Aufmerksamkeit des örtlichen Grafen (dargestellt von dem österreichischen Star Oskar Beregi, der den grausamen Pharao in *Der Mond Israels* im voraufgegangenen Jahr gespielt hatte) auf sich lenkt und von ihm als Wachmann in Dienst genommen wird. Leybke, der mit einem jüdischen Mädchen, Kreyndl, der Tochter des Wirtshausbesitzers, verlobt ist, weist die Annäherungsversuche der Grafentochter zurück. Wie in der biblischen Geschichte von Josef und Potiphars Frau beschuldigt die Komtesse ihn fälschlich, sie belästigt zu haben. Am Abend seiner Hochzeit verhaftet, flieht Leybke, indem er über die Schloßmauern klettert. Er heiratet Kreyndl. Aber nach ihrer Flucht wird die gesamte jüdische Gemeinde als Geisel festgehalten. Die Synagoge umstellend, drohen die Soldaten des Grafen, zehn jüdische Männer zu verhaften, wenn Leybke sich nicht stellt. Der Förster gibt freiwillig auf und wird, in einem der exotischeren Szenenbilder des Films, der Demütigung des 'ukrainischen Bärentanzes' unterworfen. Nachdem man sich so amüsiert hat, wird Leybke bei lebendigem Leibe begraben, während sich die verräterische Komtesse angemessen reuevoll umbringt. (...)

Jim Hoberman: Jenseits von Galizien, diesseits von Hollywood: Der jiddische Film aus Wien, in: Babylon, Beiträge zur jüdischen Gegenwart, Heft 8, Frankfurt/M., Februar 1991

### Zur Entstehung des Films

(...) Goldin machte einen weiteren jüdischen Film in Wien und setzte erneut auf durchreisende amerikanische Talente. Als Maurice Schwartz' 'Yiddish Art Theater' während seiner Europa-Tournee im Frühjahr 1924 auf seiner letzten Station in Österreich ankam, nahm Goldin die Truppe unter seine Regie

für den einzigen Film der 'Jüdische Kunstfilm' in einer acht Akte umfassenden Adaptation von Harry Seklers Stück 'Jisker', das zuvor von Schwartz in der vorhergehenden Theatersaison in New York auf die Bühne gebracht worden war. Als ein recht vielschichtiges Historienstück spielt 'Jisker' in der Ukraine des achtzehnten Jahrhunderts und beschäftigt sich, wie viele von Seklers Texten, mit einem jüdischen Märtyrer. In einer Ausgabe des Theaterstücks (New York 1922) nennt Sekler als Inspirationsquelle eine Legende, die er auf der An-Ski (Autor des Stückes *Der Dibek*, A.d.R.) gewidmeten Forschungsreise gesammelt hatte, und bemerkt, daß ihn die Originalgeschichte - die Tochter eines Adligen verliebt sich in einen gutaussehenden jüdischen Jüngling, sucht ihn zu verführen und wird schließlich "von ihrem eigenen lodernden Höllenfeuer" verzehrt, woraufhin der Herzog den Jüngling bei lebendigem Leibe begräbt - deshalb interessiert habe, weil der Märtyrer eher schön als gebildet sei.

Jim Hoberman: Jenseits von Galizien, diesseits von Hollywood: Der jiddische Film in Wien, a.a.O.

### Kritik

(...) JISKER hatte seine amerikanische Premiere im Frühjahr 1925 im Premier Kino in Brooklyn, mit größter Wahrscheinlichkeit mit jiddischen und englischen Zwischentiteln. Im Gegensatz zu *Misrech un Majrew* scheint er jedoch ein Reinfall gewesen zu sein. Während unzulänglicher Verleih ein möglicher Faktor dafür sein konnte, war der Film auch von den Kritikern abgelehnt worden. New Yorks 'The Jewish Theatrical News' vom 2. März 1926 verglich Schwartz' Darstellung unfreundlicherweise mit der "eines den Geist spielenden Hamlet". Der Theaterkritiker Nathaniel Buchwald, der JISKER in New York auf einer Preview im Januar 1925 gesehen hatte, schrieb über den Film, daß er "alle Anzeichen eines Hit" habe. Abgesehen von der mittelmäßigen Regie und ärmlichen Ausstattung "nimmt das Sujet einen gefangen und erzeugt eine melancholische Stimmung ... Selbst der 'oysgegrinte' (was soviel heißt wie nicht mehr grüne, also amerikanisierte) Theaterenthusiast auf der Hut konnte sich der heimlichen Tränen nicht erwehren. Es sieht so aus, daß der Film auf Nichtjuden noch stärkeren Eindruck macht, weil sie zusätzlich zu Spannung und menschlichem Mitgefühl auch einen exotischen Appeal darin finden werden." Interessanterweise empfand Buchwald, daß die Unerfahrenheit der Schauspieler mit dem Film Frische in ihr Spiel brachte. (In Morgn Frayhayt, New York, 30. Januar 1925)
(...) Der Film JISKER zeigt in der Eröffnungsszene eine Prozession durch einen Wald, um 'Kaddish' am Grabe des Märtyrers zu sprechen. Dort angekommen, erzählt der Rabbiner die Geschichte, die in ihrer Beschreibung der jüdisch/nichtjüdischen Liebesromanze solche frühen Arbeiten von Goldin wie *Die Leiden Israels* und *Die nihilistische Rache* umstößt. (...) JISKER ist ein düsterer, aber farbiger Beitrag zum jüdischen Heldentum (und dessen Nichteinhaltung) angesichts des irrationalen nichtjüdischen Verhaltens. Wie *Theodor Herzl. Der Bannerträger des jüdischen Volkes*

(1921, Regie: Otto Kreisler, A.d.R.), jedoch prägnanter, würdigt der Film jüdische Geschichte. (Die Betonung von Leybkes Ehre deutet auf den tatsächlichen Herzl hin, der einmal das Austragen persönlicher Kämpfe mit Antisemiten vorschlug.) Besondere Aufmerksamkeit wird dem Sabbath-Mahl geschenkt, den Hochzeitsvorbereitungen und besonders dem Brauch, bei dem die Juden, die unter den Leuten des Grafen als getrennte Gruppe auftreten, ihrem Herrn Brot und Salz überreichen. (Als Dank küßt er die Thora.) Der Film verändert die Bühnenfassung auch dadurch, daß er Leybke zu einem Waisen macht, der als Jude von einer nichtjüdischen Adoptivfamilie aufgezogen wird. Dementsprechend erscheinen Juden nicht nur als romantische Figuren, sondern als ein Volk unter mehreren Völkern - eine ersehnte Situation, die ihnen im vielsprachigen Habsburger Kaiserreich verweigert wurde.

Jim Hoberman: Jenseits von Galizien, diesseits von Hollywood: Der jiddische Film aus Wien, a.a.O.

## Loslösung vom Theater

Jüdische Filme gibt es beinahe schon so lange, wie es eine Filmgeschichte gibt. Jiddische Stummfilme waren verfilmte Originalgeschichten oder Adaptationen von Literatur aus dem jiddischsprechenden Milieu, manchmal Filme mit jiddischen Zwischentiteln, meistens aber abgefilmte Aufführungen jiddischer Bühnenstücke. 1911 wurden in Rußland und Polen zum ersten Mal Theatervorführungen in jiddischer Sprache mit der Filmkamera aufgenommen. Der jiddische Stummfilm ist, von wenigen Ausnahmen abgesehen, mehr für die Dokumentation des jiddischen Theaters als für die Filmgeschichte für Bedeutung. Filme wie die österreichischen Produktionen *Misrech un Majrew* (1923) und JISKER, beide von Sidney M. Goldin, haben sich zumindest vom Bühnenspiel gelöst.

Ronny Loewy: Zwei Welten, ein Kino. Vorbemerkungen zu Retrospektive und Buch, in: Hilmar Hofmann und Walter Schobert (Hrsg.): Das jiddische Kino, Deutsches Filmmuseum Frankfurt, 1982

## Jiddische Filme für jüdische Zuschauer?

JISKER, als 'jüdischer Tendenzfilm' bezeichnet, erzählt eine Geschichte aus dem Judentum im Angesicht der Not. Er betont die Verwundbarkeit eines Juden in der christlichen Welt. Einmal muß Zimel, der Vater des Mädchens, das Leybke liebt, für den Grafen einen 'Bärentanz' vollführen - ein Akt der Selbsterniedrigung, zu dem damals die Juden gezwungen wurden. Die Filmverleiher hielten den Film für 'tendenziös' und ausschließlich für ein jüdisches Publikum geeignet. *Misrech un Majrew* und JISKER waren jiddische Filme für jüdische Zuschauer. Goldin war aber dennoch überzeugt, daß er seine Filme nicht nur in Österreich würde aufführen können. Mit bekannten Schauspielern wie Picon und Schwartz müßten die Filme eigentlich auch in Amerika kommerziell erfolgreich sein; und sie waren es. Es entstand schließlich das Bewußtsein, daß nicht von der Bühne abgefilmtes jüdisches Kino marktfähig war.

Eric Arthur Goldman: A World History of the Yiddish Cinema, New York 1979

## Chassidismus und Religiosität

Ohne den Bezug zum osteuropäischen Chassidismus lassen viele der Filme sich kaum verstehen. Das jiddische Publikum und die jiddischen Filmregisseure, -produzenten und -darsteller stammen, wenn auch oft nur noch über die Generationsfolge vermittelt, zum großen Teil aus dem Milieu des osteuropäischen Chassidismus. Der polnische und ukrainische Chassidismus entstand um die Mitte des 18. Jahrhunderts als quertreibende Unterströmung zur Aufklärung. Innerhalb der jüdischen Tradition gehört der Chassidismus zur mystischen Strömung, die sich in mehreren Etappen der jüdischen Geschichte in verschiedenen Ausprägungen gegen den formalistischen Bestand der rabbinischen Schriftgelehrten und ihrer Tradition der Thora-Auslegungen aufbäumte. Im polnischen Chassidismus ''gab die Mystik den Anspruch, ihre Botschaft an das Volk zu bringen, nicht auf und zog sich nicht auf ganz kleine Kreise tiefgelehrter Mystiker zurück, denen alle Gebiete der Thora gleicherweise vertraut waren. Im Gegenteil, der Chassidismus, der aus den Kreisen der rabbinisch Ungelehrten als eine typische 'Erweckungsbewegung' entstanden ist, hatte von vornherein das Ziel breiter Wirkung vor Augen.'' (Gerschom Scholem) Die mystische Bewegung des Chassidismus wurde so zu einem sozialen Phänomen, zur Lebensform des jiddischen *schtetls,* jener kleinen osteuropäischen Flecken, in denen der größte Teil der Juden lebte. Mit der Entstehung der jiddischen Literatur wurden auch die Legenden des Chassidismus wieder entdeckt und neu ediert. Etliche der jiddischen Schriftsteller haben sich von einem sozialkritischen Realismus im Dienste der Aufklärung, die sich gegen den Chassidismus und sein System von mächtigen Dorf-Zaddiken wandte, in späteren Werken den populistischen Zügen des Chassidismus zugewandt. Die Kraft des Chassidismus als 'Erweckungsbewegung' hat sich nicht zuletzt dort noch einmal gezeigt. (...)

Gertrud Koch: Auf halbem Weg zum Engel des Vergessens, in: Das jiddische Kino, a.a.O.

**Sidney M. Goldin**, geb. 1880 in Odessa, gest. 19. September 1937; vermutlich einer der ersten unabhängigen Filmregisseure in den USA. Anfangs Zusammenarbeit mit dem Drehbuchautor Lincoln J. Carter in Chicago; 1913 erster Regie-Vertrag mit der 'Universal Film Company'. Ging Ende 1921 nach Wien, wo er eine Produktionsfirma, die 'Goldin Films', gründete. Filme: *The Sorrow of Israel; Nihilist Vengeance; The Heart of a Jewess; Bleeding Hearts or Jewish Freedom under King Casimir of Poland; How the Jews Care for the Poor; The Black 107* (alle 1913), *Escaped From Siberia; Uriel Acosta* (beide 1914), *Ihre Vergangenheit/Her Past; Führe Uns Nicht in Versuchung/Lead Us Not in Temptation, Hütet Eure Töchter/Protect Your Daugthers* (alle 1921/22), *Misrech un Majrew/Ost und West/East and West/Mazl Tov,* 1923) JISKER/Yiskor (1924), *Sajn Wajbs Ljubownik/His Wife's Lover* (1931).

**Maurice Schwartz** (eigentlich Avrom Moishe Schwartz), geb. 15. Juni 1889 in Sudilkow (Ukraine); gest. 10. Mai 1960 in Tel Aviv. Schwartz war eine zentrale Gestalt des amerikanischen jiddischen Theaters: Schauspieler, Regisseur, Theaterleiter. Schwartz kam als Kind in die USA und begann dort bald seine lange und bemerkenswerte Theaterkarriere. Er spielte zunächst in jiddischen Theatern in Baltimore, Cincinnatti, Chicago und Philadelphia; gehörte dann in New York zum Theater David Kesslers. Schwartz gründete 1918 das 'Yiddish Art Theater', zu dessen Ensemble u.a. die Schauspieler Celia Adler, Anna Appel, Jacob Ben-Ami, Ludwig Satz, Berta Gersten, Paul Muni und Zvee Scooler zählten. Das 'Yiddish Art Theater' war das bedeutendste jiddische Theater Amerikas. Schwartz spielte außerdem am Broadway, in jiddischen und englischsprachigen Filmen sowie in Theatern in London, Paris, Buenos Aires, Johannesburg und Tel Aviv. Seine Rollen auf der Bühne und in den jiddischen Filmklassikern JISKER (1924), *Broken Hearts/The Unfortunate Bride* (1926/1932) und *Tewje* (1939) sind legendär geworden. Auftritt in William Dieterles Film *Salome* (USA 1953). Schwartz starb während einer Tournee durch Israel.

## JEGO PREWOSCHODITELSTWO

Seine Exzellenz UdSSR 1927

(Weitere Titel: Gubernator i saposhnik (Der Gouverneur und der Schuster), Girsch Lekert (Hirsch Lekert), Jewrej (Jude))

*Produktion: Belgoskino*
*Regie: Grigori Roschal*
*Buch: Wera Strojewa, Grigori Roschal*
*Buchrecherchen: Dolgopolski*
*Kamera: N. Koslowski*
*Kameraassistenz: A. Maschkewitsch*
*Bauten: I. Machlis*
*Schnittassistenz: Mark Donskoi*
*Darsteller: Leonid Leonidow (von Wahl, Gouverneur/Rabbi), M. Sinelnikowa (Miriam, Adoptivtochter des Rabbiners), U. Unterschlak (Hirsch Lekert), Tamara Adelgejm (Riwele, seine Frau), A. Sandel (Schpieß, Industrieller), A. Grinfeld (Lemser, Rabbi), M. Rostowzew (Kleiner Clown), Nikolai Tscherkassow (Großer Clown), A. Nenokow (Pjotr, Sozialdemokrat), M. Dobrowa (Zirkusartistin)*
*Uraufführung: 20. März 1928*
*s/w, 1800 m ( = 79 Minuten bei 20 B/S), stumm mit engl. Inserts*

### Inhalt

Der Film basiert auf einem authentischen Ereignis: am 5.Mai 1902 verübte Hirsch Lekert, Arbeiter in einer Schusterwerkstatt, ein Attentat auf Viktor von Wahl, den Gouverneur von Wilna. Von Wahl war ein großer Liebhaber des Zirkus. Während einer Vorstellung am Vorabend des 1. Mai wurden im Zirkus Flugblätter entdeckt, die zur Unterstützung einer Arbeiterdemonstration aufriefen. Der Gouverneur versetzte das Stadtregiment in Alarmbereitschaft. Die Arbeiterdemonstration am 1.Mai wurde gewaltsam von Kosaken auseinandergetrieben, es gab Opfer, eine große Gruppe von Demonstranten wurde verhaftet. Unter den Inhaftierten waren auch viele Juden. Die jüdische Bourgeoisie bat den Gouverneur, die Schuldigen zu bestrafen, um ein Pogrom zu vermeiden und die übrige jüdische Bevölkerung vor Übergriffen zu schützen. Der Gouverneur versprach, das Pogrom abzuwenden, und ließ die Verhafteten auspeitschen. Als Antwort auf diese ungesetzliche Handlung schlug der Schuster Hirsch Lekert vor, den Gouverneur umzubringen. Das sozialdemokratische Untergrundkomitee lehnte den Vorschlag ab, da er nicht den marxistischen Ansichten des revolutionären Kampfes entsprach. Dennoch verübte Leckert das Attentat, verwundete Viktor von Wahl durch einen Pistolenschuß, wurde verhaftet und später zum Tode verurteilt.

Sowjetskije chudoshestwennyje filmy. Annotirowanny katalog. Moskau 1970, Band 2

Grigori Roschal kam vom Theater zum Film. Als Schüler Meyerholds leitete er eine Zeit lang das 'pädagodische Theater des Kommissariats für Volksbildung', inszenierte dort Kindertheater, war in verschiedenen Funktionen des Volksbildungskommissariats tätig und machte bald mit seinem Filmdebüt auf sich aufmerksam. Er bearbeitete ein satirisches

Stück aus dem 18.Jahrundert ('Nedorosl'/'Der Landjunker') über einen faulen und dummen Aristokratensohn, der nicht lernen will. Das aufklärerische Pathos des Autors Fonwisin, der für den dritten Stand und einen gebildeten Monarchen plädierte, verwandelte Roschal in ein revolutionäres: im Film *Die Herren Skotinins* organisierten die Leibeigenen den Aufstand gegen die Herren - ihnen zu Hilfe kamen Pugatschow-Abteilungen*. Anstelle räsonierender Entlarvungen gab es einen Bauernkrieg, die Satire wurde zur Groteske zugespitzt. Der exzentrische Darstellungsstil der Schauspieler wurde durch speziell angefertigte, übertrieben gestaltete Möbelstücke und Requisiten unterstützt (Ausstattung: I. Machlis). Viktor Schklowski, der vor kurzem selber Puschkins Stück 'Die Hauptmannstochter' in einer 'materiell-soziologischen' Ausrichtung umgeschrieben hatte, lobte Roschals kühnen Umgang mit der russischen Klassik. Die späteren sowjetischen Filmhistoriker dagegen tadelten sein Debüt als ein Beispiel für 'Vulgärsoziologie' bezüglich der Interpretation der Vorlage und übertriebenen Exzentrik der Darstellung. Die späteren Filmarbeiten Roschals waren in der Wahl der Stilmittel weniger extrem. Er wandte sich noch oft klassischen Stoffen zu (u.a. Dostojewski). 1929 verfilmte Roschal das Stück 'Salamander' von Anatoli Lunatscharski mit Bernhard Goetze und Wladimir Vogel; die Außenaufnahmen wurden in Berlin, Erfurt und Leipzig durchgeführt. Im Gegensatz zu dieser, seiner dritten Filmarbeit, geriet sein zweiter Film SEINE EXZELLENZ rasch in Vergessenheit. (...)

Parallel zu diesem Film kam eine Meshrabpom-Produktion von Jakow Protasanow, *Bely orjol/Der weiße Adler*, heraus, die (nach der Erzählung von Leonid Andrejew) ebenfalls eine Attentatsgeschichte aufgriff. Protasanow stellte die Figur des Gouverneurs, der eine Arbeiterdemonstration gewaltsam auflösen läßt, und seine Gewissensbisse so in den Vordergrund, daß am Ende der Held die Todeskugel als gerechte Strafe, ja, als Erlösung aufnimmt. Protasanows Film wurde von der zeitgenössischen Kritik wegen seines "konterrevolutionären Mitleids mit den Tyrannen" verrissen. Roschals Film dagegen wurde vorgeworfen, daß er keine eindeutige politische Position einnimmt. Terrorakte, die ein abgespaltener Untergrundflügel der Sozialdemokratie Ende des 19., Anfang des 20. Jahrhunderts als einzige Möglichkeit des Kampfes gegen das Regime ansah und mehrmals verübte, wurden von den legalen Marxisten (aus denen sich später die sozialdemokratische Partei herausbildete, die durch Lenin zur Übernahme der Staatsmacht geführt wurde) heftig verurteilt. Diese ideologischen Auseinandersetzungen lagen nun aber weit zurück, die realen Begebenheiten wurden zu spannenden Romanen umgeschrieben, die russischen Terroristen romantisiert, und in den 20er Jahren wurden die Romane fleißig verfilmt (*Stepan Chalturin, Dworez i krepost/Palast und Festung*).

Die Geschichte um Hirsch Lekert war komplizierter: er gehörte einem anderen Flügel der Sozialdemokratie an, dem

---

* E. Pugatschow, geb. 1740, wurde 1775 in Moskau hingerichtet; Führer des Bauern- und Kosakenaufstandes 1773/74.

'Bund', der von Lenin und seinen Anhängern wiederum als eine nationalistische, kleinbürgerliche Abspaltung verurteilt und 1903 aus der Partei ausgeschlossen wurde.

Roschals Film nimmt auf diese ideologischen bzw. taktischen Auseinandersetzungen keinen Bezug und bleibt in der Interpretation des Geschehens sehr orthodox: die armen Juden sind gut, die reichen schlecht. Die einen verbünden sich mit den russischen Marxisten, die anderen mit den russischen Reaktionären. Es geht nicht um jüdische Probleme, sondern um Klassenunterschiede; deshalb auch werden in dem Film die Juden von Juden verraten.

Die Hauptrolle spielt Leonid Leonidow, ein bekannter Schauspieler des Moskauer Künstlertheaters, der vor kurzem in einer Produktion von Belgoskino in der Rolle Iwans des Schrecklichen zu sehen war. Hier nun spielte er sowohl den Gouverneur als auch den Rabbi. Der spätere Darsteller des Iwan in dem Film Eisensteins, Nikolai Tscherkassow, ist hier in einer kleinen Clownsrolle zu sehen.

Oksana Bulgakowa

Lekerts Leidensweg wurde zum Sujet eines Stückes des einstigen Bundisten (und politischen Gefangenen) H. Leivick, das er 1927 verfaßte, im Entstehungsjahr des Films SEINE EXZELLENZ. In Leivicks Stück empfängt Hirsch Lekkert in seiner Zelle einen Rabbi, der ihm über von Wahls Absicht berichtet, ihn zu begnadigen, falls er seine Kameraden verrät. Im Film erscheint ebenfalls ein jüdischer Religionsvertreter, der einem reaktionären Flügel angehört. Um dies noch mehr hervorzuheben, spielt der Darsteller Leonidow im Film eine Doppelrolle. Der Film ist außerdem in die Erscheinungsform eines melodramatischen Generationsdramas gebracht: die Adoptivtochter des Rabbi, die unter der Herrschaft des Vaters zu ersticken droht, schließt sich der Untergrundbewegung der jungen Sozialisten an. SEINE EXZELLENZ (zu dem das Buch neben Roschal auch seine Schwester Sofia und seine Frau Vera Strojewa schrieben) verlegt Lekerts Attentat um einige Jahre voraus in die Zeit der Revolution von 1905 und plaziert es in eine nicht näher definierte Stadt. In dem Film wird der 'Bund' nicht erwähnt; Lekert, der den Gouverneur verwundet, als dieser den Zirkus verläßt, wird lediglich als ein 'jüdischer Kämpfer' bezeichnet. Unter solch heiklen Prämissen ist SEINE EXZELLENZ ein erstaunlich manieristischer Film geworden, voll von Einstellungen mit durchgestalteter Bildkomposition, mit prätentiösen literarischen Zwischentiteln, verwickelten Rückblenden und Zirkusszenen, die an an die Leningrader 'Fabrik des Exzentrischen Schauspielers' denken lassen. (Eisensteins *Statschka/Streik* scheint einen großen Einfluß ausgeübt zu haben, obwohl die Mischung aus expressionistischen, theatralisch ausgeleuchteten Interieurs und naturalistischen Außenaufnahmen gerade für Roschal charakteristisch ist.)

1977 erwähnte Roschal in einem Interview mit Eric Goldman, daß SEINE EXZELLENZ damals als ein Appell gegen den Individualismus gedacht war (obwohl im Film die Kameraden dem quasi-Terroristen Lekert sagen: "Sechs Schüsse können eine Revolution auslösen"). Dennoch wird ein größerer Akzent auf den revolutionären Kampf innerhalb des jüdischen Milieus gelegt. Bei der Hervorhebung des jüdischen revolutionären Helden betont der Film sorgfältig die Solidarität zwischen den jüdischen und russischen politischen Gefangenen und zieht einen programmatischen Vergleich zwischen den anständigen jüdischen Arbeitern und feigen jüdischen Reaktionären. (Letztere sind mit einigen unkorrekten politischen Zügen gezeichnet: sie sind nicht nur Großbürger, sondern auch noch 'germanisiert'. Sie verneigen

sich vor dem Porträt Theodor Herzls und sind dennoch mit dem traditionellen orthodoxen Rabbi verbunden). Als die bewaffnete Polizei die Mai-Demonstration überfällt, schneidet Roschal in diese Szene Bilder betender Juden aus einer Synagoge ein. Die Kampflinie ist klar gezogen. Und der Rabbi bestraft nicht nur seine Tochter für die Verbindung mit einem *Goi*, er exkommuniziert die jüdischen Parteimitglieder.

Fast seiner Existenz widersprechend, stellt SEINE EXZELLENZ das russische jüdische Dilemma dar, das unter der Herrschaft der kommunistischen Partei nicht weniger als unter dem Zaren präsent war. Die bourgeoisen Juden befürchteten, für die Unruhen, die ihre proletarischen Glaubensbrüder gestiftet haben, bestraft zu werden: "Wir sind keine Revolutionäre, wir sind Zionisten", und sie schicken eine Delegation an den Gouverneur, um Schutz vor dem zu erwartenden Pogrom zu erbitten. Ihre Befürchtungen bestätigen sich: die friedfertigen jüdischen Oberhäupter werden zur Rechenschaft gezogen, man befiehlt ihnen, die Revolutionäre selbst zu bestrafen, andernfalls müßten sie den Konsequenzen ins Auge sehen. Der Rabbi verspricht: "Das Gesetz Israels wird sie vernichten."

SEINE EXZELLENZ wurde im März 1928 aufgeführt und war orthodox genug, um exportiert zu werden: im September 1929 eröffnete mit ihm das 'Cameo' in New York unter dem Titel *Saat der Freiheit* (14 Jahre später wurde derselbe Titel der neu geschnittenen englisch synchronisierten Fassung des *Panzerkreuzers Potemkin* gegeben, die mit aktuellen Wochenschaupassagen von der Verteidigung Odessas versehen wurde und Eisensteins eigentlichen Film als Rückblende darstellte). Wissend um die bescheidenen Mittel Roschals, lobte 'The Nation' den Filminhalt folgendermaßen: "Sicher wird dieser Film vor einem Arbeiterpublikum auch ohne solch lobenden Agumente wie 'Montage', Kunst, Schauspielerleistung ankommen. Alles dank seiner Geschichte... Der Klassenkampf hat hier nichts Unwahrscheinliches. (...) In *Seeds of Freedom* ist er kalt, brutal, leidvoll." (...)

Jim Hoberman, Bridge of Light. Yiddish Film Between Two Worlds, New York 1991

**Grigori Lwowitsch Roschal**, geb. 21. 10. 1898 in Nowosybkowo, Smolensker Gouvernement, gest. 11. 1. 1983 in Moskau. Arbeitete 1918-1919 im Kommissariat für Volksbildung in der Ukraine und auf der Krim, später in Aserbajdshan und Shelesnowodsk (Kaukasus). 1921-23 Schüler in Meyerholds Regiewerkstätten. Ab 1921 - parallel zum Studium - Leiter der Sektion künstlerischer Kindererziehung, Leiter des Pädagogischen Theaters, Direktor des Zentralen Kindertheaters u.a. Ab 1925 Regisseur der 3. Filmfabrik Goskino in Moskau, arbeitete auch in den Studios Belgoskino, Meshrabpomfilm, WUFKU. Ab 1931 am Mosfilmstudio Moskau, 1947-1954 im Lenfilmstudio, Dozent an der Filmhochschuke WGIK; Staatspreisträger der UdSSR. Filme (u.a.): *Gospoda Skotininy/Die Herren Skotinins* (1926), JEGO PREWOSCHODITELSTWO (1927), *Salamandra/Salamander* (1928), *Dwe shenschtschiny/Zwei Frauen* (1929), *Tschelowek is mesteschka/Der Mann aus dem schtetl* (1931), *Peterburgskaja notsch/Die Petersburger Nacht* (1934), *Sori Parisha/Die Mörgenröte von Paris* (1936), *Semja Oppengejm/Geschwister Oppenheim* (1938), *Delo Artamonowych/Das Werk der Artamonows* (1941), *Akademik Iwan Pawlow/Akademiemitglied I.P.* (1949), *Mussorgski* (1950), *Rimski-Korsakow* (1957), *Sjostry/Die Schwester* (1957), *Wosemnadzaty god/Das Jahr 1918* (1958), *Chmuroje utro/Der trübe Morgen* (1959), *Sud sumasschedschich/Das Gericht der Wahnsinnigen* (1969)

Redaktion und Übersetzung dieses Blattes: Oksana Bulgakowa

## GORISONT / HORIZONT UdSSR 1932

*Produktion: Meshrabpomfilm*
*Viktor Schklowski, G. Munblit, L. Kuleschow*
*Regie: Lew Kuleschow. Buch: Viktor Schklowski*
*Regieassistenz: Alexandra Chochlowa*
*Kamera: K. Kusnezow*
*Bauten: S. Koslowski, D. Tschreks, P. Portone*
*Musik: Dawid Blok*
*Ton: Leonid Obolenski. Geräusche: W. Gladki*
*Tongestaltung, Bearbeitung: Nikolai Osornow*
*Schnitt: K. Skomorowskaja, K. Blinowa*
*Aufnahmeleitung: F. Akimow, N. Alexejew, A. Skworzow, A.*
*Kapustjanski, A. Toppe*
*Darsteller: Nikolai Batalow (Lew Horizont), Jelena Kusmina*
*(Rosi), Michail Doronin (Horizonts Onkel), Michail Doller*
*(Smith), D. Kara Dmitrijew (Uhrmacher), Porfiri Podobed*
*(Dan), Konstantin Chochlow (Fabrikbesitzer), A. Gortschilin*
*(Monja), D. Solz (Clarck), Pjotr Galadshew (Rabbi), Jewge-*
*nija Scheremetjewskaja (das Mädchen), Sergej Komarow*
*(Unteroffiizier) D. Dmitriadi (Guiseppe), Nikolai Akimow*
*(Partisan)*
*Uraufführung: 30.Januar 1933*
*s/w, 2829 m (= 124 Minuten bei 20 B/S), OmÜb*

### Inhalt

Der Odessaer Schuster Lew Horizont träumt von Amerika wie
von einem gelobten Land. Als Jude hat man im zaristischen
Rußland stets in Erwartung eines Pogroms zu leben und vor
jedem Polizisten einen Bückling zu machen. Zur selben Zeit,
da Lew die ersehnte Einladung seines Onkels aus New York
bekommt, wird er zur Armee einberufen: der Erste Weltkrieg
ist ausgebrochen. Er desertiert und erreicht die USA nur unter
großen Schwierigkeiten. Auf Schritt und Tritt erwarten ihn
dort Enttäuschungen. Sein Onkel ist arbeitslos. Er selbst findet
nur eine schlecht bezahlte Arbeit in einer Wurst-Fabrik. Sein
Mädchen Rosi zieht einen Reichen vor. Einen besseren Job
kann er nur finden, wenn er dem Fabrikbesitzer Spitzeldienste
erweist. Ahnungslos verrät er Gewerkschaftsaktivisten, die
verhaftet werden. Als er nach Gerechtigkeit sucht, wird er
eingezogen und nach Rußland geschickt, um "die Bevölkerung vor den Bolschewiki zu schützen". Die amerikanischen
und englischen Interventen sind nicht besser als die Pogromt-
schiki. Horizont läuft zu den Partisanen über. Nach Beendigung des Bürgerkrieges wird er Lokführer.

### Der russische 'Amerikaner' Lew Kuleschow

Lew Kuleschow (1899-1970) ist im kollektiven Gedächtnis
der Filmgeschichte mit zwei recht mysteriösen Allgemein-
plätzen gespeichert: er hätte Filme ohne Zelluloid gedreht und
die Montage erfunden, die seinerzeit in Rußland 'amerikanische Montage' hieß und in den USA die 'russische' genannt
wurde. Die widersprüchlichen Beschreibungen des legendären Montage-Effekts (den keiner außer dem Erfinder und zwei
Helfern nach 1921 bezeugen konnte) regten immer wieder die
Phantasie der Filmtheoretiker an, kilometerweise Papier darüber vollzuschreiben. Dafür blieben etwa 20 Filme, die Kule-

schow 'nebenbei' gedreht hatte, abseits ihrer Aufmerksamkeit. Mit Ausnahme von den beiden vielleicht berühmtesten
unter ihnen, *Die ungewöhnlichen Abenteuer des Mister West
im Land der Bolschewiki* (1924) und *Dura lex* (1926). Dabei
war Kuleschow nicht nur der erste Experimentator, der den
Film im 'Labor' getestet hatte. Er verstand Kino als faszinierende Arbeit einer Gruppe Gleichgesinnter, in der einer
den anderen mit Energie und Erfindergeist ansteckt, und das
Filmemachen als die intensivste und einzig lohnende Form
zu leben. Er selbst schuf eine solche Gruppe um sich. Eine
Werkstatt, 'Fabrik'. Das Ergebnis war verblüffend: die
gleichaltrigen Schüler wuchsen zu schnell heran und drängten alsbald den Maître weit in den Hintergrund. Wsewolod
Pudowkin, Boris Barnet - auch Sergej Eisenstein war
darunter, der hier im Schnellgang einen Montagekurs absol-
viert hatte. Selbst die originäre Entdeckung Kuleschows,
der berühmte, nach ihm benannte Montage-Effekt, wurde
zuerst von Pudowkin formuliert und prompt ihm zugeschrieben. Der großzügige Eleve aber stellte den Fall richtig und
verriet der Weltfilmgeschichte im Namen aller Kuleschow-
Schüler: "Wir machten Filme, Kuleschow schuf die Kine-
matografie." Das von ihm entdeckte neue Kino (und neue
Lebensgefühl) nannte er - ebenso irrtümlich wie Kolumbus
- 'amerikanisch' und stürzte damit Generationen von Film-
historikern ins Unglück, weil sie es ganz wörtlich verstanden
haben wollten. Seitdem haftet ihm der Spitzname 'Amerikaner' an, wie die zur zweiten Haut gewordene Lederjacke,
auch gestützt durch seine Vorliebe für Motorräder, Ralleys
(an denen er teilnahm) und seinen Ford, einem der ersten
Privatautos auf Moskaus Straßen - neben dem Renault von
Wladimir Majakowski. Amerikanismus bedeutete die Begeisterung für Technik, Tempo, Energie, pragmatischen und
- ironischen Verstand. Kuleschow wollte den russischen
langsamen Film reformieren durch Aktion, Dynamik, Exzentrik. Die Bewegung sollte verkürzt und nur in der span-
nendsten Phase gezeigt werden. Das nannte er 'amerikanische Einstellung'. Und wenn das erreicht wäre, könne die
Aneinanderreihung von langen, statischen und tiefen Bildern in eine dynamische Montage von kurzen, flachen,
rhythmischen Einstellungen übergehen. Der Film müsse
voll und ganz auf wirksame Stereotypen bauen: Kriminalin-
trige und Verfolgungsjagd, Masken von Bösewichten und
Vamps, in der Umgebung moderner Attribute: Zug, Flugzeug, Auto, Telephon. Elliptik und Energieeinsparung waren
angesagt. Das System beschränkte sich auf sich selbst und
meinte 'Film pur', Filmtechnik als Zauberkunst. Kuleschow kreierte wie ein Demiurg einen Raum, den es in der
Realität nicht gab, einen perfekten Menschen aus 'Teilen'
verschiedener Aufgenommener, und stellte fest, daß wir
beim Filmsehen die Bedeutung des Gesehenen ständig
selbst produzieren, was die Verbindung zweier unanhängi-
ger Bilder zu einem wunderbaren Montage-Spiel machen
kann. Einer schießt in einem Bild, in einem anderen Bild fällt
der andere um. Der Zuschauer meint: getroffen, auch wenn
der Schuß in Alaska und der Sturz in Jamaica gedreht wurden. Der Mann schaut ins Nichts. Kuleschow tauscht einige
Bilder aus, die danach kommen: ein Kind, ein Sarg, eine

Frau. Der Zuschauer ist geneigt, das Ganze als Rührung, Trauer, Begierde zu deuten. Das ABC des Films ist aufgestellt: der 'Effekt' entdeckt, von dem aus sich unser heutiges Filmverständis so rapid entwickeln konnte. Nun an die Arbeit. Die Arbeit war konkret und sehr demokratisch.

Die Legende unterstellt Kuleschow, er habe eine Gruppe durchgefallener Schauspielschulbewerber genommen, um zu demonstrieren, er könne sie zu genialen Filmleuten ausbilden. Er trainierte sie nach einem eigenen System, um aus ihnen sich perfekt bewegende 'Modelle' zu formen, die imstande seien, jede Emotion so expressiv in der Motorik zum Ausdruck bringen, daß der Zuschauer sie leicht decodiert und davon angesteckt wird.

Energiesparen war gefordert: Keine überflüssigen Bewegungen, kein Mißverständnis zwischen Filmbild und Zuschauer. Filmproduktion ein aufwendiger Akt, müsse sparsam und lakonisch sein. Auch im wirtschaftlichen Sinn: drei Schauspieler, eine Dekoration, kleines Budget, 'lokale Leidenschaft' und - großes Kino: *Dura lex*.

Mit seiner Werkstatt machte er einen der lustigsten Filme der 20er Jahre - über *Mister West*: Ein reicher Amerikaner, dessen Phantasie durch lauter Comics über Menschenfresser in Sowjetrußland gespeist ist, kommt nach Moskau. Eine Gruppe abstruser Ganoven durchschaut ihn und inszeniert für ihn das erwartete Bild der roten Barbarei. Am Ende befreien den ausgeplünderten und eingeschüchterten Mr.West 'eiserne' Kommissare, die Agit-Comics entsprungen scheinen. Das Spiel hört nicht auf. *Mr.West* von Kuleschow war mosaikartig und parodistisch. Eine Richtung, die aus dem pathetischen, 'totalen' Kino der Russen herausfiel. Vielleicht wurden seine Filme deshalb nicht so berühmt wie die seiner Schüler. Zu verspielt einerseits, zu intim andererseits. Kein mainstream. Dafür bekam er Prügel - regelmäßig, und zwar seit Mitte der 20er Jahre. Ende der 20er Jahre lief eine Kampagne gegen Kuleschows 'bürgerlichen Kitsch, Amerikanismus und Formalismus'. Paradoxerweise sollte sein erster Tonfilm gnadenlos Amerika entlarven. Ohne jede Ironie. Die agitatorische Diktion des Films ist nicht zu überhören, doch seine lakonische visuelle Erzählweise nicht zu übersehen.

Oksana Bulgakowa in: Moskau-Berlin, Nr. 1, Berlin 1990

## Zur Entstehung des Films

1930 wurden den sowjetischen Filmschaffenden von der Partei die Aufgabe gestellt, "die Ideen internationaler proletarischer Solidarität künstlerisch zu propagieren" und "systematisch die Schrecken der modernen kapitalistischen Gesellschaft zu entlarven". 1931-1934 sind zahlreiche Filme zur gewünschten Problematik entstanden, besonders viele wurden im Meshrapomstudio produziert (einer Aktiengesellschaft, die übersetzt 'Internationale Arbeiterhilfe' hieß und in Kooperation mit 'Prometheus' arbeitete). 1932-33 drehte Wladimir Petrow hier *Beglez/Der Flüchtling*, Ilja Trauberg *Dlja was najdjotsja rabota/Für sie findet sich Arbeit*, Wsewolod Pudowkin *Desertir/ Deserteur*, Maria Barskaja *Rwanyje baschmaki/Zerrissene Stiefel* und Juri Sheljabushski *Prosperiti/Prosperity*.

Die Arbeit an HORIZONT begann im Sommer 1931. Kuleschow plante zwei Fasssungen parallel zu drehen: eine russische und eine deutsche (mit anderen Schauspielern), die dann von der 'Prometheus' in den Verleih übernommen werden sollte. Für die deutsche Fassung wurden die Schauspieler aus Piscators Truppe engagiert, der in dieser Zeit ebenfalls in Odessa *Wosstanije rybakow/Aufstand der Fischer* drehte. Im Kuleschow-Archiv Moskau ist die deutsche Fassung des Drehbuchs erhalten. In einem Brief erwähnt Kuleschow

sogar, daß außerdem eine jiddische Fassung des Films geplant war. Doch Anfang 1932 nahm er davon Abstand. Auch die deutsche Fassung wurde nicht beendet. Die Filmarbeit zog sich in die Länge. Das war Kuleschows erste Arbeit im Tonfilm. Die Sorgfalt, mit der dieser Regisseur immer gearbeitet hat, und sein Kampf gegen die schlechte Qualität der Tontechnik zogen die Drehperiode ungewönlich in die Länge. Der Film wurde erst im November 1932 fertig.

Das Drehbuch schrieb Viktor Schklowski, der Co-Autor von Kuleschows berühmtesten Stummfilm *Po sakonu/Dura lex*. Schklowski, ein brillanter Literatur- und Filmtheoretiker, erfolgreicher Szenarist, arbeitete bereits an einem jüdischen Thema zusammen mit Wladimir Majakowski und Abraam Room für einem episch angelegten Dokumentarfilm *Jewreji na semle/Juden auf Erde* über die neu geschaffenen jüdischen Siedlungen auf der Krim.

In HORIZONT treten ehemalige Schüler aus Kuleschows Werkstatt auf: Pjotr Galadshew, Porfiri Podobed, Sergej Komarow. Die Hauptrolle übernahm Nikolai Batalow aus dem Moskauer Künstlertheater, der Protagonist aus Pudowkins *Matj/Mutter* (1926) und Nikolai Ekks *Putjowka w shisn/Der Weg ins Leben* (1931). Seine Partnerin spielte Jelena Kusmina aus der Fabrik des exzentrischen Schauspielers FEKS. Die Schauspieler verschiedener Schulen sind hier der strengen Hand Kuleschows unterworfen. In den Erinnerungen '50 Jahre beim Film' beschreiben Kuleschow und Chochlowa, zurückdenkend an HORIZONT, hauptsächlich ihre Qualen mit der Tonapparatur und ihre Experimente mit dem Tonfilm, um mit diesem neuen Element jene Authentizität und Ausdrucksstärke zu erlangen, die Kuleschow bei der Arbeit mit Bild, Montage und Bewegung im Stummfilm erreicht hatte. Aufnahmetechniken, Geräuscherzeugung, Tonperspektiven wurden experimentell erprobt. Tonmeister war ein Schüler aus der Werkstatt, der Schauspieler und spätere Regisser Lew Obolenski.

Diese konkrete experimentelle Arbeit beschäftigte Kuleschow mehr als die Auseinandersetzung mit der jüdischen Thematik. In seiner Interpretation ist der Film sehr orthodox: Lew geht es im zaristischen Rußland und im kapitalistischen Amerika so schlecht, und zwar nicht, weil er Jude, sondern: weil er arm ist. Die Unterdrückung ist nicht national gefärbt. Auch das spezifisch jüdische (des Odessaer Milieus z.B. oder der jüdischen Viertel von New York) interessierte Kuleschow wenig.

Oksana Bulgakowa

## Bild und Ton

Das Bild in den Drehbüchern zu beschreiben war einfach, doch wie beschreibt man den Ton? Erstens, wird seine Beschreibung zweifelsohne weitschweifig ausfallen, zweitens: wie kann man die Stellen, an denen der Ton ansetzt und endet, kennzeichnen, wie zeichnet man die Momente seiner Anschwellung und Abschwächung? Wenn man das alles aufschreibt, wird das Drehbuch kaum verständlich, zu lang, zu verwickelt.

Im Film stimmen Bilder und Töne weder in der Länge noch in der Alternation oder an den Schnittstellen überein. Um ihre Verbindungen deutlich zu machen, haben wir uns eine neue Form des Drehbuchschreibens ausgedacht. Die Seite wurde vertikal zweigeteilt. Links wurde die Handlung, rechts der Ton beschrieben. Jede Einstellung wurde von der nächsten durch einen horizontalen Strich abgetrennt. Falls der Ton zusammen mit dem Bild endete, war es eine gemeinsame Linie. Wenn die Toneinstellung länger war, wurde es durch einen versetzten Strich gekennzeichnet. Den Ton haben wir grafisch dargestellt - als Gerade, Zickzacklinie usw. Durch die Linienstärke wurde die Tonstärke gekennzeichnet. Mit farbigen Strichen haben wir die Parallelität mehrerer Geräusche, Töne angedeutet.

Nach einem solchen grafischen Tondrehbuch zu arbeiten war sehr praktisch.

Wir wollten einen Tonfilm machen. Film und kein Theater, das heißt, wir wollten nicht verlieren, was der Stummfilm an Expressivität bereits erreicht hatte. Wir wollten den Ton nicht als Illustration benutzen (etwa "Der Stummfilm beginnt zu sprechen"), sondern aus dem Zusammenprall des Bildes mit dem Ton eine neue Qualität gewinnen. Wir wollten nicht nur einen sprechenden Schauspieler abfilmen, sondern die Vielfalt der Geräusche, der realen Töne wiedergeben, in ihnen die Expressivität entdecken und eine metaphorische Kontrapunktik aufbauen.

Denn viele waren nur um die Qualität der Replikenwiedergabe besorgt und vergaßen die Geräusche, ihre Montage, Musik usw. Man drehte sprechende und singende Filme. Wir dagegen wollten einen prinzipiell tönenden Film machen. Wir montierten den Film rhythmisch, ausgehend von Bild *und* Ton. So wurde der Vorspann gemacht, die Einstellungen mit den singenden und marschierenden Soldaten, Pogromszenen u.a. Wir wollten in all diesen Episoden eine authentische Tonatmosphäre erreichen. Wir drehten draußen, hatten keine Angst vor den Originalgeräuschen, versuchten, eine Perspektive, eine Tiefe im Ton zu erreichen. Die Musik wurde nicht als Illustration eingesetzt, sondern durch eine Quelle im Bild motiviert. HORIZONT wurde auf eine Reihe musikalischer Themen gebaut, die immer wiederkehrten. Wir machten eine interessante Beobachtung: Wenn sie auf einen Springbrunnen schauen, auf die im Wind wehende Fahne oder auf Lichtwechsel usw. und in dieser Zeit Musik hören, dann fallen die Bewegungen der Wasserstrahlen, der Fahne und der Lichtschwankungen mit der Melodie zusammen - nicht nur rhymtmisch, auch grafisch, wenn man die Melodieentwicklung als eine Linie darstellt.

Lew Kuleschow, Alexandra Chochlowa. In: 50 let w kino/ 50 Jahre beim Film, Moskau, Verlag Iskusstwo 1975

**Aus dem Tagebuch Lew Kuleschow:**
9. September
Odessa. Die Vorbereitung ist beendet. Gestern kamen die Hauptdarsteller. Der Spiegel wurde mit großer Verspätung gebracht. Beide Darsteller des Horizont kamen unrasiert an den Drehort. Petschenzow fand irgendwo ein Rasiermesser und hat sie rasiert. Alle - außer Doller - schliefen noch um 7 Uhr morgens und waren nicht fertig. Das Wetter war hoffnungslos schlecht.

10.9.
Das Wetter ist grau. Wie vergossene Milch - und das einen halben Tag lang. Wir drehten, was wir konnten. Ein Schauspieler bekam Stiefel Größe 38 anstatt 42. Gedreht wurden 12 Bilder à 3 Takes.

12.9.
Wir haben immer noch keinen ständigen deutschen Fachberater. Ohne ihn und ohne das tägliche Eintrainieren des Textes werden wir eine Pleite erleben.

16.9.
Erhielten ein Telegramm von Babizki, daß Doller zu Piscator wechseln müsse. Alle sind aufgebracht. Eine Produktionsberatung. Haben beschlossen, Piscator zu helfen, Doller jedoch zu behalten. Sandten ein Telegramm an das Studio. Sind müde von den vielen Unannehmlichkeiten. Schlafen wenig.

Eine furchtbare Hektik bei der Organisation, da Batalow uns alle Pläne durcheinandergebracht hat.

18.9.
Die Odessaer Schauspieler streiken. Verlangen Geld - oder sie legen die Arbeit nieder. Wir haben sie umgestimmt.

21.9.
Stellen einen Plan für Piscator auf.

3.10.
Morgens drehen wir Batalow ab. Dann fahren wir zu Piscator, um ihm bei der Organisation der Dreharbeiten zu helfen. Bei ihm im Atelier ist nichts gemacht worden, es sind einfach keine Arbeiter da.

4.10.
Piscator drehte nur ein einziges Bild, brauchte dafür die ganze Nacht und 600 Meter.

7.10.
Haben einen neuen Drehplan erarbeitet, da bei uns Piscators Leute für die deutsche Fassung von HORIZONT drehen.

8.10.
Drehen ab 11 Uhr morgens Horizonts Flucht von Horiont. Machten 4 Bilder à drei Takes. Tscherkes kam, um das Atelier einzurichten, doch verlor einen ganzen Tag, da Piscators Truppe das Atelier nicht geräumt hatte. Wir bekamen von ihnen die Schlüssel zu den Ateliers erst um 4 Uhr, wenn der Arbeitstag im Studio zu Ende ist.

Kuleschow-Archiv

**Lew Wladimirowitsch Kuleschow**, geb. am 13. Januar 1899 in Tambow, gest. am 29. März 1970 in Moskau. Begann 1916 beim Film als Ausstatter und Regieassistent, arbeitete vornehmlich bei Jewgeni Bauer. 1918 Leiter einer Gruppe von Frontkameramännern. Begann 1919 an der Staatlichen Filmschule zu arbeiten, verließ alsbald die Schule, zusammen mit einer Gruppe seiner Zöglinge, die die Kuleschow-Werkstatt bilden: Pudowkin, Barnet, Komarow, Obolenski, Podobed, Vogel, Chochlowa u.a. Experimente mit der Filmmontage und Ausarbeitung eine speziellen Trainingssystems für die Filmdarsteller. Seit 1939 Professor an der Filmhochschule WGIK.
Filme: *Projekt inshenera Prajata/Das Projekt des Ingenieurs Preit* (1918), *Na krasnom fronte/An der Roten Front, Neobytschajnyje prikljutschenija mistera Westa w strane bolschewikow/Die ungewöhnlichen Abenteuer Mr. West im Land der Bolschewiki* (1924), *Lutsch smerti/Strahl des Todes* (1925), *Po sakonu/Dura lex* (1926), *Shurnalistka/Die Journalistin* (1927), *Wesjolja kanarejka/Der luistige Kanarienvögel* (1929), *Dwa-Buldi-dwa/Zwei-Buldi-zwei (zusammen mit Nina Agadshanowa)*, GORISONT / HORIZONT(1932),*Weliki uteschitel/Der großer Tröster* (1933), *Sibirjaki/Die Sibirier* (1940), *Kljatwa Timura/Der Schwur Timurs* (1941), *My s urala/Wir von Ural*(1943, zusammen mit A.Chochlowa).

Herausgeber: Freunde der Deutschen Kinemathek. Druck: graficpress. Redaktion und Übersetzung dieses Blattes: Oksana Bulgakowa

## ROUTES OF EXILE - A MOROCCAN JEWISH ODYSSEY / L'ODYSSEE DES JUIFS DU MAROC
Kanada 1982

*Regie, Produzent: Eugene Rosow*
*Buch: Linda Post*
*Kamera: Armand Marco, Affonso Beato, Jeri Sopanen*
*Schnitt: Eugene Rosow, Anne Stein*
*Sprecher: Paul Frees*
*Koproduzenten: Howard Dratch, Vivian Kleinman*
*16mm, Farbe, 90 Minuten*

### Inhalt

Können Juden und Araber des Mittleren Ostens miteinander in Frieden leben? Können sephardische und aschkenasische Juden in Israel friedlich miteinander auskommen? Zum ersten Mal erforscht ein Film diese problematischen Fragen und zeichnet dabei behutsam die Geschichte der marokkanischen Juden nach.

In einer Zusammenstellung seltener Archivaufnahmen und Interviews mit Zeitgenossen, Bildern spezieller Feste und lebhafter Musik beschreibt der Film ROUTES OF EXILE die uralte Abkunft der marokkanischen Juden: die faszinierenden Verbindungslinien zu den Berbern, das berühmte spanische Erbe und die lange Koexistenz mit Arabern in einem moslemischen Land. ROUTES OF EXILE untersucht auch die Auswirkungen, die der Kolonialismus auf die arabisch-jüdischen Beziehungen hatte, verfolgt den Exodus der Marokkaner nach Europa, in die Neue Welt und nach Israel, wo Juden marokkanischer Herkunft einen schweren Kampf um gesellschaftliche Gleichheit ausfechten. Ihre Geschichte ist von zentraler Bedeutung, um einen Einblick in die Zukunft Israels zu erlangen. In vier Ländern gedreht, zeichnet ROUTES OF EXILE das intensive Bild einer Odyssee, deren Ende noch nicht abzusehen ist.

Produktionsmitteilung

### Bitte um Verständigung

Sein neuer Film ROUTES OF EXILE, so hofft Produzent und Regisseur Eugene Rosow, wird auf die jüdisch-arabischen Beziehungen neues Licht werfen und zu gleicher Zeit die Verständigung zwischen Aschkenasim und Sephardim in Israel fördern. (...)

Die Juden Marokkos haben schon immer unter Arabern gelebt, führt Rosow aus, und sich in der hohen Kunst der Anpassung geübt: "(...)Wir hofften, auf die gemeinsame Grundlage dieser Koexistenz zu stoßen, die als Basis eines zukünftigen Friedens dienen könnte", erklärt Rosow. "Ein marokkanischer jüdischer Intellektueller in Paris hat es folgendermaßen ausgedrückt: 'Wir haben Jahrhunderte unter Arabern gelebt: wir haben auch ein Wort mitzureden.'"

Dies trifft gleichermaßen auf die Spannungen innerhalb Israels zu. Die marokkanischen Juden sind die größte ethnische Gruppe in der sephardischen Mehrheit der israelischen Bevölkerung. "Abgesehen von gewissen Stereotypen sind sie vielen aschkenasischen Juden eigentlich völlig fremd", erklärt Rosow. Diese Lage wird um so schwieriger werden, je mehr die israelische Gesellschaft sowohl von ihrer Bevölkerungszusammensetzung als auch von ihrer kulturellen Ausrichtung her sephardisch geprägt wird.

Daher erwartet Rosow, daß sein Film über einen längeren Zeitraum aktuell bleiben wird. "Wir planten einen Film, der nicht nur journalistisch sein sollte - heute aktuell, morgen überholt - sondern der vielmehr von zunehmendem Interesse werden soll, je genauer und näher die Beziehungen zwischen Sephardim und Aschkenasim in den kommenden Jahren betrachtet werden", kommentiert Rosow.

Auch die amerikanischen Juden sollten nach Rosows Meinung Israel genauer betrachten. "Es ist schön und gut, in der 'Israel Day Parade' mitzulaufen, hebräisch zu lernen und die Vorstellung über Israel als eines Pionierstaates zu nähren; aber die amerikanischen Juden müssen auch einen Vorstellung davon entwickeln, welche Gesellschaft Israel heute wirklich ist." Nach Rosows Auffassung muß jedes echte Verständnis der Entwicklung Israels mit dem Bemühen beginnen, die Vergangenheit zu verstehen. (...)

Long Island Jewish World, 13.-19. Mai 1983

### Reise in die Vergangenheit

(...) Altes Wochenschau-Material und Filmausschnitte führen den Zuschauer in die *mellah*, die Bilder fangen Atmosphäre ein, die Geschäftigkeit des Marktplatzes, die Versenkung der Rabbiner und die begeisterte Menschenmenge. Der Film zeigt die Konflikte, die durch das Leben inmitten mindestens dreier Kulturen entstanden und die sich zuspitzten, als 1862 die 'Alliance Israélite Universelle' gegründet wurde, die den europäischen Einfluß zwar verstärkte, aber auch eine weitere Identitätskrise für die Juden schuf. Das Trauma dauerte an, mit der Staatsgründung Israels wurde es dorthin verpflanzt und manifestierte sich nochmals, Jahre später, nach der Unabhängigkeit Marokkos; dies Trauma bildet das Zentrum des Films, der eine neue Perspektive auf die Wurzeln des ethnischen Probleme des heutigen Israels bietet, dessen Bevölkerung zu 40 Prozent marokkanischer Abstammung ist, von denen jedoch nur zehn Prozent die Universität besuchen.

Der Zuschauer sieht jüngere, oft militante Israelis, die um Gleichberechtigung im israelischen Staat kämpfen; die sich laut und heftig äußernden Mitglieder der israelischen 'Black Panther Partei', die offen ihre Verachtung ihres 'Zweite Klasse'-Status bekunden. Was sie zu sagen haben, ist unangenehm, aber wichtig: ihre unzensierten Gedanken sind die Wahrheit über das 'Zweite Israel', über jene hohen Zahlen wirtschaftlich benachteiligter Juden, die vom zionistischen Traum ausgeschlossen blieben und nun den Grund dafür wissen wollen.

Denn heute, so drückt es ein marokkanischer Israeli aus, ist die "Pflege der Volkskunst ein Akt des Protests". Junge Juden marokkanischer Abstammung, die sich nicht in die vorherrschende aschkenasische Kultur einpassen können oder wollen, entdecken ihr religiöses und künstlerisches Erbe als eine Möglichkeit, ihrem komplexen, schwierigen

Leben Ausdruck und Bedeutung zu verleihen. (...) Ein weiterer Aspekt des Lebens marokkanischer Juden heute, den der Film ROUTES OF EXILE hervorhebt, ist das Bestreben jener nach Frankreich und Kanada emigrierten Juden, die sie bedrohende Assimilation zu bekämpfen: die in Frankreich lebenden marokkanischen Juden sind wesentlich besser ausgebildet und wirtschaftlich gesicherter als ihre Landsleute in Israel; sie gelangen in hohe berufliche Stellungen, aber sehen sich heute der Gefahr gegenüber, die Verbindung zu ihrer Tradition zu verlieren. Der Film verfolgt, wie die von ihren Wurzeln abgetrennte jüdische Gemeinschaft einen Lebensstil sucht, in dem religiöse Riten und Bräuche mit den Anforderungen der modernen Welt vereint werden können.

The Film Reporter, Mai 1983

## Die Geschichte der Juden in Marokko

(...) Die Anfänge jüdischer Siedlungen im Atlas-Gebirge sind hinter dem dichten Schleier von Mythen und Legenden verborgen. Der große arabische Historiograph des 14. Jahrhunderts, Ibn Khaldun, weiß von einer Anzahl bedeutender Berberstämme zu berichten, die vor der arabischen Eroberung des Landes zum Judentum übertraten. Eher judaisierte Berber als von der Berber-Kultur geprägte Juden, lebte diese Gemeinde in Städten und Dörfern, gelegentlich in nur einzelne Familien verstreut. Auch nach der nicht ohne langwierigen Widerstand erfolgten Islamisierung der Berber unterstanden die Juden dieser Region weitgehend nicht dem islamischen Gesetz der *dimma*, d.h. sie galten nicht als schutzbedürftige, tributpflichtige Untertanen. (...) Als Kleinhändler und Handwerker, Gerber, Sattler, Schuster und Weber fristeten sie ein eher einfaches Leben. Bemerkenswerterweise entsprach es durchaus den Sitten der jüdischen wie auch islamischen Berber, daß Frauen und Mädchen arbeiteten: unverschleiert und nicht auf den häuslichen Bereich beschränkt, besorgten sie nicht allein die traditionell weibliche Hausarbeit und eine bescheidene agrikulturelle Selbstversorgung, sondern waren als Weberinnen und Stickerinnen tätig. Eine auch nur elementare Schulbildung kam für sie nicht in Betracht, sondern war den Söhnen der Familie vorbehalten. (...) Bis in das hohe Mittelalter gab es bedeutende geistige und religiöse Zentren in Oasen und städtischen Siedlungen des Atlas-Gebirges, aus denen namhafte Gelehrte, auch Ärzte, Mathematiker und Philosophen hervorgingen, die nicht selten sozusagen einen 'Ruf' an Lehrhäuser in den großen Städten des Landes, aber auch in das maurische bzw. christliche Spanien erhielten. So blieben selbst die entlegensten Gemeinden dieser Region ununterbrochen mit den anderen Regionen des Landes, Europas und selbst des fernen Babylonien in Verbindung. Kriegerische Auseinandersetzungen zwischen rivalisierenden Berberstämmen, in deren Folge es zu Vertreibungen und auch Pogromen an der jüdischen Bevölkerung kam, nicht zuletzt die häufigen Dürren und Hungersnöte führten allerdings dazu, daß ganze Gemeinden erloschen bzw. Dörfer verlassen wurden und ihre Einwohner in die nächstgelegenen Siedlungen zogen oder in die Großstädte im Inneren des Landes wie Marrakesch, Meknes, Fez, oder an der Küste, nach Casablanca, wo sie beinahe ausnahmslos in den ohnehin übervölkerten 'Mellahs', den obligatorischen Judenvierteln, in äußerster Armut existierten und überdies nicht selten auf Ressentiments und Ablehnung der dort seit Generationen Ansässigen stießen. (...) Die Blütezeit des marokkanischen Judentums lag im 11. und in der ersten Hälfte des 12. Jahrhunderts, und die Hauptstadt Fez mit ihren zahlreichen Lehrstätten schickte sich an, dem Zentrum des maurisch-jüdischen Spanien, Córdoba, den Rang streitig zu machen. Mit dem Beginn der Almohaden-Herrschaft verschlechterte sich die Lage der Juden in Spanien und Marokko gleichermaßen: vor Pogromen und Zwangsislamisierung flohen viele nach Osten, nach Ägypten oder Palästina oder in die von der Reconquista eroberten Territorien, nach Katalonien oder Mallorca. (...)

Eine drastische Verschärfung der ohnehin schwierigen Lage ergab sich nach den zwei großen Einwanderungswellen aus Spanien 1391 und 1492: während die führenden intellektuellen Kapazitäten und religiösen Autoritäten, nicht zuletzt auch die ökonomisch bedeutende Oberschicht vor allem im Osmanischen Reich günstige Aufnahme fanden, suchte die Masse der weniger gebildeten und wirtschaftlich verarmten Juden in Marokko Zuflucht, wo sie seitens der islamischen Herrscher prinzipiell unerwünscht waren und bei den in ihrer Existenz bedrängten Gemeinden auf kaum verhohlene Ablehung oder gar offene Feindschaft stießen.

(...) 1438 wurde in Fez den Juden ein gesondertes, obligatorisches Viertel zugewiesen, die *mellah*, welche Bestimmung sukzessive in allen Städten des Königreichs durchgesetzt wurde und praktisch bis zur Eroberung durch die französische Kolonialmacht bzw. die Einführung der französischen Gesetzgebung 1912 verbindlich gültig war.

Wenngleich die Errichtung der *mellah* eine deutliche Zäsur im Leben der marokkanischen Judenheit darstellte und eine nicht unbeträchtliche Einschränkung ihrer beruflichen Tätigkeit bedeutete (...), so entsprachen die Judenviertel durchaus nicht den Ghetti im christlichen Europa, die von Anfang an knapp bemessen und ungünstig gelegen waren: die 'Mellah' war zunächst ein sozusagen 'normaler' Stadtbezirk, in dem die Bourgeoisie großzügig angelegte und prächtig ausgestattete Häuser errichtete und auch die weniger wohlhabende Bevölkerung unter räumlich zumindest erträglichen Bedingungen leben konnte. Erst mit dem im 18. Jh. einsetzenden und im Lauf der Zeit sich verstärkenden Zuzug verarmter und ihrer Existenzgrundlage beraubter Juden aus Dörfern und Siedlungen des Atlas bzw. aus dem Innern des Landes wurden die 'Mellahs' zu hoffnungslos überfüllten Slums, in denen materielles Elend, Krankheiten und allgemeine Rückständigkeit herrschten.

Hier setzte die Tätigkeit der 'Alliance Israélite Universelle' ein, die sich nicht auf pädagogisch-kulturelle Erneuerung beschränkte, sondern auch medizinische Versorgung und berufliche Umstrukturierung umfaßte. Bis Mitte dieses Jahrhunderts sollte die Organisation gleichsam eine Monopolstellung hinsichtlich der materiellen und kulturell-intellektuellen Betreuung der marokkanischen Juden einnehmen. Mit der Ausrufung des Staates Israel im Jahre 1948 einerseits und der staatlichen Souveränität Marokkos 1956 andererseits eröffneten sich völlig neue Perspektiven. Während noch im Laufe des Jahres 1948 Angehörige des Mittelstandes und des städtischen Proletariats nach Israel emigrierten, suchte die künstlerische Elite und wissenschaftliche Intelligenz sich in Frankreich bzw. im frankophonen Teil Kanadas zu integrieren. Wenngleich die marokkanische Regierung eine vergleichsweise gemäßigte Einstellung gegenüber dem Staat Israel bewies, kam es anläßlich der Kriege von 1956, 1967 und 1973 zu antijüdischen Ausschreitungen bzw. anti-israelischen Demonstrationen, die wiederum viele Juden veranlaßten, das Land zu verlassen. Heute leben noch etwa 35.000 Juden zumeist in den Großstädten - und die 'Alliance Israélite Universelle' setzt ihre Arbeit in 31 Schulen und Ausbildungsstätten fort.

Katalog der Ausstellung 'Jüdische Lebenswelten', Berlin 1992

Herausgeber: Freunde der Deutschen Kinemathek. Druck: graficpress

## AU REVOIR LES ENFANTS Frankreich 1987
Auf Wiedersehen, Kinder

*Produktion: N.E.F. Filmproduktion GmbH, Stella Film GmbH,*
*Nouvelles Editions de Films S.A., M.K. 2 Productions*
*Regie, Buch: Louis Malle*
*Kamera: Renato Berta*
*Musik: Franz Schubert (Moment Musical Nr. 2); Camille*
*Saint-Saëns (Rondo Capricioso)*
*Ausstattung: Willy Holt*
*Kostüme: Corinne Jorry*
*Maske und Frisuren: Susan Robertson*
*Script: France La Chapelle*
*Besetzung: Jeanne Biras, Iris Carrière, Sylvie Meyer*
*Ton: Jean-Claude Laureux*
*Mischung: Claude Villand, Bernard Leroux*
*Schnitt: Emmanuelle Castro*
*Regieassistenz: Yann Gilbert, Partick Cartoux*
*Kameraassistenz: Jean-Paul Toraille, Jean-Marie Fadier,*
*Tonassistenz: Jean-Pierre Duret*
*Schnittassistenz: Marie France Poulizac*
*Standphotos: Jeanne-Louise Bulliard*
*Aufnahmeleitung: Jean-Yves Asselin*
*Produktionsleitung: Gerald Molto*
*Darsteller: Gaspard Manesse (Julien), Raphael Fejtö (Bon-*
*net), Francine Racette (Madame Quentin), Stanislas Carre De*
*Malberg (François Quentin), Philippe Morier-Genoud (Pater*
*Jean), François Berleand (Pater Michel), François Negret*
*(Joseph), Peter Fitz (Müller), Pascal Rivet (Boulanger), Be-*
*noit Henriet (Ciron), Richard Leboef (Sagard), Xavier Le-*
*grand (Babinot), Arnaud Henriet (Negus), Jean-Sebastian*
*Chauvin (Laviron), Luc Etienne (Moreau), Daniel Edinger*
*(Tinchaut), Marcel Bellot (Guiborg), Ami Flammer (Florent),*
*Irene Jacob (Mademoiselle Davenne), Jean-Paul Dubarry*
*(Pater Hippolyte), Jacqueline Staup (Krankenschwester),*
*Jacqueline Paris (Madame Perrin), René Bouloc, Alain Cle-*
*ment, Michael Rottstock, Detlef Gericke, Michael Becker,*
*Thomas Friedl, Christian Sohn, Michel Ginot, Philippe Des-*
*paux*
*Uraufführung: 5. November 1987, Venedig*
*Farbe, 100 Minuten, OmU*

### Inhalt

Im Winter 1944, in einem katholischen Internat vor den Toren
von Paris, findet der elfjährige Julien bei der Rückkehr aus den
Ferien drei neue Mitschüler vor. Einer von ihnen, Bonnet, hat
es ihm besonders angetan. Dessen geheimnisvolle, fremde Art
reizt seine Neugier, und so läßt er nicht locker, bis er hinter
Bonnets Geheimnis kommt: er ist Jude, und sein Name ist in
Wirklichkeit nicht Bonnet.
Eine vorsichtige, behutsame Freundschaft beginnt. Doch eines
Tages dringt die Realität von Krieg und Besatzung auch in die
kleine, von den Patres beschützte Welt der Schule ein. Bonnet,
zwei weitere jüdische Kinder und der Schulleiter werden von
der Gestapo abgeholt. Sie kehren niemals zurück.

Produktionsmitteilung

### Zur Entstehung des Films

Ende September treffen wir Louis Malle auf der Suche nach
Gesichtern aus seinen Kindheitserinnerungen: Winter 1943/
44, eine Schule, die Kälte, der Krieg... Er zieht ein Heft aus
der Tasche mit vergilbten Photos von mageren Jugendlichen, von Schülern mit kurzen Hosen, Holzpantinen und
verstrubbelten Haaren, doch die Gesichtszüge sind unscharf,
geprägt von der Zeit.
Da wir mehr darüber wissen müssen, erzählt er uns von sich
als Elfjährigem, von seiner Neugierde, von seiner Lektüre,
von seiner Vorliebe für Neues und von seiner Familie. Er
erzählt uns auch von Bonnet, dem undurchdringlichen,
überdurchschnittlich begabten Jungen. Diese Gespräche haben uns dazu gebracht, nicht nach der Ähnlichkeit heute ver-
gilbter Gesichtszüge zu suchen, sondern nach der Ähnlichkeit der Identität; nach der Lebendigkeit, dem Wissensdurst
von Julien und nach der Zurückgezogenheit, dem Bewußtsein der drohenden Vernichtung von Bonnet.
Nachdem diese Grundlinien festgelegt waren, benötigten
wir drei Monate für unsere Suche mittels Anzeigen in
Zeitungen, Radio und Fernsehen. Wir suchten auch einfach
auf der Straße, vor den Ausgängen der Gymnasien, immer
mit der Kamera auf der Schulter, selbst mitten in den
Demonstrationen im Dezember 1986.
Nachdem wir wochenlang vor den Schulausgängen gelauert
hatten und Unmengen von Videos gedreht hatten, haben wir
schließlich Gaspard getroffen und dann auch, viel später,
Raphael. Und zu unserer großen Überraschung mußten wir
dann feststellen, daß beide in der fünften Klasse desselben
Gymnasiums waren! (...) Während der Dreharbeiten in Pro-
vins kam eines Tages während des Essens eine ältere Dame
mit einem durchscheinenden und schmerzerfüllten Blick auf
uns zu und stellte sich verwirrt vor: bewegt erfahren wir, daß
sie die ältere Schwester von 'Bonnet' ist, und daß sie ihren
Bruder zum letzten Mal im Winter 1943 gesehen hat. Sie ist
die einzige Überlebende der Familie. Sie kommt zu diesen
Dreharbeiten wie zu einem Wallfahrtsort. (...)

Jeanne Biras, Iris Carrière, Sylvie Meyer

### Louis Malle über seinen Film

AU REVOIR LES ENFANTS basiert auf einer Erinnerung
aus meiner Kindheit, die sich mir als die am meisten dramatische eingeprägt hat. Im Jahre 1944 war ich elf Jahre alt und
Schüler eines katholischen Internats in der Nähe von Fontainebleau. Einer meiner Mitschüler, der erst zu Beginn des
Jahres neu dazugekommen war, machte mich ganz besonders neugierig. Er war anders, irgendwie geheimnisvoll. Ich
hatte gerade begonnen, ihn kennzulernen, ihn gern zu haben,
als eines Morgens unsere kleine Welt zusammenbrach.
Dieser Morgen im Januar 1944 hat vielleicht über meine
Berufung zu Filmemacher (cinéaste) entschieden. Er ist
mein Treuebekenntnis, mein Bezugspunkt. Ich hätte daraus
das Thema meines ersten Films machen müssen, doch ich
habe gezögert und abgewartet. Zeit ist vergangen, meine
Erinnerung ist deutlicher geworden, gegenwärtiger. Im letzten Jahr, nach genau zehn Jahren in den Vereinigten Staaten,
habe ich dann gefühlt, daß der richtige Augenblick gekom-

men war und so habe ich das Drehbuch zu AU REVOIR LES ENFANTS geschrieben. Die Phantasie hat die Erinnerung wie ein Sprungbrett benutzt, ich habe die Vergangenheit wiedererfunden, jenseits einer historischen Rekonstruktion, auf der Suche nach einer schmerzlichen und gleichzeitig zeitlosen Wahrheit.

Durch den Blick dieses kleinen Jungen, der mir ähnlich ist, habe ich versucht, diese erste, stärkste und abrupt zerstörte Freundschaft wiederzufinden, und die Entdeckung der absurden Welt der Erwachsenen mit ihrer Gewalt und ihren Vorurteilen. 1944 ist fern, doch ich weiß, daß ein Jugendlicher von heute meine Gefühle teilen kann. Ungerechtigkeit und Rassismus sind nicht verschwunden.

Produktionsmitteilung

## Rückblicke, Blicke, Augenblicke

Alles fügt sich, alles sammelt sich. Am Ende. Die Geschichten enden nicht, sie kommen zu sich. Schweigen, Ruhe, Innehalten. Der Blick verrät nichts mehr, er ist verstummt, wehrlos geworden. Die vom Blitzlicht geblendete Brigitte Bardot stürzt in *Vie privée* vom Hausdach. Der in *Le Feu Follet* zum Selbstmord entschlossene Maurice Ronet hält sich den Revolver an die Wange. Susan Sarandon und *Pretty Baby* Brooke Shields werden auf dem Bahnsteig noch einmal photographiert. Und Lucien Lacombes Gesicht schaut uns entgegen. Letzte Bilder, Abschiede von einem Leben. Louis Malles Geschichten treiben auf ihr Ende zu, sie erfüllen sich. Man hat es geahnt.

Eine Ahnung bestätigt sich, eine Vermutung wird wahr. Wenn AU REVOIR LES ENFANTS sich entspannt - weil eingetreten ist, was zu befürchten war -, kehrt Ruhe ein. Der Film sammelt sich in Juliens Blick. Der jüdische Freund ist von der Gestapo abgeführt worden, das Kloster wird geschlossen. Schubert spielt dazu, die Augen füllen sich mit Tränen, der Blick verschleiert sich. Die Neugier ist aus den Augen gewichen, Julien hat etwas begriffen: Es gibt kein Wiedersehen mehr. Die Augen spiegeln unsere sprachlosen Emotionen, aber das letzte Wort ist noch nicht gesprochen. Ein Sprecher klärt uns auf: Der Pater und die drei abgeführten jüdischen Kinder kommen im Konzentrationslager um. Es ist immer noch Winter. In ein paar Monaten ist der Krieg vorbei. Der kleine Julien, das ist natürlich das Spiegelbild Louis Malles. Er hat seine Vergangenheit wiedererfunden. Sein Blick zurück ist nicht gebrochen, aber er ist neugierig auf den Bruch in seiner frühen Biographie, und wie er zustande kam. Der Abschied ist ein Neuanfang, ein zweiter erster Film. Zehn Jahre war Malle in Amerika gewesen, hatte nach anfänglicher Euphorie einsehen müssen, daß dort letzten Endes doch die Industrie die Kontrolle behält. Er ist ein Außenseiter geblieben, so wie er es in Frankreich zu Beginn seiner Karriere auch war. Malle kam aus reichem Hause und beschritt andere Wege als die 'Nouvelle Vague'. Vielleicht war er immer hinter seiner Zeit zurück und hat erst in Amerika die Gegenwart entdeckt, als Stoff. Jetzt ist er zurückgekehrt, um sich von seiner Vergangenheit zu verabschieden. Die Distanz hat er gebraucht, um sich die Kindheit neu erfinden zu können. AU REVOIR LES ENFANTS ist die Dokumentation eines Wandels, der sich in Malles Werk vollzogen hat. Juliens Blick am Ende fragt in die Gegenwart: Was ist gewesen? Louis Malle kennt nun die Antwort. (...) Malles Filme sind aufs Schauen ausgerichtet, und doch verweilt keiner so lange wie er möchte. Die Geschichte treibt sie voran, und jeder Augenblick lebt von seiner Vergänglichkeit. Vielleicht hat der Regisseur auch deswegen oft schon als Dokumentarfilmer gearbeitet. Weil er sich in diesem Genre den langen Blick gönnen konnte. (...) Immer auf der Suche nach dem Bild, nach der Erfindung, die die Zeiten überdauern. Das ist seine stille Sehnsucht, die sich im Tonfall seiner Filme niederschlägt. Man sieht Jean und Julien im Kino, wie sich ihre Blicke im Lachen über Chaplin finden. Man sieht, wie sich Jean ans Klavier setzt und die hübsche Klavierlehrerin vor Staunen über das Talent endlich aufhört, sich die Nägel zu feilen. Jean spielt Schubert. Die in Juliens Spiel unzusammenhängenden Töne fügen sich zusammen. Neidisch und erstaunt starrt er durchs Fenster auf den noch fremden Freund. Die Zeit steht still. Für einen Augenblick. Bei Dr. Müllers beklemmender Judenschau im Klassenzimmer dreht sich dann Julien unvorsichtigerweise zu Jean um - der Blick wird von dem Nazi aufgefangen. Der Blick wird zum Verrat. Die atemlose Stille löst sich auf. Ein Augenblick - und die Geschichte setzt wieder ein.

Michael Althen, Im Gespinst der Augenblicke, Louis Malles Neubeginn in Frankreich, in: Süddeutsche Zeitung, München, 7.11.1987

**Louis Malle**, geb. 30.10.1932 in Thuméries als Sohn einer der reichsten französischen Industriellenfamilien, der Beghins. Während des Krieges besucht Malle zunächst eine Jesuitenschule, dann ein Karmeliterinternat in der Nähe von Fontainebleau, wo er Zeuge jener Geschichte wird, die die Grundlage für AU REVOIR LES ENFANTS bildet. Im Alter von 14 Jahren beschließt Malle, nach ersten Versuchen mit einer 8-mm-Kamera, Regisseur zu werden und verbringt von nun an seine Freizeit in Kinos, Filmclubs und der Cinémathèque Française. Nach dem Abitur studiert er zunächst für zweieinhalb Jahre Politologie an der Universität Paris, wechselt jedoch schon während des Studiums auf die Filmhochschule ( IDHEC), deren Aufnahmeprüfung er 1951 besteht. 1953 bewirbt er sich auf ein Stellenangebot von Jacques Cousteau, erhält die Stelle, verläßt die IDHEC und arbeit für vier Jahre als Kameramann und Co-Regisseur bei Cousteau 1957 beginnt er - vier Wochen vor seinem fünfundzwanzigsten Geburtstag - mit den Dreharbeiten zu seinem ersten eigenen Spielfilm *L'Ascenseur pour l'échafaud*. Immer wieder bricht er aus der Welt des großen Kinos aus, um Dokumentarfilme, unter anderem in Indien, zu drehen. Seit 1977 hat Louis Malle in den USA gelebt und gearbeitet. AU REVOIR LES ENFANTS ist sein erster Film in Frankreich seit 10 Jahren.

Filme: *Station 307* (1954), *La Fontaine de Vaucluse* (1955), *Le Monde du silence* (1955; Co-Regie; J.-Yves Cousteau), *L'Ascenseur pour l'échafaud* (1957), *Les Amants* (1958), *Zazie dans le métro* (1960), *Vie Privée* (1961), *Vive le tour!* (1962), *Touriste Encore* (1962), *Le Feu follet* (1963), *Bon Baisers de Bangkok* (1963), *Viva Maria* (1965), *Le Voleur* (1966), *Wiliam Wilson* (1967), *Calcutta* (1969), *L'Inde fantome - Reflexion sur une voyage* (1969), *Le Souffle au coœr* (1971), *Humain, trop humain* (1973), *Lacombe Lucien* (1974), *Black Moon* (1975), *Close Up* (1976), *Pretty Baby* (1977), *Atlantic City, U.S.A.* (1980), *My Dinner With André* (1981), *Crackers* (1983), *Alamo Bay* (1984), *God's Country* (1984), *And the Pursuit of Happiness* (1986), AU REVOIR LES ENFANTS (1987), *Milou en mai* (1989), *Damage* (Arbeitstitel, 1992).

Herausgeber: Freunde der Deutschen Kinemathek. Druck: graficpress

## OP ZOEK NAAR JOODS AMSTERDAM
Auf der Suche nach dem jüdischen Amsterdam
Niederlande 1975

*Produktion: Jan Vrijman Cineproductie B.V.*
*Regie, Buch, Kommentar: Philo Bregstein*
*Mitarbeit am Drehbuch: Jan Vrijman, Salavador Bloemgarten, Judith Herzberg*
*Kamera: Frans Bromet. Ton: Piotr van Dijk*
*Schnitt: Hetty Konink*
*Befragte Personen: Isaac Kisch (Professor für Rechtsphiloso-phie), Jaap Rabbie (Marktschreier), Gerrit Burgmans (ko-scherer Bäcker), Aron de Paauw (Diamantschneider), Jo Juda (Geiger), Joannes Juda Groen (Professor für Medizin), Rosa de Bruyn Cohen (ehem. Angehörige der sozialistisch-zioni-stischen Bewegung 'Poaleizion'), I. Herschler (deutscher Emigrant), Mozes Heiman Gans (Antiquitätenhändler und Professor für Jüdische Geschichte), David Ricardo (Fabrik-arbeiter und Musikspezialist), Joop Cosman (Boxtrainer), Ludwig Kunz (deutscher Emigrant), Hermine Heijermans (Tochter des Bühnenautors Herman Heijermans), Ben Sijes (Professor für Geschichte), Abel Herzberg (Rechtsanwalt)*
*Uraufführung: 29. Dezember 1975, Amsterdam*
*TV-Erstsendung: 8. Februar 1976, NCRV-TV (Niederlande)*
*16 mm, Farbe, 70 Minuten, Niederl. m. engl. Kommentar/UT*
*Hergestellt mit Unterstützung des niederländischen Kultusmi-nisteriums (CRM), des Prinz-Bernhard-Fonds, der Centrale Verzekeringsbank sowie NVV und NCRV-TV aus Anlaß der 700-Jahr-Feier Amsterdams.*

### Philo Bregstein über seinen Film
Seit vielen Jahren bin ich von dem Gedanken besessen, die Vergangenheit wiederzuentdecken und sie dem Nachdenken über das heutige Leben zugrundezulegen. Daher ziehe ich sub-jektive und persönliche Erinnerungen gegenüber analytischen Betrachtungen vor, um zu einem Bewußtsein zu gelangen.
In früheren Filmen wurde meine Sicht des Lebens durch solche Persönlichkeiten wie Jacques Presser und Otto Klem-perer geprägt. Auf der Entdeckungsreise nach dem jüdischen Amsterdam erscheine ich selbst, der Filmemacher, der selbst zur Hälfte Jude ist und davon motiviert wird, wenngleich kein autobiographisches Interesse besteht: Meine eigene Geschich-te ist zu peripher, um exemplarisch für das Amsterdamer Judentum zu stehen. Ich begebe mich vielmehr auf die Suche nach Welten außerhalb meiner eigenen Erfahrung, auf die Suche nach Menschen, die meine eigene Wahrnehmung er-weitern; diejenigen, die ich in meinem Film zeige, haben mir eine Reihe faszinierender Begegnungen beschert. Ich be-schloß, die Verwendung von Archivmaterial auf ein Minimum zu begrenzen. Dieser Entschluß stand im Einklang mit der Ab-sicht, nicht für einen Augenblick zu vergessen, daß der Film, trotz der Suche nach der Vergangenheit, 1975 entstand, also 30 Jahre nach der buchstäblich vollständigen Zerstörung jenes jü-dischen Amsterdams, nach dem ich suchte. Gerade aufgrund der ständigen Präsenz unserer heutigen Welt kann die Hölle von 1940 - 1944, obwohl nur selten erwähnt, nicht in Verges-senheit geraten. Was ich besonders aufregend fand, war das - in Europa einmalige - Zusammenleben von Juden und Nicht-Juden in Amsterdam, ein Zusammenleben, das im großen und ganzen aber nicht die Verleugnung der Herkunft und Aufgabe der Lebensweise nach sich zog. Ich war auch überrascht, daß die Entwicklung des Sozialismus und des kulturellen Lebens in Amsterdam in so großem Maße von der jüdischen Bevölkerung der Stadt vorangetrieben wurde - und man denkt mit Bitternis daran, daß diese Entwicklung 1930 ihren Höhepunkt erlebte, zehn Jahre vor 1940. Ganz offensichtlich provozierten diese Erinnerungen Fragen in mir, Fragen, die auch jüdische Probleme heutzutage betref-fen - aber die Frage nach der Entscheidung zwischen Integra-tion und Kooperation mit dem 'Anderen' oder die Ableh-nung des 'Anderen' ist nicht nur ein jüdisches Problem. War das jüdische Amsterdam eine Oase, eine ungeschützte Insel in einer Welt der Zerstörung, oder ist es ein Modell für ein Zusammenleben, das so wichtig wäre in einer Welt der Mehrheiten und Minderheiten? Dieser 70-minütige Film ist das Ergebnis eines Jahres intensiver Beschäftigung. Ich hoffe, daß meine Reise in die Vergangenheit die Phantasie des Zuschauers anregt.

*Produktionsmitteilung*

### Egon Erwin Kisch über das jüdische Amsterdam (1934)
Vom Gipfel der Antoniuskerk streckt Christus die Arme dem Volk auf dem Waterloo-Plein entgegen. Meine Herrschaf-ten, ruft er, kommen Sie doch zu mir. Ich führe die gleiche Ware, die Sie bisher von Moses & Aaron bezogen haben, nur ist mein Haus eleganter als das Ihres jetzigen Lieferanten. (...) Zu Füßen dieser Werbung marktet der Adressat, das Amsterdamer Ghetto, jedoch niemand hat Ohren, zu hören, was der Mann in steinerner Geduld redet, niemand Augen, zu sehen, was auf der Kirche angeschrieben ist.
Noch beschwörender als der Christ strecken die jüdischen Budenbesitzer ihre Arme aus, noch lobpreisender, noch beteuernder, und der Passant ist vollauf mit der Prüfung der feilgehaltenen Ware beschäftigt; Mißbilligung markierend, fragt er nach dem Preis des von ihm ausgewählten Stücks, feilscht, geht, kommt wieder.
Ein Händler, der Heringe ausweidet und Pfeffergurken schnei-det, tut so, als wäre er von einer kauflüsternen Menge umlagert, die bewundernd auf ihn weist, scheu seinen Namen flüstert und derer er sich nun erwehren muß. "Ja", ruft er mit Stentorstimme, "ja, ich bin der Heimann, das weiß doch jeder! Heimann ist bekennt! Ich bin ja *so* bekannt!" Nahen wirklich Käufer, und es gilt für Heimann zu handeln, so übernimmt es die Gattin, seinen Ruhm zu verkünden. Sie trägt einen 'Scheitel' - Euphemismus für Perücke -, legt die Hände an den Mund und teilt der Welt mit, daß Heimann ja *so* bekannt ist. "Alles om een Dubbeltje", dröhnt ein Nach-bar-Stentor; er faltet mit weit ausladenden, spitzfingrigen Bewegungen ein Paket Briefpapier und fügt einen Crayon, eine golden scheinende Uhrkette und einen Bonbon zu jenem alles, das für Dubbeltje zu haben ist. - "Nuttige Kadoches" hörst du anpreisen, und das soll weder berlinerisch noch

jiddisch, sondern holländisch und französisch sein und bedeuten: nützliche Cadeaux. Um Gemüse und Eier und Obst, um "Koscher Planten-Margarine", um Fisch und Geflügel und Fleisch, alles "Onder Rabbinaal Toezicht", kreisen Handel und Wandel auf dem rechtwinklig geknickten Waterloo-Plein; rostige Eisenbestandteile, fadenscheinige Kleider, zerbrochene Möbel, verbeultes Geschirr, Verkoop van 2e Handsch Gereedschappen en briukbaare Materiaalen - der Abfall der Niederlande ist durchaus marktbares Gut.

So geht es von Morgendämmerung zu Abenddämmerung, wochentags auf dem Waterloo-Plein, sonntags kirmesartig auf der Oude Schans und in der Uilenburgstraat. Nur der Sabbat gibt Ruhe. Am Freitagnachmittag bricht Israel seine Zelte ab, die Pfosten, Plachen, Kisten und die unverkauft gebliebene Ware werden entweder auf Handkarren fortgeschafft, wobei schwarzlockige, magere Knaben die Wagenhunde sind, oder fahren auf dem Wasserweg von dannen. Zwanenburgwal, Wall der Schwanenburg, so poetisch heißt der Kai, an dem Frachtkähne voll mit alten Kleidern und alter Wäsche vertäut liegen und Gondeln mit Fahrradteilen (Amsterdam ist die Stadt der Juden und der Radfahrer und beteiligte sich dennoch nicht am Weltkrieg). (...)

Du lieber Gott, Bekehrungsversuche hat man bei den Amsterdamer Juden schon unternommen, als sie noch keine Amsterdamer Juden waren. In Polen und Rußland kam man ihnen mit ganz anderen Missionsmethoden, mit Plünderungen, Schändungen und Pogromen, in Spanien und Portugal mit Kerkerverlies und Folterbank und Flammentod, und hat nichts, gar nichts ausgerichtet.

Die Kathedrale von Toledo, wahrlich ein gewaltiger lockendes, ein gewaltiger verwirrendes und gewaltiger einschüchterndes Bauwerk als diese Antoniuskerk, steht seither in einer judenleeren Straße; das hat sie nicht davor geschützt, heute 'Calle Carlos Marx' zu heißen, und die Straßentafel mit diesem Namen ist just auf dem Palast des Torquemada und seiner erzbischöflichen Nachfolger befestigt. Die alabastergefütterten Synagogen von Toledo wurden zu katholischen Kirchen, die vertriebenen Inhaber der Stammsitze aber bauten sich auf der anderen Seite der europäischen Landkarte neue Synagogen. Nicht weit vom Waterloo-Plein liegen einander zwei gegenüber. Die 'Hochdeutsche Synagoge', gegründet von denen, die vor den Landsknechten und Marodeuren des Dreißigjährigen Krieges und vor der Soldateska Chmelnitzkis flüchteten, und die Portugiesische. Die Portugiesische Synagoge gleicht nicht etwa der Prager Altneuschul, sie ist keineswegs ein verhutzeltes, sich verstecken wollendes Versammlungshaus von Illegalen, sie ist ein Prunkbau, eine Kathedrale auf jüdisch. Aufgerichtet ist sie mitten im Fluß, sie steht auf Pfählen oder gar, wie die Sage geht, auf Fässern aus schierem Gold. Das Kirchenschiff reckt sich auf Säulen aus rundbehauenem Granit himmelwärts, wie jenes der iberischen Kirchen, in die man die Juden zur Bekehrungspredigt oder zur Zwangstaufe schleppte. Aus brasilianischem Palisander ist die Estrade mit dem Altar gezimmert. Sie, die 'Tuba', erhebt sich in der Mitte des Hauses, ihr und einander sind die konzentrischen Bankreihen zugewendet, nicht allesamt gegen Osten wie in den Tempeln des Abendlands, wo die Beter nur den Rücken des Vorbeters sehen. Hier kehrt man sich der Ostwand erst dann zu, wenn aus der Bundeslade eine Thorarolle gehoben wird. (...)

Dort im Süden waren sie, weil sie vor der Inquisition dem Glauben öffentlich abschworen und ihm insgeheim weiter anhingen, als Maranen, das heißt Schweinekerle, beschimpft worden. In der neuen Heimat wollten sie nun dartun, daß kein Caballero sie an Vornehmheit übertreffe, kein Grande grandioser und mit mehr Grandezza auftrete als sie.

Die niederländischen Provinzen der spanischen Krone, die protestantischen Holländer kämpften den Kampf der Auflehnung gegen die katholischen Usurpatoren, und die Opfer von Inquisition und Unduldsamkeit konnten bei den Feinden ihrer Peiniger auf um so gastlichere Aufnahme rechnen, als sie aus dem Stiefmutterlande nicht mit leeren Händen kamen, sondern außer der mitgebrachten Thorarolle auch den mitgebrachten Handel mit der Levante und Südamerika entfalteten. In der Kaufmannsfeste an der Amstel gab es keine 'Juderia', kein mit Mauern und Ketten abgeschlossenes Judenviertel; jeder kreditwürdige Mann durfte das gleiche Bürgerrecht ausüben und seiner Religion obliegen - sofern es nicht die katholische war. Nur ein einziges Mal, es geschah zu Anfang ihres Aufenthalts, wurden die, denen man in Iberien vorgeworfen hatte, unter dem Anschein katholischer Gebetsstunden jüdische Gottesdienste abzuhalten, in Amsterdam bei einer Glaubensübung überfallen: man hielt sie für eine katholische. (...)

In dem Haus Rembrandts wimmelte es von Juden, und noch heute wimmelt es von ihnen, der große Hausherr ist tot, aber seine Modelle leben. Die Regeln der mosaischen Religion untersagen es ihren Anhängern, sich ein Bildnis zu machen von dem, was in dem Himmel oben und auf der Erde unten ist, und natürlich auch, sich ein solches Bildnis machen zu lassen. Aber die Seele der Emigranten war von der schmachvollen Vertreibung und von dem Wunsch erfüllt, das Beispiel ihrer hochgeborenen Peiniger nachzuahmen. Von Velásquez und Greco hatten sich die spanischen Notabeln porträtieren lassen, die Davongejagten ließen sich von Rembrandt malen, sie kamen freilich selten als Auftraggeber, sie gaben nur gern seinem Wunsche statt, ihm Modell zu stehen. So entstanden Bildnisse des Arztes Ephraim Bonus, des Philosophen Menasse ben Israel, die Rabbinerporträts, und viele hundert Typen aus Rembrandts Nachbarschaft füllen seine biblischen Stiche und Gemälde. Frauengestalten sind darunter, auch sie erhaschte Porträts von Jodenbreestraat und von Houtgracht. (...) Nur die 'Judenbraut' ist keine Judenbraut, sondern Rembrandts reinrassisch arische Nichte, und der Bräutigam neben ihr ist kein jüdischer Bräutigam, sondern des Meisters Sohn Titus. Um so authentischer jüdisch ist auf dem berühmten Stich 'Synagoge' das handelsbewegte Treiben der hochbemützten und langbebärteten Gestalten vor den Tempelstufen. Rembrandts sephardische und aschkenasische Zeitgenossen leben auf seinen Gemälden als König Saul und dessen Harfenist David, als segnender Jaakob, als Haman und Esther, als der erblindete Belisar, als Abraham, der zur Opferung seines Sohnes ansetzt. (...)

Egon Erwin Kisch: Geschichten aus sieben Ghettos, Amsterdam 1934; Reprint: Berlin/Weimar 1985

**Philo Bregstein**, geb. 1932 in Amsterdam, Filmregisseur und Schriftsteller. Jura-Studium. 1962-64 Studium am 'Centro Sperimentale di Cinematografia' in Rom. 1982-83 Aufenthalt als 'Writer in residence' in Ann Arbor (USA). 1991/92 Mitarbeit am Drehbuch zu Jean Rouchs neuestem Film *Madame l'eau.*

Filme: 1968 *Het compromis.* 1970 *Dingen, die niet voorbijgaan.* 1973 *Otto Klemperers lange Reise durch seine Zeit* (Erstfassung). 1974 *Otto Klemperer, Proben und Konzert 1971.* 1975 OP ZOEK NAAR JOODS AMSTERDAM. 1976 *Boer en schilderer Ernst Schäublin.* 1977 *Dromen van leven.* 1978 *Jean Rouch en zijn kamera in het hart van Afrika.* 1981 *Wie die waarheid zegt moet dood.* 1984 *Otto Klemperers lange Reise durch seine Zeit* (Zweitfassung).

Herausgeber: Freunde der Deutschen Kinemathek. Druck: graficpress

**DER RUF** Bundesrepublik Deutschland 1948/49

*Produktion: Objectiv, München*
*Regie: Josef von Baky*
*Buch: Fritz Kortner*
*Kamera: Werner Krien*
*Musik: Georg Haentzschel*
*Bauten: Fritz Maurischat*
*Kostüme: Edith Kindler*
*Schnitt, Regieassistenz: Wolfgang Becker*
*Ton: Walter Rühland*
*Tricktechnische Bearbeitung: Theodor Nischwitz*
*Produktionsleitung: Richard König*
*Produktionsassistenz: Willy Herrmann*
*Aufnahmeleitung: Rudolf Fichtner*
*Darsteller: Fritz Kortner (Prof. Mauthner), Johanna Hofer (Lina), Rosemary Murphy (Mary), Lina Carstens (Emma), Paul Hoffmann (Dr. Fechner), Ernst Schröder (Walter), Friedrich Domin (Helfert), Arno Assmann (Kurt), Harald Mannl (Fränkl), Charles Regnier (Bertram), William Sinnigen (Elliot), Michael Murphy (Spencer), Alwin Edwards (Homer), Hans Fitz (Witt), Otto Brüggemann (Dozent), Friedrich Benscher (Arzt)*
*Uraufführung: 19. 4. 1949, Berlin (Marmorhaus)*
*s/w, 104 Minuten*

## Inhalt

Ein Amerikaner gewordener deutscher Hochschulprofessor folgt trotz hohen Ansehens in der Neuen Welt und trotz inständigen Abratens kalifornischer Freunde - in Begleitung seiner Sekretärin - dem Ruf seiner alten deutschen Universität, stößt aber auf der Durchreise in Berlin und vor allem am alten, neuen Wirkungsort auf Widerstände, denen er den Ruf seiner lauteren Persönlichkeit nach Liebe, Versöhnung und Menschlichkeit entgegensetzt und - erliegt.

Verleihmitteilung

## Kritik

Der Film, mit dem der unvergessene Schauspieler Kortner nach langen Jahren der Abwesenheit nach Deutschland zurückgekehrt ist, enthält, in eine erfundene Fabel umgesetzt, auch allerlei Elemente seines eigenen Schicksals. Wie könnte es auch anders sein? (...) Man kann spüren, wieviel auch von einer persönlichen Entscheidung in Kortners Drehbuch und Darstellung hinübergegangen sind. Es gibt in diesem Film eine vorüberhuschende Szene, in der dies sehr deutlich wird. Da steht der gegen alles Abraten seiner Freunde Heimkehrende am Fenster des Zuges, der ihn nach Berlin hineinbringt, die ersten Lichter der Stadt blinken durch die regennassen Scheiben, und die Erschütterung des massigen und doch so nervösen Mannes, der da, von Erinnerungen überwältigt, hinausblickt, überträgt sich geheimnisvoll. Das ist mehr als nur ein photographierter Einfall. So gibt es noch einige Szenen in der Mitte und am Rande, die diesen Film, so handfest und theatersicher seine Handlung sonst auch ist, zu einem tiefen und schmerzlichen Bekenntnis machen. Da ist der Blick, den die

nach Mühen wiedergefundene Frau in den Spiegel tut, nach der erregenden Verwirrung der ersten Aussprache - ein müdes, gezeichnetes Gesicht erscheint da, das Gesicht aller Mütter, die in Kriegen gelitten haben. Johanna Hofer spielt das ganz einfach, ohne jeden schauspielerischen Aufwand, und es ist unvergeßlich. (...)
Kortner wäre nicht der erfahrene Theatermann, gäbe er seinem Film im übrigen nicht, was einem Film zukommt. Freilich geschieht dies mehr im Darstellerischen als in der Dramatik der Bilder, die, von einer einzigen turbulenten Massenprügelei abgesehen, in einer fast sanft zu nennenden Folge abrollen und fast ohne Außenaufnahmen auskommen (Regie Josef von Baky). Vor allem ist für gute Rollen gesorgt. Kortners Professor Mauthner, immer im Mittelpunkt, hat auch in der Milde des abgeklärten und skeptischen Weisen noch viel von der Intensität bewahrt, die seine Bühnenrollen in den Jessner-Inszenierungen berühmt machten. Von dem mächtigen Kopf mit den kleinen Augen und der hohen Stirn geht noch immer eine faszinierende Ausdruckskraft aus, seine Gesten sind so sparsam wie überzeugend. (...)
Hans Butow, in: Allgemeine Zeitung, 9.6.1949

## Rückkehr aus dem Exil

Obwohl er von Hollywood zuletzt doch noch attraktive Filmangebote erhielt, legte Fritz Kortner nach Kriegsende keinen großen Wert darauf, noch länger als unbedingt nötig in Amerika zu bleiben. Künstlerisch interessierten ihn die Filme, in denen er dort mitwirkte, meistens überhaupt nicht, und die Chance, eine seinen Fähigkeiten und intellektuellen Ansprüchen genügende Theaterarbeit übernehmen zu können, sah er nur in Deutschland gegeben. Kortner ersehnte die Rückkehr nach Berlin. - Wolfgang Langhoff, der die Nazizeit im Exil in Zürich verbracht und inzwischen Intendant des Deutschen Theaters geworden war, sowie auch Chefdramaturg Herbert Ihering hatten an Kortner die Einladung übermitteln lassen, ans Deutsche Theater zurückzukehren. Schriftlich hatte man sich dahingehend verständigt, daß Kortner zuerst im 'Don Carlos' den König Philipp spielen sollte. - (...) Am 21. Dezember (1947) traf Kortner, von Zürich über Frankfurt kommend, in Berlin ein. Als amerikanischer Staatsbürger mußte er sich hier nun unerwarteterweise an die OMGUS-Bestimmungen halten. Da das Deutsche Theater im Ostsektor der Stadt lag, kam ein Auftreten Kortners dort schon gar nicht in Betracht. Aber auch die Pläne mit dem Hebbel-Theater, wo er dann als Schauspieler und Regisseur eines amerikanischen Stückes in Erscheinung treten sollte, ließen sich 1948 nicht verwirklichen: Jede Art von 'trading with the enemy' wurde ihm untersagt. Warum die Amerikaner Kortner diese Schwierigkeiten machten, wer hier gegen wen arbeitete, nachdem Eric Pommer oder der amerikanische Kulturoffizier Benno Frank zu seinen Gunsten interveniert hatten, blieb im Dunkeln. Kortner hätte damals seine amerikanische Staatsbürgerschaft aufgeben und in den Ostsektor 'überlaufen' müssen, um spielen zu können. Die Amerikaner boten ihm als 'Ersatz' schließlich einen Film an. So entstand, mit Josef von Baky als Regisseur,

DER RUF. Dieser Film wurde in München gedreht, mit Fritz Kortner, Johanna Hofer und Rosemary Murphy (der Tochter des amerikanischen Senators) in den Hauptrollen. (...)
Klaus Völker: Fritz Kortner. Schauspieler und Regisseur, Berlin 1987

**Fritz Kortner: "Ich kam, um zu fraternisieren..."**
Wie lebt es sich für unsereinen in der heutigen, nachhitlerischen Bundesrepublik, die noch kein nichthitlerischer Staat geworden ist? "Wie wollen Sie wissen, ob nicht einer, mit dem Sie verkehren, ein Nazi war?" wurde ich vertraulich von Neuankommenden oder nur durchreisenden Mißtrauischen und sehr oft in Israel gefragt. Nun, ich muß gestehen, ich weiß es nicht. Es kommt auch gar nicht darauf an, ob einer ein Nazi war oder nicht. Die Wahrscheinlichkeit, daß der gerade Gemeinte einer war, ist überwiegend groß. (...)
Wenn einer sich heute unverhüllt zu einem markanten Juden bekennt, sagen die anderen, er benutze ihn als Alibi. Die Haltung ist mutig. Denn durch sie bekundet der Mann, er will nicht den Nazis zugerechnet werden. Gleichviel, ob einer ein Nazi war, will er jetzt keiner mehr sein, wo es wieder ganz opportun ist, einer zu sein. Ich drücke ihm die Freundeshand. (...) Die Zertrümmerung der deutschen Städte schmerzte wie die Siege Hitlers. Unter diesem Widerstreit hatte ich gestöhnt, bis Hitler krepiert war. "Der Hund ist tot", sagt Richmond beim Tod Richards III. Die Nachricht hörte ich in Los Angeles am Radio in meinem Auto. Ich weiß nicht mehr, wie mein Wagen mitten im Verkehr zum stehen gekommen war. Ich wurde von einem Verkehrspolizisten schroff zum Weiterfahren aufgefordert. Bald darauf mußte ich parken: ich war knieweich geworden. Nach zwei nicht ganz realen Jahren flog ich nach New York, von dort nach Antwerpen, dann nach Zürich, und schließlich fuhr ich mit einem amerikanischen Militärzug nach Berlin. In all den Städten fand ich Telegramme meiner Frau vor, die mich beschwor, einen inzwischen eingegangenen Antrag, eine große Rolle in New York zu spielen, anzunehmen, zurückzukommen und meine Heimkehr nach Deutschland zu verschieben. Ich flog und fuhr stur unaufhaltbar weiter. Als ich bei der Gepäckaufgabe das Ziel der Reise angeben mußte, krümmte ich mich buchstäblich vor Erregung. Schließlich kam ich auf einem Vorort-Stadt-Bahnhof im Überbleibsel von Berlin an.
Ich ging, mit Blei an den Füßen, durch die Schuttstadt, wurde vielfach erkannt und bestaunt. Daß einer freiwillig in diese Hungerhölle gekommen war, erregte Kopfschütteln.
Als ich zum erstenmal ins Theater ging - es war das Kurfürstendamm-Theater - , begrüßte mich das Publikum mit Applaus. Wahrscheinlich aus Dankbarkeit für den Trost, der für die Menschen darin lag, daß einer zurückgekommen war, um mit ihnen zu leben. Mir wurden die Augen feucht. Die Vorstellung, die ich bis zum Ende über mich ergehen lassen mußte, war unfaßbar scheußlich. Ich blieb aus Artigkeit sitzen. Eigentlich wollte ich kurz nach Aufgehen des Vorhangs weglaufen, bis nach Amerika zurück. (...)
Ich bemerkte, daß das meinesgleichen Zugefügte im Bewußtsein der Mehrzahl derer, denen ich begegnete, keine Rolle spielte. Erwähnte ich - in einem Verteidigungsversuch, denn die Rolle des schicksalsverwöhnten Juden lag mir nicht - , daß allein meiner Familie elf Verwandte vergast worden waren, so war die Reaktion darauf kondolenzartig höflich. Ich kämpfte um die Anerkennung meiner Gleichberechtigung am Unglück, am erlittenen Elend. Ich wollte ausdrücken: Wir, die wir da miteinander verlegen herumstottern und mit unserem jeweils erlittenen Elend gewissermaßen wetteifern, wären doch - ob Arier oder Jude - jetzt wieder Christ *und* Jude, Überlebende ein und derselben Katastrophe. Und unser Überleben wäre etwas gemeinsam Erlebtes, wie auch das Erlittene. Ich

schien mit dieser Argumentation nicht viel Glück zu haben. Die meisten verharrten im Gefühl, kein Leid reiche an ihres heran. Wahrscheinlich brauchten sie das Bewußtsein des am schwersten erlittenen Unrechts zur Beruhigung des Unterbewußtseins.
Ein zähes Unbehagen lastete auf mir in jenen ersten Wochen in Berlin. Als Amerikaner aß ich besser, hatte reichlich Tabak und andere Vergünstigungen. Ich verschenkte das meiste zur Besänftigung meines Unterbewußtseins. (...)
Zum Theaterspielen kam ich aber noch nicht. Es fügte sich nicht. Ich bekam Schwierigkeiten mit den Amerikanern wegen Fraternisierens mit den Deutschen - und zum Fraternisieren war ich doch zurückgekommen. (...)
Fritz Kortner: Aller Tage Abend, München 1959.

**Fritz Kortner**, geb. 12. Mai 1892 in Wien als Fritz Nathan Kohn, gest. 22. Juli 1970 in Berlin. 1908-10 Studium an der k. u. k. Akademie für Musik und Darstellende Kunst in Wien. 1910 Debut am Hof- und Nationaltheater Mannheim. Ab 1919 von Leopold Jessner ans Berliner Staatstheater engagiert. Seit 1915 Auftritte in Filmen u.a. von Harry Piel; 1918 erste Filmregie bei *Gregor Marold*. 1933 kehrt Kortner, der heftigsten Angriffen der Nationalsozialisten ausgesetzt ist, von einer Auslandstournee nicht nach Deutschland zurück. Exil in Wien, London, ab 1937 in New York, ab 1941 in Hollywood, wo er Filmscripte verkauft, als Schauspieler aber zunächst Schwierigkeiten hat, Arbeit zu finden. Ende 1947 Rückkehr nach Deutschland, erste Filmrolle dort in DER RUF. Ab 1949 inszeniert und spielt Kortner wieder am Theater, an den Münchener Kammerspielen, am Schiller-Theater, am Deutschen Schauspielhaus Hamburg. Sein Fernsehfilm *Die Sendung der Lysistrata* (1961) wird vom Bayerischen Rundfunk wegen 'pazifistischer Tendenzen' nicht ausgestrahlt. Filme als Darsteller (Auswahl): *Manya, die Türkin* (1915; Regie: Harry Piel), *Gregor Marold* (1918, auch Regie), *Satanas* (1919; Regie: F.W. Murnau, Robert Wiene), *Die Brüder Karamasoff* (1920; Regie: Carl Froelich), *Hintertreppe* (1921; Regie: Leopold Jessner), *Schatten* (1923; Regie: Arthur Robison), *Orlacs Hände* (1925; Regie: Robert Wiene), *Die Frau, nach der man sich sehnt* (1929; Regie: Kurt Bernhardt), *Atlantic* (1929; Regie: E.A. Dupont), *Dreyfus* (1930; Regie: Richard Oswald), *Der brave Sünder* (1931, Regie und Buch), *Abdul the Damned* (GB 1934/35; Regie: Karl Grune), *The Wife of Monte Christo* (USA 1945/46; Regie: Edgar G. Ulmer), *Somewhere in the Night* (USA 1946; Regie: Joseph L. Mankiewicz), *Berlin Express* (USA 1947/48; Regie: Jacques Tourneur), DER RUF (1948/49, auch Buch; Regie: Joseph von Baky), *Epilog* (1950; Regie: Helmut Käutner), *Sarajewo - Um Thron und Liebe* (1955, nur Regie)

**Josef von Baky**, geb. 23. März 1902 in Zombor (Ungarn), gest. 31. Juli 1966 in München. Während der Schulzeit als Filmvorführer tätig. Von 1927 - 1935 in Berlin Regieassistent bei Geza von Bolvary. 1936 inszeniert er seinen ersten eigenen Film *Intermezzo*. 1942/43 dreht er den Jubiläumsfilm der UFA, *Münchhausen*. 1947 gründet er die Objectiv-Film GmbH. Weitere Filme (Auswahl): *Der Kleinstadtpoet* (1940), *Via Mala* (1943/44), *Und über uns der Himmel* (1947), DER RUF (1948/49), *Das doppelte Lottchen* (1950), *Die Frühreifen* (1957), *Die seltsame Gräfin* (1961).

Herausgeber: Freunde der Deutschen Kinemathek. Druck: graficpress

## THE PAWNBROKER
Der Pfandleiher USA 1964

*Produktion: The Landau Company*
*Regie: Sidney Lumet*
*Buch: David Friedkin, Morton Fine, nach dem gleichnamigen*
*Roman von Edward Lewis Wallant*
*Kamera: Boris Kaufman*
*Musik: Quincy Jones*
*Schnitt: Ralph Rosenblum*
*Darsteller: Rod Steiger (Sol Nazerman), Geraldine Fitzgerald*
*(Marilyn Birchfield), Brock Peters (Rodriguez), Jaime San-*
*chez (Juan Ortiz), Thelma Oliver (Mabel), Marketa Kimbrell*
*(Tessie), Baruch Lumet (Mendel)*
*Deutsche Erstaufführung: 7. Juli 1964, Berlin*
*Schwarzweiß, 114 Minuten, OF*

### Anmerkung
Die deutsche Erstaufführung von THE PAWNBROKER fand
im Juli 1964 bei den Berliner Filmfestspielen statt. Für seine
Darstellung des Sol Nazerman erhielt Rod Steiger einen
Silbernen Bären.

### Inhalt
(...) Der Pfandleiher, den Rod Steiger spielt, ist ein ehemaliger Leipziger Universitätsprofessor, der der Hölle der 'Endlösung' entrinnen konnte, seine Familie aber verlor und nun in
New York eine Pfandleihe betreibt. Durch die Schrecken, die
er erleben mußte, ist er verhärtet, mitleidlos und gefühlskalt
geworden. Er vermeidet es, Kontakte mit anderen Menschen
zu knüpfen, und muß durch den tragischen Tod eines Ange-
stellten schließlich doch erkennen, daß der Mensch kein Recht
hat, sich egoistisch abzukapseln, und daß Mitgefühl, Mitleid,
Zuneigung und Liebe keine ausgestorbenen Begriffe sind (...)
N.N.: Schockierend guter Film, in: Kurier, Wien, 15. Februar 1968

### Der Einfluß der Vergangenheit
Filme, die die Erinnerung einer Figur an eine schreckliche
Vergangenheit - und den Druck, unter dem die Figur dadurch
steht - thematisieren, sind oft konsequenter und ehrlicher als
Filme, die vorgeben, die Vergangenheit in objektiver Weise
darzustellen. Die fiktive Rekonstruktion eines Konzentrationslagers ist bei weitem nicht so 'wahrhaftig' wie die subjektive Erinnerung eines Menschen, da letztere die Einseitigkeit
der Erinnerung einräumt. Am wirkungsvollsten sind Filme
wie THE PAWNBROKER, der uns durch den Wechsel zwischen Gegenwart - die von Gleichgültigkeit gegenüber dem
Holocaust geprägt ist - und Vergangenheit berührt. Dies ist ein
Kino der Rückblenden: ein filmischer Kunstgriff, der es
erlaubt, die visualisierte, greifbare Vergangenheit in die
Gegenwart hineinragen zu lassen. Schnitt bedeutet bei dieser
Art Kino nicht nur die Herstellung einer Kontinuität und die
glatte und lineare Aneinanderreihung der einzelnen Einstellungen; die Schnittrhythmen und Gegenüberstellungen ermöglichen es, unterschiedlichste Wirkungen beim Zuschauer
hervorzurufen, von gesteigerter Spannung bis zum Wahrnehmen von Gegensätzen. Die Montage von Filmen wie THE

PAWNBROKER, *High Street, Sophie's Choice, Nuit et*
*Brouillard, Les Violons du Bal* oder *La Passante du Sans*
*Souci* zeigen auf, wie sehr die relativ ruhige Gegenwart von
dem Schrecken des Holocaust durchdrungen wird.
THE PAWNBROKER ist (zur Gänze in New York gedreht!)
einer der seltenen Hollywood-Filme, die sich mit dem
Holocaust und seinem Erbe auf eine sowohl thematisch als
auch formal überzeugende Weise befassen. (...)
Annette Insdorf: Indelible Shadows. Film and the Holocaust, Cam-
bridge 1983

### Hans Sahl über THE PAWNBROKER
(...) Es ist ein quälender, oftmals betäubender, mitreißender
Film, der sich tief in das Grauen unserer Zeit eingräbt, dabei
aber nicht immer die Grenze zwischen künstlerischer Gestaltung und einer gewissen Freude an der Schockwirkung
um ihrer selbst willen einzuhalten versteht. Seine Stärke
liegt jedoch in der konsequenten Durchführung des Themas
und in seiner oft erstaunlichen Bildwirkung.
Ein Überlebender von Auschwitz, der jetzt als Pfandleiher in
New York lebt, wird von Erinnerungen heimgesucht, die
sich zwischen ihn und die Realität schieben. Vorkommnis-
se des täglichen Daseins lösen Assoziationen aus, die zeigen,
daß der Frieden, den er mit der Welt geschlossen hat, nur ein
Scheinfrieden war, eine Art Gefühlsanästhesie, eine innere
Vereisung, die ihn hart und unempfindlich gemacht hat für
die Leiden der andern, die ihn nicht mehr erreichen, wie er
sich selbst nicht mehr erreichen kann.
Es beginnt in Europa: ein Sommertag. Spielende Kinder auf
einer Wiese. Plötzlich verdunkelt sich der Himmel. Etwas
Unheilvolles, das im Verlauf des Films Schicht für Schicht
abgetragen wird, beginnt sich am Horizont abzuzeichnen.
Der Mann, der diese Bilder im Halbschlaf an sich vorüber-
ziehen sieht - sie sind im Zeitlupentempo aufgenommen und
von einer schwebenden, traumhaften Qualität - , liegt dreißig Jahre später auf einem Liegestuhl in einer Wochenend-
siedlung bei New York. Seine Familie ist umgekommen,
wahrscheinlich vergast. Neue, fremde Menschen um ihn,
eine fremde Umgebung, ein neuer, ihm unverständlicher
Erdteil, dem er sich anzupassen versuchte.
Der Film erzählt die Geschichte dieses Sol Nazerman, der
die Schutzfärbung des Landes annahm, in dem er Zuflucht
fand. In seiner Pfandleihe in Harlem lebt er wie hinter
Gittern, ein erloschener Mensch, der seine Identität verloren
hat und für den es nur noch eins gibt: Geld verdienen. Denn
Geldverdienen heißt Überleben. Was um ihn herum geschieht, interessiert ihn nicht mehr. Er nimmt, was man ihm
bringt, und zahlt wenig dafür. Eine Frau, die ihm beistehen
will, wird mit barschen Worten abgewiesen. Erst nachdem
ein andrer sich für ihn geopfert hat und der junge Neger, sein
Gehilfe, der ihn bei einem Raubüberfall verteidigte, in
seinen Armen gestorben ist, bekennt er sich zu seinem
Schicksal und reiht sich in die Gemeinschaft der Leidenden
ein. In einem Akt der Selbstverstümmelung bohrt er sich den
Spieß mit den aufgestapelten Pfandscheinen durch die Hand,
als wäre es der Nagel Christi, und nimmt somit das Stigma

des Gekreuzigten auf sich - der Schmerz, den er sich selbst zufügt, bringt das verschüttete Gefühl wieder zum Vorschein. Eingeblendet in die Story, die hier nur skizziert werden konnte, sind kurze Szenen, die blitzartig in die Vergangenheit des Mannes hineinleuchten. Hundegebell und Schreie auf der Straße lösen in ihm Erinnerungen an eine Szene im KZ aus, da er seinen besten Freund im Stacheldraht verenden sah. Eine nackte Negerin, die sich ihm anbietet, verwandelt sich in den Körper seiner Frau, die im Lager vergewaltigt wurde. Ein Ring, der ihm durch das Schalterfenster gereicht wird, weckt Erinnerungen an andere Ringe, die man von den Fingern Sterbender zog. Eine der erschütterndsten Szenen in diesem Film ist der Augenblick, in dem sich die überfüllte New Yorker Subway in einen Viehwagen mit Gefangenen verwandelt, die in die Vernichtungslager deportiert werden. Freilich wird hier das Grauen dadurch herabgemindert, daß die Szene im Atelier gedreht wurde - man kann eben nicht Auschwitz mit Statisten nachspielen.

Der Film ergreift und entsetzt durch die Brutalität der Gegenüberstellungen. Die Grausamkeit der Nazis wird mit der Grausamkeit des modernen Daseins konfrontiert. Man mag darüber streiten, ob die Gleichung immer ganz aufgeht, ob hier nicht inkommensurable Größen aneinander gemessen werden. Die Uniformierung des Daseins in der modernen Massengesellschaft ist zwar eine Gefahr für das Individuum, das sich aber dieser Gefahr jeweils aus eigenem Entschluß entziehen kann, während es gegen den Terror der Massenausrottung im totalitären Staat für den Betroffenen kein privates Vetorecht gibt. Sicherlich aber tritt in beiden Fällen ein Symptom unserer Zeit zutage: das Absinken der Masse in die Anonymität, ihre Gleichgültigkeit in Fragen der persönlichen Verantwortung und des Mitgefühls. - Tatsache ist, daß die große Stadt New York noch nie so unheimlich, so drohend, so beängstigend anonym und unpersönlich gezeigt wurde wie in diesem Film des Regisseurs Sidney Lumet - nicht nur das New York der Negerviertel, mit ihrem Schmutz, ihrem Elend, ihrer Armut und Verkommenheit, sondern auch das New York der Wolkenkratzer und nächtlich aufleuchtenden Glaspaläste, der modernen Siedlungsbauten mit ihren wie menschenleer wirkenden Fenstern und Fassaden, über die der hilfesuchende Sol Nazerman seine Blicke vergebens wandern läßt.

Hauptthema dieses Films ist also die Angst, die Lebensangst des modernen Menschen in einer Welt voller Gefahren und Katastrophen, und diese Angst wird von dem Schauspieler Rod Steiger in der Rolle des Nazerman bewundernswert dargestellt. Eine Figur, die in ihrer stumm ein Schicksal aufzeichnenden Fassungslosigkeit irgendwie an Emil Jannings im *Letzten Mann* erinnert (auch in ihrem gelegentlichen Hang zur expressionistischen Übertreibung), ein leidendes Stück Fleisch, ein Bulle von Mensch, der verwundet in die Knie geht und mit gesenktem Kopf den Todesstoß erwartet.

Hans Sahl, in: Neue Zürcher Zeitung, 10. Juli 1965

### Das Schuldgefühl der Überlebenden

(...) Es ist ein Film, der große Bestürzung erzeugt und lang anhaltende Nachdenklichkeit dazu. Er beginnt, in außerordentlich verwirrender Weise, wie ein schönes, sentimentales Filmmärchen: idyllisches Familienglück in romantischer Landschaft. Aber dann stürzt sich dieser Film in einen Abgrund hinein (...).

Dieser Sol Nazerman, der ehemalige deutsche Professor aus Leipzig, nunmehr Pfandleiher in New York, mit eingebrannter KZ-Nummer, wird von Regisseur Lumet zumeist wie hinter Gittern gesehen. Er legt scharfe, quadratische Schattengerüste auf ihn, läßt ihn von Menschenmassen verschlucken, treibt ihn an Bienenwabenfenstern vorbei und durch lange, dunkle Gänge hindurch. Nazerman kann und will nicht vergessen. Der Vater der Frau seines einstigen Freundes sagt ihm mit quälender Deutlichkeit: "Du fühlst dich schuldig, weil man dich nicht umgebracht hat."

Das allein ist es jedoch nicht, was ihn in seine Resignation treibt, er glaubt erkannt zu haben: diese Welt ist zutiefst grausam und völlig erbarmungslos; will er darin überleben, muß er sich damit abfinden. Und damit scheint sich auch das letzte Idyll seines jungen Eheglücks als leichtfertiger Selbstbetrug erwiesen zu haben und das KZ als konzentrierter Alltag menschlicher Möglichkeiten. Der brutale Faschismus ist nicht tot; er verfolgt ihn weiter, droht ihn endgültig zu demoralisieren - das auch in Harlem, wo er wieder "dreckiger Jude" genannt wird.

Der Film endet dennoch erlösend - ein Mensch scheint bereit gewesen zu sein, für ihn zu sterben. Rod Steiger, der Schauspieler, der diesen Nazerman erlebt, steigert sich, in nahezu expressionistischer Manier, zu einer Glanzleistung - wohl nur noch Werner Krauß könnte mit ihm verglichen werden. Wer diesen Film ohne jede Erschütterung über sich ergehen zu lassen vermag, der hat vermutlich eine sichere Laufbahn als Pfandleiher vor sich.

H.H.K. (d.i. Hans Hellmut Kirst), in: Münchner Merkur, 20. November 1967

**Sidney (Henry) Lumet**, geb. 25. Juni 1924 in Philadelphia/Penns., Sohn der Tänzerin Julia Lumet, stand schon mit vier Jahren als Darsteller auf der Bühne. Seit den späten vierziger Jahren arbeitete er auch als Regisseur bei Broadway-Produktionen; 1950 begann er bei CBS, Fernsehfilme zu inszenieren. Sein erster Kinofilm *Twelve Angry Men* (Die zwölf Geschworenen, 1957), das Remake eines von Lumet inszenierten Fernsehspiels, war ein großer Erfolg. Lumet gilt als Spezialist für sozial engagierte Filme und Literaturverfilmungen.

Filme (u.a.): *Stage Struck*/Eines Tages öffnet sich die Tür (1958), *That Kind of Woman*/So etwas von Frau (1959), *The Fugitive Kind*/Der Mann in der Schlangenhaut (1960), *Vu du point*/Blick von der Brücke (1961), *A Long Day's Journey into Night*/Eines langen Tages Reise in die Nacht (1962), *Fail Safe*/Angriffsziel Moskau (1964), THE PAWNBROKER (1964), *The Hill*/Ein Haufen toller Hunde (1965), *The Group*/Die Clique (1965), *The Deadly Affair*/Anruf für einen Toten (1967), *The Seagull*/Die Möwe, (1968), *Bye, Bye Braverman* (eine "jüdische schwarze Komödie" (Liz-Anne Bawden), 1969), *The Appointment*/Ein Hauch von Sinnlichkeit; *King: A Film Record... Montgomery to Memphis* ("dann war mein Leben nicht umsonst" - Martin Luther King (1969, Co-Regie: Ely Landau, Joseph L. Mankiewicz u.a.), *The Anderson Tapes*/Der Anderson-Clan (1971), *Child's Play* (1972), *The Offence*/Sein Leben in meiner Gewalt (1973), *Lovin' Molly*/Aus Liebe zu Molly (1974), *Serpico* (1974), *Murder on the Orient-Express*/Mord im Orient-Express (1974), *Dog Day Afternoon*/Hundstage (1975), *Network* (1976), *Equus*/Equus - Blinde Pferde (1977), *The Wiz* (1978), *Prince of the City* (1981), *Deathtrap*/Die tödliche Falle (1982), *The Verdict*/The Verdict - Die Wahrheit und nichts als die Wahrheit; *Daniel* (1983), *Garbo Talks*/Die Göttliche, (1984), *The Morning After*/Der Morgen danach; *Power*/Power - Weg zur Macht (1986), *Running on Empty*/Flucht ins Ungewisse (1988), *Family Business* (1989), *Q & A*/Tödliche Fragen (1990), *A Stranger Among Us* (1992).

Herausgeber: Freunde der Deutschen Kinemathek. Druck: graficpress

Doppelprogramm
**DE AFSTAND TOT DICHTBIJ**
**JACOBA**

## DE AFSTAND TOT DICHTBIJ
Der Abstand zur Nähe  Niederlande 1982

*Produktion: Frans van der Staak*
*Regie, Buch: Barbara Meter*
*Kamera: Mat van Hensbergen*
*Licht: Kester Dixon. Ton: Menno Euwe*
*Produktionsleitung: Elza Heyman*
*Regie- und Produktionsassistenz: Karin van Dijk*
*Schnitt: Mattijn Seip, Barbara Meter*
*Darsteller: Lisa Wouters (Sonja), Chaja Polak (Lea), Martin Simek (Thomas), Lies van Buuren (Pflegemutter), Arie van Buuren (Pflegevater), Mieke Heesen (Greet), Ewout Cornelissen (Tijmen)*
*Uraufführung: Januar 1982, Rotterdam*
*16mm, Farbe und s/w, OmU, 40 Minuten*

### Inhalt
Der Film erzählt eine Periode aus dem Leben der Filmemacherin. Im Zweiten Weltkrieg war sie als halbjüdisches Kind gezwungen, sich zu verstecken. Von einer künstlerisch gesinnten, warmen und freiheitlichen deutschen Emigrantenfamilie kam sie in eine freundliche, aber kühle und reservierte holländische Familie, in der die Religion eine große Rolle spielte. Sie verbarg ihr Heimweh, verschloß sich nach außen und versuchte, sich anzupassen: dies wird in dem Film durch lange, statische Einstellungen in Schwarzweiß dargestellt, die zu den Farben aus der Zeit zu Hause in Kontrast stehen.
Nach dem Krieg scheint alles wie früher, nachdem sie zurückgekehrt ist. Aber die Welt ist nicht mehr so, wie sie früher einmal war.

### Abstand und Nähe
Die Nahaufnahme eines Photos: das Gesicht eines Kindes (ein Kindheitsbild der Regisseurin selbst), das direkt in die Kamera schaut. Im Bild erscheint ein Text: "Mein Vater und meine Mutter trafen sich in Amsterdam Anfang der dreißiger Jahre. Beide waren aus Deutschland geflohen: meine Mutter, weil sie Jüdin war, mein Vater, weil er von den Nazis politisch verfolgt wurde. 1943 - damals war ich vier Jahre alt - lebten meine Mutter und ich in Asterdorf, einer Art offenem Ghetto in Amsterdam. Damals war es für meinen Vater schon zu riskant, bei uns zu leben, aber er besuchte uns doch jeden Tag." So beginnt DE AFSTAND TOT DICHTBIJ von Barbara Meter. (...)
Oft sagt man: "Ich *glaube* mich zu erinnern...". Die Fragen, die sich Barbara Meter vor und während des Drehbuchschreibens gestellt haben muß, lauten folgendermaßen: Woran aus seiner Kindheit erinnert man sich? Was glaubt man nur zu erinnern? Wurde es einem erzählt, oder hat man es wirklich erlebt? Wie kann man das bestimmen? Kann man es überhaupt bestimmen? Und wie macht man darüber einen Film? (...)
Abstand und Nähe: die beiden Elemente findet man in den

Bildern, im Ton und im Text des Films wieder. Die Momente, die auf Sonja (das kleine Mädchen im Film) den größten Eindruck gemacht haben, sind in *subjektiven* Einstellungen gefilmt, d.h. vom Standpunkt des Kindes aus. (...) Auch der Ton ist 'subjektiv', in dem Sinne als er verformt und verstärkt wird; es sind die Geräusche, die in der Erinnerung Sonjas haften geblieben sind, die Geräusche, die etwas *erzählen*, die der Film nicht als 'Effekt' anwendet oder erfahrbar werden läßt. (...)
Indem die Regisseurin den Standpunkt des Kindes gewählt hat, wird die Erinnerung wirklich zu einem Element der *Vergangenheit*, zu etwas, das es nur noch in der Vergangenheit gibt. Diese Perspektive ermöglicht es dem Zuschauer, den Abstand, der in den Aufnahmen anwesend ist, zu erkennen und - das ist zumindest zu hoffen - anzuerkennen und zu verarbeiten. Dieser Abstand ermöglicht es auch, sich dem anzunähern, was man vielleicht 'den Kern der Ereignisse' nennen könnte; oder, um es besser zu formulieren: dem Zuschauer wird ein Bild angeboten, das allein aus seinem Kern, seinem Wesentlichen besteht; jedes Bild ist ein Ruhepunkt.(...)
Ein erwachsener Mensch kann versuchen, seiner Erinnerung Bedeutung zu verleihen, sie zu analysieren. Das versucht Barbara Meter nicht. Sie versucht sich vielmehr *durch den Film* zu erinnern. "Ich muß über etwas sprechen, was ich noch nicht weiß, und ich will wissen", schrieb einmal Franco Fortini. Für Barbara Meter ist das Filmen (das Formgeben) vielleicht die erste Voraussetzung, um etwas zu entdecken. Das 'Chaos', das die Bilder verursachen, verstärkt den Eindruck des Suchens. "Wir spielen die Vergangenheit nach; es ist eine Nachbildung", sagt der Kommentar. Die Erinnerung/ die Nachbildung wird als 'Objekt' behandelt, als etwas, das in aller Bescheidenheit existiert (die Filmleinwand), aber ein unsicheres Dasein führt, auf einem Meer treibt, und nach dem man gut Ausschau halten muß, ehe es verschwindet. Und manchmal verschwindet es in der Tat, im Schwarz der Leinwand. (...)

Heddy Honigmann, in: Skrien, Nr. 117, Amsterdam, Mai/Juni 1983

**Barbara Meter**, geb. 1939 in Amsterdam. Studierte Holländisch; Ausbildung an der Niederländischen Filmakademie bis 1963. Arbeit in verschiedenen Funktionen in niederländischen Filmproduktionen. Erster Kurzfilm 1967 (*Norwegian Wood*); fünf weitere Kurzfilme. Experimentelle Filmarbeit ab 1970, Leitung des 'Electric Cinema' in Amsterdam. 1973 Programmierung von Filmen im Shaffy-Theater und im Stedelijk Museum in Amsterdam. Ab 1974 Dokumentarfilme mit sozialer Thematik, Engagement in der Frauenbewegung, bis 1979 Filme mit und für Frauen; 1980 ein Kurzfilm für Kinder. 1982 DE AFSTAND TOT DICHTBIJ. 1983 Teil des Episodenfilms *De witte paraplu* mit Heddy Honigmann und Nosh van der Lely; sowie *Binnenste buiten*, 21 Minuten. 1982 *In het vorbijgaan*, Spielfilm, 80 Minuten. 1988 *Andante ma non troppo*. Experimentalfilm, 6 Minuten. 1989 *Weerbericht*, 50 Minuten; *Ins and Outs*, Doppelprojektion, 10 Minuten. 1990 *Traces*. Experimentalfilm, 16 Minuten.
Zur Zeit arbeitet Barbara Meter an einem neuen Spielfilm.

# JACOBA Niederlande 1988

Produktion: Studio Nieuwe Gronden, Amsterdam; Nos-Tele-
vision
Regie, Buch: Joram ten Brink
Kamera: Goert Giltay
Kameraassistenz: Philip Hering
Zusätzliche Aufnahmen: Frederieke Jochems
Licht: Ton Peters
Musikarrangement: Eric Hennes
Musik: Dick van der Harst (Gitarre, Bandoneon)
Michiel Weidner (Cello), Jeldrik Ijland (Saxophon)
Eric Hennes (Baß)
Ton: Lukas Boeke, Pjotr van Dijk
Musikaufzeichnung: Dicky Schuttel
Schnitt: Ton de Graaff
Mischung: Jan van Sandwijk
Standphotographie: Atalia Shaw
Produktionsleitung: Stienette Bosklopper
Produktionsassistenz: Mark Isphording, Sophie Lambo
Peter van Wijk
Produzent: René Scholten
Mitwirkenden: Johan Omvlee (Salco ten Brink), Coby Omvlee
(Hendrina ten Brink), Gezienus Omvlee (Jozef ten Brink)
Jan Omvlee (Meijer ten Brink), Ellen Omvlee (Mädchen auf
dem Fahrrad), Jurrie Omvlee (Stimme von Leo ten Brink)
Uraufführung: 23. 9. 1988, Niederländische Filmtage Utrecht
16mm, Farbe, OmU, 65 Minuten

## Zu diesem Film

JACOBA erzählt die Geschichte zweier Familien in Südost-
Drenthe: die der ten Brinks und der Omvlees.
Die ten Brinks siedelten sich dort Ende des 17. Jahrhunderts
an. Zuerst arbeiteten sie als Fleischer, später hatten sie ein
Textilgeschäft. Der einzige Unterschied zwischen dieser
Familie und ihren Nachbarn war, daß "sie am Sonnabend in
die Kirche gingen und die anderen am Sonntag". Das Leben
einer jüdischen Familie auf dem Land war ganz anders als das
der Juden in den großen Städten. Sie lebten völlig integriert
und waren Teil der Bevölkerung, die in Südost-Drenthe aus
Moor- und Landarbeitern bestand.
Der Zweite Weltkrieg machte diese Existenz zunichte. Die
ten Brinks wurden von der Familie Jacoba Omvlees versteckt, einer Witwe mit acht Kindern und einer Mühle in
Zuid-Barge. Sie nahm sie bei sich in einem Versteck auf dem
Dachboden auf. Tagsüber durften die vier Menschen sich
nicht rühren, damit die Nachbarn sie nicht hörten. Um Haus-
durchsuchungen zu vermeiden, ging Johannes, der älteste
Sohn Jacobas, zur Arbeit nach Deutschland. Als die Polizei
aufgrund eines Mißverständnisses doch eine Razzia durch-
führte. gelang es Jacobas Kindern in letzter Minute, die
Familie ten Brink in einem Schrank zu verstecken.
Die Familie wohnt noch immer im Hause der Jacoba, die 1977
verstarb. Alles ist unverändert geblieben, sogar die Mühle.
Selbst das Versteck ist noch da. Sie sprechen offen über die
Zeit, in der die Juden sich verstecken mußten. Jacoba ist noch
immer ein leuchtendes Vorbild.
Im Film versuche ich herauszufinden, wie das Leben der
Juden in dieser ländlichen Gemeinschaft vor dem Kriege war.
Was brachte Jacoba dazu, meiner Familie zu helfen, als sie
hörte, daß der älteste Sohn abgeholt worden war? (Ich benutze die Briefe meines Onkels Leo im Film). Und ich will auch
wissen, wie die Ereignisse von damals immer noch das
heutige Leben der Omvlees beeinflussen.
Der Film hat eine dokumentarische Struktur mit stark persön-
lichem Charakter. Daneben gibt es kurze Spielfilmszenen,
die vor allem die dramatischen Situationen und die Atmosphäre der Zeit des Untertauchens zu rekonstruieren suchen.
Diese Szenen werden von den Enkelkindern Jacobas gespielt.
Sie spielen die Rollen meiner Familie, der jüdischen Familie
ten Brink: meines Vaters, meines Großvaters und meines
Großonkels, die zweieinhalb Jahre lang untertauchen muß-
ten.
Die weite Landschaft mit der pastoral anmutenden Provinz
Drenthe kontrastiert zur Spannung des Untertauchen-Müs-
sens.
Darüberhinaus handelt der Film von der Beziehung, die ich,
als Sohn des seinerzeit 16jährigen jüdischen Jungen auf dem
Dachboden, mit den verschiedenen Generationen der Familie
Jacobas habe. Ich bin als Filmemacher das verbindende
Element zwischen den beiden Familien.
Joram ten Brink

Der Niederländer Joram ten Brink porträtiert in JACOBA
nicht nur die Frau, die es für selbstverständlich hielt, ihre
jüdischen Nachbarn (Familie ten Brink) zu verstecken, sondern auch das Lebensgefühl in der Zeit davor und danach. In
einer Mischung aus Dokumentaraufnahmen (von der landschaft und dem Ort heute) und in nachgestellten Spielfilmszenen vermittelt das Dokument der Zivilcourage ein gutes
Gefühl für die Atmosphäre damaliger Zeit. Ten brink holt
weit aus, um die Integration seiner Familie in das damalige
Dorfleben zu beschreiben, umso schmerzhafter ist dann der
Einbruch. Jacoba Omvlee, eine damals 50jährige Müllerswit-
we, die schon acht Kinder hatte, versteckt ohne Federlesens
die Familie ten Brink auf ihrem Dachboden. Angeregt durch
eine Sammlung von Briefen spürt Joram ten Brink der
Geschichte seiner Familie damals nach. Er besucht das alte
Haus - alles ist unverändert. Sogar das Versteck ist noch da.
Nur Jacoba ist 1977 gestorben. Sie taucht im Film auch nur
einmal am Ende als Porträt auf, ihre humanitäre Einstellung
allerdings bestimmt auch heute noch das Denken der Familie
Omvlee, die die Tat Jacobas damals auch nicht vergessen hat.
Die Mitglieder der Familie Omvlee stellen in den Spielfilm-
szenen auch die Familie ten Brink dar.
Harald Mingers, Axel Ley, in: Best Boy, Aachen, Nr. 7, Juni 1989

**Joram ten Brink**, studierte Musikwissenschaften und Mu-
sikethnologie an der Universität von Amsterdam, ethnologi-
sche Filmwissenschaft an der Königlichen Universität zu
Leiden; Filmstudium und -Abschluß am Horensey College of
Art, London. Von 1981-84 Leitung und Organisation eines
von Channel 4 unterstützten Workshops (Moonshine Film
and Video Workshop) zur Ausbildung von Künstlern. 1985
Regieassistent bei Ken McMullen für *Zina*; 1985-86 Produzent und Regisseur zweier Fernsehsendungen zum Thema
'Gewaltlosigkeit'. 1986 Berater und Rechercheur für Victor
Schonfelds Filme über Israel für Central TV.
1986-87 Berater und Rechercheur für PBS TV in New York
für drei Filme über amerikanische Dichter. Zahlreiche Work-
shops und Lehrtätigkeit zur Film/Video-Produktion.
Filme: 1980 *Stop Camera*, 1981 *Future Tense*, 1982 *Life and
Death Video Show, First Let Us Kill*, 1983 *Andrew*, 1984
*Child's Play*, 1985 *Three Casio Post Cards, Stars and Stripes
Celebration*,1986 *A Door In The Wall, Common Ground*,
1988 *C. Lanzmann In The Phoenix, Going Home*, JACOBA.

Herausgeber: Freunde der Deutschen Kinemathek. Druck: graficpress

## ZIEMIA OBIECANA

Das Gelobte Land  Polen 1974/75

*Produktion: PRF Zespoly Filmowe Zespol 'X', Warszawa*
*Regie: Andrzej Wajda*
*Buch: Andrzej Wajda, nach dem gleichnamigen Roman von*
*Wladyslaw St. Reymont*
*Kamera: Witold Sobocinski, Edward Klosinski, Waclaw Dy-*
*bowski*
*Musik: Wojciech Kilar, Ballade 'Ziemia Obiecana' von Z.*
*Konieczny und J. Kofta*
*Musikalische Leitung: Konrad Bryzek*
*Ausstattung: Tadeusz Kosarewicz, Maciej Putowski, Maria*
*Kuminek-Osiecka*
*Kostüme: Barbara Ptak, Danuta Kowner*
*Ton: Krzysztof Wodzinski, Leszek Wronko*
*Schnitt: Halina Prugar, Zofia Dwornik*
*Darsteller: Daniel Olbrychski (Karol Borowiecki), Wojciech*
*Pszoniak (Moryc Welt), Andrzej Seweryn (Maks Baum), Anna*
*Nehrebecka (Anka), Tadeusz Bialoszcynski (Karols Vater),*
*Franciszek Pieczka (Müller), Bozena Dykiel (Mada Müller),*
*Danuta Wodynska (Müllerowa), Marian Glinka (Wilhelm Müller),*
*Andrzej Szalawski (Bucholc), Jadwiga Andrzejewska (Buchol-*
*cowa), Kalina Jedrusik (Lucy Zuckerowa), Jerzy Nowak (Zucker)*
*Uraufführung: 21. Februar 1975, Warschau*
*178 Minuten, Farbe, Sprachen: deutsch, jiddisch, polnisch*

### Inhalt

Lodz, um 1880: das Zentrum einer fieberhaften Industrialisierung. Fabriken schießen wie Pilze aus dem Boden (und verschwinden oft sehr schnell wieder vom Erdboden, weil es
manchmal lohnender ist, für abgebrannte Hallen die Versiche-
rungssumme zu kassieren). Die Stadt ist ein Schmelztiegel für
Abenteurer und Spekulanten; der Kapitalismus bildet seine
ersten, schon sehr handfesten Umrisse.
Drei Freunde, zunächst noch mittellos, beschließen, zusammen eine Fabrik zu bauen: der junge polnische Adlige Karol
Borowiecki (Daniel Olbrychski), der Deutsche Maks Baum
(Andrzej Seweryn) und der Jude Moryc Welt (Wojciech Pszoniak). Karol überredet seinen Vater, seinen Gutsbesitz zu
verkaufen. Maks besorgt sich von seinem Vater Geld, dessen
altmodische, kleine Fabrik langsam dem Ruin entgegentreibt.
Moryc betätigt sich in allerhand kleinen Geschäften. Karol, der
mit dem Mädchen Anka verlobt ist, beginnt ein Verhältnis mit
Lucy Zuckerowa, der Frau eines reichen jüdischen Fabrikanten. Von ihr erfährt er, daß der Zoll für Baumwoll-Importe
nächstens drastisch erhöht werden soll. Die drei Freunde
nützen diese Information aus; sie machen einen Gewinn. Eines
Tages ist es soweit: ihre Fabrik steht. Lucy Zuckerowa erwartet
das Kind, auf das sich ihr Mann schon seit Jahren freut; aber es
ist nicht von ihm, es ist von Karol. Als Zucker das erfährt, läßt
er die gerade eingeweihte Fabrik der drei Freunde in Brand
stecken. Sie war nicht versichert. Damit die Geschäfte weitergehen können, trennt sich Karol von Anka und heiratet Mada
Müller, die Tochter eines reichen Fabrikanten.
Einige Jahre später: Karol steht mit seinen Freunden am

Fenster seiner, ihrer Fabrik. Er gibt den Befehl, auf streikende Arbeiter zu schießen. (...)

Klaus Eder, Kommentierte Filmographie, in: Peter W. Jansen und
Wolfram Schütte (Hrsg.): Andrzej Wajda, Reihe Film 23, München
1980

### Von Lodz und 'Lodzermenschen'

'Lodzermensch', ein Name, der Anfang des Jahrhunderts in
Osteuropa, auch in Deutschland ein Begriff war. In Berlin
übersetzte man das Wort wohl mit 'Raffke', mit Neureich.
Ein Lodzermensch - das war ein in der polnischen Industrie-
stadt Lodz schnell zu Reichtum Gekommener, ein Mensch,
der mit allen Mitteln seinen Reichtum innerhalb kürzester
Zeit angehäuft hat, der - nicht selten am Rande der Gesetz-
lichkeit - unter extremer Ausbeutung von Menschen und
Material viel Geld zusammenrafft, ein Mensch, der die
Gunst der Stunde und des Ortes schlau für seinen persönlichen Aufstieg skrupellos nutzt.
Lodz war gegen Ende des 19. Jahrhunderts das Mekka all
jener, die mit Hilfe einer rasanten Industrialisierung schnell
sehr reich werden wollten. In diesem polnischen Manchester
kamen Spekulanten und Abenteurer, Lohnarbeiter und vertriebene Landarbeiter, Kaufleute und Unternehmer zusammen, um ihren Traum vom gesellschaftlichen Aufstieg zu
verwirklichen. Lodz war für viele Polen, für Juden und
Deutsche das gelobte Land, wo angeblich dem Tüchtigen,
dem Fleißigen freie Bahn winkt. Doch dieses Eldorado der
Hasardeure lag in einem Land, das bereits seit über 100
Jahren dreigeteilt war, das auf der Landkarte als Staat nicht
existierte. 1863/64 hatten sich die Polen ein letztes Mal
gegen die das Land besetzt haltenden Mächte Preußen,
Rußland und Österreich-Ungarn erfolglos erhoben. Durch
den zu keinem Erfolg führenden Befreiungskampf enttäuscht, sah ein Teil der polnischen Gesellschaft in einer
raschen Industrialisierung des einstigen Agrarlandes den
einzig möglichen Weg, um zu einer neuen nationalen Identität zu gelangen. Polnische Intellektuelle, große Teile des
verarmten Landadels und der städtischen Bourgeoisie entwickelten ein positivistisches Programm, dessen Ziel in
einem starken, selbständigen Polen lag.
Doch alsbald wurde deutlich, daß die angestrebte moderne
Zivilisation, die mit der Industrialisierung des Landes kam,
für Polen sehr viele negative Erscheinungen mit sich brachte. Moralische Wertmaßstäbe und Normen, die bisher in dem
katholischen Land im gesellschaftlichen Leben eine große
Rolle gespielt hatten, verloren immer mehr an Bedeutung, je
mehr sich ein zweifelhafter Fortschritt im Lande durchsetz-
te. Ein Teil der polnischen Intellektuellen flüchtete sich
deshalb in die Illusion, daß nicht die kritiklose Übernahme
fremdländischer, westlicher Industrialisierungs-Modelle -
wie in Lodz - den Aufschwung des Landes mit sich bringt, als
vielmehr ein Bündnis der künstlerischen Intelligenz mit den
Bauern. (...)
Zweifellos das bedeutendste Werk der polnischen Literatur,
das die negativen Erscheinungen einer übereilten Industrialisierung des Landes beschrieb, ist der Roman 'Das Gelobte
Land' von Wladyslaw Reymont. "Reymonts Panorama über

das polnische Manchester wurde zu einer Abrechung mit den Ideen des Positivismus, enthielt aber auch eine Polemik gegen die von Pessimismus, Desillusionierung und mystischer Weltflucht getragenen Versuche der Moderne, dem Dilemma der Zeit zu entgehen" (Ulrike Herbst).

Die Stadt Lodz gehörte seit dem Wiener Kongreß von 1815 zum russisch besetzten Teil Polens. Der Rubel war das offizielle Zahlungsmittel. Wie im Film zu sehen, wurden die Stationsnamen der polnischen Eisenbahn in kyrillisch geschrieben. Durch die Öffnung der Zollgrenzen zu Rußland im Jahre 1850 kam es zu einem breiten Kapitalfluß in die Stadt. Zwischen Preußen und Rußland gelegen, konnte die Stadt einen gewaltigen Markt bedienen. Die Textilstoffe, die in das riesige russische Reich gelangten, kamen in erster Linie aus Lodz. In der Stadt blühte der Manchester-Kapitalismus mit all seinen negativen Begleitumständen.

Reymont hatte sich 1896 zu einem längeren Studienaufenthalt in der Stadt befunden. Sein Werk war auf der Grundlage eines genauen Studiums der Lebensbedingungen in der Stadt entstanden. Der Schriftsteller kannte den Lebensrhythmus dieser Stadt. Reymont nutzte hierbei ein Verfahren, das einige Zeit zuvor der wichtigste Vertreter des französischen Naturalismus, Emile Zola erfolgreich angewandt hatte. Reymont konstatierte später, was ihn an diesem Stoff vor allem interessiert hatte:

"1. Das wahrhaft amerikanische Entwicklungstempo der Stadt, des Reichtums und der Geschäfte - 2. die Psychologie der gierig auf Beute in die Stadt strömenden Massen, die sich vermischen, einander durchdringen und zu einem Typ, dem 'Lodzer-Mensch', verschmelzen - 3. der Einfluß dieses Saugnapfes, dieses Lodz genannten Polypen auf das ganze Land - 4. die Umwandlung der Polen in dieser kosmopolitischen Mühle usw."

Als das Buch 1897/98 dann in der Warschauer Zeitung 'Kurier Codzienny' in Fortsetzungen erschien, begriff ihn die polnische Gesellschaft, vor allem die herrschende Schicht in Lodz als einen Schlüsselroman, dessen Orte und Figuren unschwer in der Stadt genau zu finden waren.

'Das Gelobte Land' beschreibt die 'Pathologie der Millionäre', beschreibt den 'Lodzermensch'. Hier wird die Verwandlung des Menschen zum Raubtier geschildert. Der polnische Adlige Borowiecki, anfangs durchaus Vertreter einer progressiven Schicht in Polen, wurde durch die Gier nach Macht und Geld immer weiter deformiert. Moralische Skrupel werden immer bedenkenloser an den Rand gedrängt. Die Troika der Freunde, des Juden Moryc Welt, des Deutschen Max Baum und des Polen Karol Borowiecki zerbricht an der Gier nach Geld. Menschliche Gefühle wie Liebe benutzt Karol skrupellos. Die Frauen werden benutzt wie Gegenstände: Die Braut Anka wird verstoßen, die schöne, sinnliche Jüdin Lucy Zucker ausgenutzt und die häßliche, aber sehr reiche Tochter des Parvenu Müller schließlich geheiratet. Was zählen Gefühle, wenn es um Geld, um sehr viel Geld geht?

Als Andrzej Wajda 1974 mit den Arbeiten an einem Film nach Reymonts Werk begann, umriß er, was das Buch für ihn bedeutete:

"In der polnischen Literatur gibt es kein anderes Werk, das sich so fesselnd mit den Problemen des Frühkapitalismus, mit der gewaltigen Wirkung des Geldes befaßt. Die polnische Literatur widmete sich überwiegend der ländlichen Thematik. Zwangsläufig. Das hier aber ist der Roman einer Stadt. Ich zeige einen, der mitspielen will, der die Regeln beachten muß, es auch tut, aber letzten Endes dabei schlecht wegkommt. Ich vermute, daß Reymont vor seinem Mut selbst Angst bekommen hat und deshalb am Schluß seinem Helden, dem einstigen polnischen Landadligen Karol, ein für meine

Begriffe naives Ende bietet. Das einzige, was ich im Film gegenüber dem Roman geändert habe (...) ist der Schluß. Da sehen wir im Film das streikende Proletariat und auf der anderen Seite Karol, der es 'geschafft' zu haben scheint und keine Scheu vor äußerster Brutalität hat."

Wajda hat für die Modifizierung am Schluß seines Films durchaus die historische Wahrheit auf seiner Seite. Im Jahre 1892 hatte ein Generalstreik, an dem über 80 000 Arbeiter teilnahmen, die Stadt praktisch lahmgelegt. Zehn Jahre zuvor waren die ersten Arbeiterorganisationen gegründet worden. Die Klassenauseinandersetzungen nahmen zu, das städtische Proletariat organisierte sich. Reymont zeigte dagegen am Ende seines Buches einen merkwürdig 'geläuterten', sehr selbstkritischen Karol, der räsonniert: "'Jawohl, ein Egoist bin ich, ja, alles hab ich der Karriere geopfert ...'. Er wiederholte die Worte so nachdrücklich, als ob er sich mit ihnen ohrfeigen wollte, und fürchterliche Bitternis, Scham und Demütigung ergriffen sein Herz. Alles hatte er geopfert, und der Erfolg? Eine Handvoll Geld, weder Freunde noch Ruhe, noch Befriedigung, noch Glück, noch Lebenslust - nichts ... nichts ..."

Im Film dagegen erhalten allein der alte Borowiecki und Anka als positive Gegenfiguren Konturen. Sie sind die Vertreter des alten Polen, in dem moralische Maxime noch Geltung haben. In ihrer Einschichtigkeit können sie jedoch schwerlich als Alternative zum Lodzermensch Borowiecki dienen.

Andrzej Wajda, der - von seinen beiden Filmen *Der Mann aus Marmor* und *Der Mann aus Eisen* abgesehen - fast alle bedeutsamen Filme nach literarischen Werken drehte, gelang auch mit dem GELOBTEN LAND ein beeindruckendes Zeitpanorama, ein sehr komplexes Kunstwerk, in dem veristisches Zeitbild und überhöhte Vision eine gelungene Synthese eingehen. DAS GELOBTE LAND verweist auf einen anderen großen europäischen Film, in dem aus einer ganz anderen Perspektive diese Epoche des Umbruchs beschrieben wird: Auf Bernardo Bertoluccis großes Epos *Novecento*.

Michael Hanisch

**Andrzej Wajda**, geb. 6. März 1926 in Suwalki; Studium der Malerei an der Akademie der Schönen Künste in Krakow; 1954 Abschluß an der Regiefakultät der Filmhochschule in Lodz. Spielfilmdebut 1954 mit *Pokolenie*/Generation, der tragischen Geschichte einer Gruppe von jungen Widerstandskämpfern zur Zeit der Nazibesetzung. Internationale Anerkennung fand Wajda mit seinem zweiten Spielfilm, der in über 30 Länder exportiert wurde, *Kanal* (1957). Von 1972-1981 künstlerischer Leiter des Filmstabs 'X'. Weitere Filme (Auswahl): *Ide ku sloncu*/Der Sonne entgegen (1955), *Popiól i diament*/Asche und Diamant (1958), *Lotna* (1959), *Samson* (1960), *Sibirska ledi Magbet*/Blut der Leidenschaft (1962), *Popioly*/Legionäre (1965), *Gates to Paradise*/Die Pforten des Paradieses (1967), *Krajobraz po bitwie*/Landschaft nach der Schlacht (1970), *Brzezina*/Birkenwald (1970), *Wesele*/Die Hochzeit (1972), DAS GELOBTE LAND (1974/75), *Smuga cienia*/Die Schattenlinie (1976), *Czlowiek z marmuru*/Der Mann aus Marmor (1977), *Zaproszenie do wnetrza*/Einladung zur Besichtigung von Innenräumen (Internationales Forum des Jungen Films, 1979); *Bez znieczulenia*/Ohne Betäubung (1978), *Dyrygent*/Der Dirigent (1979), *Czlowiek z zelaza*/Der Mann aus Eisen (1981), *Danton* (1982), *Eine Liebe in Deutschland* (1985), *Kronika wypadkow milosnych*/Chronik einiger Liebesunfälle (1986), *Schuld und Sühne* (1987), *Les Possédées*/Die Dämonen/*Biesy* (1988), *Korczak* (1990).

Herausgeber: Freunde der Deutschen Kinemathek. Druck: graficpress

## LODZ GHETTO USA 1988

*Produktion: The Jewish Heritage Project, Alan Adelson*
*Regie: Alan Adelson, Kathryn Taverna*
*Buch: Alan Adelson nach dem Tagebuch von Dawid Sierowiak*
*Kamera: Jozef Piwkowski, Eugene Squires*
*Standfotografie: Gary Becker, Kathryn Taverna*
*Fotografien des Ghettos: Mendel Grossmann, Henryk Ross*
*Ghetto-Originalfarbfoto: Löcker Verlag, Wien*
*Aufnahmen des ehemaligen Ghettobezirks: Eva Rubinstein*
*Musik: Robert Fitzsimons*
*Originalkomposition: Wendy Blackstone*
*Schnitt: Kathryn Taverna*
*Regie-Assistenz: Sydney Sidner*
*Musikberatung: Jan Radzynski*
*Historische Beratung: Lucjan Dobroszycki, Raul Hilberg, Ir-*
*ving Howe, Martin Gilbert, Leszek Kolakowski, Janet Roach*
*Redaktionelle Beratung: Robert Lapides*
*Recherchen: Marek Web*
*Assistenz: Molly Hoagland*
*Filmrecherche: Robert Summers*
*Toningenieur und Mischung: Miles Green*
*Musikrecherche: Gila Flam*
*Musikschnitt: Kathryn Taverna*
*Schnitt-Assistenz: Lynn Cassaniti, David Carnochan*
*Tonschnitt: Bitty O'Sullivan-Smith*
*Stimmenaufzeichnung: Chris Shaw, Blaise Dupuy*
*Mischung: Mel Zelniker*
*Ausführender Produzent: Stephen Samuels*
*Filmteam in Polen:*
*Co-Produzentin: Rebecca Kaufman*
*Produzent des 2. Aufnahmeteams: Richard Adams*
*Ton: Halina Paszkowska*
*Übersetzer: Joanna Horowska, Kamil Turowski*
*Produktionsleitung: Krzysztof Sziejmke*
*Stimmen: Jerzy Kosinski als Chaim Rumkowski, Nicolas Ke-*
*pros, Barbara Rosenblatt, David Warrilow, Gregory Gordon,*
*Alan Adelson, Julie Cohen, Jerry Matz, Sam Tsousouvas, Eva*
*Wellisz, Theodore Bikel, Lynn Cohen, Frederick Neumann*
*Uraufführung: 7. Oktober 1988, New York*
*Farbe, OmU, 103 Minuten*

Mit Unterstützung von The National Endowment for the Humanities; The Corporation for Public Broadcasting, Frederick Field; The Alfred Jurzykowski Foundation; Ralph Rosenblum; New York State Council on the Arts (Literaturprogramm); American Foundation for Polish/Jewish Studies; New York Center; The Public Broadcasting Service; Jack Tramiel; The New York Council for the Humanities

### Zu diesem Film

Lodz wurde im September 1939 von den deutschen Truppen besetzt, die bei ihrem Einmarsch von der deutschen Minderheit mit Heil-Rufen empfangen wurden. Im März 1940 wurden alle Juden der Stadt in ein Ghetto gesperrt, viele erschossen. Mit dem Eintreffen von 1000 Deportierten aus der Tschechoslowakei, nach der 'Entjudung' Prags, erreichte die Ghet-

tobevölkerung die Zahl von 200 000 Einwohnern. Nur 800 von ihnen haben bis zur Befreiung überlebt.

Der Film berichtet die Geschichte des Ghettos mit erstaunlicher Unmittelbarkeit. Dabei finden über 1000 Fotos, von Ghetto-Insassen unter großer Gefahr aufgenommen, Farbdias eines unbekannten deutschen Fotografen und sechs Minuten authentisches Filmmaterial, das von den Nazis im Ghetto gedreht wurde, Verwendung. Stimmen aus dem Off, die aus Tagebüchern und Dokumenten zitieren, berichten die Geschichte des Ghettos.

Während das Ghetto ein Arbeitslager wird und die jüdische Gemeinde bei ständig schrumpfenden Lebensmittelrationen um ihr Überleben kämpft, fordert der von den Nazis eingesetzte Judenälteste Mordechai Chaim Rumkowski (dessen Part der Romancier Jerzy Kosinski, der seine Familie im Ghetto Lodz verlor, mit großer rhetorischer Eindringlichkeit spricht) die Menschen dazu auf, Ruhe zu bewahren, noch härter zu arbeiten und den deutschen Anordnungen Folge zu leisten. Als die Deutschen schließlich die Deportation aller Kinder unter 10 Jahren anordnen, 20 000 Opfer, drängt ein weinender Rumkowski, sie herauszugeben, "um das Ghetto zu retten".

Obwohl viele glaubten, daß es Rumkowski gelingen würde, das Ghetto vor der endgültigen Liquidierung zu bewahren, wird am Ende auch er, zusammen mit den restlichen Einwohnern, mit einem Transport in ein Vernichtungslager deportiert. Demoralisiert und halb verhungert, besteigen die letzten der Gemeinde die Waggons. Nur wenige, die sich in den Kellern verstecken, überleben.

Es gibt keine Worte, um die Schrecken der Geschichte des Lodzer Ghettos zu beschreiben, aber Adelson und Taverna gelingt es, in Bild und Text ihrer Dokumentation einen Begriff davon zu vermitteln. (...)

Deborah Young, in: Variety, New York, 28.12. 1988 - 3.1.1989

### Hoffnungslos eingesperrt mit den Eingesperrten

(...) Hier, in dieser von Alan Adelson und Kathryn Taverna zusammengeschnittenen Dokumentarcollage, ertrinkt man fast in schwer erträglichen authentischen Bildern: wir sind hoffnungslos eingesperrt mit den Eingesperrten, den Todeskandidaten des Ghettos Lodz, das die Nazis als 'Litzmannstadt' vereinnahmt hatten. Man hat, kaum glaublich, heimlich, unter Lebensgefahr von Juden aufgenommene Fotos über Leben und Schuften unter der Fron der Nazis, den Hunger, das Verhungern, Sterben gefunden; auch von den Sklavenhaltern und Mördern selbst zynisch und ordnungsbewußt zwecks 'Dokumentation' gedrehte kleine Filme, etwa über im Lager 'als Exempel' aufgehängte Insassen oder die Selektion aller von ihren Eltern weggerissenen Kinder oder Kranken für den Weitertransport ins Nirgendwo. Und auf Papierfetzen und Buchränder gekritzelte Zeugnisse des Wortes, die hier von verschiedenen Sprechern gelesen werden.

Die Juden haben, durch ihre ganze Geschichte hindurch, zum Wort eine weit stärkere Bindung als zum Bild. Die Sprache beschönigt nichts. Auch dies wird nicht verschwiegen: wie überhaupt der Mensch, Jude oder Nichtjude, unter solcher nicht mehr vorstellbaren Qual seines Menschseins beraubt wird.

Andererseits: wie auch die Fähigkeit der Ausgemergelten nicht endet, sich, zum Beispiel, noch oder gerade unter diesen Umständen von einem Beethoven-Konzert der Lagermusiker zu den immateriellen Wonnen der Kunst verführen zu lassen. Solche Momente nehmen einem den Atem.

Der Film (...) kommt ganz ohne nachgestellte Interviews, gar eigene Kommentare aus. Er ist hoffnungsloser, quälender noch als ein Dokument über Warschau, das wir vor zwei Jahren (...) sahen: Dort gab es den legendären Widerstand. Hier nur: verlöschen. (...)

Karena Niehoff, in: Der Tagesspiegel, Berlin, 18. Februar 1989

## Lagebericht der Gestapo Lodz: Deportationen aus dem Regierungsbezirk Lodz ins Vernichtungslager Chelmno, 9.6.1942

Im Hinblick auf das Judentum war die staatspolizeiliche Arbeit auf das nach Anweisung des Gauleiters zu schaffende Gaughetto in Litzmannstadt gerichtet. Nach Anweisung des Gauleiters sollen alle nichtarbeitsfähigen Juden evakuiert und die arbeitsfähigen des gesamten Gaues im Ghetto Litzmannstadt zusammengefaßt werden. Von hier aus sollen dann größere Mengen von Juden im Gaugebiet zu verschiedenen Arbeiten (Bahn- und Straßenbau) angesetzt und nach Beendigung der Arbeit wieder in das Ghetto zurückgeführt werden. Die im Ghetto verbleibenden Juden werden dort restlos zur Arbeit eingesetzt. Im Zuge der Bildung des Gaughettos erwies es sich zunächst als notwendig, Raum für die einzusiedelnden Juden zu schaffen. Zu diesem Zwecke wurde eine größere Anzahl nichtarbeitsfähiger Juden aus dem Ghetto evakuiert und dem Sonderkommando zugeführt. Von den polnischen Juden wurden seit dem 16.1.42 insgesamt 44 152 ausgesiedelt. (...)

Da den Juden des Bezirks natürlicherweise die Aussiedlung bekannt geworden war, versuchten sie, durch Verschiebungen von Vermögenswerten, Flucht in das Generalgouvernement und überhaupt weitestgehende Nichtbefolgung der behördlichen Anordnungen die Aussiedlung zu stören. Aus diesem Grunde wurden von hier aus beim RSHA (Reichssicherheitshauptamt, A.d.R.) schärfste Maßnahmen gegen die Juden beantragt und vom RFSS (Reichsführer-SS, A.d.R.) mehrfach Exekutionen an Juden angeordnet. So wurden bisher insgesamt 95 Juden öffentlich gehängt. Diese Maßnahmen hatten zur Folge, daß der Jude das hiesige scharfe Durchgreifen erkannte und sich nunmehr im Großen und Ganzen allen Anordnungen ruhig fügte.

In: Peter Longerich (Hrsg.), Die Ermordung der europäischen Juden, Eine umfassende Dokumentation des Holocaust 1941-1945, München 1989

## Ghetto-Chronik Lodz: Die Liquidierung des Ghettos, 24.6.1944

Tägliche Neuigkeiten
Eine kleine Panik
Es herrscht Aufregung im Ghetto, weil die Eisenbahnwaggons, mit denen der gestrige Transport abtransportiert wurde, schon wieder im Bahnhof Radogoszcz sind. Die Leute schließen daraus, daß der Transport nur eine kurze Strecke gefahren ist, und eine Welle des Schreckens geht durchs Ghetto. Die Leute denken an die kurze Reise der Eisenbahnwaggons und Züge in der Phase der großen Umsiedlung [1942] und die alamierenden Gerüchte aus dieser Zeit.
Es wird berichtet, daß in einem Güterwagen ein Zettel gefunden wurde, der besagt, daß der Zug nur bis Kutno [nördlich Lodz] gefahren ist, wo die Reisenden dann in Personenwagen umgeladen wurden. Diese Information wurde nicht bestätigt. Tatsächlich hat niemand den Zettel gesehen; deshalb können aus der schnellen Rückkehr der Waggons keine Schlüsse gezogen werden. Vielleicht wird der Transport in Kutno fortgesetzt. Es ist zu hoffen, daß wir bald in Erfahrung bringen, was mit diesen Menschen geschieht.

In: Peter Longerich (Hrsg.), Die Ermordung der europäischen Juden, a.a.O.

## Aufzeichnungen des Ghettobewohners Zelman Lewental

(...) Wer hätte geglaubt, daß man jetzt, im 8. Monat 1944, immer noch dieses verdammte Spiel dieses unerhörten Vernichtungssystems mitmachen würde, das schon seit 2 bis 3 Jahren mit entsetzlicher Grausamkeit gegen (...) geführt wird.

(...) und als wir noch zuhause wohnten, war das Ghetto von Lodz schon als das schrecklichste aller Ghettos bekannt, in dem wegen seiner strengen Isolierung - verständlicherweise - schlimmes und gewaltiges Elend herrschte. Aber sie hätten doch (...).

(...) in häufigen Aussiedlungen (...). Ein Rätsel. Niemand weiß etwas. Wirklich alle umbringen (...). Nein, doch wohl nicht! Das - nicht, warum eigentlich nicht? Weil ich nicht daran glauben möchte. Noch ein paar Monate (...).

(...) Auf demselben Platz, wie auch auf dem Platz der benachbarten Fabrik, die gegenüber steht, auf der anderen Straßenseite. Sucht dort in den Gruben (...).

(...) den Tod so gleichgültig (...) trafen nicht (...) die Schießenden, die aus nicht mehr als 3 (...) bestanden und höchstens zwei Gewehren. Und die Zahl der Verurteilten übersteigt oftmals hundert. Jeder sieht, wie man die anderen erschießt und daß er gleich selbst an der Reihe ist, daß er gleich eine Kugel bekommt und sterben wird. Und niemand wehrt sich. Weshalb? Das Ghetto von Lodz kann nicht leben (...).

(...) Niemand hatte die Kraft dazu, niemand hatte den Mut dazu, doch wenn man die Lebenden aus dem Ghetto kennenlernt - wie das alles aussieht - dann erhält man (...) eine klare Antwort (...).

(...) eine Spiegelung der Wahrheit; denn das ist noch nicht die ganze Wahrheit. Die ganze Wahrheit ist viel tragischer, noch viel entsetzlicher (...)

Dank eines Zufalls wurde das an verschiedenen Stellen vergraben. Sucht weiter! Ihr findet noch mehr!

In: Janusz Gumkowski u.a. (Hrsg.): Briefe aus Litzmannstadt, Köln 1967

**Alan Adelson**, Leiter des 'Jewish Heritage Project', der das LODZ GHETTO herstellte, ist ein vielgelesener Sachbuchautor und Schriftsteller, dessen Arbeiten in Zeitschriften wie 'The New Yorker', 'Esquire', 'Wall Street Journal' u.a. erschienen. Verfaßte u.a. auch ein Buch über die amerikanische Studentenbewegung. Adelson hat das Drehbuch des Films aus Tausenden von Seiten aus den Aufzeichnungen der Ghettobewohner destilliert. LODZ GHETTO ist sein erster Film.

**Kathryn Taverna** hat bisher über dreißig Dokumentarfilme fürs Fernsehen gedreht. Ausgezeichnet mit einem Emmy Award für ihre zusammen mit Bill Moyers und Jane Roach gestalteten PBS Fernsehserien *Creativity* und *A Walk Through the Twentieth Century.*

Herausgeber: Freunde der Deutschen Kinemathek. Druck: graficpress

## KORCZAK Polen 1990

*Produktion: Filmstudio 'Perspektywa', Regina Ziegler Film-
produktion, Telmar Film International, Erato Films, ZDF,
BBC Films
Regie: Andrzej Wajda
Buch: Agnieszka Holland
Kamera: Robby Müller
Musik: Wojciech Kilar
Bauten: Allan Starski
Ausstattung: Anna Kowarska, Magdalena Dipont
Kostüme: Wieslawa Starska, Malgorzata Stefaniak
Ton: Janusz Rosol. Schnitt: Ewa Smal
Standfotos: Renata Pajchel
Produzenten: Regina Ziegler, Janusz Morgenstern, Daniel
Toscan du Plantier
Produktionsleitung: Barbara Pec-Slesicka
Darsteller: Wojtek Pszoniak (Korczak), Ewa Dalkowska (Ste-
fa), Piotr Kozlowski (Heniek), Marzena Trybala (Estera),
Wojciech Klata (Szloma), Adam Siemon (Abramek), Karolina
Czernicka (Natka), Agnieszka Kruk (Ewka), Robert Atzorn
(Arzt), Edgar Hoppe (Gendarm)
Uraufführung: 10. Mai 1990, Cannes
s/w, DF, 118 Minuten*

### Anmerkung

Andrzej Wajda erhielt 1990 den Europäischen Filmpreis für
sein künstlerisches Gesamtwerk; im selben Jahr wurde
KORCZAK von der Bundesarbeitsgemeinschaft für Jugend-
filmarbeit und Medienerziehung ausgezeichnet.
Bereits 1973/74 war in Berlin und in Israel unter der Regie von
Aleksander Ford (Produktion: CCC Film, Berlin, und Bar
Kochba Film, Tel Aviv, zusammen mit dem ZDF, Mainz, der
Film *Sie sind frei, Dr. Korczak* (auch: *Der Märtyrer*), mit Leo
Genn in der Hauptrolle, entstanden.
1972 wurde Janusz Korczak posthum der Friedenspreis des
Deutschen Buchhandels verliehen.

### Inhalt

Janusz Korczak, 1878 in eine bürgerliche, polnisch-jüdische
Familie geboren, war Arzt, Lehrer, Erzieher und einer der
großen Reformpädagogen, der sein ganzes Leben in den
Dienst der Kinder stellte. Zur Legende wurde Korczak, weil er
im August 1942 vom Warschauer Ghetto mit 'seinen' Kindern
aus dem jüdischen Waisenhaus nach Treblinka ging, nachdem
er alle Fluchtangebote für sich abgelehnt hatte.

Verleihmitteilung

### Lehrstück der reinen Humanität

"Wer sagt, er opfere sich für andere, der lügt." Was bringt
einen Mann, der nicht erst im Tod sein Leben für andere, für
Kinder geopfert hat, zu dieser Äußerung? (...)
Es geht um die letzten Jahre von Janusz Korczak: 1939 muß er
mit den Kindern seines Waisenhauses ins Ghetto umziehen:
sein Widerstand bleibt passiv. Er weigert sich, die gelbe Armbinde zu tragen, legt die alte polnische Offiziersuniform
wieder an und läßt sich nur widerwillig von einem deutschen

Militärarzt für haftuntauglich erklären. Für das Weiterleben
seiner Schützlinge jedoch nimmt Korczak jede Demütigung
und jede Anstrengung auf sich. Er sammelt Brennholz,
bettelt um Nahrungsmittel und schnorrt sogar die Schieber
und Schwarzhändler im Ghetto an. "Ich habe keine Würde,
sondern zweihundert Kinder."
Wenn es um die Kinder geht, wirkt der Arzt wie die Verkörperung längst aus der Mode gekommener Tugenden, wie De-
mut, Hingabe und Selbstlosigkeit. Er scheint zumindest zu
ahnen, wie das Ende aussehen könnte. Zu den Aufführungen
des Kindertheaters im Waisenhaus gehört auch Tagores
Stück 'Die Post'; vielleicht hat Korczak seine Schützlinge
mit dem Bühnentod eines Jungen auch auf ihr eigenes
Sterben vorbereiten wollen. KORCZAK soll, wenn man den
Worten des Regisseurs glauben darf, Wajdas letzter Film
sein: ein Vermächtnis, das, trotz der wunderbar sensiblen
Arbeit des Kameramannes Robby Müller, frei bleibt von
aller Virtuosität, das jeden künstlerischen Ehrgeiz zurück-
stellt, geradezu demütig dem Bild Korczaks zu dienen
versucht und dennoch die bloße Hagiographie vermeidet.
Vielleicht läßt sich damit auch die didaktische Ziele verfol-
gende, mitunter an biedere Schulfunksendungen erinnernde
Dramaturgie erklären; mehrfach werden Motive einfach
erwähnend abgehakt, wie etwa der Hinweis auf die Zeitung
der Kinder oder ihre Theaterarbeit, die weder vorher noch
nachher, sondern allein in der Sequenz von der Tagore-
Aufführung vorkommt.
Neben überzeugend integrierten historischen Dokumentaraufnahmen vom Warschauer Ghetto finden sich bühnenhaf-
te Sequenzen, in denen die Darsteller unmittelbar zum Zuschauer sprechen. Korczaks Biographie erscheint in Wajdas
Augen auch als Lehrstück der bedingunglosen Humanität
jenseits ideologischer Positionen.
Die Schlußsequenz von KORCZAK wird umstritten bleiben.
Von unsichtbarer Hand abgekoppelt bleibt der letzte Waggon des Zugs nach Treblinka auf freier Strecke stehen; die
Tür öffnet sich, Korczak und die Kinder ziehen mit ihrer
Fahne in die offene Landschaft. Die Szene wurde als Bild für
die Gründung des Staates Israel interpretiert - eine ziemlich
fragwürdige Deutung. Eher glaube ich, daß sich der Regisseur dagegen wehren wollte, das Grauen der Gaskammern
inszenatorisch zu wiederholen. Wajda setzt dagegen das
Bild einer inneren, jenseitigen Freiheit. Doch die milchig
weiße Luft verweist noch auf den Untergang.

H.G. Pflaum, in: Süddeutsche Zeitung, München, 8. Mai 1991

### Interview mit Andrzej Wajda / Sabine Carbon

*Frage:* Sie haben sich in ihren Filmen immer wieder mit dem
Nationalsozialismus auseinandergesetzt. Haben Sie keine
Angst davor, daß dieses Thema langsam zur filmischen Stereotype erstarren und seine politische Brisanz verlieren
könnte?
*Andrzej Wajda:* Ja, vielleicht ist es so, aber es gibt immer
noch einige Themen, Themen aus der Vergangenheit, aus
unserer Besatzungszeit, die doch auf der Leinwand erscheinen sollen. Ob diese Filme imstande sind, so viele Zuschauer
zu bewegen wie das früher der Fall war, als ich den Film

*Kanal* gemacht habe...? Die Kinosituation hat sich verändert und das Publikum, und es gibt das Fernsehen. Ich weiß nicht, ob KORCZAK weniger Zuschauer haben wird, als der *Kanal* damals. Wir haben eigentlich alles schon gesehen zu diesem Thema. Gut, es stimmt, daß wir das Ghetto schon öfters gesehen haben auf der Leinwand. Trotzdem, der größte Teil der Filme, die das Ghetto zeigten, wurde außerhalb Polens gedreht. Und gerade wir, das polnische Kino, können stärker, deutlicher und wahrhaftiger das Ghetto zeigen, weil es in Polen gewesen ist, und weil wir uns selbst noch an diese Zeiten erinnern können.

*Frage:* Was hat Sie besonders an Korczak (...) interessiert? Ist das eine Gestalt, über die Sie schon länger einen Film machen wollten?

*A.W.:* Ja, seit langem habe ich gedacht, daß es eigentlich ein Unding ist, daß im polnischen Kino noch kein Film über eine solche Gestalt gemacht wurde. Er gehört zu den wenigen Persönlichkeiten, die man unbedingt auf der Leinwand gezeigt haben sollte. Und ich war auch der Meinung, daß gerade wir Polen einen solchen Film machen sollten, daß er unser Thema ist. (...) Viele Jahre hindurch gab es das jüdische Thema nicht im polnischen Film. Es war immer ein Tabuthema. Und daß dieser Film aktuell ist, daß man über dieses Thema sprechen sollte, daß man diesen Film dem polnischen Publikum zeigen sollte, das bestätigte der letzte Wahlkampf, bei dem man plötzlich antisemitische Parolen hörte.

*Frage:* Aber ist das eine Aktualität, an die Sie von vornherein dachten? Ich könnte mir vorstellen, daß Sie als Theaterregisseur, der Sie ja auch sind, auch an der eigentlichen zeitlosen Tragödie interessiert waren, die die Geschichte eröffnet.

*A.W.:* Das stimmt. Man hätte ja auch einen Film über Korczak machen können, der nicht nur im Ghetto gespielt hätte, sondern auch vor dem Krieg. (...) Aber ich wollte nur die letzte Etappe seines Lebens für diesen Film verwenden. Vor allem, weil Dr. Korczak - im Gegensatz zu vielen anderen Menschen, die im Ghetto lebten - eine *Wahl* hatte. Er hätte sich retten können. Es gab viele Menschen, viele Organisationen, die alles getan hätten, um ihn zu retten. Dr. Korczak hat das im vollen Bewußtsein der Folgen abgelehnt.

*Frage:* Der Blickwinkel Ihres Films unterscheidet sich etwas von anderen Ghetto-Filmen. Korczak wird nicht als Opfer gezeigt, und die Traumsequenz am Schluß, als Dr. Korczak und die Kinder aus dem haltenden Zug springen, der sie eigentlich nach Treblinka bringen soll, ist fast so etwas wie ein Happy-End, wenn auch natürlich nicht im Sinne Hollywoods.

*A.W.:* Dieses Schlußbild ist nicht nur eine literarische Idee, sondern mehr eine Legende, Anekdote, ein Ereignis, woran ich mich selbst erinnere. Es wurde erzählt und weitergesagt von Mund zu Mund, während des Krieges noch und nach dem Krieg. Man sagte, da ist irgendetwas dazwischengekommen, der Wagen hat sich abgekoppelt und sie gehen wie dieser Kinderkreuzzug in eine bessere Zukunft, in eine bessere Welt. Das hat immer meine Phantasie inspiriert. Ich glaube aus Protest gegen die grausamen Tatsachen entstand diese Legende. Deswegen dachte ich, habe ich eine Recht auf ein poetisches Schlußbild. Vor einer Szene, die zeigen würde, wie die Kinder in den Gaskammern sterben, davor habe ich einen Rückzieher gemacht, weil ich dachte, die Kunst muß sich auf sich selbst beschränken. Es gibt Sachen, die man auf der Leinwand nicht zeigen darf. (...)

*Frage:* Ist das der Grund, warum Sie zusätzlich dokumentarisches Material verwendeten? Sie haben ja fast einen Film im Film gemacht. Immer wieder sieht man filmende Nazis und die dokumentarischen Bilder zeigen natürlich viel grausamere Dinge, als die von Ihnen gedrehten Bilder.

*A.W.:* (...) Ich dachte, daß man mit diesem dokumentarischen Material auch gleichzeitig eine Vorwarnung erhält. Nach dem Motto: ein Filmemacher werden, ist auch eine Verantwortung. Denn diejenigen, die da gedreht haben, waren auch Filmemacher. Vielleicht waren sie nicht talentiert, aber sie haben eine riesige Verantwortung auf sich genommen, indem sie diese Szenen gedreht haben. Sie haben das nicht aus Protest gemacht, sondern sie filmten auf Bestellung des Propagandaministeriums, und die Propaganda sollte beweisen, daß das Verbrechen von den Juden allein ausgegangen ist.

*Frage:* Was ist das für Dokumentarmaterial?

*A.W.:* Es sind eineinhalb Stunden, ungeschnitten. Man hat es in Babelsberg gefunden. Und daraus hat ein sehr wichtiger polnischer Filmregisseur einen Film zusammengeschnitten. So habe ich auch davon erfahren, und so kam dieses Material nach Polen.

*Frage:* Sie haben einmal gesagt, daß KORCZAK Ihr letzter Film sein sollte. Nun sind Sie als Senator der Republik Polen inzwischen Politiker geworden. Schließen sich Politik und Kunst aus?

*A.W.:* Ich habe tatsächlich die Absicht gehabt, mit dem Filmemachen aufzuhören, weil ich dachte, die Übergangszeit in Polen würde viel länger dauern. Und jemand mußte sich an diesem Prozeß beteiligen. Menschen, die einen Namen haben und Vertrauen genießen, haben diese Pflicht. Heute sieht die Situation ganz anders aus. Unser Land strebt eine Demokratie an. Wir können jetzt an unsere Arbeit zurückkehren. Jetzt stehe ich vor der Frage, welchen Film ich machen soll. Es ist sehr schwer, plötzlich soviel Freiheit zu tragen. (...) Gerade bei KORCZAK, einem Film, dessen Thema so wichtig ist und den niemand außer uns erzählen kann, haben wir eine Mission, unsere Lebenserfahrungen und unsere politischen Erfahrungen anderen bekannt zu machen.

Sabine Carbon, in: Der Tagesspiegel, Berlin, 24. März 1991

## Ein denkender David

(...) Um Andrzej Wajdas Film gab es zum Kinostart in Frankreich eine unglückliche Debatte. 'Le Monde' war unter den Blättern, die dem Film Antisemitismus durch das Nichtzeigen des (polnischen) Antisemitismus vorwarfen. Claude Lanzmann, der Regisseur der einzigartigen Recherche *Shoah*, stimmte in den Vorwurf ein. Hält man sich an das, was Wajda zeigt und zeigen wollte, so findet sich in KORCZAK keine Spur, die politisch verwerflich wäre. Der Film ist ein Appell an die Stille und die Aufmerksamkeit, der kontemplativ in die Gedankeninnenwelt von Korczak und seinen Kindern führt. Kein philosemitischer Heiligenschein wird hier ausgeleuchtet. (...)

Geradezu mit einer Blickphobie geschlagen scheint die Darstellung des Korczak, der sich nur im engsten Kontakt mit den ihm anvertrauten Kindern eine Gegenwelt erschließt. Im Marsch auf dem Weg ins Lager streckt er zehn Finger in Richtung auf vierhundert Kinderhände aus, die nach ihm greifen. Unmöglich, nicht an Moses beim Zug durch das Rote Meer zu denken. Doch der Schauspieler Pszoniak will lieber ein denkender David sein. So macht er sich klein, damit er in Augenhöhe derer kommt, die auf ihn setzen. (...)

Karsten Witte, in: Die Zeit, Hamburg, 22. März 1991

## Lackmus-Test fürs öffentliche Bewußtsein

(...) KORCZAK ist die Realisierung eines alten Projekts, das durch den polnischen Antisemitismus über Jahre verhindert wurde. Auch stilistisch begreift Wajda seinen Film als Rückkehr zur "Einfachheit und Ehrlichkeit meiner frühen Schwarzweißfilme". Aus dem Schwarzweißmaterial allein entsteht freilich nicht automatisch Authentizität, auch nicht mit einem Kameramann wie Robby Müller, dessen spröde und verhaltene Bilder fast nahtlos in die gelegentlichen Wochenschauaufnahmen übergehen.

Wajda entzieht sich der scheinbar unmöglichen Aufgabe, einem Anti-Helden ein Denkmal zu setzen, mit einem Kunstgriff. "Das Gute ist wehrlos, naiv, langweilig... aber das Heilige schöpft aus den menschlichen Schwächen", umschreibt er seine Konzeption. KORCZAK wird so zu einer Heiligsprechung in Zelluloid, zu einem katholischen Film über einen polnischen Juden, der 1940 mit 'seinen' Waisenkindern ins Ghetto ging und sie, statt sich zu retten, 1942 in die Gaskammern nach Treblinka begleitete. (...)

Man kommt an KORCZAK nicht mit dem Urteil vorbei, er sei als Film mißglückt. Man muß ihn sich ansehen, weil er eine Wunde berührt und eine Vergangenheit, die trotz der Exorzismen eines Ernst Nolte "nicht vergehen will". An diesem Punkt hört die Filmkritik auf - oder sie beginnt erst, mit Kracauers Worten, als Gesellschaftskritik, als Kritik an den Stereotypen des Kinos, in denen sich auch der gesellschaftliche Umgang mit der Vergangenheit sedimentiert hat.

Peter Körte, in: Frankfurter Rundschau, 28. März 1991

### KORCZAK - ein antisemitischer Film?

Als Andrzej Wajdas Film KORCZAK letztes Jahr in Frankreich anlief, löste er teilweise heftige Kritik aus, in deren Zentrum der Vorwurf stand, Wajda habe einen antisemitischen Film gedreht. An die Spitze der Kritiker und Kritikerinnen hat sich Claude Lanzmann gestellt, der in Paris lebende Autor der neunstündigen Filmdokumentation *Shoah*. Mit der Autorität, die ihm dieses Werk verleiht, bekam die Anklage Lanzmanns ihr besonderes Gewicht, sie wurde aber auch unterstützt von 'Le Monde'. Andere jüdische Intellektuelle in Frankreich wie Elisabeth Badinter oder Alain Finkielkraut folgten Lanzmann hingegen in keiner Weise. (...)

Zunächst und auf erstes Hinsehen hin muten die Vorwürfe - angesichts des Themas - merkwürdig an. Mit antisemitischen Gefühlen wird sich ein so renommierter Regisseur wie Wajda, Anhänger von Solidarnosc und gegenwärtig noch im Senat sitzend, kaum an die filmische Biographie von Janusz Korczak gemacht haben, diesem Helden des Warschauer Ghettos. Dennoch ist nicht völlig von der Hand zu weisen, was Wajdas Kritiker einwenden. Schwer zu beurteilen ist lediglich, ob Antisemitismus mit Regie geführt hat oder ob es Wajda einfach an Einfühlung fehlte für das, was er darzustellen versuchte. Die Frage wird sich immer wieder stellen, wo nichtjüdische Autoren sich mit realistischen Mitteln bemühen, jüdisches Schicksal darzustellen. Zumindest lauert dort die Gefahr von erheblichen Mißverständnissen, und am Beispiel von KORCZAK ist sie offensichtlich wieder akut geworden. (...) Dem Film, schwarzweiß photographiert, geraten auch die Figuren zuweilen schwarzweiß und nicht differenziert genug. Da gibt es die gute Polin, die ein jüdisches Kind rettet, doch nicht zu sehen sind - einer der Einwände der Kritik - die antisemitischen, die kollaborierenden, die mitschuldigen Polen; da gibt es die - historische - Figur Adam Cerniakovs, des von den Nazis eingesetzten Judenrats (dessen Tagebuch aus dem Ghetto berühmt geworden ist und der sich das Leben nahm); und da gibt es die anderen jüdischen Gemeindeoberen im Ghetto, die allesamt täglich von den Deutschen dazu gezwungen werden, zwischen einzelnen Menschenleben abzuwägen und damit immer schuldig werden. Auch Korczak geht sie immer wieder um Hilfe an, die sie ihm aber nicht geben können oder wollen, weil auch andere ihre Hilfe brauchen. So aber entsteht der Eindruck, am Elend der Kinder seien die Juden mitschuldig geworden, während die Deutschen merkwürdig unscharf am Rande bleiben. Gerade die Tragik der

Judenräte aber würde eine genaue und differenzierte Darstellung verlangen. Und dann gibt es da auch die jüdischen Schieber und Ganoven im Ghetto, die sich in einem Lokal amüsieren, Geld haben, trinken, Musik spielen, allem Anschein nach Elend und Tod um sich herum zynisch ignorierend. Diese Figuren beispielsweise erinnern Lanzmann an Nazipropagandafilme, welche die Stereotypen des feigen, geldgierigen, pornographischen Juden verbreitet haben. Außerdem, so Lanzmann weiter, könne es angesichts des Massenmordes in Treblinka nicht um die 'Wahrheit' gehen, daß es jüdische Schwarzhändler im Ghetto (wie überall) gab. Es habe keine Bedeutung.

Am meisten Empörung aber hat der Schluß des Films ausgelöst (...) Ein Schluß (...), der nicht die Wirklichkeit des Mordes an den Kindern widerspiegelt, sondern abhebt in eine Dimension des Traums und der Vision.

Wajda weist die Vorwürfe von sich. Sie nachzuvollziehen scheint dem Polen und Christen Wajda schwerzufallen, der bei früherer Gelegenheit schon erklärt hatte, er habe vor allem einen Film für Polen machen wollen. "Die Kritik von jüdischer Seite verstehe ich nicht, denn der Film richtet sich ja an ein katholisches Publikum." Erinnert deswegen seine Sicht an christliche Heils- und Erlösungsvorstellungen? Gerade die Schlußsequenz wirkt wie eine christliche Erlösungsvision. Wajda: "Korczak ist für mich ein Heiliger, und das habe ich zeigen wollen. Seine Aufopferung für die Kinder, sein eigenes Opfer am Ende, all das sind Zeichen von Heiligkeit." (...) Bleibt dennoch die Frage nach der Darstellung polnischer Mitschuld, die gerade nach Lanzmanns Dokumentation niemand mehr in Frage stellen kann. Die Antwort Wajdas ist mehrdeutig, fast ein wenig widersprüchlich. Zum einen glaubt er, daß diese Mitschuld in dieser Szene eindrücklich vorgeführt werde, wo ein jüdischer Waisenbub von seiner polnischen Freundin, die wiederum von Erwachsenen bedrängt worden ist, endgültig abgewiesen wird, weil er Jude ist. Zum anderen würde das, was Lanzmann und andere Kritiker von ihm erwarteten, einen ganz anderen Film ergeben. Der aber lasse sich nur in einem freien Polen realisieren. "Und Polen ist jetzt erst frei. Vielleicht drehe ich diesen Film eines Tages sogar selber." Schließlich meint der Regisseur auch, gerade weil Korczak ja die Möglichkeit gehabt hätte, sich zu retten, sei *seine* Geschichte zur Darstellung der polnischen Schuld ein schlechtes Beispiel.

Claudia Kühner, in: Neue Zürcher Zeitung, 31. Oktober 1991

### Stellungnahme Andrzej Wajdas zu den Vorwürfen

In den letzten Wochen ist in der Presse wiederholt über die Verschiebung der Pariser Premiere meines letzten Films, KORCZAK, spekuliert worden. Die Meldung über die Verschiebung erschien im Zusammenhang mit dem 'Le Monde'-Artikel vom Frühjahr 1990 über die Vorführung von KORCZAK in Cannes. Hier wurde dem Film vorgeworfen, er sei tendenziös und antisemitisch. Wie inzwischen allgemein bekannt, lief der Film eine Woche später als ursprünglich beabsichtigt in den Pariser Kinos an, und in keiner einzigen der darauffolgenden Kritiken oder sonstigen Veröffentlichungen wurde der Antisemitismus-Vorwurf wiederholt. Ganz im Gegenteil: das israelische Bildungsministerium hat den KORCZAK sogar zur Pflichtveranstaltung für alle Oberstufenschüler im Lande erhoben. Meiner Meinung nach ist diese Tatsache eine eindeutige Antwort auf die erwähnten Unterstellungen und spiegelt die eigentliche Absicht, die sowohl ich als auch die Schauspieler, Produzenten und der gesamte Stab bei der Herstellung von KORCZAK hatten, wider.

Andrzej Wajda, Warszawa, 14. Januar 1991

Produktionsmitteilung

**Letzte Tagebucheintragung von Janusz Korczak**
**4. August 1942**

Ich begieße die Blumen. Meine Glatze am Fenster - ein gutes Ziel.

Er hat einen Karabiner. Warum steht er da und betrachtet mich so freundlich?

Er hat keinen Befehl.

Vielleicht war er im bürgerlichen Leben Dorfschullehrer, vielleicht Notar, Straßenkehrer in Leipzig oder Kellner in Köln?

Was würde er tun, wenn ich ihm zunickte? Freundlich winken?

Vielleicht weiß er gar nicht, daß es so ist, wie es ist?

Vielleicht ist er erst gestern von weither gekommen...

Ich wünsche niemandem etwas Böses.

Ich kann das nicht.

Ich weiß nicht, wie man das macht.

E. Hempel, H. Roos (Hrsg.): Janusz Korczak: Das Recht des Kindes auf Achtung, Göttingen 1973

**Wojtek Pszoniak über Janusz Korczak**

(...) Kann man einen Mythos auf die Leinwand bringen? Besonders, da einige Leute, die ihn kannten, noch leben, jeder mit seinen eigenen Erinnerungen, mit seinem eigenen Bild von Korczak. Als Junge habe ich selbst seine Kinderbücher gelesen. Ich kannte die Geschichte seines Lebens und Sterbens.

Ich war überrascht, als man mir anbot, ihn zu spielen. Ich las das Drehbuch, Bücher von und über Korczak, besonders sein 'Ghetto-Tagebuch' - das wie durch ein Wunder erhalten blieb. Ich war fasziniert. Aber als Schauspieler fühlte ich mich verloren. (...) Vorsichtig drang ich in Korczaks Welt ein. Nach ein paar Monaten sah ich nicht einen Korczak, sondern zwei: einen in der Welt der Erwachsenen, einen fordernden, schwierigen Mann, und einen ganz anderen, den Korczak der Kinder, verständnisvoll und mit einer Liebe zu Kindern, die ich metaphysisch nennen möchte. Keine mütterliche Liebe, keine väterliche Liebe. Eine ganz eigene Art von Liebe.

Er identifizierte sich offenbar mit Kindern. In jedem Kind entdeckte er sich selbst. Er wollte für Kinder sorgen. Das Wort Opfer hielt er für unangebracht. Es war seine Berufung. Da er sie nicht retten konnte, wollte er bei ihnen sein, als sie ihn am meisten brauchten. Er wollte sie vor der Angst und dem Schrecken schützen, ihre Würde verteidigen. (...)
Produktionsmitteilung

**"Ich bin Arzt von Beruf, Pädagoge aus Zufall, Schriftsteller aus Leidenschaft und Psychologe aus Notwendigkeit"**

1878    Janusz Korczak (eigentl. Henryk Goldszmit), wird am 22. Juli 1878 in Warschau geboren
1896    Erste Publikation 'Der gordische Knoten' (unter dem Pseudonym 'Hen' in der Zeitschrift 'Kolce')
1898-1905
         Medizinstudium an der Universität in Warschau
1901    Reise nach Zürich. Es erscheint Korczaks erster Roman 'Die Kinder der Straße'; Tätigkeit für mehrere Zeitschriften ('Kolce', 'Glos', 'Czytelnia')
1904    Korczak erhält eine Stelle als Arzt in einer Warschauer Kinderklinik
1904/5  Teilnahme am Russisch-Japanischen Krieg als Lazarettarzt
1906    Publikation des zweiten Romans ('Kind des Salons')
1907/1908
         Reise nach Berlin; Korczak praktiziert im Kaiser- und Kaiserin-Friedrich-Kinderkrankenhaus sowie

in der Psychiatrischen Abteilung der Charité
1909    Publikation der Erzählung 'Die Mojsches, Joscheks und andere Lausbuben'
1911    Reise nach London und Paris; Übernahme des neu gegründeten Waisenhauses 'Dom Sierot', dessen Leiter er bis zu dessen Auflösung 1942 ist
1914-18
         Teilnahme am Ersten Weltkrieg als Chefarzt des Divisionlazaretts. Es erscheint seine pädagogische Schrift 'Wie man ein Kind lieben soll'
1918-19
         Teilnahme am Polnisch-Sowjetischen Krieg als Arzt in einem Seuchenlazarett in Lodz
1922-26
         Publikation verschiedener Erzählungen und Romane ('König Hänschen I.'); Gründung der Kinderzeitschrift 'Maly Przeglad'/'Kleine Rundschau'
1928    'Das Recht des Kindes auf Achtung'
1931    Uraufführung von Korczaks Theaterstück 'Der Senat der Verrückten'
1934    Korczaks erste Reise nach Palästina; 1934-1935 Mitarbeiter beim polnischen Rundfunk; Gestaltung von Programmen für Kinder unter dem Pseudonym 'Der alte Doktor'
1936    Korczaks zweite Reise nach Palästina
1937    'Goldenen Lorbeer' der Polnischen Akademie für Literatur
1939    'Fröhliche Pädagogik'. Eine Auswahl von Radiovorträgen aus den Jahren 1934 und 1935 Ausbruch des Zweiten Weltkriegs
1940    Übersiedlung des Waisenhauses ins Warschauer Ghetto
1942    Am 5. August werden Korczak, Stefania Wilczynska und die Kinder des Waisenhauses nach Treblinka verschleppt.

Zit. n. Wolfgang Pelzer: Janusz Korczak, Reinbek b. Hamburg 1987

**Andrzej Wajda**, geb. 6. März 1926 in Suwalki; Studium der Malerei an der Akademie der Schönen Künste in Krakow; 1954 Abschluß an der Regiefakultät der Filmhochschule in Lodz. Spielfilmdebut 1954 mit *Pokolenie/Generation*. Internationale Anerkennung fand Wajda 1957 mit seinem zweiten Spielfilm, der in über 30 Länder exportiert wurde, *Kanal*. Von 1972-1981 künstlerischer Leiter des Filmstabs 'X'.

Filme (u.a.): *Kiedy ty Spisz* (1950), *Zly chlopiec* (1950), *Ceramika ilzecka* (1951), *Ide do slonca* (1955), *Kanal*/Der Kanal (1957), *Popiól i diament*/Asche und Diamant (1958), *Lotna* (1959), *Niewinni Czarodzieje*/Die unschuldigen Zauberer (1960), *Samson* (1961), *Sibirska ledi magbet*/Blut der Leidenschaft (1962), *Warszswa*/Warschau (1962, Episode aus *L'amour à vingt ans*/Liebe mit zwanzig), *Popioly*/Legionäre (1965), *Gates to Paradise*/Die Pforten des Paradieses (1967), *Wszystko na sprzedaz*/Alles zu verkaufen (1968), *Polowanie na muchy*/Fliegenjagd (1969), *Krajobraz po bitwie*/Landschaft nach der Schlacht (1970), *Brzezina*/Birkenhain (1970), *Pilatus und andere - ein Film für Karfreitag* (1972), *Wesele*/Die Hochzeit (1972), *Ziemia obiecana*/Das gelobte Land (1974/75), *Smuga cienia*/Die Schattenlinie (1976), *Czlowiek z marmuru*/Der Mann aus Marmor (1977), *Zaproszenie do wnetrza*/Einladung zur Besichtigung von Innenräumen (1978), *Bez znieczulenia*/Ohne Betäubung (1978), *Panny z Wilka*/Die Mädchen von Wilko (1979), *Dyrygent*/Der Dirigent (1979), *Czlowiek z zelaza*/Der Mann aus Eisen (1981), *Danton* (1982), *Eine Liebe in Deutschland* (1985), *Kronika wypadkow milosnych*/Chronik einiger Liebesunfälle (1986), *Schuld und Sühne* (1987), *Les Possédés*/Die Dämonen (1987), KORCZAK (1990).

## HISTORIEN OM CHAIM RUMKOWSKI OCH GETTOT I LODZ

Die Geschichte von Chaim Rumkowski und dem Ghetto von Lodz Schweden 1982

*Produktion: POJ Filmproduction AB*
*Regie: Peter Cohen*
*Buch: Bo Kuritzén*
*Historische Beratung: Lucjan Dobroszycki*
*Deutsche Erstaufführung: 8. Oktober 1982, Mannheim*
*16 mm, s/w, 55 Minuten*

### Zu diesem Film

Die von den Nazis fabrikartig organisierte Vernichtung der polnischen Juden ist hinreichend erforscht. Weniger bekannt ist, wie die deutsche Vernichtungspolitik und die deutsche Okkupation von den Juden selbst im täglichen Leben erfahren wurde; wie die Juden und ihre Anführer sich angesichts der deutschen Nazis seit 1939 verhielten und in dieser Situation reagierten. Die polnischen Juden - über drei Millionen Menschen - wurden in Ghettos ausgesondert.
DIE GESCHICHTE VON CHAIM RUMKOWSKI... ist eine rein dokumentarische Geschichte. Der Film basiert auf einzigartigem Archivmaterial, wovon das meiste bisher so gut wie nie zu sehen war. Die jüdische Katastrophe wird aus der Sicht innerhalb des Ghettos dargestellt, mit den Augen der Juden und anhand von Fotografien, die von 'Ghetto-Fotografen' und anderen Einwohnern des Ghettos aufgenommen wurden.
Bereits kurz nach Kriegsausbruch schufen die Nazis sogenannte Judenräte. Mit ihnen sollten die jüdischen Institutionen in die deutsche Organisation der Vernichtung einbezogen werden. Die Nazis rechneten mit der aktiven Teilnahme der Juden selbst. So würde die tatsächliche Einflußnahme der Nazis in den Ghettos auf ein Minimum reduziert. Durch Terror, Manipulation und Demütigung würden die Juden dazu gebracht werden, die Befehle auszuführen, zu deren Erfüllung andernfalls eine große Anzahl deutschen Personals notwendig werden würde. Mit den Judenräten sollten die Juden dazu gezwungen werden, eigenhändig den Strick um ihren Hals enger zu ziehen. In Lodz bestimmten die Deutschen Chaim Rumkowski zum Vorsitzenden des Judenrats. Rumkowskis Vorhaben war es, die 200 000 Juden von Lodz zu retten, indem sie in den Arbeitsprozeß einbezogen wurden. Unterstützt von den Deutschen wandelte Rumkowski das Ghetto in ein effektiv wirtschaftendes Unternehmen um. Wenn sie die deutsche Rüstung voranzutreiben helfen, so Rumkowskis Überlegung, würden die Einwohner des Ghettos für die Deutschen unentbehrlich werden; die Juden von Lodz könnten so den Krieg überleben. DIE GESCHICHTE VON CHAIM RUMKOWS-KI... erläutert die komplizierten ethischen Kernfragen, denen die Juden im Zweiten Weltkrieg ausgesetzt waren und untersucht Rumkowskis Beziehung zu den Nazis, die Deportationen in die Todeslager und die schrittweise Auflösung des Ghettos. Rumkowskis Philosophie des Überlebens, seine optimistische Errichtung einer funktionierenden Gesellschaft innerhalb des Ghettos und sein illusionärer Erfolg stellen Fragen, die weit über den Rahmen der jüdischen Katastrophe hinausreichen. (Produktionsmitteilung)

### Rede von Chaim Rumkowski am 4. September 1942

(...) Gestern gab man mir den Befehl, etliche 20 000 Juden aus dem Ghetto zu deportieren. Tun wir es nicht, so tun es andere. Es stellt sich die Frage: Hätten wir es übernehmen und ausführen sollen, oder hätten wir es anderen überlassen sollen, es durchzuführen?
Da wir aber nicht von dem Gedanken beherrscht sind: "Wieviele werden verlorengehen?", sondern von dem Gedanken: "Wieviele wird man retten können?" sind wir, das heißt ich und meine engsten Mitarbeiter, zu dem Schluß gekommen, daß wir die Ausführung dieses Verhängnisses in unsere Hände nehmen müssen, wie schwer uns dies auch fallen sollte. Ich muß diese schwere und blutige Operation durchführen, ich muß Glieder amputieren, um den Körrper zu retten! Ich muß Kinder nehmen, denn andernfalls könnten - Gott behüte - andere genommen werden...
Ich bin heute nicht gekommen, um euch zu trösten, ich bin nicht gekommen, um euch zu beruhigen, sondern um euer ganzes Leid und Weh aufzudecken. Wie ein Räuber bin ich gekommen, um euch das Beste aus eurem Herzen herauszureißen! Mit all meinen Kräften habe ich versucht, das Verhängnis abzuwenden, und - nachdem abwenden unmöglich war - es zu mildern.
Heute habe ich die Registrierung aller neunjährigen Kinder angeordnet. Wenigstens die neun- bis zehnjährigen Kinder wollte ich retten. Doch hat man nicht nachgegeben. Eines ist mir gelungen: die zehnjährigen Kinder zu retten, möge euch das in eurem großen Leid zum Trost sein.
Wir haben im Ghetto zahlreiche Tuberkulose-Kranke, deren Leben nach Tagen, vielleicht nach Wochen zählt. Ich weiß nicht, vielleicht ist es teuflisch, vielleicht nicht. Doch kann ich mich nicht dazu bringen, es nicht auszusprechen: "Gebt mir eure Kranken, und an ihrer Stelle wird man Gesunde retten können."
Ich weiß, wie teuer jedem der Kranke ist, der bei ihm daheim lag, vor allem bei Juden. Doch bei jedem Verhängnis muß man abwägen: wer soll, kann und muß gerettet werden? Der gesunde Menschenverstand kann nichts anderes sagen: gerettet werden muß das, was sich retten läßt und Aussicht hat, errettet zu werden und nicht das, was sich ohnehin nicht retten läßt. (...) Ich muß euch ein Geheimnis verraten. Man verlangte von mir 24 000 Kinder, dreitausend innerhalb von je acht Tagen. Doch gelang es mir, die Zahl auf 20 000 zu drücken, vielleicht weniger als 20 000, allerdings unter der Bedingung, daß es Kinder bis 10 Jahre sind. Kinder über 10 Jahre sind sicher. Da die Kinder zusammen mit den Alten nur eine Zahl von ca. 13 000 ergeben, wird man die Menge erreichen müssen mit Kranken. Es fällt mir schwer, zu sprechen, es fehlt mir die Kraft. Nur die Bitte, die ich an euch habe, will ich aussprechen: "Helft mir, die Aktion durchzuführen!" (...)

Hanno Loewy, Gerhard Schoenberner (Red.): "Unser einziger Weg ist die Arbeit". Das Getto in Lodz 1940-1944, Frankfurt/Wien 1990

## Zeittafel (Auszug)

1.9.1939: Deutscher Überfall auf Polen. Beginn des 2. Weltkrieges.

8.9. Die deutschen Truppen besetzten Warschau und Lodz.

18.9. Verbot der Gottesdienste zu Rosh Hashana (Neujahr) und Jom Kippur (Versöhnungstag); willkürliche Einziehung zur Zwangsarbeit.

21.9. Der Leiter des SS-Hauptamtes Sicherheitspolizei Heydrich erläßt den Befehl zur Bildung von jüdischen 'Ältestenräten', die die Anordnungen der deutschen Besatzungsmacht auszuführen haben.

5.10. Erste Anordnung, daß Juden zur Zwangsarbeit eingezogen werden sollen; Anordnung, ab 15.10. täglich 600 männliche Arbeitskräfte bereitzustellen.

13.10. Mordechai Chaim Rumkowski wird von Stadtkommandant Leister zum 'Judenältesten' ernannt und beauftragt, einen 'Judenrat' zu bilden.

11.11. Die 31 Mitglieder des 'Judenrates' werden verhaftet und deportiert, die meisten ermordet. Rumkowski wird mißhandelt und gezwungen, einen neuen 'Judenrat' aufzustellen.

November 1939: Rumkowski wird angewiesen, eine Liste von 50 000 Namen für die Aussiedlungen 'bereitzustellen'.

14.11. Verordnung über die 'Kennzeichnungspflicht': Juden werden angewiesen, gelbe Armbinden zu tragen; ab 11.12. "auf der rechten Brust- und Rückenseite" einen gelben Stern.

12.2.1940: Göring fordert die umfassende Ausnutzung der jüdischen Arbeitskraft.

27.2. Rumkowski beruft den jüdischen Ordnungsdienst ein.

5.4. Rumkowski übersendet dem Oberbürgermeister einen Plan zur Organisierung der Industrie im Ghetto.

11.4. Auf Befehl Hitlers wird Lodz in Litzmannstadt umbenannt.

20.4. Der erste Schneiderbetrieb mit 300 Arbeitern wird im Ghetto eröffnet. Rumkowski berichtet dem Oberbürgermeister, daß 14 850 Textilarbeiter sich zur Arbeit registriert hätten.

Sommer 1940: Die Kosten für die tägliche Versorgung im Ghetto werden auf 30 Pfg./Person festgelegt (Satz für Gefängnisinsassen: 40-50 Pfg.).

16.6. Es leben noch 157 955 Menschen im Ghetto, darunter 7 582 Kinder.

10.8. Zweitägige Hungerdemonstrationen gegen den 'Ältesten', die von der Gestapo zusammengeschossen werden.

27.12. Die Verwaltung des 'Ältesten' übernimmt alle privaten Lebensmittelläden, Restaurants und Garküchen.

Januar 1941: Die Lebensmittellieferungen bleiben aus. Hungersnot im Ghetto.

22.1. Die Arbeiter der Tischlerwerkstätten treten in Streik.

24.1. Streik der Textilarbeiter. Rumkowski sperrt die Ausgabe der Suppen.

10.3. Rumkowski verhängt den Ausnahmezustand. Es kommt erneut zu massiven Hungerprotesten. 1 000 Juden werden außerhalb des Ghettos zum Arbeitseinsatz verschickt, darunter zahlreiche Mitglieder des sozialistischen 'Bundes'.

22.6.1941: Deutscher Überfall auf die Sowjetunion. Im Ghetto arbeiten inzwischen Schneidereien, Tischlereien, Schuhmacherbetriebe, Sattlereien, Teppichknüpfereien, Metallwerkstätten, Stickereien, Färbereien und zahlreiche andere Betriebe. Der größte Teil der Produkte wird für die Wehrmacht gefertigt.

24.9. Oberbürgermeister Ventzki protestiert gegen die von Himmler angekündigte Einweisung von 20 000 Juden aus dem 'Altreich' und 5 000 Sinti und Roma und befürchtet die "Störung kriegswichtiger Produktion".

Oktober 1941: Erste Massentötung im 'Warthegau'; Aufbau des Vernichtungslager Chelmno.

18.10. Beginn der Deportationen aus Berlin, Frankfurt, Düsseldorf, Hamburg, Köln, Wien, Prag, Luxemburg. Ausbruch einer Typhusepidemie aufgrund der katastrophalen sanitären Verhältnisse.

1.12. Mit 163 623 Menschen erreicht das Ghetto die höchste Bevölkerungszahl seines Bestehens.

6.12. Die deutschen Behörden verlangen von Rumkowski 20 000 Menschen, die zum Arbeitseinsatz das Ghetto verlassen sollen.

16.1.1942: Beginn der Deportationen von Juden aus Lodz nach Chelmno. Bis Ende Mai werden 55 000 deportiert und vergast. Die Deportationslisten muß der 'Älteste' selbst zusammenstellen. Was mit den Deportierten geschieht, bleibt im Ghetto unbekannt.

20.1. Wannsee-Konferenz. Plan zur Durchführung der Vernichtung der europäischen Judenheit.

22.2. Beginn der zweiten Deportationswelle.

30.5. Im Ghetto treffen große Mengen an Kleidung und Gebrauchsgegenständen ein. In der Ghetto-Chronik heißt es, die Menschen seien erheblich verstört angesichts der in den Kleidungsstücken gefundenen Pässe, Gebetsriemen usw.

10.6. Es gibt im Ghetto "keine Arbeitskräfte mehr, die zu körperlich schwerer Arbeit fähig wären".

Bis 12.9. werden 16 000 Menschen nach Chelmno deportiert. Die Gestapo durchkämmt das Ghetto. Es beginnt eine Menschenjagd, die alle bisherigen Deportationen an Brutalität übertrifft.

12.9. Anordnung zur Wiedereröffnung der Arbeitsstätten. Im Ghetto leben noch 89 500 Menschen.

November 1942: Die deutsche Ghettoverwaltung weist den 'Ältesten' an, eine Ausstellung der Produkte der Zwangsarbeit vorzubereiten.

14.12.1943: Rumkowski wird von der Gestapo abgeholt und kehrt erst am nächsten Tag zurück. In den nächsten beiden Tagen besuchen Eichmann u.a. zahlreiche Betriebe im Ghetto.

Ende 1943: Das Arbeitsressort zählt 117 Werkstätten und Fabriken mit 75 000 Arbeitern. Produziert werden Uniformen und Militärabzeichen, Munition und Strohschuhe, Taschen und andere Lederwaren, Holzwaren und Möbel, Damenbekleidung, Unterwäsche, Teppiche.

24.1.1944: Dr. Max Horn, Geschäftsführer der Ostindustrie GmbH stellt in seinem 'Bericht über die Betriebe des Ghettos Litzmannstadt' fest, daß "unwirtschaftlich gearbeitet würde".

8.2. Das Arbeitsamt Posen fordert 1 500 Arbeitskräfte aus dem Ghetto an, die nach Krakau deportiert werden sollen.

6.5. Suppenstreik in zahlreichen Betrieben.

Juni 1944: Himmler ordnet die Räumung des Ghettos an.

6.6. Landung der Alliierten in der Normandie.

15.6. Gestapochef Bradfisch befiehlt Rumkowski, wöchentlich 3 000 Menschen zum Arbeitseinsatz bei der Beseitigung von Bombenschäden in deutschen Großstädten bereitzustellen.

16.6. Rumkowski ruft zur freiwilligen Meldung zum Arbeitseinsatz außerhalb des Ghettos auf. Bis zum 14.7. werden 7 196 Menschen nach Chelmno gebracht und ermordet.

20.7. Das Attentat auf Hitler mißlingt.

29.7. Die sowjetischen Truppen erreichen das Weichselufer gegenüber von Warschau.

30.7. Die Chronik des Ghetto-Archivs verzeichnet noch 68 561 Menschen. Mit diesem Tag endet die Chronik.

2.8. Rumkowski gibt bekannt, daß auf Befehl des Oberbürgermeisters das Ghetto verlegt werde. 5 000 Menschen müssen sich jeden Tag melden. Nacheinander wird den verschiedenen Betrieben befohlen, sich am Bahnhof Radogoszcz einzufinden. Die Transporte, die bis zum 30.8. dauern, gehen ausnahmslos nach Auschwitz-Birkenau.

28.8. Rumkowski besteigt den Zug, der ihn nach Auschwitz bringt.

22.10. 500 Juden aus einem Schneiderbetrieb werden in das KZ Ravensbrück deportiert, wo die Produktion fortgesetzt wird. Im Ghetto bleibt ein rund 600köpfiges 'Aufräumkommando' zurück, zu denen noch etwa 270 Menschen kommen, denen es gelungen ist, die Deportation im Versteck zu überstehen. Sie alle werden in einem einzigen Haus in der Jakubastr. 16 kaserniert und dazu eingesetzt, die Habseligkeiten der Deportierten für den Abtransport ins 'Altreich' zusammenzustellen. Als am 17. Januar zu einem allgemeinen Appell aufgerufen wird, gehen die Mitglieder des 'Aufräumkommandos' in die vorbereiteten Verstecke.

19.1.1945: Befreiung von Lodz durch den Einmarsch der sowjetischen Truppen. Etwa 870 Ghettoinsassen haben im Versteck überlebt.

---

**Peter Cohen**, geb. 23. Juni 1946 in Lund, Schweden. Sein Vater stammt aus Berlin, floh 1938 nach Skandinavien, ebenso wie seine in Wien geborene Mutter. 1966-69 Studium an der Dokumentarfilmschule in Stockholm; seit 1970 freier Filmproduzent und Regisseur. 1973-75 Studium an der Filmhochschule (Dramatiska institutet) in Stockholm. Bisher ca. 40 Kinder- und Dokumentarfilme. Filme (u.a.) 1966 *Vietnam*. 1967 *Rassenkunde und Rassengeschichte der Menschheit*. 1971 *Masken*/Der Wurm. 1974 *Studentenexamen*/Das Abitur. 1975 *Kalles klätterträd*/Kalles Kletterbaum. 1976 *I förströelsens värld*/Welt der Zerstreuung. 1981 *Rolf, Ralf och Björn*. 1982 HISTORIEN OM CHAIM RUMKOWSKI OCH GETTOT I LODZ (Interfilm Jury Award, Mannheim 1982; Guldantennen, Stockholm 1983; Best Documentary, Global Village Film Festival, New York 1984). 1987 *Herr Bohm och sillen*/Herr Bohm und der Hering, (Berliner Filmfestspiele 1988). 1988 *Olssons pastejer*/Olssons Pasteten. 1989 *Undergångens arkitektur*/Architektur des Untergangs (Forum 1991).

## NUIT ET BROUILLARD

Nacht und Nebel　Frankreich 1955/56

*Produktion: Argos Films; Como Films; Cocinor (Paris)*
*Regie, Schnitt: Alain Resnais*
*Kommentar: Jean Cayrol (dt. Nachdichtung: Paul Celan)*
*Historische Beratung: Henri Michel, Olga Wormser*
*Kamera: Ghislain Cloquet. Ton: Studios Marignan*
*Tonschnitt: Henri Colpi, Jasmine Chasney*
*Musik: Hanns Eisler*
*Musikalische Leitung: Georges Delerue*
*Spezialeffekte: Henry Ferrand*
*Sprecher: Michel Bouquet (deutscher Sprecher: Curt Glass)*
*Regieassistenz: André Heinrich, Chris Marker, Jean-Charles Lauthe*
*Kameraassistenz: Sacha Vierny*
*Schnittassistenz: Anne Sarraute*
*Produzenten: Anatole Dauman, Philippe Lifchitz (Argos), Samy Halfon (Como)*
*Produktionsleitung: Edouard Muszka*
*Uraufführung: 8. Mai 1956, Filmfestspiele Cannes*
*Deutsche Erstaufführung: 1. Juli 1956, Filmfestspiele Berlin*
*Schwarzweiß und Farbe, 32 Minuten*

Mit Unterstützung des Comité d'Histoire de la Deuxième Guerre Mondial, Paris; (Archivaufnahmen): Comité d'Histoire de la Deuxième Guerre Mondiale, Paris; Fédérations de Déportés, Paris; Jüdisches Dokumentationszentrum; Niederländisches Dokumentationszentrum des Zweiten Weltkriegs; Film Polski; Polnisches Dokumentationszentrum über Kriegsverbrechen; Dokumentationszentren Auschwitz und Maidanek

### Anmerkung

Auf Wunsch der Bundesregierung erhebt der deutsche Botschafter in Paris, von Maltzan, Einspruch gegen die Uraufführung während der Filmfestspiele in Cannes, weil nach den Statuten des Festivals - so die Begründung des Einspruchs - "nur Filme gezeigt werden dürfen, die nationale Gefühle eines anderen Volkes nicht verletzen oder das friedliche Zusammenleben der Völker nicht beeinträchtigen." Auf Ersuchen des französischen Außen- und des Industrie- und Handelsministeriums wird der Film zunächst von der Festivalleitung zurückgezogen. Nach öffentlichen Protesten, der Autor Jean Cayrol, der selbst Häftling im KZ Mauthausen gewesen ist, schreibt einen Brief an Heinrich Böll, wird NUIT ET BROUILLARD außer Konkurrenz gezeigt und 1956 mit dem Prix Jean Vigo ausgezeichnet. In der Bundesrepublik kommt es zu einem parlamentarischen Nachspiel: Staatssekretär von Lex bestätigt in einer Aktuellen Fragestunde der Abgeordneten Annemarie Renger die Intervention der Bundesregierung (Bundestag, 18.4.1956). In der Bundesrepublik wird der Film in Anwesenheit des Präsidenten des Berliner Abgeordnetenhauses Willy Brandt im Rahmen der Filmfestspiele Berlin erstaufgeführt. (Wolfgang Jacobsen, in: Alain Resnais, Reihe Film 38, München 1990.)
Im Schlußbericht, herausgegeben von der Festspielleitung,

heißt es dazu u.a.: "Der französische Dokumentarfilm NACHT UND NEBEL über die Konzentrationslager der Hitlerzeit wurde anläßlich der IFB vom Kongreß für die Freiheit der Kultur am Sonntag, dem 1. Juli, vormittags 10 Uhr, im Capitol-Filmtheater vor zahlreichen Vertretern des politischen und kulturellen Lebens sowie zahlreichen ausländischen Gästen in einer Sondervorführung gezeigt. Der Präsident des Berliner Abgeordnetenhauses, Willy Brandt, sprach einleitende Worte und wies darauf hin, daß 'das deutsche Volk nicht vergessen dürfe, damit die anderen vergessen können'."
IFB-Mitteilungen, Schlußbericht vom 19. Oktober 1956

### Willy Brandt: "Mut zur Wahrheit"

(...) Der Film NACHT UND NEBEL hat gerade bei uns in Deutschland eine große Mission zu erfüllen. Er zeigt in erschreckender Weise, wozu ein böser Staat Menschen mißbrauchen, wohin ein Volk oder ein Teil eines Volkes gebracht werden kann unter einer bösen totalitären Herrschaft, nämlich dahin: Menschen, die anders sind, aber Menschen wie wir alle, nicht mehr als Menschen zu betrachten und zu behandeln, sondern auszustoßen und auszurotten.
Dieser Film klagt nicht unser Volk an, und ich bin froh, daß die schrecklichen Fragen, die er aufwirft, heute weitgehend nicht mehr als eine Frage der Schuld behandelt werden müssen.
Es wächst eine neue Generation nach, die aber wissen muß, daß die Therapie des Gras-Wachsen-Lassens nicht allein ausreicht, um mit der Vergangenheit fertig zu werden.
Wir brauchen Mut zur Wahrheit, Mut zur Wirklichkeit, und darum müssen wir diesen Film sehen. Das fordert von jedem etwas Mut, aber diesen Mut müssen wir haben.

Willy Brandt, Präsident des Berliner Abgeordnetenhauses, in einer Rede zur Vorführung des Films, in: Der Abend, Berlin, 14. November 1956

### Dokumente der Gewaltpolitik

"NACHT UND NEBEL war der erste Versuch, Geschichte mit Film zu schreiben", sagt mir Henri Michel, der als Generalsekretär des 'Ausschusses für die Geschichte des Zweiten Weltkrieges' den Anstoß zu diesem Streifen gab. Er will NACHT UND NEBEL als völlig neue Gattung betrachtet wissen: "Es ist ein Riesenunterschied zwischen gefilmter Geschichte und einer Geschichtsschreibung, die sich ausschließlich des filmischen Dokuments bedient. Das ist hier zum ersten Mal geschehen. Dem Film wird damit eine ganz neue Aufgabe für die Geschichtsdarstellung gesetzt." (...)
Artur Rosenberg, in: Der Tag, Berlin, 12. August 1956

### "Der Krieg schlummert nur..."

(...) Man nennt NACHT UND NEBEL gewöhnlich einen KZ-Film. Doch tut man ihm damit unrecht. Assistiert von Chris Marker und anderen jungen Franzosen hat Alain Resnais allerdings farbige dokumentarische Aufnahmen von heute mit Fotos, Filmresten und legalen und illegalen Dokumenten deutscher und ausländischer Archive zu einem erschütternden Bericht über Mauthausen, Auschwitz, Maidanek oder

Neuengamme komponiert. Aber eben komponiert hat er seinen Film. Es ist bemerkenswert, wieviel eigene, gedankliche und künstlerische Substanz er hinzufügt.

Denn dieser Film ist kein 'Aufklärungsfilm'. Er ist ein Alarm, ein Aufschrei, eine moderne Ballade, ein Bekenntnis. Dem galt schon der französische Originaltext; die hervorragende Übertragung des deutschsprachigen in Paris lebenden Lyrikers Paul Celan unterstreicht womöglich noch die eigentlich künstlerisch-ethische Konfession.

Nur zwei Stellen sind von den Pariser Synchronisateuren auf deutsche Bitten hin eliminiert, und wir sollten furchtlos genug sein, sie zu nennen: Die ausdrucksvoll kontrastierende Musik Hanns Eislers intoniert ursprünglich auf einem Verladebahnhof Haydns Kaiserquartett, dessen Melodie später zu 'Deutschland, Deutschland über alles...' wurde, und eine Anzahl deutscher Industriekonzerne, die während des Krieges Giftgase und experimentelle Medikamente herstellten, ist deshalb nicht mehr genannt, weil diese glaubhaft nachweisen konnten, daß sie vom entsetzlichen Zweck dieser Produktion nicht hinreichend informiert worden waren.

Selbstverständlich ist die Wahrheit dieses Films furchtbar. Aber sie wird mit humanitärem Verantwortungsgefühl ausgesprochen. (...)

Ludwig Gatter, in: Kölnische Rundschau, 12. April 1957

## Kommentar des Films / Jean Cayrol
### übertragen von Paul Celan

Auch ruhiges Land,
auch ein Feld mit ein paar Raben drüber, mit Getreidehaufen und Erntefeuern,
auch eine Straße für Fuhrwerke, Bauern und Liebespaare,
auch ein kleiner Ferienort mit Jahrmarkt und Kirchturm
kann zu einem Konzentrationslager hinführen.

Struthof (d.i. Natzweiler, A.d.Ü.), Oranienburg, Auschwitz, Ravensbrück, Dachau, Neuengamme, Bergen-Belsen:
das waren einmal Namen wie andre, Namen auf Landkarten und in Reiseführern.

Das Blut ist geronnen, die Münder sind verstummt, es ist nur eine Kamera, die jetzt diese Blocks besichtigen kommt. Ein eigentümliches Grün bedeckt die müdegetretene Erde.
Die Drähte sind nicht mehr elektrisch geladen. Kein Schritt mehr, nur der unsere.

Neunzehnhundertdreiunddreißig, die Maschine setzt sich in Bewegung. Man braucht ein Volk ohne falsche Töne, ohne innern Zwist. Man geht an die Arbeit.

Ein Konzentrationslager, das wird gebaut wie ein Stadion oder ein großes Hotel; dazu gehören Unternehmer, Kostenanschläge, Konkurrenz, sicher auch Bestechungsgelder.
Kein vorgeschriebener Baustil,
Alpenhüttenstil, Garagenstil,
Pagodenstil,
ohne Stil.
Architekten erfinden in aller Ruhe diese Tore, durch die man nur einmal hindurchkommt.

Inzwischen geht das Leben seinen Gang; der Arbeiter aus Berlin, der jüdische Student aus Amsterdam, der Kaufmann aus Krakau, die Lyzealschülerin aus Bordeaux; sie alle ahnen nicht, daß ihnen in einer Entfernung von tausend Kilometern bereits ein Platz zugewiesen ist.
Und dann kommt der Tag, an dem ihre Blocks fertig sind und nur sie noch fehlen.

Aushebungen in Warschau, Aussiedlungen aus Lodsch,
aus Prag, Brüssel, Wien, Athen, aus Budapest und Rom,
Razzia in der französischen Provinz, Großfahndung in Paris,
Deportierung von Widerstandskämpfern:
die Masse der Festgenommenen, Mitgenommenen, Mitgekommenen tritt den Weg in die Lager an.

Die Züge sind vollgepfercht, verriegelt,
hundert Verschleppte pro Waggon,
kein Tag, keine Nacht, Hunger, Durst, Wahnsinn, Ersticken.
Eine Botschaft - manchmal wird sie aufgelesen. Der Tod hält seine

erste Auslese. Eine zweite folgt am Bestimmungsort,
bei Nacht und Nebel.
Dieselbe Bahnstrecke heute: Tageslicht und Sonne. Langsam schreitet man sie ab - auf der Suche wonach? Nach einer Spur der Leichen? Oder nach den Fußstapfen der Auswaggonierten, die man mit Kolbenstößen zum Lager trieb, unter Hundegebell, von Scheinwerfern angestrahlt, im Hintergrund den Flammenschein der Krematorien - in einer jener nächtlichen Inszenierungen, wie sie die SS so liebte...

Ein erster Blick auf das Lager:
ein anderer Planet.
Unter dem Vorwand der Hygiene liefert die Nacktheit einen bereits Entwürdigten ein.
Kahlgeschoren,
tätowiert,
numeriert
eingestuft in eine zunächst unverständliche Rangordnung,
in die blaugestreifte Lagertracht gesteckt
der Kategorie 'Nacht und Nebel' zugeteilt,
mit dem roten Winkel der Politischen kenntlichgemacht,
stoßen die Deportierten zuerst auf die 'Grünen': die Berufsverbrecher, die Herren unter den Untermenschen.
Über ihnen: der Kapo,
fast immer: ein Krimineller.
Weiter oben: der SS-Mann, der Unberührbare. Drei Schritte Abstand, wenn man mit ihm spricht.
Ganz oben: der Kommandant. Er waltet den Bräuchen vor.
Er tut, als ob er vom Lager nichts wüßte...
Wer übrigens weiß schon etwas davon...?
Die Wirklichkeit der Lager: die sie geschaffen haben, ignorieren sie, und die sie erleiden, können sie nicht fassen. Und wir, die wir nun zu sehen versuchen, was übrig blieb...

Diese Holzblocks, diese dreistöckigen Bettgestelle, diese Schlupflöcher, wo man den Bissen herunterwürgte, wo selbst schlafen sich in Gefahr begeben hieß: kein Bild, keine Beschreibung gibt ihnen ihre wahre Dimension wieder: die ununterbrochene Angst.

Dazu gehört der Strohsack, der als Speisekammer und Tresor diente, die Decke, um die man sich schlug; dazu gehören die Denunziationen, die Flüche, die in sämtlichen Sprachen weitergegebenen Befehle, die hereinplatzenden, plötzlich zu Schikanen aufgelegten SS-Männer.

Von Gefahr umlauerter, backsteinfarbener Schlaf...

Der Dekor: Gebäude, die Ställe sein könnten, Scheunen, Werkstätten; ein verödetes Stück Land, ein gleichgültiger Oktoberhimmel:
das ist alles, was uns bleibt,
um uns die Nacht hier vorzustellen, diese von Appellen und Läusekontrollen zerrissene, diese zähneklappernde Nacht.
Es muß schnell geschlafen werden.
Man wird wachgeknüppelt, man sucht seine verschwundenen Sachen. Fünf Uhr früh. Appell. Die Rechnung stimmt nicht, die Nacht gibt die Toten nicht her.

Eine Musikkapelle spielt fröhliche Weisen, während es in die Fabriken und Steinbrüche geht.
Arbeit im Schnee, der sich rasch in eisigen Schlamm verwandelt.
Der Frost wühlt in den Wunden.
Arbeit in der Augusthitze bei Durst und Ruhr.
Mauthausen, die Treppe zum Steinbruch; sie hat dreitausend Spaniern das Leben gekostet.
Arbeit in den unterirdischen Betrieben.
Von Monat zu Monat graben sie sich tiefer in die Erde; sie töten.
Sie tragen Frauennamen: Dora, Laura.
Aber diesen Arbeitern mit einem Körpergewicht von dreißig Kilo ist nicht zu trauen.
Die SS behält sie im Auge,
überwacht ihre Bewegungen,
durchsucht sie vor dem Rückmarsch ins Lager.
Ländliche Wegweiser zeigen jedem den Weg nachhause an.
Der Kapo braucht nur noch seine heutigen Opfer zusammenzuzählen. Der KZ-Häftling hat jetzt nur einen Gedanken; denselben, der ihn bis in seine Träume verfolgt: essen.

Jeder Löffel Suppe ist unschätzbar.
Zwei, ja drei Zigaretten werden gegen eine Suppe getauscht.
Viele sind zu schwach, um ihre Ration zu verteidigen.
Sie warten, daß Schnee und Schlamm sich ihrer annehmen.

Endlich irgendwo liegen und ungestört sterben dürfen.

Die Abortanlage.

Diese Gerippe mit Kinderbäuchen - siebenmal, achtmal in einer Nacht müssen sie hierher. Die Suppe ist harntreibend. Wehe dem, der im Mondschein einem betrunkenen Kapo begegnet.

Hier behorcht und beäugt man sich, beobachtet man die bekannten Symptome; blutiger Stuhl bedeutet den Tod.

Hier wird heimlich gekauft, verkauft, getötet. Hier besucht man einander; tauscht man Nachrichten aus, wahre und falsche; bildet man Widerstandsgruppen.

Eine Gesellschaft nimmt hier Gestalt an. Sie ist vom Schrecken geprägt, aber immerhin etwas normaler als die Ordnung der SS, die in Sinnsprüchen wie diesen zum Ausdruck kommt:

'REINLICHKEIT IST GESUNDHEIT'

'ARBEIT MACHT FREI'

'JEDEM DAS SEINE'

'EINE LAUS DEIN TOD'. Und ein SS-Mann?

Jedes Lager hat seine Überraschungen: ein Symphonieorchester, einen Zoo,
Treibhäuser, in denen Himmler zarte Gewächse zieht,
die Goethe-Eiche in Buchenwald. Man baut das KZ, man respektiert die Eiche.

Ein Eintags-Waisenhaus, das ununterbrochen Nachschub erhält, einen Invalidenblock.

Worauf dann auch die eigentliche Welt, die der stillen Landschaften, die der Zeit *vorher* erscheinen kann - ganz nahe sogar.

Für den KZ-Häftling besitzt sie keine Wirklichkeit.

Er gehört nur dieser einen, endlichen, abgeschlossenen Welt an, deren Grenzen die Wachtürme bilden, wo die Posten stehen und unausgesetzt die Lagerinsassen beobachten - und gelegentlich den einen oder anderen abschießen, aus Langeweile.

Alles ist Vorwand zu Schikanen, Späßen, Demütigungen.

Ein Appell kann Stunden dauern.

Ein 'schlecht gebautes' Bett: zwanzig Stockhiebe.

Nur nicht den Göttern auffallen!

Sie haben ihren Galgen, ihr Tötungsterrain.

Der den Blicken verborgene, für Erschießung eingerichtete Hof von Block elf; die Mauer mit Kugelfang.

Das Hartheimer Schloß, das man in Reiseautobussen mit Mattglasscheiben besichtigen fährt - man kommt nicht zurück.

Die 'Dunkeltransporte' - ihr Ziel sind die Krematorien.

Aber ein Mensch - unglaublich, wieviel Widerstand darin steckt! Der Körper ist erschöpft, aber der Geist ist rege, die Hände sind rege.

Man schnitzt Marionetten,
Scheusale, man macht Schachteln.

Man bringt es fertig zu schreiben,
mit seinem Gedächtnis zu spielen...

Man kann an Gott denken...

Es gelingt sogar, sich politisch zu organisieren, den Kriminellen die innere Kontrolle des Lagers streitig zu machen.

Man kümmert sich um die am schwersten betroffenen Kameraden...

Man gibt etwas von seiner Ration ab.

Man gründet Hilfsfonds.

Die Bedrohtesten schafft man, wenn es wirklich keinen anderen Ausweg gibt, klopfenden Herzens in den Krankenbau, ins 'Revier'. Sich dieser Tür nähern, das bedeutet die Illusion einer wirklichen Krankheit, die Hoffnung auf ein Bett. Es bedeutet auch das Risiko eines Todes mit der Spritze.

Medikamente in lächerlichen Mengen, der Verband ist aus Papier. Ein und dieselbe Salbe für alle Krankheiten, alle Wunden.

Es kommt vor, daß die Kranken vor Hunger ihren Verband essen.

Zuletzt haben alle das gleiche Gesicht. Es sind alterslose Wesen, die mit offenen Augen sterben.

Es gibt auch einen chirurgischen Block. Fast wie eine wirkliche Klinik.

Der SS-Arzt, die Krankenschwester...

Die Kulisse ist da - aber dahinter?

Willkürliche Operationen, Amputationen und Verstümmelungen zu Versuchszwecken.

Kapos und SS-Chirurgen können hier üben.

Von großen chemischen Werken kommen Proben ihrer gifthaltigen Präparate.

Oder sie erhalten einen Schub KZ-Häftlinge für ihre Experimente zugewiesen.

Einige dieser Versuchstiere überleben es:
kastriert, mit Phosphorverbrennungen.

Es sind Frauen darunter, die fürs Leben gezeichnet bleiben.

Verwaltungsstellen bewahren die mit dem Betreten des Lagers abgelegten Gesichter all dieser Menschen auf.

Abgelegt sind auch die Namen. Die Namen der Angehörigen von zweiundzwanzig Nationen. Ihre Zahl geht ins Unermeßliche, sie füllen Hunderte von Verzeichnissen, Tausende von Karteien. Durchgestrichen heißt tot.

Es sind Häftlinge, die diese wahnsinnige, immer falsche Buchführung besorgen müssen; SS und Kapos beaufsichtigen sie dabei.

Der Kapo gehört zu den 'Prominenten', zur Lager-Hautevolee. Er hat sein eigenes Zimmer, wo er Vorräte speichern und abends seine jungen Günstlinge empfangen kann.

In unmittelbarer Nähe des Lagers ist die Villa des Kommandanten, die seine Frau zum trauten Heim zu gestalten weiß; auch seinen gesellschaftliche Verpflichtungen kommt man hier nach, wie in irgendeiner Garnison; nur daß die Zeit hier langsamer vergeht...

Die Kapos sind da besser dran, sie haben ein Bordell. Besser genährte Gefangene, aber dem Tod geweiht, wie die anderen Frauen.

Unter diesen Fenstern wird manchmal ein Stück Brot aufgelesen.

Beinahe eine richtiggehende Stadt, was die SS hier erstehen läßt, eine Stadt mit Krankenhaus, mit Sonderbauten und Villenviertel und - tatsächlich - einem Gefängnis.

Was hier vorgeht, bedarf keiner Beschreibung.

Die Zellen sind so berechnet, daß man weder stehen noch liegen kann; tagelang werden hier Männer und Frauen gewissenhaft gefoltert.

Die Lüftungslöcher halten die Schreie nicht zurück.

Neunzehnhundertzweiundvierzig. Himmler begibt sich an Ort und Stelle. Vernichten, gewiß, aber produktiv.

Die Produktivität wird den Sachverständigen überlassen, das Problem der Vernichtung verdient eigenes Nachdenken.

Man studiert Entwürfe, Modelle.

Man bringt sie zur Ausführung, und die KZ-Häftlinge selbst müssen Hand anlegen.

Ein Krematorium: das nimmt sich gelegentlich ganz nett aus.

Später - heute - lassen Touristen sich davor photographieren.

Man muß sich beeilen. Die Deportationen erfassen ganz Europa.

Die Transporte verirren sich, halten, fahren weiter, werden bombardiert, kommen an.

In einigen ist die Auslese bereits erfolgt.

Bei den anderen schreitet man sofort zur Selektion. Die links zur Arbeit.

Die rechts...

Wenige Augenblicke vor einer Liquidierung...

Mit der Hand töten ist zeitraubend. Man bestellt Giftgas, in Büchsen, Zyklon B.

Nichts unterscheidet eine Gaskammer von einem gewöhnlichen Block. Der Neuangekommene betritt einen Raum, den er für einen Duschraum hält.

Man schließt die Türen.

Man beobachtet.

Das einzige Zeichen - aber das muß man ja wissen - ist die von Fingernägeln gepflügte Decke. Beton läßt sich erweichen.

Wenn die Krematorien es nicht schaffen, errichtet man Scheiterhaufen. Dabei erreichen die neuen Öfen Tagesleistungen von mehreren Tausend.

Alles wird verwertet.

Ein Blick in die Vorratskammern,
die Speicher der Kriegsführenden.

All das ist Frauenhaar...

Fünfzehn Pfennig das Kilo,
man macht Stoff daraus.

Aus den Knochen
wird Dünger gewonnen. Man stellt Versuche an.

Aus den Körpern... man bringt es nicht über die Lippen...
aus den Körpern
stellt man Seife her.

Aus der Haut...

Die Lager dehnen sich aus, füllen sich.

Es sind Städte von hunderttausend Einwohnern. Voll belegt.

Die Industrie-Planung zeigt Interesse für dieses unerschöpfliche Arbeitskräfte-Reservoir. Manche Werke haben ihre eigenen, der SS unzugänglichen Lager.

Bei Steyr, Krupp, Heinkel, I.G. Farben, Siemens, Hermann Göring und anderen werden auf diese Weise die Lücken geschlossen.

Die Nazis können ja den Krieg gewinnen, und diese neuen Städte sind ein Teil ihres Wirtschaftsgefüges.

Aber sie verlieren den Krieg.
Es mangelt an Kohle für die Krematorien, an Brot für die Menschen.
Auf den Lagerstraßen türmen sich die Leichen.
Typhus...
Als die Alliierten die Tore öffnen...

alle Tore...

sehen die Überlebenden zu, ohne zu begreifen. Sind sie befreit?
Wird das Leben, wird der Alltag sie wiedererkennen?

"Ich bin nicht schuld", sagt der Kapo.
"Ich bin nicht schuld", sagt der Offizier.
"Ich bin nicht schuld."
Wer also ist schuld?

Während ich zu euch spreche, dringt das Wasser in die Totenkammern;
es ist das Wasser der Sümpfe und Ruinen, es ist kalt und trübe - wie
unser schlechtes Gedächtnis.
Der Krieg schlummert nur.
Auf den Appellplätzen und rings um die Blocks hat sich wieder das
Gras angesiedelt.
Ein verlassenes Dorf - noch unheilschwanger.
Das Krematorium ist außer Gebrauch,
die Nazimethoden sind aus der Mode.
Diese Landschaft: die Landschaft von neun Millionen Toten.
Wer von uns wacht hier und warnt uns, wenn die neuen Henker
kommen? Haben sie wirklich ein anderes Gesicht als wir?
Irgendwo gibt es noch Kapos, die Glück hatten, Prominente, für
die sich wieder Verwendung fand, Denunzianten, die unbekannt
blieben; gibt es noch all jene, die nie daran glauben wollten - oder
nur von Zeit zu Zeit.
Und es gibt uns, die wir beim Anblick dieser Trümmer aufrichtig
glauben, der Rassenwahn sei für immer darunter begraben,
uns, die wir dieses Bild entschwinden sehen und tun, als schöpften
wir neue Hoffnung,

als glaubten wir wirklich, daß all das nur
*einer* Zeit und nur *einem* Land angehört,
uns, die wir vorbeisehen an den Dingen neben uns
und nicht hören, daß der Schrei nicht verstummt.

Paul Celan, Gesammelte Werke, Bd. 4, Frankfurt/M. 1983

## Mehr als ein Dokument

Paris, Ende Mai 1956: NACHT UND NEBEL, dieser auf
Fotografien aus deutschen, französischen, holländischen,
polnischen und russischen Film- und Fotoarchiven basieren-
de Schwarzweiß-Film, in welchem eine kluge Regie wissend
und sparsam farbige Aufnahmen aus der Umgebung von
Auschwitz, Birkenau und Majdanek eingebaut hat, wurde
dieser Tage in einem Pariser Kino vor Widerstandskämpfern
aus 18 Nationen vorgeführt. Ich war dabei, als diese Männer
und Frauen, Menschen aller Weltanschauungen und Klassen,
Juden und Christen, Südländer und Nordländer, Gottesfürch-
tige und Ungläubige, geeint durch den gemeinsamen Feind,
den unseligen Nationalsozialismus, und das gemeinsame
Leid - ich war dabei, als diese Menschen, denen auch in den
Jahren der großen Finsternis der Glaube an die Macht des
Guten niemals geraubt werden konnte, als diese Menschen
weinten und stumm einander die Hand drückten.
Ich war dabei, als der untersetzte Holländer, der lange Jahre
in den Konzentrationslagern Himmlers gequält ward, den
deutschen Kameraden, der seine liebsten Freunde in Majdanek verloren, umarmte und ans Herz drückte, daß uns allen
(und es waren hartgesottene Männer dabei!) die Tränen kamen. In jenem Augenblick begriffen alle, daß der Holländer
den Deutschen so herzlich umarmte, weil er hier stand für alle
Deutsche, die dem mörderischen Regime unter Einsatz ihres
vollen Lebens Widerstand geleistet hatten.
NACHT UND NEBEL ist mehr als ein Bekenntnis zur
Menschlichkeit: Der Film ist ein Denkmal für die neun
Millionen Toten, ein Mahnruf an die im Wirtschaftswunder,
in allen wirtschaftswunderlichen Staaten Lebenden, die so
rasch vergessen konnten. NUIT ET BROUILLARD ist die
Nacht, die aus allen Ecken kriecht und die Sterne auslöscht,

der Nebel, der über allen Brücken und über allen Straßen liegt
und das Leben unsichtbar macht; diese endlos sich dehnende
Nacht aus Qual und Folter, dieser undurchsichtige Nebel, von
dem man nur weiß, daß er den tausendfachen Tod umschließt:
der Film beweist noch einmal, wie grenzenlos und staatenlos
das Leiden der Versklavten war und immer sein wird.
Die deutschen Konzentrationslager (vor allem Auschwitz)
darf man heute ohne Übertreibung als die größten und best-
funktionierendsten Todesfabriken aller Zeiten bezeichnen.
Die Gefolterten wurden erschossen. Die Erschossenen wurden verbrannt. Die Gepeinigten wurden vergast. Die Verga-
sten wurden verbrannt. Die Verbrannten wurden 'verarbeitet'. (...)
Nur das Versprechen, daß sich Deutschland rückhaltlos dafür
einsetzen wird, daß Auschwitz und Dachau, Mauthausen und
Bergen-Belsen nie wieder möglich sein werden, nur diese
heilige Versicherung kann die Franzosen und Belgier, die
Norweger und die Juden von einem besseren, einem mensch-
licheren und in Ehrfurcht vor den Opfern des Faschismus sich
verneigenden Deutschland überzeugen.

Siegfried Einstein, in: Telegraf, Berlin, 3. Juni 1956

## Jugendprotokoll

(Begründung der Beurteilung nach § 6 des Gesetzes zum
Schutz der Jugend in der Öffentlichkeit)

Prüf-Tag: 7. 11. 1956          Arbeitsausschuß der FSK

Film: NACHT UND NEBEL     Prüf-Nr. 13 257

Ein filmischer Rückblick in die Hölle der unvergeßlichen
Jahre unserer Generation, aufrüttelnd das Gewissen einer
ganzen Welt: die französische Dokumentation des Grauens
der deutschen Konzentrationslager.
Es wird bedauert, daß dieser Film nicht wenigstens einem interessierten und aufgeschlossenen Teil der Jugend, etwa ab
14 Jahre, freigegeben werden kann.
Von Thema und Bild her muß der Film für die ganze Alters-
gruppe als 'nicht jugendgeeignet' bezeichnet werden.

gesehen:
gez.: Dr. Krüger, Vorsitzender
gez.: Franzen, Jugendpsychologe und Pädagoge

Alain Resnais, geb. 3. Juni 1922 in Vannes (Dep. Morbihan);
Schauspielstudium; bis 1945 Studium am Institut des Hautes
Etudes Cinématographiques (IDHEC) in Paris, danach Mili-
tärdienst und anschließend Tätigkeit als Regieassistent und
Cutter; ab 1948 eigene Filme; zeitweilig Vize-Präsident des
Centre d'Etude des Littératures d'Expression Graphique;
1974 veröffentlichte er unter dem Titel 'Repérages' einen
Fotoband, mit Motivaufnahmen seiner Filme. Filme: *Van
Gogh* (1948), *Paul Gauguin (1950)*, *Guernica* (1950), *Les
statues meurent aussi*/Auch Statuen sterben (1950/53), NUIT
ET BROUILLARD/Nacht und Nebel (1955/56), *Toute la
mémoire du monde*/Alles Gedächtnis der Welt (1956), *Le
mystère de l'atelier quinze* (1957), *Le chant de styrène*
(1958), *Hiroshima mon amour* (1959), *L'année dernière à
Marienbad*/Letztes Jahr in Marienbad (1960/61), *Muriel ou
le temps d'un retour*/Muriel oder die Zeit der Wiederkehr
(1963), *La guerre est finie*/Der Krieg ist vorbei (1966),
*Claude Ridder* (Episode des Films *Loin du Viêt-Nam*, 1967),
*Je t'aime, je t'aime*/Ich liebe dich, ich liebe dich (1968), *Ciné-
Tracts* (1968, anonym - zusammen mit Chris Marker, Jean-
Luc Godard), *New York* (1972), *Stavisky...* (1974), *Providence* (1976), *Mon oncle d'Amérique*/Mein Onkel aus Amerika
(1979/80), *La vie est un roman*/Das Leben ist ein Roman
(1982/83), *L'amour à mort* (1984), *Mélo* (1985/86), *I want to
go home* (1988/89).

## EUROPA, EUROPA / HITLERJUNGE SALOMON Deutschland/Frankreich 1989/90

*Produktion: CCC Filmkunst (Berlin), Les Films du Losange (Paris)*
*Regie: Agnieszka Holland*
*Buch: Agnieszka Holland, (Paul Hengge)\**
*Nach den Erinnerungen von Salomon Perel*
*Kamera: Jacek Petrycki*
*Musik: Zbigniew Preisner*
*Bauten: Allan Starski. Kostüme: Wieslawa Starska*
*Ton: Elisabeth Mondi. Schnitt: Ewa Smal*
*Regie-Assistenz: Krstyna Grochowitz*
*Produzenten: Artur Brauner, Margaret Menegoz*
*Produktionsleitung: Barbara Pec-Slesicka*
*Herstellungsleitung: Lew Rywin, Janusz Morgenstern*
*Darsteller: Salomon Perel (Salomon Perel heute), Marco Hofschneider (der junge Sally), René Hofschneider (Isaak, Sallys Bruder), Pjotr Kozlowski (David, Sallys Bruder), Klaus Abramowsky (Sallys Vater), Michèle Gleizer (Sallys Mutter), André Wilms (Robert Kellerman), Ashley Wanninger (Erich), Julie Delpy (Leni), Hanna Labornaska (Lenis Mutter), Hanns Zischler (Hauptmann von Lereneau), Klaus Kowatsch (Schultz),, Delphine Forest (Lana Moisievna), Jorg Schnass (Pfeiffer), Natalie Schmidt (Basia)*
*Gedreht in Warschau und Berlin (West), 16. 3. - 10. 6. 1989.*
*Uraufführung: 28. Juni 1991, New York*
*Deutsche Erstaufführung: 27. 10. 1991, Berlin (International)*
*Farbe, 113 Minuten, DF*

### Anmerkung

EUROPA, EUROPA (dt. Verleihtitel: *Hitlerjunge Salomon*) erhielt im Januar 1992 den 'Golden Globe' als bester fremdsprachiger Film und wurde Ende Februar in der Kategorie 'Bestes Drehbuch' für den Oscar nominiert.

\* Paul Hengge hat seinen Namen von der fertigen Produktion zurückgezogen.

### Inhalt

(...) Zurückgehend auf die Erlebnisse des am Ende des Films wie zum Beweis der Authentizität kurz auftretenden Salomon Perel erzählt der Film dessen Erlebnisse während des 'Dritten Reiches': Während sich in Peine die Überfälle der Nazi-Horden auf jüdische Geschäfte häufen und Salomons Schwester dabei erschlagen wird, schicken ihn die Eltern zusammen mit seinem Bruder nach Lodz. Als die Russen Polen besetzen, wird er von seinem Bruder getrennt und in einem Waisenhaus zum Komsomolzen erzogen. Nach Hitlers Überfall auf Rußland gibt er sich als 'Volksdeutscher' aus, wird Soldat und 'Maskottchen' seiner Kompanie, deren Hauptmann ihn sogar adoptieren will. Schließlich landet er auf einer Eliteschule der Hitlerjugend, verliebt sich in die stramm arische Leni, die dann aber mit 'Jupps' blondem Zimmergenossen ein Kind für 'Lebensborn' zeugt, weil Salomon es nie wagte, mit ihr zu schlafen: die Entdeckung seiner Beschneidung hätte ihn unweigerlich als Juden entlarvt. Als er nach Kriegsende zu den Russen überläuft, übergibt ihn ein Offizier der Rache gerade

befreiter KZ-Häftlinge. Da erkennt ihn in letzter Sekunde sein Bruder, ein Überlebender des Vernichtungslagers. (...)
Rolf-Ruediger Hamacher, in: Filmdienst, Nr. 3, Köln, 4. Februar 1992

### Salomon Perel über den Film

*Frage:* Was haben Sie empfunden, als Sie die Verfilmung im Kino gesehen haben? Und verstehen Sie die teilweise negative Aufnahme?
*S. Perel:* Nein, die verstehe ich überhaupt nicht. Beim ersten Anschauen des Films war ich natürlich befangen. Ich sah da meine Geschichte auf der Leinwand, sah einen Schauspieler, der mein Leben nachvollzog. Aber nach und nach habe ich zu diesen persönlichen Empfindungen Distanz und glaube, den Film einigermaßen objektiv beurteilen zu können. Ich halte ihn für gelungen. Er bringt die menschliche Botschaft, um die es geht, an die Zuschauer heran, er erzählt die Wahrheit.
*Frage:* Es gibt aber leichte Abänderungen zwischen Film, Buch und Leben?
*S. Perel:* Das sind ganz zwangsläufige Veränderungen. Wenn der Film die Ermordung meiner Schwester in die Reichspogromnacht 1938 verlegt und nicht im Konzentrationslager Stutthoff zeigt - wo sie in Wirklichkeit starb - , so liegt der Grund hierfür darin, daß wegen dieser Szene nicht noch ein neuer Drehort organisiert werden konnte. (...) Ich halte dieses Vorgehen im Film für legitim. Es ist ja kein Dokumentarfilm, sondern ein Spielfilm. Kein Film, der einer wahren Begebenheit zugrundeliegt, wird die ausschließliche Wahrheit erzählen. In meinem Fall sind es vielleicht 80%. Aber die große Linie, die Geschichte meines Überlebens, die stimmt.
*Frage:* Ist der Film schon in Israel herausgekommen? Und wenn, wie wurde er dort aufgenommen?
*S. Perel:* In Israel war es ähnlich wie auch wohl in Deutschland. Wenn ich es richtig verstanden habe, hatte Artur Brauner Schwierigkeiten, einen deutschen Verleih zu finden. In Israel war es jedenfalls so. Einige Verleiher sahen den Film, lehnten ihn aber ab, weil sie sich von ihm kein Geschäft versprachen. Man glaubte, er könnte höchstens zwei Tage in der Cinémathèque gezeigt werden. Schließlich fand sich ein israelisch-amerikanischer Verleiher. Als der Film dann plötzlich den 'Golden Globe' erhalten hatte, riefen die ganzen israelischen Verleiher bei mir an, aber es war zu spät. Jetzt kommt der Film im Mai in Israel heraus.
*Frage:* Als das Buch erschien, gab es ja auch einige weniger freundliche Stimmen. Glauben Sie, daß dieses jetzt wieder passieren wird, wenn der Film in Israel gezeigt wird?
*S. Perel:* Vielleicht. Aber inzwischen bin ich daran gewöhnt. Als das Buch erschien, hat es nur sehr wenig negative Kritik gegeben. Diese bezog sich auf meine Haltung, auf mein Eintauchen in die deutsche Armee, um zu überleben, nicht aber an dem Buch generell. Ein Kritiker meinte, er hätte lieber Selbstmord begangen, als meinen Weg zu wählen. Nun - ich weiß nicht, ob er das beurteilen kann. Das muß wohl jeder Mensch für sich entscheiden. Ich bin in dieser Zeit öfter als einmal symbolisch gestorben, so nahe stand ich immer wieder am Abgrund, vor der Entdeckung. (...) Aber

(...) ein Selbstmord ist etwas Endgültiges. Ich aber wollte nicht sterben, ich wollte ja leben.

Bernd Lubowski, in: Berliner Morgenpost, 22. März 1992

### Kein 'Oscar' für HITLERJUNGE SALOMON?

(...) "Ein großer Film", schrieb Milan Kundera im 'Nouvel Observateur'. Ein guter Film, meinten auch die amerikanischen Rezensenten und verliehen ihm die Kritikerpreise von Boston und New York sowie den Nationalen Preis der Filmkritik. Nun hat er auch noch einen Golden Globe gewonnen, den wichtigsten Filmpreis überhaupt - nach dem Oscar. Der Film sei Schrott, befindet hingegen jenes Gremium, das allein darüber entscheidet, welche deutschen Filme für den Oscar-Wettbewerb eingereicht werden. HITLERJUNGE SALOMON, der mit deutschem Geld produziert und in deutscher Sprache gedreht wurde, muß leider draußen bleiben. Er ist dem Gremium nicht gut genug.

Eine solche Meinung darf natürlich jeder haben - doch eine Auswahlkommission ist kein Zensurbüro; sie soll auch kein Urteil für die Ewigkeit fällen, sie soll bloß die chancenreichsten Filme identifizieren. HITLERJUNGE SALOMON hätte eine Chance gehabt, was schon vor Monaten erkennbar war. Jetzt taucht das Argument auf, daß HITLERJUNGE SALOMON gar kein deutscher Film sei im Sinne der Oscar-Richtlinien - die nämlich verlangten, daß die wesentlichen künstlerischen Beiträge von Deutschen geleistet würden. (...) Womöglich hat die heftige Ablehnung damit zu tun, daß der Film ein deutsches Tabu verletzt. Denn der Jude, so lernen wir es in der Schule und im Fernsehen, tritt vorwiegend als abstrakte Floskel auf, bei Festreden und Gedenkveranstaltungen, und ist stets ernst und edel und schmerzensreich. Der jüdische Held in HITLERJUNGE SALOMON hingegen handelt zynisch und opportunistisch, um seine Haut zu retten, und wenn sein beschnittener Penis ihn nicht verraten würde, dann gäbe er auch seiner Geilheit auf blonde deutsche Mädels nach.

So etwas sagt und erzählt man nicht. Denn nach Auschwitz kann man vielleicht Gedichte schreiben - aber Juden dürfen weder lachen noch lüstern sein. Agnieszka Holland irrt also doch. Nicht der deutsche Antisemitismus ist das Problem. Es ist der Philosemitismus jener guten Deutschen, die ein reines Gewissen haben und ein korrektes Bewußtsein und im Kopf ein Bild vom braven Juden. Das wollen sie sich nicht nehmen lassen - auch nicht von einem jüdischen Film.

Claudius Seidl, in: Der Spiegel, Nr. 5, Hamburg 1992

### Deutschland in Europa

(...) Nimmt man die Hinweise auf die Veränderungen zur authentischen Biographie, wie sie Paul Hengge aufgrund seiner genauen Kenntnisse von Person und Autobiographie Salomon Perels gegeben hat, ernst, dann wird deutlich, daß die dramaturgische Klammer des Films nicht die Massenvernichtung zum Subthema des Überlebens gemacht hat, sondern das Überleben unter jedweder Bedingung selbst: Am Ende schließen sich die beiden Brüder mit den unvergleichlichen Schicksalen vor den Toren eines KZs in die Arme, aus dem der eine gerade befreit worden ist, und vor dem der andere beinah als Nazi erschossen worden wäre. Vereint ziehen sie am Ende eine Straße entlang auf dem Weg in den Westsektor. Nicht, daß Holland, die schließlich ganz alleine für das Drehbuch und die Regie zeichnet, den Bruder in der Fiktion rettet, der das KZ nicht überlebt hat, ist daran problematisch, sondern die Tatsache, daß sie die Geschichte des Bruders in den allgemeinen Überlebenstaumel integriert, vor dem beide sich als Ikonen einer Robustheit ausnehmen, die in der Tat merkwürdig ist. (...)

In gewisser Weise könnte man sagen, enthält Hollands Film einen historischen Subtext, der von der revidierten Biographie des wirklichen Salomon Perel determiniert wird: der jüdische Überlebende hat in ihm die Rolle des Infantilisierten zu spielen, eine Variante auf das Klischee von der Geschichtslosigkeit der Juden, die 'nur' leben wollen. Diese Konstruktion wird zum neuen Mantel einer politischen Identität Osteuropas, wo man sich nur allzu oft in der Rolle des doppelten Opfers sieht zwischen den faschistischen Zwischenkriegsregimen und den sowjetischen Okkupanten. Nicht zufällig fängt der Film mit einer Ortsbeschreibung an: Peine in Deutschland: Europa, ach Europa...

Gertrud Koch, in: Frankfurter Rundschau, 30. Januar 1992

### Die Entstehung eines Films

Zur Richtigstellung (...) erlaube ich mir - und hierfür habe ich sämtliche Unterlagen vorliegen - nachstehende Korrekturen anzubringen (...):

Hengge hat fünf Versionen des Drehbuches nach der Autobiographie von S. Perel, nämlich von HITLERJUNGE SALOMON verfaßt. Alle fünf Varianten sind von dem Regisseur, der für die Inszenierung dieses Films verpflichtet worden war, einem der prominentesten Regisseure der damaligen DDR, Frank Beyer, abgelehnt worden.

Als Quintessenz erhielt Herr Beyer von der CCC-Film die volle Gage ausbezahlt (was sehr weh getan hat), da die vertragliche Frist ablief. Hengges Behauptung, wonach er nach Lektüre des Buches dieses voll und ganz ablehnt, entspricht den Tatsachen.

Nur, daß er sich mit seinen Auffassungen voll und ganz getäuscht hat, steht auf einem anderen - erfolgreicherem - Blatt. Die Realität hat bewiesen, daß die erste Version, von Agnieszka Holland verfaßt, das Optimale an geschäftlichem und künstlerischem Erfolg weltweit erzielte. (...)

Es ist notwendig darauf hinzuweisen, daß ich ca. neun Jahre an den künstlerischen Vorbereitungen dieses Films arbeitete, bevor der erste Drehtag anbrach. Zwölf Drehbuchversionen und acht Autoren! Ein Unikum in der Geschichte - auch bei meinen bisher ca. 250 produzierten Spielfilmen.

Artur Brauner, CCC-Film, Berlin, in: Die Welt, Hamburg, 11. 2. 92

**Agnieszka Holland**, geb. 28. November 1948 in Warschau. Lebte von 1961 bis 1971 in Prag; Studium an der dortigen Filmhochschule (FAMU). 1971 Rückkehr nach Warschau; Regie-Assistenz bei Krzysztof Zanussi (*Illumination*). Theater-Regie in Gorce und Krakau (Mrozeks 'Emigranten'); Theater-Inszenierungen fürs Fernsehen. Erster eigener Film 1974 (*Wieczór u abdona*). Von 1972-1981 im Filmkollektiv 'Unit X' um Andrzej Wajda. Mitarbeit an den Drehbüchern Wajdas von *Czlowiek z marmuru*/Der Mann aus Marmor (1976), *Bez znieczulenia*/Ohne Betäubung (1978), *Dyrygent* (Der Dirigent, 1979), *Czlowiek z zelaza*/Der Mann aus Eisen (1981), *Danton* (1982), *Eine Liebe in Deutschland* (1985) und *Korczak* (1990). Inszenierte u.a. Mussets 'Lorenzaccio', Kafkas 'Der Prozeß', Büchners 'Woyzeck', Havels 'Largo desolato'; Darstellerin in mehreren Filmen. Filme: *Wieczór u abdona* (1974), *Dziewczyna i akwarius'*/Das Mädchen und der Wassermann (Episode aus *Obrazki z zycia*/Bilder aus dem Leben 1975), *Niedzielne dzieci*/Sonntagskinder; *Zdjecia próbne*/Probeaufnahmen (1976, Co-Regie: Pawel Kedzierski, Jerzy Domoradzki), *Cos za cos*/Der Weg einer Frau (1977), *Aktorzy prowincjonalni*/Provinzschauspieler (1978), *Goraczka*/Fieber (1980, IFB 1981), *Kobiéta samotna i chromy*/Eine alleinstehende Frau (1981), *Les cartes postales de Paris* (1982), *Bittere Ernte* (1984/85), *Le complot/To Kill a Priest* (1988), EUROPA, EUROPA (1989/90). *Olivier, Olivier* (1992).

## THE SINGING BLACKSMITH / JANKL DER SCHMID

USA 1938

*Produktion: Collective Film Producers, Inc.*
*Regie: Edgar G. Ulmer*
*Buch: Ossip Dymow, Ben-Zwi Baratoff, nach dem gleichnami-*
*gen Bühnenstück von David Pinski*
*Kamera: William Miller. Kameraführung: William J. Kelley*
*Musik: Jacob Weinberg*
*Musikalische Leitung, Violin-Solo: Yosha Fishberg*
*Schnitt: Jack Kemp*
*Ton: Edwin Schabbehar, Edward Fenton*
*Kostüme: Nathan Gaiptman. Masken: Fred Ryle*
*Regieassistenz: Louis Brandt, Sol Chodrow*
*Produzent: Roman Rebush*
*Produktionsüberwachung: Ludwig Landy*
*Darsteller: Moishe Oysher (Jankl), Miriam Riselle (Tamara),*
*Florence Weiss (Rivke), Anna Appel (Chaya-Peshe), Ben-Zwi*
*Baratoff (Bendet), Michael Goldstein (Raffuel), Lea Noemi*
*(Mariasche), Max Vodnoy (Simche), Luba Vesoly (Frumeh),*
*Yudel Dubinsky (Reb Aaron), Luba Rymer (Sprintze-Gnesye),*
*Benjamin Fishbein (Froike), Ruben Wendroff (Elia), Ray Schnei-*
*der (Chaika), R. Schanoch (Leah), Herschel Bernardi (Jankl*
*als Junge)*
*US-Kinostart: 1.11.1938 New York (Continental Theatre)*
*Schwarzweiß, 116 Minuten, Jiddisch mit engl. UT*

### Inhalt

(...) Die Handlung des Films dreht sich um die Flirts des Schmiedes und seine eventuelle Heirat mit dem Waisenmädchen Tamara (Miriam Riselle). Anfänglich ist Jankl fest entschlossen, seine Freiheit zu bewahren: "Warum altbackenes Brot essen, wenn ich frische Brötchen haben kann?" scherzt er. ("Eines Tages wirst du daran ersticken", warnt ihn die unabhängige *schadchente*, die von Anna Appel gespielte Heiratsvermittlerin.) Jankl schäkert zunächst mit Rivke, einer verheirateten Frau, dargestellt von Florence Weiss, doch er läßt sie alsbald fallen, als er sich in die schöne, lavendeläugige Tamara verguckt (...). Die Frommen lehnen Jankl instinktiv ab, doch Tamara ist empfänglich für seine lebensbejahenden Qualitäten. "Er gefällt mir besser als dieser vertrocknete Talmudschüler, der sich letztes Jahr um mich bemühte", erklärt sie ihrer Tante und ihrem Onkel, die, reich und knausrig, ihre Wahl mißbilligen. Obwohl von Rivke noch einmal in Versuchung geführt, wandelt sich Jankl schließlich doch. Durch Tamara wird er *mentsch* - ein pflichtbewußter Arbeiter, Ehemann und Vater (das Baby war Ulmers eigene kleine Tochter). (...)
Das naturalistische Theaterstück 'Jankl der Schmid' war eines der ersten jiddischen Dramen, das eine psychologische Studie der physischen Leidenschaft bot, von Sinneslust als ursprünglichem Trieb wie als Auslöser ambivalenter Gefühle. Obwohl der kräftige Jankl seine kränkelnde Tamara liebt, gelingt es ihm nicht, den sinnlicheren Reizen seiner Nachbarin zu widerstehen, auch wenn er sich dabei schuldig fühlt. Insofern spiegelt JANKL einen Teil von Oyshers eigenem Charakter wider: der

*majster-singer* stand in dem Ruf eines Schürzenjägers, der trank, rauchte und den Sabbath nicht immer heiligte. (Es ging das Gerücht, daß er am *schabbes* rauchte und behauptete, dies sei gut für seine Stimme.) (...)
Was den visuellen Stil anbelangt, so steht JANKL den expressionistischen *films noirs* und Thrillern, die Ulmer in den 40er Jahren in Hollywood drehte, näher als *Grine Felder*. Die Innenräume sind auf dramatische Weise ausgeleuchtet und ein gutes Beispiel für den für ihn typischen Gebrauch von schrägen Blickwinkeln und gewagten Perspektiven (...). Die Außenkulissen mit den von zwiebelförmigen Kuppeln gekrönten Fassaden und den Holzhäusern sind wesentlich aufwendiger als die Bauten von *Grine Felder*. Der Rhythmus ist jedoch weniger flüssig, wenngleich es problematisch ist, ein Urteil über den unregelmäßigen Erzählfluß abzugeben, da JANKL, der mit einer Länge von fast 150 Minuten uraufgeführt wurde, seither nahezu vierzig Minuten eingebüßt hat. (...)
Jim Hoberman: Bridge of Light. Yiddish Film Between Two Worlds, New York 1991

### Erinnerungen an die 'Alte Welt'

An einem lebhaften Freitag im Dezember drängt sich eine Gruppe von 75 älteren Kinobesuchern vor dem 'Kent Theater' in der Coney Island Avenue in Brooklyn bereits einige Stunden vor dem Beginn des *schabbes*. Jeder von ihnen hat drei 'bits' (1 bit = 12 1/2 Cents, A.d.Ü.) gezahlt, vielleicht den billigsten Preis für eine Kinokarte in der ganzen Stadt. Aber sie wollen weder *Oh, God!* noch *The Goodbye Girl* noch den neuesten Film von Barbra Streisand sehen. Sie sind alle gekommen, um sich THE SINGING BLACKSMITH (1938) mit Moishe Oysher und *Tevya* (1939) mit dem Regisseur Maurice Schwartz in der Hauptrolle anzuschauen.
Diese Filme, die in Jiddisch mit englischen Untertiteln vorgeführt werden, wurden zu einer Zeit gemacht, als in New York eine unabhängige jiddische Filmindustrie bereits an ihrem Höhepunkt angelangt war. (...) *Tevya* und THE SINGING BLACKSMITH sind technisch von der gleichen Qualität wie die besten 'backlot B's' (B-Filme, bei denen auch Außenaufnahmen verwendet wurden, A.d.Ü.) dieser Periode. Der letztgenannte Film wurde unter der Regie des aus Österreich stammenden Edgar G. Ulmer gedreht, dessen Arbeiten in Hollywood von vielen Kritikern bewundert wurden. (...) 'Der singende Schmied' - der Film basiert auf David Pinskis Schauspiel 'Jankl der Schmid' - ist ein Liebhaber von Wein, Tanz und Gesang, und er schwört, diese 'Laster' aufzugeben, als er sich in ein schönes Waisenmädchen verliebt.
Diese Filme sind für die Gäste im 'Kent' mehr als bloße Antiquitäten. Die Filme handeln von der 'Alten Welt', von der Welt Rußlands, Rumäniens und Polens um die Jahrhundertwende. Sie porträtieren eine Welt, in der Samowar, Pogrom, *schtetl* und *matchmaker* (Heiratsvermittler) ihren Bewohnern ebenso bekannt waren, wie heutzutage IRT, Ed Koch und die Brooklyn Bridge den New Yorkern.
Dabei spielt kaum eine Rolle, daß Herschel Bernardi,

dessen Name als letzter in den 'credits' angeführt wird - er spielt den 'jungen Jankl' - , nun um die fünfzig Jahre alt ist und kürzlich zusammen mit Woody Allen in *The Front* (Der Strohmann, Regie: Martin Ritt) gespielt hat. Die Leute sind gekommen, um zwei schon längst verstorbene Helden jiddischer Kultur noch einmal agieren zu sehen und singen zu hören. Im Publikum kommt stets ein Geflüster auf, wenn Schwartz, ein Titan des jiddischen Theaters (und Hauptdarsteller in *Tevya*, A.d.R.), oder Oysher mit der satten Stimme eines Kantors das erste Mal auftreten. Sobald die Stammgäste in ihrer eigenen Sprache schwatzen, scheint jedes vierte Wort 'Schwartz' oder 'Oysher' zu lauten. (...)

Rob Edelman: Jiddisches Kino, in: Films in Review, Nr. 6, Juni/Juli 1978

### Eine unglaubliche Geschichte

*Peter Bogdanovich*: (...) Wer war Moishe Oysher?
*Edgar G. Ulmer*: Moishe Oysher war der stimmgewaltigste Kantor - ein wunderbarer Vokalist. MGM engagierte ihn später... Sie können ihn in *Song of Russia* sehen.
*P.B.*: Und er spielte die Hauptrolle? Wovon handelt der Film? Ich habe ihn nicht gesehen.
*E.U.*: Es geht um einen Schelm, der schließlich ein anständiger Mensch wird. Zur selben Zeit machte ich einen Film in ukrainischer Sprache, *Saporoshets sa dunayem* ('Cossacks in Exile'). Das ist die berühmte Geschichte, die Sie aus 'Und still fließt der Don' kennen. (...) Wir mußten einmal mehr einen Drehort finden. Nun müssen Sie wissen, daß es die Zeit war, als der 'Bund' (eine deutschnationale Organisation, A.d.R.) in New York und New Jersey ziemlich Oberwasser hatte. Mein Stab und ich mußten ein Haus für den 'Schmied' bauen, ein *schtetl* oder ein kleines jüdisches Dorf, eine Ghettostadt. Und gleichzeitig mußten wir die ukrainischen Kulissen erstellen. Das Problem war, ein Stück Land ohne Telegraphenmasten im Hintergrund und ohne Straßen zu finden. Eine unglaubliche Aufgabe. Im Mai fuhr ich mit meinem Stab in einem Lieferwagen los, denn wir hatten vor, Ende Juni zu drehen. Im Westchester County fanden wir einige große Güter, aber sobald wir anfingen, von einem jiddischen und einem ukrainischen Film zu sprechen, hieß es: "Nichts da! Raus!" Wir hatten schließlich den ganzen Staat New York durchkämmt. Sie müssen wissen, daß unser Budget praktisch gleich Null war. Ich entschied, daß wir uns wieder in New Jersey umsehen mußten. (...) Mein großer Stab bestand aus zwei jungen und vier alten Juden, und wir hatten einen Lieferwagen aus Holz, den ich für 110 Dollar erstanden hatte - heute wäre er vielleicht etwas wert. In der ersten Juniwoche waren wir unterwegs Richtung Newton, New Jersey, und folgten einer ungepflasterten Straße (...). Wir kamen zu einem phantastischen Stück Land mit einem See und allem, was man sich nur wünschen konnte (...). Wir versuchten, die Hauptfarm zu finden oder wenigstens jemanden, den wir fragen konnten. Nachdem wir eine halbe Stunde gefahren waren, stießen wir auf die Hauptstraße und ein Gutshaus. Es war ein Kloster - Sie können sich vorstellen, was wir empfanden! (...) Ich ging zum Haupteingang des Gebäudes, während die Juden im Lieferwagen blieben. An der Tür hing ein Schild: 'Klausur'. Ich war auf einer Jesuitenuniversität gewesen und wußte also, was das bedeutet. Die Benediktiner, überhaupt alle Mönche, haben einen Tag in der Woche, an dem 'Klausur' ist, das heißt, daß es ihnen nicht erlaubt ist zu reden und niemand sie ansprechen darf. Ich dachte mir, was zum Teufel wird jetzt passieren? Ich sah eine kleine Kapelle. Die Tür stand auf, also ging ich hinein. Ein Mönch war beim Altar und betete. Ich beschloß, es durchzustehen. Als der

Mönch sein Gebet beendet hatte, kam er heraus, und ich sah an seiner Soutane, daß er ein Würdenträger war. Er hatte einen langen roten Bart. Er fragte, was er für mich tun könne. Also erzählte ich ihm meine traurige Geschichte, daß ich nach einem Drehort Ausschau hielt, was ihn sehr interessierte. Ich bemerkte, daß er einen starken deutschen Akzent hatte. Er stellte sich vor, führte mich in sein Büro im Hauptgebäude und erklärte mir, daß er der Prior des ganzen Klosters sei. Nach zwei Minuten sprachen wir auf deutsch miteinander. Er erzählte mir, daß er fünf oder sechs Jahre zuvor Prior eines Klosters in München gewesen war. (...) Er bemerkte, wie nervös ich war, und fragte mich nach dem Grund. Ich sagte: "So ein phantastisches Stück Land; ich werde sehr enttäuscht sein, wenn ich es nicht bekomme." Er fragte: "Wieso sollten Sie es nicht bekommen?" Ich sagte: "Ich erzähle Ihnen besser die Wahrheit. Der eine Film ist ein ukrainischer und der andere ein jiddischer." Er entgegnete: "Und warum macht Sie das nervös?" Ich erzählte ihm, was wir in Westchester durchgemacht hatten. Er meinte: "Gut, zeigen Sie mir, wo es ist!" Wir stiegen in seinen Wagen, einen offenen Zweisitzer, und fuhren wieder zu dem Stück Land. Meine Juden wären beinahe vor Schreck gestorben, als sie mich mit dem Mönch herauskommen und in seinen Wagen steigen sahen!
Ich zeigte ihm also das Land, wir fuhren wieder zurück, und er sagte: "Wenn Sie wollen, können sie dort ihre Dekorationen bauen." Ich fragte: "Aber wird die Diözese von New Jersey einverstanden sein?" Er sagte: "Wir haben mit der Diözese nichts zu tun; wir sind völlig autonom, und außerdem hat die katholische Kirche immer die Künste unterstützt. Ferner vermute ich, daß dieser Film in einem russischen oder polnischen Dorf spielt und die Juden alle Bärte tragen sollen - unsere Brüder haben alle einen Bart, Sie können sie als Statisten nehmen und so das Geld für die Bärte sparen." Dann stellten wir fest, daß - ob Sie's glauben oder nicht - sich neben unserem Gelände das 'Camp Siegfried', das Lager des 'Bundes' befand - und auf der anderen Seite ein Nudistencamp! (...) Eine Zeitung veröffentlichte einen Artikel darüber mit dem Titel "Nudisten, Hollywood und der 'Bund'". Es war eine unglaubliche Geschichte. Die Uraufführung des Films fand im Oktober 1938 in New York statt. Und die ganze katholische Priesterschaft New Jerseys erschien in vollem Ornat, um den Film zu sehen. (...)

Peter Bogdanovich: Interview mit Edgar G. Ulmer, in: Film Culture, Nr. 58-60, New York 1974

**Edgar G. Ulmer**, geb. 17. September 1900 in Wien; gest. 30. September 1972 Woodland Hills/Ca.; erste Filmkontakte (ohne Namensnennung) an verschiedenen Filmen Fritz Langs (*Die Nibelungen*, 1924; *Metropolis*, 1926) und F.W. Murnaus (*Sunrise*, 1927) mitarbeitete. Er war 1929 Robert Siodmaks Co-Regisseur bei *Menschen am Sonntag*, an dem auch Billy Wilder und Fred Zinnemann beteiligt waren. Drehte in den 30er und 40er Jahren neben B-Pictures in Hollywood mehrere jiddischsprachige Filme: *Green Fields/Grine Felder* (Co-Regie: Jacob Ben-Ami, 1937), THE SINGING BLACK-SMITH/ JANKL DER SCHMID (1938), *The Light Ahead/Di Kljatsche* (auch: *Fischke der Krumer*, 1939), *American Matchmaker/ Amerikaner Schadchen* (1940). Weitere Filme (Auswahl): *Mr. Broadway* (1933), *The Black Cat* (1934), *Natalka Poltavka* (1938), *Moon over Harlem* (1939), *Cloud in the Sky* (1940), *My Son, the Hero* (1943), *Bluebeard* (1944), *Detour* (1945), *The Wife of Monte Christo* (1946), *Ruthless* (1948), *I pirati de Capri* (1949), *Murder is my Beat* (1955), *Naked Dawn* (1955), *Antineal* (1960), *Beyond the Time Barrier* (1960), *Hannibal* (1960), *Sette contro la morte* (1964), *The Cavern* (1965). (Ausführl. Filmographie: siehe Informationsblatt Nr. 21)

## THREE DAUGHTERS / DRAJ TECHTER
USA 1950

*Produktion: Cinema Service Corporation*
*Produzenten: Leon Schachter, Joseph Seiden*
*Regie, Buch: Joseph Seiden*
*Nach dem gleichnamigen Stück von Abraham Blum*
*Kamera: Harold Seiden*
*Musik: Alexander Olshanetsky*
*Liedtexte: Chaim Tauber*
*Darsteller: Michael Rosenberg, Sacha Shaw, Rebecca Wein-*
*traub, Charlotte Goldstein, Max Wilner, Leon Schachter,*
*Anatole Winogradoff*
*s/w, Jiddisch mit engl. Untertiteln, 85 Minuten*

### Anmerkung
DRAJ TECHTER, im Winter 1950 gedreht, scheint ohne
Uraufführung geblieben und direkt in die Schmalfilm-Aus-
wertung gewandert zu sein (Jim Hoberman).

### Inhalt
THREE DAUGHTERS handelt von den romantischen Verwicklungen der Familie Gottlieb. Herr Gottlieb (dargestellt
von Co-Produzent Leon Schachter), ein überarbeiteter Buchhalter kurz vor der Entlassung, hat drei Töchter: die eine ist unglücklich verheiratet mit einem flatterhaften *luftmentsch*; die
zweite ist ledig und schwanger; Bertha, die älteste und zuver-
lässigste, wartet auf die Rückkehr ihres unbeständigen Geliebten, eines Musikers. Gottlieb (...) macht sich Berthas Charme
zunutze, um seine Position abzusichern, indem er sie seinem
Vorgesetzten Abe Zablinsky vorführt (...). Zablinsky wird zu
den Gottliebs zum Abendessen eingeladen und bittet Bertha
unverzüglich um ihre Hand. Im Laufe eines sich grotesk in die
Länge ziehenden Abends wird Bertha dazu gebracht, ihr Glück
für die Familie zu opfern und den ungehobelten Geschäftsmann zu heiraten. - Jahre vergehen. Die unglückliche Bertha
verachtet ihren ungebildeten Ehemann und beginnt zu trinken.
Als zehn Jahre später ihr verloren geglaubter Ex-Verlobter im
Abendanzug wieder auftaucht ("Ich bin Komponist"), stürzt
sie sich dankbar in ein Liebesabenteuer.

*

THREE DAUGHTERS ist ebenso wie die früheren Filme
Seidens von Innenaufnahmen bestimmt und im Vergleich zu
jenen sogar noch klaustrophobischer. (Das von einem Fenster
aus flüchtig sichtbare Soldaten- und Matrosendenkmal im Riverside Park spricht für Joseph Greens Verdacht, daß Seiden
in seinem eigenen Apartment drehte.) Und doch ist THREE
DAUGHTERS, bei aller Improvisiertheit, viel packender als
Seidens vorherige Filme. Der einfachen Inszenierung entspricht Rosenbergs Darstellungsstil. (...) Er spielt Zablinsky
ohne jeden Zwischenton; seine Gegenwart macht die vorge-
täuschte Vornehmheit der Familie Gottlieb lächerlich. Deren
pflichtbewußte Tochter Bertha hat einen Alptraum geheiratet.
Zablinsky ist in seinen Manierismen fast affenartig - achsel-
zuckend, schmatzend, über seine eigenen Witze lachend, in
gutturaler englisch-jiddischer Mundart plaudernd. (...)

Bertha hat mehr oder weniger die Wahl zwischen oberflächlicher Anpassung einerseits (der Komponist, zweifellos die
Art von 'Spinner', mit der Judith sich abzugeben pflegte,
bevor sie ihren *Amerikaner Schadchen* kennenlernte, zeugt
von Seidens Abneigung gegen den Kulturbetrieb), und der
banalsten nur vorstellbaren jüdischen Stereotype andererseits. Als sie und ihr Musiker schwülstige Liebeserklärun-
gen austauschen, führt Zablinsky eine gemeine Parodie des
häuslichen Lebens auf. Er quält seine Frau mit Schuldgefühlen, erinnert sie daran, daß alles im Haus ihm gehört und
schmettert mit lauter Stimme Schlaflieder für ihre kleine
Tochter. In der zweiten Hälfte des Films schmollt Zablinsky
entweder oder schleicht sich heimlich an, um schließlich
seine Frau und ihren Liebhaber mit "Meins! Meins!"-Rufen
(...) aufzuschrecken, während die anderen Gottliebs schuld-
bewußt zum emotionalen Höhepunkt aufmarschieren.
In ihrem Zorn über Abe hat Bertha bereits angedeutet, daß
ihre Tochter nicht von ihm stammt. Nun wird auf dramatische Weise enthüllt, daß die wirkliche Mutter des Kindes
Berthas jüngere Schwester Lucy ist. (Einige Zeit nach ihrer
Hochzeit fuhr Bertha zusammen mit der gerade sitzengelas-
senen Lucy für längere Zeit nach Florida in Urlaub - kurz
nach der Rückkehr überraschte Bertha Abe mit dem Baby.)
Die Familie droht auseinanderzufallen, doch da der Komponist als Scharlatan entlarvt wurde, vollzieht Bertha eine
abrupte Kehrtwendung: "Falsche Liebe hat mich für meinen
treuen, wunderbaren Abe blindgemacht."(Der laut schluch-
zende Zablinsky wirft sich entgegenkommend an den Busen
seiner Frau.) THREE DAUGHTERS, ein faszinierendes
Schauspiel über ziellose Haßgefühle und unterschwelli-
gen Selbstekel, faßt alle Konflikte, die im jiddischen Kino
behandelt wurden, als Auseinandersetzung zwischen Mit-
telstandshypokrisie und kultureller Orientierungslosigkeit
zusammen. Verglichen mit den neuen Idealen - Amerikani-
sierung und Zionismus - erscheint Abes 'aufrichtige' Unwissenheit als Charakteristikum des 'Jüdischen Herzens', des
letzten Überrests einer altmodischen *jidischkajt*.

Jim Hoberman: Bridge of Light. Yiddish Film Between Two Worlds,
New York 1991

### Zur Entstehungszeit des Films
(...) Seiden wartete nicht erst ab, wie *God, Man and Devil* in
den Kinos aufgenommen werden würde. Unbeirrt traf er
bereits im November Vorkehrungen zur Verfilmung des
Theaterstücks 'Draj Techter' von Abraham Blum. Er nahm
Michael Rosenberg für die gleiche Rolle unter Vertrag, die
jener zehn Jahre zuvor auf der Bühne gespielt hatte. Charlotte Goldstein und Max Wilner, Maurice Schwartz' früherer
Partner beim 'Yiddish Art Theater', wurden außerdem
engagiert. THREE DAUGHTERS handelt von drei Töchtern
und den unterschiedlichen Freuden und Enttäuschungen
ihrer Kindheit. Der Film wurde in etwas mehr als einer
Woche gedreht; Seidens Sohn, Harold, ein Experte, übernahm die Kameraarbeit.
Noch vor Fertigstellung dieses Films kam *God, Man and*
*Devil* in die Kinos und fand dort eine sehr zurückhaltende

Aufnahme. Seiden, der stets mit äußerst knapp bemessenem, scharf kalkuliertem Budget arbeitete, war niedergeschmettert vom Mißerfolg seiner ersten 'big name'-Produktion. Es schien kein Interesse mehr für jiddische Kultur zu geben. In jenem Jahr, 1950, schloß auch Maurice Schwartz' 'Yiddish Art Theater' - nach 32 Jahren kontinuierlicher Produktion. Vor dem Hintergrund dieser Entwicklungen investierte Seiden nur noch wenig Geld und Mühe, um den neuen Film THREE DAUGHTERS zu lancieren, von dem er geglaubt hatte, er könnte ebenso erfolgreich werden wie *God, Man and Devil*. (...)

Das Jahr 1950 bestätigte den Tod des jiddischen Kinos. Es gab dafür ein Anzahl Gründe, die vom Aufkommen des Fernsehens bis zu den hohen Film-Produktionskosten reichten, aber der wichtigste von allen war wohl, daß ein jiddischsprachiges Publikum so gut wie nicht mehr vorhanden war. (...) Ein Produzent konnte nicht mehr zwanzig-, fünfzig- oder hunderttausend Dollar in einen jiddischen Film investieren in der Hoffnung, die Kosten wieder einzuspielen, geschweige denn einen Gewinn zu machen. Seiden versuchte es dennoch, doch selbst er, der die Anfänge des jiddischen Tonfilms 1929 miterlebt und danach Jahr für Jahr einen Film auf den Markt gebracht hatte, scheiterte nun. (...)

Eric Arthur Goldman: A World History of the Yiddish Cinema, New York 1979

## Konflikt zwischen Liebe und Pflicht

Die Mädchen, die für ein Leben zu Hause erzogen wurden, kamen nicht in den Genuß von *cheder* und *jeschiwa*, was jedoch nicht heißt, daß sie zumindest, um beten zu können, nicht lesen lernten.

Mädchen waren zu verheiraten, nach Möglichkeit mit einem jungen, aufstrebenden Gelehrten oder einem wohlhabenden Mann. Es war die Aufgabe der Heiratsvermittler, diese für das Leben jedes Juden zentrale Aufgabe zu lösen. Meist bestellten die Eltern einen solchen Vermittler, einen *schadchen*, der dann mehr oder minder diskret eine Ehe vermittelte, deren Zweck nicht romantische Erfüllung, sondern religiöse Pflicht, Geborgenheit und Kinder waren. Die Literatur des *schtetl* ist voll mit Geschichten über das Problem der Ehestiftung, über den sich anbahnenden Konflikt zwischen Liebe und Pflicht, zwischen Armut und Reichtum, Verliebtheit und vorgesehener sozialer Ordnung. Die Beziehungen zwischen den Geschlechtern waren, zumal bei jüngeren Leuten, gespannt und von Tabus umgeben. Berührungen und Begegnungen auch harmlosester Art waren vor der Heirat in jedem Fall streng verpönt und auch nach der Heirat nur mit der eigenen Gattin zugelassen. Theoretisch durften ein Mann und eine Frau, die nicht miteinander verheiratet oder verwandt waren, sich nicht alleine in einem Zimmer aufhalten, bei Hochzeiten und anderen Tanzgelegenheiten tanzten Männer und Frauen meist getrennt, tanzten sie doch einmal zusammen, so gaben sie sich nicht die Hände, sondern faßten gemeinsam ein Tuch an. Doch das eintönige Leben in den Talmud/Thora Akademien, die ausschließliche Beschäftigung mit den Schriften, ließ bei den Studenten den Gedanken an Frauen, Heirat und Sexualität nur stärker werden. Gerade im Bethaus, wo Männer und Frauen getrennt saßen, kamen diese Wünsche stark zum Ausdruck. Abraham Cahan, der sich kritisch mit seiner Vergangenheit im *schtetl* auseinandersetzt, schildert den Seelenzustand eines Talmudstudenten so: "Ich betrachtete die Gesichter und Figuren genau, verglich sie miteinander, versuchte herauszufinden, ob sie schon verlobt waren - verheiratete Frauen konnte man daran erkennen, daß sie ihr Haar in der Synagoge immer mit einer Perücke bedeckten.

Eine meiner Lieblingsbeschäftigungen bestand darin, mir auszumalen, wie das nächste Mädchen aussehen würde, das die Synagoge betrat, ob sie hübsch oder hausbacken, groß oder klein, blond oder dunkel, dick oder dünn sein würde... Ich erfand allerhand romantische Episoden, in denen ich der Held war, zum Beispiel meine Verlobung mit einem hübschen Mädchen, die Hochzeit und vor allem unser Zusammenleben. In diese Träume verfiel ich meistens ausgerechnet dann, wenn ich in der heiligen Schrift las. Satan wählte natürlich gerade diese Zeitpunkte, weil er mich damit in zwei schwerwiegende Sünden auf einmal verstrickte: die Sünde unreiner Gedanken und die Sünde der Entweihung der Heiligen Schrift."

Für zusätzlich Verwirrung sorgte oftmals der Umstand, daß junge Gelehrte, die bitterarm waren, in fremden Städten und in fremden Familien in Pension lebten, was sie meist mit den Töchtern des Hauses konfrontierte - eine Wirkung, die nicht immer unbeabsichtigt war. Reiche Familien machten es sich oftmals zur Tugend, ärmliche männliche Verwandte als Pensionäre aufzunehmen - ein Brauch, der zu unzähligen Geschichten über Schnorrer Anlaß gab. Die Heirat schloß den Kreis. Eine neue Familie wurde gegründet, die Söhne in den *cheder* geschickt, die Mädchen auf die Ehe vorbereitet - über Jahre hinweg im Rhythmus des jüdischen Festkalenders.

Micha Brumlik, Das schtetl. Heimat der Luftmenschen, in: H. Hoffmann/W. Schobert (Hrsg.), Das jiddische Kino, Frankfurt/M. 1982

**Joseph Seiden**, geb. 23. Juli 1892 in New York, gest. 1970, war einer der ersten Produzenten und Regisseure jiddischer Filme. Begann seine Laufbahn als 'Nickelodeon'-Vorführer und Kameramann, bevor er in den 20er Jahren an verschiedenen jiddischen Stummfilm-Wochenschauen als Co-Produzent und Regieassistent beteiligt war. Begleitete 1918/19 die 'American Relief Expedition' ins Baltikum; gründete 1929 die Produktionsfirma 'Judea Films', die nicht weniger als zwanzig ein- bzw. zweiaktige jiddische Talkies drehte, darunter Kurzspielfilme wie *The Shoemaker's Romance* (mit Joseph Buloff und seiner berühmten Wilna-Truppe), *Style and Class* (mit Marty Baratz und Goldie Eisman) und *Oy! Doctor* (mit Menascha Skulnick). In den 30er Jahren produzierte und inszenierte Seiden abendfüllende jiddische Spielfilme (*My Yiddishe Mame, Eternal Fools, I Want To Be a Mother, Love and Sacrifice, Her Second Mother* u.a.). Er arbeitete in einem winzigen Behelfsstudio in New York West 60th Street, beschäftigte seine Frau als Scriptgirl, seinen Schwiegersohn als Tonmann bzw. Cutter und seinen Sohn als Kameramann. Es handelte sich dabei überwiegend um Familien-Melodramen, die das Eltern-Kind-Verhältnis und die Mobilität der aufstiegsorientierten, von zu Hause fortstrebenden zweiten Generation thematisierten. Eine Ausnahme bildete *The Voice of Israel*, eine Bibel-Verfilmung, begleitet von führenden Kantoren New Yorks; die meisten dieser Filme müssen als verloren gelten.

Filme (Auswahl): *The Yiddish King Lear/Der Jidischer Kenig Lir* (1935, Produzent), *I Want To Be A Boarder/Ich Wil Sajn A Border* (1937), *God, Man and Devil/Got, Mentsch un Tajwl* (1949), THREE DAUGHTERS/DRAJ TECHTER (1950).

**Leon Schachter**, Produzent, Schauspieler, Varietékünstler, geb. 1900; gest. 9. November 1974 in New York City.

Herausgeber: Freunde der Deutschen Kinemathek. Druck: graficpress

## OBCHOD NA KORZE

Der Laden auf der Hauptstraße CSSR 1965

*Produktion: Studio Barrandov*
*Regie: Ján Kadár, Elmar Klos*
*Buch: Ladislav Grosman, Ján Kadár, Elmar Klos*
*Nach einer Erzählung von Ladislav Grosman*
*Kamera: Vladimir Novotny*
*Musik: Zdenek Liska*
*Ausstattung: Karel Skvor*
*Darsteller: Ida Kaminska (Rozálie Lautmannová), Jozef Króner (Tono Brtko), Hanna Slivková (Evelina Brtková), Frantisek Zvarik (Markus Kolkocky), Martin Holly (Koch), Elena Zvariková-Pappová (Ruzena), Martin Gregor (Katz, Friseur), Adam Matejka (Piti Báci), Mikulás Ladizinsky (Marian Peter), Alojz Kramár (Balko Báci), Ruzena Kolkotska, Imrich Kucharchsky*
*Uraufführung: Mai 1965, Cannes*
*s/w, OF mit englischen Untertiteln, 126 Minuten*

### Zu diesem Film

(...) OBCHOD NA KORZE ist auf die Gegenwart bezogen, obgleich die Handlung ins Jahr 1942 und in die Zeit der 'unabhängigen' slowakischen Republik zurückgreift. Am Beispiel einer Kleinstadt zeigen Kadár und Klos, wie sich die Faschisierung und 'Entjudung' der Slowakei vollzog, ohne daß die Deutschen direkt einzugreifen brauchten. Von seinem Schwager, der bei der faschistischen Miliz tätig ist, erhält der kleinbürgerliche Tischler Tono Brtko den Posten eines 'arischen' Aufsehers bei einer jüdischen Kurzwarenhändlerin. Brtko nimmt diesen Posten mit einer Mischung aus Profitgier und schlechtem Gewissen an. Als die Juden im Städtchen zusammengetrieben werden, wobei man die Händlerin wie zufällig vergißt, versucht er erst, die naive, nichts begreifende Frau zu verstecken, will sie dann doch an die Poizei verraten und nimmt sich, als er an ihrem Tod schuldig geworden ist, das Leben.
Mit einer regielichen Präzision, die Form und Inhalt des Films zusammenfallen läßt, sezieren Kadár und Klos die widersprechenden Seelenregungen ihres durchschnittlichen, alltäglichen Helden; Brtko gehört - nach einem Wort der Regisseure - zu "jenen anständigen Leuten, die heute noch so gefährlich sind wie gestern". Indem er nicht nur die Mechanik totalitärer Beherrschung, sondern auch die Verantwortlichkeit des Einzelnen zeigt, transzendiert der Film sein historisches Subjekt.

Ulrich Gregor, in: Filmkritik, Nr. 7, Frankfurt/M. 1965

### Die Geschichte von Madame Lautmann

(...) Wie sehr wünschte man sich, daß dieser Film nach Deutschland käme. Er heroisiert nichts, verbrämt nichts, er zeigt die Dinge, wie sie sind und waren, wie man sich arrangierte in Schwäche und Suff, und wie man plötzlich mittendrin war und viel zu spät begriff, daß es sich hier um Henker und Gehenkte handelte, und daß es galt, sich zu entscheiden. Der Film hat Überlänge (mehr als zwei Stunden), aber es gibt keine einzige tote Stelle in ihm, lebendig und

menschlich sind diese Kleinstadt, die Sorgen, Torheiten und Härten der Menschen. Jozef Króner und Ida Kaminska bringen ein Stück bester europäischer Schauspielkultur. Und man ist sehr betroffen, als einem Ida Kaminska auf die Gratulation und einen Händedruck nach der Vorstellung in makellosem Deutsch antwortet. (...)

Brigitte Jeremias, in: Frankfurter Allgemeine Zeitung, 24. Mai 1965

### Korrumpierung des 'kleinen Mannes'

Das Regisseurgespann Kadár und Klos, zwischen Bestandsaufnahmen der sozialistischen Gegenwartsgesellschaft und Analysen der Kriegsjahre wechselnd, zeichnet hier die Variante der Judenverfolgung in seiner slowakischen Heimat auf, wie schon *Der Tod nennt sich Engelchen* (1963) eine slowakische Variante des Partisanenthemas war. Es ist das Jahr 1942. Das Tiso-Regime hat gerade die Nürnberger Rassengesetze übernommen. Judenverfolgung in einer Welt der Idylle. Ein verschlafenes Landstädtchen in tiefem Frieden. Selbst an Markttagen nimmt das Leben seinen geruhsamen Gang. (...) Die Idylle jedoch hat einen doppelten Boden. Schon der Eingangsschwenk macht das deutlich. Er folgt einem über die Dächer der Stadt kreisenden Storch und endet mit einem Blick in den Schacht eines Gefängnishofes, in dessen Tiefe sich, ähnlich wie auf dem bekannten Bild Van Goghs, ein Kreis von Gefangenen um den Aufseher dreht. Eine Vordeutung der Unfreiheit, scheint es, der im Folgenden nicht nur die Juden der Stadt, sondern auch die hilflos zusehenden Bürger unterworfen sind. Ein vorbeifahrender deutscher Truppentransport erinnert wie ein Schemen an das Kriegsjahr 1942. Die Zeitung meldet versenkte englische Schiffe.
Allerdings wirken die 'Zeichen der Zeit' peripher, aufgesetzt, wie Fremdkörper im Organismus des zeitlosen, gewohnten Lebens. So wie die immense hölzerne Siegespyramide mit dem neuen Staatsemblem, dem Doppelkreuz, auf dem Marktplatz ein Fremdkörper ist. Oder die Uniform der Hlinka-Gardisten auf dem Korso. Faschismus und Antisemitismus sind nicht von innen gewachsen, sondern stammen aus zweiter Hand, sind Importe aus Deutschland, so wie die schwarze Hlinka-Uniform dem SS-Kostüm nachempfunden ist. Wie Wendungen einer fremden Sprache auswendig gelernt, wirken auch die stereotypen Floskeln und Parolen, die dem örtlichen Gardisten-Chef, ob im Suff oder bei öffentlicher Ansprache, halb automatisch über die Lippen fließen. Der Charakter des Unorganischen bedingt eine stetige latente Komik aller Manifestationen des 'neuen Geistes'. Den Film durchzieht in seiner ersten Hälfte eine Dauerspannung zwischen dem Anspruch des Erhabenen und der Wirklichkeit des Lächerlichen. In einzelnen Bildern: auf dem Rasen vor der Siegespyramide verrichten zwei Hunde ihr gewohntes Geschäft. Und in ganzen Szenen: Tono, der 'Held' des Films, sucht sich der alten Witwe Lautmann als der arische Treuhänder ihres Galanteriewarengeschäftes vorzustellen ("Ich bin Ihr Arisator, Sie sind meine Jüdin") und wird erst für einen Kunden, dann für den Steuerexekutor gehalten. (...) Vor der Folie der Idylle und des Komischen hebt sich die antijüdische Aggression um so brutaler ab. Nichts ist "durch

Schlamperei gemildert". Gerade, weil alle ideologische Motivation nur aufgepfropft ist, zeigt sich unverhüllt die materielle Triebfeder des Antisemitismus. Der ökonomische nervus rerum ist mit erschreckender Deutlichkeit herauspräpariert. Mißgunst und Begehrlichkeit der vermeintlich Zukurzgekommenen durchbrechen die glatte Oberfläche friedlicher Harmonie innerhalb des gesellschaftlichen Gefüges der Landstadt. Es bedarf dazu nur des von außen herangetragenen günstigen Klimas.

Die Juden nämlich stellen den Hauptanteil der Reichen der Stadt. Ihnen gehören die wirtschaftlichen Schlüsselpositionen: die meisten Geschäfte am Korso. Offenbar zum überwiegenden Teil in früherer Zeit aus Österreich oder Deutschland zugewandert (sie heißen Lautmann, Blau oder Katz), haben diese Familien eine Oberschicht der Wohlhabenden gebildet. Ihre Andersartigkeit, scheinbar längst eingeschmolzen, tritt plötzlich wieder ins Bewußtsein. Sie verstärkt und legitimiert die Ressentiments der Habenichtse. Die Einführung der arischen Treuhänder erlaubt es den 'Braunen', sich die besten Läden als fette Pfründe zu sichern. Mit dem Abtransport der Juden schließlich ist die vollständige Beschlagnahme der Geschäfte verbunden.

Dieser Hintergrund bedingt die tragische individuelle Entwicklung Tonos. Wie schon in *Der Angeklagte* verfolgen Kadár und Klos einen Menschen, der sich, ohne es recht zu merken, in ein Dilemma hineinmanövriert, aus dem er selbst keinen Ausweg mehr findet. An Tono vollzieht sich der Prozeß fortschreitender Korrumpierung eines politisch ahnungslosen, gutwilligen 'kleinen Mannes'. Zum Ansatzpunkt dafür wird der legitime Wunsch, seine Existenz als unbedeutender, fast arbeitsloser Tischler zu verbessern. Er ist überzeugt, von seinem Schwager um eine Erbschaft betrogen zu sein. Tonos Bewerbung um einen Auftrag beim Bau des Siegesdenkmals lehnt der verärgerte Schwager noch ab. Umso bereitwilliger läßt sich Tono nach der Aussöhnung mit ihm zum Treuhänder machen. Der Konflikt beginnt für ihn, als er den nächsten konsequenten Schritt nicht mitvollziehen kann: den Abtransport 'seiner Jüdin' zu unterstützen. Tono ist längst von der Herzlichkeit der alten Frau entwaffnet, die ihn wie einen Sohn behandelt. Ihre rührende Hilflosigkeit verstärkt sein Mitgefühl. Dazu kommt ihr völliges Unvermögen, zu begreifen, was um sie vorgeht. Sie kann nur in den Kategorien der Vergangenheit denken: wer von einer Behörde zu kommen scheint, ist für sie der Steuerexekutor; beim Anblick der zusammengetriebenen Judenfamilien durchzuckt es sie wie eine Erleuchtung: Pogrom. Ähnlich stammen aus unseliger Vergangenheit die Klischeevorstellungen von den Juden, wie sie sich als fixe Idee in Tonos Frau festgesetzt haben (...).

Der bevorstehende Abtransport der Juden enthüllt Tono mit einem Schlag den Unrechtscharakter des Systems. Damit verbindet sich die Erkenntnis, korrumpiert und gleichzeitig betrogen worden zu sein: der Laden warf nämlich nichts ab, war ein abgenagter Knochen; der Herr Arisator bekam sein festes Gehalt von der jüdischen Gemeinde, dessen Zahlung nun wegfällt. Tonos Entschluß, die Witwe zu verstecken, wird von seiner Angst durchkreuzt. Er hat gesehen, wie sein Bekannter Imre, zusammengeschlagen, in das Quartier der Hlinka-Leute geschleppt wurde. So verfährt man mit den verhaßten 'weißen Juden', den Judenhelfern. Tono ist kein Held. Seinen Wutausbruch im Alkoholrausch erfaßt die Kamera charakteristischerweise von außen durch das Ladenfenster. Kein Laut des Protests dringt nach draußen. Die panische Furcht um sein Leben behält die Oberhand. Doch Tonos gewaltsamer Versuch, die Witwe auf den Sammelplatz hin-

auszubringen, kommt zu spät: der Transport bricht bereits auf. Offenbar infolge der Aufregungen stirbt die alte Frau. Tono erhängt sich.

Anschließend durchbricht der Film zum zweitenmal seine Realitätsebene. Er variiert eine Sequenz von Traumbildern, wie sie zuerst in Tonos Halbschlaf am Morgen des Transportes eingeschoben sind. Seine Wunschphantasie nimmt eine Umkehrung vor: er träumt, daß die bittere Wirklichkeit nur ein böser Traum war, von dem er erwacht ist. In beiden Szenen überflutet grelle Helligkeit den Laden; Tono, im Staat des Herrn Lautmann, und die Witwe, mit hellem Kleid und Parasol, gleiten auf den menschenleeren, sonnigen Korso hinaus und promenieren. In der Schlußszene bewegen sie sich in Zeitlupe zu Walzerklängen, in tänzerischen Sprüngen vorbei an der Stadtkapelle, die in Phantasie-Uniform auf einer Art Operettenbühne formiert ist.

Der Kreis schließt sich. Mit der Schein-Idylle beginnt der Film; er endet mit einer echten Idylle, die offenbar nur in der Gestalt eines Utopia vorstellbar ist. Was zunächst unorganisch wirkt, macht sinnfällig, wie eine Welt wenigstens annähernd aussehen müßte, in der Menschen mit dem kindlichnaiven Gemüt und der reinen Seele Tonos leben können. In diesen beiden Szenen wird sein Selbstmord optisch motiviert als Flucht aus einer Welt, deren erbarmungslose Mechanismen, die ihn in Schuld verstrickt haben, er nicht zu durchschauen vermag.

Helmut Regel: Das Geschäft in der Hauptstraße, in: Filmkritik, Nr. 1, Frankfurt/M. 1967

## Ida Kaminska: Mein Leben, mein Theater

1964 kamen zwei Regisseure aus Prag nach Warschau. Sie waren unterwegs nach Moskau, wo sie sich nach einer Schauspielerin für die Rolle einer Jüdin in ihrem Film OBCHOD NA KORZE umsehen wollten. Der Leiter der Polnischen Künstlergewerkschaft, Stanislaw Siekierko, schlug ihnen vor, dem Jiddischen Theater einen Besuch abzustatten und mich in der Rolle der Großmutter in dem Stück 'Bäume sterben aufrecht' zu sehen. Sie kamen, sahen das Stück und informierten am nächsten Tag Siekierko, daß sie nun nicht mehr nach Moskau fahren müßten, denn ich sei für die Rolle bestens geeignet.

Wir lernten uns kennen, und die Regisseure beschrieben mir den Film. Sie sagten, daß die Rolle auf slowakisch gespielt werden müßte. Ich bat sie, mir das Drehbuch zu schicken. Zwei Wochen später erhielt ich es mit einem Begleitschreiben, in dem die Regisseure die Rolle erläuterten. Ich schrieb ihnen, daß meiner Ansicht nach ihre Interpretation nicht ganz stimmig sei. Ich hatte die Figur vollkommen anderes gesehen. Sie wollten der Frau oftmals komische Züge verleihen. Ich hingegen meinte, daß sie gelegentlich wohl heitere Züge haben, aber im wesentlichen doch tragisch gestaltet werden sollte.

Die Frau im LADEN AUF DER HAUPTSTRASSE ist taub. Die Schrecken der Nazizeit dringen nicht an ihr Ohr, und sie begreift nicht den Grund für die Dinge, die sich ereignen. Ihre Taubheit ist also ein Symbol. Ich schrieb den Regisseuren, daß ich die Rolle nicht so würde spielen können, wie sie es verlangten, denn die Opfer des Krieges seien mir heilig. Sie gaben mir recht.

Der Film, einmal gedreht, wurde bald ein internationaler Erfolg. Uraufgeführt wurde er auf dem berühmten Filmfestival von Cannes. Außer mir waren die beiden Regisseure, Ján Kadár und Elmar Klos, vertreten sowie mein Filmpartner Jozef Króner (der kein Jude war). Der Film erhielt eine lobende Erwähnung, Króner und ich wurden für unsere Verdienste ausgezeichnet. (...) Der Film kam dann in Amerika in die Kinos und wurde von Tag zu Tag erfolgreicher. Die Menschen strömten in die Filmtheater. Ich bekam Berge von Preisen, darunter den Oscar, und wurde als erste Schauspielerin aus einem Land des Eisernen Vorhangs als beste Schauspielerin nominiert. All dies für einen Film mit einem ausgesprochen jüdischen Thema. (...)

Es sollte hinzugefügt werden, daß ich 1967, auf dem Rückweg von den USA, in der Tschechoslowakei Halt machte, um den Staatspreis entgegenzunehmen, den Präsident Antony Novotny mir für meine Rolle in DER LADEN AUF DER HAUPTSTRASSE überreichte. (...)

Als ich nach dem ungewöhnlichen Erfolg, den der Film auch in Polen hatte, einmal gefragt wurde, warum ich nicht schon früher in einem polnischen Film aufgetreten sei - die Frage stellte ein polnischer Regisseur - erwiderte ich: "Weil die meisten polnischen Filmregisseure Juden sind und sich scheuen, jüdische Schauspieler zu beschäftigen." Er gestand, daß dies in gewisser Weise zuträfe. Meine Entgegnung verbreitete sich in der Künstlerszene so rasch wie ein Lauffeuer und wurde bald zum geflügelten Wort.

Ida Kaminska: My Life, My Theater, New York 1975

## Auf dem Theater und im Film zu Hause

(...) Ida Kaminska strahlt einen aus ihren dunklen, veilchenblauen Augen an, und ihre hübsche junge Enkeltochter Erika, die als Gesellschafterin, Sekretärin und Dolmetscherin meist mit ihr auf Reisen geht, zupft liebevoll an der Großmama herum. Da sitzt das Haar nicht richtig, an der Jacke ist auch irgendetwas nicht in Ordnung, und das breite goldene Armband geht immerzu auf. Aber Ida Kaminska ist ein Mensch, dessen Schönheit nicht von Äußerlichkeiten abhängt. Ihre Schönheit kommt von innen. Und die selbe Güte, die sie als alte, taube Jüdin in dem GESCHÄFT AUF DER HAUPTSTRASSE ausströmt, geht auch im Leben von ihr aus. Es wird einem schon ganz warm ums Herz, wenn sie einem nur die Hand gibt. Weshalb sie, die Vielbeschäftigte, die nicht nur in ihrem heimatlichen Warschau auf der Bühne steht, sondern auch genau so bekannt ist im jiddischen Theater in London und Paris, die anspruchsvolle Filmrolle akzeptiert hat? "Damit die Welt nicht vergißt, was die Nazis den Juden angetan haben. Die Erinnerung an jene fürchterlichen Jahre darf nicht sterben. Vergeben, ja! Vergessen, nie!" (...)

Vera Craener, in: Der Tagesspiegel, Berlin, 5. Februar 1967

## Vor Holocaust. Zum Tode von Ján Kadár

Nach *Holocaust* haben nicht wenige gefragt, warum es nicht viel früher schon einen Film gegeben habe, der es unternahm, die Leidensgeschichte der Juden so darzustellen, daß sich Betroffenheit, ja das Gefühl der Schuld einstellen. Zu den Merkwürdigkeiten dieser Diskussion zählte, daß sich niemand eines fast fünfzehn Jahre alten Filmes erinnerte, der die Tugenden von *Holocaust* besaß ohne die Fehler dieser Serie, die Melodramatik, die Unbedenklichkeit in der Wahl der dramaturgischen Mittel, zu teilen. Der Film hieß DAS GESCHÄFT AUF DER HAUPTSTRASSE.

In einem slowakischen Städtchen wird 1942 einem wackeren Tischler, der noch nicht "recht Anschluß an die neue Zeit" gefunden hat, dank verwandtschaftlicher Beziehungen die 'arische Treuhänderschaft' über den kleinen Kurzwarenladen der alten Jüdin Rosalie Lautmann übertragen. Was folgt, ist eine Tragikomödie. Die alte Frau, die schlecht hört und sieht, begreift ganz und gar nicht, was mit der 'Arisierung' ihres Betriebs gemeint sein könne. Obendrein gehen ihr Geschäfte schlecht, und sie kann nur mit Hilfe der jüdischen Gemeinde bestehen. So beschließt man in der Gemeinde, den

Tischler dafür zu entlohnen, daß er alles beim alten läßt. Die alte Frau hält den Tischler für ihren Gehilfen, den sie liebevoll umsorgt, doch die gefährdete Idylle findet ihr Ende, als alle Juden des Ortes in das Konzentrationslager deportiert werden sollen. Die alte Rosalie, die nicht versteht, was in der Welt vorgeht, wird fürs erste vergessen, und der Tischler, alles andere als ein Unhold, steht vor der Frage, ob er Anzeige machen oder das Risiko tragen soll, als 'weißer Jude' selbst deportiert zu werden. In seiner Gewissensnot betrinkt er sich, und als sich die Polizei ihrem Laden näherte, fühlt sie sich in grotesker Verkennung der Umstände von ihrem Gehilfen bedroht, ruft um Hilfe, und der Tischler, wohl wissend, daß damit der Tod der alten Frau besiegelt wäre, stößt sie in eine Kammer. Dort stürzt sie zu Tode, und ihr 'Gehilfe', ahnend, daß er so oder so für ihren Tod Mitverantwortung trägt, erhängt sich.

Den Film haben die tschechoslowakischen Regisseure Ján Kadár und Elmar Klos gedreht, und er ist bis heute das ergreifendste fiktive Dokument über die Vernichtung der Juden in Europa geblieben. Sie zeigen eine der Wurzeln des Antisemitismus, die Geldgier, sie verschweigen nicht die Mittäterschaft der Slowaken, sie beschreiben halben Mut und halbe Feigheit und reden davon, wie sich in schlechten Zeiten selbst das Gute zum Bösen kehrt. Der Unglauben der Rosalie Lautmann, dieses Nicht-Begreifen-Können, daß ein Volk wie die Deutschen zu solchem barbarischen Wahnwitz fähig sein könnte, steht parabolisch für jenes Geflecht aus Ängsten und Illusionen der Opfer, die den Tätern ihr grausiges Handwerk so sehr erleichtert hatte.

Jan Kadár, der jetzt in Los Angeles gestorben ist, erhielt für diesen Film den Oscar und, was apart genug war, auch den Klemens-Gottwald-Staatspreis. Ein bequemer Künstler war Kadár deswegen freilich nicht. Im Prager Frühling hat er gesagt: "Endlich nach vielen Jahren habe ich das erhebende Gefühl, ein freier Bürger eines souveränen Staates zu sein, was ich allerdings in den vergangenen zwanzig Jahren des öfteren tat." Als Truppen des Warschauer Pakts jene schöne Illusion vom menschlichen Sozialismus jäh beendeten, emigrierte Kadár in die Vereinigten Staaten, drehte dort noch drei Filme, die indes an sein Meisterwerk DAS GESCHÄFT IN DER HAUPTSTRASSE nur noch von ferne erinnerten.

Michel Schwarze, in: Frankfurter Allgemeine Zeitung, 5. Juni 1979

## Wir waren zwei: Elmar Klos zum Tode von Ján Kadár

Zwei ist nicht viel, aber vielleicht brauche ich Sie nicht erst davon zu überzeugen, daß mathematisch betrachtet zwei mehr sind als einer. Ich glaube ohnehin, daß das Axiom von der Addition der Energiequanten nach wie vor gültig ist, vorausgesetzt natürlich, daß die gebündelten Kräfte nicht in unterschiedliche Richtungen streben und sich dadurch gegenseitig aufheben.

In der Zeit meiner Zusammenarbeit mit Ján Kadár, die zwanzig Jahre währte, konnten viele Menschen nicht begreifen, daß zwei Bürger der Tschechoslowakei, zwei Filmregisseure, noch dazu ein Tscheche und der andere Slowake, imstande waren, am selben Strang zu ziehen, einander nicht zu beneiden und dem andern nicht den Teppich unter den Füßen wegzuziehen. Sie pflegten uns zu sagen, das sei nicht normal. Der Grund für unsere Zusammenarbeit war ein ganz einfacher und praktischer. Man stelle sich einmal ein Doppel auf dem Tennisplatz vor! Um die Chance zu haben zu gewinnen, müssen sie erst einmal einander vertrauen und sich gut kennen. Vielleicht rennt der eine schneller, und der andere ist flinker im Kopf, kann der eine vorzüglich schmettern, während der andere besser am Netz spielt. Kurzum, zwei Spieler haben einander getroffen und ergänzen sich gegenseitig in ihren Fertigkeiten und Kenntnissen, doch auch in dem, was sie nicht wissen, wissen sie doch, inwieweit sie sich aufeinander verlassen können und was jeder von ihnen braucht, um den anderen zu unterstützen.

Als Vertreter des tschechischen Kinos und als Vertreter des slowakischen Kinos waren wir ein Paar und gleichzeitig eine Art Modell für ein drittes, tschechoslowakisches Kino. Wir firmierten als K + K. Wir hätten wohl kaum Erfolge verzeichnen können, wären wir K-K gewesen. Betrachten Sie dies nicht als Versuch, über Moral zu dozieren, etwa nach dem Motto: 'Einigkeit macht stark'. Sie können ganz anderer Meinung sein, daß ist Ihr gutes demokratisches Recht, so wie wir es als unser Recht betrachteten, uns in Böhmen ebenso heimisch zu fühlen wie in Mähren oder in der Slowakei und überall dort zu drehen, wo wir etwas fanden, was uns als Bürger und Künstler gefiel. So arbeiteten wir zusammen und so stärkten wir uns gegenseitig den Rücken, wenn wir Sorgen hatten und wenig Geld, bis die neue Auffassung von der Idee des Internationalismus sich in unserer dualen Welt Bahn brach, eine Auffassung, die wir nicht teilen konnten und die u.a. unserer langjährigen Zusammenarbeit ein jähes Ende bereitete.

Mit einem Schlag verwandelte sich das Doppel in zwei Einzelspieler, von denen der eine ganz und gar vom Feld gestellt wurde, während der andere sich gegen seinen eigenen Willen auf neuen Plätzen bewähren mußte.

Kadár beschrieb dies später folgendermaßen: "Wenn ich daran denke, wie ich in Übersee ins kalte Wasser springen mußte, ohne den Rettungsring eines Ton-Scripts, ohne Kenntnisse der Sprache und der Art der Arbeit dort, kriege ich jetzt noch eine Gänsehaut. Es war die schwierigste Bewährungsprobe meines Lebens. (...)

Ján Kadár starb am 1. Juni 1979 im fernen Kalifornien. (...)

Elmar Klos im Katalog des Filmfestival von Karlovy Vary, Juli 1990

**Ján (Janos) Kadár**, geb. 1. April 1918; gest. 1. Juni 1979 in Los Angeles. Ján Kadár gab 1938 das Jurastudium auf und besuchte die Foto- und Filmschule von Karel Plicka in Bratislava. Während des Zweiten Weltkriegs Haft in deutschen Konzentrationslagern. Nach der Befreiung Rückkehr nach Bratislava und Tätigkeit als Regisseur von Dokumentarfilmen im Kurzfilmstudio. Drehte im selben Jahr einen Kurzfilm über die Wiederaufbauarbeiten nach den Kriegverwüstungen in der Slowakei. 1947-49 in Prag als Drehbuchautor und Regieassistent in den Barrandov-Studios. Danach Rückkehr in die Slowakei. 1950 Spielfilmdebut mit *Katka*, einer slowakischen Komödie, die trotz ihrer Ernsthaftigkeit von den Behörden kritisiert wurde. Klos' Filmarbeit begann mit Hilfs- tätigkeiten bei mehreren Filmen in den 20er Jahren sowie mit Nebenrollen. Er gründete und leitete das Filmstudio, das in den 30er Jahren von der Schuhfirma Bata in Zlín (heute Gottwaldov) unterhalten wurde.

Ján Kadár und Elmar Klos lernten sich 1947 kennen; ihr erster gemeinsamer Film war ein Politthriller, *Unos* (1952), der auf den Widerstand der Behörden stieß.

Weitere Filme: 1954 *Hudba z Marsu*/Musik vom Mars (Filmmusical über den Aufbau des Sozialismus); 1957 *Tam na konecné*/Dort auf der Endstation; 1958 *Tri práni*/Drei Wünsche (eine Satire, die fünf Jahre lang verboten war und den Regisseuren ein zweijähriges Arbeitsverbot einbrachte); 1963 *Smrt si riká Engelchen*/Der Tod heißt Engelchen (Großer Preis in Moskau); 1964 *Obzalovany*/Der Angeklagte (mit Jirí Menzel in der Hauptrolle, Hauptpreis des Filmfestivals von Karlovy Vary); 1965 OBCHOD NA KORZE, der als erster tschechischer Film mit einem Oscar ausgezeichnet wurde

und zahlreiche weitere Preise errang. 1968 begannen sie mit den Dreharbeiten zu *Adrift*/Die Sehnsucht heißt Anada, einer tschechisch-amerikanischen Co-Produktion mit internationaler Besetzung. Die Dreharbeiten wurden durch den Einmarsch der Truppen des Warschauer Pakts unterbrochen, so daß der Film erst 1969 fertiggestellt wurde. Kadár emigrierte in die USA, wo er nach einer Erzählung von Bernard Malamud *The Angel Levine* (1970) drehte, und später nach Kanada, wo 1975 *Lies, My Father Told Me*/Liebe Lügen entstand; Professor am Filminstitut von Los Angeles. Seine letzte Arbeit war eine Trilogie über Rassismus in den USA mit Muhammed Ali in der Titelrolle, *Freedom Road* (für CBS).

**Elmar Klos**, geb. 26. Januar 1910 in Brünn (Mähren). Seit dem 16. Lebensjahr Mitautor von Drehbüchern für Stummfilme. Einer der Gründer des Filmstudios in Zlín. War in der Zeit der deutschen Okkupation Mitglied des illegalen tschechischen Filmausschusses. Elmar Klos: "Er entstand in der schlimmsten Zeit 1942-44 und bestand aus einem engen Kreis von zwölf Mitgliedern. Seine Aufgabe war es, noch während des Krieges Pläne für eine Nationalisierung des tschechischen Films auszuarbeiten. Budgets, Studiobetrieb, Kinoverleih, Filminstitut - alles wurde so vorbereitet, daß, wenn die Front über Mähren vorrückt, in Zín die Filmproduktion unverzüglich beginnen konnte. (...) Wir drehten zahlloses Material über das Kriegsgeschehen, Filme, die nicht der Zensur vorgelegt wurden, zum Teil sogar mit Geldern des Protektorats. Wir organisierten zwanzig Kameramänner, die den gesamten Prager Aufstand im Bild festhielten. (...) Die Eisenbahner halfen uns, einen Wagen mit sämtlichen Kameras und Projektoren aus Mähren von einem Bahnhof zum anderen im wahrsten Sinne des Wortes zu verschieben, so lange, bis die Front eintraf" (Sonntag, Berlin, 25. 2. 1990). Die im Krieg entstandenen Wochenschauen und Dokumentarfilme kamen erst nach dem Krieg heraus, darunter *Das Lied lebt* (mit Karel Plicka) sowie ein Dokumentarbericht über die Deutschen in Zlín. Elmar Klos: "Wir waren damals auch in Verbindung mit dem Stab der Partisanenbrigade 'Jan Ziska', denn Zlín war gewissermaßen Genzgebiet zwischen dem okkupierten und dem freien Gebiet der Untergrundkämpfer" (Die Tat, Zürich, 12. Juli 1969).

Klos leitete nach dem Krieg als Generalsekretär den Aufbau der zentralen Filmadministration; auch Leiter des Kurzfilmstudios. In dieser Zeit erster Spielfilm: *Ein Lebender zwischen zwei Toten* (nach dem norwegischen Roman von Christansen, Assistenz: Ján Kadár). Seit 1946 Filmdozent an der Akademie. 1952 erster gemeinsamer Film mit Jan Kadár: *Entführung*, die Geschichte einer Flugzeugentführung. Elmar Klos: "Eine Weile lag er auf Eis, dann sollten wir ein gutes Drittel nachdrehen. Geholfen hat uns Wsewolod Pudowkin, der den Film sah und einen Artikel veröffentlichte" Sonntag,, Berlin (DDR), 25. Februar 1990).

Gemeinsame Filme bis 1969. Fünf Jahre Lehrverbot in der Novotny-Ära. Nach dem Einmarsch der Truppen des Warschauer Pakts wurde Klos vorzeitig pensioniert. Seitdem Tätigkeit als Dozent und Filmtheoretiker. Lehrte u.a. am Kunstgewerbemuseum in Zürich (Regieklasse).

**Ida Kaminska** (Ida Kaminski), Schauspielerin, Regisseurin, Produzentin, geb. 4. September 1899 in Odessa (Ukraine). Ende der 40er Jahre bis Ende der 60er Jahre leitete sie das Jüdische Staatstheater Polens. Ende der 60er Jahre emigrierte sie in die USA, wo sie am 21. Mai 1980 in New York City verstarb. (Siehe Info-Blatt Nr. 98 *On a Heym*).

## THE 81ST BLOW
Der 81. Schlag  Israel/Frankreich 1975/77
(Ne laissons pas les morts enterrer les morts - Lassen wir
die Toten nicht die Toten begraben)

*Produktion: Haus der Ghettokämpfer Yitzhak Katznelson/
Edo Eiga*
*Regie, Buch: David Bergman, Haim X. Gouri, Jacques Ehr-
lich, Miriam Novitch, Zvi Shner*
*Musik: Joseph Mar-Haim*
*Gesang: Chouli Nathan, nach Zeugenberichten*
*Tonmontage: D. Treuherz. Negativschnitt: Miriam Gross*
*Film-Dokumentation: Miriam Novitch*
*Photodokumente: Haim Chreiber*
*Uraufführung: Dezember 1975, Jerusalem*
*s/w, OmU, 111 Minuten*

### Zu diesem Film
Die Dokumentation DER 81. SCHLAG, eine israelisch-französische Koproduktion, von Überlebenden des Warschauer
Ghettos zusammengestellt, zeigt die Ausrottung der jüdischen
Bevölkerung in Polen. Das Filmmaterial besteht ausschließlich aus Dokumenten ehemaliger Naziarchive, wurde also von
den Schergen selbst produziert; eine Art Arbeitsbeschreibung
der Henker. Unterlegt ist der Film mit Aussagen aus dem
Eichmann-Prozeß in Jerusalem, die teilweise in Klagegesänge
gefaßt sind. Dabei läßt die Unmittelbarkeit, die sich aus der
Konfrontation zwischen dem von den Mördern erstellten
Filmmaterial und den Aussagen der Überlebenden ergibt,
keine, durch das Fernsehen anerzogene Distanz durch eine nur
scheinbare Distanz der Objektivität, zu. (...)

Sabine Spier/Andre J. Simonoviescz

### Berichte und Zeugnisse aus dem Film
**Das Unglaubliche ist nicht glaubhaft oder: Der 81. Schlag**
Während des Zweiten Weltkriegs bestrafte ein deutscher
Offizier einen jungen Juden mit 80 Stockschlägen. Wie durch
ein Wunder blieb der junge Mann am Leben. Jahre gingen
vorbei. Später kam der junge Mann nach Israel:
"Eines Tages erzählte Michael seine Geschichte.
Man glaubte, er habe sie erfunden.
Und doch ist sie wahr, sagte er.
Schwer zu glauben, antwortete man ihm.
Und das war für ihn ein weiterer Schlag.
Der 81. Schlag."

In Warschau hatte ein entflohener Jude erzählt, daß man Juden
aus der Stadt herausbrächte, mit Autos, in denen sie erstickten.
Als er durch ein Dorf kam, erzählte er das dem Rabbi. Dieser
hielt den Mann für einen Verrückten; er glaubte ihm nicht.
Wir wußten, daß schon viele Juden nach Polen geschickt worden waren, aber nicht, was mit ihnen geschehen war. Wenn wir
es gewußt hätten, so würden wir es vielleicht nicht geglaubt
haben.
Wir wußten, daß sie Menschen umbrachten... Ich hatte schon
ziemlich viel gesehen, aber an eine totale Ausrottung konnte
ich unmöglich glauben!

Damals kamen Transporte aus Polen, der Tschechoslowakei, aus Österreich und Deutschland an. Die meisten der
alten Leute wollten nicht glauben, daß man sie ins Gas
schickte.

### Verbote, Isolation, Ghetto
Als ich nach Warschau kam, waren bereits viele Maßnah-
men gegen die Juden ergriffen worden: das obligatorische
Tragen eines Zeichens oder eines Davidsterns; das Verbot,
Devisen oder mehr als 2 000 Zloty zu besitzen; das Verbot,
Handwerkszeug zu kaufen; das jüdischen Ärzten auferlegte
Verbot, nichtjüdische Patienten zu behandeln; das Verbot,
umzuziehen.
Im Radio hörten wir, daß man einen jüdischen 'Wohnbezirk'
eingerichtet hatte. Die Anordnung besagte, daß man die
Arier vor den endemischen jüdischen Krankheiten schützen
müsse, indem man die Juden in einem bestimmten Stadtviertel isolierte. Außerdem würde auf diese Weise das zersplit-
terte Leben der Juden aufhören. Es hieß, die Juden würden in
diesem jüdischen Stadtviertel in Ruhe leben können und eine
soziale und kulturelle Autonomie erhalten.
Mehrere Tage lang sah man in den Straßen Juden, die ihre
Möbel auf Wagen transportierten und versuchten, alle ihre in
Dutzenden von Jahren angesammelten Besitztümer mitzu-
nehmen. Sie begaben sich zum jüdischen Viertel, ohne zu
wissen, wo sie wohnen sollten und was mit ihnen geschehen
würde. Tage und Nächte kampierten Familien auf der Straße,
ohne zu wissen, wohin sie umziehen sollten.
Die Deutschen hatten bekanntgemacht, daß jeder, der einem
Juden hülfe, zum Tode verurteilt werde.
Die Zeichen änderten sich fortwährend: zuerst gab es eine
weiße Armbinde; später einen blauen Stern; dann einen
gelben Stern. Dann verschiedene Arten von Stoff. Schließlich mußte man den Stern auf der Brust und der Schulter
tragen, damit jeder von uns vorne und hinten erkennbar sei.
Wenn man morgens fortging, so wußte man nicht, wann man
zurückkam, und ob man überhaupt zurückkam.
Die Deutschen gaben uns Papiere, die sich wie in einem Kaleidoskop änderten. Es gab weiße Karten, unterzeichnet vom
'Judenrat' oder vom Bezirkskommissar. Auf bestimmten
stand 'Facharbeiter', und es zeigte sich, daß man mit diesem
Vermerk erhöhten Schutz genoß. Man versuchte stets, sich
die beste Karte zu verschaffen, herauszubekommen, wann
diese und jene Karte nicht mehr gültig sei und wann es eine
neue gäbe. Später gab es gelbe Karten, die 'Lebenszertifikate'. Die Deutschen hatten versprochen, daß der Besitzer
einer solchen Karte am Leben bleiben würde. Es gab Fami-
lienzertifikate, für die Frau und für zwei Kinder (nicht für
mehr), blaue und grüne 'Lebenszertifikate'. Dann auch Zu-
satzkarten in blauer, grüner, rosa und violetter Farbe. Schließlich den Ghetto-Paß und danach die rosafarbene Arbeitskar-
te. Wie sich zeigte, gab es einige Karten ohne, andere mit
Photo. Wenn man verhaftet wird und eine Karte mit Photo
besitzt, bleibt man am Leben. Ohne Photo kommt man nicht
mehr zurück. (...)

Informationsmaterial des Institut National de l'Audiovisuel (I.N.A.),
Paris

## Bilder eines Völkermordes

Es gibt eine Wirklichkeit, die keine noch so gut gemachte 'Rekonstruktion' tatsächlich vermitteln kann: Jene Wirklichkeit, die im Ausmaß ihres Schreckens alle Vorstellungen übersteigt, kann sich nur selbst dokumentieren. Das geschieht in diesem israelischen Dokumentarfilm, der vom 'Haus der Ghetto-Kämpfer Yitzak Katznelson' produziert und von fünf Autoren zusammengestellt wurde: Zeugnis eines Völkermordes, der sich in jüngster deutscher Geschichte ereignete.

Ein deutscher Offizier bestrafte während des Weltkrieges einen jüdischen Jungen mit achtzig Stockschlägen. Er überlebte - und als er später in der Heimat Israel davon erzählte, glaubte man, er habe diese Geschichte erfunden. Das war für ihn, heißt es in einem jüdischen Lied, 'Der 81. Schlag'.

Der 82. Schlag trifft den Augenzeugen der Geschichte, die sich in zwei Filmstunden dokumentiert. Was Verstand und Gefühl sich wehren zu glauben, was schon heute, wenige Jahrzehnte danach, allzu bereitwillig verdrängt wird, ist in Bildern belegt, ist optisch und akustisch beglaubigt. Die Autoren verzichteten auf jeglichen Kommentar, der objektivieren, distanzieren könnte: Sie erlauben dem Zuschauer kein Ausweichen.

Gezeigt wird, in größtenteils unbekannten Dokumenten aus Nazi-Archiven, die mit mehreren Zeugenberichten vom Eichmann-Prozeß in Jerusalem 1961 verbunden sind, der Weg der Juden von Hitlers Machtantritt bis in die Gaskammern. Die ersten Pogrome, die Kristallnacht, die Deportationen.

Mit dem Krieg schwenkt der Film von Deutschland nach Polen, zeigt die Juden in ihrem Ghetto, dann im KZ, zeigt sie bis zu ihren letzten Momenten.

Manchmal, sehr selten, wirkt ein Film wie ein Hammer. Dieser gehört dazu: Ein Hammer gegen schnell errichtete Mauern des Vergessens.

gw, in: Die Welt, Hamburg, 2. Juli 1977

## Bilder des Schreckens

Man wird den israelischen Dokumentarfilm DER 81. SCHLAG über die Verfolgung der Juden in der Zeit des deutschen Faschismus nicht mehr vergessen und wird sich von den Gefühlen der Schande und der Scham nicht mehr befreien können. Schande und Scham, nicht nur über eine barbarische Unmenschlichkeit, die in ihren jeden Horizont des Denkbaren überschreitenden Dimensionen von den Opfern nicht einmal geglaubt werden konnte, sondern auch über die Mechanismen, die hierzulande bewirkten, daß die Greuel von Warschau, Treblinka, Auschwitz und Majdanek aus dem Bewußtsein gestrichen werden konnten. Ja, mehr noch, daß das 'Phänomen Hitler' zum Thema heimlicher Heldenverehrung gemacht wird, die Opfer dagegen zum Schweigen verurteilt sind.

Der israelisch-französische Film (...) enthält vor allem Dokumentaraufnahmen aus dem Warschauer Ghetto. Zum Teil sind es Filme, die aus NS-Archiven stammen: Die eigene Unmenschlichkeit zu filmen, gehörte zum guten Ton der Nazis. Unterlegt wurden diese Aufnahmen (die chronologisch angeordnet die Entwicklung von ersten antisemitischen Ausschreitungen bis zum Aufstand im Warschauer Ghetto verfolgen und als Ganzes ein Bild unfaßbaren, apokalyptischen Schreckens ergeben), mit Zeugenaussagen aus dem Eichmannprozeß. Es sind Dokumente der Vernichtung ohne Emotionen und - mit Ausnahme jener Zeugenberichte - kommentarlos aneinandergereiht. Dokumente, die in Worten nicht mehr faßbar sind.

Die Bilder dieses Leidens, dieser Toten, dieser geplanten Vernichtungsmaschinerie deutscher Präzision überwältigen und erdrücken den Zuschauer, der angesichts dieser ins Gesicht geschleuderten Schuld an jedem Wort noch beschönigende Beiklänge vernimmt.(...)

Doch es ist nicht nur Verzweiflung und Scham über die Vergangenheit, die im 81. SCHLAG gezeigt wird; bedrückkend ist vielmehr die Erfahrung, wie gut hierzulande die Verdrängungsmechanismen funktionieren, wie verhindert wird, daß die Jugend wenigstens ein annähernd zutreffendes Bild von Faschismus und Antisemitismus erhält. (...)

Michael Winkler, in: Nürnberger Zeitung, 15. Dezember 1977

**David Bergman**, geb. 1931 in Paris, 1945 Emigration nach Israel, 1958 Abschluß des Studiums der Theaterwissenschaften in Paris, 1960 Regieassistent beim Berliner Ensemble. Theaterproduktionen in Paris und Brüssel; jetzt Direktor der Schule für Theater und Film in Ramat-Gan; spezialisiert in avantgardistischen Theaterproduktionen (u.a. 'Macbett' von Ionesco im Habimah-Theater).

**Haim Gouri**, geb. 1923 in Tel Aviv, Mitglied des 'Palmach', des sozialistischen Flügels der illegalen Befreiungsarmee 'Haganah'. Organisierte 1947 die Operation zur Rettung von Überlebenden der Konzentrationslager in Europa. Militärische Ausbildung in der Tschechoslowakei, Teilnahme am Unabhängigkeitskrieg, Diplom der Hebräischen Universität von Jerusalem. Veröffentlichte 10 Bände mit Dichtungen und Prosawerken, u.a. den Roman 'The Chocolate Deal' (Der Schokoladenhandel).

**Jacques Ehrlich**, geb. 1931 in Straßburg. Seine Familie flieht während des Zweiten Weltkriegs in die Schweiz. Nach Kriegsende Rückkehr nach Paris und Beendigung des Kunststudiums. 1949 Emigration nach Isral, lebt 12 Jahre in einem Kibbuz. Filmausbildung in Paris, Mitarbeit an *L'année dernière à Marienbad* von Alain Resnais. Professur an der Schule für Theater und Film in Ramat-Gan. Tätigkeit als Cutter für verschiedene israelische Spielfilme (*Der Junge von gegenüber, Drei Tage und ein Kind, Halb und halb, Wo ist Daniel Wachs?*).

**Miriam Novitch**, geb. in der polnischen Stadt Yuratisky in Weißrußland. Emigration und Studium in Paris, wo sie sich linken politischen Bewegungen anschließt. Begegnet in einem deutschen Konzentrationslager dem Dichter Yitzak Katznelson. Entschluß, sich nach einem möglichen Überleben der Sammlung von Archivmaterial über die Verfolgung der Juden zu widmen. Emigriert nach dem Krieg nach Israel und lebt im Kibbuz 'Lohamei Haghetaot' (Kibbuz der Ghettokämpfer), wo sie im Museum des Holocaust arbeitet. Widmet sich weiterhin der Sammlung von Dokumenten über die Judenvernichtung und den jüdischen Widerstandskampf. Publikation von Artikeln und Büchern (u.a. 'Die Wahrheit über Treblinka', 1967). Beratung für den Dokumentarfilm *Partisans of Vilna* (USA 1985, Regie: Josh Waletzky).

**Zvi Shner**, geb. 1912 in Lodz. Studium in Warschau (Jura, Journalismus). Tätigkeit für jüdische Hilfsorganisationen und für die Abteilung Wirtschaftswissenschaft im jüdischen wissenschaftlichen Institut. 1939 Emigration in die UdSSR. Nach dem Krieg Rückkehr nach Polen, wird Mitglied im Zentralkommitee polnischer Juden. 1948 Emigration nach Israel, Mitbegründer des Kibbuz 'Lohamei Haghetaot'. Konservator und Co-Direktor des Museums des Holocaust. Veröffentlichung von Büchern und Dokumentationen über die Judenvernichtung. Chefredakteur der Zeitschrift des Hauses der Ghettokämpfer.

Herausgeber: Freunde der Deutschen Kinemathek. Druck: graficpress

# REGENTROPFEN

Bundesrepublik Deutschland 1980

*Produktion: Tellux-Film (München), ZDF (Mainz)*
*Regie, Buch: Michael Hoffmann, Harry Raymon*
*Kamera: Jürgen Grundmann*
*Musik: Louis Bloom*
*Ausstattung: Maleen Pacha*
*Kostüme: Dietmut Remy*
*Ton: Manfred Hörl*
*Schnitt: Sabine Jahnert*
*Regieassistenz: Susanne Schimkus, Evelyn Sievert*
*Aufnahmeleitung: Harry Nap*
*Produktionsleitung: Jürgen Moosbutter*
*Redaktion: Alfred Nathan*
*Darsteller: Elfriede Irrall (Rosel Goldbach), Walter Rennei-*
*sen (Max Goldbach), Jack Geula (Bennie), Gloria Swoboda*
*(Gertrud Goldbach), Giovanni Früh (David Goldbach), Jo-*
*landa Ziehmann (Jule), Lore Brenner (Oma), Bernhard Veith*
*(Opa), Isabella Schneider (Johanna), Helga Roloff (Frau*
*Leutnant), Pit Krüger (Otto), Reiner Steffen (Gruppenleiter),*
*Alwy Becker (Vera), Heidy Forster (Lilo), Hanne Hiob (Frau*
*Silberstein), Wolf Harnisch (Herr Silberstein), Inge Schwa-*
*necke (Fräulein Levi), Ruth Küllenberg (Dina)*
*Uraufführung: 5. August 1981, Locarno (Filmfestival)*
*Deutsche Erstaufführung: 6. Oktober 1981, Internationale*
*Filmwoche Mannheim*
*16 mm, s/w, 90 Minuten*

## Inhalt

Eine Kleinstadt im Hunsrück, Anfang 1933. Die Familie
Goldbach erlebt, wie sich nach der Machtübernahme der Nationalsozialisten ihre Umgebung verändert. Nachbarn und
Freunde ziehen sich zurück, und die täglichen Schikanen
gegen die jüdischen Familien entwickeln sich zum geduldeten
Terror. Die Goldbachs verkaufen ihr Textilgeschäft und zie-
hen in die anonyme Großstadt, um ihre Auswanderung vorzu-
bereiten. Aber auch in der Stadt müssen Juden mit wachsender
Diskriminierung rechnen, und die Gesundheitsuntersuchung
im amerikanischen Konsulat bringt ein negatives Ergebnis. Im
Mittelpunkt des Films steht der 10jährige Bennie, der erst
langsam versteht, was in seiner Umgebung vorgeht.
"Streckenweise bewegt sich das fast am Rande schwarzer
Komik, insbesondere das Zusammenleben der Juden in einer
Kölner Pension, mit Szenen, die von Sartre sein könnten."
(Gutachten der Filmbewertungsstelle Wiesbaden, 24. 3. 1981)
Programm der 32. Internationalen Filmfestspiele Berlin, 1982

## Tragische Idylle

(...) Den Regisseuren Harry Raymon und Michael Hoffmann
(gelang) mit REGENTROPFEN (nach dem alten Schlager
'Regentropfen, die an mein Fenster klopfen') unbeachtet im
Abseits ein Film, der diesen winzigen Erlebnisausschnitt eines
kleinen jüdischen Jungen wie eine beschwörende Jugenderinnerung aus den sanften Graustrich-Bildern einer westdeut-
schen Kleinstadt wachsen ließ: Hier wird nicht idealisiert,
sondern die kleinbürgerlichen jüdischen Textilladenbesit-
zer, die sich in ihrer Spießigkeit um keinen Millimeter von
ihren 'arischen' Nachbarn unterscheiden, sind mit der halb
bitteren, halb gutmütig-liebenswerten Komik gesehen, die
eben bei jedem Familien-Hick-Hack, bei Schwägerinnensti-
cheleien und obligatorischen Feiertags-Verwandtenbesu-
chen bis zur Witzblattreife gedeiht - besonders, wenn auch
noch rheinischer Provinzkarneval gefeiert wird.
Wie sich dieser traditionelle Jahresablauf allmählich heim-
tückisch verändert, als die Nürnberger Rassengesetze noch
dem blödesten 'Arier' legale Überlegenheitsschikanen gestatten, und wie Sohn Bennie diese stufenweise Isolierung in
seiner kleinsten Heimatumwelt aus der Kinderperspektive
erlebt, das verdichtet sich in seiner beiläufigen Alltäglichkeit zu Schlüsselszenen von fast skurriler Poesie.
Der Film verengt sich schließlich, als die Eltern die Auswanderung beschließen und die Familie die Zuteilung ihres
USA-Visums in einer jüdischen Pension in Köln abwarten,
zu jenem atemberaubenden Emigrantenkäfig, in dem den
Starken menschliche Größe zuwächst, und die Schwachen
sich in trotzigem Selbstmitleid zerfleischen: Nervosität über-
lagert alle Gefühle, die Enge macht böse, Ehekonflikte brechen auf, Angst vor der neuen Sprache schafft Resignation,
und wer kein Geld hat, ist verloren. Sohn Bennie (der am
schnellsten Englisch lernt!) verdrückt sich auf seinen täglichen Fluchtweg: ins Kino.
An Schauspielerqualität übertrifft der Film jede internationale Besetzung. Elfriede Irrall und Walter Renneisen sind
ein Elternpaar wie aus der deutschen Bilderbuchprovinz,
Hanne Hiob ist die klassische feine Tratsch-Madame der
guten Familie, Heidy Forster eine resolut ironische Ama-
teur-Muse der deutschen Bürgerkultur, Alwy Becker die
tödlichst in ihrem Berufsehrgeiz getroffene Berufsschau-
spielerin (als nicht-arisch entlassen!) - und Jack Geula als
Sohn Bennie saugt still und aufmerksam seine Erfahrungen
auf wie ein Schwamm.
Eine Atmosphäre-Idylle, die zum Drama, zur Tragödie wird
- mit Bildern, die aus den 30er Jahren aufsteigen wie alte
Träume aus Familienalben. Momentaufnahmen gelebten
Lebens. Das macht diesen Schwarz-Weiß-Film, ungeachtet
seiner bescheidenen technischen Qualität, zu einem der besten und genauesten dieses Jahres.
Ponkie, in: TIP, Berlin, Nr. 19/1982

(...) Ein leiser, ein überzeugender, weil ganz und gar unprä-
tentiöser Schwarzweißfilm, der die Atmosphäre in Provinz-
stadt und Kleinbürgerfamilie ebenso trifft wie das Klima in
der Großstadt Köln und die überreizte Stimmung in einer
jüdischen Pension. (...) Selten ist es Filmemachern bisher
gelungen, über deutsche Juden im Dritten Reich so unaufge-
regt und glaubhaft zu erzählen wie den Regisseuren Hoffmann und Raymon. Ihr Film wirkt zudem so authentisch,
weil sie ihre Figuren Dialekt, der von jiddischen Ausdrücken
durchsetzt ist, sprechen lassen. In der Pension rezitiert eine
jüdische Frau Lessings 'Ringparabel'. Es ist gut, sie zu
hören.
Anne Frederiksen, in: Die Zeit, Hamburg, 28. Mai 1982

## Interview mit Harry Raymon

*Frage*: Neben Dokumentarfilmen wie *Der gelbe Stern* und den Spielfilmen wie *Stern ohne Himmel* und *David* gehört auch REGENTROPFEN zu den Streifen, die die Judenfrage im Dritten Reich behandeln. Wie stark ist die Beeinflussung und auch die Abgrenzung von anderen Filmen?

*Harry Raymon*: Die Filme hätten mich nur insofern beeinflußt, das man etwas anders macht, aber das kann ich nicht sagen, ich kenne nur den Lilienthal-Film *David*. Abgesehen davon, daß ein Farbfilm aus dieser Zeit für mich immer wie eine Kulisse wirkt, hat mich grundsätzlich die Humorlosigkeit gestört, denn das ist ja der Charakter des Jüdischen, daß da immer ein bißchen Ironie dabei ist. Das fehlt bei diesem Thema ja immer, aber bei unserem Film nicht. Der große Unterschied, den ich wichtig fand zu Filmen über diese Zeit - auch wenn sie aus Hollywood kommen - ist, daß der Antisemitismus dort immer in Berlin stattfindet. Die marschieren immer in Stiefeln durch Berlin; unser Film ist ganz anders, weil er vom Land ausgehend anfängt. (...)

Und auch, was ja für den Film wichtig ist, daß eine Sprache gesprochen wird, wie sie wirklich gesprochen wurde. Im *David* sind ja überhaupt keine deutschen Juden, und bei uns war es schon das Anliegen, daß wir die typischen deutschen Juden, die sich assimiliert hatten, zeigen wollten. Und die lebten eben zum größten Teil in den Klein- und nicht den Großstädten. Wenn sie sich dort ansiedelten, sprachen sie auch eine Sprache...

*Frage*: Das hat mir gefallen, daß in Ihrem Film sowohl der Dialekt der Gegend als auch jiddische Ausdrücke vermengt wurden.

*Harry Raymon*: Es gibt ja eine ganze Reihe solcher Ausdrücke, unser Beitrag ist da eigentlich minimal. Bei den Dreharbeiten im Hunsrück erfuhren wir, daß diese Gegend ein Handelszentrum war und zwar für Viehhandel, und die Juden waren im Viehhandel, denn das war einer der wenigen Berufe, in denen sie sich betätigen konnten. Dadurch haben sich im Hunsrücker Dialekt eine ganze Menge jüdischer Elemente niedergelassen, von denen wir vorher nichts wußten.

*Frage*: Die Ausstattung in Ihrem Film ist auffallend dezent, und Nazi-Action-Szenen kommen nicht vor. War das ein absichtliches Stilmittel, oder hatte es auch etwas mit dem zur Verfügung stehenden Geld zu tun, andersrum gefragt, hätte der Film mit mehr Geld anders ausgesehen?

*Harry Raymon*: Hätten wir mehr Geld gehabt, hätten wir vielleicht einige Szenen nochmal drehen können, denn es gab sehr schwierige Sachen mit den Kindern. Nur so hätte sich der Film verändert, und vielleicht hätten wir dann zwei Autos nehmen können statt einem. Vom Drehbuch her besteht überhaupt kein Grund für Aufwand, es geht ja von innen nach außen. Und die Karnevalsszene hätten wir etwas besser machen können, wenn man uns mehr als dreißig Statisten genehmigt hätte. Es war ja wirklich so, daß die Leute hinter die Kamera gerannt sind, sich ein neues Hütchen aufsetzten, um dann wieder vor der Kamera aufzutauchen. Ich sehe das natürlich, aber ich weiß nicht, ob das andere auch merken. (...)

*Frage*: Da schließt sich die Frage an, wie stark in der Geschichte autobiographische Bezüge stecken.

*Harry Raymon*: Die Figuren sind meine Familie, und der Ablauf der Geschichte ist authentisch. Also aus der Kleinstadt Kirchberg - wo wir auch gedreht haben - nach Köln, um warten zu können, und nach Stuttgart, aber wir waren unter den Glücklichen, die ihre Visa bekamen und dann ausgewandert sind.

*Frage*: Wie haben Sie denn Jack Geula, der den Bennie spielt, gefunden, und wie war die Arbeit mit ihm?

*Harry Raymon*: Wir wußten, daß der Film mit dem Jungen steht und fällt. Wir sind ja nicht in Hollywood, wo man bloß anzurufen braucht, und dann kommen zweihundert kreischende Mütter auf einen zu und bringen ihre Kinder mit.

*Frage*: Wenn man hier so einen Anruf macht, kommen sie auch...

*Harry Raymon*: Nein, es gibt gewisse Schwierigkeiten, in Berlin ist das vielleicht anders, aber wir brauchten ja einen Jungen, der den Dialekt beherrscht. Wir haben uns an die Gemeinde in Frankfurt gewandt, und die Leute waren sehr kooperativ: Es kamen 15 Kinder, die wir testeten, von denen 10 sofort wegfielen, weil sie zurückgekehrte Israelis waren und einen israelischen Akzent hatten; also blieben noch fünf. Von diesen fünf wären zwei möglich gewesen, was die Sprache anging, und der dann übrig blieb, das war der Jack Geula, dessen Vater Perser und dessen Mutter Israeli ist; er selber ist in Frankfurt geboren.

*Frage*: Wie kam es denn zu der Zusammenarbeit mit dem Co-Regisseur Michael Hoffmann?

*Harry Raymon*: Der Michael und ich waren, wie das bei Schauspielern pausenlos der Fall ist, arbeitslos, und die ZBF (Zentrale Bühnen-, Fernseh- und Filmvermittlung der Bundesanstalt für Arbeit, A.d.R.) in München hatte uns angeboten, daß eine Kreuzfahrtgesellschaft Entertainer sucht, und da sind wir mit vielen anderen Schauspielern auch erschienen. Das Angebot, drei oder sechs Monate lang 3.000 DM im Monat zu verdienen, war so verlockend, daß wir das annahmen. Der Michael hat das auch noch gemacht, aber ich bin krank geworden und kann so etwas auch nicht, doch ich merkte, daß wir zusammenarbeiten können. Eine Sportfirma, für die ich gearbeitet hatte, wollte gerne mal ein Musical machen, das auf Skiern spielt. Michael und ich haben dann auch etwas ähnliches geschrieben, das war die erste Arbeit, und daraus ergab sich die Zusammenarbeit. Es ist ja nicht so einfach, jemanden zu finden, mit dem man arbeiten kann. Und das zweite war dann REGENTROPFEN, und das wurde als Stoff abgelehnt...

*Frage*: Wie war denn die Entstehungsgeschichte Ihres Films REGENTROPFEN?

*Harry Raymon*: Erst wurde das Treatment von allen Sendern abgelehnt. Wenn man keine Ahnung hat und keine Leute kennt, nichts von den Förderungen weiß, wendet man sich an die Sender. Dann haben wir trotzdem das Drehbuch geschrieben, wieder an die Sender geschickt, und es wurde wieder abgelehnt. Michael hatte bei der Firma Tellux einen kleinen Film gemacht, und da gab er das Drehbuch ab. Inzwischen war *Holocaust* gelaufen, und dann klappte es. (...)

Manfred Hobsch: Humor und Ironie. Gespräch mit Harry Raymon, in: Zitty, Nr. 20/1982 (Berlin)

**Michael Hoffmann**, geb. 25. Februar 1943 in München, Schauspieler und Regisseur. 1964-66 Schauspielstudium an der Otto-Falckenberg-Schule in München. Schauspieler am Theater, in Fernsehen und Film. Zusammen mit Harry Raymon schrieb und inszenierte er REGENTROPFEN (1980).

**Harry Raymon**, geb. 1931 in Kirchberg/Simmern (Hunsrück). Schulbesuch in Brooklyn, New York. Schauspielerausbildung an Erwin Piscators Dramatic Workshop (New York) und als Pantomime bei Marcel Marceau. Schauspieler, Drehbuchautor und Regisseur. Drehbücher (u.a.): 'Solch ein Glück', 'Nachlaß' (1981, m. Michael Hoffmann), 'Ihr Einverständnis vorausgesetzt' (1991). Filme (als Darsteller): *Endstation Liebe* (1957, Regie: Georg Tressler), *Rotes Spielmobil* (1977, Fernsehserie), *Warum Krieg* (1987, Darsteller), *Sie waren unsere Nachbarn* (1984, Buch, Regie. Dokumentarfilm für den WDR über Spuren jüdischer Gemeinden in Franken).

## TEREZIN DIARY USA 1989

*Regie, Produzent: Dan Weissman*
*Buch: Zuzana Justman. Recherche: Diane Shamis*
*Interviews: Zuzana Justman, Dan Weissman, James E. Young*
*Kamera: Ervín Sanders. Kameraassistenz: Richard Spur*
*Zusätzliche Aufnahmen: Michael Baumbruck, Dan Weissman, Ivan Skopec*
*Aufnahmeleitung: Jiri Jezek*
*Aufnahmeleitung in Israel: San Setton*
*Kamera in Israel: Yoram Millo*
*Interviews in Israel: James E. Young*
*Sprecher: Eli Wallach*
*Zeichnungen aus 'The Book of Alfred Kantor', mit Genehmigung von Fredy Kantor und John Wykert*
*Texte nach Materialien von Helga Kinsky und Thomas Haas*
*Die Stimme Otto Pollaks: Franta G. Herman*
*Ton: Jaroslav Deták, Nikolaus Ochs*
*Tonassistenz: Zdenek Taubler*
*Schnitt: Mark Simon*
*Schnittassistenz: Amanda Zinoman, Yaffa L. Lerea, Jane Zipp, Donald Blank*
*Tonschnitt: Sanford Rackow*
*Tonschnittassistenz: Susan Korda*
*Ausführende Produzentin: Zuzana Justman*
*Mitproduzentin: Susan Korda*
*16mm, Farbe und s/w, Engl./Tschech. m. engl. UT, 88 Minuten*

Mit Unterstützung von The New York Council on the Humanities, The New York State Council on the Arts sowie The Fund for Jewish and Israeli Films.

Der Film ist der Erinnerung an Victor Pick, den Vater Zuzana Justmans, und Jan Müller gewidmet.

### Zu diesem Film

1941 wurde Terezín (Theresienstadt), eine alte Garnisonsstadt in der Nähe von Prag, von den Nazis zu einem Konzentrationslager umgebaut. Die zu Propagandazwecken als 'Vorzeigelager' kaschierte Stätte wurde zum Durchgangslager auf dem Weg nach Auschwitz. Die 140.000 Insassen von Theresienstadt, darunter 15.000 Kinder, lebten in überfüllten Baracken, von Hunger, Krankheit und Deportation bedroht. Mindestens 33.000 Menschen starben dort.

Von den nicht einmal zehn Prozent der überlebenden Kinder trafen sich einige, nun etwa Fünfzigjährige, 1986 in Prag. Zu ihnen gehörte auch Zuzana Justman, die das Wiedersehen mit ihren ehemaligen Leidensgenossen zum Anlaß für eine Dokumentation nahm. Sie entwickelte das Konzept für TEREZIN DIARY und führte die meisten der Interviews. TEREZIN DIARY beginnt mit Aufnahmen dieser Zusammenkunft. Der Film verwebt Erinnerungen der Überlebenden, Tagebuchaufzeichnungen, Bilder damals geschaffener Kunstwerke, Kinderzeichnungen, dokumentarische Aufnahmen und Ausschnitte aus einem Nazi-Propagandafilm über Theresienstadt zu einem bewegenden Dokument.

Im Zentrum des Films steht Helga Kinsky, die im Alter von zwölf Jahren mit ihren Vater nach Theresienstadt kam und dort ausführlich über das Leben im Lager Tagebuch führte. Es beginnt am 17. Januar 1943, dem Tag des Abtransports aus ihrem Heimatort, und endet am 23. Oktober 1944, als sie und ihr Vater nach Auschwitz deportiert wurden.

In TEREZIN DIARY beschreiben Helga Kinsky und andere Überlebende das paradoxe Leben dieses 'Vorzeigelagers', wo sie und andere Kinder "am Abend ein Klavierkonzert und am nächsten Tag einen Todestransport" mitansahen. Theresienstadt war jedoch keine Stätte ununterbrochenen Terrors. Die SS gab der Stadt den Schein der Normalität und öffnete das Lager sogar eines Tages für eine offizielle Inspektion des Roten Kreuzes. Zuvor jedoch deportierte die SS 7.500 Menschen nach Auschwitz, damit Theresienstadt nicht überfüllt erscheine, und 'verschönten' das Lager in aller Eile. Die Inspektoren des Roten Kreuzes wurden auf einer sogfältig vorbereiteten Rundfahrt an einem neuerbauten Kinderpavillon vorbei zu einer Konzerthalle geführt, wo das 'Requiem' von Verdi aufgeführt wurde.

Die nach Theresienstadt deportierten bekannten Musiker, Künstler, Schriftsteller und Schauspieler veranstalteten dort Opern, Schauspiele und Konzerte. Das Ausmaß der kulturellen Aktivität war außerordentlich. Theresienstadt war außerdem von den Nazis als ein 'Ghetto für alte Leute' entworfen worden, wohin ältere deutsche Juden kamen, denen man 'luxuriöse Wohnungen in einem Badeort' versprochen hatte, für die sie oftmals hohe Geldsummen bezahlen mußten. Die jüdische Lagerleitung versuchte, das Leben der Kinder in Theresienstadt in gewisser Weise zu erleichtern. Zwar war der Spielraum begrenzt, doch versuchte der Jüdische Rat, Kinder zu schützen, indem sie in besondere Heime gebracht wurden, wo sie außerdem heimlich Unterricht erhielten. Die Kinder wurden zum Zeichnen, zur Veröffentlichung eigener Zeitungen, schließlich auch zur Aufführung einer Kinderoper, 'Brundibár', angehalten. Nach dem Krieg jedoch hatte weniger als eines von zehn Kindern überlebt.

Nach dem 'Erfolg' der Inspektion durch das Rote Kreuz wählten die Deutschen Theresienstadt als Schauplatz für einen berüchtigten Propagandafilm, der Hitlers 'Wohltätigkeit' gegenüber den Juden dokumentieren sollte. Mit der Produktion dieses Films beauftragten die Nazis den jüdischen Regisseur Kurt Gerron. Er mußte darin das Lager als Idylle einer glücklichen Stadt porträtieren. Als der Film zum ersten Mal gezeigt wurde, war Kurt Gerron längst in Auschwitz ermordet worden. Die Ausschnitte aus diesem Film stellen ein entscheidendes Element in TEREZIN DIARY dar: Szenen ausgelassener Kinder werden ironisch mit den Aussagen der Überlebenden über die tatsächlichen Lebensbedingungen des Lagers kontrastiert.

Der Film begleitet Helga Kinsky und die anderen Überlebenden auf ihrer Reise von Theresienstadt nach Auschwitz, und endet mit ihrer Rückkehr nach Theresienstadt, einem Wiedersehen mit ihrem Vater bei Kriegsende, und Bildern von Helga Kinsky in Wien, ihrem heutigen Wohnort, zusammen mit Tochter und Enkeltochter.

Produktionsmitteilung

## Interview mit Dan Weissman und Zuzana Justman

*Weissman*: Seit meinen Studium faszinieren mich Propagandafilme. Sie sind eine Art Obsession für mich. Als ich die Möglichkeit hatte, mit diesen Filmen zu arbeiten, mußte ich es einfach tun. Meine Absicht war, dieses Material zu unterlaufen in Form einer Dekonstruktion. Eine Methode war dabei die Zeitlupe, die sich zum Ende des Films steigert, eine andere die Wiederholung. Damit wollte ich Dinge wahrnehmbar machen, die ursprünglich nicht intendiert waren, als der Film gedreht wurde. Wenn die Bilder angehalten werden, sieht man, daß die Menschen Blicke der Furcht, der Angst in die Kamera schicken. In den Gesichtern bleibt etwas zurück, was das ganze Propagandaprojekt Lügen straft.

Ein anderer Grund war aber die Begegnung mit einem Mann, der die Konzentrationslager überlebt hat. Als er über die Kriegsjahre sprach, sagte er einmal - er war von Theresienstadt nach Auschwitz deportiert worden: "Auschwitz war einfach. Du bist aus dem Zug gestiegen und wußtest, was hier passiert. Aber Theresienstadt", und es war die Art, wie er 'Aber Theresienstadt' sagte, das gab mir eine Ahnung davon, wie perfekt organisiert der Betrug in Theresienstadt war, aber auch, wie groß der Selbstbetrug dort gewesen sein muß.

*Zuzana Justman*: Nach dem Krieg wollte ich genau wie Helga in dem Film ein normales Leben führen und war nicht im geringsten interessiert, mich mit meiner Vergangenheit zu beschäftigen. Ich ging vier Jahre aufs College, und meine Freunde dort waren meine Familie. In dieser Zeit wollte ich nicht darüber sprechen, es war einfach kein Teil meines Lebens. Wenn man älter wird - so geht es mir und vielen anderen - denkt man plötzlich wieder daran und fängt an es aufzuschreiben. Aber jenseits dieser ganz persönlichen Gründe ist das einfach ein faszinierendes Thema. Es sind einige Filme über Theresienstadt gedreht worden, aber sie haben nicht wirklich die Geschichte erzählt. Dieser monströse Propagandafilm *Der Führer schenkt den Juden eine Stadt*, der so verbrecherisch ist - das größte Verbrechen ist, daß er funktioniert hat, und zwar auf beiden Seiten. Die Öffentlichkeit draußen, zum Beispiel die Rote-Kreuz-Kommission, die zur Inspektion kam, ist darauf hereingefallen. Aber nicht nur das, die Juden selbst wollten betrogen werden. Niemand wollte die schreckliche Wahrheit akzeptieren. Als zwölfjähriges Kind, das ich damals war, glaubte ich fest, daß die Leute draußen wüßten, was in Theresienstadt passiert. (...)

*Frage*: Theresienstadt war ja, wie der Film belegt, auch gleichzeitig ein Ort kultureller Blüte, die Theaterveranstaltungen wurden von Juden selbst organisiert, die Kinderoper 'Brundibár' ist viele Male aufgeführt worden. Trotzdem oder gerade deswegen?

*Weissman*: Das ist die Frage. Wenn man davon ausgeht, daß es zumindest einige Leute gab, die wußten, was nach Theresienstadt kam, oder zumindest sich bewußt waren, daß ihre Zukunft extrem ungewiß war, stellt sich wirklich die Frage, warum sie, damit konfrontiert, sich weiterbildeten, lehrten, sogar Sprachen lernten...

*Justman*: Ich lernte Englisch in Theresienstadt. Es gibt verschiedene Sichtweisen auf die Kultur im Lager (...), aber eines ist sicher: das kulturelle Leben in Theresienstadt war auch ein Ausdruck der Kultur der Prager jüdischen Gemeinde, die heute nicht mehr existiert. Sie hat die Zeit vor dem Krieg repräsentiert, die eine kulturelle Blütezeit war. All die Schriftsteller, Maler, Musiker kamen nach Theresienstadt und arbeiteten hier weiter oder unterrichteten die übrigen Lagerinsassen. Auf diese Weise ist der Film auch ein Tribut an diese verlorene jüdische Kultur. Die jüdische Lagerleitung, die ein paar Entscheidungen treffen konnte - natürlich nicht die lebenswichtigen, nämlich wieviele am Leben bleiben - war sich in einer Sache immer einig: die Kinder zu schützen. Sie glaubte, wenn die Kinder überleben, dann sollten sie nicht nur Bildung haben, sondern vor allem Gut und Böse unterscheiden können. Denn auch unter den Lagerinsassen stahlen manche. Deshalb gab es eine große Übereinstimmung, die Kinder ethisch zu bilden. Die, die überlebt haben, können darüber viel erzählen.

*Frage*: Aber gleichzeitig wurde die Kultur ja auch von den Nazis benutzt, für Propagandazwecke umgebaut beziehungsweise provoziert, wie *Der Führer schenkt den Juden eine Stadt* zeigt. Wo ist der Punkt, wo der Widerstand zur Lüge wird, oder überschneidet sich hier beides?

*Weissman*: Es überschneidet sich. Teile der eingesetzten Musik, auch der Hintergrundmusik ist von Insassen komponiert. Der Regisseur Kurt Gerron, selbst interniert, wurde gezwungen, diesen Film zu machen. Dreimal mußte er das Drehbuch umschreiben, bis es den Nazis genehm war. Und dann wurde in nur achtzehn Tagen, Ende August 1944, gedreht. Man sieht natürlich nur das ganz polierte Bild des kulturellen Lebens. Die Leute sitzen an Tischen, die mit Blumen geschmückt sind, sind hübsch angezogen und andere Verlogenheiten. Tatsächlich tauchte das kulturelle Leben, das vorher nur im Untergrund stattfinden konnte, in dem Maß auf, wie die SS es zuließ. Sie nahm sogar daran teil, auch in Auschwitz besuchte sie Theatervorstellungen im Familienlager, dort waren die Leute, die aus Theresienstadt kamen und privilegiert behandelt wurden. Selbst wenn die Juden längst zur Vernichtung bestimmt waren, sie musizierten und spielten Theater. Das half natürlich auch, den Betrug aufrechtzuerhalten.

*Justman*: Eine Person aus dem Film trifft es vielleicht am besten, wenn er es 'the freedom of the sentence to death' nennt. Natürlich gab es in den vier Jahren der Geschichte Theresienstadts verschiedene Perioden kultureller Entfaltung. Am Anfang war nichts derartiges möglich. Aber als die Nazis entschieden, Theresienstadt nicht nur als Zwischenlager zu nutzen, sondern auch für Propagandazwecke, liberalisierten sich die Lagerbedingungen. Während dieser 'Verschönerung' verbesserten sich die Lebensumstände radikal. Zuvor hatte man allerdings 7500 Menschen nach Auschwitz in den Tod geschickt. Aber für die, die blieben, wurde das Leben sehr viel leichter. Und sofort stellte sich Optimisums ein: von nun an wird alles besser. Es wird keine Transporte mehr geben. Natürlich gab es sie weiter. Aber die Leute sagten sich, sollen sie ruhig mit ihrem Film Propaganda machen. Hauptsache, uns geht es besser. Die waren nicht alle naiv, im Gegenteil, aber in so einer aussichtslosen Situation wie dieser wollten sie einfach überleben. (...)

Das Interview führte Dorothee Hackenberg, in: die tageszeitung, Berlin, 14. Februar 1990

**Dan Weissman**, geb. 25. 1. 1955, besuchte 1974 das New York University Summer Film Institute, studierte bis 1979 an der Brown University Semiotik, Filmgeschichte und Kommunikationswissenschaften; gleichzeitig Film- und Fotostudium an der Rhode Island School of Design, anschließend Unterrichtätigkeit. 1976 Produktionsassistenz bei *Providence* (1977, Regie: Alain Resnais), 1980 Drehbuchmitarbeit für den Dokumentarfilm *Earth, Wind and Fire* (Regie: Silver Hugo), zweite Kamera und Ton für den Dokumentarfilm *Bearden Plays Bearden* (Regie: Nelson Breen), 1981 Kamera für den Dokumentarfilm *Black Women / White Homes* (Regie: Richard Kaplan), Produzent für den unabhängigen Spielfilm *Wide Open Spaces* (Regie: Morgan Fisher). 1982-85 *The Collected Works of Spalding Gray*, 1984 *The Precious Legacy*, 1988 *Site Specific*, 1989 TEREZIN DIARY.

## MARTHA UND ICH Deutschland 1989

*Produktion: IdunaFilm, Progefi, TF1 Films Production, in Zusammenarbeit mit ZDF, ORF, Canal Plus, RAIDUE*
*Buch, Regie: Jirí Weiss*
*Kamera: Viktor Ruzicka*
*Musik: Jirí Stivín*
*Bauten: Karel Vacek*
*Kostüme: Maria Franková*
*Maske: Sophie Landry, Ruzena Dusíková*
*Schnitt: Gisela Haller*
*Produktionsleitung: Jan Kladec, Philippe Verro, Susanne Schlaepfer*
*Herstellungsleitung: Sabine Tettenborn, Marius Schwarz*
*Darsteller: Marianne Sägebrecht (Martha), Michel Piccoli (Ernst Fuchs), Václav Chalupa (Emil als Kind), Ondrej Vetchy (Emil als Erwachsener), Bozidara Turzonovová (Rosa Kluge), Jana Brezinová (Ida Fuchs), Sona Valentová (Elsa Fuchs), Jana Altmanova (Kamila Fuchs), Zuzana Kocúriková (Ilona), Klaus Grünberg (Bertl), Michael Kausch (Werner), Jirí Menzel (Dr. Benda)*
*Erzähler: Bernhard Wicki*
*Uraufführung: 8. September 1990, Venedig, XLVII Mostra Internazionale d'Arte Cinematografica*
*Gedreht in Prag*
*Farbe, 107 Minuten, DF*

### Inhalt

Prag 1934. Der 14jährige Emil hat sich von seinen zerstrittenen Eltern entfremdet, die Schule interessiert ihn nicht, dafür umso mehr das Dienstmädchen seiner Eltern. Emils Onkel in der Provinz, zu dem er zur Besserung geschickt wird, hat andere Probleme. Ernst Fuchs ist Frauenarzt. Seine junge Frau, eine temperamentvolle Ungarin, betrügt ihn. Als sein Nachtdienst eines Abends kürzer als gewöhnlich ausfällt, überrascht er sie und ihren Liebhaber. Aber er gibt auch sich selbst die Schuld: "Es kommen viel zu viele Kinder nachts zur Welt. Ein Gynäkologe sollte nicht heiraten, und erst recht keine schöne junge Frau." Er läßt sich scheiden und heiratet seine Dienstmagd Martha.
Ernst Fuchs stammt aus einer gutbürgerlichen jüdischen Familie. Man ist kultiviert und hat Besitz. Martha ist Sudetendeutsche, ihre Familie ist sehr arm. Ihre Brüder sind nationalbewußt. Werner drischt Nazi-Parolen und will mit dem Juden nichts zu tun haben. Bertl bewundert den vermögenden Arzt. Die Schwestern von Ernst Fuchs, alle vier abhängig vom Bruder, lehnen die unbeholfene Martha ab.
Emil ist der Beobachter des Geschehens. Er hat Martha schon bei früheren Besuchen auf dem Lande liebgewonnen. Seine Perspektive ist auch die des Films. Er ist dabei, wenn Martha beim besten Ausstatter neue Kleider erhält und begleitet sie zum Zahnarzt. Aus der Magd soll eine Dame werden. (...)
Martha und Ernst Fuchs führen allen Widerständen zum Trotz eine glückliche Ehe, und Emil erlebt eine glückliche Zeit mit ihnen. Das ist mit dem Münchner Abkommen von 1938 vorbei. Die Nationalsozialisten sind an der Macht, die Juden

werden verfolgt. Ernst überredet Emil, sich ins Ausland abzusetzen, und er betreibt seine Scheidung von Martha, um sie nicht zu gefährden. Sie aber will sich nicht von ihm trennen. Ernst bittet schließlich Bertl, die Schwester auch gegen ihren Willen zurückzuholen. Martha verabscheut den Haß ihrer Brüder. Ernst droht in Kürze der Abtransport, Martha verzweifelt. (...)
Emil kommt nach dem Krieg als Angehöriger der tschechischen Armee zurück und verfolgt die Spuren seiner Familie. Bei Marthas Brüdern erfährt er von ihrem mysteriösen Tod.

Produktionsmitteilung

**Bei den Dreharbeiten: Blick auf die Zeit der Träume**
Prag. In dem heruntergekommenen Jugendstil-Hla-Hol-Saal nahe der Moldau, wo seit 85 Jahren Prager Sangesbrüder zu Hause sind, feiern Marianne Sägebrecht und Michel Piccoli Hochzeit. Es sitzt eine kleine Gesellschaft an der Hochzeitstafel, die gar nicht recht zueinander passen will. Auf der einen Seite die gutbürgerlichen jüdischen Freunde des Bräutigams. Gegenüber die ländlich-schlichten sudetendeutschen Verwandten der Braut. Politischer Streit liegt in der Luft. Man schreibt das Jahr 1934. Und der 76jährige Autor und Regisseur der Geschichte, der tschechische Filmemacher Jirí Weiss, der diese Hochzeitsfeier inszeniert, erinnert sich hier autobiographisch an seine Jugend: MARTHA UND ICH heißt der Film.
Manches an dieser Produktion ist überraschend. Zum Beispiel die Besetzung der beiden Hauptrollen mit einem französischen Kinostar und mit einem bayerischen Künstleroriginal; und beide spielen jetzt eine *amour fou* vor dem Hintergrund des Holocaust.
Oder Jirí Weiss, der seine tschechoslowakische Heimat bereits zweimal aus politischen Gründen verließ: 1938, als die Nazis nach Prag kamen, und 1968 noch einmal, als die Hoffnungen des Prager Frühlings verwelkten, und der jetzt wieder in seiner Heimat - als westeuropäische Koproduktion- diesen Film dreht.
Oder die Story, die Jirí Weiss - zwischen Dichtung und Wahrheit - als sehr lebendige Jugenderinnerung erzählt und mit der er sich bewußt zwischen verschiedene Stühle setzt, weil er absolut aufrichtig sein will.
"Nur ein Jude wie ich kann und darf überhaupt solch einen Film drehen", sagt Weiss, und fährt fort: "Ich mache keinen Film über böse Nazis und gute Juden, sondern bin kritisch nach beiden Seiten. Wobei ich - wohlgemerkt - Politik nur aus der Sicht der kleinen Zelle einer Familie reflektiere. (...) Dieser Film ist eigentlich ein Rückblick auf jene Zeit der Träume, als ich als Junge von 13 oder 14 Jahren mit meiner Familie in Prag gelebt habe. Ich fand Zuflucht bei einem Mann, der gescheit und weise war. Es war mein Onkel Ernst. Er hatte ein ziemlich kompliziertes Familienleben, an das ich mich sehr gut erinnere.
Er war Frauenarzt. Er kam immer sehr spät nach Hause. Bei Geburten gingen damals nur arme Leute ins Krankenhaus. Reiche Leute ließen den Arzt und die Hebamme zu sich kommen. Und so war mein Onkel fast jede Nacht weg. Das

ist für eine Ehe nicht sehr gut. Mein Onkel hat sich dann von seiner Frau scheiden lassen und - zum Entsetzen der Familie - seine Magd geheiratet, eine sudetendeutsche Frau, die nur drei Jahre zur Schule gegangen war. Sie hat nach der Hochzeit in einer kleinen Stadt mit ihm gelebt, wurde aber von der Umgebung nie als seine Frau angenommen.

Mein Onkel liebte diese ehemalige Magd so sehr, daß er mit ihr später nach Prag ging. Als mein Onkel ins KZ geschickt wurde, konnte sie ohne ihn nicht länger leben. Sie starb, ich weiß nicht, wie wirklich. Ich hörte, daß sie unter einen Zug sprang, aber man hat sie nie gefunden."

Michel Piccoli und Marianne Sägebrecht, das merkte man bei den Dreharbeiten, verstehen sich künstlerisch vortrefflich.

47 Tage lang hat Jirí Weiss MARTHA UND ICH gedreht. "Ein Szenario ist wie ein Segel ohne Wind. Dann kommen Menschen, die machen es lebendig", sagt der Regisseur zufrieden.

Hans Jürgen Weber, in: Der Tagesspiegel, Berlin, 10. Dezember 1989

### Jirí Weiss über den Film

(...) Als ich aus dem Krieg zurückkam und meine Familie nicht da war, suchte ich nach ihr. Sie war eine Deutsche, und ich war ein Tscheche. Und ich habe sie geliebt - mehr als meine Mutter. Sie war einfach, aber sie hatte eine große Seele, eine menschliche Seele. Meiner Ansicht nach ist ein Klang im Leben mehr wert als alle Musik und Worte. In allen Filmen, die ich gemacht habe, habe ich versucht, der Stimme des Herzens, des menschlichen Herzens, zuzuhören. Und davon handelt dieser Film.

Ich war gerade im Vorführraum, wo wir uns Szenen aus MARTHA UND ICH anschauten, als einer meiner Mitarbeiter, der Kameraschwenker, sagte: "Ich träume von diesem Film." Ich habe darüber nachgedacht. - Eigentlich ist ein Film ein Traum, den man realisiert. Das ist der große Vorteil, wenn man Filmregisseur ist, daß man den Film zuerst im Kopf bildet und ihn dann schaffen kann. Und wenn man gute Mitarbeiter hat, dann wird das Geschaffene besser sein als das, was man sich dachte. Das ist auch eine ganz sonderbare Sache: daß ein Kameramann für Sie Bilder schaffen kann, die Sie sich einfach nicht vorstellen können; daß Schauspieler ihr Leben in einen Film hineinlegen, der dadurch viel reicher ist als die Erfahrungen eines einzelnen Menschen.

Deshalb ist der Filmregisseur gegenüber dem Schriftsteller im Vorteil. Ich habe beides gemacht: Ich habe als junger Mann angefangen zu schreiben. Als ich achtzehn Jahre alt war, habe ich Bücher geschrieben. Und ich habe sehr viel photographiert. Dann habe ich meine ersten Filme gedreht; den ersten mit zwanzig Jahren. Seitdem habe ich unzählige Dokumentarfilme gedreht, als Kriegsreporter gearbeitet und achtzehn Spielfilme gemacht. Den ersten drehte ich während des Krieges in England; aber dann kam die Bombardierung. Ich wurde Kriegsregisseur. Nach dem Krieg kehrte ich nach Prag zurück.

Ich hatte damals einen Traum: daß ich in meinem Land, das ich geliebt habe und heute noch liebe, nämlich in der Tschechoslowakei, in Böhmen und in Prag, Filme schaffen würde über tschechische Menschen, für tschechische Menschen, und für die Menschheit. Wir alle hatten damals einen Drang, wirklich etwas Großes zu machen.

Inwieweit es mir gelungen ist, dies alles in diesem Film einzufangen, das weiß ich nicht. (...) Ich hoffe nur, daß der Film gut sein wird, und daß er dem Publikum gefallen wird.

Produktionsmitteilung

### Soweit das Leben

(...) Jirí Weiss gelingt es, in kurzen Episoden das Prag und Most (beziehungsweise Brüx) der Jahre vor dem letzten Krieg als Orte normalen, sogar glücklichen Daseins zu skizzieren. Doch dann kommen die an die Macht, die das menschliche Dasein nicht nur endgültig begriffen haben, sondern auch nach ihren Begriffen darin eingreifen. So geschieht es, daß die Abstrakta von einer Nebensache zur Hauptsache avancieren und das Leben unter sich ersticken.

Der Arzt fällt unter den Begriff des Saujuden. Er fällt darunter. Der Begriff ist das Zeichen an seiner Tür, das ihn nötigt, den Beruf aufzugeben und bei seinen Schwestern um Asyl zu bitten. Der Begriff erstickt sein Leben, bevor er es auslöscht. Jirí Weiss zeigt die Spuren der Auslöschung statt Blut, Schweiß und Tränen. Und er hebt die Dummheit der Abstraktion auf in seinem Film, weil er nicht denen, die nun Arier heißen, Schuld nachweist, sondern allenfalls denen, die sich, wo und wann auch immer, auf ihre armseligen Begriffe zurückziehen, anstatt sich einem konkreten Menschen, dem sogenannten Nächsten, zu nähern. (...)

Ein kluger Film mit dem sanften Humor eines großen tschechischen Filmautors.

Martin Ahrends, in: Die Zeit, Hamburg, 15. November 1991

**Jirí Weiss**, geb. 29. März 1913 in Prag; Jurastudium und Tätigkeit als Journalist; drehte 1935 seinen ersten Film *(People in the Sun)*, der in Venedig ausgezeichnet wurde. Er bekam daraufhin ein Angebot der Barrandov-Studios in Prag, wo er bis zum Kriegsausbruch 1939 einige Kurzfilme drehte. Danach Emigration nach England. In London Zusammenarbeit mit englischen Dokumentarfilmern der Crown Film Unit *(The Rape of Czechoslovakia - Secret Allies* (1939), *Before the Raid* (1943), u.a.). 1945 Rückkehr nach Prag; es folgte eine Zeit intensiver Film- und Theaterarbeit. 1947 drehte er *Uloupená hranice / Die geraubte Grenze*. Ende der 50er Jahre wandte sich Weiss ausschließlich dem Spielfilm zu. In einer Ära politischer Liberalisierung gehörte er in den 60er Jahren zusammen mit Milos Forman und Jirí Menzel zu einer Gruppe engagierter Filmemacher. 1968 sah er sich erneut gezwungen, die Tschechoslowakei zu verlassen. "Die Tage der Freiheit waren vorbei" - dem Prager Frühling war gewaltsam ein Ende bereitet worden. Nach kurzem Aufenthalt in Italien, wo er um politisches Asyl nachsuchte, übernahm Weiss Regieaufgaben in Berlin. Er arbeitete an vier TV-Produktionen im Auftrag des SFB u.a. mit Ernst Schröder *(Waterloo - die letzte Nacht*, 1969) und Gustav Knuth *(Die Herberge,* 1969) sowie als Dozent für Regie an der Deutschen Film- und Fernsehakademie (dffb). 1970 siedelte er nach Kanada, später nach New York über. Lehrtätigkeit an den Filmhochschulen der New York University, der City University of New York und der University of Santa Barbara. Heute lebt Jirí Weiss in Los Angeles.

Filme (u.a.): *Verni zustaneme*/Wir bleiben unerschütterlich (1945, Kompilationsfilm), *Uloupená hranice*/Die geraubte Grenze (1947), *Dravci*/Raubtiere (1948), *Posledni vystrel*/Der letzte Schuß (1950), *Vstanou noví bojovnicí*/Neue Kämpfer werden auferstehen (1951), *Muj prítel Fabián*/Mein Freund Fabian (1953), *Hra o zivot*/Spiel ums Leben (1956), *Vlcí jáma*/Die Wolfsfalle, auch: Er gehört mir (1957), *Romeo, Julie a tma*/Romeo, Julia und die Nacht (1960), *Punta a ctyrlístek*/Hündchen und seine Freunde (1961), *Zbabelec*// Der Feigling (1962), *Zlaté kapradi*/Goldfarn (1963), *Tricetjedna ve stinu*/31 Grad im Schatten (1965), *Vrazda po Cesku*/ Mord auf heimische Art *(1967), Pripad pro Selwyn*/Gerechtigkeit für Selvin (1968), *Waterloo; Die Herberge* (1969), MARTHA UND ICH (1989).

## BERLIN JERUSALEM Frankreich 1989

*Produktion: Agav Films (Paris)/Channel Four TV (London),
La Sept (Frankreich)/Nova Films (Israel)
Regie: Amos Gitai
Buch: Amos Gitai, Gudie Lawaetz
Kamera: Henri Alekan, Nurith Aviv
Musik: Markus Stockhausen
Recherche:Rivka Gitai, Uri Fruchtmann
Ton, Tonmischung: Antoine Bonfanti
Bauten/Ausstattung: Marc Petit Jean, Emmanuel Amrami
Kostüme: Gisela Storch. Maske: Lena Karatchevski-Volk
Licht: Louis Coche, Maiki Inbari
Schnitt: Luc Barnier. Tonschnitt: Michel Klochendler
Special Effects: Louis Gleize
Script: Jeannette Naeh, Emmanuelle Olivet
Regieassistenz: Veronique Aubey, Assaf Amir
Kameraassistenz: Claire Bailly du Bois
Aufnahmeleitung: Laurent Truchot
Produktionsberatung Ruben Korenfeld
Ausführender Produzent (Israel): Marek Rosenbaum
Mit-Produzenten; Marie Françoise Mascaro, George Gold-
stern, Alain Fountain, Camilla Nesbitt, Rolf Orthel, Jean-Luc
Larguier, Raoul Ruiz
Darsteller: Lisa Kreuzer (Else), Rivka Neumami (Tania),
Markus Stockhausen (Ludwig), Benjamin Levy (Paul, Elses
Sohn), Vernon Dobtcheff (Verleger in Berlin), Veronica
Lazare (Kassandra, seine Sekretärin), Bernard Eisenschitz
(Mann im Café), Raoul Guylad (Dr. Weintraub), Christian
Van Acken (Fahrkartenverkäufer), Juliano Merr (Mena-
chem), Ohad Shahar (Tanias Bruder Nahum), Bilha Rozen-
feld (Tzipora), Dany Roth (Yashek Levinski), Gadi Por (Nis-
sanov), Mark Ivanir (Dov Ben Gelman), Ori Levy (Anton
Keller), Yossi Graber (Zins) sowie Rolando Brenes Calvo,
Finola Cronin Dominique Duszynski, Barbara Hampel, Ed
Kortlandt, Anne Martin (Pina Bausch Tanzkompanie)
Uraufführung: September 1989, Venedig
Farbe, 89 Minuten, OmU*

### Zu diesem Film

Berlin zwischen den Kriegen. Politische Demonstrationen,
Cafés, literarische Bonmots. Die expressionistische Dichterin Else Lasker-Schüler, befreundet mit Einstein, Kandinsky
und Thomas Mann, begegnet Tania, die wegen ihres Engagements in revolutionären Kreisen aus Rußland fliehen mußte
(Vorbild für diese Figur war die russische Sozialrevolutionä-
rin Mania Shochat). In Palästina durchstreifen Tania und eine
kleine Gruppe von Pionieren die Wüste auf der Suche nach
geeigneten Orten für die ersten sozialistisch inspirierten
Agrar-Kollektive. In Berlin verliebt sich Else in einen jungen
Musiker, aber sie ist auch in Sorge um die nachlassende Gesundheit ihres Sohnes Paul und wegen der Konflikte mit
ihrem Verleger. In Palästina muß Tanias Kibbuz ohne Unterstützung der 'Alliance Israélite Universelle', eines in Paris
ansässigen jüdischen Hilfsvereins, auskommen. Nazischlä-
ger beginnen die von jüdischen Intellektuellen frequentierten

Berliner Cafés zu durchkämmen. Arabische Nachbarn im
Heiligen Land nehmen teil an den Festlichkeiten aus Anlaß
des Jahrestages des Kibbuz, aber bald darauf kommt es zu
Auseinandersetzungen über das Land: gehört das Land seinen
rechtmäßigen Eignern, denen, die es fruchtbar gemacht haben,
oder jenen, die seit Generationen dort ihr karges Dasein
fristen? Das Kollektiv beschließt, sich zu bewaffnen. Der
junge Mann, den Tania liebt, wird ermordet. Elses Sohn
stirbt; kurze Zeit später verbrennen die Nazis die ersten
Bücher in den Straßen Berlins. Bei Nacht flieht Else in die
Schweiz; später emigriert sie nach Palästina und landet in
Jaffa. Enttäuscht von Land und Leuten träumt Else von einer
besseren Welt, von Liebe und Glück; wie in Trance bewegt
sie sich durch die Gegend. Eines Tages begegnet sie in den
Straßen Jerusalems zufällig ihrer Freundin Tania wieder. Als
Else durch die Stadt spaziert, explodiert eine Bombe. Aus
dem Lärm und dem Rauch der Ruinen sehen wir allmählich
die Autos, Soldaten und Zivilisten von heute hervortreten.
Produktionsmitteilung

### Nach Jerusalem

Das Heilige Land ist der Ort, auf den die Suche abzielt. Es ist
das geographische Schicksal unserer Protagonisten auf der
Suche nach ihrer Identität. Das Heilige Land ist auch eine
konkrete geographische Region, ein politisches Territorium,
ein Schauplatz zahlreicher Kämpfe. Jede soziale Gruppe hat
'ihr' Heiliges Land, ihr 'Gelobtes Land', auf das sich ihre
ideologischen, nationalen und religiösen Bestrebungen und
Erwartungen richten. Die Protagonistinnen irren lange Zeit
durch ein kompliziertes Labyrinth, bis sie ihr 'Gelobtes
Land' erreichen. Dort angekommen, erkennen sie, daß die
Wirklichkeit, in der sie leben, nicht allein durch einen Orts-
wechsel zu verändern ist. Ihre große Sehnsucht bleibt uner-
füllt. Das Heilige Land ist von großer Anziehungskraft und
hat seit Jahrhunderten Menschen aus allen Teilen der Welt
fasziniert. In diesem Heiligen Land findet man überall
Relikte früherer Mythologien. Sichtbar wird die Geschichte
einer Hoffnung, eines Mythos, eines Traums... die Geschichte von der Erschaffung eines Landes, von dem so viele
träumen und das doch in seinem Erstehen das Ende eines alten
Traumes darstellt. Die Erzählungen der Bibel inspirierten
Else, da sie ihrer Identität als Jüdin entsprachen. Sie transfor-
mierte die Wirklichkeit zur Legende und mischte Fakten und
Phantasien mit autobiographischen Berichten. Elses Identi-
tätsgefühl verdankte sich ihrer meditativen Vision vom Heiligen Land; Tanias Identität ist aus dem Kampf mit der harten
Wirklichkeit hervorgegangen. Sie hat nie ihren Idealismus
und ihre Überzeugung aufgegeben und kämpfte in politischen
und organisatorischen Zusammenhängen für ihr Ziel: den
Aufbau eines Landes. Das Leben dieser beiden Frauen verdeutlicht zwei höchst unterschiedliche Motive auf der Suche
nach dem 'Gelobten Land'.

Amos Gitai

### Mania und Else, zwei Hoffnungsträgerinnen

Sie sind Sozialistinnen, Revolutionärinnen, leidenschaftliche Romantikerinnen und ... Zionistinnen. Sie begegnen

einander in Berlin, treffen sich wieder in Palästina. Mania, die Russin, und Else, die Deutsche, die Protagonistinnen im Film des Israelis Amos Gitai. In ihrem revolutionären Idealismus verkörperten sie, so Gitai, die grundlegenden Traditionen des israelischen Staates. "Es war eine Epoche der Unschuld, der großen Träume und der unbeschädigten Utopie, einer zugleich sozialistischen und zionistischen Utopie, bevor die Konfrontation mit der Wirklichkeit die Widersprüche sichtbar machte, bevor das Ideal zu zerbröckeln begann."
Mania Wilbuschewitsch-Shohat wird 1879 bei Grodno (Belorußland) als Tochter eines kleinen Landbesitzers geboren. Mit zwanzig wird sie wegen subversiver Umtriebe zusammen mit anderen sozialistischen Revolutionären verhaftet und ins Gefängnis gesteckt: Sie hat an einem Attentatsversuch gegen den Innenminister des Zaren teilgenommen, der für eine Reihe von Pogromen verantwortlich war, und hat auch ein Waffenschmuggelnetz organisiert.
1904 verläßt sie Rußland und geht nach Palästina. Sie ist beteiligt an der Gründung einer bewaffneten Siedlergruppe, aufgebaut nach dem Modell der Kosakendörfer; es ist das Kollektiv (Sedjera) unweit des Sees von Genezareth. (...)
Mania, einst Mitglied der Haganah, dem Vorläufer der israelischen Nationalarmee, Mitbegründerin von Kibbuzim und Mitglied der Histadrut, ist 1961 gestorben. (...)

Alain Frachon, in: Le Monde, Paris, 9. April 1989

### Else Lasker-Schüler: "Ich bin Jude. Gott sei Dank"

Else Lasker-Schüler, geb. 11. Februar 1869 in Elberfeld, gest. 22. Januar 1945 in Jerusalem. Lebte bis 1933 als freie Schriftstellerin in Berlin. Gehörte zum Kreis der Expressionisten um die von ihrem Mann Herwarth Walden herausgegebene Zeitschrift 'Der Sturm'. Bekannt mit Hille, Trakl, Däubler, Benn, Werfel, Kraus, Marc, Kokoschka u.a. 1933 Flucht in die Schweiz; später nach Palästina. Werke (u.a.): 'Styx' (1902), 'Der siebente Tag' (1905), 'Das Peter-Hille-Buch' (1906), 'Die Nächte Tinos von Bagdad' (1907), 'Meine Wunder' (1911), 'Hebräische Balladen' (1913), 'Die Wupper' (1919), 'Der Malik' (1919), 'Die Kuppel' (1920), 'Der Wunderrabbiner von Barcelona' (1921), 'Arthur Aronymus. Die Geschichte meines Vaters' (1932), 'Mein blaues Klavier' (gewidmet "meinen unvergeßlichen Freunden und Freundinnen in den Städten Deutschlands - und denen, die wie ich vertrieben und zerstreut in der Welt. In Treue!", 1943).
Ihr Judentum, das sie vor und während der Exilzeit bewußt durchlebte, daß ihr so oft Gelächter und Verfemtsein eingebracht hatte, war sicherlich ein Grund für ihr Mitleid, Mitleid mit allen, die unterdrückt und verfolgt wurden. In ihrer Sehnsucht nach einer zu bejahenden Welt widmeten sie sich intensiv den Problemen des jüdischen Volkes. ('Ich bin nicht Hebräerin der Hebräer willen, aber - Gottes willen! Doch dieses Bekenntnis schließt die Liebe und Treue unerschütterlicher Ergebenheit zu Seinem Volke ein. Zu meinem kleinsten Volk unter den Völkern, dem ich mit Herz und Seele angehöre.') Bevor sie Palästina kennenlernte, galt Jerusalem ihr als 'Vorhimmel des Himmels'. Später schrieb sie: 'Es ist schwer für mich unterm Volke hier. David wäre ... auch abgereist.' Im 'Land ihrer Väter', in Palästina, das die Lasker-Schüler so enttäuschte, lebte sie, wie sie immer gelebt hatte: arm, sehr arm, teils weltfremd, fassungslos, oft nicht begreifend, was sich in ihrer deutschen Heimat zutrug. (...)
Sie gründete in Jerusalem zusammen mit H. Swet eine Vortragsgemeinschaft 'Der Kraal', in der bekannte Künstler und Wissenschaftler zu Wort kamen. Vor ihrem Tod schrieb sie einen ihrer bedeutsamsten Gedichtbände, 'Das Blaue Klavier', das in einer kleinen Auflage in Jerusalem erschien. In diesem Werk und im 'Hebräerland' drückt sich noch einmal

deutlich ihre Enttäuschung über Palästina aus. 'Dieses Jerusalem, um dessentwillen ich als Kind schon mich mit meinen Freundinnen überwarf und um das ich aus der Schule gejagt wurde, diese Stadt, die ich so besungen habe - ein Heim habe ich nicht in ihr...'"

Kunst und Literatur im antifaschistischen Exil 1933-1945, Bd. 5: Exil in der Tschechoslowakei, in Großbritannien, Skandinavien und Palästina, Leipzig 1987

### Aus einem Interview mit Amos Gitai

*Frage:* Ihr Film scheint auszudrücken, daß wir am Ende des zionistischen Traums angelangt sind.
*Amos Gitai:* In gewisser Hinsicht ist der zionistische Traum eine Erfolgsstory. Es ist gelungen, einen Staat zu errichten (und das war der Kern des Gedankens) mit all seinen Institutionen. Wenn Ideologien allzu lange überdauern, verpufft ihre Vitalität. Der eigentliche Impetus geht verloren. Der zionistische Traum war am kraftvollsten, als die Lage sich zuspitzte. Sein unmittelbares Ziel hat er erreicht. (...) Das 'Gelobte Land' hat eine Flagge und eine Nationalhymne; es ist kein Traum mehr, sondern ein fühlbares, greifbares Ganzes. Nur ein neues Ziel kann einer neuen Herausforderung standhalten. Es gibt inzwischen eine Generation, die vor einer neuen und sofortige Maßnahmen erheischenden Situation steht und in dieser hochkomplizierten Region eine Reihe von Lösungen finden muß, die praktizierbar sind. Dazu bedarf es eines neuen Traumes, so frisch und feurig und unschuldig wie zur Zeit der Pioniere. (...)
*Frage:* Am Schluß des Films sagt Else: "Es gibt zuviel Haß in diesem Land" und "Kain tötete seinen Bruder für alle Zeiten." Sind Sie dieser Auffassung?
*A.G.:* Wir wissen, daß es so ist.
*Frage:* Es gibt also keine Hoffnung?
*A.G.:* Oh doch, es gibt Hoffnung. Israel ist ja ein sehr schizophrenes Land; ein Land, in dem zwei Seelen in einer Brust wohnen. Die Herausforderung besteht darin, die Klaustrophobie zu überwinden und nach einem Ausweg zu suchen. Was an Else Lasker-Schüler so wohltuend ist, daß sie bei allem Sinn für die Tragödie auch stets einen Sinn für Ironie hatte. Wenn sie also sagt, es gibt zuviel Haß in diesem Land, dann schlägt sie zur Lösung all dessen vor, ... einen Lunapark zu errichten...!
*Frage:* Tania/Mania sagt an einer Stelle: "Jeder Narr kann eine Waffe tragen, aber du brauchst Geduld und Weisheit, um dich mit jenen zu befreunden, die dich hassen." Stimmen Sie dem zu?
*A.G.:* Absolut.

Interviewer: Simon Mizrahi

**Amos Gitai**, geb. 11. Oktober 1950 in Haifa. Studierte 1971 bis 1975 1971 bis 1975 Architektur am Technion in Haifa und 1976 an der University of Southern California in Berkeley. 1977 Tätigkeit für das israelische Fernsehen. 1985 drehte er seinen ersten Spielfilm, *Esther*. Filme (u.a.): 1973 *Arts and Crafts and Technology; Details of Architecture;Talking About Ecology*. 1974 *After*/Ahare. 1976 *Charisma*. 1977 *Dimitri; Political Myths*. 1978 *Wadi Rushmia* (Das Tal, Internationales Forum des Jungen Films 1982; *Architecture*. 1980 *Bait* (Das Haus, Forum 1982). 1981 *Wadi* (Forum 1982). 1982 *In Search of Identity* (Gespräch mit Saul Bellow, A. Farbatien, Levi Strauss u.a. über die Möglichkeit bzw. Unmöglichkeit, sich als Jude zu definieren). 1979/81 *American Mythologies*. 1982 *Journal de Campagne*/Yoman Sade. 1983 *Ananas*. 1985 *Esther* (Forum 1992). 1987 *Brand New Days*. 1989 BERLIN JERUSALEM (Forum 1992). 1991 *Golem, l'esprit de l'exil* (Forum '92); *Wadi 1981-1991* (Forum 1992).

## THE JAZZ SINGER USA 1927

*Produktion: Warner Brothers*
*Regie: Alan Crosland*
*Buch: Alfred A. Cohn*
*Nach der Erzählung 'The Day of Atonement' und dem Bühnen-*
*stück 'The Jazz Singer' von Samson Raphaelson\**
*Kamera: Hal Mohr*
*Musik/musikalische Leitung des Vitaphone-Orchesters: Louis*
*Silvers*
*Ton: George R. Groves (Vitaphone-System)*
*Technik: Fred Jackman, Lewis Geib, Esdras Hartley, F.N.*
*Murphy, 'Alpharetta', Victor Vance*
*Schnitt: Harold McCord*
*Darsteller: Al Jolson (Jakie Rabinowitz/Jack Robin), May*
*McAvoy (Mary Dale), Warner Oland (Kantor Rabinowitz),*
*Eugenie Besserer (Sara Rabinowitz), Otto Lederer (Moishe*
*Yudelson), Myrna Loy (Chorusgirl), Kantor Joseph Rosen-*
*blatt (Kantor beim Konzertabend), Bobby Gordon (Jakie Ra-*
*binowitz als 18jähriger), Richard Tucker (Harry Lee), Natt*
*Carr, William Demarest, Anders Randolf, Will Walling*
*Uraufführung: 6. 10. 1927, New York (Warner's Theatre)*
*Berliner Erstaufführung: 3. September 1928 (Gloria-Palast)\*\**
*s/w, 90 Minuten, OF*

### Anmerkung
\* Samson Raphaelson war in späteren Jahren als Drehbuchautor für Ernst Lubitsch tätig.
\*\* 1928 als Stummfilm in Berlin aufgeführt; als Tonfilm am
28. 11. 1929. Damals titelte 'Der Angriff' (Nr. 57, vom 1. 12.
1929): "Ufa-Skandal im Gloria-Palast" und forderte, den Film
"binnen drei Tagen vom Spielplan abzusetzen, anderfalls wird
man zur Selbsthilfe schreiten müssen."
THE JAZZ SINGER war der erste erfolgreiche Tonfilm, der
mit dem Gesang von Al Jolson und seinen Dialogzeilen ("You
ain't heard nothing yet") die Filmgeschichte revolutionierte.
Warner Bros. hatte das von Bell Telephone Laboratories entwickelte Vitaphone-System übernommen, in dem der Ton von
großen Schallplatten über eine mechanische Verbindung mit
dem Film synchronisiert wurde. 1929 waren schon Tausende
von Kinos für Tonwiedergabe ausgerüstet, und Dutzende von
Tonfilmen waren im Verleih, entweder mit durchgängigem
Dialog oder mit schnell hinzugefügten Dialogsequenzen.
Der 'Nadelton' wurde jedoch bald schon durch 'Lichtton'
ersetzt, der auf dem deutschen Tobis-Patent basierte.
1953 entstand ein Remake von Michael Curtiz (mit Peggy Lee
und Danny Thomas; 1946 *The Jolson Story*/Der Jazzsänger
(Regie: Alfred E. Green, Darsteller: Larry Parks), 1949 *Jolson
Sings Again* (Regie Henry Levin, Darsteller: Larry Parks) und
1980 *The Jazz Singer* (Regie: Richard Fleischer), mit Neil
Diamond und Laurence Olivier.

### Inhalt
Jakie Rabinowitz, an der Lower East Side von New York
aufgewachsen, widersetzt sich den Wünschen seines Vaters,
der will, daß er die Familientradition fortführt und Kantor
wird. Als sein Vater ihn schlägt, weil er in einem Saloon

Ragtime-Songs gesungen hat, läuft Jakie von zuhause fort.
In San Francisco wird er von Mary Dale, dem aufstrebenden
Star der Follies, entdeckt, als er unter dem Namen Jack
Robin in einem Café auftritt. Sie gibt ihm seine erste Chance
und nimmt ihn mit an den Broadway, wo er in ihrer Show
auftreten soll. In New York besucht Jakie seine Familie, und
es gelingt ihm, seine Mutter durch sein jazziges Klavierspiel
für sich einzunehmen; sein Vater hingegen mißbilligt weiterhin Jakies Berufswahl. Im Verlauf der Proben zu Jacks
erster Broadway-Show 'April Follies' zeigt sich, daß er der
Star des Programms ist. Doch dann, am Abend der General-
probe, ist sein Vater so krank, daß er bei der bevorstehenden
Jom-Kippur-Feier keinesfalls das 'Kol Nidre' singen kann.
Die Gemeinde bittet Jack, an seines Vaters Stelle zu singen,
doch er lehnt es ab, die Show in diesem entscheidenden
Moment im Stich zu lassen. Nach der Probe begibt er sich zu
seinem Vater; er beschließt, am nächsten Abend in der Synagoge zu Jom Kippur zu singen, auch wenn die Premiere
der Show dadurch platzt. Die Gemeinde ist von seinem wunderbaren Gesang ergriffen. Der Film endet mit einem Auftritt Jacks am Broadway; im Publikum sitzt die glückstrah-
lende Mutter. (...)

Tom Gunning: Outsiders as Insiders: Jews and the History of American Silent Film. The National Center for Jewish Film, Brandeis
University, Waltham (Mass.), o.J.

### Aus dem Vorspann des Films
"In every living soul a spirit cries for expression - perhaps
this plaintive, wailing song of Jazz is, after all, the misunderstood utterance of a prayer.
The New York ghetto - throbbing to that rhythm of music
which is older than civilization.
Cantor Rabinowitz chanted hymns in the synagogue stub-
bornly held to the ancient traditions of his race.
Sara Rabinowitz - God made her a woman and love made her
a mother."

Bei der Premiere von THE JAZZ SINGER im Jahre 1927
verschlug es dem Publikum den Atem: Al Jolson, der den
Sohn des jüdischen Kantors Rabinowitz spielte, öffnete und
schloß seinen Mund in alter Tonfilm-Manier nicht nur - es
drangen dabei tatsächlich Laute von der Leinwand. Zwei
Lieder sang Jolson damals, die um die Welt gingen: 'Dirty
Hands, Dirty Face!' und 'Mammy!'. Der Tonfilm war geboren.

M. v. Schwarzkopf, in: Die Welt, 26. August 1981

### Kritik
Mit einer Geschichte, die weitgehend seine eigene ist, feierte
Al Jolson letzte Nacht im Warner's Theatre sein Leinwand-
debut in der Verfilmung von Samson Raphaelsons Theaterstück 'The Jazz Singer', und durch die Vitaphone-Toneinla-
gen hatte das Publikum die seltene Gelegenheit, einige von
Mr. Jolsons eigenen Liedern und eine höchst bemerkenswerte Interpretation des jüdischen Hymnus 'Kol Nidre' zu
hören.
Mr. Jolsons überzeugende Gesangsdarbietungen wurden mit

rauschendem Beifall honoriert. Tatsächlich hat man seit der ersten Präsentation des Vitaphone-Systems vor einem Jahr in diesem Haus keine derartigen Ovationen in einem Filmtheater mehr vernommen. Und als der Film vorüber war, bekundete Mr. Jolson höchstpersönlich seine Wertschätzung für den Vitaphone-Ton-Film und erklärte, er sei so glücklich, daß er seinen Tränen nicht Einhalt gebieten könne.

Die Vitaphone-Vertonung der Songs und einiger Dialoge wurde äußerst geschickt vorgenommen. Das allein ist schon ein ehrgeiziger Schritt, denn der Film wird durch den Vitaphone-Ton im Ausdruck eines Songs enorm belebt. Der Dialog hingegen ist weniger wirkungsvoll, weil die Nuancen der Sprache und die Modulationen der Stimme nicht immer so gut eingefangen werden konnten, daß man die Mechanik des Verfahrens vergißt.

Warner Brothers erkannten klugerweise, daß die Verfilmung von 'The Jazz Singer' zu den wenigen Stoffen gehörte, die sich für den Einsatz des Vitaphone-Systems eigneten. Es war außerdem ein glücklicher Einfall, Mr. Jolson für die Hauptrolle zu gewinnen, denn nur wenige hätten die Aufgabe zu singen und zu spielen so gut bewältigt wie er in diesem Film. Seine 'Stimme mit einer Träne' erzwang absolute Stille, und die vermutlich einzige Enttäuschung, die die Zuschauer im überfüllten Kinosaal erlebten, war, daß sie ihn bzw. sein Bild nicht herbeirufen und zu einer Zugabe bewegen konnten. Sie mußten sich mit Klatschen und Pfeifen begnügen, nachdem Mr. Jolsons Schatten ein täuschend realistisch klingendes Lied beendet hatte. Es war tatsächlich Jolsons Stimme mit dem dramatischen Schwung, dem Pathos und den gebundenen Tönen.

Zu den interessantesten Szenen des Films gehört die, in der man Mr. Jolson alias Jack Robin (ehemals Jakie Rabinowitz) mit Mary Dale (May McAvoy) sprechen hört, während er sein Gesicht schwärzt. Bei diesem Schminkvorgang (...) wird die Sorgfalt deutlich, mit der Mr. Jolson sich die Lippen umrandet. Man sieht Jack Robin, den jungen Mann, der endlich seine große Chance bekommt, erst mit einigen wenigen schwarzen Flecken im Gesicht, und dann werden seine Wangen, seine Nase, seine Stirn und sein Nacken geschwärzt. Bewegend auch die Szene, in der Jacks Mutter in den 'Winter Garden' kommt und ihn zum ersten Mal als schwarzgesichtigen Entertainer sieht. (...)

Der Erfolg dieser Produktion verdankt sich in hohem Maße Mr. Jolsons Vitaphone-Toneinlage. Es gibt allerdings auch einige Momente, die ermüden, weil der Regisseur Alan Crosland den Diskussionen und Bemühungen des Theatermanagers (im Film) zu viel Raum gibt, der Jack Robin zu überreden sucht, sich nicht vom Gefühl überwältigen zu lassen, wenn seine große Chance auf dem Spiel steht. Dann gibt es auch Augenblicke, in denen man sich wünscht, daß die Vitaphone-Sequenzen entweder etwas gedämpfter oder ganz unterbrochen würden, wenn die Kamera zu anderen Szenen wechselt. Die Stimme ist gewöhnlich immer gleich laut, egal ob der Sänger nah oder ganz fern von der Kamera steht.

Warner Oland bietet eine kompetente Darstellung des Kantors Rabinowitz. May McAvoy ist reizvoll, hat aber wenig zu tun als Mary Dale. Eugenie Besserer agiert in den meisten ihrer Szenen mit sympathischer Zurückhaltung. Der Kantor Joseph Rosenblatt steuert im Verlauf der Handlung eine ausgezeichnete Vitaphone-Gesangseinlage bei.

Mordaunt Hall, in: New York Times Film Reviews, 7. Oktober 1927

### Die 'Hauptattraktion' (der Ton) fehlte in Berlin

Al Jolson, der weiße Negersänger genannt, soll der bestbezahlte, beliebteste, berühmteste Star amerikanischer Revuen und Kabaretts sein. Nun, so populär ist er in Deutschland nicht, und darum versteht man nicht ganz, wieso dieser Film so völlig auf die Erscheinung eines Mannes gestellt ist, dessen Anziehungskraft wenig suggestiv, nur die eines jeden guten Jungen ist. 'Freundliche Zuneigung' ist alles, was man ihm entgegenbringen kann. Aber die Kraft und der Klang seiner Stimme mögen bewundernswert sein, und die war in Amerika zu hören, da der Film dort die ersten Tonbildeinlagen zeigte. Die Hauptattraktion also fehlte hier.

Der Sohn eines Kantors im New-Yorker Ghetto, der schon dreizehnjährig für denselben Beruf bestimmt war, singt schon dreizehnjährig 'Gassenhauer' in Kneipen und wird später, von Hause verjagt, der 'berufene' Star einer der größten Revuen. Sein Chansonvortrag ist da wie etwas Höheres, unbedingt Neuzeitliches, und es gilt, für diese Kunst einzutreten gegen die Eltern, die guten, alten. Er tut das mit Schmerzen, fast drückt es ihm das Herz ab, aber er handelt gegen des Vaters großen Wunsch, auch den Sohn gläubig in der Synagoge singen zu hören. Mit tränenreichem Gemüt ist so der Kontakt zwischen Kanzel und Bühne von Alan Crosland in Szene gesetzt worden. Die Schöne Mae McAvoy bleibt diesmal ohne besondere Wirkung.

Der Überschwang an immer wieder erklärenden Texten ist in diesem Film ein großes, altes Übel.

-le, in: Berliner Tageblatt, Nr. 451, 3. Beiblatt, 23. September 1928

### DER JAZZSÄNGER im Gloria-Palast

Erst dachte ich, die schönen Damen in diesem warm getönten Saal hätten alle chronischen Schnupfen. Dann aber stellte sich heraus, daß sie samt und sonders Blasen weinten. Solche Wunder tut am Kurfürstendamm Al Jolson, der Jazzsänger. Soll man nun jammern, man habe nasse Füße bekommen, weil die Überschwemmung mit Kitsch zu hoch stieg? Und man habe ferner den Regenschirm aufspannen müssen, weil Sentimentalität vom Himmel triefte?

Ich glaube, mit solchen Einwänden kommt der Beschauer und Hörer hier nicht weiter. Gewiß, dieser Film - man erinnert sich an seine 'unbetonte' Aufführung - besteht aus lauter bewußten Attacken auf die Zirbeldrüse. Dem alten frommen Kantor ist sein stimmbegabtes Kind in die sündige Artistenwelt entflohen. Vergeblich sucht er als berühmter Jazzmann die Verzeihung des Alten. Da aber, als der prinzipienfeste Greis im Sterben liegt, erscheint, hin- und hergerissen zwischen Mimenpflicht und Pietät, der brave Sohn noch einmal. Er schminkt sich die schwarze Negerfresse ab, legt den Ornat an und singt 'Kol nidre'. Selig schlummert der Vater in jenen Himmel hinüber, den er sich gewiß als eine Gemeinde von Engeln vorstellt, der ein Kantor die ewige Hymne zelebriert. Wie erträgt man's? Der Fall liegt ungefähr wie bei der Käthe Dorsch. Wütend sitzt man im Parkett, weil sie nicht das Gretchen des Faust, sondern die Gretel der Operette spielt. Aber dann tönt ihre Silberstimme, und sie ist eben doch und immer das Gretchen.

Al Jolson besitzt das Geheimnis dieser großen und echten Menschlichkeit. Keinem anderen könnte man verzeihen, daß ihm stets während der Theaterprobe liebe Verwandte schwer krank werden. Im *Singing fool* war es das Kind, hier ist es der Vater. Er tut's nicht anders. Aber während er so zwischen Revue und Totenbett hin und her gaukelt, wandelt sich dies höchst ausdrucksfähige Antlitz, ohne ein einziges Mal von blutwarmer Empfindung abzuirren. Seine Augen sind wie die Augen Chaplins von Melancholie überschattet. Er hat, wie jene greulichen Textworte in der Sache mit Recht bemerken, die 'Träne in der Stimme'.

Dieser Tonfilm ist etwa drei Jahre alt, und er ist noch immer einer der besten Tonfilme, obwohl der Ton nur als Einlage kommt und man in einigen Szenen den Mangel an wirklich gesprochenem Dialog peinlich empfindet. Gut sind auch die übrigen Darsteller gewählt: die augenblanke May McAvoy, der ehrenfeste Vater Warner Oland, die Mutter Eugenie Besserer. Al Jolsons Szene mit der Mutter am Klavier ist tonfilmisch und menschlich meisterhaft. Daß der Siegeslauf des Tonfilms zum Gipfel führen wird, erkennt man in solchen Augenblicken. Famose Charge: Otto Lederer.

Alan Crosland kann mit seiner Regie zufrieden sein. Der Beifall war sehr stark und galt auch dem vorzüglichen Vorprogramm (Kurztonfilm mit einer köstlichen Jazztruppe).

Hans Flemming, o.A.

＊

Der JAZZSÄNGER, der schon vor reichlich einem Jahr als stummer Film im Gloria-Palast gezeigt wurde, läuft jetzt an der gleichen Stelle als Tonfilm. Da es an sich derselbe Film ist, (...) braucht auf den Inhalt - den künstlich konstruierten, gefühlsverzerrten Konflikt zwischen Sohnes- und Künstlerpflicht, zwischen dem Kol Nidre in der Synagoge und dem Jazz im Revuetheater - nicht weiter eingegangen werden. Sympathischer ist er durch das Tönen keinesfalls geworden. Der Ausdruck Tonfilm könnte übrigens falsche Hoffnungen erwecken. Darum sei festgestellt: Es läuft derselbe stumme Film wie vor einem Jahre mit allen - allzuvielen phrasengeschwollenen Zwischentiteln, die den vollständigen Dialog nebst Kommentar enthalten. Tönend sind nur die Gesangseinlagen und des hebräischen Chors sowie leider die komplette Begleitmusik, deren blechernes Tönen schmerzliche Sehnsucht erweckt nach Schmidt-Gentners-Naturorchester.

Al Jolsons Gesang und Spiel ist durch seinen *Singing fool* weltbekannt. Sein Jazzsänger ist ein fast genauer Doppelgänger des Singenden Narren, und das bedeutet Enttäuschung. Wäre dieser Tonfilm ein Experiment von heute, so lohnte es sich gewiß, sich eingehend mit ihm zu beschäftigen. Aber es ist ja nur ein jahrealter, von Amerika längst ausgetretener Kinderschuh, der uns Europäern jetzt als Kunstwerk präsentiert wird.

F.H.L. (d.i. Fritz Herbert Lehr), in: Deutsche Allgemeine Zeitung, Berlin, 30. November 1929

## "You ain't heard nothing yet...!"

(Auszug aus der Dialog- und Musikszene: Innen. Jakie am Klavier, neben ihm die Mutter)

*Jakie*: You like that, Momma? I'm glad of it. I'd rather please you and anybody I know.

Oh, darling, will you give me something?

*Momma*: What?

*Jakie*: You'll never guess. Shut your eyes, Momma, shut them for little Jakie. I'll steal something from you... (küßt sie). I'll give it back to you some day.

Momma darling, if I've success in the show, we gonna move from here.

(Momma protestiert)

*Jakie*: Oh, yes, we gonna move up in the Bronx. There's a lot of nice green grass up there and a whole lot of people you know. The Ginsbergs, the Cuttleburgs and the Goldbergs, a whole lot of ... bergs, I don't know.

And I gonna buy you a nice black silk dress, Momma. You'll see, Mrs. Freedman, the butcher's wife, she will be jealous of you. (Momma protestiert).

*Jakie*: Yes, she will. You will see, if she is.

And I'm going to get you a nice pink dress, which will go with your brown eyes.

(Momma protestiert)

*Jakie*: What do you mean, no? Who is telling you? You wear pink or else... (lacht), or else you were pink..(...). Momma, listen, I'll sing it jazzie: "Blue skies..."

## Amerikas Liebling

(...) Es gab ein Dutzend Songs, darunter erprobte Jolson-Nummern. Aber nur spärliche Dialoge, da JAZZ SINGER - ursprünglich als Stummfilm geplant - noch im alten Stil gedreht worden war. Der absolute Höhepunkt kam in einer Szene, in der seine sichtlich schlecht gekleidete Mutter den angehenden Star anfleht, nach Hause zurückzukehren, weil der Vater sich so sorge...

Da umarmt er sie: "Wart, Momma, bis du mich gehört hast... Wenn ich erst Erfolg habe, werde ich dich in Coney Island ausführen und dir die schönsten Seidenkleider kaufen, die beim Gehen so wunderbar rauschen... Würdest du das wollen?" Und ehe die zutiefst Ergriffene noch antworten konnte, sang er bereits ein rührseliges Lied, dem die Frage folgte: "Wie gefiel dir das, Momma?"

Die sentimentale Szene riß das Premieren-Publikum von den Sitzen. Die Leute klatschten, tobten und weinten minutenlang. Sie waren es vom Theater gewöhnt, daß in einem solchen Fall die Handlung unterbrochen wurde. Doch der Film lief weiter, und der Beifall beruhigte sich erst, als man sah, daß Jolson schon wieder ein Lied sang...

Der enorme Erfolg des JAZZ SINGER rettete die Warner Brothers vor dem Bankrott. Ihre Firma hatte lange Jahre im Schatten der Hollywooder Großen gestanden, bis sie zwei Jahre zuvor ihr ganzes Geld riskierten und in den Ankauf des Ton-Verfahrens 'Vitaphone' steckten, das niemand anderer haben wollte... Sie konnten dann auch Jolsons exorbitante Gagen-Ansprüche nur zum Teil bar befriedigen und zahlten den Rest in Warner-Aktien. Eine Transaktion, die den Millionär zum Multimillionär machte. (...)

Erik G. Ell, in: Die Welt, Berlin, 6. Oktober 1977

## Ein Übermaß an Authentizität

(...) In seinem Vorwort anläßlich der Wiederaufführung der 'Jazz Singer'-Verfilmung erinnert sich der Drehbuchautor Samuel Raphaelson, wie er als College-Student Jolson zum erstenmal auf der Bühne sah und überwältigt und überrascht von der religiösen Inbrunst war, die Jolsons Ragtime zu eigen war. Diese Offenbarung war der Auslöser für sein Drehbuch. "Ich höre Jazz", fuhr Raphaelson fort, "und habe die Vision von einstürzenden Kathedralen und Tempeln als Silhouetten vor einer untergehenden Sonne, von einer einzelnen Person, einer verlorenen Seele, die in grotesken Bewegungen auf den Ruinen tanzt... So sehe ich den JAZZ SINGER." (...)

Da Warner Brothers die Szenen aus dem JAZZ SINGER, die an der Lower East Side spielen, vor Ort drehten und den 'Winter Garden' (Jolsons 'persönliches Königreich') für die Schlußnummer nutzten, die Synagoge in der Orchard Street (...) in Hollywood rekonstruierten und eine längere Zwischenszene mit einem Auftritt von Joseph/Yosele Rosenblatt einbauten, kann dieses Übermaß an Authentizität, mit dem sie den Film umgaben und den sie als ihren 'größten Triumph' ankündigten, nur verblüffen. (...)

Jim Hoberman: Bridge of Light. Yiddish Film between Two Worlds, New York 1991

## Das Ende des stummen Films

(...) 1922 schrieb Samson Raphaelson die Geschichte eines Jungen von der Lower East Side, der seine religiösen Pflichten vernachlässigt, um Sänger zu werden. Er nannte die Geschichte 'The Day of Atonement', machte daraus ein Stück (1925), das er dem Produzenten Al Lewis verkaufte, der ihm den Titel 'The Jazz Singer' gab und es als Vehikel benutzte, um die Theaterkarriere George Jessels zu befördern. Das Stück wurde überraschend zum Kassenerfolg des Jahres. Warner Brothers erwarben die Filmrechte daran, unter anderem, weil sie Jessel unter Vertrag hatten. Aufgrund einiger seltsamer Verwicklungen, die niemand so recht durchschaute, wurde Jessel bald durch Jolson ersetzt, der einen Vertrag über $ 75.000 unterzeichnete, plus $ 10.000 für jede Woche, die über die vorgesehene Drehzeit von acht Wochen hinausging.

Das Weitere ist, wie es so schön heißt, Geschichte: Am 6. Oktober 1927 wurde THE JAZZ SINGER in den New Yorker Warner-Brothers-Filmtheatern uraufgeführt; dabei wurde ein Programm verteilt, in dem ein englischsprachiges Glossar die jiddischen Ausdrücke des Films erläuterte. Nachdem er den Film gesehen hatte, prophezeite Robert Sherwood: "Das Ende des stummen Films ist in Sicht." Ende 1928/Anfang 1929 war es nicht mehr nur in Sicht, sondern gekommen. Warner Brothers brachte eine Reihe populärer und erfolgreicher Tonfilme heraus (darunter Jolsons durchgängig vertonter *The Singing Fool*), die Fox kündigte an, in Zukunft nur noch Tonfilme im praktischeren Movietone-Verfahren zu produzieren, und selbst die vornehme MGM begann, Tonfilme herzustellen, deren erster *The Broadway Melody* (1929) war, der mit dem Oscar als bester Film des Jahres ausgezeichnet wurde. Der Stummfilm wurde schnell zum Artefakt. (...)

Obwohl THE JAZZ SINGER durch zusätzliche vertonte Sequenzen mit dem Stummfilm brach, ist das vorrangige thematische Interesse ein ähnliches wie das der meisten Stumm- und auch Tonfilme, die sich mit Juden befassen. Die Vorstellung, daß Erfolg in den USA einen weitgehenden, wenn nicht gar vollständigen Verzicht auf traditionelle jüdische Werte voraussetzt, wird letztendlich bestätigt. Obwohl Jakie auf schmerzhafte Weise zwischen den ihm von seiner Religion auferlegten Pflichten und den Anforderungen seiner Karriere als Sänger hin- und hergerissen ist, besteht im Publikum doch kein Zweifel, was von beiden schließlich die Oberhand gewinnen wird. Entfremdung und Spott sind die Folge eines strikten Festhaltens an seiner kulturellen Identität, während die Anpassung an neue Werte und Überzeugungen gesellschaftliche Akzeptanz und Bewunderung mit sich bringen. Die starre Moral und die strengen religiösen Vorschriften der älteren Generation müssen den freizügigeren Moralvorstellungen und demokratischen Prinzipien der jüngeren weichen. So wie die Stummfilme in den schnellebigen 30er Jahren sehr bald überholt und nur noch historisches Produkt waren, wurden die jahrhundertealten Traditionen jüdischen Lebens, zumindest im Film, nur noch bei festlichen Anlässen gewürdigt, wenn nicht gar vollständig vergessen. THE JAZZ SINGER faßt die Stummfilmära zusammen und schlägt gleichzeitig die Brücke zum Tonfilm. Al Jolsons Versprechen "You ain't heard nothing yet" wurde zur Prophezeiung, einmal was den Tonfilm anbelangt, als auch in bezug auf die Reformierung des Judentums. THE JAZZ SINGER zeigt die letzten Bilder und Spuren religiöser Disziplin, die in der modernen Welt bereits obsolet waren. (...)

Lester D. Friedman: Jewish Image in American Film, Secaucus (New Jersey) 1987

### Wendepunkte der Nation

(...) In jenem Jahr 1927 gab es zwei Ereignisse, die sich als Wendepunkte der Nation erwiesen. Das erste war der Flug von Charles A. Lindbergh, der im Alleinflug mit einer einmotorigen Maschine namens 'The Spirit of St. Louis' den Atlantik überquerte und 36 Stunden später auf dem Flugfeld Le Bourget bei Paris landete.

Die Juni-Ausgabe der 'Movietone News' war die erste 'Tönende Wochenschau', die die Fox herausbrachte. Sie zeigte Lindberghs triumphalen Empfang und das Publikum, das fasziniert der Stimme des Helden lauschte, der ihnen von seinem historischen Flug berichtete.

Das zweite Ereignis war die Premiere des JAZZ SINGER am 6. Oktober 1927 im Warner Theater in New York mit Al Jolson in der Hauptrolle. Alles was Rang und Namen hatte in der Welt der Politik und der Industrie, die Stars vom Broadway und aus Hollywood, Theaterkritiker und Angehörige der oberen Zehntausend, alle stürmten das Theater, das bereits Hunderte, die Einlaß begehrten, abgewiesen hatte.

Es war ein kritisches Publikum, gekommen um zu applaudieren oder sein Mißfallen auszudrücken, je nachdem. Es war ein entscheidender Augenblick für die Filmindustrie und die Zukunft des Tonfilms. Es war auch der Augenblick der Wahrheit für das waghalsige Unternehmen der Warner Brothers. Und für Al Jolson selbst war es der alles entscheidende Moment. Würden ihn seine Bewunderer ob seiner Darbietung verspotten? Würde dieser Film seine Karriere abrupt beenden? (...) Doch dann hatte das Warten ein Ende (...)

Das Wunder vollzog sich unmittelbar vor den Augen der Zuschauer. Al Jolson war von der Leinwand herab genauso klar und vernehmlich zu hören, wie wenn er persönlich vor ihnen gestanden und gesungen hätte - in Lebensgröße.

Und wie Jakie Rabinowitz auf der Leinwand hob er am Ende des Stücks angesichts des begeisterten Applaus' beschwichtigend die Hände und sagte: "Wait a minute! Wait a minute! You ain't heard nothin' yet!"

Diese Worte hatte Jolson während der Dreharbeiten spontan geäußert. Sie waren im Drehbuch nicht vorgesehen. (...) Als der Film geschnitten wurde, beschloß die Warner, diesen Satz, der sehr realistisch wirkte, im Film zu belassen. (...)

Nachdem der Film zu Ende war, brachen nach einer kurzen Besinnungspause wahre Begeisterungsstürme los. Man feierte das Lichtspiel, und man feierte Al Jolson als einsamen Pionier, als 'Lindbergh' des Tonfilms, der eine neue Art der Leinwandunterhaltung eingeleitet hatte und dem die Magie des Tonfilms eine spektakuläre neue Phase seiner Karriere eröffnete, indem er nunmehr Tausende von Menschen erreichte, die ihn auf der Bühne bisher nicht gehört und gesehen hatten. (...)

THE JAZZ SINGER sollte Warner Brothers drei Millionen Dollar einbringen, ein Rekord für einen Low-budget-Film. Jolson wurde sofort für einen neuen Film verpflichtet, der sich ebenfalls als Kassenschlager erweisen und zehn Millionen Dollar Umsatz machen sollte. Damit gelangte Jolson an die Spitze und erreichte jene einsamen Ruhmeshöhen, die er drei aufregende Jahre lang allein innehaben sollte.

R. Oberfirst, Al Jolson. You Aint't Heard Nothin' Yet, London 1980

**Al Jolson** (eigentlich Joseph Rosenblatt oder Asa Yoelson), nach eigenen Angaben geb. 26. 5. 1886 in Srednike, Litauen; gest. 23.10.1950 in San Francisco. 1893 Auswanderung der Familie nach den USA. Gründete mit seinem Bruder Harry und Joe Palmer das Komikertrio Jolson, Palmer and Jolson. Seit 1913 Auftritt in Shows und Revuen der Gebrüder Shubert ('Honeymoon Express', 1913; 'Robinson Crusoe Jr.', 1916; 'Sinbad', 1918; 'Big Boy', 1925; 'Wonder Bar', 1931). Durch THE JAZZ SINGER wurde er zu einem populären Filmdarsteller, kehrte jedoch später wieder zum Broadway zurück. Seinen letzten Filmauftritt hatte er in *Rhapsody in Blue* (1945). Filme: 1927 THE JAZZ SINGER. 1928 *The Singing Fool*. 1929 *Say it With Songs*. 1930 *Mammy; Big Boy*. 1933 *Hallelujah, I' m a Bum*. 1935 *Wonder Bar; Go Into Your Dance (Cafe De Paree)*. 1936 *The Singing Kid; Rose of Washington Square; Swanee River*. 1945 *Rhapsody in Blue*. 1946 *The Jolson Story* (Darsteller: Larry Parks, Stimme: Al Jolson). 1949 *Jolson Sings Again* (Stimme: Al Jolson).

## DUCK SOUP
Die Marx Brothers im Krieg USA 1933

*Produktion: Paramount*
*Regie: Leo McCarey*
*Buch: Bert Kalmar, Harry Ruby, Nat Perrin, Arthur Sheekman*
*Musik: Bert Kalmar, Harry Ruby, Arthur Sheekman (Songs)*
*Kamera: Henry Sharp*
*Bauten: Hans Dreier, Wiard B. Ihnen*
*Musikalische Leitung: Arthur Johnston*
*Ton: H. M. Lindgren. Schnitt: LeRoy Stone*
*Produzent: B. P. Schulberg*
*Darsteller: Groucho Marx (Rufus T. Firefly), Harpo Marx (Pinky), Chico Marx (Chicolini), Zeppo Marx (Bob Roland), Margaret Dumont (Mrs. Teasdale), Raquel Torres (Vera Marcal), Louis Calhern (Botschafter Trentino), Edmund Breese (Zander), Leonid Kinski (Agitator), Edgar Kennedy (Limonadenhersteller), Charles B. Middleton (Staatsanwalt), William Worthington (Erster Finanzminister), Davison Clark (Zweiter Finanzminister), Edwin Maxwell (Kriegsminister), Verna Hillie (Sekretärin), George MacQuarrie (Erster Richter), Fred Sullivan (Zweiter Richter), Eric Mayne (Dritter Richter)*
*Uraufführung: 17. November 1933, New York (Rivoli)*
*Schwarzweiß, deutsche Fassung, 73 Minuten*

### Inhalt

In Freedonia, dem Land der Zecher und der Heimat der Schurken, droht eine Revolution auszubrechen.
Botschafter Trentino aus Sylvania, dem benachbarten Staat, läßt nichts unversucht, um die Lunte zu legen und den Sprengstoff zu zünden. Er hofft, durch eine Revolution Freedonia unter die Kontrolle Sylvanias zu bringen.
Das Kabinett Freedonias versucht von Mrs. Teasdale, der Witwe des reichsten Landesbürgers, $ 20 000 000 zu pumpen. Sie macht zur Bedingung, daß Rufus T. Firefly als Diktator angeheuert werde. Als das Murren der Menschenmassen im Hofe des Palastes immer lauter wird, stimmt das Kabinett Mrs. Teasdales Bedingungen schließlich zu; damit ist die Revolution zu Ende.
Trentino heuert nun zwei Spione an, Chicolini und Brownie (Pinky). Sollten sie versagen, will Trentino Mrs. Teasdale ehelichen, um ihr Vermögen in den Dienst seines Landes zu stellen.
Bei einem großen öffentlichen Empfang werden Rufus T. Firefly und sein Sekretär, Bob Roland, im Lande willkommen geheißen. Firefly fühlt sich von Chicolini, dem Spion, belästigt, der unter dem Palastfenster steht und Erdnüsse verkauft. Um dem Lärm ein Ende zu machen, ernennt Firefly ihn zum Heeresminister und verschafft Brownie (Pinky) einen Job als Chauffeur.
Firefly mißtraut Trentinos Absichten und ärgert sich über die Aufmerksamkeit, die dieser Mrs. Teasdale schenkt. Trentino aber ist entschlossen, Mrs. Teasdale einen Antrag zu machen und engagiert Vera Marcal, eine schöne Tänzerin, um Firefly abzulenken.
Firefly kommt zu dem Schluß, daß Freedonia einen guten Krieg brauche, und sucht Trentino zu provozieren, damit dieser ihn beleidige. Dann verpaßt er Trentino eine Ohrfeige und bricht die Beziehungen zu Sylvania ab. Firefly vertraut Mrs. Teasdale die Kriegspläne an. Vera Marcal verbündet sich mit Chicolini und Brownie (Pinky), um an die Pläne heranzukommen. Miss Marcal, Hausgast bei Mrs. Teasdale, öffnet Chicolini und Brownie (Pinky) nachts die Tür und läßt sie ins Haus. Unabhängig voneinander verfallen sie auf die Idee, sich als Firefly zu verkleiden und Mrs. Teasdale zur Herausgabe der Pläne aufzufordern. Der Aufmarsch dreier Fireflys in ihrem Schlafzimmer verwirrt Mrs. Teasdale zutiefst; in dem Durcheinander, das entsteht, werden die Pläne gerettet.
Trentino versucht den Ausbruch des Krieges zu verhindern: er will Mrs. Teasdale heiraten und auf friedlichem Wege die Kontrolle über das Land gewinnen, aber Firefly bleibt unnachgiebig, und der Krieg bricht schließlich aus.
Firefly und Mrs. Teasdale werden in ihrer Festung belagert und leisten heroischen Widerstand gegen die ganze sylvanische Armee. Von Zeit zu Zeit schicken sie per Rundfunk Hilferufe an die Welt. Doch während Kriegsschiffe, Panzer, Regimenter von Kamelen, Zulus und Affen zu ihrer Rettung eilen, nehmen Chicolino und Brownie (Pinky) Trentino gefangen. Eine Ladung reifer Früchte setzt den gerissenen Botschafter außer Gefecht, dann knöpfen sich die siegreichen Krieger Mrs. Teasdale vor. Auch sie wird erledigt, und mit einem Schlag ist der Krieg und der Film vorbei.

Groucho Marx, Richard J. Anobile: The Marx Bros. Scrapbook, New York 1973

### Hilfe ist unterwegs!

Der Staat Freedonia kann den völligen wirtschaftlichen Zusammenbruch nur vermeiden, indem er von einer gütigen amerikanischen Dame, Mrs. Teasdale, riesige Darlehen annimmt. Sie aber besteht darauf, daß alle Macht in die Hände eines skrupellos tüchtigen amerikanischen Geschäftsmannes übergehen muß. Rufus T. Firefly verkündet schon bei seinem Eintreffen in einem Lied, nach welchen Grundsätzen er zu regieren gedenkt: "Wenn einer Spaß hat und es zeigt, der wird mir schnellstens angezeigt." Aber Fireflys böse Freude an der Ausübung seiner tyrannischen Alleinherrschaft macht bald seinem verdrängten Hedonismus Platz; nach seinem neuen Ehegesetz darf jede hübsche junge Frau, die bei einem Fehltritt ertappt wird, zwischen ihrem unansehnlichen alten Ehemann und ihrem frischen jungen Liebhaber wählen. Die Bemühungen des Staates Sylvania, die Wirtschaft Freedonias mittels der dreifachen Agenten Pinky und Chicolini zu schädigen, führen an den Rand des Krieges. Auch eine Friedensmission Mrs. Teasdales kann diesen schließlich nicht mehr abwenden, und so wird der Spionageprozeß Chicolinis durch einen Angriff der Sylvanier unterbrochen und Freedonia muß dringende Hilferufe in den Äther funken. "Hilfe ist unterwegs!" kommt die Antwort, und man sieht die Hilfe auf ihrem Weg: Polizisten auf Motorrädern, Feuerwehrautos, Taucher, Läufer, Elephantenherden, Paviane, die sich von Baum zu Baum schwingen, und Rudel springender Delphine.

(...) Die wirtschaftlichen Probleme Freedonias lassen an die Depression denken. Mrs. Teasdales Glaube an eine starke Regierung durch Geschäftsleute von strengen Moralgrundsätzen erinnert an die von der Opposition zu Roosevelts New Deal vorgeschlagenen rechtsgerichteten Lösungen. (...) Das Diktaturthema parodiert wohl auch das Regime Mussolinis: DUCK SOUP war eben im Entstehen begriffen, als Hitler in Deutschland an die Macht kam. Jedoch erstaunlicher noch als diese zeitgenössischen Anklänge ist das Prophetische an diesem Film. Der höchst rechtswidrige Prozeß, den Chicolini erhält, wirkt wie eine burleske Vorschau auf die Moskauer Prozesse von 1936, und in dem läppischen Resultat, das der Hilferuf zeitigt, wird die spätere Ohnmacht des Völkerbundes vorausgefühlt. Groucho löst den Krieg durch seine paranoische Angst vor Prestigeverlust aus, denn er ohrfeigt den sylvanischen Botschafter, weil er sich fälschlicherweise einbildet, daß dieser ihn ohrfeigen wolle - hier wird eine traurige Wahrheit ausgesprochen angesichts des kindischen Patriotismus und der Prestigesucht in der großen Politik, die für uns alle so schreckliche Folgen haben können. (...)

Raymond Durgnat: The Marx Brothers, Wien 1966

## Harpo spricht!

(...) DUCK SOUP, unser letzter Paramount-Film, war mein schwerster Job. Es war, soweit ich mich erinnere, das einzige Mal, daß ich fürchten mußte, schlecht zu spielen. Das Unangenehme waren nicht die Arbeitszeiten, das Drehbuch, der Regisseur oder die Stürze, die ich auszuführen hatte (ich habe nie einen Stuntman oder ein Double gebraucht). Das Unangenehme war Adolf Hitler. Seine Reden wurden in Amerika übertragen. Jemand hatte ein Radio am Drehort, und zweimal stellten wir die Dreharbeiten ein, um seinem Geschrei zuzuhören. Hindenburg war gestorben. Hitler war jetzt unumschränkter Diktator in Deutschland. Er drohte, den Versailler Vertrag über Bord zu werfen und eine deutsche Marine und Luftwaffe aufzubauen. Er drohte, Österreich und einen Teil der Tschechoslowakei an sich zu reißen. Er drohte, allen Juden die Staatsbürgerschaft abzuerkennen.

Bis dahin wußte ich nicht, wie es ist, reine Wut zu empfinden, wie es ist, so böse zu sein, daß man jemanden kaltblütig zusammenschlagen möchte. Eine Menge Leute, die ich kannte, waren schockiert, daß ich so schockiert war. Die Drohungen des Diktators würden sich in heiße Luft auflösen, sagten sie. Er sei nur ein Schwätzer und Schaumschläger. Seine Nummer sei nicht mehr als eine schlechte Kopie dieses anderen Komikers Mussolini.

Ich wußte es besser. Ich hatte Gesichter gesehen, jene Gesichter in Deutschland, die die meisten anderen nicht gesehen hatten. Und jetzt fiel es mir wieder ein: Ich war schon viel früher gewarnt worden. Es war Sam Harris, der sanfte, gütige Sam, der meine Augen für das Übel, das sich in Deutschland anbahnte, geöffnet hatte, bevor ich im Herbst '33 in Richtung Hamburg abfuhr. Sam hatte die Nachrichten von dort gelesen, jedes Wort darüber in jeder Zeitung, die er in die Finger kriegen konnte, und er war zu einem Schluß gekommen. "Harpo", sagte er, "dieser Hitler ist kein sehr angenehmer Zeitgenosse." Es war das Boshafteste, das ich Sam jemals über einen anderen lebenden Menschen hatte sagen hören.

Harpo Marx und Rowland Barber: Harpo spricht!, Hamburg 1989

## Eine brillante antifaschistische Satire

(...) Schwer begreiflich ist heute, daß DUCK SOUP weder bei der Kritik noch beim Publikum ankam ("Eine Burleske um ein sagenumwobenes Königreich, die ebensogut ein Sechsjähriger mit Sand in den Augen hätte verfassen können", ist in einer Variety-Kritik vom 28. November 1933 zu lesen, A.d.R.). Inzwischen gilt dieser Film längst als einer der besten, wenn nicht der beste der Marx Brothers. Eine brillante antifaschistische Satire, ganz nach Grouchos Geschmack. (...)

Der Film spielt in der fiktiven Bananenrepublik Freedonia. Kurz nach der Uraufführung stellte sich heraus, daß es im Staate New York ein Kaff namens Fredonia gab - und zwar durch einen Brief des Bürgermeisters an Paramount: "Seit 1817 haftet dem Namen Fredonia keinerlei Makel an. Ich halte es für meine Pflicht als Bürgermeister, die Verwendung des Namens unserer Stadt in Ihrem Film zu beanstanden." - Groucho ließ es sich nicht nehmen, darauf zu antworten: "Eure Exzellenz: Wir können Ihnen nur raten, den Namen Ihrer Stadt zu ändern. Der schadet nämlich unserem Film. Wie kommen Sie übrigens auf den Gedanken, Sie seien der Bürgermeister von Fredonia? Tragen Sie etwa einen schwarzen Schnurrbart, spielen Sie Harfe, sprechen Sie mit italienischem Akzent, oder jagen Sie, wie Harpo, kleinen Mädchen hinterher? Wir sind überzeugt, daß das nicht der Fall ist. Darum müssen wir Bürgermeister von Fredonia sein, nicht Sie. Der gute alte Bürgermeister ist auch nicht mehr das, was er einmal war."

Beigetragen zu dem Mißerfolg von DUCK SOUP hat sicher auch die desperate wirtschaftliche Lage, in der sich die meisten Amerikaner damals befanden. Man hatte 1933 einfach nicht mehr das Geld, so oft ins Kino zu gehen, wie in früheren Jahren. Und wenn man sich dieses Vergnügen leistete, wollte man Filme sehen, die von der Wirklichkeit ablenkten, anstatt sich Satiren zu Gemüte zu führen, die den Aufstieg eines wahnwitzigen Diktators aufs Korn nahmen.

Michael Schulte: Warum haben Sie nicht das Pferd geheiratet? Groucho Marx - sein Leben, München/Zürich 1990

**Marx Brothers**, amerikanische Komikerfamilie deutsch-jüdischer Abstammung aus New York City, bestehend aus Chico (Leonard), geb. 21. August 1887, gest. 11. Oktober 1961 in Beverly Hills/Ca.; Harpo (Arthur), geb. 23. November 1888, gest. 28. September 1964 in Los Angeles/Cal.; Groucho (Julius), geb. 2. Oktober 1890, gest. 19. August 1977 in Los Angeles/Cal.; Zeppo (Herbert), geb. 25. Februar 1901, gest. 30. November 1979 in Palm Springs/Ca.; Gummo (Milton), geb. 23. Oktober 1892, gest. 21. April 1977 in Palm Springs/Ca. Der Vater (Samuel Marx), ein gebürtiger Elsässer, war in New York zunächst als Tanzlehrer, dann als Schneider tätig. Die Mutter (Minnie Marx, geborene Schönberg), stammte aus Dornum in Ostfriesland und war als 15jährige in die USA eingewandert. Ihr Vater, Levy Schönberg, war ein professioneller Zauberer und Bauchredner aus dem Elsaß, der als Wanderschausteller durch Deutschland zog. Vor ihrer Filmkarriere reüssierten sie mit drei komischen Musicals, ''I'll Say She Is' (1924), 'The Coconuts' (1925) und 'Animal Crackers' (1928); die beiden letzteren wurden später verfilmt.

Filme: 1920 *Humorisk* (kurzer Stummfilm). Bei Paramount: 1929 *The Coconuts*. 1930 *Animal Crackers*. 1931 *Monkey Business*. 1932 *Horse Feathers*. 1933 DUCK SOUP. 1935 *A Nigth at the Opera*. 1937 *A Day at the Races*. Bei RKO-Radio: 1938 *Room Service*. Bei MGB: 1939 *At the Circus*. 1940 *Go West*. 1941 *The Big Store*. Bei United Artist (Verleih): 1946 *A Night in Casablanca*. 1949/50 Love Happy. 1957 *The Story of Mankind*. 1959 *The Incredible Jewel Robbery*. Filme nur mit Groucho Marx: 1937 *The King and the Chorus Girl*. 1947 *Copacabana*. 1950 *Mrs. Music*. 1951 *Double Dynamite*. 1952 *A Girl in Every Port*. 1957 *Will Success Spoil Rock Hunter?* 1968 *Skidoo*.

## DAS JIDDISCHE KINO
Bundesrepublik Deutschland 1982/83

*Produktion: ZDF, Mainz*
*Regie: Ronny Loewy, Hans Peter Kochenrath*
*Buch: Ronny Loewy, Walter Schobert*
*Kamera: Horst Bendel, Reiner Starke*
*Schnitt: Barbara Riedel*
*Ton: Kurt Odenweller*
*Sprecher: Hubertus Petroll*
*Produktionsleitung: Horst Schwan*
*Redaktion: Hans Peter Kochenrath*
*Interviews mit: Natalja und Nina Michoëls (Töchter des Schau-*
*spielers Solomon Michoëls), Joseph Green (Regisseur und*
*Produzent), Miriam Kressyn (Schauspielerin), Seymour Reich-*
*zeit (Präsident der Hebrew Actors Union), Leo Fuchs (Schau-*
*spieler), David Opatoshu (Schauspieler und Regisseur), Sha-*
*ron Pucker Rivo (Leiterin des National Center for Jewish Film)*
*Erstsendung: 10. April 1983 (ZDF)*
*Farbe, 45 Minuten*

### Anmerkung
Der Dokumentarfilm DAS JIDDISCHE KINO enthält Aus-
schnitte aus den jiddischsprachigen Spielfilmen *Jidl mitn Fidl*
(Polen 1936, Regie: Joseph Green / Jan Nowina-Przybylski), *A*
*Briwele der Mamen* (Polen 1938, Regie: Joseph Green), *Tevya*
(USA 1939, Regie: Maurice Schwartz), *Jidische Glikn/Jew-*
*rejskoje stschastje* (UdSSR 1925, Regie: Alexej Granowsky),
*Der Purimschpiler* (Polen 1937, Regie: Joseph Green / Jan No-
wina-Przybylski), *Di Kljatsche/Fischke der Krumer* (USA
1939, Regie: Edgar G. Ulmer), *Uncle Moses* (USA 1932,
Regie: Sidney M. Goldin / Aubrey Scotto) und *Amerikaner*
*Schadchen* (USA 1940, Regie: Edgar G. Ulmer), sowie dem
Dokumentarfilm *The Golden Age of Second Avenue* (USA
1968, Regie: Morton Silverstein) über das jiddische Theater in
New York. (Diese Filme sind in der Filmreihe 'Jüdische
Lebenswelten' zu sehen.)

### Über das jiddische Kino
Jiddische Spielfilme - in kaum einer Filmgeschichte werden
sie erwähnt, nur wenige können sich an sie erinnern. Niemand
weiß genau, wie viele dieser Filme überhaupt produziert
wurden, wie viele Filme erhalten blieben. Fünfzig Filme seien
es ursprünglich gewesen, meinen einige, andere schätzen die
Zahl auf über hundert. Sie sind vergessen, verloren wie die jiddische Kultur, aus der sie erwuchsen. Und gäbe es in New York
nicht das YIVO, das Yiddisher Visnshaftlekher Institute (Institute for Jewish Research), das alles aus und über die jiddische
Welt sammelt und archiviert, sähe es um die Erinnerung an
diese noch schlechter aus. Und gäbe es bei Boston nicht in einem Souterrain der Brandeis University das National Center
for Jewish Film, das jiddische Filme sammelt und restauriert,
würde kaum noch eine vorführbare Filmkopie - zumindest im
Westen - existieren.
Jiddische Spielfilme - das ist kein Filmgenre wie das Melodram oder der Western. Diese vorwiegend bis zum Beginn des
Zweiten Weltkriegs in Polen und bis in die frühen fünfziger

Jahre in den USA produzierten Stumm- und Tonfilme hatten
bis auf Ausnahmen - wie die sowjetischen Filme und die des
polnischen Amerikaners Joseph Green - nicht einmal den
Ehrgeiz, als eigenständige Filmwerke verstanden zu werden. Sie beschieden sich mit der Rolle, eine Art Anhang zu
der jiddischen Literatur und dem jiddischen Theater zu sein,
als ein Reproduktionsmedium für die populären Roman- und
Bühnenerfolge.
Heute jedoch, wo das jiddische Theater so gut wie tot ist, sind
sie die einzigen lebendigen Zeugen, sind trotz mancher un-
leugbarer technischen Mängel kostbare Kulturdokumente,
die uns zutiefst berühren, bewegen und mit Schmerz erfüllen darüber, daß jene jiddische Welt vergangen ist, und auch
mit Beschämung und Bestürzung, daß wir Deutschen es waren, die einen wesentlichen Teil jener von Glauben, Hoffnung und Menschlichkeit erfüllten Kultur zerstört haben.
Nicht die großen, fast durchweg jüdischen Filmbosse aus
Hollywood waren es, die dem jiddischen Film zum Leben
verhalfen, sondern einzelne Enthusiasten in New York und
Umgebung, die ihre Filme zumeist unter entsetzlicher Geld-
not produzieren mußten. Gedreht wurde auf der Bühne oder
in kleinen Studios. Zu den Außenaufnahmen ging man auf
die Wiesen von Long Island oder New Jersey. Da stellte man
als Kulissen oft bemalte Pappwände auf, die sich im Luftsog
der vorbeigehenden Schauspieler sanft 'wiegten'.
Das jiddische Kino erzählt nicht nur von Menschen, die in
großer, mitunter entsetzlicher Armut leben, es ist selbst ein
armes Kino, gebeutelt von Finanzsorgen. Doch immer wieder verstehen es Autoren wie Schauspieler, diese Armut mit
einem inneren Leuchten zu erhellen, mit einem Glauben an
die Güte des Menschen, hinter dem alle technische Unzu-
länglichkeit zur profanen Nebensache wird. Das jiddische
Kino ist nicht etwas, was auf der Leinwand abläuft: Es
ereignet sich im Herzen der Zuschauer, bringt sie zum
Lachen und zum Weinen und entläßt sie trotz aller erlebten
Qualen und Betrübnisse mit der tröstlichen Gewißheit, daß
das Gute in allen Menschen wohnt und siegt.
Wenn all dies für die in den USA produzierten jiddischen
Filme gilt, so nicht weniger auch für die in Polen gedrehten.
Auch hier sind einzelne Enthusiasten mit geringen Finanz-
mitteln am Werk, allen voran der polnische Amerikaner
Joseph Green, der zwischen 1936 und 1938 vier Spielfilme
realisiert, die die theaterbezogenen Grenzen der meisten
jiddischen Filme sprengen und echtes Kino sind. In Polen
wurde 1910 - damals gehörte es noch zu Rußland - mit einer
Tewje-Verfilmung nach einem Drehbuch von Scholem
Alejchem der vielleicht erste jiddische Film gedreht. In der
UdSSR sollen zwischen 1925 und 1933 vier jiddische Filme
produziert worden sein. Der Stalinismus, dem die meisten
jiddischen Künstler zum Opfer fielen, machte spätere Filme
unmöglich.
Spielfilme in jiddischer Sprache - der *mameloschen*, der
Muttersprache der Ostjuden, eines Volkes, das bis auf wenige
Jahre immer in der Verfolgung lebte. Während der Karolin-
gerzeit hatten sich die Juden an Rhein, Main, Mosel und
Donau niedergelassen und das Mittelhochdeutsch zu ihrer
Sprache gemacht, das sie mit hebräischen, aramäischen,

griechischen und lateinischen Bestandteilen durchsetzten. Gezwungen durch die Pogrome im Gefolge des ersten Kreuzzugs (1096) und die anschließenden Verfolgungen, die im Massaker von 1348 ihren Höhepunkt fanden, flohen jüdische Familien in Scharen nach Osten und ließen sich im Baltikum, an der Oder, am Dnjepr und am Schwarzen Meer nieder. Slawische Elemente nahmen sie in ihre Sprache auf, die sich dadurch von der der Westjuden zu unterscheiden begann. 'Juden-Taitsch' nannte man diese Sprache. Erst später kam der Begriff 'Jiddisch' auf. Geschrieben wird das Jiddisch in hebräischer Schrift mit stummen Konsonanten (als Vokalträger).

Für die Juden, die in Polen anfangs als deutsche Organisatoren, Handelsleute und Handwerker willkommen waren, verschlechterte sich nach dem Dreißigjährigen Krieg wieder die Lage. 1648 richteten die Kosaken ein verheerendes Massaker an, daß die in ihrer Anzahl dezimierten Juden endgültig in tiefe Armut stürzte. Während im Zuge der Aufklärung in Westeuropa sich die Juden assimilierten und ihre jiddische Kultur und Sprache verloren, entwickelte sich im Ostjudentum mit dem Chassidismus im 18. Jahrhundert eine Glaubensrichtung, die dem Jiddischen starke Impulse verlieh. Zunehmend wurde das Jiddisch zu einer literaturfähigen Sprache. Mendele Mojcher Sforim (1835 bis 1917), Jizchak Lejb Perez (1851 bis 1915) und Scholem Alejchem (1859 bis 1916) sind die großen Drei, die Klassiker der jiddischen Literatur. Doch erst 1978 erfährt durch die Nobelpreisverleihung an den jiddisch schreibenden amerikanischen Autor Isaac Bashevis Singer die jiddische Literatur internationale Anerkennung.

Verfolgungen und Pogrome hörten für die Ostjuden nicht auf. Als sich ihnen daher die Möglichkeit zur Auswanderung in die USA bot, machten davon zwischen 1881 und 1924 fast fünf Millionen Gebrauch. New York wurde zu einem neuen Zentrum der jiddischen Welt. Zwölf Millionen Menschen sprachen einst Jiddisch - in Polen, Rußland, Rumänien, Litauen, Lettland und den USA, aber auch in der Tschechoslowakei, in Ungarn, Österreich, Australien und Argentinien. Websters Enzyklopädie führte Jiddisch unter den sieben Weltsprachen auf. Geblieben ist kaum etwas. In den USA verringerte sich die Zahl der Jiddisch Sprechenden in der zweiten und dritten Einwanderergeneration rapide durch die Assimilation. In Osteuropa ging die jiddische Welt im nationalsozialistischen Holocaust unter. In Israel wurde der alte Streit zwischen den Zionisten, die Hebräisch als alleinige Sprache forderten, und den Jiddisch sprechenden Juden endgültig zugunsten des Hebräischen entschieden.

Ein bis zweieinhalb Millionen Menschen sollen heute noch Jiddisch verstehen. Doch nur noch für die Minderheit des chassidischen Judentums blieb sie die alltägliche Umgangssprache.

Die jiddische Welt ist untergegangen. Gekommen ist die Nostalgie.

Hans Peter Kochenrath

## Jiddische Filme in der Filmgeschichte

Jiddische Stummfilme waren verfilmte Originalgeschichten oder Adaptationen von Literatur aus dem jiddischsprechenden Milieu, manchmal Filme mit jiddischen Zwischentiteln, meistens aber abgefilmte Aufführungen jiddischer Bühnenstücke. 1911 wurden in Rußland und Polen zum ersten Mal Theatervorführungen in jiddischer Sprache mit der Filmkamera aufgenommen. (...) Filme wie die österreichischen Produktionen *Misrach un marew* (1923) und *Jisker.../ Gedenket...* (1924), beide von Sidney M. Goldin, haben sich zumindest vom Bühnenspiel gelöst. Eine bemerkenswerte Entdeckung (...) ist gewiß der sowjetische Stummfilm *Jewrejskoje*

*stschastje* (Jüdisches Glück, 1925) von Alexej Granowski, in dem Eduard Tissé die Odessa-Treppe schon einmal fotografierte, bevor Sergej M. Eisenstein und er sie in *Bronenosec Potemkin* (Panzerkreuzer Potemkin) aus dem selben Jahr berühmt gemacht haben.

Die Entwicklung des Tonfilms bedeutete für jiddische Filme einen 'impact', aber auch eine Restriktion ihrer filmästhetischen Mittel. 'Jiddisches Kino', das sind Filme, in denen Agieren als Reden fungiert, in denen Ton allein, als Sprache, in einigen Filmen auch als Musik, existiert. Die Ostentation des gesprochenen Idioms rangiert noch vor allen anderen filmkünstlerischen Ausdrucksmitteln. Vermutlich ist der einige Jahre andauernde, große Publikumserfolg des 'Jiddischen Kinos' einem eigentümlichen Rezeptionsverhalten seiner Klientel zu verdanken, die sich der Sprache unbedingt bedienen mußten, damit sie ihren Augen trauen konnten. Ob im osteuropäischen *schtetl* oder in den 'borsht belt' genannten jüdischen Vierteln amerikanischer Großstädte: Ein Bild von Vaterland konnten sich die wandernden Juden nicht machen, an ihrem Idiom konnten sie sich stets erkennen; sie nannten es *mameloschen*. (...)

Ronny Loewy: Zwei Welten, ein Kino, in: Das jiddische Kino, Frankfurt/M. 1982

### Das vergangene Leben beschworen

(...) Seit den achtziger Jahren des vorigen Jahrhunderts wurden die Vereinigten Staaten zum Hauptemigrationsland der bedrängten osteuropäischen Juden. Jahrhundertelang hatten die Juden Osteuropas in den 'Poren der Gesellschaft' gelebt, wie ein älterer Theoretiker es ausdrückte. In der traditionellen Agrarwirtschaft fristeten die Juden ein ärmliches bis elendes Leben am Rande dieser Gesellschaft. Unter starken Anfeindungen der christlichen Umwelt hielten sie unbeirrt an ihrer Religion fest, entwickelten ihre eigenen Lebensformen und behielten ihre Sprache, das Jiddische. Pogrome und zunehmendes wirtschaftliches Elend zwangen immer mehr Juden in die Emigration. Die Freiheitsstatue von New York erschien als Symbol eines neuen Gelobten Landes. (...) Die große Zeit der jiddischen Kultur in Amerika liegt zwischen 1910 und 1940; das jiddische Kino ist ein Produkt dieser Zeit. (...) Nach rein ästhetischen Kriterien gibt das jiddische Kino nicht viel her; doch seine Zerrissenheit zwischen erinnerter Geschichte und amerikanischer Machart bewahrt einen seltsamen Reiz. Es konserviert die Mentalität einer noch nicht völlig angepaßten Lebensweise, die im Jiddischen 'Menschlichkeit' heißt. Auch in der sentimentalen Grundstimmung des jiddischen Kinos schlägt die unerbittliche Wirklichkeit jüdischen Schicksals durch, und die Versuche, in dieser Welt als Juden zu überleben, werden für die Zuschauer eindringlich dargestellt. Angesichts von Verfolgung, Verfemung und Gleichgültigkeit bedarf es schon vieler Wunder und unrealistischer Konstruktionen, um zu einem glücklichen Ende zu gelangen. Gerade in der scheinbar angepaßten Form jiddischer Filme drückt sich ein kritisches Moment der Hoffnung aus, daß es nicht so bleiben muß, wie es ist. (...)

Detlef Claussen, in: Frankfurter Allgemeine Zeitung, 28. März 1983

**Hans Peter Kochenrath**, geb. 24. 8. 1936 in Remscheid, lebt bei Mainz. Bis 1975 Filmredakteur beim Saarländischen Rundfunk; seit 1979 Redakteur der Abt. Spielfilm (ZDF).

**Ronny Loewy**, geb. 10. 4. 1946 in Tel Aviv, lebt in Ffm. Seit 1982 Mitarbeiter des Filmmuseums Frankfurt; 1987 Exilausstellung 'Von Babelsberg nach Hollywood'; Mitherausgeber der Zeitschrift 'Filmexil'. Filme (u.a.): *Es war einmal ein Jiddischland. Die Arbeit des National Center for Jewish Film.* Buch/Regie: Ronny Loewy, Inge Claßen. Redaktion: Hans Peter Kochenrath, Inge Claßen, Erstsendung: 28.2.1992 (3Sat).

## YIDDISH: THE MAME-LOSHN
Muttersprache: Jiddisch USA 1979

*Produktion: KCET-TV, Los Angeles*
*Regie, Buch, Produzent: Pierre Sauvage*
*Co-Regie: Cordelia Stone*
*Kamera: Gary Emrick, Howard Stapleton, Robert Long jr.,*
*Jack Reader, Dan Webb*
*Video: Martin Kerber, Roy Stewart, Grey Herms*
*Musik: 'The Klezmorim'*
*Ton: Dale Vennes, Charles Bavel, Tom Ancell*
*Recherche: Lionel Haggans*
*Mit: Herschel Bernardi (Schauspieler), David Steinberg*
*(Komiker), Leo Rosten (Schriftsteller), Simon Weber (Her-*
*ausgeber des 'Daily Forward'), Joshua Fishman (Yeshiva-*
*University, New York), Saul Goodman (Gelehrter)*
*16mm, Farbe, 58 Minuten*

### Zu diesem Film
YIDDISH: THE MAME-LOSHN (Mame-Loshn = Muttersprache), aufgenommen in New York und Los Angeles,
porträtiert eine einzigartige und fesselnde Sprache und Kultur.
Dieser Dokumentarfilm untersucht die Bedeutung des Jiddischen im heutigen Leben amerikanischer Juden. Anhand von
Interviews, darunter mit dem inzwischen verstorbenen Schauspieler Herschel Bernardi und dem Schriftsteller Leo Rosten,
Musik, Dichtung und Filmausschnitten wird der Reichtum der
jiddischen Kultur in Amerika in Erinnerung gerufen. Der Filmemacher, aufgewachsenen in einer französischsprachigen
Familie, hat selbst erst mit 18 Jahren erfahren, daß er Jude ist.
Sein Film geht den kulturellen Wurzeln nach, von denen er
selbst bis dahin nichts wußte.

Produktionsmittteilung

### Der Regisseur über seinen Film
Obwohl ich in meiner Kindheit nicht wußte, daß ich selbst
Jude bin, waren doch zumindest meine engsten Freunde
jüdisch. Auf irgendeine Weise waren sie alle von den Folgen
des Holocaust betroffen. Das bestätigte mich in meinem
Glauben, daß es Dinge gibt, die von Generation zu Generation
weitergegeben werden, die nicht eindeutig zu definieren sind.
Ich hatte eine besondere Beziehung zu jenen Juden, die
Verbindung mit Europa und dem Holocaust hatten. Ich verlangte nie, mit ihnen identifiziert zu werden, obwohl ich doch
selbst auch zu ihnen gehörte. Als ich in späteren Jahren
Produzent des Fernsehsenders KCET in Los Angeles war,
machte ich eine Sechzig-Minuten-Dokumentation über die
jiddische Sprache: YIDDISH: THE MAME-LOSHN. Sie
hatte einigen Erfolg und gewann einen Emmy. Ich selbst
wuchs ohne Jiddisch auf. Weil sie ihre jüdische Herkunft ver-
heimlichten, sprachen meine Eltern natürlich kein Jiddisch,
obwohl meine Mutter früher fließend Jiddisch sprechen konnte. Wie sich herausstellte, sprach mein Vater ebenfalls
Jiddisch. Ich bin sehr gespannt, wie die Entwicklung weitergeht. (...)

Connie Louise Katz, in: Lifestyles, Vol. 19, Nr. 111, Frühjahr 1991

### Sprache ohne Heimat
Jeder, der sich für jüdische Kultur interessiert, sollte diesen
umfassenden dokumentarischen Rückblick auf die 'Muttersprache Jiddisch' sehen. "Welche andere Sprache hat so
lange ohne Heimat überdauert?", fragt Sauvage und schickt
sich an, die Freude am Jiddischen in Gesprächen, Gedichten,
Illustrationen, Filmausschnitten und Klezmer-Musik her-
aufzubeschwören. (...) Zu denen, die uns die Freude am
Jiddischen aus eigener und aus historischer Sicht näherbrin-
gen, gehören der Komiker David Steinberg, der Schauspieler Herschel Bernardi, der Schriftsteller Leo Rosten, der
Herausgeber des 'Daily Forward' Simon Weber, Dr. Joshua
Fishman von der 'New York's Yeshiva University' sowie
der Jiddisch-Gelehrte Dr. Saul Goodman.

Aus: The Hollywood Reporter, 5. Juli 1979

### Jiddisch
Die frühesten Ursprünge des Jiddischen liegen im 12. Jh., als
Juden aus Nordfrankreich und Norditalien nach Lothringen
und in angrenzende Gebiete emigrierten, wo sie verschiedene Mundarten des Deutschen übernahmen. Ihr Dialekt bewahrte
aber auch Elemente der romanischen Sprachen, die sich im
Jiddischen bis heute erhalten haben. Zwischen dem 13. und
15. Jahrhundert wanderten Juden immer weiter nach Osten,
bis sie in Böhmen und Polen slawisches Gebiet erreichten.
Hier absorbierte ihre Sprache das Kaanische, einen auf dem
Slawischen fußenden jüdischen Dialekt, und schuf damit die
Grundlage des Ostjiddischen. Später breiteten sich die Juden
auf slawischem Territorium mehr und mehr aus. Ihr münd-
liches Deutsch nahm Vokabeln aus den lokalen Sprachen
auf; auch die Grammatik entwickelte sich. So wurde das
Jiddische zu einer selbständigen, vom Deutschen klar unter-
scheidbaren Sprache, dessen Schriftbild dem hebräischen
Alphabet folgte. Nach etwa 1700 begann das Hochdeutsche
den bis dahin im deutschen Raum noch gesprochenen westlichen Dialekt zu verdrängen. Im Osten näherte sich die
Schriftsprache des Standardjiddisch dem Vorbild des Ostjiddischen. Im 19. Jh. erlebte das Ostjiddische dann eine
eindrucksvolle literarische Blüte, von der Romane, Dramen
und Lyrik nicht nur aus Osteuropa, sondern auch aus Nordamerika zeugen. Aber die Modernisierung der Jüdischen Gemeinden Europas hatte zur Folge, daß das Jiddische allmählich von den jeweiligen Landessprachen der von Juden
bewohnten Staaten verdrängt wurde. Die Massenimmigra-
tion in die USA nach 1881 und die mit dem Ende des Ersten
Weltkriegs einsetzende Wanderung aus den jüdischen Dörfern in die Städte führte dazu, daß die Sprache Stück um
Stück von ihren Wurzeln abgeschnitten wurde. Was folgte,
war die systematische Vernichtung der europäischen Juden
durch die Deutschen im Zweiten Weltkrieg. Größere jiddisch sprechende Gemeinden gibt es heute noch in Montreal
und Buenos Aires. In den Vereinigten Staaten wurde das Jiddische fast ausnahmslos zur Sprache ultraorthodoxer Tradi-
tionalisten.

Raymond P. Scheindlin, in: Andreas Nachama, u.a (Hrsg.): Jüdische
Lebenswelten, Bd. 2: Essays, Berlin 1992

## Gegenwart und Untergang

(...) Aber man soll sich nichts vormachen: die jiddische Sprache braucht, um lebendig zu bleiben, die immer neu formenden und bereichernden Impulse aus dem traditionellen hebräisch-aramäischen Schrifttum der Juden. Indem man nun den Juden in den Sowjetstaaten verbot, ihren Söhnen diese seit Jahrtausenden üblichen Kenntnisse zu vermitteln, degradierte man ihr Jiddisch inhaltlich und formal. Es wäre unter solchen Umständen auch bei freundlichster Behandlung der Juden über kurz oder lang untergegangen. (...) Ein ähnlicher Vorgang bahnt sich in Amerika an, ohne daß dort, wie in Rußland, Zwangsmaßnahmen der Regierung dahinterstünden: zur Assimilation kommt hinzu, daß auch in Amerika das hebräische Schrifttum nur noch in erschreckend kleinen, streng orthodoxen Kreisen ernsthaft studiert wird. Abgetrennt von seiner geistig-formenden Kraft würde das Jiddisch auch hier, selbst wenn man es noch eine Zeitlang sprechen sollte, allmählich trotz der ehrlichen und wertvollen Bemühungen des Institutes YIWO mit seinen bewundernswerten Leistungen absinken und untergehen müssen. (...) Die jiddische Sprache stirbt, weil die Preisgabe der eigenen, der semitischen geistig-geistlichen Tradition der Juden ihr den Lebensquell, die formende, bildende Kraft raubt, so daß sie, selbst wenn sie noch ein Weilchen existieren sollte, zu dem wird absinken müssen, was sie in den Augen des Westens auch in ihrer Blütezeit und blühenden Form gewesen ist: zu einem Jargon.

Salcia Landmann: Jiddisch. Das Abenteuer einer Sprache, Frankfurt/Main 1988

## Sehnsucht nach dem Vergangenen

In dieser Darstellung des kulturellen Bodens, auf dem sich das jiddische Theater entwickelt hat, muß die größte Aufmerksamkeit auf das Werkzeug der Sprache gerichtet werden (...). Bei jedem, der sich auf fremder Erde unter fremden Menschen befindet, wird der Klang seiner Muttersprache ein Gefühl der Zugehörigkeit, ein Gefühl der Geborgenheit und vor allem ein Gefühl der Sehnsucht nach dem Vergangenen wecken. Die jiddische Sprache hat für den Juden immer die spezielle Fähigkeit gehabt, bei ihm ein Bewußtsein seiner Wurzeln, seiner Herkunft, der besonderen Würze seiner Existenz wachzurufen. (...)

Das Klischee des 'wandernden Juden' basiert auf Tatsachen, und der ewige Wanderer fühlt sich dort zuhause, wo er die Sprache seines Volkes hört. Jiddisch ist die 'Mame-Loschn'(Muttersprache) aller osteuropäischen jüdischen Gemeinden genauso wie der vielen Juden in allen Teilen der Welt (...).

Eine unermeßliche, bedeutende Literatur wurde in jiddischer Sprache geschaffen, und nicht der unwichtigste Zweig ist das jiddische Drama. Verfolgt man das Schicksal des jiddischen Theaters, kann die existentielle Wichtigkeit der Sprache für die Lebenskraft des jiddischen Theaters in New York kaum überschätzt werden. (...) Ob die dramatische Weltliteratur in Zukunft von neuen Stücken in jiddischer Sprache bereichert werden wird, kann nicht gesagt werden. Die Antwort hängt davon ab, ob die jiddische Sprache überleben kann, ob sich genügend Menschen finden, die dieses Theater unterstützen.

David S. Lifson: The Yiddish Theatre in America, New York & London 1965

## Eine Generation übersprungen

An der Suche nach neuen Wegen zur Erleuchtung waren jüngere Juden natürlich beteiligt; von 'Flower Power' und ähnlichem blieben sie nicht unberührt. Jüdische Herkunft schien damals zu exklusiv; jüdischer Glaube, besonders wie er von Älteren gelebt wurde, schien zu steril; jüdisches Land, also der Staat Israel, schien sehr problematisch; jüdische Geschichte schien bloß negativ. Kurz, ein Jude zu sein, dachten die Jüngeren, beschert einem nichts als Depressionen. (...) Junge Juden ließen unterdessen ihre Tradition hinter sich. (...) Buddhismus und Hinduismus, Zen und Krischna lockten die müde Mittelklasse, privilegiert, assimiliert und intellektuell. (...) Aber die Zeit der Gurus ging vorüber, wie sie gekommen war. Mit einem Mal fiel manchen auf, daß Symbole der Jugendkultur an das Leben im *schtetl* erinnerten. Tatsächlich, Haartracht und Kleidung auf dem Campus von Brandeis oder Berkeley hätte man ein Jahrhundert zuvor ebenso auf der Hauptstraße eines russischen oder ukrainischen Dorfes antreffen können. War Großvaters Balalaika so weit vom Blue Grass, chassidischer Gesang so weit vom Rhythm and Blues? Mit ihrem 'Zurück zur Natur' achteten Landkommunen bald auf die Reinheit der Speisen, als ob sie die *Kaschrut* befolgten. So begann ein Teil der jüdischen Jugend sich von den Eltern zu entfernen und sich den Eltern der Eltern zuzuwenden. Bei der Suche nach einem neuen Halt übersprang man eine Generation.

Mira Zussman: Jüdische Identität heute. Notizen aus Amerika, in: A. Nachama u.a. (Hrsg.): Jüdische Lebenswelten, Bd. 2: Essays, Berlin 1992

**Pierre Sauvage**, geb. 25. März 1944 in Le Chambon; ging 1948 mit seinen Eltern nach New York. Ab 1962 Studium an der Sorbonne in Paris; anschließend Tätigkeit an der Cinémathèque Française unter Henri Langlois. Begegnung mit Otto Preminger, der ihm eine Anstellung in New York anbot. 1971 ging er nach Los Angeles, wo er beim Fernsehsender KCET u.a. eine Magazinsendung mit dem Titel *Reflections on the Holocaust* leitete; Mitherausgeber einer zweibändigen Studie 'American Directors'.
Filme: *Yiddish: The Mame-Loshn* (1979), WEAPONS OF THE SPIRIT (1987).
*In Vorbereitung*: Spielfilm über den Quäker Varian Fry und andere Amerikaner, die 1940/41 in Marseille die Rettung von nahezu 1 200 Künstlern, Intellektuellen und politischen Flüchtlingen bewerkstelligten.

Herausgeber: Freunde der Deutschen Kinemathek. Druck: graficpress

## GOLEM, L'ESPRIT DE L'EXIL

Golem, der Geist des Exils Frankreich 1991

*Produktion: Agav Films (Paris), in Zusammenarbeit mit*
*Allarts (Amsterdam), Nova Films (Rom), Friedlander Film*
*Produktion (Hamburg), Raì 2 (Rom), Groupe TSF (Paris),*
*Channel 4 TV (London), Canal + (Paris), Centre National de*
*la Cinématographie, European Script Fund / Media '92*
*Buch, Regie: Amos Gitai*
*Kamera: Henri Alekan, Agnès Godard*
*Musik: Simon Stockhausen, Markus Stockhausen*
*Ausstattung: Thierry François*
*Kostüme: Marie Vernoux, Jean-Pierre Delifer*
*Maske: Hertz Nativ. Licht: Louis Cochet*
*Ton: Antoine Bonfanti. Mischung: William Flageolet*
*Spezialeffekte (Ton): Jérôme Levy*
*Standphotographie: Bernard Hébert*
*Schnitt: Anna Ruiz*
*Aufnahmeleitung: Vic de Mayo*
*Regieassistenz: Thierry Lasheras*
*Produzent: Laurent Truchot*
*Darsteller: Hanna Schygulla (Geist des Exils), Vittorio Mez-*
*zogiorno (Der Maharal), Ophra Shemesh (Naomi), Samuel*
*Fuller (Elimelek), Mireille Perrier (Ruth), Sotigui Kouyate*
*(Boaz), Fabienne Babe (Orpa), Antonio Carallo (Kylion),*
*Bernard Levy (Malhon), Bakary Sangare (Erster Matrose),*
*Alain Mararat (Zweiter Matrose), Marceline Loridan (Orpas*
*Mutter), Bernardo Bertolucci (Gerichtsvollzieher), Philippe*
*Garrel (Orpas Bräutigam), Bernard Eisenschitz (Daniel),*
*Marisa Paredes (Zeremonienmeister), Fernand Moskowicz*
*(Gehilfe des Gerichtsvollziehers) sowie Jean Sasportes,*
*Dominique Donchinsky, Urs Kaufmann (Pina Bausch Tanz-*
*kompanie)*
*Uraufführung: 19. Februar 1992, Internationales Forum des*
*Jungen Films, Berlin*
*Farbe, 1:1.66, Dolby, 115 Minuten, OF m. engl. UT*

### Zu diesem Film

In das heutige Paris versetzt, basiert diese Erzählung des
Exils auf Texten aus der Bibel und der Kabbala sowie auf dem
Mythos des Golems.
Die Geschichte von Naomi und ihrem Exil ist eine moderne
Auslegung des Bibeltextes. Der Golem - wie er bei den
spanischen Kabbalisten in Erscheinung tritt - ist in dieser Ge-
schichte der Beschützer der Verbannten und all derer, die auf
der Erdkugel umherirren.

### Inhalt

Der Maharal (Vittorio Mezzogiorno) erschafft durch kabbalistische Sprüche einen Golem aus Ton und Lehm: den Geist
des Exils (Hanna Schygulla). Er erteilt ihm den Auftrag, den
Exilanten und den Vagabunden zu helfen und sie zu beschüt-
zen.
Naomi (Ophra Shemesh), ihr Mann Elimelek (Samuel Fuller)
und ihre beiden Söhne Mahlon (Bernard Levy) und Kylion
(Antonio Carallo von der Tanzkompanie Pina Bauschs), sind

aufgrund einer Hungersnot gezwungen, ihre Heimat zu verlassen. Sie wandern in das Land Moab aus, wohin sie vom
'Geist des Exils' geführt werden. Das Oberhaupt der Familie
stirbt, die beiden Söhne werden ermordet. Naomi bleibt mit
ihren beiden Schwiegertöchtern, Ruth (Mireille Perrier) und
Orpa (Fabienne Babe) allein zurück. Orpa entscheidet sich
für die Rückkehr zu ihren Angehörigen. Als Naomi von
einem Gerichtsvollzieher (Bernardo Bertolucci) aus dem
Haus verjagt wird, geht Ruth mit ihr. Ein Boot bringt sie zum
Wohnort eines entfernten Verwandten Naomis, Boaz (Sotigui Kouyate, ein Hauptdarsteller in Peter Brooks Ensemble).
Boaz ist der Bewacher eines Zauberwaldes, der von Zerstörung bedroht ist. Naomi und der 'Geist des Exils' drängen
Ruth dazu, eine Verbindung mit Boaz einzugehen.
Die Bibelgeschichte verweist auf die Zwangslage Naomis,
die zwei Welten in sich trägt: Das Land, das sie verlassen
mußte und das in ihrer Erinnerung fortlebt und das Land, in
dem sie lebt, ohne ihm verbunden zu sein.
Nirgendwo ist sie zuhause, sie existiert in einem nur ihr bekannten Lebensraum: im Exil, das 'ihr' Zuhause ist.

### Zur Intention des Films

Das Drehbuch faßt zahlreiche Legenden zusammen, die auf
die Schöpfung eines Golems hinweisen, und versucht, den
universalen Charakter des Mythos von der künstlichen Erzeugung eines homunculus zu erhalten. 'Der Golem' ist die
Geschichte dieses großen Mythos, dem eine Gemeinschaft
als Ausweg sich zuwendet, um sich schützen zu können.
Die Methode, die wir zum Schreiben dieses Drehbuchs verwendeten, nimmt in gewisser Weise das Prinzip der Kabbalisten zum Vorbild, demgemäß jedes Wort einen numeri-
schen Wert besitzt und durch ein Wort von gleichem nume-
rischen Wert ersetzt werden kann. Wir haben uns verschiedene Quellen zunutze gemacht, Variationen und Wechselbe-
ziehungen zum Mythos des Golems (insbesondere die Arbeiten von Gershom Scholem, das Werk von Gustav Meyrink und H. Leivick sowie den Stummfilm Paul Wegeners),
um ein narratives Netz austauschbarer Situationen zu knüpfen, bei dem jedes Element nur im Ganzen funktioniert.
Den Kabbalisten zufolge verbirgt sich das Geheimnis der
Schöpfung eines Golems im Buch der Schöpfung (Sepher
Jesirah), das die hebräischen Buchstaben nicht nur als Teile
des Alphabetes, sondern als Elemente der Schöpfung schlechthin betrachtet. Das Wort spielt bei der Entstehung dieses
Mythos eine besondere Bedeutung und nimmt auch in unserer Auffassung des Projekts eine wichtige Rolle ein.
Da ein Film - wie ein Golem - durch künstliche Mittel aus
einem formlosen Stoff geschaffen wird - zwar nicht aus
Lehm, sondern aus Bauten, Schauspielern, Licht und Ton -,
erwarten wir, daß unser Projekt von dem Begriff selbst, vom
'Golem', beeinflußt wird...

### Der Golem des Maharal von Prag

Der große Rabbiner Loew, ein frommer und gebildeter
Mensch, der auch der Maharal von Prag genannt wird, ist
eine der berühmten Figuren der jüdischen Tradition.
Eine der Legenden schreibt ihm die Schöpfung eines Golems

zu, das heißt, eines künstlichen Wesens, dessen Äußeres einem Menschen ähnelt.

Der Rabbiner Loew schuf sein Geschöpf aus Lehm und hauchte ihm dank der Macht seines Geistes Leben ein. Da aber diese große menschliche Gabe nur ein Spiegelbild der großen Schöpfungsmacht Gottes ist, steckte der Rabbiner, nachdem er die zur Erschaffung des Golems notwendigen Maßnahmen ausgeführt hatte, in den Mund des Golems einen Streifen Pergament, auf dem der unaussprechliche, mystische Name Gottes stand. Solange dies Siegel in seinem Munde verblieb, war der Golem belebt. Er gehorchte den Befehlen seines Meisters und war den Juden Prags auf vielerlei Weise behilflich, nur sprechen konnte er nicht. Diese Kreatur reagierte auf Befehle und führte diese aus, sonst nichts. Eine Weile ging das sehr gut. Der Golem hatte sogar seinen Sabbath-Tag, jenen Tag, an dem auch die Geschöpfe Gottes die Arbeit ruhen lassen. Vor jedem Sabbath nahm der Rabbiner das Pergament aus dem Munde des Golems heraus, und das Geschöpf verwandelte sich wieder zu einer leblosen Masse aus Lehm.

An einem Freitagnachmittag vor Beginn des Sabbaths aber vergaß Rabbi Loew, den 'Namen' aus dem Munde des Golems herauszunehmen, und begab sich nach der großen Prager Synagoge, um dort mit der Gemeinde zu beten.

Der Tag ging zu Ende und das Volk bereitete sich auf die Sabbathfeier vor, da begann der Golem sich auf einmal wunderlich zu benehmen. Er wuchs an Gestalt, stürmte wie ein Rasender durch das Ghetto und drohte alles zu vernichten. Das Volk vermochte ihn in seiner blindwütigen Vernichtungswut nicht aufzuhalten. Rabbi Loew, der gerade seine Gebete verrichtete, erfuhr alsbald von der Panik, die in der Stadt ausgebrochen war. Er verließ die Synagoge, um sich dem Golem, seinem Geschöpf, entgegenzustellen, das offenbar den Meister übertroffen hatte und ein Wesen von eigenständiger Zerstörungskraft geworden war. Mit letzter Kraft entriß der Rabbi dem Golem den Namen Gottes. Der Golem fiel daraufhin zu Boden und verwandelte sich wieder in eine leblose Masse aus Lehm.

### Der Golem, ein Film von Paul Wegener

Der Schauspieler und Regisseur Paul Wegener, von Max Reinhardt ausgebildet, nahm sich in zwei Bearbeitungen der Legende des Golems an, in denen er die Rolle des Lehmgeschöpfes selbst spielte: *Der Golem* (1914) und *Der Golem, wie er in die Welt kam* (1920).

In beiden Verfilmungen ist die Geschichte in etwa die gleiche: Um die jüdische Gemeinde vor einem drohenden Pogrom zu retten, formte der Rabbiner Loew mit Hilfe von unheilvollen Kräften einen Golem.

Dieser Golem aber, der dazu bestimmt sein sollte, ein Befreier zu sein, rebellierte gegen seinen Schöpfer, versetzte alle Juden in Angst und Schrecken, tötete und vernichtete alles, was ihm auf seinem Weg begegnete. Seine Macht wurde grenzenlos und seine Kraft unkontrollierbar. Durch die Hand eines unschuldigen Mädchens indes gelang es, den Missetaten des Monstrums ein Ende zu bereiten.

Mehr als diese Variation des Golem-Themas hat uns die visuelle Qualität des 1920 gedrehten Filmes interessiert, die in der Konzeption des Films angelegt ist, vor allem bezüglich der Bauten, die von dem Architekten Hans Poelzig stammen. Lotte Eisner schrieb: "Dank seiner Arbeit sind wir von den bemalten Leinwänden von *Caligari* weiter entfernt als von der Revolution, die Murnau bald herbeiführen sollte. Zwar ist das Erbe von Max Reinhardt zu spüren: Sterne auf dem Hintergrund aus Samt bilden ein Himmelsgewölbe, Laternen und Fackeln durchlöchern die Nacht. Schon damals nutzt der Chefkameramann Karl Freund das Licht, um den Gesichtern eine besondere Ausstrahlung zu verleihen. Poelzig nimmt das Prager Ghetto als Vorbild: die gleiche Festung, die gleichen engen Straßen. die gleichen schlecht beleuchteten Gassen - in der Wirklichkeit, wie in dem Film. Die Häuser drücken ihre Seele durch ihre Fassaden aus, die spitzen Hüte der Juden sind mit den Giebeln der Häuser in Einklang. Expressionismus, Realismus und Impressionismus sind hier einander eng verbunden - wie auch fünf Jahre später in *Nosferatu*. Der Einfluß des *Golems* ist auch in *Der Schatz*, 1923 von G.W. Pabst gedreht, und in dem ersten *Mabuse* von Fritz Lang (1922) zu erkennen."

### 'Der Golem', ein Roman von Gustav Meyrink

"Da klopfte es an die Tür, und das alte Weib, das mir des Abends Wasser bringt und was ich sonst noch nötig habe, trat ein, stellte den tönernen Krug auf den Boden und ging stillschweigend wieder hinaus. Wir alle hatten aufgeblickt und sahen wie erwacht im Zimmer umher, aber noch lange Zeit sprach niemand ein Wort.

Als sei ein neuer Einfluß mit der Alten zur Tür hereingeschlüpft, an den man sich erst gewöhnen mußte."

Diese Magd, im Buch von Meyrink beiläufig erwähnt, deren Bewegungen denen einer Gliederpuppe gleichen, erscheint wie das Echo einer Legende, in der auch eine solche Puppe als Bedienstete auftritt. Diese Legende geht zurück auf den berühmten Dichter und Philosophen des 11. Jahrhunderts, Salomon ibn Gabirol. Man sagt, er habe einen weiblichen Golem geschaffen und diesen zu seiner Sklavin gemacht. Als dies dem König berichtet wurde, klagte man Gabirol der Hexerei an, aber er bewies, daß sein Geschöpf kein Mensch war, indem er die Holzteile und die Scharniere enthüllte, aus denen die Puppe bestand.

Kehren wir zu Meyrink zurück: In seinem Buch ist der Golem ein geheimnisvolles Wesen, das alle dreiunddreißig Jahre im Prager Ghetto am Fenster eines Zimmers erscheint, zu dem es keinen Zugang gibt. Einige thematische Übereinstimmungen verbinden diesen Roman mit dem deutschen Expressionismus: insbesondere das Thema der Stadt als Moloch oder der Tyrannei der Maschine. Vor allem aber ist 'Der Golem' das erste Beispiel eines 'phantastischen Romans', der auf die Einbindung der Wirklichkeit verzichtet und in dem die Fiktion nur in sich selbst funktioniert. Hierin trifft sich Meyrink mit dem Expressionismus.

*Produktionsmitteilung*

### Aus einem Interview mit Amos Gitai

*Frage*: Was war der Ausgangspunkt für diesen neuen Film, GOLEM, L'ESPRIT DE L'EXIL?

*Amos Gitai*: Der Film bezieht sich auf duale Mythologien: zum einen ist es die Geschichte der Ruth, das ist ein Text aus der Bibel; diesem werden einige Elemente aus der Erzählung vom Golem gegenübergestellt und dann miteinander verwoben. Der biblische Text von Ruth basiert auf einer dokumentarischen Geschichte:

*Zu der Zeit, da die Richter regierten, kam eine Hungersnot über das Land. Da zog ein Mann von Bethlehem in Juda mit seinem Weibe und seinen beiden Söhnen fort, um sich im Gefilde Moabs als Fremdling niederzulassen. Der Mann hieß Elimelech, sein Weib Naomi und seine beiden Söhne Mahlon und Chiljon...* (Ruth, 1, 1-2)

Der Bibelverfasser nimmt das Ereignis zum Anlaß und macht daraus einen fiktionalen Stoff. Die Fiktion wiederum wandelt sich schließlich zum geheiligten Mythos. Wir siedeln unsererseits die Bibelgeschichte in der Gegenwart an und arbeiten mit diesen Mehrdeutigkeiten. (...)

*Frage*: Und wie kommt es zum Eingreifen des Golems, jenes Geistes, den Hanna Schygulla verkörpert?

*A.G.*: Der Golem wird überall in der Literatur des 19. Jahrhunderts als Roboter beschrieben, als ein industrielles Objekt, das die manuellen Bedürfnisse der Menschen befriedigt. Das wird vor allem in Meyrinks Roman und Leivicks Stück deutlich. In der Literatur früherer Zeit war der Golem mehr ein erdgleicher heidnischer Fetisch. Als ich mich näher mit der Geschichte befaßte und die Werke Gershom Scholems las, interessierte ich mich immer mehr für den Geist der spanischen Kabbala, die bis in das 11. Jahrhundert zurückreicht. Die Auslegung im Buch der Schöpfung (Sepher Jesirah), das vermutlich aus dem 3. Jahrhundert stammt oder noch älter ist, war mir näher. Dies sind sehr frühe Schriften, die von einer Art Geist oder Körper berichten, der Nomaden oder Vertriebene auf ihren Wanderungen begleitete. In einer bekannten Erzählung heißt es gar, der Golem sei der Wandernde Jude. Als wir die Rolle von Hanna Schygulla schrieben, hatte ich mehr diese abstrakte Verkörperung des Golems vor Augen als die uns allen bekannte Version des 19. Jahrhunderts. Die Dialoge von Vittorio Mezzogiorno und Hanna Schygulla am Anfang und am Ende des Films sind Zitate aus dem Buch der Schöpfung. Diese Zeilen sind Ausdruck der kabbalistischen Vorstellung, daß Realitäten durch Worte erschaffen, nicht nur beschrieben werden können. Sie entstehen durch die richtige Buchstabenkombination. J.L. Borges sagt, die Auslegungsmöglichkeiten der Schriften seien so zahllos wie die Farbschattierungen eines Pfauenschwanzes. Die Kabbalisten hätten dieser Sichtweise zugestimmt; eines der Geheimnisse, die sie in der Bibel zu finden hofften, war die Erschaffung von Lebewesen. (...) Die Frage der Schöpfung bildet den Rahmen für unseren Film. In diesem Rahmen gibt es eine stete Bewegung hin ins Exil und wieder zurück. Dies wird in der Geschichte von Naomi verkörpert. Die Beziehung zwischen Naomi und Golem, ihrem Geist des Exils, bestimmte die endgültige Form des Drehbuchs.

*Frage*: Wie in Ihren vorherigen Filmen sind die Protagonisten Frauen. Wollen Sie die Männer lieber im Hintergrund halten?

*A.G.*: Manche sagen, daß die Bibel vermutlich von Männern verfaßt wurde. Aber ich finde die Protagonistinnen besonders interessant. Trotz der vorherrschenden patriarchalischen Traditionen, die die Rolle der Männer bestimmen, sind die weiblichen Figuren für den Text sehr wesentlich. In gewisser Hinsicht spielen Frauen eine revolutionäre Rolle, weil sie die von Männern errichtete soziale Ordnung in Frage stellen. Die Männer sind die Könige, die Krieger. Sie errichten eine bestimmte Struktur, eine Ordnung. Um es mit den Worten der Bibel zu sagen: Es ist Sache der Frauen, die Erinnerung der Menschen zu hüten und zu bewahren. Schließlich handelt die Bibel vom Gedächtnis, von der lebendigen Erinnerung. Von der Konstruktion eines mythologischen Textes aus Bruchstücken biographischer Geschichten.

*Frage*: Eigentlich spielen Sie ein merkwürdiges Spiel mit der 'Fiktionalisierung'. Sind Sie wirklich an Fiktion interessiert oder mehr an den Mitteln und Wegen, ihr zu entkommen?

*A.G.*: Wenn ich einen mythologischen Text fiktionalisiere, denke ich auch darüber nach, wie jeder Text, der nicht nur Erzählung ist, zur Fiktion werden kann. Wir leben offenkundig in einer Welt, die in bezug auf den filmischen Ausdruck zusehens homogener wird. Wir haben keine Pasolinis oder Glauber Rochas oder Rossellinis mehr. Das Kino ist wieder eine sehr industrielle Produktionsform geworden. Gute Filme und weniger gute Filme gleichen einander mehr als vor zwanzig oder dreißig Jahren. Die Filmsprache scheint auf einer Art modus vivendi zu beruhen. In diesen drei Filmen versuchte ich, mich mit einigen meiner eigenen Fragen in bezug auf Filmsprache auseinanderzusetzen. Ein Element, das man in diesen Bibelgeschichten findet, ist eine gewisse literarische Qualität von Symmetrie und Opposition. Hier haben wir das Urpaar Naomi und Elimelek. Ihnen folgen zwei weitere Paare, als ihre Söhne Frauen aus Moab heiraten. Dann werden der Vater und seine Söhne getötet und aus der Erzählung verbannt. Die entgegengesetzte Dialektik wird dann wiederum den Schwiegertöchtern, Ruth und Orpa vererbt. Orpa will in ihrem eigenen Land, in Moab, bleiben und das Leben genießen. Sie ist keine Puritanerin oder Moralistin. Ruth ist - als Ausdruck ihrer großen Solidarität - bereit, alle Zelte abzubrechen und sich gemeinsam mit ihrer Schwiegermutter auf die Reise zu begeben. Ruth und Orpa werden dem Mythos zufolge ebenfalls Großmütter. Ruths Enkel ist David. Orpas Enkel ist Goliath. Der fortbestehende Konflikt zwischen unterschiedlichen menschlichen Bedürfnissen setzt sich fort. Als ich dieses Filmprojekt in Angriff nahm, war ich vor allem fasziniert von der Vorstellung, mit dieser Art minimalistischer Dialektik zu arbeiten. Die Frage der Transformation dieser biographischen Erzählungen in einen mythologischen Text ist ein spannendes Thema für sich.

*Frage*: Sie haben zum ersten Mal einen Film ausschließlich in Frankreich gedreht? Was waren Ihre Gründe?

*A.G.*: Es ist mein erster Film in Frankreich, obwohl ich seit einigen Jahren in Frankreich lebe. Bisher drehte ich in Israel, in Nordamerika und Südostasien. *Esther* entstand ausschließlich in Israel. Für *Berlin Jerusalem* drehte ich an einigen Schauplätzen Frankreichs, doch ich wählte sie so aus, daß sie für Berlin stehen konnten. GOLEM ist der erste Film, in dem ich versuche, mich dem Ort, an dem ich lebe, zuzuwenden und mir mein Verhältnis zum ihm als *Fremder* zunutze zu machen. Man könnte sagen, er ist autobiographisch, aber das gilt dann auch für alles andere, was wir tun.

*Frage*: Es gibt zwischen Ihren letzten drei Filmen ein verbindendes Element. Wie würden Sie es beschreiben?

*A.G.*: DER GEIST DES EXILS ist nach *Esther* und *Berlin Jerusalem* der letzte Teil einer Trilogie, der von Menschen handelt, die von Ort zu Ort ziehen, Vertriebene gewissermaßen. *Esther* ist eine Erzählung über die Diaspora, in der sich die Verfolgten zu Verfolgern wandeln. Obwohl der Film *Esther* eigentlich in Israel spielt, ist es dennoch eine Diaspora-Geschichte, auch wenn Israel als Antithese zur Diaspora errichtet wurde. *Berlin Jerusalem* behandelt die Frage: "Was ist das Schicksal der Utopie in einem Jahrhundert, das randvoll mit Utopien besetzt war?" Der Film stellt diese Frage hinsichtlich der Beziehung zwischen unterschiedlichen Utopien, dargestellt von den beiden Protagonistinnen. In DER GEIST DES EXILS ist das zentrale Thema die Entwurzelung, ein Thema, das sich durch die Trilogie insgesamt zieht.

*Frage*: Der Film handelt vom Exil, aber sprechen Sie damit nicht auch zugleich von Rassismus und Einwanderung?

*A.G.*: Als Filmemacher müssen Sie einen Weg durch das Dickicht der Klischees finden. Ich möchte die Frage anders formulieren: ist die menschliche Zivilisation nur von Menschen errichtet, die dauerhaft in ihrem eigenen Land bleiben, oder sind auch Nomaden verantwortlich für einige der hervorragendsten Kulturleistungen? Mir scheint, daß viele Errungenschaften der Menschheit von Leuten vollbracht wurden, die von Ort zu Ort zogen, und nicht nur von Seßhaften, die an einem Ort blieben und Wurzeln schlugen.

Der Disput zwischen Nomaden auf der einen Seite und Bauern und Stadtbewohnern auf der anderen scheint ein Dauerthema zu sein. Wenn wir Berlin nehmen, das kulturelle Zentrum zu Beginn der Zwanziger Jahre, und uns die Menschen genauer betrachten, die zu dem beitrugen, was heute als die deutsche Kultur der Zwanziger Jahre gilt, so findet man Deutsche, Ungarn, Polen, Juden, Russen, Niederländer, Inder usw., eine Vielzahl von Leuten, die gemeinsam Kunst und Kultur des 20. Jahrhunderts prägten.

Das eben gefällt mir an Paris. Da gibt es Schwarze, Chinesen, Araber, Juden, Franzosen, usw. Alle diese Varianten tragen gemeinsam zur Kultur bei. Im Film sagen wir: Schaut auf diese Nomadenkultur und die Art und Weise, wie sie in den alten Mythologien dargestellt wurde. Schaut euch an, wie sich diese Menschen auf der Oberfläche der Erde bewegen, wie sie Poesie und Texte hervorbringen, die so schön sind wie die Bibel. (...)

*Gehen auch zwei miteinander, sie haben denn abgeredet. Brüllt der Löwe im Walde, er habe denn einen Raub? Erhebt der Jungleu die Stimme, er habe denn etwas gefan gen? Fällt der Vogel zur Erde, es treffe ihn denn das Wurfholz? Schnellt die Falle vom Boden und sollte nichts fangen?* (Amos 3, 3-5)

*Frage*: Nicht wenige Regisseure treten im Film auf: Marceline Loridan als Orpas Mutter, Sam Fuller als Elimelek, Bernardo Bertolucci als Gerichtsvollzieher, Philippe Garrel als Orpas Bräutigam. Gab es dafür einen bestimmten Grund?

*A.G.*: Bis zu einem gewissen Grade, ja. Ich glaube, daß manche Filmemacher sozusagen exiliert sind, auch wenn er oder sie in ihrem eigenen Land leben. Man braucht Abstand von der eigenen Realität.

*Frage*: Die beiden Heldinnen des Films werden mit unterschiedlichen Arten rassistischer Aggression konfrontiert, weil sie Einwanderer sind und kein Geld haben, aber sie verhalten sich nie wie Opfer. Ihre Haltung zeugt von heiterer Gelassenheit. Ist Heiterkeit das richtige Mittel, wenn man mit Rassismus konfrontiert ist?

*A.G.*: Eigentlich wollen sie nicht im Mittelpunkt der Auseinandersetzung stehen, an der sich gewisse Rassisten beteiligen. Rassisten beginnen doch ihre Stimme zu erheben, weil sie gehört werden wollen und sich auf Einschüchterungsmethoden verstehen. Die beiden Frauen haben nicht die Absicht, darauf zu reagieren. Betrachtet man die Haltung der Einwanderer, so ist sie meist sehr defensiv. Sie versuchen, sich unsichtbar zu machen, weil sie sich halb illegal vorkommen, sogar wenn sie Einheimische sind oder wenn sie Pässe oder Aufenthaltserlaubnisse haben. Sie wissen nie, welches Strategem als nächstes gegen sie benutzt werden wird, um sie aus dem Land zu jagen, darum halten sie sich fern von Konfliktsituationen. Sie haben nicht das Gefühl, auf eigenem Grund und Boden zu stehen. Ich wollte diese Art schüchterner Reaktion der beiden Frauen als eine Art Überlebensstragie darstellen.(...)

*Frage*: Sie drehten drei Filme mit Henri Alekan als Chefkameramann. Was ist für Ihre Zusammenarbeit kennzeichnend?

*A.G.*: Mir gefällt er jedesmal besser. Es ist jedesmal eine andere Erfahrung. Er ist jung, offen, lebhaft und in jedem Film anders. Bei *Esther* benutzten wir eine Menge Filter. Er wurde ausschließlich an Originalschauplätzen gedreht; die Nachtaufnahmen entstanden mit Hilfe von Lichtinstallationen, um die Schauplätze zu verändern. Bei *Berlin Jerusalem* brachte er ein expressionistisches Element in die Beleuchtung hinein, eine lineare Art der Ausleuchtung. Den Film DER GEIST DES EXILS konzipierten wir als eine Serie von Tableaux (Bildern), nicht in expressionistischer Manier, sondern eher wie die Kompositionen der flämischen Maler, Vermeer, bisweilen auch Rubens. Die Farben sind viel gedämpfter, doch für jedes Bild bestimmend. Es geht darum, die richtige Balance zu finden, wie beim Dialog.

*Frage:* Ruth und Naomi scheinen ein so enges Verhältnis zu haben, daß man manchmal meint, sie wären ein Liebespaar. War das Ihre Absicht?

*A.G.*: Es gibt zwischen ihnen eine Affinität. Sie fühlen sich einander sehr nah und wollen sich diese Art Vertrautheit angesichts dieser Welt bewahren. Darum kämpfen sie auch nicht. Sie wollen ihre Reise als Prozeß des Übergangs auf ihrem langen gemeinsamen Weg bewahren. Es ist gewissermaßen eine geistige Reise, bei der man stets ein Nomade bleibt, eine Seele auf der Suche nach der eigenen Identität.

Interview: Stéphan Levine, Paris, Januar 1992

## Moderne Fassung der Golem-Legende

(...) Amos Gitais GOLEM, DER GEIST DES EXILS ist eine moderne Fassung der Golem-Legende: die biblische Geschichte der Ruth, die im zeitgenössischen Paris spielt. (...) Amos Gitai, der schon in *Wadi, Esther* und *Berlin Jerusalem* (das Forum zeigt sie in einer Retrospektive) mit der Kultur der Emigration beschäftigt hat, versucht mit GOLEM, DER GEIST DES EXILS die Zeitlosigkeit der Völkerwanderung zu dokumentieren. Hanna Schygulla ist der Golem, der Naomi (Ophra Shemesh) und Elimelek (Sam Fuller), sowie ihre Söhne Kylion und Malhon mit ihren Schwiegertöchtern Ruth und Opra nach Paris/Moabe führt. Nachdem Elimelek durch einen Kranunfall ums Leben gekommen ist, und die beiden Söhne ermordet worden sind, folgt Ruth Naomi in ein fernes Land, wo der Golem sie zu Boaz bringt, einem entfernten Verwandten der Familie. Obwohl die erste Einstellung des Films den Eiffelturm zeigt, fühlt der Zuschauer sich nie in Paris. Henri Alekan fotografiert eine permanente Übergangsstimmung, die durch die HLM-Siedlung in La Chapelle im 18. Bezirk gekennzeichnet ist. Die unterprivilegierten Familien werden von Bodenspekulanten vertrieben, die Stadt wird nur noch den Wohlhabenden vorbehalten sein. Der Golem repräsentiert alle Heimatlosen: die ausländischen Emigranten und die ausgegrenzten Einwohner der Metropolen, die in die Vororte umgesiedelt werden.

Das Exil ist ihre Heimat.

Andre J. Simonoviescz, in: Tip Magazin, Berlin, Nr. 4/92

**Amos Gitai**, geb. 11. Oktober 1950 in Haifa. Studierte von 1971 bis 1975 Architektur am Technion in Haifa und 1976 an der University of Southern California in Berkely. 1973 drehte er seine ersten Experimental-Filme in S-8. Im selben Jahr wurde er im Jom-Kippur-Krieg verwundet. 1977 Tätigkeit für das israelische Fernsehen. Seine letzte Arbeit für das Fernsehen war *Bait* (Das Haus), die aufgrund ihrer pro-palästinensischen Haltung nicht ausgestrahlt wurde. 1985 drehte er seinen ersten Spielfilm, *Esther*. Lebt gegenwärtig in Paris. Filme (u.a.): 1973 *Arts and Crafts and Technology; Details of Architecture ;Talking About Ecology*. 1974 *After/Ahare*. 1974/ 75 11 Kurzfilme für das TV-Jugendprogramm Israels. 1976 *Charisma*. 1977 *Dimitri; Political Myths* . 1978 *Wadi Rushmia* (Das Tal, Forum 1982; *Architecture*. 1979 *Wadi Salib Riots* (Maeraot Wadi Salib). 1980 *Bait* (Das Haus, Forum 1982). 1981 *Wadi* (Forum 1982). 1982 *In Search of Identity*. 1979/81 *American Mythologies*. 1982 *Journal de Campagne*/Yoman Sade. 1983 *Ananas* (Frankreich). 1984 *Image For Sale; Bangkok Bahrein*/Travail à vendre. 1985 *Esther*. 1987 *Brand New Days*. 1989 *Berlin Jerusalem*. 1991 GOLEM, L'ESPRIT DE L'EXIL; *Wadi 1981-1991*.

Herausgeber: Freunde der Deutschen Kinemathek. Druck: graficpress

Doppelprogramm
**URBAN PEASANTS: AN ESSAY IN YIDDISH STRUCTURALISM**
**COOPERATION OF PARTS**

## URBAN PEASANTS: AN ESSAY IN YIDDISH STRUCTURALISM
USA 1930/75

*Stella Weiss und Ken Jacobs*
*16mm, s/w, Jiddisch und Englisch, 45 Minuten*

### Zu diesem Film
(...) Verschiedene Filme eines 'post-jiddischen' Kinos verwenden die jiddische Sprache, um ihre Abwesenheit zu vergegenwärtigen. Ken Jacobs' URBAN PEASANTS: AN ESSAY IN YIDDISH STRUCTURALISM stellt eine ironische Distanz zur Schau, die dem anthropologischen Filmtitel angemessen ist. (...) In URBAN PEASANTS verwendete Jacobs unbearbeitete 16mm-Aufnahmen, die Stella Weiss, die Tante seiner Frau, in den späten 30er, frühen 40er Jahren von ihrer Familie gedreht hatte, Aufnahmen einer großen Familie, hauptsächlich vor ihrer koscheren Schlachterei in irgendeinem dunklen Winkel Brooklyns. Das Filmmaterial wird ohne Ton vorgeführt; der Kommentar des Filmemachers besteht zum einen darin, die Szenen, in denen die 'Bauern' den Prospect Park besuchen, einzufärben und ihnen somit einen lyrischen Charakter zu verleihen; schließlich darin, das stumme Filmmaterial durch zwei Unterrichtslektionen in 'Instant Yiddish' von einer Schallplatte im Stil der Berlitz-Schule einzurahmen.
Bevor in URBAN PEASANTS das erste Bild erscheint, haben wir bereits eine sechsminütige Lektion in 'Geschichte der Diaspora' erhalten: 'Situation 3: Wie man zu einem Hotel gelangt' (die bloße Existenz dieser Schallplatte macht stutzig: wo in aller Welt, mit Ausnahme vielleicht von Birobidschan, würde man jemals auf jiddisch nach dem Zimmerservice fragen müssen?). Der zweite Ausschnitt, 'Situation 8: Wenn Sie in Schwierigkeiten sind', bildet mit einer zweischneidigen Pointe das Ende des Films: "Ich bin ein Amerikaner... Alles ist in Ordnung." Jacobs' geistreiche Kombination der Bild- und Tonaufnahmen macht es dem Zuschauer unmöglich, die einfachen Späße der kleinbürgerlichen jüdischen Familie zu betrachten und sich nicht gleichzeitig auch die entsprechende zeitliche 'Situation' der jüdischen Familien in Europa zu vergegenwärtigen. (...)
Jim Hoberman: Bridge of Light. Yiddish Film Between Two Worlds, New York 1991

### Aus einem Interview mit Ken und Flo Jacobs
*Ken Jacobs:* URBAN PEASANTS, das ist für mich Flos Familie. Ich habe den Ton dazugefügt, die Jiddisch-Kurse vor und nach dem Bildteil. Das Bildmaterial haben wir im Großen und Ganzen so gelassen, wie wir es von der Tante bekommen haben. Am Anfang habe ich etwas geschnitten - der Film ist fast völlig zufällig entstanden -, aber als er dann in dieser Form

da war, habe ich ein paar Entscheidungen getroffen. Ich habe einen Teil bräunlich eingefärbt, mit einem ganz bestimmten Bild angefangen und mit einem bestimmten Bild aufgehört. Das Ende ergab sich beinahe schicksalhaft, es ist ein sehr schönes Ende. Dann habe ich vor dem Anfang und nach dem Ende den Ton hinzugefügt. Nun, dieser Film wurde von dieser Familie in Brooklyn aufgenommen, zur selben Zeit, wo Leute, die ganz genau so sind wie sie, andere 'Bauern', abgeschlachtet wurden, oder dafür vorbereitet wurden. Und da ist es wieder - du drehst den Globus nur ein wenig, und sie stehen nicht mehr im Brennpunkt der Kamera, sondern im Zentrum der Vernichtung. Es waren diese einfachen Leute, die umgebracht wurden - das war das Böse, das weggewaschen werden mußte. Das ist ein Teil meiner Gedanken, wenn ich den Film sehe, und ganz besonders hier in Deutschland (die Jacobs waren zur Zeit des Interviews als Gäste des DAAD in Berlin, A.d.R.). Wir sind Juden, hier sind wir exotische Kreaturen, Seltenheiten, wie Orchideen. So geht es auch Asa (der Sohn von Ken und Flo Jacobs, A.d.R.) in der Schule. Die Kinder sind sehr interessiert. Du bist ein Jude? Was ist ein Jude? Wir haben schon davon gehört. Ein Jude mit einem Skateboard! Aha, also Juden haben Skateboards, ja... Es ist merkwürdig, sich selbst als mystisches Wesen zu entdecken.
Ich bin froh, daß eine Kopie des Films hier in Deutschland ist, dann können die Leute sehen, wie Juden aussehen, wie sie sich benehmen.
Und dann kommt natürlich der Jiddisch-Kurs dazu, in dem du lernst, wie du dich in einem jiddisch sprechenden Land verhalten sollst. In der ganzen Welt gibt es sowas nicht. Ein Land, das Jiddisch spricht, das gibt es nicht. Das ist die Vorbereitung für eine Welt, die gar nicht existiert. Jiddisch verschwindet, das gab es einmal.
*Frage:* Ich habe nie gedacht, daß diese Lektionen ernst gemeint sind, ich dachte, das wäre ein intellektueller Scherz.
*Ken Jacobs:* Das ist eine richtige Schallplatte zum Lernen, eine Anweisung, wie man sich verhalten soll - die wissen nicht, daß diese Welt vorbei ist, sie sprechen über eine ausgelöschte Zeit. Es sind Vorbereitungen, in einer ausgelöschten Welt zurechtzukommen. Das ist die innere Ironie, die Art bitterer Humor.
*Flo Jacobs:* Und ganz am Schluß sagt einer: alles ist gut, ich bin in Amerika.
*Ken Jacobs:* (auf deutsch) Ich bin ein Amerikaner, alles ist gut. (...)
Das Interview mit Ken und Flo Jacobs führten Birgit und Wilhelm Hein, in: Freunde der Deutschen Kinemathek (Hrsg.): Ken Jacobs, Kinemathek Nr. 70, Berlin 1986

### Über das Arbeiten mit gefundenem Material
Ich habe Probleme mit künstlerischer Zielstrebigkeit. Ich möchte etwas finden, nicht etwas gesagt bekommen; etwas erfahren, nicht manipuliert werden. Um Interesse zu gewinnen, muß etwas durch den Künstler hindurchströmen und seinen Niederschlag im Film finden; oder er muß ein Werkzeug der Erklärung für den Künstler und dann auch für mich als Zuschauer sein (falls nicht, wie häufig bei Eisenstein,

Gegenstand der Erforschung die emotionalen Reflexe mit dem Ziel der Überzeugung oder Überredung sind). Von Experten vorgenommene Demonstrationen der 'Sprache des Films', d.h. des Esperantos der Struktur der Filmerzählung, wie sie weltweit gebraucht wird, sind Übungen im Einbalsamieren oder Feste von Gauklern. Davon habe ich genug gesehen; ich gebe zu, daß wir sehr kluge Affen sind. Film als Abfall ('junk film'), Ziellosigkeit sind in gewisser Weise Bestandteil der Welt (während es kinematographische Reflexionen über den Zustand der Welt nicht sind). Sie sind Primärquellen, sie liefern einen primären Aufschluß. Jedes Stück solchen Films in seiner besonderen Zusammenhanglosigkeit verlangt eine besondere Anpassung, um es zu erfühlen, zu durchdenken.

Ein schöpferischer Film basiert oft auf einer ganz besonderen Sprache, die erlernt werden muß (im Unterschied zur Kommunikation mittels der tradierten Sprache); oft geht es nicht so sehr um Sprache, sondern um ein filmisches Phänomen, einen Ausdrucksbereich. Film als Kunst ist manchmal die bewußte Suche nach oder das Ertasten von etwas, das nicht in Sprache umgewandelt werden kann; Teile unseres Innern leben von solchen Angeboten, genießen sie. Die Abfall-Filme, die ich präsentiere, entsprechen solchen Kriterien. Sie sind vielsagend auf komische, unterschiedliche Art und Weise. Man muß offen und reaktionsschnell sein, um sie zu beachten (glanzlos, wie sie oft sind); am Ende applaudiert man seiner eigenen Performance.

Ken Jacobs, in: Freunde der Deutschen Kinemathek (Hrsg.): Ken Jacobs, Kinemathek Nr. 70, Berlin 1986

**Ken Jacobs**, geb. 25. Mai 1933 in Brooklyn, NYC. Besuch der High School of Industrial Arts; in der Art Students League Studium der Malerei bei George Grosz und Reginald Marsh. Jacobs wird nicht als Kriegsdienstverweigerer anerkannt; Verteidigungsdienst bei der Küstengarde. 1955 Rückkehr nach New York, Aufnahme des Malereistudiums, Beginn der Beschäftigung mit Film. 1956 *Orchard street*, nicht beendet; Studium bei Hans Hoffmann, Begegnung mit Jack Smith; 1957 *Saturday Afternoon Blood Sacrifice: TV Plug: Little cobra Dance* mit Jack Smith, wie auch die folgenden Arbeiten *Star Spangled to Death* (1958-60, unvollendet), 1958-63 *Little Stabs at Happiness*, 1961 *The Death of P'Town*, 1959/63 *Blonde Cobra*. Zusammen mit seiner Frau Flo Jacobs gründet Jacobs 1966 den 'Millennium Film Workshop', den wichtigsten New Yorker Aufführungsort für Avantgardefilme; bis 1968 Weiterführung des Workshops auch nachdem Bundeszuschüsse gestrichen werden. Arbeit in verschiedenen Berufen, 1968 Unterrichtsauftrag für Film an der St. Johns University; 1969 Umzug nach Binghamton, Gründung des 'Film Department' an der New York State University zusammen mit Larry Gottheim und Studenten (darunter Jim Hoberman). 1970 erste Aufführung des dreidimensionalen Schattentheaters ('Ken Jacobs' Apparition Theater of New York'). 1975 zum ersten Mal Erzeugung von 3-D-Effekten auf gefundenem Filmmaterial (*The Impossible: Chapter One, Southwark Fair*). 1974 Rückkehr nach New York nach Zusammenstoß mit einer ukrainischen Kirchengemeinde, Vorwurf der Pornographie. 1975 Weiterführung des Unterrichts in Binghamton.

Weitere Filme: 1964 *Baud'larian Capers*, 1964 *The Winter Footage*; *Window*; *We Stole Away*, 1965 *Lisa and Joey In Connecticut, January 1965, "You've Come Back! You're Still Here"*; *Naomi Is A Dream of Loveliness*, 1964-66/86 *The Sky Socialist*, 1967 *Airshaft*, 1968 *Soft Rain*, 1969 *Tom, Tom, The Piper's Son* (Neufassung 1971); *Nissan Ariana Window*, 1970 *Globe*, 1975 URBAN PEASANTS: AN ESSAY IN YIDDISH STRUCTURALISM, 1972 *Posthumus Works: Changing Azazel*, 1976 *Spaghetti Aza*, 1981 *1896 In 3-D* ('gefundener Film'), 1986 *Perfect Film (1966) presented by Ken Jacobs*, 1990 *The Subcinema* (vier Teile), 1991 *Opening the Nineteenth Century: 1896; Keaton's Cops*.

Performances: 1961 'The Human Wreckage Review', in Zusammenarbeit mit Jack Smith, 1972 'A Good Night At The Movies: The Fourth Of July By Charles Ives By Ken Jacobs' (24-h-Performance), 1975 'A Man's Home Is His Castle Films: The European Theater Of Operations', 1975 'The Impossible - Chapter One: Southwark Fair', 1976 2.-5. Teil: 'Hell Breaks Loose', 'Schilling', 'The Wrong Laurel', 1979 'Stick To your Carpentry And You won't Get Nailed', 1982 'Theater of Unconscionable Stupidity Presents: Camera Thrills Of The War'.

'Nervous System Performances': 1981 'XCXHXEXRXRXI-XEXSX', 1982 'The Whole Shebang', 1984 'Making Light Of History: The Phillipine Adventure', 1989 'Two Wrenching Departures'.

'Apparition Theater Of New York': 1965 'The Big Blackout Of '65: Chapter One; 30's Man', 1967 2.-4. Kapitel: 'Naomi Is A Dream Of Loveliness', 'Slide Of The City' und 'Give Me the Moon Anytime', 'Evoking The Mystery', 1970 Teil 5 'Restful Moments', 1974 ''Slow Is Beauty' - Rodin', 1976 'The Boxer Rebellion', 1979 'Air Of Inconsequence', 1982 'Optical Vaudeville'.

# COOPERATION OF PARTS USA 1983/87

*Daniel Eisenberg*
*16 mm, Farbe, OF, 40 Minuten*

**Daniel Eisenberg über die Arbeit an diesem Film**

Das Fragment trägt in sich die Referenz an etwas, das ein Ganzes war, eingeschlossen. Es verweist auf Schäden und Gewalt, Zeit und Entfernung. Ich fand, diese Eigenschaften waren bedeutsam für meine eigene Konstitution, und durch die Arbeit an COOPERATION OF PARTS wurde ich mir dessen bewußt.

Die Bilder für den Film wurden mit einer aufziehbaren 16-mm-Bolex auf einer Reise durch Europa im Frühjahr und Sommer 1983 aufgenommen. Ohne festgelegten Drehplan versuchte ich die Kamera nicht nur zu benutzen, um aufzunehmen, was ich sah, sondern auch, um meine eigenen Antworten auf das, was ich sah, festzuhalten. Die Kamera ist hier wirklich ein Medium - ein Zurückgeben findet statt; automatisch, ungeprobt, irregulär.

Im Kontrast zu den Bildschichten steht ein äußerst artikulierter Ton aus geschriebenen Texten, musikalischen Fragmenten und Toneffekten. Die musikalischen Fragmente am Ende des Films entstammen Ravels 'Gaspard de la nuit' und seinem Lied 'Soupir'. Die übrigen musikalischen Effekte sind so klein, daß sie jeden Kontext verloren haben und mehr wie Notizen oder Toneffekte funktionieren.

Der Text wird von mir gesprochen und wurde aus Material entwickelt, das zwischen Frühjahr 1984 und Winter 1985 entstand. Außer meinen Worten gibt es noch Zitate von Edmond Jabès, Roland Barthes, Theodor Adorno, Franz Kafka, und Paraphrasen von Material von Paul Valéry und John Ashbery.

Die Sprichwörter im Film haben eine Vielzahl von Quellen: die meisten wurden nachgeschlagen in Champions 'Racial Proverbs'. Andere konstruierte ich selbst, wobei ich die übliche Form von Sprichwörtern zu meiner Anleitung gebrauchte. Wieder andere kommen aus meiner Erinnerung, aus Ben Franklins 'Poor Richard's Almanac' oder aus Aphorismen, die bis zu den Toren und Dächern von Dachau, Buchenwald, Sachsenhausen und Bergen-Belsen reichen. Mein ursprünglicher Impuls, mit den Sprichwörtern zu arbeiten, kommt direkt aus Erfahrungen mit meinem Vater, dessen eigenwilliges, europäisches Talent, in Rätseln, Paradoxen und Sprichwörtern zu sprechen, mein tägliches Leben mit Bildern von Bettlern, Wahnsinnigen, Vagabunden, weisen Müttern, verlorenen Söhnen und einer seltsamen Figur namens Jan Swan würzte.

Daniel Eisenberg, Kommentierte Filmographie, in: Freunde der Deutschen Kinemathek (Hrsg.): Daniel Eisenberg, Kinemathek Nr. 77, Berlin 1992

**Zu diesem Film**

Dan Eisenbergs COOPERATION OF PARTS ist eine Reise der Fragen - durch Zeichen, Landschaften, Erinnerungen und festgelegte Bedeutung. Es ist ein Film, der die Konstruktion und die Instabilität der Identität einer Untersuchung unterzieht, ein Film, der eine Konstellation der Fragen schafft und durch diese führt, nicht jedoch, ohne die Fragen selbst zur Rechenschaft zu ziehen. Auch der Filmemacher selbst hat sich von diesem Prozeß nicht ausgenommen, wenn er den Stil des filmischen Diskurses, seine eigene Arbeit, seinen eigenen Sinn und seine Grenzen in Frage stellt.

Eisenberg ist durch Europa gereist - durch Frankreich, Deutschland und Polen im besonderen-, um die Spuren und die Gegenwart seiner jüngsten Familiengeschichte, um den unauflöslichen Schatten des Holocaust zu untersuchen und zu dokumentieren. Motiviert durch den Wunsch, ''mit beiden Augen offen zu sehen'', besuchte er zum ersten Mal in seinem Leben die Todeslager von Auschwitz und Dachau, bevor er Radom, die Heimatstadt seiner Mutter, fand. Ein Sprichwort, eins von vielen, das in diesem Film auftaucht, drückt diesen Gedanken aus: ''Der längste Weg ist der von der Mutter zur Haustür''.

Es sind der persönliche Charakter der Suche und die entsprechende von ihm bereiste Strecke, die zu dem emotionalen und intuitiven Leben, das man in diesem Film fühlt, beitragen. Es ist Eisenbergs Verbindung von poetischer und analytischer Kraft, die COOPERATION OF PARTS so herausfordernd, bewegend und formal aufregend macht.

Der Film hat die Struktur einer verantwortlich nüchternen, warnenden Geschichte, eine Eigenschaft, die er mit den Sprichwörtern teilt. Sprichwörter haben eine große Bedeutung in diesem Film - sie sind Bestandteil des gesamten gesprochenen und geschriebenen Textes. Sie erscheinen musikalisch als Erwiderungen, Generalschlüssel, Litaneien, aufheulende Sirenen, die Aufmerksamkeit erregen - feine Konzentrate angesammelter Geschichte. Der Filmemacher hat die Sprichwörter sorgfältig aus vielen Quellen ausgewählt; einige aus der jiddischen Tradition und der Gegenwartsliteratur, einige hat er selbst geschrieben, andere sind Teil seiner Kindheitserinnerungen. COOPERATION OF PARTS offenbart schließlich in der Komplexität seiner einzelnen Abschnitte eine intellektuelle Eleganz - einen Knoten, sowohl kompakt und offen; Eigenschaften, die dieser Film mit den Sprichwörtern teilt. (...)

In einem früheren Film, *Displaced Person,* versuchte Eisenberg, Themen des Holocaust durch historische Information und kulturelle Artefakte zu befragen, die uns allen als 'Lesern' von Geschichte zur Verfügung stehen. In einer höchst individualistischen Kreisbewegung von außen nach innen arbeitet *Displaced Person* mit einer sorfältig ausgewählten Anzahl von Elementen, um die Fragen innerhalb des historischen Feldes zu erkunden. Imposante und wohlklingende

Passagen eines Beethoven-Streichquartetts schaffen eine komplexe Argumentation um Bilder und Text. (...)

*Displaced Person* ist ein Faden, der sich verschlingt und entwirrt; aus Notwendigkeit und aufgrund der Thematik fehlt dem Film die Schlußfolgerung. Ausgehend vielleicht von dem, was dort fehlt, kehrt COOPERATION OF PARTS von einem mehr speziellen und privaten Standpunkt aus zum gleichen Thema zurück. In dem neuen Film untersucht Eisenberg, wie die riesige Menge zugänglichen Informationsmaterials über den Zweiten Weltkrieg sich spezifisch auf seine individuelle Erfahrung als Kind von Überlebenden bezieht. Er versucht zu bestimmen, welche seiner Erfahrungen Teil der ganzen Welt sind, welche Teil des Lebens seiner Eltern sind, und was ihm ganz alleine gehört. (...)

Als Film über Erinnerung und aktiven Widerstand schließt sich COOPERATION OF PARTS an eine große Zahl von Arbeiten an, die sich Fragen des Holocausts widmen. Aber sehr wenige dieser Filme sind Arbeiten von solch radikaler Erfindungskraft, daß sie nicht nur eine individuelle Perspektive anbieten, sondern auch eine neue Möglichkeit, die Welt zu sehen (...).

Die Nazis und ein großer Teil der deutschen Bevölkerung waren in der Lage, eine gehörige Menge von Ängsten und Selbsthaß auf die Juden zu projizieren. Die Juden wurden zum Gefäß der Phantasie der Nazis vom Krebsschaden, der ihre Rasse verdirbt und ihrer Mission auf der Welt im Wege steht. Wenn die Juden zuerst eine Projektionsfläche für diese Ansammlung bedauernswerter Eigenschaften waren, erklärten die Nazis später, in Vergeltung gegen diese eingebildeten Eigenschaften, die Juden besäßen überhaupt keine menschliche Identität. Juden wurden auf die Summe ihrer physischen Teile reduziert, die für eine wirtschaftliche Verwertbarkeit und makabre Dekorationen gesammelt wurden. Sie waren auswechselbares, austauschbares Material, das den Geist reinigte und die Öfen glühen ließ. In den Augen der Nazis wurde kein erkennbares Leben vernichtet. Dies ermöglichte es ihnen, die Juden als 'Puppen' zu bezeichnen, und in ihren Köpfen die feindliche und abhängige Symbiose herzustellen, die sich zwischen einem brutalem Kind und dessen Spielzeug entwickelt.

In COOPERATION OF PARTS ist Identität eine grundlegende Frage. Eisenberg erkennt die Notwendigkeit, seine Identität zu bestimmen und gleichzeitig in Frage zu stellen, sowohl als Individuum wie auch als Jude. Ein Sprichwort im Film scheint Identität als sicher und zugleich fatalistisch gefesselt zu betrachten: ''Wo immer du hingehst, du kannst dir nicht davonlaufen.'' Damit beschäftigt sich der Film, wenn er dem nachgeht, was die Identität ausmacht. Eisenberg staunt über die Tatsache, daß er überhaupt existiert. Angesichts der Zahl der Vernichteten und der Zahl der Überlebenden betrachtet er sich als statistische Besonderheit, ''nach allem Recht und aller Vernunft sollte ich nicht existieren''. (...)

Viele Szenen aus diesem Film bleiben unauslöschlich - oder scheinen so -, wenn ich sie mir ins Gedächtnis rufe. Die Bilder von Dachau und Auschwitz, die so oft gesehen wurden, in so vielen Zusammenhängen, laufen Gefahr, in einer stummen Ikonographie zu erstarren. Eisenberg begegnet dem erfolgreich durch die Art der Bewegung, hinterläßt seine eigene Spur, eine aktive Aufschrift im Raum, den er durchquert. Eine Fähigkeit von aufgeregtem Suchen und motiviertem Sehen hält die Bilder wach.

Doch die Bilder, zu denen ich zurückkehre, sind die, die der Filmemacher im Garten des Mietshauses in Radom, Polen, komponierte, wo seine Mutter einst lebte, bevor sie in ein Arbeitslager gebracht wurde. Das ist vielleicht der Ort, an dem Dan Eisenberg mit allem Recht aufgewachsen sein sollte. Ich habe diese Bilder nur stumm gesehen: Ich kann nicht erraten, welche Gefühle sie in Verbindung mit Ton vermitteln würden. Vom Fotografischen her betrachtet, scheint es ein Platz des Segens zu sein - in diesen Kompositionen ist exquisite Klarheit und Rhythmus. Es gibt ein Wechselspiel von bestürzenden Kompositionen, ein plötzliches Feuerwerk von Bewegung und Ausgelassenheit. Das gestaltende Auge vergrößert, wählt kleine und kräftige Einzelheiten von Gleichgewicht und Spannung aus. Selbst die Kinder scheinen zeitweise spontan in einem Bild der Ruhe zusammenzukommen. Diese Bilder, wie alle anderen in dem Film, sind der Überprüfung nicht entzogen und müssen in Frage gestellt werden. Sie scheinen eine Wahrheit zu enthalten, die noch nicht kategorisiert werden kann. Doch in Dan Eisenbergs Film COOPERATION OF PARTS - wie das Sprichwort sagt - "sticht die Wahrheit ins Auge".

Mark McElhatten, Dan Eisenbergs COOPERATION OF PARTS, in: Freunde der Deutschen Kinemathek (Hrsg.): Daniel Eisenberg, Kinemathek Nr. 77, Berlin 1992

**Aus einem Interview mit Daniel Eisenberg**
*Frage:* Der Film, den Sie nach *Displaced Person* gemacht haben, COOPERATION OF PARTS, benützt wieder Bilder, die Sie selbst gemacht haben. Andererseits gibt es auch hier eine Fragmentierung. Sie bevorzugen, daß der Zuschauer den Film wie ein Puzzle im Kopf selbst zusammensetzt, ihn noch sieht, im Kopf hat, wenn er längst vorbei ist.
*Daniel Eisenberg:* Das ist eine sehr gute Beschreibung des Films. Ich glaube, genau das ist das biographische Element in dem Film. Sie haben das einmal als Entfremdung beschrieben (...), und ich bin nicht so sicher, daß dies der Fall ist. Es ist ein Versuch herauszufinden, wer du bist. Manche charakterisieren diesen Prozeß als kontinuierliche, komplette Sache, die sich auf solider Grundlage aufbaut. Für mich ist das nicht so. Es ist mehr so, daß ich hier etwas finde, etwas anderes dort, es zusammensetze, schaue, ob es richtig ist so. Es ist eine Art, ein mehr innerlicher Prozeß, die Welt, die eigene Geschichte zusammenzusetzen, zu reflektieren. Ich glaube, in meinem Fall war das besonders schwierig. Meine Familie war aus ihrem Leben in Europa vertrieben worden, ich hatte keine andere Familie als meine Eltern und ihre Brüder und Schwestern, keine Großeltern. Wann immer ich Fragen stellte, bekam ich sehr komplexe Antworten. Man muß sich das einmal vorstellen, wie schwer es den Eltern fallen muß, einem Kind zu schildern, was es heißt, im KZ oder in einem sowjetischen Arbeitslager gewesen zu sein! Aber die Antworten auf diese Fragen waren nie befriedigend für mich. Also habe ich weitergefragt, habe unterschiedliche Antworten bekommen. In gewisser Weise reflektiert meine Filmarbeit, denke ich, diese Art von Identitätsprozeß. (...)
*Frage:* Ich glaube, wir müssen ein wenig über Ihren familiären Hintergrund sprechen, es ist wichtig für Ihre Arbeit.
*DE:* Gut. Meine Eltern trafen sich in Dachau nach dem Krieg. Mein Vater kommt aus Warschau, meine Mutter aus Radom in Polen. Sie waren beide Anfang zwanzig während des Krieges. Meine Mutter verbrachte die meiste Zeit während des Kriegs in deutschen Konzentrationslagern, im Lager von Auschwitz und Theresienstadt und kam schließlich nach Dachau. Trotz all der Überlebenden, ihre Geschichte ist außergewöhnlich, ich will aber nicht zuviel darüber reden. Es ist eine Geschichte von unglaublicher Stärke, physischer Ausdauer und Glück. Mein Vater war aktiver Kommunist. Er ging nach Osten. Eine Zeitlang war er in Bialystok, dann in Minsk und schließlich hinterm Ural; er arbeitete in Arbeitslagern in Sibirien, in Bergwerken, in den Wäldern. (...)
Die Geschichte geht kompliziert weiter: der Schwiegersohn

meiner Tante und der Bruder meiner Mutter gründeten gemeinsam in Dachau die erste Organisation zur Familienzusammenführung. Sie hatten Radioansagen in ganz Deutschland (...) und durch diese Verbindungen trafen sich meine Eltern. Sie heirateten 1949 in Dachau und gingen nach Israel. Meine Schwester und ich kamen in Israel zur Welt. Mein Vater nahm 1956 am Suez-Krieg teil (...), gleich danach, noch 1956, ging er in die USA, ich denke wohl, um ein Leben für uns aufzubauen. Wir, der Rest der Familie, folgten ihm 1957 nach New York. (...)
*Frage:* Die Frage nach Ihrer persönlichen Geschichte ist wichtig, weil Ihr Film COOPERATION OF PARTS sich damit auseinandersetzt. Ihre 'Jiddischkeit' spielt hinein, die deutsche Vergangenheit, die Schrecken, die über Ihrer Vergangenheit liegen. Es geht um Ihre Reisen durch Europa, die Geschichte Ihrer Familie. Außerdem sind jüdische Sprichwörter ein Teil des Films auf der sprachlichen, aber auch auf der visuellen Ebene als Titel. (...) Der Film vermittelt sehr stark das Gefühl, daß er dem Zuschauer den sicheren Boden entziehen will. War es dadurch für Sie leichter, sicheren Boden unter die Füße zu bekommen?
*DE:* Der Prozeß, auf diese Reise zu gehen, war etwas anderes als den Film zu machen. In meiner Erinnerung sind es zwei unterschiedliche Erfahrungen. Deshalb habe ich auf die Frage, so wie Sie sie stellen, keine Antwort. Ich fand meinen Boden, aber wenn ich meinen Boden finde, bewegt er sich. Dann verliere ich ihn wieder; es ist nichts, auf dem man ein Gebäude errichten könnte. Es hängt auch von den Erfordernissen ab, davon, was für eine solide Identität notwendig ist, um etwas zu tun. (...) So viele aus meiner Generation haben sich entschlossen, zurückzugehen und eine Hommage auf ihre Eltern zu machen, aber ich kenne niemanden, der es gewagt hätte, den Prozeß der eigenen Erfahrungen mit Geschichte zu beschreiben, und ich hatte das Gefühl, daß das eine wichtige Sache sei. (...) Es ist keine einfache, sondern eine komplizierte Beschreibung meiner Erfahrungen, von Erinnerungen, von Wut, von Reflektionen, und am Ende des Films auch eine Projektion in die Zukunft. COOPERATION OF PARTS ist offen für die Vorstellung von Film als der generösen Kunstform, die so viel zu geben hat, sowohl mit Ton, als auch mit Bildern, Struktur, Farbe, man kann alles benützen, um zu den Dingen vorzudringen. (...)

Daniel Eisenberg im Gespräch mit Alf Bold, in: Freunde der Deutschen Kinemathek (Hrsg.): Daniel Eisenberg, Kinemathek Nr. 77, Berlin 1992

**Daniel Eisenberg** wurde 1954 in Israel geboren und ging mit seiner Familie Ende der 50er Jahre in die USA. Er studierte Film an der State University in New York in Binghamton u.a. bei Ernie Gehr, Larry Gottheim, Klaus Wyborny, Saul Levine und Ken Jacobs. Dan Eisenberg zeigte seine Filme in den Vereinigten Staaten im Museum of Modern Art und The Whitney Museum in New York sowie The Pacific Film Archive in Berkeley, und in Europa im Centre Georges Pompidou in Paris und der Cinémathèque Royale in Brüssel. Darüberhinaus schnitt Dan Eisenberg Dokumentarfilme für das Fernsehen, darunter *Eyes On The Prize - America's Civil Rights Years* (Internationales Forum des Jungen Films, Berlin 1987) und *Vietnam: A Television History*. Zur Zeit schreibt und dreht er an den Filmen *Germany: Year Zero* und *Confidence*.
Filme: *Matrice* (1975/79), *Design and Debris* (1979), *Mexican Sketches* (1980), *Displaced Person* (1981), *Two Motion Studies* (1981), *Native Shore* (1983/84), *To a Brother in Asia* (1984), COOPERATION OF PARTS (1983/87), *A Short Note About Representation* (1980/91).

## REUNION
Der wiedergefundene Freund/L'Ami retrouvé
Frankreich/Deutschland/Großbritannien 1989

*Produktion: Les Films Ariane (Paris), FR 3 Films Productions (Paris), NEF (München), Maran GmbH (München), Arbo Film (München), C.L.G. Films (Twickenham)*
*Regie: Jerry Schatzberg*
*Buch: Harold Pinter*
*Nach der gleichnamigen Novelle von Fred Uhlman*
*Kamera: Bruno de Keyzer*
*Musik: Philippe Sarde*
*Ausstattung: Alexandre Trauner*
*Schnitt: Martine Barraqué*
*Ausführende Produzentin: Anne François*
*Darsteller: Jason Robards (Henry Strauss), Christian Anholt (Hans Strauss), Sam West (Konrad Graf von Lohenburg), Françoise Fabian (Gräfin von Lohenburg), Maureen Kerwin (Frau Strauss), Bert Parnaby (Herr Strauss), Jacques Brunet (Herr von Lohenburg)*
*Uraufführung: Mai 1989, Cannes*
*Deutsche Erstaufführung: 5. Oktober 1989*
*Farbe, 110 Minuten, deutsche Fassung*

### Inhalt
Henry Strauss, ein erfolgreicher jüdischer Rechtsanwalt in New York, kehrt nach 50 Jahren zum ersten Mal in seine Heimatstadt Stuttgart zurück, aus der er 1933 vertrieben wurde. Er möchte in Erfahrung bringen, was aus seinem Jugendfreund Konrad von Lohenburg geworden ist.
Harold Pinter schrieb das Drehbuch nach der autobiographisch gefärbten Novelle des Malers und Schriftstellers Fred Uhlman. Drehorte waren New York, Berlin, Stuttgart und Baden-Württemberg.

Verleihmitteilung

### Reise in die Vergangenheit
Der Direktor tuschelt vor versammelter Klasse mit dem Lehrer. Die Augen der Schüler ruhen neugierig auf dem Neuen, den der Direktor mit in die Klasse gebracht hat. Noch ein halbes Jahrhundert später erinnert sich der Rechtsanwalt Henry Strauss an diese Szene aus seiner Jugend, die doch aus einem anderen Leben zu stammen scheint.
DER WIEDERGEFUNDENE FREUND, ein Film des amerikanischen Regisseurs Jerry Schatzberg, erzählt von der Freundschaft, die sich zwischen Hans Strauss und dem Neuen damals entwickelte. Hans ist gerade 16 geworden. Er ist der Sohn eines angesehenen jüdischen Arztes im Stuttgart des Jahres 1932. Konrad von Lohenburg heißt der, der sein neuer, sein erster enger Freund wird. Der entstammt einem berühmten schwäbischen Adelsgeschlecht und ist bisher nur von Privatlehrern erzogen worden.
Die Geschichte zweier gegensätzlicher junger Männer an der Schwelle zum Erwachsenwerden hat der Maler und Schriftsteller Fred Uhlman (1901-1985) in einer zweiteiligen Erzählung beschrieben, die in deutsch zunächst unter dem Titel 'Mit

neuem Namen' erschien und jetzt unter dem Filmtitel 'Der wiedergefundene Freund' wiederaufgelegt wurde. "Hunderte dicker Bände sind über die Jahre geschrieben worden, in denen die Herrenrasse ihre Reinheit wahren wollte, indem sie aus Leichen Seifen machte. Ich bin jedoch überzeugt, daß gerade dieses kleine Buch sich auf die Dauer behaupten wird." Arthur Koestler schrieb diese Sätze 1976 über Fred Uhlmans Erzählung.
(...) Die Freundschaft zwischen Hans Strauss (Christian Anholt) und Konrad Graf von Lohenburg (Sam West) - im Buch heißt er Konradin von Hohenfels - , die sich zunächst vorsichtig entfaltet, erleidet einen schmerzhaften Bruch. Vor dem Hintergrund des aufziehenden Nazi-Terrors schikken die Eltern Hans zu seinem Onkel nach Amerika. Konrad fühlt sich hingegen zu Hitler als Künder eines neuen Deutschlands hingezogen. Erst Jahrzehnte später findet Hans, inzwischen zum Amerikaner Henry (Jason Robards) geworden, der alle Brücken zu seiner ehemaligen Heimat abgebrochen hat, eine Spur Konrads. Als Beteiligter des Attentats vom 20. Juli gegen Hitler wurde Konrad hingerichtet.
Fred Uhlman, selbst in Stuttgart geboren, vertrat in den Jahren 1927 bis 1933 die SPD als Anwalt und flüchtete 1933 über Paris nach Spanien und London. Seine Familie starb in Auschwitz. So ist seine Erzählung nicht zuletzt eine Versöhnungsgeste, die Geste eines Menschen, der sehr wohl weiß, wovon er spricht. Und der sich mit Trauer und Wehmut, aber auch voller Liebe an Menschen und Landschaften erinnert. Für Jerry Schatzberg waren die Dreharbeiten vor Ort und die vorausgegangene Motivsuche die ersten Begegnungen des 61jährigen mit Deutschland. Darum ist es schon erstaunlich, wie er die Töne trifft. Leider erliegt er gelegentlich dem amerikanischen Hang, alles zu klar und zu deutlich machen zu wollen (...). Ganz nach innen weist dagegen, was der wunderbare New Yorker Theater- und Filmstar Jason Robards aus seiner Rolle macht - ein alter Mann, der sich schmerzhaft erinnert. Auch Sam West und Christian Anholt überzeugen in ihrem ersten Spielfilm.
"Politik war etwas für Erwachsene... wesentlich war zu entdecken, welchen Sinn dieses Leben besaß - falls es überhaupt einen hatte..." DER WIEDERGEFUNDENE FREUND, ein Film, der von der Jugend erzählt, von der Erinnerung, von Freundschaft und vom kaum faßbaren Grauen, das vom ersten bis zum letzten Bild nicht wegzudenken ist und sich in scheinbaren Harmlosigkeiten bemerkbar macht, erinnert in vielem an Louis Malles *Auf Wiedersehen, Kinder*, die Geschichte einer französisch-jüdischen Jugendfreundschaft. DER WIEDERGEFUNDENE FREUND ist dennoch ein ganz eigenständiger Film, der berührt.

Bodo Fründt, in: Süddeutsche Zeitung, München, 6. Oktober 1989

### Eine Recherche du temps perdu
Die Stabliste von REUNION liest sich wie ein Versprechen: das Drehbuch schrieb Harold Pinter, die Kamera führte Bruno de Keyzer, das Dekor stattete Altmeister Alexandre Trauner aus, für den Schnitt zeichnet Martine Barraqué verantwortlich, die Partitur hat Philippe Sarde komponiert.

Das Versprechen wird gehalten! Wie in seinem legendären unverfilmten Proust-Drehbuch läßt Pinter in den Eröffnungsszenen Vergangenheit und Gegenwart ineinandergreifen und entfaltet einen assoziativen Beziehungsreichtum von aufblitzenden Erinnerungen und Bildern aus fernstem Gestern, die den Protagonisten bis ins Heute heimsuchen. Der Filmanfang stellt eine Unzahl von Fragen und versichert den Zuschauer zugleich des behaglichen Gefühls, der Film werde fortan so rechtschaffen konventionell erzählt, daß ihm (dem Zuschauer) all diese Fragen beantwortet werden. Bruno de Keyzers Kamera (auf deren Agilität seit *Ein Sonntag auf dem Lande* nicht nur Bertrand Tavernier vertraut) ist immer darauf aus, die Perspektiven ein wenig zu verrücken und den Personen unablässig zu folgen. Die Ausstattung Trauners trägt der Tatsache Rechnung, daß dies ein Film der *Erinnerung* ist: Mobiliar und Details sind mit äußerster Sparsamkeit eingesetzt, ausgewählt wie durch die subjektive Wahrnehmung der Erinnerung. Martine Barraqué findet bei der Montage immer wieder verblüffende Szenenauflösungen, mal fragmentiert sie rigoros die Bewegungen der Figuren, mal verleiht sie dem Erzählrhythmus eine ungeheure Gelassenheit. In der Partitur Philippe Sardes, des meistbeschäftigten französischen Filmkomponisten, schließlich gehen Marschmusik und Blueselemente eine unheilschwangere Liaison ein. Orchestriert hat all dies Jerry Schatzberg, einer der europäischen US-Regisseure, ein ehemaliger Modefotograf, dem der Ästhetizismus *nicht* in die Quere kam. REUNION wirkt wie eine Kunstfilmmaschine, die auch ohne die Gewichtigkeit ihres Inhalts laufen würde.

Dieser ungemein preziös gearbeitete Film widmet sich einem Sujet, mit dem man außerhalb Deutschlands unbeschwerter umgehen kann: dem Antisemitismus und dem Aufkommen des Faschismus bis zur Machtübernahme Hitlers. Ein oft behandeltes Kinothema, und ein dankbares Thema nur noch dann, wenn es aus einer nuancierten, frischen Perspektive betrachtet wird. Der Blick auf diese Epoche ist diesmal kein deutscher, die Betroffenheit ist diesmal eine andere (einige der wesentlich Beteiligten - Schatzberg, Trauner, Fred Uhlman, der Verfasser der stark autobiographisch gefärbten Romanvorlage - sind Juden und waren der Verfolgung durch den Naziterror ausgesetzt): REUNION ist eine internationale Co-Produktion.

Der Film nimmt sich die Freiheit, die Zeitgeschichte in der Geschichte einer Jungenfreundschaft zu filtern, ohne den Antisemitismus zur bloßen Folie zu degradieren, zur nur äußeren Bedrohung der Freundschaft zwischen dem jüdischen Bürgerssohn Hans (Christian Anholt) und Konrad (Sam West), dem Sohn aus arisch-aristokratischem Hause. Die bedrohlichen Zeitläufe werden als Belastungsprobe dieser Freundschaft spürbar, offenbaren sich in den Alltagserlebnissen der beiden Gymnasiasten. Die werden vom Film ganz radikal personalisiert: da wird Engagement auch zu einer Frage der persönlichen Loyalität, zu einer Frage des Verrats an gemeinsamen Wertvorstellungen und Überzeugungen (Konrad, dessen Mutter eine pathologische Antisemitin ist, erliegt, wie viele Intellektuelle seiner Zeit, dem Charisma des Führers und liebäugelt mit der Naziideologie).

REUNION bleibt vor allem anderen die Geschichte einer Freundschaft und feiert - nicht ohne Sentimentalität - die Intensität dieser Beziehung, die man so nur in seiner Jugend erleben kann, die fortan nicht wiederholbar ist und unvergessen bleibt. Die schönsten Szenen widmet der Film den ersten Annäherungen der Jungen. In langen Montagesequenzen schildert er mit sympathischer Beiläufigkeit, wie sich die Freundschaft im Alltäglichen manifestiert: dem regelmäßigen Treffen auf dem Schulweg, dem Abschied auf dem Heimweg, der von Mal zu Mal etwas länger dauert. Der subtile Impressionismus dieser Sequenzen bedarf keiner Dialoge, kann einfach auf die eigenen Freundschaftserfahrungen und -erinnerungen vertrauen. Die Entfremdung der beiden ist schließlich unausweichlich, der Film läßt spüren, daß es in einer Freundschaft wie in einer Liebe auch ums Existentielle gehen kann, wenn sie verraten wird. Schatzberg und Pinter haben aber auch einen Film über Zeit und Erinnerung gemacht. Jason Robards spielt den gealterten Hans, der nun Henry heißt und in den USA lebt. Seine Heimat nach mehr als einem halben Jahrhundert zum ersten Mal wiederzusehen, gerät ihm zur qualvollen Erinnerungsreise, an deren Ende die Wiederbegegnung mit dem unvergessenen Freund stehen soll. Die Subjektivität dieser Recherche du temps perdu vermitteln Schatzberg und sein Kameramann durch eine ausgeklügelte Farbdramaturgie mit dem harten Schwarzweiß von Dokumentaraufnahmen und dem weichen Monochrom der Rückblende, deren Sepiaton an alte Familienfotos erinnert.

Bei den Fragen, die der Film an die Vergangenheit stellt, macht er sich die ruhige Beharrlichkeit, die dem Alter seines Protagonisten angemessen ist, zu eigen. Ebenso verhalten, wie Jason Robards spielt, bedient sich der ganze Film eines elegischen Erzähltons (der eher einer Novelle entsprechen würde - vielleicht liegt hierin das eigentliche Wagnis dieser Literaturverfilmung). Er ist kein Aufschrei des Schmerzes, sondern die Chronik einer langwährenden Agonie.

Gerhard Midding, in: die tageszeitung, Berlin, 5. Oktober 1989

**Jerry Schatzberg**, geb. 26. Juni 1927 in der Bronx/N.Y., gelernter Modefotograf, seit 1970 als Filmregisseur tätig. Filme: *Puzzle of a Downfall Child* (1970), *The Panic in Needle Park* (1971), *Scarecrow* (Asphalt-Blüten, 1973), *Sweet Revenge/Dandy, the All-American Girl* (Catch-Ferrari, 1976), *The Seduction of Joe Tynan* (Die Verführung des Joe Tynan, 1979), *Honeysuckle Rose* (1980), *Misunderstood* (1984), *No Small Affair* (Eine starke Nummer, 1984), *Street Smart* (Glitzernder Asphalt, 1987), *Clinton and Nadine* (1988, Fernsehfilm), *Blood Money* (Tropic War, 1988), REUNION (Der wiedergefundene Freund, 1989). *In Vorbereitung*: Film über einen amerikanischen Politiker, der ein Verbrechen begeht und absichtlich Spuren hinterläßt, um seine Unantastbarkeit zu demonstrieren; Szenario: Paul Schrader.

Herausgeber: Freunde der Deutschen Kinemathek. Druck: graficpress

## GOD, MAN AND DEVIL / GOT, MENTSCH UN TAJWL USA 1949

*Produktion: Aaron Productions, Inc.*
*Regie: Joseph Seiden*
*Buch: Isadore Frankel*
*Nach dem gleichnamigen Bühnenstück von Jacob Gordin*
*Kamera: Harold Seiden*
*Musik: Sholom Secunda*
*Herstellungsleitung: Daniel Silver, Sol C. Rynd*
*Produzent: Joseph Seiden*
*Darsteller: Michael Michalesko (Herschele Dubrovner), Gustav Berger (Uriel Mazik/Satan), Berta Gersten (Pesenyu), Esta Saltzman (Tsipenyu), Lucy Gehrman (Dobe), Shifra Lehrer (Freidenyu), Maks Bozyk (Leyser Badchen), Leon Schachter (Chatskl Drachme), Joshua Zeldis (Motl)*
*Uraufführung: 21. Januar 1950, New York (Stanley)*
*s/w, Jiddisch mit engl. Untertiteln, 100 Minuten*

### Inhalt

(...) GOD, MAN AND DEVIL ist eine atmosphärisch düstere Arbeit, die die Geschichten von Faust und Hiob vor antikapitalistischem Hintergrund vereint. Nachdem er mit Gott gewettet hat, er würde es schaffen, Herschele Dubrovner, einen frommen Thora-Gelehrten, zu korrumpieren, erscheint der Teufel in Gestalt eines schäbigen Hausierers und verkauft Dubrovner ein Glückslos. Indem er den Rat des Teufels befolgt und den Lotteriegewinn zur Gründung einer Stoffabrik verwendet, wird er zum Ausbeuter seines eigenen Volkes.
Der nun korrupte Dubrovner trennt sich von seiner treuen, aber kinderlosen Frau, um seine attraktive junge Nichte zu heiraten. Als sein eigener Vater dagegen aufbegehrt, schickt er diesen kurzerhand fort. Nachdem er so seine Familie ruiniert hat, wird er ein nur noch habgierigerer Geschäftsmann - bis ein fataler Zufall ihn dazu bringt, seine Sünden zu bereuen; er erhängt sich.

Jim Hoberman: Bridge of Light. Yiddish Film Between Two Worlds, New York 1991

### Zur Entstehungsgeschichte des Films

Joseph Seiden beteiligte sich während des Krieges an der Produktion klappbarer Floßmasten und es sollte bis 1949 dauern, bis er sich wieder der Herstellung jiddischer Filme zuwandte. Angesichts des nicht mehr vorhandenen europäischen Marktes, dem fehlenden Interesse, ja sogar Geringschätzung gegenüber jiddischen Filmen in Israel sowie einer neuen Generation, die das Jiddische nicht mehr sprach, verschwanden die noch wenige Jahre zuvor vom jiddischen Kino so begeisterten kommerziellen Produzenten von der Bildfläche. Trotzdem traf Seiden im Juni 1949 Vorbereitungen zu seinem bisher größten Projekt, der Verfilmung von Jacob Gordins 'God, Man and Devil'. Das Bühnenstück handelt von der Verwandlung eines der Tradition verpflichteten Juden in einen Mann von Rang, dessen Habgier alles um ihn herum vernichtet. In einer Adaptation der Faust-Legende hat der Teufel den Mann überwältigt und dazu gebracht, daß er sich

von seiner Frau scheiden läßt, einen Mord begeht und sich selbst zerstört. Seiden verpflichtete viele große Talente des jiddischen Theaters: Michal Michalesko, Maks Bozyk, Gustav Berger, Berta Gersten, die Hauptdarstellerin von *Mirele Efros* (1939), und Lucy Gehrman, die in *A Brivele der Mamen* (1938) mitgewirkt hatte. Jeder dieser Schauspieler hatte 'God, Man and Devil' bereits viele Male gespielt. Seiden bezahlte überdurchschnittlich hohe Gagen: je $ 500 für Gersten und Michalesko, je $ 300 für Gehrman und Berger; und das für rund zehn Tage Arbeit. Darüberhinaus engagierte er den Komponisten und Dirigenten Sholom Secunda mitsamt einer siebenköpfigen Band für noch einmal $ 1000. Seiden wollte die Tradition der Produktion von 'jiddischen Klassikern' fortsetzen, die zwölf Jahre zuvor begonnen hatte; er hoffte, durch die Professionalität seiner Darsteller diesem Vorhaben zum Erfolg zu verhelfen. (...)
Seiden wartete nicht erst ab, wie GOD, MAN AND DEVIL in den Kinos aufgenommen werden würde. Unbeirrt traf er bereits im November Vorkehrungen zur Verfilmung des Theaterstücks 'Draj Techter' von Abraham Blum. (...)
Noch vor Fertigstellung dieses Films kam GOD, MAN AND DEVIL in die Kinos und stieß dort auf sehr zurückhaltende Aufnahme. Seiden, der stets mit äußerst knappem, scharf kalkuliertem Budget arbeitete, war niedergeschmettert vom Mißerfolg seiner ersten 'big name'-Produktion. Es schien kein Interesse mehr für jiddische Kultur zu geben. In jenem Jahr 1950 schloß auch Maurice Schwartz' 'Yiddish Art Theater' - nach 32 Jahren kontinuierlicher Produktion. Vor dem Hintergrund dieser Entwicklungen investierte Seiden nur noch wenig Geld und Mühe, um den neuen Film *Three Daughters* zu lancieren, von dem er einmal geglaubt hatte, er könnte ebenso erfolgreich werden wie GOD, MAN AND DEVIL. (...)
Das Jahr 1950 bestätigte den Tod des jiddischen Kinos. Es gab dafür eine Anzahl Gründe, die vom Aufkommen des Fernsehens bis zu den hohen Produktionskosten reichten, aber der wichtigste von allen war wohl, daß ein jiddischsprachiges Publikum so gut wie nicht mehr vorhanden war. (...)

Eric Arthur Goldman: A World History of the Yiddish Cinema, New York 1979

### Zur Person des Bühnenautors Jacob Gordins

Jacob Gordin, geb. 1853 in der Ukraine, als Schriftsteller Autodidakt; Journalist, Geschäftsmann, Landarbeiter, Schauspieler und Gründer der 'Spirituellen Biblischen Bruderschaft', die 1891 von der zaristischen Polizei aufgelöst wurde; Gordin entkam in die USA. Er wollte das jiddische Theater revolutionieren und wurde dessen einflußreichster Bühnenautor. Gordins Stücke ('The Jewish King Lear', 1892; 'Mirele Efros', 1898; 'God, Man and Devil', 1900, u.a.) brachten wieder Ernsthaftigkeit, Disziplin und Realismus auf die jiddische Bühne, die seinerzeit in seichten, schwülstigen und oft improvisierten Melodramen schwelgte. Er war entschlossen, den vielen russifizierten jüdischen Intellektuellen, die es wie ihn nach der Lower East Side verschlagen hatte, 'Futter' zu geben und gleichzeitig die jiddischsprachigen Massen zu erziehen und zu bilden. Seine kraftvolle Persönlichkeit dominierte nicht nur das jiddische Theater, sondern die gesamte jiddische intellektuelle Szene. Er wurde eine Art weltlicher Rabbi, und als er 1909 starb, säumten eine viertel Million Trauergäste die Straßen New Yorks, um ihm das letzte Geleit zu geben.

Michael Swirsky, in: The American Jewish Historical Society (ed.): God, Man and Devil, Massachusetts 1978

## Religiöses Lebensgefühl und politische Aufklärung

Eine Mischung aus ostjüdischen Legenden und Motiven mit klassischen Entwürfen der Weltliteratur stellen zwei nicht untypische Stücke von Jacob Gordin dar: 'God, Man and Devil' und 'Der jidischer Kenig Lir' sind als Verfilmungen überliefert. Gordin begann seine einflußreichen Stücke in jiddischer Sprache in der amerikanischen Emigration zu schreiben, wo er ab 1891 das Jiddische als Sprache für seine Stücke entdeckte. Die Transformation der Faust-Legende und des King Lear-Themas ins jiddischsprachige Milieu der Ukraine bieten aufschlußreiche Variationen an. (...)
GOD, MAN AND DEVIL ist ein interessantes Dokument für den kulturellen Zusammenhang, in dem das jiddische Kino entstand und stand, für die untergegangenen Bühnen der Second Avenue und ihrer Zuschauer. Gordins Stück, das mit einem Vorspiel im Himmel beginnt, wo Gott und Teufel eine Wette über die Verführbarkeit des frommen Herschel Dubrovner schließen, vermischt in die Faust-Sage Motive der Hiob-Figur. Während Hiob durch das Leiden in seiner Gläubigkeit geprüft wird und Faust durch die Sinnlichkeit, kommt dem Herschel Dubrovner der Glaube abhanden, als der Teufel ihm ein Vermögen beschert. Die Figur des *tajvel* spielt Gustav Berger in einer traditionellen Maske, wie sie aus vielen Mephisto-Darstellungen bekannt ist, mit dreieckigem Haaransatz, dämonischen Augenbrauen und schwarzen Gewändern. Der bedrohliche Einfluß des Satans wird mit einfachen theatralischen Raum-Inszenierungen hergestellt: plötzliches, unerwartetes Auftreten, das Verharren im Raum, das ihm eine kontrollierende Allgegenwart verleiht. Die in fast allen jiddischen Filmen zu spürende Aussparung expressiv eingesetzter Großaufnahmen zugunsten von Halbtotalen oder Totalen, die nach Möglichkeit die Integrität des menschlichen Körpers im Bild zu bewahren trachten, sorgt bei dieser einfachen Theaterverfilmung für den Verzicht aller aufgesetzten Mittel (...).
GOD, MAN AND DEVIL verzichtet gänzlich auf das sonst meist versöhnliche Ende: als Herschel Dubrovner sein Scheitern einsieht, weil ihm alles Geld nicht die Zuversicht und die Wärme gibt, die er zuvor aus seinem Glauben und der Liebe seiner Familie bezog, hängt er sich auf: in einer letzten expressionistisch wirkungsvoll ausgeleuchteten Einstellung droht als dunkler Schattenriß die Leiche des Erhängten. Obwohl das Gordinsche Drama nicht das hohe Lied auf die alles besiegende Frömmigkeit anstimmt, sind in GOD, MAN AND DEVIL starke Bezüge zum Wertkanon eines an religiösen Forderungen gebildeten Lebens vorhanden. Daß Reichtum nicht als Selbstzweck herhalten darf, daß Reichtum sich nur legitimieren kann über die Verwendung zu guten Zwecken, ist ein zentrales Motiv, die Schuld, an der Herschel Dubrovner zerbricht, ist so weniger das Geld selbst als sein Besitzdenken, mit dem er die bessere Verwendung des Geldes verweigert. In einer zentralen Szene fordern die Weber ihn auf, ihnen Geld zu leihen, damit sie eine Genossenschaft gründen können und nicht mehr als Arbeiter ausgebeutet werden. Dubrovner verweigert den alten Kollegen das notwendige Kapital, und stellt sie selbst in seiner Fabrik ein, wird selbst zum schlimmsten Ausbeuter. In GOD, MAN AND DEVIL verbinden sich religiöses Lebensgefühl und politische Aufklärung ganz im Sinne vieler jiddischer Literaten, die den Weg von der Aufklärung über den populistischen Chassidismus und seine Werte gegangen sind und eine Verbindung dieser Motive suchten. Eine Form chassidisch geprägter Kapitalismus-Kritik.

Gertrud Koch: Auf halbem Weg zum Engel des Vergessens, in: Das jiddische Kino, Deutsches Filmmuseum Frankfurt, 1982

**Berta Gersten**, geb. 1897 in Polen; gest. 1972; Schauspielerin. Zählte zu den bedeutendsten Darstellerinnen der jüdischen Bühne. Erster Bühnenauftritt in New York mit elf Jahren in einer Hosenrolle in Gordins Stück 'Mirele Efros'. 1918 Beginn ihrer langjährigen Zusammenarbeit mit Maurice Schwartz und seinem Jiddish Art Theater. In den 50er Jahren Auftritte am Broadway ('The World of Sholom Aleichem', 1954; 'A Majority of One', 1959).

**Maks Bozyk**, geb. 1899 in Polen; gest. 1970; bekannter Komiker, bestritt zusammen mit seiner Frau zahlreiche Tourneen und spielte im Laufe seiner Karriere auf allen wichtigen jiddischen Bühnen. Das Paar war auf Tournee in Argentinien, als Polen am 1. September 1939 von Deutschland überfallen wurde und der Zweite Weltkrieg ausbrach. Emigration in die USA, Übersiedelung nach New York. Bozyk war Darsteller u.a. in *Jidl mitn Fidl* (1935), *A Briwele der Mamen* (1937, in dem auch Lucy Gehrman mitwirkte), *Der Dibek* (1938) sowie zahlreichen Broadwaystücken.

**Sholom Secunda**, geb. 1894 in der Ukraine; gest. 1976 in New York, war der vielleicht bekannteste Komponist jiddischer Musik seiner Zeit. Er war musikalischer Leiter fast aller jiddischen Theater des Landes und komponierte zahlreiche jiddische Musicals, Operetten und Songs wie auch jüdische lithurgische Werke, Orchester- und Kammermusikstücke. Seine Songs 'Dona, Dona' und 'Bay mir bist Du sheyn' wurden weltbekannt.

**Joseph Seiden**, geb. 23. Juli 1892 in New York, gest. 1970, war einer der ersten Produzenten und Regisseure jiddischer Filme. Begann seine Laufbahn als 'Nickelodeon'-Vorführer und Kameramann, bevor er in den 20er Jahren an verschiedenen jiddischen Stummfilm-Wochenschauen als Co-Produzent und Regieassistent beteiligt war. Begleitete 1918/19 die 'American Relief Expedition' ins Baltikum; gründete 1929 die Produktionsfirma 'Judea Films', die nicht weniger als zwanzig ein- bzw. zweiaktige jiddische 'Talkies' drehte, darunter Kurzspielfilme wie *The Shoemaker's Romance* (mit Joseph Buloff und seiner berühmten Wilna-Truppe), *Style and Class* (mit Marty Baratz und Goldie Eisman) und *Oy! Doctor* (mit Menascha Skulnick). In den 30er Jahren produzierte und inszenierte Seiden abendfüllende jiddische Spielfilme (*My Yiddishe Mame, Eternal Fools, I Want To Be a Mother, Love and Sacrifice, Her Second Mother* u.a.). Er arbeitete in einem winzigen Behelfsstudio in New York West 60th Street, beschäftigte seine Frau als Scriptgirl, seinen Schwiegersohn als Tonmann bzw. Cutter und seinen Sohn als Kameramann. Die Filme waren meistens Familien-Melodramen. Eine Ausnahme bildete *The Voice of Israel*, eine Bibel-Verfilmung; die meisten dieser Filme sind inzwischen verloren. Filme (Auswahl): *The Yiddish King Lear/Der Jidischer Kenig Lir* (1935, Produzent), *I Want To Be A Boarder/Ich Wil Sajn A Border* (1937), GOD, MAN AND DEVIL/*Got, Mentsch un Tajwl* (1949), *Three Daughters/Draj Techter* (1950).

Herausgeber: Freunde der Deutschen Kinemathek. Druck: graficpress

## HIS WIFE'S LOVER /
## SAJN WAJBS LJUBOWNIK  USA 1931

*Produktion: High Art Pictures*
*Regie: Sidney M. Goldin*
*Buch: Sheyne Rokhl Simkoff*
*Nach dem Roman 'The Guardsman' von Ferenc Molnár*
*Kamera: Frank Zukor*
*Produzenten: Nathan Hirsch, Morris Kleinerman*
*Darsteller: Ludwig Satz (Edouard Wien), Isidore Cashier (Oscar Stein), Lucy Levine (Golde), Michael Rosenberg, Jacob Frank, Lilian Feinman*
*Uraufführung: 25. 9. 1931 New York (Clinton Theater)*
*Schwarzweiß, Jiddisch mit engl. UT, 78 Minuten*

### Inhalt

Edouard Wien ist ein sympathischer, erfolgreicher, von zahllosen Frauen vergötterter Schauspieler. Dieser platonischen Liebe überdrüssig, beschließt er, so bald wie möglich zu heiraten. Sein Onkel und Förderer jedoch, der Fabrikant Oscar Stein, warnt ihn vor der Falschheit, Bosheit, Frechheit, Treulosigkeit und Selbstsucht der Frauen und wettet mit ihm um $10 000, daß er keine Frau ohne diese Fehler finden würde - selbst Golde Blumenberg, eine bei Stein angestellte junge Verkäuferin und ein Muster an Tugendhaftigkeit, würde sich, so prophezeit er, letztlich verkaufen. Um sie auf die Probe zu stellen, muß Eddie, als launischer alter Millionär verkleidet, um sie werben und sie dazu bringen, seinen Heiratsantrag abzulehnen. Golde, die in Eddie verliebt ist, widersteht 'Hermann' zunächst - aber von ihrer Familie und Herrn Stein bedrängt, diese Chance ihres Lebens zu ergreifen, und ohne Hoffnung, ihrem Sklavendasein in Steins Textilimperium anders zu entkommen, willigt sie schließlich ein.
Eddie ist verzweifelt, nicht nur weil er $10 000 Dollar verloren hat, sondern weil er sich im Verlauf des Experiments gewaltig verliebt hat. Sein Onkel rät ihm, Golde zu heiraten, obwohl sie bereit war, einen alten Narren seines Geldes wegen zu heiraten: auf die Liebe einer Frau könne man ohnehin nicht zählen, damit solle Eddie sich abfinden. Eine neue Wette ist die Folge: Eddie will Golde, als alter Mann verkleidet, heiraten und für $25 000 beweisen, daß sie auch einem Ehemann, den sie nicht liebt, treu bleiben wird.
Sie feiern Hochzeit und verbringen die Flitterwochen - mit getrennten Schlafzimmern - in 'Hermanns' Villa am Meer. Drei endlos lange Wochen spielt 'Hermann' den wehleidigen Gatten und lehrt Golde, eine gute Ehefrau zu sein; danach begibt er sich auf Geschäftsreise. Kaum ist er fort, trifft der attraktive Schauspieler ein, um seinem alten Freund, 'Herrn Weingarten', einen Besuch abzustatten. Eddie beginnt der jungen Frau den Hof zu machen - am Strand, im Ruderboot, auf langen, romantischen Spaziergängen -, gefolgt von Stein, der die beiden auf Schritt und Tritt beobachtet.
Golde erwidert Eddies Zuneigung, bittet ihn jedoch abzureisen, weil sie verheiratet ist. Diesen Wunsch erfüllt ihr Eddie erst nach 'Hermanns' Rückkehr. Dieser fordert nun von Golde auf, das Bett mit ihm zu teilen; dazu aber kann sie sich nicht

entschließen. Sie fleht ihn an, sie in Ruhe zu lassen und droht, sich andernfalls umzubringen.
In der Zwischenzeit erhält Eddie einen vermeintlich von Golde geschriebenen Brief, der in Wirklichkeit von seinem intriganten Onkel stammt und in dem sie gesteht, nicht ohne ihn - Eddie - leben zu können. Enttäuscht sucht Eddie sie auf, und sie gesteht ihm ihre Liebe - sie könne aber ihren Ehemann, der sie liebe, nicht verlassen. Den einzigen Ausweg aus diesem Dilemma sieht Golde im gemeinsamen Selbstmord. Eddie entgegnet, daß 'Hermann' alt sei und ohnehin bald sterben werde, und schlägt vor, sich bis dahin heimlich zu treffen. Golde ist entsetzt und erklärt Eddie, Liebe bedeute nicht Lug und Betrug; lieber wolle sie sterben als ihren Gatten betrügen. Als sie ihn fortschickt, stellt Stein, der die Szene belauscht hat, stillschweigend einen Scheck über $ 25 000 aus.
Eddie verkleidet sich ein letztes Mal als 'Hermann' und offenbart seiner schluchzenden Frau - die ihm gesteht, daß Eddie versucht habe, sie zu verführen, mit der Erklärung, sie sei zu jung und zu hübsch für einen alten Ehemann - seine wahre Identität.

The National Center for Jewish Film, Brandeis University, Waltham MA, USA

### Zu diesem Film

Ab Mitte Oktober 1931 wurde SAJN WAJBS LJUBOWNIK in drei Kinos im Stadtteil Brownsville sowie in der Bronx zusammen mit *Dos Land fun Frayhayt* (The Land of Freedom) gezeigt, einem zweiteiligen Film mit dem Wunderkind Seymour Rechtziet in der Hauptrolle. Vor allem in der englischsprachigen Presse fand die Premiere große Beachtung. "Dieser Anlaß ist insofern von Interesse, als Herr Satz in der letzten Zeit selten auf der Bühne zu sehen war", stand im New York World-Telegram, obwohl Satz "noch vor ein oder zwei Jahren engagiert seine Beziehungen zum Broadway pflegte... Technisch ist der Film ungewöhnlich gut, und die Regie von Sidney Goldin ist an vielen Stellen herausragend." (...)
*Uncle Moses* und SAJN WAJBS LJUBOWNIK greifen eine Thematik auf, die ihre ausdrucksstärkste Darstellung vermutlich in der 1914 von Kosmofilm realisierten Adaption von Jacob Gordins *Di Shkite* fand. (...) Diese beiden Tonfilme handeln von der forcierten - d.h. 'arrangierten' - Hochzeit eines tugendhaften Mädchens aus dem Ghetto mit einem feisten Geschäftsmann, der ihr Vater sein könnte. Der Zwang, sich zu verkaufen, macht Golde und Masha (die Heldin aus *Uncle Moses*) zu jiddischen Pendants der unschuldig 'gefallenen Frauen', die in den frühen 30er Jahren so zahlreich in den Hollywoodfilmen vertreten waren. (...) Die Schrecken des amerikanischen Materialismus mischen sich mit der Abneigung gegen die berechnende Geschäftsmäßigkeit der traditionellen *schtetl*-Hochzeit. In beiden Filmen wird eine vom amerikanischen Wohlstand korrumpierte ältere Generation gezeigt, während die Jugend von den Möglichkeiten amerikanischer Freiheit träumt; in beiden Filmen setzt sich die jüngere Generation durch, zumindest aber verliert die

ältere an Einfluß. Ein darüber hinausgehender sozialer Zusammenhang wird jedoch nicht wahrgenommen. Amerika als Desaster. (...) "Verflucht sei Kolumbus" ist eine häufig benutzte Phrase in SAJN WAJBS LJUBOWNIK. " Ich hätte jeden geheiratet, um meinem Sklavendasein zu entkommen", gesteht Golde. In einer späteren, überaus melodramatischen Szene hält sie dem Fabrikant Stein vor: "Ich kam allein in dieses Land auf der Suche nach Glück, und stattdessen fand ich Ihre kalten Maschinen."

Jim Hoberman: Bridge of Light. Yiddish Film Between Two Worlds, New York 1991

### Ludwig Satz

Der talentierte Satz war in den 20er Jahren lange Zeit *der* Komiker von Second Avenue. Sein Publikum lag ihm zu Füßen; schon seine bloße Anwesenheit auf der Bühne vermochte Lachsalven auszulösen. Satz, der für seine Verwandlungskünste berühmt war, verfügte über ein großes Repertoire an Charakteren, zu denen unter anderem ein tragikomischer heiliger Narr ebenso gehörte wie ein naiver Grübler, dessen hohe schrille Stimme schon etwas von dem durchdringenden Organ Jerry Lewis' ahnen läßt. Bei allem Charme auf der Bühne war Satz im Privatleben ein schwermütiger, krankhaft empfindlicher Mensch, der sich und seinen Erfolg verachtete. 1891 geboren, war er ein Wunderkind gewesen, ein junger Sänger, der sich zum tonangebenden Komödianten am Lemberger Jiddischen Theater und zu einem ehrgeizigen jiddischen Dichter entwickelte.

Satz hatte Galizien über Budapest und London verlassen und erreichte Amerika am Ende des Weltkrieges. Er war im Jiddischen Theater ebenso präsent wie in frühen Filmkomödien, die er zusammen mit Jacob P. Adler und der Lubin Filmgesellschaft drehte. Obwohl ursprünglich Mitglied von Schwartz' Jiddischem Theater, gelang ihm der Wechsel zum populären Jiddischen (und später zum amerikanischen) Theater, nachdem er zuvor von Abraham Cahan, dem Herausgeber von 'Forverts', in einer bitterbösen Rezension vernichtend kritisiert worden war. In jeder Spielzeit kursierte aufs neue das Gerücht, Satz würde zu Schwartz zurückkehren, ohne daß es allerdings je dazu kam.

Ein Teil dieses Konfliktes findet sich, dramatisch aufbereitet, in SAJN WAJBS LJUBOWNIK, wo Satz eine ausgetüftelte Maskerade vorführt, die für den größten Teil des Films eine Verklärung seiner eigenen Person verhindert. Der Schauspieler tritt als der weltbekannte jiddische Filmstar Eddie Wien auf, der, während er einen Mädchenchor bei der Probe belauscht, mit der leidenschaftlichen Bitterkeit eines Lebemanns singt: "Ich hasse alle Frauen." Dieses Eröffnungslied wäre ohne Schwierigkeit in einem Singspiel von Brecht und Weill vorstellbar. Wien jedoch ist ein reiner Zyniker (...).

SAJN WAJBS LJUBOWNIK war für Satz eine gewaltige Herausforderung; mit wahrer Spielfreude gestaltet er die Figur Weingartens: am Strand trägt er einen absurden Luftschlauch bei sich und weicht ängstlich gebückt den Wellen aus; er versucht, Golde zu einem Tanz zu bewegen, bricht vor Anstrengung zusammen und fordert daraufhin ungeduldig einen Kuß. Auf ihre irritierte Antwort hin schmettert er ein infantiles, zweideutiges Liebeslied, das Satz 1929 unter dem Titel 'Oy Gite Waybele' (Oh, Good Little Wife) aufnahm.

Jim Hoberman: Bridge of Light. Yiddish Film Between Two Worlds, New York 1991

**Ferenc Molnár** (auch: Franz Neumann), geb. 12. Januar 1878 in Budapest, gest. 2. April 1952 in New York, ungarischer Dramatiker und Romancier. Studierte in Budapest und Genf Jura, war Redakteur und Journalist. Seit 1930 lebte er in der Schweiz; ab 1940 in den USA. Er schrieb zunächst sozialkritische Novellen, Glossen und Romane, später vor allem Bühnenstücke.

Werke (u.a.): 'Die hungrige Stadt' (1901), 'Die Jungen aus der Paulstraße' (1907), 'Liliom' (1910), 'Der Schwan' (1920), 'Spiel im Schloß' (1926), 'Riviera' (1926), 'Olympia' (1928), 'Eins, zwei, drei' (1929), 'Panoptikum' (1944).

**Sidney M. Goldin**, geb. 1880 in Odessa, gest. 19. September 1935, Schauspieler, Filmregisseur, Produzent; einer der ersten unabhängigen Filmregisseure in den USA. Arbeitete anfangs mit dem Drehbuchautor Lincoln J. Carter in Chicago zusammen; 1913 erster Regievertrag mit der Universal Film Company. Nachdem er dort hauptsächlich Gangsterfilme gedreht hatte, ging er Ende 1921 nach Wien, wo er eine eigene Produktionsfirma, die Goldin Films gründete.

Filme: *The Sorrow of Israel, Nihilist Vengeance, The Heart of a Jewess, Bleeding Hearts or Jewish Freedom under King Casimir of Poland, How the Jews Care for the Poor, The Black 107* (alle 1913), *Escaped from Siberia, Uriel Acosta* (beide 1914), *Ihre Vergangenheit* (Her Past), *Führe uns nicht in Versuchung* (Lead Us Not in Temptation), *Hütet Eure Töchter* (Protect Your Daughters, alle 1921/22), *Misrech un Majrew* (Ost und West/East and West/Masl Toov, 1923, mit Molly Picon), *Jisker* (Yiskor, 1924, mit Maurice Schwartz und dessen Ensemble), *Until When* (1929), *East Side Sadie* (1929), *Eternal Fools; My Yiddishe Mame* (1930), SAJN WAJBS LJUBOWNIK (His Wife's Lover, 1931), *Uncle Moses* (1932), *The Cantor's Son* (1937).

Herausgeber: Freunde der Deutschen Kinemathek. Druck: graficpress

## STERNE

DDR/Bulgarien 1958

*Produktion: DEFA Studio für Spielfilme; Studio für Spielfilme, Sofia*
*Regie: Konrad Wolf*
*Buch: Angel Wagenstein*
*Dramaturgie: Willi Brückner*
*Kamera: Werner Bergmann. Kameraführung: Hans Heinrich*
*Musik: Simeon Pironkow*
*Gesang der jüdischen Lieder: Gerry Wolff*
*Künstlerische Ausstattung: José Sancha*
*Bauten: Alfred Drosdek, Maria Iwanowna*
*Kostüme: Albert Seidner*
*Masken: Otto Banse*
*Ton: Erich Schmidt*
*Schnitt: Christa Wernicke*
*Regie-Assistenz: Isaak Cheskia, Michael Englberger*
*Kamera-Assistenz: Manfred Damm*
*Standphotographie: Lotte Michailowa*
*Aufnahmeleitung: Hans-Joachim Funk, Bojan Marintschew, Metodi Kowatschew*
*Produktionsleitung: Siegfried Nürnberger, Wyltscho Draganow*
*Darsteller: Sascha Kruscharska (Ruth), Jürgen Frohriep (Walter), Erik S. Klein (Kurt), Stefan Pejtschew (Bai Petko), Georgi Naumow (Blashe), Iwan Kondow (Vater von Ruth), Milka Tujkowa (Partisanin), Stiljan Kunew ('Doktor'), Naitscho Petrow (Polizeichef), Elena Chranowa (alte Jüdin), Hannjo Hasse u.a*
*Uraufführung: 27. März 1959, Berlin (Babylon)*
*s/w, 92 Minuten*

### Inhalt

Oktober 1943. In einem kleinen bulgarischen Dorf werden Männer, Frauen und Kinder in Güterwagen verladen, sie alle tragen auf ihrer Kleidung den gelben Judenstern. Der Zug, der sich langsam in Bewegung setzt, wird sie nach Auschwitz, dem Massenvernichtungslager der Nationalsozialisten, bringen. Aus dem winzigen vergitterten Fenster eines Waggons blickt verzweifelt ein junges Mädchen. Als der letzte Wagen den Bahnhof verlassen hat, versucht ein deutscher Unteroffizier vergeblich, den Zug aufzuhalten. Was war geschehen?
Im dem von deutschen Truppen besetzten bulgarischen Dorf beaufsichtigt Unteroffizier Walter (Jürgen Frohriep) Zivilisten, die in einer Autowerkstatt arbeiten. Sein Vorgesetzter, der Leutnant Kurt (Erik S. Klein), ist Kommandant eines Durchgangslagers für jüdische Deportierte. Eines Tages begegnet Walter dem jüdischen Mädchen Ruth (Sascha Kruscharska), die mit einem kürzlich eingetroffenen Transport griechischer Juden in das Lager eingewiesen wurde. Als er sie das erste Mal sieht, bittet sie ihn um ärztliche Hilfe für eine Gebärende. Gleichgültig lehnt er die Bitte ab, erst als sie ihm ihren Haß ins Gesicht schreit, erkennt Walter die ganze Not dieser Menschen und verspürt etwas von der Schuld, die auch ihn trifft. Zögernd hilft er, und in Gesprächen mit Ruth, die mit

Erlaubnis des Kommandanten einige Male das Lager verlassen darf, erwachsen zwischen ihnen menschliches Verstehen und eine hoffnungslose Liebe.
Walter nimmt Kontakt mit bulgarischen Partisanen auf, um Ruth zu retten. Sein Rettungsversuch schlägt fehl, weil Kurt ihm einen falschen Abfahrtstermin des Transportes mitgeteilt hat. Als Walter es bemerkt, ist es zu spät, ohnmächtig muß er zuschauen, wie der Zug mit den Deportierten in der Ferne verschwindet. Ein abgerissener Judenstern ist das einzige, was Walter am Bahnhof noch vorfindet.

Filmbegutachtungsstelle für Jugend und Schule, Berlin 1960

**Lied aus STERNE: 'S brent, Brider, 'ss brent**

'Ss brent, Brider, 'ss brent!
Oj, unser orem Schtetl nebech brent!
Bejse Windn mit Irgosen
Rajssn, brechn und zeblosn,
Schtarker noch di wilde Flamn,
Alz arum schojn brent!
 Un ir schtejt un kukt asoj sich mit farlejgte Hent,
 Un ir schtejt un kukt asoj sich, unser Schtetl brent!

'Ss brent, Brider, 'ss brent!
Oj, unser orem Schtetl nebech brent!
'Ss hobn schojn di Fajerzungen
Doss ganze Schtetl ajngeschlungen,
Un di bejse Windn huschn,
'Ss ganze Schtetl brent!
 Un ir schtejt un kukt asoj sich mit farlejgte Hent,
 Un ir schtejt un kukt asoj sich, unser Schtetl brent!

'Ss brent, Brider, 'ss brent!
Oj, es kon, cholile, kumn der Moment:
Unser Schtot mit uns zusamn
Sol ojf Asch awek in Flamn,
Blajbn sol - wi noch a Schlacht -
Nor pusste, schwarze Went!
 Un ir schtejt un kukt asoj sich mit farlejgte Hent,
 Un ir schtejt un kukt asoj sich, unser Schtetl brent!

'Ss brent, Brider, 'ss brent!
Di Hilf is nor in ajch alejn gewent!
Ojb doss Schtetl is ajch tajer,
Nemt di Kejlim, lescht doss Fajer,
Lescht mit ajer ejgen Blut,
Bawajst, as ir doss kent!
 Schtejt nit, Brider, ot asoj sich mit farlejgte Hent,
 Schtejt nit, Brider, lescht doss Fajer! Unser Schtetl brent!

Lied des Schreiners Mordechai Gebirtig (1877-1942), geboren in Krakau, Mitglied der jüdischen sozialdemokartischen Partei in Galizien. Wirkte in einer Laienspielgruppe, für die er Lieder zu schreiben begann. Seine Lieder fanden rasch Verbreitung in Osteuropa. Während der deutschen Besetzung im Widerstand (Krakauer Ghetto); er feuerte die Kämpfer mit seinen Liedern an. Mordechai Gebirtig wurde am 4. Juli 1942 von deutschen Soldaten erschossen.

Nach Hai & Topsy Frankl: Jiddische Lieder, Frankfurt/M. 1981

## Poesie und Wirklichkeit

Sterne - es klingt, als ginge es um poetische Dinge in diesem ersten Gemeinschaftsfilm der DEFA und des Studios für Spielfilme Sofia. Es geht um alles andere als um Poesie; Thema des Films ist die härteste und furchtbarste Wirklichkeit. Die Sterne des Titels sind nicht jene, die am Himmel strahlen, sondern die gelben aus Stoff, die die Juden auf der Brust tragen mußten, hier in einem kleinen bulgarischen Städtchen, durch das eine Gruppe griechischer Juden getrieben wird auf dem Leidens- und Todesweg nach dem Lager Auschwitz. Ein kleines Kapitel aus dem riesigen Buch barbarischer Taten, ein winziger Ausschnitt aus dem blutigen Schreckensgemälde jüngster Vergangenheit ist dieser Film. Aber das besondere Anliegen des Werkes ist es, vor dem Hintergrund dessen, was nie vergessen werden darf und an das immer wieder mahnend erinnert werden muß, am Beispiel eines Deutschen, des Unteroffiziers der Nazi-Wehrmacht Walter, und seines Verhältnisses zu der Jüdin Ruth, die zu den Deportierten gehört, darzustellen, wie auch in einem Werkzeug der Unmenschlichkeit das verschüttete und eingeschläferte Menschentum erwacht und zur Wandlung durch die Tat führt. Der Film hat also trotz Schilderung furchtbarer und tragischer Dinge letztlich einigen optimistischen Charakter. Diese doppelte Aufgabe, Irrweg und Weg anschaulich zu machen, bestimmt sein Wesen und macht seine Besonderheit aus. (...)

Wolfgang Joho, in: Sonntag, Berlin (Ost), 12. April 1959

(...) Der Regisseur Konrad Wolf kann filmisch sehen, weiß raffinierte Simultanmontagen einzublenden und die Möglichkeiten des inneren Monologs zu nützen, kühne Kontraste zu setzen und die Großaufnahme dort zu gebrauchen, wo sie seelisch am Platz ist. Die verlorene Liebe der beiden malt er in Totalen, auf denen die Menschen wie verloren in der endlosen Nacht einherirren, und es gibt Perspektiven, Kamerafahrten, Überblendungen, Beleuchtungseffekte und sonstige Formelemente, die zwar ohne das Vorbild *Wenn die Kraniche ziehen* heute im Osten nicht möglich wären, die aber nicht epigonal eingesetzt sind, sondern mit dramaturgischer Notwendigkeit und ohne Veräußerlichung die seelische Tiefensituation ins Filmoptische übersetzen.

Wenn auch einige Vorbehalte gegen das Drehbuch bleiben, ist es ein Film voller Poesie, Gefühl und menschlicher Haltung, durch die hinreißende schauspielerische Leistung von Sascha Kruscharska als Ruth geadelt. Er gehört zu den seltenen Werken, von denen man meinen möchte, daß sie die Menschen besser machen könnten.

Ulrich Seelmann-Eggebert, in: Stuttgarter Nachrichten, 1. Juli 1961

## Aus einem Interview mit Konrad Wolf

*Frage.*: Was können Sie nun über die Dreharbeiten in Bulgarien sagen? Sind Sie mit deren Verlauf zufrieden, und finden Sie, daß unsere Landschaft organisch mit dem Inhalt des Films zusammenfließt?

*K.W.*: Fast die Hälfte des Films sind Außenaufnahmen, die wir hier in Bulgarien gemacht haben. Außerdem drehen wir in Bulgarien auch die Hälfte der Innenaufnahmen. Unser ganzes Bestreben geht natürlich dahin, die Umwelt, in der die Handlung abläuft, genau und wahrhaftig wiederzugeben. Vielleicht wird es Sie interessieren, warum wir gerade die Stadt Bansko für die Außenaufnahmen gewählt haben? Das geschah aus folgenden Gründen: Bansko ist ein kleines Städtchen, eigentlich ein Mittelding zwischen einem Städtchen und einem Dorf. Gerade so einen besiedelten Ort brauchten wir, um dem Zuschauer bewußt werden zu lassen, daß unsere Helden in einem solchen Punkt Europas leben und

handeln, der weit von den Fronten, weit vom Feuer des Krieges entfernt liegt. Der Umstand, daß der Krieg irgendwo fern hinter den blauen Gebirgszügen, die Bansko umgeben, tobt, ist für die Psychologie der beiden Deutschen Walter und Kurt wichtig. In diesem idyllischen Fleckchen fühlen sie sich geborgen und glauben, daß sie in aller Ruhe das Ende des Krieges abwarten können. Doch dann kommt der Transport der Juden. Es erweist sich, daß man nicht vor dem Krieg davonlaufen kann. Die Umwelt ist weiterhin so ruhig und idyllisch, aber der seelische Zustand unserer Helden hat sich verändert. (...)

*Frage*: Im Film spielen deutsche und bulgarische Schauspieler. Sagen Sie uns bitte etwas über Ihre Arbeit mit ihnen.

*K.W.*: Das Schauspielerkollektiv im Film ist sehr differenziert zu sehen. So wird zum Beispiel die Rolle des Kurt vom erfahrenen und talentierten Schauspieler Erik S. Klein (Berliner Ensemble) gespielt. Dagegen ist der Schauspieler Jürgen Frohriep in der Rolle des Walter neu auf der Filmbühne und völlig unerfahren. Bei den bulgarischen Schauspielern ist die Situation nicht viel anders. Unsere größte Sorge war die Darstellerin der Hauptrolle. Nachdem es uns nicht gelang, für die Rolle der Ruth die großartige jüdische Schauspielerin Haya Harareet zu engagieren, nahmen wir Sascha Kruscharska-Wyltschanowa; sie ist Studentin des zweiten Studienjahres an ihrer Theaterhochschule. (...) Dann sind da aber die erfahrenen Schauspieler wie Elena Chranowa, Stefan Pejtschew, Iwan Kondow, Milka Tujkowa. Mir hat es sehr gefallen, daß Ihre großen Schauspieler bereit waren, kleine Rollen im Film zu spielen. In sprachlicher Hinsicht sind wir zu einer riskanten, doch mir scheint interessanten und richtigen Lösung gekommen. Die handelnden Personen in unserem Film sprechen in drei Sprachen! Die Juden untereinander: spaniolisch, Ruth und Walter: deutsch, Walter und Kurt: deutsch, Walter mit den Bulgaren: schlecht und gebrochen bulgarisch, die Bulgaren untereinander: bulgarisch. (...) Aber uns liegt daran, daß der Film vielsprachig ist, um die Atmosphäre jener Zeit, als Hitlers sinnloser Krieg die Völker auseinandertrieb und zerstreute, wahrheitsgetreu wiederzugeben. (...)

Aus: 'Iskusstwo kino', November 1958, in: Konrad Wolf: Direkt in Kopf und Herz, Aufzeichnungen, Reden, Interviews, Berlin 1989

**Konrad Wolf**, geb. 20. Oktober 1925 in Hechingen (Würtemberg); gest. 7. März 1982 in Berlin. Sohn des Arztes und Schriftstellers Friedrich Wolf. 1933 emigrierte die Familie zuerst nach Frankreich, später in die UdSSR. 1942 meldete sich Wolf freiwillig zur Roten Armee, mit der er 1945 im Rang eines Leutnants nach Berlin einzog. Nach Kriegsende bei der 'Berliner Zeitung' tätig, später als Kulturreferent der sowjetischen Militäradministration. 1949 Studium an der Moskauer Filmhochschule (VGIK). Regieassistenzen bei Joris Ivens (*Freundschaft siegt*, 1951) und Kurt Maetzig (*Ernst Thälmann - Sohn seiner Klasse*, 1953). Konrad Wolf wird zum bedeutendsten Regisseur der DDR. 1965 Präsident der Akademie der Künste der DDR, 1981 Mitglied des ZK der SED. Filme: *Einmal ist keinmal* (1954/55), *Genesung* (1955), *Lissy* (1956/57), *Sonnensucher* (1957/58), STERNE (1958), *Leute mit Flügeln* (1960), *Professor Mamlock* (1961), *Der geteilte Himmel* (1963), *Der kleine Prinz* (1966), *Ich war neunzehn* (1967), *Goya* (1970/71), *Der nackte Mann auf dem Sportplatz* (1973), *Mama, ich lebe* (1976), *Solo Sunny* (1978/79), *Busch singt. Sechs Filme über die erste Hälfte des Zwanzigsten Jahrhunderts* (1981/82).

Herausgeber: Freunde der Deutschen Kinemathek. Druck: graficpress

Doppelprogramm
**THE FORWARD: FROM IMMIGRANTS TO AMERI-CANS**
**FREE VOICE OF LABOR - THE JEWISH ANARCHISTS**

## THE FORWARD: FROM IMMIGRANTS TO AMERICANS USA 1988

*Produktion: Marlene Booth, Linda Matchan*
*Regie: Marlene Booth*
*16mm, Farbe/Schwarzweiß, 60 Minuten, OF*

### Inhalt

(...) THE FORWARD: FROM IMMIGRANTS TO AMERICANS (1988) erzählt die spannende Geschichte der größten jiddisch-sozialistischen Tageszeitung Amerikas (gegründet 1897 von Immigranten), deren erstes Ziel es war, den *greenhorns*, den aus Rußland und Osteuropa nachströmenden Brüdern und Schwestern, die möglichst schnelle Assimilation zu erleichtern. Die Tips reichen von "Wie man ein Taschentuch benutzt" über "Wie man sich benimmt, wenn jemand einen anpöbelt auf der engen Second Avenue" (man sagt höflich "Excuse me") bis hin zu Streikaufrufen, denen halb New York folgte. Zusammen mit den Fotografien von Juden aus aller Welt, speziell bei der Arbeit, erzeugt die Zeitung ein Klima von Familiarität und Würde des arbeitenden Menschen. Mit den Aufnahmen aus der Druckerei, dem Büro heute, den Wochenschauen aus dem Krieg und den Filmausschnitten von 1909 (!) ist dies einer der brillantesten Dokumentarfilme der Reihe. (...)

Mariam Niroumand: Soziale Gerangelen, in: die tageszeitung, Berlin, 1. April 1992

### Die jiddisch-amerikanische Presse

Die jiddischen Zeitungen bildeten für zwei Einwanderer-Generationen einen maßgeblichen Vermittlungsweg zwischen ihrer hergebrachten und der amerikanischen Kultur. Der gemäßigt linke 'Jewish Daily Forward' (Forverts) war die weitestverbreitete jiddische Zeitung der USA, 1903 bis 1951 geleitet von dem Sozialisten Abraham Cahan (1860-1951), dessen Kolumne 'A Bintel Brief' zum wichtigsten Sprachrohr der Einwanderer wurde. 'The Day' (Der Yidishe Tog) wurde 1914 u.a. von Judah Magnes als stärker intellektuelles Blatt gegründet. Beide Zeitungen erreichten während des Ersten Weltkrieges ihre höchsten Auflagen von 200 000 bzw. 81 000 Exemplaren.

Andreas Nachama/Gereon Sievernich (Hrsg.): Jüdische Lebenswelten. Ausstellungskatalog, Berlin 1991

### Das Ende einer Ära

(...) Im Laufe dieser leidenschaftlichen Heraufbeschwörung der langen und farbigen Geschichte des 'Forward' nimmt sich der Film Zeit für einen Blick in das New Yorker Redaktionsbüro der Zeitung und die im Keller gelegene Druckerei, wo auf veralteten Maschinen die Zeitung hergestellt wird. Der Konflikt zwischen Altem und Neuem - zwischen überkommenen Traditionen und heutigen Gegebenheiten -, der nicht nur für die Geschichte des 'Forward', sondern auch für die der Juden in Amerika im allgemeinen charakteristisch ist, prägt den Film weitgehend und bildet einen reichen und vielschichtigen Hintergrund für die hier erzählte Geschichte.

Gegen Ende des Films sieht man Bilder von der Feier des neunzigsten Geburtstags des 'Forward' im Mai 1987, ein langerwartetes Ereignis, das einen überraschenden und bewegenden Höhepunkt hat: die Ankündigung des 'Forward'-Herausgebers Simon Weber, sich nach 48 Jahren bei der Zeitung zurückzuziehen. Sechs Monate später starb Weber. Sein Tod steht für das Ende einer Ära; durch Assimilation und natürliche Ursachen schrumpfte die ursprünglich große Klientel des 'Forward', während für folgende Generationen Englisch die erste Sprache wurde.

In dieser sympathisierenden und dem Sujet verpflichteten Chronik erinnern Leser und Journalisten an die besondere Rolle, die der 'Forward' im Leben von Millionen Menschen spielte, die als Immigranten kamen und Amerikaner wurden. Dieses sorgfältig recherchierte Portrait, ein Muß für alle, die die jiddische Sprache lieben, beschäftigt sich sowohl mit einem einzigartigen journalistischen Unternehmen als auch mit dem Geist einer bemerkenswerten Epoche. (...)

Produktionsmitteilung

### "Der 'Forward' war meine Universität"

(...) Es ist leicht, der Geschichte des 'Forward' zu folgen, so wie Marlene Booth sie rekonstruiert. Durch die Verwendung faszinierender Standbilder und Filmstreifen aus den Archiven folgt der Film dem Weg Abraham Cahans, des berühmtesten Herausgebers der Zeitung, von den ärmlichen jüdischen Ghettos Osteuropas ins überbordende Gedränge der Lower East Side. Die 1897 gegründete Zeitung war für die Neuankömmlinge ein Ratgeber in einer Sprache, die sie verstanden. Sie brachte ihren Lesern die Spielregeln des Stadtlebens bei (...) und machte sie mit Freud und Flaubert bekannt. "Der 'Forward' war meine Universität", erinnert sich ein Leser, den Marlene Booth aufgespürt hat. Einige der besten Sequenzen sind Übersetzungen aus der Zeitung, mit den entsprechenden Illustrationen versehen: Da fehlen weder Anweisungen, wie man ein Thermometer benutzt, noch eine Leitfaden für amerikanische Hüte oder jiddischsprachige Anzeigen für Reiskekse.

Dieser Film, der den Zuschauer mit der Blütezeit und dem Niedergang des Jiddischen in den USA bekannt macht, ist in seiner Aussage klar und verständlich. Die Assimilation der Juden an das englisch-sprechende Amerika ist der Grund, weshalb die Leserschaft des 'Forward' kleiner und überaltert geworden ist. (...)

Karen Rosenberg, in: Boston Globe, 14. Mai 1989

# FREE VOICE OF LABOR - THE JEWISH ANARCHISTS USA 1980

*Produktion: Pacific Street Film Projects, Inc. (New York)*
*Regie, Produktionsleitung: Steven Fischler, Joel Sucher*
*Kamera: Judy Irola*
*Musik: Zalmen Mlotek*
*Ton: Steven Fischler*
*Schnitt: Kristina Boden*
*Recherchen: Erika Gottfried*
*Kamera-Mitarbeit: Gordon Quinn, Sandi Sissel, Joel Sucher*
*Ton-Mitarbeit: Dixie Backham, Jerry Blumenthal*
*Recherchen-Mitarbeit: Stephanie Browner, Nadine Etkes, Mark Kiel, Abigail Solomon, Ahrne Thorne, Margot Williams, Isidore Wolsk*
*Beratung: Paul Avrich, Ahrne Thorne*
*Produktionsassistenz: Jonathan Rosen, Wesley Williams*
*Interviews mit: Paul Avrich, Abe Bluestein, Ahrne Thorne, Franz Fleigler, Fanny Breslow, Sonia Farber, Sara Rothman, Charles Zimmerman, Irving Abrams, Clara Larsen, James Dick, Emma Cohen Gilbert, Sam Dolgoff, Joe Canason*
*Deutsche Erstaufführung: 7.Oktober 1980, Mannheim (29. Internationale Filmwoche)*
*16 mm, Farbe, 55 Minuten, OF*

## Anmerkung

Die in FREE VOICE OF LABOR - THE JEWISH ANARCHISTS verwendeten Filmausschnitte stammen aus dem jiddisch-sprachigen Spielfilm *Uncle Moses* (USA 1932, Regie: Sidney M. Goldin und Aubrey Scotto, mit Maurice Schwartz in der Titelrolle).

## Inhalt

(...) FREE VOICE OF LABOR - THE JEWISH ANARCHISTS ist eine lebendige Montage von Interviews und Picknicks im Park mit alten und jungen jiddisch sprechenden Anarchisten. Einige waren schon Teil der Bewegung, als das noch höchst gefährlich war: in den Zeiten der *Red Scare* nach dem Eintritt Amerikas in den Krieg gegen Deutschland 1917. Damals wurde jedes Rot mit paranoider Gewalt aus der Öffentlichkeit verbannt.

Man sieht Emma Goldman aus einem Wagen in die Menge rufen, man sieht die Tanz-Benefits im Tempel auf der 14. Straße, wo die Massen freitagabends selbst nach einem Zwölf-Stunden-Tag noch gespannt ihren Rednern lauschten. Die Aktivisten, heute zum Teil über 90, erklären die Verve der Bewegung mit dem Haß auf und der Enttäuschung über ein Amerika, das ausbeutet, schlecht wohnen läßt und in den Krieg ziehen will. Trotzdem seien sie alle *Gentle people* gewesen. Man sieht's.

Mariam Niroumand: Soziale Gerangelen, in: die tageszeitung, Berlin, 1. April 1992

## Die 'Freie Arbeiter Stimme'

Die 'Freie Arbeiter Stimme' (Free Voice of Labor) war eine jüdische New Yorker Zeitung, die erst 1977 eingestellt wurde, weil - wie der Herausgeber berichtet - jede Woche unter der eingehenden Post Briefe waren, in denen es hieß, "mein Vater ist gestorben, mein Onkel ist gestorben, bitte stornieren Sie das Abonnement." Die Zeitung war einer radikalen politischen Richtung verpflichtet, die heute innerhalb der Arbeiterbewegung kaum noch eine Rolle spielt, dem Anarchismus, und erschien in einer Sprache, Jiddisch, die gleichfalls ihren Niedergang erlebte, für eine Leserschaft (die jüdischen Textilarbeiter), die von Jahr zu Jahr schwand. Als die Zeitung eingestellt wurde, war sie seit 1890 ohne Unterbrechung

erschienen und damit die älteste jiddischsprachige Zeitung der Welt, älter als ihr größerer und gemäßigterer Konkurrent, 'The Jewish Daily Forward'. In all diesen Jahren blieb sie, wie ihr Herausgeber erklärt, ihren ursprünglichen revolutionären Idealen treu. (...)

Produktionsmitteilung

## Die Tradition der jüdischen Arbeiterbewegung

(...) In dem Film *Uncle Moses* (USA 1932) werden wir gleich an die Ecke Orchard St., Delaney St. geführt. In einem 'sweatshop' regiert Onkel Moses über seine polnischen jüdischen Schneider - ein Patron, ein Prinzipal, ein Patriarch. Bedeutungsvoll ist nicht so sehr die Handlung, sondern das Milieu. (...) *Uncle Moses* hat schon den Stellenwert eines sozialen Dokuments; so wird er auch in dem 1980 gedrehten Dokumentarfilm von Fischler und Sucher zitiert. Der Titel FREE VOICE OF LABOR ist eine Übersetzung des Namens einer berühmten jiddischen Zeitung: 'Freie Arbeiter Stimme'. Mit der letzten Redaktionssitzung im Jahre 1980 beginnt der Film - eine neunzigjährige Tradition geht zuende. Fischler und Sucher konzentrieren sich auf ein besonderes Phänomen: den jüdischen Anarchismus, dessen letzte, außerordentlich liebenswürdige und liebenswerte Vertreter zu Wort kommen. Allerdings läuft man leicht Gefahr, nach diesem Bericht die gesamte jüdische Arbeiterbewegung für anarchistisch zu halten. Jüdische Arbeiterbewegung hat es nur in Polen/Rußland und in den USA gegeben - sie war mehrheitlich sozialistisch. Mit der Emigration kamen dann auch alle anderen europäischen politischen Strömungen nach Amerika.

In den achtziger und neunziger Jahren des vorigen Jahrhunderts spielte der Anarchismus in Europa eine große Rolle: als Hochburgen galten Rußland, Spanien und Italien. Auf den Plakaten, die in wertvollen Dokumentaraufnahmen von FREE VOICE OF LABOR zu sehen sind, ist auch sprachlich der internationale Aspekt der Bewegung festgehalten. Die eigene Sprache bildete auch in Europa das Medium der jüdischen Arbeiterbewegung im Zarenreich - eine Bewegung, die ihrem Inhalt nach antitraditionell und internationalistisch ausgerichtet war. Diesem Faktum hat die jüdische Arbeiterbewegung auch ihre stiefmütterliche Behandlung in der Geschichtsschreibung zu verdanken. In der sowjetischen Geschichtsschreibung wird verschwiegen, daß der jüdische 'Bund' eine bedeutende Stellung in der Arbeiterbewegung des Zarenreichs innehatte; in der zionistischen Geschichtsschreibung wird meist unterschlagen, daß der sozialistische 'Bund' in Polen bei den jüdischen Gemeindewahlen die Mehrheit der 'Kehila', der Gemeinden, repräsentierte - nicht etwa die jüdisch-nationalen Parteien.

Die Massenvernichtung durch die Nazis hat auch den Sozialismus der jüdischen Massen vernichtet.

Vor allem im Textildistrikt von New York, in dem damals vorwiegend jüdischen Milieu, legten die jüdischen Gewerkschaften, die - wie in *Uncle Moses* zu sehen - in jiddischer Sprache agitierten, einen Grundstein zur amerikanischen Arbeiterbewegung. (...)

Detlev Claussen: A naje welt. Jüdische Westemigration und jiddisches Kino, in: Ronny Loewy (Red.): Das jiddische Kino, Frankfurt/M. 1982

Herausgeber: Freunde der Deutschen Kinemathek. Druck: graficpress

## DAVID BRD 1978

*Produktion: Von Vietinghoff/Pro-ject Filmproduktion GmbH,*
*Zusammenarbeit mit ZDF, FFAT, Dedra Pictures*
*Regie: Peter Lilienthal*
*Buch: Peter Lilienthal, Jurek Becker, Ulla Ziemann*
*Nach dem Buch, 'David, Aufzeichnungen eines Überleben-*
*den' von Joel König*
*Kamera: Al Ruban*
*Musik: Wojciech Kilar*
*Bauten: Hans Gailling*
*Ton: Cintec Neidhardt. Schnitt: Siegrun Jäger*
*Produktionsleitung: Gerhard von Halem*
*Produzent: Joachim von Vietinghoff*
*Darsteller: Walter Taub (Rabbi Singer), Irena Vrkljan (Frau*
*Singer), Eva Mattes (Toni), Mario Fischel (David), Torsten*
*Henties (David als Kind), Dominique Horwitz (Leo) sowie*
*Rudolf Sellner, Eric Jelde, Franciszek Pieczka, Nikolaus*
*Dutsch, Sabine Andreas, Hanns Zischler, Erika Runge, Artur*
*Hoffmann, Sebastian Bleisch, Gert Burkard, Fredy Roy, Rudolf*
*Unger, Andreij Waskowycz, Anja Jaenicke*
*Farbe, 125 Minuten*
*Uraufführung: 27. Februar 1979, Berlin (IFB)*
*Gedreht in Berlin (West) und in Schwandte (DDR)*
*Ausgezeichnet mit dem Goldenen Bären, Berlin 1979; Film*
*des Monats April 1979 (Jury der evangelischen Filmarbeit)*

### Inhalt

In Liegnitz, einer kleinen Stadt, feiert die Familie des Rabbi-
ners Singer mit Verwandten und Freunden das Purimsfest.
Gegen Abend marschiert ein Zug Hitlerjungen mit dem Ruf
'Juden raus!' vor dem Haus der Familie auf. Eine brennende
Strohpuppe wird in den Garten geworfen.
Sechs Jahre später kann David, der Sohn des Rabbiners, nicht
mehr auf der Schule seiner Heimatstadt bleiben, weil er Jude
ist. Der Vater schickt ihn nach Berlin zu seinem Bruder Leo.
David lernt Nähmaschinen reparieren.
Am Tag nach dem Reichspogrom wird David von der Mutter
nach Hause gerufen: der Vater ist verhaftet worden. Nach
Wochen läßt man ihn wieder frei. Der Rabbiner versucht,
seine Familie zu trösten. Die Haft und die Mißhandlungen
haben ihn nicht entmutigen können. Die Familie muß Liegnitz
verlassen. Sie hofft, zusammen in Berlin auf eine Ausreise-
möglichkeit warten zu können. (...) Bevor die Familie Hilfe
finden kann, werden die Eltern abgeholt. David und seine
Schwester Toni finden bei einem Schuster Zuflucht. Der
Bruder Leo kann sich nicht retten. Als der Schuster Angst
bekommt, Juden zu verstecken, muß David auf der Straße
leben. Da er keine Ausweispapiere besitzt, will man ihn in
einer Fabrik, wo er Arbeit gefunden hat, nicht länger beschäftigen. David sieht nur einen Ausweg: die Flucht auf einem
Güterzug zu versuchen. Die Flucht scheitert.
David wagt einen letzten Schritt: er vertraut sich seinem
Arbeitgeber an - und findet Hilfe. Er kann aus Deutschland
entkommen.

29. Internationale Filmfestspiele Berlin, Infoblatt

### Über den Kameramann Al Ruban

(...) Für all jene, die das Werk des amerikanischen Regisseurs John Cassavetes schätzen, dürfte der Name des Kameramannes eine Überraschung sein, den Peter Lilienthal für
DAVID gewonnen hat. Es ist Al Ruban, ein früherer Base-
ball-Profi, der seine Sport-Karriere aufgegeben hatte, als
Cassavetes ihn fragte, ob er nicht zusammen mit ihm Filme
machen wolle. Seit *Shadows* (1960) ist der damalige Laie
Ruban eine der wichtigsten Stützen der Cassavetesschen
Filmfamilie. In *Faces* (1970) stand er zum ersten Mal hinter
der Kamera. (...) Für DAVID arbeitet er zum ersten Mal in
Deutschland.

Arndt F. Schirmer, in: Der Tagesspiegel, Berlin, 29. Oktober 1978

### Joel König: Eindrücke und Gedanken bei der Dreharbeit

(...) Nach der Synagoge brauche ich nicht lange suchen. Von
weitem schon sieht man die Autokolonne des Filmteams.
Und da gehen auch mit Funksprechgeräten bewehrte Polizisten auf und ab, um das Filmteam gegen Mißverständnisse
und etwaige Anschläge abzuschirmen. Und was für ein
Anblick! Die beiden Brüder von Vietinghoff, die Männer des
Filmteams, die Schauspieler, Techniker und Autofahrer,
alle, alle haben ihr kurz- oder langbehaartes Haupt mit
fromm-schwarzen Käppchen bedeckt. Es ist eine Synagoge.
Der Synagogenhof und das Innere der Synagoge sind mit
allerlei sehr bürgerlich aussehenden jüdischen Damen und
Männern bevölkert. Auch Kinder treiben sich herum. (...)
Das sind sie also, die der Regisseur zusammengetrommelt
hat: Berliner Juden aus Rußland, Berliner Juden aus Polen
und Litauen, Berliner Juden aus Südamerika und aus Israel.
Ich begegne sogar einem, der mir mit spanischem Akzent
versichert, daß er ursprünglich aus Berlin stammt.
Und mit diesen jiddisch, spanisch, polnisch und russisch
plaudernden Menschen (...) soll eine deutsch-jüdische Gemeinde dargestellt werden? Ich hatte den Regisseur schon
vor Monaten gewarnt. Nein, Lilienthal hatte doch recht
getan. Woher hätte er denn authentische Thora-treue, deutsche Juden nehmen sollen? Sie sind ja vom deutschen
Erdboden verschwunden. Sie sind von der Vernichtungswal-
ze der Wehrmacht und dann der SS zermalmt, oder soweit sie
entkommen sind, ihrer Muttersprache entfremdet. (...)
Nun geht es hinaus aus Berlin in die DDR. Die Paß- und
Visumsformalitäten will ich nicht beschreiben. Wenn es
während meiner Flucht im Jahre 1942 schon diese Grenze
gegeben hätte, wäre ich wohl nie von Rathenow nach Berlin
gelangt. Die Landschaft, durch die uns der Betriebswagen
schaukelt, sieht so unverändert und so märkisch-branden-
burgisch aus, daß ich mich um Jahrzehnte zurückversetzt
fühle und mir bei dieser und jener Krümmung der Landstraße der Gedanke durch den Kopf fährt, hinter dem nächsten
Kiefernwäldchen könnten mir meine Freunde aus dem Palä-
stina-Vorbereitungslager wiederbegegnen. (...) Das sind sie
also, die jüdischen Jugendlichen aus Warschau. Jüdische
Jugend aus Warschau 1978! Gibt es so etwas? Nur einige von
diesen schwarzhaarigen, blonden, braunhaarigen Burschen
und Mädchen, sehen, was man so nennt, 'jüdisch' aus. (...)

Von einem, der ihre Sprache versteht, höre ich später, daß einige dieser Jugendlichen sich erst auf der Reise nach Deutschland kennengelernt hatten. Und mit derselben sachlichen Miene, mit der man sich nach Wohnort und Beruf des anderen erkundigt, hätten sie einander gefragt: "In welchen Konzentrationslager hat dein Vater gesessen?"
Jüdische Bildung haben sie keine. Es ist zum ersten Mal, daß sie hebräische Lieder einüben, zionistische Lieder, wie sie noch 1941 in Steckelsdorf gesungen wurden, Lieder, die vor dem Ersten Weltkrieg auf polnischem und russischem Boden entstanden sind. Das wissen sie nicht, singen darum aber nicht weniger eifrig, denn bald sollen sie meine Freunde darstellen, die bis 1942 hier gelitten und gehofft hatten.

Geschrieben im November 1978

## Anmerkungen zu Peter Lilienthals DAVID

(...) Wie dieser Streifen die einzelnen Phasen des leidvollen Weges ins Optische umsetzt, ist meisterhaft gelungen. Es ist dabei ein Film, in dem - im Gegensatz zur amerikanischen 'Holocaust'-Serie - nicht das nackte Grauen dominiert, sondern einer, der offensichtlich der Gruppe der 'unbesungenen Helden' ein Denkmal setzen wollte. Dieses Ziel hätte nicht so anrührend verwirklicht werden können, wenn nicht eine Fülle profilierter Darsteller verfügbar gewesen wäre, wie etwa Walter Taub als Rabbi Singer und Mario Fischel in der Titelrolle.
Ein sauber und ehrlich gemachter Film, geeignet, das, was 'Holocaust' auslöste, bzw. in Bewegung brachte, zu verbreitern und zu vertiefen.

Heinz Elsberg, in: Berliner allgemeine jüdische Wochenzeitung, 9. März 1979

## Überleben als Balanceakt auf dem Parkett

(...) Lilienthal erzählt sehr ruhig und ohne falsche Aufgeregtheit von etwas im Grunde sehr Spektakulärem. Vom Versuch eines 18 Jahre alten Juden names David, Sohn eines Rabbis, mitten im Berlin des Jahres 1943 und unter den Augen des perfekten Überwachungsapparates eines Terror-Regimes zu überleben. Als 'U-Boot', als Untergrundexistenz. David ist kein heroischer Mensch. Er hat, vor allem, Glück, außerdem den Mut jugendlicher Sorglosigkeit. Und er hat Freunde und Helfer. Aufopfernde und ihrerseits sehr wohl heroische. Juden und eben auch 'Arier'. (...)
Lilienthal gelingt es in diesem Film, der wohl mit zu den allerbesten zählt, die zu diesem Thema geschaffen wurden, eine unvergeßliche Metapher für das Leid der verfolgten Juden im Dritten Reich: David, das 'U-Boot' mitten in Berlin, tastet über den Parkettboden der Wohnung, in der er sich verschanzt hat, und markiert jene Stellen, die knarren. Überleben ist ein Balanceakt auf dem Parkettboden. Ohne Netz.

Die Presse, Wien, 10. März 1979

## Jeanine Meerapfel im Gespräch mit Peter Lilienthal

*Frage*: (...) Aus welcher Perspektive ist das Buch - der Film - erzählt?
*P.L.*: Das Buch wurde von einem Erwachsenen geschrieben. Dies will besagen: Der David, der in Israel ankam, war zwanzig, einundzwanzig, das Buch wurde in Etappen zehn Jahre später geschrieben. Es spiegelt natürlich die Erinnerungen und das Bewußtsein eines Menschen wider, der weiß, was mit denen, die nicht überlebt haben, passiert ist. Der David in meinem Film lebt und handelt dagegen nur aus der Perspektive Davids vor seiner Flucht. Der Film weiß nicht mehr als der David. Er macht das langsame Verschwinden seiner Familie deutlich und zeigt die schmerzliche Erfahrung von jemandem, der im Dunkeln bleiben muß, obwohl er dieselbe

Lebenslust hat wie alle anderen Gleichaltrigen. Die Familie gab David Halt, Wärme, Zutrauen. Da kann man ermessen, was es bedeutet, wenn man plötzlich niemanden mehr hat. Ich habe Gershon gefragt, warum in seinem Buch so wenig zu finden ist von Schmerzausbrüchen, von Verzweiflung. Er hat mir gesagt, und das leuchtet mir sehr ein, daß sie dafür eigentlich keine Zeit hatten. Sie hatten keine Zeit, sich bewußt zu werden, wieviel Angst sie haben und wie alleine sie sind, denn es ging vorrangig um das nächstliegende Praktische: Woher bekommt man eine Suppe? Wo versteckt man sich? Wo wird man nicht gefunden, wo nicht verraten? Wie kriegt man Papiere? Wie kommt man raus? Das war in der Tat eine 'Vollbeschäftigung'.
*Frage*: Als die Eltern deportiert werden und David allein bleibt, ändert sich der Ton des Films...
*P.L.*: Der Film hat die Atemlosigkeit, in der David von nun an lebt, übernommen. In dem Moment, wo die Familie verschwindet, ist keine Zeit mehr, sich jemanden zu suchen, dem man um den Hals fällt, man sitzt auch nicht mehr auf einem Stuhl und weint, man bereitet nur die Flucht vor, man bereitet also das Überleben vor, und das ist eigentlich das Leitmotiv des Films. Solange man zusammen ist und die Wärme hat, erkennt man die Zeichen der Zeit nicht, weil man sich ja trösten kann. Wenn man niemanden mehr hat, dann geht man auf die Suche nach dem, den man verloren hat.
Das tut auch David. (...)
*Frage*: Warum sind Sie zu diesem Thema gekommen?
*P.L.*: Die Geschichte von David ist eine Geschichte, die die Demütigung und Vereinsamung von Unterdrückten nicht allein als ein historisches Beispiel zeigt. Denn überall sind wir umgeben von Menschen, die unterdrückt werden, und da fangen die Dingen an, austauschbar zu werden. So ein Film ist für mich nicht ein Zeugnis der Vergangenheit, sondern ein Aufruf für die, die jetzt leben, daß sie anders und besser leben, daß sie nicht wieder Opfer werden von Verbrechern, die sie zusammentreiben oder auf der anderen Seite andere Menschen aufputschen und aufpeitschen für ein Verbrechen. Das ist immer möglich. (...) Vielleicht sind die Alltäglichkeiten, die Details einer 'kleinen Geschichte' die einzige Möglichkeit von Geschichtsschreibung im Kino.

Aus: Südwest Presse (Magazin), 7. April 1979

**Peter Lilienthal**, geb. 27. November 1929 in Berlin. Vater: Bühnenbildner, verwandt mit dem Flugpionier Otto Lilienthal. 1939 Emigration nach Montevideo (Uruguay), wo er während seines Studiums (Kunstgeschichte, Musik, Jura) erste Kurzfilme dreht. 1954 dreimonatiger Aufenthalt in Berlin. 1956 Stipendium für ein Studium am Institut des Hautes Etudes Cinématographiques (IDHEC); nach kurzem Aufenthalt in Paris Studium an der Hochschule für Bildende Künste in Berlin (Malerei und Formgestaltung, später experimentelle Fotografie und Film). 1959-61 Regie- und Produktionsassistenz beim SWF (Baden-Baden), wo er u.a. mit Heinz Hilpert und Gustav Rudolf Sellner zusammenarbeitet. 1964 Umzug nach West-Berlin; 1966-68 Dozent an der Film- und Fernsehakademie (dffb). Filme (u.a.): 1955 *El joven del trapecio volante*. 1958 *Studie 23*. 1960 *Die Nachbarskinder*. 1962 *Stück für Stück*; *Picknick im Felde*. 1963 *Guernica*; *Striptease*. 1964 *Das Martyrium des Peter O'Hey*. 1969 *Malatesta*. 1971/72 drei TV-Dokumentarfilme. 1973 *La Viktoria*. 1974 *Hauptlehrer Hofer*. 1975 *Es herrscht Ruhe im Land*. 1978 DAVID. 1980 *Der Aufstand*. 1982 *Dear Mr. Wonderful*. 1984 *Das Autogramm*. 1987 *Der Radfahrer von San Cristóbal*. Seit 1985 Leiter der Abteilung Film und Fernsehen der Akademie der Künste Berlin (West).

Filme von Boris Lehman

**A LA RECHERCHE DU LIEU DE MA NAISSANCE
SYMPHONIE
MUET COMME UNE CARPE
L'HOMME DE TERRE**

## A LA RECHERCHE DU LIEU DE MA NAISSANCE

Auf der Suche nach dem Ort meiner Geburt

Belgien/Schweiz 1990

*Produktion: Boris Lehman/Dovfilm (Brüssel), Pierre André
Thiébaud/Amidon Paterson Film (Genf)
Co-Produktion: Centre de l'Audiovisuel à Bruxelles, Ministè-
re de la Communauté Française de Belgique, La Sept (Paris)
Regie, Buch: Boris Lehman
Kamera: Patrice Cologne, Aldo Mugnier, Antoine-Marie Meert
Ton: Laurent Barbey, Martin Stricker, Henri Morelle
Schnitt: Daniel de Valck
Negativschnitt: Huguette Vanvolsem
Tonmischung: Thierry Delor
Regieassistenz: Nora Delgado
Schnittassistenz: Olivier Moeckli
Mitwirkende: Alain Blum, Simone Bohler, Freddy Buache,
Paulette Cyngiser, Lionel El Kaim, Tito Fiero, Pierre Izard,
Zalek Kalb-Beller, Christiane Kolla, Hélène Lapiower, Ma-
rie-Christine Marville, Gaston Pillet, Jozy Potasznik, Jacques
Roman, Dominique Scheder, Georges Vadnai, Barbara Vogt
16mm, Farbe, Französisch mit engl. UT, 75 Minuten*

### Reise in die Vergangenheit

Boris Lehman wird während des Krieges als Sohn einer polnischen Familie in der Emigration in Lausanne geboren. Mehr
als vierzig Jahre später, nun Filmregisseur in Brüssel und in
Besitz einiger Erinnerungsstücke (Photographien und Briefen), kehrt er nach Lausanne zurück und erforscht Orte,
Amtsregister, alte Zeitschriften, Filmrollen des 'Ciné-Journal'; von dem Bedürfnis besessen, zu wissen, ob er anhand
eines Gebäudes, eines Zeitzeugen, der Synagoge, des jüdischen Friedhofs oder eines verblaßten Bildes die Wurzeln
seiner Identität zu finden imstande sein wird.
Die Reiseroute, welche sein Film beschreibt, und die, konzipiert wie eine Zeitmaschine, in die Vergangenheit führt, setzt
tiefe Gefühle in Beziehung, durch die hindurch sich, ungewöhnlich, nah, entfernt, bedrückend, die Schweiz und Lausanne offenbaren. Aus dem anfänglichen Dokumentarfilm bricht
eine tragische Fiktion hervor: ein heilsamer Verwandlungs-
akt!

Freddy Buache, in: La Cinémathèque Suisse, Nr. 103, 17.2.-22.3.1992,
Lausanne

### Zur Entstehung des Films

Anfang 1987 entdecke ich beim Aufräumen in einer Kiste Unterlagen und Photos meiner Eltern. Darunter finde ich insbesondere einen Brief aus dem Jahr 1941, ausgestellt von der

bolivianischen Botschaft in Antwerpen, dem ich entnehme,
daß meine Eltern damals planten, Belgien endgültig zu
verlassen.
Ihr Schicksal nahm einen anderen Verlauf. Meine Eltern, die
1933 nach der Machtergreifung der Nazis aus Polen geflohen waren und sich 'vorübergehend' in Brüssel niedergelassen hatten, haben niemals dieses Schiff, auf dem Plätze für
sie warteten, bestiegen. Sie mußten wieder fliehen, heimlich, nach Frankreich und in die Schweiz. Wie man sie in der
Schweiz aufgenommen hat, weiß ich nicht. Briefen zufolge
waren sie mit größter Wahrscheinlichkeit die meiste Zeit getrennt (meine Mutter in einem Waisenhaus, mein Vater in einem Flüchtlingslager). In dieser Situation, die gleichermaßen durch Verwirrung wie durch Sicherheit gekennzeichnet
war, kam ich am 3. März 1944 zur Welt.
Der Film erzählt von meiner Rückkehr nach Lausanne, auf
den Tag 44 Jahre später, an jenen Ort, wo ich kaum gelebt
habe, wo ich ebensogut nicht hätte zur Welt kommen können, den ich nicht kenne und an den ich keinerlei Erinnerung
habe. Meine Eltern und die meisten anderen Zeugen jener
Zeit, die mir hätten Aufschluß geben können, leben nicht
mehr. Viele Briefe und Photos sind nicht zu entziffern, nicht
zu erkennen. Um ihre Geschichte - und damit auch meine
eigene - zu rekonstruieren, bleibt mir nur, das, was von
meiner Familie übriggeblieben ist, und die historischen
Zeugnisse (Archive, Wochenschauen) gegeneinander zu
halten.
Entdeckung und Gegenüberstellung also. 1987 und 1988
reiste ich fünfmal nach Lausanne (davon zweimal für Dreharbeiten), um die Vergangenheit wieder aufleben zu lassen
und mich in mein Thema hineinzubegeben.
Ich fand zunächst meinen Namen im Telephonbuch, auf
einem Parkplatz, in einem Register des Standesamts, in den
Unterlagen eines Krankenhauses... und sogar auf dem Grabstein eines jüdischen Friedhofs. Ich durchwanderte die Stadt,
Eindrücke bestürmten mich, ich fand die ersten Zeichen der
Stadt, die Abhänge, die Brücken, Plätze, Stufen. Die ganze
Zeit über fragte ich mich: was muß ich sehen, wohin muß ich
schauen, wem muß ich zuhören?
Der Zufall brachte mir Begegnungen. Aus den ersten, noch
gestaltlosen Kontakten entwickelten sich Bilder, Stücke des
Films. Ich kam wieder, ich insistierte, ich ging langsam in
der Stadt auf, die sich mir öffnete und einige kleine Geheimnisse enthüllte. Langsam nehmen die Bilder Gestalt an, die
Worte Sinn, die Skizze erhält Charakter. Bruchstücke der
Geschichte entwickeln sich; aus den Begegnungen gehen
weitere Geschichten und Fiktionen hervor.
Aus diesem Grund entwickelt sich der Film wie eine Symphonie, in der Art einer musikalischen Partitur, Variationen
über das Thema der Geburt. Der Film hat die Form eines
Mosaiks, mischt die Beobachtungen des Touristen mit denen des Ethnologen, das Archiv, das Dokument mit der Erfindung, der reinen Imagination.
Ich gehe vom Autobiographischen, von der Familie aus, um
zum Allgemeinen, zum Universellen zu gelangen: das ist
meine Aufgabe als Filmmacher, auf der Suche nach meiner
verlorenen Identität. (Boris Lehman)

**Das Kino der ersten Person**

Gibt es gegenwärtig ein Kino, das in der ersten Person spricht? Unter den Produktionen, die unerbittlich dem amerikanischen Standardmodell angepaßt sind, machen sich Filme, die es wagen, in ihrer Struktur und Thematik subjektiv zu sein, zunehmend rar. In diesem reduzierten Zusammenhang nimmt sich der belgische Regisseur Boris Lehman wie ein Dinosaurier der siebten Kunst aus.

Lehman wurde 1944 in Lausanne geboren, seine Eltern waren jüdisch-polnischer Herkunft, die während des Zweiten Weltkriegs in die Schweiz flüchteten. Lehman lebt heute in Brüssel. In seinem Werk unaufhörlich auf der Suche nach seiner Identität, entschließt er sich eines Tages, seine Geburtsstadt, in der er nur ein Jahr lang gelebt hat, wieder aufzusuchen. Aus dieser Entdeckungsreise, die sich sowohl auf die Vergangenheit wie auf die Gegenwart erstreckt, entsteht der Film A LA RECHERCHE DU LIEU DE MA NAISSANCE.

Ausgerüstet mit wenigen Unterlagen, einer Geburtsurkunde und einigen Photos, beginnt Lehman seine Nachforschungen beim Einwohnermeldeamt. Gibt es das Krankenhaus, in dem er geboren wurde, noch? Und die Pension, in der seine Mutter wohnte? Im Labyrinth der Vergangenheit gibt es kaum Spuren der ersten Monate seiner Existenz. Vor allem trifft er niemanden mehr, der seine Eltern gekannt und ihn als Säugling gesehen hat. Doch von der Oase, die Lausanne inmitten der Wirren der vierziger Jahre darstellte, hat die Szenerie überlebt: der See, die Parks, Gebäude. Und einige Schwarzweiß-Aufnahmen des 'Ciné-Journal Suisse': in denen man Soldaten der Schweizer Armee über den Grand Pont marschieren sieht, während im übrigen Europa der Krieg wütet. Boris Lehman geht seinen Nachforschungen an seinem Geburtsort mit einer gewissen Passivität nach, als fürchtete er sich vor zu lebhaften Emotionen oder erneuten, störenden Infragestellungen. Eigentlich erforscht er sich selbst, nicht die anderen, die ihn umgeben. Mit einem zurückhaltenden und entwaffnenden Narzißmus erfindet Lehman seine Kindheit noch einmal, indem er unter anderem eine Geburt und eine Beschneidung filmt (...). Und er läßt sich wiegen vom ruhigen Wasser des Genfer Sees, das an die zu vermutende Stille im Mutterleib erinnern mag. Denn Lehman erforscht nicht Lausanne, sondern die Liebe, die er für seine Mutter empfindet.

Um sein Bedürfnis, nicht alleine zu sein, nachdrücklich herauszustellen, fordert er mehrere Schauspielerinnen auf, jene darzustellen, die ihn zur Welt gebracht hat. Die eine befestigt ein Deckbett auf ihrem Bauch, um die Schwangere zu verkörpern. Eine andere führt ein kleines Kind um den See von Sauvabelin spazieren. Die dritte begleitet ein Kind auf ein Schiff der CGN; schöne Bilder einer nostalgischen Imagination. Man glaubt zu verstehen: in jeder heutigen Frau sucht der Regisseur das Bild der verschwundenen Mutter.

Von diesem Punkt an ist der Ort der Geburt nicht mehr die Stadt, sondern der Mutterleib. Lehman hat den Ausgangspunkt seines Films zugunsten eines visuellen Spaziergangs aufgegeben, der für ihn zweifellos von größerer Wichtigkeit ist als für den Zuschauer. Und ehrlicherweise gibt er zu, das Ziel seines ursprünglichen Ansatzes nicht erreicht zu haben. Das Eingeständnis seines Unvermögens illustriert er auf originelle Weise in den Szenen des 'Mannes, der rückwärts geht': eine Figur bewegt sich vom höchsten Punkt der Stadt bis hinunter zum See, ohne auf den Weg zu achten. Eine Flucht zurück, in Form einer klarsichtigen Selbstanalyse? Lehman gleitet an der Oberfläche von Dingen, Tatsachen, Menschen entlang; der Regisseur hat nicht gefunden, wonach er suchte, sondern, sagt er, 'etwas anderes'.

Enttäuschend für den Zuschauer ist, daß dieses 'andere' nicht näher beschrieben wird; man hatte gehofft, mit dem Entdecker möglicherweise die Wahrheit teilen zu können. Die Verständigung auf dem Weg der Bilder und Töne zeichnete sich ab, vertiefte sich aber nicht. Man hat noch nicht genug.

Marcel Leiser (Produktionsmitteilung)

## SYMPHONIE (SOLILOQUE)
Symphonie (Selbstgespräch) Belgien 1979

*Produktion: Centre Bruxellois de l'Audiovisuel*
*Regie: Boris Lehman*
*Buch, Darsteller: Romain Schneid*
*Kamera: Mirko Popovitch, Michael Sander, Samy Szlingerbaum*
*Musik: Gustav Mahler*
*Ton: Paul de Meulemeester, Edith de Witt, Richard Verthé*
*Schnitt: Eliane Dubois, Laurette Blanariu*
*Unter Beteiligung von: Club Antonin Artaud, Mediathèque de la Communauté Française de Belgique, Centre de Production RTBF in Liège, Atelier des Jeunes Cinéastes sowie Daniel Devalck, Dominique Delcourt, Hilda Helfgott, Judith Levy-Malchi, Anne-Marie Martin, Dominique Linsig, René Stroeybans, Armando Ferreira, Rafael Nedzynski, Pierre Feroumont, Paul Paquay*
*Uraufführung: 5. Februar 1980, Rotterdam*
*16mm, Farbe, Deutsche Fassung, 35 Minuten*

Der Film ist all jenen gewidmet, die während der Zeit der deutschen Besetzung Juden versteckten und jenen, die sich an der Widerstandbewegung gegen den Feind beteiligten.

### Zu diesem Film

Als jüdisches Kind war Romain Schneid während der deutschen Besetzung in einer winzigen Wohnung eingeschlossen und leidet seit dieser Erfahrung an Klaustrophobie. Schneid, zu gleicher Zeit Autor des Films und vor der Kamera Erzähler und Schauspieler, erzählt seine Geschichte, stellt allein alle Mitwirkende seines Dramas dar; erfindet, verändert, ersinnt ein anderes Ende. Hat er wirklich erlebt, wovon er spricht, oder existiert alles nur in seiner Einbildung? Haben wir einen Zeitzeugen oder einen Fieberkranken vor uns?
Die Geschichte spielt sich in der Gegenwart ab. Sie ist weder eine 'Rekonstruktion' noch eine Nachbildung der Vergangenheit.

Romain Schneid: Dies ist kein weiterer Film über die schreckliche Nazizeit. Dies ist das erste Zeugnis über das Innenleben der Eingeschlossenen, der Verfolgten. Wir waren vierzig junge Juden im Dachboden des Hauses rue de l'ange Nr. 40 in Namur. Und wir hatten nur unsere Träume, unser Innenleben, das uns in unserer Abgeschlossenheit Kraft gab. Dieses Innenleben, ähnlich wie bei Jacob Rabinovitch, teilte sich auf zwischen dem Zorn und den größten Hoffnungen für die Zeit nach dem Sieg. Unser Zorn auf die Deutschen, die der Welt die größten Philosophen und Musiker gaben, um plötzlich in schlimmste Barbarei zu versinken, war groß. Unsere Hoffnungen auf tiefgreifende Studien, wissenschaftliche Forschungen wurde enttäuscht. Aber einerlei! Sie hielten uns in den düstersten Stunden aufrecht.
Dieser Film wurde gedreht als Hommage an den Mut und den inneren Reichtum, den die in der Illegalität lebenden jungen Juden bewiesen. Es gab Leute wie Jacob Rabinovitch, und niemand wird sie vergessen!

November 1979

## MUET COMME UNE CARPE
Schtum asoi wi a fisch / Stumm wie ein Fisch
Belgien 1987

*Regie, Buch: Boris Lehman*
*Produktion: Boris Lehman, Dovfilm (Brüssel)*
*Co-Produktion: Zweites Deutsches Fernsehen (Mainz), Wallonie Image Production (Liège), Radio-Télévision Belge (RTBF, Brüssel); mit Unterstützung des Ministère de la Communauté Française de Belgique*
*Kamera: Antoine-Marie Meert*
*Ton: Henri Morelle*
*Schnitt: Daniel de Valck*
*Mischung: Antoine Bonfanti, Jacques Clisse*
*Regieassistenz: Daniel Lehman, Gérard Preszow, Nadine Wandel*
*Animation, Titel: Corneille Hannoset, Gaston Roch*
*16mm, Farbe, 38 Minuten*

> Dans vos viviers, dans vos étangs,
> Carpes, que vous vivez longtemps!
> Est-ce que la mort vous oublie,
> Poissons de la mélancolie.
>
> Guillaume Apollinaire

### Zu diesem Film
Vom Teich zum Teller: Weg und Schicksal eines Karpfens unter vielen. Dieser wird, gefüllt, während eines Festessens verzehrt.
Der 'auf polnische Art' gefüllte Karpfen, im Jiddischen auch 'Gefilte Fisch' genannt, ist ein traditionelles Gericht der Aschkenasim. Gekocht und gesüßt wird er als kaltes Vorgericht serviert. Der Kopf des Fischs ist dem Familienoberhaupt vorbehalten.
Der während des jüdischen Neujahrsfestes (Rosch ha-Schana) in Brüssel gedrehte Film zeigt die kulinarischen Vorbereitungen sowie die das Festmahl begleitenden Rituale und Gebete. Der Film betont das Opferritual; auf einer symbolischen Ebene wird der Ermordung der Juden in den Konzentrationslagern gedacht.

Produktionsmitteilung

### Zu diesem Film
Boris Lehman singt ein bittersüßes Lied. 'Pflücke den Tag', sagt Horaz. *Carpe diem.* Die zum Verwechseln gleiche Schreibweise, die den lateinischen Imperativ und das französische Wort 'carpe' verbindet, darf uns nicht täuschen: es handelt sich nicht um ein einfaches Wortspiel.
Die hedonistische Lebensbejahung, so weiß Horaz und spricht es auch aus, kann nur vorübergehender Natur sein. Man weiß niemals, was der morgige Tag bringt. Heute aber sind wir beisammen; genieße den Augenblick. Boris Lehman ist darauf bedacht, die alltägliche Gemeinschaft in ihrer Einzigartigkeit, in ihrem vergänglichen Charakter wiederherzustellen und selbst zu verklären. Er weiß Menschen aller Lebensalter um einen Tisch zu versammeln, das laute Gelächter der Jungen zu besänftigen, den Trubel des Beisammenseins durch ernste Töne zu schattieren.
Die Dokumentation wird zum Gedicht, das Gedicht zur Lehrfabel. Denn wer könnte es übersehen: der Fisch ist auch ein Bildnis für jene, die ihn freudig verschlingen, das Opfer ist auch der Peiniger, und sein Schweigen: seine eigentliche Stimme.

Hadelin Trinon

### Mythos und Geschichte
Die Metapher ist offenkundig, jedoch, weil sie Metapher, weil sie ein Bild ist - Bild für die nationalsozialistische Verfolgung - spricht sie nur als Gleichnis. Im buchstäblichen Sinne bleibt der Fisch, was er ist, als solcher wird er von den Juden zu Rosch ha-Schana gegessen, wird sein Kopf mit Stolz vom Familienoberhaupt verzehrt. Wenn es Verknüpfungen und Befragungen gibt, ist es die Befragung des Bildes und der Bedeutung, die wir in ihm sehen wollen; kein Aufwühlen der Thematik von Opfer und Peiniger.
Und diese rituelle Mahlzeit, dieser Stillstand der Zeit, der eine andere Lebensweise wiedererweckt, bildet den Mittelpunkt des Films. In Zeitlupe und mit dem Weitwinkelobjektiv gedreht, kreuzt er Mythos und Geschichte, den Gehorsam gegenüber den Vorschriften der Vorväter und den Rückzug nach innen, die Gesten der Mahlzeit und die Erinnerung an das Gesehene: auf der Tonspur wird das Totengebet gesungen, in das die Aufzählung der Lager aufgenommen worden sind. Diejenigen, die die ernste Freude dieses Festessens kennen, wissen, daß sie die Überlebenden sind, daß sie die Überlebenden der Überlebenden sein werden, wie es die Geschichte ihnen bestimmt hat. (....) Die Kinder spielen allein, eingezwängt in das Ritual, den Angelegenheiten der Erwachsenen fremd; eines stößt sein Glas um und macht einen Fleck auf das Weiß der Tischdecke, ein anderes betrachtet sein Bild in der Spiegelung eines silbernen Tellers. (...)

Gérard Preszow, in: La Revue Nouvelle, 1987

## L'HOMME DE TERRE
Der Erdenmensch Belgien 1989

*Regie, Buch, Produktion: Boris Lehman*
*Co-Produktion: Wallonie Image Production, mit Unterstützung des Atelier des Jeunes Cinéastes*
*Text: Raúl Ruiz*
*Kamera: Antoine-Marie Meert*
*Ton: Henri Morelle, Bruno Tarrière*
*Schnitt: Daniel de Valck*
*Tonmischung: Antoine Bonfanti*
*Darsteller: Boris Lehman (Modell), Paulus Brun (Bildhauer) sowie Michel Bélanger, Ning Ho Chang, Alfons de Brouwer, Charlie Degotte, Guy De Potter, Yvann Drion, Gérald Fenerberg, Cécile Henry, Jules Imberechts, Vincent Jakubowicz, Eskeline Kullberg, Renelde Liègeois, Eric Pinon, Jean-Louis Sbille, François Van Eeckhoute, Les Amis du Kauwberg, L'Ecole Beth Aviv und La Fanfare du Meyboom*
*16mm, Farbe, 40 Minuten*

### Zu diesem Film
L'HOMME DE TERRE entstand aus einer Begegnung zwischen Boris Lehman und dem Bildhauer Paulus Brun. Der mysteriöse Film beginnt mit dem Auftrag zu einer Skulptur, zu der der Regisseur selbst Modell sitzt. Während die Arbeit vorangeht und die Skulptur an Leben gewinnt, sehen wir noch einmal Bilder aus dem berühmten Golem-Film Paul Wegeners, dem L'HOMME DE TERRE einige Szenen entleiht. (...) Jenseits des sich in den Golem verwandelnden Wesens erzählt L'HOMME DE TERRE mit Ambition und Humor, Poesie und Tiefgründigkeit von der künstlerischen Schöpfung. Wie in den meisten seiner Filme inszeniert Lehman sich selbst. Er assistiert nicht ohne Ironie bei der Realisierung der Skulptur, die ihn selbst darstellt, und ergründet im Verlauf

verschiedener erfundener Szenen die Frage nach der Beziehung zwischen Traum und Realität, künstlerischer Schöpfung und konkreter Existenz. Der Film ist faszinierend, komisch, rührend, oft das alles zu gleicher Zeit. (...)

Louis Danvers, in: Le Vif Express, Brüssel, 27. 10.-2. 11. 1989

### Der Bildhauer und der Regisseur

Fünfzehn Jahre lang, in denen ich immer wieder Boris' Weg kreuzte, hatte ich eine unwirkliche, gleichbleibende Vorstellung von Boris als 'experimentellem Filmemacher', den ich nur durch Äußerungen anderer, durch einige zufällige Begegnungen und aus der Presse kannte.

Anläßlich eines Gesprächs über die Erinnerung schlug ich ihm vor, eine Skulptur in Lebensgröße zu formen, die ihn darstellt. Boris, so wie er ist, einen Boris aus Lehm. Es war eine Verführung durch die Arbeit von Boris, die Arbeit eines Beobachters seiner Zeitgenossen, die ich mir zurückerobern wollte. Ihm beim Betrachten zuschauen, um meinerseits Betrachter meiner Zeitgenossen zu sein. (...)

Paulus Brun (Produktionsmitteilung)

### Aus Gesprächen mit Boris Lehman

*Rachel Fajersztajn*: Wie verstehst du deinen Film?

*Boris Lehman*: L'HOMME DE TERRE baut auf einer unbekannten Größe auf. Paulus Brun gestaltet eine Plastik nach meinem Vorbild, und ich weiß nicht, wie sie wird; daher filme ich den Entstehungsprozeß. Ich hätte mich darauf beschränken können, Modell zu sitzen und zuzuschauen, aber ein Regisseur kann nicht existieren, ohne zu filmen. Ich muß filmen, um zu sehen, um zu leben; nur dann habe ich eine Beziehung zu den Dingen und zu den Menschen, nur dann liebe ich sie. Filmen ist nicht nur passives Sehen, sondern eine Form der Reaktion auf das, was sich ereignet.

*Fajersztajn:* Dein Blick ist paradox: zugleich liebevoll und schamlos, unbarmherzig und narzißtisch, immer auf der Suche. Aus diesem Blick ergibt sich deine Poesie und die Magie, aber auch deren Kehrseite, ein Gefühl des Schreckens, manchmal des Widerwillens. (...)

*Lehman:* Die Referenzen an den expressionistischen *Golem*-Film stehen im Zusammenhang mit der Legende des Golems. Der Entstehungsprozeß der Skulptur, das Zerteilen, Bearbeiten des Lehms, als verwunde man ihn, das hat sicher etwas Monströses an sich. Die Entstehung des einen hängt immer mit dem Tod von etwas anderem zusammen. Das Wort EMET, 'Wahrheit', gibt dem Golem das Leben, aber wenn man nur einen Buchstaben entfernt (*aleph*), heißt das Wort MET, 'Tod', und der Golem ist vernichtet. (...)

*Frage:* Du sprichst davon, daß ein Mensch dann zu einem Menschen wird, wenn man etwas hinzufügt, hier das Wort EMET. Es ist die Sprache, die den Golem zum Menschen macht. Das Eintreten des Golems in die Welt als Mensch ist nur möglich, wenn er der Symbolik, dem Gesetz der Menschen unterstellt wird. Aber das Wort ist ebenso auch Mittel zu seinem Tod.

*Boris Lehman:* Der Schöpfer gelangt eines Tages immer an den Punkt, an dem er sein Werk zerstört. (...)

\*

*Lucia Bensimon*: Für mich bedeutet L'HOMME DE TERRE, sein eigenes Bildnis zu akzeptieren. Ein Bild, das jemand anderes gemacht hat. Und damit den Blick der anderen - der Betrachter- auf dieses Bild zu akzeptieren.

*Lehman*: Vielleicht ist akzeptieren nicht das richtige Wort. Ich würde sagen, für mich ist es eine Herausforderung. Eine Wette. Ein Weg, mich einer Prüfung zu unterziehen. Man kann sagen: 'ich habe es gewagt', 'ich bin mutig'. Die Anerkennung hingegen ereignet sich eher, als daß sie bestätigt würde. Aber ich provoziere sie ein bißchen, und übernehme sie.

*Bensimon*: Du meinst, du bist in dieser Anerkennung nicht vollständig enthalten.

*Lehman*: Ich kann die fertige Skulptur kritisieren, eine Meinung über sie und ihren Schöpfer haben, aber ich muß sie so hinnehmen, wie sie ist, so, wie er sie gemacht hat. (...)

*Bensimon*: Was verbindet deine drei letzten Filme?

*Lehman*: Man könnte sagen, daß ich drei Wege gefilmt habe: den der Farbe - von der Tube auf die Leinwand - und ebenso den Weg meines das Maleratelier erforschenden Blicks; den Weg des Fisches, der gefangen, zubereitet und verzehrt wird, und in L'HOMME DE TERRE den Weg des Lehms, der allmählich Skulptur und Mensch wird. Immer mit diesem Gedanken von Geburt und Schöpfung, die untrennbar dem Mord, der Tötung, der Opferung verbunden sind, jedoch gleichermaßen der Magie, der Alchimie, des Geheimnisses bedürfen. Hinter all dem stehen natürlich der Genozid und die gesamte Symbolik, die mit meiner jüdischen Identität und der Schwierigkeit der Existenz verknüpft ist.

Zwei Gespräche mit Rachel Fajersztajn und Lucia Bensimon (Produktionsmitteilung)

**Romain Schneid** (59 Jahre), Mitwirkung in vielen Filmen des Clubs Antonin Artaud, besonders als Darsteller, so in Filmen von René Paquot, Patrick van Antwerpen und Boris Lehman (SYMPHONIE); Autor eines Romans 'Philippe Colin ou la quète de poesie'.

**Boris Lehman**, geb. 3. März 1944 in Lausanne; Filmstudium an der I.N.S.A.S. in Brüssel. Kritiker und Kulturarbeiter ('animateur culturel'). Arbeit mit Film als therapeutischem Instrument beim Club Antonin Artaud (psychiatrisches Rehabilitationszentrum).

Zusammenarbeit mit Henri Storck, Jacques Rouffio, Patrick van Antwerpen, Jean-Marie Buchet, Maurice Rabinowicz, Chantal Akerman, Samy Szlingerbaum, Michèle Blondeel.

Filme: 1963 *La Clé du Champ*, 1964 *Catalogue*, 1968 *Histoire d'un déménagement*, 1970: *Le Centre et la Classe*, 1973 *Ne Pas Stagner*, 1974 *Album 1*; *Knokke Out*, 1978 *Magnum Begynasium Bruxellense*, 1979 SYMPHONIE (Internationales Forum des Jungen Films 1981), 1980 *Marcher ou la Fin des Temps Modernes*, 1983 *Couple, Regards, Positions*/Paar/ Blicke/Positionen (Forum 1983), 1985 *Portrait du peintre dans son atelier*, 1986 *Masque*, 1987 MUET COMME UNE CARPE, 1989 L'HOMME DE TERRE; *La Chute des Heures*, A LA RECHERCHE DU LIEU DE MA NAISSANCE, 1991 *Je suis fier d'être Belge*; *Tentatives de se décrire*, 1990-1992 *Babel (Lettre à mes amis restés en Belgique)*.

Herausgeber: Freunde der Deutschen Kinemathek. Druck: graficpress

## NOA BAT SHVA-ESREH / NOA AT 17

Noa mit 17 Israel 1982

*Produktion: Arad Films (Tel Aviv)*
*Regie, Buch, Produzent: Itzhak Zepel Yeshurun*
*Kamera: Yitzchak Oren, Yaakov Saporta*
*Musik: Isaac Steiner*
*Schnitt: Tova Asher*
*Darsteller: Dalia Shimko (Noa), Idit Zur, Shmuel Shilo,*
*Moshe Havazelet, Adi Neeman, Osnat Ofer*
*Uraufführung: Januar 1982*
*86 Minuten, Farbe, OmeU, 86 Minuten*

### Zu diesem Film

Die Handlung des Films spielt 1951. Die Sozialisten in Israel sind gespalten in der Frage, ob sie einen eher orthodoxen Kurs nach dem Vorbild der Sowjetunion einschlagen oder sich mehr am Westen orientieren sollen. Die 17jährige Noa gerät in diesen Konflikt. Sie will die Schule aufgeben und in einen Kibbuz ziehen. Ihre sozialistischen Eltern halten sie für zu impulsiv, sie aber spürt, daß sie ihren Überzeugungen gemäß handeln muß. Eine Sommerromanze, die Beziehung zu ihrem Onkel (einem der ersten Kibbuzniks) und die Begegnung mit Freunden aus der Jugendbewegung, der sie angehört, tragen zu ihrer Entscheidung bei.

Produktionsmitteilung

### Inividualismus als Leitfaden

(...) NOA AT 17 (1982) von Itzhak Yeshurun und Nadav Levitans *Stalins Schüler* (1988) blicken aus ratloser Gegenwart zurück in die fünfziger Jahre, die Zeit nach der Staatsgründung, als sich, unter der Ägide von Ministerpräsident Ben Gurion, die Gleichsetzung von Zionismus mit Sozialismus aufzulösen begann und das Land in einen westlichen Kapitalismus aufbrach. Die 17jährige Noa (Dalia Shimko) verkörpert in der Ikonographie des israelischen Kinos das Idealbild der Sabra, der in Israel geborenen Generation (damals nur 5 Prozent der Bevölkerung), die im Gegensatz zu ihren von der Diaspora und dem Ghetto-Dasein geprägten Eltern 'unideologisch', individualistisch ist - wie die Wüstenpflanze Sabra: "außen zäh und innen zart".

In der klaustrophobischen Enge einer Stadtwohnung finden Streitgespräche zwischen moskautreuen Kibbuzniks und liberalen Mapainiks statt - der Riß in der Kibbuz-Bewegung geht mitten hindurch durch die Familien und die Paare. Noas erste sexuelle Erfahrungen mit einem etwas dümmlichen Burschen aus der zionistischen Jugendbewegung fallen zusammen mit dem Verlust an ideologischer Standfestigkeit. Der Film läßt zum Schluß nur noch einen geläuterten Individualismus als Leitfaden gelten. (...)

Mariam Niroumand: Die Kinder der Überlebenden, in: die tageszeitung, Berlin, 8. April 1992

### Ein kleines Wunder

Intoleranz ist eine menschliche Schwäche, die nicht erst die Israelis erfunden haben. Itzhak Yeshurun Zepels Film, der von dieser Schwäche handelt, ist allerdings eine Rarität im israelischen Kino. Es ist ein zutiefst israelischer Film, handelt er doch von uns, unserer Umgebung, den Ursprüngen unserer Gesellschaft und unserem Selbstverständnis als Israelis und Menschen. NOA AT 17 erzählt von der inneren Zerrissenheit einer erwachsen werdenden Sabra in jenen Tagen, als die israelische Gesellschaft eine tiefe Krise der Spaltung durchlebte.

Wenn ich genau das Thema dieses ausgezeichneten Films benennen müßte, würde ich ohne Zögern sagen, daß NOA AT 17 das Charakteristikum dieser Intoleranz aufzeigt, unter der unsere Gesellschaft leidet. Der Film appelliert an unser Kollektivbewußtsein, seine Wirkung ist bitter und schmerzhaft, weil er so aufrichtig ist und uns auf der Leinwand unser nicht allzu erfreuliches Spiegelbild vorführt.

Um relevante Aussagen zur Gegenwart machen zu können, führt uns Yeshurun zurück in die jüngere Geschichte, zurück in die Tage des als traumatisch empfundenen sozialen Schismas, dessen tiefe Wunden noch nicht verheilt sind. Das Drama langwieriger Konflikte komprimiert er auf einen Schauplatz: ein altes Haus in einer eher ländlichen Umgebung, einer Kleinstadt im Jahre 1951, und bevor man es sich versieht, fühlt man sich um dreißig Jahre zurückversetzt.

Die Mapam-Partei orientierte sich an der UdSSR, während die Mapai-Partei einen westlichen Kurs ansteuerte. Daraus erwuchs ein gewalttätiger und destruktiver ideologischer Kampf, der in regelrechten Schlägereien in den gemeinsamen Speiseräumen der Kibbuzim kulminierte. Dörfer zerfielen in zwei Lager, Familien gingen auseinander, und aus Freunden, die einst gemeinsame Ideale und Lebensweisen verband, wurden Feinde.

Vor diesem Hintergrund entfaltet Zepel sein bewegendes Kammerspiel, in dessen Mittelpunkt Noa steht, eine reizende High-School-Schülerin, die an einem Scheideweg in ihrem Leben steht. Noa, Mitglied einer Jugendbewegung, leidet unter der Krise und dem Zwang, sich entscheiden zu müssen. Zwei Herzen schlagen in ihrer Brust, und dieser ständige Zwiespalt ist für sie unerträglich. Einerseits ist sie eine Sabra, die mit den Werten und der Ideologie der Arbeiterbewegung aufwuchs, andererseits hat sie eine romantische Ader und sehnt sich nach Schönheit, Liebe, einem freien und selbstbestimmten Leben und danach, "das Geheimnis des Lebens und der menschlichen Größe des Einzelnen zu verstehen", wie sie in ihr Tagebuch schreibt.

NOA AT 17 ist ein kleines Wunder im israelischen Film, an das ich schon gar nicht mehr glaubte.

Aharon Dolev: Ein Film, der die Wahrheit sagt, in: Maariv, Tel Aviv, 12. Februar 1982

### Ein anderes Israel

Dies könnte der seit langem wichtigste und aufregendste Film sein. Noa ist zunächst nur Beobachterin, führt dann aber eine harte Auseinandersetzung um ihre Prinzipien, einen Kampf, der zur Machtprobe wird...

Da ist ihr Onkel, der Kibbuznik, der seine Prinzipientreue mit der Entfremdung von seiner Tochter und deren Ehemann, die auf der anderen Seite stehen, bezahlt. Dann Noas politisch engagierte Mutter, deren Familie wegen ihre politischen Aktivitäten zerfällt. Schließlich ihr wortkarger Vater, der in der Stadt lebt, sich aber nach den fernen grünen Feldern sehnt... Und dann sind da noch Noas Kameraden in der Jugendbewegung, Aya, ihre fanatische Freundin, Uzi, Ayas Freund, mit dem Noa eine kurze Liebesbeziehung hat, die zum Bruch mit der Jugendbewegung führt. (...)

Zepel, der diesen Film schrieb und inszenierte, gelang es, das Leben der Menschen, ihre Hoffnungen, Enttäuschungen und Vorstellungen von diesem Staat zu zeigen, und das in einem Film, der mit erstaunlich geringem Budget gedreht wurde und größtenteils an einem bzw. zwei Schauplätzen spielt. Es gelingt ihm, den Konflikt des Einzelnen mit der Gruppe glaubhaft darzustellen und die Menschen mit ihren Überzeugungen zu konfrontieren.

Sind sie bereit für ein anderes Israel? Ein Film, der schwierig und ernsthaft ist, aber immer ehrlich angesichts der Vergangenheit und Gegenwart...

Itzhak Ben Ner, in: Army Radio Station, 7. Februar 1982

### Eine liebevolle Elegie

(...) Die Gespräche von Noa (Dalia Shimko) und ihren Freunden sind so echt, so authentisch, daß man gar nicht versteht, warum so etwas nicht vorher schon im Theater oder im Kino existierte, so naheliegend und handgreiflich muten sie an.

Wer hier bloße Parteipropaganda vermutet, kann den Film nicht gesehen haben. Die Schönheit dieses Films besteht darin, daß aus ihm die liebevolle Elegie über die untergehende Welt von Menschen spricht, die hartnäckig und verzweifelt an ihren Träumen festhalten, deren Verwirklichung vielleicht unmöglich ist. Diejenigen, die bereit waren, sich der Zerreißprobe zwischen Zionismus und Sozialismus zu stellen, diejenigen, die für ihre Vorstellung von einer 'anderen' Gesellschaft kämpften, waren das Salz dieser Erde.

Wer einen erstklassigen israelischen Film sehen, wer Tränen im Dunkeln vergießen und herzlich lachen will, wer sein eigenes Leben oder das seiner Eltern vor Augen geführt bekommen will, der sollte sich alsbald NOA AT 17 ansehen. Und diejenigen, die glauben, daß wir heute auf dem richtigen Weg sind, sollten, während sie im Kino sitzen, über die vielfältigen und schmerzhaften Erfahrungen des einstigen Israel nachdenken.

Hanoch Bartov, in: Maariv, Tel Aviv, 12. Februar 1982

**Itzhak Zepel Yeshurun**, geb. 1936 in Palästina. Studium der Philosophie und Literaturwissenschaften an der Hebräischen Universität in Jerusalem und an der Sorbonne. Nach mehreren Assistenzen in Frankreich kehrte er nach Israel zurück, wo er in den sechziger Jahren eine Reihe von kurzen Dokumentarfilmen inszenierte. Er drehte mehrere Filme für das israelische Fernsehen. 1967 entstand sein erster Spielfilm *Variations on a Love Theme*. Weitere Spielfilme: *Joker* (1976), *Kobi and Mali* (1978) NOA BAT SHVA-ESREH/ NOA AT 17 (1982), *A Married Couple* (1984), *Prom Queen* (1986), *Green Fields* (1989).

Gegenwärtig bereitet er in den USA einen neuen Film vor.

Freunde der Deutschen Kinemathek. Druck: graficpress

## YALDEI STALIN / STALIN'S DISCIPLES

Stalins Anhänger Israel 1987

*Produktion: Doron Eran Film Production Ltd.*
*Regie, Buch: Nadav Levitan*
*Kamera: Gadi Danzig*
*Musik: Hava Alberstein*
*Schnitt: Shimon Tamir*
*Produktionsleitung: Doron Eran*
*Darsteller: Shmuel Shilo, Hugo Yarden, Yossi Kantz, Rachel*
*Dobson, Asharon Almog, Ezra Dagan, Doron Golan, Rachel*
*Wallah, David Rona, Dudik Semadar, Atalia Kaplan, Ran*
*Appleberg*
*Uraufführung: 29. Juni 1987, Jerusalem*
*16 mm, Farbe, OmeU, 95 Minuten*

### Inhalt

Die Geschichte spielt in einem Kibbuz während der 50er Jahre
und zeichnet nach, wie der Tod Stalins von dessen Anhängern
aufgenommen wurde. Die Schuster Moshko, Leible und Av-
remele tragen aus Verehrung für ihren geliebten Führer Stalin
mächtige Schnurrbärte. Sein Tod ist Anlaß zu nationaler Trauer.
Chruschtschows Rede auf dem 20. Parteitag der Kommunisten, in der er Stalins Verbrechen verurteilt, die Verhaftung
eines Kibbuznik in der Tschechoslowakei wegen Spionage,
das Wiedergutmachungsabkommen mit Deutschland - all das
bringt den blinden Glauben an den einstigen Führer ins Wanken.
Neben dem ideologischen Schock wird der Kibbuz-Alltag
gezeigt: Mitgliederversammlungen, romantische Begegnungen innerhalb der geschlossenen Gesellschaft, in der jeder
jeden kennt, und schließlich die junge Generation, die sich von
den elterlichen Träumen und Idealen löst.

Daniel Warth (Hrsg.): Israeli Films 1987-1990, Tel Aviv 1990

### Kritik

Einer der wichtigsten Wendepunkte, die die Kibbuz-Ideologie
in Israel erfahren hat, wird von Nadav Levitan, einem ehemaligen Kibbuznik, sehr ernsthaft abgehandelt. Doch aus diesem
Zusammenprall von Moral und politischer Überzeugung entwickelt sich keine Tragödie, die ohnehin über eine bestenfalls
theoretische Reflexion nicht hinausgekommen wäre. Levitans
Film beginnt mit der Nachricht vom Tode Stalins und den
Wandlungen, die in der Folge einsetzen, und zeigt, welchen
Erschütterungen drei Schuster ausgesetzt sind, die fanatische
Anhänger der Lehre Moskaus sind. Eine weitere Krisensitua-
tion entsteht, als das Wiedergutmachungsabkommen mit Westdeutschland unterzeichnet wird, das einige Kibbuznik vor ein
moralisches Dilemma stellt: sollen sie das Geld annehmen
und wenn ja, für sich selbst verwenden oder dem Kibbuz zur
Verfügung stellen, wie es die ideologischen Prinzipien einer
solchen Gemeinschaft verlangen?
Beide Ereignisse werden ausgiebig diskutiert und führen zu
vielen dramatischen Verwicklungen. Dem Film gelingt es
aber nicht immer, das Interesse des Zuschauers an den Charakteren - die etwas allzu schematisch als 'Künstler', 'Fanatiker'

oder 'Anführer' dargestellt werden - oder an den persönlichen Probleme, die aus diesen Zwangslagen resultieren,
wachzuhalten.
Mit äußerst geringen Mitteln produziert, wurde dieser Film
in kurzer Zeit abgedreht und vom ursprünglichen 16mm-
Format auf 35 mm aufgeblasen. (...)
Levitan kann für sich verbuchen, einen sehr persönlichen
Film gedreht zu haben, der künftige Fragen zur historischen
Entwicklung der Kibbuzgemeinschaft detailliert wird beantworten können. Sein Versuch aber, diese als Auswuchs eines
wie auch immer gearteten Fanatismus zu erklären, ist wenig
überzeugend. (...)

Edna. (d.i. Edna Fainaru), in: Variety, New York, 13. Januar 1988

### Dem Vaterland des Sozialismus die Treue halten

(...) Einige Überraschungen gibt es in STALIN'S DISCI-
PLES, einem israelischen Film von Nadav Levitan, der auf
Jugenderinnerungen des Regisseurs und Drehbuchautors
basiert. Nach dem Krieg haben sich osteuropäische Juden in
einem Kibbuz in Israel niedergelassen. Es sind aufrechte
Kommunisten, die sich den Glauben an das 'Vaterland des
Sozialismus' bewahrt haben. Im Jahre 1953, nach dem Tode
Stalins, herrscht allerorten Trauer. Einige Individuen aber
lehnen den Kollektivgedanken ab, eine Frau begibt sich zu
einer Herzoperation in die Vereinigten Staaten, und nach
und nach gerät Stalins Mythos in Verruf. Die Rede Chruschtschows von 1956 macht dem schließlich ein Ende. Etwas un-
beholfen und viel zu anekdotisch erzählt, ist dieser Film dennoch fesselnd wegen seines Themas, seines Humors und der
Zeichnung seiner Figuren, vor allem in Gestalt der drei
Schuster, deren Schnurrbärte an den Stalins erinnern. (...)

Jacques Siclier, in: Le Monde, Paris, 21. Mai 1989

"Das ist ein anti-ideologischer Film", sagt Nadav Levitan,
Regisseur von STALIN'S DISCIPLES. "Er zeigt, wie Ideologie sich in Fanatismus verwandeln kann." 'Stalins Anhänger' nannte man mit liebevollem Spott in den 50er Jahren
jene Generation von Kibbuznik, die an 'Mütterchen Rußland' und 'Väterchen Stalin' glaubten. (...) "Ich erinnere
mich an hitzige Diskussionen, die wir über die Verdienste
der USA im Vergleich zur Sowjetunion führten, angefangen
vom Sport bis zum Wettlauf in der Raumfahrt. Das antiame-
rikanische Ressentiment war damals in Israel sehr ausgeprägt. Weil wir Sozialisten waren, bekamen wir auch keine
Visa für die USA. Der Glaube an die UdSSR war damals
unerschütterlich. Selbst einer unserer Vertreter, der zu einem Parteitreffen in die Tschechoslowakei gereist war und
verhaftet wurde, kehrte nach Israel als nur noch überzeugte-
rer Kommunist zurück." Danach gefragt, ob er noch an den
Sozialismus glaube, lächelt Levitan: "Die einzige Ideologie,
an die ich glaube, ist der Humanismus."

Aus: Screen International, Cannes 1989

### Rote Stöckelschuhe auf grünem Rasen

(...) *Noa at 17* (1982) von Itzhak Yeshurun und Nadav Levitans STALIN'S DISCIPLES (1988) blicken aus ratloser

Gegenwart zurück in die fünfziger Jahre, die Zeit nach der Staatsgründung, als sich, unter der Ägide von Ministerpräsident Ben Gurion, die Gleichsetzung von Zionismus und Sozialismus aufzulösen begann und das Land in einen westlichen Kapitalismus aufbrach. (...)

STALIN'S DISCIPLES war wohl als Komödie angelegt, gewinnt aber im Verlauf der Handlung soviel Tiefenschärfe, daß einem das Lachen im Halse steckenbleibt. Schauplatz ist ein Kibbuz im saftig-grünen Tal. In dessen ideologischer Zentrale, einer von drei bärenstarken Kerlen betriebenen Schusterei, hat man Stalin einen Altar errichtet. Die unangefochtene Herrschaft der drei wird erschüttert, als ein Teil der Kibbuzniks aus Deutschland 'Wiedergutmachungs'-Zahlungen erhält, mit deren Hilfe eine Familie auswandert und eine behinderte Frau sich in Amerika operieren läßt. Gleichzeitig bringt das Radio die Nachricht von Stalins Tod und sehr bald auch erste Berichte über Lager, Schauprozesse und Judenverfolgung in der Sowjetunion.

Der Film ist eine Studie in israelischer Ikonographie: Stalins Porträt gegen abstrakte Kunst, rote Fahnen gegen die Fahne des Zionismus, kräftige Landarbeiterhände gegen graue Stadtgesichter, rote Stöckelschuhe auf grünem Rasen. Sogar die Bücherverbrennung des 'Kommunistischen Manifests' bleibt nicht ausgespart. (...)

Mariam Niroumand, in: die tageszeitung, Berlin, 8. April 1992

### Erfolge im Ausland

(...) Nadav Levitans Film, der im eigenen Land ohne Ausnahme abgelehnt wurde, wurde in Cannes in der Sektion 'Un Certain Regard' gezeigt (...) und stieß auf ein aufgeschlossenes Festivalpublikum, das Gefallen an der Ironie des Filmes fand und fasziniert war von dem Einblick in die Details der Historie, von denen es bisher keine Kenntnis hatte. Was, um ein altes hebräisches Sprichwort zu zitieren, wieder einmal zeigt, wie schwer es ist, Prophet im eigenen Land zu sein. (...)

Dan Fainaru, in: Peter Cowie (Hrsg.): International Film Guide 1989, London 1989

### Stalinismus und jüdische Identität

In Dichtung, Wissenschaft und Publizistik kam es zu einer neuen Blüte des Judentums. Die Sowjetregierung ließ sich in den zwanziger Jahren davon durchaus beeindrucken. Die jüdischen Gemeinden waren in religiöser Hinsicht nach ihrer ursprünglichen Anerkennung 1919 aufgelöst und ihr Besitz verstaatlicht worden. Jetzt bildete man Sowjets (Räte) in Dörfern, Städten und Gebieten, die Jiddisch als Amtssprache gebrauchen durften und eine Reihe von Selbstverwaltungsrechten erhielten. (...)

All das änderte sich grundlegend im Stalinismus. Die jüdische Sektion innerhalb der Kommunistischen Partei wurde 1930 abgeschafft. Im Machtkampf an der Parteispitze setzten Stalin und seine Anhänger gezielt antijüdische Parolen ein. Da ihre Gegner teilweise Juden waren, hieß es, sie seien kleinbürgerliche jüdische Intellektuelle, die nichts mit der Arbeiterklasse gemein hätten. Man nutzte das unterschwellig vorhandene Mißtrauen gegen die vielen Juden in höheren Ämtern oder auch unter den Spekulanten und Gewinnlern während der Neuen Ökonomischen Politik. Dem stalinistischen Terror, den 'Säuberungen' in den dreißiger Jahren, fielen auch unzählige Juden zum Opfer, nicht zuletzt aus dem künstlerischen und wissenschaftlichen Bereich. Nach dem Hitler-Stalin-Pakt von 1939 lieferte man jüdisch-deutsche Kommunisten, die sich in die Sowjetunion hatten flüchten können, an die Gestapo aus. Die kulturelle Autonomie wurde als 'bürgerlicher Nationalismus' aufgehoben, zugunsten verstärkter Zentralisierung und Russifizierung. (...)

Gerade das antijüdische Vorgehen rief jedoch eine neue nationale Aktion der Juden hervor. Sie verstärkte sich, als durch die Annexion von polnischen, rumänischen und baltischen Gebieten seitens der Sowjetunion 1939/40 zu den fast drei Millionen weitere zwei Millionen Juden hinzukamen. Die innerjüdischen Aktivitäten belebten sich wieder. Das Nationalitätsbewußtsein wurde vertieft durch die Erfahrung, daß unter den Helfershelfern der Nazis in den besetzten Gebieten viele Ukrainer, Litauer und Rumänen waren, daß der überkommene Antisemitismus keineswegs nachließ. Man hoffte noch einmal auf die Sowjetregierung, als diese 1942 ein 'Antifaschistisches Jüdisches Komitee' gründete (das aber mehr für die Unterstützung der Sowjetunion in den angelsächsischen Ländern gedacht war) oder als sie nach dem Krieg zunächst die Gründung des Staates Israel unterstützte. Die Hoffnungen zerschlugen sich aber bald. Im Innern war keine Entfaltung jüdischen Lebens mehr möglich. Im Gegenteil: seit Herbst 1948 verschärfte sich der judenfeindliche Kurs erneut. Er hatte die Auflösung des Antifaschistischen Komitees zur Folge, das erst Anfang 1989 eine Komission des Politbüros offiziell rehabilitierte. Zahlreiche jüdische Funktionäre wurden damals verhaftet und wegen angeblich antisowjetischer Tätigkeit und Verbindung mit dem westlichen Ausland angeklagt. Sie sollten ein Teil des 'imperialistischen' Komplotts gewesen sein, dem auch 'zionistische' Organisationen in Israel angehört hätten. Diese 'Kosmopoliten' und 'Vaterlandslosen' seien Verschwörer und Spione gewesen. Wiederum kam es zu zahllosen Hinrichtungen und Deportationen in die Straflager. Diese antijüdische Welle breitete sich auch auf andere Länder des kommunistischen Machtbereichs aus und zog dort ebenfalls Verfolgungen nach sich. (...)

Anfang 1953 'entdeckte' der sowjetische Geheimdienst eine 'Ärzteverschwörung', die das Ziel gehabt habe, die Führer der Sowjetunion mit Stalin an der Spitze zu ermorden. 'Zufällig' bestand diese angebliche Verschwörung fast ausschließlich aus Juden. Sie sollte vom US-Geheimdienst und internationalen jüdischen Organisationen gesteuert gewesen sein. Den verhafteten Ärzten drohte die Ermordung. Darüberhinaus kursierten Gerüchte, Stalin wolle alle Juden aus dem europäischen Teil der Sowjetunion ausweisen. Zum Glück starb er im März 1953. Die Ärzte wurden rehabilitiert und freigelassen. Seitdem ist der gewissermaßen regierungsamtliche Antisemitismus verschwunden, aber unterschwellig lebt viel davon weiter. Diskriminierungen für die heute etwa 1,8 Millionen Juden - nach anderen Schätzungen liegt die Zahl aufgrund einer beträchtlichen Dunkelziffer höher - blieben bestehen, bei der Religionsausübung, bei der Eintragung der jüdischen Nationalität in den Paß, die oft zu Benachteiligungen führte, ohne eine positive Bekundung der Nationalität zu ermöglichen. Die Verbindung zu Israel stieß auf Mißtrauen, die Ausreise wurde erschwert. Zur Zeit allerdings spricht viel dafür, daß eine grundsätzliche Änderung begonnen hat.

Heiko Hausmann: Geschichte der Ostjuden, München 1990

**Nadav Levitan**, geb. 1945 in Palästina, Studium am Tel Aviv University Department of Film and Television; inszenierte am Theater sowie Dokumentarfilme fürs Fernsehen und verschiedene Kurzfilme.

Filme (Spielfilme): *An Intimate Story* (1981), *The Bride* (1984), *Girls* (1985), STALIN'S DISCIPLES (1987), *Yoel's Friends* (1991, Fernsehfilm), *Murder on Saturday Morning* (1992, Fernsehfilm), *Groupie* (1992).

Herausgeber: Freunde der Deutschen Kinemathek. Druck: graficpress

## AHAVA HA'ACHRONA SHEL LAURA ADLER /
## LAURA ADLERS'S LAST LOVE AFFAIR
Laura Adlers letzte Liebe  Israel 1990

*Produktion: Paralax Prods. Ltd., Transfax Film Prod.*
*Regie, Buch: Avram Heffner*
*Kamera: David Gurfinkel*
*Musik: Shem Tov Levy*
*Bauten: Ariel Roshko*
*Schnitt: Lina Kadish*
*Produzent: Marek Rosenbaum*
*Darsteller: Rita Zohar (Laura), Shulamit Adar (Becky), Menashe Warszawski (Sawitch), Avram Moor (Menashe), Yacov Shapiro (Palevitz), Menoa Zahav, Bela Luciano, Rafi Tavor, Sally Anne Friedland*
*Uraufführung: 18. Juli 1990, Jerusalem*
*Farbe, Hebräisch/Jiddisch/Englisch, 96 Minuten*

### Inhalt
Bittersüße Tragikomödie über die alternde, einsame jiddische Schauspielerin Laura Adler, die um das Überleben ihres in Tel Aviv beheimateten Theaters kämpft - obwohl die jiddische Sprache im Verschwinden begriffen ist. Ganz unverhofft erhält Laura zwei Chancen, die den Durchbruch bringen können: ein Rollenangebot aus den USA und den romantischen Antrag eines jungen, gutaussehenden Verehrers. Dann aber zeigt sich, daß für Laura die Augenblicke der Freude nur noch kurz bemessen sind - die Zeit für die unwiderruflich letzte Abblende, den Abgang von der Bühne des Lebens, ist gekommen.

Israel Film Centre, Information Bulletin 1989-1990, Jerusalem 1991

### Vom Kino verführt
Die Geschichte von LAURA ADLER auf die Leinwand zu bringen, hat Heffner etwa sieben Jahre gekostet. "Hier Geldgeber zu finden, ist immer schwierig, besonders für eine komplizierte Produktion wie diese", sagt der Produzent Marek Rosenbaum, der im vergangenen Jahr die arabisch-jüdische Liebesgeschichte *Crossfire* ins Kino brachte. (...) Obwohl in einer Mischung aus Hebräisch, Jiddisch und Englisch gedreht, hofft er, daß der Film auch im Ausland Verleiher findet. "Jiddische Kultur ist im Ausland sehr populär, sogar mehr als hier, und sie hat dort in den letzten Jahren an Bedeutung gewonnen." Tatsächlich hätte man die Geschichte von LAURA ADLER ohne Schwierigkeit auch in die USA verlegen können, und Heffner erzählt, es habe Angebote gegeben, den Film im Ausland zu drehen. "Ich dachte, wenn ich eine Geschichte über den Tod des Jiddischen Theaters erzähle, ist es passender, das Begräbnis hier in Israel stattfinden zu lassen. Das Aussterben des Jiddischen in den Vereinigten Staaten unterscheidet sich wirklich nicht gravierend vom, sagen wir, Aussterben des Italienischen. Aber in diesem Land hat es eine viel tiefere Bedeutung für unsere Gesellschaft. "Davon abgesehen, könnte ich niemals einen Film in Amerika machen. Was weiß ich denn darüber, außer vielleicht als Außenseiter?

Ich weiß, daß viele Regisseure ihrer Arbeit wegen dort hingegangen sind, aber ein Filmemacher arbeitet immer besser in seiner eigenen Kultur, wie jeder Künstler."
Zugleich spricht Heffner von all den Hindernissen, denen ein Filmemacher hier gegenübersteht. "Man steht ständig unter Druck, hat ständig mit Beschneidungen des Drehplans und der Finanzierung zu tun. Im israelischen Filmgeschäft muß man eher 'zudecken' als 'entdecken', während man dreht. Man beklagt ständig die Möglichkeiten und Gelegenheiten, die man nicht wahrnehmen konnte, selbst wenn das Ergebnis am Ende gut ist." (...)
Während der fünfwöchigen Dreharbeiten gehörten zu den Drehorten neben dem Vortragssaal der Jiddischen Bibliothek in Tel Aviv, der schon oft als Spielort für Jiddisches Theater diente, auch ein restauriertes Haus in der Bialik-Straße in 'Klein-Tel-Aviv', aus dem inzwischen ein Museum wurde. (...)
Für Laura - ähnlich wie bei den dem Vergessen anheimgefallenen Diven solcher Filmklassiker wie *Sunset Boulevard* oder *Veronika Voss* - sind die Träume aus einer einst ruhmreicheren Vergangenheit die einzig wirkliche Rettung vor dem Abstieg. Diese Sehnsucht nach einer idyllischeren Vergangenheit ist ein Thema, dem man in allen Filmen Heffners begegnet und das selbst bei seinen jüngeren Protagonisten evident ist. "Man hat mich schon darauf hingewiesen, aber ich habe das nie wirklich gründlich analysiert", meint er. "Ich glaube, die Zeit verfolgt mich wie jedermann. Das Jiddische Theater in diesem Film dient als Metapher für die Sehnsucht einer ganzen Generation - der meiner Eltern -, nach einer Welt, die es nicht mehr gibt."
Der Theater-Hintergrund des Films beruht teilweise auf eigener Erfahrung. "Während meiner Armeezeit arbeitete ich als Schauspieler, und ich war immer schon der Ansicht, daß das Theater gute Stoffe, gute Filmsujets bietet. Der Wechsel zwischen Szenen im Theater und außerhalb davon ermöglicht es, die Geschichte sowohl auf realistische wie auf stilisierte Weise anzugehen."
Heffner, der Humor und Melancholie erfolgreicher als seine Regie-Kollegen zu verbinden versteht, sagt über LAURA ADLER'S LAST LOVE AFFAIR: "Dies ist ein Film, der von der komischen Groteske - vor allem in den Bühnenszenen mit der jiddischen Schauspielertruppe, deren Niveau nicht einmal mittelmäßig ist - zum Tragisch-Dramatischen wechselt. Diese Wechsel vollziehen sich so rasant, daß ich nur hoffen kann, das Publikum bekommt sie mit."
Die Versuchung von LAURA ADLER war groß genug, um nicht nur Rita Zohar nach Israel zurückzulocken, sondern auch den widerstrebenden Heffner einmal mehr hinter die Kamera zu bringen. So wie Laura Adler dem Reiz der Romanze und der Bühne erliegt, so, könnte man sagen, sind auch der Regisseur des Films und sein Star der Verführung durch das Kino erlegen.

Calev Ben-David, in: The Jerusalem Post Entertainment Magazine, 15. Dezember 1989

## Laura Adler - Symbol des jiddischen Theaters

Die Geschichte spielt unter den alternden Thespisjüngern eines jiddischen Amateurtheaters in Tel Aviv. Star der Truppe ist die in ihren mittleren Jahren befindliche schöne Laura Adler, verehrt von ihrem schweigsamen Schneider Becky, geliebt von ihrem possenreißenden Schauspielerkollegen Sawitch, bewundert von der kleinen Schar älterer Zuschauer, die sich stets zu den Aufführungen einfindet.

Unversehens bekommt Laura eine letzte Chance, die ihr den persönlichen und beruflichen Durchbruch bringen kann. Ihr wird die Hauptrolle in einem amerikanischen Film nach einer Erzählung von Isaac Bashevis Singer angeboten, und sie hat eine leidenschaftliche, kurze Romanze mit einem geheimnisvollen und gutaussehenden jungen Mann. Doch all ihre Träume zerplatzen, als sie erfährt, daß sie Krebs hat und nicht mehr lange leben wird. Laura beschließt, so aus dem Leben zu gehen, wie sie es verbracht hat - auf der Bühne.

Die erste Hälfte des Films ist die beste, wenn die Truppe die Aufführung eines schmalzigen, typisch jiddischen Melodrams probt. (...) Die einzige falsche Note im Darstellerischen ist zurückzuführen auf die unverständliche Rollenbesetzung der amerikanischen Regisseurin, die Laura den letzten großen Durchbruch ermöglicht, mit einer südafrikanischen Schauspielerin.

In technischer Hinsicht überdurchschnittlich für eine israelische Produktion, vor allem was David Gurfinkels stimmungsvolle, nuancenreiche Ausleuchtung anbelangt.

Cbd., in: Variety, New York, 25. Juli 1990

## Das Maß des Leids

(...) Avram Heffners LAURA ADLER ist ein trauriger Film. Sein vollständiger Titel LAURA ADLER'S LAST LOVE AFFAIR kann nur einen kleinen Teil der Sorgen und Leiden evozieren, von denen der Film durchdrungen ist. LAURA ADLER verdient Aufmerksamkeit für die Art und Weise, wie sich dieser Film jenseits aller konventionellen israelischen Filmgenres behauptet. Das ist keine gewöhnliche Komödie und auch kein politisches Statement. Eher eine meditative Reflexion über die Tatsache, daß alles, Gutes wie Schlechtes, einmal ein Ende hat.

Durch die reich vertretene jiddische Sprache könnte man fast von eine Wiedergeburt des jiddischen Kinos sprechen - doch Geburt ist das genaue Gegenteil zum Thema dieses Filmes. Laura (Rita Zohar) ist führendes Mitglied einer jiddischen Theatertruppe, die landauf, landab in kleinen Hallen vor älterem Publikum spielt. Ein anderes Mitglied der Truppe, der Witwer Sawitch, hält um Lauras Hand an. Sie scheint nicht recht zu wissen, was sie will, bis sie eines Abends bei ihrer Geburtstagsfeier in einer Bar Haifas offenbar findet, wonach sie sucht. Ihre Reaktion auf den jungen Mann, den sie erspäht und mit dem sie den Abend verbringt, zeigt, daß sie nicht jene respektvolle Anbetung sucht, wie sie Sawitch ihr offeriert, sondern einfach begehrt sein will.

Ausgenommen Lauras Hinfälligkeit, vergleichbar der des jiddischen Theaters, ist dies fast schon die ganze Handlung. Eine junge Amerikanerin möchte Laura in einem Film besetzen, aber das Schicksal hat anderes mit Laura vor. Diese amerikanische Regisseurin steht deutlich außerhalb von Lauras Welt. Diese Welt gehört dem jiddischen Theater, dem wahrscheinlich sichtbarsten Überrest einer in den letzten Jahren immer mehr entschwindenden Kultur. LAURA ADLER wird sich eines Tages vielleicht als wertvolles Artefakt erweisen, weil es den Geist dieser Aufführungen bewahrt. (...)

Hillel Tryster, in: The Jerusalem Post, 31. Mai 1991

**Rita Zohar**, eine in ihren mittleren Jahren befindliche blasse Schönheit mit leuchtenden Augen, spielt die Titelrolle. Obwohl neben ihr bekannte Stars, darunter die einheimischen jiddischen Thespisjünger Menashe Warshavsky, Avram Mor und Betty Feldman auftreten, hat sie seit über zwanzig Jahren nicht mehr in Israel gespielt, geschweige denn hier gelebt. Als Rita Reisch emigrierte sie 1950 mit ihrer Familie aus Rumänien nach Israel. "Meine Mutter war Schauspielerin im Jiddischen Theater, und ich stand bereits mit vier Jahren mit ihr zusammen auf der Bühne", erzählt sie während einer Drehpause. "Ich spielte hier im Jiddischen und Hebräischen Theater, und als Teenager kehrte ich auf einer Jiddischen Theatertournee nach Europa zurück."

"1967 ging ich nach New York, um im Lee-Strasberg-Studio Schauspiel zu studieren, und dort entdeckte ich völlig neue Welten, neue Universen, von deren Existenz ich nicht einmal etwas geahnt hatte. Außerdem lernte ich dort meinen Ehemann kennen, einen mexikanischen Juden, und beschloß, nach der Hochzeit mit ihm in seine Heimat zu gehen."

In Mexico City arbeitete sie -spanisch sprechend - als Schauspielerin fürs Fernsehen und im Theater. "Ich bekam immer Rollen in Stücken von Ibsen und Strindberg - ich glaube, man dachte, ich sähe wegen meiner relativ hellen Hautfarbe schwedisch aus."

Auch in einigen amerikanischen, in Mexiko gedrehten Filmproduktionen erhielt Zohar Rollen, denen Angebote nach Hollywood folgten. "Der Versuchung, in den U.S.A. zu arbeiten, konnte ich nicht widerstehen. Also beschloß meine Familie (sie hat drei Kinder) 1978, nach Los Angeles überzusiedeln."

Dort hatte Zohar Erfolg; sie bekam Rollen in Filmen wie *Daniel* und *Amadeus* wie auch in den Fernsehserien *Hunter* und *St. Elsewhere*; sie wurde mit dem 'Emmy' für ihre Arbeit in einer kleinen Serie über den Massenmörder Ted Bundy ausgezeichnet. Während dieser ganzen Zeit spielte sie weder hebräische noch jiddische Rollen.

Daß sie für LAURA ADLER besetzt wurde, war reiner Zufall: "Ich besuchte letzten Sommer meinen Sohn in Israel, der in einem Kibbuz arbeitete, und traf zufällig einen alten Freund aus meiner Schauspielzeit wieder, der wußte, daß man noch jemanden für die Hauptrolle suchte. Ich fühlte mich Avram schon beim ersten Kennenlernen verbunden; es stellte sich heraus, daß mein erster Freund, den ich kennenlernte, als meine Familie in einem Flüchtlingslager in Haifa lebte, zugleich der beste Freund seines Bruders war." (...)

"Jiddisches Theater ist wie ein altgewordenes Mitglied einer Familie, die es nun gerne vergessen und beiseite drängen möchte. Ich bin nicht Avrams Meinung, daß der Film von diesem Tod handelt; zuletzt beschließt Laura, ihr Leben auf der Bühne zu beenden und zeigt damit, daß sie diese Tradition fortgeführt sehen will. Ich glaube, daß das Jiddische Theater wieder auferstehen wird."

Calev Ben-David, in: The Jerusalem Post Entertainment Magazine, 15. Dezember 1989

**Avram Heffner**, geboren und aufgewachsen in Haifa; begann in den 60er Jahren in Tel Aviv Kurzfilme zu drehen. Er zählt zur ersten Generation israelischer Filmemacher und spielte 1964 auch zusammen mit Uri Zohar in dem einen Wendepunkt markierenden Film *Hole in the Moon*. Tätigkeit als Filmdozent an der Universität von Tel Aviv, Autor von Erzählungen ('The Notebooks of Yohanon Schlocht', 'Including Everything', 'An Annotated Book'). Filme (u.a.): *The Winchell Affair* (1979), *Aunt Clara* (1977) und *But Where Is David Wax?* (1972), *Spring '88* (1988, Film über die Intifada), LAURA ADLER'S LAST LOVE AFFAIR (1990).

## DESCRIPTION D'UN COMBAT
Beschreibung eines Kampfes Frankreich 1960

*Produktion: Wim van Leer Film Production (Haifa);*
*SOFAC (Paris)*
*Regie, Buch: Chris Marker*
*Kamera: Ghislain Cloquet. Archivaufnahmen: B. Hesse*
*Musik: Mad. Lalan*
*Sprecher: Jean Vilar (frz. OF), Vernon Howard (dt. Fassung),*
*Alan Adair (engl. Fassung)*
*Ton: Pierre Fatosme. Schnitt: Eva Zora*
*Produktionsleitung: Yitzhak Zohar*
*Assistenz: Bob Cahen, Maureen Stewart, Alexander Pfau,*
*Catherine Bachollet, Alfred E. Neuman, Sarah D'Avigdor,*
*Ya'akov Malkin*
*Produzent: Wim van Leer*
*Uraufführung: April 1961, Paris*
*Dt. Erstaufführung: 3. Juli 1961, Berlin (XI. Internationale*
*Filmfestspiele)*
*Dt. Kinostart: 28.9.1962, Berlin (Splendid-Filmbühne)*
*Goldener Berliner Bär 1961 (bester abendfüllender Dokumen-*
*tarfilm); Jugendfilmpreis des Senats von Berlin 1961*
*Prädikat: Besonders wertvoll*
*Farbe, 57 Min., 1:1.66*

### Anmerkung
BESCHREIBUNG EINES KAMPFES heißt der Film in französischer, deutscher und englischer Fassung. Der Titel ist einer
Erzählung aus dem Nachlaß Kafkas entnommen. Kafka beschreibt darin den moralischen, ethischen, philosophischen
Kampf zweier Menschen während eines nächtlichen Spaziergangs durch Prag, der in einer Prügelei endet. Als die Morgendämmerung hereinbricht, erkennt der Leser, daß es sich nur um
einen Menschen handelt, der mit sich selbst gekämpft hat.
Der israelische Titel lautet: *Die dritte Seite der Münze.*

### Inhalt und Bewertung
Eine Selbstdarstellung Israels und seiner inneren Auseinandersetzungen mit den konfliktreichen Problemen dieses vielfältigen Landes. Moderne Industriegesellschaft und neue Arbeits-
und Gemeinschaftsformen in den Kibbuzim, westlich-liberale
und orthodoxe Lebenshaltungen begegnen einander. (...)
Ungelöst ist bisher das Problem der arabischen Minderheiten,
umstritten bleibt die Uniformierung israelischer Jugendgruppen. Die Spuren der Vergangenheit prägen die Gesichter der
Menschen. Der Film schließt mit einem historischen Rückblick auf die Gründung des unabhängigen Staates Israel
(Deportation - KZ - Auswanderung - Pionierdasein). Der Film
überzeugt durch die anspruchsvolle Gestaltung dieses für die
politische Bildung bedeutsamen Themas.

Die Kommission kam einstimmig zu folgendem Ergebnis:
empfohlen ab 16 Jahren für den allgemeinen Besuch, Jugend-
und Schulfilmstunden sowie Jugend- und Schülerfilmclubs.

Filmbegutachtungskommission für Jugend und Schule, Berlin NW 21,
Levetzowstr. 1-2
gez. Wicher (Vorsitzender), gez. Pertsch (Protokollführer), Berlin, den
13. Juni 1961

### Aus dem Kommentar des Films
Israel - auserwähltes Volk, Wandervolk, Märtyrervolk, auf-
erstandenes Volk - kannte Kampf in allen Formen. Heute
entdeckt es noch eine andere Form: den Kampf, den jede
junge Nation mit sich selbst aufnehmen muß, um in der
Stunde des Sieges dem treu zu bleiben, was in den Tagen der
Unterdrückung seinen Ruhm bedeutete. Hinter den Szenen
des täglichen Lebens in Israel spielt sich der Kampf ab. (...)
Flüchtlinge... das haben wir getan, das alte Europa, wir, die
wir ununterbrochen von unseren geistigen Werten reden.
Wir haben es soweit gebracht, daß Tausende von Menschen
alles aufs Spiel setzen, um vor uns zu fliehen, nur um vor uns
zu fliehen...
Den Lagern entronnen, in Lagern verwaist, in Lagern geboren, an Lagern zugrunde gegangen - so sind sie vor uns
geflohen. Vor uns, Deutschland, und unseren Verbrechen;
vor uns, Frankreich, und vor unserer Gleichgültigkeit; und
als sie mit uns, England, zusammentrafen, haben wir nichts
besseres zu tun gewußt, als sie wieder ins Lager zu sperren...
(Schlußkommentar:) Eine Nation wie eine andere zu werden, heißt, das Recht auf den Egoismus der Nationen zu
erwerben, das Recht auf ihre Verblendung, ihre Eitelkeit.
Aber die ganze Geschichte Israels hat sich von Beginn an
gegen eine Kraft gewehrt, die nur Kraft ist, gegen eine
Macht, die nichts als Macht ist... Die größte Ungerechtigkeit, die über Israel lastet, ist vielleicht die, daß ihm das
Recht nicht gegeben ist, ungerecht zu sein.
(Kommentar zum Bild eines zeichnenden Mädchens:) Diese
kleine Jüdin, die nie Anne Frank sein wird. Man muß ihr
zuschauen, wie sie da steht, wie Israel. Man muß sie verstehen, vielleicht mit ihr reden. Sie oft daran erinnern, daß hier
auf Israels Boden Unrecht schwerer wiegt als anderswo,
weil Israels Erde das Lösegeld des Unrechts ist.
Man muß sich die Gefahren vor Augen halten, die über ihr
schweben, und für die keinerlei Schuld sie trifft.
Doch zuerst sie betrachten, solange, bis sie zum Rätsel wird.
Wie Worte, die man unaufhörlich wiederholt, bis man sie
nicht wiedererkennt. Solange, bis von allen unbegreiflichen
Dingen dieser Welt es am unbegreiflichsten wird, daß sie
hier vor uns steht. Wie ein Vogel. Wie eine Zahl - wie ein
Zeichen.

### Widersprüchliche Wahrheiten
(...) In dieser Reflexion steckt Auschwitz und das Versagen
der Völker; der Konflikt mit den Arabern, aber auch die Vorstellung vom Auserwählten Volk und die Überzeugung, daß
dem Antisemitismus nicht mit Haß geantwortet werden
dürfe. Marker tadelt diejenigen, die ein solches nie unge-
rechtes Israel fordern, und er ersehnt doch dieses reine Israel,
tadelt also auch sich selbst. Widersprüche also, wohin man
sieht. Gerade sie aber geben seinen Filmen Wahrheit.

Wilhelm Roth, in: Die Tat, Zürich, 19. März 1967

### Gerechtigkeit, Freiheit, Glück
(...) Für Marker gehören die Begriffe Gerechtigkeit und
Freiheit noch zu jenen, die Gewicht besitzen, und es zieht ihn
in jedem Volk die Art und Weise an, durch die es dazu

gelangt, diese Begriffe in historische Wahrheit umzusetzen. Es bleibt, das Glück hinzuzufügen; denn noch immer dürfen die neuen Städte nicht nur ein durchweg, wenn auch verschiedenartig menschenunwürdiges Leben bergen. In jedem Fall ist es dieses allumfassende Leben, das Marker in seinen reich gestalteten Erscheinungsformen einfängt. Alles, was der Boden trägt - Städte, Landschaften, Gegenstände, Kunstwerke -, hat nur in seiner Beziehung auf den Menschen eine Bedeutung. Das Wirkliche ist in ein Netz von Beziehungen eingewirkt, dessen Mittelpunkt der Mensch ist; diese Wirkzeichen in ihrer ganzen symbolischen Kraft zu schauen und zu fassen, setzt Marker sein Wollen und Können ein: "Zeichen - dieses Land spricht einen zuerst durch Zeichen an. Zeichen der Erde, Zeichen des Wassers, Zeichen der Menschen, einfach Zeichen. Hier das Gelobte Land, hier das irdische Jerusalem, hier Israel." (...)

Chris Marker hat einen zweifellos einmaligen und einzigartigen Erzählstil im Reich des Films geschaffen. Geistig verwandt mit Giraudoux, steht ihm eine brillante Schreibweise zu Gebote, gern preziös, außerordentlich 'literarisch', geschickt das Paradoxe, die Formel, die Verkürzung, die Ironie einsetzend. (...) Wir wollen hier noch die köstliche Deutung des ersten Erwachens Israels hinzufügen: "Man stellt sich die ersten Ankömmlinge vor, wie sie sich da schwermütig über die zu leistende Arbeit ihre Gedanken machen, im Überschlag berechnen, was ihnen eigentlich alles vonnöten wäre - Kenntnisse der Landwirtschaft, der Werkzeuge, der Waffen gegen die Araber, der Mittel gegen die Malaria, und wie man auf Sumpfland baut. Und da sagt einer unter ihnen in diesem Augenblick: 'Es müßte ein Wunder geschehen', und gerade dieses Wort gibt allen unmittelbar Kraft und Vertrauen. Denn, wenn die Juden sich auch schlecht verstehen auf die Landwirtschaft, Waffen, Bauen - im Wunder, darin kennen sie sich aus." (...)

Fréderic Gaussen, in: Neue Zürcher Zeitung, 21. Juli 1961

Eine lebendige Reportage in Farbe führt uns mitten ins Zentrum der zwölf Jahre jungen israelischen Nation. Pittoreske Märkte, die Carmel-Straße in Tel Aviv, eine betriebsame Menschenmenge, der Zoo von Jerusalem, in dem jedes Tier mit dem entsprechenden Bibelvers vorgestellt wird - das sind die greifbaren und leicht faßlichen Elemente des Films. Die Organisation des Alltags hat die Neuankömmlinge große Anstrengung gekostet: der Aufbau von Kibbuzim als absolut demokratische Form kollektiven Lebens. Wüstengegenden wurden fruchtbar gemacht und bringen nun Ernten von großem Ertrag. Während Bauern und Hirten zu jahrtausendealten Traditionen zurückfinden, setzt die hebräische Universität in Jerusalem ihre geduldige, mühselige Arbeit fort: eine andere Gemeinschaft, jene des Schweigens, des Gebets, der Exegese, gewinnt Ansehen und Wert.

Hier (sehen wir) das Tote Meer: das Umland der Essener-Gemeinden, ein wüster und verlassener Landstrich, der an ein "in die Erde gerammtes Stück Mond" erinnert, an den Schauplatz einer atomaren Explosion! Dieses Wüstenland ist das Palästina, das die Pioniere urbar machten.

In Nazareth zeigt der Filmemacher einen an der Armut seiner Familie buchstäblich irre gewordenen Vater. Da ist Mouna, eine Sechzehnjährige, die trotz der Verantwortung und Sorge für ihre fünf Schwestern und Brüder stets ein Lächeln im Gesicht trägt.

Um die zwischen Muslimen, Juden und Christen bestehenden Meinungsverschiedenheiten zu schlichten, ist ein Mann des Gebets, Pater Gauthier, nach Nazareth gekommen, der die Gruppen einander näherzubringen trachtet.

Nach soviel jahrhundertelang und weltweit erlittenem Leid

genießen die Kinder Israels den Frieden und die Freude am Leben. Kräftige und muskulöse Kinder ziehen durch Tel Aviv; hier spielen sie am Strand und verbrennen nachts in einem gewaltigen Feuer die Schreckgespenster, die ihre Vorfahren existentiell bedrohten. Bedroht wird Israel heute vom Komfort; das Leben ist für viele leicht geworden.

Wird es in den Stunden des Sieges dem treu bleiben, was in den Tagen der Unterdrückung seinen Ruhm begründete? Wird diese auserwählte Nation, diese Nation von Märtyrern, im Wissen um ihre Heiligkeit dem Ansturm des Materialismus widerstehen?

Diese Reportage ist von solcher Fülle und Dichte, daß es schwerfällt, in wenigen Zeilen alle Elemente zu benennen. Die Schönheit des Films in technischer Hinsicht verbindet sich mit der Originalität und Vielschichtigkeit des Kommentars, der einerseits tiefschürfend und bewegend, andrerseits spöttisch und humorvoll ist.

Evokation der Leiden des israelischen Volkes und des friedlichen Hafens, den für dies Volk die Gründung des Staates Israel darstellt. Um das Ideal der Israelis in seiner Reinheit zu erhalten und um sie vor den 'Krankheiten des Materialismus' zu bewahren, bedarf es eines steten inneren Kampfes. Diesen harten und schweren Kampf lotet der Ethnologe und Filmemacher Chris Marker aus.

Aus: Répertoire Général des Films, Paris 1961

### Lebendiger Eindruck vom Dasein des israelischen Volkes

Der Verfasser, ein Schriftsteller, mit der Fähigkeit zu abstrahieren, Zeichen zu setzen und abzulesen: Chris Marker hat hier eine filmische Historie von erhöhter Bedeutung gegeben. Zum Beispiel: er sieht eine Synagoge und er sieht ein Planetarium, zwei Kuppeln. Sie ähneln einander, und wirklich, hier in Israel, in diesem Lande der Wunder und der menschlichen Eigenmächtigkeit von äußerster Energie, sind sie nicht zwei Feinde, sondern zwei Hälften. Chris Marker strebt, vom Lande Israel einen Begriff zu geben. Er sieht dabei wohl alles, das ist selbstverständlich, mit liebendem Auge, aber er ist nicht unkritisch. Er hat auch Ironie. Er sieht die Probleme. Wenn er von einem Kampf im Titel spricht, dann meint er nicht den Befreiungskampf von damals (wie er auch nur ein halbes Auge für die militärischen Übungen und Aufgebote hat). Er meinte damit die grandiose Leistung eines kleinen Volkes in der kurzen Zeit seiner Selbständigkeit. Er geht dabei keineswegs ruhmredig, propagandistisch vor. Manche Höchstleistung der Wirtschaft, der sozialen, der staatlichen Organisation findet keine Erwähnung. Offenbar ist er - und das wohl mit Recht - der Ansicht, daß der Aufmerksamkeit eines Filmpublikums Grenzen gesetzt sind. Viel wichtiger als alle imponierenden Statistiken erscheint es ihm, daß man einen wirklich lebendigen unmittelbaren Eindruck vom Dasein des israelischen Volkes gewinnt.

Ein preiswürdiger, grundehrlicher Film und auch eine Freude für das Auge: er gibt Bilder von erlesener Schönheit.

Fl. K., in: Der Tag, 5. Juli 1961

### Kampf mit sich selbst

Ein israelischer Produzent und ein französischer Filmemacher haben ein Filmporträt jenes neuen/alten Landes Israel vorgelegt. Glänzende Beobachtungen, sanfter Spott und eine geschickte Kombination von Bild und Kommentar machen diesen Film zu einem faszinierenden Werk. (...)

Zunächst wird das Land erkundet, dann wendet sich der Film den Menschen zu. Anhand von Archivmaterial zeigt er Hintergründe auf und äußert sich über verschiedene Facetten dieser unbeugsamen Nation.

Die verschiedenen Nationalitäten und Gesichter, das Kibbuz-

Leben, das arabische Minderheitenproblem, das Lebensgefühl eines repräsentativen Teils der Bevölkerung, die Touristen, das Wohnghetto der orthodoxen Juden, die geleistete Arbeit zur Fruchtbarmachung der Wüste und die Meinungen über das Gelobte Land, alles ist in diesem Film sachkundig zusammengefügt. (...)

Der Titel BESCHREIBUNG EINES KAMPFES meint vor allem den Kampf, den jeder Bewohner mit sich selbst führen muß, damit aus Opfern und Märtyrern Mitglieder einer neuen Nation werden. (...)

Mosk., in: Variety, New York, 5. Juli 1961

### Hoffnung auf eine neue Epoche des Dokumentarfilms

(...) Was den Film so auszeichnet, ist nicht nur seine künstlerische Bildersprache. Es ist auch die mutige Wahrheitssuche. Er beginnt in starken Farben, er zeigt später (im orthodoxen Viertel der Kaftanjuden in Jerusalem) bräunliche Standphotos in der Art der Daguerreotypie und deutet damit kritisch an, daß hier die Zeit stillsteht. (...)

Der Film zeigt israelische 'Pimpfe' im Gleichschritt und spricht lässig und ironisch von den khakibraunen Masern, die jede junge Nation anscheinend erdulden muß. (...)

Die Regierung in Tel Aviv hat den unabhängigen Filmproduzenten schwer getadelt, weil er "die Zustände zu realistisch wiedergibt". Es ist ein Film voll Kühnheit und Güte, ein neuer Stil. Die Hoffnung auf eine neue Epoche des Dokumentarfilms wird geweckt.

Erika Müller, in: Die Zeit, 21. Juli 1961

### Literarischer Kommentar - Faszinationskraft der Bilder

In DESCRIPTION D'UN COMBAT gibt Chris Marker Reflektionen über die Entwicklung und Lage von Israel. Reiseimpressionen in Farbe alternieren mit schwarzweißen Wochenschauaufnahmen. Von komischen Aperçus geht der Kommentar blitzschnell zu nachdenklichen Fragestellungen über; eine Ebene der Aussage wird aus der anderen entwickelt. Der literarische Kommentar und die Faszinationskraft der Bilder stehen in einem dialektischen Spannungsverhältnis.

Enno Patalas, in: Filmkritik, Nr. 6, Frankfurt/M. 1961

*

BESCHREIBUNG EINES KAMPFES verhilft dem dokumentarischen Film zu ganz neuen, denen des literarischen Essays verwandten Aussagemöglichkeiten; der Kraft des Bildes steht hier die Reflektiertheit eines intelligenten, bohrenden Kommentars zur Seite.

Ulrich Gregor, in: Filmkritik, Nr. 8, Frankfurt/M. 1961

### In Bildern schweigen

Als Wim van Leer den französische Regisseur Chris Marker beauftragte, einen Film nach dem Titel von Kafkas 'Beschreibung eines Kampfes' zu drehen, schwebten ihm nicht nur begeisternde, sondern auch kritische Impressionen seiner Heimat Israel vor. Die Menschen des Teams, die diesen hervorragenden Dokumentarfilm mit künstlerisch-philosophischen Kommentaren in Haifa und Paris schufen, mit Lalans Musik, mit Vernon Howard als Sprecher, in Yitzak Zohars Produktionsleitung, ein Streifen in Eastmancolor, wollten "Erdzeichen, Wasserzeichen und Menschenzeichen" in das "Gelobte Land, in das irdische Jerusalem, in das Israel" von heute setzen.

Der Film lebt von der Genialität, viele Gedanken auszusprechen, optisch erlebbar zu machen, manchmal in Worten zu schreiben, manchmal in Bildern zu schweigen und dadurch beredt zu werden. Er ist modern und archaisch zugleich. Er

lebt von dem Zeitalter Albert Einsteins, der jüngsten israelischen Weltraumrakete, der Urwüste, in der Kamele ziehen, von der Reflektion des Volkes der Heiligen Schrift über das Leben und sich selbst, von der "Zugehörigkeit des menschlichen Tuns im Abenteuer der Menschheit", vom Schweigen und vom Lärm des wunderbaren Landes Israel, das in der Gnade des Realismus steht.

Da schwenkt die Kamera hin und her. Wandelt in 'neuer Welle' die Aspekte wie Metamorphosen, aber diese Verwandlungen der Gestalt sind nicht griechisch, nicht klassisch, sie sind jüdisch; durchgeistigtes Leben, rastlos, geborgen im Bewußtsein der Grenzen, aber auch von der Dynamik des Menschen. Selten sah man solche Kibbuz-Szenen, mit so freien, leichten, ungestellten Gesichtern der diskutierenden Menschen. "Als Schneider und Bankier verkleidet sind die Hirten zurückgekommen. Ihr so lange Zeit zurückgedrängter Schafhirten-Instinkt sprudelt jetzt über und macht sich auf anderen Gebieten auch bereit, zum Beispiel dem der Erziehung", so heißt es in dem Film. Wer solche jüdische Selbstkritik am 'Kollektiv Unbewußten' übt, muß das Land sehr lieben. Liebe spricht aus dem Film. Stolz auf Erez Israel. Er fotografiert Schicksal aus 'Überschwenglichkeit', aus 'Stolz', aber auch - man möchte fast sagen - aus 'Essenischer' Ehrlichkeit und Beklommenheit.

Der Film steht gegen "Macht, die nichts als Macht ist", denn: "Kraft und Macht sind selbst nur Zeichen". Das ist die jüdische Weisheit dieses raschen, schnellen Films, der oftmals wie bedrückend lange im Bild verharrt, um uns weiterzujagen durch die Stürme der Stunden. BESCHREIBUNG EINES KAMPFES ist rationell wie die Gleichungen Einsteins und traumhaft wie die Dorfbilder mit dem Eiffelturm und den Liebenden von Chagall.

"Aber Wunder vergehen mit denen, die sie erlebt haben." Van Leer gab seinem Streifen das Ethos des kommenden Israel, welches im heutigen integriert ist: Ein Land, das dazu berufen ist, das Unbegreifliche begreiflich zu machen, den Menschen vor der Gefahr des Unmenschlichen wieder Humanes zu lehren. 'Beschreibung eines Kampfes', der im Gange ist. Kafka-Träume mit Realität.

BESCHREIBUNG EINES KAMPFES wurde im Zoo-Palast zum Schluß der Berlinale 1961 mit dem 'Goldenen Bären' als bester abendfüllender Dokumentarfilm ausgezeichnet. Wim van Leer empfing den Preis aus der Hand des Berliner Kultursenators Prof. Dr. Tiburtius. Außerdem erhielt er den Preis des Berliner Senators für Jugend und Sport.

Das Jüdische Gemeindehaus Berlin zeigte den Film in einer Sonderschau im gut gefüllten Großen Festsaal. Wim van Leer wurde vom Gemeindevorsitzenden Heinz Galinski begrüßt, der ihm eine Ehrengabe überreichte. Er dankte ihm für die Möglichkeit der Sonderaufführung. Dann gab der Produzent einige wichtige Hinweise zum Inhalt und zur Absicht des Films. Von dem Film existiert eine englische, eine französische, eine deutsche und bald auch eine spanische Fassung. Verhandlungen über einen deutschen Verleih sind im Gange.

H.G. Sellenthin, in: Berliner Allgemeine Wochenzeitung der Juden in Deutschland, 14. Juli 1961

BESCHREIBUNG EINES KAMPFES, so nennt sich, offenbar in deutlicher Anlehnung an Kafka, diese stupende Filmarbeit von Chris Marker über Israel. Das ist kein Kulturfilm mehr. Es übertrifft alle Reportagen. Es feuilletonisiert nicht mit der Kamera. Es läßt die Methode des rein Dokumentarischen weit hinter sich. Hier beginnt ein absolut neuer Stil, gewonnen durch die kühne Verwebung aller radikaler Filmmöglichkeiten. Ein Essay über ein Land wird abgeliefert, die liebevoll skeptische Einkreisung, die kühne Besichtigung einer Geschichtsphase und ihrer Menschen. Vieles ist da künstlerisch verblüffend; beispielsweise, wie Chris Marker immer wieder Fotos in die Bildabfolge montiert, wie er Farben geradezu schmerzhaft aufleuchten läßt, wie er mit elektronischer Musik eine ganz neue Interpunktion setzt, wie er zärtlich die Kontraste stellt und wie das Bild aus den heterogensten Mitteln zu einer Einheit geschüttelt wird. Das ist ein absolutes Meisterwerk essayistischer Kameraarbeit. Der kluge, skeptisch getönte Text greift hin und wieder um ein paar Töne zu hoch. Das wäre der einzige Einwand. Das klare Ethos dieses Films, seine intelligente Güte, seine künstlerische Brillanz und seine am Ende wieder naive Schönheit machen ihn besonders sympathisch.

-ft (d.i. Friedrich Luft), in: Die Welt, Ausgabe B, Berlin (West), 29. August 1962

## Der Produzent Wim van Leer: Es geht um Israel!

Bei den vielen gutgemeinten Dokumentarfilmen über uns muß ich immer an den Rabbi denken, zu dem seine Schüler sagten: "Wir lieben dich so!", und denen er antwortete: "Wie könnt ihr mich denn lieben, wenn ihr nicht wißt, was mir fehlt?" (...)

Je mehr sich die wirtschaftlichen Verhältnisse bei uns zu konsolidieren beginnen, desto brennender werden die Probleme, die nicht zuletzt durch die krassen Gegensätze ausgelöst werden, die in Israel aufeinander prallen. Denn was gleich scheint, ist ja gar nicht gleich! Aus allen Ländern kamen die Juden, die bisher unter ganz verschiedenen Lebensbedingungen gelebt hatten, nach Israel. Was besagt überhaupt der Begriff Jude? Und was für eine Staatsform haben wir denn eigentlich? Und warum werden wir nicht mit den Minoritäten fertig? Beantworten kann der Film natürlich nicht die Fragen. Es sind ja gerade die unlösbar scheinenden Probleme, die ich vor Augen führen will, damit man sie wahrnimmt und sich mit ihnen auseinandersetzt. (...)

Ich halte den Zeitpunkt der Filmpremiere für besonders günstig, denn durch den Eichmann-Prozeß ist endlich einmal alles zur Sprache gekommen, was bisher immer wieder verdrängt wurde und mit dem der Einzelne nicht fertig werden konnte.

(Van Leer ist Präsident der israelischen Filmclubs und hat sich seit Jahren für die Vorführung deutscher Filme in den Clubs eingesetzt - sogar mit Erfolg!)

Ilse v. Scotti, in: Film in Berlin, Offizielle Festspielzeitung der XI. Internationalen Filmfestspiele Berlin 1961, 29. Juni 1961

**Chris Marker** ("ein Pseudonym, nicht ganz so programmatisch wie Man Ray, aber mit vergleichbarer Tendenz. Überhaupt ist Markers Werk den Surrealisten eng verbunden. Sie waren nicht nur die Kunstikonoklasten, sie bewegten das Denken der Linken vom traditionellen politischen Niveau hin zur Zivilisationskritik. (...) Was ihn sonst noch mit ihnen verbindet: die Liebe zu Fantômas, zu Comics, zur Collageform, der Glaube an die amour fou." (...) Frieda Grafe, in: Süddeutsche Zeitung, 8. 11. 1984), eigentlich Christian-François Bouche-Villeneuve), geboren "am 22. oder 29. Juli 1921 in Ileaux-Moines (wenn es nicht in Peking, Neuilly-sur-Seine oder in der äußeren Mongolei war: Er selbst hüllt den Schleier des Geheimnisses darüber)". (Möglichkeiten des Dokumentarfilms, Oberhausen 1979). Während der Besetzung Frankreichs schloß er sich dem Maquis an, dann der Luftlandetruppe der amerikanischen Luftwaffe. Nach der Befreiung Mitarbeit bei der linkskatholischen Zeitschrift 'Esprit', für die er politische Kommentare, Gedichte, Artikel über Musik, Kurzgeschichten, Kolumnen zum Zeitgeschehen sowie abwechselnd mit André Bazin Filmrezensionen schrieb. Seit ihren Anfängen war er auch Mitarbeiter der 'Cahiers du Cinéma'. 1950 Veröffentlichung des Romans 'Le cœur net'; Herausgeber von Fotobüchern ('Petite Planète'). 1950 entstand in Zusammenarbeit mit Alain Resnais Les statues meurent aussi, ein Film, der wegen seines Angriffs auf den französischen Kolonialismus zehn Jahre lang verboten war. Eine Anzahl von Reisefilmen wurde ihm von verschiedenen kulturellen Vereinigungen in Auftrag gegeben, darunter auch Dimanche à Pekin (1955), der das Aufkommen einer neuen sozialen Ordnung in China zeigte. In Lettre à Sibérie (1958) bezog sich der Kommentar nicht mehr direkt auf die Bilder, sondern verfolgte eine parallel laufende, eigene literarische und poetische Linie. Eine dreimal - immer mit anderem Kommentar - wiederholte Sequenz fand als Demonstration der dem Kino eigenen Subjektivität Anerkennung. Die Zusammenarbeit mit Marker wurde von vielen Filmemachern gesucht, und er begann, Kommentare zu fremden Filmen zu schreiben. Zur gleichen Zeit publizierte er seine ersten Foto-Text-Bücher, die einem Film in Buchform entsprachen: 'Corréennes'(1959), 'Commentaires'(1961), 'Commentaires II' (1967) können visuell gelesen werden. 1960 filmte Marker DESCRIPTION D'UN COMBAT in Israel, und 1961 ging er nach Kuba, um Cuba si!, eine Freudenfeier über Castros Revolution, zu drehen. Als er sein Material in Paris schnitt, bewegte ihn die Landung in der Schweinebucht dazu, einen antiamerikanischen Teil hinzuzufügen, den die französische Regierung nicht akzeptieren konnte. Der Film wurde verboten, und Marker publizierte Text und Fotos in 'Commentaires'. Le joli mai (1963), ein 'cinéma verité'-Film, unterscheidet sich von diesen durch sein persönliches Flair und den kontrapunktischen Kommentar. Zur selben Zeit drehte Marker La jetée (1963), der fast ganz aus Standfotos zusammengestellt ist. 1967 gründete Marker die Filmkooperative SLON (Société pour le Lancement des Œuvres Nouvelles/Gesellschaft zur Verwirklichung neuer Werke; ab 1973/74 ISKRA), um einen Film zu produzieren, der den Protest von sechs Regisseuren - Godard, Ivens, Klein, Lelouche, Resnais und Varda - gegen die Fortführung des Krieges in Vietnam zum Ausdruck bringen sollte (Loin du Vietnam, 1967). ("SLON ist das russische Wort für Elephant, eine Tatsache, die niemanden, der mit den Filmen von Chris Marker vertraut ist, überraschen wird." Aus: Möglichkeiten des Dokumentarfilms, Oberhausen 1979.) SLON produzierte die Serien Nouvelle Société und On vous parle. Weitere Gruppenfilme: La sixième face du Pentagon (1968, über den Friedensmarsch nach Washington), La bataille des dix millions (1970, über den Rückgang der kubanischen Zuckerernte und Le train en marche (1971, Archivmaterial über die russischen Agitationszüge und ein Interview mit dem sowjetischen Regisseur Medwekin zu Stschastje, 1934). Filme: 1950 Les statues meurent aussi (Co-Regie: Alain Resnais). 1952 Olympia 52. 1955 Dimanche à Pekin. 1958 Lettre à Sibérie. 1960 DESCRIPTION D'UN COMBAT; Les astronautes. 1961 Cuba si!. 1963 Le joli mai. 1964 La jetée (Am Rande des Rollfeldes). 1965 Le mystère Koumiko. 1966 Si j'avais quatre dromadaires. 1967 Loin du Vietnam (Kollektivfilm). 1968 La sixième face du Pentagon. 1969 A bientôt j'espère (Co-Regie: Mario Marret); Le deuxième procès d'Arthur London; Jour de tournage - les mots ont un sens. 1970 Carlos Marighela. La bataille des dix millions. 1971 Le train en marche. 1973 Vive la baleine (Co-Regie: Mario Ruspoli); L'ambassade. 1974 La solitude du chanteur de fond. 1975 La spirale (Kollektivfilm). 1977 Le fond de l'air est rouge (Rot ist die blaue Luft). 1978 La pseudosociété. 1982 Sans soleil (Sans soleil - Unsichtbare Sonne). 1985 A.K. (Akira Kurosawa).

## BIGLAL HA'MILCHAMA HAHI

Wegen dieses Krieges   Israel 1988

*Produktion: Manor Productions Ltd., Israeli Film Servive,*
*Jerusalem*
*Regie, Buch: Orna Ben-Dor Niv*
*Kamera: Oren Schmukler*
*Musik: Yehuda Poliker (aus seinem Album 'Ashes and Dust')*
*Text: Ya'acov Gilad*
*Schnitt: Rachel Yagil*
*Kameraassistenz: Ofer Yaacobi*
*Beleuchtung: Michael Frear*
*Produktionsleitung: Haim Manok*
*Ausführende Produzenten: Samuel Altman, David Schitz*
*Mitwirkende: Yehuda Poliker, Ya'acov Gilad, Halina Birn-*
*baum, Jaco Poliker*
*Uraufführung: 7. Juli 1988, Jerusalem*
*Preis der Filmkritik als bester israelischer Film 1988*
*Farbe, OmU, 93 Minuten*

**Zu diesem Film**

Ein Dokumentarfilm über die Nachwirkungen des Holocaust
auf die zweite Generation, die nach dem Ende des letzten Weltkriegs geboren wurde. Im Mittelpunkt stehen der Sänger
Yehuda Poliker, der mit seiner Band eine neue Welle des israelischen Rock schuf, und der Mann, der ihn entdeckte, Ya'acov
Gilad.

*

Vor einigen Jahren machte eine neue Rock-Gruppe Furore, die
Tausende von Fans anzog und in der israelischen Rock-Musik
einen neuen Sound kreierte: die Gruppe 'Benzine'. Der hoch-
gewachsene, gutaussehende Leadsänger Yehuda Poliker war
*das* Rock-Idol jener Tage. Niemand wußte, was sich hinter
dieser äußeren Erscheinung, die Kraft und Warmherzigkeit
ausstrahlte, verbarg. Der Mann, der 'Benzine' entdeckte und
die Texte der Lieder schrieb, war der bekannte Produzent
Ya'acov Gilad, einer der besten Textdichter Israels und Förderer der besten isralischen Vokalisten der Gegenwart.
Als 'Benzine' auseinanderbrach, setzten Poliker und Gilad
ihre Zusammenarbeit gleichwohl fort. Sie schrieben, kompo-
nierten und produzierten Songs, Schallplatten und Konzerte
von außergewöhnlich hoher Qualität.
Yehuda entstammt einer sehr warmherzigen, einfachen Fami-
lie aus einer griechischen Kleinstadt, die in der Gegend von
Haifa lebt.
Ya'acov Gilad ist in der Stadt aufgewachsen und durch seine
Mutter, Halina Birnbaum, eine Schriftstellerin, vertraut mit
Kunst, Literatur und Kultur.
Was hat die beiden so eng aneinandergeschmiedet, daß man sie
für Blutsbrüder halten könnte?
Ya'acovs Mutter hat 1967 ihr erstes Buch veröffentlicht. Es
heißt 'Leben als Hoffnung'.
Sie war zehn, als die Deutschen in Warschau, ihrer Heimat-
stadt, einfielen. Das war 1939. Sie durchlebte als Kind den
ganzen Prozeß des Holocaust - lebte im Warschauer Ghetto bis
zum Aufstand und der Vernichtung des Ghettos; sah, wie ihr

Vater ins Konzentrationslager abtransportiert wurde und
half, die kleinen Körper ihrer erschossenen oder verhunger-
ten Freundinnen und Freunde mit Zeitungspapier zu bedek-
ken. Später wurde sie selbst nach Madjanek verschleppt und
von dort nach Auschwitz. Sie sah ihre Mutter und ihren
Bruder sterben. Ihre Schwägerin, die mit ihr ins KZ transpor-
tiert worden war, starb in ihren Armen.
Inmitten dieses Grauens empfand sie große Liebe für einen
jüdischen Krankenpfleger im Hospital von Auschwitz. Er
hieß Avram. Er hat nicht überlebt.
Sie war bereits in der Gaskammer, und die Tür hatte sich
hinter ihr geschlossen, doch in jener Nacht war das Gas
knapp geworden, und so wurde sie gerettet.
Ihr Sohn Ya'acov wuchs unter dem erdrückenden Schatten
des Holocaust auf. "Normalerweise erwartet man von einer
Mutter, daß sie stark und fürsorglich ist. Die Schwäche
meiner Mutter drückte sich Nacht für Nacht in Alpträumen
aus." Er begann Fragen zu stellen, und sie erzählte ihm alles,
ausnahmslos, "bis ich es nicht mehr hören konnte".
Halina erzählte ihre Geschichte immer und immer wieder.
Das war ihre Art, die Bürde der Erinnerung zu ertragen, die
ihr auferlegt war. Ya'acov war stets da, um zuzuhören.
Yehuda Poliker ist der Sohn von Jaco und Sara, die beide aus
Saloniki stammen. Jaco war vor dem Krieg Barbier und hatte
in der griechischen Armee in den Bergen Albaniens gegen
die Italiener gekämpft, doch dann kam der Tag, als man auch
ihn abholte, zusammen mit seiner schwangeren Frau und
ihrem fünfjährigen Sohn Mordechai, und sie nach Auschwitz brachte.
Der Zug war überfüllt, und es gab kein Wasser. Es war heiß.
Der Sohn schrie vor Durst, doch Jaco hatte kein Wasser, das
er ihm hätte geben können. Als sie nachts an einer Station
hielten, öffneten die Nazis die Türen, stürmten hinein und
begannen zu schlagen und zu schießen. Die entsetzten Menschen drängten in Panik zur Tür, Jaco hielt den ohnmächti-
gen, halbtoten Mordechai auf dem Arm, neben ihm seine
Frau Silvia. Plötzlich, Jaco kann nicht genau sagen wann,
fiel ihm Mordechai aus den Armen und wurde von der
Menge zu Tode getrampelt. Silvia zerrten sie von ihm fort,
ebenso seine beiden kleinen Brüder Shlomo und Yehuda.
Keiner von ihnen hat überlebt.
Jaco, ein kleiner, gedrungener Mann, war zwei Jahre in
Auschwitz - er hat überlebt.
Als er nach Saloniki zurückkehrte, mußte er feststellen, daß
ein Anderer, ein Nichtjude, seinen Friseurladen übernommen hatte. Jaco ging ständig an dem Laden vorbei, immer
und immer wieder, und erinnerte sich seiner Frau, seines
Sohnes und seiner Brüder. Er beschloß, nach Israel auszuwandern. Auf dem Schiff lernte er Sara kennen, ebenfalls aus
Saloniki stammend, und ebenfalls eine Überlebende des Holocaust. "Die Deutschen haben ihren Mann verbrannt", sagt
Jaco. "Ich hatte zwei Kinder, und er, Jaco, war bereit, mich
zu heiraten", erzählt Sara verwundert. Sie wurden in Hadera
getraut, drei Kinder entstammen dieser Ehe. Das jüngste
davon ist Yehuda, der Komponist und Sänger, so genannt
nach Jacos in Auschwitz umgekommenem jüngstem Bruder.
Jaco erlaubte Yehuda nicht, bei Regen in die Schule zu gehen

oder an Klassenausflügen teilzunehmen - bis zu seinem 18. Lebensjahr. Erst mit 28 wagte Yehuda, seinem Vater gegenüberzutreten und zu sagen: "Ich werde Euch verlassen."

Wie Halina erzählt auch Jaco seine Geschichte jedem, der sie hören will - und jedem, der sie nicht hören will.

Wie Ya'acov, so war auch Yehuda stets da, um zuzuhören. Nachdem Yehuda und Ya'acov sich kennengelernt und ihren gemeinsamen Hintergrund entdeckt hatten, lernten sich auch die Eltern kennen, und Halina Birnbaum, Ya'acov Gilads Mutter, veröffentlichte Jacos Geschichte als Buch.

Jaco und Sara Poliker und Halina Birnbaum, die überlebten, erzählen täglich die Geschichte des Holocaust. Sie gestatten niemandem, zu vergessen. Halina schrieb unzählige Geschichten und Gedichte über ihren Schmerz, um die übermächtige Bürde zu verewigen. Und Jaco spricht unablässig darüber. Sie verkörpern das lebende Zeugnis des gemeinsamen grausamen Schicksals von aschkenasischen und sephardischen Juden.

Ihre beiden Söhne, erfolgreiche und populäre Künstler, sind mit diesem Horror aufgewachsen und haben ihn in Kunst verwandelt. (...)

Der Film schildert die beiden Familien aus der Sicht der Söhne; als Hintergrundmusik die Lieder ihrer Kindheit und die Erinnerungen ihrer Eltern - Eltern, die namenloses Grauen erlebten und dennoch nicht verzagten, weil sie die seltene Gabe der Hoffnung besitzen, die Hoffnung auf ein neues, anderes, reicheres Leben, ohne zu vergessen oder zu verdrängen, was sie durchlitten und wen sie zurückgelassen haben.

Produktionsmitteilung

### Über die Bürde der Vergangenheit

Yehuda Poliker ist ein Sänger, der seine eigene Musik komponiert. Ya'acov Gilad ist ein Produzent, der Liedertexte schreibt. Beide sind prominente Vertreter der israelischen Musikszene. Seit einigen Jahren arbeiten sie zusammen und haben eine Reihe von der Kritik hochgeschätzter und bemerkenswert erfolgreicher Plattenalben herausgebracht. Ihre letzte Produktion, 'Ashes and Dust' ('Asche und Staub'), war für viele ihrer Fans jedoch eine totale Überraschung, denn sie beschäftigt sich ausschließlich mit einem Thema, dem Holocaust, und kann selbst mit der Art von ernstem Pop, den sie zuvor produziert haben, nicht im entferntesten in Verbindung gebracht werden.

Orna Ben-Dor Niv hat die beiden und deren Eltern rund sechs Monate lang mit der Kamera begleitet. Das Resultat ist ein eindringliches Dokument über die schwere Bürde der Vergangenheit, die von denen, die sie erlitten haben, in diesem Fall Polikers Vater und Gilads Mutter, an die zweite Generation weitergegeben wird, und über die Schwierigkeit, unter diesem dunklen Schatten aufzuwachsen. (...)

Der Film dokumentiert, mehr als jeder andere Film aus Israel, nicht nur die Tatsachen des Holocaust, sondern die im Grunde unheilbaren Wunden, die er auch den nachfolgenden Generationen zugefügt hat. Bis vor kurzem war dieses Thema zu schmerzlich, um auch nur erwähnt zu werden; nun beginnt man, offen darüber zu reden.

Dan Fainaru, Tel Aviv, in: Peter Cowie (Hrsg.), International Film Guide, London 1989

### Brücken des Begreifens und des Sich-Erinnerns

Von Konzeption und Umsetzung her ist Orna Ben-Dor Nivs Arbeit viel kleiner und bescheidener als Claude Lanzmanns *Shoah* oder etliche andere Filme, die sich der NS-Greuel an den Juden zu erinnern suchen. Im Grunde sind es ja nur zwei Spuren, die Ben-Dor Niv (Buch, Regie) aus dem heutigen Israel zurückverfolgt bis nach Auschwitz und Treblinka.

Aber wahrscheinlich ist WEGEN DIESES KRIEGES gerade deshalb so eindringlich. Der Zuschauer vermag sich allmählich immer mehr in das hineinzusehen, was ihm hier von zwei Menschen wortreich unterbreitet wird, die ja nur aus Zufall überlebten und sich deshalb beinah schuldig fühlen gegenüber all den anderen Millionen KZ-Opfern, gegenüber ihren eigenen Familien.

WEGEN DIESES KRIEGS schlägt Brücken des Begreifens, des Sich-Erinnerns aus der Alltags-Normalität des heutigen Israel heraus, zurück bis in jene Jahre. Filmisch anspruchslos und dafür sehr wortreich ist Ben-Dor Nivs Arbeit. Hier geht es nur darum, den Schilderungen der Schriftstellerin Halina Birnbaum sowie Jaco Poliker, einem in Griechenland geborenen Juden, zu verfolgen. Die Bilder stellen sich im Kopf des Zuschauers dazu von selbst ein. Die Illusion, durch das vielfache Erzählen ihrer Geschichte doch noch freizukommen vom Schrecken der Erinnerung, hat nicht nur Halina Birnbaum längst verloren. Es ist eher ein Zwang, der sie immer wieder, bis in minuziöse Detailschilderungen hinein, zurückkommen läßt auf die Leichenberge, auf das Knäuel von Menschenleibern um sie herum in einem Viehwaggon Richtung Treblinka.

Jochen Metzner, in: Der Tagesspiegel, Berlin, 15. Februar 1989

### "Kocht mit Gas"

Als Jaco Poliker nicht weitersprechen kann, weil er weint, schweigt der Film. Kein Geräusch. Lange, sehr lange bleibt die Kamera vor seinem Gesicht, das so schwer den Schmerz öffentlich preisgibt. Man sieht die Rötungen, die braunen Flecken, die Altersflecken, alte traurige Haut. Das Schweigen sagt Mitgefühl. Mit einem Menschen, dem seine Erinnerungen so weh tun.

Unter den neuen israelischen Filmen nimmt Orna Ben-Dor Nivs Dokumentarfilm WEGEN DIESES KRIEGES einen herausragenden Platz ein. Es ist ein Dokumentarfilm über die Nachwirkungen des Holocaust auf die zweite Generation, die nach Ende des Zweiten Weltkriegeg geboren wurde. Es ist der erste Filme über diese Generation, und er läuft seit einem halben Jahr in Israel, was, wie die Regisseurin sagt, ganz ungewöhnlich bei einem Dokumentarfilm ist. (...)

Marai Neef-Uthoff, in: die tageszeitung, Berlin, 15. Februar 1989

**Orna Ben-Dor Niv**, geb. 1954 absolvierte die Film-Abteilung der Tel Aviv Universität. Sie drehte mehrere kürzere Filme und arbeitete auch für das Israelische Fernsehen. BIGLAL HA'MILCHAMA HAHI ist ihr erster abendfüllender Film.

Filme: 1982 *State of Things*, Kurzspielfilm, 25 Min.; *The Story of Every Woman*, Dokumentarfilm, 45 Min. 1986 *Manya Shochat - A Voyage*, Dokumentarspielfilm, 45 Min. 1988 BIGLAL HA'MILCHAMA HAHI.

Herausgeber: Freunde der Deutschen Kinemathek. Druck: graficpress

## TEL AVIV - BERLIN
Israel 1987

*Produktion: Tel Aviv Productions Ltd., Admor International
Produktions, Israel Fund for the Promotion of Quality Films
Regie, Buch: Tzipi Tropé
Kamera: Gadi Danzig
Musik: Shalom Weinstein
Ausstattung: Eli Landau
Schnitt: Rachel Yagil
Produzent: Semadar Azriely
Co-Produzent: Orna Fliderbaum
Darsteller: Shmuel Vilozhni (Benjamin), Rivka Neuman (Leah),
Anat Harpazi (Gusti), Yossef Carmon (Jacob Miller), Anatol
Konstantin, Zohar Aloni, Yankul Goldwasser, Yissachar Vish-
niya
Uraufführung: August 1987, Jerusalem
Farbe, OmeU, 95 Minuten*

### Inhalt
Benjamin ist dem KZ entkommen, hat überlebt und flieht 1942
quer durch Europa unter Lebensgefahr nach Israel. Er ist Musiker, dem man eine große Karriere voraussagte, und im
Vorkriegs-Berlin war er prominentes Mitglied der jüdischen
Intelligenz. Jetzt liegt er in einem Krankenhaus in Tel Aviv,
verstört, einsam und krank.
Die Krankenschwester Leah betreut ihn aufopfernd, hilft ihm
in der fremden Umgebung. Ihre Liebe rettet ihn, ermöglicht
ihm einen Neuanfang. Sie wird seine Frau. Bald wird ihre
Tochter Sheine geboren. Leah ist eine praktische Person, sie
meistert die Schwierigkeiten der Familie. Benjamin verdient
den Lebensunterhalt als Klavierlehrer; er wird schlecht bezahlt. Und er versäumt es, sich mit den Realitäten auseinanderzusetzen. Stattdessen umgibt er sich mit Erinnerungen an
Berlin. Er versucht auch seine Frau und Tochter in diese abgeschlossene Welt der Erinnerungen hineinzuziehen.
1948. Zwei Personen verändern Benjamins und Leahs Leben,
werfen Schatten der Vergangenheit. Gusti, Berlinerin wie
Benjamin, Überlebende des Holocaust, lebt in Tel Aviv.
Benjamin verliebt sich in sie, denn sie verkörpert für ihn die
deutsche Kultur, der er sich nach wie vor verbunden fühlt. Er
weiß nichts von dem schrecklichen Geheimnis ihrer Vergangenheit. Miller, ehemaliger Kapo des Konzentrationslagers,
in dem auch Benjamin inhaftiert war, und der möglicherweise für den Tod seines Vaters verantwortlich ist, arbeitet als
Schmied in Tel Aviv. Mit ihm ist Benjamin plötzlich konfrontiert...

Dokumentation der 38. Internationalen Filmfestspiele Berlin 1988

### In der Fremde
(...) TEL AVIV - BERLIN zeichnet ein Szenario aus Kostümen der vierziger Jahre, die sich im levantinischen Sommerklima bewegen. Aus Berlin stammende Überlebende der
Shoah treffen sich in Tel Aviver Nachtclubs. Lange bevor sie
die Nummern auf dem Arm sehen, erkennen sie sich 'instinktiv' in der tanzenden Menge. Die 'erlesene Schönheit' der

Frauen, die mit SS-Männern Kartenspiele um sexuelle Ver-
fügbarkeit spielen mußten, und der sephardisch aussehende
Hauptdarsteller im Borsalino, der seiner israelischen Frau
während heißer Liebesszenen von Auschwitz erzählt, evozieren ein schwindelerregendes Nebeneinander von Sex und
Grauen. Die Überlebenden finden sich in Enklaven zum
Schachspiel zusammen und singen Lieder aus der 'Winterreise'. Hochkultur steht gegen levantinisches Bauerntum.
Fast wirkt es, als habe Auschwitz "erlesene Menschen
hervorgebracht", das Schuldgefühl der Verschonten ist da zu
spüren. (...)

Mariam Niroumand, in: die tageszeitung, Berlin, 8. April 1992

### Einheimischer Film mit Stil
In einem so kleinen Land wie Israel gewöhnt man sich bald
an einen gewissen Typus einheimischer Filme. Wir gehen
nur selten ins Kino, ohne bestimmte Erwartungen oder
zumindest vage Vorstellung von Film, Regisseur oder Schauspielern.
In TEL AVIV - BERLIN sind uns Schauspieler und Regisseurin vertraut, ebenso die Geschichte. Der Unterschied
liegt im Stil, den wir bisher vom israelischen Film nicht
kennen. Hinter einer einfachen Geschichte verbirgt sich die
bewegende Erinnerung an unsere jüngste Vergangenheit.
Wie andere Filme seiner Art erfordert TEL AVIV - BERLIN
einen geduldigen, genauen Blick. (...)
TEL AVIV - BERLIN zu sehen, ist, als befände man sich im
Auge eines Tornados. Alles ist still und friedlich, während
der Wirbelwind der Zerstörung ringsumher tobt. Erst wenn
der Sturm - oder der Film - vorüber ist, kann der Schaden
bilanziert werden. Der Film, einen Mann, hin- und hergerissen zwischen Leben und Tod, Tel Aviv und Berlin porträtie-
rend, spielt bewußt mit dieser Ruhe.
Gadi Danzigs Kamera ist bisweilen etwas eintönig, doch
stets durchdacht und präzise, die Inszenierung behutsam, die
Besetzung sorgsam gewählt. Rivka Neuman ist gelassen,
doch hinter der Gelassenheit einer jungen Mutter und berufs-
tätigen Frau, die Rücksicht auf ihren Mann nehmen muß,
wird ihre Anspannung spürbar. Anat Harpazi als Gusti ist
von der sorgenbeladenen Art einer Frau, die nicht nur das
Konzentrationslager, sondern auch den sexuellen Mißbrauch
durch die Nazis überlebt hat.
Vilozhni ist überzeugend in seiner Nachdenklichkeit und hat
seine Gefühle gut unter Kontrolle. Sein für diesen Film ge-
lerntes Deutsch klingt makellos. Alle drei arbeiten gut zusammen und geben der Handlung Tiefe und Mitgefühl.
Dies ist weder ein einfacher Film noch ein Thriller. Aber
wenn Sie die nötige Ruhe aufbringen, können Sie die Geburt
einer neuen Form des intelligenten israelischen Kinos erleben.

Susan Weis, in: metro, Tel Aviv, 22. Januar 1988

### Interview mit Tzipi Tropé
*Frage:* Warum haben Sie den Film gemacht?
*Tzipi Tropé*: Einige Leute beginnen, den Holocaust zu ver-
drängen. Diejenigen, die nach dem Holocaust nach Israel

kamen, waren junge Menschen, die nicht darüber sprechen wollten, was ihnen widerfahren ist. Ich bin in Israel geboren und wollte immer wissen, wie sie das alles überstanden haben. Ihre Antwort war stets: "Wir wollen nicht, daß Du das erfährst."

Der Film versucht nicht, ihre Erfahrungen im Holocaust zu rekonstruieren. Es geht mehr um *meine* Erfahrung, *meinen* Blick auf sie - der Blick eines Kindes, das sich fragt, was hinter diesen jungen Gesichtern vorgehen mag. Der Film ist insofern autobiographisch, als ich dieser Kultur nahestand; mein Vater stammte aus Berlin. (...) Ich drehte diesen Film, weil diese Generation ausstirbt - und sie könnten sterben, ohne zu erfahren, daß wir nicht vergessen werden, was geschah.

Der Film war eine Low-Budget-Produktion. Viele Leute arbeiteten unentgeltlich mit. Der Film konnte entstehen, weil die Leute an ihn glaubten. Einige unterstützten den Film wegen der Geschichte, die ich erzählen wollte. (...)

Die Hauptfigur der Geschichte ist von der deutschen Kultur besessen. Andererseits kann er nicht begreifen, wie eine Kultur, die er für so hochentwickelt hält, etwas so Schreckliches wie den Nationalsozialismus hervorbringen kann. Einige Deutsche sagen heute, daß sie keine Wahl hatten. Ich weigere mich, das zu akzeptieren.

Der Film handelt von den Entscheidungsmöglichkeiten, die wir haben - als Individuum und als Gesellschaft -, wenn wir beschließen, für unsere Freiheit zu kämpfen, und welchen Preis wir für diese Freiheit zu zahlen bereit sind.

"Wieviele Menschenleben bin ich bereit zu opfern, um meine eigene Haut zu retten?" fragt sich der Kapo, eine sehr wichtige Figur im Film, der durch seine Entscheidung, Kapo zu werden, anstatt - zum Beispiel - Selbstmord zu begehen, andere verrät. Es kommen in dem Film Frauen vor, die überlebten, weil sie schön waren - und sich prostituierten. Sie mußten mit den Folgen dieser Entscheidung leben, aber sie haben immerhin keinem anderen geschadet. (...)

John Demjanuk, der zur Zeit in Israel vor Gericht steht und dem die Nazi-Verbrechen zur Last gelegt werden, sagte vor kurzem, daß wir nicht über Leute urteilen sollten, die etwas taten, weil sie Befehle befolgen mußten. Der Film lehnt diese Auffassung ab. (...)

Susan Schwartz, in: The Gazette, Montreal, 24. August 1987

### Die fremden Deutschen

(...) Ein für Israel ungewöhnlicher Film hatte beim Jerusalem-Film-Festival Premiere. Ungewöhnlich nicht wegen seiner filmischen Qualität, sondern wegen seines Themas. TEL AVIV - BERLIN von Tzipi Tropé erzählt die Geschichte Benjamin Augsteins, eines Berliner Juden, der 1942 aus Auschwitz fliehen kann und nach Palästina geht. In einem Krankenhaus lernt er die polnische Jüdin Lea kennen und heiratet sie. Einige Jahre später, der Staat Israel ist gerade gegründet worden: Lea ernährt die Familie, während Benjamin sich völlig zurückzieht, da er mit der israelischen Gesellschaft nicht zurechtkommt. Er träumt von Berlin und seiner Dirigentenkarriere, richtet die Wohnung wie eine Kopie seines Elternhauses ein und bringt der gemeinsamen Tochter Schejne deutsche Kinderlieder bei.

Zwei Schatten aus der Vergangenheit tauchen auf und drohen das Familienleben zu zerstören: Jacob Müller, ein ehemaliger Kapo, der Benjamins Vater umgebracht hat und an dem er sich nun rächen will, und Gusti, ebenfalls eine KZ-Überlebende aus Berlin; in sie verliebt er sich, da sie für ihn die Schönheit und Größe deutscher Kultur verkörpert. Doch während Benjamin ausschließlich in der Vergangenheit lebt, will Gusti damit nichts mehr zu tun haben. Sie weigert sich,

mit ihm Deutsch zu reden und lehnt eine Beteiligung an der Ermordung Müllers ab. Nach einer Konfrontation mit Müller läßt Benjamin seine Pistole liegen, Müller begeht Selbstmord - Benjamin kehrt einsam und verloren zu seiner Familie zurück.

Der Film berührt ein Problem, das in der israelischen Gesellschaft immer noch als Tabu gilt: Die deutsche Kultur und die große Liebe, mit der die *Jeckes*, die deutschen Juden, an ihr hängen. Ungewöhnlich scheint der Zeitpunkt zu sein, zu dem dieses Thema aufgegriffen wird; denn von den deutschen Juden, die mit der sogenannten 'Fünften Alija' (Immigration) zwischen 1933 und 1940 eingewandert sind, leben nur noch wenige, in der Öffentlichkeit spielen sie kaum noch eine Rolle, nicht zuletzt deshalb, weil viele von ihnen, auch nach 50 Jahren, immer noch nicht richtig Hebräisch können. Die Eingliederung in die neue Gesellschaft fiel diesen Menschen so schwer wie kaum einer anderen jüdischen Gemeinschaft. Für sie war die deutschsprachige Kultur ein ungeheurer Wert, den sogar Hitler nicht erschüttern konnte. Mit dieser Haltung blieben sie allen anderen Israeli unverständlich.

Tzipi Tropé hat sich dieses Themas angenommen, um einerseits ihre eigene Identität besser verstehen zu lernen - ihr Vater stammt aus Berlin - , und um andererseits in der israelischen Öffentlichkeit eine neue Auseinandersetzung mit der deutsch-jüdischen Problematik in Gang zu setzen. Nach wie vor lastet die *shoah* (hebr. für Holocaust) wie ein kollektives Trauma über dem Land. Besonders der Demjanuk-Prozeß hat auch bei den Jüngeren das Bewußtsein für die jüngste Geschichte wieder aufleben lassen. Dabei ist die Kenntnis deutscher Geschichte gering: In den Schulen wird lediglich über das Dritte Reich unterrichtet, und am Gedenktag für die Opfer des Nationalsozialismus 'Jom ha Shoah' werden immer wieder Filme über die Zeit von 1933 bis 1945 gezeigt. Eine tiefer gehende Einsicht für Deutschland fehlt, vielen erscheint das Land auch heute noch als teuflische Bedrohung. Der Versuch, deutsche Kultur einer israelischen Generation beizubringen, die zu einem großen Teil noch überhaupt nie im Ausland war, ist gleichzeitig ein Versuch, die eigene Geschichte besser zu erfassen.

Das Premierenpublikum, das größtenteils kein Deutsch verstand - im Film wird Hebräisch und Deutsch gesprochen - , reagierte bewegt und mit großem Applaus. Dennoch fanden im anschließenden Gespräch viele Besucher den Hang zum Deutschen befremdlich. Daß Tzipi Tropé mit ihrem Film nicht Vergebung fordert, sagt sie deutlich: "Daß Benjamin am Ende mit gezückter Pistole vor Miller steht und nicht abdrückt, ist eine starke Kritik an Deutschland. Man hat nämlich immer zwei Möglichkeiten, man kann immer wählen. Deutschland entschied sich für die andere Möglichkeit."

Richard C. Schneider, in: Süddeutsche Zeitung, München, 30. August 1987

**Tzipi Tropé**, geboren in Israel; Studium an der Musikakademie, anschließend Filmstudium an der University of Michigan (1975 Diplom). Seit 1977 als Regisseurin beim israelischen Fernsehen tätig. Dozentin am Institut für Kommunikationswissenschaften an der Hebrew University in Jerusalem. Filme: *Miri* (Spielfilm, 1973), *The Making of an Opera* (Dokumentarfilm, 1977), *A Portrait of a Woman* (Dokumentarfilm, 1977), *My Brother* (Dokumentarfilm, 1978), *Political Theatre* (Dokumentarfilm, 1978), *A Piano Lesson* (Kurzfilm, 1978), *Prostitution in Israel* (Dokumentarfilm, 1979), *A Day Off* (Kurzfilm, 1979), *Tell Me That You Love Me* (1983), TEL AVIV - BERLIN (1987). Seither kein weiterer Film.

Herausgeber: Freunde der Deutschen Kinemathek. Druck: graficpress

## POURQUOI ISRAËL

Warum Israel  Frankreich 1973

*Produktion: Stephan Films, Parafrance, Compagnie d'Entreprise et de Gestion*
*Regie, Buch: Claude Lanzmann*
*Kamera: William Lubtschansky, Colin Mounier*
*Ton: Bernard Aubouy*
*Mischung: Paul Bertaud*
*Schnitt: Ziva Postec, Françoise Beloux*
*Assistenz: Vivien Salaün*
*Regieassistenz: Denis Epstein, David Michaëlis*
*Aufnahmeleitung: Timna Ramon*
*Administration: Linda Gutenberg*
*Produzentin: Vera Belmont*
*Lieder aus dem Ghetto: Sarah Gorbi*
*Mit: Gad (Gerd) Granach (Bürger von Jerusalem), Beno Grünbaum (Kibbuz Gan Schmuel), Oberst Benjamin Shalit (Chefpsychologe der Armee), Ygal Yadin (Professor für Archäologie, ehemals Stabschef der Armee), Prof. R.J. Zvi Werblowsky, Avraham Shenker (Mitglied der zionistischen Exekutive), Jacques Barkat, Zushy Posner, Genia Gordyetski, Abraham Yoffe (Naturschützer, Reservegeneral), Dockerarbeiter, russische Frau, amerikanische Frau, Yuval, Ran Cohen (Generalsekretär des Kibbuz Gan Schmuel), Paul Jacoby (Rechtsanwalt aus Königsberg), Schmuel Bogler (Hauptkommissar), Mich. (Anführer der 'Schwarzen Panther', David Moshé (Gefängnisinsasse von Tel-Mohd), Mikael Feldman (Leiter der Abt. Biologie am Weizman-Institut), Noamah Flapan, Leon Roisch (Kustos des Museums von Dimona), Dolf Michaelis (Bankier), Fanny, Mascha Kaleko, Eva Robinson, Herr Steffens (Bürgermeister der Stadt Andernach), Baruch Narshon (Siedler in Hebron)*
*Voraufführung: 15. Juni 1973 (Club 13)*
*Uraufführung: 6. Oktober 1973, New York (Film Festival); 11. Oktober 1973, Paris*
*Dt. Erstsendung: 1. Oktober 1977 (WDR)*
*16 mm, Farbe, 199 Minuten, OF (frz./engl./jidd./dt./iwrith)*

Der Film ist Angelika Schrobsdorff gewidmet.

### Anmerkung

1. Der Film wurde auf 16 mm gedreht und bei uns auch so vorgeführt, es existiert aber auch eine auf 35 mm aufgeblasene Fassung.
2. Der Titel POURQUOI ISRAËL schreibt sich *ohne* Fragezeichen. Die in den Rezensionen z.T. abweichende Schreibweise haben wir aus Gründen der Dokumentation beibehalten, d.h. *nicht* korrigiert.

### Zu diesem Film

1971/1972 ist dieser Film in Israel entstanden, in dem die Bürger des Landes selbst zu Wort kommen; der Regisseur Claude Lanzmann sprach mit Arbeitern, Intellektuellen, mit Angehörigen der Siedlergeneration ebenso wie mit jungen Israelis. Er begleitete eine Neueinwandererfamilie aus der Sowjetunion bei ihrem Versuch einer Existenzgründung, der schon nach kurzer Zeit zu scheitern drohte.

Ohne jeden Kommentartext vermittelt der Film "eine Fülle von Eindrücken und Einsichten, die sich zu widersprechen scheinen und aus denen der Zuschauer seine eigenen Schlüsse ziehen muß. Zuvörderst den Schluß, daß dieser Staat schwerlich auf einen Nenner zu bringen ist; daß Israel und die Israelis sich auf den Weg zu einem ganz normalen Staatsvolk begeben haben. Doch schon die unterschiedliche soziale und kulturelle Herkunft, die ethnische Vielfalt der Bürger dieses Staates erschweren den Prozeß der Selbstfindung als Nation.
WARUM ISRAEL? Lanzmanns Film erinnerte unaufdringlich, aber eindringlich daran, daß die Frage der historischen Notwendigkeit der Gründung des Judenstaates schließlich etwas mit unserer eigenen Geschichte zu tun hat: mit dem Mord an sechs Millionen Juden."

H.V., in: Kölner Stadt-Anzeiger, 3. Oktober 1977

### Aus einem Bericht zur Voraufführung

(...) Claude Lanzmann versteht es zu fragen. Er hat in seinem Ton eine Mischung aus Spottlust und Zartgefühl, der kein Israeli zu widerstehen vermag, weil sie sich selbst nur zu gut darauf verstehen. Die Gesichter und die Gespräche. Lanzmann hat sie wie Themen abgehandelt, die kommen und gehen, sich widersprechen, einander ergänzen und eine ungewöhnliche Symphonie bilden. Ein Kraftakt, weil es im gesamten Film, der über drei Stunden dauert, keine Zeile Kommentar gibt, so daß der Zuschauer aufgefordert ist, aus den unterschiedlichen und klug montierten Gegenüberstellungen nach und nach seine eigenen Schlußfolgerungen zu ziehen. (...)
Als ich das Voraufführungskino verließ, wußte ich, daß dieser Film, der noch nicht angelaufen ist, bereits ein Klassiker ist. (...)
Ich träume von einer anderen Zeit, den Sabras des Jahres 2000. Dieser Film wird sie erstaunen. Aber sie werden ihn noch immer verstehen...

Jean Blot, in: L'Arche, Paris, 25. Juni 1973

### Bilder, die mich verfolgen

(...) In diesem Film, konzipiert und konstruiert wie die Suche eines Landes und eines Volkes nach sich selbst, ist alles schwierig, schmerzlich und schwer. Unvergeßlich die Ankunft des jungen Russen, der die Klagemauer in Jerusalem umarmt und murmelt: "Seit 2000 Jahren bin ich nicht mehr hier gewesen", der sich aber zwei Monate später noch immer weigert, seine Koffer auszupacken und am liebsten nach Alaska auswandern würde...
Schwierig, schmerzlich und schwer, und doch... Noch Tage danach, nachdem ich diesen Film gesehen habe, verfolgen mich seine Bilder und Worte, mich, der ich kein Jude bin und der sich nie, seit ich Journalist bin, mit dem 'Problem Israel' auseinandergesetzt hat. Meine Vorstellungen waren, wenn nicht falsch, so doch in jedem Fall ergänzungsbedürftig. Meine Gefühle waren, wenn nicht inexistent, so doch in jedem Fall banal. Ich habe das Kino nach diesem Film auf-

geklärt und aufgewühlt verlassen. Ich habe noch immer die Stimme dieses großartigen Schauspielers à la Tamiroff im Ohr, der auf einem Dock im Hafen von Asdod die Manöver eines Frachtkrahns kommandiert, die Stimme des Kustos im Museum von Dimona, die Deutschen, wahrhaftige Preußen, die Iraker, warhaftige Orientalen, die Algerienfranzosen, die den Klassenkampf nicht wollen. Ich höre noch immer die Stimme dieses alten Tunesiers, der 1955 ins Land kam, und dessen einziger Sohn 1956 auf der Halbinsel Sinai getötet und in israelischer Erde begraben wurde. Er sagt uns: "Ich bin glücklich." Ich höre den Polizisten, den die Jungen als 'Nazi' beschimpfen. Anschließend folgt eine andere Sequenz (der Aufbau dieses Films ist einfach verblüffend), um dann wieder zum 'Nazi-Polizisten' zurückkehren, der uns erzählt, wie er als Dreizehnjähriger auf der Rampe des Bahnhofs von Auschwitz von seinem Vater und seiner Mutter getrennt worden war...

Kein einziges Mal zeigt der Autor ein Phantomjäger-Geschwader beim Start. Kein einziges Mal zeigt er uns eine der vielen Errungenschaften, die dem Publikum bedeuten: "Seht her, das hat Israel geleistet!"

Der Autor scheint sich nur den Schwächen zu widmen, den Unzulänglichkeiten, dem, was nicht funktioniert, dem Vieldeutigen und Unausgewogenen, und das mit einer Aufrichtiugkeit, Sensibilität, Hellsichtigkeit und Leidenschaft, die im Verlauf des Films immer erregender, fesselnder wird. Die ununterbrochene Aufeinanderfolge von Irr-Zeichen indes ergibt wie in der Algebra ein positives Resultat, nicht zuletzt, weil aus jedem Winkel eines Bildes Zartgefühl und Liebe sprechen. Der Autor, der aufgebrochen war, um Israel zu finden, scheint seine eigene Identität in dieser ungewöhnlichen Abfolge von komischen Szenen (die amerikanisch-jüdischen Touristen), tragischen Szenen (das Wiedersehen zweier Brüder nach 30 Jahren auf dem Flughafen von Lod) und versöhnlerischen Szenen (Städtepartnerschaft zwischen einer deutschen Gemeinde und der israelischen Stadt Dimona) gefunden zu haben, die sich allesamt durch Originalität und Authentizität auszeichnen und alles in den Schatten stellen, was, wenn auch auf anderem Gebiet, aber bei einem Film gleichen Genres, die Autoren von *Le Chagrin et la pitié* versucht hatten. Die letzte Szene des Films ist erschütternd. Sie erklärt alles. In einem Archiv, wo sechs Millionen Menschen, sechs Millionen Opfer verzeichnet sind, liest der Archivar einem Mann, von dem man lediglich den Rücken sieht, die Namen vor: "Lanzmann, Sarah..., Lanzmann, Jacob..., Lanzmann, David...". Alle Lanzmanns, vergast in den Gaskammern und verbrannt in den Vernichtungsöfen.

Dann dreht sich der Mann zur Kamera und sagt mit schneidender Stimme: "Aus!" Er heißt Claude Lanzmann. Er ist der Autor dieses Films, der sein erster ist und ein Meisterwerk.

Philippe Labro, in: Pariscope, Nr. 270, Paris, 4. Juli 1973

### Wie kann man Israeli sein?

Ein Film, der Lachen und Weinen verquickt, die Anekdote mit der Geschichte, und der ohne zu langweilen politische und metaphysische Probleme zur Sprache bringt: welch ein Traum... (...)

Der Filmemacher hat in fast zweijähriger Arbeit rund fünfzig Stunden Filmmaterial zusammengetragen und seine Kamera in alle Winkel des Hebräerstaates herumgeführt.

Das Thema ist nicht nur Israel als 'Nation' im modernen Sinne, sondern auch das Volk Israels, so wie es trotz allem die Diaspora überlebte und überlebt: in Gruppen, zersplittert, innerlich zerrissen und zerstritten, deren Zusammenhalt

gleichwohl fortbesteht. "Weil ich Jude bin, habe ich diesen Film machen wollen", sagt Claude Lanzmann. Weil diesen militanten Linken die Frage bewegte: "Was heißt es, ein Jude zu sein? Was bedeutet diese Zugehörigkeit für mich, der ich diese Zugehörigkeit weder annehmen konnte noch zurückweisen wollte?"

Auch die Israelis haben sich dieser Frage stellen müssen. Ohne darauf eine (im engen Sinne des Wortes) rationale Antwort zu finden. Was haben (hinsichtlich Erscheinung, Mentalität und Muttersprache) aschkenasische Juden aus Deutschland mit den aus Irak oder Algerien stammenden sephardischen Juden gemein? Welcher Glaube, welche Ideologie teilen die Talmudisten samt ihren breitkrempigen schwarzen Hüten und Schläfenlocken mit den Kibbuznik, die sich auf den Atheismus und Sozialismus berufen?

Solcherlei Vielfalt erzeugt eine Vielzahl an Widersprüchen. Im Land gibt es soziale, um nicht zu sagen rassische Unterschiede. Die Forderungen der Sephardim zeugen davon: "Golda (Meir, die Premierministerin) hält die besten Wohnungen für die aus Rußland kommenden Einwanderer zurück." Das Gelobte Land enttäuscht manchmal zutiefst diejenigen, die der Aufforderung zur Rückkehr folgten: wie den jungen Arbeiter aus Kiew, der nach einmonatigem Aufenthalt nicht zögert, Israel als "16. Republik der UdSSR" zu bezeichnen. (...)

Und dennoch gibt es keinen Zweifel: Israel ist. Israel ist eins. Weil die Israelis trotz aller Divergenzen dem Staat ihre Zustimmung nicht versagen. Nicht zum Militärdienst zugelassen zu werden, gilt als entehrend, als Makel. Ebenso erklären die jüdischen Gefängnisinsassen: "Es muß Gefängnisse geben, solange es Diebe gibt."

Woher also kommt dieser Konsensus? Ist er erzwungen? Nein: die demokratischen Spielregeln werden respektiert. Durch die Bedrohung von außen? Ein wenig.(...) Aber es muß noch etwas anderes geben, was sie zusammenhält. Doch was? (...) "Wir sind dazu bestimmt, anders zu sein. Zur Normalität des jüdischen Volkes gehört es, kein normales Dasein zu führen", sagt der von Claude Lanzmann befragte Historiker. (...)

Selbst der Titel des Films vermittelt dieses Paradoxon. POURQUOI ISRAËL schreibt sich ohne Fragezeichen. Es machte keinen Sinn. Die Gründe, die zur Staatsgründung Israels geführt haben, sind klar. Aber ihre *raison d' être* muß noch gefunden werden. Israel ist zugleich Frage (*interrogation*) und fleischgewordene Realität (*incarnation*). Auch diese Dimension stellt der Film von Claude Lanzmann wieder her. Ein in seiner Art einzigartiges Dokument.

Michel Legris, in: L'Express, Nr. 1147, Paris, 8. Juli 1973

### Ein Film, den alle Amerikaner sehen sollten

(...) Dies ist ein Film, den alle Amerikaner sehen sollten: zwischen den Nachrichten und aufgrund der Ereignisse dieser Woche.

Laßt uns unterdessen dem außerordentlich aufrichtigen Forscher - Regisseur Claude Lanzmann - unseren Glückwunsch zu seinem Film aussprechen, den er 'subjektive Reportage' nennt. Es ist klar, daß er als französischer Jude Israel liebt und ihm zugleich äußerst kritisch gegenübersteht. Und er weigert sich, so zu tun, als wäre dies ein Thema, das keine Emotionen erregt. Er hat keinen politischen Film machen wollen, sagt er. Doch er weiß genau, daß nahezu alle Aspekte des Lebens in Israel mit Politik verknüpft sind. Das Ergebnis sind drei tiefbewegende und fesselnde Stunden mit obendrein hervorragender Kameraarbeit.

Wie Ophuls in *Le Chagrin et la pitié* läßt auch Lanzmann eine

Vielzahl von Stimmen zu Wort kommen, um das ganze Spektrum der Antworten und Konflikte der Israelis zum Ausdruck zu bringen. Zahlreiche seiner Gesprächspartner waren in ihren Ansichten uneins. Doch eines der immer wiederkehrenden Themen war der Wunsch nach Frieden, den viele höchst eindringlich artikulierten.

Die Menschen, die Lanzmann filmte, waren gewiß nicht kriegslüstern. Aber dennoch sagte die Mehrzahl, daß sie, da nun einmal Krieg herrsche, daran teilnehmen wollen und müssen. Betont wird die Identifikation mit der Armee: der Stolz auf das Militär, der Stolz, dazuzugehören und der Respekt für die Ausbildung, die es dem Einzelnen ermöglicht. Eine junge Frau allerdings äußerte, daß die ältere Generation die jungen Israelis opfere - indem sie von ihnen verlange, für ihr Land zu sterben. Doch nicht wenige bekundeten auch ihre Bereitschaft, einige der besetzten Gebiete zu räumen, "wenn dadurch der Friede sichergestellt wäre". Andere wandten ein: "Gibt man ihnen den Sinai, wollen sie Jerusalem. Würden Sie Paris den Briten überlassen?" Ein Mann äußerte, daß es den weniger religiösen Israelis leichter fiele, Gebiete zu räumen und sich innerhalb engerer Grenzen zu bewegen als jenen, die glaubten, daß ihnen das Land durch göttliches Recht gehöre. (...)

Loyale Israelis diskutierten über die Gefahren der Abschottung und Isolierung; erklärt wird, daß es aufgrund der unüberwindlichen Grenzen gelegentlich schwerfalle, den Standpunkt der anderen zu sehen. Und die Gefahr an den Grenzen ist allgegenwärtig: "Es ist die grundlegende Erfahrung aller Juden, gefährdet zu sein - nicht nur an unseren eigenen Staatsgrenzen, sondern fast überall."

Nora Sayre, in: New York Times, 7. Oktober 1973

### Höre Israel

POURQUOI ISRAËL - eine Frage, die tausend Fragen umfaßt und der die gegenwärtigen Ereignisse eine dramatische Resonanz verleihen. Es ist Claude Lanzmann, der sie stellt. Claude Lanzmann, 45 Jahre alt, Journalist und Filmemacher, französischer Jude, erklärt, "assimiliert, aber zutiefst vom Nazismus geprägt zu sein". (...)

Was bedeutet Israel für einen nicht-israelischen Juden? Wie lassen sich die vielschichtigen Beziehungen ausleuchten und definieren, die ein Intellektueller in der Diaspora zu diesem aus einem jahrtausendealten Traum geborenen Staat unterhalten kann, der keinem anderen gleicht und dennoch die Rolle einer modernen Nation einnehmen muß? Sich mit seiner Kamera und seinen Mikrophonen auf die israelische Wirklichkeit einlassend, hat Claude Lanzmann zunächst einmal Klarheit für sich selbst gesucht. Um gewisse persönliche Probleme zu klären. "Meine Reportage ist rein subjektiv", bestätigt er. Was insofern zutrifft, als der Bericht die Wißbegier des Autors getreulich spiegelt und die gewählte Marschroute eher gefühlsbestimmt als dogmatisch ist.

Diese Subjektivität setzt dem Zeugnis zuweilen Grenzen. Doch mehr als alles andere ist es erhellend, bereichernd und bewegend. Lanzmanns Wissensdrang machen wir uns rasch zu eigen. Zunehmend wird sein Anliegen zu unserem. Mit Leidenschaft und ungeteilter Aufmerksamkeit verfolgen wir die Fragen, die er stellt, und die Antworten, die er im Verlauf dieses mehr als dreistündigen Films erhält.

'Warum Israel?', fragt also Lanzmann, 'Israel wie?', 'mit wem?' und, so könnte man hinzufügen, 'wohin?' Anders als Antonioni, der sich damit begnügte, China zu betrachten, hat es Claude Lanzmann unternommen, Israel zu hören. Unter anderem auch seine eigene tiefe Stimme, die er aufnimmt und abhorcht. Zahllos sind seine Gesprächspartner: hohe Funktionäre oder Leute von der Straße, Hochschulprofessoren

oder Talmudisten, Arbeiter oder Kibbuznik, Pioniere oder Neueinwanderer. Dem Leben abgelauscht, bei der 'Arbeit', fängt er die Widersprüchlichkeit dieses Landes ein, das erst seit 25 Jahren besteht, dessen Geschichte aber zu den ältesten der Welt zählt; eines zum Sozialismus tendierenden Staates, dessen Alltag durchdrungen ist von religiösem Brauchtum; eines disparaten und dennoch seiner Identität und Einzigartigkeit so bewußten Volkes. Die Anormalität und Normalität Israels, um diese beiden Pole dreht sich Lanzmanns Studie. Den Immigranten widmet er lange Sequenzen. Weil sie den Traum Israels in sich tragen, weil sie lange Zeit seinem Wunschbild nachhingen und weil sie in gewisser Hinsicht seine *raison d'être* sind. Die Ankunft dieser Männer und Frauen im Gelobten Land, von denen manche von weit her kommen, darunter viele Alte. Bewegende Szenen des Wiedersehens, naives Staunen, der Rausch der Entdeckung eines jüdischen Landes, in "dem alle jüdisch sind", sich auf einmal den anderen gleich zu fühlen, nachdem man immer und überall anders war. Lanzmann spricht mit Nachdruck von der "lyrischen Illusion Israels". Ben Gurion sagte einmal: "Wer in Israel nicht an Wunder glaubt, ist kein Realist."

Lanzmann beruft sich auf Malraux, wenn er den Anfang der Revolution definiert und präzisiert: "Israel ist ein Land, dessen Anfang noch nicht fertig ist."

Es gibt die Kehrseite der Medaille: Die Kluft zwischen Traum und Wirklichkeit. Die Euphorie verflüchtigt sich im Zusammenprall mit den Schwierigkeiten des Alltags. Ein russischer Einwanderer verlangt die Ausreise in die USA. Einfach Pech. Aber selbst die hellsichtigsten Israelis fragen sich: Haben sie die Gesellschaft aufgebaut, die sie wollten? Haben sie sich zu ihren spezifischen Problemen nicht noch die Probleme der Länder der westlichen Welt aufgehalst? Ist der Preis für die 'Normalität' nicht zu hoch in Israel? Wie Kibbuz und Supermarkt, Idealismus und Klassenunterschiede, Treue gegenüber dem angestammten Kulturerbe und die Notwendigkeiten des modernen Lebens miteinander versöhnen? Und das arabische Problem, von dem, wie uns scheint, Lanzmann nicht genug spricht? Gewerkschafter, Polizisten, Delinquenten, junge Rebellen, Befürworter eines 'Großisrael' geben ihre Meinung kund. Paradoxerweise stiften ihre widersprüchlichen Äußerungen eine Kohärenz. Israel existiert, seine Kinder haben ihren Boden gefunden, Israel kann nicht sterben. Das ist das Wesentliche, die einzige Wahrheit, die zählt. Aus Sorge um den Schutz des Landes wird Einmütigkeit zur Mystik.

Der Film von Claude Lanzmann gibt nicht auf alles eine Erklärung. Er ist zweifellos parteiisch, denn er ist subjektiv. Aber sein Reichtum und seine Aufrichtigkeit machen ihn zu einem außergewöhnlichen Dokument. WARUM ISRAEL? Die Antworten darauf sind spontan, besonnen, bewegend und originell.

Jean de Baroncelli, in: Le Monde, Paris, 12. Oktober 1973

### Araber, wenn ihr wüßtet...

(...) POURQUOI ISRAËL ist die Geschichte einer Wiederbegegnung. Ist weder Reportage, Dokumentarfilm noch Historienfilm. Abstrakt formuliert ist dies ein Essay über jüdische Identität in Israel, über das Warum dieses einzigartigen Abenteuers, das selbst diejenigen, die es erleben, zugleich als vergängliches Wunder und ungewissen Kampf erfahren. Konkret gesagt besteht der Film aus einer Fülle von Momentaufnahmen, von lebendigen Szenen, hinter denen die gleiche besessene Frage aufscheint, die so alltäglich wie wesentlich ist: Wer sind wir, was sind wir, wohin gehen wir?

Wie! Diese 'französischen' Hafenarbeiter, diese 'amerikanischen' Intellektuellen, dieser 'polnische' Polizeikommissar und dieser 'deutsche' Geschäftsmann sind allesamt Israelis? All diese Menschen, anderswo geboren, angekommen vor einigen Jahrzehnten oder auch weniger, wirken noch so von ihrem Ursprungsland geprägt, so französisch, deutsch und polnisch, daß Lanzmann sie scheinbar gerade wegen ihrer Unterschiedlichkeit ausgesucht hat. Doch dann, sobald sie sprechen, offenbart der israelische Schmelztiegel seine außerordentliche Verwandlungskraft.

Diese einzigartige Tonalität der israelischen Existenz vermitteln die Bilder von Claude Lanzmann, mit Höhepunkten alle zehn Minuten, die diese Vorführung von drei Stunden und zwanzig Minuten kurzweilig erscheinen lassen: die lange Sequenz von der Ankunft der sowjetischen Juden um drei Uhr morgens auf dem Flughafen von Tel Aviv ist ein Meisterwerk, das seinesgleichen nur noch in der humorvoll betrachteten Szene der amerikanischen Bustouristen in einem Lebensmittelgeschäft findet: diese saturierten Menschen der Konsumgesellschaft, entzückt und gerührt selbst noch von den banalsten Dingen, die sie dort entdecken, können sich nur mit Mühe vom Anblick des 'jüdischen Thunfischs', der 'jüdischen Konserven' und des 'jüdischen Brotes' losreißen.

### Das Schlüsselproblem

Unvergeßlich das Verteilen der Bibeln an die Fallschirmspringer vor der Klagemauer und der ungewöhnliche marokkanische Vorarbeiter im Hafen von Tel Aviv, halb Gabin, halb Ventura, in dem eine Art von mediterraner, proletarischer und biblischer Weisheit verkörpert ist; unvergeßlich das kleine Volk von Dimona, jener von Algerienfranzosen bewohnten Wüstenstadt, die glücklich sind über ihr 'schmuckes Städtchen', in das einst niemand freiwillig ziehen wollte; die Meisterleistung an dramatischer Spannung in der Rede des Bürgermeisters von Andernach (Deutschland), der gekommen ist, um die Partnerschaft seiner Stadt mit dem israelischen Dimona zu inaugurieren.

Es gibt in diesem Film - zu dessen nicht geringstem Verdienst zählt, noch das kleinste Quentchen latenten Antisemitismus beim Zuschauer, der sich bislang bar jeder Schuld wähnte, freizulegen und mit der Wurzel auszureißen - weder Folklore noch Sentimentalität, sondern stattdessen manch heilsame provokative Explosion. Da macht sich vielleicht die Entrüstung eines französischen Rationalisten Luft, dem ein sympathischer kleiner Rabbi mit dem Aussehen eines exotischen Insekts bedeckten Hauptes inmitten eines Orangenhains erklärt, daß das 'einzige' Problem Israels weder die Araber noch die Armut seien, *"das einzige Problem, Herr Lanzmann, ist zu wissen, was ein Jude ist."*

Welcher westliche Linke knirschte nicht mit den Zähnen angesichts dieser nordafrikanischen Hafenarbeiter, dieser zweifachen Proletarier, die seelenruhig erklären, sie seien die glücklichsten Menschen und bestreiten, daß es hier zum Klassenkampf kommen könnte, weil *"wir schließlich alle Juden sind"*.

Welcher normale Christ wird begreifen, was den Fragesteller veranlaßt, seine Gesprächspartner, die Polizisten, Schwarzen Panther und Gefängniswärter zu fragen, wie es kommt, daß sie jüdische Polizisten, jüdische Schwarze Panther und jüdische Gefängniswärter sind? Und wie wird ein Bürger des alten Europa, fest in der Vorstellung des alten Nationalstaats verwurzelt, auf den Professor für Religionsgeschichte reagieren, der, obzwar Atheist, sich als traditionsgebunden bezeichnet, gleichwohl aber einräumt, daß diese Tradition außerhalb der Religion keinerlei Sinn mache und erklärt, daß Normalität in Israel anormal sei?

Und die Araber? Der ganze letzte Teil ist ihnen gewidmet. Aber das ist entweder zu viel oder zu wenig. Es gibt wohl den Gaza-Streifen, einige Silhouetten im Burnus, einige leidenschaftliche Diskussionen in einem Kibbuz der Mapam. Aber diese Präsenz, die immer wieder sinnfällig wird, bleibt seltsam marginal. All diejenigen, für die das Problem Israel nur im Verhältnis zu den Arabern existiert, werden enttäuscht oder wütend sein. Weil er ihnen einen ganzen Film hätte widmen müssen? Liegt es nicht vielmehr daran, daß das arabische Problem im israelischen Bewußtsein, und das ist sein Drama, letzten Endes eine nebensächliche und beinah zufällige Rolle spielt? Auf die Gefahr hin, manche zu schockieren, sage ich, daß Lanzmann besser daran getan hätte - aber wäre das vernünftig? - gar nicht davon zu sprechen. Das war nicht sein Thema. Denn das schönste an seinem Film ist die in diesen Bildern eingewobene Frage, die alle bewegt, dieser frontale Angriff, umstandslos und ohne Spitzfindigkeit, auf den Kern des Schlüsselproblems: Was ist ein Jude? Was bedeutet das Wiederaufleben eines jüdischen Staates in Palästina? Wie ist die historische Identität eines Israeli beschaffen? Auf diese Fragen gibt es vermutlich keine eindeutigen Antworten, doch allein die Tatsache, daß sie aufgeworfen werden, hebt die von Fanatismus und Haß geprägte Zensur des Denkens auf. Nichts vermag besser die tiefe nationale Verwurzelung eines Volkes in diesem Winkel der Erde (...) zum Ausdruck bringen als Lanzmanns Bilder. Nichts eignet sich besser zum Nachdenken über eine 'Rückkehr', die nicht nur historisch und emotional bedingt ist, sondern auch geistig und metaphysisch.

Alles in allem gibt der Film eine Antwort auf das aktuelle Drama. In einer Stunde, da viele derer, die Lanzmann vor die Kamera holte, auf den Golanhöhen und in der Wüste Sinai kämpfen und vielleicht sterben, hofft man unwillkürlich, daß durch ein Wunder ein solches Dokument auf den Leinwänden von Damaskus und Kairo gezeigt werden könnte und Araber und Israelis eine andere Sprache als die der Waffen fänden, um miteinander zu reden.

François Furet, in: Nouvel Observateur, Nr. 467, Paris, 22. - 28. Oktober 1973

### Der bisher schönste Film über Israel

(...) POURQUOI ISRAËL beginnt mit der Parallelmontage zweier Sequenzen, die ineinander übergreifen und sich vermischen: die wehmütigen Gesänge eines alten deutschen Spartakisten, für den die Arbeiterrevolution nur noch Ballade und Folklore ist, und die Gedenkstätte Yad Vashem, die an den tragischen Tod von sechs Millionen Juden, ermordet von Deutschen, gemahnt.

Das ist der Schlüssel zu diesem Werk, die Beschreibung des persönlichen Dramas von Claude Lanzmann, einem Mann der Linken, der sich eines Tages konfrontiert sah mit der Antinomie seines Judentums und der blinden Weigerung der Linken, das spezifische nationale Drama, das Israel seit zwanzig Jahrhunderten durchlebt, ins Bewußtsein zu heben.

Maurice Politi, in: Le Journal d'Israël, Paris, 11. Februar 1974

### Eine Reise auf der Suche nach der verlorenen Identität

POURQUOI ISRAËL von Claude Lanzmann ist das umfassendste und vollendetste Filmpanorama, das je über Israel gedreht wurde. Zugleich ist es ein eindeutig persönlicher Film, das Dokument eines Intellektuellen, der auf der Suche nach seinem Judentum das Land bereiste, um für sich selbst eine Antwort auf die Frage zu finden: Was bedeutet es heute, ein Jude in Israel zu sein?

Die vielen unterschiedlichen Antworten, die Lanzmann in seinem Film findet, ergeben zusammen eine warmherzige Verteidigungsrede zugunsten Israels. Er zeichnet kein synthetisches, heldenhaftes Bild des Israeli als Übermensch wie das zweite Buch Moses (Exodus), sondern ist ein leidenschaftliches Liebeslied an die Israelis, die aus allen Teilen der Welt herbeiströmten, um sich eine neue Existenz aufzubauen: der Kibbuznik, der aus Auschwitz kam, um ein neues Leben zu beginnen; der tunesische Hafenarbeiter in Asdod; der Vater, der seinen Sohn verloren hat und sich wie der König von Dimona fühlt; der Neueinwanderer aus Rußland; der Professor an der hebräischen Universität, der jüdisches Brauchtum pflegt. Aus diesen und viele andere Personen setzt sich Lanzmanns persönliches Mosaik zusammen; das Porträt Israels als Schmelztiegel.

Lanzmann - vormals Sekretär von Sartre und Herausgeber der 'Temps modernes'- kam 1972 zu Dreharbeiten ins Land. Doch der fertige Film gelangte erst gegen Ende des Jom-Kippur-Krieges in die Kinos und wurde post factum zur enthusiastischen Verteidigung der Existenz Israels, ein großes menschliches Zeugnis von der Schönheit und dem berechtigten Anliegen der zionistischen Bewegung. Trotz seiner Länge von dreieinhalb Stunden und seines einzigartig subjektiven Charakters wurde der Film in Frankreich kommerziell gezeigt und hatte beim breiten Publikum auch einem gewissen Erfolg. Andererseits wurde der Film bis heute in Israel ignoriert. Es gibt keine Möglichkeit, ihn hier im Kino zu sehen, und selbst das Fernsehen hat ihn mißachtet. Wovor fürchtet sich das Fernsehen eigentlich? Daß seine Ausstrahlung - ein Riese unter Zwergen - die ganze Borniertheit und Schwäche der hierzulande produzierten Programme und Dokumentarfilme zeigen wird? Wenn ich zu bestimmen hätte, würde ich POURQUOI ISRAËL an einem Feiertag (zum Beispiel dem Unabhängigkeitstag) im Fernsehen zeigen. Laßt alle Israeli vor dem Bildschirm Platz nehmen und dreieinhalb Stunden lang das schöne Antlitz Israels betrachten - mit allen Problemen und Verzerrungen (Lanzmann kehrt nichts unter den Teppich) - gesehen mit den Augen eines intelligenten, liebenden und verstehenden Juden.

Der Ausgangspunkt Lanzmanns ist der Holocaust. Der Filmtitel erscheint auf dem Hintergrund eines gelben Davidsterns - des Zeichens, das Hitler den Juden zueignete. Dann zeigt Lanzmann einen eigenartigen Jerusalemer Juden - eine dieser phantastischen, sonderbaren Entdeckungen, die im Film leitmotivisch auftauchen -, und der auf deutsch, begleitet von einer Harmonika, ein Bänkellied über die gegen Hitler kämpfende Sowjetarmee singt. Bereits mit diesem sonderbaren Auftakt legt Lanzmann seine Karten auf den Tisch. Als hätte er uns seinen Ausweis gezeigt: Ich bin eine Jude, der im Schatten des Holocaust-Traumas aufgewachsen ist. (...) Ich bin hierher gekommen auf der Suche nach meiner Identität. Ich möchte wissen, wer ihr seid, um für mich herauszufinden, wo ich heute als Jude stehe.

Seine Suche beginnt in den Archiven und der Gedenkstätte von Yad Vashem, zwischen den Akten, Zeichen und Bildern, die die Erinnerung an die Vernichtung der europäischen Juden zu bewahren suchen. Hier begegnet Lanzmann einer neuen Generation, für die der Holocaust nur ein Kapitel aus dem Unterricht ist. Geschichte. Er beobachtet sie von der Seite, ironisch, folgt dem Lehrer mit dem großen Schnurrbart (der eher wie ein Hauptfeldwebel aussieht) und der den Holocaust 'in groben Zügen' erklärt. Lanzmann beobachtet auch die Schüler, die wie Papageien die Klischees wiederholen, die man ihnen in der Schule beigebracht hat. Eine Generation wächst in diesem Land heran, die nicht nur den Holocaust nicht kennt, sondern auch nicht weiß, was Antisemitismus ist. Vielleicht hat sich in dieser Generation der Traum ihrer Eltern verwirklicht - stolze Kinder aufwachsen zu sehen, die die Demütigungen und Leiden der Juden in der Diaspora nicht kennen. Seine Suche nach Identität beginnt in dem Holocaust-Mausoleum und endet hier. Er kann die Vergangenheit nicht vergessen, die ein Teil seiner selbst geworden ist. Am Schluß des Films sehen wir ihn zusammen mit einem der in Yad Vashem Beschäftigten und der Akte Lanzmann, in der alle aufgeführt sind, die durch den Holocaust ums Leben kamen.

Die zentrale Frage, die Lanzmann bei seiner Suche bewegt - und die er unablässig bei unterschiedlichen Personen und auf vielerlei Arten stellt, ist folgende: Ist der Israeli der Nachkomme des jüdischen Genius, oder entwickelt sich hier ein neuer Menschentypus, der in vielerlei Hinsicht eine Antithese zur jüdischen Existenz in der Diaspora darstellt? Die Antworten, die Lanzmann in den verschiedenen Landesteilen bekommt, sind doppeldeutig. Prof. Yadin wünscht sich auf den Anhöhen von Massada, daß der jüdische Genius mehr große Wissenschaftler und Denker hervorbringen möge als in der Diaspora. Gleichzeitig betont er, daß Israel nicht nur Menschen wie Kafka und Freud brauche, sondern auch Piloten und Fallschirmverbände. (...)

Die Normalisierung des jüdischen Volkes drückt sich nicht nur in Form jüdischer Polizisten aus, sondern auch im 'jüdischen Gefängnis'. Lanzmanns Kamera ist, so will es scheinen, die erste, die je innerhalb seiner Mauern (Gefängnis Tel-Mohd) weilte. Sie findet dort Vergewaltiger, Mörder und Diebe unter den Insassen. In seiner warmherzigen Art gelingt es Lanzmann sofort, mit einigen von ihnen ins Gespräch zu kommen; sie sind orientalischer Abstammung. Auch der Dieb, so zeigt sich, fühlt sich als Jude, aber als enttäuschter, depravierter Jude. Das sei es nicht gewesen, was er gesucht habe, als er von der Emigration nach Israel träumte. (...)

POURQUOI ISRAËL ist kein Dokumentarfilm im herkömmlichen Sinne. Es ist die persönliche Dokumentation eines Mannes, der wirklich das Bedürfnis hat, teilzunehmen an den Dingen, die den Menschen in diesem Land widerfahren; eines Mannes, der sich nicht schämt, seine Gefühle auf der Leinwand zu zeigen. Wer sich der Gefühlskälte erinnert, die aus Susan Sontags Film hervorbricht (gemeint ist *Promised Lands*, USA 1974, A.d.R.) kann ihm dafür nur danken. (...)

Kein Film - ob als Spielfilm oder Dokumentarfilm, als einheimische oder ausländische Produktion - hat je ein so aufregendes, vielseitiges menschliches Panorama vorgestellt. Die Grenzen des Films sind die Grenzen journalistischer Dokumentation. Er fängt ein, was das Auge sieht, er erlangt nicht die Tiefe, die nur das Werk eines Künstlers gewinnen kann. Innerhalb dieser Grenzen gibt er die tiefschürfendste Antwort auf die gestellte Frage: Warum Israel?

Moshe Natan, in: Ma'ariv, Tel Aviv, 27. August 1976

## Claude Lanzmann über seinen Film

Ich habe POURQUOI ISRAËL zwischen Dezember 1971 und März 1972 gedreht. Die Montage war im April 1973 abgeschlossen. Mein Film sollte einige Wochen später herauskommen. Aber dann hat sich der Start verzögert. Und nun wird er heute, am sechsten Tag des Krieges, gestartet. Des Krieges...

Ich muß Ihnen sagen, daß dieses Datum bereits vor zwei Monaten festgelegt wurde. Weil die Leute bestimmt annehmen werden, daß man die Gelegenheit hat nutzen wollen, und das ist eine Verleumdung, die man nicht dulden darf...

Ich war erschüttert von den Dingen, die sich Israel ereigneten, und gerade aus den USA, wo POURQUOI ISRAËL auf dem New York Film Festival gezeigt worden war, nach Frankreich zurückgekehrt. Zunächst wollte ich verlangen, daß er nicht in Frankreich aufgeführt wird, wollte den Film fallenlassen, dem ich drei Jahre meines Lebens widmete. Aber dann habe ich nachgedacht und mir gesagt: "Nein, er muß genau jetzt laufen. Weil er, wie ich glaube, die Antwort liefert. Die wahre, die einzige Antwort.

Ich bin zum ersten Mal vor zwanzig Jahren in Israel gewesen. Man hatte mich beauftragt, eine Reportage zu schreiben. Ich habe sie nicht geschrieben. Warum? Weil ich erkannte, daß ich über dieses Land nicht wie über irgend ein anderes sprechen konnte. Ich war zu betroffen. Daraufhin beschloß ich, ein Buch zu schreiben: nach 100 Seiten habe ich aufgehört. Ich hätte zu tief in mich selbst hineinhorchen müssen, tiefer als ich es damals gekonnt hätte. Zwanzig Jahre später ist daraus ein Film geworden, dieser Film. Warum? Um über gewisse Probleme mit mir selbst ins Reine zu kommen. Um meine persönlichen Beziehungen zum Staate Israel abzuklären und um herauszufinden, was Israel für einen in der Diaspora assimilierten französischen Juden und Intellektuellen bedeutet, der das Nazi-Regime erlebt und erlitten hat, um die Art und Weise unseres Festhaltens an diesem Land zu zeigen. Darüber hinaus wollte ich auch meine Rechnung mit einem Teil der französischen Linken begleichen...

Dem israelisch-arabischen Konflikt habe ich Jahre meines Lebens gewidmet. Ich habe die Sondernummer der 'Temps modernes' herausgegeben, habe an unzähligen Zusammenkünften und Diskussionen teilgenommen, unzählige Petitionen unterschrieben... All das drehte sich absolut unschöpferisch im Kreis. Ich hatte genug davon... Ich spürte, daß ich drauf und dran war, völlig an der israelischen Wirklichkeit und den wahren Gründen seiner Existenz vorbeizugehen. Der anti-israelische Manichäismus, der darin bestand, dieses Land als unzerstörbare Übermacht darzustellen, verdunkelte das Ganze.

Verstehen Sie, die Leute, die vorgeben, Antizionisten, aber keine Antisemiten zu sein, bringen mich zum Lachen. Das ist zu einfach, die Gründe für die Existenz dieses Staates zu vergessen. Zu vergessen, daß die Israelis auch Juden sind. Juden in Gefahr. Ich habe meinen Film aus einer - sagen wir - defensiven Perspektive gedreht... Wieviel Anti-Israeliten stellen Israel als Sparta dar, als das Preußen des Nahen Ostens! Ich habe das hundertfach gehört, und es kotzt mich an. Ich wollte zeigen, daß all das manichäische Mythen sind. Ich wollte im Gegensatz dazu die Widersprüche Israels zeigen, seinen Kampf, sie zu überwinden und seine in vielerlei Hinsicht überaus große Gefährdung und Fragilität.

Die Zivilbevölkerung lebt dort unten in ständiger Erinnerung und in stetem Grauen an das große Massaker... Und natürlich, als Reaktion auf die Gefahr - und die Gefahr ist eine jüdische Wahrheit - stellen sie sich selbst gern als unverwundbar dar.

Es gibt bisweilen eine gewisse Arroganz, ja Chauvinismus bei den Israelis. Aber das darf nicht die grundlegende Tatsache verdecken, das innere Bewußtsein, daß sie alle gefährdet sind. Man will ihren Tod, und sie wissen es. Man hat nie aufgehört, ihn zu wollen. Und sie wissen auch, daß sie vor allem auf sich selbst angewiesen sind. Hat man nicht den Eindruck, einer finsteren Wiederholung der Schrecken der Vergangenheit beizuwohnen? Wenn man sich diese grauenvolle Geschichte vorstellen sollte, die Auslöschung Israels, schön und gut, was würde dann geschehen? Die Überlebenden nähmen die Bürde auf sich, und die alte Geschichte würde aufs neue beginnen... .

Was habe ich gesehen, ich, als ich nach Israel kam? Was empfindet ein Jude, der zum ersten Mal in Israel weilt? Er ist begeistert. Begeistert von der Banalität. Sardinenbüchsen zu entdecken, Thunfischdosen hergestellt in Israel, wahrhaftig. Ich will damit sagen, es ist ein Wunder. Weil dieser Staat selbst ein Wunder ist. Die Normalität Israels ist in den Augen eines Juden das absolut Unnormale. Darum stelle ich - in meinem Film - naive Fragen. Zum Beispiel frage ich einen Polizisten (ja, da unten gibt es auch Polizisten und Gefängnisse): "Wie kann man ein jüdischer Polizist sein?" Gleichzeitig aber ist dieser Polizist ein Überlebender von Auschwitz. Und er ist nicht der einzige!

Was ich demonstrieren wollte, war die außergewöhnliche Vielfalt Israels und seiner Paradoxien. Weil das noch keine wirkliche Nation ist, sondern eine Nation im Werden, mit Menschen aus 75 Ländern und so viel unterschiedlichen Kulturen, eine wahrhaft neue Nation... Fünfundzwanzig Jahre, das ist nichts... Wo hat man versucht, alles auf einmal zu machen: das Erziehungswesen zu entwickeln und völlig zu hebräisieren, das Problem der Einwanderung zu lösen und die quasi dauerhafte Mobilisierung der Bevölkerung zu betreiben. All das provoziert in gewisser Weise unerträgliche Spannungen.

Ja, die Israelis leben in fortwährender Anspannung, die sie durch vielerlei Dinge zu kaschieren suchen, durch einen Hyperoptimismus, ein Übermaß an Vertrauen... Durch manchmal brutale Reaktionen untereinander. Israel, das ist ein sonderbares Gemisch aus Gewaltlosigkeit und Aggressivität. Denn sie sind gewaltlos... Da unten, wissen Sie, ist die Zahl der Verbrechen verschwindend gering. 1972 wurden in Israel nicht mehr als 16 Verbrechen aufgedeckt. Zugleich sind die Menschen dort zweifellos sehr wild, hitzig und angespannt. Doch all das verschwindet vollkommen im Augenblick der Gefahr und macht einer kollektiven Opferbereitschaft Platz... Was ist es, das Israel zusammenschweißt? Die Religion? Nein, das kann man nicht sagen. Es ist richtig, daß die Israelis ein Identitätsproblem haben. Sie wollen wissen, wer Jude ist. Das ist ein Widerspruch sondergleichen, denn diese Frage hat sich außerhalb Israels nie gestellt. Woanders ist es der Antisemitismus, der in gewisser Hinsicht darüber befindet, wer Jude ist... Aber in Israel ist man vom Negativen zum Positiven gekommen. In dem Moment, in dem es den Staat gab, waren sie wohl verpflichtet sich zu fragen: Wer ist uns gleich? Und wie die Juden definieren? Diese Definition hat niemand parat. Also haben sie offiziell die einfachste genommen. Die religiöse Definition der Juden. Dennoch ist die Religion nicht der Zement, der Israel zusammenhält. Aber das alles ist sehr kompliziert...

Die Geschichte? Welche Geschichte soll in den Lehrbüchern erzählt werden? Die Geschichte Frankreichs? Deutschlands? Der Vereinigten Staaten? Welche Geschichte die Sabras lehren? Die des Zionismus, die extrem lokal ist? Oder aber die der Verfolgungen und Massaker?

Letztendlich ist der Zement, der Israel zusammenhält, die Erinnerung an den Genozid. Diese Erinnerung, die dort alle, selbst die Kinder, haben. WARUM ISRAEL. Ich weiß, die Frage der Gegner Israels lautet: "Und Palästina?" Jedenfalls habe ich keinen antipalästinensischen oder antiarabischen Film gedreht. Überhaupt nicht. Ich zeige nichts als Israelis, und sie selbst sind fast alle der Meinung, daß man eine Regelung des Problems suchen und finden muß. Natürlich begegnet man in POURQUOI ISRAËL ein oder zwei Personen, die man als israelische Imperialisten bezeichnen kann. Aber es gibt die anderen, alle anderen.

Und wenn man die Haltung der Israelis in den besetzten Gebieten näher betrachtet, entdeckt man, daß diese Besetzung mit nichts zu vergleichen ist. Die Araber veröffentlichen ungehindert ihre eigenen anti-israelischen Zeitungen, sie kleben ungestraft Plakate mit dem Porträt Nassers... In dieser Hinsicht ist die Freiheit grenzenlos. Das einzige, was die Israelis nicht zulassen, sind Attentate, Bomben und Granaten. Aber ist je ein einziges Todesurteil gefällt, ein einziger Araber je wegen Terrorismus hingerichtet worden? Dieser Film ist ein objektiver Film. Ich verschleiere nichts, ich gehe den Problemen nicht aus dem Weg. Die Israelis, die den Film gesehen haben, sind 100% für ihn und sagen, trotz der Kritiken, daß dies der erste wahre Film ist, der je über sie gedreht wurde. Aber dieser Film ist objektiv, weil er subjektiv ist, weil er gleichzeitig die Wahrheit Israels und meine Wahrheit enthält. Besser gesagt: er äußert sich wahr über Israel, weil er Israels Wahrheit sagt. Machen wir uns doch nichts vor. Was man heute will, ist die Zerstörung, den Tod Israels.

Ein letzter Punkt. Mein Film heißt POURQUOI ISRAËL und nicht *Das Testament Israels*. Ganz gleich, was kommen mag.

Aus: L'Express, Paris, 15. Oktober 1973

### Nüchtern und von rigoroser Sachlichkeit

(...) Israel ließ ihn nicht mehr los. Und so verzichtete er in den letzten drei Jahren auf jede journalistische Tätigkeit, um WARUM ISRAEL?, diesen sehr interessanten Versuch einer Enquête-Reportage zu produzieren. Durch ihre Nüchternheit, ihre rigorose Sachlichkeit, durch Verzicht auf anekdotische Verschnörkelungen und Stimmungs- und verniedlichende Bildeffekte sticht sie von den üblichen Dokumentar- und Reportagefilmen, die meistens die Realität schminken, vorteilhaft ab.

Die Uraufführung des Films - das Datum war bereits drei Monate vorher festgesetzt worden - fand einige Tage nach Ausbruch des Jom-Kippur-Krieges statt. Lanzmann überlegte, ob es nicht der falsche Moment sei, ob er die Uraufführung nicht absetzen lassen sollte. Denn, obwohl mit Sympathie für Israel gemacht, hat dieser um Objektivität bestrebte Film nichts mit einer 'dirigierten Propaganda' für Israel zu tun, allerdings auch nicht mit einem tendenziösen antiarabischen Pamphlet.

Lanzmann kam zur Überzeugung, daß gerade jetzt der beste Moment gekommen sei, um den Film anlaufen zu lassen, da er - seiner Ansicht nach - auf die Frage 'Warum Israel?' die einzig mögliche, die wahre Antwort gibt. Diese Antwort wird schon vorbereitet, wenn Lanzmann zu Beginn die große Gedenkhalle mit den Namen der vielen Ausrottungslager zeigt und den riesigen Saal, dessen Wände hoch mit dicken Bänden bepflastert sind, die die Personalien von 6 Millionen ermordeter Juden enthalten.

Lanzmann hat seinen Film während des 'bewaffneten Friedens' aufgenommen und nach Ausbruch des Krieges auf jede Retusche verzichtet. Eben deshalb sollten die Araber ihn - wie eine Pariser Zeitung empfiehlt - in ihren Ländern vorführen. Vorläufig zumindest ein frommer Wunsch.

In kurzen dokumentarischen Bildfolgen demonstriert der Autor, daß etwas über 2 Millionen Juden, vom Willen zum Überleben beseelt, das Land der Väter, eine Stein- und Sandwüste, in wenigen Jahrzehnten zu einem Modellstaat im Nahen Osten für Landwirtschaft, Industrie und Handel, für Urbanismus und Fremdenverkehr, für Wissenschaft und Kunst gemacht haben. Er läßt keine offizielle politische oder militärische Persönlichkeit zu Wort kommen. Er erteilt das Wort nur Menschen des Volkes, vielen Menschen des Volkes, die aus 75 Ländern hierhergekommen sind, um nach 2000 Jahren der Verfolgungen endlich den Frieden einer eigenen Heimstätte zu finden. Er läßt sie ungehemmt alles sagen, was sie auf dem Herzen haben: die Glücklichen und die Mißvergnügten, die Idealisten und die Materialisten, die Sabras (die schon im Lande Geborenen), die alten Pioniere und die junge Generation, die Wissenschaftler und Forscher, die um die Entwicklung des Landes und seiner vielen Probleme bemüht sind, und das enttäuschte sowjetische Emigrantenehepaar, das nicht sofort einen Wohnort und eine Arbeit, wie gewünscht, findet, den Förster eines Wildschutzparks, der aus biblischen Gründen ein Großisrael verlangt, in dem die arabischen Minoritäten gleichberechtigte Staatsbürger sind, und den Fallschirmjägermajor, der dagegen protestiert, daß sich Israelis in besetzten Gebieten ansiedeln. Man hört auch, daß für das palästinensische Problem eine Lösung gefunden werden muß. (Hier vergißt Lanzmann darauf hinzuweisen, daß die in Gold und Dollars schwimmenden Ölscheichs richtungsweisend einspringen könnten, um von den Palästinensern - evt. unter israelischer technischer Hilfe - ihre vielen Wüstengebiete in fruchtbare Ländereien und Industriegebiete verwandeln zu lassen.)

Jedenfalls kommt man durch die Interviews, von denen sich kaum eins mit dem anderen deckt, schnell zur Erkenntnis, daß Israel kein Sparta und kein militaristisches Preußen des Ostens ist, wie es von Antisemiten so gern behauptet wird. WARUM ISRAEL? Lanzmanns Antwort, die sich in seinem Film spiegelt: "Der größte Rassenmord aller Zeiten und die unzähligen Pogrome, die ihm vorangegangen sind, und die Judenverfolgungen, die wir noch jetzt erleben, sind der Zement, der Israel zu einer großen Nation zusammengeschweißt hat. Und die Israelis wissen, daß sie nur auf sich allein rechnen können, - die Aktualität gibt ihnen Recht - wenn sie überleben wollen, denn Versprechungen und Versicherungen werden leicht zu Schall und Rauch und Verträge zu Fetzen Papier, die verstauben oder sogar willkürlich zerrissen werden." Der Film ist mit großer Sympathie in Frankreich aufgenommen worden.

Alexandre Alexandre, in: Berliner Allgemeine Wochenzeitung der Juden in Deutschland, 2. November 1973

**Claude Lanzmann**, geb. 27.11.1925 in Paris. Beteiligte sich 1943 als Gymnasiast an der Résistance in Clermont-Ferrand. Nach dem Krieg Studium in Tübingen. 1948-49 Tätigkeit als Lektor an der Freien Universität Berlin. Nach Abschluß des Studiums gehörte er zum Freundeskreis von Jean-Paul Sartre und Simone de Beauvoir. Ab 1952 Mitarbeit an der von Sartre gegründeten Zeitschrift 'Les Temps modernes', deren Leitung er später übernimmt; Mitunterzeichner des 'Manifests der 121', das gegen Ende des Algerienkrieges die französische Repression in Algerien anprangerte. 1967 Herausgabe einer Sondernummer der 'Temps modernes' über den israelisch-arabischen Konflikt. Buchveröffentlichungen u.a.: 'Shoah' (Vorwort: Simone de Beauvoir), Edition Fayard, Paris 1985; 'Shoah' (Deutsch von Nina Börnsen und Anna Kamp; mit einem Interview von Heike Hurst), claassen Verlag, Düsseldorf 1986; 'Au sujet de Shoah. Le film de Claude Lanzmann'. Mit Beiträgen von Timothy Garton Ash, Abraham Brumberg, Bernard Cuau, Michel Deguy, Rachel Ertel, Elisabeth Huppert, Gertrud Koch, Jacek Kuron, Claude Lanzmann, Sami Naïr, Marcel Ophuls, Pierre Vidal-Naquet u.a., Edition Belin 1990; 'Sartres 'J'accuse''. Ein Gespräch mit Claude Lanzmann, von Gertrud Koch und Martin Löw-Beer, in: Babylon. Beiträge zur jüdischen Gegenwart, Heft 2, Verlag Neue Kritik, Frankfurt/M. 1987.

Filme: 1973 POURQUOI ISRAËL. 1974-85 *Shoah* (Internationales Forum des Jungen Films, Berlin 1986).
*In Vorbereitung*: (1990-92) *Tu ne commettras pas le crime* (Arbeitstitel), letzter Teil der Trilogie.

Herausgeber: Freunde der Deutschen Kinemathek. Druck: graficpress
Übersetzung und Redaktion dieses Blattes: Helma Schleif

Foto: Christian Schulz

## HAKAYITZ SHEL AVIYA / THE SUMMER OF AVIYA

Aviyas Sommer  Israel 1988

*Produktion: H.S.A. Ltd., Israel*
*Regie: Eli Cohen*
*Buch: Haim Bouzaglo, Gila Almagor, Eli Cohen*
*Nach dem Roman 'Aviyas Sommer' von Gila Almagor*
*Kamera: David Gurfinkel*
*Musik: Shem-Tov-Levi*
*Kostüme: Rona Doron*
*Ausstattung: Yoram Shayer*
*Schnitt: Tova Ne'eman*
*Produzenten: Eitan Evan, Gila Almagor*
*Darsteller: Gila Almagor (Henya, Aviyas Mutter), Kaipo Cohen (Aviya), Eli Cohen (Herr Gantz), Marina Rossetti (Frau Gantz), Avital Dicker (Maya), Dina Avrech (Frau Abramson), Ya'akov Ayali (Flüchtling), Rami Baruch (Geschäftsbesitzer), Yossi Kantz (Nachbar), Ariela Rubinovitz (Lehrerin), als Gast: Sandra Sadeh (Tante Elis)*
*Uraufführung: Juli 1988, Jerusalem*
*Farbe, OmeU, 95 Minuten*

### Zu diesem Film

1951, der Staat Israel ist gegründet. Es ist Sommer. Aviya lebt in einem Internat auf dem Lande und wartet auf ihre Mutter. Während einer Theateraufführung erscheint die Mutter, und Aviya ist unfähig, weiterzuspielen. Die Anwesenheit der Mutter nimmt ihr die Sprache.

Aviya reist mit der Mutter nach Hause, wo ihr zunächst die Haare geschnitten werden, weil die Mutter ihren Kopf von Läusen befreien will. Damit wiederholt die Mutter als ehemalige jüdische Partisanin und Überlebende des Holocaust, was sie selbst als Schrecken in den nationalsozialistischen Vernichtungslagern erlebt hat. Und es sind diese unnennbaren Schatten der Vergangenheit, die über dem Sommer von Aviya bei ihrer Mutter liegen.

Am Ende kehrt sie in das Internat zurück, da ihre Mutter erneut psychisch zusammengebrochen ist und ein längerer Krankenhausaufenthalt notwendig wird.

Der Film thematisiert ein in Israel lange Zeit tabuisiertes Problem: die Schwierigkeiten der Überlebenden des Holocaust, mit ihren traumatischen Beschädigungen weiterzuleben und in der im Aufbau befindlichen israelischen Gesellschaft Verständnis zu finden. Oft haben sie nur für ihre Kinder gelebt, die mühsam und schmerzhaft lernen mußten, wie Grauen und Entmenschlichung die Verhaltensweisen ihrer Eltern geprägt haben. (...)

Jury der Evangelischen Filmarbeit, Frankfurt/M., Oktober 1989/2

### Brisante Thematik

(...) Das Drehbuch zu HAKAYITZ SHEL AVIYA basiert auf der Autobiographie der israelischen Schauspielerin Gila Almagor, die im Film als Aviyas Mutter Henya auftritt. Aus dem Off übernimmt Gila Almagors Stimme aber auch den Rückblick der erwachsenen Aviya, des Kindes, das sie selber war -

eine Doppelrolle, die es ihr im Spielraum der Zeit ermöglicht, die (eigene) Mutter und das (vergangene) kindliche Ich vorzustellen.

Im Sommer 1951 ist das Kind Aviya zehn Jahre alt. Nichts in seinem Leben stimmt überein, schon gar nicht Aviya mit sich selbst: 'Ihr Vater' bedeutet Aviyas Name. Von der Mutter weiß das Mädchen, daß ihr Vater im polnischen Widerstand umgekommen ist. Dennoch erscheint ihr der Tote realer als eine Mutter, die in immer kürzeren Abständen in einer Anstalt vor ihren KZ-Erinnerungen geschützt werden muß. 'Nuschka, die Schöne' hieß Henya im Lager. Mut und Anmut ließen sie zur Legende werden. In der kleinen Siedlung, in der Henya sich als Wäscherin über Wasser hält, gelten diese Legenden nichts. "Die verrückte Partisanin" ist hier Henyas Name - "und ihre kriminelle Tochter" ist der Kehrreim, den sich eine ebenso indifferente wie biedere Gemeinde auf Aviyas Ankunft macht. Tatsächlich erinnert Aviyas Kahlkopf (...) an ein Leben im Gefängnis - oder im KZ. Aber am Ende dieses Sommers wird es Aviya sein, die sich freimacht: von dem Irrglauben an die Auferstehung des Vaters, von dem Kinderglauben an das Gute im Menschen, von der Illusion einer schranken- und klassenlosen Gemeinschaft. Aviyas Freiheit gibt notgedrungen die Kindheit preis. Die Tochter tritt an die Stelle der Mutter, eine vorzeitige Inpflichtnahme, von der auch die Söhne in Orna Ben Dor-Nivs Dokumentarfilm *Biglal Ha'Milchama Hahi*/Wegen dieses Krieges, Israel 1988 berichten. HAKAYITZ SHEL AVIYA ist hierzulande hauptsächlich für seine brisante Thematik gerühmt worden. Die Psychiatrisierung der Überlebenden, die in einer Gesellschaft wehrhafter Grenzer und Fundamenteleger ausgegrenzt wurden, weil ihre An- und Ausfälle dem Konstrukt der Normalität immer wieder den Boden entzogen, rührte vor wenigen Jahren noch an ein Tabu: Von israelischer Seite, so der am Drehbuch beteiligte Regisseur Haim Bouzaglo, sei der Film eher als Initiationsgeschichte verstanden worden. HAKAYITZ SHEL AVIYA als Verfilmung eines (Selbst-)Erziehungsromans angenommen zu wissen, überrascht um so mehr, als der Film nicht nur den israelischen Umgang mit den Opfern des Holocaust zu bedenken gibt.

Auch die Gesellschaft, die sich aus dem Trümmerhaufen der europäischen Geschichte konstituiert, erscheint fragwürdig. Der 'Bankier' rupft in Wirklichkeit Hühner, die Grande Dame des Örtchens sorgt sich alles andere als ladylike um ihre Privilegien. Die Kinder sind von Vorurteilen besessen; ihre Eltern sind die Erfinder dieser Vorurteile. Der Lüge und einer - vom Krieg bestätigten - Notwendigkeit, viele Namen und Identitäten zu haben, entgeht nur die Waise, die sich selbst Vater und Mutter sein muß. Ihre Figur verdichtet sich zu einem Wunschtraum: Nicht gegen die Holocaustopfer, sondern angesichts ihrer Qualen, eine israelische Identität zu formen, die Mitleid kennt, aber nicht mehr in Mitleidenschaft gezogen wird. Es ist ein legitimer Wunsch und ein unerfüllter: wegen dieses Krieges. (..)

Heike Kühn: Die Wahrheit besitzt eine ganz eigene Aura, in: Frankfurter Rundschau, 7. März 1992

## Blick hinter die Kulissen

Die Besonderheit des Films SUMMER OF AVIYA, die Periode, von der der Film handelt (den 50er Jahren) und die sehr spezielle und schwierige Rolle des jungen Mädchens (Aviya) machten die Produktion dieses Films zu einem Unterfangen ganz eigener Art, die dem Filmteam eine Vielzahl interessanter Erfahrungen und Erlebnisse bescherte.

*Aviya*: Eine der vorrangigsten und schwierigsten Aufgaben bestand darin, ein junges Mädchen für die Rolle der Aviya zu finden. Die gewaltigen Anforderungen, die diese Rolle stellte, machten diese Aufgabe nicht gerade leichter. Es genügte nicht, eine gutaussehende und talentierte Schauspielerin zu finden; wir mußten Hunderte, ja Tausende von Mädchen begutachten, bis es endlich 'klickte' und Gila das Mädchen vor sich sah, das sie, wie sie meinte, als Kind gewesen war - ein unerfülltes junges Ding, das schwer an seinem Leid trug. Nicht weniger kompliziert war die Tatsache, daß das Mädchen bereit sein mußte, sich den Kopf kahlscheren zu lassen. (...)

Gila Almagor und der Rest des Teams versichern noch heute, welch ein Glücksfall es war, Kaipho zu begegnen.

*Akzent*: Im Film spricht Gila gebrochen Hebräisch mit schwerem polnischen Akzent. Wer den Film sieht, hat den Eindruck, daß dies in der Tat ihr normaler Akzent ist. Aber um sich an diesen besonderen Akzent zu gewöhnen, nahm sie von sich aus Unterricht bei einer Lehrerin, einer alten Dame, die aus Polen stammte und ihr diese Art des Sprechens beibrachte.

Die einstigen Einwanderer aus Polen haben inzwischen Hebräisch gelernt. Heutzutage hört man nur noch selten diesen Akzent auf der Straße. Der Film ruft jene Zeit in Erinnerung, als dieser eigentümliche Akzent noch an jeder Straßenecke zu hören war und oftmals Zielscheibe des Spotts wurde.

*Rekonstruktion*: Obwohl man allerortens in Israel Überreste aus alter Zeit finden kann, erweist sich die Rekonstruktion der 50er Jahre als besonders schwierig. Als Gila eine Szene aus ihrer Kindheit in Petach-Tikva rekonstruieren wollte und ein Haus ähnlich dem ihren suchte, stand sie vor einem Problem. Nicht ein einziges Haus (...) aus jenen Tagen ist übriggeblieben. Es gab keinen anderen Weg, als eines (...) zu bauen.

Der Name hat biblische Anklänge und bedeutet 'ihr Vater'. Almagors Mutter wollte sie ursprünglich nach ihrem Vater nennen, der vier Monate vor ihrer Geburt ums Leben kam. Er hieß Max, darum machten die Krankenschwestern im Hospital den Vorschlag, sie 'Aviya' zu nennen. Schließlich entschied sich die Mutter für den Namen 'Gila', das hebräische Wort für 'Glück'.

*Produktionsmitteilung*

## Über Generationen hinweg

(...) Eli Cohen, selbst bereits in Israel geboren, erzählt eine einfache, und doch so schwere Geschichte mit einfachen Mitteln; er schildert eine Mutter-Tochter-Begegnung, und er zeichnet vor allem eine geradezu tragische Suche nach dem vermißten, ersehnten, erdachten Vater auf. Das Mädchen (...) stellt immer wieder die Frage nach dem Vater, der als Opfer der NS-Brutalität im Kriege in Polen gestorben ist. Es meint schließlich mit Hilfe eines Indizes in einem Nachbarn den entbehrten Vater zu erkennen. Am Ende steht, verständlicherweise, der Zusammenbruch der ohnehin schon labilen Mutter, die im Dorf als Irre verschrien ist. Das Kind ist wieder, wie vordem, allein und muß zurück ins Schullandheim. Auch sie, die Kleine, die mit einem Male fast erwachsen wurde, ist ein Opfer der Barbarei, über Generationen hinweg.

Eli Cohen zeichnet dies Schicksal, nach einer literarischen Vorlage, unaufdringlich und ohne falsche Dramatisierung nach, wobei er sich allerlei Arabesken erlaubt, auch Zugeständnisse an heitere Momente macht, versucht, die Auseinandersetzung mit der Vergangenheit spielerisch zu bewältigen. Doch wie so oft bei Filmen, in denen Kinder im Mittelpunkt stehen, reißt die kleine Kaipo Cohen alle Initiative an sich, ohne daß sie sich dabei je unangenehm in den Vordergrund spielt. Doch sie hat den stärksten Part und überzeugt durch ihre ebenso wissende wie natürlich-selbstverständliche Unmittelbarkeit, neben der es die anderen - unter ihnen Gila Almagor als Mutter - schwer haben. Das Kind beherrscht die Szene, das Kind ist aber auch das Thema.

Volker Baer, in: Der Tagesspiegel, Berlin, 19. Februar 1989

## Gila Almagor über ihr Buch

Die Geschichte ist in der Tat sehr persönlich. Jahrelang habe ich meine Kindheitserinnerungen unterdrückt. Ich wollte einfach nicht, daß sie ein bewußter Teil meines beruflichen oder gesellschaftlichen Lebens würden. Zu jener Zeit befand ich mich in einer tiefen Depression. Ich erinnere mich, daß ich tagelang weinte; und dann ereignete sich auf einmal so etwas wie ein Wunder: ich setzte mich hin und begann zu schreiben. Ich stahl eines der Schreibhefte meiner Tochter und begann wie besessen zu schreiben, ich - und das ist das größte Wunder von allen -, die ich in meinem ganzen bisherigen Leben noch nie eine einzige kreative Zeile zuwege gebracht hatte. Als das Buch erschienen und bereits zum Bestseller geworden war, lebte meine Mutter noch; ich brachte ihr ein Exemplar. Sie hielt das Buch von hundert Seiten in ihren Händen und sagte: "Das ist über uns? Aber das ist doch viel zu dünn!"

*Produktionsmitteilung*

**Gila Almagor**, erster Bühnenauftritt mit 17 Jahren; zählte viele Jahre lang zu den bekanntesten Schauspielerinnen Israels. Neben ihrer Theaterarbeit auch Darstellerin in mehr als 35 Filmen, darunter *Siege*, *The House of Chelouche Street*, *On a Thin Line* und *Operation Thunderbolt*. Daneben Mitwirkung in Fernsehprogrammen und acht Jahre lang Moderatorin einer eigenen Radioshow sowie Soloauftritte bei Konzerten (Konzert für eine Schauspielerin und Orchester). Gewann zahlreiche Preise und Auszeichnungen. SUMMER OF AVIYA ist "die Perle in der Krone ihrer Erfolge" (Produktionsmitteilung). 1986 verfaßte sie das gleichnamige Buch, das sofort ein Bestseller wurde. Ein Jahr später machte sie daraus ein Einpersonenstück, das gleichfalls eine enormer künstlerischer und kommerzieller Erfolg wurde und ihr den renommierten Rovina-Darstellerpreis eintrug. Gila Almagor ist Gründungsmitglied der israelischen Schauspielergewerkschaft (I.U.P.A.) und gegenwärtig deren Vize-Präsidentin.

**Eli Cohen**, geb. 1940 in Hadera, Palästina. Studium an der Universität Tel Aviv (Department of Theatre and Philosophy) und an der London School of Film. Spielte in verschiedenen Theater- und Filmrollen (u.a. am Israel National Theatre) und arbeitete für das israelische Fernsehen (Dokumentarfilm). Zahlreiche seiner Filme erhielten internationale Anerkennung und Auszeichnungen.
Filme (als Regisseur): 1976 *Waiting for Godot* (auch Darsteller; TV-Film nach dem Stück von Samuel Beckett). 1980 *The Ayland Affair* (auch Autor; TV-Film). 1986 *Ricochets* (auch Co-Autor). 1988 HAKA YITZ SHEL AVIYA (Internationale Filmfestspiele Berlin 1989, Silberner Bär). 1992 *The Quarrel*.

Herausgeber: Freunde der Deutschen Kinemathek. Druck: graficpress

## TEWJE USA 1939

*Produktion: Maymon Film, Inc., New York*
*Regie: Maurice Schwartz*
*Buch, Adaptation: Maurice Schwartz, Marcy Klauber*
*Nach der Geschichtenfolge 'Tewje der milchiger' von Scholem Alejchem*
*Kamera: Larry Williams*
*Musik: Sholom Secunda*
*Bauten: William Saulter*
*Ton: Paul Robillard*
*Schnitt: Sam Citron*
*Darsteller: Maurice Schwartz (Tewje), Miriam Riselle (Chave), Rebecca Weintraub (Golde), Paula Lubelski (Zeitel), Leon Liebgold (Fedya), Vicki Marcus (Shloimele), Betty Marcus (Perele), Julius Adler (Priester), David Makarenko (Mikita), Helen Grossman (Cholina), Morris Straßberg (Starosta), Al Harris (Zazulyas), Louis Weisberg (Shtarsina), Boaz Young (Uradnik)*
*Uraufführung: 21.12.1939, New York (Continental Theatre)*
*s/w, 96 Minuten, OF mit engl. Untertiteln*

### Inhalt
Es geht in dem Film TEWJE (...) um einen Familienkonflikt (...). Die Tochter Chavele verläßt die Familie, um einen Christen zu heiraten. Tewje, ihr Vater, erklärt sie daraufhin für tot, doch als Chaveles Familie bei einem Pogrom das Heimatdorf verlassen muß, kehrt die Tochter zur Familie zurück und verabschiedet sich von ihrem christlichen Ehemann mit den Worten: "Es geht nicht, wir sin zwee Welten."

Detlev Claussen, in: Frankfurter Allgemeine Zeitung, 23. Juni 1980

### Kritik
'Tewje' besteht aus einem Zyklus von elf Novellen, die zwischen 1895 und 1916 als Selbstgespräch geschrieben wurden. Der Humor dieses Monologes, der Äußerungen des gesunden Menschenverstandes, Redensarten, Zitate und Bibeltexte in einer äußerst stilisierten Volkssprache verschmilzt, spielt mit der Dreisprachigkeit der Juden (hebräisch-aramäisch, jiddisch und die jeweilige Landessprache). Es ist das originellste und ergreifendste Werk von Scholem Alejchem (1859-1916). (...) Maurice Schwartz wählte für die Verfilmung nur eine Episode aus diesem Zyklus aus, und zwar die von Chawe, die aus Liebe zum Christentum übertritt. Er reduzierte so den Reichtum und den Gehalt des Originalwerkes und betonte durch seine Wahl, seine Regie und Darstellungsweise die melodramatische Seite dieses Stoffes. Dennoch bewahrt der Film - auch heute noch - sein Gefühlspotential. Das Szenenbild läßt im Studio die russische Landschaft und das Dorf wiedererstehen, wobei Szenen im Freien mit Szenen im Haus des Helden und seiner Familie wechseln. Die Welt der Christen mit ihren weiten Feldern, ihrem noch grenzenlosen Horizont, ihren Festen, ihren Liedern und Tänzen verkörpert die Verlockung zu Liberalisierung und Aufklärung (...). Aber diese Welt ist auch voller Fallen und Hinterhalte, sie ist ein Universum von Gewalt (die Szenenfolge der Hochzeit: Besäufnisse, Schläge-

reien, Erniedrigungen Tewjes und seiner Frau durch den Popen) (...). Die zurückgezogene jüdische Welt, oft im Halbschatten aufgenommen, ist repräsentiert durch das Haus Tewjes und seiner Frau Golde (intime Szenen vom täglichen Leben wechseln mit der Feierlichkeit beim im Kreis der Familie begangenen Sabbat). Dies ist der Nährboden der überlieferten Weisheit, des im Namen des Glaubens und der Solidarität aufgenommenen Leidens, das kein Abfallen erlauben kann (...), und das vor allem im Hinblick auf die Drohung, die beständig auf der Gemeinschaft lastet: das Ausbrechen von Pogromen und willkürlichen Vertreibungen (...). Im Wesentlichen beruht die Qualität des Films weit mehr auf dem Können des Schauspielers Maurice Schwartz als auf der Kunst des Regisseurs Maurice Schwartz. Diesem unermüdlichen Anreger des 'Yiddish Art Theater' von New York war es gelungen, seine Truppe mehr als 30 Jahre am Leben zu halten, wobei er abwechselnd jedem Zuschauergeschmack schmeichelte, denen, die Freude an derben Späßen hatten, genauso wie den Superintellektuellen. (...) In TEWJE findet Maurice Schwartz eine nicht zu vergleichende Scharfsinnigkeit, um den dichten, köstlichen Text Scholem Alejchems, der voller Verve und einer die Dinge anschauenden Weisheit ist, zu interpretieren. Die Gestik der Personen ist minutiös konstruiert, von äußerster Genauigkeit auch im kleinsten Detail, jede Bewegung erscheint von einer inneren Notwendigkeit diktiert, und das in allen Rollen (...).

Rachel Ertel, in: Film, Heft 2/80: Das jiddische Kino, München 1980

### Die jüdische Familie
Welche Geschichte auch immer ein jiddischer Film erzählt, ob er die Probleme des Kulturwechsels von Osteuropa in die USA behandelt, politische Konflikte schildert oder eine Prophetensage aufgreift, er erzählt die Geschichte einer Familie. (...) Die Tragödie der Mischehe entfaltet sich in TEWJE und findet sich noch einmal wieder, entschärft und harmloser aber mit vergleichbarer Gefühlserfahrung, in *Uncle Moses*.
Im jiddischen Kino ist die Familie nicht der selbstverständliche Hintergrund, aus dem heraus die Protagonisten handeln, trivialerweise als Söhne und Töchter von Eltern oder spezieller als Personen einer bestimmten Herkunft, die Familie ist Ausgangspunkt und Endpunkt jeder Filmhandlung. Dieser dominierende Platz, den die Familie einnimmt, ist nicht allein aus der Tatsache zu erklären, daß seine Themen dem folkloristischen Alltagsmilieu entnommen sind; die Familie ist die kleinste Einheit - Eltern und Kinder - und die Gesamtheit der jüdischen Gemeinschaft zugleich. Sie ist Baustein und Eckpfeiler jüdisch-traditionellen Lebens, allein durch sie wird das vermittelt, was die jüdische Identität ausmacht. Der Funktionsverlust der Familie bedroht das jüdische kulturelle Leben weit mehr, als dies in anderen Kulturen der Fall ist. "Eine Familie ist wie ein Steinhaufen. Wenn man einen Stein wegnimmt, kann die ganze Struktur zusammenbrechen." So sieht der Talmud das Verhältnis der einzelnen Familienmitglieder zur Familie und der einzelnen Familien zum Ganzen der Gemeinschaft.

Alle religiösen Bräuche und Ordnungen, die für die jüdische Gemeinschaft und ihre Gemeinden galten, wurden in der Familie vermittelt, die gewissermaßen eine kleine 'Gemeinde' für sich war. Das, was einen Juden zu einem Juden machte, die *kaschrut* (Speisegesetze), der Zyklus der Woche mit der Heiligung des *schabbes*, der Zyklus des Jahres mit seinen Fest-und Trauertagen und der bis in Kleinigkeiten pedantisch geregelte Tagesablauf, hatte seinen Ursprung und seinen Fortbestand in der Familie. Der 'Zaun' um die Lehre war der 'Zaun' um das jüdische Haus. Der 'Zaun' mit seinen Geboten und Verboten hat es vermocht, das oft armselige Leben der Juden zu einem heiligen Dasein heraufzuheben. Er hat das jüdische Familienleben zu einem häuslichen Priestertum gemacht, innerhalb dessen die heruntergekommene Hütte zum 'Heiligtum', der Tisch zum 'Altar' wurde. Er hat das Leben der Juden weniger eingeengt, als vielmehr behütet und gefestigt. Die Familie war die Mittlerin zwischen Glaube und Handeln, 'Tora' und 'Awoda', dem wichtigsten Grundsatz jüdisch-religiöser Tradition. Glauben ohne die Ausführung genügte ebensowenig wie die gesetzestreue Pflichterfüllung ohne Glauben. Die Familie war der Ort, an dem die 'ewig geltenden' Gebote in lebendige Tat umgesetzt wurde. Wesentlichster Inhalt der jüdischen Familienethik ist die Ehre und Achtung, die die Kinder den Eltern entgegenbringen. Das Gebot 'Kabbed aw waem' (Ehre Vater und Mutter) verband die Verpflichtung zur Einhaltung religiöser Überlieferungen und Gesetze mit der Verehrung früherer Generationen und ihrer Tradition. Aus ihm leitet sich die Anhänglichkeit den Eltern gegenüber ab, die oft auch assimilierte Juden, die sich schon weit von der Tradition entfernt hatten, zur Einhaltung gewisser religiöser Gebräuche bewegte. Die verbindende und zugleich verbindliche Verknüpfung zwischen Eltern und Kindern mit der historisch-religiösen Tradition dramatisierte sich besonders in Extremsituationen, wie etwa bei dem Tod der Eltern. 'Kaddisch', das Sprechen des Todesgedichts nach dem Tod der Eltern, entläßt die Eltern in die Erinnerung des jüdischen Geschlechts und stellt die Kinder gleichzeitig, als überlebende Zeugen, in diese Tradition. In dem Film TEWJE wird der Tochter das 'Kaddisch' versagt, weil sie einen nichtjüdischen Russen geheiratet hat und sie dadurch kein Mitglied ihrer Familie mehr war. Den Tod der Mutter mußte sie heimlich, wie eine Fremde, beweinen.

Cilly Kugelmann: Di jidische mischpoche, in: Hilmar Hoffmann/ Walter Schobert (Hrsg.): Das jiddische Kino, Deutsches Filmmuseum Frankfurt, Frankfurt/M. 1982

**Eine selbstvergossene Träne in einem Meer von Blut**
Die Lebensform des Chassid, des frommen, ungebildeten Juden, zeichnet Maurice Schwartz, einer der legendären Schauspieler des jiddischen Theaters, als Regisseur und Hauptdarsteller des TEWJE, 1939 in den USA gedreht. TEWJE geht zurück auf die Geschichten von 'Tevje der milchiger' Scholem Alejchems, einem Stück klassischer jiddischer Literatur, das populär geworden ist als Musical vom *Fiddler on the Roof*. TEVJE zählt für mich zu den beeindruckendsten Werken des jiddischen Kinos, weil in ihm der Zusammenhang von chassidischer Frömmigkeit als der Kunst vom Überleben des Glaubens unter den objektiven Bedingungen des Programs und des Antisemitismus als Lebensgefühl konserviert wird. Tewje, der seine Tochter an einen reichen Christen verliert, womit sie nach jüdischer Tradition für ihn gestorben ist, gewinnt sie wieder in den Stunden der Verfolgung, in der sie sich zum Vater und zum Glauben bekennt, ihren Mann verläßt und mit ihrer Familie in eine ungewisse Wanderschaft aufbricht. TEWJE repräsentiert nicht nur das realistischere Menschenbild des Chassidismus, der die Über-

tretungen der Gesetze Gottes wohl etwas flexibler flicken konnte durch sein Postulat der 'Menschlichkeit', - und er formuliert auch die Würde und Tradition der 'Alten' und ihr Bewußtsein, wie es Manès Sperber in seiner autobiographischen Erinnerung ('Die Wasserträger Gottes') ans polnische, *jiddische schtetl* beschreibt, das von Besatzungstruppen belagert wird: "Die älteren Leute brachten nun ihr Wissen zur Geltung, das seit Jahrhunderten, seit Jahrtausenden überliefert war. So ist es immer gewesen, sagten sie, und so, wiederholten sie, wird es immer sein. Es steht geschrieben: 'Fällt der Krug auf den Stein - wehe dem Krug! Fällt der Stein auf den Krug - wehe dem Krug!' Und selbst wir Kinder erfaßten sofort, daß wir die tönernen Krüge waren und die anderen der Stein..."
Es gibt nicht viele jiddische Filme, die den heraufziehenden Genozid spüren lassen, die die Vernichtung nicht verdrängen, - in TEWJE ist davon etwas zu spüren und was an ihm sentimental erscheinen mag, - erweist sich gegenüber der Geschichte des geschundenen jüdischen Volkes als selbstvergossene Träne in einem Meer von Blut. Maurice Schwartz erzählt den TEWJE in einfachen strengen Bildern, in halbrealistischen, halb-stilisierten Innenräumen malt er das Bild des erzürnten, aber gerechten und verzeihenden Vaters. In luftigen Außenaufnahmen von den Fahrten Tewjes mit seinem Milchkarren übers Land, vom gedeckten Tisch vor dem Haus schlägt auch in TEWJE ein Stück chassidischer Naturmystik durch. Fast grobe Karikaturen geben die ukrainischen Bauern ab, als dumpfe Tölpel, schlitzohrige falsche Freunde werden sie gezeigt, denen die Lust am Progrom aus den neugierig die Vertreibung beobachtenden Augen blitzt. Der TEWJE von Maurice Schwartz besticht in der Darstellung durch eine betonte Einfachheit, keine Übertreibung nimmt dieser Figur die Würde und noch wenn er in der Stunde, wo er ahnt, daß sich seine Tochter in einen Christen verliebt hat, plötzlich übermütig zu singen beginnt, weil er die Gefahr gerne gebannt sähe, dann kommt Schwartz dabei ohne allzuviel Drastik aus. (...)

Gertrud Koch: Auf halbem Weg zum Engel des Vergessens, in: Hilmar Hoffmann/Walter Schobert (Hrsg.): Das jiddische Kino, a.a.O.

**Maurice Schwartz**, geb. 15. Juni 1889 in Sudilkow/Ukraine; gest. 10. Mai 1960 in Tel Aviv. Schwartz war eine zentrale Gestalt des amerikanischen jiddischen Theaters: Schauspieler, Regisseur, Theaterleiter. Er kam als Kind in die USA und begann dort bald seine lange und bemerkenswerte Theaterkarriere; spielte zuerst in jiddischen Theatern in Baltimore, Cincinnati, Chicago und Philadelphia; gehörte dann in New York zum Theater David Kesslers. Schwartz gründete 1918 das 'Yiddish Art Theater', zu dessen Ensemble u.a die Schauspieler Celia Adler, Anna Appel, Jacob Ben-Ami, Ludwig Satz, Berta Gersten, Paul Muni und Zvee Scooler zählten. Das 'Yiddish Art Theater' war das bedeutendste jiddische Theater Amerikas. Schwartz spielte außerdem am Broadway, in jiddischen und englischsprachigen Filmen, sowie in Theatern in London, Paris, Buenos Aires, Johannesburg und Tel Aviv. Seine Rollen auf der Bühne und in den jiddischen Filmklassikern *Jisker* (1924), *Broken Hearts* (1926), *Uncle Moses* (1932, auch Dialog-Regie) und TEWJE (1939, auch Regie, Buch und Adaption) sind legendär geworden.

Herausgeber: Freunde der Deutschen Kinemathek. Druck: graficpress

## FIDDLER ON THE ROOF

Anatevka USA 1971

*Produktion: Norman Jewison/Mirisch*
*Regie: Norman Jewison*
*Buch: Joseph Stein*
*Nach dem Stück und Erzählungen von Scholem Alejchem*
*Kamera: Oswald Morris*
*Musik: Jerry Bock*
*Liedtexte: Sheldon Harrick. Violinsolist: Isaac Stern*
*Ausstattung: Robert Boyle*
*Choreographie: Jerome Robbins. Bearbeitung: Tom Abbott*
*Darsteller: Chaim Topol (Tevye), Norma Crane (Golde), Leonard Frey (Motel), Molly Picon (Yente), Paul Mann (Lazar Wolf), Rosalind Harris (Tzeitel), Michele Marsh (Hodel), Neva Small (Chava), Paul Michael Glaser (Perchik), Raymond Lovelock (Fyedka), Elaine Edwards (Schpintze), Candy Bronstein (Bielke), Shimen Ruskin (Mordcha), Zvee Scooler (Rabbi), Louis Zorich (Polizist), Alfie Scopp (Avram), Howard Goorney (Nachum), Barry Dennen (Mendel), Vernon Dobtcheff (Russischer Amtsträger), Ruth Madoc (Fruma Sarah)*
*Uraufführung: 3. November 1971, New York*
*Berliner Erstaufführung: 16. Dezember 1971*
*Farbe, OF, 182 Minuten*
*Gedreht in London (Pinewood Studios) und in Lekenik b. Zagreb (Jugoslawien)*

### Zu diesem Film

Die Handlung spielt im vorrevolutionären Rußland, wo sich eine Gruppe von Juden redlich darum bemüht, mit den Kosaken in ihrer Stadt friedlich zusammenzuleben. Basierend auf verschiedenen Erzählungen von Scholem Alejchem ist FIDDLER ON THE ROOF vor allem die Geschichte von Tevye, dem Milchmann, dem das Geld für die Mitgift seiner fünf Töchter fehlt, seiner ewig leidenden Frau Golde und den drei älteren, sehr unterschiedlichen Töchtern Hodel, Tzeitel und Chava. Jedes der Mädchen hat sich einen Ehemann gewählt, worüber Tevye aus verschiedenen Gründen in Wut gerät: Die eine heiratet einen Nichtjuden, die zweite heiratet aus Liebe und ohne die traditionelle Vermittlung des städtischen Heiratsvermittlers, und die dritte schließlich heiratet einen Radikalen, der verhaftet und nach Sibirien geschickt wird. In dieser sorgenbeladenen Situation hält Tevye mit seinem Gott Zwiesprache wie mit einem Freund - und die Wirkung ist wunderbar. Nun will der Zar die Juden aus dem Land vertreiben, und der Polizist des Ortes, Dobtcheff, muß Tevye mitteilen, daß eine 'spontane Demonstration' stattfinden wird. Im Verlauf dieser Demonstration gibt es, am Ende des ersten Aktes, einen Überfall auf die Hochzeitsfeier von Motel und Tzeitel. Der zweite Akt ist ganz den Gefühlen Tevyes gegenüber seiner mit dem Christen Lovelock verheirateten Tochter Chava gewidmet. Zunächst beklagt er sie als tot - ganz nach der Art der orthodoxen Juden im Todesfall eines Verwandten. Am Ende aber erkennt er, daß die Zeiten sich ändern und er sich mit ihnen verändern muß, und nimmt Chara wieder in die Familie auf.

Der Film war ein Erfolg in mehr als dreißig verschiedenen Ländern - ein Beweis für die Universalität der Thematik. Die größte Überraschung war die Begeisterung, mit der man ihn in Japan aufnahm: das Publikum dort empfand ihn tatsächlich als japanisch. Das klingt so ungewöhnlich, daß man sich die Geschichte noch einmal vergegenwärtigt: ein tiefreligiöser Mann ist uneins mit seinen Töchtern, die seiner Ansicht nach den Respekt vor Alter und Tradition verloren haben. Er kämpft zunächst für seine eigenen tiefverwurzelten Glaubensvorstellungen und 'versündigt' sich am Ende an seiner Religion aus Liebe zur Familie. Davon könnte ebensogut ein Film von Kurosawa handeln. (...) Trotz aller Vorbehalte ist dies ein ebenso bemerkenswerter wie aufschlußreicher Film. Anders als viele der jiddischen Filme aus den 20er und 30er Jahren, anders selbst als *Hester Street*, kommt FIDDLER ON THE ROOF dem Wissen über das Leben zu dieser Zeit an diesem Ort so nahe wie nur irgend möglich. (...)

Aus: The Motion Picture Guide, Bd. E-G, Chicago 1986

### 'First lady' des 'yiddish' Theaters

Ende 1971 wird der Film ANATEVKA nach dem berühmten Musical in der ganzen Welt anlaufen. In der Rolle der Heiratsvermittlerin Jente finden wir eine der faszinierendsten Schauspielerinnen Amerikas: Molly Picon, die man hier 'The first lady of the yiddish theatre' nennt. Mit 72 Jahren ist sie charmant, temperamentvoll, sieht um 20 Jahre jünger aus und hat eine Figur, um die sie eine 25jährige beneiden könnte. Sie erklärt mir den Unterschied zwischen dem 'yiddischen' und hebräischen Theater: "Zunächst einmal handelt es sich um zwei verschiedene Sprachen", sagt Molly Picon, "aber was das Schauspielerische betrifft, ist kaum ein Unterschied zu merken. 'Habimah' ähnelt heute sehr dem Maurice Schwartz-Theater von einst, das in New York eine der bekanntesten Bühnen besaß. (...)

Der amerikanische Originaltitel von ANATEVKA lautet FIDDLER ON THE ROOF, übersetzt *Der Geiger auf dem Dach*, und scheint von Chagalls berühmtem Gemälde inspiriert zu sein. Molly Picon erklärt mir diesen seltsamen Titel: "Geist und Seele dieser Menschen schweben über den Dächern", sagt sie, "sie sind nicht mehr an die Erde gebunden und entrinnen der Armut ihres Lebens, denn der Geist erhebt sich über alles andere. Der 'Fiddler', der Geiger auf dem Dach, ist das Symbol dieser Menschen. Er lebt hoch oben, über dem 'Schtetl' der Armut und des Unglücks. Die Leute blicken hoffnungsvoll nach oben, und plötzlich fühlen sie sich neben ihm, sich gleichfalls über alles erhebend. Der bekannte Violinvirtuose Isaak Stern hat die Musik für diese Szenen gespielt, und ich glaube, so einen 'Fiddler on the Roof' hat es nie zuvor gegeben."

'Anatevka' war auf der Bühne ein Erfolg in der ganzen Welt. "Was hat Ihrer Meinung nach zu diesem universellen Erfolg beigetragen?" - "Die Handlung und die Menschen haben den Erfolg gebracht", sagt Molly Picon. "Es handelt sich um wirkliche Menschen und echte Probleme, die sich nicht nur auf diese Gruppe beziehen, sondern alle angehen, wo immer sie leben. Als der Autor Joe Stein nach Japan kam, um eine

Aufführung in Tokio zu besuchen, sagte man ihm, daß die in ANATEVKA geschilderten Probleme mit den japanischen identisch sind: Töchter sind an den Mann zu bringen, kein Geld da für die Mitgift, schließlich die Verfolgung der armen Menschen, die von einem Land zum anderen gejagt werden - unser Leben war genau so", setzt sie hinzu.

"Gibt es eigentlich heute noch Heiratsvermittlerinnen wie Jente?" - "Wir haben in Amerika Ratgeber für die Ehe, Büros, Computer, Clubs und die berühmten Urlaubsorte in der Umgebung von New York in den Catskill Bergen, die alle dazu dienen, junge Leute zusammenzubringen", sagt Molly Picon, "aber ich glaube nicht, daß es noch altmodische Heiratsvermittlerinnen wie 'Jente' gibt.

"Gibt es eigentlich neue Stücke für das 'yiddish' Theater?" - "Es gibt in New York ein 'Yiddish Musical Theatre'", sagt sie, "mit einem neuen Stück alle Jahre, halb 'yiddish', halb englisch, damit die jungen Leute es auch verstehen. Ich habe in letzter Zeit nur selten von neuen guten Stücken für das 'yiddish' Theater gehört. Leider ist es im Verschwinden. 'Fiddler on the Roof' wird jetzt als 'yiddish' Theater angesehen, auch 'Milk and Honey', ein Stück, das ich vor ein paar Jahren in New York spielte, ebenso 'Paris is out', erst kürzlich. Das gilt heute als 'yiddish', obwohl es nur die Atmosphäre und nicht die Sprache bringt. Man kann also nicht sagen, daß es ganz verschwindet, sondern vielmehr: es erfährt eine Umwandlung, eine Art Übersetzung ist daraus geworden."

Während wir sprachen, hat eine Ziege mein Bandgerät angeknabbert. Ich verjage sie rechtzeitig und rette das Band. Nicht alle Interviews finden in eleganten Hotels in Beverly Hills statt. Dieses Zusammentreffen war in einem Stall eines Gutshofes, etwa 30 Kilometer von Zagreb entfernt, wo Regisseur Norman Jewison ein tatsächlich existierendes 'Anatevka' gefunden hatte, das für den Film eine Echtheit der Atmosphäre verbürgt, die bisher auf keiner Bühne wiederzugeben war.

Bert Reisfeld, in: Flensburger Tageblatt, 2. September 1971

## Kritik

Die Geschichten Tevyes, des Milchhändlers von Scholem Alejchem haben einiges durchgemacht, bis sie, gekappt, poliert, getönt, aufgegagt, zum Musical 'Fiddler on the Roof' sich artikulierten. Das Musical, bei uns unter dem Namen 'Anatevka' produziert, geriet des Erfolges wegen in eine neue Metamorphose, schließlich, nach einer Investition von 12 Millionen Dollar, zeigte sich Tevye, der Milchmann, in einem neuen Gewand, als Film, breitwandgestreckt, aus vielen Kanälen tönend, von Leuten gemacht, die sich, weiß Gott, aufs Filmemachen verstehen.

Der Film dauert Stunden, aber jede Minute dieser Zeit ist ausgefüllt mit Farbe, Gemüt, Zorn, Liebe, Musik oder nur so mit den kleinen verschämten Zärtlichkeiten kleiner Leute. Jede Minute will ausgekostet werden, jede Geste, jeder tänzerische Schritt will nachvollzogen werden, jede schlichte Regung des Gemüts weckt Resonanzen des Schönen, des Kostbaren, des Perfekten.

Und an dieser Stelle, just da, wo der Rezensent sich eigentlich in den höchsten Tönen ergehen möchte über die Vollkommenheit dieses Films, über die zum Schwelgen zwingenden Farben, über die Perfektion des dramaturgischen Aufbaus und Ablaufs, über die gelungene Auswahl der Darsteller, über die Faszination des Ambiente, der Landschaft, des Himmels, der Hütten, der Menschengesichter, die von einer vollendet gesteuerten Kamera eingefangen, mit handwerklich abgesicherter Sensibilität gezeigt werden - just da, wo ihm die lobenden Worte auszugehen drohen, fragt er sich, ob ihm außer

dem Lob nicht noch die Pflicht bleibt, dem Unbehagen nachzugeben, das ihn nicht verlassen wollte, nicht in den schönsten Sequenzen des Films und nicht bei der nachdenkenden Überprüfung hinterher.

Das Unbehagen ist ein Teil der Ambivalenz, der uns dieser Film aussetzt. Denn, was als perfekte filmische Leistung gelobt sein will, gelobt sein sollte, gerade das bricht immer wieder wie ein Stachel heraus, fragend, insistierend, nicht nachlassend: Es stimmt etwas nicht an diesem ANATEVKA-Film, an diesem großartigen ANATEVKA-Film, an diesem großformatigen Versuch großer Film-Könner.

Ich mutmaße dieses: Dieser Film, so scheint es mir, ist kein jüdischer Film, genauer: ist kein jiddischer Film. Schon die Transplantation Scholem Alejchems ins Musical war gewagt. Die Verwandlung der jiddischen Tevye-Geschichten in ein Breitwandthema mußte danebengehen: schlimm ist, daß sie desto weniger gelingen konnte, je perfekter sie produziert wurden.

Scholem Alejchem lebt von den Zwischentönen, von dem achselzuckenden Nebenakzent, von der fragenden Schulter im Nebensatz. Im Film gelang solches nur von Fall zu Fall, und zwar ist da der Hauptdarsteller an erster Stelle zu nennen, Chaim Topol, der zu retten vermochte, was hinter der synthetischen Perfektion, hinter der finassierenden Mache verschwinden wollte, ihm gelang es, Bruchstücke jener jiddischen zärtlich-frommen Ironie sichtbar zu machen. (...)

Valentin Polcuch, in: Die Welt, Hamburg, 20.12.1971

**Norman Jewison**, geb. 21. Juli 1926 in Toronto; Regisseur und Produzent. Nach abgeschlossenem Studium an der Universität von Toronto Aufenthalt in London; Tätigkeit als Autor und Darsteller für die BBC. Rückkehr nach Kanada; Fernsehregisseur, 1958 Übersiedlung nach New York und Tätigkeit für CBS. In den folgenden Jahren produzierte er acht Shows mit Judy Garland und inszenierte Musikprogramme mit Garland, Harry Belafonte und Danny Kaye. 1963 Spielfilmdebüt mit *Forty Pounds of Trouble*/Ein Rucksack voller Ärger; danach zwei Komödien mit Doris Day (*The Thrill Of It All*/Was diese Frau so alles treibt, *Send me No Flowers*/Schick mir keine Blumen) und Übernahme der Regie von *Cincinnati Kid* (1965). Seine Filme der 60er Jahre enthielten meistens eine politische oder gesellschaftskritische Stellungnahme; am erfolgreichsten waren *The Russians are Coming, the Russians are Coming* (1965, der bei den Internationalen Filmfestspielen Berlin 1966 Furore machte) und *In the Heat of the Night* (1967). Mit FIDDLER ON THE ROOF (1971) kehrte Jewison zur musikalischen Welt seiner frühen Fernseherfolge zurück.

Filme: *40 Pounds of Trouble*/Ein Rucksack voller Ärger (1962), *The Thrill Of It All*/Was diese Frau so alles treibt (1963), *Send Me No Flowers*/Schick mir keine Blumen (1964), *The Art Of Love*/Bei Madame Coco (1965), *Cincinnati Kid* (1965), *The Russians Are Coming, The Russians Are Coming*/Die Russen kommen! Die Russen kommen!, (1965, IFB 1966), *In The Heat Of The Night*/In der Hitze der Nacht (1967), *The Thomas Crown Affair*/Thomas Crown ist nicht zu fassen (1968), *Gaily, Gaily* (1969), FIDDLER ON THE ROOF/Anatevka (1971), *Jesus Christ Superstar* (1973), *Rollerball* (1975), *F.I.S.T.*/F.I.S.T. - Ein Mann geht seinen Weg (1978), *...And Justice For All!*/... Und Gerechtigkeit für alle (1979), *Best Friends*/Zwei dicke Freunde (1982), *A Soldier's Story*/Sergeant Waters - Eine Soldatengeschichte (1984), *Agnes Of God*/Agnes - Engel im Feuer (1985), *Moonstruck*/Mondsüchtig (1987, IFB 1988, Silberner Bär für die beste Regie), *In Country* (1989), *Other People's Money*/Das Geld anderer Leute (1991).

## THE PRODUCERS/SPRINGTIME FOR HITLER

Frühling für Hitler  USA 1967

*Produktion: Springtime, MGM, Crossbow*
*Regie, Buch: Mel Brooks*
*Kamera: Joseph Coffey*
*Musik: John Morris*
*Songs: 'Springtime for Hitler', 'Prisoners of Love' (M. Brooks)*
*Bauten: Chuck Rosen. Ausstattung: James Dalton*
*Kostüme: Gene Coffin. Choreographie: Alan Johnson*
*Ton: Alan Heim. Schnitt: Ralph Rosenblum*
*Regieassistenz: Michael Herzberg*
*Produktionsleitung: Lou Stroller*
*Produktionsüberwachung: Robert Porter*
*Produzenten: Sidney Glazier, Jack Grossberg*
*Darsteller: Zero Mostel (Max Bialystock), Gene Wilder (Leo Bloom), Kenneth Mars (Franz Liebkind), Estelle Winwood ('Hold Me, Touch Me'), Renee Taylor (Eva Braun), Christopher Hewett (Roger De Bris), Lee Meredith (Ulla), Andreas Voutsinas (Carmen Giya), Dick Shawn (Lorenzo St. Du Bois, genannt 'LSD'), Josip Ellic (Geiger), Madlyn Cates (Concierge), John Zoller (Theaterkritiker), Bill Hickey (Betrunkener in der Theaterbar)*
*Deutsche Erstaufführung: März 1976*
*Farbe, 88 Minuten, DF*

### Zu diesem Film

(...) Max Bialystock, ein abgewrackter Broadway-Produzent, sucht händeringend nach Erfolg. Mit Leo Bloom, seinem schüchternen Buchprüfer, heckt er den genialen Plan aus, das schlechteste Stück von dem miesesten Autor mit dem unfähigsten Regisseur und den unbegabtesten Schauspielern herauszubringen - um einen todsicheren Mißerfolg zu produzieren. Dieser Coup soll das Finanzamt und die Gläubiger übers Ohr hauen und den Schlitzohren die investierten Batzen alter Damen sichern. Windig und gewitzt verkaufen sie Profit auf die geplante Pleite und streuen 25 000 Prozent Gewinnanteile aus.

Ein debiler Altnazi, Kradmelder im Reich und nun Taubenzüchter in New Yorrk, wird als Autor aufgetan, ein bizarrer Transvestit als Regisseur, ein verkrachter Hamlet als Hitler gewonnen und mit dieser Mannschaft das Musical 'Springtime for Hitler' am Broadway eröffnet. Das Publikum rast; die Show wirft einen gigantischen Gewinn ab. Die Bankrotteure haben die Rechnung ohne den Wirt gemacht. Sie gehen ins Gefängnis, wo sie prompt die nächste Show produzieren: Kraut und Unkraut wurzeln weiter.

Karsten Witte, in: Frankfurter Rundschau, 26. März 1976

### Komödie als strategische Waffe

(...) Die Inszenierung von 'Frühling für Hitler' erreicht ein so begnadetes Maß an Abscheulichkeit und virtuoser Geschmacksverirrung, daß das gigantische Mißverhältnis der Mittel mit dem Stoff verschmilzt und zum Kotzen komisch wird: Für das zunächst ratlose Broadway-Publikum nicht weniger als für

den Zuschauer im Kino. "Es genügt nicht nur, keine Gedanken zu haben, man muß auch unfähig sein, sie ausdrücken zu können", hat Karl Kraus einmal gewettert. Mel Brooks hat genau daraus seine unverschämt böse Komödie gemacht. Da findet eine schauerliche SS-Revue statt, mit Brezen-Bikini, Trachten- und Teutonenkitsch, mit Adolf und Eva im trauten Berchtesgadener Heim - und der Erfolg dieser Scheußlichkeit bringt die beiden Produzenten ins Gefängnis, wo sie, sich selbst treu, eine neue Show organisieren: 'Gefangene der Liebe'...

Mel Brooks' Film wäre wohl schon böse genug, wenn er nur die kommerzielle Brauchbarkeit des Hitler-Pops dem Publikum um die Ohren schlagen würde: Man erschrickt darüber und ertappt sich dann auf der Suche nach dem Alibi für das eigene Gelächter, weil es im Hals zu würgen beginnt. Aber man muß auch noch Spuren skrupellosen Einverständnisses entdecken: mit Leos 'kreativer Buchführung', mit Max' theatralisch heuchelnder Prostitution und selbst mit dem Gaunerstück, durch Betrug an Geldgebern und Publikum sich zu bereichern. (...)

Auf den ersten Blick erscheint FRÜHLING FÜR HITLER so inszeniert, als habe der Regisseur ständig immer nur alle Register gezogen und als würde er im brutalsten Fortissimo gegen den Zuschauer angehen - der schamlos überspielende Zero Mostel mag dafür mitverantwortlich sein. Nur: dieses wahnwitzige Überspielen hat Methode, Brooks zeigt gerade dadurch die Ambivalenz seiner beiden kaputten Ganoven, ihre neurotische Infantilität; in ihrem theatralischen Coup steckt auch die Dimension verzweifelten Aufruhrs gegen dieses Leben in New York, das dem Menschen alles bietet, wenn er das Geld dazu hat, wie Max seinem unsicheren Schüler erklärt. Und der Impresario begegnet dem Leben selbst wie einer Schmierenkomödie. Da er und Leo zunächst wie zwei ohnmächtige Irre wirken, wird auch ihre Chance sichtbar; sie liegt darin, daß in diesem miesen Stück immer mehr Typen auftreten, die noch viel irrer sind. Und die Komödie, das lehrt Mel Brooks, ist nichts als eine Strategie, sich der Welt zu erwehren.

Hans Günter Pflaum, in: Süddeutsche Zeitung, München, 9. 4. 1976

### "Der witzigste Mann der Welt"

(...) Mel Brooks (...) hat in den letzten Jahren eine Reihe von Genre-Parodien geschrieben, produziert und inszeniert, die den Studios, die sie finanzierten und verliehen, eine Menge Geld einbrachten. (...) Jeder dieser Filme hat einen gewissen Humor, und als Zehnjähriger findet man sie furchtbar lustig. Aber dann erinnert man sich doch an den alten Mel Brooks, der am Anfang seiner Karriere für Sid Caesar schrieb, einen der großen Komödianten der Nachkriegszeit. Als Brooks in den sechziger Jahren Talkshows besuchte, wurde er oft als der witzigste Mann der Welt angekündigt. Das war nur leicht übertrieben. Mel Brooks in seinen besten Zeiten, im Clinch mit einem Talkshow-Gastgeber: das ist unerreicht. Er hatte eine Komikerpersönlichkeit von unübertroffener Vitalität entwickelt, war immer auf Draht, immer bereit, einer Situation die nötige Dosis Absurdität zu verpassen, um sie komisch wirken zu lassen. Das Problem bei seinen Filmen ist, daß sich diese Persönlichkeit nicht darin wiederfindet. Er hat sich Hollywood zu sehr angepaßt.

Brooks ist die beste Erklärung für den Unterschied zwischen einem Komiker und einem Komödianten. Er erzählt Dinge auf komische Weise. Wenn er das nicht selbst macht oder wenn er versucht, eine Rolle zu spielen, die offensichtlich nicht zu ihm paßt, wird der Witz zur Plattheit. Brooks ist ein Stadtmensch. Er ist New Yorker. Um genau zu sein: er ist ein städtischer New Yorker Jude. Er hat das Vaudeville im Blut und Blödsinn im Kopf. Masel tow! Das nenne ich komisch! (...) Die besten Momente in Brooks' Filmen haben ihre Wurzeln fast alle im jüdischen Humor. THE PRODUCERS (1967), sein erster Film, ist im großen und ganzen immer noch sein schönster, weil es hier um die Welt der New Yorker Unterhaltungsindustrie geht, die er kennt und versteht. Zero Mostel und Gene Wilder sind perfekte Abbilder der Brooksschen Persönlichkeit, und ein Film, der eine Nummer wie 'Frühling für Hitler' richtig hinbringt, wird spielend ein Renner. THE PRODUCERS bleibt ein Erfolg, weil er seinem eigenen Stil vertraut und sich nicht auf billige Parodien verläßt - und weil er verrückt wie Gene Wilder ist. (...)

James Monaco: American Film Now, New York 1979 (dtsch. München/Wien 1985)

## Ais einem Interview mit Mel Brooks

*Mel Brooks*: Ich fing einen Roman an. Er hieß 'Die Geschichte von Leo Bloom'. Das war später die Figur, die Gene Wilder spielt. Aber es gab zuwenig Erzählung, zuviel Dialog. Vielleicht war es ein Stück. Ich schrieb es also als Stück weiter. Aber es gab zuviele Szenen. Kein Produzent konnte ein Stück mit so vielen Szenen produzieren. Ich konnte sie nicht reduzieren, ich mochte das Abenteuer von Bialystock und Bloom so sehr, dieser beiden wundervollen Produzenten. Also dachte ich: vielleicht ist es ein Film. Ich liebe Film. Ich sagte mir, daß es möglich sein müßte, einen guten, witzigen Film zu machen. Es gab mal das Goldene Zeitalter der Komödie in Amerika. Aber zu dieser Zeit gab es keine guten Komödien mehr. Es gab die Doris-Day-Rock-Hudson-'Komödien'. Nach Chaplin und Laurel und Hardy und W.C. Fields und den Marx-Brothers und Abbott und Costello reduzierten sie es also auf diese albernen Filmkomödien. Ich beschloß für mich allein, das Goldene Zeitalter der Komödie zurückzubringen. Ich versuchte es. Ein bißchen ist es ja gelungen, mir, Woody Allen und ein paar anderen. Der erste Film war THE PRODUCERS, und der war sehr erfolgreich.

*Frage*: Beim erstenmal, bei THE PRODUCERS, war es da leicht, Geld aufzutreiben?

*Mel Brooks*: Es war 1965, als ich das Stück 'The Producers' geschrieben habe. Mein Name war bekannt, weil ich für die Sid-Caesar-Show schrieb. Ich legte das Stück allen Studios vor, und alle Studios sagten nein. Dann traf ich einen Mann namens Barry Levinson. Nicht der Schriftsteller. Er ist Agent, und er nahm mich mit zu einem seiner Kunden, der eine Dokumentation über Eleanor Roosevelt gemacht hatte und dafür mit einem Oscar ausgezeichnet worden war. Dieser Mann hieß Sidney Glazier. Er war ein Mann, der Geld beschaffen konnte. Er beschaffte Geld zur Bekämpfung von Krebs, er beschaffte Geld für einen Eleanor-Roosevelt-Memorial-Fund, und er träumte davon, Filmproduzent zu werden. Mein Traum war es, Drehbuchautor zu sein. Und vielleicht auch Regisseur. Denn nachdem ich das Buch geschrieben hatte, wußte ich, daß niemand fähig sein würde, bei diesem Film Regie zu führen. Zu kompliziert. Und die Studios hatten also nein gesagt, und ein Studio fragte, ob ich es nicht in 'Springtime for Mussolini' umändern könne. Die

Italiener seien doch viel komischer. Andere schlugen vor, den Film zu drehen, aber ohne mich als Regisseur. "Wir möchten einen echten Regisseur nehmen." Schließlich also Sidney Glazier. Er kannte eine Company, die Universal Marine Corporation. Der Film sollte ungefähr eine Million Dollar kosten. Wenn ich fünfhunderttausend Dollar von denen bekommen konnte, würde Joe Levine, Embassy-Pictures, mir die andere Hälfte geben. Er kann mich gut leiden. Glazier fährt also nach Florida zur Universal Marine Corporation und ruft mich an und sagt: "Sie müssen herkommen und den Film erzählen." - "Können die denn das Drehbuch nicht lesen?" - "Nein. Sie müssen kommen und den Film so erzählen, wie Sie ihn mir erzählt haben." Als ich ihm den Film erzählt hatte, trank er gerade Kaffee, und der Kaffee schoß ihm in die Nase, und er hustete und fiel auf den Fußboden vor Lachen. Ich fuhr also hin. Ich begann aus dem Buch vorzulesen, warf es dann weg, erzählte die ganze Geschichte, den Traum, den ich im Kopf hatte. Sidney trank wieder Kaffee, außerdem aßen sie Krabbencocktail. Als ich erzählte, wie Bialystock eine der alten Damen liebt, flog der Krabbencocktail nur so aus ihren Mündern. Als ich erzählte, wie sie 'Prisoners of Love' singen, waren sie beim Nachtisch. Und wieder schoß ihnen der Kaffee in die Nase. Gegen Ende des Treffens beschlossen sie, mir eine halbe Million zu geben. Ich nahm das Geld und traf mich mit Joseph E. Levine und Sidney Glazier. "Du kannst für Sid Caesar schreiben, aber einen Film selbst drehen? Das ist eine große Investition. Wir zahlen eine halbe Million, um den Film zu drehen. Aber Kopien und Werbung kosten ja auch noch ein bis zwei Millionen. Das ist zuviel verlangt." Er sagte noch viel Blablabla. Und ich fragte ihn: "Joe, kennst du jemanden, der Harpo Marx imitieren kann?" Er sagte nein. Ich sagte: "Sieh her", und ich imitierte Harpo Marx. Und ich sagte: "Kennst du jemanden, der einen besseren Humphrey Bogart drauf hat?" Und ich sprach wie Bogart. Und fragte dann: "Kennst du jemanden, der so meschugge und verrückt durch ein Restaurant rennen würde?" Und ich stand auf und fing an, wie ein Verrückter umherzulaufen, warf mit Salatblättern um mich, schockierte die Leute, warf mit Butter und Brötchen. Der Besitzer des Restaurants kannte mich und mußte lachen. Und Joe sagte: "Na gut, du bist wohl verrückt genug, es zu schaffen. Versprichst du mir einen guten Film?" Wir gaben uns die Hände - der Vertrag war geschlossen. Er gab mir eine halbe Million, ich fing an zu drehen. (...)

Christa Maerker, in: Peter W. Jansen/Wolfram Schütte (Hrsg.): Woody Allen/Mel Brooks (Reihe Film 21), München/Wien 1980

**Mel Brooks** (d.i. Melvin Kaminsky), geb. 28. Juni 1926 in Brooklyn als Sohn einer aus der Ukraine stammenden jüdischen Einwandererfamilie. Mit 14 Jahren erste Auftritte als Entertainer in den Catskill Mountains. Lernte Schlagzeug bei Buddy Rich. Ab 1948 Gagschreiber für die Fernsehshows des Komikers Sid Caesar. 1964 schreibt Brooks den Text zu dem kurzen Zeichentrickfilm *The Critic*, für den er und der Regisseur Ernest Pintoff einen Oscar erhalten. Drehbuchautor für die TV-Serie *Get Smart* ('Die seltsamen Abenteuer des Maxwell Smart'). THE PRODUCERS ist sein erster Kinofilm, für dessen Drehbuch er seinen zweiten Oscar erhält. Filme: THE PRODUCERS (Frühling für Hitler, 1967), *The Twelve Chairs* (Zwölf Stühle, 1970), *Blazing Saddles* (Is'was, Sheriff/Der wilde, wilde Westen, 1973), *Young Frankenstein* (Frankenstein Junior, 1974), *Silent Movie* (Mel Brooks' letzte Verrücktheit: Silent Movie, 1976), *High Anxiety* (Mel Brooks' Höhenkoller, 1977), *History of the World Part I* (Mel Brooks' verrückte Geschichte der Welt, 1980), *To Be or Not To Be* (Sein oder Nichtsein, 1983), *Spaceballs* (Mel Brooks' Spaceballs, 1986), *Life Stinks* (Das Leben stinkt, 1991).

## ESCAPE TO THE RISING SUN / SURVIVRE A SHANGHAI Belgien 1990

Flucht zur aufgehenden Sonne / Überleben in Shanghai

*Produktion: Les Films de la Mémoire, in Co-Produktion mit dem ZDF (Mainz) und dem RTBF (Brüssel)*
*Regie, Buch: Diane Perelsztejn*
*Recherche: Diane Perelsztejn, Nadine Keseman*
*Kamera: Guido Van Rooy*
*Musik: Christophe Barwinek*
*Ton: Daniel Pilatte, Sofica Nauwelaerts*
*Mischung: Philippe Baudoin*
*Schnitt: Ewald Wels*
*Regieassistenz: Helena de Meerleer*
*Kameraassistenz: Yolanda De Keyser*
*Produktionsassistenz: Trudie van Os*
*Redaktion (ZDF): Wolfgang Homering*
*Produzenten: Diane Perelsztejn, Willy Perelsztejn*
*Übersetzer: Margaret van Os-Abe, Patrice Lieberman, Béatrice Godlewicz, Nathalie Lieblich*
*Interviews: Lucien Calmat (ehemaliger Flüchtling), Frederick Freud (ehemaliger Flüchtling), Nathan Gutwirth (ehemaliger Flüchtling), Leo Mayer (ehemaliger Flüchtling, Yossel Mlotek (ehemaliger Flüchtling), Leon Pommers (ehemaliger Flüchtling), Zorach Warhaftig (ehemaliger Flüchtling), Dr. Anna Frenkel-Ginsbourg (Journalistin), Laura Yarblum-Margolis (JOINT-Vertreterin, Shanghai), Alex Triguboff (Jüdische Gemeinde, Kobe), Yukiko Sugihara (Konsul Sugiharas Witwe, Litauen), Hiroo Yasue (Oberst Yasues Sohn, Jewish Affairs, Mandschurei), Kiyoko Inuzuka (Journalistin, Captain Inuzukas Witwe, Jewish Affairs, Shanghai), Wang Fah Liang (Shanghai-Einwohner)*
*Archive: YIVO Institute for Jewish Research; Beth Hatefutsoth, Museum of the Jewish Diaspora; Nippon News, NHK International*
*Transit Film GmbH; Deutsche Wochenschau GmbH; UCLA Film and Television Archive; 20th Century Fox Movietonews, Inc.; Steven Spielberg Film Archive*
*Gedreht im April 1989*
*Uraufführung: 2.10.1990, Brüssel (Passage 44)*
*16 mm, 95 Minuten*

mit Unterstützung von La Communauté Française de Belgique, Hoso-Bunka Foundation, Japan Foundation, Banpaku Foundation, The Rich Foundation, BABEL, European Fund for Multilingual Audiovisual Production, City College, The City University of New York, Memorial Foundation for the Jewish Culture, Le Centre National de la Cinématographie; mit Dank an Horace Kadoorie, Victor Kelly, Bob Lewin, Baudoin Poldermans, Fima, Schmuel Soltz und alle ehemaligen Shanghai-Flüchtlinge, die uns ihre Lebensgeschichte erzählten.

### Zu diesem Film

Dies ist die Geschichte von Juden, die durch die Naziverfolgungen in Europa nach Asien flüchten konnten und auf abenteuerliche Weise nach Japan und Shanghai gelangten. Im September 1939, als die deutschen Truppen Polen überfielen, flüchteten Tausende von Juden nach Litauen. Tausende von Flüchtlingen erhielten die Erlaubnis, von Litauen aus zu einem völlig fiktiven Ziel auszureisen: Curaçao. Dies war der Intervention des japanischen Konsuls in Litauen, Chiune Sugihara, zu verdanken, der ihnen Transitvisa nach Japan vermittelte. Dieser Konsul hatte davon gehört, daß in deutschen Konzentrationslagern Juden umgebracht wurden. Darüber war er so erschüttert, daß es ihm nicht möglich war, die um Visa bittenden Juden abzuweisen. Obwohl das japanische Außenministerium die Erlaubnis zur Ausgabe von Visa verweigerte, stellte dieser Konsul diese Dokumente in eigener Autorität aus, wohl wissend, welche persönlichen Probleme ihm daraus erwachsen konnten. Dann bewog er die sowjetischen Behörden, eine Durchfahrt mit der transsibirischen Eisenbahn zu gestatten. Über 13 Monate, von Juli 1940 bis August 1941, erreichten so mehr als 5000 Flüchtlinge die Stadt Wladiwostok. Von dort fuhren sie mit dem Schiff nach Japan. In Japan nun bemühten sich die Flüchtlinge, Einreisevisa für Australien, Kanada, die USA oder Palästina zu erhalten. Für den größten Teil von ihnen war als einziges Ziel die Stadt Shanghai in China möglich. Damals war Shanghai eine internationale Stadt, die von den Briten, Franzosen und Japanern aufgeteilt war. Shanghai war die einzige Stadt, wo man kein Einreisevisum brauchte, und bis 1938 flohen über 20000 Juden aus Europa in diese Stadt.

In über vier Jahren befragte die Filmemacherin Diane Perelsztejn mehr als 70 Augenzeugen über diese abenteuerliche Flucht. Sie fand sie überall auf der Welt, in Paris, in New York, in Jerusalem, in Tokyo und in Sydney. Viele von ihnen waren bereit, über diese schwierige Flucht und ihre Rettung zu berichten, einige sogar machten sich erneut auf die Reise und vollzogen so die dramatische Flucht noch einmal nach. Im zweiten Teil des Films steht die Stadt Shanghai im Mittelpunkt. Die Lebensbedingungen der Flüchtlinge werden geschildert und die vielfältigen Aktivitäten dieser Menschen dort unter diesen schwierigen Bedingungen dargestellt. Es gab unter den Flüchtlingen eine Fußballmannschaft, Konzerte wurden veranstaltet und jüdisches Theater aufgeführt. Als am 8. Dezember 1941 der Krieg im Pazifik ausbrach, besetzten japanische Truppen Shanghai. Die Flüchtlinge gerieten in Panik. Unter dem Druck der Deutschen veranlaßten die Japaner 1943 eine Proklamation, in der befohlen wurde, daß alle Flüchtlinge, die nach 1938 in Shanghai eingetroffen waren, in ein spezielles Stadtgebiet zu ziehen hatten. Damit war eine Art Ghetto geschaffen. Unter der strengen und zum Teil grausamen Herrschaft des befehlshabenden japanischen Offiziers mit Namen Goya waren die Flüchtlinge völlig isoliert von der Außenwelt. Erst als die Amerikaner Shanghai befreiten, hatte diese Isolation ein Ende. Damit auch kamen die Schreckensnachrichten über die Todeslager in Europa nach Shanghai, und die Flüchtlinge hörten zum ersten Mal, was ihren Familien und Freunden dort geschehen war. Mit Hilfe der Uno begannen sie nun, neue Heimatländer zu suchen und verließen Shanghai.

ZDF-Produktionsmitteilung

(...) Gedreht in Polen, Litauen und Shanghai (es dauerte zwei Jahre, um die Drehgenehmigung für das Ghetto von Hongkew zu bekommen), in Hong Kong, Japan und New York, in Israel und in Brüssel, entstand ESCAPE TO THE RISING SUN als Co-Produktion zwischen den Fernsehanstalten ZDF (Mainz), RTBF (Brüssel) und 'Les Films de la Mémoire'. (...)
1987 auf Initiative der Filmemacherin gegründet, sehen sich 'Les Films de la Mémoire' laut Statut der Produktion und/oder dem Vertrieb von kinematographischen Werken verpflichtet, unterstützen aber bei Bedarf auch Kulturprogramme anderer Art. (...)

Colette Pierrard, in: Pour le cinéma belge, Nr. 83, Mai 1990

(...) Vier Jahre dauerte die Recherche, um die Flüchtlinge von einst zu kontaktieren, sei es vermittels Empfehlungen oder durch Anzeigen in der internationalen Ausgabe der 'Jerusalem Post'. Von rund siebzig Augenzeugen, die positiv antworteten, wurden fünfzehn ausgewählt, um die Geschichte ihrer erstaunlichen Flucht zu erzählen. Erstaunlich, weil diese Flucht bedeutete, durch die Sowjetunion und Japan zu reisen, bevor man schließlich Shanghai erreichte. Sie hatten keine andere Wahl: der Zugang zu allen anderen Ländern war ihnen verwehrt. (...)
Nathan Gutwirth, aus den Niederlanden stammend, war einer von vielen Studenten, die damals aus ganz Europa nach Wilna (Litauen) strömten, das als 'Jerusalem des Nordens' galt, um dort an den Talmudschulen und Jeschiwot zu studieren. (...) Gutwirth setzte sich mit dem niederländischen Konsul in Riga in Verbindung, der ihm riet, nach Curaçao oder Surinam zu flüchten, niederländische Kolonien vor der Küste Südamerikas. (...) Mit Zustimmung der niederländischen Behörden wurden rund 1600 Visa ausgestellt, die allerdings keinerlei Rechtskraft besaßen.
Ein Problem indes blieb bestehen: der Transitweg durch die UdSSR und Japan bedurfte der Genehmigung. Aufgrund des persönlichen Einsatzes des verstorbenen japanischen Konsuls in Litauen, Chiune Sugihara, wurden den Flüchtlingen Transitvisa für Japan ausgehändigt. Nach Aussage seiner Frau, Yukiko Sugihara, handelte der Konsul auf eigene Faust, nachdem er dreimal hintereinander auf Ablehnung seitens seiner Vorgesetzten im Außenministerium gestoßen war. Handelte er unter dem Druck von Abertausenden von Juden, die sich Tag und Nacht vor dem Konsulat drängten? Nahm er diese mutige Haltung aus rein humanitären Überlegungen ein? Gleichwie, Chiune Sugiharas Initiative ermöglichte es Tausenden von jüdischen Flüchtlingen, der physischen Vernichtung zu entkommen, eine couragierte Geste, für die sie noch heute dankbar sind. (...)

Wilna, 3. Januar (dpa)
Litauen hat posthum den japanischen Diplomaten Chijune Sugichara geehrt, der 1939 insgesamt 6000 Juden vor der nationalsozialistischen Verfolgung gerettet hatte. Am Freitag beschloß der Stadtrat von Wilna, eine Straße im Zentrum der litauischen Hauptstadt nach Sugichara zu benennen. (...) Gegen den Willen seiner Regierung hatte Sugichara 6000 Visa an polnische Juden erteilt, die nach dem deutschen Überfall auf Polen ins Nachbarland geflohen waren. So konnten die Flüchtlinge über Japan, das damals mit Deutschland verbündet war, nach Kanada und in die USA ausreisen. Der Diplomat wurde wegen dieses humanitären Einsatzes von der japanischen Regierung aus dem Dienst entlassen.

Frankfurter Rundschau, 4. Januar 1992

"Visa wurden kopiert. Nach Aussage eines JOINT-Korrespondenten in Japan kamen fast die Hälfte aller Flüchtlinge mit falschen Papieren in Japan an. Nach ihrer Ankunft in Wladiwostok reisten die Flüchtlinge per Schiff nach Tsugura, wo Vertreter der jüdischen Gemeinde von Kobe sie willkommen hießen und ihren Aufenthalt in Japan sicherten. Betont werden sollte, daß die Lokalbehörden offensichtlich wußten, daß die Flüchtlinge mit falschen Papieren reisten. Gleichwohl wurde kein Flüchtling zurückgewiesen. (...)
Die Ankunft in Shanghai konfrontierte diese Flüchtlinge mit extremer Armut, vor allem der chinesischen Bevölkerung. Diejenigen Juden, die es sich leisten konnten, ließen sich in den internationalem Recht unterstehenden Gebieten nieder. Doch die meisten siedelten in dem japanisch beherrschten Stadtviertel Hong Kew. Die Mieten waren erschwinglicher in diesem Teil der Stadt, der dadurch zu einer Art Ghetto wurde. Für Lebensmittel und ein gewisses Existenzminimum sorgten die Jüdische Gemeinde, deren Angehörige aus Rußland und Iran stammten, sowie internationale Organisation wie zum Beispiel JOINT. (...) Literatur- und Kulturprogramme wurden aufgebaut, Kindern die bestmögliche Erziehung gewährt, so daß die meisten von ihnen nach dem Krieg die angesehensten westlichen Universitäten besuchen konnten. Als der Devisenwechsel gestoppt und der Umtausch von amerikanischer in japanische Währung nicht mehr möglich war, verhandelte Laura Margolis mit Hauptmann Koreshige Inuzuka, dem für jüdische Angelegenheiten zuständigen japanischen Marineoffizier in Shanghai, und erhielt von ihm die Genehmigung, bei Vertretern neutraler Länder Kredite aufzunehmen, um das Sozialhilfe-Programm fortführen zu können. Mitten im Krieg hatten diese westlichen Geldgeber in der Tat gar keine andere Investitionsmöglichkeit. Doch durch die von JOINT garantierte Verzinsung des Darlehens trug ihr Kapital im Gegenteil sogar noch reiche Früchte.
Am 18. Februar 1943 erließen die Japaner unter dem Druck der Deutschen eine Proklamation. Alle Flüchtlinge, die nach 1938 nach Shanghai gekommen waren, mußten in ein Sperrgebiet ziehen: Hong Kew. (...) Einigen gelang es, Arbeit außerhalb des Ghettos zu finden, nachdem ihnen die Behörden einen Paß ausgestellt hatte, der ihnen gestattete, Hong Kew für einige Stunden täglich zu verlassen. Diese Ausgehbescheinigungen wurden von japanischen Offizieren ausgestellt. (...)
Gegen Ende des Krieges bombardierte die US-Armee das Ghetto von Hong Kew. Tatsächlich hatten die Japaner Munition in diesem Stadtteil gelagert, weil sie überzeugt waren, daß die Amerikaner ihn aufgrund seiner überwiegend weißen Bevölkerung nicht bombardieren würden.
Mit der Befreiung kamen die Nachrichten von den Konzentrations- und Vernichtungslagern in Europa. Die Flüchtlinge hörten zum ersten Mal, was ihren Familien und Freunden geschehen war. Sie begannen abzuwandern, während die Wenigen, die im Fernen Osten Geschäftsverbindungen aufgebaut hatten, in der Gegend blieben. Mit der Machtübernahme durch Mao Tse Tung kam das Ende der jüdischen Präsenz in China.(...)
Diane Perelszejns gründliche Recherchen förderten Filmmaterial zutage, das den Alltag der Flüchtlinge im Fernen Osten zeigte. (...) "Die chinesischen Behörden ließen uns nur ungern in Hong Kew filmen, das noch heute zu den ärmsten Stadtteilen Shanghais zählt. Darüber hinaus mißbilligten sie den Grund unseres Aufenthaltes in Shanghai, weil China keine diplomatischen Beziehungen zu Israel unterhält. Wir überzeugten sie mit dem Argument, daß Israel, als diese Ereignisse stattfanden, noch gar nicht existierte."
Zu betonen ist, daß das Team China kurz vor den Ereignissen

am Platz des Himmlischen Friedens verließ, nach denen das Drehen buchstäblich unmöglich geworden war. Was nun die UdSSR anbelangt, so wurden Diane Perelsztejn mehrmals die Visa verweigert, bis das Litauische Fernsehen einen unabhängigen Sender einrichtete und das Team einlud, in Wilna und Kaunas zu drehen. Ganz offensichtlich profitierte der Film von den neuen lokalpolitischen Strukturen im Kampf um Unabhängigkeit. (...)

Andres Katz, in: Hoso-Buka-Foundation (HBF) Report, Tokyo, Nr. 1, Juli 1990

### Überlebens- und Entdeckungsreisen

(...) Hier ist ein Werk entstanden, das auf der Frschungsarbeit von Dr. David Kranzler beruht, einem amerikanischen Historiker, der als Junge in Shanghai lebte und die Juden von Shanghai später zum Thema seiner Doktorarbeit und eines nachfolgenden Buches machte: 'Japanese, Nazis & Jews. The Jewish Refugee Community of Shanghai, 1938-1945', New York 1976. (...)

Der Dokumentarfilm zeigt die wichtigsten Episoden aus dem Leben des jüdischen Hong Kew, die 'Heime' der Gemeinde, die für Abertausende unbemittelter Flüchtlinge Suppenküchen einrichteten und ihnen primitive Unterkunft boten; das Paßsystem, überwacht von dem so exzentrischen wie diktatorischen japanischen Behördenvertreter Goya, und der schreckliche Luftangriff der US-Armee auf strategische Ziele in Hong Kew im Juli 1945 wenige Wochen vor Beendigung des Krieges im Pazifik, der vielen Juden und noch viel mehr Chinesen das Leben kostete.

Dieses Archivmaterial wird montiert zu zeitgenössischen Aufnahmen von Überlebenden, die, nach Shanghai eingeladen, ihre Erinnerungen Revue passieren lassen und Scharen neugieriger chinesischer Zuschauer improvisierten Geschichtsunterricht erteilen. (...)

20000 Juden, so erfahren wir, gelangten nach Shanghai - und doch hat sich Diane Perelsztejn dafür entschieden, etwa die Hälfte ihrer 95minütigen Dokumentation einem speziellen Aspekt dieses Exodus zu widmen, nämlich den rund 4000 Polen und osteuropäischen Juden, die 1940 ihre gefährliche Reise durch das sowjetische *Hinterland* (dt. i.O.) antraten, über Wladiwostok nach Kobe (in Japan) gelangten und durch eine Laune der Geschichte schließlich in Shanghai strandeten, obwohl viele nach Palästina weiterreisen wollten.

Die 16000 Juden, die dem Naziterror in Deutschland, Österreich und der Tschechoslowakei entkamen und über den Indischen Ozean Ende der 30er Jahre in Shanghai landeten, werden vom Sprecher nur mit einem Satz oder zwei Sätzen erwähnt, obwohl ihr Kampf, Angehörige aus Konzentrationslagern zu befreien und Schiffspassagen zu ergattern nicht weniger dramatisch war als der ihrer polnischen oder litauischen Vettern. Es besteht die Gefahr, das der flüchtige Betrachter diese interessante Nebenlinie der Vertreibung nach Shanghai für die Hauptgeschichte hält, was sie nicht ist.

Von diesen Mängeln abgesehen präsentiert ESCAPE TO THE RISING SUN das faszinierende Bild eines wenig bekannten Zwischenspiels in der modernen jüdischen Geschichte.

Peter Kohn, in: The Australian Jewish News, Melbourne Edition, 4. Oktober 1991

### Im Gespräch mit der Regisseurin

(...) Ich hatte keinerlei Anhaltspunkte, und das einzige, was ich über die Stadt wußte, stammte aus Orson Welles' Film *The Lady from Shanghai.*

Alle (jüdischen) Gebäude sind noch vorhanden, doch sie mußten von den Menschen, die wir für den Film nach Shanghai zurückbrachten, erst 'wiederentdeckt' werden. Alle Spuren (einer jüdischen Gemeinde) sind getilgt. Vermutlich weniger aufgrund antisemitischer Tendenzen als durch die antiwestliche Gesellschaft und den antiwestlichen Einfluß. Die ehemalige russische Synagoge und ihre Talmudschule dienen heute als Psychiatrische Klinik.)

Nur wenige Chinesen, die heute in Shanghai leben, wissen, daß es einmal eine jüdische Gemeinde gegeben hat."

Diane Perelsztejn begann 1985 über die Juden Shanghais zu recherchieren, nachdem sie herausgefunden hatte, daß ihre polnisch-jüdischen Großeltern statt in die Sowjetunion auch nach Litauen hätten fliehen können. "Dort hätten sie weniger gelitten als in den Gefängnislagern Sibiriens", sagte sie.

Nur ein Chinese, der in dieser Zeit in Shanghai lebte, wird vor der Kamera interviewt. Dieses Interview konnte wegen der Sicherheitpolizei nur in Diane Perelsztejns Hotelzimmer vonstatten gehen. Nach Angaben der Regisseurin sollte ein chinesischer Regierungsvertreter im Film zu Wort kommen, der jedoch im letzten Moment absagte. "Später fanden wir heraus: es war wegen der Ereignisse am Tiananmen-Platz. Während des Krieges gab es keine Vermischung von Chinesen und Europäern. Es gab keinerlei persönliche Beziehungen außer zu Nachbarn oder zu Geschäftspartnern. Es gab keine Eheschließungen, und mir ist kein Fall bekannt, wo eine Jüdin einen chinesischen Freund gehabt hätte.

Bevor die jüdischen Flüchtlinge ins Land kamen, gab es eine russisch-jüdische und britisch-jüdische Gemeinde. Ich glaube, diese Flüchtlinge waren die ersten armen Europäer, die die Chinesen zu Gesicht bekamen. Ich denke, daß sie mit ihnen sympathisierten, aber es gab keine persönlichen Beziehungen."

Trotz der miserablen Bedingungen bauten die Juden Shanghais ein kulturelles Leben auf, errichteten politische Clubs und eine Jeschiwa. Im Film sehen wir einen jüdischen Flüchtling, der zusammen mit dem Symphonieorchester von Shanghai Gershwins 'Rhapsody in Blue' spielt. Die jüdische Gemeinde stellte auch eine Fußballmannschaft zusammen, die so gut war, daß sie in der ersten Liga spielte.

Die Juden Shanghais begannen 1945 die Stadt zu verlassen; bis 1949 waren die meisten fort. Der letzte verstarb 1957. Heute gibt es wohl einige Juden in Shanghai, aber nur aus geschäftlichen Gründen; niemand aus dem einstigen Ghetto lebt heute noch dort.

Diane Perelsztejn hat die Idee immer noch nicht aufgegeben, aus dieser Geschichte einen Spielfilm zu machen. "Nach Fertigstellung des Films glaubte ich, einen gewissen emotionalen Abstand zu brauchen, und darum sagte ich, daß ich keine jüdischen Filme mehr machen wollte... jetzt schneide ich gerade einen Dokumentarfilm, den ich über Kinder, die im Zweiten Weltkrieg versteckt waren, gedreht habe."

Walt Secord, in: The Australian Jewish News, Sydney Edition, 4. Oktober 1991

\*

(...) Das Überleben: ein Thema, das die junge Regisseurin fesselt. Das Überleben von 20000 Juden in Shanghai: "Eine andere Art, um von den sechs Millionen Juden zu sprechen, die ums Leben kamen... Gewissermaßen eine Demonstration der Absurdität. Und warum Shanghai? Warum kein anderer Zufluchtsort, Kuba zum Beispiel? "Shanghai war für mich eine mythische Stadt. Und das ist sie übrigens nach den Dreharbeiten auch geblieben." (...)

Der Film, im April 1989 (nach vierjährigen Recherchen) gedreht, profitierte noch von einem der letzten freiheitlichen Winde vor der Welle der Repression im Pekinger Frühling...

Martine Gayda, in: Le Ligueur, November 1990 (Belgien)

## Ein notwendiger Film

Die Kamera bei Alain Resnais, die durch das leere Auschwitz spaziert, braucht einen Off-Kommentar. Andere Regisseure machen sich zum Erzählen von Lebensgeschichten Übersetzer zunutze, wie z. B. Chantal Akerman und Samy Szlingerbaum in *Bruxelles-Transit*, der allerdings die reale Stimme der Mutter im Off festhält.

Andere Filmemacher benutzen nur Quasi-Archivmaterial (siehe *Au nom de Führer* von Lydia Chagoll), andere machen Aufzeichnungen von unmittelbaren Zeitzeugen des Dramas (wie *Shoah* von Claude Lanzmann). Der Film von Diane Perelsztejn, SURVIVRE À SHANGHAI, wendet verschiedene dieser Techniken an. Eines seiner Verdienste ist es übrigens, bisher unbekanntes Material (über den Krieg mit Japan, über das Ghetto von Shanghai) zu veröffentlichen. (...)

Das Dritte Reich hat die Greueltaten dereinst verschuldet. Es kann und darf nicht sein, daß die Welt von heute sie ein zweites Mal verübt, indem sie diese dem ewigen Vergessen anheim gibt. Diane Perelsztejn setzt das notwendige Werk gegen das Vergessen fort.

Adolphe Nysenholc, in: Regards, Nr. 256, September 1990 (Belgien)

## Die große Flucht

(...) Kein westliches Filmteam hatte je zuvor in Hong Kew gedreht. Dreimal ersuchte Frau Perelszteijn die Behörden von Bejing um Drehgenehmigung, und jedesmal wurde sie abgewiesen. Dann, der Verzweiflung nahe, tat sie etwas, was Chinesen in solchen Situationen fast immer gemacht haben und noch immer machen: sie schaltete einen Mittelsmann ein, der für sie verhandelte. (...)

Die Dreharbeiten - begleitet von chinesischen Sicherheitkräften - fanden auf dem Höhepunkt der pro-demokratischen Demonstrationen statt, und wenige Tage später, nachdem das Filmteam China verlassen hatte, kam es bekanntlich zu den Massakern am Tienanmen- Platz (Platz des Himmlischen Friedens). Einem anderen Team, das einige Tage später abreiste, wurde das gesamte Material beschlagnahmt.

Das richtige Timing, Geduld und ein bißchen Glück sind wesentliche Ingredienzien für jemanden, der Geschichte filmisch zu rekonstruieren sucht. Frau Perelsztejn scheint davon eine Menge gehabt zu haben. Nachdem sie fast drei Jahre lang nach Archivmaterial über Shanghai und das Leben im Ghetto von Hon Kew gesucht hatte, ist sie in Kalifornien fündig geworden.

Die kalifornische Universität (UCLA) hatte Material archiviert, das vom Roten Kreuz stammte. Es war unter dem Namen eines Schiffes verzeichnet - Conte Verde - das zahlreiche Flüchtlinge aus italienischen Häfen nach Shanghai gebracht hatte. (...)

Der größte Widerspruch, so die Filmemacherin, manifestierte sich in der Rolle der Japaner, die den Flüchtlingen Transitpapiere für Japan ausstellten, sich aber nach der Besetzung Shanghais dem Befehl der Deutschen widersetzten, die Juden zu eliminieren. Stattdessen schlossen sie einen Kompromiß und errichteten das Ghetto von Hong Kew, in dem die Juden ab 1943 bis Kriegsende leben mußten.

Frau Perelsztejn ist sich bewußt, daß man ihre Interpretation der Ereignisse als provokativ empfinden kann. "Realität und offizielle Geschichtsschreibung stimmen nicht immer überein", sagt sie. "In diesem Fall waren es die Japaner, die sich den Juden gegenüber anständig benahmen."

Peter Weiniger, in: The Age, 5. Oktober 1991 (Australien)

## Eine Flüchtlingsgeschichte

Am 10. Mai 1939 schifften sich mein Vater und meine Mutter auf dem italienischen Kreuzer 'Conte Verde' in Triest ein und fuhren nach dem 'Paris des Ostens' - Shanghai. Einige Jahre später wurde ich im Shanghai Refugee Hospital geboren - das einzige Baby, das den Ausbruch eines pustelartigen Hautausschlags (Impetigo) überleben sollte.

Am 31. Januar 1947 gingen meine Eltern und ich an Bord eines anderen Schiffes, das uns nach Australien brachte. Die Reise dauerte fast einen Monat, und das Schiff, über und über mit Flüchtlingen beladen, drohte mehrere Male zu sinken. Wir ließen uns schließlich in Melbourne nieder; der Kreislauf von Exil und Diaspora war vorüber. (...)

Warum Shanghai? Weil es keinen anderen Zufluchtsort gab. Weil mein Vater einen Schulfreund hatte, der beizeiten geflohen war und ihm geschrieben hatte, daß er kommen solle; man bräuchte keine Visa und es gäbe Arbeit. (...)

Wir genossen den Luxus, einen Raum für uns allein zu haben. D.h. einen Raum, in dem wir drei lebten, kochten, aßen und schliefen.

Meine Mutter haßte fast jede Minute, die sie dort verbrachte. Sie war kaum 21 und hat sich von der Hitze, den Läusen, den Ratten, der Armut und der Härte des Alltags nie ganz erholt. Es war ein weiter Weg von dort zur Wiener *Gemütlichkeit* (dt. i.O.). Die meiste Zeit verbrachte sie damit, unsere Unterkunft zu wienern. Ihrem Reinlichkeitssinn verdanken wir vermutlich unser Leben; zumindest hielt das die schlimmsten der allerorts grassierenden Infektionen in Schach. (...)

Eine Weile hatte ich auch eine *amah*, ein chinesisches Kindermädchen, das opiumsüchtig war. Offenbar spielte ich ganz glücklich und zufrieden in einer der dortigen Opiumhöhlen, bis meine Mutter dahinter kam und die Frau feuerte. (...) Alle paar Jahre treffen sich Hunderte von Shanghai-Überlebenden aus aller Welt, meist in Amerika oder in Israel. Einmal im Monat kommen die 'Shanghailänder', eine Gruppe unserer Freunde, die die Kriegsjahre ebenfalls in Shanghai verbracht haben, zum Kaffeklatsch zusammen. Manchmal frage ich mich, ob sie da hingehen, nur um sich selbst daran zu erinnern, daß all das wirklich geschehen ist und das Wunder ihres Überlebens zu bestaunen.

Peter Weiniger, in: The Age, 5.10. 1991 (Australien)

## Diane Perelsztejn über ihren Film

Ich weiß nicht mehr genau, wann ich zum ersten Mal Vicki Baums Buch 'Bombs on Shanghai' / 'Hotel Shanghai' las oder wann ein Freund mich mit Laura Yarblum-Margolis, der offiziellen Vertreterin von JOINT (Jewish Welfare Organisation) in Shanghai während es Zweiten Weltkriegs bekanntmachte.

Dieser Film erzählt die Geschichte von 20000 Juden, die vor der Verfolgung der Nazis aus Europa flohen und in Shanghai Zuflucht suchten.

In vierjähriger Recherchearbeit entdeckten wir nahezu siebzig Augenzeugen, denen diese erstaunliche Flucht gelungen war. Wir fanden sie überall auf der Welt: in Paris, in New York, in Jerusalem, in Tokyo und in Sydney. Fünfzehn davon erzählen im Film ihre Geschichte.

September 1939: die deutsche Wehrmacht überfällt Polen. Tausende von Juden fliehen nach Litauen.

Lucien Calmat: "Vor genau 50 Jahren und drei Tagen, am 7. September 1939, bin ich aus Warschau fort... Ich hatte einen Onkel, der in Wilna lebte, und Wilna wurde die Hauptstadt der litauischen Republik, die ein freies Land war. Darum verließen viele Juden Warschau und gingen nach Wilna."

Es ist eine Ironie des Schicksals, das wir genau in dem Moment in Litauen drehten, als das Land wieder um seine Unabhängigkeit von der UdSSR kämpfte. Die Annexion Litauens durch die Sowjetunion hatte 1940 den Exodus der Juden ausgelöst.

Tausende von Flüchtlingen erhielten die Genehmigung zur Ausreise mit einem fiktiven Reiseziel: Curaçao. Dank der Intervention des japanischen Konsuls in Litauen, Chiune Sugihara, wurden ihnen Transitvisa für Japan ausgestellt.

Yukioko Sugihara: "Wir hörten, daß Juden in deutschen Konzentrationslagern ermordet wurden. Man kann nicht zulassen, daß Menschen getötet werden. Mein Mann und ich überdachten alles eine Nacht lang, und am nächsten Tag schickten wir ein drittes Telegramm. Wieder versagte das Außenministerium die Genehmigung. Also beschlossen wir, die Visa auf eigene Faust auszustellen."

Dann gelang es ihnen, die Genehmigung zur Durchreise durch die Sowjetunion zu bekommen. In den 13 Monaten zwischen Juli 1940 und August 1941 erreichten über 5000 Flüchtlinge Wladiwostok, von wo aus sie sich nach Japan einschifften.

Leon Pommer: "Nach einer langen Reise von 12 Tagen und 12 Nächten durch die Weiten Sibiriens kam ich in Wladiwostok an un ging an Bord eines japanischen Schiffes, das mich nach einer Reise von 2 Tagen und 2 Nächten nach Tsuruga brachte. Es war ein kleines Schiff, und unsere Leute waren auf engstem Raum, wie in einer Sardinenbüchse, zusammengepfercht; es gab keinen Millimeter Platz... In Tsugura erwarteten uns die Vertreter des Jewish Committee aus Kobe..., die für alle Flüchtlinge... bürgten und ihren vorläufigen Aufenthalt in Japan gewährleisteten."

In Japan bemühten sich die Flüchtlinge um Visa für Australien, Kanada, die USA oder Palästina. Doch für die Mehrheit hieß das Endziel, wie von den Japanern vorgeschrieben, Shanghai. Shanghai unterstand zu jener Zeit teilweise internationalem Recht und war aufgeteilt in britische, französische und amerikanische Sektoren. Es war die einzige Stadt, für die man kein Einreisevisum brauchte. Seit 1938 waren darum 20000 jüdische Flüchtlinge aus Europa nach Shanghai geströmt.

Wang Fah Liang: "Uns Chinesen waren sie hier willkommen. Ich meine, die jüdischen Menschen..., weil auch wir unterdrückt waren. Damals... waren die meisten unserer chinesischen Territorien von Japanern besetzt. Wir waren also auch Unterdrückte. Wir sympathisierten mit ihnen, weil sie von Hitler vertrieben worden waren. Wir hatten damals die gleichen Probleme."

Anna Frenkel-Ginsburg: "Immer größere Gruppen kamen her, und alle lebten sie in der Gegend von Hong Kew, einem Stadtviertel, in dem bis dahin nur arme Chinesen lebten. Wir sahen auch die ökonomische und soziale Lage, in der sich diese Menschen, die das Kulturleben Europas gewöhnt waren, hier gezwungenermaßen befanden."

Der Film enthält Archivmaterial, das die schrecklichen Bedingungen zeigt, unter denen die Flüchtlinge in den Slums von Hong Kew leben mußten, Archivmaterial, das bisher nicht bekannt war.

Festgenagelt in Shanghai versuchten die Flüchtlinge, ihr Leben wieder so einzurichten, wie sie es aus Europa gewohnt waren: Leo Meyer spielte wieder Fußball, Leon Pommer trat als Solopianist bei 8 Konzerten im Carlton Theatre mit dem Shanghai Symphony Orchestra auf, Yossel Mlotek organisierte jiddische Theateraufführungen und Dichterlesungen. Am 8. Dezember 1941 begann der Krieg im Pazifik. Japanische Truppen besetzten Shanghai. Die Flüchtlinge ergriff Panik.

Kiyoko Inuzuka: "Hauptmann Inuzuka hatte vollständige Befehlsgewalt über die Juden."

Laura Yarblum-Margolis zu Hauptmann Inuzuka: "Hören Sie, wir befinden uns beide in einer schwierigen Lage. Ich bin Ihr Feind, und Sie sind mein Besieger, doch ein Problem haben wir gemeinsam: Hier gibt es 8000 Menschen, die ernährt werden müssen. Wenn Menschen hungrig sind, werden sie aufsässig. Als Besatzungsmacht, lieber Hauptmann, können Sie sich eine Gruppe von über 8000 rebellierenden Menschen nicht leisten. Ihr Einverständnis vorausgesetzt verspreche ich Ihnen, mein Bestes zu tun, um Geld zu leihen, damit die Flüchtlinge wenigstens versorgt werden können."

Am 18. Februar 1943 erließen die Japaner unter dem Druck aus Berlin eine Proklamation: Alle nach 1938 in Shanghai angekommenen Flüchtlinge müssen in ein 'zugewiesenes Gebiet' von weniger als einer Quadratmeile ziehen.

Lucien Calmat: "Mehrere Dutzend Menschen wurden nach Ablauf der Frist von einigen wenigen Tagen von der japanischen Polizei aufgegriffen und verhaftet; viele davon starben. Ich beschloß zu gehen... wir lebten zu dritt in einem Raum ohne Wasser, Strom und selbstverständlich ohne Toilette." Jeder, der außerhalb Hong Kews arbeiten wollte, mußte einen Paß besitzen, den ein Offizier names Goya ausstellte.

Fred Freud: "Goya war ein Zwerg... und er hatte einen Minderwertigkeitskomplex. Um sich selbst zu erhöhen, pflegte er auf seinen Tisch zu springen. ... Im Juli 1943 stand mein Vater hier und versuchte einen Paß zu bekommen. Als Goya kam, sagte der: "Du bist ein langnasiger Jude, du kannst keinen Paß kriegen, wag' dich nie wieder her."

Wir mußten zwei Jahre warten, bis wir die Erlaubnis bekamen, im ärmsten Viertel Shanghais zu drehen, dem ehemaligen Ghetto von Hong Kew. Jede unserer Bewegungen wurde von etwa 20 Sicherheitsbeamten kontrolliert. Jedes Mal, wenn unser Kameramann Guido Van Rooy seine Kamera aufbaute, wurden wir sofort von 200 Menschen umringt: es war das erste Mal, das ein Filmteam in dieser Gegend weilte. Wir mußten darum die Außenaufnahmen um 6 Uhr morgens drehen, um unbehelligt zu arbeiten. Die Dreharbeiten fanden im April 1989 statt. Einige Wochen später kam es zu den Ereignissen am Platz des Himmlischen Friedens, die die Welt schockierten.

Die Flüchtlinge waren vollkommen von der Außenwelt abgeschnitten, bis die Amerikaner Shanghai befreiten. Mit der Befreiung kam die Nachricht von den Todeslagern in Europa, und die Flüchtlinge hörten zum ersten Mal, was ihren Familien und Freunden geschehen war. Mit Hilfe der UN begannen sie sich neue Heimatländer zu suchen; als Mao Tse Tung an die Macht kam, war das Ende des jüdischen Exils in China gekommen.

Produktionsmitteilung

**"Die Emigranten kämpften mit Shanghai wie Jacob mit dem Engel"**

(...) Eine Statistik aus dem Jahr 1946 nennt Anzahl, Nationalität und Religionszugehörigkeit der Flüchtlinge:

Gesamtzahl: 13475
Deutsche: 7498
Österreicher: 4337
Polen: 654
Tschechen 181
Andere : 805

Juden 12407
Protestanten: 588
Katholiken: 367
Ohnen Angabe: 94
Andere: 19

(...)

Von den 13475 Personen, die 1946 registriert wurden, waren knapp die Hälfte im Alter zwischen 35 und 54 Jahren, und gut

ein Viertel sogar über 55 Jahren. Setzen wir 1938 als Richt-
maß, hatten also 75 % der Flüchtlinge bei ihrer Ankunft die
Fünfundzwanzig bereits überschritten. (...)
Die genannten Zahlen bieten lediglich einen Anhaltspunkt.
Man wird sich damit abfinden müssen, exaktere Daten nicht
mehr ermitteln zu können. (...)
Vor Ausbruch des Krieges im Pazifik gelang es darüber
hinaus mehreren Flüchtlingen, Shanghai in Richtung Amerika oder Australien zu verlassen, Außerdem starben mindestens 1700 Menschen im Shanghaier Exil, viele an Alters-
schwäche, Krankheit oder Hunger. (...)
Die große Einwanderungswelle begann ab August 1938 nach
der Annexion Österreichs und der Errichtung der 'Zentral-
stelle für jüdische Auswanderung' in Wien. (...)
Endgültig bekam die Stadt ihre überragende Bedeutung als
letzte Zuflucht nach dem Novemberprogrom 1938. Die jetzt
folgende Ansiedlung der Flüchtlinge läßt sich in unterschiedliche Phasen gliedern:

### 1. Bis August 1938: Die ungehinderte Einwanderung
Eine geringe Zahl Deutscher, hauptsächlich jüdischer Her-
kunft, wandert nach Shanghai aus und gründet dort eine
Existenz.

### 2. Bis August 1938: Der frei zugängliche Zufluchtsort
Eine große Anzahl mitteleuropäischer Flüchtlinge trifft,
größtenteils mittellos, in Shanghai ein. Sie werden von privaten Hilfsorganisationen versorgt. Im August 1939 stoppt die
Stadtverwaltung zunächst die Zuwanderung.

### 3. Bis Dezember 1941: Konsolidierungsphase
Ein eigener, fast selbstverwalteter Stadtteil entsteht, der bald
'Klein-Wien', 'Klein-Berlin' oder auch 'Klein-Israel' ge-
nannt wird.

### 4. Bis Februar 1943: Die Besatzung
Japanische Truppen besetzen das Gebiet der Internationalen
Niederlassung, ganz Shanghai steht unter japanischer Ver-
waltung.

### 5. Bis September 1945: Die Segregation
Die feindlichen Ausländer werden von den japanischen Behörden in Lagern interniert. Die 'staatenlosen Flüchtlinge' bekommen ein abgegrenztes Gebiet zugewiesen, das sie nur mit
Sondererlaubnis verlassen dürfen.

### 6. Nach 1945: Die Rückkehr oder Weiterwanderung

(...) Antisemitische Tendenzen und gerade der Vorwurf
kommunistischer Unterwanderung zeigten den Einfluß der
nationalsozialistischen Politik bis nach Shanghai. Der starke
deutsche Druck auf die japanischen Verbündeten manifestierte sich in der Errichtung des Sperrbezirks von 1943. Und
sogar in Shanghai gab es Anzeichen einer 'Endlösung'.
Politische Aktivitäten waren besonders für die KZ- Entlasse-
nen gefährlich. (...)
Das Bild der Akkulturation der Exilanten beinhaltet im Falle
Shanghais eine Perspektive auf die chinesische Geschichte.
Dabei läßt sich beobachten, daß die fremden Flüchtlinge und
die einheimische Bevölkerung trotz aller Gegensätze ähnliche Erfahrungen machten: Unterdrückung, Diskriminierung
und Gewaltherrschaft durch die verbündeten Achsenmächte
hatten einen starken Einfluß auf ihr unfreiwilliges Nebeneinander. Jedoch sollten aus den gemeinsamen Erlebnissen
keine einheitlichen Zielvorstellungen erwachsen, das Verlangen nach Eigenständigkeit und Freiheit führte die ehemaligen Nachbarn bald nach 1945 in grundverschiedene Richtungen.

Mulan Ahlers, in: Thomas Koebner / Wulf Köpke / Claus-Dieter
Krohn / Sigrid Schneider (Hrsg.): Fluchtpunkte des Exils und andere
Themen, Internationales Jahrbuch, Bd. 5, München 1987

## "Denn alles Fleisch, es war wie Gras..."
Daß London, Moskau, Paris, Berlin schon Weltmusikstädte
waren, ist bekannt. (...) Aber kaum einer von uns, den es nach
Shanghai verschlagen hatte, konnte ahnen, daß diese Stadt ein
qualitativ bedeutendes Orchester besaß. Es war das Shanghaier Städtische Orchester oder wie sein damaliger offizieller englische Namen lautete: The Shanghai Municipal Orchestra. Es umfaßte ungefähr sechzig Musiker und war die einzige größere Organisation von Berufskünstlern in Shanghai
(die zahlreichen chinesischen Bühnen ausgenommen). Die
Zusammensetzung des Orchesters war einzigartig: Die Streicher - in erster Linie Deutsche, ehemalige Kriegsgefangene
des Ersten Weltkrieges, die in den Fernen Osten verschlagen
worden waren - dazu etliche Weißrussen, junge Chinesinnen
und Chinesen. Die Gruppe der Holzbläser bestand nur aus
Italienern mit ausgezeichnet klingenden französischen In-
strumenten. Das Blech - wie hätte es anders sein können -
Deutsche. Das gesamte Schlagzeuginstrumentarium beherrschten mit brillanter Virtuosität philippinische Musiker.
Natürlich waren viele unter uns hochbeglückt, als sie von der
Existenz dieses Orchester erfuhren. Orchesterchef Maestro
Mario Paci, ein italienische Vollblutmusiker, und sein Stellvertreter, der erste Konzertmeister, Professor Arrigo Foa,
erlaubten uns den kostenlosen Besuch der Generalproben.
(...) So hörte ich eines Tages als ersten europäischen Musik-
gruß in der Emigration 'Ein deutsches Requiem' von Johannes Brahms. Wie oft hatte ich gerade dieses Stück während
meiner Esslinger Oratorienzeit mitgesungen. Wie geläufig
war mir noch der rhythmisch skandierende Chorsatz: "Denn
alles Fleisch, es ist wie Gras..."

Alfred Dreifuß, Ensemblespiel des Lebens. Erinnerungen eines Theatermannes, Berlin 1985

**Diane Perelsztejn**, geb. 1959 in Brüssel, Studium am I.A.D.
(Institut des Arts de Diffusion) in Louvain-la-Neuve (Belgien); Abschluß 1981. Tätigkeit bei Funk, Film und Fernsehen sowie an der Filmschule von Louvain-la-Neuve. Leitet
seit 1982 das jüdische TV- und Radioprogramm der belgischen Rundfunk- und Fernsehanstalten RTBF und BRT.
Filme (u.a.):
1985 *Pélérinage à Auschwitz* (Dokumentarfilm, 30 Min.);
*Janusz Korczak: un Juste parmi les enfants*, Dokumentarfilm
(Preis der 'Fondation Les Amis de Janusz Korzcak), 2 x 30
Min.). 1986 *Les exclus de la santé en Union Soviétique* (Ex-
klusivinterview mit Anatolij Chtcharanskij, Dokumentarfilm, 60 Min.). 1983-92 *Concerts de musique liturgique* (60
Min.). 1984-86 *Histoire des Juifs en Belgique* (2 x 30 Min.).
1985/87/89 *Selihot* (Euriviosn, 60 Min.). 1987 *Le musée Juif
de New York* (30 Min.). 1989 *Le musée Juif d'Amsterdam* (30
Min.); *L'affaire du couvent des Carmélites à Auschwitz* (52
Min.); *Entretien avec Armand Abécassis, André Chouraqui*
(30 Min.). 1990 ESCAPE TO THE RISING SUN, abendfüllender Dokumentarfilm. 1990 *Initiation au Talmud* (30 Min.);
*La Casherouth*, Dokumentarfilm (30 Min.). 1991 *Le tribunal
rabbinique*, Dokumentarfilm (30 Min.); *Family Secret* (Hidden
Children, 52 Min.).

Herausgeber: Freunde der Deutschen Kinemathek. Druck: graficpress
Übersetzung und Redaktion dieses Blattes: Helma Schleif

## HISTOIRES D'AMERIQUE

(Food, Family and Philosophy)

Amerikanische Geschichten Frankreich/Belgien 1988

*Produktion: Mallia Films, Paradise Films, La SEPT, La Bibliothèque Publique d'Information, Le Centre National d'Art et de Culture Georges Pompidou, La R.T.B.F. (Télévision Belge), sowie Marcia Muraskin Shulman, Le Ministère de la Culture et de la Communication (Paris) und Le Ministère de la Communauté Française de Belgique*

*Regie, Buch: Chantal Akerman*

*Kamera: Luc Ben Hamou*

*Musik: Sonia Wieder Atherton*

*Kostüme und Ausstattung: Marilyn Watelet*

*Ton: Alix Comte. Schnitt: Patrick Mimouni*

*Regieassistenz: Ellen M. Kuras*

*Produktionsleitung: Edwin Baily*

*Produzenten: Marilyn Watelet, Bertrand van Effenterre*

*Darsteller: Mark Amitin, Eszter Balint, Stefan Balint, Kirk Baltz, George Bartenieff, Bill Bastiani, Isha Manna Beck, Jacob Becker, Max Brandt, Maurice Brenner, David Buntzman, Marilyn Chris, Sharon Diskin, Carl Don, Pierre Epstein, Michael Grodenchik, Ben Hammer, Dean Jackson, Robert Katims, Mordecai Lawner, Boris Leskin, Elliot Levine, Justine Lichtman, Judith Malina, Jerry Matz, Charles Mayer, Roy Nathanson, Bruce Nozik, Deborah Offner, Irina Pasmur, Herschel Rosen, Joan Rosenfels, Herbert Rubens, Claudia Silver, Arthur Tracy, Victor Talmadge*

*Uraufführung: Februar 1989, Berlin (39. Internationale Filmfestspiele)*

*Farbe, OmU, 97 Minuten*

### Zu diesem Film

"Ein Rabbiner durchquerte ein Dorf, ging in den Wald, und dort, am Fuße eines Baumes, immer desselben, betete er. Und Gott hörte ihn. Auch der Sohn des Rabbiners durchquerte immer dasselbe Dorf. Er wußte nicht mehr, wo der Baum war, so betete er am Fuß irgendeines Baumes, und Gott hörte ihn. Sein Enkel wußte weder, wo der Baum noch der Wald noch das Dorf war. Aber er kannte das Gebet. So betete er in seinem Haus. Und Gott hörte ihn. Sein Ururenkel kannte weder den Baum noch das Dorf noch die Worte des Gebets. Er kannte noch die Geschichte, er erzählte sie seinen Kindern. Und Gott hörte ihn. - Meine eigene Geschichte ist voller Lücken, und ich habe nicht einmal ein Kind." (...) So endet das Gleichnis, das Chantal Akerman selbst zu Beginn des Films aus dem Off spricht, während die Kamera auf das nächtliche New York zufährt.

Wer nicht spricht, wird auch nicht gehört, und wer keine Geschichten hinterläßt, unterbricht die Kontinuität der Erfahrungen. Unbewegt steht die Kamera irgendwo weit hinter den Hochhäusern der Stadt, eine Szenerie wie auf einer Theaterbühne. Eine Frau erzählt, wie sie beim Tod ihres Mannes plötzlich allein im fremden Amerika in die Arme eines Freundes fällt. Sie hat keine Nachricht von ihrer Familie in Polen, weiß nicht, ob sie noch lebt. Ein junger Mann berichtet von

seiner Anpassung und davon, wie er seine Verlobte aus Polen nach Amerika holte, wo sie vor Kummer fast starb. Einer nach dem anderen erzählt seine Geschichte, gemeinsam haben sie das Schicksal der ersten Generation jüdischer Flüchtlinge, die vor dem Pogrom fliehen konnte. Frontal und alleine stehen sie vor der Kamera und erzählen, die Kamera erzählt nicht mit. HISTOIRES D'AMERIQUE ist kein Erzählkino, sondern ein Film über das Erzählen, nicht nur der Versuch, die verlorenen Geschichten wieder zu finden, sondern gleichzeitig die verschüttete Tradition der mündlichen Überlieferung, Grundlage auch der literarischen Erzählung, neu zu beleben. (...) Chantal Akerman verzichtet in ihrem Rekonstruktionsversuch auf die Materialschlacht der großen Spielfilme und setzt nichts als den Menschen ins Bild. Die Serie der Porträts und Geschichten unterbricht sie durch inszenierte jüdische Witze. Dann füllt sich das Bild, da sind die Menschen nicht mehr alleine. Auch die Kamera kommt in Bewegung.

Gunter Göckenjahn, in: die tageszeitung, Berlin, 12. Januar 1990

### Gespräch mit Chantal Akerman

*Frage*: Warum diesen Film?

*Chantal Akerman*: Über meine Geschichte habe ich nichts von meinen Eltern erfahren, ich mußte mich ihr über die Literatur nähern, z.b. Isaac Bashevis Singer. Aber das genügte nicht, denn ich konnte mir nicht einfach seine Erinnerungen zeigen machen.

So habe ich mir meine persönlichen - eingebildeten - Erinnerungen geschaffen. Und dieser Film ist eine Studie über Erinnerungen: erfundene Erinnerungen. Ich gehöre zu jener Nachkriegsgeneration, deren Eltern nur noch alles verdrängt haben. Genau das meint auch Daniel Sibony: "Um ihren Kindern das zu ersparen, haben sie alle lebendigen Fasern ihres jüdischen Seins durchschnitten... Nur einen sinnentleerten Begriff haben sie ihnen noch gelassen: das Jüdische, ein Loch also, unvermeidbar schmerzhaft, über das man stolpert, ohne zu wissen, warum." Von einem Stolpern zum nächsten ist ein stummes Wort hervorgetreten, schließlich ein Schwall von Worten. Es ist häufig Aufgabe der Kinder, die Arbeit ihrer Eltern zu vernichten. Was verbirgt sich tatsächlich hinter diesem Vergessen? Das werde ich sicher niemals wirklich erfahren. Aber das, was es in mir auslöst, ist wahrscheinlich dieser Film. Und deshalb gibt es in ihm so viele Geschichten, die den Eltern im Halse stecken geblieben wären. Und um bei dem bißchen Tradition zu bleiben, was ich bewahrt habe: ich bin nicht um jene komischen Geschichten herumgekommen, die dort 'steckengeblieben' sind, mittendrin in allem und die ganze Zeit über. Diese komischen Geschichten, die manchmal Trost spenden: man kann die Geschichte überleben durch das Lachen - ein Lachen, das aus der Not entstanden ist.

*Frage*: Warum haben Sie diesen Film in New York gedreht?

*Akerman*: Ich brauchte Distanz, mußte weit fort gehen und dort ganz nahe bei mir selbst sein, um von diesem anderen Ort ein paar Brocken dieser eingebildeten Vergangenheit zu vermehren. Außerdem war der Schock zwischen den beiden

Welten offensichtlicher, und diese neue Welt stellt auf eindringliche Weise eine unglaubliche Hoffnung dar.

*Frage*: Wie hat sich die Erzählstruktur entwickelt?

*Akerman*: Ein wenig wie eine Sonate: die Exposition eines Themas, das sich entwickelt, das wiederkehrt, zwar erkennbar, aber dennoch jedesmal verändert. Von Geschichte zu Geschichte, von Witz zu Witz hat sich eine melodische Linie herauskristallisiert: Höhepunkte, Wiederholungen, Bewegungen, die zu einem Ganzen gehören, immer stärker werden, sich gegenseitig erläutern, bis sich alles in der letzten Szene zu einem Allegretto vereint.

*Frage*: Und die Darsteller?

*Akerman*: Alles jüdische Schauspieler aus New York. Sie waren die ersten, die mir Vertrauen in meinen Film gegeben haben. Das Drehbuch war noch nicht einmal ganz fertig, da haben wir schon mit dem vorhandenen Textmaterial Besetzungsproben gemacht. Sie erzählten ihre Geschichten so kraftvoll, mit so viel Anteilnahme am Text, daß ich mir sagte, ich kann diesen Film beginnen, und er würde ein großes Abenteuer für mich sein. Jeder Monolog brachte ihnen ein Stück ihrer Geschichte in Erinnerung. Durch ihre Lebendigkeit haben sie den tragischen Beigeschmack mancher Textstellen verändert, und diese Lebendigkeit erzählte außer dem Text noch etwas anderes: eine Geschichte des Todes, die sich in eine Hymne auf das Leben wandelt.

*Frage*: Und die Personen?

*Akerman*: Genau wie die Schauspieler. Sie kommen aus allen Altersgruppen, aus mindestens vier verschiedenen Generationen, der älteste über neunzig und die jüngste schon 26 Jahre... Und sie durchqueren die Geschichte unseres Jahrhunderts. Man gleitet leichtfüßig unmerklich, vom Jahr 1910 nach 1939 und fast bis heute, alles passiert mehr oder weniger auf derselben Ebene mit der Geschichte, die da entsteht und uns immer wieder einholt. Eine fiktive Zeit. (...)

Das Gespräch führte Jacqueline Aubenas (Produktionsmitteilung)

## Requiem mit absurden Zäsuren des Witzes

Die Kamera kommt übers Meer. Nebel und Schwärze hat sie im Schlepptau, die ihre Herkunft und Vergangenheit für unsere Blicke undurchdringlich machen. Die Kamera schwankt, als habe man ihr mit der zurückgelassenen Heimat jeden festen Standpunkt entzogen. Fast sieht es so aus, als würde sie durch die Luft getragen von den polnischen, russischen und jiddischen Stimmen, die sich inständig flehend und flüsternd der Skyline New Yorks nähern.

Aber die Kamera ist nur eine Emigrantin unter vielen. Bei der Einfahrt ins Hafenbecken, vorbei an der glitzernden Kulisse der Stadt, die wie eine riesige Leuchtfeuerpistole Signale des Überlebenswillens aussendet, gibt sie den Blick frei auf das tief im Wasser liegende Gefährt, das Opfer des Naziterrors in die ersehnte und gefürchtete Neue Welt bringt. Ungeachtet dieses realistischen Hintergrunds bewahrt das menschenleere Szenario und geisterhafte Vorangehen (mit) der Kamera sich den Charakter einer Vision: Nicht auf dem Dampfer, sondern in den Bildern, die Licht und Dunkel der Diaspora vorwegnehmen, scheinen sich bei der belgischen Regisseurin Chantal Akerman die Überlebenden des Holocaust eingeschifft zu haben. Die irreale Passage, welche die ungewisse Vergangenheit ihrer verfolgten Familie in die Vorstellungswelt der 1950 'nachgeborenen' Filmemacherin übersetzt, führt mitten ins Zentrum ihrer 'Amerikanischen Geschichten'. Sie sind individuelle Variationen der Not und Verzweiflung, die sich zu einem kollektiven Schicksal verdichten, erfundene Erinnerungen, die an die Stelle einer gewaltsam unterbrochenen Überlieferung treten. Mangel ist ihr Losungswort, Trauer und Identitätsverlust ihr Wahrzeichen.

(...) 'Food, family and philosophy' hat sie ihre Geschichte(n) untertitelt und damit drei der Elemente genannt, die die jüdische Tradition kennzeichnen: die 'kaschrut', die Speisegesetze, die den Schabbes heiligen; die Familie, die als kleine Gemeinde und Institution des Glaubens über die Einhaltung der Gebote wacht, und eine Religion, die im Gegensatz zu anderen Glaubensbekenntnissen von Philosophen und nicht von Strafrichtern aufrechterhalten wurde. Den Männern und Frauen, die im ersten Teil des Films ihre Zweifel an Gott und der Welt direkt der Kamera überantworten, fehlt zum Selbstverständnis stets die eine oder andere der drei Konstanten. "Eine Familie ist wie ein Steinhaufen", sagt der Talmud, "wenn man einen Stein wegnimmt, kann der ganze Aufbau zusammenbrechen." Die intimen Momentaufnahmen der versprengten Flüchtlinge, die sich übereinstimmend als "einsam wie ein Stein" beschreiben, schließen diese Lücken nicht. Die Aufnahmen des hervorragenden Kameramannes Luc Ben Hamou, der in der Nacht der 'Amerikanischen Geschichten', da alles im Dunkeln liegt, der Erinnerung Lichter aufsteckt, sind selbst nur Fragmente, Teilansichten, Überbleibsel einer jüdischen Geschichte. Manche von ihnen dauern kaum eine Minute. Sie gehen so blitzartig vorüber wie der Wachtraum des Mädchens, das auf der Straße den toten Bruder gesehen haben will, obwohl er in Auschwitz ermordet wurde. (...)

Zwei Erzählhaltungen konkurrieren miteinander, reiben und rauhen sich gegenseitig auf wie die Traditionen der alten und die Anforderungen der neuen Welt, die die Exilanten beständig in Konflikte stürzen, sie zu Grenzgängern machen. So den Atheisten, der seinen ermordeten Eltern das Kaddisch nicht verweigern kann und gegen seine Überzeugung in die jüdische Glaubensgemeinschaft zurückkehrt, in einer Sekunde des Gebetes sein Leben in Amerika auslöscht. So der junge Rabbi, der sich den Bart abnimmt und zu arbeiten beginnt, um seine aus Polen eintreffende Braut ernähren zu können, von ihr aber nicht wiedererkannt wird.

Erzählform der neuen Welt sind die interviewähnlichen Selbstbefragungen, an denen Kamera und Zuschauer als stumme Gesprächspartner teilhaben. Dank Akermans mitreißenden Schauspielern haben diese filmischen Petitessen die Authentizität einer Dokumentation. (...) Die Sketche, die den kriegsbedingten Verfall von 'food, family and philosophy' nochmals variieren, führen alle Betroffenen zu einem etwas angestrengt humoristischen Show-Down zusammen. Seltsamerweise gibt diese geballte jüdische (Selbst-)Ironie weniger Aufschluß über das kollektive Trauma der 'Amerikanischen Geschichten' als die solipsistische Berichterstattung. In einem Film, der für den Begriff 'des Jüdischen' keine Antwort, sondern nur Fragen übrig hat, ist der jiddische Witz dennoch nicht wegzudenken. Er ist ein Störenfried, der Chantal Akermans Requiem die allzu schönen Töne der Trauer nimmt; er setzt absurde Zäsuren in einer Geschichte, die voller Lücken ist.

Heike Kühn, in: Frankfurter Rundschau, 1. Februar 1990

**Chantal Akerman**, geb. 6. Juni 1950 in Brüssel. Filme: 1968 *Saute ma ville*. 1971 *L'enfant aimé*. 1972 *Hotel Monterey*. 1973 *La Chambre*; *Le 15/8* (zus. mit Samy Szlingerbaum); *Hanging Out Yonkers*. 1974 *Je tu il elle*. 1975 *Jeanne Dielman, 23 Quai du Commerce, 1080 Bruxelles*. 1977 *News from home*. 1978 *Les rendez-vous d'Anna*. 1980 *Dis-moi*. 1983 *Toute une nuit*; *Les années quatre vingt*. 1984 *L'Homme à la valise*; *Un jour Pina a demandé*; *J'ai faim, j'ai froid*; *Family business*; *New York, New York bis*; *Lettre d'un cinéaste*. 1985 *Golden Eighties*. 1986 *Letters Home*; *Le marteau*; *Mallet Stevens*. 1988 HISTOIRES D'AMERIQUE. 1991 *Nuit et jour*.

## WE WERE SO BELOVED

Wir waren so beliebt   USA 1981-85

*Produktion: Manfred Kirchheimer*
*Regie, Buch, Trick, Schnitt: Manfred Kirchheimer*
*Kamera: James Callanan, Steven Giuliano*
*Ton: James Steele. Tonmischung: Tom Fleischman*
*Musik: Haydn, Mozart, Mingus, Lyra/Geibel, Lehár, Arnold,*
*Albrecht/Gallop/Jürgens, Schumann, Verdi, Basic/Goodman/*
*James*
*Alter Washington Heights Film: Walter Hess, Manfred Kirch-*
*heimer*
*Titeldesign: Bert Kirchheimer, Gabe Kirchheimer*
*Schnittassistenz: John Converso*
*Berater: Jean Bethke Elshtain, Raoul Hilberg, Louis Kampf,*
*Steven M. Lowenstein, Sybil Milton, Herbert Strauss*
*Aufnahmeleitung: Paul Stevens*
*Uraufführung: 21. Februar 1986, Berlin (Internationales*
*Forum des Jungen Films)*
*16mm, Farbe, OmU, 145 Minuten*

Unterstützt von: National Endowment for the Humanities,
National Endowment for the Arts, New York Council for the
Humanities, ZDF (Mainz), New York Foundation for the Arts.

### Zu diesem Film

Haben Überlebende mehr Verständnis? Macht Erfahrung klug?
Haben Überlebende weniger Verpflichtungen, weil sie gelitten haben - oder mehr Verpflichtungen, weil sie gerettet
wurden? Was ist die Funktion des Überlebens?
Zwischen 1933 und 1941 flohen Tausende von Juden aus
Deutschland nach Amerika. Seit Hitler waren sie zu einer
rassisch diskriminierten Minderheit geworden. Weil sie aber
anfangs gar nicht glauben konnten, was da mit ihnen geschah,
und es ihnen widerstrebte, sich von ihren Wurzeln zu lösen,
warteten die meisten auf eine Wende zum Besseren. Der
massive Terror der Kristallnacht setzte ihren Hoffnungen
jedoch ein Ende. Brüder, Schwestern und Eltern zurücklas-
send, schlossen sich über 20.000 jüdische Emigranten in
Wahington Heights, New York City zusammen. Und hier,
während aus den Lagern die schlimmsten Berichte drangen,
arbeiteten Viehhändler, Geschäftsleute und Professoren
gemeinsam am Aufbau einer neuen Gesellschaft. Washington
Heights wurde eine deutsch-jüdische Enklave und hieß bei den
dort lebenden Amerikanern 'das Vierte Reich'.
Heute leben diese älteren Menschen in gesicherten Verhältnissen und sind patriotische Amerikaner. Sie nehmen dezidiert
Stellung zu Fragen der Autoritätshörigkeit, sprechen darüber,
warum ihre deutschen Freunde bei Hitler mitmachten, über die
polnischen Juden in Deutschland, die heutigen spanischen und
russischen Einwanderer in ihrer Nachbarschaft, über die
Nichtjuden und jene Christen, die Juden halfen (hätten sie das
gleiche getan?).
Der Film versucht anhand ihrer Lebensgeschichte herauszufinden, zu welchen emotionalen und philosophischen Schlußfolgerungen ihr Überleben geführt hat.

Produktionsmitteilung

### Opfer von gestern, Warner für morgen

WE WERE SO BELOVED - unter diesem Motto geht der als
Fünfjähriger nach Amerika ausgewanderte Manfred Kirchheimer unter Verwandten und Freunden im New Yorker
Stadtteil Washington Heights den Fragen nach: "Wie konnte
das möglich sein?" und "Was habt ihr daraus für euch gelernt?". Kirchheimers Dokumentation ist in vielem zu Claude Lanzmann Film *Shoah* geradezu komplementär. Er reiht
Kapitel von 1933 bis zur Emigration aneinander, er fragt
Freunde und Verwandte, wie sich die Deutschen ihnen
gegenüber verhalten hätten damals. Sie haben weggeschaut,
wenige haben geholfen. Und das Urteil darüber wird je nach
eigener Mentalität zur Selbstbefragung und Selbstvergewisserung. So sagt zum Beispiel der Vater des Filmemachers, er
wisse, daß er nur seinen nächsten Verwandten hätte helfen
können. Er hätte nicht das Zeug zum Helden gehabt, er kenne
sich: er sei ein Feigling.
Wäre jemand anderem als Manfred Kirchheimer das Thema
an die Hand gegeben worden, es wäre wohl ein mühsamer
Report über Schuld und Sühne geworden, aber dieser Autor
fragt so liebevoll und zugleich detailliert, daß man ihm
gebannt folgt bei seinen Recherchen unter den Emigranten
von Washington Heights, wo sich damals zwanzigtausend
Juden zur Gemeinde zusammenfanden und das die Einheimischen deshalb das 'Vierte Reich', das Frankfurt am Hud-
son nannten. Kirchheimers Methode ist auf geradezu rührende Weise konservativ: Er stellt uns in Tagebuchform die
Freunde und Verwandten vor und erzählt aus dem Off ihren
Werdegang. Aber im Grunde geht er wie Lanzmann vor, fügt
Stück um Stück aneinander. Nur ist sein Blick von vornherein in die Zukunft gerichtet: Können die Opfer von gestern
die Warnenden vor einer Wiederholung des Schreckens sein,
haben sie dazugelernt? Manche haben es nicht. So ehrlich sie
von ihrer Mißachtung damals gegenüber den polnischen
Juden sprechen, so ehrlich bekennen sie ihre Abneigung
gegen die neuen Einwanderer, die von der Sozialhilfe leben.
Sie waren fleißig damals, haben jede Arbeit angenommen.
Vorurteile können grenzenlos sein. Und grenzenlos ist auch
Kirchheimers Fazit aus seinen Begegnungen. Er möchte so
sein, sagt er, wie die Deutschen, die damals den Juden
geholfen haben, und so wie die Juden, die damals gegen die
Deutschen kämpften. Ein hoher Anspruch am Ende eines
wunderbar genauen, überaus menschlichen Films. (...)

Wilfried Geldner, in: Frankfurter Allgemeine Zeitung, 28. 2. 1986

### Menschen wie alle anderen

Es hat Jahre gedauert, aber mit Fleiß und ein wenig Glück hat
es Manny geschafft (...) Vater Bert, Graphiker und Karika-
turist, hat ihm ein künstlerisches Erbe vermacht und ist jetzt
noch sein begeisterter Partner und Freund. In dem Film, auf
sehr persönliche Weise geschaffen, spricht er einige offene
Worte aus, die manch einer wahrscheinlich für sich behalten
hätte: "Vater, wenn alles umgekehrt gewesen wäre, hättest
du unter Einsatz Deines Lebens die sogenannten Staatsfein-
de versteckt oder ihnen mit Nahrung geholfen?" Ohne weiter
nachzudenken antwortet er: "Nein, dazu hätte ich viel zu viel

Angst gehabt", - und an anderer Stelle erklärt er: "Ich muß zugeben, daß es mir weh tat, meine eigene Stadt zerstört zu sehen." Diese und ähnliche Aussagen sind es, die den Film auf eine absolut ehrliche, menschliche Basis stellen. Die NS-Flüchtlinge in Wahington Heights sind schließlich Menschen wie alle anderen, nicht besser und nicht schlechter; das besonders will Manny zum Ausdruck bringen.

Seine Verwandten und Freunde um den Kaffeetisch diskutieren die Fragen, die seit über 40 Jahren uns alle bewegen: Haben wir gelernt, und was? Haben wir unserer eigenen Rettung wegen größere Verpflichtungen oder schuldet uns das Leben etwas für das, was wir erlitten haben, für den Verlust an Menschen und Gut, an unseren Zukunftsplänen? Manche Angehörige dieser Generation sind sehr versöhnlich gestimmt, manche voll Bitterkeit; manche kamen nie ganz über den guten alten Nationalismus hinweg, andere wurden amerikanische Superpatrioten. Kurz: es sind Menschen wie alle anderen, mit den verschiedensten Auffassungen und Anschauungen.

Manny will für diesen Film das breitestmögliche Publikum finden, vor allem junge Menschen, von denen manche eine Ahnung von der Geschichte haben, aber keine konkrete Anschauung. Da werden besonders einige Stellen hilfreich sein, die Autorität und Humor zeigen - etwa die Erzählungen von Dr. Hans Steinitz, dem ehemaligen, jetzt im Ruhestand befindlichen Chefredakteur des 'Aufbau', der mit Verve von seinem Aufenthalt im Lager erzählt und von der Schreibmaschine, der leider der Buchstabe 'a' fehlte, was bei einem Artikel über den Panama-Kanal recht schmerzlich war, oder die Bemerkungen von Max Frankel, der, einstiger Flüchtling, sich zu einer Spitzenposition an der 'New York Times' heraufgearbeitet hat. Auch die Begegnung mit der Tante ist erfreulich, die bei der Prüfung für die Einbürgerung gefragt wurde, wer der erste Präsident der Vereinigten Staaten war, und antwortete: "George Washington Bridge". (....)

Hilde Marx, in: Aufbau, Vol. L I, No. 41/42, New York, 11.10.1985

### Aus einem Gespräch mit Manfred Kirchheimer

*Frage*: Welche Filmemacher haben Sie hinsichtlich der Art und Weise, wie Sie Ihre Filme strukturieren, am nachhaltigsten beeinflußt?

*Kirchheimer*: Einer der Lehrer, dem ich noch heute eng verbunden bin, ist Leo Hurwitz (1). Er ist Anfang 70 und seit der 'Film and Photo League' dabei. Er gründete 1936 zusammen mit Paul Strand und anderen 'Frontier Films', die erste unabhängige Dokumentarfilmgesellschaft in den USA und dreht auch heute noch Filme. Er ist ein bemerkenswerter Filmemacher und ein bemerkenswerter Lehrer. Sidney Meyers, der *The Quiet One* drehte und mein Filmlehrer am City College in New York war, hat mich ebenfalls nachhaltig beeinflußt. Dann natürlich die frühen Russen. Ich bin froh, daß ich vor dem 'cinéma vérité' zum Film gekommen bin, weil die Filme von heute sich weitgehend auf die Sprache stützen und fast nur noch mit O-Ton gedreht werden, so daß das Bild mehr oder minder zweitrangig geworden ist. Dokumentarfilme z.B. werden inzwischen nur noch mit O-Ton gedreht, und visuell gestaltete Filme findet man gewöhnlich nur noch im Experimentalfilmbereich. Aber darüber ließe sich noch viel sagen. (...)

*Frage*: Sie erwähnten Ihren neuen Film WE WERE SO BELOVED, für den Sie zahlreiche Juden, die früher in Washington Heights lebten, interviewten.

*Kirchheimer*: Ja, er wird sehr viel traditioneller als meine anderen Filme, aber ich spiele damit auch. Mit dem Film ist es wie mit dem Schreiben - das Geschriebene kann ein Plakat, ein Brief, ein Artikel, ein Roman oder ein Gedicht sein - es ist immer Sprache. Nicht jeder Film muß ein filmischer Film sein. Es kann ein journalistischer Film sein, es kann etwas so Wunderbares sein wie ein aus einer Rakete aufgenommener Film, der die Erde von oben zeigt. Zu den Dingen, die mir heutzutage jedoch völlig absurd erscheinen, gehört die Verwendung von Archivmaterial. Vor allem in Zusammenhang mit einem Thema der Vergangenheit. Gewöhnlich läßt man da einen Deutschen sagen: "Oh ja, damals, am 10. November 1938, als die Nazis kamen...", Schnitt auf die Nazis, entweder in Form eines Filmausschnittes oder eines Standphotos - "begannen sie Fensterscheiben einzuschlagen", - Geräusch von klirrendem Glas und brennenden Gegenständen. Damit unterdrückt man die Persönlichkeit dessen, der da spricht und macht ihn zum unpersönlichen Erzähler. Darüber hinaus verkommt die Illustration zum bloßen Bilderbuch. Auf der einen Seite hast du die Geschichte, auf der anderen die Illustration. Letztere schränkt deine Vorstellungskraft ein und von da an nimmst du alles nur noch aus dieser Froschperspektive wahr. Es hat große Ähnlichkeit mit einem Märchenbuch. Ich bin entschieden dagegen, etwas, was überzeugt, bilderbuchartig zu unterlegen. Mir geht es darum, den Zuschauer aktiv zu beteiligen. Die Menschen in meinen Filmen sind zugleich auch die Helden, weil sie das Thema vermitteln. In meinen Filmen müssen die Menschen arbeiten, um Helden zu werden. Ich meine, ich eröffne ihnen die Möglichkeit, als Helden hervorzutreten, ob sie es tun, ist ihre Sache. Ich stelle mich nicht hin und sage, diese Menschen waren Opfer, darum sind sie zu bewundern. Zweifellos waren sie Opfer, aber laßt uns doch mal sehen, was die Konsequenzen ihres Überlebens sind.

*Frage*: Gehen Sie oft ins Kino?

*Kirchheimer*: Ich war nie ein sonderlicher Filmfan. Ich lese, gehe in Museen, zu Veranstaltungen... Ich empfinde es noch immer als sündig, am Tage ins Kino zu gehen. Sie müssen wissen, daß meine Mutter von Zeit zu Zeit zu sagen pflegte: "Du kannst nicht ins Kino, es ist viel zu schön draußen." Aber ich liebe es, Filme zu machen. Ich mache das leidenschaftlich gern. Solange ich Filme machen kann, bin ich ein glücklicher Mensch.

(1) Leo Hurwitz, amerikanischer Filmemacher, geb. 1909, verstarb 1991. Zu seinen Filmen gehören u.a. *Heart of Spain* (1937), *Native Land* (1938-41), *Dialogue with a Woman Departed* (1972-80).

Gespräch von Peter Lehman mit Manfred Kirchheimer in: Wide Angle, Quarterly Publication of Ohio University, Departement of Film, Centre for Film and Video, Athens, Ohio, Vol. VI, Nr. 1, 1984

**Manfred (Manny) Kirchheimer**, geb. 1931 in Saarbrücken als Sohn des Graphikers und Karikaturisten Bert Kirchheimer, emigrierte 1936 mit seinen Eltern in die USA, studierte von 1950-52 an dem von Hans Richter begründeten Institute of Documentary Film des New York City College, absolvierte danach eine Lehre bei einer New Yorker Filmgesellschaft, war jahrelang als Cutter tätig und zeichnete in dieser Funktion für rund 200 Filme verantwortlich, darunter für Filme wie *The Soviet Woman* (ABC) und die Serie *Conquest of Science* (DBS). Danach gab er seinen hochdotierten Job in der Industrie auf, wurde unabhängiger Filmproduzent, Regisseur, Kameramann und Schriftsteller und lehrt seither an der School of Visual Arts in New York.

Filme: 1965 *Colossus on the river*; *Haiku* (zusammen mit Leo Hurwitz). 1967 *Leroy Douglas*. 1968 *Claw*. 1973 *Short circuit*. 1975 *Bridge high*. 1980 *Stations of the elevated*. 1986 WE WERE SO BELOVED.

Herausgeber: Freunde der Deutschen Kinemathek. Druck: graficpress

## THE PLOT AGAINST HARRY

Komplott gegen Harry USA 1968/89

*Produktion: King Screen*
*Buch, Regie: Michael Roemer*
*Kamera: Robert Young*
*Musik: Frank Lewin; ('Holding on to a Love', Henry Nemo)*
*Ausstattung: Howard Mandel.*
*Ton: Peter Vollstadt, Paul Jaeger*
*Schnitt: Terry Lewis, Georges Klotz*
*Produzenten: Michael Roemer, Robert Young*
*Co-Produzenten: Michael Hausman, Martin Priest*
*Darsteller: Martin Priest (Harry Plotnick), Ben Lang (Leo Perlmutter), Maxine Woods (Kay Plotnick), Henry Nemo (Max), Jacques Taylor (Jacques Pomerance), Jean Leslie (Irene Pomerance), Ellen Herbert (Mae Klepper), Sandra Kazan (Margie Skolnik), Ronald Coralian (Mel Skolnik), Ruth Roemer (Linda Skolnik), Max Ulman (Sidney), Margo Solin (Millie Plotnick)*
*Uraufführung: Oktober 1989, New York; Mai 1990, Cannes*
*Deutsche Erstaufführung: Juli 1990, München (Filmfest)*
*Schwarzweiß, OmU, 81 Minuten*

### Inhalt

Nach Verbüßung einer neunmonatigen Haftstrafe wird Harry Plotnick klar, daß er längst nicht mehr der große Boß ist wie vor 20 Jahren; die Leute in seiner Umgebung haben sich verändert und hören nicht mehr auf ihn. Früher hatte sich Harry mit windigen Geschäften einen Namen gemacht, aber die Zeit und die Umstände haben ihn verweichlicht. Harry macht verzweifelte Versuche, mit seiner Ex-Frau, seiner erwachsenen Tochter und dem jüdischen Milieu, dem er entstammt, wieder ins Reine zu kommen, aber desillusioniert stellt er fest, daß die Methoden, mit denen er sich früher den Einfluß und Respekt der Unterwelt sichern konnte, bei diesen Leuten und ihren spießigen Grundsätzen nichts fruchten, und diese Erkenntnis wirft ihn aus der Bahn. Als er dann auch noch glaubt, wegen eines Herzfehlers nur noch kurze Zeit zu leben zu haben, beschließt er, den rechten Weg einzuschlagen, bevor er seinem Schöpfer gegenübertritt.

Aus dem Katalog des Münchner Filmfests 1990

### Am schlimmsten war es, daß niemand lachte

(...) Zunächst wollte Roemer Elie Wiesels Roman 'Dawn' verfilmen. Doch dann entschied er sich für einen Film über einen jüdischen Einwanderer, oder einen der zweiten Generation, der es nicht ganz geschafft hatte, in Amerika erfolgreich zu sein. Dieses Thema lag ihm aufgrund seiner eigenen Biographie ziemlich nahe. Außerdem wollte er eine Komödie drehen. (...) Es begann ein Jahr intensiver Recherche, in dessen Verlauf Roemer unter anderem als Aushilfe einer Catering-Firma bei zahlreichen Bar Mizwa-Feiern und Hochzeiten tätig war, einem jüdischen Rechtsanwalt durch die Gerichte New Yorks folgte, einen Designer von Unterwäsche besuchte, die Tricks und Regeln der New Yorker Spielersyndikate kennenlernte und ein Callgirl interviewte.(...)

Danach arbeitete Roemer acht Monate lang am Drehbuch, bevor er mit der langwierigen und schwierigen Auswahl der Schauspieler begann. Da er nicht mit einem professionellen Casting Director arbeiten wollte, hielt Roemer offene Vorsprechtermine ab, besuchte Amateurbühnen, machte Probeaufnahmen von Hunderten von hoffnungsfrohen Schauspielern und bat jeden, den er kannte, um Vorschläge. Die eine Rolle, für die er keine Besetzung zu suchen brauchte, war Harry. Martin Priest kannte er schon von seiner kleinen, aber bemerkenswerten Rolle als bigotter Südstaatler in *Nothing but a Man*, und Roemer war von Priests eigentümlicher Persönlichkeit so beeindruckt, daß er die ursprünglich für einen viel älteren Mann gedachte Hauptrolle um- und ihm auf den Leib schrieb.

Die Dreharbeiten an vielen Schauplätzen in und um New York begannen im März 1968. (...) Die diversen Feiern wurden im heute nicht mehr existierenden Broadway Central am östlichen Broadway gedreht, wohin jeden Tag einige Busladungen mit Statisten aus mehreren jüdischen Altersheimen gebracht wurden. Da sie in keinem New Yorker Hotel eine Drehgenehmigung bekommen konnten, fuhr das Team nach New Haven, wohin Roemer Kollegen und Studenten der Yale Universität eingeladen hatte, damit sie als Statisten auftraten. Bedingung: sie mußten ihre eigenen Pyjamas mitbringen.

Nach einer langen Montagezeit veranstaltete Roemer einige Vorführungen für die Mitglieder des Teams und deren Freunde. Die Reaktionen reichten von Indifferenz bis zu Ablehnung. Am schlimmsten war es für Roemer jedoch, daß niemand lachte. Vollkommen erschöpft und entmutigt von diesem Resultat jahrelanger Arbeit, hatte Roemer keine Reserven mehr, sich um den Verkauf seines Films zu kümmern. (...) HARRY wanderte endgültig ins Regal. (...)

Produktionsnotizen

### Auf der Suche nach der jüdischen Identität

(...) Der Mißerfolg mit HARRY war für Roemer mehr als nur ein gescheitertes Projekt. Einen Ausflug in die Welt der jüdischen Emigranten hatte er machen wollen - eine Welt, die ihm gleichermaßen vertraut und fremd war. Dabei galt es eine tiefe Kluft zu überbrücken: die zwischen assimilierten deutschen Juden wie ihm selbst und der farbig-fremden Welt der Ost-Juden, die unter den amerikanischen Einwanderern das größte Kontingent stellen. "Wir deutschen Juden hatten ein schweres Identitätsproblem", berichtet Roemer, "die Hälfte meiner Familie war total assimiliert - wir fühlten uns als Deutsche, nicht als Juden. Mein Großvater hat Fritz Reuter herausgegeben und auch seine Biographie geschrieben. Eine meiner Tanten hieß Auguste von Zitzewitz. Mit den Ost-Juden aus Polen hatten wir wenig gemeinsam - sie schienen einer anderen Klasse anzugehören." Er zögert: "Das sollte ich Ihnen gar nicht erzählen, doch so war es." Amerika hat ihn also zur Auseinandersetzung mit seinem Judentum gezwungen? "Nicht ganz - dafür dürfen Sie in erster Linie Hitler danken", stellt Roemer richtig. "Nur weil ich Jude werden mußte, habe ich diese Auseinandersetzung gesucht. Deshalb war es für mich sehr wichtig, hier in Amerika eine Art Identität mit der jüdischen Gemeinschaft zu finden."

Um diese ihm so fremde Welt für den Film - und letztlich für sich selbst - in den Griff zu bekommen, stürzte sich Roemer in detaillierte Milieustudien. (...) HARRY, so schwor er sich, sollte authentisch und lebensnah werden. "Ich dachte an Brecht", sagt er, "der gesagt hat: alle guten Gedichte haben den Wert von Dokumenten."

Das ist die deutsche Seite von Michael Roemer. Wie er - sonst amerikanisch-lässig und schnell mit Witzen über sich selbst bei der Hand - plötzlich Brecht herbeiholt: nicht, um ihn demonstrativ zu zitieren, sondern um zu zeigen, wie lebendig des Dichters Gedanken noch für ihn sind. Deutsch sind auch die leicht berlinerische Intonation seiner Sätze und das Gelächter, wenn er an Ausdrücke seiner Kindheit wie 'schnurzpiepegal' oder 'Du kriegst die Motten' denkt.

Daß HARRY endlich Wiederauferstehung feierte, ist einem Filmtechniker zu verdanken, der damit beauftragt worden war, den Film für Roemers Kinder auf ein Video zu übertragen. "Beim Transfer fing der Mann plötzlich laut an zu lachen", berichtet Roemer. "Natürlich freute mich das sehr, und ich dachte: 'Vielleicht ist er doch komisch!'" In der vagen Hoffnung, daß sich inzwischen das Blatt gewendet haben könnte, verbesserte Roemer die Tonspur und reichte den Film in New York und Toronto bei den Festspielen ein. Daß HARRY dort so begeistert empfangen wurde, war für Roemer selbst die größte Überraschung. Auf einmal bescheinigte man ihm Vorahnung und Vision, priesen ihn Zeitungen wie die 'Washington Post' als einen Vorläufer von Woody Allen und Paul Mazursky. Sein 'beißender Witz' wurde mit Philip Roth, seine 'Einfühlsamkeit' mit Isaac Bashevis Singer verglichen.

Michael Roemer ist einer, an dem solche Lobeshymnen vorbeirauschen. Er glaubt sie nicht, und sie passen auch nicht in sein Konzept (...). Harry, so sieht er es, war kein Held für die sechziger Jahre, weil er - Roemer - den Optimismus und die Weltverbesserei dieser Epoche nicht teilen konnte. "Mein Leben lang habe ich gespürt, daß ich nicht im Einklang mit meiner Zeit lebe."

Die Gestalt des Juden, dem immer alles zustößt und der die Arme mit dem Schrei: Warum immer ich? gen Himmel wirft, gehört seit langem zum Repertoire jüdischer Satire. Eine 'Diaspora-Haltung' nennt Roemer das - und er kennt sie nur zu gut. Sollte es eine Seelenverwandtschaft zwischen Michael Roemer, Harvard-Absolvent und Yale-Professor, und dem Ganoven Harry Plotnick geben? Aber ja, meint Roemer: "Harrys Passivität und sein tiefer Fatalismus entstammen meiner eigenen Erfahrung. Als ich elf Jahre alt war, drückte man mir einen Koffer in die Hand und setzte mich in einen Zug. Von da an war mein Leben ständig von Kräften bestimmt, die ich nicht beeinflussen konnte. Dieses Gefühl habe ich heute noch, Wenn jetzt ein Taxi hier in die Hotelhalle rasen würde, wäre ich kaum überrascht und würde wahrscheinlich sagen: 'Ist es nicht erstaunlich, daß das nicht schon gestern passiert ist!'"

Von einem Mann mit dieser Sicht wünscht man sich mehr Filmkomödien. Es besteht neuerdings, so berichtet Roemer, eine Option auf eine davon. *Famous Long Agg* heißt sie. Wir dürfen uns darauf freuen.

Vera Graaf, in: Die Zeit, Hamburg, 4. Januar 1991

### Aus einem Interview mit Michael Roemer

*Frage*: Sie mußten aus Deutschland fliehen, als sie elf Jahre alt waren...

*Michael Roemer*: Ich erinnere mich an dies Zeit nur noch sehr fragmenthaft. Mir fallen nur noch vergleichsweise unbedeutende Kleinigkeiten ein. Zum Beispiel, daß ich plötzlich keine Freunde mehr hatte, weil ich Jude war. Mein bester Freund, der Sohn unseres Portiers, hat mich aus diesem Grund sogar verprügelt. Ich erinnere mich noch an den Kindertransport, mit dem ich mit 3 000 anderen Kindern nach England gebracht wurde. (...)

*Frage*: Zu Ihrem Film: Glauben Sie, daß der Mißerfolg von KOMPLOTT ... 1969 politische Gründe hatte?

*M.R.*: Es war die Zeit von *Easy Rider*, und die Leute wollten kritische Filme. Mein Film ist eher ironisch, es handelt sich um einen Mann, der unbedingt in die Gesellschaft hinein will. Das konnten die Leute, die gerade gegen den Krieg in Vietnam demonstrierten, nicht akzeptieren. Ironie war damals nicht gefragt. Die Zuschauer wollten damals eine positive Identifikationsfigur. Das war auch bei den Komödien so. Woody Allen hat das verändert und vielleicht dadurch auch dazu beigetragen, daß mein Film heute sein Publikum findet. Außerdem haben die Leute den Film damals auch deshalb nicht verstanden, weil er sich zu schnell bewegt. Es passieren zu viele Sachen im gleichen Augenblick. Zwar hatte das Renoir schon in den 50er Jahren gemacht, aber es entsprach nicht den Sehgewohnheiten des amerikanischen Publikums. Dann kommt dazu, daß der jüdische Mittelstand sich damals noch nicht so sicher gefühlt hat, daß er über sich selber lachen konnte. Und der Filmverleih wird in Amerika von Juden betrieben.

*Frage*: Haben Sie eine Erklärung für diese Affinität?

*M.R.*: Wenn Sie zurückgehen zu den Anfängen der Filmkunst in Amerika, werden Sie sehen, daß Kino damals beinahe unanständig war: ein Pöbelvergnügen. Das war die Zeit, als sehr viele jüdische Einwanderer, ganz arme Juden, sich umsahen nach einem Broterwerb, und dort fanden sie den, sonst wollte das kaum jemand machen. Aber es gibt eben auch eine spezielle Anziehung. In meinen Filmklassen, überhaupt an den Filmschulen in Amerika, ist der Anteil der jüdischen Filmstudenten überproportional.

*Frage*: Es gab in Cannes Kritik an Ihrem Film, die Ihnen vorwarf, Sie würden darin antijüdischen Vorurteilen Vorschub leisten.

*M.R.*: Die Menschen in meinem Film sind eben Kleinbürger. In Israel nennt man das Normalisierung des Judentums. Es darf auch Verbrecher geben, Straßenfeger und Klofrauen. Man muß nicht mehr das erwählte Volk sein. Man muß nicht Einstein sein, man kann auch klein sein.

*Frage*: Haben Sie noch andere Spielfilme gemacht?

*M.R.*: Vier. *Nothing but a Man* war sogar ziemlich erfolgreich, er gewann zwei Preise in Venedig. Es geht darin um Schwarze, und merkwürdigerweise gefällt er den amerikanischen Schwarzen. Aus irgendeinem Grund war ich in der Lage, mich in deren Situation einzufühlen. KOMPLOTT GEGEN HARRY ist wirklich authentisch. Der Film über die Schwarzen ist im Prinzip richtig, aber die Feinheiten stimmen nicht. Im Detail, hat Cézanne gesagt, steckt der liebe Gott. Alles liegt im Detail, das ist so im Kino, beim Essen oder in der Ehe.

Gunter Göckenjahn, in: die tageszeitung, Berlin, 18. Dezember 1990

**Michael Roemer**, geb. 1. Januar 1928 in Berlin, aufgewachsen in Berlin-Friedenau. 1939 Emigration in die Niederlande, dann nach England, 1945 nach den USA. Ca. 90 Fernsehspiele und Dokumentarfilme. Professor für Film an der Yale-Universität. Filme (u.a.): *A Touch of the Times* (1949). *Nothing but a Man* (1965). *Faces of Israel* (1967). THE PLOT AGAINST HARRY (1968/89). *Pilgrim, Farewell* (1980). *Haunted*/Heimsuchung (1983, Berlinale 1984).

## A BRIWELE DER MAMEN / A LETTER TO MOTHER

Ein Brief an die Mutter    Polen 1938

*Produktion: Green-Film, Warschau*
*Regie: Joseph Green*
*Co-Regie: Leon Trystan*
*Buch: Mendel Osherowitz, Anatol Stern*
*Kamera: Seweryn Steinwurcel*
*Musik: Abraham Ellstein*
*Bauten: Jacek Rotmil, Stefan Norris*
*Schnitt: J. M. Neuman*
*Darsteller: Lucy Gehrman (Dobrisch, die Mutter), Alexander Stein (David, der Vater), Icchok Grudberg (Meyer, der älteste Sohn), Gertrude Bulman (Miriam, die Tochter), Irving Bruner (Arele, der jüngste Sohn), Edmund Zayenda (Arele als Erwachsener/Irving Bird), Maks Bozyk (Schimon, der Schneider), Chane Lewin (Malke, seine Frau), Misha Gehrman (Mr. Shine, Direktor der HIAS), Simcha Fostel (Kantor), Samuel Landau (Händler), Gustav Berger*
*US-Erstaufführung: 14. September 1939, New York (Belmont Theatre)*
*Dt. Erstsendung: 15. März 1983, ZDF*
*Schwarzweiß, Jiddisch m. engl. UT, 106 Minuten*

### Inhalt

Um die Jahrhundertwende in der Ukraine: Im Dorf gilt David als Nichtstuer, weil seine Frau Dobrisch die Familie ernährt. Als ihm der Spott unerträglich wird, verläßt er heimlich seine Lieben und geht nach Amerika. Sobald er genug Geld zusammenhat, will David die Familie nachholen. Dann aber schickt er nur eine Schiffskarte für sein Lieblingskind Arele. Schweren Herzens trennen sich Mutter und Sohn.

TV Hören und Sehen, Hamburg, 12. März 1983

### Ergreifend unsentimental

(...) Mit dem polnischen Spielfilm EIN BRIEF AN DIE MUTTER eröffnet das ZDF die Reihe 'Der jiddische Film'. Diese Senderreihe der Mainzer ist schon deshalb zu begrüßen, weil sie einer Kultur ein Denkmal setzt, die einmal von Glauben, Hoffnung und Menschlichkeit geprägt war. Der Film, entstanden 1938, vermittelt jene kulturellen Tugenden recht nachhaltig. Geschildert wurde das Schicksal einer jüdischen Familie in der Ukraine der Jahrhundertwende. Die Familie zerfällt nach und nach, der Erste Weltkrieg tut ein übriges. Nur die treuherzige Mutter hofft unbeirrt, ihren nach Amerika ausgewanderten Sohn wiederzusehen. Und ihre Hoffnung wird nicht betrogen. Das Hohelied einer Mutterliebe, kitschfrei und unsentimental. Ein Film wie eine Andacht.

Berliner Morgenpost, 15. März 1983

### Der letzte in Polen gedrehte jiddische Film

Der letzte jiddische Film, der in Polen entstand, bevor der Einmarsch der Nazis solcherart Aktivitäten zumindest vorübergehend ein Ende bereitete, ist zugleich einer der besten, die von dort hierher gelangten. A BRIWELE DER MAMEN, jetzt im Belmont Theatre, gehört zu jenen gefühlvoll-traurigen Hervorbringungen, wie wir sie von der jiddischen Bühne und dem jiddischen Kino kennen. Joseph Green, der ihn für die Greenfilm Company, Warschau, inszenierte, hat es verstanden, die Handlung klug vor jeder Rührseligkeit zu bewahren und die Schauspieler glaubwürdig agieren zu lassen. Herausragend in einem Ensemble ausgezeichneter Schauspieler ist Lucy Gehrman als liebenswerte, in ihren mittleren Jahren befindliche kleine Geschäftsfrau in einem ukrainischen Städtchen, die mit heroischer Geduld und einem Minimum an Klage den Verlust ihres Ehemanns (Alexander Stein) und zweier Kinder ertragen muß. Als sie nach dem Weltkrieg mit Hilfe der HIAS (Hebrew Immigrant Aid Society) in New York endlich wieder mit ihrem jüngsten Sohn (Edmund Zayenda) vereint ist, hoffen alle Zuschauer mit ihr, sie möge fortan bis ans Ende ihrer Tage frei von 'suris' (Sorgen) sein. (...)

H.T.S., in: New York Times, Film Reviews, 15. September 1939

A BRIWELE DER MAMEN ist ein typisch jiddisches Rührstück, dessen Einsatz dank ausgezeichneter Besetzung, Regie und annehmbarem Drehbuch an Orten mit großer jüdischer Bevölkerung durchaus lukrativ sein müßte.
BRIWELE handelt im wesentlichen von der Liebe und der Selbstaufopferung einer Mutter, einem wiederkehrenden Thema auf dem jiddischen Theater, doch mit Lucy Gehrman in der Hauptrolle, dem Star des amerikanisch-jiddischen Theaters, bekommt der Film noch zusätzliches Gewicht.
Frau Gehrman spielt Dobrisch, die Mutter dreier Kinder, die in einem polnischen Städtchen, vor dem Krieg, darum kämpft, sich und die Kinder sowie ihren philosophierenden, idealistischen, aber nichtsnutzigen Ehemann über die Runden zu bringen. (...) Co-Star Misha Gehrman porträtiert mit gebührender Zurückhaltung den HIAS-Direktor, der maßgeblichen Anteil daran hat, daß Mrs. Gehrman ihren kleinen Avele, den verlorenen Sohn, in New York wieder in die Arme schließen kann. (...)

Variety, New York, 20. September 1939

### Zu diesem Film

(...) Vorgeführt wird der Zerfall einer Familie. Das erste Mitglied, das ihr verlorengeht, ist der Vater, ein verträumter Musikliebhaber, welcher seine Zeit etwa damit verbringt, ein Lied zu verfassen - zur Freude dreier sangesfroher Bekannter, zum Ärger vor allem des ältesten Sohnes, welcher seinen Vater lieber Geld für die Familie verdienen sähe. So muß die Mutter auch noch mit für den Unterhalt sorgen, und als der Vater merkt, daß die Leute schon tuscheln, faßt er den Entschluß, nach Amerika auszuwandern, um sich dort eine neue Existenz aufzubauen und die Familie später nachkommen zu lassen. Er verabschiedet sich von seinem Freund, dem Schneider, geht aber fort, ohne seine Angehörigen noch einmal zu sehen und ohne eine Mitteilung an sie.
Die Bedeutung dieses Schritts als eines Bruchs mit der Tradition wird dadurch unterstrichen, daß man die Familie später beim 'sseder' um den Tisch versammelt sieht, nur der

Stuhl des Vaters ist leer; mehrfach blicken die Anwesenden hinüber zu diesem Stuhl, bis der kleine Sohn zu schluchzen anfängt. Und es ist der Film, der nun eine Verbindung über das Meer hinweg mit dem Vater herstellt: Eingeschnitten sind Bilder von Meereswellen und der Silhouette von New York, und dann wird der Vater gezeigt, wie er abgerissen neben einem anderen Mann auf einer Parkbank sitzt (...). Man sieht den Vater später nur noch ein einziges Mal - hinter einem kleinen Verkaufsstand auf der Straße. Obwohl Amerika sich für die Personen dieses Films als Land der Hoffnung auf ein neues Leben darstellt, wird es von Green also in keiner Weise idealisiert. Gleichwohl erscheint es hier, nachdem die Ereignisse des Ersten Weltkriegs die gewohnten Lebensumstände der Protagonisten endgültig durcheinandergebracht haben, als die einzige Möglichkeit, überhaupt weiterleben zu können, und wenn der Film die Menschenmassen zeigt, die sich um eine Auswanderung bemühen, bricht er, metaphorisch gesprochen, die Zelte für die Juden in Europa ab. Green drehte A BRIWELE DER MAMEN Ende 1938.

*

(...) Mit seinem letzten Werk, A BRIWELE DER MAMEN, erweist sich (Green) als ein Vorläufer des Neorealismus, und es ist höchst bedauerlich, daß der deutsche Faschismus danach auch seiner Filmkarriere ein Ende setzte. A BRIWELE DER MAMEN arbeitet am Anfang noch mit Elementen des musikalischen Films, entpuppt sich aber schnell als eine Chronik in der Art italienischer Filme aus der zweiten Hälfte der 40er Jahre, um sich am Schluß wiederum in ein stilreines Melodrama zu verwandeln; aber auch das ist ja dem Neorealismus keineswegs fremd. Nach drei Musikkomödien glaubte sich Green offenbar reif für einen 'ernsthafteren' Stoff, die Gestaltung des kollektiven Schicksals seines Volkes zur Zeit der großen Auswanderungswellen nach Amerika, dargestellt in Form eines Familiendramas mit der Mutter im Mittelpunkt. Die Handlung umfaßt die Zeit von vor dem ersten Weltkrieg bis Anfang der 20er Jahre, und trotz der notwendigen Raffungen und Verkürzungen gelingt es Green, ein Gefühl sowohl für die Veränderung seiner Protagonisten als auch der äußeren Zeitumstände zu erzeugen. (...)
Es ist nicht zu übersehen, daß dieser vergleichsweise voluminöse Stoff die doch eher bescheidenen Mittel, die auch dieser Produktion nur noch zur Verfügung standen, bis an ihre Grenzen beanspruchte. Die Ärmlichkeit mancher Szenen ist eklatant, aber Green löst die auftretenden Probleme nicht ohne filmisches Gespür. (...)
Der Krieg ist im Film visuell vor allem in Form von 'stock shots' präsent. Einmal sieht man die Mutter nachts im Bett liegen und darüber, in das Bild einkopiert, Kriegsszenen ablaufen - ein sehr einfaches und ohne jede Raffinesse ausgeführtes Verfahren, welches gleichwohl die Angst der Mutter um ihren Sohn sinnfällig macht. Es erinnert an ganz frühe Stummfilme und bezieht seine Wirkung gerade aus der bewußt archaischen Qualität. Solche Mittel der filmischen Darstellung mögen zunächst als Notbehelf gewählt worden sein, aber in Greens Realisation wächst ihnen nicht selten ein Überschuß zu, welcher sie erst eigentlich die ihnen zugedachten Funktionen erfüllen läßt. (...)

Winfried Günther, in: Das jiddische Kino, Deutsches Filmmuseum Frankfurt, 1982

### Klagelied jüdischer Immigranten

(...) Der klug gewählte Titel wurde von Solomon Smulevits Lied aus der Zeit der Jahrhundertwende entliehen, dem vielleicht bekanntesten Klagelied jüdischer Immigranten. Das Drehbuch hatte der beim 'Forverts' tätige Mendel Osherovitz

in New York geschrieben; die Musik komponierte Molly Picons musikalischer Begleiter Abraham Ellstein. Als polnischen Co-Regisseur engagierte Green Leon Trystan.
Bevor allerdings mit der Produktion begonnen wurde, trat Jacob Kalich an Green heran, der es, den Erfolg von *Jidl mitn Fidl* vor Augen, gern gesehen hätte, wenn Green einen weiteren Film mit der Picon gedreht hätte. Kalich schlug vor, 'Mamele', eine Komödie von Meyer Schwartz, zu adaptieren, mit der die Picon mehr als zehn Jahre zuvor einen großen Bühnenerfolg gehabt hatte. (...)
Green war einverstanden, obwohl er grundsätzlich die Verfilmung von Theaterstücken ablehnte. Vielleicht spürte er die zunehmende Unsicherheit der Situation in Polen und beschloß deshalb, die Arbeit von zwei Jahre in einem zu leisten. Jedenfalls wurden *Mamele* und A BRIWELE DER MAMEN nacheinander mit nahezu demselben Team gedreht - darunter dem Kameramann Seweryn Steinwurzel, den Ausstattern Jacek Rotmil und Stefan Norris (die auch am *Dybuk* mitwirkten), den amerikanischen Schauspielern Gertrude Bulman und Edmund Zayenda sowie Simcha Fostel und Maks Bozyk. (...)
Green drehte *Mamele* und A BRIWELE DER MAMEN in nur drei Monaten. Während Polen mithalf, die Tschechoslowakei zu zerstückeln, indem es das Grenzgebiet um Cieszyn am 1. Oktober 1938 annektierte, war Green noch mit der Montage und der Mischung der Filme beschäftigt. Die Arbeit an den beiden Filmen währte noch über die vom Naziregime inszenierte Kristallnacht hinaus, das bis dahin größte und brutalste Pogrom gegen deutsche Juden. Überzeugt, daß der Krieg bevorstünde, organisierte Green den polnischen Filmstart für beide Filme, schloß sein Büro, verließ Warschau im Dezember und nahm alle Papiere mit sich. Pläne für die Produktion eines polnischsprachigen Films, eines Remakes von Henryk Szaros Erfolg *Dszikuska* (Das wilde Mädchen) aus dem Jahre 1928, wurden fallengelassen. (...)

Jim Hoberman: Bridge of Light. Yiddish Film Between Two Worlds, New York 1991

**Joseph Green**, 1904 in Lodz geboren, sah im Alter von fünfzehn Jahren als Schauspielschüler in Berlin zum ersten Mal eine Aufführung der 'Wilnaer Truppe', eines jiddischen Wandertheaterensembles. Ein Schauspieler, der für seine jugendliche Rolle zu alt geworden war, sollte ersetzt werden. Der junge Joseph Green bekam sein erstes Engagement. Tourneen führten ihn von Warschau über Paris bis nach New York. Dort bekam er Kontakt zur Filmbranche und spielte 1927 im ersten Tonfilm mit, dem *Jazz Singer*. 1932 kehrte er nach Polen zurück. Dort vertonte er mit anderen jiddischen Schauspielern jiddische Stummfilme. Von 1935-39 drehte er in Polen - vor allem mit der Schauspielerin Molly Picon in den Hauptrollen - eigene Filme. Auf *Jidl mitn Fidl* (1936) folgten *Der Purimschpiler* (1936) sowie *Mamele* und A BRIWELE DER MAMEN (beide 1938). Alle diese Filme wurden in Studios in Warschau und mit Aufnahmen auf dem Land gedreht. Green wollte seine Filme einem breiten Publikum zugänglich machen.
Auf Bitten der Jüdischen Gemeinde im jüdischen Ghetto in Berlin wurde sogar noch 1938 der *Jidl* gezeigt. Allerdings mußte vorher eine Kopie an Goebbels geschickt werden, der erstaunlicherweise eine Genehmigung erteilte.

Detlev Claussen: Das letzte Lachen und das letzte Weinen, in: Frankfurter Allgemeine Zeitung, 23. Juni 1980

Herausgeber: Freunde der Deutschen Kinemathek. Druck: graficpress

## ON A HEYM / BEZDOMNI
Without a home  Polen 1938

*Produktion: Alma Film*
*Regie: Aleksander Marten*
*Buch: Alter Kacyzna*
*Nach Jacob Gordins gleichnamigem Theaterstück*
*Kamera: Jacob Jonilowicz, David Eisenstadt*
*Musik: Iso Szajewicz*
*Ausstattung: Jacek Weinreich*
*Produzent: Adolph Mann*
*Darsteller: Adam Domb (Jacob Elkhonon), Aleksander Marten (Avreyml), Ida Kaminska (Bas Sheve), Ben Zuker (Khonokh), Shimon Dzigan (Motl), Yisroel Schumacher (Fishl), Vera Gran (Bessie), Dora Fakiel (Lina), Mirele Gruber*
*Uraufführung: März 1939, Warschau*
*Schwarzweiß, Jiddisch mit englischen Untertiteln, 90 Minuten*

### Inhalt
(...) Die Handlung, voller Tragik, beginnt mit dem Ertrinken des ältesten Sohnes der Familie Rivkin. Des Lebens in Osteuropa überdrüssig, geht der Vater nach Amerika, wo er lediglich eine Beschäftigung als Tellerwäscher in einem Nachtclub findet. Dennoch holt er, mit finanzieller Unterstützung einer attraktiven Cabaret-Sängerin, seinen jüngeren Sohn, seine Frau und seinen alten Vater zu sich. Keiner von ihnen wird in Amerika glücklich; alles geht schief: scheinbarer Ehebruch, Armut und Selbstmord. ON A HEYM ist die Geschichte jüdischen Kummers und jüdischer Mühsal, in einer Zeit der drohenden Tragödie. Der Film endet optimistisch, obwohl es 1939 in Polen wenig zu hoffen gab. Wie unfreiwillig prophetisch der Titel, ON A HEYM, war! Nur sechs Jahre später wurden die Juden Osteuropas zu Unpersonen. (...)

Eric A. Goldman: Visions, Images, and Dreams. Yiddish Film Past and Present, Ann Arbor 1983

### Zur Entstehungszeit
Aleksander Marten hatte eben einen polnischen Film beendet, als der Produzent Adolph Mann ihn dazu anregte, einen weiteren jiddischen Film zu machen. Marten, der Nazi-Deutschland ein Jahr zuvor wegen der allumfassenden Beschränkungen der Juden dort verlassen hatte, gefiel dieser Gedanke. In einem Interview aus dem Jahr 1938 sprach Marten die Hoffnung aus, aktuelle Fragen und Probleme behandeln zu können. Dennoch war die Furcht in dieser Zeit so groß, daß kein Regisseur, und schon gar kein jüdischer, es wagte, einen offenkundigen Anti-Nazi Film zu machen.

Mann und Marten wählten stattdessen ein Klassiker von Jacob Gordin, 'On a Heym', den der Alter Kacyzna in Hinblick auf ein potentielles amerikanisches Publikum für die Leinwand bearbeitete. Die Geschichte Gordins ist eine nostalgische Rückschau auf das jüdische Leben in Osteuropa um die Jahrhundertwende. (...)

Im Gegensatz zu den Bemühungen jiddischer Filmemacher früherer Jahre war die Besetzungskapazität hier begrenzt. Regisseur Marten spielte die Rolle des Avreyml, des Vaters.

Dzigan und Schumacher als Motl und Fishl sollten dem Film ein ähnlich komisches Profil verleihen wie zuvor in *Al Khet* und *Frejleche Kabzonim*. Zusätzlich wurde Ida Kaminska, damals eine führende Darstellerin und Regisseurin auf den jiddischen Bühnen Warschaus, für die weibliche Hauptrolle engagiert. Kaminska übernahm die Rolle unter der Voraussetzung, daß sie täglich bezahlt würde, besorgt über die finanzielle Stabilität des Unternehmens. Als das Geld während der Dreharbeiten zuendeging, kündigte Kaminska unverzüglich, und der Film mußte mit Profil- und Rückenaufnahmen eines Doubles komplettiert werden. Daß der Film überhaupt in den Verleih gelangte, war allein das Verdienst von Martens unbeirrbarer Zielstrebigkeit. Trotz all dieser Bemühungen wurde der Film vom Publikum nicht gut aufgenommen.

Zehn jiddische Spielfilme wurden zwischen 1936 und 1939 in Polen gedreht. Beteiligt an diesem kulturellen Phänomen waren Autoren wie Manger, Broderson und Kacyzna, Komponisten wie Kahn, Ellstein und Brodsky, Künstler wie Adler und Weinreich sowie die Schauspieler Molly Picon, Zygmund Turkow, Ida Kaminska, Ester Rachel Halpern, Shimon Dzigan, Marevsky und Yisroel Schuhmacher. Sie hinterließen uns ein Vermächtnis für die kommenden Jahrhunderte und Zeugnisse einer Lebensform, die es schon bald nicht mehr gab.

Der letzte Film dieser Epoche, Aleksander Martens ON A HEYM, kam im März 1939 in die Kinos, sieben Monate bevor die Nazis in Warschau einmarschierten. Joseph Green plante die Produktion eines neuen Filmmusicals für den Sommer 1939 und Marten beschäftigte sich mit der Zukunft eines "rein jiddischen Kinos". Als der Krieg ausbrach, sollte Green niemals wieder nach Polen zurückkehren; Marten seinerseits fiel der Vernichtungsmaschine des Holocaust zum Opfer. Trotz einiger Anstrengungen nach Ende des Krieges versäumte es Polen, neuerlich zum Zentrum jüdischen Lebens zu werden; stattdessen wurde es seine Grabstätte.

Eric A. Goldman: Visions, Images, and Dreams. Yiddish Film Past and Present, Ann Arbor 1983

### Der letzte jiddische Film im Polen der Vorkriegszeit
Das Motiv der unheilvollen Auswanderung - oder auch der Unmöglichkeit irgendeiner Art des Entkommens - trat sehr deutlich in den Vordergrund des Films ON A HEYM, dem letzten jiddischen Tonfilm im Polen der Vorkriegszeit, der entstanden ist während der beängstigenden letzten Monate des Jahres 1938, in denen (...) unter anderem Warschaus führende jiddische Tageszeitung 'Hayut' zwangsweise eingestellt wurde. Der Regisseur von *Al Khet*, Aleksander Marten, nach dem Anschluß Österreichs aus Wien nach Warschau gekommen, nahm sich ein Stück von Jacob Gordin vor, das dreißig Jahre früher, mit Sarah Adler in einer Hauptrolle, gefeiert worden war. Unter der Regie von Marten und nach einer Adaptation von Alter Kacyzna spielte Ida Kaminska ihre erste Rolle seit *Tkies Kaf* (1924), (...) mit Dzigan und Schumacher in Nebenrollen. Trotz seines starken, aufrüt-

telnden Titels, ganz zu schweigen von Martens Kenntnis des nazistischen Antisemitismus aus erster Hand, blieb ON A HEYM erstaunlich unpolitisch - so als ob das Schicksal der polnischen Juden eine Frage wäre, die nicht direkt beantwortet werden könnte.

Wie *A Briwele der Mamen* stellt auch ON A HEYM die Neue Welt der alten Welt gegenüber. (...) Es ist nicht ohne Ironie, daß die einzige Verfilmung von Gordins Einwanderungsdramen aus Europa stammt. Jenseits aller Ironie ist allerdings die Haltung des Films: schwerlich ein sicherer Hafen, geschweige denn eine echte Alternative zu Polen, ist Amerika ein Land der bartlosen Juden und der zerbrochenen Träume. Der Grundtenor ist voller Schwermut. Viel unmittelbarer noch als in *Al Khet* verknüpft Marten die Handlung mit einer Reihe von Aufnahmen aus einer Synagoge, unterlegt mit dem Klagelied eines unsichtbaren Chores.

ON A HEYM ist als Film so düster wie sein Titel vermuten läßt - tatsächlich ist seine Todesnähe offenkundig. Kaddisch, zu Beginn des Films gesungen, wird noch zweimal wiederholt, während die Handlung hin- und herspringt zwischen Avreymls Leben in der Fremde, in New York, und dem Leben in Polen, wo Bas Sheve (Ida Kaminska) und Khonokh (Ben Zuker) von Alvreymels altem Vater (Adam Domb) unterstützt werden. (...)

Wie im sowjetischen Film wird Amerika fast nur negativ gezeichnet. "In Amerika ist man nicht gefühlvoll", erklärt Bessie Avreyml. "In Amerika hat man für Gott keine Zeit", klagt sein frommer Vater. (...)

Ausschließlich im Studio von *Jidl mitn Fidl*-Kameramann Jacob Jonilowicz aufgenommen, ist ON A HEYM der klaustrophobischste und in der Ausstattung kärglichste aller polnisch-jiddischen Tonfilme; einzig Ida Kaminska verleiht dieser Arbeit einen gewissen Glanz. In einem noch vor dem Kinostart des Films geführten Interview fragte sich Marten, warum die Talente der Kaminska niemals so recht von jiddischen Regisseuren 'ausgenützt' worden seien und versprach gleichzeitig, daß "dieses Versäumnis jetzt nachgeholt werden würde". Das wurde es tatsächlich: im Verlauf der Dreharbeiten, so Eric Goldman, wurde sich die Kaminska der 'Ausnutzung' ihrer Person so bewußt - oder zweifelte vielleicht daran, daß ON A HEYM jemals fertiggestellt würde -, daß sie darauf bestand, ihre Gage nach jedem Drehtag sofort zu kassieren.

Trotz alledem verriet ON A HEYM (...) bei weitem mehr technisches Geschick als die meisten amerikanischen Filme seiner Zeit. Marten und Jonilowicz kompensierten ihr eher steril wirkendes Dekor mit *mirror-shots*, Schuß-Gegenschuß-Aufnahmen und expressiver Ausleuchtung; sie verwendeten Modelle als Ersatz für Außenaufnahmen und erreichten Spannungsmomente durch dramatische Großaufnahmen, die in Szenen mit Ida Kaminska dank der Intensität ihrer Darstellung besondere Wirkung erzielten. (...)

Jim Hoberman: Bridge of Light, Yiddish Film Between Two Worlds, New York 1991

### Erinnerungen an Jiddisch

(...) Die Herstellung von jiddischen Filmen für ein jüdisches Publikum war auch den polnischen Behörden der dreißiger Jahre recht. Als ich 1961 das Jiddische Theater in der Hauptstadt der Volksrepublik Polen besuchte, gab es nicht mehr genug Juden in Warschau, um die Theatergruppe der Ida Kaminska in einem jüdischen Kulturbereich arbeiten zu lassen. Das Jiddische Theater war eine offizielle Kulturinstitution des kommunistischen polnischen Staates geworden, ein Muß für Nichtjuden. Jeder Besucher des Theaters konnte in einem Kopfhörer simultanen Übersetzungen des jiddischen Textes ins Polnische folgen. Die deutschen Nationalsozialisten hatten gerade in Polen bei der nicht nur von Goebbels geforderten Ausrottung der Juden gründliche Arbeit geleistet. Die von ihnen zertrümmerte Welt lebt jedoch im Jiddischen weiter, und der jiddische Film spiegelt die Vielschichtigkeit dieser verschwundenen Wirklichkeit, sodaß wir deren Kraft und Ausstrahlung wenigstens ahnen können.

Erwin Leiser: Erinnerungen an Jiddisch, in: Film, Nr. 2, München 1980

**Ida Kaminska** (Ida Kaminski), Schauspielerin, Regisseurin, Produzentin, geb. 4. September 1899 in Odessa (Ukraine); gest. 21. Mai 1980 in New York City. Tochter des Theaterproduzenten Avram Izhak Kaminski und der Schauspielerin Esther Rachel Halpern, war verheiratet mit den Produzenten Zygmunt Turkow und M. Melman. Ende der 40er Jahre bis Ende der 60er Jahre leitete sie das Jüdische Staatstheater Polens. International bekannt wurde sie mit *Obchod na korze* (Der Laden in der Hauptstraße, 1965, Regie: Ján Kadár, Elmar Klos). Ende der 60er Jahre emigrierte sie in die USA.

**Aleksander Marten**, (eigentlich: Marek Tennenbaum) geb. in Lodz, studierte Schauspiel und Regie bei Max Reinhardt; in den zwanziger Jahren Regieassistenz bei mehreren Theaterproduktionen in Deutschland; lebte anschließend in Warschau, in den dreißiger Jahren in Wien, ab 1938 wieder in Warschau; Opfer des Holocaust (Todestag unbekannt).
Filme (Auswahl): *Al Khet* (1935/36), ON A HEYM (1938).

Herausgeber: Freunde der Deutschen Kinemathek. Druck: graficpress

## MIR LEBN GEBLIBENE

We Are Still Alive / We Who Remain / Am Yisroel Khay
Polen 1947/48

*Produktion: Kinor-Film-Kooperative*
*Regie: Natan Gross*
*Buch: Ephraim Kaganowsky*
*Kamera: Adolph Forbert*
*Musik: Saul Breschuwski*
*Sprecher: Jacob Rotboym*
*Künstlerische Beratung: Natan Rapaport*
*Produzenten: Shaul Goskind, Natan Gross, Joseph Juszynski*
*Schwarzweiß, Jiddisch mit engl. UT, 70 Minuten*

### Inhalt

Ein Dokumentarfilm über das jüdische Leben in Polen nach
dem Krieg; im Mittelpunkt stehen die Arbeit, die vielfältigen
kulturellen, politischen und religiösen Aktivitäten.

### Nach dem Krieg

Als Polen im Frühjahr 1945 befreit wurde, war das Land verwüstet. Warschau lag in Schutt und Asche. Der Krieg hatte ein
Drittel der polnischen Industrieanlagen, 40 % des Volksver-
mögens, die Hälfte des öffentlichen Verkehrsnetzes, 60 % der
Schulen, der Postämter und des Telefonnetzes, 70 % des nationalen Viehbestandes vernichtet, und 90 % der jüdischen
Bevölkerung waren ermordet worden.
Etwa 75 000 Juden verblieben auf polnischem Boden, dazu
noch 200 000 polnische Juden in der Sowjetunion. Vereinzelte Überlebende kehrten in ihre Heimatorte zurück und viele
von ihnen stellten fest, daß sie von ihrer Familie, ihren
Freunden und ihren Nachbarn die einzigen waren, die den
Krieg überlebt hatten. Häufig fanden sie ihre Häuser von
neuen Bewohner besetzt. In einigen extremen Fällen wurden
zurückkehrende Juden Opfer von Angriffen und sogar Mor-
den. Es gab auch Vorfälle, bei denen Juden aus Zügen und
Bussen, die Polen verließen, herausgeholt und erschlagen
wurden. Am 4. Juli 1946 wurde durch Verleumdungen ein
Pogrom in Kielce ausgelöst, bei dem 41 Juden getötet und 59
verwundet wurden. Zu diesem Zeitpunkt hatte bereits die
Hälfte der polnischen Juden das Land verlassen und war in der
Hoffnung, von dort aus in die USA oder nach Palästina
emigrieren zu können, in die von den Amerikanern besetzten
Zonen Deutschlands und Österreichs gegangen.
Der Krieg hatte auch Polens Filmindustrie zerstört. 1945 gab
es keine Kameras, Studios oder Filmlabors. Die Keimzelle des
neuen polnischen Kinos (wie auch die des neuen polnischen
Regimes) wurde durch die Rote Armee geschaffen. 1943 hatte
die Division Kosciuszko in der Sowjetunion eine Filmabtei-
lung gegründet (...). Als die Einheit polnischen Boden betrat,
wurde daraus das Film-Studio der polnischen Armee. Das
erste Projekt (und auch der erste Dokumentarfilm über die nationalsozialistischen Vernichtungslager) war Aleksander Fords
*Majdanek*. Zwei Jahre später wurde in Lodz 'Film Polski' gegründet, zu dessen Leiter Ford ernannt wurde (...).
Nach ihrer Rückkehr aus der Sowjetunion schlossen sich die
Goskind-Brüder der polnischen Filmindustrie an. Yitzhak
wurde zum Leiter der Bibliothek von 'Film Polski' ernannt,
während Ford seinem früheren Produzenten Shaul Goskind die Übernahme eines Produktionsstabs anbot. Goskind,
der weiterhin jiddische Filme produzieren wollte, zog es vor,
unter den Auspizien des Zentralkomitees der polnischen Juden zu arbeiten, das damals vom American Joint Distribution Committee (JDC) finanziert wurde. Zusammen mit den
Söhnen von Leo Forbert, Wladyslaw und Adolph (letzterer
ein Mitglied der Vereinigten Polnischen Arbeiterpartei)
gründete Goskind die Filmkooperative 'Kinor' (nach dem
hebräischen Wort für Harfe) und stellte eine Reihe wochen-
schau-ähnlicher Dokumentarfilme über das jüdische Leben
in der Nachkriegszeit her. (...)
Die neue 'Kinor'-Kooperative, der die Produktionsmittel
von 'Film Polski' zur Verfügung standen, engagierte den
27jährigen Natan Gross als festangestellten Regisseur. Gross,
der - von einer nicht-jüdischen Familie versteckt - den Krieg
in Polen überlebt hatte, war der Sohn eines Krakauer Glas-
händlers und ein überzeugter Zionist. Er hatte ein hebräisch-
sprachiges Gymnasium besucht und gehörte der 'Gordonia'
an, einer linksgerichteten, allerdings nicht marxistischen Jugendorganisation an, benannt nach A. D. Gordon, dem zionistischen Verfechter einer 'Religion der Arbeit'. 1946 hatte
Gross sich auf eine Zeitungsannonce hin für einen einjähri-
gen Regie-Kurs an dem neugegründeten 'Polnischen Film-
Institut' in Lodz beworben, woran sich eine Regieassistenz
bei Stanislaw Wohl (*Dwie Godziny/Zwei Stunden*) anschloß.
Der Film, eine Art *Grand Hotel* in einer Kleinstadt am Ende
des Krieges, begann mit der Ankunft und endete mit der
Abfahrt eines Zuges: Überlebende der Konzentrationslager
treffen auf Kollaborateure, Liebende sehen sich wieder
vereint, Verräter werden entlarvt. (Obwohl dies der erste
polnische Spielfilm nach dem Krieg war, wurde *Dwie God-
ziny* mit der Begründung, er sei nicht optimistisch genug, zu-
rückgehalten und erst 1957 aufgeführt.)
Wie Gross berichtet, der die jiddische Sprache erst während
seiner Arbeit für 'Kinor' erlernte, waren ihre kurzen Dokumentarfilme die ersten Arbeiten, die nach dem Krieg in
Polen gedreht wurden: "Alles andere war durch die Politik
blockiert." Die polnischen Behörden waren natürlich nicht
begeistert, als sie sahen, daß die Filmindustrie mit einer
Reihe jiddischer Wochenschauen wiedererstehen sollte.
Deshalb kamen die frühen 'Kinor'-Filme nie offiziell in den
Verleih, sondern wurden nur im Rahmen von Sondervorfüh-
rungen vor fast ausschließlich jüdischem Publikum gezeigt.

### "Das jüdische Volk lebt..."

(...) 1947/48 produzierten Gross und Goskind zwei ehrgeizige abendfüllende Filme, MIR LEBN GEBLIBENE und *Unsere Kinder*. Keiner der beiden Filme gelangte in Polen
offiziell in die Kinos.

MIR LEBN GEBLIBENE - auch unter dem Titel *Am Yisroel
Khay* ('Das jüdische Volk lebt') bekannt, nach dem gleichnamigen Lied, das in der Originalversion als Titelmusik
diente - gibt einen Überblick über das jüdische Leben nach
dem Krieg im Stil von Wochenschauen, vermutlich unter

Verwendung von Material aus den früher von 'Kinor' produzierten kurzen Dokumentarfilmen. Ein Teil davon, der auch separat unter dem Titel *Produktivizatsye* (Produktionssteigerung) herausgebracht wurde, besteht aus einer rasanten Montage von Drehbänken und Maschinen, die mit romantischen polnischen Melodien unterlegt ist. Man sieht eine Schneiderkooperative, die aus Lumpen Kleider fertigt; dazu hört man ein Schuhmacherkollektiv, das im Gleichklang an seinen Schuhen hämmert. Der Film, in seiner Verklärung der Arbeit auf die experimentellen Dokumentarfilme der späten 20er und frühen 30er Jahre verweisend, ist eine Art *Ballet mécanique*. (Obgleich es keine Erzählung gibt, geht der mitreißende Tango in eine traditionelle jüdische Weise über, als eine Bäckerei gezeigt wird, in der Sabbath-Brot gebacken wird.) Ansonsten zeigt MIR LEBN GEBLIBENE die Vielfalt der jüdischen Kultur: Channuka-Feiern, die Herstellung von polnisch-jüdischen Zeitungen, eine Konferenz jiddischer Schriftsteller, einen hebräischen Chor, einen von Felix Fibich und Judith Berg aufgeführten chassidischen Tanz, Fania Rubinas Lieder aus dem Warschauer Ghetto, eine Ausstellung mit Bildern, die den Aufstand im Ghetto zeigen. Besonders herausgestellt wird das jiddische Theater. Ida Kaminska tritt als Mirele Efros auf; Moysche Lipman, der in 'Tkies Kaf' Kaminskas Schwiegervater gespielt hatte, ist in der Rolle des Tewje zu sehen, und es gibt Szenen aus Aufführungen von 'Herschele Ostropoler' und 'Motl Pejsi' durch Theatergruppen aus Lodz und Niederschlesien.
MIR LEBN GEBLIBENE hält auch die Gründung eines jüdischen historischen Komitees im Bild fest, doch ansonsten zieht der Film den Blick in die Zukunft einer Beschäftigung mit der unseligen Vergangenheit vor. Beträchtliches Interesse wird den Kindern entgegengebracht - ihren Schulen und Ferienlagern, ihren Liedern und Turnübungen, ihren sportlichen Aktivitäten und den Jugendorganisationen. Zionistische Arbeiterverbände sind allgegenwärtig, hebräische Lieder ebenfalls. Der Film endet voll überschäumendem Optimismus mit einer ekstatischen Montage von Zeitungen, Fabriken und landwirtschaftlichen Betrieben. Als vom Chor das Lied 'Am Yisroel Khay' wieder erklingt, sieht man Kinder in Uniformen, die herbeieilen und sich einer durch die Straßen marschierenden Musikkapelle anschließen. Minutenlang ziehen dann jüdische Jugendgruppen in militärischer Formation mit polnischen, kommunistischen und zionistischen Bannern an der Kamera vorbei. (...)

Jim Hoberman: Bridge of Light. Yiddish Film Between Two Worlds, New York 1991

**Natan Gross**, geb. 16. November 1919 in Kraków, polnisch-israelischer Kritiker, Filmregisseur und Journalist. 1946-47 Ausbildung an der neugegründeten polnischen Filmhochschule in Lodz. Regisseur mehrerer teils in Jiddisch, teils in Ivrit gedrehten kurzen Dokumentarfilme für die 'Kinor'-Film-Kooperative von Shaul Goskind. Später Übersiedlung nach Israel, wo er mehrere Filme produzierte und inszenierte. Verfasser einer Geschichte des jiddischen Films in Polen ('Toldot Hakolnoa Hayehudi Bepolin: 1910-1950', Jerusalem 1990). Filme (Auswahl): *Kadima Gordonaim* (Polen 1947, Dokumentarfilm in Ivrit), MIR LEBN GEBLIBENE (Polen 1947/48), *Unsere Kinder* (Polen 1948, Spielfilm), *The Tent/Dos Getselt/Report on Israel* (USA 1950, Dokumentarfilm), *Hamartef* (Der Keller, Israel 1963, Spielfilm).

**Shaul Goskind** produzierte in Polen vor dem Krieg mehrere Spielfilme in jiddischer Sprache, darunter *Al Khet* (1936, *I Have Sinned*) und *Weseli Biedaci/Frejleche Kabzonim* (Die fröhlichen Armen, 1937), sowie zusammen mit seinem Bruder Yitzhak Goskind für ihre in Warschau ansässige Produktionsgesellschaft 'Sektor-Film' sechs kurze 'Travelogues' über städtische jüdische Gemeinden in Polen: *Ein Tag in Warschau*, *Jüdisches Leben in Bialystok*, *Jüdisches Leben in Krakau*, *Jüdisches Leben in Lodz*, *Jüdisches Leben in Lwow* und *Jüdisches Leben in Wilna* (alle 1939). Den Krieg überlebten die Goskind-Brüder in der Sowjetunion. Für die von ihm mitgegründete 'Kinor'-Kooperative produzierte Shaul Goskind neben Natan Gross' MIR LEBN GEBLIBENE auch dessen halbdokumentarischen Spielfilm *Unsere Kinder* über Waisenkinder in Lodz; der Film wurde von der polnischen Regierung verboten. 1952 emigrierte Shaul Goskind, dem zuvor von staatlicher Seite ein Verweis erteilt worden war, nach Israel.

Herausgeber: Freunde der Deutschen Kinemathek. Druck: graficpress

## OPSTAND IN SOBIBOR / REVOLT IN SOBIBOR Niederlande/UdSSR 1989

*Produktion: Open Studio Productions, V/O Sovinfilm*
*Regie: Lily van den Bergh, Pavel Kogan*
*Buch: Petra Lataster*
*Bearbeitung: Peter Dop, Lilly van den Bergh*
*Kamera: Sergei Skwortsow*
*Musik: Gene Carl, Patricio Wang*
*Recherche: Jules Schelvis*
*Ton: Sergei Litwiakow. Schnitt: Jan Dop*
*Licht: Annemarie Borsboom*
*Produktionsleitung: Lily van den Bergh*
*Mitwirkende: Alexander Pecherski\*, Stanislaw Szmajzner\**
*Samuel Lerer, Regina Zielinski, Jules Schelvis*
*Uraufführung: 22. September 1989, Utrecht(Dutch Film Days)*
*Farbe, 140 Minuten, OF (russisch/englisch)*
*Gedreht in Rostow (UdSSR), Goiania (Brasilien), Tricht (Niederlande), Sydney, New York, Hannover*

### Anmerkung

*Alexander Pecherski, geb. 1909 in Kremenchug/Ukraine; gest. 1990 in Rostow. *Stanislaw Szmajzner, geb. 1927 in Pulawy/Polen; gest. 1989 in Brasilien. Samuel Lerer, geb. in Zolkiewka/Polen, lebt in New York. Regina Zielinski, geb. 1924 in Siedlisczcze, lebt in Sydney (Australien). Jules Schelvis, geb. 7. Januar 1921 in Amsterdam, lebt in Tricht.

### Zu diesem Film

Gemeinsam mit dem sowjetischen Regisseur Pavel Kogan folgte die Niederländerin Lily van den Bergh den Spuren von vier Überlebenden der Revolte in Sobibor, an der sich einige hundert Gefangene im Jahre 1943 beteiligt hatten. Diese vier überlebten wegen ihres ausgeprägten Lebenswillens, der sie aus dem Konzentrationslager fliehen ließ. Wie ertragen sie ihre Erinnerungen? Die vier Porträts bringen eine große Hoffnung zum Ausdruck: die auf Aussöhnung mit dem Leben.

Produktionsmitteilung

### Keiner erwartete zu überleben

''Morgen, am 14. Oktober, fliehen wir.'' Zwei lapidare Sätze aus dem Tagebuch des sowjetischen Offiziers Alexander Pechersky. Sie dokumentieren das Signal für einen Aufstand im KZ Sobibor, einen der wenigen Aufstände, die es in nationalsozialistischen Vernichtungslagern gab. Ein großer Teil der insgesamt 600 Häftlinge konnte dabei entkommen.
In seinem Standardwerk 'Die Vernichtung der europäischen Juden'' hat Raul Hillberg diesem bemerkenswerten Ereignis im Oktober des Jahres 1943 gerade mal eine Seite gewidmet, und bis in die Gegenwart hinein ist der Widerstand in den Vernichtungsfabriken, die fern vom Deutschen Reich im östlichen Polen eingerichtet wurden, auch von anderen Historikern kaum gewürdigt worden. Daß Widerstand die Ausnahme und nicht die Regel war, ist kaum verwunderlich angesichts der Perfektion, mit der die 'Endlösung' betrieben wurde. Um so wichtiger erscheint es deshalb, an den Widerstand zu erinnern, der trotzdem und unter nahezu aussichtslosen Bedingungen

gewagt wurde.
Die holländische Dokumentarfilmerin Lily van den Bergh hat sich Ende der 80er Jahre zusammen mit dem sowjetischen Regisseur Pavel Kogan von den Leningrader Filmstudios auf die Suche nach den Überlebenden gemacht. Dabei konnten sie auf die Hilfe von Jules Schelvis zurückgreifen, der jahrzehntelang über Sobibor recherchiert und Kontakt mit den ehemaligen Gefangenen des Lagers aufgenommen hatte, die heute über den Erdball verstreut in Brasilien, Australien, den USA, der Sowjetunion, den Niederlanden und in Israel leben.
Einer von ihnen ist Stanislaw Szmajzner. Er lebte bis zu seinem Tod kurz vor Fertigstellung des Films 1989 in der kleinen Stadt Goiania in Brasilien, einem Land, in dem viele noch immer organisierte Nazis unbehelligt von der Polizei ihren Lebensabend verbringen. 1978 sah Szmajzner in den Fernsehnachrichten die Festnahme seines Peinigers aus Sobibor, Gustav Wagner, der die Gaskammern und die Unterkünfte der 'Arbeitsjuden' beaufsichtigt hatte. Er fuhr ins 900 Kilometer entfernte Saõ Paulo, um für die Identifizierung Wagners zu Verfügung zu stehen. Von der Begegnung des Opfers mit dem Täter existiert ein Video, auf dem Szmajzner Wagner eine Zigarette anbietet mit den Worten: "Nimm eine Zigarette und denk an Sobibor. Hast du jemals darüber nachgedacht, was das für mich bedeutet? Oder hast du nicht den Mut, die Wahrheit zu sagen über das, was du getan hast?" Die brasilianische Regierung lehnte alle Auslieferungsbegehren ab. Sie entließ Wagner nach einem Jahr aus dem Gefängnis. Kurze Zeit später starb er, nach Angaben der Behörden durch Selbstmord. Szmajzner bezweifelt jedoch die offizielle Version. In dem Film deutet er an, daß Wagner von einer Gruppe jüdischer Rächer getötet wurde.
Stanislaw Szmajzner war fast noch ein Kind, als die Juden seiner Heimatstadt Pulaw ins Oppelner Ghetto gesperrt wurden, von dem jede Nacht Transporte in Richtung Osten abgingen. Seine Fähigkeiten als Goldschmied retteten dem Fünfzehnjährigen das Leben. Nach Auflösung des Ghettos kam er mit dem letzten Transport nach Sobibor, wo er der Selektion für die Gaskammer entging, weil sich die SS-Männer von dem jungen Goldschmied aus dem Zahngold getöteter Juden Schmuck für ihre Frauen herstellen ließen. Drei Tage nach seiner Ankunft erreichte ihn auf verschlungenen Wegen der Brief eines Freundes: "Sprich das Kaddisch für deine Familie." Das Kaddisch - Gebet der Söhne bei der Bestattung der Eltern. "Von diesem Moment an", sagte Stanislaw Szmajzner, "war ich kein Kind mehr. Ich wurde sehr stark. In einer Nacht wurde ich erwachsen."
Wenige Tage später schloß sich Szmajzner der Untergrundgruppe um Leon Feldhendler an, die einen Massenausbruch plante. Kein Zurückbleibender sollte den Vergeltungsschlägen der SS ausgesetzt werden. Das Geheimkomitee setzte sich ausschließlich aus Männern zusammen, Frauen mißtraute man. "Sie können kein Geheimnis bewahren", meinte Szmajzner. Die Komitee-Mitglieder mußten genau überlegen, wen sie in den Ausbruchsplan einweihen, denn "...es gab deutsche Juden, die bis zum Schluß hinter Deutschland

standen." Szmajzner, der sich im Lager frei bewegen durfte, übernahm die Rolle des Kuriers und schaffte heimlich Äxte und Messer beiseite. Jeder Fluchtversuch jedoch schien aussichtslos: In Sobibor waren 40 SS-Männer und 250 ukrainische Wachen eingesetzt. Das Lager war mit unüberwindlichen Stacheldrahtzäunen und Wachtürmen hermetisch abgeriegelt. Gräben und ein weitläufiges Minenfeld sicherten das Gebiet jenseits des Zauns. Im September 1943 verbesserten sich die Chancen für eine Flucht. Der erste Transport mit jüdischen Kriegsgefangenen aus der Sowjetunion traf ein, unter ihnen war Alexander Pechersky, Offizier der Roten Armee, der zum Anführer des Aufstandes wurde. Drei Wochen später kam es zu dem Massenausbruch. Der Plan des Aufstandes war einfach, den geringen Erfolgsaussichten angemessen. Erstes Ziel war es, so viele SS-Männer wie möglich zu töten und die Telefonleitungen zu kappen. Dann sollten zwei Kapos die Gefangenen zu einem regulären Zählappell versammeln, so daß die Anführer sie in geordneten Reihen aus dem Lager führen konnten. Die Anführer hatten einige spärliche Informationen darüber, wo die Tellerminen lagen, und sollten die anderen bis ins sichere Gelände begleiten. Es kam anders: Zwar wurden neun SS-Leute getötet, aber die Kommandanten Bauer, Frenzel und Wagner waren nicht darunter. In Panik rannten die Flüchtenden alle auf einmal los und alarmierten damit die Besatzungen der Wachtürme, die sofort schossen. Viele Häftlinge starben im Kugelhagel oder im verminten Todesstreifen. Der Taxifahrer Samuel Lerer aus New York, der den Aufstand als Sechzehnjähriger erlebte, sagt: "Keiner erwartete zu überleben. Unser einziger Gedanke war: Wir gehen nicht in die Gaskammern." Lerer mußte seinen jüngeren Bruder zurücklassen, der sich krank und bewegungsunfähig in einer anderen Sektion des Lagers befand. Wer es bis in die Wälder geschafft hatte, war danach auf sich allein gestellt und dem Schrecken noch lange nicht entkommen. Die SS leitete eine Suchaktion ein, viele Flüchtlinge wurden von antisemitischen polnischen Partisanen getötet oder von der Bevölkerung verraten. Jules Schevis hat ermittelt, daß nur etwa vierzig der am Ausbruch Beteiligten das Ende des Krieges überlebten. (...)

Elke Schubert, in: Die Zeit, Hamburg, 11. Oktober 1991

## Ein Denkmal, eine Bahnstation und ein Hügel aus Asche

(...) Vier Jahre lang hatte Lily van den Bergh recherchiert, die wenigen über die ganze Welt verstreuten Überlebenden von Sobibor gesucht und befragt. Herausgekommen ist ein Zeitzeugenbericht über ein weitgehend unbekanntes Ereignis, das in der Geschichte der Konzentrationslager eine wichtige Rolle gespielt hat. Um zu vermeiden, sie auf ihre Funktion als Führer des Aufstands oder als Überlebende zu reduzieren, zeigt van den Bergh die von ihr Interviewten immer wieder in ihrer alltäglichen Umgebung und in ihrem Beruf. Doch indem sie über ganz alltägliche Dinge sprechen, kommt zwangsläufig die Vergangenheit zur Sprache, in der die Nazis sie daran hinderten, ein ganz normales Leben ganz normaler Leute zu führen. Und im Unterschied zu denjenigen, von denen Primo Levi berichtet, daß ihnen die 'Scham', zufällig und durch 'günstige Umstände' überlebt zu haben, den Mund auf immer verschloß, haben die Davongekommenen aus Sobibor kaum Probleme, über ihre Zeit zu berichten, weil sie ihre Flucht selbst initiierten.(...) Aus kleinen, collageartig zusammengefügten Reminiszenzen der Befragten fügt der Film langsam ein Bild, eine in der Erinnerung unscharf gewordene Momentaufnahme. Diese Erinnerung aber ist der einzige Grund, warum wir heute überhaupt von Sobibor wissen, denn nach dem Aufstand wurden sämtliche im Lager verbliebenen Juden getötet. Anschließend kommandierten die Nazis drei-

ßig Juden aus Treblinka nach Sobibor, die das Lager vollständig zerstören mußten und danach erschossen wurden. Erst durch die Berichte der Geflohenen wurde bekannt, daß in Sobibor ein Konzentrationslager existiert hatte. Übriggeblieben ist ein Denkmal, eine Bahnstation und ein Hügel aus Asche. (...) Am 8. Mai 1942 waren die Vernichtungsanlagen in Sobibor funktionsfähig. Das Lager selbst war ungefähr sechzig Hektar groß und soll den Neuankommenden einen netten Anblick geboten haben mit Gardinen an den Fenstern und Blumentöpfen. Es war in fünf Zonen unterteilt: Im sogenannten 'Vorlager', das sich direkt an der Bahnstation befand und in dem sich ungefähr 40 SS-Leute und 250 ukrainische Wachen aufhielten, befanden sich die SS-Küche, die Kantine und das Waffendepot. Im Lager I waren die sogenannten 'Arbeitsjuden' untergebracht, als diejenigen, die selektiert worden waren und als Schuster, Schreiner, Tischler oder in anderen Berufen das gesamte Lager in Gang halten mußten. Im Lager II hatten sich die nichtsahnenden Opfer zu entkleiden und ihr mitgebrachtes Gepäck abzugeben, das anschließend sortiert und für den Transport nach Deutschland gelagert wurde. Im Lager III befanden sich die Gaskammern. Den dort untergebrachten 'Arbeitsjuden' war jeglicher Kontakt zu den anderen Gefangenen verboten. Lager IV, das sogenannte 'Nordlager', war eine in Planung befindliche Erweiterung der Anlage, in der sowjetische Kriegsgefangene arbeiteten. Das gesamte Lager war von drei Stacheldrahtzäunen, einem tiefen Graben und einem Minenfeld umgeben. Wachtürme, die mit ukrainischen 'Volksdeutschen' besetzt waren, machten einen Fluchtversuch so gut wie unmöglich. Zu der SS-Mannschaft, die sich zum großen Teil aus Leuten zusammensetzte, die zwischen 1939 und 1941 an der Aktion T4, also an der Ermordung geistig Behinderter in sogenannten 'Heilanstalten' wie Hartheim, Hadamer und Kalmenhof beteiligt waren, gehörte auch der sich durch besondere Grausamkeit auszeichnende Frenzel. Heute verbringt er seinen geruhsamen Lebensabend in einem hübschen Reihenhaus in Hannover, zwar schon am Stock gehend, aber immer noch rüstig genug, um damit auf Pavel Kogan einzuschlagen, als der ihm die Frage stellte, ob er wirklich der SS-Mann aus Sobibor sei. Nach offiziellen polnischen Schätzungen wurden in Sobibor 250 000 Juden vergast, die meisten davon Polen, aber die Transporte kamen auch aus der Tschechoslowakei, Frankreich, Österreich, den Niederlanden und der Sowjetunion. (...) So unwahrscheinlich sich einige der in REVOLT IN SOBIBOR wiedergegebenen Biographien anhören, (...) weder begreifen sich ihre Protagonisten als Helden, noch macht der Film solche aus ihnen. (...)

Klaus Bittermann, in: Konkret, Nr. 7, Hamburg 1991

**Lily van den Berg**, geb. 26. Juni 1938 in Den Haag; 1970-1975 freie Journalistin; als Stipendiatin des Niederländischen Kulturministeriums in Kanada und den USA; Begründerin des 'Open Studio', des größten nichtkommerziellen multi media-Zentrums in Amsterdam; Mitglied der International Federation of Film and Television Unions (FISTAV). Filme (Auswahl): *Life of a Midwife* (1987), OPSTAND IN SOBIBOR/REVOLT IN SOBIBOR (1989), *De Razende Hollander* (1991).

**Pavel Kogan**, geb. 1931 in Leningrad; 1957 Studium an der staatlichen Universität in Leningrad und 1964 am Institut des Moskauer Staatstheaters; zu dieser Zeit auch tätig als Schauspieler. Filme (Auswahl): *Sieh in ihr Gesicht* (1965), *Die Militärkapelle* (1966), OPSTAND IN SOBIBOR/REVOLT IN SOBIBOR (1989).

Herausgeber: Freunde der Deutschen Kinemathek. Druck: graficpress

## KOMISSAR

Die Kommissarin  UdSSR 1967/87

*Produktion: Gorki-Studio, Moskau*
*Regie: Aleksandr Askoldow*
*Buch: Aleksandr Askoldow*
*Nach Motiven der Erzählung 'W gorode Berditschew' ('In der*
*Stadt Berditschew') von Wasilij Grossman*
*Kamera: Vasilij Ginsburg*
*Musik: Alfred Schnittke*
*Ton: Nikolaj Scharyi*
*Ausstattung: S. Serebrennikow*
*Darsteller: Nonna Mordjukowa (Klawdija Wawilowa, Kom-*
*missarin), Rolan Bykow (Jefim Magazanik, jüdischer Hand-*
*werker), Raisa Nedaschkovskaja (Marija, seine Frau), Ljud-*
*mila Wolynskaja (ihre Mutter), Wassilij Schukschin (Regi-*
*mentskommandeur)*
*Uraufführung: 15. Juli 1987, Moskau (Filmfestival)*
*Schwarzweiß, 108 Minuten, OmU*
*Ausgezeichnet mit dem Silbernen Bären der Berliner Filmfest-*
*spiele 1988*

### Inhalt

Im Rußland der zwanziger Jahre kehrt die Anführerin eines
Rotarmistischen Regiments, die Kommissarin Klawdija
Wawilowa, schwanger aus einem Feldzug gegen die 'Weißen'
zurück. Vom Regimentskommandeur wird sie bei einer jüdischen Großfamilie untergebracht. Hier soll sie ihr Kind austragen. Die Ablehnung, die ihr der Familienvater und einfache
Handwerker Jefim anfangs entgegenbringt, wandelt sich im
Laufe des Films in Symphatie.
Während eines Angriffs auf die Stadt - gemeinsam mit der Familie verbringt die Wawilowa die Nacht im Luftschutzkeller
- treten die unterschiedlichen Weltanschauungen klar zu Tage:
Im Gegensatz zum revolutionären Gesellschaftsideal im Namen einer besseren Zukunft, wie die Kommissarin es vertritt,
bestreitet der Jude, der unter jeder Macht noch mit Verfolgungen zu rechnen hatte, die Glaubwürdigkeit solcher Ideale, die
die Bedürfnisse des einzelnen stets mißachten.
Am Schluß des Films entscheidet die Kommissarin sich -
wenn auch unter Tränen - für die Revolution: Sie läßt ihr Kind
bei der jüdischen Familie zurück, und zu den verlorenen
Klängen der 'Internationale' sieht man sie eine kleine Gruppe von Soldaten durch eine öde, von Geschützen zerstörte
Steppenlandschaft führen.

\*

Nachdem er zwanzig Jahre in den Archiven verschollen war,
stellte dieser Film das Ereignis der Berlinale 1988 dar. Entstanden zu einer Zeit, als in Deutschland Wim Wenders seine
ersten Kurzfilme drehte, die Nouvelle Vague in Frankreich
ihre letzten Höhepunkte erreichte (1967: *Weekend* von Godard;
*Die Braut trug Schwarz* von Truffaut), Polanskis *Rosemaries
Baby* in die Kinos kam und Tarkowskijs frühes Meisterwerk
*Andrej Rubljow* noch immer verboten war, hätte DIE KOM-
MISSARIN mit seiner verzerrten und dadurch sicher realitäts-
getreueren Sicht der Wirklichkeit, eine ungeheuer innovative

Kraft besessen. Auf Traumsequenzen von höchster Expressivität während der einsetzenden Wehen - die Geburt als
"Metapher der Geburt einer neuen Welt" (Askoldow) - folgen einfühlsame, stille Schwenks, die die aufkeimende
Mütterlichkeit der verhärteten Revolutionärin wortlos wiederzugeben vermögen. Die bildnerische Gestaltung einer
zerrissenen Wirklichkeitserfahrung; die Gespaltenheit der
Kommissarin zwischen mütterlichen Pflichten und der Verpflichtung gegenüber dem Vaterland, die wie weltferne
Idylle der jüdischen Familie andererseits finden ihre volle
künstlerische Entsprechung in der Musik Alfred Schnittkes.
Über die Menschen in seinem Film äußerte sich Askoldow
1988 in Berlin: "Wenn ich es ganz kurz ausdrücken soll: das
ist ein Film über den Wert des Menschen, jenen Wert, der in
den Jahren der Stagnation sehr grausam unterdrückt wurde
in unserer Kunst... Das Allerwertvollste ist das Leben jedes
einzelnen Menschen..." (...).

Franz Grabner/OCIC (Hrsg.): Aufblende. Gespräche über das sowjetische Filmschaffen, Brüssel 1990

### Aus einer Diskussion mit Aleksandr Askoldow

*Askoldow:* (...) Mein Film hat eine seltsame, individuelle
Biographie. Meine Kollegen, deren Filme verboten wurden,
hatten mehr oder weniger das Glück, zumindest eine Kopie
bei sich zu Hause zu haben. Dieser Film wurde aber nach der
ersten internen Vorführung eingezogen. Und er war zwanzig
Jahre verschwunden, und ich wußte nicht, was mit der Kopie
geschehen war. Es gab eine offizielle Version, daß die Kopie
physisch gar nicht mehr existieren würde. In der Tat wußte
ich, daß man versucht hatte, diesen Film zu vernichten. Aber
ich wußte nicht, was tatsächlich passiert war. Zehn Jahre
später, es war 1977, erhielt ich eine Bestätigung, daß zumindest eine Kopie existiert. Unser damaliger Goskinominister
Romanow hat sich im kleinen Saal bei Goskino den Film
angeschaut und dazu einige hochgestellte Gäste eingeladen.
Ich nahm an, daß diese Vorführung in gewisser Hinsicht eine
Reaktion auf meine verschiedenen Proteste war. Damals
kam ich in den Saal, setzte mich in die letzte Ecke und hoffte,
daß niemand mich bemerken würde. Aber man hat mich
bemerkt und hat mich aus dem Saal hinausgeworfen. Das
war das einzige Mal, daß ich die letzte Spur von Optimismus
verlor. Fast bettelte ich: Das ist doch mein Film! Mir wurde
damals ganz ruhig gesagt: Das ist ein sehr schädlicher Film,
und ein weiteres Mal müssen Sie sich diesen Film wirklich
nicht mehr anschauen. Ich bekenne, das war das einzige Mal,
daß ich geweint habe.
Als es im Juli 1987 dann die Möglichkeit gab, den Film
wiederherzustellen, begann die Suche nach den Filmmate-
rialien. Das waren sehr qualvolle Sucharbeiten, die sich über
mehrere Wochen hinzogen. Es wurden alle Ecken des Film-
lagers von Goskino durchsucht. Als wir dann doch die Reste
des Films gefunden hatten, stand ich vor der Frage: Was tun?
Ich hatte mich verändert, meine Haltung zu einigen Problemen des Lebens und des Films hatte sich verändert. Einiges
hatte mir schon früher nicht behagt, wollte ich damals schon
ändern. Zunächst entschied ich mich, noch einiges aufzu-

nehmen, einiges umzuschreiben. Ich rief sogar die Schauspielerin, die Maria spielte, ins Tonstudio, und wir zeichneten einen neuen Off-Monolog auf. Als ich mir dann diese Tonaufnahmen anhörte, mußte ich erstaunt feststellen, daß plötzlich zwei Marias da waren, daß da zwei verschiedene Menschen redeten. Diese Entdeckung hat mich regelrecht erschüttert, und erstmals habe ich verstanden, daß nicht nur unsere Haut, unsere Seelen älter werden, es verändern sich auch unsere Stimmen. Da habe ich mir gesagt, ich muß den Film so wiederherstellen, wie ich ihn im Juni 1967 gedreht habe, so weit es möglich ist. Weiter dachte ich mir, und das war vielleicht das Wichtigste, daß die Zuschauer, die kommen, um diesen Film zu sehen, nicht nur irgend ein Filmwerk kennenlernen, sondern daß sie sich zu diesem Film wie zu einer Tat verhalten sollen und verstehen, daß es in der Sowjetunion damals Filmemacher gab, die so gedacht und so gehandelt haben. Ungeachtet der Tatsache, daß ich manches gerne geändert hätte, habe ich den Film so belassen. So wie er vor zwanzig Jahren entstand. Ich habe mir damals gesagt: Ich weiß nicht, ob das jetzt ein guter oder kein guter Film ist. Ich habe mich aber bemüht, einen ehrlichen Film zu machen.

*Frage*: Was war der Grund für das Verbot des Films? War es die Aufforderung zur Rückkehr zum kämpferischen Sozialismus?

*Askoldow*: Diese Frage kommt immer wieder auf. Ich habe häufig die Antwort darauf geprobt, sogar zu Hause vor dem Spiegel. Dennoch kann ich diese Antwort nicht zustande bringen. Vieles an dieser Geschichte ist tragikomisch, lächerlich. Das ist eine sozialistisch-kafkaeske Geschichte. Dieser Film bringt die Liebe zum Menschen zum Ausdruck. Offiziell wurde er beschuldigt, antimenschliche Propaganda zu betreiben. Ich möchte hier nicht die offiziellen Zensurdokumente vortragen. Heute, wo wir das Leben mit anderen Augen anschauen, wirken sie zynisch und dumm. In diesem Sinn stellt mein Film keinen Sonderfall dar, dieser Zynismus war weitverbreitet. Wenn Sie mit Herrn German sprechen, werden Sie dasselbe wieder hören. Eine andere Sache ist es, daß diese dummen Argumente zu einer Verurteilung wurden, die den Künstler praktisch unter die Guillotine brachten. Eine ebensolche Anhäufung von unglaublichen Beschuldigungen wurde gegen jene Menschen vorgebracht, die in der Zeit des Stalinismus verurteilt wurden. (...)

Überhaupt verdient das Jahr 1967 besondere Aufmerksamkeit. Denn das ist praktisch ein Schicksalsjahr. Da haben die Kräfte der Stagnation eine Grenze überschritten und sind zur Attacke übergegangen. Wenn Sie die Dokumente zur Kunst von 1967 hernehmen, werden Sie merken, daß gerade in diesem Jahr ein großer Schlag gegen die besten Kräfte der Kunst geführt wurde. (...) Die Ereignisse in der CSSR von 1968 waren eine Art Probe. Ich glaube, es gab damals Kräfte in unserem Lande, die aus dem Jahr 1967 ein neues 1937 machen wollten. (...) Auf jeden Fall hat unsere Gesellschaft jahrelang außerhalb der moralischen Gesetze gelebt. Ich glaube, daß die moralischen Koordinaten in meinem Film die allgemein menschlichen Werte sind.

Franz Grabner/OCIC (Hrsg.): Aufblende. Gespräche über das sowjetische Filmschaffen, Brüssel 1990

### Sujet und Ästhetik erinnern an Isaak Babel

(...) Einzigartig aber in der Geschichte der sowjetischen Kinematographie ist DIE KOMMISSARIN, deren Sujet und Ästhetik an Isaak Babels Erzählungen um 'Budjonnys Reiterarmee' erinnern, durch die kreatürliche, physische Intensität, mit der Askoldow eine sowohl liebe- als auch humorvolle Beschreibung jüdischen Lebens im Schatten immer gegenwärtiger Gefahren gelingt. Insofern ist der Film auch die historische Rekonstruktion einer vernichteten Lebensweise, also erinnernde Trauerarbeit ebenso wie erinnerte Utopie an die humanen Versprechen der bolschewistischen Anfänge. (...)

Wolfram Schütte, in: Frankfurter Rundschau, 17. Februar 1988

### Ein außerordentliches Werk

(...) Warum DIE KOMMISSARIN bei den Zensoren im Ursprungsland so entschieden Anstoß erregte, läßt sich im nachhinein und aus westlicher Sicht kaum begreifen. Schließlich spart diese Geschichte aus Rußland um 1922, als zwischen 'Roten' und 'Weißen' heftig der Bürgerkrieg tobte, das Hohelied des revolutionären Aufbruchs keinesfalls aus. Aber daß daneben der latente Antisemitismus jener Zeit und die Furcht vor den Greueln der Konterrevolution spürbar werden, war vielleicht schon des Guten zuviel - obwohl dem Treiben der 'Roten' keinerlei Kritik gilt. Askoldow erzählt von einer Frau an der Spitze eines roten Regiments, die sich, an nichts anderes als das Funktionieren nach dogmatischen Richtlinien gewohnt, wegen persönlicher Umstände gezwungen sieht, aus der Uniform den Menschen hervorzuschälen. Mit gemessenem, der historischen Lage angemessenem Pathos appelliert der Film, einander auch bei gegensätzlicher Anschauung zu achten und in Zeiten der Bedrohung den Gemeinsinn nicht um eines kleinen Vorteils willen mit Füßen zu treten.

Irgendwo im Ukrainischen haben die 'Roten' eine Kleinstadt eingenommen. Gleich mit den ersten Einstellungen, schwarzweiß und im Breitformat gehalten, beweist Askoldow, welch immenser Bildkraft er fähig ist. Die dem einreitenden Kundschafter, einem Kind fast noch, wie ausgestorben sich öffnenden Gassen und Winkel; das im Mittagslicht sich hinbuckelnde, vom Alter blankpolierte Straßenpflaster; die Stille und intensive Spannung zugleich, die in der Luft liegen; endlich aus einem Fenster die weiße Fahne und der befreite Aufschrei des Jungen danach, die Salve zum Himmel - das ist beredtes Erzählen in Bildern, die keiner erklärenden Dialogzeile mehr bedürfen. Immer wieder wird Askoldow zu solchen bildmächtigen Momenten finden, die seinem Film das bemerkenswerte künstlerische Gewicht verleihen (...).

Am Ende wird die Uniformträgerin über die Mutter siegen, soviel heroisches Pathos war Askoldow sich dann doch schuldig. Die Kommissarin läßt ihr Neugeborenes schweren Herzens bei der jüdischen Familie zurück, die sie achten gelernt hat, und eilt ihrem Regiment nach in den ungewissen Kampf. Ein Schluß, der den Film dennoch nicht vom offiziellen Bann bewahrte, der aber auch in seiner politischen Willfährigkeit nicht aufhebt, was er zuvor an menschlicher Anteilnahme investierte. Keineswegs allein im Hinblick auf die Entstehungszeit ist DIE KOMMISSARIN ein außerordentliches Werk.

Hans-Dieter Seidel, in: Frankfurter Allgemeine Zeitung, 18. 2. 1988

**Aleksandr Askoldow**, geb. 17. Juni 1932 in Moskau. 1955 Theologiestudium; 1964-65 Filmstudium in Moskau. 1966/67 KOMISSAR. Außer zwei TV-Filmen konnte Askoldow seither keine weiteren Filme drehen. 1976-85 inszenierte er experimentelles Musiktheater. 1991 Gast des DAAD in Berlin, Arbeit an dem Theaterstück 'Back to Jerusalem'.

Herausgeber: Freunde der Deutschen Kinemathek. Druck: graficpress

## TARSASUTAZAS Die Gruppenreise
Ungarn 1984

*Produktion: Mafilm, Objektiv-Studio (Budapest)*
*Regie, Buch: Gyula Gazdag*
*Kamera: Elemér Ragályi*
*Kameraassistenz: Géza Gonda*
*Schnitt: Júlia Sivó*
*Ton: György Fek*
*Dramaturgie: László Babarczy*
*Beleuchtung: Elöd Kürtös*
*Aufnahmeleitung: László Vajda*
*Produktionsleitung: Judit Ordódy*
*Mitarbeiter: János Csáky, Gusztav Galló, Teodóra Honti*
*Géza Pásztor, Julia Pópa, Anna Vályi*
*Uraufführung: 9. Februar 1985, Budapest (Ung. Filmwoche)*
*Farbe, 75 Minuten*

### Inhalt
Frühjahr 1984.
Eine Frau spricht über die Vergangenheit. Über Ereignisse, die vor vierzig Jahren geschehen sind. Über das Vernichtungslager, dessen Insasse auch sie selbst war.
Menschen, zumeist ältere, versammeln sich um mehrere Reisebusse. Sie nehmen an einer Gruppenreise teil. Die Reise führt nach Auschwitz und Birkenau. Die Männer und Frauen, die in die Busse einsteigen, unternehmen auch eine Reise in die Vergangenheit.
Sie führt zurück zu den Ereignissen vor vierzig Jahren.
Die meisten von ihnen sind selbst in diesen Konzentrationslagern gewesen. Wenn nicht sie selbst, so vielleicht Angehörige von ihnen: ihr Vater, ihre Mutter oder ihre Geschwister. Suchen sie jetzt ihre Spuren? Ihre Namen an der Wand des Mahnmals, an der Zehntausende Namen zu lesen sind?
Die Frau spricht über die Vergangenheit. Auch sie wollte gerne mitfahren, doch sie kann nicht. Die Verletzung von damals - verursacht vom Tritt eines Soldatenstiefels - macht ihr immer noch zu schaffen. Damit sich ihr Gesundheitszustand nicht verschlechtert, muß sie wieder operiert werden. So spricht sie daheim über ihre Erinnerungen.
Die Busse halten vor den KZ-Toren. Die Leute strömen herein. Auschwitz ist heute nur mehr eine touristische Sehenswürdigkeit. Die Gruppe wird von einem Fremdenführer erwartet. Um sie herum fotografierende Touristen.
Warum sind diese Menschen hierhergekommen?
Der Ereignisse von damals zu gedenken? An sie zu mahnen? Oder eine Antwort auf die immer noch quälende Frage zu suchen, wie das geschehen konnte? Und vielleicht auch darauf, was man tun soll, damit es nie wieder geschieht?
Zerfurchte Gesichter, mühsam hervorgebrachte Worte.
Die Teilnehmer einer Gesellschaftsreise forschen in der Vergangenheit... Der Vergangenheit, deren Greuel manchmal auch in der Gegenwart erscheinen.

Informationsblatt Nr. 24 des 15. Internationalen Forums des Jungen Films, Berlin 1985

### Gespräche mit Gyula Gazdag
*Frage*: Wie kam es zu dem Auschwitz-Film, wie sind Sie darauf gekommen, diesen Film zu drehen?
*Gyula Gazdag*: Ich habe in einer Zeitung eine Werbung gesehen, von einem Reisebüro, das eine Reise nach Auschwitz organisierte. Das fand ich ganz seltsam. Zuerst wollte ich wissen, wer sind die Leute, die an einer solchen Reise teilnehmen wollen, und warum wollen sie nach Auschwitz reisen. Dann habe ich erfahren, daß die meisten dieser Leute Häftlinge waren. Und nach vierzig Jahren wollten sie zurückkehren. Und auch sehr viele Leute sind gefahren, die nur Verwandte verloren haben. Ich wußte nicht genau, was bei diesem Film bzw. bei dieser Reise herauskommen wird. Ich wußte: nach vierzig Jahren zurückzufahren nach Auschwitz, das ist etwas sehr Seltsames. Und diese Leute, die zurückfahren wollen, können sich nicht von diesen Erlebnissen befreien. Und ich wollte wissen, warum. Es fällt mir schwer, dieses Phänomen zu verstehen, die Frage: was ist da geschehen und wie war es möglich, daß diese Dinge geschehen konnten. Aber ich wollte es verstehen. Ich glaubte, daß ich es verstehen könnte, und jetzt glaube ich, daß ich es *nicht* verstehen kann. Nie im Leben.
*Frage*: Sie haben aber darauf verzichtet, die Leute direkt zu befragen.
*Gazdag*: Nur vor der Reise habe ich das getan, außerhalb des Films. Ich wollte alle diese Leute vorher treffen, aber das war unmöglich. Ich hatte die Namensliste von dem Reisebüro zu spät bekommen. (...)
*Frage*: Aber warum wollten Sie die Leute nicht vor der Kamera befragen, warum haben Sie sich beschränkt auf das Beobachten?
*Gazdag*: Ich habe es nicht gern, die Leute zu fragen. Ich glaube, das ist für den Zuschauer dramatischer und verständlicher, wenn ich keine Interviews mache und nicht aktiv eingreife, sondern die Leute ihr Leben leben lasse.
*Frage*: Waren die Leute einverstanden, gefilmt zu werden?
*Gazdag*: Ja, natürlich, ohne Einverständnis mache ich das nicht. Es gab Leute, die nicht gefilmt werden wollten, und sie sind nicht im Film zu sehen.
*Frage*: Am Schluß spricht ja eine Frau von ihrer Tochter und sagt...
*Gazdag*: Ja, ich wußte das nicht bei den Dreharbeiten. Sie hat es mir am letzten Tag gesagt, und ich habe alles rausgeschnitten. Die Tochter ist nicht zu sehen im Film, aber auch andere Leute sagten mir entweder vor den Dreharbeiten oder nach Beendigung der Reise, daß sie nicht drin vorkommen wollen. Und ich habe auch ganze Szenen rausgeschnitten, weil sie nicht einverstanden waren, im Film zu erscheinen.
*Frage*: Der Grund, den die Mutter angibt, daß ihre Tochter nicht wünscht, daß man sie sieht, kommt uns einigermaßen befremdlich vor, daß man heute in Ungarn Angst hat, als Jude erkannt zu werden.
*Gazdag*: Ich glaube, das ist etwas, was existiert. Es gibt keinen öffentlichen oder offiziellen Antisemitismus in Ungarn, aber bei den Leuten z.B. in einer Schule, bei den Schulfreunden - es kommt vor...

*Frage*: Aus Nichtwissen, aus Dummheit oder warum?
*Gazdag*: Sowohl aus Nichtwissen, aus Dummheit und auch aus Tradition.
*Frage*: In dem Film gibt es einige Personen, die wie Fremdkörper wirken, wie wenn sie mit alldem nichts zu tun haben wollen, beispielsweise die Reiseleiterin. Es scheint ein Eindruck gewesen zu sein, der sich aus dem Film herausschält, diese Diskrepanz zwischen den Ereignissen und den Personen und der Organisation, wie so etwas heute organisiert wird. War das auch Ihr Ziel, dies hervorzuheben?
*Gazdag*: Ich wußte vor der Reise nicht, daß so etwas erscheint, aber als ich sah, daß es existierte, haben wir es gedreht.
*Frage*: Wie haben die Menschen Ihrer Beobachtung nach diese Reise selbst empfunden? Inwiefern haben sie sich selbst verändert durch diese Reise, was hat es für sie bedeutet?
*Gazdag*: Ich glaube, meistens hat sich für diese Leute nichts geändert. Aber es gibt doch einige, die sich beruhigt haben. Meistens sind dies alte Leute, und sie haben das Gefühl gehabt, daß sie zum letzten Mal zum Friedhof gegangen sind, um ihre Verwandten und ihre Geliebten zwar nicht zu sehen, aber Blumen zu bringen und dergleichen. Und das hat sie beruhigt.
*Frage*: Wie sah eigentlich die Zusammensetzung dieser Leute aus? Wieviele waren selbst Häftlinge gewesen und wieviele waren Nichthäftlinge? Wie war das Altersspektrum unter den Leuten?
*Gazdag*: 3/4 waren Häftlinge und sehr viele, die in Arbeitslagern waren. Als sie dorthin gefahren sind, haben sie ihre Verwandten zum letzten Mal gesehen, und jetzt sind sie dahin gegangen, um die Namen zu suchen oder nur Blumen zu bringen. Es waren einige jüngere Leute dabei, aber sehr wenige. Es gab auch eine Frau, die in einem Konzentrationslager geboren wurde. Im Februar '45.
*Frage*: Wie sind Sie darauf gekommen, die Frau zu filmen, die nicht an der Reise teilgenommen hat?
*Gazdag*: Sie wollte teilnehmen. Vor der Reise, als ich die Teilnehmer aufsuchte, war ich bei dieser Frau, und sie hat mir die ganze Geschichte erzählt. Ich glaubte, daß sie auch da, in Auschwitz erzählen wird, aber sie ist nicht gefahren, und dann habe ich sie angerufen.
*Frage*: Sie wollte aber so erscheinen, so im Schatten, wenig erkennbar?
*Gazdag*: Ja. Sie hat auch den Film gesehen. Fast alle diese Leute, die im Film vorkommen, haben den Film schon gesehen.
*Frage*: Und wie haben sie reagiert?
*Gazdag*: Sie haben die ganze Reise nochmals erlebt. Am Anfang haben sie gelacht. Ich bin da und du bist da und dann, als die Aufnahmen von Auschwitz kamen, da haben sie mir hinterher gesagt, daß sie alles noch einmal erlebt haben.(...)
*Frage*: Es ist sicher sehr bewegend, aber zwischendurch fehlt mir etwas. Da ist nur Ratlosigkeit. Und Trauer. Eigentlich denkt man, daß da noch etwas sein müßte, ein Resümee, eine Stellungnahme. Nicht nur Beobachtung, nicht nur Registrierung.
*Gazdag*: Ich glaube, *wie* man beobachtet und *wie* man einen Dokumentarfilm dreht und schneidet, das ist das Wichtigste.

Das Interview führten Erika und Ulrich Gregor am 30.12.1984 in Budapest, in: Informationsblatt Nr. 24, 15. Internationales Forum des Jungen Films, Berlin 1985

*

*Frage*: Wie verliefen die Dreharbeiten zu dem Film DIE GRUPPENREISE, wie durchlebten Sie selbst diese Zeit?
*Gazdag*: Ich war mir bewußt, daß ich mich meinen Gefühlen nicht überlassen darf, damit mein Film zum Ausdruck bringt, was dort geschieht, nein - ich muß arbeiten. Ich mußte mich zwingen. Zur selben Zeit mußte ich während des Drehens in mir selber irgendwie aufarbeiten, daß ich das erste Mal in Auschwitz bin, daß dies zugleich ein persönliches Ereignis ist, und es hat nichts mit dem Film zu tun. Ich wußte nicht, wie diese beiden Dinge vereinbart werden könnten. Es war wirklich sehr komisch, daß manchmal gerade die Kamera irgendeine Zuflucht für mich bedeutete. (...)
*Frage*: Der Stil des Films ist außerordentlich zurückhaltend. Er zeigt weder die Aufnahmen von den früheren Greueltaten dort, noch Archivaufnahmen, und auch die für die Touristen eingerichteten Souvenir-Läden nicht...
*Gazdag*: Weil mich nur die Menschen interessierten. Die für mich in erster Linie nicht Juden sind, sondern gepeinigte alte Leute, die viel erlitten haben. Vor allem regt mich das auf, wie es geschehen konnte, von einem Tag auf den anderen ein solches Gesetz herauszugeben, das einer Gruppe von Menschen einfach verbot, die Schule zu besuchen, und sie nahmen es zur Kenntnis. Wie konnte es geschehen, daß man sie von einem Tag auf den anderen verpflichtete, ein unterscheidendes Zeichen zu tragen, wodurch sie aufhörten, ebenbürtige Staatsbürger zu sein. Wie konnte es geschehen, daß sie von einem Tag auf den anderen aus ihrer Wohnung fortziehen mußten, hinter einen Zaun, in das Ghetto. Und wie konnte es geschehen, daß man sie in Güterwaggons sperrte und sie fortbrachte, 600 Kilometer weit vom Heimatland, und dann stellt man sie links und rechts auf und schickte sie in die Gaskammer. Wie vermag der menschliche Verstand das zu verarbeiten? Wie kann man mit diesem Bewußtsein leben? Dieses Problem betrifft nicht allein Auschwitz. Es gehört zur alltäglichen Gesinnung, es bedeutet einen ständigen Bereitschaftszustand, und dazu liefert all das, was ich von diesen Leuten gelernt habe, was ich über sie erfuhr, gewiß eine sehr wichtige Lehre. Vom Film selbst erfährt man wahrscheinlich weniger, als was ich weiß, denn ich bin daraufgekommen, daß man gewisse Sachen nicht fragt, ich habe kein Recht dazu. Ich habe kein Recht dazu, daß ich mit drei-vier Sätzen jenes schwer erworbene Gleichgewicht umwerfe, das die Überlebenden nach vierzig Jahren vielleicht erworben haben. Es gibt kein Werk, keine Genialität, die dazu wen immer berechtigt.
Welches Thema ein Filmregisseur findet, das hängt davon ab, wer und wie er ist.
*Frage*: Also haben Sie auf Ihre Frage keine Antwort erhalten, Sie sind inzwischen sogar daraufgekommen, daß es unmenschlich wäre, tiefer zu dringen...
*Gazdag*: Irgendeine Antwort habe ich doch erhalten. Aber keine mündliche. Der Film enthält Gesten, Momente, die in gewissem Sinne für eine Antwort angesehen werden können.

Vera Suranyi, in: Film Kultura, Nr. 2, Budapest 1985

**Gyula Gazdag**, geb. 1947 in Budapest. Studierte von 1965 bis 1969 Filmregie an der Akademie für Theater und Filmkunst. Ab 1969 Regieassistenz und Herstellung eines Kurzfilms im Béla Balász-Studio. Erster Spielfilm 1971.
Filme: 1967 *Elöjáték* (Prolog), Diplomfilm. 1969 *Hosszú futásodra mindig számíthatunk* (Der Langstreckenläufer), kurzer Dokumentarfilm. 1970 *A válogatás* (Die Auswahl), Dokumentarfilm. 1971 *Sipoló macskakö* (Der pfeifende Pflasterstein). 1972 *A határozat* (Der Beschluß), langer Dokumentarfilm zusammen mit Judit Ember. 1974 *Bástyasétány 74* (Singen in Ketten). 1977 *A kétfenekü dob* (Der Tausch). 1981 *A bankett* (Das Bankett), langer Dokumentarfilm. 1982 *Elveszett illuziók* (Verlorene Illusionen). 1984 TARSASUTAZAS (Die Gruppenreise). 1986 *Hol volt, hol nem volt* (Ein ungarisches Märchen). 1988 *Túsztörténet*.

## IM LAND MEINER ELTERN
Bundesrepublik Deutschland 1981

*Produktion: Westdeutscher Rundfunk (Köln)*
*Regie, Buch: Jeanine Meerapfel*
*Regieassistenz: Eva Ebner*
*Kamera: Peter Schäfer*
*Ton: Hans Schmitz*
*Schnitt: Heidi Murero*
*Mischung: Ernst Thomas*
*Produktionsleitung: Karlheinz Hornung*
*Redaktion: Martin Wiebel*
*Mitwirkende: Anna Levine, Luc Bondy, Meier Breslav, Eva*
*Ebner, Sarah Haffner, Jakob Lichtmann, Regine Lichtmann,*
*Hazel Rosenstrauch*
*Uraufführung: 8. Oktober 1981, Mannheim (30. Internationa-*
*le Filmwoche)*
*16mm, Farbe, 87 Minuten*

### Zu diesem Film

"Wenn es Hitler nicht gegeben hätte, wäre ich ein deutsch-
jüdisches Kind geworden, mehr deutsch als jüdisch, geboren
in einem kleinen süddeutschen Dorf. Aber ich bin in Argentinien geboren, meine Muttersprache ist spanisch. Vor siebzehn
Jahren kam ich nach Deutschland."

Dies ist Jeanine Meerapfels Ausgangssituation, von der die
Autorin und Regisseurin ihre Suche nach möglichen Wurzeln
ihrer eigenen jüdischen Identität beginnt, eine Suche, die
immer wieder konfrontiert wird mit der bundesdeutschen Realität, die sie vorfindet.

Dabei ging es ihr nicht um eine journalistische Bestandsauf-
nahme, um Statistik und Politik, sondern um eine Annäherung
an die eigene Lebenssituation, voller Zweifel und Ängste, sich
selbst, Deutschland und andere Betroffene mit einbeziehend.
Wie schon in ihrem ersten Speilfilm *Malou* (1980) spürt
Jeanine Meerapfel aber über das Subjektive hinaus in Berlin
der Frage nach, was es heute bedeutet, als Jude in diesem Land
zu leben, von dem eine der befragten Freundinnen sagt: "Es
gibt heutzutage wesentlich Schlimmeres, als Jude in Deutschland zu sein."

Der Film gibt keine eindeutigen Antworten, er stellt eher
offene Fragen.

Die zehnjährige Anna Levine geht durch diesen Film stellvertretend für die Naivität und das Unwissen vieler. Durch die
Augen eines Kindes sehen gewohnte Dinge plötzlich anders
aus, sie werden deutlicher. IM LAND MEINER ELTERN
beansprucht keine Objektivität oder Allgemeingültigkeit, es
ist vielmehr ein persönliches Tagebuch.

Produktionsmitteilung

(...) Mißt man die Qualität eines Filmes daran, wieviel Gedanken und Gefühle er auslöst, dann ist für mich Jeanine Meerapfels Film IM LAND MEINER ELTERN sicher der wichtigste Film gewesen. Wie eine Tagebuchschreiberin versucht die
Autorin bei einem Gang durch Berlin ihre Gedanken und
Gefühle zu notieren. Es sind die Empfindungen einer Jüdin,

die nach der Flucht ihrer Eltern im Ausland groß wurde,
Deutschland wie eine Fremde kennenlernte, unter dem offenen und verkappten Rassismus in unserem Land leidet, sich
aber auch bewußt ist, daß sie durch Bildung und Erfahrung
privilegiert ist. Und da sie offenbar nicht zu den Orthodoxen
zählt, sondern zu jenen liberalen Juden wie sie typisch waren
für das deutsche Judentum vor 1933, so kommt der Gedanke,
sie sei etwas Besonderes oder gehöre gar zu den Auserwählten, bei ihr gar nicht erst auf. Und als Hazel Rosenstrauch,
eine der Frauen, die sich in diesem Filmm äußern, von
anderen Minderheiten, von ihren homosexuellen und türki-
schen Freunden spricht, da gehen meine Gedanken noch
weiter und ich sehe, daß selbst jeder Angehörige der schwei-
genden Mehrheit wenigstens dreimal in seinem Leben zu
einer Minderheit gehört, die nicht bedrängt und nicht terrorisiert werden möchte; nämlich als Kind, als Kranker und als
Greis.

Und dann spricht Jeanine Meerapfel es auch aus und läßt es
uns auch sehn: daß es zum Beispiel den Türken bei uns
allemal schlechter geht als ihr, der Jüdin. Vernunft und
Gefühl laufen in diesem Film nie auseinander, gehen vielmehr geschwisterlich zusammen, immer umeinander besorgt. So kommt denn auch niemals Sentimentalität auf,
sondern eine Solidarität der Minderheiten wird begreifbar,
die anrührt und überzeugt. Erst rückblickend denke ich
daran, daß IM LAND MEINER ELTERN sehr einfach
gefilmt und montiert ist. Bilder von Berliner Straßen, ein
jüdischer Friedhof, sogenannte Denkmäler, ein Passahfest,
das liebevoll und doch distanziert gezeigt wird. Und last not
least die zehnjährige Anna, die als Leitfigur durch den
ganzen Film geht und vieles ansprechen und aussprechen
kann, was zu sagen die große Jeanine sich scheut. (...)

Hans Stempel, in: Frankfurter Rundschau, 14. Oktober 1981

### Wachhalten der Vergangenheit

(...) Schon Jeanine Meerapfels erster Film, die aufwendige
Spielfilmproduktion *Malou*, war ein Versuch der Identitäts-
findung durch die Vergegenwärtigung der eigenen Geschichte gewesen. Grischa Huber, Meerapfels Alter ego, wollte zu
sich finden, indem sie die Biographie ihrer Mutter, einer in
Einsamkeit und Suff verendeten Anpassungskünstlerin, re-
konstruierte; doch wie sie in Erfahrung bringt und umgeht
mit dem, was wir von dieser Mutter erzählt bekommen, war
kaum zu sehen, noch weniger zu spüren. Anders nun IM
LAND MEINER ELTERN, Meerapfels zweiter Versuch auf
gleichem Terrain: Hier fragt sie selbst, reagiert, hakt nach,
und Antwort geben keine Kunstfiguren, sondern Freunde,
Beteiligte, Betroffene. Wissen will sie, was es heißt, in dem
Land zu leben, aus dem die Eltern emigrieren mußten, was
es heißt, Jüdin in der Bundesrepublik, in Berlin zu sein.
Erwartungsgemäß werden die Überreste des Antisemitismus beklagt. Doch gibt es auch heute schlimme Lebenssitua-
tionen in Deutschland. Es wird nicht nur mehrfach gesagt,
sondern auch gezeigt: Türken im Kreuzberger Ghetto, Häuser, die zum Schutz vor der Instandsetzung zugemauert wurden, mit Graffiti in Klagemauern verwandelte Hauswände.

Die Holocaust-Vergangenheit ist nicht mehr zu bewältigen, aber wachgehalten werden muß sie, auch und gerade um anderer Minderheiten willen. Darauf insistiert Meerapfel, ohne eine Spur von Weinerlichkeit und mit behutsamer Beharrlichkeit. Die übers Berliner Stadtbild verstreuten Gedenktafeln läßt sie von einem kleinen jüdischen Mädchen vorlesen: aus ihrem Mund klingen die rituellen Formulierungen, mit denen des NS-Terrors bei uns gedacht wird, fremd, wie neu und unendlich fern dem, wovon sie sprechen. (...)

Kraft Wetzel, in: Frankfurter Allgemeine Zeitung, 15. Oktober 1981

### Ein aufregender Film über die Bundesrepublik heute

(...) Heute allerdings lebt die Jüdin Meerapfel wieder in Deutschland, seit 17 Jahren schon, und dreht Filme. Ihr zweites großes Projekt (...) beschäftigt sich tagebuchartig mit der eigenen Vergangenheit, die nicht so hat sein können, wie sie es gerne gespielt hätte. IM LAND MEINER ELTERN erzählt von der Suche nach den Wurzeln der eigenen Identität. Es ist ein aufregender Film über die Bundesrepublik heute geworden. Die Gespräche, die die Filmemacherin mit Personen aus ihrem ganz persönlichen Umkreis führt und deren Namen sie uns konsequent bis zum Nachspann vorenthielt (...), machen überdeutlich, daß auch zwei Jahre nach *Holocaust* von der Bewältigung einer ganz bestimmten Vergangenheit überhaupt nicht die Rede sein kann. Dafür gibt es immer noch zu viele aufgerissene Wunden, zu viele Tränen. Dem Theaterregisseur Luc Bondy etwa war es zunächst peinlich, gemeinsam mit anderen Juden vor der Kamera aufzutreten, und er stellt sich dann ganz ehrlich die Frage: Warum eigentlich diese Hemmungen, heute, hier? Sarah Haffner, Tochter des Publizisten Sebastian Haffner, muß weinen, wenn sie von antisemitischen Äußerungen ihrer Person gegenüber redet. Ein anderer sagt an einer Stelle: "Antisemitismus gibt es natürlich auch anderswo, aber am wenigsten ertragen kann man ihn in Detuschland."
Am erschreckendsten aber ist dieser Tagebuchfilm, wenn die Regisseurin die kleine zehnjährige Jüdin Anna durch den Film gehen läßt. Sie, deren Unwissen und Naivität der Vergangenheit gegenüber stellvertretend steht für den normalen Durchschnittsdeutschen, geht durch ein Land, das mehr wie ein Käfig wirkt. Überall Zäune, Mauern, Grenzen, verbarrikadierte, unbewohnbar gemachte Häuser. Und immer wieder Ausländer, Türken vor allem, von denen die Jüdin Hazel Rosenstrauch sagt, daß es Schlimmeres gäbe, als heute Jude in Deutschland zu sein. (...)

Arnold Hohmann, in: Süddeutsche Zeitung, München, 14. 12. 1981

### Jeanine Meerapfel im Gespräch mit Achim Forst und Peter Schäfer, 1981

*Achim Forst*: Unter allen deinen Gesprächspartnern war es, finde ich, Hazel Rosenstrauch, die mit ihren Aussagen vielleicht Kritik an deinem Film geübt hat. Hast du als Regisseurin das auch so empfunden?
*Jeanine Meerapfel*: Du meinst, als sie sagt: "Ich will mich von dir nicht auf die Jüdin festlegen lassen."
*A.F.*: Auch in der anderen Aussage: "Es gibt viel Schlimmeres, als heute Jüdin in Deutschland zu sein."
*J.M.*: Auf jeden Fall wehrt sich Hazel dagegen, daß man ihre Schwierigkeiten nur auf die jüdische Problematik bezieht, und das ist ja auch meine Haltung. Ich versuche in dem Film, die Relativierung, die die Hazel macht, auch in den Bildern einzufangen. Es gibt in dem Film mehrere Hinweise darauf, daß es im Moment andere Probleme gibt in Deutschland - und andere Minderheiten, die angegriffen werden. Das ist natürlich nicht mehr die jüdische Minderheit, aber die Intoleranz ist ganz dicht unter der Haut - immer noch. Und in einem

Land, in dem Rebellieren nicht zur Tugend gehört, kann man sich vorstellen, daß weite Teile der Jugend Schwierigkeiten haben. Nicht umsonst haben wir in Kreuzberg gedreht, und ich glaube, daß das in den Bildern drinsteckt.
*A.F.*: Du sagtest eben im Kino, daß du diesen Film einfach machen mußtest. Warum?
*J.M.*: Das war eine sehr persönliche Aussage. Wenn ich in Deutschland lebe, muß ich auch meinen Standpunkt, meinen Standort gegenüber Deutschland darstellen. Ich versuche, das durch meine Arbeit zu tun, zu der ich privilegiert bin. Für mich ist dieser Film eine Fortführung des Spielfilms, den ich gemacht habe, mit anderen Mitteln. Aber auch eine Abklärung zu diesem Land und zu der Arbeit, die ich in diesem Land mache, und vielleicht ist es auch eine Abklärung für andere Leute. Das weiß ich nicht.
*A.F.*: Man sieht im Film, daß du ein sehr persönliches Verhältnis zu der kleinen Anna Levine hast. Sie hat auch eine wichtige Funktion, sie führt uns durch den Film.
*J.M.*: Ja. Ich habe die Anna kennengelernt und war sehr fasziniert von ihr und mochte sie sehr gern. (...) Ich fand, daß sie eine Unschuld darstellte, aber auch Witz und Lebenslust mitbrachte, die mich anmachen, und wovon ich dachte, das ist etwas Schönes, Positives und etwas Fröhliches. Am Anfang sollte sie nur, in irgendeinem Teil des Films vorkommen. Dann hat sich das während der Dreharbeiten anders entwickelt. Wir haben ziemlich spontan gedreht und gearbeitet - so wie man ein Tagebuch tatsächlich macht. Dann haben wir immer wieder über die Form des Films diskutiert, vor allem Peter und ich, und haben festgestellt, daß es für die Struktur des Films gut wäre, wenn dieses Kind uns durch den Film führte und damit eine emotionale Linie darstellte. Es hat sich aus der Arbeit entwickelt. (...)
*Peter Schäfer*: Ich bin auf diese Problematik im Rahmen meiner Arbeit gestoßen und habe dabei festgestellt, daß ich eigentlich ziemlich wenig über die Geschichte der Juden wußte. Es hat mich sehr fasziniert, mehr darüber zu erfahren, und ich habe mich dabei so naiv und blauäugig gefühlt wie ein Kind. Nachdem ich Anna kennengelernt habe, war der Eindruck ganz stark, daß ich selbst das, was dieses Mädchen ausdrückt, dieses Nachfragen und das vorurteilslose Betrachten der Dinge auch gerne machen würde. Und deshalb war mir auf einen Schlag klar, daß dieses Mädchen eine wichtige Rolle haben könnte, stellvertretend für mich und alle Menschen, die ich in ähnlicher Lage sah - nämlich nicht-wissend. (...)

Das Gespräch wurde auf der 30. Mannheimer Filmwoche (5.-10.10. 1981) geführt.

### Jeanine Meerapfel im Gespräch mit Nea Weissberg-Bob und Marianne Wündrich-Brosien, 1991

*Nea Weissberg-Bob*: Darf ich noch einmal zurückkommen zu dem Wort 'Heimat'? Du hast gesagt, aufgrund der Diaspora empfinde man Heimat nicht an einem Ort, sondern in sich selbst. Man trägt es mit im Koffer, wo man auch immer hingeht. Deine Vorfahren väterlicherseits lebten schon zweihundert Jahre in Deutschland und hatten sich heimatlich gefühlt?
*Jeanine Meerapfel*: Ja, ganz sicher.
*N.W.-B.*: Das ist bei dir durch das Weggehen der Eltern verlorengegangen.
*J.M.*: Und ich habe ja auch irgendwo im Hinterkopf gedacht, ich nehme mir das zurück, was man ihnen weggenommen hat.
*N.W.-B.*: Das drückt auch dein Film IM LAND MEINER ELTERN aus.
*J.M.*: Ja, ein Stückchen davon fühle ich auch so, und ich muß sagen, daß ich in diesem Land, in diesem Deutschland, auch

mit vielen Menschen Heimat gefunden habe. Auch mit Menschen, die nicht jüdisch sind, mit Deutschen, bei denen ich mich zu Hause fühle. Deshalb ist dieser Begriff auch so schwierig für mich zu definieren. Das ist ein Begriff, der aus einer politischen Haltung, aus einer menschlichen Haltung besteht, und den kann ich mit Freunden, mit meiner Familie und mit Orten realisieren. Aber in dieser Reihenfolge! Die Orte sind ja das, was in der Kindheit gewesen ist, die Gerüche, die Farben, mit so unbeschreibbaren Dingen, wie wenn die Glyzinien im Sommer blühen und ich laufe darunter her. Das ist Argentinien. Das ist Heimat im klassischen Sinne. Aber diese klassische Heimat, die habe ich hier nicht mehr. Ich habe sie als Erinnerung, und die trage ich mit mir. Das sind Worte oder Formen zu sprechen, die bei mir geblieben sind und die ich auch glücklicherweise verfügbar habe.

*N.W.-B.:* Du hast schon einen großen Schatz, wenn du diese Erinnerungen hast.

*Marianne Wündrich-Brosien:* Könntest du dir vorstellen, daß du - wenn du alt bist - nach Argentinien gehst? Daß du sagst: "Meinen Lebensabend möchte ich dort verbringen"?

*J.M.:* Also so kann ich es nicht sagen. Ich kann nicht sagen, ob ich einen Lebensabend haben werde und wie ich ihn verbringen werde. Ich möchte viele Filme machen. Ich diesen Filmen ist ja auch ein Stück meiner Heimat! Das sind meine Kinder! - die ich geben kann, die ich aber auch mir selbst gebe. In diesen Filmen ist ja meine Geschichte, ist ja das, was mich ausmacht - und ist auch der Wunsch nach einem Dialog mit der Welt drin. Ich weiß nicht, ob diese Filme mich zurücktragen werden oder wohin sie mich tragen werden. Im Moment arbeite ich an einem Spielfilm mit Alcides Chiesa, der wieder in Lateinamerika spielt. Und ich arbeite an einem Film in El Salvador: Die Geschichte eines Jesuitenpfarrers, der dort ermordet wurde. Ich war noch nie in El Salvador, aber ich kannte diesen Jesuitenpfarrer, und mich interessieren seine Gedanken. Und ich will einen Film über seine Gedanken machen, weil ich nicht will, daß das verschwindet. Ich weiß nicht, wie mein Lebensabend sein wird. Jetzt bin ich sechsundvierzig Jahre alt und glücklicherweise mache ich noch Filme. Und ich hoffe, noch lange Filme machen zu können. Ich weiß noch nicht, wo ich sie machen werde. Berlin war eine Stadt, in der ich mir vorstellen konnte, lange zu leben. Berlin mit all dem, was es repräsentiert. Auch mit den kaputten Teilen, auch mit den Narben an der Mauer, auch mit der Mauer.

*N.W.-B.:* Und jetzt?

*J.M.:* Ich weiß nicht. Ich sagte, Berlin war so eine Stadt, und da habe ich mich sehr zu Hause gefühlt. Und seit der Wende und seit dem Fall der Mauer ist auch etwas anderes gefallen: ein Stück Erinnerung. Ein Stück Scham ist von den Menschen abgefallen, und ich sage 'Scham' eigentlich als Kürzel, weil mir scheint, daß ein Stück Verantwortungsgefühl für die Geschichte weggefallen ist. Mir scheint, daß dieses Gefühl für Geschichte, das hier immer auch physisch erlebbar war, weggefallen ist. Auch in der Tatsache, daß ich in allen Reden der Politiker das Wort 'Jude' vermißt habe, oder das Wort 'Konzentrationslager' - Worte, die für die Erinnerung unangenehm sind. Ich habe sie vermißt in dieser Zeit.

*N.W.-B.:* De Maizière hat es z.B. erwähnt.

*J.M.:* Ich meinte die Zeit um den 9. November herum. Die Tatsache, daß keiner darüber nachgedacht hat, was der 9. November bedeutet hat, was der 9. November 1938 war, und das hat komischerweise bei vielen Menschen einen ähnlichen Effekt. Ich habe mich sehr glücklich gefühlt am 4. November, als ich eine große Demonstation vor dem ZK gesehen habe und jemand mir gesagt hat: "Jetzt singen wir die DDR-Hymne", und die Menschen haben stattdessen die Internationale gesungen. Und ich dachte: "Es ist unglaublich, wie diese Menschen genau wissen, was sie wollen; daß sie nicht nur 'Deutschland' wollen, sondern sie wollen ihre eigene internationalistische Tradition beweisen." Das war der einzige Moment, als ich vor Freude geweint habe, als ich dachte, das ist das andere Deutschland. Und dann kam der 9. November. Und dann kam dieses Gefühl... zuerst kamen die Bilder von den Fahnen, von diesen deutschen Fahnen, Meere von Fahnen, Bilder, von denen ich nicht gedacht hätte, sie je wieder in Deutschland zu sehen - und das gefiel mir nicht. Mir gefiel dieses neu erwachte Nationalbewußtsein nicht, und ich kann damit nichts anfangen. Ich kann dies nicht abstrahieren, auch nicht in der Freude, daß sich Menschen eine Freiheit erkämpft haben, die sie haben wollten - was ich auch sehr respektiere. Aber ich bin sicher, daß viele Menschen heute in der DDR wissen, daß sie nicht auf die Straße gegangen sind, um jetzt eine Annexion zu erleben, sondern sie sind auf die Straße gegangen, um sich Freiheiten zu erkämpfen; und jetzt sind sie in einer Situation des Ausverkaufs. Eine nationale Wiedergeburt. Und wenn ich das jetzt so sage, dann eher in Anführungsstrichen, denn es gibt natürlich sehr viele Intellektuelle, Menschen, die weiter denken und die sich davon distanzieren. Und wir sehen ja, was an Rechtsradikalismus jetzt wieder hochkommt, und wir sehen, was es bedeutet, Geschichte unter den Teppich zu kehren, Erinnerungen unter den Teppich zu kehren. Die Geister kommen zurück. Und sie kommen in der schlimmsten Form zurück, nämlich unverdaut und unkenntlich gemacht. Man kann nicht sagen, daß diese Jugendlichen, diese Zwanzigjährigen, die in Dresden 'Heil Hitler' gerufen haben, nicht wissen, was sie tun, was sie schreien. Sie schreien genauso beim Fußball.

*N.W.-B.:* Woher kommt denn dieses unverdaute Wissen?

*J.M.:* ...daß man nicht zur rechten Zeit politische Bildung erhalten hat, keine Erinnerungsarbeit geleistet hat; und das ist ein ganz schlimmes Versagen in diesem sehr reichen Land - auch in der reichen DDR. Auch die DDR hat in dieser ganzen Zeit politisch versagt. Und das wollten wir nicht einmal sehen, daß sie politisch versagt hat. In dem ganzen antifaschistischen Taumel haben sie es versäumt, dem Menschen wirklich beizubringen, was Antifaschismus war. Und die wenigen, die man heute noch hört, die, die im Widerstand waren, sind zugeschüttet von der unglaublichen Situation, daß sie sich wie ausverkauft fühlen. Ich habe das erlebt. Ich war in Leipzig zu dieser Zeit, kurz nach dem November, als es noch die Montagsdemonstrationen gab, und ich habe diese Montagsdemonstrationen erlebt, wo eine kleine Gruppe plötzlich das Horst-Wessel-Lied gesungen hat. Ich war vor einigen Wochen in Dresden. Ich habe dort - am Bahnhof - rechtsradikale Truppen gesehen, die riefen: "Deutschland den Deutschen - Ausländer raus!" Ich habe nur noch ein Zittern gespürt, eine große, große Angst und eine tiefe Trauer - Trauer auch für meine deutschen Freunde, die auch die Hoffnung schwinden sehen, daß dieses Land jemals bewußter mit seiner Geschichte umgehen wird. Das sind so Augenblicke wie damals, als Reagan und Kohl nach Bitburg gegangen sind und ich dachte, ich müßte meinen deutschen Paß zurückgeben, weil ich nichts damit zu tun haben wollte. Ich dachte: "Dies ist nicht mein Land." Merkwürdigerweise hatte ich damals ein sehr langes Gespräch mit einem französischen Kollegen, der ein sehr schönes Buch über das Judentum und deutsche Filme geschrieben hat. Ich hatte ihm damals auch von meinen Gefühlen zu Berlin erzählt. Und kurz danach kam dieser schreckliche Besuch! Da habe ich ihn angerufen und ihm noch gesagt: "Bitte, schreiben sie noch dazu: 'Ich will damit nichts zu tun haben, - und auch wenn ich mal gesagt habe: dies ist mein Land - es ist nicht mehr mein Land.'"

*N.W.-B.:* Das war ja 1981 in deinem Film IM LAND MEINER ELTERN anders.

*Meerapfel*: Ja. Dies ist ein Gefühl, das jetzt wiedererwacht. Wir stehen vor einem unglaublichen Scherbenhaufen, wo jeder sich fragen muß: "Wo habe ich versagt, wo haben Intellektuelle versagt, daß es möglich ist, daß solche Parolen heute wieder gang und gäbe werden." Daß solche Parolen heute wieder benutzt werden, um Politik zu machen - das ist sehr erschreckend - und deshalb ist Berlin nicht mehr dieses Berlin, das früher für mich für einen Ort stand, an dem man Geschichte erleben konnte, an dem man über Geschichte nachdenken konnte. Natürlich gibt es genügend Leute, die so fühlen wie ich, und trotzdem wird Berlin die Stadt bleiben, in der ich lebe.

*N.W.-B.:* Einer, der so fühlte wie du, der das auch so ähnlich formuliert hat, Anfang der 80er Jahre in deinem Film, als du noch sagtest, "das ist auch mein Land", der warnte '81 in dem Film IM LAND MEINER ELTERN vor Fremdenhaß und überlegte, ob er weggehen sollte. Das war Luc Bondy. Was würde er heute sagen?

*J.M.:* Er lebt hauptsächlich in Paris. Erinnerst du dich, daß er in dem Film gesagt hat, daß er überlegt, nach Frankreich zu gehen? (...) Er sagte nicht: "... weil es in Frankreich keinen Antisemitismus gibt", sondern er sagte: "...weil in Deutschland der Hintergrund des Antisemitismus Auschwitz ist." Und das ist der Unterschied - ein wichtiger Unterschied!

*M.W.-B.:* Er ist hier ja auch auf sein Jüdisch-Sein so zurückgeworfen worden, genau wie du, als du hierhergekommen bist.

*J.M.:* Ja. Da erst fühlst du, was es heißt, als jüdischer Mensch in Deutschland zu leben.

*N.W.-B.:* Du bist zwar zurückgeworfen worden, aber in deinem Film, als Hazel Rosenstrauch zu Wort kam IM LAND MEINER ELTERN, da hast du die Frage aufgeworfen: Wie geht dieses Land mit Antisemitismus und mit Ausländerfeindlichkeit um? Du hast das heutige Problem präsentiert.

*J.M.:* Hazel hat mir geholfen, weil sie sagte, für sie wäre es nicht das Schlimmste, Jüdin in Deutschland zu sein. Es gebe viel schlimmere Situationen - wie zum Beispiel die Situation der Türken in Deutschland. Sie hat ihre Antennen auch auf eine andere Minderheit gerichtet, die hier unter Xenophobie zu leiden hat. Und das fand ich auch ganz richtig. Weil es hier kaum Juden gibt, war es ganz wichtig, sich damit zu beschäftigen: wie gehen die Deutschen - mit dieser Geschichte im Hintergrund - mit Ausländern um! Das ist kein platter Vergleich, aber es geht doch darum: wenn man eine geschichtliche Erfahrung gemacht hat, geht es doch darum, was man aus dieser geschichtlichen Erfahrung gelernt hat und wie man sich heute zu Minderheiten verhält. Und das ist etwas, was mich schockiert hat: daß man Ausländer-raus-Parolen an den Wänden gefunden hat, daß ich dann erlebt habe, wie Türken hier wirklich gelitten haben, und auch deshalb habe ich *Die Kümmeltürkin geht* gemacht. Weil ich anhand der Geschichte von Melek festmachen konnte, was ein Mensch erleidet, wenn man ihn konstant darauf zurückführt, daß er Türke ist - und wie er damit umgeht. Und das ist natürlich eine Frage, die mit meiner Biographie zu tun hat, aber in einem größeren Zusammenhang: weil ich in einem Land aufgewachsen bin, in dem es sehr viele Juden gab, genau so viele wie Nazis. Also du weißt, daß es in Argentinien eine der größten jüdischen Gemeinden gibt. Ich glaube, das ist die zweitgrößte nach New York. Es ist eine sehr große Gemeinde. Und jetzt lebe ich hier in einem Land, in dem es vielleicht 30 000 Juden gibt. Es ist tatsächlich so, als ich am Anfang an der Hochschule für Gestaltung war, hat ein Kommilitone mich angesprochen und gesagt: "Ich habe gehört, du bist Jüdin. Was ist das, Jude

sein?" Und er hat mich angeschaut wie ein merkwürdiges Zooexemplar. Ich habe ihm gesagt: "Du, das kann ich dir jetzt so nicht sagen. Ich habe zwei Arme und Beine, genau wie du. Ich habe nur eine andere Erziehung gehabt." Ich habe versucht, ihm das zu erklären. Aber es ist tatsächlich so, daß ich erst in Deutschland angefangen habe, mit meinem Jude-Sein zu hadern - im defensiven Sinn. Im positiven habe ich ja sehr viel mitgekriegt, aber nicht in Frage gestellt. Aber hier mußte man schon eine Haltung dazu annehmen. Es ist so, wie Henryk M. Broder gesagt hat.: "Es gibt keine Normalität für Juden in Deutschland!" Nein, es gibt keine Normalität. Das ist richtig, weil du konstant auf die Geschichte dieses Landes zurückgeführt wirst, und du mußt immer wieder neu beschreiben, wie du dich dazu stellst, welche Nähe du hast, welchen Abstand, und neuerdings muß man definieren, wie man sich einem 'Deutschland einig Vaterland' gegenüber fühlt. (...)

Nea Weissberg-Bob (Hrsg.): Der dumme Fuß will mich nach Deutschland tragen. Eine Auseinandersetzung um Deutschland, Berlin 1991

## Tango auf der Siegessäule

(...) "Wenn es Hitler nicht gegeben hätte, wäre ich ein deutsch-jüdisches Kind geworden", sagte Jeanine Meerapfel 1981 in ihrem Dokumentarfilm IM LAND MEINER ELTERN. Die Kamera blickte dazu auf die Berliner Siegessäule, und die unterlegte Musik war ein halber Tango und ein halber Beethoven. Doch sie ist Argentinierin - und als Kind hätte sie lieber einen Namen wie alle Kinder gehabt: Joanna und Gomez oder Gonzalez vielleicht. (...)

Sie hat gelernt, zwischen den Sprachen "hin und her zu schalten", und merkt oft gar nicht mehr, welche sie gerade hört oder selbst benutzt hat: Mit der Mutter, einer Französin, die aus Liebe zum deutschen jüdischen Vater zum Judentum konvertiert ist, hatte sie französisch gesprochen. Oder spanisch, so wie in der Schule oder wie auf der Straße mit den anderen Kindern. Beim Vater wiederum (die Eltern lebten getrennt) hörte sie Deutsch - und antwortete spanisch. Richtig Deutsch gelernt hat sie erst 1964. Da ging sie, zum Entsetzen des Vaters, nach Ulm, um an der Hochschule für Gestaltung bei Alexander Kluge Film zu studieren. (...) Seit einem Jahr ist sie Professorin für Filmregie an der von ihr mitgegründeten Kölner Kunsthochschule für Medien. Ihren Studenten wolle sie dort hauptsächlich "eine ethische Haltung gegenüber dem Medium in einer Zeit der Inflation der Bilder und Informationen" vermitteln. (...)

Gabriele Riedle, in: Die Zeit, Hamburg, Nr. 41, 3. Oktober 1991

**Jeanine Meerapfel**, geb. 14. Juni 1943 in Buenos Aires, Argentinien, lebt seit 1964 in Deutschland. Besuchte von 1961-64 die Journalistenschule in Buenos Aires und arbeitete als Redakteurin und freie Journalistin. Von 1964-68 Studium an der Hochschule für Gestaltung (HfG) in Ulm unter Leitung von Alexander Kluge. Ab 1970 Filmseminare an der VH Ulm; freiberufliche Filmkritikerin. 1981 verfaßte sie zusammen mit Dietrich Kayser für den Südwestfunk das Hörspiel 'Malou - Fortsetzung der Geschichte'. Seit 1990 ist Jeanine Meerapfel Professorin für Filmregie an der (von ihr mitgegründeten) Kölner Kunsthochschule für Medien. Filme: 1966-1970 *Abstand; Regionalzeitung; Auf der Suche nach dem Glück* (Kollektiv-Spielfilm). 1980/81 *Malou*. 1981 IM LAND MEINER ELTERN (Forum 1982). 1983 *Solange es Europa noch gibt - Fragen an den Frieden* (Videofilm, zusammen mit Peter Schäfer). 1985 *Die Kümmeltürkin geht* (Forum 1985). 1986-87 *Die Verliebten*. 1986-89 *Desembarcos - Es gibt kein Vergessen* (Forum 1989). 1987-88 *La Amiga*. In Vorbereitung: *Amigomio*, nach einer Idee von Alices Chiesa.

## THE MAN WITHOUT A WORLD USA 1991

*Produktion: Eleanor Antin*
*Regie, Buch: Eleanor Antin*
*Kamera: Richard Wargo*
*Musik : Charles Morrow, Lee Erwin*
*Ton: Charles Morrow*
*Schnitt: Lynn Burnstan*
*Ausstattung: Sabato Fiorello, Roger Sherman*
*Kostüme: Judy Ryerson*
*Regieassistenz: Marcia Goodman, David Antin*
*Kameraassistenz: Erik von Neumann*
*Choreographie : Melissa Cottle*
*Produktionsassistenz: Leslie Samuels*
*Produktionsleitung: Pam Whidden*
*Co-Produzentin: Lynn Burnstan*
*Darsteller: Pier Marton (Zevi), Christine Berry (Rukheleh),*
*Anna Henriques (Sooreleh), Eleanor Antin, Nicolai Lennox,*
*Sabato Fiorello, James Scott Kerwin (Schauspieler),George*
*Leonard, Don Sommese, Bennett Berger, Ellen Zweig, Lisa*
*Welti (Intellektuelle) sowie Marcia Goodman, Sargun A. Tont,*
*Luba Talpalatsky sowie Grant Taylor, John Borba, Berne*
*Smith, Newton Harrison, Jerome Rothenberg, Harris Leno-*
*witz, Larry Hull, Jim Rix, McGilvery, Don Sommese, Anthony*
*Vinole, Kenny Berger, Tannan Whidden-Winter, Ray Vinole,*
*Sheldon Nodelman, Reinhard Lettau, Craig Gillis, Sherman*
*George, Paul Asa-Dorian, Martin Hilton, Greg Durbin, Mike*
*Weix, Ben Anderson, Aaron Cicourel, Alan Asa-Dorian, Pam*
*Whidden, Baba Hillman, Emily Evans-Gillis, Wendy Arons,*
*Michelle Rabkin*
*Uraufführung: Juni 1991, San Diego*
*16 mm, Schwarzweiß, stumm, 98 Minuten*

Mit Unterstützung von Sherman George, Jim Smith, Jerome Rothenberg, Susan Slyomovics, Harris Lenowitz, David Antin, Jean Pierre Gorin, Steve Fagin, Ron Robboy, dem National Center for Jewish Film, dem UCSD Judaic Studies Program und dem UCSD Academic Senate.

### Inhalt

Eleanor Antin greift in ihrem Werk auf die Tradition des Stummfilms und des alten jiddischen Theaters zurück, um Erfahrungen einer verschwundenen Welt wiederaufleben zu lassen. Das düstere Melodram spielt in einem typisch jüdischen *schtetl* in Osteuropa, in dem die Juden um ein menschenwürdiges Leben ohne Armut und Rassenhaß kämpfen und dabei untereinander völlig zerstritten sind.

Im Mittelpunkt der Konflikte stehen Zevi, ein jiddischer Dichter, und Rukheleh, ein jüdisches Mädchen, das ihn heiraten will. Die Dinge verkomplizieren sich durch die Ankunft eines Zigeunerzirkus mit einem temperamentvollen Tänzer, durch Zevis Traum von einer Schriftstellerkarriere in Warschau und die Eifersucht des einheimischen Fleischers.

THE MAN WITHOUT A WORLD wirkt wie eine klassische Stummfilmerzählung, deren besondere Techniken und formale Eigenheiten dem heutigen Publikum die Vergangenheit unmittelbar erlebbar machen.

### Interview mit Eleanor Antin

*Frage:* Warum haben Sie einen Stummfilm gedreht?
*Eleanor Antin:* Ich liebe Stummfilme. Ich bin überzeugt - obwohl es zweifellos einige große Tonfilme gibt - , daß Stummfilme, was die Bilder betrifft, poetischer und interessanter waren als Tonfilme. (...)

Darüberhinaus brachte mich meine Arbeit mit Charakteren auf den Stummfilm. Ich wollte Eleanora Antinova zeigen, die von mir erfundene Ballerina aus Diaghilews 'Ballet Russe'. Da sie Anfang dieses Jahrhunderts tanzte, mußten diese Filme alt sein, von schlechter Qualität, schwarzweiß. Also drehte ich historische Aufnahmen ihrer Tänze, dann einige ihrer kleinen burlesken Filme (Künstler müssen irgendwie ihr Brot verdienen) und war von da an besessen davon, Filme zu machen - Stummfilme. Um sie in seriöseren Filmen ihrer Ära auftreten zu lassen, erfand ich Jewgeni Antinow, den sowjetischen Stummfilmregisseur, der, wie man mittlerweile weiß, Jude war und auch jiddische Filme drehte. Ich hoffe, sein gesamtes Œuvre zu realisieren. Also die Frühzeit der Kinematographie zu durchstreifen, indem ich sie wiedererfinde, mit dem Wissen von heute. Das ist nicht nur eine Übung in *Chuzpe*. Ich wollte von innen her in diese verlorene Welt der Vergangenheit gelangen, nicht das Ganze von außen als Geschichte betrachten. Die Technik eines Films bestimmt weitgehend das, was man letztendlich sieht. Ein Kostümdrama aus Hollywood beläßt das Sujet des Films auf der Ebene der konventionell distanzierten Darstellung. Ich wollte diese Welt erfahren statt darstellen und es den Zuschauern ermöglichen, sie ebenfalls von innen her zu erfahren, ihnen aber gleichzeitig das Gefühl vermitteln, aus ihrer bequemen modernen Position herausgerissen zu sein. Meine Absicht war es, beide Welten zusammenzuführen. Wenn der Sozialist in A MAN WITHOUT A WORLD stirbt und der Zionist schreit: "Verlaß mich nicht, Gedaliah, die Welt ist leer ohne dich", dann fühle ich mich, als ob ich selbst schreie. Wir leben nun im Jahre 1992, und der kommunistische Traum ist ausgeträumt. Aber am Anfang des 20. Jahrhunderts wußte niemand, auf welche Weise die Revolution ihn verraten würde. Der Kommunismus war da noch ein ehrenwerter Traum und noch kein Alptraum. (...) Ich erfand Antinow, den sowjetischen Stummfilmregisseur, als ich anfing, immer größere Filme zu machen, die über die Welt der Kunstszene hinausgingen und der traditionelleren Rezeptionsweise eines Kinopublikums entgegenkamen. Wenn man einen realen Film dreht, braucht man auch einen realen Regisseur.

*Frage:* Warum einen männlichen Regisseur?
*E.A.:* Ich verfiel auf Antinow, um für die Arbeit an *Rasputin* eine Beziehung zur russischen Moderne herzustellen, da ich einen Film drehte, der zwar fraglos narrativ war, sich aber auch tendenziell an der Moderne orientierte. Aber ich hätte zweifellos in jedem Fall einen Mann aus ihm gemacht. Die meisten Filmregisseure waren Männer, und ich war entschlossen, dieser Tatsache ins Auge zu sehen.

*Frage:* Haben Sie, während Sie an dem Film arbeiteten, Entscheidungen getroffen, die davon bestimmt wurden, daß es sich um einen männlichen Regisseur handelt?

*E.A.:* Mein Doppelleben bereitet mir Vergnügen. Antinow trifft Entscheidungen, wie ein Mann sie treffen würde. Ich weiß nicht, ob Sie schon mal etwas von *mikwa* gehört haben, den zeremoniellen Waschungen. Wenn es etwas gibt, das eine junge Frau, die durch die *mikwa* gereinigt wird, nicht tragen kann, so sind das Knoten in ihrem Haar. Ihre Dienerin würde ihr - falls nötig - sogar die Schamhaare oder das Haar in den Achselhöhlen kämmen. Zöpfe wären also vollkommen undenkbar für eine junge Frau, die durch diese Zeremonie vor ihrer Hochzeit gereinigt wird. Aber Antinow hatte nicht die Absicht, diesen wunderschönen jungen Körper durch dichtes, herabfallendes Haar zu verdecken, also ließ er ihr das Haar flechten und zeigte sie mit nacktem Rücken. Dieses Spiel wird jedoch von zweien gespielt, und ich wußte, daß ich in der phantastischen Szene dafür den nackten Arsch des Helden zeigen würde. So leben wir also miteinander, Antinow und ich, und dank des Fluidums des Mediums Film merkt niemand, daß wir uns streiten. (...)

*Frage:* Ist der Todesengel am Anfang des Films dabei, die Welt zu erschaffen?

*E.A.:* Das leitet sich von dem märchenhaften Kunstgriff her, der oft im jiddischen Theater benutzt wird, aber auch in Filmen wie zum Beispiel *Der Dibek*. Durch diesen Kniff wird signalisiert, daß sich der Vorhang öffnet. Die Geschichte kann beginnen. Meistens erscheint dann der Prophet Elias. Aber ich interessiere mich nicht für Religion, also interessiere ich mich auch nicht für Propheten. Ich erinnere mich, daß mir David, mein Mann, vom Tod seiner Großmutter erzählte. Wie sie sich gegen irgendeine unsichtbare Person wehrte, die ihr den Platz in ihrem Bett streitig zu machen schien. David gefiel es, sich in der Rolle eines dieser religiösen Typen zu sehen, die mit einer Blechbüchse in der Hand umherzogen, um für Israel zu sammeln. Filmbilder unterscheiden sich von sprachlichen Bildern. Ich machte aus dem Typen im Bett den Todesengel, einen ordentlichen und herausgeputzten kleinen Chassidim, eine Art Buchhalter, einen kleinen Beamten mit einer häßlichen Strähne und einem kaputten Bein. Er nimmt die sterbende Mutter mit Gewalt. Tod als eine Art Vergewaltigung.

*Frage:* Wurde der Schauplatz, den wir im Film zu sehen bekommen, dafür gebaut?

*E.A.:* Wir erbauten das *schtetl* auf dem Campus der University of California in San Diego (...). Dabei mußten wir Südkalifornien in Polen verwandeln. Südkalifornisches Licht sieht anders aus als polnisches Licht. Schauen Sie auf eine Weltkarte. Polen liegt im Norden. Auf derselben Höhe wie Neuschottland. San Diego liegt auf derselben Linie wie Marokko. Also bauten wir über der Straße eine Art Himmel, der aus einer Art reinem Leinen bestand. Er filterte die kalifornische Sonne, und wir bekamen dieses diffuse und kalte Licht. Alle anderen Szenen einschließlich der Friedhofsszene wurden in den beiden Videostudios auf dem Campus gedreht. (...)

*Frage:* Wie haben Sie sich auf diesen Film vorbereitet?

*E.A.:* Ich habe mir im National Center for Jewish Film alle jiddischen Filme angeschaut, sowohl die Stumm- als auch die Tonfilme. Sharon Rivo und Miriam Krantz waren sehr großzügig und ließen mir alle Freiheit (...). Als ich diese Filme sah, fand ich alles wieder, was ich vergessen hatte, das Vermächtnis des jiddischen Theaters, die jiddische literarische Kultur. Ich las ohne Ende, Bücher über das Leben im *schtetl*, literarische Texte, einige davon ganz wunderbar. Ich stieß auf Photographien, persönliche Erinnerungen, Jisker-Bücher... Von Anfang an wußte ich, daß der Film von seinen Bildern leben würde. Die Erzählung würde aus den Bildern entstehen. Ich wußte, daß ich den Totentanz zeigen wollte, ich hatte eine

- offen gestanden - eher schlechte Version davon in einem der alten Filme gesehen. Ich wußte, daß es Begräbnisse geben würde, eine Hochzeit, eine sterbende Mutter, einen 'Dibbuk' usw. Und vor allem, das wußte ich, mußte es Gespräche geben. Kaffeehausleben und Dispute über Politik. Das ist einer der Aspekte des jüdischen Lebens, den Hollywood nie zeigt. Ich genoß die Ironie, die darin lag, den Diskurs zum Herzstück eines Stummfilms zu machen. (...)

*Frage:* Nahezu jedes einzelne Sujet des Jiddischen Kinos ist...

*E.A.:* ...in meinem Film zu finden. Selbst der Exorzismus. Ich habe mich bei meinem nicht an dem Vorbild des *Dibek* orientiert. Das ist ein großartiger Film - aber ihr Exorzismus ist zu harmlos. Ich habe meinen nach dem Vorbild eines Exorzismus aus dem 17. Jahrhundert in einer holländischen Synagoge entwickelt. Wie Sie sich erinnern, beginnt die Szene mit Rukheleh, die durch ein Fenster heimlich in die Synagoge blickt. Mein Großvater, der Rabbi Shmoel Mekham, war ein weiser Chassidim, der, neben anderen Tätigkeiten, auch Dibbuks exorzierte. Als meine Mutter vier Jahre alt war, schaute sie heimlich durch ein Synagogenfenster bei einem Exorzismus zu. Sie hörte, wie der Dibbuk mit einer tiefen Männerstimme aus der besessenen Frau sprach. Ich höre immer noch meine Mutter diese Stimme nachahmen. Sie war eine Schauspielerin des Jiddischen Theaters in Polen gewesen und konnte die Töne des Dibbuks so getreu wiedergeben, daß es mir vor wonniger Angst kalt über den Rücken lief. Das war das einzige Mal bei dem Film, daß ich mir gewünscht hätte, Ton zu haben. (...)

Aus einem Interview mit Eleanor Antin / Mitteilung der Produktion

**Eleanor Antin**, Künstlerin und Filmemacherin: Installationen, Performances, Videofilme. Exklusive Ausstellungen im Museum of Modern Art, im Whitney Museum of Contemporary Art, in The Wadsworth Atheneum, sowie größere Installationen im Hirschhorn Museum, im Philadelphia Fine Arts Museum usw. Als Performance-Künstlerin Auftritte in der ganzen Welt, auch auf der Biennale in Venedig. Mehrere ihrer Multimediaarbeiten wie etwa '100 BOOTS', 'Carving; A Traditional Sculpture', 'Angel of Mercy', 'Recollections of my Life with Diaghilev', 'The King of Solana Beach' oder 'Adventures of a Nurse' werden häufig als Klassiker der zeitgenössischen, postmodernen feministischen Kunst bezeichnet. Zwei Buchveröffentlichungen: 'Being Antinova' (1983) und 'The Eleanora Antinova Plays' (1991). Sie schrieb, inszenierte und produzierte fünf Filme. THE MAN WITHOUT A WORLD ist ihr erster Spielfilm.

Filme: 1986 *It ain't the Ballet Russe* (16 mm, Farbe, 23 Minuten), *Loves of a Ballerina* (16 mm, s/w und Farbe, 1 - 8 Minuten; drei Film-Installationen). 1987 *From the Archives of Modern Art* (auf 16mm gedreht und als Video vertrieben, s/w, 24 Minuten). 1989 *The Last Night of Rasputin* (16 mm, s/w, 38 Min., im Whitney Museum, New York, uraufgeführt) 1991 THE MAN WITHOUT A WORLD.

Herausgeber: Freunde der Deutschen Kinemathek. Druck: graficpress

## BOLSCHOJ KONZERT NARODOW ILI DYCHANIJE TSCHEJN-STOKSA

Das große Konzert der Völker oder die
Cheyne-Stokessche Atmung   UdSSR 1991

*Produktion: ASK (Amerikanisch-Sowjetische Filminitiative)*
*mit Unterstützung des Lenfilmstudios*
*Regie: Semjon Aranowitsch*
*Buch: Pawel Finn, Semjon Aranowitsch*
*Regie-Mitarbeit: Tamara Agadshanian, Michail Bogin*
*Kamera: Sergej Sidorow, Lew Kolganow, Ljudmila Krasno-*
*wa, Oleg Plaksin*
*Videoaufnahmen: Alexander Wernikow*
*Musik: Alexander Knajfel*
*Schnitt: Tamara Gussewa*
*Ton: Galina Gorbonossowa*
*Dramaturg: Frisheta Gukasian*
*Produktionsleitung: Dmitri Brodski*
*Ausführender Produzent: Sascha Klein*
*Uraufführung: 6. Dezember 1991, Moskauer Haus des Films*
*s/w und Farbe, 140 Minuten*

### Inhalt

In einer zweiteiligen Dokumentation versucht Semjon Aranowitsch die Geschichte der Judenverfolgung in der Sowjetunion zu rekonstruieren - jene lange verschwiegene, verdrängte Schande. Ein äußerst peinliches Kapitel der Geschichte, da die Verfolgung von einem Staat ausging, der
offiziell die Politik der Gleichheit aller Nationen vertrat und
als Sieger über die deutschen Nationalsozialisten mit ihrer
Rassendoktrin gefeiert wurde.
Zu Opfern der ersten antisemitischen Kampagne 1948/49
wurden Mitglieder des Antifaschistischen Jüdischen Komitees, angesehene Künstler und Wissenschaftler. Der Schauspieler und Regisseur Solomon Michoëls wurde bei einem
inszenierten Autounfall getötet, die Schriftsteller Fefer und
Markisch als Spione erschossen, andere in die Verbannung
geschickt... Das Staatliche Jüdische Theater GOSET, der
jüdische Verlag und die Zeitung wurden geschlossen, und das
'Schwarze Buch' von Wassili Grossman und Ilja Ehrenburg
über den Genozid der Nazis an der jüdischen Bevölkerung der
Sowjetunion während des Zweiten Weltkrieges wurde vernichtet.
Der zweite Teil der Filmdokumentation sichert die Spuren
einer weiteren Welle der Judenverfolgung - 1953, ausgelöst
durch den inszenierten Ärzteprozeß. Dieser wurde nur gestoppt durch den Tod seines Hauptinitiators Stalin.
Makaber, daß die KGB-Untersuchungsrichter ausgerechnet
bei den Verhafteten medizinischen Rat über den Zustand des
bewußtlosen Führers einholten, um zu erfahren, was die
Cheyne-Stokessche Atmung bedeutet. "Wenn es sich um
einen reichen Onkel handelt", sagte ihnen damals eine inhaf-
tierte Therapeutin, "können Sie sich schon mal auf die
Erbschaft freuen."
Das Dokumentarmaterial aus sowjetischen Filmarchiven,
aus dem Revolutionsarchiv und dem Archiv des KGB wird

durch lange Interviews mit den Kindern der getöteten Schauspieler und Schriftsteller und Ärzte, aber auch durch Gespräche mit dem Sohn Andrej Shdanows, der als Opfer von
'Mördern in weißen Kittel' ausgegeben wurde, mit einem
Leibwächter aus Stalins Umgebung und einem Aufseher des
berüchtigten Gefängnis Butyrki, ergänzt.
Die Dokumentation ist eingebettet in das Gala-Konzert aus
einem Film des Jahres 1952, der das glückliche und friedliche
Leben aller Nationalitäten im sowjetischen Vielvölkerstaat
zu feiern trachtete.

**"Wir werden singen und lachen wie Kinder" -**
**Zur Mythologie des Genres Film-Konzert in der sowjeti-**
**schen Kinematographie**
Das Genre wurde auf dem Höhepunkt der stalinistischen
Kunst geboren, hat den Krieg überlebt und ging unbemerkt
während des Chruschtschow-Jahrzehnts ein. Es entsprach
zutiefst den Anforderungen der Ideologie der Stalin-Zeit und
erfüllte seine ideologische Aufgabe mit einer ungeheuren
Direktheit, Naivität und Leichtigkeit.
Die Genealogie des Genres ist seltsam und durch zwei nicht
zusammenhängende Momente begründet: Der Siegeszug des
Tonfilms in den USA und die Unterzeichnung des Vertrages
zwischen den USA und der UdSSR in der ersten Wahlperiode
Roosevelts, wonach sehr viele hohe sowjetische Funktionäre
die USA besuchten und für kurze Zeit eine Losung Stalins
verwirklichen sollten, welche die Vereinigung amerikanischer Rationailtät und russischer revolutionärer Maßstäbe
deklarierte. Anastas Mikojan brachte aus Amerika Eisrezepte
nach Moskau mit und der Vorsitzende des Staatlichen Film-
komitees, Boris Schumjazki, das Projekt, auf der Krim ein
rotes Hollywood zu errichten, sowie den Plan, die Filmshow
als neues Genre zu etablieren - mit vielen ideal geformten
Frauenbeinen, -brüsten und anderen Verlockungen der bürgerlichen Lebensweise... Doch das war keine Verpflanzung
der Broadway-Shows auf sowjetischen Boden. Die abge-
guckten Formen nahmen sofort die richtige parteiliche Orien-
tierung an.
Zunächst waren es einfach abgefilmte Dokumentationen der
Festivals  nationaler Künste, die ab 1936 regelmäßig in
Moskau durchgeführt wurden und sich Olympiaden der Künste
nannten. Die Kulmination des Genres fiel in das Produktions-
jahr 1939-40, als viele Filme verboten waren und die enstan-
dene Verleihlücke geschlossen werden mußte. Die Film-
Konzerte waren dafür ideal geeignet: sie erforderten keine
komplizierten inszenatorischen Lösungen, bedurften keiner
politischen Kontrolle mehr wie original erarbeitete Werke -
sie wurden zusammengesetzt aus den sterilen, bereits kon-
trollierten Konzertnummern, die zudem austauschbar waren.
Ein Moment verlieh ihnen Einheitlichkeit: die stalinistische
Nationalitätenpolitik im Bereich von Kunst und Kultur, die
auf eine Formel reduziert war: national in der Form, sozialistisch im Inhalt. Sie gründete sich auf rein imperialistische
Bestrebungen, die nationalen Kulturen vollends zu unifizie-
ren. Die Folklore wurde gewaltsam professionalisiert und
immer weiter vom realen Alltag der Völker entfernt. Die
Realität war ritualisiert, und diese Rituale wurden bei jährli-

chen Festivals, Olympiaden, Paraden gefestigt. Im Ergebnis dieser Entwicklung kam eine Welle von Film-Konzerten auf die Leinwand, in denen klassische Ballettnummern und usbekische Tanzensembles, russische Chöre und georgische Volkslieder, aserbaidshanische Tänzer und Hymnen auf die Partei nahtlos einander abwechselten..."

Miron Tschernenko, in: Iskusstwo kino, Moskau, Nr. 11, 1990

## Erinnerungen an den Ärzteprozeß

Am 13.Januar 1953 veröffentlichten alle zentrale Zeitungen folgende TASS-Meldung: "Verhaftung einer Gruppe von Ärzten, Schädlingen. Vor einiger Zeit haben die Organe der Staatssicherheit eine terroristische Ärztegruppe enttarnt, die sich die Verkürzung des Lebens aktiver Funktionäre der Sowjetunion mittels schädlicher Behandlung zum Ziel gesetzt haben. Zu den Mitgliedern dieser terroristischen Gruppe gehören: Prof. M.S. Wowsi, Therapeut; Prof. W.N. Winogradow, Therapeut; Prof. M.B. Kogan, Therapeut; Prof. B.B. Kogan, Therapeut; Prof. P.I. Jegorow, Therapeut; Prof. A.I. Feldman, Otolaryngologe; Prof. J.G. Ettinger, Therapeut; Prof. A.M. Grinschtejn, Neuropathologe; G.I. Majorow, Therapeut.

Anhand von Tatsachen, Gutachten und Geständnissen der Verhafteten wurde festgestellt, daß die Verbrecher als verdeckte Feinde des Volkes die Gesundheit der Patienten absichtlich ruiniert haben.

Die Verbrecher bekannten, daß sie unter Ausnutzung der Krankheit des Genossen Shdanow eine falsche Diagnose gestellt haben, den vorhandenen infarct miocarda vertuschten, dem Schwerkranken eine falsche Heilbehandlung verschrieben und dadurch seinen Tod erzwungen haben. Genau so wurde, wie die Untersuchung feststellte, auch das Leben des Genossen Schtscherbakow verkürzt...

Die kriminellen Ärzte versuchten die Gesundheit der führenden Militärs des Landes in erster Linie zu ruinieren, um seine Verteidigungsfähigkeit zu schwächen.(...) Doch die zuvorgekommene Verhaftung hat ihre verbrecherischen Ziele zerstört.

Es wurde festgestellt, daß die Mörder-Ärzte, jene Ausgeburten des menschlichen Geschlechts, die das heilige Banner der Wissenschaft mit Füßen getreten und die Ehre der Wissenschaftler beschmutzt haben, Agenten ausländischer Nachrichtendienste waren.

Die Mehrheit der Gruppe stand mit der internationalen jüdischen bürgerlich-nationalistischen Organisation 'Joint' in Verbindung, die vom amerikanischen Geheimdienst gegründet wurde und sich hinter der Abwicklung materieller Hilfe in anderen Ländern tarnte. In Wirklichkeit führte die Organisation eine breit angelegte terroristisch-subversive Tätigkeit sowie Spionage unter Anleitung der amerikanischen Nachrichtendienste in einer Reihe von Ländern, darunter auch in der UdSSR, durch.

Der Häftling Wowsi gab zu, von 'Joint' eine Direktive bekommen zu haben, derzufolge führende Funktionäre der sowjetischen Regierung zu beseitigen waren. Die Direktive wurde ihm durch den Arzt Schimeljowitsch und den bekannten jüdischen Nationalisten Michoëls übermittelt.

Die Untersuchung wird in kürzester Zeit abgeschlossen."

Unter den Verhafteten waren einige russische Ärzte, zu den aufgeführten jüdischen Häftlingen kamen später andere hinzu, auch der Autor dieser Zeilen.

Einige der oben Erwähnten waren gestorben, noch bevor die Prozeß-Vorbereitung ins Rollen kam, und wurden sozusagen posthum der terroristischen Gruppe zugerechnet (z.B. Kogan, Pewsner und Ettinger, der bereits 1951 verhaftet wurde und im Gefängnis gestorben war). Schimeljowitsch, der

Chefarzt des Botkin-Krankenhauses, war im August 1952, zusammen mit anderen Mitgliedern des Antifaschistischen Jüdischen Komitees (aufgrund falscher Beschuldigungen) exekutiert worden. Der 'bekannte jüdische Nationalist' Michoëls, Regisseur am jüdischen Theater GOSET, war 1948 unter nicht ganz geklärten Umständen ums Leben gekommen: er wurde in Minsk von einem Lastkraftwagen überfahren.

Die sowjetische Gesellschaft war in jenen Jahren psychologisch für einen solchen 'Fall' 'gut präpariert'. 1948 lief eine sogenannte Kampagne gegen den Kosmopolitismus, doch die heimatlosen Kosmopoliten waren allesamt nur Juden (hauptsächlich Theater- und Musikkritiker). Die Werke von Bagrizki, Swetlow, Grossman wurden verboten, aus dem Großen Saal des Konservatoriums entfernte man sogar das Porträt des Komponisten Mendelssohn-Bartholdy.

Zwar war nicht die Rede von Antisemitismus, doch die antisemi-tische Ausrichtung dieser Kampagne war offensichtlich. Eine Woche nach der Veröffentlichung der TASS-Meldung erschien in der Zeitung ein Erlaß des Präsidiums des Obersten Sowjets über die Auszeichung einer Lidija Timaschuk, die der Regierung bei der Entlarvung der Mörder-Ärzte geholfen hatte...

Die Leidenschaften wurden durch die Presse angeheizt. Die Zeitschrift 'Krokodil' veröffentlichte Karikaturen antisemitischen Charakters. Selbst über die verhafteten russischen Ärzte verbreitete man Gerüchte, nach denen ihre Namen lediglich Übersetzungen jüdischer Namen sind: Winogradow heiße Weintraub und Selenin Grinbaum... Kein Gerücht dagegen war eine offizielle Mitteilung darüber, daß der Prozeß mit Todesstrafen enden und die Exekutionen öffentlich durchgeführt werden sollten, was nichts anderes bedeutete, als daß man im Land Pogrome stiften wollte, als deren Folge die Juden - nach ausgearbeiteten Organisationsplänen - in speziell für sie vorbereitete Reservate in Sibirien umgesiedelt würden, um sie vor der 'gerechten Volksrache' zu schützen.

Um den 'Volkszorn' anzufachen, bediente man sich bekannter jüdischer Persönlichkeiten - Musiker, Komponisten, Schauspieler, Militärs, Schriftsteller... In offenen Briefen an die Zeitungsredaktionen sollten sie die 'Ausgeburten des menschlichen Geschlechts' verdammen und für sie die höchste Strafe fordern. Der Text war bereits verfaßt, in der Diskussion ging es nur noch um die Ausschmückungen. Ich will hier lediglich die Namen derer nennen, die den Mut hatten, dieses Ansinnen auszuschlagen, wohl wissend um die möglichen Folgen: der General Jakow Krejser, der Sänger Mark Rejsen, der Schriftsteller Ilja Ehrenburg.

Jakow Rappoport: Erinnerungen an den Ärzteprozeß, in: Drushba narodow, Moskau Nr. 4, 1988

## Interview mit Semjon Aranowitsch

*Frage:* Sie haben als Dokumentarfilmregisseur angefangen, sind dann zum Spielfilm gewechselt, haben dort zehn Jahre lang gearbeitet und sind nun wieder beim Dokumentarfilm. Warum?

*Semjon Aranowitsch:* Ich habe zunächst tatsächlich beim Dokumentarfilm angefangen, das war zu Zeiten des Tauwetters, als der Dokumentarfilm aufblühte; man sprach sogar von einer 'Leningrader Schule'. Die ganze Schule basierte auf einem: auf der Möglichkeit, die Wahrheit zu sagen. 1968 machte ich einen Jubiläumsfilm über Gorki, der auf Eis gelegt wurde. Das heißt nur, daß das, was ich 1967 noch aussprechen konnte, 1968 schon nicht mehr möglich war. Und ich habe verstanden, daß es das Ende für den Dokumentarfilm bedeutete. Wenigstens für mich. Mein Gorki-Film wurde erst 21

Jahre später aufgeführt. Ich ging zum Lenfilmtudio und machte meine Spielfilme, geleitet von der Ästhetik des Dokumentarfilms. Und von den ersten Tagen der Perestroika an, als ein kleiner Spalt geöffnet wurde, haben wir mit einem Schlag so viel Information bekommen, daß ich begriff: diesen Zufall müssen wir nutzen. Ich habe alle meine Pläne für den Spielfilm beiseite gelegt... Ich machte sofort einen Film über Achmatowa, das Material dafür hatte ich seit 1966 gesammelt, seit Achmatowas Tod. Das war mein erster freier Film. Dann entstand die Trilogie *Ich war Stalins Leibwächter, Ich diente in Stalins Apparat* und DAS GROSSE KONZERT DER VÖLKER Ich bekam zunächst die Möglichkeit, mit einem Mann aufrichtig zu sprechen, der bei Stalin gedient hatte. Ich habe seinen Monolog nicht kommentiert, ich habe nur ihn sprechen lassen und machte den Film als Dokument. Parallel dazu fing ich an, Material über den Ärzte-Prozeß und die Beseitigung des Antifaschistischen Jüdischen Komitees zu sammeln. Weil Stalins Leibwächter mit diesem großen Prozeß zu tun hatte. Dann fand ich in Moskau einen Menschen, der Jahre lang Sekretär bei Malenkow war und auch bestens über den Ärzte-Prozeß Bescheid wußte, das war schon ein anderes Niveau. Über diesen Menschen machte ich den zweiten Film der Trilogie *Ich diente in Stalins Apparat*, und dann konnte ich DAS GROSSE KONZERT DER VÖLKER machen. Der Film rankt sich um die Geschichte der Judenverfolgung, doch wir nannten den Film DAS GROSSE KONZERT DER VÖLKER, da die nationale Frage, die als gelöst galt (Stalin selbst war ihr Haupttheoretiker und stand an der Spitze des Nationalitätenkommissariats), ihre Tücken erst mit Beginn der Perestroika, als nämlich das Gebäude des Vielvölkerstaates sehr rasch einstürzte. Allen war klar, daß diese Explosion kommen würde, da die Völker in den Fesseln der Ideologie verhaftet waren. Filme über das glückliche Leben verschiedener Nationalitäten miteinander fingen meist mit Tänzen an und hörten mit Tänzen auf. Sogar im Hohen Norden sah man plötzlich Weintrauben auf dem Tisch, und niemand wunderte sich - so mußte es sein. Denn das Leben, die Realität, die Natur waren eins und die Filme etwas ganz anderes. Soziale Probleme, die Ökonomie, das Gesundheitswesen - all das spielte in der filmischen Reflexion keine Rolle, Film bedeutete nur eine Parade des Wohlstands und des Glücks. Die Cheyne-Stokessche Atmung ist ein medizinischer Begriff, das war ein konkretes Krankheitssymptom bei Stalin im einzelnen, im allgemeinen jedoch waren es die Krankheitssymptome unserer Gesellschaft, denn die nationalen Konflikte wurden nicht heute geboren. Sie wurden vorbereitet durch das System - als die Grenzen willkürlich geändert und ganze Nationen über Nacht umgesiedelt wurden. Als Kind sah ich, wie in Sibirien die Züge mit zwangsumgesiedelten Tschetscheno-Inguschen ankamen. Die Hälfte der Menschen war tot, sommerlich gekleidete Frauen und Kinder sprangen aus Viehwaggons in die Winterkälte. Kirgisen schauten sich das an und meinten, daß alles seine Richtigkeit habe. Diese Nation wurde zu Verrätern erklärt, und die übrigen haben daran geglaubt. Wir müssen heute etwas mit diesem fest verankerten Glauben tun, darauf sollten wir mit unseren Filmen Einfluß nehmen. Weil dort, wo die Reflexion aufkommt, ein Konflikt entsteht. Reflexion provoziert einen Konflikt mit der Gegenwart und vor allem mit der Geschichte. Deshalb war für mich dieser dritte Film der wichtigste. Die zwei vorherigen führten mich letztendlich zu ihm. Er schließt meine Reflexion über diese Zeit ab, über ihre verschiedenen Schichten und sozialen Strukturen. Der Titel ist ironisch zu verstehen wie überhaupt der ganze

Film, obwohl er von äußerst tragischen Schicksalen berichtet. Diese etwas ironische Sicht auf die Geschichte ist aber nicht zynisch, sie hilft mir heute - mehr oder weniger, das Tragische in meinem Verhältnis zur Vergangenheit zu verarbeiten. Sonst kann man kaum verstehen, wie gesunde erwachsene Menschen das Ganze ernst nehmen konnten, wie sie daran glauben konnten. Wie sie ihr Leben auf diese Lüge aufbauen konnten... Das ist doch die Tragödie vieler Menschen, vieler betrogener Menschen. Und diese Tragödie sieht der Geschichte des deutschen Volkes ähnlich. Genauso glaubten viele damals an Hitler und fragten sich im nachhinein, wie das passieren konnte. Diese Frage können die Sowjetmenschen heute wiederholen: Wie konnte *das alles* passieren?! Wenn heute Nationen die Forderung nach der Rückkehr in ihre angestammten Heimatgebiete stellen, wie etwa die Wolga-Deutschen, dann steht dahinter nur der Wunsch, das nationale Gesicht wieder herzustellen.

Zwar hat uns die Zeit zu Skeptikern gemacht, doch der russische Mensch lebt von der Hoffnung. In uns sind immer zwei Menschen vereint: der eine ist von der Gegenwart enttäuscht, er verhält sich ihr gegenüber voller Mißtrauen, und der andere glaubt an die Zukunft. Als ein Mensch der Gegenwart also beeilte ich mich, meine Dokumentarfilme zu drehen, bevor die Spalte wieder zugemacht wird, als Mensch der Zukunft glaube ich, daß es eine Zukunft geben wird. Und die ersten Filmvorführungen in der Schweiz und in den USA zeigten, daß es nicht nur unsere Probleme sind - diese nationalen Fragen stehen in der ganzen Welt, und ich bin glücklich, daß wir unsere Probleme in der ganzen Welt offen diskutieren können und dabei auf Verständnis und Mitgefühl stoßen.

*Frage:* Was meinen Sie: gibt es die jüdische Frage heute?
*S.A.:* Was geschieht heute eigentlich... Die Juden mögen - als eine von wenigen Nationen - immer noch Russen. Ich war in Israel. Die russischen Auswanderer fragten mich über Rußland aus. Die jüdisch-sowjetischen Auswanderer in den USA empfinden die UdSSR als ihre Heimat. Unser Land hat sehr viele Spezialisten verloren, doch viele haben auch ihre Heimat verloren. Juden und Russen kamen lange gut miteinander aus, und jetzt verlieren beide etwas. Wenn in unserem Land menschliche Bedingungen geschaffen werden könnten, würden viele zurückkommen.

*Frage:* Was meinen Sie, sind es politische - oder Wirtschaftsflüchtlinge?
*S.A.:* Bei uns gibt es wirklich keine Verfolgung. Doch es bleibt der latente staatliche Antisemitismus. Die Strukturen haben sich nicht nicht geändert. Vielleicht ist die Zeitspanne zu kurz. Wie oft habe ich von Funktionären gehört: Sollen sie nur fahren... Von vielen Juden haben ich auch gehört, daß sie nie wegfahren konnten. Die Besonderheit Rußlands besteht aber darin, daß selbst der ärgste Antisemit einen jüdischen Freund hat. Ich hasse die Juden, aber mein Freund Rabinowitsch ist ein hervorragender Mensch. Ich glaube nicht, daß der Antisemitismus so etwas wie eine Epidemie ist. Ich meine eher, daß der heutige Antisemitismus in vielem durch die Politik des Staates unterstützt wurde. Die Juden waren schlecht, die Deutschen waren schlecht, Armenier waren schlecht, Tataren waren schlecht... Das ist aber bereits Politik.
Einmal lud ich einen Offizier zu mir ein. Meine Frau hatte den Tisch gedeckt. Plötzlich beginnt er darüber zu philosophieren, daß die Juden an allem schuld seien. Ich frage ihn, "Moment mal, weißt du eigentlich, daß ich auch einer bin?" Ihm blieb der Kuchen im Hals stecken - so hat er zum ersten Mal die Ideologie mit einem konkreten Menschen in Zusammenhang gebracht.
Die Juden spielten leider schon immer die Rollen von Univer-

salschuldigen. Wie ein Barometer: steigt der Luftdruck, sind die Juden dran schuld; fällt er wieder, sind es auch wieder die Juden. Wenn es dem Land schlecht geht, ist es schon Tradition, die Juden als Schuldige herauszustellen. Und dann kommt Antisemitismus auf. Ich bin Jude, mein Großvater war ein Rabbi, wir leben hier. Meine Tochter ist ausgereist und lebt jetzt in Deutschland. Ich war dagegen und meinte, sie soll bleiben. In letzter Zeit aber, als sie Kinder bekam, kam Angst auf. Und ich gab meinen Protest auf. Sie lebt jetzt bei Hagen, doch ich kann nur hier arbeiten und deshalb nur hier leben.

St.Petersburg im Januar 1992, aufgeschrieben von Galina Antoschewskaja

**Semjon Dawidowitsch Aranowitsch**, geb. 23. Juli 1934. Absolvierte 1965 die Moskauer Filmhochschule WGIK. Ab 1965 Arbeit im Leningrader Studio für Dokumentarfilme. Drehte parallel dazu einige Spiel- und Fernsehfilme am Lenfilmstudio.

Filme: 1965 *Wremja, kotoroje wsegda s nami* (Die Zeit, die immer mit uns ist). 1966 *Drug Gorkogo Andrejewa* (Gorkis Freund - Andrejewa). 1967/86 *Gorki - poslednije gody* (Gorki - die letzten Jahre). 1968 *Wstretscha s Gorkim* (Begegnung mit Gorki). 1969 *1100 dnej* (1100 Tage). 1971 *Krasny diplomat* (Der rote Diplomat). 1973 *Slomannaja podkowa* (Das gebrochene Hufeisen). 1975 *Pawlowsk*. 1976 *I drugije offizialnyje liza* (Und weitere offizielle Persönlichkeiten. 1980 *Letnjaja poesdka k morju* (Sommerreise an die See). 1980 *Rafferti*. 1981/87 *Altowaja sonata/Schostakowitsch* (zusammen mit Alexander Sokurow). 1983 *Torpedonoszy* (Torpedoträger). 1985 *Protiwostojanije* (Konfrontation), mehrteiliger TV-Film. 1988 *Bolschaja igra* (Das große Spiel), mehrteiliger TV-Film. 1989 *Ja slushil w ochrane Stalina ili opyt dokumentalnoj mifologii* (Ich diente in Stalins Leibwache oder die Erfahrung einer dokumentaren Mythologie). 1989 *Litschnoje delo Anny Achmatowoj* (Personalakte: Anna Achmatowa). 1990 *Ja slushil w apparate Stalina ili pesni oligarchii* (Ich diente in Stalins Apparat oder Lieder der Oligarchie). 1991 DAS GROSSE KONZERT DER VÖLKER.

Herausgeber: Freunde der Deutschen Kinemathek. Druck: graficpress
Übersetzung/Redaktion dieses Blattes: Oksana Bulgakowa

5 Städteportraits

**A DAY IN WARSAW**  Polen 1938

**JEWISH LIFE IN BIALYSTOK** Polen 1939

**JEWISH LIFE IN CRACOW** Polen 1939

**JEWISH LIFE IN LWOW** Polen 1939

**JEWISH LIFE IN VILNA** Polen 1939

## A DAY IN WARSAW  Polen 1938

*Produktion: Sektor Films*
*Kamera: V. Kaszimierczak. Ton: Neo-Vox*
*Text, Sprecher: Asher Lerner*
*Produzent: Itzhak Goskind*
*Schwarzweiß, 10 Minuten, Jiddisch mit engl. UT*

**Zu diesem Film**

Die lebendigen jüdischen Viertel Warschaus mit der Zamenhofstraße und der geschäftigen Nalewistraße waren vor dem Zweiten Weltkrieg Heimstatt von 40 000 Juden. A DAY IN WARSAW zeigt neben Hochhäusern und Alleen auch den alten Marktplatz und das alte Judenviertel. Lastwagen, Automobile und Busse kreuzen sich mit Droschken, Handkarren und Lastenträgern im bunten Treiben des Geschäftsviertels. Man sieht das Jiddische Theater, den Gensza-Friedhof und andere jüdische Einrichtungen wie Rathaus, Krankenhäuser, Schulen und Synagogen. Am Sabbath pilgern die Familien in den Kraschinski-Park, wo Kinder spielen und Erwachsene angeregt die Nachrichten des Tages erörtern.

Filmepilog: Am Vorabend des Zweiten Weltkriegs, als dieser Film entstand, zählte die jüdische Gemeinde Warschaus fast 40 000 Menschen - ein Drittel der Gesamtbevölkerung dieser Stadt. Im Oktober 1940 trieben die Nazis die Juden zusammen und sperrten sie in die viel zu engen Grenzen des Warschauer Ghettos.
Die ersten Massendeportationen von Juden in das Todeslager Treblinka begannen im Juli 1942. Die zweite Welle von Massendeportationen im Januar 1943 stieß auf bewaffneten Widerstand. Die heroischen Bemühungen der im Untergrund tätigen jüdischen Kampforganisation kulminierten in dem berühmten Aufstand im Warschauer Ghetto im Frühjahr 1943. - Als Warschau im Januar 1945 befreit wurde, fand man in den Ruinen der Stadt nur noch 200 jüdische Überlebende in unterirdischen Verstecken.

Informationsmaterial des National Center for Jewish Film, Brandeis University, Massachusetts o.J.

**Warschau**. 340 000 J = 32,5% (größte j. Gem. Europas). Nachgewiesen seit dem 15. Jhd. Unbeschränktes Wohnrecht erst seit 1862. Überwiegen in Kaufmannschaft u. Handwerk. Mehrzahl proletarisiert; nicht unbedeut. bundistische Organisation. Schmale poln. assimil. Oberschicht. Umfangr. Schulwerk und j. Presse.

Aus: Philo-Lexikon. Handbuch des jüdischen Wissens, Berlin 1936 (Reprint 1992)

## JEWISH LIFE IN BIALYSTOK Polen 1939

*Produktion: Sektor Films*
*Kamera: V. Kaszimierczak. Ton: Neo-Vox*
*Text, Sprecher: Asher Lerner*
*Produzent: Itzhak Goskind*
*Schwarzweiß, 10 Minuten, Jiddisch mit engl. UT*

In anschaulichen Bildern und zu den Klängen einer Walzermelodie wird das einstige industrielle und kulturelle Zentrum Bialystoks von 1939 evoziert. Man sieht Aufnahmen von Schornsteinen, mechanischen Webstühlen und Textilarbeitern; sieht die Läden auf der Hauptstraße und die Busse; den Markttag mit Bauern und Pferden; Schulen, Synagogen, die Scholem-Alejchem-Bibliothek mit einem Bestand von 20 000 jiddischen Büchern, das TOZ-Sanatorium und ein gemeindeeigenes Ferienlager für bedürftige Kinder - all das zeigt das vielfältige Leben der 200 Jahre alten jüdischen Gemeinde. Neben Aufnahmen von dem Ziegelsteinhaus des Dr. Zalmenhof, dem Erfinder des Esperanto, sieht man in diesem Film auch denkwürdige Szenen aus dem weitläufigen Park des einstigen Branicki-Palais, wo junge Erwachsene sich erholen und Kinder spielen.
"Kommt nach Bialystok, ihr werdet's nicht bereuen!", heißt es am Schluß des Films.

Filmepilog: Am Vorabend des Zweiten Weltkriegs, als dieser Film entstand, lebten 50 000 Juden in Bialystok. Im Juni 1941 brandschatzten die Nazis das Judenviertel. Nach einer Serie von Massenmorden wurden die überlebenden Juden in ein Ghetto gesperrt und als industrielle Arbeitskräfte für die deutsche Wehrmacht ausgebeutet.
Die Deportationen nach Treblinka 1943 führten zur Auflösung des Ghettos. Nur wenige hundert Ghettobewohner haben überlebt, einige in den Deportationslagern, andere als Angehörige von Partisanenverbänden. Nach dem Krieg gab es in Bialystok schätzungsweise noch 1000 Juden.

Informationsmaterial des National Center for Jewish Film, Brandeis University, Massachusetts o.J.

**Bialystok** (Polen), ca. 40 000 J = 50%, seit etwa 1750. Gr. j. Tuchfabriken mit zahlreichen j. Fabrikanten u. Arbeitern seit 1850.

Aus: Philo-Lexikon. Handbuch des jüdischen Wissens, Berlin 1936 (Reprint 1992)

## JEWISH LIFE IN CRACOW Polen 1939

*Produktion: Sektor Films*
*Kamera: V. Kaszimierczak. Ton: Neo-Vox*
*Text, Sprecher: Asher Lerner*
*Produzent: Itzhak Goskind*
*Schwarzweiß, 10 Minuten, Jiddisch mit engl. UT*

Der Film zeigt alte und neue Aufnahmen aus dem Judenviertel Krakaus, wirksam begleitet von Musik. Straßenbahnen und Pferdedroschken fahren durch baumbestandene Straßen; Menschen treiben Handel auf den von bunten Schirmen überdachten Märkten und in arkadengesäumten Hallen; in Parks und auf den Schulhöfen wird Sport getrieben, gespielt und diskutiert. Ansichten von der berühmten Remu-Synagoge, der von einem italienischen Baumeister errichteten Alt-Schul-Synagoge, dem Spital, dem jüdischen Magistrat und den verschiedenen Schulen zeigen die ungebrochene Lebenskraft dieser uralten jüdischen Gemeinde.

Filmepilog: Am Vorabend des Zweiten Weltkriegs, als dieser Film entstand, lebten 60 000 Juden in Krakau. Zwischen September 1939 und März 1943 rotteten die Nazis systematisch die jüdische Gemeinde aus - durch Zwangsevakuierungen, Massenmorde und Deportationen in die Arbeits- und Todeslager.

1946 kehrten mehrere tausend Juden, die auf wundersame Weise die Lager überlebt oder in der Sowjetunion Zuflucht gefunden hatten, nach Krakau zurück. Diese kleine Gemeinde sah sich in den Jahren 1967-1969 durch den Exodus der Juden aus Polen erneut vor der Auflösung. Heute leben in Krakau nur noch einige hundert Juden.

Informationsmaterial des National Center for Jewish Film, Brandeis University, Massachusetts o.J.

**Krakau**, ca. 45 000 J = 25%; J. in K. spätestens seit 14. Jhd., eine d. ältesten j. Gem. Polens (älteste Synagoge); 1494 vertrieben, verbleiben d. J. bis zur Emanzipation 1867 im benachbarten Kazimierz. Drei berühmte Synagogen: Alt-Schul (14. Jhd.), ReMo-Schul (16. Jhd.), Hohe Schul (17. Jhd.), seit 1595 Gem.-Statut.

Aus: Philo-Lexikon. Handbuch des jüdischen Wissens, Berlin 1936 (Reprint 1992)

## JEWISH LIFE IN LWOW Polen 1939

*Produktion: Sektor Films*
*Kamera: V. Kaszimierczak. Ton: Neo-Vox*
*Text, Sprecher: Asher Lerner*
*Produzent: Itzhak Goskind*
*Schwarzweiß, 10 Minuten, Jiddisch mit engl. UT*

Herausgeputzte Frauen promenieren über den modernen Marktplatz von Lwow, begleitet von den Klängen einer Musik, deren Rhythmus das geschäftige Treiben der Stadt unterstreicht. Die in einem Tal gelegene Stadt Lwow, bekannt auch als Lemberg und Sitz einer alteingesessenen und angesehenen jüdischen Gemeinde, strahlt Wohlstand aus. Parks und Pavillons (Pavillon des Polnischen Radios, Pavillon der Polnischen Schwerindustrie) fungieren als Zentren des öffentlichen Lebens; Lastkraftwagen, Handkarren und Fahrräder verkehren in den geschäftigen Straßen. Zu den Wahrzeichen der jüdischen Gemeinde zählt das Gebäude der Yad Haruzim-Handelsunion und das alte Ghetto, die sanft geschwungene Fassade des modernen Tempels und die orthodoxe Schule, das maurisch anmutende Lazarus-Hospital, das Grabmal der 'Goldenen Rose' und das repräsentative Nowosci-Theater.

Filmepilog: Am Vorabend des Zweiten Weltkriegs, als dieser Film entstand, zählte die jüdische Gemeinde 109 500 Menschen - ein Drittel der Gesamtbevölkerung. Durch die Teilung Polens 1939 wurde Lwow Teil der sowjetischen Ukraine; die jüdische Gemeinde wuchs durch die Ankunft von Flüchtlingen aus dem von den Deutschen besetzten Polen auf 150 000 Menschen an.

Die Nazis besetzten 1941 die Stadt und begannen die Juden systematisch auszurotten - durch Zwangsevakuierungen, Massenmorde und Deportationen in die Arbeits- und Todeslager.

Als die Rote Armee im Juli 1944 in der Stadt eintraf, fand man nur noch 820 Überlebende des Lemberger Ghettos.

Informationsmaterial des National Center for Jewish Film, Brandeis University, Massachusetts o.J.

**Lemberg**, ca. 100 000 J = 30%, drittgrößte j. Gemeinde Polens: J. in L. seit 14. Jhd.; Synagoge von 1582 noch erhalten; Zentrum d. T.-Studiums im 16. u. 17. Jhd.

Aus: Philo-Lexikon. Handbuch des jüdischen Wissens, Berlin 1936 (Reprint 1992)

## JEWISH LIFE IN VILNA Polen 1939

*Produktion: Sektor Films*
*Kamera: V. Kaszimierczak. Ton: Neo-Vox*
*Text, Sprecher: Asher Lerner*
*Produzent: Itzhak Goskind*
*Schwarzweiß, 10 Minuten, Jiddisch mit engl. UT*

Dieses rare Filmdokument fängt die Atmosphäre des geistigen Zentrums jüdischen Lebens in Wilna vor dem Zweiten Weltkrieg ein. Ein lebendiger Kommentar sowie Musik sind den Filmsequenzen unterlegt, in denen die Rituale und Realitäten des Alltags gezeigt werden - Menschen bei der Arbeit, beim Spiel, in der Synagoge und in der Schule. Wilnas berühmteste Wahrzeichen - die Straschun-Bibliothek, der Schnipeschiker-Friedhof, das YIVO-Institut - gehören zu den Höhepunkten des Films.

"Good-bye, Vilna, good-bye!" heißt es wehmütig im Schlußsatz des Films.

Filmepilog: Am Vorabend des Zweiten Weltkriegs, als dieser Film entstand, lebten 60 000 Juden in Wilna. Zwischen Juni 1941 und September 1943 rotteten die Nazis die jüdische Gemeinde systematisch aus - durch Zwangsevakuierungen, Massenmorde und Deportationen in die Arbeits- und Todeslager. Nach dem Krieg kehrten mehrerer tausend Juden in die Stadt zurück und versuchten unter dem restriktiven sowjetischen Regime das jüdische Gemeindeleben wieder aufzunehmen. Die Juden Wilnas gehörten zu den Vorreitern der jüdischen Emigrationsbewegung aus der UdSSR; viele leben inzwischen in Israel oder in den USA.

Konservierung und Restaurierung zum Gedenken an Liza Tanivetsky Katz und Esther Jacobs Pucker durch ihre Enkelin Sharon Pucker Rivo.

Informationsmaterial des National Center for Jewish Film, Brandeis University, Massachusetts o.J.

**Wilna** (Polen), ca. 56 000 J = 43%, seit 15. Jhd.; im 18. Jhd. Zentrum d. T.-Gelehrsamkeit u. d. Anti-chassidismus ('Gaon' Elia W.).

Aus: Philo-Lexikon. Handbuch des jüdischen Wissens, Berlin 1936 (Reprint 1992)

**Shaul & Itzhak Goskind**, Filmproduzenten, brachten zwischen 1938 und 1939 in ihrer in Warschau ansässigen Produktionsfirma Sektor-Films sechs kurze Dokumentarfilme über die städtischen jüdischen Gemeinden Polens heraus: die hier aufgeführten sowie *Jewish Life in Lodz*. Der sog. *Lodz*-Film gilt als verschollen. Die anderen Travelogues sind mit Originalkommentar versehen, ergänzt durch englische Untertitel, angefertigt durch das National Center for Jewish Film. Zusammen oder einzeln betrachtet porträtieren sie Menschen, Gemeinden und Institutionen, die nach dem Überfall und Einmarsch der Nazis in Polen 1939 vollständig ausgelöscht wurden.

Informationsmaterial des National Center for Jewish Film, Brandeis University, Massachusetts o.J.

JÜDISCHES GLÜCK

AMERIKANER SCHADCHEN

THE GOLDEN AGE OF SECOND AVENUE

THE GOLDEN AGE OF SECOND AVENUE

JÜDISCHES GLÜCK

UNCLE MOSES

A BRIWELE DER MAMEN

GOD, MAN AND DEVIL

A VILNA LEGEND

FREE VOICE OF LABOR –
THE JEWISH ANARCHISTS

THE MAN WITHOUT A WOLRD

ROUTES OF EXILE – A MOROCCAN JEWISH ODYSSEY

KORCZAK

EHE IM SCHATTEN

AFFAIRE BLUM

THE PAWNBROKER

OPSTAND IN SOBIBOR

BIGLAL HA´MILCHAMA HAHI

# Jiddischer Film: ein zurückgefordertes Leben
## Dan Isaac

Wer war der größte Tevye von allen? War es der verstorbene Zero Mostel? Luther Adler? Herschel Bernardi? Oder ziehen Sie das Filmporträt von Topol vor?

Ich würde für einen Schauspieler plädieren, den die meisten Leute nie gesehen haben, einen Schauspieler, der 1960 starb, noch bevor *Fiddler on the Roof* überhaupt konzipiert war. Ich denke an den großen jiddischen Bühnenstar Maurice Schwartz, der in einem Film auftrat, der schlicht und einfach *Tevye* hieß. Dieser vergessene Film, er ist eine Bearbeitung eines Theaterstückes von Scholem Alejchem, wurde kürzlich von Filmarchivaren aus Boston gerettet und restauriert. Vierzig Jahre nach seinem Entstehen und seiner Uraufführung wird *Tevye* vom nächsten Donnerstag an für eine kurze Spielzeit im Filmforum in der Vandam Street gezeigt.

Der 1939 in den USA gedrehte *Tevye* ist konzentrierter und authentischer als die modernen Theater- und Filmfassungen dieser populären Volkserzählung. Das liegt daran, daß sich die Filmstory auf nur zwei besonders bedeutende Ereignisse konzentriert: Der Übertritt einer der Töchter Tevyes zum Christentum, die einen russischen Intellektuellen heiratet, führt zu einer Reihe von interessanten Zusammenstößen Tevyes mit dem örtlichen Popen; und die Vertreibung der Juden aus der kleinen russischen Stadt, die der Geburts- und Heimatort Tevyes war.

Der dramatische Moment, im dem sich Tevyes widerstreitende Gefühle über den Verlust der Tochter herauskristallisieren, erfolgt am Ende des Sabbat. Tevye beginnt die Havdalah, das Gebet, das von der Wohltat und der Freude des Sabbat kündet, zu singen. Als er nun sein Gebet singt und dabei an seine Tochter denkt, als wäre sie tot für ihn, mischen sich in die Melodie Klagen und Weinen. Maurice Schwartz' Gesicht, es ist faltig wie eine abgegriffene Thorarolle, neigt sich kummervoll. Seine Wangen sind eingefallen und blaß, aus den Augen sind Leben und Geist gewichen. Und hier kommt die vielleicht eindrucksvollste und erschreckendste Einstellung des ganzen jiddischen Films: Die Großaufnahme von Maurice Schwartz vor der brennenden Havdalah-Kerze. Der Glanz der Flamme steht im Gegensatz zu dem Licht, das so plötzlich aus seinen Augen gewichen ist, und hebt so deren Leere hervor. Alles, was er nun tut, erscheint mühevoll und langsam, so als wäre sein Körper zu einem unförmigen Sack geworden, den er als Buße für ein unbekanntes Verbrechen hinter sich herschleifen muß.

*Tevye* gehört zu der kleinen Familie der jiddischen Spielfilme, die sich in dem Jahrzehnt, das mit dem Zweiten Weltkrieg endete, einer kurzen Blüte erfreuten. In den Jahren darauf verschwanden diese Filme - einschließlich solcher Klassiker der jiddischen Bühne wie *Der Dibbuk*, *Mirele Efros*, *Onkel Moses*, *Grine Felder*, und *Der jiddische King Lear* - aus dem kommerziellen Kino, sie gingen langsam kaputt und wurden erst vor kurzem von einem kleinen Archiv gerettet, das immer noch nach Exemplaren dieses Genres sucht. Ihre Konservierung und das Vorstellen von Filmen wie *Tevye* erhellen ein kurzes Kapitel der Filmgeschichte und gewähren einen selten möglichen Einblick in eine Lebensweise, die der Krieg und der Zeitenlauf nur verwischt haben.

Die jiddische Film'industrie', die diese Filme in den dreißiger Jahren produzierte, war ein Bagatellunternehmen, das zwar niemanden reich, aber viele Menschen glücklich machte. Genau wie der Kürbis von Jonas, der in einer Nacht wuchs und in einer Nacht verdarb, begann die Herstellung der jiddischen Tonfilme 1931 in New York und endete in den frühen Vierziger-Jahren nach Hitlers Überfall auf Osteuropa. Ironischerweise gerade als diese Produktion drauf und dran war einzugehen, im Januar 1940, brachte Variety unter dem Titel 'Negro and Yiddish Film Boom' einen Artikel, der sich mit den Produktionsplänen für eine verhältnismäßig große Anzahl von jiddischen Filmen (fünf) im kommenden Jahr befaßte. Es wurde tatsächlich ein 'Boom'-Jahr für das jiddische Kino, aber vor allem war es sein letztes Jahr, denn das gesamte Phänomen 'jiddischer Film' kam nach dem Holocaust langsam zum Stillstand. Zwischen 1931 und 1941, in einem einzigen Jahrzehnt also, wurden etwa 100 jiddischsprachige Filme gedreht, davon sind aber allenfalls 40 oder 50 erhalten.

Die führenden Produzenten-Regisseure waren zwei Männer, Joseph Seiden, in den USA, und Joseph Green in Polen, doch ist Greens Laufbahn, sie begann mit einem nachsynchronisierten Stummfilm in Polen, die ausgefallenere von beiden. Der nicht unerfahrene Schauspieler Joseph Green trat als Chormitglied zusammen mit Al Jolson in der Synagogenszene in *The Jazz Singer* (1928), dem ersten Tonfilm, auf, und hatte von da an den brennenden Wunsch, jiddische Tonfilme zu machen. Wie Green erzählt, mittlerweile ist er 74 und hat sich halbwegs aus dem Verleihgeschäft zurückgezogen, erhielt er im Austausch gegen seinen Auftritt als Hauptdarsteller in einem italienischen Stummfilm (*Joseph in Ägypten*, 1932) die Verleihrechte für diesen Film in Polen. Er brachte den Film sofort in ein New Yorker Tonstudio und vertonte ihn auf Jiddisch. Auf die technischen Probleme beim Nachsynchronisieren angesprochen, zuckt Green die Schultern. "Wir haben es aufs Geradewohl versucht", sagt er, "und was immer herauskam, es war in Ordnung. Die meisten Schauspieler hatten Bärte und man konnte so ihre Lippenbewegung nicht sehen." Greens klug angepacktes vabanque-Spiel zahlte sich aus. *Joseph in Ägypten* war in Polen der große Renner und spielte genug ein, so daß Green für die Inszenierung seines eigenen Films $ 60 000 hinlegen konnte. Mit *Jidl mitn Fidl* (1935) - Idee, Buch und Regie: Joseph Green - sicherte er sich seinen Platz als einer der Spitzenproduzenten in der jiddischen Tonfilmproduktion. Er produzierte vier Filme, die alle in Polen hergestellt wurden; so konnte er die Kosten niedrig halten und an Originalschauplätzen drehen. Zu einer Zeit, als Hollywoodproduzenten auf einem Studiogelände ganze Städte anlegten, drehte Green *Jidl mitn Fidl* in den Straßen von Kazimierz, einer alten polnischen Stadt; und bei einem späteren Film, *A Brivele der Mamen* (1937), begann er die Dreharbeiten in der Ukraine und drehte in Lemberg zu Ende. Greens Filmen lagen mit wenigen Ausnahmen - nicht wie sonst üblich - Filmbearbeitungen bereits fertiger Theaterstücke, sondern Originaldrehbücher zugrunde. Green meint, daß er schon Mitte der dreißiger Jahre das Gefühl hatte, daß die Zeit der jüdischen Gemeinden in Osteuropa bald vorüber sein würde, und er wollte ihr Leben noch aufzeichnen, bevor sie verschwunden wären.

Der Werdegang der jiddischen Filmproduktion in den USA verlief ganz anders; dies illustriert auch Joseph Seidens (Produzent, Regisseur und Verleiher) Leben und Schaffen. Als Sohn eines Mannes, der Heiratsmakler und Berufsmagier war, ging Seiden schon 1913 mit der Magie der laufenden Bilder um, er war Vorführer am alten Willet Theatre, das er als das erste Kino an der Lower East Side bezeichnete. Als er sich zum Kameramann hochgearbeitet hatte, konnte er William Fox, der später den Fox-Studios seinen Namen geben sollte, und Harry Cohn, der später Columbia Pictures leitete, zu seinen Kollegen zählen. Aber Seiden ging nie in den Westen. Stattdessen blieb er in New York und wurde der König des jiddischen Films. Auf dem Gipfelpunkt seiner Karriere besaß Seiden seine eigenen Studios in Fort Lee, New Jersey, wo er während nur wenig mehr als zehn Jahren mindestens 13 jiddische Filme produzierte und drehte. Sein Sohn Harold Seiden, er war Kameramann bei einigen der letzten Filme seines Vaters, erinnert sich lebhaft an die äußeren Umstände, unter denen einige dieser Filme entstanden sind. Nach einem straffen Plan wurde der Film in etwa fünf Tagen aufgenommen und die Filme hatten ein Budget von etwa dreitausend Dollar, zu einer Zeit, als Hollywoodschinken routinemäßig $ 250 000 bis $ 750 000 kosteten. Die großen Stars der jiddischen Bühne erhielten Spitzengagen von $ 300, während ihre Hollywoodkollegen Wochengagen von $ 750 bis $ 1 000 einsteckten.

"Es war Pfennigfuchserei", erinnert sich der Sohn des Regisseurs, "er verdiente gerade genug, um durchzukommen und um mit der Finanzierung des nächsten Films zu beginnen." Es gab jedoch nur 150 Theater in den USA, die jiddische Filme zeigten; und nach einiger Zeit blieb Seiden nichts anderes übrig, als neben seinen eigenen auch die Filme anderer zu verleihen.

Genau wie ihre Hollywoodgegenstücke hatten die jiddischen Filme ein Starsystem, doch sind Namen wie Molly Picon, Moyshe Oysher und Maurice Schwartz für den durchschnittlichen Kinogänger weder mit Magie verbunden noch mit Glamour umgeben. Und es gab für diese legendären Schauspieler der jiddischen Bühne kaum eine Möglichkeit, in einen anderen Bereich überzuwechseln. Maurice Schwartz stand acht Monate in Hollywood unter Vertrag, doch stand er während seiner ganzen Karriere nur in einem einzigen englisch-sprachigen Film vor der Kamera. Das jiddische Theater erzog viele Schauspieler für die amerikanische Bühne und den Film, aber wie Paul Muni taten alle diesen Schritt frühzeitig und kehrten niemals wirklich zurück.

Ein einziger jiddischer Regisseur, Edgar G. Ulmer, hatte auch in Hollywood einen guten Namen. Aber Ulmers Karriere ist die Ausnahme, die die Regel von der Befruchtung durch Kreuzung unter Beweis stellt. Die zwei amerikanischen Filmindustrien scheinen nur wenig oder gar keinen Einfluß aufeinander gehabt zu haben.

Die Stoffe der jiddischen Filme zerfallen in zwei Hauptkategorien. Sentimentale Volkserzählungen, die eine idyllische, aber isolierte jüdische Welt in ländlicher Umgebung schildern. Und moderne Melodramen aus dem städtischen Leben; sie sind realistisch aufgeputzt und schildern Freuden und Leiden der unvollständigen Anpassung.

Mitunter werden auch die schmerzlichen Realitäten des Lebens in amerikanischen Städten thematisiert; ein Milieu, das in mehreren jiddischen Filmen durchforscht wird, ist das der Ausbeutung von jüdischen Einwanderern durch ihre jüdischen Bosse in deren Knochenmühlen. Maurice Schwartz' *Uncle Moses* (1932) ist eine besonders packende Studie von

Arbeitsverhältnissen in einer New Yorker Szenerie; Nahma Sandrow beschreibt in 'Vagabond Stars', ihrem Buch über das jiddische Theater, den Film *Motel the Operator*, der häusliche Schwierigkeiten mit einem Arbeitskampf verknüpft. Aber ob es sich um ländliche Erzählungen oder städtische Melodramen handelt, jiddische Filme richteten sich angesichts des drohenden Zusammenbruchs religiöser und kultureller Tradition stets an ein Publikum, das rückwärts schaute, während es sich selbst fortentwickelte. Wie sonst sollte man das Thema des verlorenen Kindes als dominierendes und obsessives Motiv in jiddischen Filmen verstehen? Das Kind ist verloren an eine fremde Kultur, und die Antwort der Eltern - wie in der denkwürdigen Leuchterszene aus *Tevye* - ist Kummer, mitunter bis zur Selbstzerstörung. Die Aufgabe des jiddischen Films war es, diese unerträgliche Spannung aufzuheben.

Noch bis 1974 waren jiddische Filme, schon lange vorher waren sie ja als Unterhaltungsgattung ausgestorben, der Gefahr physischer Zerstörung ausgesetzt. Bei einigen Filmen war die Zersetzung schon weit fortgeschritten, dies galt auch für Teile des Inventars der Cinema Service Corporation, der Verleihagentur Joseph Seidens. Einstmals bestand dieses Inventar aus 39 Titeln. Heute sind noch knapp 30 Filme in dieser Sammlung. Andere sind verloren, einige zerfallen, wieder andere nur als Fragmente erhalten. Etwa 20 der verbliebenen Filme sind jetzt vollständig restauriert worden. Die Konservierung dieser Filme ist großenteils das Verdienst von Sharon Rivo, einer Filmarchivarin, die Mittel für den Erwerb des Seiden-Stocks von Förderern wie dem Sänger und Schauspieler Theodor Bikel und dem früheren Präsidenten der Brandeis University Jakob Hiat auftrieb. In jüngster Zeit wurde diese Arbeit auch vom American Film Institute und der Library of Congress finanziell unterstützt.

So wurde die Seiden-Sammlung gerettet und heißt jetzt nach den beiden Hauptstiftern Rutenberg und Everett Yiddish Film Library. Die Rechte liegen bei der American Jewish Historical Society, die ihren Sitz auf dem Campus der Brandeis University in Waltham, Mass. hat. Mrs. Rivo leitet die Sammlung und den Verleih; sie ist weiterhin auf der Suche nach 'verlorenen' jiddischen Filmen und hat in den letzten Jahren drei zusätzliche Titel erworben, alles Stummfilme mit jiddischen Untertiteln. Aber die Hauptaktivität der Yiddish Film Library ist auf die komplizierte Konservierungsarbeit der alten Nitrokopien gerichtet. Beim Altern wird Nitrofilm brüchig, leicht brennbar und schließlich zu einem Pulver, das zur spontanen Explosion neigt. Bis zur Rettung dieser jiddischen Filme zerbröckelten die Dokumente einer jüdischen Welt, die mit dem Holocaust verschwunden war, - mit all ihren Melodien, ihren melodramatischen Träumen und ihren letzten lebenden Erinnerungen - in Dosen.

Der Wert dieser Filme ist unschätzbar - wenn auch nicht unbedingt als Kunst, so doch als Ethnographie. Was hier aufgezeichnet wurde, ist mehr als eine dokumentarische Geschichte der jiddischen Bühne. Bei allen ästhetischen Mängeln, bei allem Sentiment, haben diese Filme, fern vom Holocaust gesehen, ein unerträgliches Pathos. Denn das Leben und die Sprache, die sie wiedergeben, sind völlig verschwunden.

Lediglich einige dieser Filme haben überlebt.

New York Times, 20. Januar 1980

Ulrich Kurowski u.a. (Hrsg.): Das Jiddische Kino, München 1980
Abdruck mit freundlicher Genehmigung des Münchner Filmzentrums, Freunde des Münchner Filmmuseums e.V.

# Das jüdische Thema im sowjetischen Film der Stalin-Zeit
## Maja Turowskaja

Das jüdische Thema war im sowjetischen Film stets präsent. Selbst wenn es fehlte, konnte es als anwesend gelten, allerdings mit einem Abstrich: es war nie neutral, sondern immer mit einem positiven oder negativen Vorzeichen behaftet. Und gerade von diesem Standpunkt aus möchte ich es im folgenden betrachten.

Die Juden gehörten zu jener Bevölkerungsschicht im ehemaligen Rußland, der die Revolution Erleichterung verschaffte. Bekanntlich durften sie sich vor der Revolution nur in bestimmten Gebieten ansiedeln, das heißt, in einigen westlichen Gouvernements der Ukraine und des polnischen Königreichs (nicht aber in Kiew). Wenn heute die russischen Chauvinisten auf einen außergewöhnlich hohen Prozentsatz von Juden mit Hochschulabschluß oder auf einen hohen Anteil unter den Ärzten verweisen, vergessen sie, daß gerade eine Hochschulbildung und das Studium der Medizin sie von der Ansiedlungspflicht befreite. An den Universitäten gab es eine Quote von 10 % aus den Ansiedlungsgebieten und von 3 % aus den großen Städten. Ganz abgesehen davon, daß die Juden kein Land besitzen durften. In bezug auf den Staatsdienst und den Militärdienst waren sie ebenfalls nicht gleichberechtigt.

Es ist also kein Wunder, daß nach so viel Unterdrückung und Erniedrigung viele Juden die Revolution unterstützt haben und daß ihre Gleichberechtigung als ein Beispiel für die Errungenschaften der Revolution galt.

Das Gleiche trifft zum Beispiel auch auf die Frauen zu. Die Gleichberechtigung der Frau war lange einer der Trümpfe des Sowjetsystems. Allerdings hatte das jüdische Problem (wie auch das der Frauen) noch eine Kehrseite, die nicht sofort auffiel. Diese bedeutete den Sieg einer Assimilationsidee über die Entwicklung einer eigenständigen Kultur. Übrigens existierte sie nominell weiter und wurde durch die faschistische Okkupation vernichtet - was danach noch übrig blieb, hat Stalin in den späten 40er Jahren zunichte gemacht. In diesem Punkt, wie auch in vielen anderen, deckten sich die Politik von Stalin und Hitler.

Das alles geschah aber erst viel später. Zunächst schien es - zumindest während der ersten zwei Jahrzehnte nach der Revolution - kein 'jüdisches Problem' in der Sowjetunion zu geben. Ich möchte ein persönliches Beispiel anführen: als ich eine Moskauer Eliteschule besuchte, in der außer uns Kinder politischer Emigranten - Deutsche, Amerikaner, Ungarn und andere (unter anderem Konrad und Markus Wolf) - lernten, wußten wir wenig darüber, wer welcher Nationalität angehörte. Ob das gut oder schlecht war, ist eine andere Frage. Ich möchte es als Tatsache vermerken, welche berücksichtigt werden muß, wenn man das jüdische Thema im Film analysieren will.

Die 20er Jahre - Jahre des Stummfilms - brachten einige jüdische Filme hervor. Tatsächlich ging die Anzahl dieser Filme im Gegensatz zu der Zeit vor der Revolution wesentlich zurück. Damals gab es den 'jüdischen Film' als Genre, genauso, wie es im Alltag den 'jüdischen Witz' und im Theater das 'jüdische Problemstück' gab. Dieses Genre kam vor allem aus Warschau. (Der Anteil der Juden an der Gesamtbevölkerung war im polnischen Königreich wesentlich höher als anderswo). Der jüdische Film beschäftigte sich nach der Revolution hauptsächlich mit der Verfilmung literarischer Werke und bezog sich auf die 'verdammte Vergangenheit'. Das war die Tendenz der 20er Jahre - die Vergangenheit mußte enthüllt und bewältigt werden. In unserem Fall wurden anspruchsvolle literarische Stoffe bevorzugt: das war vor allem Scholem Alejchem; aber auch Babel und Kuprin kamen dabei nicht zu kurz. Die Filme wurden zunächst in einem Studio in Odessa gedreht, später kam noch Belgoskino dazu. Dort formierte sich ein gewisses Kollektiv von 'Spezialisten'.

Der erste Film *Jüdisches Glück* (1925), welcher im Unterschied zu anderen erhalten geblieben ist, stellt im gewissen Sinne eine Ausnahme dar. *Jüdisches Glück* war eine amerikanische Auftragsproduktion und wurde in der I. Moskauer Filmfabrik produziert. Es war eine Verfilmung von Scholem Alejchem nach den Motiven einer Aufführung des jungen jüdischen Kammertheaters (Goset). Wir finden im Film viele bekannte Namen wieder. Er wurde vom Leiter des Theaters, Alexander Granowski, gedreht, der ein Schüler von Max Reinhardt - also ein Mann des Theaters und nicht des Films - war. Die Ausstattung besorgte der bereits bekannt gewordene Nathan Altman - ein Maler, der sich vorwiegend mit Tafelmalerei beschäftigte. Die Zwischentitel entstammen der Feder des hervorragenden Schriftstellers Isaak Babel, die Hauptrolle übernahm der junge Solomon Michoëls, der sich gerade durch seinen fast im Brechtschen Sinne theatralischen Stil von anderen Filmschauspielern unterschied. Als weitere berühmte Mitarbeiter an diesem Film müssen wir noch den Kameramann Eduard Tissé erwähnen sowie den Dreh-buchautor Gritscher-Tscherikower, der später selbst jüdische Filme inszenierte.

Dieser untypische Film, an dem Vertreter aller Kunstgattungen arbeiteten, ist in einer Hinsicht doch typisch: er erzählt vom Schicksal des Pechvogels Menachem Mendel, eines 'Luftmenschen'. Und es ist kein Zufall, daß ein Traum von Menachem die zentrale Episode des Films bildet.

Dieser Film gab den Anstoß zur Entwicklung des Typs des 'jüdischen Films' der 20er Jahre. Isaak Babel setzte seine Arbeit für den Film fort, z.B. 1926 zusammen mit dem Regisseur W. Wilner im Odessaer Studio an *Benja Krik*. Im gleichen Jahr schrieb er auch das Drehbuch zu dem Film von Gritscher-Tscherikower *Irrsterne* nach Scholem Alejchem. 1928 drehte Gritscher-Tscherikower *Am Vorabend*, eine Verfilmung der berühmten Kuprin-Novelle 'Gambrinus' mit dem ukrainischen Darsteller A. Butschma - der später als bester Schauspieler des ukrainischen Theaters und Films gefeiert wird - in der Rolle des jüdischen Geigers Saschka; gleichzeitig verfilmte er die Erzählungen von Scholem Alejchem 'Durch die Tränen'. In diesem Film taucht auch zum ersten Mal der Name I. Spinel auf. Er übernahm später die Ausstattung für die meisten Filme Eisensteins.

Außer von Gritscher-Tscherikower wurden jüdische Filme von der Familie Roschal gedreht. Der Regisseur Grigori Roschal drehte nach den Drehbüchern von Wera Strojewa und Serafima Roschal *Seine Exzellenz* (1927, Belgoskino) und *Der Mann aus dem schtetl* (1930, WUFKU). Im Unterschied zu den nostalgischen Verfilmungen mit traditionellen Sujets und Figuren waren Roschals Filme stark politisch geprägt: im ersten Fall handelt es sich um eine wahre Begebenheit, nämlich das Attentat eines jungen Juden auf den

Gouverneur von Wilna, im anderen Fall, wie in einer kurzen Inhaltsangabe zu lesen ist, wird der "Weg eines Juden vom politisch ungebildeten Lehrling zum Direktor einer Schuhfabrik" dargestellt. Da der andere Titel des Films *Der Träumer* heißt und die Hauptrolle von dem hervorragenden Schauspieler Benjamin Suskin gespielt wird - einem Partner Solomon Michoëls' -, kann man vermuten, daß es sich um eine Variation einer Scholem-Alejchem-Figur handelte, hier jedoch im kämpferischen Geist der damaligen Zeit. Aber wir wollen nicht über Filme reden, sondern über das Thema.

Zu dieser Zeit unterscheidet sich der jüdische Film nicht von dem allgemeinen Kanon des sowjetischen Films, der mittels verschiedener nationaler Stoffe beweisen wollte, daß die alte Gesellschaft dem Untergang geweiht sei. In ihrer Funktion unterscheiden sich die 'kleinen Leute' Scholem Alejchems nicht von den unglückseligen Tschechowschen Beamten in der Verfilmung von 'Ämter und Menschen' - die nationalen Varianten gehören zu der allgemeinen speziellen Tendenz. In diesem Sinne unterscheidet sich 'der Jude' noch nicht vom 'Menschen' schlechthin.

Eine symbolische Grenze zwischen zwei Jahrzehnten trennte die erste Welle des jüdischen Films von der zweiten. In der ersten Hälfte der 30er Jahre entwickelte er sich weiterhin im Rahmen der allgemeinen sowjetischen Mythologie.

Ein flüchtiger Blick auf die Sujets des sowjetischen Films in den Jahren 1930 bis 1935 genügt, um festzustellen, daß eine Vielzahl - wenn nicht gar die Mehrheit - der Filme internationale Themen aufweisen. Während in den 20er Jahren der Gegensatz zwischen Gut und Böse einer vertikalen, zeitlichen Achse von 'früher und jetzt' untergeordnet war, wurde sie in der ersten Hälfte der 30er Jahre durch die räumliche ersetzt - 'bei uns und bei ihnen'. 'Bei ihnen', das hieß in Deutschland, Amerika, Polen usw. Die politisch unbewußten Proletarier schlossen sich im Klassenkampf den Kommunisten an. (Zu solchen Filmen der internationalen Klassensolidarität zählt auch *Die Grenze* von M. Dubson). Ein weiteres Stereotyp des gleichen Sujets ist die Ankunft eines Ausländers in der UdSSR, wo er die Vorteile der sozialistischen Gesellschaftsordnung erkennt.

Zugegeben, historische Voraussetzungen für ein derartiges Mythologem waren durchaus vorhanden. Die Weltwirtschaftskrise in den Industrieländern brachte dem Kapitalismus als System Flexibilität und Anpassungsfähigkeit bei. Aber Anfang der 30er Jahre wurde er zu einem Schreckgespenst, das den beiden totalitären Systemen sehr gelegen kam. In Deutschland war es die allgemeine Instabilität, die die Machtübernahme durch die Nationalsozialisten ermöglichte. In Rußland trug er zur Entstehung des Mythos von ökonomischen Vorteilen und einer progressiven Rolle des Sozialismus bei. Dieser Mythos erwies sich weltweit als so langlebig, daß er in den Köpfen der linken westlichen Intelligenz heute noch lebt. Die frühen 30er Jahre lieferten praktische Voraussetzungen dafür: keine Arbeitslosigkeit und wirtschaftliches Wachstum. Das jüdische Thema erwies sich für diesen Mythos als ein unentbehrlicher Stoff. Während man in anderen Filmen Ausländer umziehen mußte (wie in *Taten und Menschen, Die rote Fahne, Die vier Besuche des Samuel Wulf, Die neue Heimat* und andere), war der Jude jene natürliche marginale Erscheinung an der Grenze zwischen zwei Welten. Die Emigration, die nach Pogromen vor der ersten russischen Revolution begann, verlockte den 'Mann aus dem schtetl' auch in den 20er Jahren. Die große Diaspora machte aus dem Juden einen 'russischen Ausländer'. Und während innerhalb der weißgardistischen Emigration eine Bewegung des politischen 'Heimkehrers' entstand, schuf die Weltwirtschaftskri-

se für die jüdischen Emigranten Bedingungen, unter denen sie als wirtschaftliche 'Heimkehrer' gelten würden. Diese einmalige Situation war nicht nur rein hypothetisch: Viele flüchteten vor der Arbeitslosigkeit. Es gab aber auch solche, die an eine Realisierung der Utopie glaubten und zurückkamen, um in dem Staat der 'Arbeiter und Bauern' landwirtschaftliche Kommunen zu gründen. (Ich möchte daran erinnern, daß im alten Rußland gerade das den Juden verboten war, in Palästina aber haben die Juden bewiesen, daß sie sowohl mit dem Land als auch mit der Form der Kommune umzugehen imstande sind).

Die außerordentliche Situation für die Rückkehr der Juden aus der Emigration - vor allem der aus ökonomischen Gründen Zurückkehrenden - bestimmte den Inhalt der zweiten Welle jüdischer Filme im sowjetischen Kino.

*Die Rückkehr des Nathan Becker* (1932), *Horizont* (1932), *Die Glücksucher* (1936) widmeten sich dem Thema der Unzufriedenheit mit dem Kapitalismus. Handwerker, die keinen Platz im amerikanischen 'Paradies' finden (der Maurer Nathan Becker, der Uhrmacher Lew Horizont) und sich unter der sowjetischen Sonne wohlfühlen, eine ganze Zunft der 'nach dem Glück Suchenden', die ihr 'Gelobtes Land' in Birobidshan findet - das sind Ausländer (Fremde) im direkten Sinne des Wortes. Sie müssen den 'Anderen' verdrängen und wie alle anderen werden. Das ist die Funktion des Juden - einer Randerscheinung - in diesem Sujet. Und während 1932 seine freiwillige Loyalität zur alten/neuen Heimat noch ausreicht, wie im Falle *Nathan Becker*, genügt das nun, 1936, nicht mehr. Pinjas Versuch in *Die Glückssucher*, Gold zu finden und ins kapitalistische Ausland zurückzukehren, wird nicht mehr als eine Sache der freien Wahl betrachtet: Er wird bestraft sowohl auf der Ebene des Sujets - das Gold ist unecht - als auch vom Staat: der NKWD verhaftet ihn als Verbrecher, der illegal die Grenzen passieren wollte, da es ein legales Recht auf Emigration praktisch nicht mehr gibt. Der marginalisierte Mensch wird zum potentiellen Verbrecher.

Trotz der scheinbaren Wiederholung des Sujetaufbaus entsteht der jüdische Film vereinzelt losgelöst von den Traditionen der eigentlichen jüdischen Kultur, die man immer noch im Odessaer Studio oder Belgoskino entdecken konnte. Bei *Nathan Becker* war diese Verbindung noch spürbar, zumindest in Gestalt des großen jüdischen Schriftstellers Perez Markisch. Das Schöpferkollektiv von *Horizont*, bestehend aus Munblit, Schklowski, Kuleschow und dem hervorragenden Interpreten der Titelrolle, Nikolai Batalow, weist solche Bindungen nicht mehr auf, genausowenig wie der Regisseur von *Die Glückssucher* und die Darstellerin der Dwoira, die alte russische Schauspielerin Blumental-Tamarina. Die Wahl der Schauspielerin wird durch ihre professionellen Leistungen und nicht durch ihre nationale Herkunft bestimmt. Allerdings spielte in *Die Glückssucher* auch Suskin, und die Rolle des Schljoma brachte Bi Brodski große Popularität. Er und die zündende Musik Dunajewskis sollten dem Film das nationale Kolorit vermitteln. Allerdings gehörte Dunajewski zur sowjetischen und nicht zur jüdischen Kultur, seine Erfahrung in *Glückssucher* war sporadisch.

Die dritte Welle des 'jüdischen Films' gehört ins Jahr 1933, und sie erfüllte eine spezifische antifaschistische Aufgabe am Vorabend des unvermeidlichen Krieges. Beide Filme (*Professor Mamlock*, entstanden nach dem Stück von Friedrich Wolf und unter dessen Mitwirkung, und *Die Geschwister Oppenheim* nach dem Roman von Lion Feuchtwanger) waren in einem ziemlich abgehobenen Deutschland angesiedelt und hatten bestimmte Agitationsaufgaben zu erfüllen. Der Begriff 'Jude' war hier funktional und bedeutete 'Opfer des Faschismus'. Obwohl das Schauspielerensemble sehr stark war, blieben diese Filme recht künstlich. Das war die letzte Welle jüdischer Filme in unserem Kino bis heute.

In den anderen, nichtjüdischen Filmen blieb die Rolle des Juden wie übrigens auch der Vertreter anderer Nationalitäten und ethnischer Regionen eher zeichenhaft. Ganz allgemein ließe sich behaupten, daß die Juden als Demonstration der Errungenschaften des Oktober und der Treue zu dessen Idealen den Haupthelden beigegeben wurden. In Liebesgeschichten blieb der jüdische Held stets der Zweite und verkörperte die Treue zur Frau. Er hatte eine stetige Eigenschaft: nie versiegender Humor. In allen Fällen war der Jude positiv, allerdings im spezifisch sowjetischen Sinn.

Nehmen wir zwei solcher ideologischen Stützpfeiler wie *Das Parteibuch* (1936) und *Der große Patriot* (1937/39). Im ersten geht es um die 'Schädlinge', dabei ist die Position des Regisseurs keineswegs simpel, im zweiten Film geht es um die Parteiopposition im Untergrund und die Ermordung Kirows, die zur Rechtfertigung der politischen Prozesse benutzt wurde. Im ersten Film verkörpert der Jude Jascha Schorin die Wachsamkeit, er entlarvt die Intrige eines Kulaken, doch gleichzeitig ist er ein unglücklich Verliebter, der ewige Zweite im Vergleich zu dem negativen, jedoch dominierenden Haupthelden. In *Der große Patriot* widersetzt sich den Feinden neben Schachow (Kirow) ein wachsamer und politisch gebildeter alter Genosse namens Kaz. Sogar in dem Kriminalfilm *Der Fehler des Ingenieurs Kotschin* erscheint der skurrile jüdische Schneider Gurewitsch, der zum NKWD geht und dort einen Spion benennt.

In allen Fällen demonstriert dieser einfache Mensch die Vorzüge der Sowjetmacht und seine Treue zu ihr.

Diese 'jüdische Quote' des sowjetischen Mythos bleibt in den 30er Jahren wirksam und findet seinen Höhepunkt in der berühmten Szene aus *Zirkus* von Alexandrow (1936), in der das sowjetische Volk, vertreten durch verschiedene Nationalitäten, das Wiegenlied in verschiedenen Sprachen für das schwarze Kind von Marion singt. Eine derartige nationale Repräsentation ist für den sowjetischen Film typologisch. Jetzt wird verständlich, wie wichtig in dieser Szene das Auftauchen eines Juden ist, der russischen Analogie zum amerikanischen Neger, der die Gleichberechtigung bekommen hat. Hier war das schwerste Kaliber jüdischer Kultur nötig. Genauso relevant war der Umstand, daß zu Zeiten des Verschwindens des jüdischen Themas diese Episode herausgeschnitten wurde.

Der berühmte Trinkspruch Stalins auf das große russische Volk von 1938 drehte den Kompaßanzeiger eines ideologischen Mythos' herum. Die Diktatur des Proletariats wurde durch die Vorherrschaft des 'größeren Bruders' verdrängt, deren Früchte wir heute ernten (der russische Chauvinismus Stalins ist ein hochinteressantes Thema).

Seit Anfang der 40er Jahre verschwindet die 'jüdische Quote' aus dem sowjetischen Film. Wenn der lustige und heroische Photokorrespondent Wainstain aus dem Film *Warte auf mich* (1943, nach Simonow) noch wie ein Nachhall des traditionellen Zeichens wirkt, war die kurze jüdische Episode in dem Film *Die Unbesiegbaren* (1945, Buch: Gorbatow, Regie: Donskoi) nicht nur damals für den sowjetischen Film außergewöhnlich - das wurde auch von allen so wahrgenommen. Die kurze Begegnung des Helden dieses Films, Taras (er wurde übrigens von demselben Butschma gespielt, der einst Saschka in *Gambrinus* darstellte), mit dem jüdischen Arzt (Suskin) auf dessen Kreuzweg nach Babij Jar war offensichtlich die letzte Beschäftigung mit dem Thema.

Es vergingen drei, vier Jahre, und der Antisemitismus wurde zur Staatspolitik, Solomon Michoëls wurde umgebracht, und die Mitglieder des Jüdischen Antifaschistischen Komitees - jüdische Schriftsteller und Dichter - wurden verhaftet und erschossen, das Theater geschlossen.

Eine ideologische Kampagne wurde gegen die sogenannten Kritiker-'Kosmopoliten' gestartet, der berüchtigte 'Prozeß der Mörder-Ärzte' wurde initiiert. Das alles sollte nach Stalins Plan das Vorspiel zur Deportation der Juden von Birobidshan sein.

Die Diskreditierung von Theater- und anderen Kritikern als 'Kosmopoliten' scheint absurd, gerade weil die Mehrheit von ihnen ausgesprochen loyal war. Aber der Mechanismus des Absurden, eines aufgelösten Zusammenhangs zwischen Ursache und Folge in Hinsicht auf das Scheinverbechen und die ganz reale Bestrafung hatte seine propagandistische Effektivität in den Prozessen der 30er Jahre bewiesen. Die legale Formung der öffentlichen Meinung war, nachdem ungeachtet dieser Öffentlichkeit ganze Völker deportiert wurden, in ihrer jüdischen Variante notwendig, weil die Erinnerung an den Nazi-Holocaust noch sehr lebendig war. Während über Stalins Repressalien schon viel bekannt ist, bleibt die Erforschung seiner Methoden ein aktuelles Thema für Sozialpsychologen. Von diesem Zeitpunkt an verschwindet selbst das Wort 'Jude' praktisch aus dem Sprachgebrauch. Es wird in der Presse ersetzt durch Synonyme wie 'Agent des Joint' oder in der Umgangssprache durch Euphemismen wie die 'fünfte Rubrik' (die Frage nach der Nationalität im Fragebogen).

Das Wiederaufgreifen des jüdischen Themas in der 'Tauwetter'-Ära Chruschtschows und der sogenannten 'Stagnation' ist vielleicht der langsamste Prozeß in der Entstehung der Kultur der poststalinistischen Ära. Viele Filme wurden auf Eis gelegt, wahrscheinlich aber traf Alexander Askoldows Film *Die Kommissarin* das härteste Verbot. Das allerdings ist ein anderes Thema.

Ich möchte nur einen bemerkenswerten Oberton in der Geschichte des neubelebten Themas erwähnen. Angefangen mit der Verfilmung von Nekrassows Erzählung *In den Schützengräben von Stalingrad/Soldaten* von A. Iwanow (1956), bei dem das Erscheinen einer jüdischen Figur, des Färbers, allen aufgefallen ist, wurden für solche Rollen meistens prominente Schauspieler nichtjüdischer Herkunft engagiert; Beispiele dafür sind der junge Smoktunowski in *Soldaten*, der bekannte Michail Uljanow in der Fernsehfassungs von *Tewje*, R. Bykow in *Die Kommissarin*.

Während Blumental-Tamarina, Batalow und Butschma in den jüdischen Filmen wegen ihres Talents mitwirken, ist in der Auswahl der Regisseure der poststalinschen Epoche eine wohlmeinende Absicht spürbar: den nationalen Rahmen der Figur zu erweitern, ihr nicht einen eng-nationalen, sondern allgemein-menschlichen Sinn zu geben. Die Rolle des Tewje gehörte zum Repertoire großer ukrainischer Schauspieler. Dieser allgemein-menschliche Koeffizient des jüdischen Themas zeugt davon, daß zwischen den Begriffen 'Jude' und 'Mensch' noch immer ein Spalt besteht.

Einst träumte der Erzähler aus Babels 'Reiterarmee' davon, zu reiten, ohne jemandes Aufsehen zu erregen: das würde bedeuten, daß er nicht schlechter als alle anderen, nicht schlechter als die Kosaken sei.

Ich möchte die Zeit erleben, in der das jüdische Thema, das die nationale Eigenart darstellt, kein Zeichen für etwas anderes mehr ist, sondern nur noch für sich selbst steht.

Das, allerdings, ist eine Utopie.

Redebeitrag beim Roundtablegespräch 'Jüdische Lebenswelten im Film' (16. 2. 1992, Akademie der Künste, Berlin) mit Sharon Pucker Rivo, Maja Turowskaja, Jim Hoberman, Aviva Kempner, Ulrich Gregor aus Anlaß des 'Internationalen Forums des Jungen Films' 1992 und der Filmreihe 'Jüdischen Lebenswelten' im Martin-Gropius-Bau (15. Januar - 26. April 1992) Übersetzung: Gaga Tschcheidse / Dietmar Hochmuth

# Who's Who

## Sharon Pucker Rivo
## National Center for Jewish Film
## Brandeis University

Sharon Pucker Rivo ist die leitende Direktorin des National Center for Jewish Film, eines spezialisierten Filmarchivs an der Brandeis University. 1976 begründete sie gemeinsam mit Miriam Saul Krant 'The Rutenberg and Everett Yiddish Film Library', aus der das 'National Center for Jewish Film' hervorging. Das Center ist verantwortlich für Erwerb und Restauration der größten Sammlung jiddisch-sprachiger Spielfilme. Sharon Rivo begann ihre Medien-Laufbahn 1963 bei dem Fernsehsender WGBH-TV, wo sie eine der ersten Produzentinnen der öffentlichen Fernsehanstalten für Nationales Bildungsfernsehen wurde. Sie ist Mitglied von 'National Plan Task Force', einer Arbeitsgruppe zwecks Aufbau eines 'National Plan for Moving Image Preservation' (etwa: Nationalplan zur Konservierung von Filmbildern). Sie hält Vorlesungen über jiddischen Film, jüdische Bilder im frühen amerikanischen Film, Bilder jüdischer Frauen im Film und über Nazi-Propaganda-Filme. Sharon Rivo ist Absolventin der Brandeis University (B.A., 1961) und der University of California in Berkeley (M.A. 1964, beide Abschlüsse in Politikwissenschaft). 1990 erhielt sie den ersten Jewish Cultural Achievement Award von der National Foundation for Jewish Culture; 1989 den Best Discovery/Rediscovery Award von der Boston Society of Film Critics für die Restaurierung des *Dybbuk*.

Mai 1992

## Dominique Green
## Jewish Film Foundation, London

Ich habe viele Jahre in der Filmindustrie gearbeitet und bin gegenwärtig Filmproduzentin. Davor war ich im Filmvertrieb tätig, darunter fünf Jahre als Leiterin des Filmverleihs von Virgin Films. In dieser Zeit (1976-1988) habe ich viele Filmfestivals besucht und konnte eine große Anzahl von Filmen aus aller Welt sehen, die in diesem Land niemals gezeigt wurden. Obwohl die Filme, die ich für den englischen Markt erwarb, für das breite Publikum gedacht waren, interessierte ich mich zunehmend für die wachsende Zahl von Filmen mit jüdischen Topoi, die auf den internationalen Festivals vorgestellt wurden. Mein persönliches Interesse an meinem eigenen kulturellen Erbe und meine Kinoleidenschaft brachten mich auf die Idee, einige dieser Filme im Rahmen eines Jüdischen Filmfestivals zu zeigen. Das erste Festival dieser Art fand 1984 statt. Es war überaus erfolgreich und sollte fortan jährlich stattfinden; nunmehr zum achten Mal. Um dem durch das Festival geweckten Interesse gerecht zu werden, wurde 1986 die Jewish Film Foundation gegründet, ein eingetragener Verein zur Förderung der Produktion, Distribution und Aufführung von jüdischen Filmen und solchen, die sich mit jüdischer Geschichte, Kultur und Identität befassen. Die Foundation steht in Verbindung mit ähnlichen Organisationen auf der ganzen Welt und arbeitet eng mit Festivals und Bildungseinrichtungen zusammen.

8. Mai 1992

## Adrienne Mancia
## Museum of Modern Art, New York

Adrienne Mancia, Kuratorin der Abteilung Film des Museum of Modern Art, seit 1964 dort tätig. 1966 stellte Frau Mancia im Rahmen von Retrospektiven die neuen Filmbewegungen aus Europa und Lateinamerika vor: das 'Cinema Novo' aus Brasilien und den 'Neuen Deutschen Film' aus Westdeutschland. 1969 begründetet sie gemeinsam mit anderen 'Cineprobe', ein Forum für unabhängige Filmemacher, sowie 'What's Happening?', eine Reihe mit Dokumentarfilmen zu jeweils aktuellen Themen. Beide Veranstaltungsreihen gibt es bis zum heutigen Tag.
Adrienne Mancia hat Werkschauen von so bedeutenden Regisseuren wie King Vidor, Luis Buñuel, Raoul Walsh, Manoel de Oliveira, Douglas Sirk, Michael Powell, Henry King und Keisuke Kinoshita zusammengetragen und folgende Ausstellungsprojekte betreut: Pier Paolo Pasolini: The Eyes of a Poet (1990), Ripstein und Hermosillo: Filmmakers (1990); O Canada: L'Amour du Cinéma from North To South (1989); Anna Magnani (1988); Paramount Pictures: 75 Years (1987) und Edward R. Pressman, Producer (1987).
Seit 1972 ist Adrienne Mancia an der Auswahl der Arbeiten für die alljährlich in Zusammenarbeit mit der Film Society des Lincoln Center veranstalteten Filmreihe 'New Directors/New Films' beteiligt.
Adrienne Mancia hat mehrfach in internationalen Filmjurys mitgewirkt, darunter im Rahmen des 'Festival dei Popoli' in Florenz sowie der Festivals in Locarno, Vevey, Oberhausen, Rotterdam, Cannes (Caméra d'or) und Tokio.

Mai 1992

## Aviva Kempner
## Jewish Film Festival, Washington

Es ist mir eine Ehre, wieder am diesjährigen Internationalen Forum des Jungen Films teilzunehmen. 1986, als ich die *Partisans of Vilna* bei den Berliner Filmfestspielen uraufführte, lernte ich die wichtige und mutige Programmarbeit des Forums näher kennen. Ich erinnere mich, wie beeindruckt ich war, daß die Verantwortlichen des Forums anders als die meisten amerikanischen Programmverantwortlichen noch weitere abendfüllende Holocaust-Dokumentarfilme, darunter *Shoah* und *We were so beloved,* auf diesem einen Festival zeigten. Im Unterschied zu anderen Festivalleitern schrecken sie weder vor diesem Thema zurück noch verzichten sie zugunsten des einen auf einen anderen Film.
Als Kind von Holocaust-Überlebenden hatte ich persönliche Gründe, einen Film zu diesem Thema zu drehen. Diese Besessenheit war für mich der ausschlaggebende Faktor, und ich machte *Partisans of Vilna*, weil ich stets vom Widerstand gegen die Nazis geträumt hatte. Ich bin in Berlin geboren, doch in meiner Kindheit und Jugend hegte ich ambivalente Gefühle gegenüber meiner Geburtsstadt, weil das Land so viel Leid und Vernichtung in der Familie bewirkt hatte.
Zu Beginn der 80er Jahre, als ich an diesem Film über jüdischen Widerstand gegen die Nazis arbeitete, kam ich

zum ersten Mal mit Deutschen aus der Nachkriegsgeneration in Kontakt, die mein Anliegen, den Krieg zu dokumentieren und sich mit den Schrecken dieser Epoche auseinanderzusetzen, teilten. Es war für mich eine große Offenbarung, nichtjüdischen deutschen Filmemachern zu begegnen, die ähnlich besessen waren wie ich. Ich stellte fest, daß ich mehr mit ihnen gemein hatte als mit manchen meiner amerikanischen jüdischen Kollegen.

Ich lernte die Gregors und mit ihnen Sylvia Andresen kennen, und die Art und Weise, wie sie Jahr für Jahr die besten Holocaust-Filme und andere Filme mit jüdischer Thematik im Forum plazierten, beeindruckte mich gleichermaßen.

(Mein Kollege hier auf dem Podium, der Village-Voice-Kritiker Jim Hoberman, hat es am treffendsten formuliert, als er die Programmierung von jüdischen Filmen durch das Forum als 'impeccable', 'unübertrefflich' bezeichnete.)

Es ist also nicht verwunderlich, daß heute, 1992, für mich als Leiterin des Jüdischen Filmfestivals die Teilnahme an den Berliner Filmfestspielen zur Auswahl von Filmen unverzichtbar ist. Inzwischen wird zum dritten Mal das Washington Jewish Film Festival vom Distrikt des 'Columbia Jewish Community Center' mit Unterstützung der israelischen Botschaft und der 'Washington Jewish Week' durchgeführt. Dieses Festival, das Anfang Dezember stattfindet, bietet Gelegenheit, die weltweit besten Filme jüdischen Themas einem internationalen Publikum in Washington D.C. vorzuführen. Es ist ein aufregendes Festival mit einem Zuschauerkreis von über 3 000 Menschen. Da die meisten der hier gezeigten Filme gewöhnlich nicht in die Filmtheater gelangen, leistet das Festival für die Regisseure wie für das anwesende Publikum einen wichtigen Dienst. Obwohl wir in den Zeitungen inserieren, werden die einzelnen Filme gewöhnlich nicht besprochen, weil sie nicht kommerziell ausgewertet werden. Die Kultureinrichtungen der Landesregierung sowie Firmen, Stiftungen und Einzelpersonen unterstützen unser Festival finanziell. Juden wie Nichtjuden wohnen den Vorführungen bei, die stets von Podiumsdiskussionen mit Regisseuren, Produzenten, Schauspielern oder Wissenschaftlern begleitet werden.

Wir versuchen Filme auszuwählen, die künstlerisch gelungen sind und Alternativen zu den allzu oft auf der Leinwand gezeigten negativen jüdischen Stereotypen bieten. Traurigerweise sind nicht wenige dieser Negativbilder das Werk von gegenwärtig in Hollywood tätigen jüdischen Drehbuch-autoren und Filmemachern. Besonders schmerzlich sind für uns die negativen und unsensiblen Porträts von jüdischen Frauen im Film. Wir sind stets auf der Suche nach guten Komödien aus dem jüdischen Milieu und nach Filmen, die das Leben der Juden in der Diaspora beschreiben. Jedes Festival hat eine Sonderschiene mit den hervorragendsten Filmarbeiten aus Israel.

Allmonatlich zeigen wir unter den Auspizien des 'Jewish Community Center' neuere jüdische Filme, die uns das ganze Jahr hindurch zugänglich gemacht werden können. Wir sind in der glücklichen Lage, rund ums Jahr wie auch konzentriert in diesen acht Tagen Anfang Dezember Filme jüdischen Themas zeigen zu können. Wir unterstützen darüber hinaus auch Filmvorführungen anderer Organisationen, z.B. des hiesigen Goethe-Instituts, des Washington Filmfestivals und 'Women and Film' - soweit uns dies möglich ist und soweit das Filmsujet Unterstützung verdient. Diese gemeinsamen Veranstaltungen finden enormen Publikumszuspruch und helfen, Brücken zu unseren Nachbarn zu bauen.

Es ist kein Zufall, daß so viele von uns diese Woche hier sind, um Filme zu sehen und Filme für unsere eigenen Festivals auszuwählen. Unter den hier Anwesenden befinden sich die Leiter folgender Filmfestivals: Les Rabinowicz (Australien), Patricia Aherns (Chicago), Dominique Green (London), Wanda Bershen (New York), Archie Perlmutter (Philadelphia), die Muttergottes aller Festivalmacher: Deborah Kaufman und Janice Plotkin (San Francisco) sowie Jonathan Katz (Toronto). Darüber hinaus sind anwesend die Filmprogrammplaner aus Paris und aus Frankfurt/Main (Ronny Loewy) sowie aus Boston Sharon Pucker Rivo vom National Center for Jewish Films.

Wir wissen es sehr zu schätzen, daß das Forum sein Festival jedes Jahr auf eine Weise programmiert, die uns ausgezeichnet Gelegenheit gibt, in Berlin Entscheidungen für unsere jüdischen Festivals zu treffen.

16. Februar 1992

## Jim Hoberman, Autor und Filmkritiker (The Village Voice), New York

Seit 1978 Filmkritiker für 'The Village Voice'; seit 1986 Chefrezensent seiner Zeitung. Schreibt daneben auch für zahlreiche andere Zeitschriften, darunter 'Premiere' und 'Film Comment' und eine zweimonatlich erscheinende Kolumne im 'Artforum' über amerikanische Mythologie. Jim Hoberman ist Co-Autor von 'Midnight Movies', der ersten seriösen Auseinandersetzung mit Kultfilmen, die 1983 erschienen ist. Eine Anthologie seiner Schriften, 'Vulgar Modernism: Writing on Movies and Other Media', erschien 1991 (Temple University Press, Philadelphia).

Seit 1983 ist Jim Hoberman Assistenzprofessor an der New York University im Fachbereich Film.

Von 1982-1984 war er im Auswahlkomitee des New York Film Festivals tätig. Er organisierte mehrere Filmretrospektiven, darunter die erste filmhistorische Zusammenstellung von Avantgarde-Filmen in den Formaten 8mm und Super 8 mm bei den Anthology Film Archives, New York (1981); eine Retrospektive der Filme des ungarischen Regisseurs Gyula Gazdag und eine jiddische Filmserie für das National Film Theatre in London (1987). 1988 wurde Jim Hoberman mit dem zum ersten Mal verliehenen Maya-Deren-Award des American Film Institute für 'Distinguished Service to the Field' ausgezeichnet. 1989 erhielt er ein Guggenheim-Stipendium, um eine Serie von Essays über die Darstellung amerikanischer Politik im Film zu schreiben.

Jim Hoberman ist Absolvent der State University of New York (B.A.) in den Fächern Englische Literatur und Film (1971) und der Columbia University (M.F.A.) im Bereich Filmwissenschaft und -kritik.

Jim Hoberman ist Autor eines so umfangreichen wie bahnbrechenden Werkes über den jiddischen Film, das 1991 aus Anlaß der gemeinsam vom Museum of Modern Art, New York und dem National Center for Jewish Film, Brandeis University, Waltham, Mass. getragenen Ausstellung 'Yiddish Film Between Two Worlds' (Museum of Modern Art, New York, 14. November 1991 - 11. Januar 1992) erschienen ist: Bridge of Light. The Yiddish Film Between Two Worlds, Schocken Books, Inc., New York 1991, 405 S., DM 75,--.

# Pressestimmen

# Onkel Moses, Allrightnik

## Filme zur Ausstellung »Jüdische Lebenswelten« im Martin-Gropius-Bau

V om 15. Januar bis 22. April zeigt das Arsenal im Kinosaal des Martin-Gropius-Baus von jeweils Mittwoch bis Sonntag um 20 Uhr jüdische Filme aus Polen, der UdSSR, den USA, Österreich, Israel und anderen Ländern. Ab Februar werden die Filme im Arsenal wiederholt. Jeden Mittwoch stellen wir sie hier kurz vor.

Den Auftakt der Reihe gab gestern abend *Jidische Glikn* (Jüdisches Glück, UdSSR 1925), der eine Schlüsselfigur aus der Typengalerie des jiddischen Films vorführt: den *Luftmentshn* Menakhem Mendl im Milieu des ukrainischen Shtetls Berdichev in der Zeit vor der Oktoberrevolution. Mendl zeichnet sich dadurch aus, daß er sich mit großer Begeisterung einen Flop nach dem anderen ausdenkt, mit Hut und Anzug baden geht und, in seinem größten Projekt als Heiratsvermittler (Verschiffung jüdischer Bräute als Warensendung nach Amerika), ein Mädchen an ein Mädchen verschachert. Ähnlich wie Chaplin präsentiert der jiddische Luftmentsh eine Mischung aus vergammeltem Adel und exaltiertem, pathetischem Slapstick, einen »Getto-Dandy«, dessen Hände ein beredtes Eigenleben führen. Trotz aller coolen Adaption des reibungslosen Ablaufs einer amerikanischen Komödie sorgt sich der Film unterschwellig um den Bestand des Shtetls. Spätere jiddische Filme aus der Sowjetunion sagen sich von dieser Tradition los.

Etwas über eine Stunde dauert Breslauers *Die Stadt ohne Juden* (Österreich 1924, heute abend), ein nachkolorierter Stummfilm über das Land Utopia, das, von Inflation und Arbeitslosigkeit gebeutelt, durch seinen machtlüsternen Kanzler die Juden des Landes verweisen läßt. In erschreckender Genauigkeit werden Novemberpogrom und Nürnberger

Gesetze antizipiert. Durch Einflechtung einer picaresken Liebesgeschichte, die schließlich auch das nationale Ruder herumreißt, wird der Ernst der Lage etwas aufgehellt. Die Gesamthaltung ist defensiv: Die Juden sollen nicht des Landes verwiesen werden, weil sonst die Geschäfte völlig lahmgelegt werden, das Geld zirkuliert nicht mehr und die Räder ste-

henstill. Durch seine zügige Montage aus dokumentarischen Außenaufnahmen von Berliner Demonstrationen, Parlamentssitzungen und Kußszenen im bürgerlichen Salon hat der Film etwas von einer prophetischen Großstadtsinfonie.

Freitag dann Sidney M. Goldins *Uncle Moses* (USA, 1932), die Geschichte eines grobschlächtigen Flei-

**Shtetl-Szene aus »Fröhliche Armee, Polen 1937**

Foto: Freunde der deutschen Kinemathek

schers, der aus dem Shtetl in die Lower East Side New Yorks zieht. Er eröffnet eine Kleiderfabrik, in denener seine *landslayt* zu neuen Ufern führen will wie wie einst sein Namensvetter die Israeliten. Aber die Gemeinschaft bricht in der Neuen Welt auseinander; seine Mischpoke organisiert sich in der amerikanischen Gewerkschaft und seine Geliebte heiratet ihn nur aus

Rücksicht auf ihre Familie. Als alles in Scherben liegt, findet der *Allrightnik* Moses wieder zur Religion seiner Väter. Der »jüdische Pate« (Hoberman) illustriert, auf ästhetisch anspruchsvolle Weise, den Spagat der Immigranten zwischen Tradition und Moderne im Milieu der vollgestopften Mietskasernen und Sweatshops der Lower East Side.

Für Samstag abend steht der *Freyliche Kabtsonim* (Fröhliche Arme, Polen 1937) auf dem Programm. Naftali und Kopl, ein Slapstick-Paar von Kleinkünstlern, halten verschiedene Öl für eine Mine und planen den großen Coup. Nachdem ein amerikanischer Allrightnik mit seinen komplizen Einzug in die Kleinstadt gehalten und Naftalis Tochter mit dem Öplan getürmt ist, werden die beiden kurzzeitig in einem Irrenhaus festgehalten, wo ein Irrer sie zwingt, ihm das Kol-Nidre zu singen. Der Witz, mit dem sich diese beiden *Luftmentshn* in Fallstricken verfangen, entpuppt sich vollends zum Galgenhumor, wenn sie zum Schluß resigniert beschließen, eine Grabsteinproduktion zu eröffnen. So ist auch dieser Film eine gespenstische Antizipation der Zukunft.

Diese Zukunft, kaum Spielfilmmaterial, wird in drei Dokumentarfilmen behandelt. *Image Before My Eyes* (USA 1980) ist Josh Waletzkys Versuch, jüdisches Leben in Polen vor dem Holocaust zu rekonstruieren (Samstag, 17 Uhr). Fünf Jahre später dreht Waletzky *Partisans of Wilna* (USA 1985), eine Interviewserie mit vierzig Mitgliedern des jüdischen Widerstands (Sonntag, 17 Uhr). Der empfehlenswerteste der drei ist *Bruxells-Transit* des Filmemachers Samy Szlingerbaum (Belgien, 1980), dessen Mutter aus dem Off in Jiddisch über die Emigration aus Polen und die Erfahrungen beim Sichdurchschlagen in der Fremde berichtet. Das Zusammentreffen der jiddischen Sprache mit den leeren Straßen, Bahnhöfen in der Nacht, schmuddeligen Cafés und leeren Wohnungen erinnert an die kruden Filme von Chantal Akerman und erzeugt ein Gefühl von Abwesenheit, Undurchdringlichkeit und Verlust. (zu sehen am Sonntag, 19. Januar, 18 Uhr).

**Miriam Niroumand**

# Heimweh und rettende Ufer

## Allgemeine Bemerkungen zur Geschichte des jiddischen Kinos und zur Filmreihe im Berliner „Arsenal"-Kino ■ Von Miriam Niroumand

In David Mamets *Homicide*, noch immer in einigen deutschen Kinos zu sehen, wird ein Kommissar durch den Mord an einer alten jüdischen Ladenbesitzerin mit seiner bis dahin verleugneten jüdischen Herkunft konfrontiert. Seine Abneigung gegen „diese (seine) Leute" erreicht ihren Höhepunkt, als er einen Rabbi Beileidsbezeugungen in Jiddisch machen hört. Irgendwann siegt aber dennoch sein Zugehörigkeitsgefühl, und er schließt sich einer bewaffneten zionistischen Gruppe an, was ihn letztlich seinen Job in der Welt der Goim, der Nicht-Juden, kostet.

Im Hollywood-Stakkato läßt der Film mehrere Positionen des amerikanischen Judentums aufblitzen: der alte osteuropäische Immigrant, der die religiöse Tradition vertritt; die großbürgerliche, religiös-liberale Familie; der vollständig Assimilierte und die politisch radikalen Zionisten. Daß die jiddischen Sequenzen des Films selbst auf den New Yorker Filmfestspielen mit Untertiteln gezeigt wurden, belegt wieder die gesamte Film, daß hier eine Tradition vom *Melting Pot* bedroht ist, die bei Strafe des Identitätsverlusts bewahrt werden soll.

Neu ist diese Situation nicht. Das gesamte jiddische Kino, von seinen Anfängen im russischen Reich bis zu seinem Tiefpunkt im Zweiten Weltkrieg, hat in diesem Spagat zwischen Tradition und Moderne, Partikularismus und Integration gestanden. In *Bridge of Light*, einer der schönsten Geschichten eines Minderheiten-Kinos, vergleicht der amerikanische Filmkritiker Jim Hoberman die spezielle Situation des jiddischen Films mit einer brennenden Brücke — wenn die Lage nur prekär war, war sie gut, meist war die Bedrohung existentiell, die innere und äußere Bedrängnis eine stete Zerreißprobe.

Das fängt mit der Sprache selbst an. Jiddisch, dieses Amalgam aus Mitteldeutsch, Bairisch, Hebräisch, Aramäisch und Slawisch, war zunächst die Sprache aller *Ashkenazim* (mitteleuropäischer Juden). Im Kinozeitalter wurde es dann aber zur Sprache der Unterschichten, der volkstümlichen Chassidim (osteuropäische Frömmigkeitsbewegung), der marginalisierten *shtetl*-Bewohner, aber auch der der osteuropäischen Sozialisten und der „Jiddischisten", die zwar ein antireligiöses Nationalgefühl pflegten, aber gegen die zionistische Errichtung eines Staates waren. Damit steht es zwischen zwei Stühlen: für die „aufgeklärten", assimilierten Juden ist es die Sprache jüdischer Insularität, für die streng religiösen fehlt ihm die Autorität des biblischen Hebräisch.

So stand auch das Publikum für die Anfänge des jiddischen Films gleich fest: Die ersten amerikanischen Kinos — ohnehin dunkle Höhlen lärmenden Massenvergnügens — wurden von Arbeitern und Immigranten, Näherinnen und Handwerkern frequentiert. Angefangen hatte aber alles in den Jahren vor dem Ersten Weltkrieg auf dem platten Lande zwischen der Ostsee und dem Schwarzen Meer, dem Gebiet, auf das die jüdische Bevölkerung Rußlands konzentriert (und beschränkt worden) war. Fahrende Truppen mit Orgelspielern und Volkssängern führten erste Kurzfilme — Reiseberichte oder Kurzdramen — vor, die von einem Schauspieler oder Grammophon hinter einem Vorhang mit Musik oder Text beschallt wurden.

Aus dieser Primitivform des Tonfilms entstand 1912 *A Brivele der Mamen* (Ein Brieflein an die Mutter), die verfilmte Ballade einer in der Alten Welt von ihrem Immigrantensohn zurückgelassenen Mutter, die zusehen muß, wie ihre Familie zerfällt. Bis zum Ersten Weltkrieg ist es so ähnlich weitergegangen: Es wurden hauptsächlich jiddische Balladen und Theaterstücke verfilmt, meist in Warschau, mit „Bühnenmaterial" aus New York. Auch hierin zeigt sich eine Besonderheit des jiddischen Kinos: Es war immer gleichzeitig national und kosmopolitisch, war ja eben eine „Nation ohne Land" bespielt wurde. Waren den frühen Immigranten die Verfilmungen jiddischer Stücke ein Gegengift zum Heimweh, zeigten die Nickelodeons einige Jahre später schon „Ghetto-Romanzen" und Filme über Pogrome in Rußland, in denen Amerika als rettendes Ufer erscheint. Nach dem Krieg lockerte sich der enge Zusammenhang zwischen Bühne und Film, und die

Foto: Freunde der Deutschen Kinemathek

Stummfilme der frühen zwanziger Jahre verfilmen Erzählungen von Sholom Aleichem, Isaac Babel und anderen, denen das jiddische Kino seine Typengalerie verdankt: den *Luftmentsh*, der tausend Projekte im Kopf hat, in die man besser kein Geld investiert, weil sie auf tönernen Fü-

ßen stehen; das Maidele in amourösen Konflikten; den düsteren Jeschiwe-Studenten, der über der Tora brütend dumpf vor sich hin murmelt; Milchmann Tevye, Fiddler, Schlemiehl; und den *Allrightnik*, dem Immigranten, der es in Amerika zu etwas gebracht hat und der sich nun dickbäuchig durch die Gegend schiebt; oder die ewig leidende, sich für ihre Kinder aufopfernde *jiddische Mame*, die speziell ihre Söhne stets in einem terrestrischen Fegefeuer des schlechten Gewissens zu halten weiß.

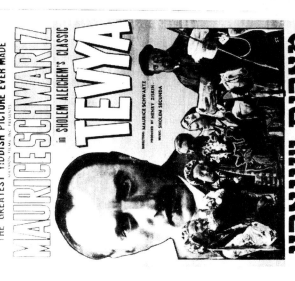

THE GREATEST YIDDISH PICTURE EVER MADE

MAURICE SCHWARTZ in SHOLEM ALEICHEM'S CLASSIC

TEVYA

DIRECTING MAURICE SCHWARTZ
PRODUCED BY HENRY ZISKIN
MUSIC: SHOLOM SECUNDA

Foto: Freunde der Deutschen Kinemathek E. V.

Fortsetzung nächste Seite

Foto: Freunde der Deutschen Kinemathek E.V.

Auch die avantgardistischen Strömungen der Zeit, Expressionismus, Kubismus, Symbolismus oder Futurismus, werden ins jiddische Kino inkorporiert. Einer der berühmtesten jiddischen Filme, Paul Wegeners *Der Golem* von 1920, ein Vorfahre von *Nosferatu*, Frankenstein und anderen Homunculi, ist in seiner düsteren Prager Szenerie und seinen expressionistischen Schattenspielen das Schulbeispiel für die westliche Assoziation von Ostjuden mit dem Unheimlichen. Ein Rabbi entnimmt den Sternen, daß den Juden ein großes Desaster droht, und fertigt einen Mann aus Ton, einen Golem, der sich aber verselbständigt und, statt den Juden zu helfen, sie vernichtet.

So ähnlich könnte manchen russischen Juden der Bürgerkrieg in ihrer Heimat erschienen sein, der sie zwar zunächst von der Zarenherrschaft und deren Beschränkungen und Verfolgungen befreite, ihnen dann aber gleich wieder Vertreibung und Pogrome einbrachte. Der große Strom in den Westen setzte ein; allein nach Wien zogen über 75.000 Verfolgte, die dort das orthodoxe gegen das assimilierte Judentum stärkten, wo dann „Ostjude" ein Schimpfwort wurde. Gegen diese Tendenz entstehen 1923 Filme wie *East and West*, in dem ein grobschlächtiger New Yorker Geschäftsmann, ein Allrightnik, zu einer Familienfeier in ein galizisches Shtetl fährt. Im Schlepptau hat er seine Tochter Molly (Molly Picon, jiddischer Vaudeville-Star der Second Avenue), die im Kreise der ernsten Talmudschüler mit Schläfenlocken und langen Schwarzröcken einen Tanz auf dem Tisch aufführt, daß denen Hören und Sehen vergeht. Der keifenden alten Köchin hinge-

gen prellt sie eine mit dem Boxhandschuh. Daß der Film schließlich doch mit ihrer Verheiratung an einen der Talmudschüler endet, liegt nur daran, daß der sich in Wien die Schläfenlocken abgeschnitten und sich höchst erfolgreich assimiliert hat.

Säkularisiert wurde der jiddische Film auch vor seinem Verbot durch Stalin in der postrevolutionären Sowjetunion: Junge kommunistische Juden gebärdeten sich antiklerikaler als ihre nichtjüdischen Genossen und zögerten nicht, traditionalistische jüdische Künstler heftig zu attackieren. Ein großer Teil jiddischer Filme aus Ost und West rankt sich um ein Familiendrama; Kantorssohn zwischen Loyalität zum Vater und weltlichem Ruhm (*The Jazz Singer*, USA 1929), jüdisches Mädchen heiratet einen Goim (*Tevye*, USA 1929) oder ist von bösen Geistern besessen (*Der Dibbuk*, Polen 1937). Der Zerfall patriarchaler Autorität stellt immer zugleich auch den Fortbestand des ganzen Volkes in Frage.

Die Einführung des Tonfilms 1929 und die Wirtschaftskrise verkleinerten das Publikum für jiddischen Filme merklich; die Sprache war dem Kosmopolitanismus ein Stein im Wege. Das „Goldene Zeitalter" des jiddischen Films nennt Hoberman die Zeit der Volksfront gegen Nazi-Deutschland, in der *Fiddler on the Roof*, *Grine Felder* oder *Der Dibek* internationale Hits werden und in denen eine rührige polnische Filmindustrie jiddische Filme auf Touren durch Nord- und Südamerika schickt. Mit dem Hitler-Stalin-Pakt endet, was immer an Kooperation zwischen jiddischen Kommunisten und ihren Glaubensgenossen existierte. Entgeistert gaben viele in New York zum zweiten Mal ihre Parteibücher zurück.

Nach dem Krieg und der Vernichtung von neunzig Prozent der Jiddisch sprechenden Bevölkerung Europas wurde Jiddisch im Kino zum „Signifikanten für Verdrängung, Nostalgie und Abwesenheit" (Hoberman). Von den wenigen jiddischen Filmen, die in dieser Situation entstehen, machen die ernstzunehmenden die Unzeigbarkeit ihres Gegenstandes zum Thema.

**Die Filmreihe, die die Ausstellung *Jüdische Lebenswelten* begleitet, läuft noch bis zum 22. April im Berliner „Arsenal"-Kino.**

# »A Jew is a Jew«

## Filmreihe des Arsenal im Kinosaal des Martin-Gropius-Baus zur Ausstellung »Jüdische Lebenswelten«

*Vom 15. Januar bis 22. April zeigt das Arsenal im Kinosaal des Martin-Gropius-Baus von jeweils Mittwoch bis Sonntag um 20 Uhr jüdische Filme aus Polen, der UdSSR, den USA, Österreich, Israel und anderen Ländern. Ab Februar werden die Filme im Arsenal wiederholt. Jeden Mittwoch stellen wir sie hier kurz vor.*

Pünktlich zur momentanen Lubitsch-Retro ist heute abend *Meyer aus Berlin* (1924) zu sehen, der lange als verschollen galt. Der Meister selbst gibt hier eine rasante Performance als mopsfideler junger Mann, der, angetan mit einem Ungetüm von einem Tirolerhut, den verzärtelnden Armen seiner Gattin ins Berchtesgadener Land entflieht. Um zu seinem Kurschatten zu kommen, räumt er mit Eleganz und liebenswürdiger Unverschämtheit Konkurrenten vom Schlage eines ungehobelten Schalser Schlägers beiseite (»Aus Zwammerdamm? Dann können Sie hier überhaupt nicht mitreden!«).

Vor der imposanten Kulisse eines Postkarten-Watzmann, begleitet von einer scheinbar schwerelosen Kamera, entfesselt Lubitsch die Berliner Ausgabe der Wahlverwandtschaften, bei denen weder er noch seine Gespielinnen jemals von der genüßlichen Selbstironie ablassen: Federleicht verläßt man das Kino.

Am Donnerstag folgt Paul Wegeners *Der Golem, wie er in die Welt kam* (1924), ein Stummfilm, über dessen Interpretation sich trefflich im Gropius-Café disputieren läßt. Ist die Geschichte vom Prager Rabbi Loew, der zur Rettung seines Volkes einen Menschen aus Ton, einen Golem, fertigt, welcher sich schließlich gegen dieses Volk kehrt, ein Beispiel dafür, wie assimilierte Juden aus dem Westen ihre chassidischen Glaubensbrüder in den osteuropäischen Gettos gesehen haben, nämlich als höchst unheimlich?

Ist *Der Golem* ein Vorgriff auf Nosferatu, Frankenstein und King-Kong (an Szenen mit *La Belle et La Bete* fehlt es jedenfalls nicht)? Oder ist der Golem, ein Produkt kabbalistischer Zahlenmystik, gar ein Vorläufer des Computers *HAL* in Kubricks *2001*?

Wie dem auch sei, die Kulissen des Films, höhlenartige, expressionistische Lehmbauten des Berliner Architekten Poelzig, die engen Gassen des Gettos (die ja tatsächlich oft abbrannten), die apokalyptische Stimmung und die flammenden Augen des Monsters (Wegener selbst in seinem Metier als Rasender, Abartiger, Teuflischer) hauchen dem *Golem* immer neues Leben ein.

In zeitlicher und auch inhaltlicher Nähe zum *Golem* steht *Das Alte Gesetz* (1923) von Ewald André Dupont, der am Freitag zu sehen ist. Der Erzählung vom jungen Baruch, der sein galizisches Getto verläßt, um als Schauspieler ans Wiener Burgtheater zu gehen, ist von derselben gruseligen Faszination mit dem osteuropäischen Chassidismus beseelt wie *Golem*, allerdings hier mit etwas mehr Verständnis.

Der Konflikt zwischen dem Rabbi und seinem abtrünnigen Sohn wird sowohl als Ödipaldrama mit *Hamlet* und *Don Carlos* verbunden als auch als Konflikt zwischen ländlicher Tradition und städtischer Assimilation gezeigt. Keine der beiden Welten wird denunziert; die Versöhnung am Totenlager des Vaters hat niemanden seine Identität gekostet. Wenn der Szene trotzdem die Wehmut des »zu spät« anhaftet, so liegt das am unausweichlichen Forgang der Zeit, der die jüdischen Lebenswelten wie Eisschollen auseinandertreibt.

Wer Zeit hat, sollte ruhig am Samstag beide Filmangebote nutzen: Um 17 Uhr ist *Les Derniers Marranes* zu sehen, ein Dokumentarfilm des Israeli Frédéric Brenner über die Geschichte der Juden Portugals und deren vereinzelte Nachfahren in Belmonte, der sich schon allein wegen seiner Farben lohnt. Weißgekalkte Friedhofsmauern, Himmel in warmem Blau oder Mondnächte und Marktplätze erzeugen in Zusammenhang mit den Interviews eine Nähe, die über bloße Kalenderblatt-Ethnographie hinausgeht.

In den Interviews stellt sich heraus, daß die spanische Inquisition, die Vertreibung und der nach wie vor vorhandene Antisemitismus das religiöse Gedächtnis der Gemeinde fast zerstört haben: Was genau feiert man am Pessachfest? Wie war das mit dem Auszug der Israeliten? Wie backt man Mazze? Der Film hütet sich vor sakraler Präservationsstimmung und besteht darauf, daß Religionsausübung eben das ist, was Leute gerade praktizieren, und nicht ein statischer Kodex.

Am Abend folgt *Hester Street* (1974), ein Spielfilm von Joan Micklin Silver, der im Milieu der *Sweatshops* der Lower East Side New Yorks spielt, in den vollgepfropften Mietskasernen und engen Straßen, auf denen um die Jahrhundertwende über eine halbe Million jüdischer Immigranten aus Osteuropa, vor allem Rußland, lebten. Die komplizierten Beziehungen zwischen Jankel, der sich nun Jake nennt, seiner nachgereisten, orthodoxen Frau, einem verhinderten Rabbi und einer einsamen lebenshungrigen Assimilierten werden differenziert und mit großer Sympathie für die Frauen und die Eingeschüchterten erzählt.

Typisch für die Regisseurin findet die Handlung vor allem in den Gesichtern statt. Das vorsichtige Lächeln, mit dem sich die »grine« Immigrantin und der Rabbi zuflüstern, daß sie Kolumbus die Pocken an den Hals wünschen, spricht Bände.

**Mariam Niroumand**

**Szenenfoto aus Paul Wegeners »Golem«**

# Aussprechen des Unaussprechbaren

## Besprechungen zur Filmreihe im Rahmen der Ausstellung »Jüdische Lebenswelten« im Gropius-Bau

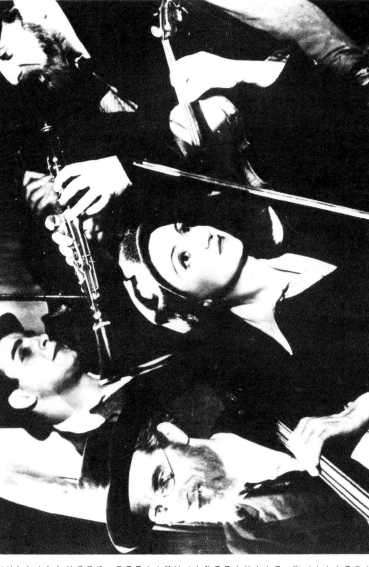

Foto: Freunde der deutschen Kinemathek

**Yidl Mitn Fidl/Yiddle with his fiddle**

Von 15. Januar bis 22. April zeigt das Arsenal im Kinosaal des Martin-Gropius-Baus jeweils von Mittwoch bis Sonntag um 20 Uhr jüdische Filme aus Polen, der UdSSR, den USA, Österreich, Israel und anderen Ländern. Ab Februar werden die Filme im Arsenal wiederholt. Jeden Mittwoch stellen wir sie hier kurz vor.

Eröffnet wird diese Woche mit Carl Theodor Dreyers *Die Gezeichneten* (1921), ein Film, der im zaristischen Rußland um die Jahrhundertwende zwischen einem ukrainischen *schtetl* und der großen Stadt Petrograd spielt. Die Jugendjahre von Hanna, einer armen Schneiderstochter, werden durch das antisemitische Klima der Zeit zur Passionsgeschichte. Dreyers mitunter etwas zweifelhaftes Interesse für das Leiden junger Frauen wird hier glücklicherweise nicht mit derselben puristischen Strenge erzählt wie einige Jahre später *Die Passion der Jeanne d'Arc* (1928), sondern aufgelockert von Bootsfahrten auf dem See, lüsternen Blicken, dem Wind in den Bäumen, Fischernetzen und schmunzelnden Faulpelzen. Dabei ist das Ganze keineswegs eine Verharmlosung der Lage der Juden, die in steter Erwartung der nächsten Pogrome lebten. Mit dokumentarischer Genauigkeit zeigt Dreyer, welche Deformationen diese Bedrohung in den Persönlichkeiten und den Gesichtern anrichtet: Hannas Vater zählt das bißchen Geld wieder und wieder wie ein Besessener, ihr Bruder, der assimilierte Aufsteiger, sieht immer wie ein gewaltsam Geschorener aus ohne seinen Bart; das Gesicht des Rabbi, der von den brandschatzenden Horden schließlich in den Staub gezwungen wird, ist vor Pein kaum noch zu erkennen.

*Die Gezeichneten* ist auch eine der ersten Darstellungen der Pogrome während des Bürgerkrieges, der en détail zeigt, was das bedeutete: wenn die Haustür kein Schutz mehr ist, das Gehegte und Gepflegte lachend zerschlagen wird, wenn nichts an der Existenz mehr sicher ist, nicht mal das bloße Leben. — Am Donnerstag abend folgt *East and West* (1923), mit dem Sidney M. Goldin dem Wiener Publikum seine Ghetto Rose von der Lower East Side vorstellte, die Vaudeville Lady Molly Picon, eine der komischsten Nudeln, die je auf der Leinwand zu sehen waren. Hier spielt sie die Tochter eines amerikanischen *Allrightniks*, der seinen Dickwanst zu einer Familienhochzeit in sein altes galizisches Dorf zurückschiebt. Molly Darling legt dort mit rollenden Augen und flapsigen Grimassen den belockten Jeschiwe-Studenten einen Shimmy auf den Tisch, daß denen Hören und Sehen vergeht. Der gestrengen Dickmamsell pellt sie eine mit dem Boxhandschuh und ist überhaupt dermaßen dynamisches Amerika, daß man sich fragt, wie sie jemals unter die Haube kommen soll. Daß sie schließlich doch einen der Studenten heiratet, liegt nur daran, daß der sich in Wien die Schläfenlocken abgeschnitten und sich brav assimiliert hat. Obwohl der Film eindeutig zwischen Alter und Neuer Welt vermitteln will, liegt die Zukunft doch im Westen.

Ein anderes Kaliber ist *Motl Peysi dem Chasns* (Lachen durch Tränen, UdSSR 1928), in dem Gritscher-Tscherikower, ein mit Theateradaptionen erfahrener Regisseur, zwei Figuren Sholem Aleichems in einem Dorf unterbringt: den verzückten Schneider Shimen-Elye, der, von seiner Frau getriezt, eine Ziege kauft, die auf mysteriöse Weise das Geschlecht wechselt und dann eben keine Milch mehr gibt, und dem kleinen Motl, der gleich zu Beginn des Films verwaist und dadurch für die Immigration in die Lower East Side prädestiniert ist. Zu diesem Zeitpunkt gefiel es Stalin noch, Antisemitismus als konterrevolutionär zu brandmarken. Deshalb stellt der Film die Armut und den Mangel an Bildung dar, der im *schtetl* herrschte, schießt aber in seiner Diskreditierung der Orthodoxie weit über Aleichems liebevolle Distanz hinaus.

Samstag und Sonntag sind Claude Lanzmanns *Shoah* (Frankreich, 1974—85) gewidmet (jeweils 17 Uhr). Der Einfachheit halber wird dieser Film immer wieder als Dokumentarfilm bezeichnet, weil er — wenn man es unzulässig verkürzt — aus Interviews mit Nazis, Überlebenden, Augenzeugen und Außenaufnahmen der Konzentrationslager Chelmno, Sobobor, Treblinka und Auschwitz besteht. »Dokumentarfilm« trifft es aber nicht, weil das Thema dieses Films eben die Tatsache ist, daß sich die Vernichtung, das Grauen und das, was sich hinter dem juristischen Terminus »Verbrechen an der Menschlichkeit« verbirgt, eben nicht zeigen lassen.

*Shoah* ist vor allem ein Film über das Problem der Repräsentation. Vorstellung des Unvorstellbaren, Erinnerung des nicht Erinnerbaren, Anschauendes Unanschaubaren, Aussprechendes Unaussprechbaren. Und erst ist seiner Lösung dieses Problems ein Kunstwerk von differenziertester Struktur und düsterster Schönheit geworden. Wie der Film als Ganzes eine Kreisbewegung vollzieht, so fährt auch in Einzelaufnahmen die Kamera mit kreisenden, suchenden Bewegungen über das Gras, das über den Weg zur Gaskammer in Chelmno gewachsen ist. »Ja, das ist der Platz«, sagt einer der beiden letzten Überlebenden des Lagers zu Lanzmann und zeigt auf eine Stelle, an der nichts zu sehen ist. Gar nichts. Der Schrecken entsteht so durch die Vorstellung im Kopf jedes einzelnen und nicht durch hineingewürgte Archivaufnahmen. Das Vergangene wird vergegenwärtigt, indem die Beteiligten nachspielen, was sie erlebt haben. Lanzmann ist dabei oft grausam, will alle Details wissen, auch die Techniken der Vernichtung. Gleichzeitig nimmt das Schweigen in diesem Film genau so viel Raum ein wie die Worte. Weil er noch sehr viele andere Fragen untersucht (beispielsweise den polnischen Antisemitismus) muß dieser Film die Länge haben, die er hat (zweimal über sechs Stunden). Die Frage, ob man sich dem aussetzen soll, darf nicht mit moralischer Entrüstung bejaht werden. Man muß sich schon darüber im Klaren sein, daß man diesen Film — wie keinen anderen — allein sieht.

**Miriam Niroumand**

# Das Vierte Gebot

## Filmreihe zur Ausstellung »Jüdische Lebenswelten« im Martin-Gropius-Bau

Von 15. Januar bis 22. April zeigt das Arsenal im Kinosaal des Martin-Gropius-Baus von jeweils Mittwoch bis Sonntag um 20 Uhr jüdische Filme aus Polen, der UdSSR, den USA, Österreich, Israel und anderen Ländern. Ab 1. Februar werden die Filme im Arsenal wiederholt.

Der erste Film der Woche, Lothar Mendes' *Jew Süss* (Großbritannien 1934) lebt in einer Art negativer Symbiose mit seinem nationalsozialistischen Gegenstück *Jud Süss* von Veit Harlan (1940), der nach langwierigen Prozessen von den Alliierten in die Giftschränke der Filmarchive verbannt wurde. Der eine ist ohne den anderen nicht mehr zu denken. Beide Filme erzählen die Geschichte des Josef Süß Oppenheimer, der im frühen 18. Jahrhundert Finanzberater am Hof des Landesfürsten Karl Alexander wurde. Für die amourösen und martialischen Eskapaden seines Landesvaters streckte Oppenheimer eigene Ersparnisse und den Bauern abgepreßte Steuergelder vor, bis das Staatssäckel schließlich leer war — wofür die Landstände unter Beifall des Mobs den Juden hingen, nicht seinen volkstümelnden Auftraggeber. [Der war

zu dem Zeitpunkt schon tot! d. säzzer] Die Geschichte gehört in den deutschen Mythenkanon neben den Wallenstein und den Doktor Faustus; in den 200 Jahren, die zwischen Oppenheimers Hinrichtung und der Verfilmung liegen, entstand ein ganzes Arsenal von Gravuren, erschröcklichen Schilderungen, Dissertationen, Märchen und Romanen aus dem Stoff.

Harlan beruft sich auf Wilhelm Hauffs Version, Mendes auf den Roman von Lion Feuchtwanger. Dabei gleich die negative Symbiose der Filme in frappierender Weise der zwischen den beiden Hauptfiguren.

Fischke der Krimmer                    Foto: Veranstalter

Die Dekadenz des Fürsten (von beiden Filmen puristisch verdammt) ist an den Ehrgeiz und den Assimilationswunsch des »Hofjuden« gebunden und umgekehrt (»My fate is tied to yours, and yours to mine«, murmelt Oppenheimer düster). Während aber bei Mendes der Assimilationswunsch des Oppenheimer aus dem Wunsch des Aufgeklärten entspringt, sein Volk aus dem Getto zu befreien und ihm den Weg in die Stadt zu öffnen, wird er bei Harlan zum Kennzeichen einer charakterlosen, raffgierigen Rasse (»wie die Heuschrecken sind die Juden über unser Land hergefallen«). Ist bei Mendes das jüdische Heim mit Büchern, Kerzen und Gemälden ein großbürgerliches Interieur, wird es bei Harlan zur Lasterhöhle mit kabbalistischem Budenzauber und un*heim*lichen Ritualen. Mendes verfällt Feuchtwangers klischeehaftem Orientalismus und macht Oppenheimers Tochter Naomi zu einer keuschen Salome und seinen Mentor zum fernöstlichen Weisen, während bei Harlan alle Frauen, besonders aber die jüdischen, sexuell lasziv und charakterschwach sind. Als seien sie parallel entstanden, ist der wohlmeindende Film eines Exilanten so zum philosemitischen Spiegelbild eines faschistischen Hetzwerks geworden. In beiden Fällen erscheint jedoch die Verbindung von Verschwendungssucht, Promiskuität und weiblicher Verführbarkeit als das eigentlich brennende Thema.

Donnerstag, Freitag und Samstag abend folgen Klassiker des jüdischen Films von G. Edgar Ulmer, einem aus Wien in die USA emigrierten Regisseurs, der als Mitarbeiter von Max Reinhardt und F.W. Murnau mit allen Wassern des expressionistischen Spektakels gewaschen war und der von einem Teil der französischen Nouvelle Vague als Pate reklamiert wird. An den drei Filmen läßt sich

The Golden Age of Second Avenue            Foto: Veranstalter

eine interessante Entwicklung ablesen, in deren Brennpunkt der Konflikt zwischen aufgeklärter Moderne und religiöser Tradition steht. *Die unglickliche Kale* (Die unglückliche Braut, USA 1932) ist das nachträglich vertonte Drama einer jungen New Yorker Getto-Rose, die gegen den Widerstand ihres Vaters die Heirat mit einem gebildeten Habenichts der mit einem ungehobelten *Fathead* vom Riverside Drive (im Film »Allrightnik-Row« genannt) vorzieht. Filmisch inszeniert wird dieser Konflikt durch Szenenwechsel zwischen der Freiheit im Central Park (wunderschöne Außenaufnahmen des alten New York) und der Enge der Mietskaserne, in der man nur durch einen schmalen Luftschacht vom Nachbarn getrennt ist. Im Gegensatz zu einer früheren Fassung mit Happy-End besteht Ulmer auf der Einhaltung des 4. Gebots: Du sollst deine Eltern ehren... In *Fischke der Krumer* (USA 1939) ist das *schtedtl* eine düstere, gespenstische, höhlenartige Welt der Intrigen, des Aberglaubens und der lauernden Kata-

strophen, aus der sich Fischke der Krüppel und Gitl die Blinde nur knapp in die hinter dem Hügel aufgehende lichte Moderne retten können. Deformiert ist auch der schöne Maurice Schwartz in *Amerikaner Schadchen* (Amerikanischer Heiratsvermittler, USA 1940): Obwohl er in Seidenpyjamas und Sektorgien lebt, ist er, wie seine Mutter wohl sieht, kein *real mentsh*, sondern ein unglücklicher *luftmentsh*. Deshalb wird er zum modernen Heiratsvermittler, der mit Hilfe der Psychologie statt der göttlichen Vorbestimmung alle Singles aus seiner Mischpoche zueinander führt. Die Eleganz des Films sollte nicht über seine Subtilität im Umgang mit dem Problem dieser Generation hinwegtäuschen, die sich gegen antisemitische Stereotypen aus Nazi-Deutschland wehren und gleichzeitig von der Tradition emanzipieren will. Für die Momente, in denen er seiner heimlichen Liebsten schweren Herzens einen Dummkopf vermittelt, halte man ein Taschentuch bereit.

**Miriam Niroumand**

Szene aus »Ehe im Schatten«, Deutschland 1947. Der Film beschreibt aus der Perspektive der Hauptdarstellerin eine Ehe, die aus politischen Gründen geschlossen wurde.

# Höhlenmenschen im Schattenreich

## Filmreihe zur Ausstellung »Jüdische Lebenswelten«

Vom 15. Januar bis 22. April zeigt das Arsenal im Kinosaal des Martin-Gropius-Baus von jeweils Mittwoch bis Sonntag um 20 Uhr jüdische Filme aus Polen, der UdSSR, den USA, Österreich, Israel und anderen Ländern. Ab 1. Februar werden die Filme im Arsenal wiederholt. Jeden Mittwoch stellen wir sie hier kurz vor.

Diese Woche führt das Programm hinab ins Schattenreich des »Trümmerfilms« der Nachkriegsjahre. Einzentnerschwere Monologe. Einflüsse des amerikanischen Film Noir und der eiserne Wille, den Faschismus mit dem Wertesystem der deutschen Klassik oder dem Instant-Marxismus auszutreiben, sind die Charakteristika dieser Produktionen. Auffällig ist bei beiden Varianten die absolute Abwesenheit jüdischer Religiosität. Die Protagonisten sind durchweg Assimilierte (»Ich bin kein Jude, ich bin Deutscher«), was zum Teil die Tatsachendistanz der Filmemacher zum Judentum ausdrückt.

Den Auftakt heute abend macht die Affäre Blum (1948), ein schneidend scharfer Film des Brecht-Mitarbeiters Erich Engel über einen Kriminalfall der Weimarer Republik, in dem der Raubmord eines abgehalfterten Freikorps-Gefreiten dem jüdischen Unternehmer Blum angelastet werden soll.

Die Innenräume, in denen der Film zum größten Teil spielt, sind exakt kalkulierte Kulissen für die Dialoge; man merkt, daß Engel vom Theater kam. Daß der Film trotzdem nie ein Stockengerät, liegt an den Schauspielern: Wie bei Brecht sind sie einerseits bloße Masken ihrer sozialen Position, andererseits in dialektischer Bewegung; die Freundin des Mörders, die aus ihrer starren Angst in die Trauer der Resignation übergeht; der Mörder selbst, dessen fiese Luchsaugen plötzlich wieder zu denen eines

Gehetzten werden, als sich die Schlinge um ihn zuzieht; oder der stoische Berliner Kommissar, der Blum aus reiner Professionalität rettet (er landet später im KZ Oranienburg). Wenn Otto Dix und Howard Hawks in einer Neuköllner Kaschemme aufeinandergetroffen wären, hätte kein besserer Film herauskommen können.

Am Donnerstag abend folgt Professor Mamlock (1961) von Konrad Wolf, die Geschichte eines jüdischen Chirurgen, die Wolfs Vater 1933 in unmittelbarer Reaktion auf den Reichstagsbrand schrieb. Die erste Einstellung setzt den Ton: Den festen Blick auf die Kamera gerichtet, sagt Mamlock (Wolfgang Heinz mit blitzenden Augen und buschigen Brauen): »Du ängstigst Dich... Ist in dem lärmenden Vorwärtsstürmen der Welt noch Platz für Güte, Menschlichkeit, Demokratie und Freiheit, Geist und Harmonie?«, dazu spielt im Hintergrund Freude schöner Götterfunken. In der nächsten Einstellung der Kamera stellt sich heraus, daß Mamlock nicht zu einem Millionenpublikum, sondern zu seiner Frau spricht.

Der Film ist die Charakterstudie eines modellhaften Deutschen, der sich im Ersten Weltkrieg das EK I erworben hat und den und die SA-Stiefel aus seiner Klinik treten. Sein Sohn Rolf ist bei den Kommunisten, alles stramme, proletarische Jungs, die wissen, daß der Faschismus — eine Klassenfrage ist, und daß die bürgerliche Ethik und aller Beethoven-Kokolores jetzt der harten Faust weichen müssen... dazu Manne Krug als SA-Scherge... harte Männer noch und noch. Auch die Überblendungen des Films (Plattenteller mit SA-Autoreifen, Sektglas mit Messer) konfrontieren die Ästhetik des bürgerlichen Intellektuellen mit Eisensteinschem Rigorismus, ohne daß Mamlock dabei völlig denunziert würde.

Ehe im Schatten (1947) von Kurt Maetzig beschreibt in differenzierter Weise das Innenleben einer jüdischen Schauspielerin, die, von einem Kollegen »aus Anstand« geheiratet, den Krieg in einer muffigen Berliner Wohnung verbringt, während ihr Mann weiterhin auftritt. Die Gegenüberstellung der erregenassen, schimmernden Straßen des alten Vorkriegs-Berlin mit den Schatten an der Wohnzimmerdecke und dem grauenhaften Getöse und Gebrüll der »Reichskristallnacht« machen den Film zur sehenswerten Studie eines Kriegsalltags.

Eugen Yorks Morituri (1948) bietet eine interessante Metapher für die Nachkriegssituation: Eine Gruppe von Männern aus aller Herren Länder und Berufen entflieht dem Konzentrationslager bei Nacht und Nebel und stößt zu einer Gruppe Frauen. Kindern und alter Leute, die mitten im waldigen Niemandsland nahe der polnischen Grenze unter einem riesigen Netz leben. Brodelnde Wasserkessel, wilde Tiere. Hexentänze und Naturheilmittel machen das Ganze zu einem echten Ur-Szenario für einen Neuanfang — eine Art vorweggenommener Morgenthau-Plan, tabula rasa, Stunde Null.

Miriam Niroumand

# Im Traum ist mir heller

## „Jüdische Lebenswelten" im Forum ■ Von Mariam Niroumand

Koffer packen, auf einen Heuwagen aufspringen, ein Schiff besteigen, zurückblicken — kaum ein ethnisches Kino ist so „passager" wie das von Juden über Juden, speziell das jiddische Kino. Aus letzterem zeigt das Forum die beiden erfolgreichsten Tonfilm-Produktionen, Edgar G. Ulmers *Grine Felder* (USA, 1937), und Joseph Greens *Jidl mitn fidl* (Polen 1936). Erratisch wie die Lebenslinien der Regisseure, die von Ulmitz in Böhmen und Lodz in Polen über Wien und Berlin nach Hollywood, New York und wieder zurück führten, verbinden die Filme die Alte mit der Neuen Welt, die Naturmystik der Chassiden (osteuropäische Orthodoxe) mit der sozialen Aufmüpfigkeit der jiddischen Revoluzzer; das Vaudeville-Repertoire der Second Avenue New Yorks mit der Tradition der Klezmer-Musik und der Typengalerie des *schtetl.* Auch filmtechnisch gehören sie zu den Highlights des jiddischen Kinos. *Grine Felder* öffnet mit der schummrigen Innenansicht einer Synagoge, in der sich der junge Jeshive-Student eine Nacht lang über die Thora beugt, bis er schließlich, im Morgengrauen, die Tür aufstößt und das Licht hereinfällt. „Es" zieht ihn aufs Land, dorthin wo die Leute einfach, harmonisch und mit Gottes Schöpfung verbunden leben. „Es", so legt der Film nahe, ist die wahre Natur des jüdischen Glaubens, der Kollektivität und Produktivität ebenso umfaßt wie die pastorale Szenerie eines Ortes, den man hierzulande wohl „Heimat" nennen würde. Daß dieser Ort, im Film unspezifisches Osteuropa, in Wirklichkeit eine Farm in New Jersey war, belegt einmal mehr die Spagatstellung des jiddischen Kinos.

Vom Land in immer größere Städte zieht eine Klezmer-Truppe in *Yidl mitn fidl,* dessen heimliches Vorbild zweifellos der New Yorker Vaudeville-Star Molly Picon ist. Stolpernd über Stock und Stein führt sie ihr gesamtes Komiker-Repertoire vor, zieht einen Flunsch, rollt mit den Augen, stößt Drohungen aus, vor denen nur sie selbst erschreckt, watschelt in zu kurzen Hosen, tröstet junge Damen und tölpelt in den See. Die Transformation vom beschwipsten kleinen Kerl zum verliebten Teenager („Oi Mame, bin ikh verlibt") und schließlich zum Varieté-Star auf dem Weg nach New York gelingt ihr, im wahrsten Sinne des Wortes, spielend.

Eine Art Potpourri der sujets

**Szene aus „Jidl mitn Fidl" von Joseph Green**

Foto: Forum

osteuropäischer jüdischer Lebenswelten aus der Perspektive der amerikanischen Gegenwart ist Eleanor Antins *Man Without A World.* Topoi, die aus dem traditionellen jiddischen Theater und Film ausgeklammert waren, sind hier erstmalig in einem Stummfilm versammelt: Lüsterne jiddische Anarchistinnen beim Zechen und Streifen mit raubauzigen Sozialisten und hitzigen Zionisten in einer heruntergekommenen Kaschemme; die Badezeremonien der Frauen, in der alle den Körper der Braut begutachten und Tips geben; die Vergewaltigung eines jungen Mädchens durch ein Dreigespann von Kosaken, das später von Orthodoxen zu einer Dibbuk-Austreibung gezerrt wird. Differenzen, Streit und Spontaneität innerhalb der so oft für homogen gehaltenen jiddischen Kultur werden vorgeführt, und auch durch den Einsatz reflexiver Techniken wie etwa Jump-Cuts vermeidet

der Film die Musealität, die man von seinem Anliegen — der Wiederbelebung einer vernichteten Welt — sonst befürchten müßte.

Ankins Film ist die Rückseite der Medaille, der *Dybuk* (Michal Waszynski, Polen 1937) Vorderseite. Ein junges Mädchen, in der stürmischen Nacht ihrer Geburt dem Sohn des Nachbarn versprochen, soll nach dessen Tod gegen ihren Willen mit einem solventen jungen Mann vermählt werden. Der tote Geliebte aber kehrt in Gestalt eines Geistes wieder zurück, sie ist von ihm besessen. In der unglückseligen Hochzeitsnacht muß sie, inmitten eines Hexenkessels, mit dem Tod tanzen — ein uraltes Thema der deutschen Schauerromantik, dessen sexuellen Implikationen einem heutigen Publikum nicht mehr verborgen bleiben.

Die prekäre Lebenslage der Juden in Rußland wird in gleich drei Filmen

des Forums thematisiert. *Isydi* (Hinweg, Rußland 1991) von Dimitri Astracham erzählt die ungewöhnliche Geschichte eines ukrainischen Dorfes, das es nicht für nötig hält, einer Pogromaufforderung nachzukommen. Ein Mob rückt an...

*Die Rückkehr des Nathan Becker* (Schpis/Milman, UdSSR 1932) entstand in einer Zeit, als es Stalin noch gefiel, Antisemitismus als konterrevolutionär zu brandmarken. Dem Film ist die Vorahnung der Bedrohung aber schon anzumerken, so gründlich wird mit der *schtetl*-Tradition hier gebrochen; alles ist im Verfall begriffen. Also auf in die Stadt, auf zur Stahlfabrik, auf in den Fünf-Jahres-Plan!

Ein bißchen wie ein Scherbengericht wirkt nach all dem Hendrik M. Broders und Frans van der Meulen *Soll Sein* (Israel, NL, Deutschland, 1984-89), ein Dokumentarfilm über Wohl und Weh jiddischer Kultur im

Lande Israel. Dabei gelingt das Portrait einer Sprache, die von den enthusiastischen Zionisten besonders vor dem Holocaust noch als verdrückter „Jargon" der Ghetto-Existenz verachtet, von den Assimilierten als die Sprache jüdischer Insularität und Rückständigkeit beargwöhnt und von einem Teil der Orthodoxie für blasphemisch gehalten wurde. In Interviews mit Theaterleuten, BUNDisten (jiddischen Sozialisten), Orthodoxen aus Mea Shearim, Schriftstellern, Utopisten („Im Traum ist mir heller"), Sängerinnen und Musikern entsteht das Bild einer universalistischen, pazifistischen und schelmischen Sprache, deren Witz und Unebenheit den Film vor falscher Nostalgie bewahren. Der ungeheure Verlust starrt ohnehin hinter jedem jiddischen Satz hervor.

Jüdische Lebenswelten fast täglich um 11.00 Uhr im Delphi und um 16.45 Uhr im Haus der Kulturen der Welt

# Schatten im Schtetl

## Wilde Bilder, expressionistische Schatten: Neues aus der Filmreihe zur Ausstellung »Jüdische Lebenswelten« im Martin-Gropius-Bau

**Green Fields**                                           Foto: Veranstalter

**B**is zum 22. April zeigt das Arsenal im Kinosaal des Martin-Gropius-Baus von jeweils Mittwoch bis Sonntag um 20 Uhr jüdische Filme aus Polen, der UdSSR, den USA, Österreich, Israel und anderen Ländern. Jeden Mittwoch stellen wir sie hier kurz vor. Einige der Filme dieser Woche laufen auch im Rahmen des Berlinale-Forums. Sie wurden auf den Berlinale-Seiten vom 14. Februar besprochen.

Die Woche beginnt mit Michal Waszynskis düsterer Version des Dybbuk (Polen, 1937), in der zwei Jeshive-Studenten sich schwören, ihre Kinder miteinander zu verheiraten. In der chassidischen Tradition waren vorausbestimmte Ehen ein eisernes Gebot göttlicher Vorsehung; wer sich nicht fügte, dem drohte schreckliche Vergeltung. Das Drama des Dybbuk nimmt seinen

Lauf, als in der stürmischen Nacht der Geburt der Vater des Jungen vom tosenden Meer geschluckt wird und die Mutter des Mädchens dem Kindbettfieber erliegt. Da wird der Schwur vergessen, und die schöne Lea soll, nach dem Tod ihres Geliebten, an einen anderen verheiratet werden. Lea aber huscht ruhelos zwischen den expressionistischen Schatten der schiefen Häuserwände und den im Dunkeln schimmernden Grabsteinen des Schtetl hin und her, bis sie schließlich ganz von ihrem heimlichen Geliebten besessen ist. Ein an Munch einerseits und an Murnau andererseits erinnernder Tanz der Braut in Weiß mit dem verschleierten, grinsenden Tod ist der filmische und dramatische Höhepunkt dieses Schauerstücks.

Ein ähnlicher Topos liegt A Vilna Legend (Polen 1924, USA 1933) zugrunde, der am Donnerstag abend zu

sehen ist. Hier aber sind die »wilden Bilder« (so nannte sie ein jüdischer Kritiker aus Angst vor dem Blick der Katholiken Polens auf die ungezügelte Darstellung jüdischer Lebenswelten) durch eine Rahmenerzählung gezähmt, die in einer Kaschemme unter vier beschwipsten bärtigen Herren spielt. Wieder haben sich zwei werdende Väter geschworen, ihre Kinder einander zu vermählen, und wieder droht der Schwur gebrochen zu werden. Der Vater des Jungen wird reich und schickt seinen Sohn auf eine Jeshive nach Wilna, wo der aber ins Sündenbabel abtaucht und sich die Schläfenlocken abschneidet. Das Mädchen und ihre Mutter verarmen derweil. Beide sollen über einen windigen schadkhn (ein traditioneller Heiratsvermittler) an solvente Partner verschachert werden. Da aber taucht, ein wahrer deus ex machina, der Pro-

phet Elias in Gestalt eines Bettlers, Holzfällers, Schäfers und reichen Bürgers auf und verhilft den Armen zu einem besseren Leben und den Liebenden zu ihrem Glück.

Die Figur des Elias markiert die Schnittstelle zwischen den Schtetl-Sozialisten und den Orthodoxen. Obwohl der Tradition der vorbestimmten Heirat eine Absage erteilt wird, huldigt der Film jedoch der kabbalistischen Mystik, speziell in den wunderschönen Außenaufnahmen von Marktplätzen, Wäldern und Alleen, in denen Elias in biblischem Gewand auftritt oder die Träume der Liebenden als zarte Schimmer auf Zelluloid aufscheinen.

Ein hierzulande wenig bekanntes Thema wird in dem Dokumentarfilm Weapons of the Spirit (USA/Frankreich, 1986) von Pierre Sauvage vorgestellt. Gezeigt wird, wie 5.000 Bürger des französischen Dorfes La Chambon südöstlich von Paris 5.000 Juden über die Nazizeit retteten. Die größtenteils bäuerlichen Dorfbewohner, deren Vorfahren als Protestanten im katholischen Frankreich des 16. und 17. Jahrhunderts ebenfalls blutigen Verfolgungen ausgesetzt waren, geben höchst unprätentiöse Erklärungen darüber ab, warum sie Kopf und Kragen riskierten. »Na ja, die brauchten Hilfe«, sagt eine Frau, indem sie den Interviewer etwas verwundert anschaut, »ist doch wohl normal, oder?« Wie sie gefälschte Pässe versteckten, vorsichtig gemeinsam Gottesdienste abhielten oder sich mit pubertierenden jüdischen Adoleszenten zankten, das ist auf jeden Fall einen Kinobesuch am Samstag um 17 Uhr wert.

Wer durch die Ausstellung gelaufen ist und die jüdischen Lebenswelten in musealer Schönheit erstarrt fand, der sei auf Henryk M. Broders Soll Sein (1989) verwiesen, ein lebendiges, liebevolles Filmporträt des Jiddischen, zusammengestellt aus Interviews mit Sängern, Dichtern, Sozialisten, Orthodoxen und Theaterleuten in Israel (Sonntag, 17 Uhr).                    **Mariam Niroumand**

# Stille Tage in New York

## Filme von Woody Allen im Rahmenprogramm der »Jüdischen Lebenswelten«

*Noch bis zum 22. April zeigt das Arsenal im Kinosaal des Martin-Gropius-Baus von Mittwoch bis Sonntag, um 20 Uhr jüdische Filme aus verschiedenen Ländern und Epochen. Jeden Mittwoch stellen wir sie hier kurz vor.*

Woody Allens *Annie Hall* (1977), mit dem das Programm heute abend beginnt, sollte ursprünglich *Anhedonia* (Unfähigkeit zu genießen) heißen und ist hierzulande als *Der Stadtneurotiker* bekannt geworden. Mit diesen drei Titeln ist der Film umrissen: Ein jüdischer New Yorker *stand-up comedian* (Allen) verliebt sich in eine Schickse aus Wisconsin (Diane Keaton). Aber während er an seiner Midlife-crisis herumlaboriert, wird sie von einem schmalzlockigen Tony (Paul Simon) nach Los Angeles gelockt — für New Yorker Juden so was ähnliches wie Schwabing für Neuköllner. Ein letztes Treffen beenden die beiden freundlich, aber als Singles.

Neben seinem Repertoire als Komiker entfaltet Allen hier erstmalig seine Virtuosität als Cineast, der am Cinema Verité und an Godard genauso geschult ist wie an Bergman, aber alle Traditionen ironisch bricht: Nach einem Streit über Sex auf der Lexington Avenue kommen Passanten und geben Kommentare ab (»Wir benutzen immer ein rohes Ei«); der echte Marshal McLuhan weist einen Schwätzer über seine Thesen zurecht, während sich das Paar verquer über Kunst unterhält, zeigt ein Untertitel ihre Gedanken (»*Möchte wissen, wie sie nackt aussieht*«).

*Annie Hall* ist einer der ersten Filme der siebziger Jahre, der Sex

**Woody Allen in »Broadway Danny Rose«**

Foto: Orion Filmverlag

und seine Untiefen im Kino hoffähig machte. Gleichzeitig ist er auch eine Art Katerfrühstück für die *Love and Peaceniks*, die sich, statt am Busen eines mütterlichen Kollektivs, plötzlich auf der teuren Ledercouch eines Analytikers wiederfanden.

Donnerstag abend folgt Allens postmoderne Pikareske, die Geschichte eines menschlichen Chamäleons namens *Zelig* (1982). Zelig nimmt zwanghaft die Identität seines Gegenüber an, wird in Gegenwart von Schwergewichtlern dick, schwarz in Gegenwart von Schwarzen und würdig-wichtig neben Präsident Hoover. Kunstvoll retouchierte Fotos, getürkte Nachrichtensendungen und ein Kommentar im dramatisierten Wochenschau-Stil enthüllen den Dokumentarfilm als Kunstprodukt. Zusammenmontiert werden Interpretationen des Geschehens durch Personen aus Woodys eigenem Pantheon: Die Kunstkritikerin Susan Sontag hält es für ein ästhetisches Phänomen, der Schriftsteller Saul Bellow meint, Anpassung führe in den Faschismus (tatsächlich wird Zelig hinter dem »Führer« gesichtet), und Irving Howe sieht Zeligs Verwandlungen als Metapher für die Assimilation der Juden in der Diaspora. Einzig die Analytikerin Eudora Fletcher (Mia Farrow) glaubt an eine psychologische Ursache des Phänomens, heilt ihn, verliert ihn und findet ihn dann wieder, wobei er beide letztendlich durch den Zelig-Effekt rettet. Sie werden ein Paar, und wie so viele Paare sehen sie sich nach einigen Jahren zum Verwechseln ähnlich....

Auch *Broadway Danny Rose* (1984) macht die Kunst in der Kunst, das Show-Biz im Film zum Thema. Im *Carnegie Delicatessen* am Broadway sitzt eine Mischpoke von professionellen Komikern, die sich — in der Märchenerzähler-Atmosphäre, die an so einem verregneten Herbsttag schon einmal aufkommen kann — Geschichten von einem Manager erzählen, einem Schlemiehl, der eine Reihe von Freaks wie eine Mutter betreut — einen Bauchredner, der stottert; einen einbeinigen Stepptänzer und andere hoffnungslose Aspiranten. Einem von ihnen zuliebe durchlebt er eine Odyssee, zusammen mit der sonnenbebrillten Mia Farrow, die ihn mehrmals an den Rand des Untergangs bringt. Danny Rose entgeht ihm, indem er einen Schwall von *Jiddischismen* und gestelzten Phrasen auf den Angreifer herabprasseln läßt (»darling... may I interject one concept at this juncture?« entgegnet er einem zähnefletschenden Mafioso).

Die Panik hinter den Schutzmechanismen kommt nur dann durch, wenn die *Show* nicht mehr weitergeht, wenn das Karussel gestoppt wird. Bei alledem spielt, neben Woody Allen, immer die Stadt die zweite Hauptrolle, ein Spiegel der Persona, die er sich inzwischen aufgebaut hat: Die schillernden Aushänge der Kinos, der ewige Regen, die gelben Taxen, der Farm im Central Park, die Neonlichter — alles ist zugleich pulsierendes Leben wie todessehnsüchtige Untergangsstimmung.  **Mariam Niroumand**

# Übers Meer

## Filme aus Rußland bei den »Lebenswelten«

*Noch bis zum 22. April zeigt das Arsenal im Kinosaal des Martin-Gropius-Baus um 20 Uhr jüdische Filme.*

Die beiden Höhepunkte des Programms dieser Woche entstanden beide im revolutionären Rußland, während der Nachwehen der Neuen Ökonomischen Politik vor dem stalinistischen Terror. Die Brisanz dieses Zwischenstadiums ist ihnen anzumerken: Einerseits schwimmen sie mit in der Welle der Revolutionsfilme *(Streik, Panzerkreuzer Potemkin, Oktober)*, andererseits bemängeln sie an diesen, daß sie sich nicht ans große jüdische Publikum im riesigen Gebiet des sogenannten »Ansiedlungsrayon« — zwischen Ostsee und Schwarzem Meer — wenden.

Am Donnerstag wird *Seine Exzellenz* (1928) von Grigori Roshal, einem Meyerhold-Schüler, gezeigt. Er erzählt die — für ihre Zeit höchst brisante — Geschichte des jüdischen Schusters Hirsh Lekert, eines Analphabeten aus Vilna, der zum feurigen Aktivisten des BUND (der jüdischen Arbeiterorganisation) wurde, nachdem er 1902 ein Attentat auf den Generalgouverneur der Stadt verübt hatte. Während viele prominente Mitglieder der KP Lekert zunächst unterstützten, distanzierte sich Lenin von diesem proletarischen Volkshelden, nicht zuletzt wegen der Konkurrenz, die der BUND immer noch zur KP darstellte.

Vor diesem Hintergrund versetzt Roshal, der unter Staatsaufsicht drehte, die Geschichte vorsichtshalber in einen Ort ohne Namen und erwähnt auch den BUND mit keinem Wort. Nicht nur die Auseinandersetzung zwischen Juden und Nicht-Juden bleibt aus, die gesamte Tendenz geht in Richtung gemeinsamer Klassenkampf. Vielleicht hat diese ängstliche Umdeutung der Geschichte aus Abhängigkeit von der offiziellen Doktrin dazu geführt, daß der Film auch stilistisch nicht auf eigenen Füßen steht, sondern sich in Montage- und Bildkomposition ganz auf das Eisensteinsche Modell stützt.

Viel freier, viel eigenständiger ist dagegen *Horizont* (1932) von Lew Kuleschow, der sowohl Kameramann bei der Roten Armee im Bürgerkrieg war als auch Maler und Bühnenbildner. Das mag erklären, warum der Film zwar für die Revolution wirbt, aber dennoch nie ein hämmernder Agitationsfilm ist. Auch das Zusammenwirken zwischen den Figuren und ihrem »Bilderrahmen« wird verständlich, das man so poetisch und fast zärtlich im Kino dieser Zeit kaum findet (jedenfalls nicht in der fast brutalen Graphik Eisensteins). Leo Horion wird im Ersten Weltkrieg eingezogen, desertiert, immigriert nach New York, sieht dort einen Teil seiner Familie scheitern und geht zur US-Armee, um mit den Weißgardisten die Revolution zu bekämpfen. Im Bürgerkrieg erfährt er, auf wessen Seite er steht: Er schlägt sich zu den Bolschewiki.

Das ist die Geschichte, aber der Film ist als das: Das Glitzern auf dem Meer wird aus dem Rücken zweier Figuren gefilmt, die von Amerika flüstern; Amerika, das ist ein enger Hinterhof mit Wäschestücken, die wie Gespenster aussehen; das ist ein riesiger Maschinenschlund, der Autoteile hervorspeit und die Arbeiter zu zerquetschen droht. Am beeindruckendsten aber ist Kuleschows Darstellung eines Kosaken-Pogroms. Man sieht panisch aufgeblähte Nüstern eines Pferdes aus der Froschperspektive (erinnert an *Guernica)*, man sieht, wie die Dinge des Alltags zu Kriegsemblemen werden: ein rauchender Samowar im Schlamm, ein zerfetztes Kissen, dessen Federn der Frau in den Mund fliegen, die gerade von einem Kosaken bedrängt wird. Man muß filmisch schon sehr nah an den Geschehnissen dran sein, um mit so wenig Säbelrasseln auszukommen.

**Miriam Niroumand**

# Auch eine Art der Enthistorisierung

## »Hitlerjunge Salomon« und andere Dramatisierungen der Shoah bei den »Jüdischen Lebenswelten«

**»Gespenstische Schönheit«, Szene aus »Lodz Ghetto«**

Foto: Veranstalter

Noch bis zum 22. April zeigt das Arsenal im Kinosaal des Martin-Gropius-Baus von Mittwoch bis Sonntag um 20 Uhr jüdische Filme aus verschiedenen Ländern. Ein Teil der Filme wird im Arsenal wiederholt. Jeden Mittwoch stellen wir hier eine Auswahl vor.

Von den heftigen Debatten, die seinerzeit von der Fernsehserie Holocaust ausgelöst worden waren, befaßt sich ein Teil auch mit der Frage, inwiefern Dramatisierung und anrührende Inszenierungen der Shoah überhaupt zulässig seien. »Visualisierung des Unvorstellbaren ist unmöglich, jeder Versuch bagatellisiert das Grauen«, sagten die einen, die anderen vertraten die Position: »Hauptsache, ein Massenpublikum kann für das Thema gewonnen werden, egal wie.« Diese Diskussion wiederholt sich jetzt in gewisser Weise anläßlich der Ausstellung. Vor allem im Filmprogramm läßt sie sich wie nirgends sonst nachvollziehen.

Speziell diese Woche werden wichtige Varianten des filmischen Umgangs mit der Shoah gezeigt. Die holländische Regisseurin Barbara Meter untersucht in ihrem Film Der Abstand zur Nähe (1982) die Struktur der Erinnerung selbst. Es geht um ihre persönliche Erinnerung an die Zeit, als sie mit ihren Eltern aus Deutschland nach Asterdorp geflohen war, eine Art Getto in Amsterdam. Ein roter Kreisel ist in dieser Erinnerung genauso wichtig wie die belauschten Gespräche der Eltern über Verhaftungen von Freunden — Erinnerung hat eine eigene, schwer ergründbare Hierarchie. Zwischen den Bildern wird es manchmal schwarz — Erinnerung ist lückenhaft — einige Bilder wiederholen sich, sind dem Film wie ein Refrain eingeschrieben: das Abendgebet bei der christlichen Familie, bei der Sonja untergekommen ist, das Gebadetwerden im Flur in einer Zinkbadewanne, der Blick des Vaters vor der Verhaftung. Nach der Trennung von den Eltern bleibt der Film schwarzweiß — eine schlichte Art, Verlust zu versinnbildlichen (Donnerstag abend).

Einen Vergleich amerikanischer und deutscher Darstellungsformen kann man am Freitag anstellen, wenn man sich nach dem Besuch der Ausstellung »Unser einziger Weg ist die Arbeit — Das Getto in Lodz 1940–44« den Film Lodz Ghetto von Adelson/Taverna (USA 1988) ansieht (ausnahmsweise: 17 Uhr). Das gilt um so mehr, als zum Teil die gleichen Dokumente benutzt wurden: Farbfotografien von Straßenszenen, deren türkisblauer Himmel über den verfallenen Dächern und dem buckligen Kopfsteinpflaster eine gespenstische Schönheit hat; Porträts von Gesichtern hinter Zäunen (Lodz war viel abgeschnittener vom Rest der Stadt als das Warschauer Getto), brüchige Filmaufnahmen von der ersten öffentlichen Hinrichtung und immer wieder Chaim Rumkowski, der Leiter der jüdischen »Selbstverwaltung«, der in vorauseilendem Gehorsam Selektionen und Bestrafungen an Juden vornahm, um Schlimmeres zu verhüten — ein durch die Situation Verkrüppelter, ein Monster der Geschichte.

Während die Ausstellung genau auf die Spezifika des Gettos hinweist — die immense Produktivität, die erratischen Entscheidungen der Bürokratie, das Nachtleben, den Unterricht, das religiöse Leben, den Haß der Jugendorganisation auf Rumkowski und vor allem das Zustandekommen der Dokumente selbst —, arbeitet der Film mit Schauspielern und Dramatisierungen, in erster Linie aus Tagebüchern (Chaim Rumkowski wird von Jerzy Koszinski gespielt, der Schriftsteller, der in Lodz seine Eltern verlor). Der Effekt davon ist, daß die stummen Blicke der sich durch die Straßen Schleppenden »beredt« zu werden scheinen. In der Ausstellung dagegen kommen einige der 800 Überlebenden selbst zu Wort — in Videos. Auch Tagebücher und Chroniken liegen aus. Es handelt sich also nicht um kühle deutsche Wissenschaftlichkeit, die gegen amerikanisches human interest steht, sondern um ein mehr oder weniger begründetes Vertrauen in die Vorstellungskraft des Betrachters.

Schließlich wird am Sonntag abend Agnieska Hollands Hitlerjunge Salomon gezeigt, ein Film, dessen Rezeptionsgeschichte mindestens ebenso interessant ist wie er selbst. Wieder stößt die amerikanische Begeisterung für eine flott inszenierte Charakterstudie (postmodernes Identitäts-Fiasko!) auf deutsche Ablehnung, die bloß ein schlecht balanciertes Melodram am Werk sieht. Erzählt wird die (»wahre«) Geschichte Salomon Perels aus Peine, der, in der Nazizeit von seiner Familie getrennt, im russisch besetzten Lodz in ein Komsomolzen-Lager gesteckt wird, sich nach dem Überfall der Deutschen als »Volksdeutscher« ausgibt, um schließlich nach Kriegsende beinahe in einem befreiten KZ als Wehrmachtsscherge erschossen zu werden. Zu den interessantesten Interpretationen dieser Pikareske gehört die der Filmkritikerin Gertrud Koch. Sie versteht den Film als eine Allegorie auf die Situation der osteuropäischen Länder zwischen zwei Totalitarismen. Mir scheint das ständige Umkreisen des beschnittenen Zutzels des Protagonisten, auf den schwule Offiziere, dickbusige Nazi-Walküren und blondbezopfte BDM-Mädels gleichermaßen fliegen, eher eine Deutung des Faschismus als Überdruckventil verschwitzt-verklemmter Sexualität zu sein — mit den Zuchtanstalten als verkappten Bordellen. Auch eine Art der Enthistorisierung.

**Mariam Niroumand**

# Schuß — Gegenschuß

## Zwei Dokumentarfilme bei den »Jüdischen Lebenswelten«

*Noch bis zum 22. April zeigt das Arsenal im Kinosaal des Martin-Gropius-Baus mittwochs bis sonntags um 17 Uhr und um 20 Uhr jüdische Filme aus verschiedenen Ländern. Ein Teil der Filme wird im Arsenal wiederholt. Jeden Mittwoch stellen wir hier eine Auswahl vor.*

Im Gegensatz zur Berichterstattung über den Golfkrieg auf CNN ist das Filmmaterial über die Judenvernichtung nicht per Knopfdruck zu haben — die Opfer hatten in der Regel keine Kameras, und die Bilder der Täter ruhen in Giftschränken. Spricht etwas dagegen, sie in neuen Filmen zu verarbeiten?

Was hat der SS-Mann mit der Kamera *geschossen*? Da waren zum einen die pseudowissenschaftlichen Dokumentationen: Fotos, die Mengele von »seinen« Zwillingen anfertigen ließ, Porträts der Häftlinge von allen Seiten (oft das einzige, was Angehörigen heute geblieben ist), Propagandamaterial zur Beschönigung der Zustände in Theresienstadt bei der Landarbeit, beim Nähen, beim Sporttreiben für die *Wochenschau*-Bilder, von Massenaufzügen. Dann aber gibt es diejenigen Aufnahmen, bei denen der Amateurfilmer seinem Voyeurismus freien Lauf läßt. Man spürt das Gemisch aus sardonischer Freude und lustvollem Gruseln, das die Kamera führte.

Die zwei Dokumentarfilme, die diese Woche zu sehen sind, benutzen gerade dieses Material — ein höchst prekäres Unterfangen. Gerade im Kontrast zu den Spielfilmen werfen sie die Frage auf, welche mediale Ästhetik eigentlich zur Darstellung der Judenvernichtung angemessen ist: Schauspiel oder Interview, Einfühlung oder Vorstellung, Bild oder Ton, Erzählung oder »Fakt«, »Täterbilder« oder »Opferbilder«. Die Filme vollbringen das Kunstwerk, beides in einem zu finden.

*The 81st Blow* (Der 81. Schlag, Israel/Frankreich, 1975) ist ein filmischer Tanz auf dem Drahtseil: Es werden fast nur Filmaufnahmen aus Nazi-Archiven verwandt, und zwar ohne ein Wort des Kommentars, über weite Strecken überhaupt völlig stumm. Wer sich dennoch von der Haltung, aus der diese Bilder entstanden sind, distanzieren will, muß sich völlig auf die Montage verlassen, auf diejenige Kunst also, die den *Realisten* der Filmtheorie schon immer der größte Frevel war. In schneller Folge wird Hitler aus verschiedenen Kamerawinkeln am Rednerpult gezeigt: wie er zwischen den großen Satzwellen nach Luft schnappt, mit dem Kinn die Luft zerhackt, mit den Händen säbelt, Kinderköpfe streichelt und einmal sogar direkt in die Kamera lächelt — wenn man das ohne Ton sieht, meint man plötzlich, für eine Schrecksekunde, mit ihm allein zu sein.

Dann folgen wogende Massen, Meere aus Armen, die mal nach links, mal nach rechts wogen, Stiefel, Beinschwünge, eine Druckerpresse spuckt den 'Völkischen Beobachter' aus. Das wirkt wie ein *Ballet mechanique*, eine Choreographie zu Theweleits *Männerphantasien*, auch ein wenig wie eine abstrakte Bauhaus-Grafik.

Der Film will nicht den billigen Weg der Denunziation der Nazis gehen — die Nazis als dumpfe Masse —, sondern spürt mittels der Verdichtung von *Wochenschau*-Material die Ästhetik dieser Bilder auf, eine Art Destillationsprozeß.

Auf Dutzenden Bildern von brennenden Synagogen des Novemberpogroms, denen die pyromanische Ehrfurcht vor dem *Backdraft*, der Erhabenheit des Feuers anzusehen ist, folgen Bilder aus dem Osten. Der Weg der Deportierten wird vom Film nachgezeichnet. Juden mit Sternen vorn und innen schleppen Möbel durch Gespensterstädte, werden von der Polizei kontrolliert, an Bärten gerissen, aufgehängt, mit Wasser vollgeschüttet bis sie platzen, nackte Frauen neben lachenden, grabschenden SS-Männern, die Kamera schwankend im voyeuristischen Taumel.

Die ästhetische Klammer zum Anfang des Films, den Nazi-Massen, wird mit Bildern von den Massen auf der anderen Seite geschlossen: Massen von Schuhen, Kleidern, Haaren, Bürsten, Rasierpinseln, Ausweisen, Namenslisten — Elemente der Zivilisation im Meer der Barbarei.

Hier retten nur die Stimmen aus dem Off den Film vor völligem Fatalismus: Zeugenaussagen von Überlebenden aus dem Eichmann-Prozeß in Jerusalem 1961 entwenden die Bilder gewissermaßen ihren Produzenten, ziehen einzelne Namen, Lebensläufe und Episoden aus den unendlichen Listen, Bergen und Meeren der faschistischen Kinematographie wieder heraus. Welcher Spielfilm hätte je einen solchen Prozeß durchlaufen? (Zu sehen am Samstag, 21.3., um 17 Uhr.)

Die Dekonstruktion von Filmpropaganda der Nazis ist auch das Strukturprinzip von Dan Weissmans *Terezin Diary* (USA 1989). Aufnahmen aus dem Film *Der Führer schenkt den Juden eine Stadt,* der im Sommer 1944 entstand, werden mit Interviews, Fotos und geheimen Archivaufnahmen konfrontiert. Das Konzentrationslager Theresienstadt war ja wie der Propagandafilm dazu gedacht, das Ausland zu beruhigen. Man steckte die Lagerinsassen in bunte Kleider, ließ sie Schach spielen, singen, tanzen, schauspielern und musizieren.

Die Kommission des Roten Kreuzes, die das Lager inspizierte, ließ sich auch prompt und gern auf den Schwindel ein. Als man die Lagerinsassen nicht mehr zum Vorzeigen brauchte, wurden sie nach Auschwitz deportiert.

Wahrheit und Lüge, auch der Selbstbetrug der Insassen, sind das Thema dieses Films. Er besteht darauf, daß sich Zelluloid nicht betrügen läßt: Indem er einzelne Aufnahmen des Propagandafilms in Zeitlupe und mit Wiederholungen zeigt, entdeckt er den Schrecken hinter dem erzwungenen Lächeln der Lehrerin, die Angst in den Gesichtern der Kinder, als sie an einem offenen Fenster im Sonnenschein vorbeimarschieren (Sonntag, 17 Uhr).

**Mariam Niroumand**

# Jenseits von Brooklyn

## Die Shoah im amerikanischen Avantgarde-Film

**Szene aus: Urban Peasants**

Foto: Ken Jacobs

Noch bis zum 22. April zeigt das Arsenal im Kinosaal des Martin-Gropius-Baus von Mittwoch bis Sonntag um 17 Uhr und 20 Uhr jüdische Filme aus verschiedenen Ländern. Ein Teil der Filme wird im Arsenal wiederholt. Jeden Mittwoch stellen wir hier eine Auswahl vor.

Auf den wenigen Quadratkilometern der Lower East Side New Yorks lebten um die Jahrhundertwende bis zu einer halben Million Menschen aus Osteuropa. Diese Enge führte — neben vielem anderen — zu einer nie dagewesenen Konkurrenz zwischen den Kantoren der Synagogen, die zudem überraschende Parallelen zum Starsystem Hollywoods aufwies. Die Konfrontation der beiden Karrieren, die einem jungen jüdischen Virtuosen damals offenstanden — die des Kantoren und die des weltlichen Bühnenstars —, ist das Thema des ersten synchronen Tonfilms, der je gedreht wurde, *The Jazz Singer* (Alan Crosland, USA, 1927) Mit dem *Ragtime*-Publikumsliebling Al Jolson in der Hauptrolle markiert der Film das Ende der Stummfilmära einerseits und des Vaudeville-Amüsierbetriebs andererseits. Er erzählt die Geschichte von Jakie Rabonowitz, dem Sprößling einer Familie,

deren Oberhäupter seit fünf Generationen Kantoren gewesen waren. Jakie läuft als erster von zu Hause weg, um *Jazz* zu singen, woraufhin er von seinem Vater verstoßen wird. Die Überblendungen von Aufnahmen des Vaters in der Synagoge mit Bildern von seinem *Dirty Hands, Dirty Face* singenden Sohn deuten die Verschmelzung von Tradition und Moderne an. Verstärkt wird diese Assoziation durch Zwischentitel in denen Jazz als eine Form des Gebets bezeichnet wird. Während Jakie, der sich Jack Robin nennen läßt, an der Westküste einer mondänen Schickse verfällt, führt ihn ein Broadway-Auftritt in die Arme der Gemeinde zurück. Er kann seinen sterbenden Vater (und den Fortbestand des Judentums) nur retten, wenn er an Yom Kippur, dem Tag der Versöhnung, das traditionelle *Kol Nidre* in der Synagoge singt.

Daß er in der folgenden Broadway-Show als Schwarzer geschminkt ist, deutet auf die Bilanz zweier Außenseitergruppen der amerikanischen Gesellschaft hin, die in der Bürgerrechtsbewegung der Sechziger ihren Höhepunkt und in den Krawallen in Brooklyn vor einem halben Jahr ihr Ende fand. Mit dem Tod des Patriarchen Rabinowitz

kann sich Jakie vollends seiner weltlichen Karriere zuwenden. Der Film hinterläßt ein seltsam ödes Gefühl (Donnerstag, 20 Uhr).

Meine beiden Favoriten der gesamten Reihe sind, ihrem Rang nicht angemessen, auf die 17-Uhr-Schiene des kommenden Sonntags verbannt. Es handelt sich um zwei Beispiele, wie die amerikanische Filmavantgarde versuchte, mit der Shoah als biographischem, historischem und ästhetisch-ethischem Problem umzugehen. Der Gestus ist in beiden Fällen der eines *work in progress* — eine abschließende Form kann es nicht geben.

*Urban Peasants: An Essay in Jewish Structuralism* (USA 1930 – 75) von Ken Jacobs besteht zum einen aus bloßen Tonsequenzen (vor hellroter Leinwand), in denen jiddischer Sprachunterricht erteilt wird — ganz so, als gäbe es nach dem Untergang der jüdischen Lebenswelten in Osteuropa noch irgendein Land auf der Welt, wo man diese Sprache braucht, um nach einem Hotelzimmer zu fragen. Auf diese Sequenzen, die dem Zuhörer die Gelegenheit geben, eine imaginäre Reise in ein Jiddischland anzutreten, folgen Aufnahmen, die eine Angehörige Jacobs' von ihrer Familie in Brooklyn

in den späten dreißiger und frühen vierziger Jahren gemacht hat, ein *Home movie*, dessen Überbelichtungen und Unschärfen der Filmemachergeneration von Jacobs so viel bedeuteten, weil sie vollkommen unprätentiös sind. Babies werden in die Kamera gehalten, dicke Küsse verteilt. Es wird posiert, Oma und Opa legen sich beim Ausflug zum Nickerchen ins Gras. Wieder spielt der eigentliche Film im Kopf des Zuschauers: Würde man den Globus drehen, sähe diese jüdische Familie aus Osteuropa mit ziemlicher Sicherheit der Vernichtung entgegen. Der Film mündet dann wieder in eine scheinbar gewöhnliche Sprachlektion mit dem Titel *When you're in trouble*. Der letzte Satz heißt *I am an America. Alles ist gut.*

*Cooperation of Parts* (USA 1998) vom Jacobs-Schüler Daniel Eisenberg ist der treffende Titel für einen Filmessay, der den Versuch behandelt, sich Geschichte über Bilder von Orten anzueignen — ein Prozeß, an dessen Ende auch die Konstruktion der eigenen Identität stehen muß. Eisenberg zeigt Bilder von gemütlich-barocken Dächern und Puttenengeln in Dachau, von Zugfahrten durch die grünen Täler Süddeutschlands und der pletschernden Isar, von Auschwitz im Sonnenschein. Dazu läßt er kryptische Alltagsweisheiten erklingen *(The longest way is from the mother to the front door; Whereever you go, you can never get rid of yourself.)*.

Damit markiert er die Schnittstelle zwischen dem poetisch-psychologischen Avantegardefilm der vierziger Jahre zum strukturalistischen Film der Siebziger, dessen Hauptanliegen die Visualisierung von »Sinnbildung«, von Signifikationsprozessen war. So wie die Judenvernichtung selbst das erschreckend reibungslose Zusammenwirken verschiedener Teile der Bürokratie voraussetzte, so konstituierte sich auch die Identität des Sprechers über Orte, Zeiten und Bilder, und natürlich ist auch der Film selbst ein fragiles Konstrukt aus disparaten Einzelteilen.

Das Ergebnis dieses Konstruktionsprozesses ist genau die Wachheit des Zuschauers, die sich Brecht immer gewünscht hat; mit offenen Augen, arbeitenden Gehirnzellen und großer Empathie verfolgt man die Rekonstruktion zerrissener Lebenslinien. **Mariam Niroumand**

# »Soziale Gerangelen«

## Jiddischer Sozialismus als Filmthema bei den »Jüdischen Lebenswelten«

*Noch bis zum 22. April zeigt das Arsenal im Kinosaal des Martin-Gropius-Baus von Mittwoch bis Sonntag um 17 und 20 Uhr jüdische Filme aus verschiedenen Ländern. Ein Teil der Filme wird im Arsenal wiederholt. Jeden Mittwoch stellen wir eine Auswahl vor.*

In a welt fun merkantilistische business macher, fun allerlei moderne meschugassen darf und muß anhalten die ojsgehaltenheit fun der sozialistische visje... Di geschichte fun di menschheit is die geschichte fun soziale gerangelen, sint dem menschlichen beginnen bis hajntzutug.«

Agitation auf jiddisch klingt — vielleicht speziell für unsere Ohren — immer ein wenig augenzwinkernd, da scheint ein Menschenbild durch, das vom strotzenden Sozialistischen Realismus ebenso weit entfernt ist wie von nervenzermürbendem Dogmatismus. Ein Hauptthema des Programms dieser Woche ist die zunächst überraschende Verbindung von osteuropäischem Chassidismus, also religiöser Orthodoxie, und jüdischem Sozialismus. Beide entwikkelten sich zwar in geographischer Nähe zueinander, schienen aber inhaltlich doch sehr fern zu sein.

Joseph Seidens letzter Film *God, Man and Devil* (USA, 1949), einer der beiden letzten jiddischen Talkies überhaupt, liegt genau an der Stelle, wo die beiden Strömungen zusammenfließen. Er verbindet die Geschichte des vom Teufel verführten Faust mit der von Hiob, der durch leiden in seinem Glauben geprüft wird. Im ersten Bild steht der Teufel vor Gott, der natürlich nur als Stimme gegenwärtig ist, und behauptet, er könne selbst den braven Thoraschreiber Herschel Dubrovner von seinem geraden Weg abbringen, wenn er ihm Geld anböte. Gott will's nicht glauben, und so geht der Teufel an sein verderbliches Werk. Immer und immer wieder verwendet Seiden das traditionelle Tableau vom zweifelnden Menschen, den der Teufel mit dreieckigem, schwarz glänzendem Haaransatz und funkelnden Augen wie eine Schlange umschmeichelt, bis Herschele schließlich die Augen nicht mehr zum Himmel, sondern auf den Tisch wendet, wo die blitzenden Goldstücke liegen. Er verstößt seine treue, aber gebärunfähige Frau und heiratet seine Nichte. er verstößt seinen alten Vater, weil der ihm mit seinen beschwipsten Scherzen auf die Nerven geht, und eröffnet — die Profanisierung des ihm ehemals Heiligen auf die Spitze treibend — eine Fabrik für Gebetsschals, in der er seine eigene Familie so lange ausbeutet, bis ein Unglück geschieht. Die spezifische Verbindung, die dieser Film, gedreht nach dem Krieg und der weitgehenden Assimilation der Juden in Amerika, zwischen Sozialismus und Chassidismus zieht, ist die der Solidarität innerhalb der Mischpoke: Eine Gesellschaft, die sich einen lallenden Greis nicht mehr leisten kann, ist genauso verdammenswert, wie ein Sohn, der seinen Vater nicht achtet (Mittwoch, 20 Uhr).

Demselben Thema widmen sich auch die beiden Dokumentarfilme der Woche: *The Forward: From Immigrants to Americans* (1988) erzählt die spannende Geschichte der größten jiddisch-sozialistischen Tageszeitung Amerikas (gegründet 1897 von Immigranten), deren erstes Ziel es war, den *greenhorns*, den aus Rußland und Osteuropa nachströmenden Brüdern und Schwestern, die möglichst schnelle Assimilation zu erleichtern. Die Tips reichen von »Wie man ein Taschentuch benutzt« über »Wie man sich benimmt, wenn jemand einen anpöbelt auf der engen Second Avenue« (man sagt höflich: »Excuse me«) bis hin zu Streikaufrufen, denen halb New York folgte. Zusammen mit den Fotografien von Juden aus aller Welt, speziell bei der Arbeit, erzeugt die Zeitung ein Klima von Familiarität und Würde des arbeitenden Menschen. Mit den Aufnahmen aus der Druckerei, dem Büro heute, den Wochenschauen aus dem Krieg und den Filmausschnitten von 1909 (!) ist dies einer der brillantesten Dokumentarfilme der Reihe.

*Free Voice of Labor — The Jewish Anarchists* ist eine lebendige Montage von Interviews und Picknicks im Park mit alten und jungen jiddisch sprechenden Anarchisten. Einige waren schon Teil der Bewegung, als das noch höchst gefährlich war: in den Zeiten der *Red Scare* nach dem Eintritt Amerikas in den Krieg gegen Deutschland 1917. Damals wurde jedes Rot mit paranoider Gewalt aus der Öffentlichkeit verbannt.

Man sieht Emma Goldman aus einem Wagen in die Menge rufen, man sieht die Tanz-Benefits im Tempel auf der 14. Straße, wo die Massen freitagabends selbst nach einem Zwölf-Stunden-Tag noch gespannt ihren Rednern lauschten. Die Aktivisten, heute zum Teil über 90, erklären die Verve der Bewegung mit dem Haß auf und der Enttäuschung über ein Amerika, das ausbeutet, schlecht wohnen läßt und in den Krieg ziehen will. Trotzdem seien sie alle *Gentle people* gewesen. Man sieht's (Sonntag, 17 Uhr).

**Mariam Niroumand**

# Die Kinder der Überlebenden

## Zeitkritische israelische Filme im Beiprogramm der »Jüdischen Lebenswelten« im Martin-Gropius-Bau

**Tel Aviv-Berlin (Israel 1987)**

*Noch bis zum 26. April zeigt das Arsenal im Kinosaal des Martin-Gropius-Baus von Mittwoch bis Sonntag um 17 und 20 Uhr jüdische Filme aus verschiedenen Ländern. Ein Teil der Filme wird im Arsenal wiederholt.*

Den Bilderbogen, auf den der Nahe Osten als »Problemregion« im CNN-Sucher zusammengeschnurrt ist, kann man diese Woche im Gropius-Bau ein wenig auffalten: Fünf Spielfilme und drei Dokumentarfilme erhellen einige der Zerreißproben, unter denen die israelische Gesellschaft steht, werfen ein Schlaglicht auf die schwindelerregende Vielfalt von Po-

sitionen, die dort anzutreffen sind. Das ständig laufende Radio als Leitmotiv fast aller dieser Spielfilme signalisiert das nervöse Bewußtsein der Abhängigkeit des Staates vom Lauf der Welt.

Die ersten beiden, *Noa at 17* (1982) von Itzhak Yeshurun und Nadav Levitans *Stalins Schüler* (1988), blicken aus ratloser Gegenwart zurück in die fünfziger Jahre, die Zeit nach der Staatsgründung, als sich, unter der Ägide von Ministerpräsident Ben Gurion, die Gleichsetzung von Zionismus mit Sozialismus aufzulösen begann und das Land in einen westlichen Kapitalismus aufbrach. Die 17jährige Noa (Dalia Shimko) verkörpert in der Ikonographie des israelischen Kinos das Idealbild der Sabra, der in Israel geborenen Generation (damals nur etwa 5 Prozent der Bevölkerung), die im Gegensatz zu ihren vor der Diaspora und dem Getto-Dasein geprägten Eltern »unideologisch«, individualistisch ist — wie die Wüstenpflanze Sabra: »außen zäh und innen zart«.

In der klaustrophobischen Enge einer Stadtwohnung finden Streitgespräche zwischen moskautreuen Kibbuzniks und liberalen Mapainiks statt — der Riß in der Kibbuz-Bewegung geht mitten hindurch durch die Familien und die Paare. Noas erste sexuelle Erfahrungen mit einem etwas dümmlichen Burschen aus der zionistischen Jugendbewegung fal-

caust schlecht in die Aufbruchstimmung im ländlichen Israel paßten, ist nicht schwer zu verstehen. Einige der komplexesten Filme, die je zu diesem Thema gedreht wurden, sind diese Woche zu sehen: *Tel Aviv: Berlin* (Trope, 1987) zeichnet ein Szenario aus Kostümen der vierziger Jahre, die sich im levantinischen Sommerklima bewegen. Aus Berlin stammende Überlebende der Shoah treffen sich in Tel Aviver Nachtclubs. Lange bevor sie die Nummern auf dem Arm sehen, erkennen sie sich »instinktiv« in der tanzenden Menge. Die »erlesene Schönheit« der Frauen, die mit SS-Männern Kartenspiele spielen mußten, als ein Teil des Kibbuzniks aus Deutschland »Wiedergutmachungs«-Zahlungen erhält, mit deren Hilfe eine Familie auswandert und eine behinderte Frau sich in Amerika operieren läßt. Gleichzeitig bringt das Radio die Nachricht von Stalins Tod und sehr bald auch erste Berichte über Lager, Schauprozesse und Judenverfolgungen in der Sowjetunion.

Der Film ist eine Studie in israelischer Ikonographie: Stalins Porträt gegen abstrakte Kunst, rote Fahnen gegen die Fahne des Zionismus, kräftige Landarbeiterhände gegen graue Stadtgesichter, rote Stöckelschuhe auf grünem Rasen. Sogar die Bücherverbrennung des *Kommunistischen Manifests* bleibt nicht ausgespart (Donnerstag abend).

Daß die Überlebenden des Holo-

befassen konnten, meint die Regisseurin Orna Ben Dor-Niv, auf die ich zurückkommen werde.

In *The Summer of Avya* (Eli Cohen, 1988) wird die Geschichte der Tochter einer Partisanin erzählt. Sie verbringt einen Sommer auf dem Dorf, wo ihre Mutter lebt — abgeschieden von allen andern. Das Wort »Holocaust« fällt kein einziges Mal, aber die Mutter schert der Tochter sofort nach deren Ankunft den Kopf, hat rasende Kopfschmerzattacken und wird von den anderen Dorfbewohnern als »meschuggene Partisanke« gemieden — ein Pariah im Israel der fünfziger Jahre. Ihr Haus liegt einsam, auch die Kamera hält Abstand.

Eines Nachts klopft ein hohlwangiges Gespenst mit Augen wie Brunnenschächte an ihr Fenster: Es ist ein Freund aus Majdanek. Sie sprechen leise Jiddisch, er steckt sich heimlich

Brot ein. Als die Mutter schließlich nicht mehr weiß, ob sie die Fenster aufreißen soll, weil sie ersticht, oder verriegeln, weil sie Angst hat, und als Avija sie auch nicht mehr beruhigen kann, wird sie in eine Anstalt gebracht.

Auch in Orna Ben Dor-Nivs Film, *Because of that War* (1988) wird in Interviews beschrieben, wie die Kinder von Überlebenden zu Eltern ihrer Eltern werden; was es bedeutet, statt mit Märchen mit Erzählungen von Abschieden in Treblinka oder Zugfahrten von Warschau nach Majdanek aufzuwachsen. »Wenn ich schlechte Noten nach Hause brachte, sagte ich aus Auschwitz rausgekommen bin, und meint Kind jetzt nicht wird wie eines von deutschen Eltern‹«, heißt es an einer Stelle.

Am Wochenende sind auch Dokumentarfilme von Chris Marker und Claude Lanzmann zu sehen, die beide nach Berlin kommen werden.

**Mariam Niroumand**

len zusammen mit dem Verlust an ideologischer Standfestigkeit. Der Film läßt zum Schluß nur noch einen geläuterten Individualismus als Leitfaden gelten (heute abend).

*Stalin's Disciples* (1988) war wohl als Komödie angelegt, gewinnt aber im Verlauf der Handlung soviel Tiefenschärfe, daß einem das Lachen im Halse steckenbleibt. Schauplatz ist ein Kibbuz im saftig-grünen Tal. In dessen ideologischer Zentrale, einer von drei bärenstarken Kerlen betriebenen Schusterei, hat man Stalin einen Altar errichtet. Die unangefochtene Herrschaft der drei wird erschüttert, als ein Teil des Kibbuzniks aus Deutschland »Wiedergutmachungs«-Zahlungen erhält, mit deren Hilfe eine Familie auswandert und eine behinderte Frau sich in Amerika operieren läßt. Gleichzeitig bringt das Radio die Nachricht von Stalins Tod und sehr bald auch erste Berichte über Lager, Schauprozesse und Judenverfolgungen in der Sowjetunion.

sumend als sephardisch aussehende Hauptdarsteller im Borsalino, der seiner israelischen Frau während heißer Liebesszenen von Auschwitz erzählt, evozieren ein schwindelerregendes Nebeneinander von Sex und Grauen. Die Überlebenden finden sich in Enklaven zum Schachspiel zusammen und singen Lieder aus der *Winterreise*. Hochkultur steht gegen levantinisches Bauerntum.

Fast wirkt es, als habe Auschwitz »erlesene Menschen hervorgebracht«, das Schuldgefühl der Verschonten ist da zu spüren. »Wir müßten erst über dreißig Jahre alt werden, bevor wir uns mit dem Thema Holocaust und was er für unser Verhältnis zu unseren Eltern bedeutet,

309

# Gefillte Film

## Boris Lehman, belgischer Experimentalfilmer, zu Gast im Arsenal

Zu Rosch-ha-Schana, dem jüdischen Neujahrsfest, wird der Schofar geblasen; die Gerechten, die Bösen und die Durchschnittlichen werden in ein Buch eingeschrieben und Apfelstücken »auf ein süßes Jahr« in Honig getaucht. Kurz vor Sonnenuntergang des ersten Tages geht man dann ans Meer oder sonst ein fließendes Gewässer und leert seine Taschen, um sich seiner Sünden zu entledigen — ein Brauch, der möglicherweise erklärt, wie es zur Tirade von den Juden als »Brunnenvergifter« gekommen ist. In Boris Lehmans stillem Film *Stumm wie ein Fisch* (1987) sieht man einen Vater mit seinen Töchtern an einem belgischen Fluß stehen, dazu aus dem Off die Erläuterung: »Wir zeigen mit dieser Zeremonie, daß unser Leben ebenso prekär ist, wie das eines Fisches, der jederzeit im Netz hängenbleiben kann.«

**Boris Lehman**                Foto: Veranstalter

Es geht also nicht um ethnographische Völkerverständigung in diesem Film, der eben jenem Fisch von seinem Weg aus dem Fluß ins Netz unter das Messer in die Münder folgt. Vielmehr wird der Film als Kunstwerk Teil des Schaffensprozesses, der im religiösen Ritual kristallisiert ist. Der Interpretation von Rabbi Eliser zufolge wurde die Welt an Roschha-Schana aus dem Nichts erschaffen. Nach dieser einen Kreation war jede Hervorbringung immer mit Zerstörung von etwas bereits Dagewesenem verbunden — im Gegensatz zu Gott schaffen die Menschen nicht aus dem Nichts. Dieser Gedanke zieht sich bis in die Schriften Walter Benjamins: »Jeder Akt der Zivilisation ist zugleich ein Akt der Barbarei.« In Lehmans Film taucht er auf als das Nebeneinander blutigen Zerschneidens und Zerhackens mit dem liebevollen Anrichten einer Platte mit »gefillte Fisch«; der lachenden Familie mit Fernsehnachrichten von einem arabischen Attentat oder dem roten Wein, der sich auf das weiße Tischtuch ergießt. Das »Nichts«, dem dieser Film entwunden ist, ist der mit keinem Wort erwähnte Holocaust, und so ist die schönste und zugleich düsterste Sequenz des Films der Schnitt vom leergeräumten Tisch nach dem Mahl zum Bild einer nächtlichen Brücke über dem Fluß, durch die stampfend ein Zug rauscht.

Boris Lehman wurde 1944 als Sohn polnischer Juden im schweizerischen Exil in Lausanne geboren. Vierzig Jahre später fand er alte Fotos und Dokumente seiner Eltern. Das veranlaßte ihn, nach Lausanne zurückzukehren, um an dem Ort, an dem er »ebenso nicht hätte geboren werden können«, der Vergangenheit noch einmal Leben einzuhauchen. Diesen Prozeß kann man naturgemäß nicht »abfilmen«, und so bleibt der Film im Gestus des »à la Recherche«; Mosaiksteine werden nebeneinander gehalten, und das »Wie-es-wirklich-War« entsteht an den Reibeflächen. Lehman filmt Türschilder mit seinem Namen, stellt Szenen auf einem Boot nach, in denen ein kleiner Knirps im Matrosenanzug seiner Mutter beim Wasserskifahren auf dem strahlend blauen See zusieht, bis das Seil plötzlich reißt und sie verschwindet. Zeitungsausschnitte, eine Geburtsurkunde, eine Beschneidungszeremonie... »Ich suche Beweise für meine Existenz«, sagt die Stimme aus dem Off und meint damit nicht nur sich selbst.

An dieser Stelle offenbart sich der Kern des Lehmanschens Arbeitsprozesses. Mit der eleganten Leichtigkeit, dem Ernst und dem Witz dessen, der sich durchgeschlagen hat, stößt er filmisch zu Lacans Diktum: »Ich ist immer ein Anderer???« vor. Wenn er sich selbst aus Bruchstücken rekonstruiert, meint er damit auch die anderen, die Verlorenen, die Toten, deren Nachfahren und künftige Generationen. Wie schon viele vor ihm, nimmt auch er den Juden als Bild vom Menschen schlechthin. Daß dieses Bild seine Züge trägt, ist — auch in einem ganz dramatischen Sinn — ein Zufall.

Was liegt da näher, als sich der Figur des *golem* zuzuwenden, eines Ebenbilds des Menschen aus Ton, eines Produktes kabbalistischer Zahlenmystik aus der Alchimistenküche des Rabbi Loew im Prag des 16. Jahrhunderts. In *L'Homme de Terre* (1989) webt Lehman ein kompliziertes Beziehungsgeflecht zwischen Bildhauer (Paulus Brun) und Modell (Boris Lehman), bei dem Realität, Kunstprodukt und Fiktion ein teils erheiterndes, teils gespenstisches Verwirrspiel entfachen. Boris Lehman hinter der Kamera bringt durch Nahaufnahmen und dialogische Bildwechsel Boris Lehman aus Ton zum Leben und führt das lebende Modell Lehman in die Erstarrung. Als die Tonfigur sich dann, umringt von Francis-Bacon-artigen Skulpturen, im Regen aufzulösen beginnt und zerfällt, hat man einen kompletten Zyklus von Pygmalion-Mythen, Bilderverbots-Verletzungen und postmoderner Autorenschaft durchlaufen. Am meisten berührt hat mich *Symphonie* (1979), das schwarzweiße Porträt eines Mannes, der wie im Fieber mit lauter Stimme und verteilten Rollen die Zeit während der deutschen Besatzung nachspielt, als er mit vierzig anderen auf einem Dachboden versteckt lebte. Die gehetzte Notwendigkeit, mit der er (zu wem?) spricht, erinnert an Artaudsches Theater. In einem Film im Film schließlich ändert er den Ausgang der Geschichte. Die Kamera zeigt dabei zunächst das Filmteam Lehman, und dann den Mann mit seinem filmischen Ebenbild, allein.

**Mariam Niroumand**

**Filme von Boris Lehman heute und morgen im Arsenal, jeweils um 18 Uhr, Welserstraße 25, Tiergarten. Der Regisseur ist anwesend.**

# Kein Weg zur Orchard Street

## Zum vorletzten Mal: Das Arsenal zeigt im Martin-Gropius-Bau Filme anläßlich der »Jüdischen Lebenswelten«

**Histoires d'Amerique**

Foto: Filmverleih

N och bis zum 26. April zeigt *das Arsenal im Kinosaal des Martin-Gropius-Baus von Mittwoch bis Sonntag um 17 Uhr und 20 Uhr jüdische Filme aus verschiedenen Ländern. Ein Teil der Filme wird im Arsenal wiederholt.*

Die vorletzte Woche der Reihe beginnt mit zwei höchst ungleichen Variationen des Tewje-Themas, der Geschichte des Milchmannes aus der Ukraine, dessen Tochter einen Christen heiratet und der mit Sack und Pack aus dem Dorf vertrieben wird. Während Maurice Schwarz' *Tevye* (USA, 1939) in Jiddisch und Schwarzweiß eine gespenstisch genaue Vorahnung der nahen Zukunft gibt, ist Norman Jewisons *Fiddler on the Roof* (GB, 1971) bloß ein folkloristischer Schmarren mit Broadway-Chorus auf grünen Weiden. Der Milchmann Tewje muß immer wie aufgestachelt »Traditiooooon« brüllen, so als würden die Shtetl-Bewohner ihre Gewohnheiten ernsthaft als etwas ulkige »Bräuche« betrachten (Mittwoch und Donnerstag abend).

Schwamm drüber. Wenden wir uns lieber direkt dem Höhepunkt der Woche zu, nämlich Chantal Akermans *Histoires D'Amerique* (Belgien, 1988), einem Filmkaleidoskop jüdischer Immigranten-Erfahrungen. Ein Schiff nähert sich der Freiheitsstatue in funkelnder Nacht, die Luft wirkt schwer, die Stadt liegt da wie eine glitzernde Festung, und tatsächlich werden die Immigranten, die uns diese Geschichten erzählen, auch nie ganz darin aufgenommen — alle Aufnahmen finden im Freien statt. Eine Stimme aus dem Off gibt zunächst die Vorgeschichte des Films bekannt: Auf einem Dorf in Polen war einmal ein Rabbi, der ging jeden Tag zu einem Baum, um zu beten, und Gott hörte ihn. Sein Sohn wußte nicht mehr, wo der Baum war, aber ging zu irgendeinem Baum, und Gott hörte ihn. Sein Enkel weiß nicht mehr, wo der Wald war, und dessen Enkel weiß auch das Gebet nicht mehr, aber er erzählt die Geschichte seinen Kindern — und Gott hört ihn. Die Stimme aus dem Off sagt weiter: »Und ich habe nicht mal ein Kind.«

Dann, in tiefster Nacht auf seltsamem Gelände, South 11th Street in Williamsburg, Brooklyn, stehen einzelne Leute verschiedenen Alters und erzählen kurze Geschichten, in denen es vor allem um das Zusammenleben mit der jeweiligen Frau, dem Mann, den Kindern geht. Die Stärke dieser Art von Geschichtsschreibung: sie prägt sich dort ein, wo das Gedächtnis am vitalsten ist, subkutan sozusagen. Aber wie zuvor schon in *Tout Une Nuit* stoppt Akerman die Überwältigung durch Trauer, in dem sie auf Nahaufnahmen verzichtet, Abschleppwagen durch die Szene heulen läßt und ab und an Sketche mit jüdischen Witzen einlegt. Auch läßt sie spüren, daß die Schauspieler erlernte Texte sprechen. Es sind Geschichten aus Briefen, die ratlose Immigranten an eine jüdische Zeitung geschrieben haben. Ein hohlwangiger junger Mann erzählt, wie er Kommunist wurde und langsam ausbrannte, wie er selbst seine Kinder ihm fremd wurden (»wie Wesen ohne Vergangenheit«), bis er anfing, nachts heimlich wieder den Talmud zu studieren. Eine Lösung ist das auch nicht, wie überhaupt die Stimmung des Filmes fast untröstlich wäre, gäbe es da nicht ein zaghaftes Zusammenfinden.

Als es hell wird, sieht man, was für eine Mondlandschaft und Abfallhalde diese Nachbarschaft ist. Da stehen die Protagonisten dann zusammen im Regen, unter grotesken Plastikschirmen, und versuchen, herandem den Weg zu Orchard Street zu zeigen — ohne Erfolg. Keiner weiß mehr den Weg dorthin (Samstag abend).

*We were so beloved* (USA, 1981—85) ist der Titel eines Dokumentarfilms über deutsche Immigranten in Washington Heights, New York. Er lohnt sich für diejenigen, die sich für das Verhältnis zwischen den westlich-assimilierten und den östlichen Juden interessieren.

Sehr offen bekennen die Interviewpartner (Familienangehörige des Regisseurs), daß sie, als die ersten polnischstämmigen Juden deportiert wurden, noch dachten, daß die ohnehin nicht »nach Deutschland paßten« mit ihren Bärten, Kaftanen und Schläfenlocken — im Gegensatz zu ihnen: »Wir waren so beliebt.«

Trotz (oder wegen) aller dann folgenden Erfahrungen wiederholte sich diese Haltung auch im New Yorker Exil: Die Ostjuden kamen den Amerikanern so fremd vor, daß sie dann keinen von ihnen mehr wollten. Also hieß es: Das Boot ist voll... (Sonntag, 17 Uhr).

**Mariam Niroumand**

311

# Hier ist kein Warum

## Mariam Niroumand sprach mit Claude Lanzmann, der aus Anlaß der Vorführung von „Shoah" bei den „Jüdischen Lebenswelten" in Berlin war

Am Sederabend des Pessachfestes, das dieser Tage parallel zu Ostern gefeiert wird, liest das Familienoberhaupt die Haggadah, die Geschichte des Auszugs aus Ägypten. Unterbrochen von festgelegten, naiven Fragen der Kinder, von Liedern und dem Essen ungesäuerten Brotes, wird die Haggadah zu einem rhythmisierten, ritualisierten Nachspiel der Geschichte, deren Inhalt allen bekannt ist. Auf das Nacherleben, auf die Resurrektion kommt es an.

Anny Dayan-Rosenman hat *Shoah*, Claude Lanzmanns neunstündigen Film über die Judenvernichtung, mit dem Modell der Haggadah verglichen: die einfachen, auf das Wiedererleben des Erlebten rekurrierenden Fragen Lanzmanns an seine Gesprächspartner; das Umkreisen der Stille des Todes, die eisenharte, zirkuläre Struktur, die, ähnlich wie das für Lanzmann zur „Bibel" gewordene Werk des Historikers Raoul Hilberg, unerbittlich und unter Verzicht auf alles Anekdotische direkt auf die Vernichtung der europäischen Juden zuführt, und schließlich auch die Tatsache, daß es sich um ein Schlüsselelement des kollektiven Bewußtseins und der Imagination der Juden handelt.

Lanzmann, 1925 als Sohn assimilierter französischer Juden geboren, engagierte sich als junger Mann in der Résistance in Clermont-Ferrand, bevor er nach dem Krieg in Tübingen Philosophie studierte und an der FU Berlin einen Lehrauftrag annahm. Während seines jetzigen Besuchs in Berlin anläßlich der Vorführung seiner beiden Filme *Pourquoi Israel* (1972) und *Shoah* (1974 bis 1985), im Rahmen der Ausstellung *Jüdische Lebenswelten*, erinnerte sich Lanzmann, wie er damals von seinen Studenten gebeten wurde, über Antisemitismus zu lesen, und wie ihm das von der französischen Militärbehörde untersagt worden war, mit Rücksicht auf die prekäre Lage in der Ruinenstadt. Diese Vermeidungsstrategie war auch der Grund für das Schweigen, mit dem Frankreich die Rückkehr der deportierten Juden quittierte.

In dieser Situation schrieb Jean-Paul Sartre, zu dessen engstem Freundeskreis Lanzmann gehörte, seinen bahnbrechenden Aufsatz *Réflexions sur la question juive*, in dem er „den Juden" als ein bloßes Konstrukt des Antisemiten, ohne Geschichte, ohne Essenz und ohne Kollektivum neben ein akkurates Porträt des Antisemiten und des Demokraten stellte (auch letzterer will keinen Juden, sondern einen Weltbürger). Gemeinsam mit Sartre gab Lanzmann die Zeitschrift 'Les Temps Modernes' heraus, deren Sonderausgabe von 1967 zum Israelisch-Arabischen Konflikt noch immer Standardlektüre ist.

Sartres Aufsatz blieb richtungweisend für Lanzmann, bis er 1952 nach Israel ging, um für eine Abendzeitung eine Reportage zu schreiben. Fasziniert von dem „Coming out"-Effekt, den das Land und die surrende Vielfalt der Meinungen, Biographien und Lebensformen auf ihn hatte, sah er sich unfähig, distanzierten Rapport zu geben und drehte statt dessen nach einigen Jahren einen Film, *Pourquoi Israel*, der neben *Deadly Currents* wohl zu dem Komplexesten gehört, was jemals über Israel produziert worden ist.

Er folgt einem gerade immigrierten russischen Juden in seine Satellitenstadt, einer Polizistin bei einer Verhaftung, Kibbuzniks bei einem Meeting und umarmt in der Wüste einen Museumsleiter, dem die Verlegenheit und die Lage des Landes die Nerven geraubt haben. In Häfen, Wüstenlandschaften, Industrieanlagen, Einwanderungsbehörden und Gefängnissen zeigt er das Gelobte Land als zerrissene Heimat, als gehegte *monde juif*. Während der Film in Frankreich sogar kommerziellen Erfolg hatte, kam er hierzulande erst jetzt ins Kino. In Israel waren die Gefühle gemischt — kein Wunder bei einem Film, in dem jemand die Staatsgründung mit der Schwäche der religiösen Bindung begründet. Einige Menschen, die er bei den Dreharbeiten kennenlernte, überredeten ihn, einen Film über die Vernichtung zu machen, und so begann er direkt nach *Pourquoi Israel* mit der elfjährigen Arbeit an *Shoah*, die ihn fast das Leben gekostet hätte.

Den Vergleich seiner Arbeitsweise mit einem religiösen Ritual, etwa der Haggadah-Lesung, lehnt Lanzmann ab. Für ihn besteht das Problem gerade darin, Rahmen, Rituale und eingeschliffene Erzählformen aufzusprengen. Er will genaue Berichte, aber keine Historisierung. Er will eine Resurrektion des Vergangenen, aber keine Sakralität.

Damit steht er im Gegensatz zu vielen Juden, die meinen, ein Verzicht auf die Einbindung des Holocaust in die jüdische Geschichte, auch in Gedenkveranstaltungen, würde die „Arbeit" der Nazis gewissermaßen vollenden und der jüdischen Kultur, der Identitätsbildung endgültig die Überlebenschancen nehmen. Während die Ultra-Orthodoxen in Israel der Shoah durch Errichtung von Synagogen und Jeschiwoth gedenken wollen, haben nichtorthodoxe Gruppierungen den Gedenktag der Shoah auf den 27. Nissan festgelegt, den Tag, an dem die Kreuzritter ein Blutbad unter den jüdischen Gemeinden anrichteten. Gemeinsam ist beiden die Verknüpfung von Katastrophen und Erlösung — ein Zusammenhang, der für Claude Lanzmann völlig abgeschlossen ist.

*taz: Die Ausstellung „Jüdische Lebenswelten", in deren Begleitprogramm ja auch Ihre Filme zu sehen waren, hat in Berlin einen regelrechten Boom für Judaica und heftige Kontroversen ausgelöst. Dabei ging es vor allem darum, daß die Judenvernichtung nur am Rand behandelt und ansonsten die Leistungen der Assimilation hervorgehoben werden. Wie schätzen Sie diese Situation ein?*

**Claude Lanzmann:** Vielleicht denken die Ausstellungsmacher, daß die Leute genügend über den Holocaust wissen. Wenn es darum ginge, den Holocaust zu vergessen — auch Juden versuchen das ja oft —, dann wäre das allerdings schlecht. Aber solange der Ausstellungsbesucher beides im Kopf hat, sehe ich da keinen Widerspruch. Die Ausstellung zeigt in beeindruckender Weise, was Juden hervorbringen, wenn man eine Assimilation zuläßt, zeigt den ungeheuren Verlust, den die Deutschen erlitten haben, als das Land „judenrein" war. Ich habe neulich schon zur Emigration der russischen Juden gesagt, daß ich gegen ihren Exodus bin, auch wenn sie nach Israel gehen. Die Juden sind das Salz der Erde.

*Manche sagen, die kontinuierliche Bezugnahme auf die Shoah im Zusammenhang mit Juden würde die „Arbeit" der Nazis vollenden und der jüdischen Kultur vollends die Überlebenschancen nehmen, daß also gerade in der Sakralisierung des Holocaust eine Chance liegt. Viele jüdische Gedenkfeiern, auch die nationalen Gedenktage in Israel, verbinden den Holocaust mit anderen Katastrophen in der jüdischen Geschichte. Wie stehen Sie dazu?*

Fortsetzung nächste Seite

**Claude Lanzmann**  Foto: Christian Schulz / Paparazzi

szönität. Es wäre bedeutungslos. Bilder ohne Imagination.

*Wie stehen Sie inzwischen zu Sartres „Réflexions sur la question juive", in denen er behauptete, der Jude sei nur ein Konstrukt des Antisemiten, also eine ausschließlich negative Bestimmung?*

Als sein Buch 1946 herauskam, war es sehr wichtig für mich. Besonders das Porträt des typischen Antisemiten des 19. Jahrhunderts. Mir und vielen anderen Juden hat das Buch, als wir nach dem Krieg nach Frankreich zurückkehrten, erlaubt, wieder frei zu atmen. Es war sehr befreiend für mich. Inzwischen habe ich meine Meinung darüber sehr geändert — wie übrigens Sartre selbst später ja auch.

*Woran arbeiten Sie jetzt?*

An dem letzten Teil einer Trilogie, zu der *Pourquoi Israel* und *Shoah* die ersten beiden Teile bilden. Es wird ein Film über die Wiederaneignung von Gewalt durch die Juden, gedreht hauptsächlich in Israel. Der Holocaust war nicht nur ein Massaker an Unschuldigen, sondern auch an Wehrlosen. An Leuten, denen jahrtausendelang das technische Wissen, der Gebrauch von Waffen und auch die psychische Bereitschaft, gewalttätig zu sein, unzugänglich war. Nun tun sie es aber, und das scheint ein echtes Problem für die Christenheit zu sein.

**Zum Weiterlesen:**
*Claude Lanzmann: Shoah.* München, 1986.
*Die Shoah als Element in der Konstruktion israelischer Erinnerung.* 'Babylon', Heft 2, Frankfurt am Main, 1986.
*Au Sujet de Shoah.* Le Film de Claude Lanzmann, Paris 1990.·
Raul Hilberg: *Die Vernichtung der europäischen Juden.* Drei Bände, Frankfurt am Main, 1990.

---

Es ist eben ein Versuch, Trost zu finden. Alles dreht sich um die Frage „Warum" — „Warum wurden die Juden vernichtet." Aber darauf gibt es keine Antwort. Das sollte man nicht einmal versuchen; es ist nur ein Weg, zu vergessen, zu vermeiden. Als Primo Levi in Auschwitz ankam, sagte ihm ein SS-Mann: „Hier ist kein Warum." Ich denke, das gilt für die Shoah insgesamt. Die Frage hat etwas Obszönes. Man kann sie einkreisen, aber nie bis zu dem tatsächlichen Mord vordringen. Zu sagen, es war ein Verbrechen der Menschheit, und nicht an der Menschlichkeit, vermischt die Shoah mit allen anderen Massakern der Geschichte. Ich bin absolut gegen diese religiöse Haltung. Man muß desakralisieren, den Worten Raum geben, zuhören, zum reden bringen. Wer schweigt, weigert sich, etwas zu erfahren. Andererseits führt dieser Prozeß der Desakralisierung zu einer anderen, neuen Form der Sakralisierung.

*Es scheint, Sie betrachten auch die Existenz des Staates Israel hauptsächlich vor dem Hintergrund der Shoah. Ihr Film „Pourquoi Israel" beginnt in Yad Vashem, der* Holocaust-Gedenkstätte auf dem *Berg der Erinnerung außerhalb Jerusalems.*

Aber *Pourquoi Israel* behandelt auch noch eine Menge anderer Themen. Wenn ich zum Beispiel den deutschen Kommunisten mit seiner Gitarre zeige, der sich nach Deutschland sehnt, oder den russischen Immigranten, der sich diskriminiert fühlt. Mir geht es vor allem darum, das Desaster aus jüdischer Perspektive darzustellen.

*Ihr Film „Shoah" hat Adornos Pessimismus nun auf sich gelenkt: Kann es nach „Shoah" noch Spielfilme über die Judenvernichtung geben? Gibt es Spielfilme, die Sie für adäquat halten?*

Ehrlich gesagt, nein.

*Was halten Sie von mehr experimentellen Annäherungen an das Thema, wie zum Beispiel die Filme von Ken Jacobs, der in „Urban Peasants" nur Amateuraufnahmen seiner Framilie im Brooklyn der vierziger Jahre zeigt und so die Shoah als Abwesenheit evoziert?*

Ich kenne diesen Film nicht. Aber in *Shoah* gibt es keine persönliche Geschichte, niemand sagt „Ich". Die Leute, die ich interviewe, sprechen nicht für sich selbst. Ich rede nicht darüber, wie sie verhaftet wurden, wie sie entkommen sind oder sich durchgeschlagen haben. Diese Anekdoten interessieren mich nicht. Das sind alles Leute, die am Rande des Todes waren, in den Sonderkommandos, die direkt in den Gaskammern gearbeitet haben. Sie legen für die Toten Zeugnis ab. Es ist kein Film über Überlebende, überhaupt nicht.

*Glauben Sie, daß es überhaupt jemals einen Spielfilm über den Holocaust geben kann, oder ist das Genre schlechthin ungeeignet?*

Wenn es ein Spielfilm ist, dann ist es kein Film über den Holocaust. Das ist eine Realität, die jede Fiktion übertrifft. Man muß etwas dazwischen erfinden: *Shoah* ist kein Dokumentarfilm, aber auch kein Spielfilm. Wie will man das gemeinsame Sterben von Menschen in dieser Weise fiktionalisieren? Wie dokumentieren? Wenn es Dokumentaraufnahmen gäbe, etwa von einem Nazi in der Gaskammer gedreht, dann müßte dieser Film verboten werden. Das wäre der Gipfel der Ob-

## Martin-Gropius-Bau: Geschichte des jiddischen Kinos

# *Einmalige Kopien restauriert*

Joseph Green, polnischer Amerikaner, sagte 1983 in einem Interview, daß er Ende der 30er Jahre aufgehört habe, Filme zu machen, weil ein großer Teil seines Publikums verschwunden war. In Auschwitz, Majdanek, in den Getthos... vergast, erschossen, erschlagen, verhungert.

Joseph Green gehörte zu den bedeutenden Regisseuren des jiddischen Films. In den großen Filmgeschichten findet man zu diesem Komplex kaum eine Anmerkung. Und die Filme wären endgültig verloren und vergessen, gebe es nicht bei Boston (USA) das National Center for Jewish Film an der Brandeis University, wo man mit großem Engagement die alten Filme zusammengesucht hat und – hier liegt wohl ein ganz besonderes Verdienst – die kaum noch vorführbaren Kopien restaurierte. So wurde hier und im New Yorker Yiddisher Visnshaftlekher Institute in einmaliger Art die Geschichte des jiddischen Films rekonstruiert.

Dabei geht es hier nicht um ein besonderes Genre, sondern um eine konkrete Kunstform, die zur Kultur- und Lebenswelt der Ost-Juden gehörte. Neben dem wenigen ganz eigenständigen Filmwerken stehen insbesondere verfilmte Inszenierungen des jiddischen Theaters oder Themen aus der jiddischen Literatur. Man spricht von 50 bis 100 Filmen, die bis 1938 entstanden sind. Als erster jiddischer Film gilt „Tewje" nach einem Drehbuch von Scholem Aleichem, gedreht 1910 in Polen, das damals noch zu Rußland gehörte.

Als bedeutendsten Film aber nennt man den 1937 von Michal Waszynski gedrehten Streifen „Dybuk". Die Geschichte knüpft an alte chassidische Mythen an. Szymon An-ski hatte den Stoff dramatisiert, die Uraufführung des Theaterstückes fand 1920 in Warschau statt. Waszynski, dessen Filmschaffen eigentlich durch Unterhaltungsfilme geprägt ist, knüpft bei seiner Filmarbeit zum „Dybuk" an die expressionistische Inszenierung von Wachtangow in Moskau an. Gleichzeitig fließen in die Arbeit Erfahrung mit F. W. Murnau ein.

Zwischen 1925 und 1933 entstanden in der Sowjetunion vier jiddische Filme. Der Stalinismus, dem viele Künstler zum Opfer fielen, schnitt auch hier eine weitere Entwicklung ab. Bis in die 30er Jahre hinein blieb Polen das eigentliche Zentrum des jiddischen Films, bis hier der größte Pogrom des Jahrtausends begann.

Im umfangreichen Beiprogramm zur Ausstellung „Jüdische Lebenswelten/Jüdisches Denken und Glauben/Leben und arbeiten in den Kulturen der Welt" im Martin-Gropius-Bau findet man nun eine Filmreihe zum Thema, zusammengestellt von den Freunden der Deutschen Kinemathek in Zusammenarbeit mit der Berliner Festspiel GmbH.

Beim Internationalen Forum des Jungen Films (14.-24. Februar) werden die restaurierten jiddischen Filme der 30er Jahre zusammen mit jenen Kunstwerken gezeigt, die sich heute mit besonderen Aspekten der jüdischen Kultur und Geschichte befassen. Hier ist „Dybuk" zu sehen und Joseph Greens bekannter Film „Yidl mitn Fidl". Von Erwin Leiser ist „Feuerprobe" (1988) und von Henryk M. Broder und Frans van der Meulen „Zoll sein" (1989) angekündigt. Zu all den Filmen wird es Einführungen geben, u.a. von Jim Hoberman, Filmkritiker und Autor des Buches „Bridge of Light – Yiddish Film between two Worlds". Das vollständige Programm mit sehr informativen Begleittexten ist im Martin-Gropius-Bau wie auch im „Arsenal" zu erhalten.

*KARIN FREITAG*

Jüdische Lebenswelten

# König Lear spricht Jiddisch
## Das Film-Begleitprogramm zur Ausstellung im Berliner Gropius-Bau

Es ist schon seit mehreren Jahren eine gute, erfolgreiche Tradition: Die großen Ausstellungen, die im Berliner Gropius-Bau stattfinden, werden durch von den Freunden der Deutschen Kinemathek veranstaltete Filmreihen und -retrospektiven ergänzt und vertieft. Auch bei den „Jüdischen Lebenswelten" ist das so.

Das Thema „Jüdische Lebenswelten im Film" ist von den Veranstaltern sehr breit und allumfassend verstanden worden. Da ist erstens das jiddische Kino, das heißt Filme, die in jiddischer Sprache in verschiedenen Ländern gedreht worden sind, und die sich primär auch an ein jüdisches Publikum wenden. Die zweite Gruppe von Filmen befaßt sich mit jüdischen Themen, mit Themen aus der jüdischen Geschichte, mit Legenden und überlieferten Texten. Diese Werke wenden sich zumeist an ein breites Publikum, sie sind in neuerer Zeit oft mit gewaltigem Aufwand in Szene gesetzt (man denke nur an die beiden amerikanischen Musicals „Der Fiedler auf dem Dach" von Norman Jewison und „Yentl" von und mit Barbra Streisand). Eine dritte Gruppe von Filmen – sie sind zumeist jüngeren Datums und in der Mehrzahl Dokumentarfilme – sind Reflexionen von jüdischen Filmemachern über ihr Verhältnis zu ihrem Volk, zum Schicksal ihres Volkes, zu Religion und Tradition. Und schließlich wurden in das Filmprogramm auch mehrere Produktionen aus dem modernen Israel aufgenommen.

Die frühesten nachweisbaren jüdischen Filme entstanden bereits vor dem Ersten Weltkrieg im russisch besetzten Teil Polens. Dort, wo auch das jüdische Theater sich stark entwickelt hatte, in Polen und in Amerika versuchte man auch im Kino jüdische Stoffe zu behandeln. So griff zum Beispiel der große amerikanische Filmpionier David Wark Griffith wiederholt jüdische Themen auf.

Einer der ältesten Filme, die im Gropius-Bau zu sehen sind, ist der russische Film „Das jüdische Glück", den der Gründer und Regisseur des Moskauer Jüdischen Theaters Alexej Granowski 1925 in Moskau nach Erzählungen von Scholem Alejem gedreht hat. Die Zwischentitel dieses Stummfilms stammen übrigens von Isaak Babel. Babel soll auch für weitere jüdische Produktionen in den zwanziger Jahren gearbeitet haben – die allerdings als verschollen gelten.

Noch älter freilich ist das Lustspiel „Meier aus Berlin", das Ernst Lubitsch 1918 in Berlin gedreht hat. In mehreren seiner frühen Filme zeichnete Lubitsch das jüdische Element im Schmelztiegel Berlin – so wie er es selbst in seiner Kindheit im Scheunenviertel gesehen hat. In Deutschland entstanden in den zwanziger Jahren verschiedene Filme mit jüdischen Themen. So unter anderem „Das alte Gesetz" von E. A. Dupont mit dem großen jüdischen Schauspieler Ernst Deutsch in der Hauptrolle und Carl Theodor Dreyers Filme über Pogrome „Die Gezeichneten".

### Vom Showbusineß in die Synagoge

In der Tonfilmperiode dominierte das jüdische Kino vor allem in Polen und Amerika. Erzählte nicht auch der erste Tonfilm der Welt, „Der Jazz-Sänger" mit Al Jolson die Geschichte eines Juden, des Synagogensängers, der im Showbusineß zu Ruhm und Ehre kommt und danach wieder zum Vater in die Synagoge heimkehrt? In Polen waren es Produzenten und Regisseure wie Michal Waszynski, Leon Jeannot und Joseph Green, die sich besonders jüdischen Themen verpflichtet fühlten. Michal Waszynski drehte 1937 einen Film nach dem jüdischen Klassiker „Dybuk", Joseph Green konnte 1936 in Warschau den Film „Yidl mit'n Fidl" herstellen, eindrucksvolle Zeugnisse einer hochentwickelten, sehr alten jüdischen Kultur. In den USA war es vor allem der Emigrant Edgar G. Ulmer, der versuchte, Filme in jiddischer Sprache zu drehen. Ulmer arbeitete zeitweise auch in Palästina. Im Filmprogramm der Freunde der Deutschen Kinemathek wird von ihm die Produktion aus dem Jahre 1939 „The Light Ahead" (auch: „Di kliatsche") gezeigt. Als eine echte Trouvaille dürfte sich daneben auch die amerikanische Produktion aus dem Jahre 1935 „Der jiddische König Lear" von Harry Tomashefsky – in jiddischer Sprache! – erweisen.

An deutschen Nachkriegsfilmen nahmen die Veranstalter Eugen Yorks Film „Morituri" (1948) – die erste Produktion von Arthur Brauner – sowie die drei Defa-Produktionen „Ehe im Schatten" von Kurt Maetzig, „Affäre Blum" von Erich Engel und „Professor Mamlock" von Konrad Wolf in ihr Programm auf.

Und was wären Filme über jüdische Themen ohne Woody Allen? „Der Stadtneurotiker", „Zelig" und „Radio Days" repräsentieren den jüdischen Humor im amerikanischen Film der Gegenwart. Allen wurde hier stellvertretend für Meister des jüdischen Humors wie Jerry Lewis oder Mel Brooks aufgenommen. Der jüdische Humor im amerikanischen Film wäre allein schon ein Thema für eine umfangreiche Retrospektive. Billy Wilder und Ernst Lubitsch und, und,... Im März wird der neue Film von Barbra Streisand in die deutschen Kinos kommen „Herr der Gezeiten". Auch in dieser schwülstigen Liebesromanze klingt das jüdische Thema an, wenn die Streisand immer wieder auf ihre jüdische Mutter Bezug nimmt.

Jüdische Lebenswelten, ein Thema, das vielfältige, anregende Entdeckungen bereithält. Die Filme der Retrospektive laufen bis zum Ende der Ausstellung von Mittwoch bis Sonntag jeweils 20.00 Uhr im Kinosaal des Martin-Gropius-Baus Berlin.

Michael Hanisch

# Zwischen den Welten

Begleitend zur Ausstellung „Jüdische Lebenswelten" gibt es im Martin-Gropius-Bau und im „Arsenal" ein Programm mit Filmen des Jiddischen Kinos

Die Notwendigkeit von Ausstellung (siehe Seite 90) und Filmprogramm steht außer Frage, aber, die Nähe von Tätern, Opfern, Helfershelfern sowie der großen Mehrheit der sogenannten Unbeteiligten läßt Vergessen niemals zu. Selbst die „wertfreien" zehn Minuten Film über das jüdische Leben in Krakau, Wilna und Bialystok aus den Jahren 1938/39 haben einen historischen Epilog. Am Vorabend des Zweiten Weltkriegs lebten 60.000 Juden in Krakau, dieselbe Anzahl in Wilna und 50.000 in Bialystok. In Krakau und Wilna überlebten einige Tausend, in Bialystok waren es weniger als 500. Das Filmprogramm ist daher zweigleisig. Neben den Filmen des Jiddischen Kinos beherrschen Filme über den Holocaust und seine Verarbeitung das Programm.

Das Jiddische Kino war, wie die Sprache selbst, immer in der Emigration. Jiddisch ist eine Mischung aus Mittelhochdeutsch, Hebräisch, Aramäisch und verschiedenen slawischen Sprachen. Es wurde beim Ausbruch des Zweiten Weltkriegs von ungefähr dreizehn Millionen Juden in Mittel- und Osteuropa, vor allem aber in Polen, den baltischen Staaten und der ehemaligen UdSSR gesprochen. Hinzu kamen noch zirka zwei Millionen Juden in den USA, die nach zahllosen zaristischen Pogromen in die Neue Welt geflüchtet waren, zum größten Teil nach New York. Für sie alle war Jiddisch die Muttersprache (Mame-loshn). Der Titel eines der Klassiker des Jiddischen Films, „A Brivele der Mamen" („A Letter to Mother", 1938), geht auf ein populäres Lied in New York zurück.

Die erste Phase des Jiddischen Kinos begann 1911 und bestand vor allem aus abgefilmten Theaterstücken. Warschau, damals noch eine russische Stadt, war die Hochburg des Jiddischen Theaters und des Neuankömmlings Film. Die zweite Phase (ca. 1917-1928) sah die ersten Verfilmungen von Jiddischen Romanen Sholom Aleichems, Isaac Babels und Joseph Opatoshus. Auch in Deutschland nahmen sich so unterschiedliche Regisseure wie Ernst Lubitsch („Schuhpalast Pinkus", 1916) und Carl Theodor Dreyer („Die Gezeichneten", 1921) jüdischer Themen an. Übrigens gibt es eine interessante filmhistorische Kontroverse über „geistiges Eigentum", die Alexander Granovskys „Jewish Luck" (1925) angeht: Eduard Tissé war einige Monate nach Beendigung dieses Films, einer milden Karikatur der jiddischen „Luftmenschen", die in einer rückwärtsgerichteten Utopie leben, auch Kameramann für Eisensteins „Potemkin". Nicht nur Odessa, sondern auch die berühmte Freitreppe spielen eine Rolle in beiden Filmen.

Die Tonfilmphase des Jiddischen Kinos wurde im Mai 1929

Fortsetzung nächste Seite

mit Sidney Goldins „East Side Sadie" in New York eröffnet; aber in Europa war Antisemitismus längst virulent. In Wien hatte Hans Karl Breslauers „Die Stadt ohne Juden" am 25. Juli 1924 Premiere. Hans Moser spielte eine Hauptrolle in dieser „Utopie", die Breslauer nach einem Roman von Hugo Bettauer inszenierte, dessen Hauptwerk „Die freudlose Gasse" ebenfalls verfilmt wurde. Im Staate Utopia bricht eine Inflation aus, und das Parlament beschließt die Ausweisung aller Juden. Doch bald müssen die Bürger feststellen, daß es mit der Wirtschaft noch mehr bergab geht. Bei der Uraufführung warfen die Nazis Stinkbomben in die Kinosäle, und auch während der Berliner Premiere, im Juli 1926 im Alhambra, kam es zu Zwischenfällen. Hugo Bettauer wurde im März 1925 von einem Nazi ermordet.

Die goldene Zeit des Jiddischen Films dauerte ganze vier Jahre, von 1935 bis zum Ausbruch des Krieges. Klassiker wie „Der Dibbuk" (1937) von Michail Waszynski, sowie Joseph Greens Trilogie „Yiddle with his Fiddle" (1936), „Mamele" (1938) und „A Letter to Mother" wurden alle in Warschau produziert. Allen diesen Filmen sind die Verwurzelung in der chassidischen Sagenwelt, ihre Säkularisierungsbestrebungen und Emigrationsängste gemeinsam. In diese Zeit fallen auch Edgar G. Ulmers „Green Fields" (1937) und „American Matchmaker" (1940), die beide in New York gedreht wurden. Obwohl der Wiener Jude Ulmer („Detour", „The Black Cat") selbst kein Jiddisch sprach, war er ein

Bewunderer des Jiddischen Theaters in New York, wo er Muni Weisenfreund (Paul Muni) traf. „American Matchmaker" zeigt den Zusammenprall zwischen der alten jiddischen Welt mit den Idealen der assimilierten Juden in den USA und ist eine der wenigen realistischen Sozialkomödien des Jiddischen Films. Dazwischen liegt Maurice Schwartz' „Tevye" aus dem Jahre 1939, in dem der

Regisseur auch die Hauptrolle spielte. Zero Mostel, Luther Adler, Herschel Bernhardi und Topol sollten ihm in dieser Rolle folgen, ohne seine Intensität zu erreichen, die sich aus dem aktuellen Zeitbezug ergab.

Jiddisch ist heute nur noch eine Sprache der Überlebenden. In Israel setzten die Zionisten Hebräisch als Landessprache durch; Jiddisch wurde auf der Bühne und im Film marginalisiert. In „The last Love Story of Laura Adler" (Avram Heffner, 1990) wird es in einem hebräisch-jiddischen Film buchstäblich zu Grabe getragen. Die Heldin des Films, eine der letzten Stars des jiddischen Theaters, stirbt auf der Bühne.

In Europa, wo heute nur noch 250.000 Menschen Jiddisch sprechen, hat der 1986 verstorbene Belgier Samy Szlingerbaum, ein Mitarbeiter Chantal Akermans, mit „Bruxelles-Transit" (1980) noch einmal an die alte Tradition angeknüpft. Das Jiddisch seiner Mutter begleitet die Emigration der Familie aus Polen im Jahre 1947. Der melancholische Schwarzweißfilm, der in düsteren Bahnhöfen und unwirtlichen Häusern spielt, erwähnt den Holocaust, trotz seiner permanenten Anwesenheit, nie. Für dem amerikanischen Filmhistoriker Hoberman schließt sich mit „Bruxelles-Transit" der Kreis des Jiddischen Films: „A ‚Letter' by Mother".

*Andre Simonoviescz*

**Jiddische Dialoge mit englischen Untertiteln:** *„Green Fields" vom Wiener Edgar G. Ulmer*

**Zusammenprall jüdischer Lebenswelten:** *Edgar G. Ulmers Sozialkomödie „American Matchmaker"*

317

Dibuk                                   Yidl mitn Fidl

Green Fields

## Shlemiel, Shmendrick, Shlimazel…?

### The Mame-Loshn

*von* **Pierre Sauvage**

Jiddisch – das ist die Sprache der Geheimnisse und Flüche, die sentimentalste und musikalischste überhaupt. Das sagen viele der Interview-Partner in Pierre Sauvages Dokumentarfilm von 1979, der als Reportage für das Fernsehen aus Los Angeles konzipiert wurde. Unter anderen erzählen Schriftsteller wie Leo Rosten und I. B. Singer, Schauspieler wie Herschel Bernardi und Molly Picon,

aber auch Professoren und jüdische Gelehrte, von den Freuden und auch dem Leid dieser Sprache. Jiddisch kristallierte sich während des Mittelalters aus deutschen Dialekten und osteuropäischen Sprachen heraus; es war der gemeinsame Nenner der in Mittel- und Osteuropa lebenden Juden bis zum zweiten Weltkrieg. Danach wurde Jiddisch von vielen als eine sterbende Sprache empfunden – die Eltern und Großeltern sprachen sie nur noch selten mit ihren Kindern. Die vom Holocaust direkt betroffenen Generationen haben das Jiddische hinter einem Vorhang der Stummheit verschwinden lassen – aber es wird nicht lange versteckt bleiben. Der Witz und die Trefflichkeit dieser Sprache wird die jungen Generationen heranlocken. Früher wurde Jiddisch nur zu Hause gesprochen, jetzt kann man Literatur und Sprache in Schulen und Universitäten lernen. Wie viele wichtige Dinge, wird die jiddische Kultur überleben – durch die, denen sie wichtig ist.                *Dana Ranga*

## Once Upon a Time in the Shtetl

### Yiddish Films in the Forum

"Beyond the Pale" of the Film Festival, in Berlin's Martin-Gropius-Bau, the Friends of the German Cinemathek (who organize the Forum), in cooperation with the Berliner Festspiele, are presenting their own film program as part of the extensive "Patterns of Jewish Life" exhibition. Luckily for us, trapped in our ghetto just off the K'damm, the Forum is offering a sidebar section that spotlights a strong representative selection from this series, particularly a mini-retro of a lively but obscure aspect of film culture, the Yiddish cinema. These films were a direct outgrowth of the Yiddish theater, which thrived in the first half of the 20th century, cross-pollinating the Jewish

culture-in-transition between the New World of America and the Old Country of Western Europe. Both theater and films existed as a crossroads for a wide spectrum of influences from popular trash and vaudeville to Expressionism and the Avantgarde, with subject matter ranging from folk tales and mysticism to contemporary social problems and politics.

In Joseph Green and Jan Nowina-Przybylski's *Yidl mitn fidl* (Poland 1936), Molly Picon, the biggest musical comedy star of Second Avenue (New York's "Yiddish Broadway") goes on location to an authentic Polish "shtetl" masquerading, Sylvia Scarlet style, as a young boy in a troupe of wandering musicians. The feisty Ms. Picon brings lots of songs and personality to this story of a bride who runs off on her wedding day to join the band.

Meanhile, *Woswraschtschenije Nejtana Bekkera/The Return of Nathan Becker* (USSR 1932) offers us a prime example of revolutionary Soviet cinema as it explores the politics of hope in a story of a Jewish sweatshop worker and a black laborer who flee the poverty and racial problems of capitalist depression America to take part in building the Brave New World of the Soviet Union. Needless to say, history gives their innocent optimism a poignantly ironic undertone.

*Dibuk/The Dybbuk* (Poland 1937) is no doubt the most famous work culled of the Yiddish theater repertoire, existing as an intersection of pop melodrama and the almost hypnotic experimental stylization of the Moscow Art Theater. Folk mysticism forms the basis for this dark tale of a young bride who becomes possessed by the spirit of her destiny-ordained over, who died after meddling with Cabalistic forces beyond his control.

If *Yidl mitn Fidl* was the biggest box office hit, *Green Fields* (USA 1937) ran a close second as arguably the most accomplished Yiddish film ever made. Featuring a stellar line-up borrowed from New York's two most famous companies, The Yiddish Art Theater and Artef, the film also owes much to the personality of its director, the cult figure Edgar G. Ulmer (*Detour, The Black Cat*). Shot on location in the green fields of New Jersey, former UFA scenic designer Ulmer recreated the expressionist realism of Russian shtetl life to tell the story of a young Talmudic scholar who finds the answers to his questions in a return to communion with the land.

*Andrew Horn*

# Von einer Welt, die nicht mehr ist

## Jiddisches Kino im Internationalen Forum des jungen Films

Das „Forum '92" zeigt in der Reihe „Jüdische Lebenswelten" Filme des jiddischen Kinos sowie Dokumentarbeiträge über die jiddische Sprache und Kultur. Im Martin-Gropius-Bau werden noch bis April Spiel- und Dokumentarfilme zu diesem Thema gezeigt.

Wenn ein Mädchen und ein Junge auf die Welt kommen, so geloben zwei Freunde, dann werden sie sie miteinander verheiraten. Ihr Wunsch geht in Erfüllung, aber das Mädchen muß ohne Mutter aufwachsen und der Junge verliert seinen Vater. Das Schicksal führt die beiden Halbwaisen zusammen, doch heiraten können sie nicht, weil der inzwischen reich gewordene Vater von Leah einen anderen Bräutigam für seine Tochter bestimmt hat. Leahs Geliebter stirbt an Herzeleid und sie selbst rebelliert gegen die erzwungene Heirat, läßt sich während der Trauungszeremonie nicht den Ehering an den Finger stecken. Ein Dibuk, der ruhelose Geist ihres Geliebten, sucht sie am Hochzeitstag heim, ergreift von ihr Besitz.

Der ruhige, getragene Erzählrhythmus von Michal Waszynskis Dibuk (Polen, 1937) wird hin und wieder aufgebrochen durch Tanzszenen, die Lebensfreude und Ausgelassenheit ausstrahlen. Wachtangows expressionistische Inszenierung von Anskis „Der Dibek" an der Habima in Moskau diente Michal Waszynski als Ausgangspunkt seiner filmischen Bearbeitung, die um Stilelemente des deutschen expressionistischen Stummfilms bereichert wurde. Am Dibuk kann man auch die Entwicklungsgeschichte des jiddischen Kinos ablesen.

In eine Welt, die es nicht mehr gibt, führt das Schwerpunkt-Programm „Jüdische Lebenswelten" des Forums '92. Es ist unmöglich, die vor dem Zweiten Weltkrieg produzierten jiddischen Filme von ihrer Entstehungszeit her zu betrachten. Immer wieder muß man während der Vorführung des Dibuk daran denken, daß Goebbels diesen Film als projüdische Propaganda verstand.

Beinahe alle jiddischen Filme spielen in der engen Welt des Schtetls, setzen sich mit chassidischen Lehren auseinander und thematisieren die Frage des Gehorsams der Kinder gegenüber den Eltern. Oft stehen die reinen Gefühle der Kinder gegen die pragmatischen Wünsche der Eltern. Im jiddischen Kino ist die Heirat ein klassischer Konfliktpunkt. In Dibuk und auch in Green Fields (Regie: Edgar C. Ulmer, USA, 1937) setzen sich die Kinder in einem harten Machtkampf gegen die Interessen der Eltern durch, und wie in Dibuk haut auch in Joseph Greens Jidl mitn Fidl eine Braut während der Hochzeit einfach ab.

Wie viele seiner Landsleute ging auch Green nach Amerika, arbeitete dort als Schauspieler, und kehrte 1932 nach Polen zurück, gründete eine Filmgesellschaft und führte bei vier Filmen Regie. In seiner Heimat hat Green all jene Atmosphäre vorgefunden, die er in Jidl mitn Fidl (Polen, 1936) beschworen hat: Es ist, als erblühte die Welt des osteuropäischen Judentums vor ihrer Auslöschung noch einmal in vollem Glanz: Die ausgelassene Fröhlichkeit der Lieder, die Anmut der Tänze und Riten, die mystische Liebe zur Natur verwandelt Jidl mitn Fidl in ein schwereloses Musical, geprägt vom amerikanischen Broadway.

Jidl mitn Fidl blendet die demütigenden Erfahrungen der Emigration aus, so als sollte dieser Musikfilm die aus Osteuropa aufgebrochenen Arbeiterinnen darüber hinweg trösten, daß trotz aller Anstrengungen nur ein bescheidener Wohlstand erwirtschaftet werden konnte. Wie Jidl könnte vielleicht auch einmal eine Näherin der Lower East Side in Windeseile die steile Stufenleiter der sozialen Hierarchie erklimmen.

Jedes Jahr, in schöner Regelmäßigkeit, wollte Joseph Green einen Film drehen und dem jiddischen Kino Weltruhm verschaffen. Aber die Vernichtung der Juden hat diese kühne Hoffnung mit einem Schlag zunichte gemacht. Wie soll man weiter Filme machen, so Green einmal in einem Interview, wenn man fast die Hälfte seiner Zuschauer verloren hat?

In der Rückbesinnung auf die jiddische Sprache und Kultur in Israel, die der Dokumentarfilm Soll sein (Regie: Henryk M. Broder und Frans van der Meulen) unternimmt, manifestiert sich die Suche nach den Wurzeln der eigenen Identität. Jiddisch ist eine Sprache, die im wesentlichen aus Mittelhochdeutsch, Polnisch und Hebräisch besteht. Es ist eine Sprache, die im Aussterben begriffen ist. Für fünf Millionen ermordeter Juden war Jiddisch die Muttersprache, name-loshn. In ihr sei, so heißt es, die ganze Süße, aber auch die ganze Bitterkeit des menschlichen Lebens enthalten. Nach dem Holocaust, so der amerikanische Filmkritiker Hoberman, wurde Jiddisch im Kino zum „Signifikanten für Verdrängung, Nostalgie und Abwesenheit".

HOCHZEIT MIT DEM FALSCHEN MANN: *Weil der Vater sein Versprechen brach, findet Leahs Liebe keine Erfüllung. Eine Szene aus* Dibuk *von Michal Waszynski, der das Leben im Schtetl beschreibt.* Photo: Forum des jungen Films

KLAUS DERMUTZ

**SUR LE VIF**  CLAUDE SARRAUTE

# En yiddish

FORMIDABLE tête-à-queue de l'Histoire, un demi-siècle après l'exposition sur les juifs, ces chiens, ces maudits, qui a fait courir le Tout-Paris de l'Occupation, les Allemands se précipitent chaque matin au Forum où sont présentés des films sautillants, en noir et blanc et en yiddish, dans le cadre du Festival de Berlin, j'en viens, et en marge de l'émouvante, de la gandiose manifestation organisée par le musée Martin-Gropius-Bau sur la Diaspora depuis l'Antiquité, à l'occasion du cinquantième anniversaire de la « solution finale ». On vous en a parlé dans le Monde du 8 janvier .

Des films polonais, soviétiques et américains des années 30, des films reconstitués aux Etats-Unis, un vrai travail de dentellière, à partir de bandes souvent abîmées, tronquées, tournées par des amateurs. C'est bien plus qu'une réconciliation, c'est une découverte. Rien à voir et tout à voir avec le Violon sur le toit, rien à voir et tout à voir avec les pogroms qui ont décimé les communautés. Ces scènes de la vie quotidienne dans les chtetels, ces villages ghettos, dont certains existent encore, témoignent par leur gaieté, leur naturel, d'une formidable, d'une invincible vitalité.

Celle qui a gagné Broadway sur les talons d'une chanteuse de rue déguisée en garçon devenue star à Broadway. Ou, au contraire, celle d'un maçon juif russe retour d'Amérique, fier de son savoir-faire qui devra s'incliner, sincèrement gagné au socialisme, devant la réussite du communisme triomphant. Celle d'une langue, le yiddish, qu'on croyait à jamais discréditée par l'hébreu depuis la création d'Israël, dont la saveur, l'invention et l'humour ont retrouvé un peu partout droit de cité.

Et la France dans tout ça ? Elle brille par son absence, seule l'affaire Dreyfus est évoquée au Martin-Gropius-Bau. Elle qui n'a pas attendu la montée du nazisme pour afficher un antisémitisme à nouveau de saison, merci Le Pen, va-t-elle nous dire, la France, qu'elle n'a pas de leçon à recevoir des Allemands ? Hélas, si ! Au moment où Tavernier ose enfin évoquer la guerre d'Algérie, qu'attend Paris pour effacer le souvenir de Drancy en imitant Berlin ?

# Wie es einst war und nicht wieder sein wird

## Zur Berlinale-Reihe „Jüdische Lebenswelten im Film" / Drei Klassiker / Rekonstruktion des ostjüdischen „Schtetl"

Wenigstens im Kino existiert noch eine Welt, die man in Europa nach dem Zweiten Weltkrieg fast gänzlich ausradiert hat: das jiddische Schtetl und die jiddische Lebensart. Auf der diesjährigen Berlinale waren im internationalen Forum des Jungen Films in einer Sonderreihe Filme zu diesem Thema aus den 30er und aus den 90er Jahren zu sehen. Daß das Jiddische und das Jüdische gerade heute wieder von Interesse sind, hat ohne Zweifel mit dem allmählichen Aussterben dieser Kultur, aber auch mit den enormen Veränderungen in Osteuropa zu tun. Noch vor zehn Jahren – der Antisemitismus in der Sowjetunion ging auch nach der Stalin-Zeit weiter – hätte ein Film wie Dmitri Astrachans „Isydi!" (deutsch: Verschwinde!) nicht entstehen können. Astrachans Kino-Debüt erzählt von den geschickt vom Staat angezettelten Pogromen in Rußland Anfang unseres Jahrhunderts, von der umkippenden Stimmung in einem Dorf, vom Integriertsein des jüdischen Milchmanns Mosl und dem urplötzlichen Sinneswandel der Dorfbevölkerung zur Vertreibung.

Astrachan zeigt dabei ein pralles Stück Leben zwischen normalem Alltag, Lachen und Streit, in das sich unverständlicher Haß und Chauvinismus mischen. Auch wenn dieser emotional geladene Film eine Lebensart spiegelt, die heute gar nicht mehr anzutreffen ist, einen aktuelleren Film hätte Dmitri Astrachan nicht drehen können. Denn waren es damals die Juden, so sind es morgen vielleicht die Russen, die in Georgien leben, die Armenier, die in Aserbaidschan leben, oder die Kurden in Iran und in der Türkei... Vergangenheit spiegelte auch die Amerikanerin Eleanor Antin. Ihr Film „The Man without a World" ist allerdings weniger eine künstlerische Reflexion als die Rekonstruktion der Stummfilmtechnik und die Nutzung der Tradition des jiddischen Theaters. Mit diesem Stummfilm-Melodram über die Zerrissenheit und Streitigkeiten in einem osteuropäischen Schtetl vor dem Ersten Weltkrieg hat Eleanor Antin eins erreicht: einen Film zu drehen, der die Vergangenheit in der Form darbietet, wie man sie zu der Zeit abgebildet hätte.

Doch wie sich die jiddische Welt im Film in der Vergangenheit darstellte, das zeigten die Klassiker dieser Reihe: „Jidl mitn Fidl", 1936 in Polen von Joseph Green und Jan Nowina-Przybylski gedreht, „Dybuk", 1937 ebenfalls in Polen gedreht von Michal Waszynski, und der 1937 in den USA unter der Regie von Edgar G. Ulmer entstandene Film „Grine Felder". Inhaltlich gehen diese Filme vor allem auf die literarischen Traditionen, auf jiddische Bräuche und auch auf religiöse Konflikte ein. Sie reflektierten eine bestimmte Lebensart wie heute das Black Cinema in Amerika. Es ist keine Frage der Filmstilistik, sondern der Inhalte und der Sichtweisen, die dieses Kino ausmachen. Eines der wunderbarsten Beispiele dafür ist „Jidl mitn Fidl". Um als Straßenmusikantin anerkannt zu werden, schlüpft ein Mädchen in Männerkleidung und tingelt mit einer Truppe von Hinterhof zu Hinterhof, verliebt sich in einen Musiker und kommt zu allerhand erotischen Verwirrungen. Eine Allerweltsgeschichte, die Joseph Green durch die Instrumentierung der Musiker, durch die Auswahl der Lieder und der Schauplätze, durch die Nebenhandlungen und natürlich durch die Sprache zu einem typischen jiddischen Film machte, der dramaturgisch an Musicals erinnert, aber vor allem polnischen Alltag aus jüdischer Sicht widerspiegelt.

Daß diese Filme in rekonstruierter Fassung vorliegen, ist vor allem dem National Institut für Jewish Films in den USA zu verdanken. Dieser Einrichtung, die zwischen Australien, Europa und Südamerika wahre filmarchäologische Arbeit leistet, war es auch gelungen, den als verschollen gegoltenen, einzigen in der Sowjetunion gedrehten jiddischen Film, „Die Rückkehr des Nathan Becker" (UdSSR 1932) wiederzufinden. Ein Propagandafilm, ganz in der Tradition sowjetischer Filme, der anhand des aus Amerika zurückgekehrten russischen Juden Nathan Bekker die großen Unterschiede der gegensätzlichen Systeme im Sinne kommunistischer Ideologie hervorhebt, ohne die produktive Arbeitsweise des Amerikaners zu verschweigen.

Durchaus schwieriger als bei den Vorkriegsfilmen ist allerdings die Definition des jüdischen Gegenwartsfilms. Diesen Eindruck hinterließ ein Rundtischgespräch zu dieser Reihe, an der Sharon Rebo vom National Institute for Jewish Films, die Filmwissenschaftlerin Maja Turowskaja aus Moskau und Jim Hobermann, Autor eines Buches über jüdische Filme, teilnahmen. Daß man einen Film wie „Barton Fink" zu den jüdischen Filmen der Gegenwart aufgrund der Autorenschaft und der Regisseure zahlt, erscheint doch fraglich. Dann nämlich entstünde auch die Frage nach dem katholischen oder protestantischen Film. Doch wird eine Definition noch längst nicht ausdiskutiert sein. Denn Festivals des jüdischen Films – von den USA über London bis Moskau – werden sich dieser Frage immer wieder stellen müssen.

Zu dieser Reihe der Berlinale zählten ebenfalls die Dokumentarfilme „Das große Konzert der Völker" (UdSSR 1991) von Semjon Aranowitsch, der die Geschichte der Judenverfolgung in der Sowjetunion rekonstruiert, und Henryk M. Broders Spurensuche nach Jiddischer Kultur im heutigen Israel in „Soll sein" (Deutschland 1991). *Sabine Spindler*

**Eine Rekonstruktion des Lebens im ostjüdischen „Schtetl" versucht Eleanor Antin in dem Film „The Man without a World", der bei der Berlinale im Forum des Jungen Films gezeigt wurde.**

**Radiobeitrag**: JÜDISCHE LEBENSWELTEN IM FILM
Autorin: Anne Paech
Moderation: Margarete v. Schwarzkopf
(NDR Kulturspiegel, Donnerstag, 27. Februar 1992)

(Musikeinspielung)

Noch hat der Film nicht angefangen, seine Geschichte zu erzählen, da weiß schon jeder, der es wissen möchte, daß mit einer solchen Musik ein jiddischer Film beginnt. Das hier ist DER DIBBUK, den Michal Waszynski 1937 in Polen nach dem gleichnamigen Bühnenstück von An-ski gedreht hat, das seit 1920 erfolgreich auf allen jiddischen Theatern gespielt und in fast alle Sprachen der Welt übersetzt wurde. Die am Ende des vorigen Jahrhunderts angesiedelte Geschichte zeichnet ein poetisch-düsteres Bild der traditionellen Lebensweise in einem ostjüdischen schtetl, wo sich die Romeo-und-Julia-Geschichte einer erst im Tode erfüllten Liebe abspielt. Formal experimentell und beeinflußt von Stilmitteln des deutschen Stummfilm-Expressionismus gilt dieser Film als das hervorragendste Beispiel des jiddischen Kinos. Und auf exemplarische Weise verbindet sich auch das Schicksal des jüdischen Volkes mit dem Schicksal dieses Films, wenn man so sagen darf: Überall verstreut, mußten Teile des Films in allen fünf Kontinenten der Erde zusammengetragen werden, damit in den USA eine einzige Version in jiddischer Sprache Szene für Szene wieder hergestellt werden konnte.

Das Sammeln und Rekonstruieren des jiddischen Films ist das besondere Verdienst von Sharon Rivo am 'Zentrum für jüdischen Film' der Brandeis University. Ihrem Institut ist auch zu verdanken, daß der wohl populärste und kommerziell erfolgreichste jiddische Film, JIDL MITN FIDL, von Joseph Green gezeigt werden konnte. In dieser musikalischen Komödie von 1936 verbinden sich Elemente des traditionellen jüdischen Lebens und des jiddischen Theaters mit Broadway-Dramaturgien, die uns eher aus dem Musical ANATEVKA bekannt sind, hier aber in ihrer ursprünglichen Form zu sehen sind. Erzählt wird die Geschichte von vier umherziehenden bettelarmen Musikanten, die auf Hinterhöfen und Straßen der polnischen Dörfer und Städte aufspielen. Star des Films ist Molly Picon in einer hinreißenden Hosenrolle. Zur Geschichte, die über JIDL MITN FIDL erzählt wird, gehört, daß noch 1938 die jüdische Gemeinde in Berlin erreichen konnte, daß Goebbels die Vorführung dieses Films genehmigte, nachdem ihm eine Kopie zur Besichtigung vorgelegt worden war.

Weil ganz besonders Filme in der Lage sind, die zerstörte jüdische Kultur in ihrer Authentizität fast dokumentarisch zu überliefern, ist es verständlich, daß in einem Film auch der Versuch gemacht worden ist, die Erfahrungen einer verschwundenen Zeit wiederaufleben zu lassen.

Die amerikanische Künstlerin und Filmemacherin Eleanor Antin hat aus ihrer intimen Kenntnis jiddischer Stummfilme einen vollkommen synthetischen neuen Spielfilm geschaffen, der alle ästhetischen und auch technischen Merkmale des alten Stummfilms der 20er Jahre reproduziert. Elemente der verschwundenen jüdischen Tradition leben wieder auf; Marktgeschehen, Theater, Hochzeit, Begräbnis, Exorzismus und Wunderrabbis, alles als ob es sich damals im schtetl genauso abgespielt hätte und doch ist dieser Film THE MAN WITHOUT A WORLD heute, im Jahre 1991 entstanden und nicht in Warschau, sondern auf dem Campus der Universität von Kalifornien in San Diego!

Erst jetzt, 1991, war es möglich, daß nach den umwälzenden Veränderungen in der ehemaligen Sowjetunion Filme entstehen konnten, die das Leben und Leiden der russischen Juden zum Thema haben.

Der Debutfilm HINWEG! des jungen Petersburger Theaterregisseurs Dmitri Astrachan greift offensiv das in Rußland bis heute tabuisierte Thema der Judenverfolgung auf und erzählt von einem jüdischen Milchmann, dessen Familie von antijüdischen Pogromen zu Beginn des Jahrhunderts bedroht wird.

Seine Ängste werden in bedrückenden Schwarzweiß-Bildern wie Albträume zwischen die üppig bunten Bilder des russischen Dorflebens geschnitten, bis am Ende die Bedrohung durch umherziehende Banden unausweichlich wird: Die Erinnerung, daß auch Russen ihren jüdischen Nachbarn beigestanden haben, und auch davon erzählt der Regisseur, mag den Mut, einen Film über die Judenverfolgungen in Rußland zu drehen, motiviert haben.

Daß es heute in Rußland möglich ist, über die Verbrechen an jüdischen Intellektuellen während der Stalinära zu berichten, beweist der Dokumentarfilm von Semjon Aranowitsch DAS GROSSE KONZERT DER VÖLKER, ebenfalls aus dem Jahre 1991. Aranowitsch beginnt seine Recherchen 1948, als eine Kampagne gegen den sogenannten 'Kosmopolitismus' erte Anzeichen einer staatlich organisierten Judenverfolgung erkennen ließ. 1953 wurden jüdische Ärzte, die als Leibärzte in der engsten Umgebung hoher Funktionäre, darunter Stalin selbst, hohes Ansehen genossen, der kosmopolitischen Verschwörung angeklagt. Die Beschuldigung, sie würden die Gesundheit des russischen Volkes bedrohen, sollte Angst und Haß gegen die Juden in Rußland schüren. Dokumente machen heute deutlich, daß nur Stalins Tod 1956 einen geplanten Völkermord an den russischen Juden verhindert hat.

Semjon Aranowitschs Film macht auf tragische Weise erkennbar, daß der Sieg über den Nationalsozialismus nicht gleichzusetzen ist mit dem Ende der Judenvefolgung in Europa und daß erst wenige Seiten eines weiteren dunklen Kapitels in der Geschichte der europäischen Juden aufgeschlagen worden sind.

Anne Paech

*„JÜDISCHE LEBENSWELTEN" hieß eine Reihe des Forums, in der auch „Der Dibek/Dybuk"*
*von Michael Waszynski (Polen 1937) zu sehen war.*

# Bilder einer versunkenen Kultur

*Die Reihe „Jüdische Lebenswelten" im Forum der Berlinale*

Auf dem Pferdewagen eines polnischen Bauern sitzen im Heu ein alter Jude mit dem Kontrabaß und seine Tochter in Männerkleidung mit der Geige, und während andere polnische Bauern am Wegrand ihnen freundlich zuwinken, singen beide das Liedel vom „Jidl mitn Fidl": „Hej, das Lebn is a Spas!" Vorher sieht man fröhliches Markttreiben in Kazimierz, einem Stadtteil von Krakau, der einst Zentrum jüdischen Lebens war. Heute wirken seine Straßen und Plätze wie ausgestorben, die Häuser heruntergekommen und vielfach leerstehend, der jüdische Friedhof hinter der Synagoge verwahrlost, manch Grabstein von Unkraut überwuchert. Juden begegnet man im heutigen Kazimierz, das solch Bild traurigen Verfalls bietet, kaum mehr. Ganze zweihundert leben noch in Krakau. Vor dem Kriege waren es einmal fast 65 000.

Solche Assoziationen stellten sich bei allen Filmen der Reihe „Jüdische Lebenswelten" des Forums der Berlinale ein. Die Beispiele jiddischen Kinos stehen heute als Zeugnisse einer untergegangenen Kultur. Hinter den Bildern unbeschwerter Fröhlichkeit sieht man im Geiste die Opfer von Auschwitz, Majdanek und Treblinka, für die das Leben, schon bevor es endete, kein Spaß mehr war. Und mit welchen Gefühlen mögen Berliner Juden im Jahr 1938, kurz vor der „Reichskristallnacht" den Film „Jidl mitn Fidl" gesehen haben, dessen Vorführung Goebbels auf Bitten der Jüdischen Gemeinde erstaunlicherweise noch genehmigte? 1936 hatte ihn der aus Lodz gebürtige amerikanische Regisseur Joseph Green als ersten von seinen insgesamt drei jiddischen Filmen in Polen gedreht. Mit dem Broadwaystar Molly Picon in der (Hosen)-Hauptrolle ist diese Geschichte von vier Bettelmusikanten, die zuletzt für die Bühne entdeckt werden und nach den USA fahren, das gelungenste Beispiel für eine Symbiose von jiddischer Kultur und amerikanischen Musicalelementen.

Von den Regisseuren jiddischer Filme kamen einige aus deutscher Theater- und Filmtradition. Edgar G. Ulmer war, bevor er in Hollywood 1937 das Volksstück „Grüne Felder" verfilmte, die Geschichte eines Talmud-Studenten in einem jüdischen Dorf in Rußland – erster von mehreren jiddischen Filmen dieses Regisseurs –, Mitarbeiter von Reinhardt und Murnau, 1929 Koregisseur Robert Siodmaks bei dem Berlin-Film „Menschen am Sonntag". Auch Michal Waszynski hatte Murnau in Berlin assistiert, bevor in Polen als äußerst produktiver Regisseur (er drehte allein in den dreißiger Jahren rund 40 Filme) Karriere machte. Seine Leinwandadaption des jiddischen Theaterklassikers „Der Dibbuk" (1937) beeindruckt durch seine dem deutschen Stummfilmexpressionismus verhaftete Darstellung der religiösen Welt des Chassidismus in Ritualen, Gesang und Tanz.

„Die Rückkehr des Nathan Becker" von Boris Schpis und Raschel Milman, 1932 entstanden, ist einer der letzten nach der Oktoberrevolution in der Sowjetunion produzierten jiddischen Filme. Seine propagandistische Funktion ist unverkennbar. Ein zu zaristischer Zeit nach Amerika ausgewanderter jüdischer Maurer kehrt zurück. Beim Aufbau der neuen Stahlstadt Magnitogorsk lernt er, anfangs zweifelnd, den Unterschied zwischen hartem kapitalistischem Konkurrenzkampf und sozialistischem Wettbewerb kennen. Zum heute rührend wirkenden optimistischen Schluß wird ein Aufbaulied intoniert. Die Wirklichkeit sah später für Juden in der Sowjetunion anders aus.

Semjon Aranowitsch dokumentiert in seinem langen Film „Das große Konzert der Völker" durch Archivmaterial und Gespräche mit Zeitzeugen die antisemitischen Wellen von 1948/49 und 1951/52, deren Opfer erst Künstler und Wissenschaftler, Mitglieder des antifaschistischen jüdischen Komitees der Kriegsjahre, dann vor allem Ärzte wurden.

Gegen den auch heute wieder grassierenden Antisemitismus in seinem Land wendet sich der Leningrader Theaterregisseur Dimitri Astrachan mit seinem Filmdebüt „Hinweg!". Heimlich vom Staat angezettelte Pogrome zu Anfang dieses Jahrhunderts erreichen auch ein ukrainisches Dorf. Parabelhafte Bedeutung erhält er vor dem aktuellen Hintergrund vielfältiger Nationalitätenkonflikte in der ehemaligen Sowjetunion.                HEINZ KERSTEN

## Große Retrospektive bei den diesjährigen Berliner Filmfestspielen zu „Jüdischen Lebenswelten" / Arbeiten aus neun Jahrzehnten

# Ins bunte, grause Leben des „Schtetl"

Von IRMGARD BERNRIEDER

Das Bild des ruhelos durch die Zeiten und über den Erdball wandernden Juden gehört auch nach der Staatsgründung Israels nicht der Vergangenheit an. Tausende russischer Juden reisten in den letzten Monaten in ihr „Gelobtes Land", und Tausende warten noch auf die Erlaubnis, in europäische Länder einwandern zu dürfen.

Somit behandelt die Reihe „Jüdische Lebenswelten im Film", die während der Berlinale im Internationalen Forum des Jungen Films gezeigt wurde und in einem Parallelprogramm zur großen Ausstellung im Gropiusbau bis Mitte April fortgeführt wird, keine abgehakten, historischen Befunde, sondern lebendige Gegenwart.

Filmische Beispiele, die jetzt in der UdSSR und in den USA entstanden, befassen sich mit Problemen jüdischer Identität („Soll sein" von Henryk M. Broder und Frans van der Meulen) und mit Fragen nach national-russischem Antisemitismus und Judenverfolgung in der Sowjetunion, jenen Staat, der doch offiziell eine Politik der Gleichheit der Völker vertrat, der als Sieger über den deutschen Nationalsozialismus und seine Rassendoktrin gefeiert wurde („Das große Konzert der Völker oder die Cheyne-Stokesche Atmung" von Semjon Aranowitsch).

Sie suchen nach Erklärungen für die Pogrome im zaristischen Rußland („Hinweg!" von Dimitri Astrachan) oder versuchen, Verständnis und Sympathie für die Bewohner des osteuropäischen „Schtetl" zu wecken, indem sie minuziös jene versunkene Welt mit den Mitteln des Stummfilms und jiddischer Theatertradition rekonstruieren. (The man without a world" von Eleanor Antin).

Bei der Wiederherstellung historischer jüdischer Filme hat sich das „National Center for Jewish Film" an der Brandeis-Universität in Massachusetts/USA in den 25 Jahren seit seiner Gründung große Verdienste erworben. Die Rekonstruktion etwa des Films „Der Dibbuk" von Michal Waszyński im Jahre 1937 nach der dramatischen Legende von S. An-ski in Warschau in Szene gesetzt, dauerte rund zehn Jahre. Neben diesem herausragendsten Werk des jiddischen Films war in Berlin auch der ein Jahr zuvor entstandene Joseph-Green-Film „Jidl mitn Fidl" zu sehen. „Die Rückkehr des Nathan Becker" (Schpis/Hilman, Sowjetunion, 1932) und Edgar C. Ulmers „Grüne Felder" (USA, 1937) rundeten die Forums-Auswahl ab.

In der Anfangszeit des Kinos lebten 11 Millionen Juden in aller Welt, etwa die Hälfte von ihnen im zaristischen Rußland, zu dessen Einflußbereich auch Polen gehörte. Dort entstanden um die Jahrhundertwende jiddische Literatur und jiddisches Theater, die wiederum das neue Medium Film befruchteten.

Eine Braut (Christine Berry) bereitet sich auf ihre Hochzeit mit einem rituellen Bad vor: Szene aus Eleanor Antins Film „The Man Without a World" (1991). Foto: Int. Forum

Lange bevor Michal Waszyński das seit 1920 erfolgreiche An-ski-Stück „Dibbuk" mit expressionistischen Stilmitteln hochexperimentell in Szene setzte, hatte das Moskauer Studio der Firma Pathé Frères den Film „L'chaim" (1911) herausgebracht, hatten Einwanderer jiddische Kultur in die Vereinigten Staaten importiert. Filmpioniere wie D. W. Griffith interessierten sich schon früh für jüdische Themen. Die Produzenten Fox und Laemmle und der Regisseur Sydney M. Goldin initiierten ab 1914 ein spezifisch jiddisches Kino in der Neuen Welt.

### Pioniere und Experimente

In Wilna und Warschau hatten sich europäische Zentren jüdischen Films entwickelt. Die ersten Beispiele nach der Oktoberrevolution agierten gegen antisemitische Vorurteile und zeigten auch revolutionäre Juden. Der erste große Wurf gelang dem Theaterpionier Alexander Granowsky mit dem Film „Das jüdische Glück", der auf Geschichten von Sholom Aleichem ba-

siert und dessen Zwischentitel der Dichter Isaak Babel schrieb

Unter den Filmen zu jüdischen Themen, die damals in Deutschland entstanden, ragen Paul Wegeners „Der Golem" (1920), Carl Theodor Dreyers „Die Gezeichneten" (1921) und E. A. Duponts „Das alte Gesetz" hervor. Der erste Tonfilm „The Jazz Singer" mit Al Jolson (1927) zählt zu den jüdischen Filmen, die unter anderem die Assimilation in der Show-Branche zum Thema haben. Jiddisches Kino entstand in den Jahren bis zum Ausbruch des Zweiten Weltkrieges vor allem in den USA und Polen. So auch „Der Dibbuk", der in einer Reihe von jiddischen Literatur-Klassikern verfilmt wurde.

Die Handlung spielt in einem „Schtetl" und ist durchdrungen von Religiosität und Wunderglauben. „Ich sah in einer kleinen Stadt, wie sie das Fest der Tora feierten — und ich sah, wie sie tanzten. Die Chassidim faßten sich bei den Händen ... warfen die Köpfe nach links und rechts, ergriffen die Torarollen und schwenkten sie im

Kreise wie Mädchen und drückten sie an die Brust, küßten sie und weinten vor Freude ... Der Tanz ein Gottesdienst und das Gebet ein sinnlicher Exzeß." So beschrieb Schriftsteller Joseph Roth seine Eindrücke. Gläubige Chassidim (Weisheitslehrer) mit dem „Streimel" (Mütze mit Pelzrand) auf dem Kopf diskutieren, beten und singen in der Synagoge, ergehen sich in der Natur.

### Eine aussichtslose Liebe

Zwei Freunde versprechen einander ihre künftigen Kinder, sofern sie verschiedenen Geschlechts sein sollten. Aber der eine Freund kommt um, und der zweite vergißt überm Reichwerden den Schwur und will seine Tochter anderweitig verheiraten. Daß der arme Student, der seine Mahlzeiten bei der Familie einnimmt, des Freundes Sohn sein könnte, ahnt keiner. Doch das Töchterchen und der Student verlieben sich ineinander. In seiner Verzweiflung über die aussichtslose Liebe verbündet der Student sich mit dem Teufel, stirbt und fährt dann als Geist (Dibbuk) in das

geliebte Mädchen ein, das sich zu ihm bekennt und bei der Geistaustreibung ums Leben kommt. Vereint sind sie nur im Tode.

Durch den Film wandert beständig ein Warner mit langem Bart und Streimel, Laterne und Stock. Er verkörpert schicksalhafte Gottergebenheit.

Der heutige Betrachter wird förmlich hineingezogen in einen Strudel aus Emotionalität: Die Zuneigung unter Verwandten, die Liebe des jungen Paares, die glänzende Hochzeit, die Sorge der Talmudlehrer um den Abtrünnigen — all dies verwoben mit einer mythendurchtränkten Geschichte, die etwa ein uralter Grabstein symbolisiert.

Wir erleben die Bräuche und die religiösen Rituale wie Botschaften aus einer in sich ruhenden Welt, die längst untergegangen ist. Wir hören die Weisen der Klesmorim (Musikanten mit Fiedel, Viola, Zimbel, Flöte, Trommel, Hackbrett), die schluchzenden Lieder und spüren den Verlust dieser Kultur um so deutlicher.

# FilMAGAZIN

Foto: Freunde der Deutschen Kinemathek

# Yidl mitn Fidl

**Bei einem kulturellen Großereignis wie der Ausstellung Jüdische Lebenswelten darf natürlich ein Filmprogramm nicht fehlen, das nicht nur bis Ende April im Martin-Gropius-Bau und im Arsenal zu sehen ist, sondern auch im diesjährigen Berlinale-Forum auftauchen wird. Besonders interessant sind dabei die Produktionen in jiddischer Sprache.**

Man kenn das ja: Immer wieder werden uns vom Fernsehen, von Festivals, von Kinomachern die Filme irgendwelcher Länder oder Kulturen als große Entdeckung angepriesen. Wenn man sie dann sieht, sind sie oftmals nur im regionalen Kontext interessant oder man versteht sie schlicht und einfach nicht. Mit Filmen in jiddischer Sprache ist das, gerade aus deutscher Sicht, ganz anders: Sie stellen ein echtes Erlebnis dar, das ebenso aufregend wie schmerzlich ist.

Da wäre zunächst die Sprache: Jiddisch beruht auf dem Mittelhochdeutschen, das jene Juden angenommen hatten, die in heutigen West- und Süddeutschland lebten, bis sie ab dem 11. Jahrhundert vor neuen Pogromen gen Osten flohen. Dort kamen zu den bereits eingeflochtenen hebräischen oder lateinischen Ausdrücken slawische hinzu, so wie das Jiddisch der US-Filme erkennen läßt, wie dort in relativ kurzer Zeit diverse englische Begriffe integriert wurden. Dennoch klingt Jiddisch wie ein deutscher Dialekt, von dem man vieles völlig problemlos versteht; bei anderen Audrücken wieder ist man ohne Übersetzung hilflos.

So vertraut die Sprache, so fremd wirkt dagegen die Kultur: Jüdische Religion, jüdische Sitten und die Menschen, die sie verkörperten, haben durch ihre Seltenheit bei uns etwas Exotisches bekommen. Noch viel exotischer erscheint da erst die Welt der meist chassidischen Juden, wie sie in Polen, Weißrußland, dem Baltikum oder der Ukraine bis vor fünfzig Jahren existierte – das vielbeschworene, mythisch gewordene „Schtetl".

Und dann ist da natürlich die Scham, Nachfahren jener Menschen zu sein, die all dies zerstört haben (auch wenn jüngsten Umfragen zufolge die meisten Deutschen nicht einmal mehr ein Verpflichtung aus dem Judenmord ableiten wollen). Ob man will oder nicht, der Gedanke ist ständig präsent, ob es nicht obszön sei, sich als Deutscher bei einer jiddischen Komödie zu amüsieren. Dazu der ganz unmittelbare Schmerz: Was bringt schon die Diskussion um die Frage, ob nun sechs oder sechseinhalb Millionen Menschen ermordet wurden? Angesichts dieser Dimensionen ist es schier unerträglich, sich Kurzfilme anzuschauen, in denen z.B. das florierende jüdische Leben in verschiedenen damaligen polnischen Städten vorgestellt wird. „Diese Kinder sind die zukünftigen Schönheiten von Bialystok", meint der Kommentator. Doch kurz vor dem Zweiten Weltkrieg gedreht, weiß man, daß praktisch alle Menschen, die man hier sieht, wenig später tot waren. Der Massenmord bekommt somit ein individuelles Gesicht – und wenn es auch nur für wenige Sekunden vom Verfall bedrohten, stummen Schwarzweißfilmen ist.

Daß all diese Filme, von denen die meisten in den dreißiger und vierziger Jahren gedreht wurden, noch existieren, ist keineswegs selbstverständlich. Jiddische Filme sind für die Filmgeschichtsschreibung bis heute so gut wie nicht existent. Obwohl manche Schätzungen von über hundert jiddischen Filmen insgesamt ausgehen, weiß niemand, wie viele bis 1939 in Polen und bis Anfang der fünfziger Jahre in den USA produziert wurden. Das liegt zunächst daran, daß die Sprache und die Kultur, die sie dokumentieren und deren Teil sie sind, im Verschwinden begriffen ist: Schon die Kinder der nach Amerika Ausgewanderten paßten sich der dortigen Gesellschaft meist völlig an, für sie war Jiddisch nur noch Zweitsprache, die in der nächsten Generation ganz verschwand. Und in Europa leistete die Ausrottungspolitik der Nazis fast ganze Arbeit. Viele jiddische Künstler fielen zudem auch noch Stalins Säuberungen zum Opfer (was die Naziverbrechen nicht geringer, sondern die Katastrophe nur noch größer macht). Die wenigen Überlebenden wanderten, auch angesichts des anhaltenden Antisemitismus in der UdSSR nach 1945, schließlich größtenteils aus. Und in Israel setzten sich bekanntlich jene Siedler durch, die Hebräisch gegen das von ihnen als „Ghettosprache" empfundene Jiddisch favorisierten. So ist es wohl auch kein Zufall, daß sich nicht im Judenstaat, sondern in den USA eine Institution der jiddischen Filme annahm: Der Ausgrabungs- und Restaurierungstätigkeit des National Center for Jewish Film an der Brandeis University in Massachusetts ist es zu verdanken, daß jiddisches Kino nun auch in Berlin zu sehen ist.

Künstlerisch überzeugen dabei allerdings nur wenige Werke. Es hatten aber auch nur wenige Regisseure derartige Ambitionen wie der nach Amerika ausgewanderte und zum Filmen nach Polen zurückgekehrte Joseph Green oder der Österreicher Edgar G. Ulmer, der vor allem durch (nicht-jiddische) B-Filme wie *Detour* bekannt wurde. Seit 1911 im damals russisch annektierten Polen der erste jiddische Film entstand, wurde das Medium meist zur bloßen Reproduktion von Bühnen- und Bucherfolgen benutzt. Jiddische Filme sind so immer auch jüdische Filme: Wer sich entschloß, unter Produktionsbedingungen, die meist ebenso ärmlich waren wie die Lebensumstände des Publikums, einen Film in Jiddisch zu drehen, der wählte ein Thema, das mit der Kultur, den Traditionen, dem Alltag der Juden zu tun hatte. Oft sind religiöse Zeremonien zu sehen, noch häufiger wird gesungen. Wie überhaupt die typische Klezmer-Musik den meisten jiddischen Filmen – erstaunlicherweise auch denen aus amerikanischer Produktion – unterlegt ist.

Fast immer blieb dagegen der Antisemitismus ausgespart, auch Nichtjuden kamen kaum vor. Eine Ausnahme bildete dabei die *Tevye*-Verfilmung des einst berühmten Schauspielers und Regisseurs Maurice Schwartz aus New York, die 1939 dem Zionismus huldigte. Dafür werden häufig die Konflikte behandelt, die aus dem Zusammenprall zwischen alter und neuer Welt entstanden: Teils ins Burleske überspitzt wie etwa in dem österreichischen Stummfilm *Ost und West*, in dem Molly Picon, Star der New Yorker Second Avenue (des „jiddischen Broadway") wie später auch der meisten Green-Filme, ein Jazz-Age-Girl aus den USA spielt, das sich beim Verwandtenbesuch in Galizien ständig danebenbenimmt, weil es die Sitten und Religion nicht mehr kennt. Am Beispiel des Mannes, den man ihr versehentlich antraut, wird dann das positive Beispiel einer Assimilation vorgeführt. Ein schöner Traum, der in Europa endgültig zerbrochen ist.

*Jan Gympel*

# Jüdisches Kino in Berlin     *von Martin Mund*

Vom Balkon seiner Dienstvilla hält der Bundeskanzler eine Rede ans Volk. Ihr Kernsatz: »Wir können zufrieden sein. Alles, was fremd war, hat das Land verlassen.« Doch der erzwungene Exodus Zehntausender verschärft nur die latente Krise, die damit eigentlich bekämpft werden sollte: Arbeitslosigkeit und Teuerung nehmen in nie gekanntem Maße zu; Kultur und Kunst brechen zusammen; und zu allem Überfluß reagiert das Ausland mit ökonomischem Boykott.

Der Staat, in dem sich das abspielt, heißt »Utopia«, und das Sujet stammt aus einem Film, der 1924 in Österreich entstand: »Die Stadt ohne Juden«. Ein prophetisches Spektakel, ein provokanter Kommentar zur Zeit. Als das Kinostück – übrigens mit Hans Moser in einer seiner ersten Rollen als versoffener, antisemitischer Stadtrat – das Licht der Wiener Leinwände erblickte, warfen junge Nationalsozialisten denn auch Stinkbomben; bei der ersten Berliner Vorstellung gab es »lebhafte Proteste aus dem Publikum«, wie Moser in seinen Memoiren schrieb; und in New York verzichtete man »aufgrund der europäischen Ereignisse« gleich ganz auf die Aufführung des Films. Der Autor der Romanvorlage, Hugo Bettauer, starb schon sechs Monate nach der Premiere; ein zwanzigjähriger Wiener Nazi hatte ihn durch mehrere Pistolenschüsse schwer verletzt. »Die Stadt ohne Juden« verschwand in den Archiven, galt lange als verschollen und wurde erst 1990 wiederentdeckt.

Jetzt gehört er, ohne jeden Zweifel, zu den Höhepunkten einer von den Freunden der Deutschen Kinemathek organisierten Filmreihe, die während der Ausstellung »Jüdische Lebenswelten« im Berliner Martin-Gropius-Bau zu sehen ist. Eine wichtige, verdienstvolle Retrospektive: Rund hundert Spiel- und Dokumentarfilme, die von den zwanziger bis in die achtziger Jahre in den USA, in Polen, der Sowjetunion, Deutschland, Belgien und anderen Ländern gedreht wurden, tauchen ein in jüdische Geschichte, Kultur und Lebensweise. Kino als Erinnerung an eine verfolgte, vernichtete Welt – und somit nicht zuletzt als schmerzhafte Trauerarbeit.

Kernstück der Reihe sind einige Werke in Jiddisch, der Sprache der einst zwölf Millionen Ostjuden, die durch den Holocaust und dessen Folgen nahezu untergegangen ist. Diese Sprache, entstanden im Mittelalter als Konglomerat aus Mittelhochdeutsch und Hebräisch, später durchsetzt mit einigen slawischen Brocken, hatte sich vor allem in den osteuropäischen jüdischen Ghettos gehalten – als Ausdruck einer starken Isolation, aber auch der Identität, des Stolzes und der Würde. Die meisten jiddischen Tonfilme wurden in Polen und in den USA gedreht: während einer kurzen Zeitspanne, in der zweiten Hälfte der dreißiger Jahre. Sie liefen vorrangig in einigen New-Yorker Kinos, vor einem Publikum, das diese Arbeiten »zum Zwecke einer ethnischen und kulturellen Selbstvergewisserung« brauchte: »Ein Bild von einem Vaterland konnten sich die wandernden Juden nicht machen, an ihrem Idiom aber konnten sie sich stets erkennen; sie nannten es *mameloschen*« (Ronny Loewy).

Interessanterweise waren es oft nicht die – meist jüdischen! – Filmproduzenten der US-Westküste, von denen dieses Kino gefördert wurde, sondern Kleinunternehmer und Regisseure, die sich als pure Idealisten erwiesen: Mit bescheidenen Budgets organisierten sie schmale Drehstäbe, plazierten Kameras auf Theaterbühnen oder auf Wiesen vor den großen Städten, ließen sich Kulissen auf Pappwände malen. Sie wußten, daß sie nur über rund drei Millionen Polen und 4,5 Millionen Amerikaner, die Jiddisch sprachen oder zumindest verstanden, als potentielle Zuschauer verfügten; aber sie gingen finanzielle Risiken ein, um *ihre* Sprache, *ihre* Mythen und Träume, *ihr* Dasein auf die Leinwand zu bannen.

     Fortsetzung nächste Seite

Die wohl schönste filmische Entdeckung während der Ausstellung »Jüdische Lebenswelten« ist Joseph Greens »Jidl mitn Fidl«, 1936 in Polen inszeniert. Die Odyssee einer jungen Straßenmusikerin, die als internationale Berühmtheit endlich auch ihre Liebe findet; mit dem New-Yorker Musicalstar Molly Picon in einer clownesken Hosenrolle. Die Mixtur aus jüdischer Folklore und amerikanischem Entertainment, Gesang und Slapstick, Melancholie und Situationskomik dürfte Barbra Streisand vierzig Jahre später zu ihrem faszinierenden Regiedebüt »Yentl« angeregt haben; aber mehr noch sind es andere Momente, die den Film als ein herausragendes Zeugnis erscheinen lassen.

Die Außenaufnahmen fanden in Kazimierz statt, einem kleinen Ort, der seit Ende des 19. Jahrhunderts als Treffpunkt polnisch-jüdischer Literaten galt und im 1905 erschienenen Roman »Dos Schtetl« von Scholem Asch porträtiert worden war. In »Jidl mitm Fidl« schwenkt die Kamera über den Marktplatz und die Dächer des Dorfes, zeigt dessen Einwohner als Kleindarsteller – die einzigen authentischen Bilder, die vom jüdischen Alltag in Kazimierz erhalten geblieben sind. Während Molly Picon ihr optimistisches Credo besang (»Solang wir noch Musik haben, kann's nicht so schlimm sein« und »Das Leben ist ein Spaß«), tüftelten reichsdeutsche Rassenkundler wenige hundert Kilometer westwärts schon am Holocaust.

Andere, allerdings nur wenige Beispiele des jiddischen Kinos lassen in ihrem Pathos keine Zweifel am Gefühl latenter Angst, unerhörter Bedrohung: »Tevje, der Milchmann« (USA 1939) etwa, nach den Erzählungen nach Scholem Alejchem, konzentriert sich ganz auf die Auseinandersetzung zwischen dem frommen Vater Tevje und der Tochter Chave, die einen wohlhabenden Christen heiratet, aber zu ihrer Familie zurückkehrt, als neue Pogrome beginnen. »Was an ihm sentimental erscheinen mag«, schreibt die Filmhistorikerin Gertrud Koch, »erweist sich gegenüber der Geschichte des geschundenen jüdischen Volkes als selbstvergessene Träne in einem Meer von Blut.« – Und in »A brivele der Mamen« (Polen 1938) zeigt Regisseur Joseph Green in einer geradezu symbolischen Sequenz, wie Menschenmassen aus Europa drängen: nach Amerika, das freilich auch nicht als Gelobtes Land dargestellt wird...

Zwei Faktoren trugen zum raschen Ende des jiddischen Kinos nach 1940 bei: in erster Linie natürlich die faschistische Okkupation Polens, aber auch die rasante sprachliche Assimilation amerikanischer Juden. In Israel zeigte man jiddische Filme erst in den sechziger Jahren öffentlich; dort hatte sich Hebräisch als Alltags- und Amtssprache etabliert; das Jiddische wurde, nach einem ideologisch motivierten Sprachenstreit, als »Jargon« eher verschmäht. Viele Beispiele jiddischen Kinos sind es freilich bis heute wert, dem Vergessen entrissen zu werden: Weit davon entfernt, nur Nostalgie und Folklore zu beschwören, appellieren sie, mit faszinierendem inneren Leuchten, an menschliche Güte, Solidarität und Zuversicht. Lebendige Hoffnungen eines untergegangenen Universums.

**Radiobeitrag**: THE JAZZ SINGER - Wiederholung in der Filmreihe der 'Jüdischen Lebenswelten', Kino Arsenal, Di 31.3.92, 18 Uhr (SFB 3, Zeitpunkte-Magazin, Anne Quirin)

Dieser Film, heißt es oft, hat die Stummfilmzeit besiegelt und den Triumph des Tonfilms vorbereitet - es sei überhaupt der erste Tonfilm. Pingelig winken Kenner der Filmgeschichte ab: THE JAZZ SINGER sei eher ein Zwitter - noch gestisch-dramatischer Stummfilm, mit eingeblendeten Zwischentexten, aber schon Vorbote des Tonfilms, weil die Gesangs- und Musikeinlagen nun im Film, statt aus dem Orchestergraben zu hören sind - und zwar mit eine Präsenz, die auch heute noch aufhorchen läßt. Hinzu kommt ein ganz kurzes Stück improvisierter Dialog zwischen Mutter und Sohn, in dem der von der Karriere im Showbiz träumende, die Tasten jazzig aufwühlende Sohn der bestürzt-begeisterten Mutter rosa und schwarze Seidenkleider, einen Besuch des Vergnügungsparks auf Coney Island und vor allem den Umzug in die begehrte Bronx verspricht, wo eine Menge Juden - 'all die Silberbergs und haufenweise andere Bergs', wie Jake flapsig sagt - bereits wohnen.

Dieses witzige, temporeiche Impromptus muß den hingerissenen Premierenbesuchern einen Vorgeschmack der neuen Möglichkeiten gegeben haben, die dann in Kürze das Ende des Stummfilms besiegelten. Doch von all diesem mal abgesehen, ist THE JAZZ SINGER auch aus anderen Gründen Filmlegende geworden - und die hat zweifellos mit dem charismatischen Helden des Films zu tun, dem fantastischen Al Jolson, einem der bekanntesten jüdisch-amerikanischen Allround-Entertainer und Sänger seiner Zeit; ihm schien dieser Stoff eines recht populären Broadway-Stückes gleichen Namens wie auf den Leib geschrieben. Der frisch nach Hollywood verpflichtete Ernst Lubitsch soll es im übrigen gewesen sein, der Warner Brothers geraten hat, diesen Stofff anzukaufen...

Wie THE JAZZ SINGER technisch den Bruch mit der alten und den Aufbruch in die neue Zeit ankündigt, so ist dieses turbulente Zwischenstadium auch inhaltlich Thema: Der Sohn des orthodoxen jüdischen Einwanderers Rabinowitz will von den Traditionen, die ihn automatisch zum Nachfolger seines Vaters als Kantor bestimmen, nichts wissen; er möchte sich assimilieren: "Traditionen sind schon o.k.", sagt ein Zwischentitel, "aber wir leben in einer neuen Zeit."

Jake, ein klassischer Vertreter der in die Zukunft blickenden neuen, in Amerika geborenen Generation, strebt - was könnte es Amerikanischeres geben - ins Showbusiness; "nur für die alten Leute, die nach rückwärts gewandt sind, bleibt die Zeit stehen", heißt es wieder programmatisch im Zwischentitel.

So wird die europäisch-trublige Welt der jüdischen Lower East Side New Yorks, vor Ort ganz dokumentarisch gefilmt, werden die Wohnung, die Welt der Eltern, die Synagoge, die singende und betende Gemeinde, die traditionelle Religiosität gegen das Weltliche, gegen das Show-Publikum, das ebenso trublige, perlende Amüsment der ragtime halls und Jazzkneipen, in denen sich der Junge, Jake, singend heimlich rumtreibt, montiert - und zwar ungeniert plakativ.

Der Autor Raphaelson trägt allerdings schon in den allerersten Zwischentiteln Sorge, daß wir ja nicht etwa Entertainment und Showbiz als Sündenpfuhl und gesellschaftlich geächteten Bereich stigmatisieren - auch das wäre ja ein vertrauter Filmtopos -, sondern, daß wir diese Welt als uramerikanisches Eldorado sehen, in dem sich nur die Besten bewähren - und: zu dem auch ein religiöses Ethos gehört. Gleich zu Anfang heißt es nämlich - "Jazz, mißverstandener Ausdruck des Menschen, älter als die Zivilisation..." - wobei 'Ausdruck' eher mit 'Aufschrei' zu tun hat, mit religiöser Inbrunst, mit totaler Hingabe, mit einer Intensität, die natürlich auch den Gesängen

in der Synagoge innewohnen - Jazz also eine Art Urschrei, der in den USA nur seine verfeinerte Ausformung erhielt. Hier treffen sich nun die beiden Welten, die in den Augen des alten Kantors so unversöhnlich schienen, daß er seinen jungen Sohn gezüchtigt und aus dem Haus geworfen hat. Später wird er ihm ganz aufgebracht sagen: "Es ist genauso ehrenvoll, auf der Bühne zu singen, wie in der Synagoge" - und noch etwas krasser: "Wir im Showbusiness haben auch unsere Religion - die Show muß weitergehen!"

Und das tut sie, auch, wenn dazwischen dramatische Momente des Hin-und Hergerissenseins das kecke, junge amerikanische Selbstbewußtsein schütteln, angeheizt von einer ständig schluchzenden, das Taschentuch wringenden, verzweifelt resignierten Mutter, die sich einst gegen ihr Gewissen stellte und loyal und tränenreich dem Papa Kantor ergeben hat.

Im JAZZ SINGER hat nicht nur der Generations- und ethnische Traditionskonflikt seinen Ausdruck gefunden; der Film ist auch eine Hommage an die Juden, die in den USA über ihre Vaudeville-Künste, ihren Witz und Sinn für Slapstick, ihre Musikalität zum Showbusiness gelangten, - ohne sie wäre das Showbusiness, dieser Inbegriff amerikanischer Kultur, nicht das, was es heute ist.

Und noch eins sollte man beim JAZZ SINGER im Auge behalten - viel debattiert und doch nicht ganz wegzuleugnen -, die zeitgenössische Variante eines gar nicht so subtilen Rassismus. In einer Zeit, als Schwarze zwar die Jazzgenies waren, aber nur für lächerliche Rollen auf der Bühne oder im Film verwendet wurden - ausgenommen Sänger - und in der sie als Bürger voll diskriminiert wurden, färbt sich Al Jolson sein Gesicht für den Auftritt in der Show schwarz ein, wie ein Minstrel-Sänger. Für große jüdische Entertainer damals durchaus üblich - und doch spricht die Verwendung der populären Karikatur des schwarzen Künstlers von der Unsensibilität des weißen Kollegen, eines Konkurrenten, der viel vom schwarzen Entertainment profitiert hat.

Absage: 18.00 Uhr, Welserstr. 25, sehr selten zu sehen: THE JAZZ SINGER (1927) in einer rekonstruierten Fassung.

# Schweben zwischen Glück und Trauer

## Sonderreihe im Berlinale-Forum präsentierte jiddisches Kino der dreißiger Jahre

*Von unserem Redaktionsmitglied
Andrea Dittgen*

Das ganze Dorf ist auf den Beinen, wenn Jidl auf ihrer Geige spielt. Alle tanzen, klatschen, lachen und vergessen für ein paar Momente, daß sie genauso arm sind wie das hübsche Mädchen. Für sich und ihren alten Vater versucht Jidl so, das tägliche Brot zu verdienen. Doch das Geld reicht nicht einmal, um die billige Bruchbude zu bezahlen, in der sie wohnen. So müssen die beiden als Bettelmusiker übers Land ziehen. Eine traurige Geschichte, doch „Jidl mitn Fidl", der Film, den der amerikanische Regisseur Joseph Green 1936 in Polen gedreht hat, ist witzig, lebendig, rasant und bietet perfektes Unterhaltungskino mit sozialem Anspruch, wie es auch Hollywood nicht hätte besser machen können.

Der Film hat einen Star (Molly Picon, eine gefeierte Schauspielerin des amerikanisch-jiddischen Musiktheaters, die viel von Charlie Chaplins melancholischer Mimik übernahm), ist eine klassische Liebes- und Verwechslungskomödie (Jidl verkleidet sich als Junge, um es beim Leben auf der Straße einfacher zu haben und wird von dem Musiker, in den sie sich verliebt, nicht ernst genommen) und hat ein doppeltes Happy-End (die Verliebten kriegen sich und Jidl wird von der Straße weg für die Bühne entdeckt). Natürlich fehlen die für jiddische Filme typischen Milieuschilderungen der Menschen im „Schtetl" nicht. Doch die sozialen Ungerechtigkeiten, die jiddische Lebenshaltung, nie sich selbst aufzugeben und das Beste aus dem Leben zu machen, wirken bei „Jidl mitn Fidl" nicht wie eine plakative Selbstdarstellung, die dem Film ihren Stempel aufdrückt. Sie sind eher spärlich und behutsam eingesetzt und erzählen uns heute gerade deshalb mehr von dieser ebenso eigenständigen wie eigenbrötlerischen Kultur als die meisten „typisch jiddischen" Szenen. „Jidl mitn Fidl" ist einer der seltenen Fälle, in denen kein jiddisches Theaterstück und keine Literatur verfilmt wurde, die Geschichte dieses Tonfilms mit Gesang und Tanz ist ein originales Filmdrehbuch.

Aber auch bei den anderen Spielfilmen aus den 30er Jahren, die das „Internationale Forum des jungen Films" bei den Berliner Filmfestspielen in der Sparte „Jüdische Lebenswelten" zeigte, war nur wenig Klischeehaftes zu sehen. Die Verfilmung des „Dybuk" (Polen 1937, Regie: Michal Waszynski), des populärsten jiddischen Theaterstücks überhaupt, betonte zwar die jiddischen Traditionen, war dafür aber formal recht ungewöhnlich. Ein Talmudstudent stirbt, weil die geldgierigen Eltern bestimmen, daß seine Braut einen anderen heiraten soll und fährt als „Dybuk", als Geist, in den Körper des Mädchens. Nicht nur die Szenen, in denen der Geist auftaucht, sind in der Licht, Schatten und Geometrie betonenden Bildsprache dem deutschen filmischen Expressionismus der 20er Jahre nachempfunden, der ganze Film ist eine merkwürdige, aber durchaus stimmige, faszinierende Verbindung von Elementen aus Theater, Stumm- und Tonfilm, in der die tragische und etwas langatmige Handlung von der Form besiegt wird. In „Grine Felder" (USA 1937, Regie: Edgar G. Ulmer und Jacob Ben-Ami), einer Liebesgeschichte im Bauernmilieu, die mit der Suche nach dem „wahren" Judentum verknüpft ist, sind ebenfalls Stummfilm-Motive zu finden, werden Gesichter, große Holzräder, scheinbar unendliche Weizenfelder und andere Naturbilder als Menschen und Landschaft charakterisierende Großaufnahmen eingesetzt, gibt es witzige und ironische Dialoge, die Amerikanisches und Chassidisches vermengen. Diese äußerst subtile Synthese zwischen jiddischer und nichtjiddischer Kultur, zwischen Tradition und Moderne hat sich im Kino bis heute erhalten, wie das „Forum" deutlich sichtbar machte. Neben den (vom National Center für Jewish Film an der Brandeis University bei Boston wiedergefundenen und restaurierten) Filmen der 30er Jahre waren auch neuere Spielfilme zu sehen, in denen sich die Geschichte des Films und der jiddischen Kulturwelten zu eigenständigen Formen finden.

Daß wenigstens ein kleiner Ausschnitt des jiddischen Filmschaffens - im 20. Jahrhundert wurden rund hundert Spielfilme in jiddischer Sprache (einer für Deutsche relativ leicht verständlichen Mischung aus Mittelhochdeutsch, Hebräisch und Slawisch) gedreht - auch über die Berlinale hinaus in Berlin im Kino und bundesweit im Fernsehen zu sehen ist, hängt mit dem 50. Jahrestag der Wannsee-Konferenz zusammen, bei der die SS und NSDAP die systematische Ausrottung der Juden beschlossen. An die einst blühende jiddische Kultur erinnert bis 26. April die Ausstellung „Jüdische Lebenswelten" im Berliner Gropius-Bau (wir berichteten), die auch ein gegenüber der Berlinale erweitertes Programm jiddischer Filme präsentiert. Bis zum 10. April zeigt der Fernsehsender 3sat freitags gegen 23 Uhr ein „Festival des jiddischen Films". Zu sehen sind die oben erwähnten und einige weitere Filme, vorwiegend in der Originalsprache mit Untertiteln.

„Oi, Mame, bin ich verliebt!" singt das Mädchen Jidl (Molly Picon) zum Happy-end des Films „Jidl mitn Fidl" - doch bis dahin hat es etliche Verwicklungen und Verwirrungen gegeben. Der polnische Streifen aus dem Jahre 1936 war Bestandteil der Reihe „Jüdische Lebenswelten" beim Internationalen Forum des jungen Films in Berlin. (Foto: Forum)

# Die Angst ist ständiger Begleiter

## Das jüdische Thema im neueren russischen Film / Grauen der dunklen Vergangenheit

### Von Natalija Flakserman

Bisher gab es im Filmschaffen der ehemaligen Sowjetunion das jüdische Thema nicht. Und das, obwohl unter den sowjetischen Regisseuren von Eisenstein „angefangen, etliche jüdischer Herkunft waren". Aber auch ihre Filme hatten wie alle anderen jahrzehntelang nur ein einziges Thema - das Thema des sowjetischen Menschen, der keinerlei nationale Wurzeln hat.

Jetzt hat man begonnen, sich des jüdischen Themas anzunehmen. In letzter Zeit wurden einige Filme dazu gedreht; zwei von ihnen seien hier heraus gegriffen, ihnen ist eines gemeinsam: Sie berichten über die Vorgeschichte eines Dramas, das selbst hinter den Kulissen verbleibt, dennoch immer und bedrohlich präsent ist und den wesentlichen Inhalt der Handlung ausmacht.

Der Film „Geh hinweg!" (der russische Ausdruck dafür bedeutet entschwinde, geh hinaus, entferne dich) ist das Debüt des jungen Regisseurs Dmitrij Astrachan. Das Drehbuch von Oleg Danilow und Dmitrij Astrachan entstand nach Motiven aus Erzählungen von Scholem Alejchem, Kuprin und Babel.

Im Zentrum der Erzählung steht das Leben des ukrainischen Dorfes mit gemischter Bevölkerung. Hier leben Ukrainer, Russen und Juden, scheinbar in friedlichem Einvernehmen. Alle nehmen lebhaft Anteil an allem, an fremden Angelegenheiten, Skandalen, Zerstreuungen. Daß der Schein trügt, zeigt der Regisseur am Schicksal einer jüdischen Familie, die gewalttätigen Ausschreitungen und Pogromen schutzlos ausgesetzt ist.

Das ist die Kehrseite dieses lärmenden dörflichen Alltagslebens. Sie ist in der Handlung ständig gegenwärtig und wird filmisch mit besonderen Mitteln eingefangen: Unbewegliche, schwarz-weiße Nachrichten-Bilder unterbrechen von Zeit zu Zeit das friedliche Panorama. Man sieht Spuren eines Pogroms. Seine Folgen. Getötete, Verletzte, Verkrüppelte, Blut. Kinder, Frauen, bärtige Greise. Und allmählich - wenn man diesen Schrecken lange genug betrachtet hat - gewinnen die Bilder Konturen. Man erkennt in den Leichen die Helden des Films.

Wird es so kommen? Kann das so sein? Was ist das? All das ist (noch) Phantasie des jüdischen Helden. In seiner Vorstellung ist dieses Ende ständig präsent. Und die Angst. Die Angst um seine Nächsten. Er ist ständig unter Spannung, erwartet zu jeder Tages- und Nachtzeit ein Pogrom, weil er weiß, daß es kommen wird. Und in seiner Vorstellung versucht der Held, seine Angst zu überwinden - mit einem Beil in der Hand erwartet er die Konfrontation mit seinen Mördern.

Aber dieses Horrorbild verschwindet wieder von der Leinwand, und die Idylle beginnt von neuem. Die Menschen vertragen sich, das Leben verläuft harmonisch. Der jüdische Held des Filmes ist der Milchmann Matwej Rabinowitsch - eine Anspielung auf den Milchmann Tewes bei Scholem Alejchem. Sein Gegenspieler ist der arme Nachbar Timofej - trüben Blicks, barfüßig, immer betrunken.

Der Haß, der aus seiner aussichtslosen Armut stammt, ist deutlich sichtbar. Er ist zu allem fähig, verhält sich nur solange ruhig, bis seine Zeit gekommen ist. Er weiß nicht, was er mit seinem grauen, elenden Leben anfangen soll. Einerseits verkündet er, die Juden seien besonders klug, und andererseits - sobald er einen Schuldigen an seinem Unglück gefunden hat, wird er sofort zum Beil greifen.

Und die weitere Entwicklung der Ereignisse wird ihm diese Gelegenheit geben. Es treten echte Schwarzhunderter auf. Sie haben schon Juden aus der Stadt vertrieben, jetzt nehmen sie sich die nahegelegenen Dörfer vor. Sie kommen in Einheiten und haben Listen... Und wir verstehen. daß der arme, verbitterte Nachbar mit ihnen sein wird.

Die eindrucksvollste Szene ist das Finale des Films. Der Menge geht der von der Angst erschöpfte Matwej Rabinowitsch entgegen, mit seinem Beil in der Hand. Bisher gab es nur in seiner Vorstellung, aber jetzt ist es Wirklichkeit. Die Bilder der letzten Szene sind so eindrucksvoll, daß einem das Blut gefriert.

Dem zweiten Film, dem „Damenschneider" (Regisseur Leonid Gorobez, Autor: Aleksandr Borschalovskij), liegen die Ereignisse von 1941 zugrunde. Die Helden des Filmes erleben nur eine Nacht, die Nacht vor dem Abtransport nach Babi Jar, wo innerhalb einiger Tage die Nazis mehr als hunderttausend Menschen erschossen, vor allem Frauen, Alte und Kinder. Im Zentrum steht eine Familie: der alte Damenschneider und zwei Frauen mit kleinen Kindern.

In der Nacht werden die Menschen für den Abtransport gesammelt. Ihnen wird gesagt, daß sie nach Deutschland fahren werden. Und der eine oder andere glaubt das auch, meint, daß alles gut werden wird, andere dagegen wissen, daß eine Tragödie bevorsteht. Gutwillige versuchen zu helfen, Mißgünstige sind neidisch - die Juden haben mal wieder Glück gehabt, sie werden im zivilisierten Deutschland leben. Aber niemand von ihnen **kann** sich auch nur entfernt vorstellen, was **am** folgenden Tag beginnt.

**In dem Film wird nicht geschossen, nicht** gemordet. Aber viele Szenen sind darum nicht weniger grauenerregend. Zwei Persönlichkeiten bestimmen die eigentliche Handlung und im Grunde den ganzen Film. Das sind die Figur des Haupthelden, des alten Damenschneiders, glänzend gespielt von Innokentij Smoktunoskij, und Tatjana Wasiljewa in der Rolle seiner Tochter Sonja. Ihre seelische Verbundenheit, ihr Schmerz und ihre Angst, die, obzwar unterdrückt, doch ständig hervorbrechen, sind der emotionale Kern dieses Films.

Der nationale Zwist, der zum Genozid führt, zu Blutvergießen, wenn nicht zur Vernichtung ganzer Völker, muß Erschütterung hervorrufen. Und wenn man auf die Ereignisse zurückblickt, die 50 Jahre vergangen sind und im Film gezeigt werden, schlägt man unwillkürlich eine Brücke zur Gegenwart.

Heute reisen die Juden aus der ehemaligen UdSSR, von eben dieser Angst getrieben und aus Protest aus ihrer Heimat aus. Nationale Gefühle brodeln und schlagen bei vielen in einen aggressiven, blutigen Nationalismus um. Kann die Tragödie eines Volkes, die in den Filmen exemplarisch gezeigt wird, ein ähnliches Schicksal von anderen Völkern abwenden? *Übersetzung von Vera Ammer*

# Darum Israel

*„Shoah"-Regisseur Lanzmann*
*stellt seinen ersten Film vor*

Am Anfang stand die Erkenntnis, „über dieses Land nicht wie über irgendein anderes sprechen zu können". Der Staat Israel verkörperte für Claude Lanzmann jahrzehntelang ein unfaßbares Phänomen, dem er schreibend nicht beikam. Nach verpaßten Reportagen und einem abgebrochenen Buchprojekt griff der französische Intellektuelle, Mitherausgeber der Sartre-Zeitschrift „Les Temps Modernes" 1970 zur Kamera. „Um mit mir selbst ins Reine zu kommen" entstand „Pourquoi Israel": in dreijähriger Arbeit, als erster Film des in der Diaspora assimilierten Juden.

Das 190minütige Werk war hierzulande nur 1977 im WDR und später in einem kommunalen Kino in Frankfurt zu sehen. Nahezu unbekannt ist also, was am Sonntag um 17 Uhr im Rahmen der „Jüdischen Lebenswelten" im Martin-Gropius-Bau seine Berliner Kinopremiere feiert. Daß Lanzmann wahrscheinlich dennoch nicht vor leerem Saal stehen wird, verdankt er dem Erfolg von „Shoah". Mit diesem 1974 bis 1985 gedrehten Zwölfstundenwerk über die Judenvernichtung im Zweiten Weltkrieg schuf Lanzmann einen Markstein in Sachen Filmdokumentation.

Von vergleichbarer Qualität ist auch „Pourquoi Israel" – ein Titel ohne Fragezeichen, wohlgemerkt. Denn so, wie im Französischen „warum" und „deshalb" mit dem gleichen Wort ausgedrückt werden, ist auch der Filmtitel Frage und Antwort zugleich.

Das Porträt einer „Nation im Werden" (Lanzmann) kommt ohne Politiker-Statements aus. Lanzmann suchte mit der Handkamera Leute aus dem Volk: amerikanische Touristen, die nachschauen wollen, wo ihre Spendengelder geblieben sind, russische Emigranten, die bald schon enttäuscht sind vom gelobten Land, Kibbuzler, die von einer gerechteren, sozialistischen Welt träumen, ein Förster, der israelische Gebietsansprüche mit dem „göttlichen Plan" begründet. Was diese Menschen eint, ist ihr Heimatgefühl, sobald sie Israel betreten. „Ich bin seit 2000 Jahren nicht mehr hiergewesen", sagt ein unorthodoxer Russe an der Klagemauer. Das Bewußtsein, in einer Kette der Tradition zu leben und die kollektive Erinnerung an den erlittenen Massenmord machen die Identität dieser Menschen aus 75 Ländern aus. Dieser kollektive Mythos ist es, den Lanzmann herausfragt.

Der Film entwirft ein Bild von der psychischen Befindlichkeit einer beharrlichen Gemeinschaft, von ihren Ansprüchen und Utopien. „Pourquoi Israel" ist am 18. April um 17 Uhr noch einmal im Arsenal-Kino in der Welserstraße zu sehen.

ANJA HENNINGSMEYER

# Molly Picon

Molly Picon, who died in her sleep at her sister's home in Lancaster, Pennsylvania, last week at the age of 94, was the Grand Old Lady of Yiddish theatre in America, *writes Geoffrey Paul.* She continued to appear on the stage well into her 80s, travelling 50,000 miles a year to keep her engagements.

London last saw her in 1960, when she co-starred with Robert Morley in "A Majority of One" and won critical acclaim. She was one of the few stars of the Yiddish theatre successfully to make the transition to the English-language stage and even into the cinema.

She appeared in "Come Blow Your Horn" with Frank Sinatra and "For Pete's Sake" with Barbra Streisand. But her most successful venture out of the Yiddish limelight was when she starred in the Broadway musical hit, "Milk and Honey," in the 1960s.

Curiously, for the daughter of

immigrants, whose name was Pyekoon, her command of the Yiddish language was considered inadequate when she first appeared on the Yiddish stage. Her husband, Joseph Kalich, who rescued her after the touring company she was with became stranded, took her to Eastern Europe shortly after their marriage in 1919 so that she could improve her fluency.

It was an investment which paid off for them both. He wrote at least 40 of the more than 200 successful Yiddish productions in which she appeared, most of them light operas and many with a humorous or romantic theme which appealed to the work-weary Jews of the lower East Side in the 1920s and the early 1930s.

The most celebrated of these was "Yankele," in which she played the part of a young boy. Contemporary criticism of this and other of her performances spoke frequently of the alternating gales of laughter and the copious tears she drew from her audiences. Jews around the world were touched by her appearance in the film version of "Yiddle with a Fiddle," which continues to be revived at festivals of Yiddish film. Almost her last appearance on a traditional Yiddish theatre stage in New York was in 1959, when she appeared in a show for which she had written the lyrics, while Shalom Secunda wrote the music to a book by her husband and Louis Freiman. Called "The Kosher Widow," it had two possible endings. The audience by their applause decided which ending should prevail.

Critics frequently spoke of her as the "Helen Hayes of the Yiddish theatre." When Miss Hayes was told of this by Miss Picon, she responded, "Molly, from now on I am going to claim that I am the shiksa Molly Picon."

331

# Ein Volk auf dem langen Weg

## Jüdische Lebenswelten: Claude Lanzmanns Dokumentarfilm „Warum Israel"

Er kommt mit seiner Familie aus der Sowjetunion nach Israel. Obwohl er nicht viel von jüdischer Religion weiß, fast gar nichts über den Staat der Juden, will er in das Gelobte Land, hat lange Zeit alles darangesetzt, in den Staat der Juden auswandern zu dürfen. Die Kamera des französischen Dokumentaristen Claude Lanzmann begleitet ihn bei seiner Fahrt in die neue Heimat, registriert sein Staunen, seine Hoffnung, sein Ergriffensein an der Klagemauer in Jerusalem. Der Film heißt „Warum Israel". Der über drei Stunden lange Dokumentarfilm aus dem Jahre 1973 wurde jetzt im Rahmen des die Ausstellung „Jüdische Lebenswelten" begleitenden Filmprogramms erstmals in Berlin gezeigt – in Anwesenheit des Regisseurs. Claude Lanzmann wurde international vor allem durch sein großes Dokumentarwerk „Shoah" über die Vernichtung der europäischen Juden durch den deutschen Faschismus bekannt. „Warum Israel" entstand dreizehn Jahre vor „Shoah". Und doch stehen beide Filme natürlich in engem Zusammenhang. Der Zuschauer, der den älteren Film nach dem jüngeren sieht, könnte fast annehmen, daß „Warum Israel" die Antwort auf „Shoah" ist – wie ja die Gründung des Staates Israel eine Antwort auf die Vernichtung der europäischen Juden war.

Ein Jude, der in der Diaspora lebt, ein französischer Intellektueller, kommt nach Israel, um diesen Staat wirklich kennenzulernen, nicht nur die Oberfläche, nicht nur eine flüchtige Draufsicht wagen, sondern versuchen, ein Land und seine Bewohner von innen her zu be- greifen. Warum Israel. Lanzmann begibt sich in den jüdischen Alltag. Er beobachtet Menschen bei der Arbeit, beim Einkaufen, sieht ihnen beim Mittagessen zu, interessiert sich für die jüdischen Gefängnisse, spricht mit den kleinen und gar nicht so kleinen Ganoven. Was bedeutet es, Polizist in Israel zu sein, beim Verhaften eines Kriminellen als „Faschist" beschimpft zu werden – wo er doch einer der Überlebenden von Auschwitz ist? Lanzmann beobachtet das alltägliche Leben und kommt dabei immer wieder zu den grundsätzlichen Fragen. Was ist das Ferment, das den Staat Israel zusammenhält? Ist es die Religion?

Der Franzose kommt zu dem Schluß, daß die Erinnerung an den Holocaust jener Stoff ist, der das Land zusammenhält. Und ein anderer Israeli behauptet, daß der Zusammenhalt der Juden in der ganzen Welt Mitte dieses Jahrhunderts durch die gemeinsame Religion immer schwächer geworden war. Deshalb entstand damals der Staat der Juden. „Wir sind nicht besser und nicht schlechter als die anderen, aber wir sind anders", bekennt ein Israeli.

### Zweitausend Jahre Unterdrückung und Verfolgung

Dieses Anderssein erklären die Israeli aus ihrer 2000jährigen Geschichte, einer Geschichte der Unterdrückung und Verfolgungen. Erst jetzt hat dieses Volk die Chance, „normal" zu werden, ein Volk wie jedes andere. Den Film hat Lanzmann zwischen Dezember 1971 und März 1972 gedreht. Ein Jahr Montagearbeiten folgte. Als der einige Monate zuvor schon festgesetzte Termin der Pariser Uraufführung kam, tobte in Israel der Jom-Kippur-Krieg. Der Film bekam so eine unbeabsichtigte, direkte Aktualität. Er entstand in den Tagen des „bewaffneten Friedens" und wurde während des Krieges aufgeführt. Israel hat die Chance, ein „normales Volk" zu werden. Und so, wie der Film nach zwanzig Jahren von seiner Aktualität eingebüßt hat, so ist auch heute Israel noch immer kein „normales Volk" geworden.

Lanzmanns Film ist auch eine Polemik gegen ein Bild, das ein Teil der europäischen Linken allzu lange und allzu gern von Israel gezeichnet hat: Israel, das Sparta, das Preußen des Nahen Ostens, der bis an die Zähne bewaffnete imperialistische Staat. Gewiß mag es für einen europäischen Pazifisten schwer sein, die Bilder jubelnder Panzersoldaten, marschierender Frauen-Soldaten zu sehen, doch der Film weist immer wieder darauf hin, daß Israel keine andere Wahl bleibt. Die Legitimation für seine Widerstandskraft erwächst aus der Geschichte. Nie wieder darf sich der Holocaust wiederholen. Ein unverändert aktu-

eller Film. Wir sehen die Einwanderungsbehörde bei ihrer Arbeit. Ein Offizier erklärt: „Wir müssen sie alle nehmen, können doch nicht auswählen, Kranke, Alte zurückschicken." Auch in Israel gibt es eine Asyldebatte – aber mit ganz anderen Akzenten als in Deutschland.

Lanzmann läßt einige Einwanderer von ihren Schicksalen erzählen. Zum Beispiel einen alten Mann aus Czernowitz, dem einstigen Galizien, der mal einen rumänischen Paß bekam, mal einen sowjetischen. Die Sowjets deportierten den Juden nach Sibirien. Jetzt erst, nach 32 Jahren kann er seinen Bruder in Israel besuchen. Wir hören das Sprachengewirr auf den Straßen der Städte. Vor Lanzmanns Kamera sprechen sie Englisch, Französisch, Russisch, Polnisch und sehr oft auch mit jiddischen Wörtern durchsetzt. In einem Fleischerladen kommen wir uns wie in einer deutschen Stadt vor. Ein deutscher Fleischerladen mitten in Israel. Dazu die Lieder des deutschen Juden Gad Granach, der 1933 Mitglied der Kommunistischen Arbeiterjugend Deutschlands war und jetzt Bürger Israels ist. Er singt voller Inbrunst die Lieder seiner Jugend: „Brüder, zur Sonne, zur Freiheit". Am Ende des Films kehrt Lanzmann noch einmal zu der russischen Einwandererfamilie zurück. Ihr Traum hat sich schon nach wenigen Monaten nicht erfüllt. Wieder sitzen sie auf gepackten Koffern, wollen in die Vereinigten Staaten auswandern. Sie haben sich nicht eingelebt, fühlen sich fremd, von den anderen immer wieder als privilegierte „Russen" diffamiert. Der Vorwurf des enttäuschten Mannes gipfelt in dem Satz: „Israel kommt mir vor wie die 16. Sowjetrepublik." Ein französischer Dokumentarfilm aus dem Jahre 1973, der nichts von seiner Brisanz und Aktualität verloren hat. Und passend zum Thema hört der Rezensent die Stimme einer Jüdin, die vor ein paar Wochen aus Rußland in das geeinte Deutschland gekommen ist. Sie sagt: „Als Jüdin in Rußland leben war einfacher als das Leben einer Ausländerin in Deutschland." Eine Stimme aus dem Jahre 1992. Warum Israel. Der Alltag, auch der unsrige, beantwortet die Frage stets aufs neue.

Michael H a n i s c h

# Nicht versöhnt

*Das Filmprogramm zur Ausstellung „Jüdische Lebenswelten – eine Bilanz*

Mit „Pflicht und Kür" ist das Verhältnis zwischen der Kernausstellung „Jüdische Lebenswelten" und ihrem erfreulich wildwucherndem Rahmenprogramm nicht adäquat beschrieben; zu wichtig waren die Ergänzungen, die durch Lesungen, Theateraufführungen und vor allem die Filmreihe im Martin-Gropius-Bau beigesteuert wurden.

Die Filmreihe, konzipiert und organisiert von Ulrich und Erika Gregor und Helma Schleif vom Verein Freunde der Deutschen Kinemathek, geht heute abend mit Janine Meerapfels *Im Land meiner Eltern* zu Ende, in dem Juden im Deutschland der Gegenwart ihre (schlechten) Erfahrungen mit den Nachbarn schildern.

Kein versöhnlicher Schluß, sondern einer, der auf die immer noch vorhandenen Ressentiments im deutsch-jüdischen Verhältnis hinweist. Wo die Ausstellung – zu Recht – die Leistungen der Assimilation hervorhob, zeigte das Filmprogramm – mit ebenso guten Gründen – die Zerreißproben jüdischer Erfahrung.

Die Identitätskrisen eines New Yorker Chamäleons namens *Zelig*, die zwiespältige Figur eines Chaim Rumkowski, des Leiters der jüdischen Selbstverwaltung des Gettos von Lodz, oder der Bruch, den die junge Israelin Noa zwischen ihren vom Getto geprägten Eltern und der zionistischen Jugendbewegung erlebt – wer auch nur einen dieser Filme gesehen hat, konnte einen Einblick in die Komplexität jüdischer Modernität bekommen, wie er in der Ausstellung höchstens auf der Fotogalerie oder unterm Bücherzelt zu haben war.

„Für mich", erklärt Erika Gregor, „war die Conditio sine qua non des Konzepts, daß die Judenvernichtung in unserem Programm, im Gegensatz zur Ausstellung, ein Schwerpunkt wird. Meine Zeitrechnung ist unterteilt in vor und nach Auschwitz, so haben wir auch die Filme ausgewählt." Auch hier hat das Programm eine möglichst komplexe Sicht gewährt: Statt des einmaligen Schockeffekts, wie er oft in schlechten Dokumentarfilmen oder in Schulbüchern durch Aufnahmen von Leichenbergen aus den Konzentrationslagern erzielt wird, zeigten Filme wie *Terezin Diary*, ein Dokumentarfilm über das Lager Theresienstadt, der Ausschnitte aus dem Propagandafilm *Der Führer schenkt den Juden eine Stadt* mit Interviews von Lagerinsassen und filmischen Verfremdungsmitteln formal dekonstruierte, wie man Geschichtsbilder aus Bildergeschichten herausdestillieren kann.

Keiner dieser Filme aber ist jemals so weit in das Zentrum der Vernichtung vorgedrungen wie Claude Lanzmanns vielfach preisgekrönter Film *Shoah*, erstaunlicherweise einer der bestbesuchten des Programms, in dem die Vergangenheit nur aus Zeugenaussagen von ehemaligen jüdischen Mitgliedern des „Sonderkommandos" der Vernichtungslager in Polen, deren polnischen Anwohnern und ehemaligen SS-Aufsehern evoziert wird. Auf den ursprünglich diskutierten Programmpunkt Antisemitismus (also Filme wie *Jud Süß*) haben die Veranstalter bewußt verzichtet. Es habe nicht in ihr Konzept gepaßt.

Zweiter Hauptschwerpunkt der Reihe waren jiddische Filme aus Polen, Österreich, Rußland und vor allem den USA. Die Gregors fanden sie mit Hilfe jüdischer Archivare und deren detektivischem Spürsinn für die fünfte Rolle eines Films, von dem zwei in Buenos Aires und zwei in Philadelphia lagerten, die dann schließlich in einem Archiv in Amsterdam vor sich hinstaubend entdeckt wurde.

Ähnlich passager wie die Schicksalslinien der Filmrollen sind auch die der Regisseure und der Protagonisten. Filmemacher Joseph Green zum Beispiel mußte erst von Lodz über Berlin, Wien und New York odyssieren, bevor er 1936 *Jidl mitn Fidl* in Polen, in einem Schtetl nahe der alten Heimat drehen konnte, der die New Yorker *Ghetto-Rose* Molly Picon, ebenfalls eine Immigrantin, in einer fulminanten Hosenrolle zeigt, unvergeßlich mit den Augen rollend.

„Mein Lieblingsfilm war *Fröhliche Arme*", sagt Erika Gregor, „weil er zeigt, wie diese Leute trotz aller Katastrophen immer wieder neu anfangen. Das ist lustig und ermutigend zugleich." Die jiddischen Filme erfreuten sich – besonders in den ersten Wochen der Ausstellung und während des Forums der Filmfestspiele – eines großen Zulaufs. Und Ulrich Gregor ist mehrmals mit russischen Emigranten ins Gespräch gekommen, die sich sowohl Spiel- als auch Dokumentarfilme über *Jiddischland* sahen.

Zu vermelden bleibt, daß sich anläßlich des Forums eine Gruppe von Aktivisten jiddischer Filmfestivals zu einem Verein zusammengeschlossen haben, der sich in Zukunft um die Verbreitung dieses Genres bemühen wird. Wenn es denn einmal das längst fällige jüdische Museum in Berlin gibt, kann es von kompetenter Hand mit einem der schönsten Filmgenres der Kinowelt bestückt werden.

MARIAM NIROUMAND

Schöne „Neue Welt" / Zwei Dokumentarfilme über jiddische Zeitungen in Amerika

# Weder Sprache noch Ideale der Großeltern gefragt

Zeitungsgeschichte ist Kulturgeschichte, und zwar in ihrer unmittelbarsten Form. Einen anschaulichen Beleg für diese publizistische These liefern zwei amerikanische Filme, die als Doppelprogramm im Rahmen der „Jüdischen Lebenswelten" im Berliner Martin Gropius-Bau sowie im Kino Arsenal gezeigt wurden.

„The Forward: From Immigrants to Americans" - Der Untertitel von Marlene Booths 1988 gedrehter Dokumentation ist programmatisch auch für den zweiten Film, „Free Voice of Labor - The Jewish Anarchists" von Steven Fischler und Joel Sucher aus dem Jahre 1980. Blütezeit und Niedergang von zwei jiddischen Zeitungen in den USA werden hier beschrieben, eine Entwicklung, die parallel läuft mit der zunehmenden Assimilierung der Ende des 19. Jahrhunderts eingewanderten osteuropäischen Juden.

Einer von denen, die 1882 erstmals die Freiheitsstatue erblicken, ist Abraham Cahan. Wenige Jahre später tritt er der Sozialistischen Partei bei und beschließt, eine Zeitung für Arbeiter zu machen, eine jiddische Zeitung für jiddischsprechende Arbeiter. Im April 1897 erscheint „The Forward". „It was a mirror of Jewish life", sagt ein Leser in Booths Kamera. Das heißt: quasi-familiäre Kontaktstelle und Berater in allen ungewohnten Lebenslagen, kurz: ein Mittler zwischen der alten und der neuen Kultur. Cahan läßt in seinem Blatt so schreiben, wie die Leser sprechen, und kultiviert ein Jiddisch, das durchsetzt ist mit Amerikanismen. Während des Ersten Weltkrieges erreicht die Zeitung eine Auflage von 200.000 Stück. 1987 feiert die Redaktion den 90. Geburtstag des „Forward". Booths Schwenk durch den Saal zeigt durchweg betagte Gesichter.

Simon Weber, der nach Cahans Tod 1957 an dessen Stelle getreten ist, kündigt seinen Rücktritt an. Sechs Monate später ist er tot. Sein Wunsch, auch noch den 100. Geburtstag der Zeitung zu erleben, wird wohl auch für seine Kollegen nicht in Erfüllung gehen. Die Enkel und Urenkel der Einwanderer sprechen und lesen kein Jiddisch mehr, brauchen kein Mittler-Organ mehr zwischen sich und der amerikanischen Kultur, leben ihr Judentum als „born Americans".

Ähnliches zeigen Fischler/Sucher, die in ihrem Film über die jüdisch-anarchistische Zeitung „Free Voice of Labor" historische Filmszenen und dokumentarisches Material mischen. 1977 stellte dieses einstige Forum für Arbeiter der Textilindustrie sein Erscheinen ein - die neue Generation kann weder mit der Sprache noch mit den Idealen ihrer Großeltern etwas anfangen. Die Notwendigkeit eines gegenstaatlichen Lebensentwurfes besteht für sie nicht mehr, mit Anarchie verbinden sie nurmehr Familiengeschichte.

„The Forward" und „Free Voice of Labor" - ihre Entwicklung dokumentiert einerseits die Integration osteuropäischer Juden in die amerikanische Gesellschaft, andererseits den Verlust jiddischer Tradition. Zwei jiddische Zeitungen, die aus der Arbeiterbewegung entstanden, sie in Amerika mittrugen und mit beiden ihrer konstituierenden Elemente an Bedeutung verloren.                    *Petra Kohse*

Jewish Chronicle, London, 1. Mai 1992

# Wim Van Leer

**Wim Van Leer (centre) in 1990, with Sam Ostro (left) and Arthur Bird, two of the Jews he rescued from German concentration camps after Kristallnacht in November 1938 and took to Welwyn Garden City**

Wim (Willem) Van Leer, who has died in Israel aged 78, was a talented adventurer, who risked his life bringing out young Jews from pre-war Germany.

Born in Amsterdam, he came from a wealthy non-observant family. His father created a multinational engineering company and he left home at 17 to train as an engineer in Switzerland.

But he was not supported by his father and resorted to jazz-playing for a living. He worked on engineering construction projects in Trinidad, Italy and in Germany, where he saw Hitler's rise to power at first hand.

In 1933, he moved to Ireland, where he fell in love with the English language and theatre. The next step took him to England, where he settled in Welwyn Garden City and founded a small, but successful, metal factory.

In 1938 he was asked by the Society of Friends, the Quakers, to take charge of a rescue operation in Germany for the victims of Nazism. His underground work in the Leipzig area led him to deep commitment to Zionism. His mother was later to endow the Van Leer Institute, which houses the Israel Academy, when the academy was founded in 1959.

During the Second World War, he served as a pilot in the Dutch Air Force, then returned to England to help restart the industrial effort.

In 1947, he joined the Haganah and engaged in arms smuggling and covert aircraft puchasing. During Israel's War of Independence in 1948, he fought as an air force pilot and then made his home in Israel.

For the next 20 years, he in turn founded Israel's first crop-spraying unit — subsequently sold to the government — worked for a year on agricultural-industrial research for the Ministry of Agriculture, led an exhibition to Tibet in search of Tsarist treasures, turned a derelict steel plant into a thriving success, founded the Israel Film Institute on similar lines to the British Film Institute, and produced an award-winning film, "Description of a Struggle."

The Eichmann trial gave him the idea for a play, "Patent Pending," produced in London in 1965, based on the story of a factory which grabs an order for producing crematoria. Critics found the tone too hectoring to be dramatically effective.

He wrote short stories for English magazines and a regular column for the "Jerusalem Post." In July 1990, he renewed his Irish connection with the establishment of the annual Jerusalem Bloomsday Prize for Irish writers.

Reflecting his love of cinema, he and his wife Lia founded the Jerusalem Cinemathèque which, despite rabbinic opposition and demonstrations, succeeded in staying open on Friday nights.

He was a colourful and restless figure, unafraid of controversy. He is survived by his wife and daughter.

# LE CINÉMA YIDDISH AU FESTIVAL DE BERLIN

Le programme "Jüdische Lebenswelten" (Monde juif) présenté par Le Forum de Berlin était consacré à quelques films en yiddish. Films datant des années trente et d'origines diverses - *Le Dibbouk* et *Jidl mitn fild* sont polonais, *Le Retour de Nathan Becker*, soviétique, *Grine Felder*, américain.

Ils font revivre un mode de vie disparu à l'époque de leur réalisation, celui des petits villages appelés schtetl en yiddish. Ce n'est ni le ghetto, ni le quartier des grandes villes. La vie dans les schtetl date du Moyen-Age, s'est conservée en Lituanie, en Pologne, en Ukraine et Russie blanche jusqu'à la fin du 19ème siècle. Les Juifs y étaient majoritaires, exerçaient de petits artisanats, recevaient des impôts pour les princes, parfois même labouraient la terre. Communautés très structurées qui commencèrent à disparaître avec la grande émigration de la fin de siècle vers les villes.

Les cinéastes qui célébrèrent la vie dans les schtetl étaient des intellectuels émigrés mais dont les parents avaient connu l'ancien mode de vie. Tous leurs films (ceux montrés à Berlin) ont en commun la langue yiddish ; on n'y trouve aucune allusion aux pogroms ni à l'antisémitisme, mais la nostalgie d'une vie pauvre mais nourrie de tradition ; les motifs se retrouvent d'un film à l'autre : scènes de marché, errance de musiciens de rue, noces juives, amours contrariées et mariage forcé. Certains auteurs décrivent le mode de vie hassidique ; l'accent est alors mis sur l'aspect religieux avec les personnages de Wunderrabbi, les rabbins miraculeux, les étudiants pieux, les légendes comme celle du Dibbouk ; les éléments issus de la Kabbale ; costumes et acteurs sont typés comme dans les films non juifs, *Le Golem* ou *Baruch* (de Dupont).

Ces films devant un public mal informé jouent sur l'exotisme. C'est pour leur valeur de témoignage quasi-ethnologique qu'ils ont été présentés avec d'autres à l'exposition "Jüdische Lebenswelt" qui se tient en ce moment au Musée Martin Gropius à Berlin Est. Vus dans un Festival de cinéma, leur impact est autre. Ulrich Gregor, le directeur du Forum, les a sélectionnés pour leur valeur cinématographique ; s'y manifeste l'interpénétration de deux traditions, celle du cinéma déjà adulte en 1930, celle plus ancienne du théâtre juif.

Celui-ci se développe en Russie tsariste à la fin du 19ème siècle. Des hommes de théâtre émigrent en 1900 aux USA, d'autres gagnent la Pologne ou la Lituanie, d'autres enfin sont influencés par le théâtre russe non juif. Si bien que comme l'écrit Gregor dans la préface du catalogue de l'expo, "on est

*Le Dibbouk*, Michal Waszynski, 1937.

obligé de décrire le développement du théâtre et du cinéma yiddish comme un processus commun à l'Europe centrale et aux USA". A New York, la renommée des acteurs et metteurs en scène juifs intéresse les hommes d'affaires des studios ; paradoxalement certains émigrés retournent au pays natal pour y tourner des films en yiddish ; l'arbre a des racines solides ; le tronc se sépare en deux branches culturelles : le film yiddish américain de caractère populaire qui "vend" les vedettes célèbres du théâtre new yorkais, Molly Picon ou Golstein et un cinéma polonais ou soviétique tout activé par les ferments artistiques des années vingt. Une pièce comme *Le Dibbouk* écrite pour un théâtre juif lituanien est mise en scène à Moscou par Vachtangov ; *Le Retour de Nathan Becker* mêle les inventions de la Feks et celles du théâtre Kamerny moscovite.

Un cinéma stimulant parce que, au-delà des témoignages qu'il donne sur une civilisation assassinée, il révèle l'état d'esprit des spectateurs juifs en 1930, un public à la fois bouleversé par le rappel d'un passé proche et déjà formé par les codes cinématographiques du cinéma soviétique et américain.

*Le Retour de Nathan Becker* (1932) est un film soviétique de Schpis et Millman. Nathan, émigré aux USA depuis vingt ans, revient au pays ; maçon, il est embauché par les Soviétiques mais entre en conflit avec les responsables parce qu'il soutient l'excellence des procédés de construction à l'américaine.

Une intrigue qui repose sur un fait de société : les Juifs d'Europe centrale émigrés aux USA au début du siècle sont touchés par la crise de 29 et beaucoup de Russes reviennent chez eux où ils trouvent un bon accueil et du travail. Un film de propagande qui parle du plan quinquennal, de l'humanisme des dirigeants, de la mutation des pauvres artisans crève-la-faim en bons ouvriers communistes, de la supériorité des méthodes soviétiques.

L'originalité de ce film jusqu'ici mal connu tient à ses éléments artistiques. Nathan Becker, le protagoniste, est joué par Dmitri Gutman, un acteur de la Feks (il tient un rôle dans *La Nouvelle Babylone*) et le père Becker qui l'accueille au village est Solomon Michoels le fameux acteur du "Kamerny" juif de Moscou. Leur jeu est stylisé, antinaturaliste ; ils ont le même âge et "représentent" un père et un fils ; l'humour juif apparaît dans le dialogue (au nègre qui revient d'Amérique avec Nathan, son père dit "et lui, c'est aussi un Juif ?" réponse : "c'est un maçon"). Humour gestuel aussi quand le père Becker (Michoels) se met à danser avec un petit buste de Marx et se regarde au miroir. Schpis et Millman venus de la Feks réussissent autant l'évocation terrible du schtetl délabré que celle de l'Amérique ; quelques secondes de plans hyper-courts, à la limite de la perception, où se carambolent des images de pub, de gratte-ciel, de danse - 1920. Très Feks aussi, la séance de duel entre Nathan et un jeune ouvrier ; chacun construit son numéro à sa façon et la

séance se fait dans un petit cirque comme un numéro de clown ; attraction dans la fiction et pour le spectateur. *Le Retour de Nathan Becker* est un document rare de l'osmose de deux traditions, la juive et la soviétique d'avant-garde ; œuvre de transition au moment où une idéologie déjà bétonnée était présentée par des jongleurs et des blagueurs.

*Jidl mitn Fidl* (*Jouer du violon*, 1936) de Joseph Green et de Jan Nowyna Przybulski est un film polonais-américain. Il raconte l'ascension sociale d'une petite musicienne de rue qui prend la route avec son vieux père expulsé de sa maison. Devenue musicienne errante, elle se déguise en garçon et tombe amoureuse d'un autre musicien. La petite sauvageonne à casquette devient une grande vedette du music-hall. Un rôle pour Molly Picon qui reprenait ses succès de théâtre.

Un film à thème juif et intrigue à l'américaine. Côté juif, des savoureuses scènes de marché, des disputes entre groupes de musiciens concurrents, l'extraordinaire mimique des corps comme happés par la musique ; des blagues du genre: "Papa ne pleure pas, Adam aussi a été expulsé du paradis et ici ce n'est pas vraiment le paradis". Côté américain, la mise en scène des chansons avec la fille sur une charrette de foin et les joyeux paysans qui reprennent les refrains ; quelque chose entre la comédie musicale et le "road movie". Totale-

Molly Picon, dans **Jidl mitn fidl**, Joseph Green et Jan Nowina-Przybylski, 1936.

Fortsetzung nächste Seite

Avec *Grine Felder* (*Vertes Prairies*) d'Edgar G. Ulmer nous retrouvons un thème hassidique inspiré d'une pièce jouée au théâtre d'Art juif : la rencontre d'un jeune rabbin Lévy Yitzchok dégoûté des livres et qui part à la recherche d'un peuple pieux. Au début de l'errance il est hébergé par des paysans russes juifs. La famille est fière d'engager un précepteur savant pour leur fils Avram, le jeune étudiant retourne sans enthousiasme à ses livres mais découvre avec son jeune élève plein de vie et sa sœur Tzineh, que le monde est bon et le rapproche de Dieu. Un éveil au grand air et à l'amour.

Ulmer, dans une belle interview à Peter Bogdanovitch, rappelle que son film est une œuvre "digne, pas du cinéma poubelle, sans ces barbes qui font ressembler les personnages à des cinglés". Il revendique son originalité, pas du Maurice Schwartz, l'acteur-régisseur tant admiré de l'Art Théâtre, pas du cinéma bon marché comme celui de Molly Picon. Et de fait l'histoire de Lévy Yitzchok représente l'esprit et non le folklore hassidique, son rejet de l'enseignement poussiéreux et élitiste du Talmud, son caractère populiste, son désir d'aller au peuple dans la vie, l'intuition que la vie est supérieure aux exégèses, bref un petit côté *Jetons les livres et sortons dans la rue* étonnant en 1937. Lévy Yitzchok, comme les deux patriarches paysans ne sont pas typés comme les figures issues du théâtre et Lévy reste avant tout un jeune homme timide, frère du Thimmig de Lubitsch dans *La Poupée* que l'approche d'une jeune fille met en fuite. Comme *Le Dibbouk*, le film est marqué par l'influence du cinéma muet ; dans la belle séquence initiale de la synagogue, les étudiants psalmodieurs et dodelinants sont à la fois fantômes et marionnettes, puis on plonge dans le grand air, la lumière, les champs de blé, les vignes où se pourchassent des adolescents ; encore une fois on repense au grand Murnau dont Ulmer fut assistant pour *L'Aurore*. Insolite au soleil et dans l'espace, le jeu stylisé des acteurs venus du théâtre. Tous sont excellents, sauf la petite à bouclettes et petites mines, la jeune Helen Beverley, aux tics hollywoodiens.

**Andrée Tournès**

Jeune Cinéma a déjà traité dans le n° 216 (spécial Cannes) de : *Ballroom dancing* (*Strictly ballroom*) ; *Luna Park* ; *Léolo* : *Bob Roberts* : *Les Enfants volés* (*Ladro bi bambini*) : *The Long day closes* : *Des souris et des hommes* ; *Reservoir Dogs* : *Simple men* : *Et la vie continue* : dans le n° 214 de *Par l'épée* et dans le n° 210 de *Como ser una mujer*.

ment réussie l'osmose entre un fait de société américain, les filles qui prenaient la route en pantalon et casquette et la chronique juive qui raconte des histoires de filles déguisées pour suivre un enseignement religieux interdit aux femmes. Molly Picon avec ses trente-sept ans bien avancés fait actrice vieillie dans ses numéros de music-hall féminin mais elle est émouvante en fille émue par son partenaire ; des gestes ambigüs, une sexualité exaltée ; un érotisme léger anime des personnages et des scènes un peu conventionnels. On ne peut oublier le moment de théâtre où elle enlève sa casquette, libère ses cheveux et crie : "Je suis fille et j'aime". On pense aux audaces du premier *Victor Victoria* allemand plutôt qu'aux héroïnes un peu sucrées des comédies populaires américaines de 1930.

*Le Dibbouk* est avec *Grine Felder* le seul film connu en France. Des festivals parisiens l'ont montré, les communautés juives en possèdent des copies. Celle de Berlin restauré retrouve la splendeur formelle évanouie dans les copies anciennes. Le film, tiré d'une pièce de théâtre évoque une vieille légende hassidique : deux amoureux promis l'un à l'autre par leurs parents respectifs se voient séparés : le jeune homme meurt foudroyé en essayant de conjurer les esprits selon la Kabbale ; au mariage, la jeune Léa refuse la cérémonie : elle parle avec la voix de son aimé, possédé par le Dibbouk, esprit du mort arraché prématurément à la vie.

L'histoire est étrange avec son personnage de doux rabbin miraculeux, son messager céleste qui dirige le destin, le jeune Chanon qui pratique la Kabbale, invoque les démons et rappelle que dans tout mal réside un bien. Et les scènes de possession et d'exorcisme sont impressionnantes quand la jeune Léa parle avec la voix mâle de celui qui l'habite ; toutes qualités inhérentes à la pièce d'Anski. L'insolite du récit est porté par celui de la réalisation. Waszinski le cinéaste polonais, garde la mise en scène fixée une fois pour toutes par Vachtangov en 1921 au théâtre hébreu de Moscou : silhouettes cassées ou fluides, danses rituelles, composition théâtrale en triangle, rectangles, organisation des plans dans le décor plus que dans le cadre ; mais Waszinski a été formé en Allemagne, a travaillé chez Murnau et tout d'un coup, l'apparition d'un lac, le frémissement d'une tempête annoncée, fait penser à ses échappées en plein air qu'on aime tant dans un film comme *Gang in die Nacht* ; autre trait, l'irruption du comique : l'hésitation des deux nigauds d'étudiants pieux, qui par sept fois hésitent à s'adresser au rabbin pour lui confier leur projet de marier leurs futurs enfants, les réponses du rabbin : "on ne décide pas, on accepte ; on ne projette pas, on attend", l'ascension sociale du papa de Lea (prêteur d'argent) montée en accélérée avec une pile de sous qui grimpent et Lea qui grandit ; un temps béni où à l'abri des "genres" castrateurs le cinéma riait et frissonnait en roue libre.

# Jüdische Lebenswelten

## Über die Renaissance eines Themas und eine Filmreihe des Berlinale-„Forums"
### *von Horst Pöttker*

### I.

Über der Tür meines Hotels in der Meineke-straße fällt mir eine Tafel auf, die daran erinnert, daß sich bis 1940 in diesem Gebäude das Palästina-Büro der „Jewish Agency" befand, das Tausenden deutscher Juden zur Emigration verhalf und damit das Leben rettete. Auf dem Weg zu den Vorführungen des „22. Internationalen Forums des Jungen Films" bleibe ich vor einer Glasvitrine auf dem Kurfürstendamm stehen, in der eine Buchhandlung Literatur über jüdische Geschichte und Kultur ausstellt. Und kurz bevor ich beim „Delphi" ankomme, verweile ich einen Augenblick vor dem Gitter des jüdischen Gemeindezentrums in der Fasanen-straße, in dessen sonst nüchterne Neubaufassade erhalten gebliebene Bogenstücke der großen Synagoge integriert sind, die früher an dieser Stelle stand.

Warum nehme ich solche Spuren, an denen ich früher vorübergegangen bin, in diesem Jahr wahr? Sicher, mein Blick ist dadurch geschärft, daß ich auf dem Weg zur Filmreihe „Jüdische Lebenswelten" bin, mit der das „Forum" heuer jeden Festivaltag beginnt und die als cinematographische Ergänzung zur gleichnamigen Ausstellung der Berliner Festspiele im Gropius-Bau gedacht ist. Aber sind nicht Ausstellung und Filmreihe, so langfristig sie geplant sein mögen, auch ihrerseits Folgen eines gewachsenen öffentlichen Interesses an Geschichte und Kultur der Juden? *Jüdische Lebenswelten* – diesem Titel liegt wohl auch die Idee zugrunde, der schattenhaften Todeswelt von Auschwitz, die seit bald fünfzig Jahren mit dem jüdischen Namen assoziiert wird, nun auch wieder ein farbiges Bild von Vielfalt und Reichtum jüdischer Existenz in der Welt gegenüberzustellen. Jedenfalls scheint es nicht übertrieben, von einer Renaissance des öffentlichen Interesses an der jüdischen Kultur zu sprechen, die sich in Veranstaltungskalendern und Feuilletonspalten niederschlägt.

Worauf mag dieses – nach Jahrzehnten des Verdrängens – endlich wiedererwachte In-teresse zurückzuführen sein? Meine These ist, daß man die Gründe nicht nur in den einschneidenden allgemeinen Veränderungen der letzten Jahre suchen sollte, sondern in einer Art von Wechselspiel zwischen ihnen und den Besonderheiten der jüdischen Geschichte und Kultur.

### II.

Nicht der letzte Grund für die Präsenz jüdischer Themen in der Öffentlichkeit dürfte in einer *präventiven Reaktion* auf das liegen, was man *die neue Unduldsamkeit* nennen könnte, die vielleicht ihrerseits eine Reaktion auf die schon nicht mehr ganz „neue" Unübersichtlichkeit ist. Muß es die Davongekommenen der Shoah und ihre Nachfahren nicht das Fürchten lehren mitanzusehen, wie im vereinten Deutschland Asylantenheime in Brand gesteckt werden, wie in einer der beliebtesten Kriminalfilmreihen des ZDF Monat für Monat klammheimlich um Verständnis für Selbstjustiz an kriminellen Außenseitern geworben wird oder wie kroatische Gastarbeiter bei ihren Betrieben dagegen protestieren, wenn es in der Kantine serbische Bohnensuppe gibt?

Sicher, Juden sind gegenwärtig nicht das bevorzugte Objekt der aufkeimenden Intoleranz. Die mit Auschwitz verbundene Scham bewirkt, daß ein unterschwelliger Antisemitismus sich allenfalls nachts und gegenüber jüdischen Grabsteinen zu artikulieren wagt. Aber gilt es nicht auf der Hut zu sein vor der Gefahr, daß dieser verdrängteste aller inhumanen Fundamentalismen im Zuge der „Normalisierung" nach dem Ende von Kommunismus und Antikommunismus doch wieder sein Haupt erhebt? Die kluge Einsicht, daß Vorsicht besser als Nachsicht ist, mag eine Öffentlichkeitsarbeit motivieren, die keine Zweifel am offiziellen Wohlwollen für die mageren Reste jüdischer Kultur in Deutschland aufkommen lassen will. Jerzy Kanal, der stellvertretende Vorsitzende der jüdischen Gemeinde in Berlin, hat sich bei der Trauerfeier für Heinz Galinski besorgt über den wachsenden Fremdenhaß besonders bei jungen Menschen geäußert. Um den Juden ein angstfreies Leben in einem demokratischen Deutschland zu garantieren, müsse dieser Entwicklung Einhalt geboten werden.

Die Zuschauer im „Forum" wurden durch Filme für solche Gefahren sensibilisiert, die bekannte und weniger bekannte historische Beispiele für Antisemitismus und Judenverfolgung auf die Leinwand bringen. Dmitri Astrachans Spielfilm *Isydi!* („Hinweg!", Rußland/UdSSR 1991) beschwört an einem fiktiven Beispiel (nach Erzählungen von Scholem Alejchem, Alexander Kuprin und Isaak Babel) die Atmosphäre von Angst und Gewalt herauf, die Antisemitismus und Pogrome im zaristischen Rußland begleiteten. Er beginnt mit schwarzweißen, dem Zuschauer das Blut in den Adern gefrieren machenden Bildern des grauenvollen Zustands, nachdem die Welle blinder Zerstörungswut

> *„Ich bin nie einer Idee begegnet, die mich so überwältigt hat wie die Idee, daß diese Welt nicht bleiben kann wie sie ist. Diese einzige, fordernde Gewißheit bestimmt, seit ich denken kann, mein Sein als Jude und Zeitgenosse."*
>
> Manès Sperber

über die Juden hinweggegangen ist. Dann wird die Vorgeschichte dieses Pogroms erzählt, der man wie einer allmählichen Entzifferung der fast mythischen Schreckensbilder am Anfang folgt.

Gleichwohl paßte Astrachans Film in die Reihe „Jüdische Lebenswelten", denn er zeigt das „Schtetl", das Ghetto, in dem die osteuropäischen Juden vom späten Mittelalter bis zur Vertreibung und Vernichtung durch die Nazis lebten, nicht als finsteres Jammertal, sondern als Ort des Lichts und der Farben, der von kraftvollen Menschen bewohnt wird, die sich mit List und notfalls auch mit Gewalt ihrer Haut zu wehren wissen. Einem von der Polizei angeordneten Pogrom kommt die jüdische Familie zuvor, indem sie selbst die Federbetten aufschlitzt und ein altes Klohäuschen in Flammen setzt. Und der alte jüdische Zwiespalt, ob man vor der feindlichen Umgebung flüchten oder ob man sich gegen sie auflehnen soll, mündet am Ende in den stolzen Entschluß, auch gegen eine erdrückende Übermacht die Waffe in die Hand zu nehmen.

Überhaupt werden die Juden nicht nur als Opfer gezeigt, sondern auch als Täter, die ebenso gnaden- wie achtlos einen Pferdedieb töten, der der noch schwächeren Minderheit der Zigeuner angehört. Ich habe es als besondere Stärke dieses Films empfunden, daß er nie in einen verklärenden Philosemitismus verfällt, der beim Publikum in Antisemitismus umschlagen müßte, wenn sich die real existierenden Juden nicht als bessere Menschen, sondern eben nur als Menschen erweisen.

Vielleicht konnte der Regisseur Dmitri Astrachan der Versuchung des Philosemitismus widerstehen, weil er selbst Jude ist. In der Diskussion nach der Vorführung bedankte er sich beim „Forum" für die Gelegenheit, seinen Film in Deutschland zu zeigen, wo es ja auch Antisemitismus gebe. Die Dolmetscherin ließ diese Formulierung bei

mer noch erst wirklich, wenn man es durch einen minutiös recherchierten Film wie diesen nachgewiesen bekommt.

Genaues Wissen über die auch unter der roten Fahne fortgesetzten Judenverfolgungen in Rußland ist deshalb so wichtig, weil es daran erinnert, daß staatstragende Ideologien eine Gesellschaft nicht gegen den Antisemitismus immunisieren. Immerhin diente der Antifaschismus, die Todfeindschaft gegenüber jenem Staat, der die Vernichtung der Juden offiziell zu seinem obersten Ziel gemacht hatte, in der Sowjetunion und den mit ihr verbündeten Ländern die ganze Nachkriegszeit hindurch als zentrale Legitimation. Und die sozialistische Bewegung,

schaftsbekundung gegenüber dem jüdischen Volk hin.

### III.

Beim zweiten Grund, von dem ich meine, daß er für die Renaissance des jüdischen Themas in unseren öffentlichen Diskursen eine Rolle spielt, handelt es sich um einen Wesenszug der jüdischen Geschichte, der durch einen globalen Trend unserer Zeit aktualisiert wird. Wir erleben stärker als jede Generation zuvor, wie eine internationale Medienindustrie kulturelle Besonderheiten in aller Welt zudeckt und planiert. Das ruft Unbehagen und Gegenkräfte hervor, nicht nur in der Dritten Welt, wo wegen des „Kulturimperialismus" borniere Nationalismen immer wieder Fuß fassen können, sondern auch in Europa. Es gibt immer noch Franzosen, denen das „McDonald's"-Logo an den historischen Orten ihres Landes ein Dorn im Auge ist. Und wir Deutsche, zu einem etwas bildungsbürgerlichen Sprachpurismus neigend, regen uns gern über die Amerikanismen in unserem Mutteridiom auf.

Muß in einer Zeit, in der es vielen vorkommt, als gehe mit ihrer besonderen Lebensweise stückweise auch ihre Kenntlichkeit, ihre Identität als Person oder als Volk verloren, ein offenbar auserwähltes Volk nicht besonderes Interesse finden, dem es über zwei Jahrtausende in der Diaspora gelungen ist, *mit der Religion der Urväter auch deren besondere Lebensweise und Kultur zu bewahren?* Erregt es angesichts der unspezifischen Comic- und Actionprogramme, von denen sich unsere Kinder und Jugendlichen mit Vorliebe zerstreuen lassen, nicht unsere Bewunderung, ja unseren heimlichen Neid, wenn wir bei Pnina Navè Levinson lesen, daß in vielen jüdischen Familien die Speise- und Sabbatregeln, die Festtage und Gebete bewußt eingehalten und gepflegt werden, um kleinen und größeren Kindern das Gefühl der Geborgenheit zu geben? Ist es erstaunlich, wenn wir uns fasziniert nach dem Geheimnis hinter der Kraft fragen, die die Juden trotz aller Diffamierung und Verfolgung durch die Jahrtausende an ihrem Glauben und ihren Sitten festhalten ließ? Liegt dies Geheimnis am Ende vielleicht gerade darin, *daß* sie von einer feindlichen Umwelt diffamiert, verfolgt und zwangsbekehrt wurden, während der Erfolg der globalen Kulturindustrie darauf beruht, daß ihren Verlockungen freiwillig Folge zu leisten ist?

Das „Forum" führte drei Filme vor, die deutlich werden lassen, wie sich die Eigenständigkeit der jüdischen Kultur in den dreißiger Jahren auch auf der Leinwand auszuprägen begann: *Jidl mitn Fidl* von Joseph Green mit Molly Picon (Polen 1936), *Dybuk* von Michal Waszynski (Polen 1937) und *Grine Felder* von Edgar G. Ulmer (USA 1937).

*Aus:* Dybuk *von Michal Waszynski (Polen 1937)*

der Übersetzung spontan unter den Tisch fallen. Mir schien das weniger ein absichtliches Versäumnis als eine unbewußte Scheu, den seit 1945 aus Deutschland verbannten Teufel auch nur beim Namen zu nennen. Aber gerade das zeigt eben, wie wichtig ein Film wie *Isydi!* in unseren Kinos wäre.

Wie tief der verdrängte Antisemitismus sitzt und daß er auch in dunklen Kapiteln der Geschichte eine Rolle gespielt hat, die wir aus ganz anderen Gesichtswinkeln zu betrachten pflegen, zeigt Semjon Aranowitsch' großer Dokumentarfilm *Bolschoj konzert narodow* („Das große Konzert der Völker", Rußland/UdSSR 1991), den das „Forum" konsequenterweise außerhalb der Reihe „Jüdische Lebenswelten" zeigte. Daß unter Stalin mehr Kommunisten umgebracht worden sind als unter Hitler, davon hat man mittlerweile Kenntnis genommen. Daß aber Mitarbeiter antifaschistischer Komitees, angesehene Intellektuelle wie der Schauspieler Michoëls oder die Schriftsteller Fefer und Markisch wenige Jahre nach dem Krieg gegen Nazi-Deutschland in der Sowjetunion verfolgt wurden und ihr Leben lassen mußten, *weil sie Juden waren,* das begreift man wohl im-

auf die Lenin und seine Nachfolger sich beriefen, war nicht zuletzt von den nach Emanzipation dürstenden Juden in den osteuropäischen Ghettos in Gang gesetzt worden. Kein Wunder, daß die Sowjetunion der zwanziger und frühen dreißiger Jahre noch den trügerischen Anspruch erhob, sogar den außerhalb Europas lebenden Juden eine neue Heimat zu bieten, in der sie unbehelligt, ja geborgen würden leben können.

Die jüdischen Autoren und Regisseure Perez Markisch, Boris Schpis und Raschel Milman griffen diesen Anspruch in ihrem auch in einer jiddischen Version gedrehten Film *Nosn Beker fort ahejm* („Die Rückkehr des Nathan Becker", UdSSR 1932) bereitwillig auf und belohnten ihn mit propagandistischen Konzessionen an die realsozialistischen Ideologien des Antiamerikanismus und der Arbeitsnormerfüllung.

Daß auch dieser Film in der Reihe „Jüdische Lebenswelten" zu sehen war, wies vor dem Hintergrund unseres Wissens über die spätere Entwicklung in der Sowjetunion ein weiteres Mal (und höchst aktuell) auf die Brüchigkeit jeder offiziellen Überwindung des Antisemitismus und jeder plakativen Freund-

In *Dybuk* und *Grine Felder* drückt sich die kulturelle Eigenständigkeit vor allem dadurch aus, daß Stoffe aus der jüdischen Tradition wie die Legende vom toten Verlobten, der als „Dybuk" vom Körper des geliebten Mädchens Besitz ergreift und wieder ausgetrieben werden muß, oder Motive aus der chassidischen Naturmystik so in Bilder umgesetzt werden, daß die Authentizität des Brauchtums erhalten bleibt.

In *Jidl mitn Fidl* kommt dann noch eine besondere Filmsprache hinzu, bei der Bild und Musik, Handlung und gesungenes Lied sich ablösen und gegenseitig kommentieren. So gesehen kann die amerikanische Musicaldramaturgie als jüdischer Beitrag zur Weltkultur aufgefaßt werden. Jüdisch, oder vielleicht besser: jiddisch daran scheint mir nicht zuletzt ein pfiffiger Realitätssinn, der auf der Unterhaltsamkeit der Filmkunst besteht, um in die Diskussion ihrer Anliegen ein möglichst großes Publikum einzubeziehen. Joseph Green: „Ein jiddischer Film... sollte auch die Werte unserer Kultur und unsere Sprache unverfälscht darstellen; vor allem aber muß er unterhaltsam sein."

Eine Wendung ins Nostalgische erfährt das Thema Kulturbewahrung durch das in einem typischen Schtetl spielende Melodram *The Man Without a World.* Denn Eleanor Antin hat diesen Stummfilm, der durchaus überzeugend auf die Tradition des alten jiddischen Theaters zurückgreift, erst 1991 in den USA gedreht. Ihr geht es sowohl in inhaltlicher als auch in formaler Hinsicht darum, die untergegangene Lebenswelt des Schtetls wenigstens auf der Leinwand wiedererstehen zu lassen. Einem solchen Unternehmen haftet immer etwas Resignatives an, weil das Abreißen einer Tradition gerade dadurch bewußt gemacht und besiegelt wird, daß man sie nachträglich in Reinkultur evoziert.

Frei von solcher Melancholie ist dagegen der Dokumentarfilm *Soll sein* von Henryk M. Broder und Frans van der Meulen (Deutschland/Israel/Niederlande 1985–1989). Es geht um die jiddische Kultur, die die Einwanderer aus Osteuropa nach Israel mitgebracht haben, und um die Frage ihres Fortbestehens. Zu Wort kommen Schriftsteller, Redakteure, Schauspieler, Politiker oder Sänger, die sich um die Pflege des bei Zionisten seit jeher unbeliebten Jiddischen kümmern. Zu Wort kommt aber auch ein alter Schuster, für den die noch im Schtetl erlernte Muttersprache weniger ein Gegenstand bewußten Interesses als gelebter Alltag ist.

In der Diskussion nach der Vorführung stellte sich heraus, daß es den beiden Filmemachern ebenfalls um das Festhalten oder gar schon Rekonstruieren eines kaum noch existierenden Zustands ging. Sie fürchten, daß das linke jiddische Milieu um den 1897 in Wilna gegründeten „Bund" („Allgemeiner Jüdischer Arbeiterbund für Litauen, Rußland und Polen"), in dem die pazifistischen und internationalistischen Ideen der osteuropäischen Arbeiterbewegung in Israel weiterleben, in wenigen Jahren verschwunden sein wird.

Nostalgisch wird der Film dennoch nicht, vielleicht, weil viele Gesprächspartner gerade die anarchische Vitalität des Jiddischen hervorheben. Daß die „Jiddischkeit", die über Jahrhunderte allen Ausrottungsversuchen getrotzt hat, ausgerechnet im jüdischen Staat ihr endgültiges Ende finden könnte, ist auch deshalb ein besonders heikles Thema, weil es im Zusammenhang der innerisraelischen Rivalität zwischen Aschkenasim um Sephardim

*Aus:* Soll sein *von Henryk M. Broder und Frans van der Meulen (1992)*

eine Rolle spielt. Daher rührende Empfindlichkeiten waren der Berliner Diskussion nach dem Film anzumerken.

## IV.

Ein dritter Grund für die Wiederentdeckung der jüdischen Kultur im öffentlichen Bewußtsein mag mit dem Bankrott des kommunistischen Systems in Osteuropa zusammenhängen. So weit sich dies bürokratisch verkrustete Unterdrückungssystem auch von der Vision des jungen Karl Marx von einer Gesellschaft entfernt gehabt haben mag, in der sich jede und jeder frei nach seinen Bedürfnissen und Fähigkeiten entfalten kann: Der „real existierende Sozialismus" stand in der Tradition dieser Utopie vom Zusammenleben ohne Zwang, und solange seine Anführer, Theoretiker und Nutznießer sich auf die Utopie von der klassenlosen Gesellschaft beriefen, die zwangsläufig am Ende der Geschichte stehen müsse, kanalisierten sie bei vielen die unbewußten Sehnsüchte, bei einigen auch die bewußten politischen Aktivitäten und lenkten sie in eine bestimmte, vielleicht schon deshalb falsche Richtung.

Seitdem das System des real existierenden Sozialismus zusammengebrochen ist, wissen wir genauer als früher, welche Verbrechen im Namen der pseudowissenschaftlichen Notwendigkeit begangen worden sind, auf dem vorgeschriebenen Weg zur klassenlosen Glückseligkeit zu bleiben. Diese konkrete Utopie hat nicht nur an Überzeugungskraft eingebüßt, sie ist vermutlich ein für alle Mal diskreditiert. Mit Ausnahme ganz weniger Ritualkommunisten verbreitet sich unter der früheren Linken Resignation, und auch die konservative Rechte, die die Zielscheibe für ihre Kritik verloren hat, leidet unter einer Art negativem Utopieverlust. Was die sozialen Hoffnungen angeht, ist ein Zustand der Diffusität, ja der Leere eingetreten, der sich frei-

lich auch nicht zur Rechtfertigung schlechter Verhältnisse eignet.

Indes scheint das Mangelwesen Mensch des Prinzips Hoffnung nicht weniger zu bedürfen als der Prinzipien Atmung, Nahrung, Wohnung oder Kleidung. Das Bedürfnis nach Visionen ist nach dem Ende der sozialistischen Utopie virulenter denn je, aber paradoxerweise dürfen diese Visionen nicht allzu konkret sein, weil damit die Enttäuschungen schon programmiert wären.

Die Vermutung liegt nahe, daß in dieser Bedürfnislage ein Wesenszug der jüdischen Religion besonders attraktiv wird, der natürlich auch auf die säkularen Formen jüdischen Denkens abgefärbt hat: *die abstrakte Utopie des noch zu erwartenden Erlösers, den niemand kennt.* Oder in säkularer Variante: die unbestimmte Hoffnung auf eine große, noch bevorstehende Wendung zum Besseren, von der niemand sagen kann, worin sie besteht. Juden haben es gewissermaßen leichter als Christen, optimistisch zu sein, denn sie müssen sich nicht mit der schwierigen Frage herumschlagen, warum es auch nach der Menschwerdung Gottes und nachdem der Erlöser am Kreuz die Sünden der Welt auf sich

Fortsetzung nächste Seite

genommen hat in dieser Welt noch unendliches Leid gibt.

Manès Sperber, der große nicht-religiöse Schriftsteller, der in seinem Roman *Wie eine Träne im Ozean* längst vor der großen Wende den qualvollen Weg seiner Abkehr von der deterministischen Utopie des Kommunismus geschildert hat, die sich letztlich als inhuman erweist, weil sie dem einzelnen Menschen die Verantwortlichkeit für seine Handlungen nimmt, schreibt über sein Judesein: „Kein Opfertod, keine Erlöser-Gnade vollbringt die so sehnlich erwartete Wandlung, denn das Kommen des Messias hängt von uns selbst ab, von den Werken aller. Ich bin nie einer Idee begegnet, die mich so überwältigt und die Wahl meines Weges so beeinflußt hat wie die Idee, daß diese Welt nicht bleiben kann wie sie ist, daß sie ganz anders werden kann und es werden wird. Diese einzige, fordernde Gewißheit bestimmt, seit ich denken kann, mein Sein als Jude und Zeitgenosse." Was könnte besser das empirisch haltlose und gerade deshalb alle gegenteiligen Erfahrungen der Vergangenheit überdauernde Zutrauen in die Zukunft ausdrükken, das die jüdische Kultur besonders in Zeiten eines tiefgehenden Utopieverlustes wie heute interessant werden läßt?

Die nicht konkret fixierte, offene und deshalb unverwüstliche Utopie ist ein starkes Ferment der jüdischen Kultur, das immer wieder erkennbar wird, ohne ausdrücklich benannt zu werden. Charakteristisch ist die Einsicht, daß die Mittel, die zu einem Ziel führen sollen, diesem Ziel in keinem Moment widersprechen dürfen. In der Konsequenz dieser Einsicht liegt die Idee, daß das In-Bewegung-bleiben viel wichtiger ist als das Ankommen. Jossi Papiernikoff hat ihr 1924 in einem jiddischen Gedicht *Soll sein*, das Broder und van der Meulen in ihrem gleichnamigen Film dokumentieren, einen poetischen Ausdruck gegeben:

> Soll sein, daß ich werd mein Ziel nicht
> erreichen,
> soll sein, daß mein Schiff wird nicht
> kommen zum Steg.
> Mir geht nicht darum, ich soll was
> erreichen,
> mir geht um den Gang auf einem
> sonnigen Weg.

Die jüdische (und besonders *jiddische*) Spielart des Optimismus wurde im „Forum" am stärksten durch den Film *Grine Felder* von 1937 vermittelt, den Co-Regisseur Jacob Ben-Ami, einer der maßgeblichen Schauspieler und Regisseure des jiddischen Theaters und ein Freund des Autors Peretz Hirschbein, vermutlich stärker geprägt hat als Edgar G. Ulmer. „Der von Sonnenlicht durchflutete Film ist eine unbeschwerte Volkslegende um einen jungen Talmud-Studenten, in dem der Sinn für die Schönheiten des Lebens und der Natur erwacht. Der Held Levy Yitzchok lernt, daß die ‚Stadt der frommen Juden' überall sein kann, auch auf einem Bauernhof in Rußland, die Bauern dagegen entdecken die spirituelle Schönheit der jüdischen Gelehrsamkeit und des Rituals. Das jiddische Kino hat – so wenig wie irgendein anderes – selten Juden so frei, gesund und glücklich, offen für das Leben gezeigt." (Patricia Erens in „Film" 2/80). Die ewige Wanderschaft, die Außenstehende oft als eine spezifisch jüdische Leidensform interpretieren, stellt dieser jiddische Film als einen Glückszustand dar. Das tut auch uns Nichtjuden wohl in einer Zeit, in der die gewohnten Verhältnisse in Fluß gekommen und alle Endzustände fragwürdig geworden sind.

## V.

Ein weiterer Grund für die neue Anziehungskraft der jüdischen Kultur hängt mit dem vorigen zusammen, hat aber doch genügend eigene Konturen, um eine besondere Überlegung wert zu sein: Ich meine den *pragmatischen Zug, den Sinn für das besondere, nicht subsumierbare Detail, die störrische Skepsis gegenüber großen logischen, ästhetischen oder ethischen Konstruktionen.* Mit kategorischen Imperativen, die vom Individuum nicht nur die Einhaltung der Gesetze, sondern auch noch die bedingungslose Identifikation mit dem gesetzgebenden Prinzip verlangen, können Juden nicht erst seit dem Tag wenig anfangen, an dem Adolf Eichmann sich im Jerusalemer Prozeß auf den kategorischen Imperativ Immanuel Kants berufen hat. Rabbiner sind keine Priester, sondern Gesetzesausleger und -anwender, Richter. Gesinnungstreue und Prinzipienfestigkeit sind unter Juden seit jeher von untergeordneter Bedeutung, entscheidend ist vielmehr die Gerechtigkeit im verzwickten Alltag, die Frage, ob die einzelne Handlung verantwortet werden kann. Nathan Peter Levinson, Rabbiner und praktischer Theologe an der Hochschule für Jüdische Studien in Heidelberg, drückt das so aus: „Eins vor allem: Es geht . . . nicht um fromme Sprüche, um eine Flucht in sogenannte *religiöse* Gefilde, um dem Streß und der Verantwortung der Gegenwart aus dem Wege zu gehen. Das Judentum hat sich nie als ein Trostpflaster verstanden, als eine Valium- oder Librium-Religion. Im Gegenteil, Fragen des *Glaubens* waren ihm stets weniger bedeutsam als der Anruf zur Verwirklichung. Nur der ist wahrhaft fromm, dessen Glaube im Leben einen Unterschied macht, beziehungsweise dessen Hoffnung nicht zu einer Illusion herabgewürdigt wird, sondern tägliches Leben und Erleben bedeutet." Praktische Normen, beispielsweise die Speiseregeln, spielen im jüdischen Leben denn auch eine weitaus wichtigere Rolle als im Christentum.

Nicht zuletzt auf den traditionellen Pragmatismus geht es zurück, daß viele Juden eine ironische Distanz, wenn nicht eine ausdrückliche Abneigung gegenüber jedem Pathos und Heroismus hegen. Ist dies nicht besonders anziehend am Ende eines Jahrhunderts, in dem die großen Theorien und Legitimationen, die ideologischen Kathedralen reihenweise in sich zusammengebrochen sind und ihre Gläubigen in Sack und Asche gehen? Ist es nicht gar die einzig vertretbare Haltung in einer Zeit, in der auch in Europa wieder offenkundig überflüssige Kriege geführt werden, deren Protagonisten sich verzweifelt (und hoffentlich vergeblich) bemühen, solche Rechtfertigungsgebäude für ihr unmenschliches Handeln zu konstruieren?

Daß es Juden durchaus möglich ist, auch den Krieg zwischen Israel und den Palästinensern aus diesem Blickwinkel zu betrachten, bewies in Berlin Eran Riklis' Film *Gmar gavia* („Cap Final", Israel 1991), den das „Forum" unverständlicherweise außerhalb der Reihe „Jüdische Lebenswelten" zeigte. Denn es ist ja durchaus eine Lebenswelt, die der israelische Soldat Cohen, gespielt von dem in Israel sehr beliebten Moshe Ivgi, in seine Gefangenschaft bei einer Gruppe palästinensischer Freischärler mitbringt.

Cohen, orientalischer Jude und im Zivilleben Besitzer einer Boutique, interessiert sich nicht für den Krieg, dem er möglichst bald wieder zu entschlüpfen hofft, sondern für Fußball, Sexfotos, Spielautomaten und Billard. Da das bei seinen palästinensischen Gegnern nicht viel anders ist, entwickelt sich bald eine stumme Freundschaft über die Fronten hinweg, die allerdings am Ende durch den Krieg physisch wieder vernichtet wird. Wenn dies ein pazifistischer Film ist, was bei Kriegsfilmen immer sehr fraglich ist, dann liegt es an dem Desinteresse Cohens für die Gründe, die den Krieg, der sein Leben überflüssigerweise unterbricht, notwendig machen könnten.

Es mag mehr Faktoren geben, die unser Interesse an der jüdischen Kultur aufgeweckt haben oder beflügeln. Beispielsweise könnte noch die *ausgesprochene jüdische Affinität zu Wort, Schrift und Buch,* und das heißt letztlich: zur Intellektualität, dazugehören, die als ein willkommener Kontrapunkt zur optischen Überflutung durch audiovisuelle Medien fungiert. (Daß dieser Faktor kaum durch eine Filmreihe erläutert wird, liegt auf der Hand.)

Wichtig scheint mir, daß es gerade heute auch das Leben von uns Nichtjuden bereichert, die jüdische Lebenswelt wahrzunehmen und zu kennen. Das 22. „Internationale Forum des Jungen Films" hat zum Wissen über die jüdische Kultur und zur Achtung vor ihr beigetragen.

# Bibliographie

**Adelson, Alan/Lapides, Robert** (Hrsg.): Lodz Ghetto. Inside a Community under Siege, New York 1989 (Viking Penguin)

**Agde, Günter** (Hrsg.): Kurt Maetzig. Filmarbeit, Berlin 1987

**Akademie der Künste** (Hrsg.): Geschlossene Vorstellung. Der Jüdische Kulturbund in Deutschland 1933-1941 Berlin 1992 (Akademie der Künste/Edition Hentrich)

**Allen, Woody:** Zelig. Drehbuch von Woody Allen, Zürich 1983 (detebe 21154) Der Stadtneurotiker/Annie Hall, Zürich 1980 (detebe 20822)

**Almagor, Gila:** Der Sommer von Aviha, Frankfurt/M. 1990 (Alibaba Verlag/Dvorah Verlag)

**An-ski:** Der Dibbuk. Dramatische Legende in vier Bildern, Frankfurt/M. 1989 (Insel TB 1201)

**Avisar, Ilan:** Screening the Holocaust. Cinema's Images of the Unimaginable, Bloomington 1988 (Indiana University Press)

**Babel, Isaak:** Geschichten aus Odessa. Autobiographische Erzählungen, München 1987 (dtv 10799)

**Baeck, Leo:** Das Wesen des Judentums, Wiesbaden 1988

**Barber, Rowland/Marx, Harpo:** Harpo spricht!, Hamburg 1989

**Berliner Geschichtswerkstatt e. V.** (Hrsg.): Juden in Kreuzberg. Fundstücke..., Fragmente..., Erinnerungen, Berlin 1992 (Edition Hentrich)

**Best, Otto F.:** Mameloschen. Jiddisch - Eine Sprache und ihre Literatur, Frankfurt/M. 1972 (Insel Verlag)

**Bettauer, Hugo:** Die Stadt ohne Juden. Ein Roman von übermorgen, Frankfurt/M./Berlin 1988 (Ullstein TB 37149)

**Bibó, István:** Zur Judenfrage. Am Beispiel Ungarns nach 1944, Frankfurt/M. 1990 (Verlag Neue Kritik)

**Birnbaum, Nathan:** Die jüdische Moderne. Frühe zionistische Schriften, Augsburg 1989 (Ölbaum Verlag)

**Boese, Carl:** Erinnerungen an die Entstehung und an die Aufnahmen eines der berühmtesten Stummfilme: Der Golem (unveröffentlichtes Manuskript im Besitz der Stiftung Deutsche Kinemathek, Berlin)

**Borries, Achim von** (Hrsg.): Selbstzeugnisse des deutschen Judentums, Frankfurt/M. 1988 (Fischer TB 4357)

**Brandlmeier, Thomas:** Filmkomiker. Die Errettung des Grotesken, Frankfurt/M. 1983

**Brauner, Artur:** Mich gibt's nur einmal, München 1976

**British Film Institute** (Hrsg.): The Films of Amos Gitai, London 1985, 1987[2]

**Broder, Henryk M./van der Meulen, Frans** (Hrsg.): Soll sein. Jiddische Kultur im jüdischen Staat. Materialien zu einem Film, Augsburg 1989 (Ölbaum-Verlag)

**Brumlik, Micha/Kiesel, Doron/Kugelmann, Cilly/Schoeps, Julius H.** (Hrsg.): Jüdisches Leben in Deutschland seit 1945, Frankfurt/M. 1988 (Athenäum Verlag)

**Brumlik, Micha/Diner, Dan/Heenen-Wolff, Susann/Koch, Gertrud/Kugelmann, Cilly/Löw-Beer, Martin** (Hrsg.): Babylon. Beiträge zur jüdischen Gegenwart, Heft 8, Frankfurt/M. 1991

**Celan, Paul:** Nacht und Nebel, Gesammelte Werke, Bd. 4, Frankfurt/M. 1983

**Cohen, Sarah Blacher:** From Hester Street to Hollywood, Bloomington 1983 (Indiana University Press)

**Claussen, Detlev:** Vom Judenhaß zum Antisemitismus. Materialien einer verleugneten Geschichte, Darmstadt 1987 (Sammlung Luchterhand 677)

**Deguy, Michel** (Hrsg.): Au sujet de Shoah, le film de Claude Lanzmann, Paris 1990 (Éditions Belin)

**Deutscher Koordinierungsrat der Gesellschaften für Christlich-Jüdische Zusammenarbeit e.V.** (Hrsg.): Gesichter einer verlorenen Welt. Fotos aus dem Leben des polnischen Judentums 1864-1939/Image Before My Eyes. A Photographic History of Jewish Life in Poland 1864-1939. YIVO-Institute for Jewish Research, New York und Beth Hatefutsoth Museum, Tel Aviv, Frankfurt/M. 1982

**Dinse, Helmut/Liptzin, Sol:** Einführung in die jiddische Literatur, Stuttgart 1978 (Samml. Metzler 165)

**Dillmann-Kühn, Claudia:** Artur Brauner und die CCC, Deutsches Filmmuseum Frankfurt/M. 1990

**Dobroszycki, Lucjan/Kirshenblatt-Gimblett, Barbara:** Image Before My Eyes. A Photographic History of Jewish Life in Poland, 1864-1939, New York 1977 (Schocken Books)

**Dreifuß, Alfred:** Ensemblespiel des Lebens. Erinnerungen eines Theatermannes, Berlin (DDR) 1985 (Der Morgen)

**Durgnat, Raymond:** The Marx Brothers, Wien 1966

**Eisner, Lotte H.:** Die dämonische Leinwand, Wiesbaden 1955

**Feuchtwanger, Lion:** Jud Süss, Frankfurt/M. 1976 (Fischer TB 1748)

**Finkielkraut, Alain:** Der eingebildete Jude, Frankfurt/M. 1984 (Fischer TB 3846) Die vergebliche Erinnerung. Vom Verbrechen gegen die Menschheit, Berlin 1989 (Edition Tiamat)

**Frankl, Hai & Topsy:** Jiddische Lieder, Frankfurt/M. 1981 (Fischer TB 2960)

**Freeden, Herbert:** Jüdisches Theater in Nazideutschland, Tübingen 1964 (J.C.B. Mohr)

**Freunde der Deutschen Kinemathek** (Hrsg.): Ken Jacobs, Kinemathek 70, Berlin 1986

**Freunde der Deutschen Kinemathek** (Hrsg.): Dan Eisenberg, Kinemathek 77, Berlin 1992

**Freunde der Deutschen Kinemathek** (Hrsg.): Die Filme des Prager Frühlings 1963-1969, Kinemathek 79, Berlin 1992

**Friedman, Lester D.:** The Jewish Image in American Film, Secaucus, New Jersey 1987 (Citadel Press)

Fürst, Julius: Kultur- und Literaturgeschichte der Juden in Asien, Hildesheim 1970 (Reprint)

Gehring, Wes D.: The Marx Brothers. A Bio-Bibliography, Westport 1987 (Greenwood Press)

Gerhold, Hans: Woodys Welten. Die Filme von Woody Allen, Frankfurt/M. 1991 Fischer Cinema 10271)

Gejser, M.: Solomon Michoëls, Moskau 1991

Goldberg, Judith N.: Laughter Through Tears. The Yiddish Cinema, London/Toronto 1983

Goldman, Eric Arthur: A World History of the Yiddish Cinema, New York 1979

Goldman, Eric Arthur: Visions, Images, and Dreams. Yiddish Films Past and Present, Ann Arbor 1983

Grabner, Franz (Hrsg.): Aufblende. Gespräche über das sowjetische Filmschaffen, Brüssel 1990

Graetz, Heinrich: Volkstümliche Geschichte der Juden, Bd. 5, München 1985

Granach, Alexander: Da geht ein Mensch. Roman eines Lebens, München/Zürich 1990 (Serie Piper)

Gumkowski, Janusz, u.a. (Hrsg.): Briefe aus Litzmannstadt, Köln 1967

Hausmann, Heiko: Geschichte der Ostjuden, München 1990

Hempel, E./Roos, H. (Hrsg.): Janusz Korczak: Das Recht des Kindes auf Achtung, Göttingen 1973

Hennebelle, Guy/Euvrard, Janine: Israël-Palestine: Que peut le cinéma?, Paris o.J.

Herzog, Elizabeth/Zborowski, Mark: Das Schtetl. Die untergegangene Welt der osteuropäischen Juden, München 1991

Hoberman, Jim: Bridge of Light. Yiddish Film Between Two Worlds, The Museum of Modern Art, New York 1991
        (Schocken Books)

Hoffmann, Hilmar/Schobert, Walter (Hrsg.): Das jiddische Kino, Deutsches Filmmuseum Frankfurt/M. 1982

Insdorf, Annette: Indelible Shadows. Film and the Holocaust, New York 1989 (Cambridge University Press)

Internationale Filmfestspiele Berlin (Hrsg.): Retrospektive 9, Conrad Veidt, Berlin 1976

Israel Film Center (Hrsg.): Films from Israel, Jerusalem 1967

Israel Film Center (Hrsg.): Films from Israel 1967-68, Jerusalem 1968

Jacob-Arzooni, Ora Gloria: The Israel Film: Social and Cultural Influences 1912-1973, University of Michigan 1975

Jansen, Peter W./Schütte, Wolfram (Hrsg.): Film in der DDR, München 1977

Jansen, Peter W./Schütte, Wolfram (Hrsg.).: Woody Allen, München 1980 (Hanser Verlag, Reihe Film 21)

Jansen, Peter W./Schütte, Wolfram (Hrsg.): Andrzej Wajda, München 1980 (Hanser Verlag, Reihe Film 23)

Jansen, Peter W./Schütte, Wolfram (Hrsg.).: Alain Resnais, München 1990 (Hanser Verlag, Reihe Film 38)

Jewish Film Directory. A guide to more than 1200 films of Jewish interest from 32 countries over 85 years
        Trowbridge/Wiltshire 1992 (Flicks Books)

Kantor, Alfred: Das Buch des Alfred Kantor, Frankfurt/M. 1971 (Jüdischer Verlag bei Athenäum)

Ka-tzetnik 135633: Shivitti. Eine Vision, München 1991 (Verlag Antje Kunstmann)

Kaminska, Ida: My Life, My Theatre, New York 1975

Kaniuk, Yoram: Der letzte Jude, Frankfurt/M. 1990 (Alibaba Verlag/Dvorah Verlag)

Katz, Jacob: Aus dem Ghetto in die bürgerliche Gesellschaft. Jüdische Emanzipation 1770-1870, Frankfurt/M. 1986
        (Jüdischer Verlag bei Athenäum)

Kisch, Egon Erwin: Geschichten aus sieben Ghettos, in: Gesammelte Werke, Bd. VI, Berlin/Weimar 1985
        (Aufbau Verlag)

Kitaj, R.B.: Erstes Manifest des Diasporismus, Zürich 1988 (Verlag Arche)

Knili, Friedrich/Huder, Walter (Hrsg.): Lion Feuchtwanger: '...für die Vernunft, gegen Dummheit und Gewalt'
        Berlin 1985

Koch, Gertrud: Die Einstellung ist die Einstellung. Visuelle Konstruktionen des Judentums, Frankfurt/M. 1992
        (Suhrkamp es 1674, NF 674)

Köppe, Barbara (Hrsg.): Konrad Wolf. Selbstzeugnisse, Fotos, Dokumente, Berlin 1985

Korczak, Janusz: Das Recht des Kindes auf Achtung, Göttingen 1970
        König Hänschen I., Göttingen 1970

Kortner, Fritz: Aller Tage Abend, München 1959 (Kindler Verlag)

Kracauer, Siegfried: Der verbotene Blick. Beobachtungen-Analysen-Kritiken, Leipzig 1992 (Reclam 1437)
        Geschichte - Vor den letzten Dingen, Frankfurt/M. 1973 (Suhrkamp Verlag)
        Von Caligari zu Hitler, Frankfurt/M. 1979 (Suhrkamp st w 479)

Kurowski, Ulrich u.a. (Hrsg.): Das Jiddische Kino, Münchner Filmzentrum/Freunde des Münchner Filmzentrums e.V.,
        München 1980

Landmann, Salcia: Der jüdische Witz. Soziologie und Sammlung, Olten und Freiburg i.Br. 1960 (Walter Verlag)

Landmann, Salcia: Jiddisch. Das Abenteuer einer Sprache, Olten/Freiburg i.Br. 1962 (Walter Verlag)

Lanzmann, Claude: Shoah (Préface: Simone de Beauvoir), Paris 1985 (Éditions Fayard)
        Shoah (Vorwort: Simone de Beauvoir), Düsseldorf 1986 (claasen Verlag) / München 1988 (dtv Allg. Reihe 10924)

Lasker-Schüler, Else: Gedichte 1902-1943, München 1992

Lax, Peter: Woody Allen. Eine Biographie, Köln 1992 (Kiepenheuer & Eitsch)

Leiser, Erwin: Nahaufnahmen. Begegnungen mit Künstlern unserer Zeit, Reinbek bei Hamburg 1990 (rororo12673)

Leroy, Béatrice: Die Sephardim. Geschichte des iberischen Judentums, München 1987
        (Nymphenburger Verlagshandlung)

Lifson, David S.: The Yiddish Theatre in America, New York/London 1965

Loewy, Hanno/Schoenberner, Gerhard (Red.): "Unser einziger Weg ist Arbeit". Das Ghetto in Lodz 1940-1944
        Frankfurt/M./Wien 1990 (Löcker Verlag)

Lötzsch, Roland: Jiddisches Wörterbuch, Leipzig 1990 (Bibliographisches Institut)

Longerich, Peter (Hrsg.): Die Ermordung der europäischen Juden. Eine umfassende Dokumentation des Holocaust 1941-
        1945, München 1989

**Mann, Thomas:** Sieben Manifeste zur Jüdischen Frage 1936-1948, Darmstadt 1966 (Joseph Melzer Verlag)

**Marcu, Valeriu:** Die Vertreibung der Juden aus Spanien, München 1991 (Matthes & Seitz)

**Marx, Groucho/Anobile, Richard J.:** The Marx Bros. Scrapbook, New York 1973

**Marx, Harpo/Barber, Rowland:** Harpo spricht!, Hamburg 1989

**Meyrink, Gustav:** Der Golem, München 1972 (Albert Langen - Georg Müller Verlag)

**Mierau, Fritz:** Zwölf Arten, die Welt zu beschreiben, Leipzig 1988

**Monaco, James:** American Film Now, München/Wien 1985

**Moser, Hans:** Ich trag im Herzen drin ein Stück vom alten Wien, München/Berlin 1980

**Nachama, Andreas/Schoeps, Julius H./van Voolen, Edward (Hrsg.):** Jüdische Lebenswelten. Essays Berlin/Frankfurt/M. 1991 (Berliner Festspiele/Jüdischer Verlag im Suhrkamp Verlag)

**Nachama, Andreas/Sievernich, Gereon (Hrsg.):** Jüdische Lebenswelten. Katalog, Berlin/Frankfurt/M. 1991 (Berliner Festspiele GmbH, Jüdischer Verlag im Suhrkamp Verlag)

**Nadelmann, Leo (Auswahl und Übersetzung aus dem Jiddischen):** Jiddische Erzählungen von Mendele Mojcher Sforim, Jizchak Lejb Perez, Scholem Alejchem, Zürich 1984 (Manesse Verlag)

**Oberfirst, R.:** Al Jolson. You Ain't Heard Nothin' Yet, London 1980

**Pelzer, Wolfgang:** Janusz Korczak. Mit Selbstzeugnissen und Bilddokumenten, Reinbek bei Hamburg 1987 (rowohlt monographien 362)

**Philo-Lexikon:** Handbuch des Jüdischen Wissens, Nachdruck der dritten Auflage, Philo-Verlag, Berlin 1936 Frankfurt/M. 1992 (Jüdischer Verlag im Suhrkamp Verlag)

**Prinzler, Hans Helmut/Patalas, Enno (Hrsg.):** Lubitsch, München/Luzern 1984

**Roos, H./Hempel, E. (Hrsg.):** Janusz Korczak: Das Recht des Kindes auf Achtung, Göttingen 1973

**Rosenstrauch, Hazel (Hrsg.):** Aus Nachbarn wurden Juden. Ausgrenzung und Selbstbehauptung 1933-1942, Berlin 1988 (:Transit Buchverlag)

**Sahl, Hans:** Memoiren eines Moralisten, Frankfurt/M. 1990 (Sammlung Luchterhand 932)

Das Exil im Exil. Memoiren eines Moralisten II, Frankfurt/M. 1991 (Sammlung Luchterhand 967)

"Und doch...". Essays und Kritiken aus zwei Kontinenten, Frankfurt/M. 1991 (Sammlung Luchterhand 980)

**Sartre, Jean-Paul:** Réflexions sur la question juive, Paris 1954 (Éditions Gallimard)

**Schaeffer, Emil (Hrsg.):** Ein Ghetto im Osten. Wilna. Reprint des 1931 im Orell Füssli Verlag erschienenen Schaubuches 27, Berlin 1984 (Edition Hentrich)

**Schoenberner, Gerhard:** Der gelbe Stern. Judenvernichtung in Europa 1933-1945, Frankfurt/M. 1991³ (Fischer TB 10601)

**Scholem, Gershom:** Judaica 1 Frankfurt/M. 1963; Judaica 2/Judaica 3, Frankfurt/M. 1970

Von Berlin nach Jerusalem, Frankfurt/M. 1977 (Suhrkamp Verlag)

**Scholem-Alejchem:** Tewje der Milchmann. (Nachwort: Max Brod), Frankfurt/M. 1960 (Insel Verlag)

**Schoppmann, Claudia (Hrsg.):** Im Fluchtgepäck die Sprache. Deutschsprachige Schriftstellerinnen im Exil, Berlin 1991 (Orlanda Frauenverlag)

**Schuchnig, Josef (u.a.):** Die Stadt ohne Juden. Schriftenreihe des Österreichischen Filmarchivs, Folge 26, Wien 1991

**Schulte, Michael:** Warum haben Sie nicht das Pferd geheiratet? Groucho Marx - sein Leben, München/Zürich 1990

**Schutte, Jürgen/Sprengel, Peter (Hrsg.):** Berliner Moderne 1885-1914, Leipzig 1988 (Reclams UB 8359)

**Sémolué, Jean:** Dreyer, Paris 1962

**Shaked, Gershon:** Die Macht der Identität. Essays über jüdische Schriftsteller, Frankfurt/M. 1992 (Jüdischer Verlag im Suhrkamp Verlag)

**Shohat, Eli:** Israeli Cinema. East/West and the Politics of Representation, Austin 1989 (University of Texas Press)

**Singer, Isaac Bashevis:** Eine Kindheit in Warschau, München 1983 (dtv 10187)

Gimpel der Narr. Ausgewählte Erzählungen, Reinbek bei Hamburg 1982 (rororo 5011)

**Szlingerbaum, Samy:** Bruxelles-Transit. Scénario et études, Brüssel 1989 (Éditions complexe)

**Sperber, Manès:** Die Wasserträger Gottes. All das Vergangene..., Wien 1974 (Europa Verlag)

**Stemberger, Günter:** Die Juden. Ein historisches Lesebuch, München 1990 (Verlag C.H. Beck)

**Stemmle, R.A.:** Affäre Blum, Berlin (DDR) 1951

**Sternberger/Storz/Süskind:** Aus dem Wörterbuch des Unmenschen, Berlin 1986 (Ullstein 27555)

**Stiftung Deutsche Kinemathek/Deutsches Institut für Filmkunde (Hrsg.):** Verleihkatalog Nr. 1, Frankfurt/M./ Wiesbaden/Berlin 1986

**Swirsky, Michael:** God, Man and Devil, Massachusetts 1978

**Trepp, Leo:** Die Juden. Volk, Geschichte, Religion, Reinbek bei Hamburg 1987 (rororo enzyklopädie 452)

**Truffaut, François:** Die Filme meines Lebens, München 1976

**Vishniac, Roman:** Verschwundene Welt, München 1984³ (Hanser Verlag)

**Völker, Klaus:** Fritz Kortner. Schauspieler und Regisseur, Berlin 1987 (Edition Hentrich)

**Vovsi-Mikhoëls, Natalia:** Mon père Salomon Mikhoëls. Souvenirs sur sa vie et sur sa mort, Montricher (Schweiz) 1990 (Les Éditions Noir sur Blanc)

**Weissberg-Bob, Nea (Hrsg.):** Der dumme Fuß will mich nach Deutschland tragen. Eine Auseinandersetzung um Deutschland, Berlin 1991

**Wolf, Friedrich:** Professor Mamlock, Leipzig 1987 (Reclams UB 9964)

**Wolf, Konrad:** Direkt in Kopf und Herz. Aufzeichnungen, Reden, Interviews, Berlin 1989

**Wolf, Siegmund A.:** Jiddisches Wörterbuch, Hamburg 1991 (Helmut Buske Verlag)

**Yacowar, Maurice:** Loser Take All. The Comic Art of Woody Allen, Oxford 1991 (Round House)

**Zweig, Arnold:** Bilanz der deutschen Judenheit. Ein Versuch, Leipzig 1991 (Reclam Verlag)

# Bezugsquellen

**26 SAUKUNE DA.../26 Jahrhunderte und...**
Omar Gwassalia • Georgien/Frankreich 1989 • OF

Archiv Freunde der Deutschen Kinemathek
Welserstr. 25 • 1000 Berlin 30
T: 030/2111725 • Fax: 030/2184281

**THE 81ST BLOW/Der 81. Schlag**
David Bergman, Haim X. Gouri, Jacques Ehrlich, Miriam
Novitch, Zvi Shner • Israel/Frankreich 1975/77 • OmU

Freunde der Deutschen Kinemathek

**A BRIWELE DER MAMEN/Ein Brief an die Mutter**
Joseph Green • Polen 1938 • Jiddisch mit engl. UT

The National Center for Jewish Film, Brandeis University
Lown Building 102 • Waltham, MA 02254-9110, USA
T: (001-617) 899 70 44 • Fax: (001-617) 736 20 70

**A DAY IN WARSAW**
Shaul & Itzhak Goskind • Polen 1938 • 10 Min.

The National Center for Jewish Film, Brandeis University

**A JUMPIN' NIGHT IN THE GARDEN OF EDEN**
Michal Goldman • USA 1988

Freunde der Deutschen Kinemathek

**A LA RECHERCHE DU LIEU DE MA NAISSANCE/
Auf der Suche nach dem Ort meiner Geburt**
Boris Lehman, Belgien/Schweiz 1990

Les Productions Crittin & Thiebaud Sa
12, rue Grenus • CH-1201 Genève
T: (0041-22) 731 69 64 • Fax:(0041-22) 738 27 25

**A VILNA LEGEND/DEM REBNS KOJECH**
Zygmunt Turkow/George Roland Polen 1924/USA 1933

The National Center for Jewish Film, Brandeis University

**ABOUT THE JEWS OF YEMEN**
Johanna Spector • USA 1986

Prof. Johanna Spector
400 West 19th Street • New York, N.Y. 10027, USA
T: (001-212) 6669461

**AFFAIRE BLUM**
Erich Engel • Deutschland 1948

Uni DokFilm
Rosenthaler Str. 39 • O-10020 Berlin
T: 030/2823800

**AMERICAN MATCHMAKER/Der amerikanische
Heiratsvermittler**
Edgar G. Ulmer • USA 1940 • Jiddisch mit engl. UT

The National Center for Jewish Film, Brandeis University

**ANNIE HALL/Der Stadtneurotiker**
Woody Allen • USA 1977
UIP
Lietzenburger Str. 51 • 1000 Berlin 30
T: 030/2112063

**AU REVOIR LES ENFANTS/Auf Wiedersehen, Kinder**
Louis Malle, Frankreich 1987 • OmU

Concorde Filmverleih GmbH
Widenmayerstr. 5/6 • 8000 München 22
T: (089) 212 30 70 / Dispo: 212 30 725
Fax: (089) 29 64 50 / Dispo: 29 67 93

**BERLIN JERUSALEM**
Amos Gitai, Frankreich 1989 • OmeU

ICA Projects
The Mall • London SW1Y 5AH • Großbritannien
T: (0044-71) 930 0493 • Fax: (0044-71) 873 0051

**BIGLAL HA'MILCHAMA HAHI/Wegen dieses
Krieges**
Orna Ben-Dor Niv, Israel 1988 • OmU

Freunde der Deutschen Kinemathek

**BOLSCHOJ KONZERT NARODOW ILI DYCHANI-
JE TSCHEJN-STOKSA/Das große Konzert der Völker
oder die Cheyne-Stokessche Atmung**
Semjon Aranowitsch • UdSSR 1991

Archiv Freunde der Deutschen Kinemathek

**BROADWAY DANNY ROSE**
Woody Allen • USA 1984 • DF

Filmagentur Werner
Ruppertshainer Str. 10 • 6370 Oberursel/Ts.
T (06171) 3072 • Fax: (06171) 53932

**BRUXELLES-TRANSIT**
Samy Szlingerbaum • Belgien 1980

Freunde der Deutschen Kinemathek

**COOPERATION OF PARTS**
Daniel Eisenberg, USA 1983/87 • OF

Freunde der Deutschen Kinemathek

**DAS ALTE GESETZ**
Ewald André Dupont • Deutschland 1923

Stiftung Deutsche Kinemathek
Pommernallee 1 • 1000 Berlin 19
T: (030) 30307-229 • Fax: (030) 3029294

**DAS JIDDISCHE KINO**
Ronny Loewy, Hans Peter Kochenrath • BRD 1982/83

Freunde der Deutschen Kinemathek

347

**DAVID**
Peter Lilienthal • BRD 1978

Futura Film GmbH & Co Produktions KG
Knesebeckstr. 74 • 1000 Berlin 12
T: (030) 882 58 84 • Fax: (030) 881 71 08

**DE AFSTAND TOT DICHTBIJ/Der Abstand zur Nähe**
Barbara Meter  Niederlande 1982 • OmU

Freunde der Deutschen Kinemathek

**DER DIBEK/DYBUK/Der Dibbuk**
Michal Waszynski • Polen 1937 • Jiddisch mit engl. UT

The National Center for Jewish Film, Brandeis University

**DER GOLEM, WIE ER IN DIE WELT KAM**
Paul Wegener, Carl Boese • Deutschland 1920

Deutsches Institut für Filmkunde
Langenbeckstr. 9 • 6200 Wiesbaden
T: (0611) 370162 • Fax: (0611) 300897

**DER RUF**
Josef von Baky • BRD 1948/49

Schorcht Filmverleih
Vogesenstr. 43 • 8000 München 82
T: (089) 4309115 • Fax (089) 4302169

**DESCRIPTION D'UN COMBAT/Beschreibung eines Kampfes**
Chris Marker • Frankreich/Israel 1961

auf Anfrage

**DIE FEUERPROBE - Novemberpogrom 1938**
Erwin Leiser • BRD 1988

Archiv Freunde der Deutschen Kinemathek

**DIE GEZEICHNETEN**
Carl Theodor Dreyer • Deutschland 1921

Bundesarchiv/Filmarchiv
Fehrbelliner Platz 3 • 1000 Berlin 31
T: (030) 8681239 • Fax: (030) 8681310

**DIE STADT OHNE JUDEN**
Hans Karl Breslauer • Österreich 1924

Österreichisches Filmarchiv
Rauhensteingasse 5 • A-1010 Wien
T: (00431) 5129936 • Fax: (00431) 5135330

**DIE VERSUNKENE WELT DES ROMAN VISHNIAC**
Erwin Leiser • Schweiz 1978

Landesbildstelle Berlin
Wikinger Ufer 1 • 1000 Berlin 21
T: (030) 390921

**DUCK SOUP/Die Marx-Brothers im Krieg**
Leo McCarey • USA 1933 • DF

UIP

**EHE IM SCHATTEN**
Kurt Maetzig • Deutschland 1947

Uni DokFilm

**ESCAPE TO THE RISING SUN/SURVIVRE À SHANGHAI/Überleben in Shanghai**
Diane Perelzstejn • Belgien 1990 • OmeU

The National Center for Jewish Film, Brandeis University
Rechte: Diane Perelsztejn

**EUROPA, EUROPA/HITLERJUNGE SALOMON**
Agnieszka Holland • BRD/Frankreich 1989/90 • OmU

Jugendfilm-Verleih GmbH
Reichsstr. 15 • 1000 Berlin 19
T: (030) 300 69 70/Dispo 300 69 741 • Fax: 300 697 11

**FIDDLER ON THE ROOF/Anatevka**
Norman Jewison • USA 1971 • OF

Degeto-Film GmbH
Bertramstr. 8 • 6000 Frankfurt/M.
T: (069)1509 365 • Fax: (069) 1509 393
Rechte: UIP

**FREE VOICE OF LABOR - THE JEWISH ANARCHISTS**
Stevel Fischler, Joel Sucher, • USA 1980 • OF

The National Center for Jewish Film, Brandeis University

**GOD, MAN AND DEVIL/Got, Mentsch un Tajwl**
Joseph Seiden • USA 1949 • OF

The National Center for Jewish Film, Brandeis University

**GOLEM, L'ESPRIT DE L'EXIL/Golem, der Geist des Exils**
Amos Gitai • Frankreich 1989 • OmU

AGAV Films
8, rue Alibert • F-7510 Paris
T: (0033-1) 42 40 48 45 • Fax: (0033-1) 42 40 41 98

**GORIZONT/Horizont**
Lew Kuleschow • UdSSR 1932 • OF

auf Anfrage

**GREEN FIELDS/GRINE FELDER**
Edgar G. Ulmer • USA 1937 • Jiddisch mit engl. UT

The National Center for Jewish Film

**HAKAYITZ SHEL AVIYA/Aviyas Sommer**
Eli Cohen, Israel 1988 • OmeU

Filmhaus Stöbergasse
Stöbergasse 11-14 • A - 1050 Wien
T: (00431) 545321 • Fax (00431) 54543224
Rechte: Mutual Reception Company Ltd.
Wolfsgangstr. 137 • 6000 Frankfurt/M. 1
T: (069) 55 73 65 • Fax: (069) 55 14 89

**HESTER STREET**
Joan Micklin Silver • USA 1974 • OmU

Archiv Freunde der Deutschen Kinemathek

**HIS WIFE'S LOVER/SAJN WAJBS LJUBOWNIK**
Sidney M. Goldin • USA 1931 • OF

The National Center for Jewish Film, Brandeis University

## HISTOIRES D'AMERIQUE
Chantal Akerman • Frankreich/Belgien 1988 • OmU

Mega-Film GmbH
Goltzstr. 32 • 1000 Berlin 30
T: (030) 215 73 44 • Fax: (030) 215 44 93

## HISTORIEN OM CHAIM RUMKOWSKI OCH GHETTOT I LODZ/Die Geschichte von Chaim Rumkowski und dem Ghetto von Lodz
Peter Cohen • Schweden 1982 • OmU

Peter Cohen • Hauzenberger Str. 15 • 8000 München 21
T: (089) 570 67 69 • Fax: (089) 57 89 65

## IM LAND MEINER ELTERN
Jeanine Meerapfel • BRD 1981

Basis-Film Verleih GmbH
Güntzelstr. 60 • 1000 Berlin 30
T: (030) 853 30 35 • Fax: (030) 853 30 37

## IMAGE BEFORE MY EYES
Josh Waletzky • USA 1980

YIVO Institute for Jewish Research
1048 Fifth Avenue • New York, N.Y. 10028
T: (001212) 535 6700 • Fax: (00121) 8799763

## ISYDI!/Hinweg!
Dmitri Astrachan • UdSSR 1991 • OmeU

Lenfilm Studios
10 Kirovsky Avenue • St. Petersburg 197101, GUS
T: (00812) 232 5824 • Fax: (00821) 831 54 256
Zentrum der Schöpferischen Initiative
Newski Prospect 31 • St. Petersburg 191 011, GUS
Fax: (00812) 233 21 74 • telex: 064-121 378 lfc su

## JACOBA
Joram ten Brink • Niederlande 1988

Studio Nieuwe Gronden
van Hallstraat 52 • NL-1057 Amsterdam
T: (0031-20) 687 837

## JEGO PREWOSCHODITELSTWO/Seine Exzellenz
Grigori Roschal • UdSSR 1927 • stumm, engl. Inserts

The National Center for Jewish Film, Brandeis University

## JEW SUSS
Lothar Mendes • Großbritannien 1934 • OF

Akademie der Künste
Hanseatenweg 10 • 1000 Berlin 21
T: (030) 3900070 • Fax (030) 39000771

## JEWISH LIFE IN BIALYSTOK
Shaul und Itzhak Goskind • Polen 1939 • 10 Min.
## JEWISH LIFE IN CRACOW
Shaul und Itzhak Goskind • Polen 1939 • 10 Min.
## JEWISH LIFE IN LWOW
Shaul und Itzhak Goskind • Polen 1939 • 10 Min.
## JEWISH LIFE IN VILNA
Shaul und Itzhak Goskind • Polen 1939 • 10 Min.

The National Center for Jewish Film, Brandeis University

## JEWREJSKOJE STSCHASTJE/Jüdisches Glück
Alexej Granowsky • UdSSR 1925 • stumm, russ. Inserts

Bundesarchiv/Filmarchiv
Rechte: Sovexport • Friedrichstr. 176-179 • O-1080 Berlin

## JEWTOWN
Anthony Posner • Großbritannien 1986 • OF

A.M. Productions
143, Bushey Mill Crescent • Watford, Herts WD2 4RB,
T: (0044-923) 37 573

## JIDL MITN FIDL/YIDDLE WITH HIS FIDDLE
Joseph Green, Jan Nowina-Przbylski • Polen 1936

The National Center for Jewish Film, Brandeis University

## JISKER/YISKOR/Lebendig begraben
Sidney M. Goldin • Österreich 1924 • stumm, engl. Inserts

The National Center for Jewish Film, Brandeis University

## KOMISSAR/Die Kommissarin
Alexander Askoldow • UdSSR 1967/87 • OF

Filmverlag der Autoren GmbH & Co Vertriebs KG/
Futura Film
Rambergstr. 5 • 8000 München 40
T: (089) 381 70 00 • Fax: (089) 381 70 020

## KORCZAK
Andrzej Wajda • Polen 1991 • DF

Concorde Filmverleih GmbH
Widenmayerstr. 5/6 • 8000 München 22
T: (089) 212 30 70 / Dispo 212 30 725
Fax: (089) 29 64 50 / Dispo 29 67 93

## L'HOMME DE TERRE/Der Erdenmensch
Boris Lehman • Belgien 1989

Dov-Film
19, rue Antoine Labarre • B-1050 Bruxelles
T: (00322) 6491433 • Fax (00322) 6474983

## LANG IST DER WEG
Herbert B. Fredersdorf, Marek Goldstein • Deutschl. 1948

Münchner Stadtmuseum/Filmmuseum
St. Jakobs-Platz 1 • 8000 München 2
T: (089) 2332348 • Fax (089) 23323931

## LAURA ADLER'S LAST LOVE AFFAIR
Avraham Heffner • Israel 1990 • OmeU

The Israel Film Institute
7, Rothschild Boulevard • Tel-Aviv 66881, Israel
T: (00972-3) 656 293/658 959 • Fax: (00972-3) 656 292
Israelisches Generalkonsulat Berlin
Schinkelstr. 10 • 1000 Berlin 33
T: (030) 893 22 02/4/5 • Fax: (030) 892 89 08

## LES DERNIERS MARRANES/Die letzten Marranen
Frédéric Brenner, Stan Neumann • Frankreich 1990

Les Films d'ici Distribution
145, rue de Belleville • F-75019 Paris
T: (00331) 42060624 • Fax (00331) 42060623

## LIEBE UND EXIL - ISAAC BASHEVIS SINGER UND NEW YORK
Erwin Leiser • Schweiz 1984

ZDF Mainz (Redaktion Literatur und Kunst)
Postfach 4040 • 6500 Mainz • Fax: (06131) 702251

**LODZ GHETTO**
Alan Adelson, Kathryn Taverna, • USA 1988 • OmU

Freunde der Deutschen Kinemathek
Rechte: Alan Adelson/A Feature Film Production of the
Jewish Heritage Project
150 Franklin St., # 1W • New York, N.Y. 10013
T: (001-212) 295 9067 • Fax: (001-212) 295 9067

**MARTA UND ICH**
Jirí Weiss • BRD 1989

Taurus Film GmbH & Co.
Betastr. 1 • D-8043 Unterföhring/München
T: (089) 950 88-0/Dispo 950 88 439 • Fax: 950 88 751

**MEYER AUS BERLIN**
Ernst Lubitsch • Deutschland 1918/19

Münchner Stadtmuseum/Filmmuseum

**MIR LEBN GEBLIBENE**
Natan Gross • Polen 1947/48 • Jiddisch mit engl. UT

The National Center for Jewish Film, Brandeis University

**MORITURI**
Eugen York • Deutschland 1947/48

CCC Film GmbH
Verlängerte Daumstr. 16 • 1000 Berlin 20
T: (030) 3342001 • Fax (030) 3340418

**MUET COMME UNE CARPE/Stumm wie ein Fisch**
Boris Lehman 1987

Dov-Film

**NOA BAT SHVA-ESREH/NOA AT SEVENTEEN**
Itzhak Zepel Yeshurun • Israel 1982 • OmeU

The Israel Film Institute/The National Council of Culture
and Art

**NUIT ET BROUILLARD/Nacht und Nebel**
Alain Resnais • Frankreich 1955/56 • DF

Archiv Freunde der Deutschen Kinemathek

**OBCHOD NA KORZE/Der Laden auf der Hauptstraße**
Ján Kadár, Elmar Klos • CSSR 1965

Ceskoslovensky Filmovy Ustav Filmovy Archiv
Fax: (0042-2) 261 618

**ON A HEYM/BEZ DOMNI/Ohne Heimat**
Alexander Marten • Polen 1939 • Jiddisch mit engl. UT

The National Center for Jewish Film, Brandeis University

**OP ZOEK NAAR JOODS AMSTERDAM/Auf der
Suche nach dem jüdischen Amsterdam**
Philo Bregstein • Niederlande 1975

Nederlands Filmmuseum
Vondelpark 3 • NL-1071 AA Amsterdam
T: (0031-20) 5891 400 • Fax: (0031-20) 6833 401
Rechte: Philo Bregstein

**OPSTAND IN SOBIBOR/REVOLT IN SOBIBOR**
Lily van den Bergh, Pavel Kogan • Niederlande/UdSSR
1989/90 • OmeU

Ex Picturis Filmverleih
Fidicinstr. 40 • 1000 Berlin 61
T: (030) 691 60 08/9 • Fax: (030) 692 95 75

**OST UND WEST/MISRECH UN MAJREW**
Sidney M. Goldin • Österreich 1923

The National Center for Jewish Film, Brandeis University

**PARTISANS OF VILNA/Die Partisanen von Wilna**
Josh Waletzky • USA 1985 • OmU

Freunde der Deutschen Kinemathek

**POURQUOI ISRAEL/Warum Israel**
Claude Lanzmann • Frankreich 1973 • OF

Archiv Freunde der Deutschen Kinemathek
Rechte: Claude Lanzmann

**PROFESSOR MAMLOCK**
Konrad Wolf • DDR 1961

Archiv Freunde der Deutschen Kinemathek

**REGENTROPFEN**
Michael Hoffmann/Harry Raymon • BRD 1980

Landesbildstelle Berlin (Abteilung Filmverleih)

**REUNION/Der wiedergefundene Freund/L'ami
retrouvé**
Jerry Schatzberg • Frankreich/BRD/England 1989 • DF
NEF 2
Ehrhardstr. 8 • 8000 München 5
T: (089) 201 17 47 • Fax: (089) 201 16 34

**ROUTES OF EXILE: A MOROCCAN JEWISH
ODYSSEY/L'ODYSSEE DES JUIFS DU MAROC/Die
Odyssee der Juden aus Marokko**
Eugene Rosow • Kanada 1982 • OF

First Run Features
153 Waverly Place • New York, N.Y. 10014, USA
T: (001-212) 243 06 00 • Fax: (001-212) 989 76 49

**SAKAT/Sonnenuntergang**
Alexander Seldowitsch • UdSSR 1990

Ex Picturis Filmverleih

**SKWOS SLJOSY/STRANIZY PROSCHLOGO/MOTL
PEJSI DEM CHASNS/Lachen durch Tränen**
Grigori Gritscher-Tscherikower • UdSSR 1928

The National Center for Jewish Film, Brandeis University

**SHOAH**
Claude Lanzmann • Frankreich 1974-1985 • Teil I/II

Freunde der Deutschen Kinemathek

**SOLL SEIN - JIDDISCHE KULTUR IM JÜDISCHEN
STAAT**
Henryk M. Broder, Frans van der Meulen • BRD/Israel/
Niederlande 1984-1992

Freunde der Deutschen Kinemathek

**STERNE**
Konrad Wolf • DDR/Bulgarien 1958

Archiv Freunde der Deutschen Kinemathek

**SYMPHONIE (SOLILOQUE)/Symphonie
(Selbstgespräch)**
Boris Lehman • Belgien 1979

Dov-Film

**TARSASUTAZAS/Die Gruppenreise**
Gyula Gazdag • Ungarn 1984 • OF

Hungarofilm
Bathori Utca 10 • H-1054 Budapest, Ungarn
T: (00361) 132 87 24 • Fax: (00361) 153 1850

**TEL-AVIV-BERLIN**
Tzipi Tropé • Israel 1987 • OmeU

The Israel Film Institute/The National Council of Culture and Art

**TEREZIN DIARY**
Dan Weissman • USA 1989 • OF

Freunde der Deutschen Kinemathek
Rechte: The Terezin Foundation, Inc.
262 Central Park West • New York, N.Y. 10024, USA
T: (001-212) 580 0242 • Fax: (001-212) 362 8443

**TEWJE**
Maurice Schwartz • USA 1939 • Jiddisch mit engl. UT
The National Center for Jewish Film, Brandeis University

**THE FORWARD: FROM IMMIGRANTS TO AMERICANS**
Marlene Booth, USA 88 • OF
The National Center for Jewish Film, Brandeis University

**THE GOLDEN AGE OF SECOND AVENUE**
Morton Silverstein • USA 1968
Freunde der Deutschen Kinemathek

**THE JAZZ SINGER**
Alan Crosland • USA 1927 • OF

UIP
Rechte: Turner Enterainment Co./Entertainment Film and Tape Services Co.
5890 W. Jefferson Boulevard • Los Angeles, CA 90016
T: (001-310) 558-7518 • Fax: (001-310) 558-7550

**THE LIGHT AHEAD/DI KLJATSCHE/FISCHKE DER KRUMER**
Edgar G. Ulmer • USA 1939 • Jiddisch mit engl. UT
The National Center for Jewish Film, Brandeis University

**THE MAN WITHOUT A WORLD**
Eleanor Antin • USA 1991

Milestone Film & Video
275 West 96th Streeet, Suite 28c • New York, N.Y. 10025
T (001-212) 865 7449 • Fax (001-21) 222 8952

**THE PAWNBROKER/Der Pfandleiher**
Sydney Lumet • USA 1964 • OF
Taurus Film GmbH & Co.

**THE PLOT AGAINST HARRY/Komplott gegen Harry**
Michael Roemer, USA 1968/89 • OmU

Time Medienvertriebs GmbH
Wendl-Dietrich-Str. 4 • 8000 München 19
T: (089) 168 88 65 • Fax: (089) 16 20 56

**THE PRODUCERS/SPRINGTIME FOR HITLER/ Frühling für Hitler**
Mel Brooks • USA 1967 • OmU

auf Anfrage

**THE SINGING BLACKSMITH/JANKL DER SCHMID**
Edgar G. Ulmer • USA 1938
The National Center for Jewish Film, Brandeis University

**THE UNFORTUNATE BRIDE/DI UMGLIKLECHE KALE** (Tonfassung des Stummfilms *Broken Hearts*)
Maurice Schwartz • USA 1932
The National Center for Jewish Film, Brandeis University

**THE YIDDISH KING LEAR/DER JIDISCHER KENIG LIR**
Harry Thomashefsky • USA 1935
The National Center for Jewish Film, Brandeis University

**THREE DAUGHTERS/DRAJ TECHTER**
Joseph Seiden • USA 1950 • Jiddisch mit engl. UT
The National Center for Jewish Film, Brandeis University

**UNCLE MOSES**
Sidney M. Goldin, Aubrey Scotto • USA 1932
The National Center for Jewish Film, Brandeis University

**URBAN PEASANTS: AN ESSAY IN YIDDISH STRUCTURALISM**
Ken Jacobs • USA 1930-75 • OF

Hochschule für Bildende Künste Hamburg
Lerchenfeld 2 • 2000 Hamburg 76
T: (040) 298 40/29 84 3302
Rechte: Ken Jacobs

**VOCES DE SEFARAD/VOICES FROM SEPHARAD**
Solly Wolodarsky • Spanien/Israel/Frankreich 1988

Arianne Productions Ltd.
Nave 3, Alcobendas • E-28100 Madrid, Spanien
T: (0034-1) 663 73 37/663 72 22 • Fax: 663 75 53

**VOICES FROM THE ATTIC**/Stimmen vom Dachboden
Debbie Goodstein • USA 1988  OmU

Freunde der Deutschen Kinemathek

**WE WERE SO BELOVED**
Manny Kirchheimer, USA 1981-85 • OmU

Freunde der Deutschen Kinemathek
Rechte: Streetwise Films
210 West 101 Street • New York, N.Y. 10025
T: (001-212) 222 16 47

**WEAPONS OF THE SPIRIT/LES ARMES DE L'ESPRIT/Die Waffen des Geistes**
Pierre Sauvage • USA/Frankreich 1987

Archiv Freunde der Deutschen Kinemathek

**WESELI BIEDACI/FREJLECHE KABZONIM/Die fröhlichen Armen**
Zygmund Turkow, Leon Jeannot • Polen 1937
The National Center for Jewish Film, Brandeis University

**WOSWRASCHTSCHENIJE NEJTANA BEKKERA/ NOSN BEKER FORT AJEIM/Die Rückkehr des Nathan Becker**
Boris Schpis, Raschel Milman • UdSSR 1932
The National Center for Jewish Film, Brandeis University

**YALDEI STALIN/STALIN'S DISCIPLES**
Nadav Levitan • Israel 1988 • OmeU

The Israel Film Institute/The National Council of Culture
and Art

**YENTL**
Barbra Streisand • Großbritannien 1983

UIP

**YIDDISCH: THE MAME-LOSHN**
Pierre Sauvage • USA 1979

Archiv Freunde der Deutschen Kinemathek

**ZELIG**
Woody Allen • USA 1980-1983

Warner Bros. Film GmbH
Rosenheimer Str. 143 b/XI • 8000 München 80
T: (089) 4180090 • Fax (089) 4180945

**ZIEMIA OBIECANA/Das gelobte Land**
Andrzej Wajda • Polen 1974

Polnische Botschaft Köln
Lindenallee 7 • 5000 Köln 51
T: (0221) 937 30 294 • Fax: (0221) 34 30 89

# Verzeichnis der Originaltitel

GOD, MAN AND DEVIL/GOT, MENTSCH UN TAJWL • USA 1949 • Joseph Seiden (76)

GOLEM, L'ESPRIT DE L 'EXIL/Golem, der Geist des Exils • Frankreich 1991 • Amos Gitai (73)

GORISONT/Horizont • UdSSR 1932 • Lew Kuleschow (48)

GREEN FIELDS/GRINE FELDER/Grüne Felder • USA 1937 • Edgar G. Ulmer, Jacob Ben-Ami (34)


HAKAYITZ SHEL AVIYA/THE SUMMER OF AVIYA/Aviyas Sommer • Israel 1988 • Eli Cohen (89)

HESTER STREET • USA 1974 • Joan Micklin Silver (12)

HIS WIFE'S LOVER/SAJN WAJBS LJUBOWNIK • USA 1931 • Sidney M. Goldin (77)

HISTOIRES D'AMERIQUE (Food, Family and Philosophy) • Frankreich/Belgien 1988 • Chantal Akerman (94)

HISTORIEN OM CHAIM RUMKOWSKI OCH GHETTOT I LODZ/Die Geschichte von Chaim Rumkowski und dem Ghetto von Lodz • Schweden 1982 • Peter Cohen (58)


IM LAND MEINER ELTERN • Bundesrepublik Deutschland 1981 • Jeanine Meerapfel (103)

IMAGE BEFORE MY EYES • USA 1980 • Josh Waletzky (4)

ISYDI!/Hinweg! • UdSSR 1991 • Dmitri Astrachan (45)


JACOBA • Niederlande 1988 • Joram ten Brink (54)

JEGO PREWOSCHODITELSTWO/Seine Exzellenz • UdSSR 1927 • Grigori Roschal (47)

JEW SUSS • Großbritannien 1934 • Lothar Mendes (19)

JEWISH LIFE IN BIALYSTOK • Polen 1939 • Shaul & Itzhak Goskind (106)

JEWISH LIFE IN CRACOW • Polen 1939 • Shaul & Itzhak Goskind (106)

JEWISH LIFE IN LWOW • Polen 1939 • Shaul & Itzhak Goskind (106)

JEWISH LIFE IN VILNA • Polen 1939 • Shaul & Itzhak Goskind (106)

JEWREJSKOJE STSCHASTJE /Jüdisches Glück • UdSSR 1925 • Alexej Granowski   (1)

JEWTOWN • Großbritannien 1986 • Anthony Posner (42)

JIDL MITN FIDL/JUDEL GRA NA SKRZYPCACH/Yiddle With His Fiddle • Polen 1936 • Joseph Green, Jan Nowina-Przybylski (36)

JISKER/YISKOR/Lebendig begraben • Österreich 1924 • Sidney M. Goldin (46)


KOMISSAR/Die Kommissarin • UdSSR 1967/87 • Alexander Askoldow (101)

KORCZAK • Polen 1990 • Andrzej Wajda (57)


L'HOMME DE TERRE/Der Erdenmensch • Belgien 1989 • Boris Lehman (81)

LANG IST DER WEG Deutschland 1948 • Herbert B. Fredersdorf, Marek Goldstein (31)

LAURA ADLER'S LAST LOVE AFFAIR/AHAVA HA'ACHRONA SHEL LAURA ADLER/Laura Adlers letzte Liebe Israel 1990 • Avram Heffner (84)

LES DERNIERS MARRANES/Die letzten Marranen • Frankreich 1990 • Frédéric Brenner, Stan Neumann (11)

LIEBE UND EXIL - ISAAC BASHEVIS SINGER UND NEW YORK• Schweiz 1984 • Erwin Leiser

LODZ GHETTO • USA 1988 • Alan Adelson, Kathryn Taverna (56)


MARTHA UND ICH • Bundesrepublik Deutschland 1989 • Jirí Weiss (67)

MEYER AUS BERLIN • Deutschland 1918/19 • Ernst Lubitsch (8)

MIR LEBN GEBLIBENE/We Are Still Alive/We Who Remain/Am Yisroel Khay • Polen 1947/48 • Natan Gross (99)

MORITURI • Deutschland 1947/48 • Eugen York (30)

MUET COMME UNE CARPE/ Schtum asoi wi a fisch/Stumm wie ein Fisch • Belgien 1987 • Boris Lehman (81)


NOA BAT SHVA-ESREH/NOA AT 17/Noa mit 17 • Israel 1982 • Itzhak Zepel Yeshurun (82)

NUIT ET BROUILLARD/Nacht und Nebel • Frankreich 1955/56 • Alain Resnais (59)


OBCHOD NA  KORZE/Der Laden auf der Hauptstraße • CSSR 1965 • Ján Kadár, Elmar Klos (63)

ON A HEYM/BEZ DOMNI Ohne Heimat • Polen 1939 • Alexander Merten (98)

OP ZOEK NAAR JOODS AMSTERDAM/Auf der Suche nach dem jüdischen Amsterdam • Niederlande 1975 (51)

OPSTAND IN SOBIBOR/REVOLT IN SOBIBOR • Niederlande/UdSSR 1989 • Lily van den Bergh, Pavel Kogan (100)

OST UND WEST/MISRECH UN MAJREW • Österreich 1923 • Sidney M. Goldin (16)


PARTISANS OF VILNA/Die Partisanen von Wilna • USA 1985 • Josh Waletzky (6)

POURQUOI ISRAËL/Warum Israel • Frankreich 1973 • Claude Lanzmann (88)

PROFESSOR MAMLOCK • DDR 1961 • Konrad Wolf (27)

REGENTROPFEN • Bundesrepublik Deutschland 1980 • Michael Hoffmann, Harry Raymon (65)

REUNION/Der wiedergefundene Freund/L'ami retrouvé • Frankreich/BRD/Großbritannien 1989 • Jerry Schatzberg (75)

ROUTES OF EXILE - A MOROCCAN JEWISH ODYSSEY/ L'ODYSSEE DES JUIFS DU MAROC • Kanada 1982
   Eugene Rosow (49)


SAKAT/Sonnenuntergang • UdSSR 1990 • Alexander Seldowitsch (14)

SKWOS SLJOSY/STRANIZY PROSCHLOGO/MOTL PEJSI DEM CHASNS
   Lachen durch Tränen/Kapitel der Vergangenheit • UdSSR 1928 • Grigori Gritscher-Tscherikower (17)

SHOAH • Frankreich 1974-1985 • Claude Lanzmann (18)

SOLL SEIN - JIDDISCHE KULTUR IM JÜDISCHEN STAAT/Bundesrepublik Deutschland/Israel/Niederlande 1984-
   1992 • Henryk M. Broder, Frans van der Meulen (37)

STERNE • DDR/Bulgarien 1958 • Konrad Wolf (78)

SYMPHONIE (SOLILOQUE)/ Symphonie (Selbstgespräch) • Belgien 1979 • Boris Lehman (81)

TARSASUTAZAS/Die Gruppenreise • Ungarn 1984 • Gyula Gazdag (102)

TEL AVIV - BERLIN • Israel 1987 • Tzipi Tropé (87)

TEREZIN DIARY • USA 1989 • Dan Weissman (66)

TEWJE • USA 1939 • Maurice Schwartz (90)

THE FORWARD: FROM IMMIGRANTS TO AMERICANS • USA 1988 • Marlene Booth, Linda Matchan (79)

THE GOLDEN AGE OF SECOND AVENUE • USA 1968 • Morton Silverstein (22)

THE JAZZ SINGER • USA 1927 • Alan Crosland (69)

THE LIGHT AHEAD/DI KLJATSCHE/FISCHKE DER KRUMER • USA 1939 • Edgar G. Ulmer (21)

THE MAN WITHOUT A WORLD • USA 1991 • Eleanor Antin (104)

THE PAWNBROKER/Der Pfandleiher • USA 1964 • Sidney Lumet (53)

THE PLOT AGAINST HARRY/Komplott gegen Harry • USA 1968/89 • Michael Roemer (96)

THE PRODUCERS/SPRINGTIME FOR HITLER/Frühling für Hitler • USA 1967 • Mel Brooks (92)

THE SINGING BLACKSMITH/JANKL DER SCHMID • USA 1938 • Edgar G. Ulmer (61)

THE UNFORTUNATE BRIDE/DI UMGLIKLECHE KALE • USA 1932
   (Tonfassung des Stummfilms *Broken Hearts* • USA 1926) • Maurice Schwartz (20)

THE YIDDISH KING LEAR/DER JIDISCHER KENIG LIR • USA 1935 • Harry Thomashefsky (25)

THREE DAUGHTERS/DRAJ TECHTER • USA 1950 • Joseph Seiden (62)


UNCLE MOSES • USA 1932 • Sidney M. Goldin, Aubrey Scotto (3)

URBAN PEASANTS: AN ESSAY IN YIDDISH STRUCTURALISM • USA 1930/75 • Ken Jacobs (74)


VOCES DE SEFARAD/VOICES FROM SEPHARAD/Teil V: Die Volkskunst der Sephardim • Spanien/Israel/Frankreich
   1988 • Solly Wolodarsky (42)

VOICES FROM THE ATTIC/Stimmen vom Dachboden • USA 1988 • Debbie Goodstein (44)


WE WERE SO BELOVED/Wir waren so beliebt • USA 1981-85 • Manfred Kirchheimer (95)

WEAPONS OF THE SPIRIT/LES ARMES DE L'ESPRIT/Die Waffen des Geistes • USA/Frankreich 1987
   Pierre Sauvage (35)

WESELI BIEDACI/FREJLECHE KABZONIM/Die fröhlichen Armen • Polen 1937 • Zygmund Turkow, Leon Jeannot (5)

WOSWRASCHTSCHENIJE NEJTANA BEKKERA/ NOSN BEKER FORT AJEIM • Die Rückkehr des Nathan Becker
   UdSSR 1932 • Boris Schpis, Raschel Milman (38)


YALDEI STALIN/STALIN'S DISCIPLES/Stalins Anhänger • Israel 1988 • Nadav Levitan (83)

YENTL • Großbritannien 1983 • Barbra Streisand (43)

YIDDISH: THE MAME-LOSHN • USA 1979 • Pierre Sauvage (72)


ZELIG • USA 1980-83 • Woody Allen (40)

ZIEMIA OBIECANA/Das Gelobte Land • Polen 1974/75 • Andrzej Wajda (55)

# Verzeichnis der deutschen Titel

LIEBE UND EXIL - ISAAC BASHEVIS SINGER UND NEW YORK• Schweiz 19844 • Erwin Leiser  (29)
LODZ GHETTO • USA 1988 • Alan Adelson, Kathryn Taverna (56)

MARTHA UND ICH • Bundesrepublik Deutschland 1989 • Jirí Weiss (67)
MEYER AUS BERLIN • Deutschland 1918/19 • Ernst Lubitsch (8)
MIR LEBN GEBLIBENE/We Are Still Alive/We Who Remain/Am Yisroel Khay • Polen 1947/48 • Nathan Gross (99)
MORITURI • Deutschland 1947/48 • Eugen York (30)
Muttersprache: Jiddisch/YIDDISCH: THE MAME-LOSHN • USA 1979 • Pierre Sauvage (72)

Noa mit 17/NOA BAT SHVA-ESREH/NOA AT 17 • Israel 1982 • Itzhak Zepel Yeshurun (82)
Nacht und Nebel/NUIT ET BROUILLARD • Frankreich 1955/56 • Alain Resnais (59)
NOSN BEKER FORT AJEIM/Die Rückkehr des Nathan Becker/WOSWRASCHTSCHENIJE NEJTANA BEKKERA
    UdSSR 1932 • Boris Schpis, Raschel Milman (38)

Ohne Heimat/ON A HEYM/BEZ DOMNI • Polen 1939 • Aleksander Merten (98)
OST UND WEST/MISRECH UN MAJREW • Österreich 1923 • Sidney M. Goldin (16)

PROFESSOR MAMLOCK • DDR 1961 • Konrad Wolf (27)

REGENTROPFEN • Bundesrepublik Deutschland 1980 • Michael Hoffmann, Harry Raymon (65)
ROUTES OF EXILE - A MOROCCAN JEWISH ODYSSEY/ L'ODYSSEE DES JUIFS DU MAROC • Kanada 1982
    Eugene Rosow (49)

SAJN WAJBS LJUBOWNIK/HIS WIFE'S LOVER • USA 1931 • Sidney M. Goldin (77)
Seine Exzellenz/JEGO PREWOSCHODITELSTWO • UdSSR 1927 • Grigori Roschal (47)
Stalins Anhänger/YALDEI STALIN/STALIN'S DISCIPLES • Israel 1988 • Nadav Levitan (83)
Sonnenuntergang/SAKAT • UdSSR 1990 • Alexander Seldowitsch (14)
SHOAH • Frankreich 1974-1985 • Claude Lanzmann (18)
SOLL SEIN - JIDDISCHE KULTUR IM JÜDISCHEN STAAT/BRD/Israel/Niederlande 1984-1992 • Henryk M. Broder,
    Frans van der Meulen (37)
STERNE • DDR/Bulgarien 1958 • Konrad Wolf (78)
Stimmen vom Dachboden/VOICES FROM THE ATTIC • USA 1988 • Debbie Goodstein (44)
Stumm wie ein Fisch/MUET COMME UNE CARPE/ Schtum asoi wi a fisch • Belgien 1987 • Boris Lehman (81)
Symphonie (Selbstgespräch)/SYMPHONIE (SOLILOQUE) • Belgien 1979 • Boris Lehman (81)

TEL AVIV - BERLIN • Israel 1987 • Tzipi Tropé (87)
TEREZIN DIARY • USA 1989 • Dan Weissman (66)
TEWJE • USA 1939 • Maurice Schwartz (90)
THE FORWARD: FROM IMMIGRANTS TO AMERICANS • USA 1988 • Marlene Booth, Linda Matchan  (79)
THE GOLDEN AGE OF SECOND AVENUE • USA 1968 • Morton Silverstein (22)
THE JAZZ SINGER • USA 1927 • Alan Crosland (69)
THE MAN WITHOUT A WORLD • USA 1991 • Eleanor Antin (104)

Über die jemenitischen Juden, eine untergehende Kultur/ABOUT THE JEWS OF YEMEN, A VANISHING CULTURE
    USA 1986 • Johanna Spector (13)
UNCLE MOSES • USA 1932 • Sidney M. Goldin, Aubrey Scotto (3)
URBAN PEASANTS: AN ESSAY IN YIDDISH STRUCTURALISM• USA 1930/75 • Ken Jacobs (74)

Warum Israel/POURQUOI ISRAËL • Frankreich 1973 • Claude Lanzmann (88)
Wegen dieses Krieges/BIGLAL HA'MILCHAMA HAHI • Israel 1988 • Orna Ben-Dor Niv (86)
Wir waren so beliebt/WE WERE SO BELOVED • USA 1981-85 • Manfred Kirchheimer (95)

YENTL • Großbritannien 1983 • Barbra Streisand (43)

ZELIG • USA 1980-83 • Woody Allen (40)

# Verzeichnis der Regisseure

**Adelson**, Alan/Taverna, Kathryn (56)
LODZ GHETTO • USA 1988

**Akerman**, Chantal (94)
HISTOIRES D'AMERIQUE (Food, Family and Philosophy) • Frankreich/Belgien 1988

**Allen**, Woody (39)
ANNIE HALL/Der Stadtneurotiker • USA 1977

Allen, Woody (40)
ZELIG • USA 1980-83

Allen, Woody (41)
BROADWAY DANNY ROSE • USA 1984

**Antin**, Eleanor (104)
THE MAN WITHOUT A WORLD • USA 1991

**Aranowitsch**, Semjon (105)
BOLSCHOJ KONZERT NARODOW ILI DYCHANIJE TSCHEJN-STOKSA/Das große Konzert der Völker oder die Cheyne-Stokessche Atmung • UdSSR 1991

**Askoldow**, Alexander (101)
KOMISSAR/Die Kommissarin • UdSSR 1967/87

**Astrachan**, Dmitri (45)
IS YDI!/Hinweg! • UdSSR 1991

**Baky**, Josef von (52)
DER RUF • Bundesrepublik Deutschland 1948/49

**Ben-Ami**, Jacob/Ulmer, Edgar G. (34)
GREEN FIELDS/GRINE FELDER/Grüne Felder • USA 1937

**Ben-Dor Niv**, Orna (86)
BIGLAL HA'MILCHAMA HAHI/Wegen dieses Krieges • Israel 1988

**Bergh**, Lily van den/Kogan, Pavel (100)
OPSTAND IN SOBIBOR/REVOLT IN SOBIBOR • Niederlande/UdSSR 1989

**Bergman**, David/ Gouri, Haim X./Ehrlich, Jacques/Novitch, Miriam/Shner, Zvi (64)
THE 81ST BLOW /Der 81. Schlag (Ne laissons pas les morts enterrer les morts - Lassen wir die Toten nicht die Toten begraben) • Israel/Frankreich 1975/77

**Boese**, Carl/Wegener, Paul (9)
DER GOLEM, WIE ER IN DIE WELT KAM • Deutschland 1920

**Booth**, Marlene/Matchan, Linda (79)
THE FORWARD: FROM IMMIGRANTS TO AMERICANS • USA 1988

**Bregstein**, Philo (51)
OP ZOEK NAAR JOODS AMSTERDAM/Auf der Suche nach dem jüdischen Amsterdam • Niederlande 1975

**Brenner**, Frédéric/ Neumann, Stan (11)
LES DERNIERS MARRANES/Die letzten Marranen • Frankreich 1990

**Breslauer**, Hans Karl (2)
DIE STADT OHNE JUDEN • Österreich 1924

**Brink**, Joram ten (54)
JACOBA • Niederlande 1988

**Broder**, Henryk M./van der Meulen, Frans (37)
SOLL SEIN - JIDDISCHE KULTUR IM JÜDISCHEN STAAT/BRD/Israel/Niederlande 1984-1992

**Brooks**, Mel (92)
THE PRODUCERS/SPRINGTIME FOR HITLER/Frühling für Hitler • USA 1967

**Cohen**, Eli (89)
HAKAYITZ SHEL AVIYA/THE SUMMER OF AVIYA/Aviyas Sommer • Israel 1988

**Heffner**, Avram (84)

LAURA ADLER'S LAST LOVE AFFAIR/AHAVA HA'ACHRONA SHEL LAURA ADLER/Laura Adlers letzte Liebe
Israel 1990

**Hoffmann**, Michael/Raymon, Harry (65)

REGENTROPFEN • Bundesrepublik Deutschland 1980

**Holland**, Agnieszka (60)

EUROPA, EUROPA/HITLERJUNGE SALOMON • BRD/Frankreich 1989/90

**Jacobs**, Ken (74)

URBAN PEASANTS: AN ESSAY IN YIDDISH STRUCTURALISM • USA 1930/75

**Jeannot**, Leon/Turkow, Zygmund (5)

WESELI BIEDACI/FREJLECHE KABZONIM/Die fröhlichen Armen • Polen 1937

**Jewison**, Norman (91)

FIDDLER ON THE ROOF/Anatevka • USA 1971

**Kadár**, Ján/Klos, Elmar (63)

OBCHOD NA KORZE/Der Laden auf der Hauptstraße • CSSR 1965

**Kirchheimer**, Manfred (95)

WE WERE SO BELOVED/Wir waren so beliebt • USA 1981-85

**Klos**, Elmar/Kadár, Ján (63)

OBCHOD NA KORZE/Der Laden auf der Hauptstraße • CSSR 1965

**Kochenrath**, Hans Peter/Loewy, Ronny (71)

DAS JIDDISCHE KINO • Bundesrepublik Deutschland 1982/83

**Kogan**, Pavel/Bergh, Lily van den (100)

OPSTAND IN SOBIBOR/REVOLT IN SOBIBOR • Niederlande/UdSSR 1989

**Kuleschow**, Lew (48)

GORISONT/Horizont • UdSSR 1932

**Lanzmann**, Claude (88)

POURQUOI ISRAËL/Warum Israel • Frankreich 1973

Lanzmann, Claude (18)

SHOAH • Frankreich 1974-1985

**Lehman**, Boris (81)

SYMPHONIE (SOLILOQUE)/Symphonie (Selbstgespräch) • Belgien 1979

Lehman, Boris (81)

MUET COMME UNE CARPE/Schtum asoi wi a fisch/Stumm wie ein Fisch • Belgien 1987

Lehman, Boris (81)

L'HOMME DE TERRE/Der Erdenmensch • Belgien 1989

Lehman, Boris (81)

A LA RECHERCHE DU LIEU DE MA NAISSANCE/Auf der Suche nach dem Ort meiner Geburt
Belgien/Schweiz 1990

**Leiser**, Erwin (29)

LIEBE UND EXIL - ISAAC BASHEVIS SINGER UND NEW YORK• Schweiz 1984

Leiser, Erwin (29)

DIE VERSUNKENEN WELTEN DES ROMAN VISNIAC • Schweiz 1978

Leiser, Erwin (29)

DIE FEUERPROBE - Novemberpogrom 1938 • BRD 1988

**Levitan**, Nadav (83)

YALDEI STALIN/STALIN'S DISCIPLES/Stalins Anhänger • Israel 1988

**Lilienthal**, Peter (80)

DAVID • Bundesrepublik Deutschland 1978

**Loewy**, Ronny/Kochenrath, Hans Peter (71)

DAS JIDDISCHE KINO • Bundesrepublik Deutschland 1982/83

**Lubitsch**, Ernst (8)

MEYER AUS BERLIN • Deutschland 1918/19

**Lumet**, Sidney (53)

THE PAWNBROKER/Der Pfandleiher • USA 1964

**Maetzig**, Kurt (28)

EHE IM SCHATTEN • Deutschland 1947

**Malle**, Louis (50)

AU REVOIR LES ENFANTS/Auf Wiedersehen, Kinder • Frankreich 1987

**Seldowitsch**, Alexander (14)

SAKAT/Sonnenuntergang • UdSSR 1990

**Silverstein**, Morton (22)

THE GOLDEN AGE OF SECOND AVENUE • USA 1968

**Spector**, Johanna (13)

ABOUT THE JEWS OF YEMEN, A VANISHING CULTURE/Über die jemenitischen Juden, eine untergehende Kultur
USA 1986

**Streisand**, Barbra (43)

YENTL • Großbritannien 1983

**Sucher**, Joel/Fischler, Steven (79)

FREE VOICE OF LABOR-THE JEWISH ANARCHISTS • USA 1980

**Szlingerbaum**, Samy (7)

BRUXELLES - TRANSIT • Belgien 1980

**Taverna**, Kathryn/Adelson, Alan (56)

LODZ GHETTO • USA 1988

**Thomashefsky**, Harry (25)

THE YIDDISH KING LEAR/DER JIDISCHER KENIG LIR • USA 1935

**Tropé**, Tzipi (87)

TEL AVIV - BERLIN • Israel 1987

**Turkow**, Zygmund Jeannot, /Leon (5)

WESELI BIEDACI/FREJLECHE KABZONIM/Die fröhlichen Armen • Polen 1937

**Ulmer**, Edgar G./Ben-Ami , Jacob (34)

GREEN FIELDS/GRINE FELDER/Grüne Felder • USA 1937

Ulmer, Edgar G. (21)

THE LIGHT AHEAD/DI KLJATSCHE/FISCHKE DER KRUMER • USA 1939

Ulmer, Edgar G. (61)

THE SINGING BLACKSMITH/JANKL DER SCHMID • USA 1938

Ulmer, Edgar G. (23)

AMERICAN MATCHMAKER/AMERIKANER SCHADCHEN/Der amerikanische Heiratsvermittler • USA 1940

**van der Meulen**, Frans /Broder, Henryk M./ (37)

SOLL SEIN - JIDDISCHE KULTUR IM JÜDISCHEN STAAT/BRD/Israel/Niederlande 1984-1992

**Wajda**, Andrzej (55)

ZIEMIEA OBIECANA/Das Gelobte Land • Polen 1974/75

Wajda, Andrzej (57)

KORCZAK • Polen 1990

**Waletzky**, Josh (4)

IMAGE BEFORE MY EYES • USA 1980

Waletzky, Josh (6)

PARTISANS OF VILNA/Die Partisanen von Wilna • USA 1985

**Waszynski**, Michal (32)

DER DIBEK/DYBUK/Der Dibbuk • Polen 1937

**Wegener**, Paul/Boese, Carl (9)

DER GOLEM, WIE ER IN DIE WELT KAM • Deutschland 1920

**Weiss**, Jirí (67)

MARTHA UND ICH • Bundesrepublik Deutschland 1989

**Weissman**, Dan (66)

TEREZIN DIARY • USA 1989

**Wolf**, Konrad (78)

STERNE • DDR/Bulgarien 1958

Wolf, Konrad (27)

PROFESSOR MAMLOCK • DDR 1961

**Tropé**, Tzipi (87)

TEL AVIV - BERLIN • Israel 1987

**Yeshurun**, Itzhak Zepel (82)

NOA BAT SHVA-ESREH/NOA AT 17/Noa mit 17 • Israel 1982

**York**, Eugen (30)

MORITURI • Deutschland 1947/48

# Verzeichnis der Länder

**Belgien**

| | | |
|---|---|---|
| 1979 | SYMPHONIE (SOLILOQUE)/Symphonie (Selbstgespräch) • **Lehman**, Boris (81) | |
| 1980 | BRUXELLES - TRANSIT • **Szlingerbaum**, Samy (7) | |
| 1987 | MUET COMME UNE CARPE/Schtum asoi wi a fisch/Stumm wie ein Fisch • **Lehman, Boris** (81) | |
| 1989 | L'HOMME DE TERRE/Der Erdenmensch • **Lehman**, Boris (81) | |
| 1990 | ESCAPE TO THE RISING SUN/SURVIVRE A SHANGHAI/Flucht zur aufgehenden Sonne/Überleben in Shanghai • **Perelsztejn**, Diane (93) | |

**Belgien/Schweiz**

| | |
|---|---|
| 1990 | A LA RECHERCHE DU LIEU DE MA NAISSANCE/Auf der Suche nach dem Ort meiner Geburt • **Lehman**, Boris (81) |

**Bundesrepublik Deutschland**

| | |
|---|---|
| 1948/49 | DER RUF • **Baky**, Josef von (52) |
| 1978 | DAVID • **Lilienthal**, Peter (80) |
| 1978 | LIEBE UND EXIL - ISAAC BASHEVIS SINGER UND NEW YORK • **Leiser**, Erwin (29) |
| 1980 | REGENTROPFEN • **Hoffmann**, Michael/**Raymon**, Harry (65) |
| 1981 | IM LAND MEINER ELTERN • **Meerapfel**, Jeanine (103) |
| 1982/83 | DAS JIDDISCHE KINO • **Loewy**, Ronny/**Kochenrath**, Hans Peter (71) |
| 1988 | DIE FEUERPROBE - Novemberpogrom 1938 • **Leiser**, Erwin (29) |
| 1989 | MARTHA UND ICH • **Weiss**, Jirí (67) |

**BRD/Frankreich**

| | |
|---|---|
| 1989/90 | EUROPA, EUROPA/HITLERJUNGE SALOMON • **Holland**, Agnieszka (60) |

**BRD/Israel/Niederlande**

| | |
|---|---|
| 1984-1992 | SOLL SEIN - JIDDISCHE KULTUR IM JÜDISCHEN STAAT • **Broder**, Henryk M./**van der Meulen**, Frans (37) |

**Deutschland**

| | |
|---|---|
| 1918/19 | MEYER AUS BERLIN • **Lubitsch**, Ernst (8) |
| 1920 | DER GOLEM, WIE ER IN DIE WELT KAM • **Wegener**, Paul/**Boese**, Carl (9) |
| 1921 | DIE GEZEICHNETEN • **Dreyer**, Carl Theodor (15) |
| 1923 | DAS ALTE GESETZ • **Dupont**, Ewald André (10) |
| 1947 | EHE IM SCHATTEN • **Maetzig**, Kurt (28) |
| 1947/48 | MORITURI • **York**, Eugen (30) |
| 1948 | LANG IST DER WEG • **Fredersdorf**, Herbert B./**Goldstein**, Marek (31) |
| 1948 | AFFAIRE BLUM • **Engel**, Erich (26) |

**DDR**

| | |
|---|---|
| 1961 | PROFESSOR MAMLOCK • Wolf, Konrad (27) |

**DDR/Bulgarien**

| | |
|---|---|
| 1958 | STERNE • **Wolf**, Konrad (78) |

**Frankreich**

| | |
|---|---|
| 1955/56 | NUIT ET BROUILLARD/Nacht und Nebel • **Resnais**, Alain (59) |
| 1973 | POURQUOI ISRAËL/Warum Israel • **Lanzmann**, Claude (88) |
| 1974-85 | SHOAH • **Lanzmann**, Claude (18) |
| 1987 | AU REVOIR LES ENFANTS/Auf Wiedersehen, Kinder • **Malle**, Louis (50) |
| 1989 | BERLIN JERUSALEM • **Gitai**, Amos (68) |

| | 1990 | LES DERNIERS MARRANES/Die letzten Marranen • **Brenner**, Frédéric/**Neumann**, Stan (11) |
| | 1991 | GOLEM, L'ESPRIT DE L'EXIL/Golem, der Geist des Exils • **Gitai**, Amos (73) |

**Frankreich/Belgien**
| | 1988 | HISTOIRES D'AMERIQUE (Food, Family and Philosophy) • **Akerman**, Chantal (94) |

**Frankreich/BRD/Großbritannien**
| | 1989 | REUNION/Der wiedergefundene Freund/L'ami retrouvé • **Schatzberg**, Jerry (75) |

**Frankreich/Israel**
| | 1960 | DESCRIPTION D'UN COMBAT/Beschreibung eines Kampfes • **Marker**, Chris (85) |

**Georgien/Frankreich**
| | 1989 | 26 SAUKUNE DA .../26 Jahrhunderte und ... • **Gwassalia**, Omar (44) |

**Großbritannien**
| | 1934 | JEW SUSS • **Mendes**, Lothar (19) |
| | 1983 | YENTL • **Streisand**, Barbra (43) |
| | 1986 | JEWTOWN • **Posner**, Anthony (42) |

**Israel**
| | 1982 | NOA BAT SHVA-ESREH/NOA AT 17/Noa mit 17 • **Yeshurun**, Itzhak Zepel (82) |
| | 1987 | TEL AVIV - BERLIN • **Tropé**, Tzipi (87) |
| | 1988 | HAKAYITZ SHEL AVIYA/THE SUMMER OF AVIYA/Aviyas Sommer • **Cohen**, Eli (89) |
| | 1988 | BIGLAL HA'MILCHAMA HAHI/Wegen dieses Krieges • **Ben-Dor Niv**, Orna (86) |
| | 1988 | YALDEI STALIN/STALIN'S DISCIPLES/Stalins Anhänger • **Levitan**, Nadav (83) |
| | 1990 | LAURA ADLER'S LAST LOVE AFFAIR/AHAVA HA'ACHRONA SHEL LAURA ADLER/Laura Adlers letzte Liebe • **Heffner**, Avram (84) |

**Israel/Frankreich**
| | 1975/77 | THE 81ST BLOW /Der 81. Schlag (Ne laissons pas les morts enterrer les morts - Lassen wir die Toten nicht die Toten begraben) • **Bergman**, David/**Gouri**, Haim X./**Ehrlich**, Jacques/**Novitch**, Miriam/**Shner**, Zvi (64) |

**Kanada**
| | 1982 | ROUTES OF EXILE - A MOROCCAN JEWISH ODYSSEY/L'ODYSSEE DES JUIFS DU MAROC • **Rosow**, Eugene (49) |

**Niederlande**
| | 1975 | OP ZOEK NAAR JOODS AMSTERDAM/Auf der Suche nach dem jüdischen Amsterdam • **Bregstein**, Philo (51) |
| | 1982 | DE AFSTAND TOT DICHTBIJ/Der Abstand zur Nähe • **Meter**, Barbara (54) |
| | 1988 | JACOBA • **Brink**, Joram ten (54) |

**Niederlande/UdSSR**
| | 1989 | OPSTAND IN SOBIBOR/REVOLT IN SOBIBOR • **Bergh**, Lily van den/**Kogan**, Pavel (100) |

**Österreich**
| | 1923 | OST UND WEST/MISRECH UN MAJREW • **Goldin**, Sidney M. (16) |
| | 1924 | JISKER/YISKOR/Lebendig begraben • **Goldin**, Sidney M (46) |
| | 1924 | DIE STADT OHNE JUDEN • **Breslauer**, Hans Karl (2) |

**Polen**
| | 1936 | JIDL MITN FIDL/JUDEL GRA NA SKRZYPCACH/Yiddle With His Fiddle • **Green**, Joseph/**Nowina-Przybylski**, Jan (36) |

| 1937 | WESELI BIEDACI/FREJLECHE KABZONIM/Die fröhlichen Armen • **Turkow**, Zygmund/Jeannot, Leon (5) |
|---|---|
| 1937 | DER DIBEK/DYBUK/Der Dibbuk • **Waszynski**, Michal (32) |
| 1938 | A BRIWELE DER MAMEN/A LETTER TO MOTHER/Ein Brief an die Mutter • **Green**, Joseph (97) |
| 1939 | A DAY IN WARSAW/JEWISH LIFE IN BIALYSTOK/JEWISH LIFE IN CRACOW/ JEWISH LIFE IN LWOW/JEWISH LIFE IN VILNA • **Goskind**, Shaul & Itzhak (106) |
| 1939 | ON A HEYM/BEZ DOMNI Ohne Heimat • **Merten**, Alexander (98) |
| 1947-48 | MIR LEBN GEBLIBENE/We Are Still Alive/We Who Remain/Am Yisroel Khay • **Gross**, Natan (99) |
| 1974/75 | ZIEMIEA OBIECANA/Das Gelobte Land • **Wajda**, Andrzej (55) |
| 1990 | KORCZAK • **Wajda**, Andrzej (57) |

## Schweden

| 1982 | HISTORIEN OM CHAIM RUMKOWSKI OCH GHETTOT I LODZ/Die Geschichte von Chaim Rumkowski und dem Ghetto von Lodz • **Cohen**, Peter (58) |
|---|---|

## Schweiz

| 1978 | DIE VERSUNKENEN WELTEN DES ROMAN VISHNIAC • **Leiser**, Erwin (29) |
|---|---|

## Tschechoslowakei

| 1965 | OBCHOD NA KORZE/Der Laden auf der Hauptstraße • **Kadár**, Ján/**Klos**, Elmar (63) |
|---|---|

## UdSSR

| 1925 | JEWREJSKOJE STSCHASTJE/Jüdisches Glück • **Granowski**, Alexej (1) |
|---|---|
| 1927 | JEGO PREWOSCHODITELSTWO/Seine Exzellenz • **Roschal**, Grigori (47) |
| 1928 | SKWOS SLJOSY/STRANIZY PROSCHLOGO/MOTL PEJSI DEM CHASNS Lachen durch Tränen/Kapitel der Vergangenheit • **Gritscher-Tscherikower**, Grigori (17) |
| 1932 | GORISONT/Horizont • **Kuleschow**, Lew (48) |
| 1932 | WOSWRASCHTSCHENIJE NEJTANA BEKKERA/ NOSN BEKER FORT AJEIM • Die Rückkehr des Nathan Becker • **Schpis**, Boris/**Milman**, Raschel (38) |
| 1967/87 | KOMISSAR/Die Kommissarin • **Askoldow**, Alexander (101) |
| 1990 | SAKAT/Sonnenuntergang • **Seldowitsch**, Alexander (14) |
| 1991 | BOLSCHOJ KONZERT NARODOW ILI DYCHANIJE TSCHEJN-STOKSA/Das große Konzert der Völker oder die Cheyne-Stokessche Atmung • **Aranowitsch**, Semjon (105) |
| 1991 | ISYDI!/Hinweg! • **Astrachan**, Dmitri (45) |

## Ungarn

| 1984 | TARSASUTAZAS/Die Gruppenreise • **Gazdag**, Gyula (102) |
|---|---|

## USA

| 1927 | THE JAZZ SINGER • **Crosland**, Alan (69) |
|---|---|
| 1931 | HIS WIFE'S LOVER/SAJN WAJBS LJUBOWNIK • **Goldin**, Sidney M. (77) |
| 1932 | UNCLE MOSES • **Goldin**, Sidney M./Scotto, Aubrey (3) |
| 1932 | THE UNFORTUNATE BRIDE/DI UMGLIKLECHE KALE • **Schwartz**, Maurice (20) |
| 1933 | DUCK SOUP/Die Marx Brothers im Krieg • **McCarey**, Leo (70) |
| 1933 | A VILNA LEGEND/DEM REBNS KOJECH (Tonfassung des Stummfilms TKIES-KAF/ Der Schwur • Polen 1924, Zygmunt Turkow) • **Roland**, George (33) |
| 1935 | THE YIDDISH KING LEAR/DER JIDISCHER KENIG LIR • **Thomashefsky**, Harry (25) |
| 1937 | GREEN FIELDS/GRINE FELDER/Grüne Felder • **Ulmer**, Edgar G./**Ben-Ami**, Jacob (34) |
| 1938 | THE SINGING BLACKSMITH/JANKL DER SCHMID • **Ulmer**, Edgar G (61) |
| 1939 | THE LIGHT AHEAD/DI KLJATSCHE/FISCHKE DER KRUMER • Ulmer, Edgar G. (21) |
| 1939 | TEWJE • **Schwartz**, Maurice (90) |
| 1940 | AMERICAN MATCHMAKER/AMERIKANER SCHADCHEN/Der amerikanische Heiratsvermittler • **Ulmer**, Edgar G. (23) |
| 1949 | GOD, MAN AND DEVIL/GOT, MENTSCH UN TAJWL • **Seiden**, Joseph (76) |
| 1950 | THREE DAUGHTERS/DRAJ TECHTER • **Seiden**, Joseph (62) |

| 1964 | THE PAWNBROKER/Der Pfandleiher • **Lumet**, Sidney (53) |
|---|---|
| 1967 | THE PRODUCERS/SPRINGTIME FOR HITLER/Frühling für Hitler • **Brooks**, Mel (92) |
| 1968 | THE GOLDEN AGE OF SECOND AVENUE • **Silverstein**, Morton (22) |
| 1971 | FIDDLER ON THE ROOF/Anatevka • **Jewison**, Norman (91) |
| 1974 | HESTER STREET • **Micklin Silver**, Joan (12) |
| 1930-75 | URBAN PEASANTS: AN ESSAY IN YIDDISH STRUCTURALISM • **Jacobs**, Ken (74) |
| 1977 | ANNIE HALL/Der Stadtneurotiker • **Allen**, Woody (39) |
| 1979 | YIDDISH: THE MAME-LOSHN • **Sauvage**, Pierre (72) |
| 1980 | FREE VOICE OF LABOR-THE JEWISH ANARCHISTS • **Fischler**, Steven/**Sucher**, Joel (79) |
| 1980 | IMAGE BEFORE MY EYES • **Waletzky**, Josh (4) |
| 1980-83 | ZELIG • **Allen**, Woody (40) |
| 1981-85 | WE WERE SO BELOVED/Wir waren so beliebt • **Kirchheimer**, Manfred (95) |
| 1985 | PARTISANS OF VILNA/Die Partisanen von Wilna • **Waletzky**, Josh (6) |
| 1983-87 | COOPERATION OF PARTS • **Eisenberg**, Daniel (74) |
| 1984 | BROADWAY DANNY ROSE • **Allen**, Woody (41) |
| 1986 | ABOUT THE JEWS OF YEMEN, A VANISHING CULTURE/Über die jemenitischen Juden, eine untergehende Kultur • **Spector**, Johanna (13) |
| 1988 | LODZ GHETTO • **Adelson**, Alan/**Taverna**, Kathryn (56) |
| 1988 | VOICES FROM THE ATTIC/Stimmen vom Dachboden • **Goodstein**, Debbie (44) |
| 1988 | THE FORWARD: FROM IMMIGRANTS TO AMERICANS • **Booth**, Marlene/**Matchan**, Linda (79) |
| 1988 | A JUMPIN' NIGHT IN THE GARDEN OF EDEN • **Goldman**, Michal (24) |
| 1968/89 | THE PLOT AGAINST HARRY/Komplott gegen Harry • **Roemer**, Michael (96) |
| 1989 | TEREZIN DIARY • **Weissman**, Dan (66) |
| 1991 | THE MAN WITHOUT A WORLD • **Antin**, Eleanor (104) |

**USA/Frankreich**

| 1987 | WEAPONS OF THE SPIRIT/LES ARMES DE L'ESPRIT/Die Waffen des Geistes • **Sauvage**, Pierre (35) |
|---|---|

# Die wichtigsten Filme für "Jüdische Lebenswelten" / Bemerkungen zu einer Filmographie

Als wir das Filmprogramm zur Ausstellung "Jüdische Lebenswelten" begannen, stand am Anfang eine Suchliste von Titeln aus dem Bereich des jiddischen Kinos und der Filme (Spielfilme sowohl wie Dokumentarfilme) mit jüdischer Thematik. Diese Liste entwickelten wir aus unseren eigenen Kenntnissen, aus spezialisierten Büchern, aus Zeitschriftenartikeln und aus den Programmen verschiedener "Jewish Film Festivals", insbesondere der in London. Bald kam auch das Buch von Jim Hoberman hinzu, das wir in ersten Vorabdrucken erhielten, sowie die Filmserie im New Yorker "Museum of Modern Art", deren Programmpläne wir studierten, die Verzeichnisse des "National Center for Jewish Film" in Waltham (USA). Wir benutzten auch Programme und Spielpläne verschiedener jüdischer Filmveranstaltungen, so vom Münchner und Amsterdamer Filmmuseum und vom Deutschen Filmmuseum Frankfurt/M.. Auf diese Weise entwickelten wir schließlich eine ziemlich umfassende Filmographie aller Filme in jiddischer Sprache oder mit jüdischer Thematik. Allerdings mußten wir auch erkennen, daß der Umkreis hier in Frage kommender Filme bis Ende der dreißiger Jahre noch relativ überschaubar ist, nach 1945 jedoch einen Umfang annimmt - besonders, was die Produktion von Dokumentarfilmen angeht -, der eine zusammenfassende Darstellung fast unmöglich macht. Es sei denn, man würde aus dem Versuch solch einer Filmographie ein eigenes Werk bzw. ein eigenes Forschungsvorhaben machen.

So ein Buch ist übrigens kürzlich erschienen : es handelt sich um das "Jewish Film Directory - A Guide to more than 1200 Films of Jewish Interest from 32 Countries over 85 Years", erschienen 1992 im Verlag Flicks Books, Trowbridge (Wiltshire), Großbritannien. Dieses Buch bietet eine so umfassende und gut gegliederte Übersicht über jüdische Filme, daß wir mit ihr hier nicht konkurrieren können, insbesondere, weil in dem englischen Buch zu jedem Film kurze Inhaltsangaben angeführt werden.

Weil wir aber doch meinen, daß unsere ursprüngliche Suchliste für "Jüdische Lebenswelten im Film" ein gewisses Interesse finden mag, und weil sie einige Filme enthält, die im "Jewish Film Directory" wiederum fehlen (z.B. Werke aus dem Bereich des Experimentalfilms), publizieren wir sie im Anhang - wobei wir sie bis in die dreißiger Jahre ziemlich vollständig wiedergeben, für die spätere Zeit uns jedoch auf einzelne Hinweise beschränken.

Diese Übersicht erhebt keinen Anspruch auf Vollständigkeit, sie reproduziert vielmehr unser Suchsystem.

**Die wichtigsten Filme für "Jüdische Lebenswelten"**

**1. Abteilung: Filme vor 1945 (bzw. 1950)**

**Polen**

A BRIVELE DER MAMEN / LIST DO MATKI / A LETTER TO MOTHER Joseph Green, 1939, 106', mit Lucy und Misha German und Max Bozyk
CHILDREN MUST LAUGH / MIR KUMEN ON / DROGA MLODYCH (Weg der Jungen) Aleksander Ford 1935, 63' (Dokumentarfilm) (zusammen gezeigt mit A DAY IN WARSAW, Polen 1939, 10')
DER DIBEK / DYBBUK / THE DYBBUK Michal Waszynski, 1937, 123'. Mit Abraham Morewski, Leon Liebgold, Lili Liliana
DER LAMEDVOVNIK (One of the 36) Henryk Szaro, 1925
DER PURIMSHPILER (The Jester) (BLAZEN) Joseph Green, Jan Nowina Przybylski, 1937, 88', mit Zygmund Turkow, Miriam Kressyn und Hymie Jacobson
FREYLEKHE KABTSONIM / JOLLY PAUPERS Leon Jeannot und Zygmund Turkow, 1937, 62', mit Shimon Dzigan, Yisroel Shumacher und den "Warsaw Art Players"
I HAVE SINNED (Al chet/Al khet) Aleksander Marten, 1936, mit den "Warsaw Art Players", 77'
MAMELE / MATECKA (Little Mother) Joseph Green, Konrad Tom, 1938, 100', mit Molly Picon und Max Bozyk
NOWOGRODEK 1930, 26', stumm
THE VOW / TKIES KAF Henryk Szaro und Zygmund Turkow, 1938, mit Zygmund Turkow und Kurt Katsch
TKIES KAF (The Handshake) Zygmunt Turkow, 1924, nur Fragmente erhalten. Mit Ida Kaminska. Nachtr. vertont als: VILNA LEGEND (George Roland, Zygmund Turkow, USA/Polen 1933, 68')
TRAVELOGUES, diverse. JEWISH LIFE IN BIALYSTOK / CRACOW / LWOW / VILNA / WARSAW, 1938/39, jeweils 10', Shaul und Yitzak Goskind
UNSERE KINDER (Our Children) Natan Gross, 1948, mit Shimon Dzigan und Yisroel Shumacher
WITHOUT A HOME (On a heym) Alexander Marten, 1939, 88', mit Ida Kaminska und Shimon Dzigan
YIDL MITN FIDL / YIDDLE WITH HIS FIDDLE Joseph Green, Jan Nowina-Przybylski, 1936, 92'. Mit Molly Picon und Leon Liebgold
MIR LEBNGEBLIBENE / WE THE LIVING REMNANT (We who remain) Natan Gross,1948, 80', zusammen mit THE TENT / DOS GETSELT Natan Gross, 1950, 10')
ULICA GRANICZNA (Grenzstraße) Aleksander Ford, 1948 (über den Aufstand im Warschauer Ghetto)

**UdSSR**

BENJA KRIK Vladimir Vilner, 1926, Buch Isaak Babel
DER MABL Jewgeni Iwanow-Barkow, 1927
GORISONT / HORIZONT Lew Kuleschow, 1932
GORJE SARY (Sarahs Leid) 1916, mit Iwan Mosshuchin; ca 50'
GRANIZA M. Dubson, 1935
JEGO PREWOSCHODITELSTWO ("Gubernator i saposchnik") HIS EXCELLENCY / SEEDS OF FREEDOM) / HIRSCH
LEKERT Grigori Roschal, 1928, 76', manieristischer Film in der Manier von FEKS
JEWS ON THE LAND Abram Room, 1925
MIKHOELS AS LEAR (segment) 1935, mit Solomon Michoëls, jiddisch,  3'
PROFESSOR MAMLOCK A. Minkin, Herbert Rappoport, 1938
THE RETURN OF NATHAN BECKER / WOSWRASCHTSCHENIJE NEJTANA BEKKERA / NOSN BECKER FORT
AHEYM Boris Schpis, Rochl M. Milman, 1932, 85', Produktion Belgoskino, einziger jiddischer Tonfilm aus der UdSSR. Mit
Solomon Michoëls. Jiddisch und russisch (dazu: AN APPEAL TO THE JEWS OF THE WORLD, UdSSR 1941, mit Solomon
Michoels, Peretz Markish und Sergej Eisenstein, in russisch, jiddisch und englisch, 6')
THROUGH TEARS / LAUGHTER THROUGH TEARS (SKWOS SLJOSY / MOTL PEJSI DEM CHASNS) Grigori
Gritscher-Tscherikower, 1928, 92', nach Alejchem, "Motl Pejsi"
TOWARISCH ABRAM / COMRADE ABRAM Alexander Rasumni, 1919, 18'
TSCHELOWJEK IS MESTETSCHKA / A MAN FROM THE SHETL Grigori Roschal, 1930
YEVREISKOYE SCHASTYE (Ewrejskoje stschastje) / JÜDISCHES GLÜCK / JIDISCHE GLIKN Alexej Granovsky, 1925,
90', nach Scholem Alejchem, Titel von Isaak Babel

**Österreich**

DIE STADT OHNE JUDEN H.K. Breslauer 1924
OST UND WEST (EAST AND WEST) / MAZEL TOV / MISRECH UN MAREW Sidney M. Goldin, 1923, 85', mit Molly
Picon, stumm, mit englischen und jiddischen Zwischentiteln (dazu: JEWISH LIFE IN CRACOW, Polen 1939, 10')
THEODOR HERZL; DER BANNERTRÄGER DES JÜDISCHEN VOLKES Otto Kreisler, 1921, mit Rudolf Schildtkraut
YIZKOR (Prayer of Remembrance) / YISKOR... GEDENKET... Sidney M. Goldin, 1924, 100' (Verfilmung einer Theaterauf-
führung von Maurice Schwartz, über einen jüd. Märtyrer aus dem 18. Jahrhundert; in USA auch THE PRINCE AND THE
PAUPER). Mit Maurice Schwartz und Isidor Kasher, stumm mit englischen Untertiteln

**Deutschland**

DAS ALTE GESETZ E.A. Dupont, 1923
DER GOLEM Paul Wegener, Carl Boese, 1920
DIE GEZEICHNETEN Carl Theodor Dreyer, 1921
JUDITH TRACHTENBERG Henrik Galeen, 1920
MEYER AUS BERLIN, Ernst Lubitsch, 1918/19
NATHAN DER WEISE Manfred Noa, 1922
SCHUHPALAST PINKUS, Ernst Lubitsch, 1916, 67'
DER RUF Josef von Baky, Deutschland 1948/49, 106', mit Fritz Kortner
LANG IST DER WEG Herbert B. Fredersdorf, 1948, 78', mit Herbert B. Fredersdorf, Marek Goldstein und Israel Becker (US-
Fassung 60')
MORITURI Eugen Yorck (Prod. Artur Brauner), 1948

**Großbritannien**

JEW SUSS Lothar Mendes, 1934
THE WANDERING JEW Maurice Elvey, 1923, 93'

**Frankreich**

LA TERRE PROMISE Henry Roussell, 1925

**Niederlande**
WEERGEVONDEN Louis Crispijn, Edmond Edren, 1914, 50' - Melodram aus dem Amsterdamer jüdisch-orthodoxen Milieu

**USA**

AMERIKANER SCHADCHEN / AMERICAN MATCHMAKER Edgar G. Ulmer, 1940, 87', mit Leo Fuchs, Judith Abarbanel
und Judel Dubinsky, jiddisch mit englischen Untertiteln (dazu: I WANT TO BE A BORDER / IKH VIL ZAYN A BORDER,
Joseph Seiden 1937, jiddisch mit engl. Untertiteln, 15')
CANTOR ON TRIAL / CHASN AF PROBE Sidney M. Goldin 1931, mit Cantor Leybele Waldmann, 10'
DEM REBNS KOJECH / A VILNA LEGEND, 1933, nachtr. vertonte Version des polnischen Films TKIES KAF / SLUBO-
WANIE (The Vow / The Handshake) von 1924, Regie Zygmunt Turkow, mit Ester Rochl Kaminska und Ida Kaminska. Jiddisch
mit englischen Untertiteln
DER JIDISCHER KENIG LIR / THE YIDDISH KING LEAR Harry Tomashefsky, 1935, 86' (dazu: MIKHOELS AS LEAR
(segment) UdSSR 1935, mit Solomon Michoëls, jiddisch ohne Untertitel, 3')

DER VILNER SCHTOT CHASN / OVERTURE TO GLORY Max Nossek, 1940, 82', mit Moishe Oyster, Florence Weiss und Helen Beverley, jiddisch mit englischen Untertiteln

DI KLJATSCHE / FISHKA DER KRIMMER / FISCHKE DER KRUMER / THE LIGHT AHEAD Edgar G. Ulmer, 1939, 94', mit Isidor Cashier, Helen Beverly und David Opatoshu, jiddisch mit englischen Untertiteln

EAST SIDE SADIE Sydney Goldin, 1929

ELI, ELI Joseph Seiden, 1940, 88', mit Esther Field und Lazar Freed, jiddisch mit engl. Untertiteln

GRINE FELDER / GREEN FIELDS Edgar G. Ulmer, 1937, 95', mit Isidor Cashier, Helen Beverly und Herschel Bernardi, jiddisch mit englischen Untertiteln

HIS PEOPLE Edward Sloman, 1925, 91'

HIS WIFE'S LOVER / SAYN VAYBS LUBOVNIK Sidney M. Goldin, 1931, 80' Brecht/Weill-Elemente, "first 100 % Yiddish singing and talking picture". Mit Ludwig Satz (dazu: AUDITIONS FOR THE HEBREW ACTOR'S UNION, 1935, 23', jiddisch mit engl. Untertiteln)

HUMORESQUE Frank Borzage, 1920, nach "Fannie Hurst"

I WANT TO BE A MOTHER / IKH WIL ZAYN A MAME George Roland, 1937, 76', mit Leo Fuchs, jiddisch mit englischen Untertiteln

JANKEL DER SCHMID / YANKL DER SHMID / THE SINGING BLACKSMITH Edgar G. Ulmer, 1938, 100', mit Moishe Oyster, Mirial Riselle und Herschel Bernardi, jiddisch mit englischen Untertiteln

MIRELE EFROS Josef Berne 1939, 91', mit Berta Gerstein und Michael Rosenberg, jiddisch mit englischen Untertiteln

SURRENDER Edward Sloman, 1927, 77'

TEVYE Maurice Schwartz, 1939, 96', Nach "Tewje der milchiger" von Scholem Alejchem. Mit Maurice Schwartz, Miriam Riselle, jiddisch mit englischen Untertiteln

THE CANTOR'S SON / DEM CHASNS ZUNDL Sidney M. Goldin und Ilya Motileff, mit Moishe Oysher, 90', jiddisch mit englischen Untertiteln

THE GREAT DICTATOR Charlie Chaplin, 1940, 126'

THE IMMIGRANT, Charlie Chaplin, 1917

THE JAZZ SINGER Alan Crosland 1927, 90', Prod. Warner Brothers, mit Al Jolson

THE LIVING ORPHAN Joseph Seiden, 1939, 90'

THE ROMANCE OF A JEWESS (1908), A CHILD OF THE GHETTO D. W. Griffith, 1910

THE YOUNGER GENERATION Frank Capra, 1929

TO BE OR NOT TO BE Ernst Lubitsch, USA 1952

TWO SISTERS / TSVEY SHVESTER Ben K. Blake, 1938, 82', mit Jennie Goldstein, Celia Boodkin und Sylvia Dell, jiddisch mit englischen Untertiteln

UNCLE MOSES Sidney M. Goldin u. Aubrey Scott, 1932, 87', mit Maurice Schwartz und Judith Abarbanel. Jiddisch mit engl. Untertiteln

UNFORTUNATE BRIDE / DI UMGLIKLECHE KALE Henry Lynn, Maurice Schwartz, 1932, 80' Re-issue of BROKEN HEARTS (1926, Maurice Schwartz, with added music and dialogue)

WHERE IS MY CHILD ? / WU IS MAIN KIND ? Abraham Leff, Henry Lynn, 1937, 90', mit Celia Adler, Blanche Bernstein und Mischa Stutchkof, jiddisch mit englischen Untertiteln

GOT, MENTSCH UN TAJWEL / GOD, MAN AND DEVIL Joseph Seiden, 1949, 100', nach dem Bühnenstück von Jacob Gordin, mit Michal Michalesko und Berta Gersten, jiddisch mit englischen Untertiteln

THE GOLDEN AGE OF SECOND AVENUE Morton Silverstein, 1968, 16 mm, 70'

THREE DAUGHTERS / DRAY TEKHTER Joseph Seiden, 1949, mit Michael Rosenberg und Anatol Winegradoff, jiddisch mit englischen Untertiteln, 85'


## 2. Abteilung. Filme nach 1945 (Auswahl)

Spielfilme

### USA/Kanada

ANNIE HALL (Der Stadtneurotiker) Woody Allen, USA 1977, 93'; ZELIG Woody Allen, USA 1980/83; BROADWAY DANNY ROSE Woody Allen, USA 1984; RADIO DAYS Woody Allen, USA 1987, 88'

BARTON FINK Joel und Ethan Coen, USA 1991

Die Marx Brothers, ihre sämtlichen Filme

EXODUS, John Preminger, USA 1960, 220'

FIDDLER ON THE ROOF / ANATEVKA Norman Jewison, Großbritannien, 1971, 95'

FUNNY GIRL William Wyler, USA 1968, 151'

GENTLEMEN'S AGREEMENT (Tabu der Gerechten) Elia Kazan, USA 1947, 118'

HESTER STREET Joan Micklin Silver, USA 1974, 91'

HOMICIDE David Mamet, USA 1991

JOSHUA THEN AND NOW Ted Kotcheff, Kanada 1985, collab. Mordecai Richter (marriage between a pushy, street-smart Jew and an aristocratic Protestant Girl)

REUNION Jerry Schatzberg, USA 1989

THE APPRENTICESHIP OF DUDDY KRAVITZ (Duddy will hoch hinaus) Ted Kotcheff, Kanada 73, 121'

THE CHOSEN USA 82, 108'

THE DIARY OF ANNE FRANK, George Stevens, USA 1959

THE DIARY OF ANNE FRANK, George Stevens, USA 1959
THE FRONT (Der Strohmann) Martin Ritt, USA 1976, 94'
THE IMPORTED BRIDEGROOM USA 1989
THE JUDGMENT OF NUREMBERG Stanley Kramer, USA 1961
THE PAWNBROKER (Der Pfandleiher), Sidney Lumet, USA 1964, 105'
THE PLOT AGAINST HARRY Michael Roemer, USA 1969
THE PRODUCERS (Frühling für Hitler) Mel Brooks USA 1968, 88'
THE QUARREL Eli Cohen, Kanada 1991, 88' - a secular Jewish writer meets by chance his childhood friend, now a rabbi, to revive a quarrel about religion
THE SEARCH Fred Zinneman, USA 1948
THE WAY WE WERE (Cherie Bitter) Sydney Pollack, USA 1973, 118'
TO BE OR NOT TO BE Mel Brooks, USA 1983
TRUE CONFECTIONS Gail Singer, Kanada 1991, 95' - comedy about an 18-year old Jewish girl who questions conservative norms
YENTL Barbara Streisand, USA 1983, 134'

## Argentinien

EN EL NOMBRE DEL HIJO (Im Namen des Sohns) Jorge Polaco, Argentinien 1988
POOR BUTTERFLY, Raul de la Torre, Argentinien 1986 - Jewish Journalist, Post-War Argentina
UNDERGROUND / DEBAJO DEL MUNDO Juan Bautista Stagnaro and Beda Docampo Feijoo, Argentinien 87, 106' The drama of the Nachmann family who spent the war in a dug-out to avoid deportation

## Osteuropa

BITTERE ERNTE Agnieszka Holland, Deutschland 1985 Jüdische Frau wird von einem Bauern versteckt
DALEKA CESTA (DER WEITE WEG/THE DISTANT JOURNEY) Alfred Radok, CSSR 1948, 103' (Ordeal of Prague's jewish population under the Nazi regime... "was one of the first (and remains one of the most original) film treatments of the Holocaust" - Jim Hoberman)
DAMSKI PORTNOJ (Der Damenschneider) Leonid Gorowets. Rußland/ UdSSR 1990, 92' - 24 hours in the life of a Jewish tailor's family just before they go to their deaths at Babi Yar. Starring the renowned soviet actor Innokety Smoktunowsky
ELYSIUM Erika Szanto, Ungarn 1986 - ein zehnjährige jüdischer Junge wird gegen Ende des Krieges in Budapest verhaftet. A cultural, civilised world accepts atrocities with stunning equanimity.
EUROPA EUROPA (Hitlerjunge Salomon) Agnieszka Holland, Frankreich/Deutschland 1989/90, 115'
FORBIDDEN DREAMS Karel Kachyna, CSSR 1986, 100' - wonderful comic and sympathetic portrait of East European Jews who can dream of paradise even as their freedoms erode
HANNIBAL TANAR UR (Professor Hannibal) Zoltan Fabri, Ungarn 1965
ISYDI ! (Hinweg !) Dmitri Astrachan, UdSSR/Rußland 1991, 90'
JOB LAZADASA (Hiob lehnt sich auf) Imre Gyöngyössy und Barna Kabay, Ungarn 1983, 105'
KOMISSAR (Die Kommisarin) Alexander Askoldow, UdSSR 1967/88
MARTHA UND ICH Jiri Weiss, Deutschland 1990, 107', mit Marianne Sägebrecht, Michel Piccoli; ebenfalls von Jiri Weiss: ROMEO JULIA UND DIE FINSTERNIS, CSSR 1960
MATKA JOANNA OD AGNIOLOW (Mutter Johanna von den Engeln) Jerzy Kawalerowicz, Polen 1961
NAPPALI SÖTETSEG (Dunkel bei Tageslicht) Zoltan Fabri, Ungarn 1963
OBCHOD NA KORZE (Der Laden auf der Hauptstraße), CSSR 1965, 79', mit Ida Kaminska
ÖRÖKSEG (Erbinnen) Marta Meszaros, Ungarn 1981
OSTATNI ETAP (Die letzte Etappe) Wanda Jakubowska, Polen 1948
PASAZERKA (Die Passagierin) Andrzej Munk, Polen 1961-63; ZEZOWATE SCESCIE (Das schielende Glück), Andrzej Munk, Polen 1960
PASSPORT Frankr.-UdSSR-Israel 1990, Georgi Danelia, 103'
SAKAT (Sonnenuntergang) Alexander Seldowitsch, UdSSR 1990, 90'
THE LAST BUTTERFLY Karel Kachyna, CSSR/Frank./GB 1990, 104' (über Theresienstadt) (Kachyna machte auch DEATH OF THE BEAUTIFUL ROEBUCKS, 1986,) - a french mime is deported to the Terezin concentration camp where he is forced to develop a show in anticipation of a visit of a Red Cross delegation
TÜZOLTO UTCA 25 (Feuerwehrgasse 25) István Szabó, Ungarn 1973
VERZIO (Version) Miklós Erdely, Béla Balázs Studio, Ungarn 1991, - eine filmische Variante zu Gyula Krudys "Eszter Solymosi von Tiszaeszlar" (Sohn eines Rabbis wird zu falscher Zeuganaussage gezwungen)
WHAT TIME IS MR CLOCK ? Peter Bacso, Ungarn 1985 - Geschichten von einem jüdischen Uhrmacher
ZIEMJA OBIECANA (Das Gelobte Land) Andrzej Waja, Polen 1974/75, 178'; SAMSON, Polen 1961; KORCZAK Polen 1991, 112'

## übriges Europa

A LA RECHERCHE DU LIEU DE MA NAISSANCE Boris Lehman, Belgien/Schweiz 1990, 80'; Symphonie, Boris Lehman, Belgien 1979; GEFILTE FISH / MUET COMME UNE CARPE, Boris Lehman, Belgien 1987
AFFAIRE BLUM Erich Engel Deutschland 1948, 110'
AN UNS GLAUBT GOTT NICHT MEHR Axel Corti, Österr.-Schweiz 1983; EINE BLASSBLAUE FRAUENSCHRIFT Axel Corti, Österreich 84, 120'; SANTA FE Axel Corti, 1985 - Geschichte von jüdischen Einwanderern; WELCOME IN VIENNA Axel Corti 1985

ANDREMO IN CITTA Nelo Risi, Italien 1966
AU REVOIR LES ENFANTS Louis Malle, Frankreich 1987, 104'
BRUXELLES-TRANSIT Samy Szlingerbaum, Belgien 1980, 80'
CHARLOTTE Franz Weisz, Niederlande 1980, 90'
DAVID Peter Lilienthal, BRD 1978, 127'
DER LEICHENVERBRENNER Juraj Herz CSSR 1968
DER PROZESS G.W. Pabst, Österreich 1949
DER WEITE WEG Alfred Radok CSSR 1949
DIE LETZTE CHANCE Leopold Lindtberg, Schweiz 1945
DIE SCHAUSPIELERIN Siegfried Kühn 1988
EHE IM SCHATTEN Kurz Maetzig, Deutschland 1947, 105'
ESCAPE FROM SOBIBOR Jack Gold, UK 1987, 150'
ESELONITE (Transports of death) Borislav Pounchev, Bulgarien 1986, 140' wie der Abtransport der bulgarischen Juden unter der deutschen Okkupation verhindert wurde
ESTHER Amos Gitai, Israel/Frankreich 1986; BERLIN JERUSALEM Amos Gitai, Frankreich 1989, 89'; GOLEM, L'ESPRIT DE L'EXIL, Frankreich 1991, 90'
FÜRCHTE DICH NICHT JAKOB Radu Gabrea BRD 1981 - über Antisemitismus und Pogrome
HISTOIRES D'AMERIQUE Chantal Akerman, Frankreich/Belgien 1989
IL GENERALE DELLE ROVERE (Der falsche General) Roberto Rossellini, Italien 1959
L'EBREO ERRANTE (Der wandernde Jude) Goffredo Alessandrini, Italien 1948
L'ENCLOS (Der Verschlag) Armand Gatti, Frankreich 1961
L'ORO DI NAPOLI (Das Gold von Neapel) Vittorio de Sica, Italien 1954
LE VIEIL HOMME ET L'ENFANT (Der alte Mann und das Kind) Claude Berri, Frankreich 1966
LES ANNEES SANDWICH Pierre Boutron, Frankreich 1988, 110' A french jewish orphan is befriended by a gruff, philosophical elderly Polish jew
MR. KLEIN Joseph Losey, Frankreich 1976
NACKT UNTER WÖLFEN Frank Beyer, DDR 1962; JAKOB DER LÜGNER Frank Beyer, DDR 1974
NATALIA Bernard Cohen, Frankreich 1988, 114' Jewish actress foresakes friends, family and religion to carve a niche for herself in the French film industry under German occupation
PROFESSOR MAMLOCK Konrad Wolf, DDR 1961, 96'
REGENTROPFEN Michael Hoffmann, Harry Ramon, BRD 1981, 90'
STERNE Konrad Wolf, DDR/Bulgarien 1959, 89'

**Israel**

A THOUSAND AND ONE WIVES Michal Bat Adam, 1989
ATALIA Akiva Tevet, 1984
AVANTI POPOLO Rafi Bukae, 1986
BECAUSE OF THAT WAR Orna Ben Dor-Niv, 1988, 93'
BEYOND THE WALLS Uri Barbash, 1984
BREAD Ram Leovy, 1986
BURNING LANDS Serge Ankri, 1984 - zwei Spielfilme "of Sephardic interest"
CUP FINAL Eran Riklis, 1991
DREAMERS (Hacholmin) Uri Barbash, 1987, 110' A group of Jewish idealists, fleeing or driven out from the 'Old World', establishes a commune in Galilee
GIVEAWAY (AZ MEN GIT, NEMT MEN) Alfred Steinhardt, Israel 1983, 90' jiddisch mit englischen Untertiteln
HIDE & SEEK Dan Wolman, 1980
IRITH IRITH Naftali Alter, 1985
LAURA ADLER'S LAST LOVE AFFAIR Avraham Heffner, 1990, 96'
MARRIAGE OF CONVENIENCE Haim Buzaglo, 1988
NIGHT MOVIE Gur Heller, 1988 - 33'
NOA AT 17 Itzhak Zepel Yeshurun, 1982, 86'
ON A NARROW BRIDGE Nissim Dayan, 1985
ONE OF US Uri Barbash, 1989
SHURU Savi Gavison, 1990
STALIN'S DISCIPLES Nadav Levitan, 1988, 95'
TEL AVIV: BERLIN Tzipi Tropé, 1987, 95'
THE CAGE Amit Goren, 1989
THE SMILE OF THE LAMB Shimon Dotan, 1986, Silb. Bär Berlin 86 - Arab-Israeli crisis
THE SUMMER OF AVIYA / AVIYAS SOMMER Eli Cohen, 1989, 96' - impact of survivors on their children
TRANSIT Daniel Wachsmann 1979; HAMSIN Daniel Wachsmann 1982
WHEN NIGHT FALLS Eitan Green, 1985

## 3. Abteilung: Dokumentarfilme

### Judenverfolgung, Holocaust

A DAY IN THE WARSAW GHETTO, Jack Kuper, Kanada 1991, 30'

ALPTRAUM ALS LEBENSLAUF Mario Offenberg, BRD 1982/83, 40'

BOLSCHOJ KONZERT NARODOW (Das große Konzert der Völker) Semjon Aranowitsch, UdSSR 1991, über Judenverfolgung in der UdSSR unter Stalin

CHAIM RUMKOWSKI AND THE JEWS OF LODZ Peter Cohen, Schweden 1983, 55'

CHASING SHADOWS Naomi Gryn, Großbritannien 1990, 52' - Rückkehr zu einem schtetl an der Grenze zwischen CSSR und UdSSR

DARK LULLABIES Irene Angelico, Kanada 1986, 81' - The impact of the Holocaust on a generation of Jews and Germans born after the war

DIE FEUERPROBE Erwin Leiser, BRD 1988, 85'

DZIGOW STARY Hans Fels, Niederlande 1983

FLAME IN THE ASHES Gouri, Ehrlich, Israel 1985 - Über jüdischen Widerstand in Europa (3. Teil einer Trilogie nach 81ST BLOW und THE LAST SEA)

ICH BIN KLEIN, ABER WICHTIG Konrad Weiß, DDR 1989, 45' - Dokumentarfilm über Janusz Korczak

IMAGE BEFORE MY EYES Josh Waletzky, USA 1980, 16 mm, 90' Jewish community in Poland

JACOBA Joram ten Brinck, Niederlande 1988, 65'

KADDISH Steven Brand - the impact of survivors on their children

LODZ GHETTO Alan Adelson, Kathryn Taverna, USA 1988, 103'

MEMORIES OF A RIVER (Tutajosok) Judit Elek, Ungarn/Frankr. 89, 148' - Prozeß um angebliche jüdische Verbrechen 1880, Jewish logging community, "superb dramatization of the last jewish ritual murder trial in Hungarian history"

NUIT ET BROUILLARD (Nacht und Nebel) Alain Resnais, Frankreich 1955, 32'

PARTISANS OF VILNA Josh Waletzky, USA 1985, 133'

REVOLT IN SOBIBOR Lily van den Bergh, Pavel Kogan, UdSSR/Niederlande 89/90, 128' (6. JFF)

SHOAH Claude Lanzmann, Frankreich 1985, 566'

TARSASUTAZAS (Die Gruppenreise), Gyula Gazdag, Ungarn 1984, 75'

TEREZIN DIARY Dan Weissman, USA 89, 87'

THE 81ST BLOW (Der 81. Schlag) D. Bergman, H. Gouri, J. Ehrlich, M. Novitch, Israel/Frankreich 1975/77, 120'

THE LAST SEVEN MONTHS OF ANNE FRANK Willy Lindwer, Niederlande 88, 80' - A sensitive documentary which brings before the camera eight women who were with the Anne Frank family after their arrest by the Nazis; THE LONELY STRUGGLE Willy Lindwer, Niederlande 1988, 60' - Aufstand im Warschauer Ghetto

THE MISSION OF RAOUL WALLENBERG, Alexander Rodnjanski, UdSSR 1990, 90'

THE RIGHTEOUS ENEMY Joseph Rochlitz, USA/Italy 1987, 84' - 40.000 jewish refugees were protected by Italian soldiers and diplomats who refused to collaborate in the 'Final solution'

TULELÖK (Überlebende), Andras Sipos, Ungarn 1990, 40' + 65' + 57' (Traditionen und Geschichte der Juden)

VOICES FROM THE ATTIC, Debbie Goodstein, USA 88, 60'

WEAPONS OF THE SPIRIT Pierre Sauvage, USA/Frankreich 1986, 91'

WHO SHALL LIVE AND WHO SHALL DIE Laurence Jarvik, USA 1981, 90'


### Jüdisches Leben, jüdische Gemeinden

26 SAUKUNE DA... (26 Jahrhunderte und...) Omar Gwassalia, Georgien 1989

A JUMPIN' NIGHT IN THE GARDEN OF EDEN Michail Goldman, USA 88, 75' - über Klezmer-Musik

ABOUT THE JEWS OF YEMEN Johanna Spector, USA 1986, 77'

AT THE CROSSROADS Yale Strom, Oren Rudovsky, USA 89, 60' - über Klezmer-Musik in Osteuropa

BONJOUR SHALOM, Kanada 1991 - über chassidische Juden in Montreal

BREAD Ram Leowy, Israel 1986, 85' - North African family lving in a remote town in Southern Israel and a remarkable insight into the world of working class Sephardi Jews

CENTURY OF AMBIVALENCE Audrey Droisen, Großbritannien 1990, 36' - Prod. Jewish Film Foundation, über Juden in Rußland/UdSSR von 1880 bis heute

DESCRIPTION D'UN COMBAT (Beschreibung eines Kampfes) Chris Marker, Israel/Frankreich 1961, 45'

DIE STEINE Jutta Sartory, Ingo Kratisch, BRD 1985; DAS GLEICHE WOLLEN UND DAS GLEICHE NICHT WOLLEN Jutta Sartory, Ingo Kratisch, BRD 1991

DIE VERSUNKENEN WELTEN DES ROMAN VISHNIAC Erwin Leiser, Schweiz 1978, 42'

EVERYTHING'S FOR YOU Abraham Ravett, USA 1989, 59'

JEWTOWN Anthony Posner, Großbritannien 1986, 25' About the vanishing Jewish community of Cochin, India

L'INDE FANTOME / PHANTOM INDIA Louis Malle, Frankreich 1969/69 - Episode über die Juden aus Cochin, Indien

LA MEMOIRE EFFACEE David Andras, Frankreich 1990, 52' - über ungarische Juden

LES DERNIERS MARRANES (Die letzten Marranen) Frédéric Brenner und Stan Neumann, Frankreich, 65' - Film über jüdische Gemeinschaft in Portugal

PHOTOGRAPHS (TO OUR CHILDREN) Andras Suranyi/Edit Koszegi/Sandor Simo, Ungarn 89, 87' - Jewish life in Budapest before and during the Nazi occupation

ROUTES OF EXILE: A MOROCCAN JEWISH ODYSSEY / L'ODYSSEE DES JUIFS DU MAROC Eugene Rosow, Kanada 1982, 90'

SIEDMIU ZYDOW Z MOJEJ KLASKY (Sieben Juden aus meiner Klasse) Marcel Lozinski, Polen 1992, 41'

SWIADKOWIE (Zeugen) Marcel Lozinski, Polen 1988, 26'
TERRE BRULANTE Serge Ankri, Israel 1984 - Juden in Tunesien in den 50er Jahren
THE PRECIOUS LEGACY Dan Weisman, USA 1985, 30' - Jewish communities in Czechoslovakia
THE RISE AND FALL OF THE BORSCHT BELT Peter Davis, USA 1985, 85' - Fascinating piece of social history
VOCES DE SEFARAD Solly Wolodarsky, Spanien, Fernsehserie
YIDDISH FOLKSINGERS ON MIAMI BEACH Joel Saxe, USA 1991, 30'
ZALM (Der Psalm) Ewald Schorm, CSSR 1966, 14' - Dokumentarfilm über die Prager Altneue Synagoge und alte jüdische Friedhöfe

### Jüdische Geschichte, Biographien

DINGEN DIE NIET VOORBIJGAAN (The Past That Lives) Philo Bregstein, Niederlande 1970, 77'; IN SEARCH OF JEWISH AMSTERDAM Philo Bregstein, Niederlande 1975, 75'; OTTO KLEMPERERS LANGE REISE DURCH SEINE ZEIT Philo Bregstein, Deutschland-Österreich 1974-85
ISAAC: IN AMERICA Abram Nowak, USA 1986, über Isaac Bashevis Singer
THE FORWARD: FROM IMMIGRANTS TO AMERICANS Marlene Booth, USA 88, 60'
THE GOLDEN AGE OF SECOND AVENUE Morton Silverstein, USA 1968, 70' FREE VOICE OF LABOR - THE JEWISH ANARCHISTS Stevel Fischler, Joel Sucher, USA 1980, 55'

### Jüdische Emigranten, Exil

ESCAPE TO THE RISING SUN (Survivre à Shanghai) Diane Pereslztejn, Belgien 1990, 95'
THE EXILES Richard Kaplan, USA 1990, 116'
THE LAST SEA Haim Gouri, Israel 1980 - Using film shot between 1945 and 1948 and off-screen witnesses, THE LAST SEA ist the story of the Jewish exodus from Europe
WE WERE GERMAN JEWS USA/Deutschland 1981, 58'
WE WERE SO BELOVED Manfred Kirchheimer, USA 1986, 145'

### Jiddische Sprache und Kultur

"Yiddish". Episode from SUNSET GANG. An American Playhouse Production 1991, Ronald Ribman, englisch und jiddisch mit engl. Untertiteln, ca.60'
ALMONDS AND RAISINS Russ Karel, Großbritannien 1983, 90' Docu history of Jiddish cinema
AUDITIONS FOR THE HEBREW ACTOR'S UNION, USA 1935, 23', jiddisch mit engl. Untertiteln
HISTOIRES D'AMERIQUE, Chantal Akerman, Belgien/Frankreich 1988, 97'
MOVING MOUNTAINS: THE MONTREAL YIDDISH THEATRE GROUP IN THE USSR Ina Fichman, Kanada 1990, 28'
NEXT TIME DEAR GOD PLEASE CHOOSE SOMEONE ELSE, Jewish Humour - American Style, Rex Bloomstein, Großbritannien 1990, 90' - jüdische Stars sprechen über Humor, Anekdoten etc.
SOLL SEIN Henryk M. Broder, Frans van der Meulen, BRD 1984-89, 135'
THE BENT TREE Sally Heckel, USA 1980, 8'
THE FEAST OF PASSOVER (DI SEDER NACHT) USA 1931, Sidney M. Goldin, 15'
THE FORWARD: FROM IMMIGRANTS TO AMERICANS Marlene Booth, USA 88, 60' The story of America's most successful yiddish language newspaper, the Jewish Daily Forward.
THE SHLEMIEL, THE SHLENAZL AND THE DOPPESS Jack Gold, Großbritannien 1990, 60'
THE YIDDISH CINEMA (Das jiddische Kino) Ronny Loewy, Hans Peter Kochenrath, Walter Schobert, USA/BRD 1983/91, 60' (70' - die deutsche Fassung ist länger als die amerikanische)
URBAN PEASANTS Ken Jacobs, USA 1930s-1975, 52' (dazu: YOSL CUTLER AND HIS PUPPETS, USA 1935, director unknown, 12')
YIDDISH: THE MAME-LOSHN Pierre Sauvage, USA 1979, 58'

### Israel heute

NACH JERUSALEM Ruth Beckermann, Österreich 1991
KAFR QAR'A - ISRAEL Nurith Aviv, Frankreich 1988, 66'
PROMISED LANDS Susan Sontag, Frankreich 1974, 87'
POURQUOI ISRAEL Claude Lanzmann, Frankreich 1973, 192'

### weitere Dokumentarfilme/Experimentalfilme

ANOU BANOU ODER DIE TÖCHTER DER UTOPIE Edna Politi, Frankreich/BRD 1983 - 6 Frauen wanderten in den Zwanziger Jahren nach Palästina ein, they struggled to reconcile Socialism, Zionism and Feminism. What has become of their dreams today ?
COOPERATION OF PARTS Dan Eisenberg, USA 1983/87, 40'
CURRENT EVENTS Ralph Arlyck USA 89, 55'
DIE UNTERBROCHENE SPUR Matthias Knauer, Schweiz
EINLEITUNG ZU ARNOLD SCHÖNBERGS BEGLEITMUSIK ZU EINER LICHTSPIELSZENE Jean Marie Straub, Danièle Huillet, Deutschland 1972; MOSES UND ARON Jean Marie Straub, Danièle Huillet, Deutschland 1974
HALF THE KINGDOM Francine Zukerman, Roushell Goldstein, Kanada 89, 60' - Frauen und jüdische Identität
IM LAND MEINER ELTERN Jeanine Meerapfel, BRD 1981
INTERPRETATION OF DREAMS Andrej Zagdansky, UdSSR 1991, 50' - Russian history on the Analyst's couch; excerpts

from Freud's writings

IZKOR, SLAVES OF MEMORY Eyal Sivan, Frankreich 1990, 97' (über israelische Identität)

JEWISH CEMETERY Juri Mariomow, Rafael Nachmanowitsch, UdSSR 1989

LES LENDEMAINS QUI CHANTENT Jacques Fansten, Frankreich 1985 - jewish/communist conflict of identity in 50's France

LES REVOLUTIONNAIRES DU JIDDISCHLAND / THE REVOLUTIONARIES OF YIDDISHLAND Nat Lilenstein, Frankreich 1983 - Jewish/communist ideals

LOVING THE DEAD Mira Hamermesh, Großbritannien 1991, 55'- coming to terms with personal loss

MEMOIRES D'UN JUIF TROPICAL Joseph Morder, Frankreich 1986, 75'

ROOTLESS COSMOPOLITANS Ruth Novoczek, Großbritannien 1990, 20' - Frauen und jüdische Identität

SPUREN Eduard Schreiber, DDR 1989

VIENNA IS DIFFERENT Susan Korda, David Leitner, USA 89, 75'

WHAT IS A JEW TO YOU ? Aviva Ziegler, Australien 1986, 50' - lighthearted and personal look at some of the paradoxes of being Jewish today

Für Hilfe bei den Recherchen und beim Zustandekommen des Programms danken wir folgenden Personen und Institutionen:

Akademie der Künste, Berlin
Alexander Askoldow, Berlin
Fa. C. Bechstein, Berlin (Rita Lemcke)
Berliner Festspiele GmbH (Dr. Ulrich Eckhardt, Hinrich Gieseler, Andreas Nachama, Gereon Sievernich)
Beta Film / Taurus Film, München (Hans Kohl)
Bibliothek der Landesbildstelle Berlin (Ingrid Geue, Robert Fischer)
Bibliothek der Jüdischen Gemeinde zu Berlin
Philo Bregstein, Amsterdam
Henryk M. Broder, Berlin und Jerusalem
Bundesarchiv/Filmarchiv, Berlin und Koblenz
CCC-Film, Berlin (Féla Rozen-Brauner)
Ceskoslovensky Filmovy Ustav Filmovy Archiv, Prag (Eva Kacerova)
Peter Cohen, München
Deutsches Filmmuseum Frankfurt/M. (Walter Schobert, Ronny Loewy)
Deutsches Institut für Filmkunde, Wiesbaden (Herr Knop)
dffb-Bibliothek, Berlin (Renate Wilhelmi, Anne-Marie Lorenz-Tröstrum, Ute Jensky, Rolf Wentz)
die tageszeitung, Berlin (Randy)
Die Zeit, Hamburg (Inge Klaczko)
Dan Eisenberg, Boston
Edna und Dan Fainaru, Tel Aviv
Filmhaus Stöbergasse, Wien
Filmmuseum Moskau (Naum Kleemann)
Frankfurter Rundschau, Archiv (Herr Edelblut)
Milena Gregor, Berlin
Michael Hanisch, Berlin
Jim Hoberman, New York
Hungarofilm, Budapest (Frau Vajda)
Institut Français Berlin (Micheline Bouchez)
Institut für Judaistik, Berlin
Israelisches Generalkonsulat Berlin (Tibi Shalev-Shloser)
Ken und Flo Jacobs, New York
Jerusalem Film Festival (Lia van Leer)
Jewish Film Festival, Washington (Aviva Kempner)
Jewish Film Foundation, London (Dominique Green)
Manfred Kirchheimer, New York
Claude Lanzmann, Paris
Boris Lehman, Brüssel
Erwin und Vera Leiser, Zürich
Ruth Malez, Berlin
Jeanine Meerapfel, Berlin
Museum of Modern Art, New York (Adrienne Mancia)
Nederlands Filmmuseum, Amsterdam (Arja Grandia)
Österreichisches Filmarchiv, Wien (Dr. Fritz, Helmut Pflügl)
Polnische Botschaft, Köln (Frau Zinserling)
Rolf und Erika Richter, Berlin
Ellen Rothenberg, Boston
Pierre Sauvage, Los Angeles
Sovexport, Berlin (Wladimir Prilepski)
Prof. Johanna Spector, New Yorrk
Stadtmuseum/Filmmuseum München (Enno Patalas, Fritz Göttler)
Stiftung Deutsche Kinemathek, Berlin (Christiane Habich, Walther Seidler, Wolfgang Theis, Werner Sudendorf)
The Israel Film Institute/The National Council of Culture and Art, Tel Aviv (Joseph Oren, Tali Alcalay)
The National Center for Jewish Film, Brandeis University, Waltham, MA (Sharon Pucker Rivo, Miriam Krant, Richard Pontius)
Gaga Tschcheidse, Tiflis
Fee Vaillant, Bad Nauheim
Lily van den Bergh, Amsterdam
Frans van der Meulen, Köln
Alexander von Schlippenbach, Berlin
Maja Turowskaja, Moskau
YIVO Institute for Jewish Research, New York (Roberta Newman)
Aljoscha Zimmermann, München

und allen Mitarbeiterinnen und Mitarbeitern, die mit soviel Enthusiasmus bei diesem Projekt geholfen haben